2016 内蒙古统计年鉴

INNER MONGOLIA STATISTICAL YEARBOOK 2016

（总第29期 NO. 29）

图书在版编目（CIP）数据

内蒙古统计年鉴. 2016 : 汉英对照 / 内蒙古自治区
统计局编. -- 北京 : 中国统计出版社, 2016.10
ISBN 978-7-5037-7901-5
Ⅰ. ①内… Ⅱ. ①内… Ⅲ. ①统计资料 – 内蒙古 –
2016 – 年鉴 – 汉、英 Ⅳ. ①C832.26-54
中国版本图书馆CIP数据核字(2016)第192237号

内蒙古统计年鉴-2016

作　　者/ 内蒙古自治区统计局
责任编辑/ 佘竞雄　熊　威
责任校对/ 张利珍　王艳伟
装帧设计/ 赵贵新　李占玲
出版发行/ 中国统计出版社
地　　址/ 北京市丰台区西三环南路甲6号　邮政编码/100073
电　　话/ 邮购（010）63376909　书店（010）68783171
网　　址/ http://www.zgtjcbs.com
印　　刷/ 内蒙古宏业包装印务有限公司
经　　销/ 新华书店
开　　本/ 890mm × 1240mm　1/16
字　　数/ 1800千字
印　　张/ 59
版　　别/ 2016年10月第1版
版　　次/ 2016年10月第1次印刷
定　　价/ 400.00元

本书附同版本CD-ROM一张，光盘内容以书面文字为准。
如有印装差错，由本社发行部调换。

《内蒙古统计年鉴》编辑委员会

Editorial Board and Staff

编 辑 说 明

一、《内蒙古统计年鉴》是一部按年度连续出版的大型统计资料书。本《年鉴》通过大量的统计数据，全面反映了2015年内蒙古经济社会和科技发展变化情况，是国内外各界人士了解内蒙古、认识内蒙古的重要统计资料工具书。

二、年鉴全书分为两部分。第一部分为特载，载入了自治区党政部门重要文件和2015年国民经济和社会发展统计公报。第二部分为统计资料，分为24个细目。即:1.行政区划和自然资源；2.综合；3.国民经济核算；4.人口；5.从业人员和职工工资；6.固定资产投资；7.能源和环境；8.财政；9.物价指数；10.人民生活；11.城市概况；12.农业；13.工业；14.建筑业；15.运输和邮电；16.国内贸易；17.对外经济贸易；18.旅游；19.金融和保险；20.教育、科技和文化；21.体育、卫生、社会福利和其他；22.盟市资料；23.旗县区资料；24.附录。为了便于读者查阅，每个细目编排了主要统计指标解释。

三、本年鉴的统计数据大部分来自政府统计部门和业务部门年度统计报表，一部分来自抽样调查。

四、与《内蒙古统计年鉴-2015》相比较，本年鉴做了如下调整：

1. 由于投资制度改革，本年鉴取消了城乡分组，并对版面进行了调整。

2.旗县区篇增加了“年末户籍人口”及其分组指标，该指标数据来源于公安部门。由于2015年公安部门制度变革，取消了“农业”、“非农业”人口分组，改为城乡人口分组，故“乡村人口”指标2014年和2015年两年的数据不可比。

五、资料中所使用的数量单位均采用国际统一标准计量单位。

六、本年鉴部分数据合计数或相对数由于单位取舍不同而产生的计算误差均未作机械调整。

七、本年鉴各表式中，有关对全表的注解均在该表上方，对表中部分指标的注解则在该表下方。

八、本年鉴表中的符号使用说明：空格表示该项统计指标数据不足本表最小单位数、不详或无该项数据；“#”表示其中的主要项。

PREFACE

Ⅰ.Inner Mongolia Statistical Yearbook 2016 is a regular large scale statistical reference book published yearly. With a vast amount of statistical data for 2015, this yearbook reflects various aspects of Inner Mongolia's economic society, science and technology development. It is really an important and efficient statistical reference book for people of various circles in and outside China to know and understand Inner Mongolia.

Ⅱ. The yearbook has two parts: Special articles and Statistics. The first part consists of important documents of the Party and the government and Statistical Bulletin of the National Economic and Social Development in Inner Mongolia for 2015. The second part consists of all the 24 chapters as follow: 1.Division of Administrative Areas and Natural Resources; 2.General Survey; 3.National Accounts; 4. Population; 5.Employment and Wages; 6.Investment in Fixed Assets; 7. Energy and Environment; 8. Government Finance; 9. Prices Indices; 10. People's Livelihood; 11. General Survey of Cities; 12. Agriculture; 13. Industry;14. Construction; 15. Transport, Postal and Tele–communications Services;16. Domestic Trade; 17. Foreign Trade and Economic Cooperation; 18. Tourism;19. Banking and Insurance; 20. Education, Science and Culture; 21. Sports, Public Health, Social Welfare and Other; 22. Information of Leagues and Cities; 23.Information of Banners and Counties (Districts and Cities); 24. Appendix. In order to make it convenient for readers to consult, we edit exploratory notes on main statistical indicators of every chapter.

Ⅲ. Most of the data in this yearbook sources are from annual statistical reports of government agencies, another part sources from sample survey.

Ⅳ.Comparing with the content of Inner Mongolia Statistical Yearbook–2015, we changed the content as follow:

1. In this Yearbook,the investment data of urban and rural groups are cancelled and adjusted in the layout,according to the reform of the investment system.

2. In Counties and Districts Chapter "The Registered Population Year–end" and its grouped item are added, the data are from The Ministry of public security. In 2015, according to the institutional reform of Ministry of public security , "Agriculture" and "Non–agricultural" population are changed to " Rural" and"Urban"population,so the data of"rural population" in 2014 and in 2015 can not compared.

Ⅴ. The units of measurement used in this yearbook are internationally standard measurement units.

Ⅵ. Statistical discrepancies due to rounding are not adjusted in this yearbook

Ⅶ. The notes concerning the whole table are placed at the upper part of table, while the notes concerning individual indicators are placed at the lower part.

Ⅷ. Notations used in this yearbook: blank space indicates that the figure is not large enough to be measured with the smallest unit in the table, or data are unknown or are not available; “#” indicates a major breakdown of the total.

内蒙古自治区统计局

国务院第三次全国农业普查办公室主任、国家统计局副局长张为民一行到我区调研农业普查工作

内蒙古自治区副主席符太增在统计局调研

内蒙古自治区政府主席布小林在统计局调研

内蒙古自治区统计局党组书记、局长胡敏谦深入呼伦贝尔市企业调研

内蒙古自治区统计局党组书记、局长 胡敏谦

锡林郭勒盟副盟长赵德永陪同自治区统计局副局长潘志峰在神华北电胜利能源有限公司调研

自治区统计局局长胡敏谦在赤峰市统计局调研

时任锡林郭勒盟盟长张院忠陪同自治区统计局副局长潘志峰在锡林郭勒盟社情民意调查中心访问大厅观摩访问

建党95周年之际统计局举办学党章党规学系列讲话知识竞赛活动

统计局各部门联合统一举办“两学一做”知识竞赛座谈会

内蒙古自治区总工会

4月24日上午，时任自治区党委书记、人大常委会主任王君，时任自治区党委副书记、自治区主席巴特尔，自治区政协主席、党组书记任亚平等自治区领导出席在内蒙古人民会堂召开的自治区劳动模范和先进工作者表彰大会，并在会前亲切接见参会代表

7月25日，2015年全国工会推进京津冀协同发展暨京蒙协作促进就业招聘及校企洽谈会在内蒙古锡林浩特市召开

8月19日，自治区农牧民工入会集中行动现场推进会在武川县举行

10月28日，“中国梦·劳动美”2015年全区铁路职工职业技能比赛暨呼铁局秋季职工技术比武在呼和浩特举行。自治区人大常委会副主任、总工会主席杭桂林出席开幕式并观摩了比赛

10月29日，自治区总工会、自治区住房和城乡建设厅联合在兴安盟召开全区表彰“最美环卫工人”暨关爱环卫工人现场会

向环卫职工代表发放“温暖礼包”

5月4日，自治区总工会召开机关干部大会，学习贯彻习近平总书记“4·28”重要讲话精神，部署“三严三实”专题教育

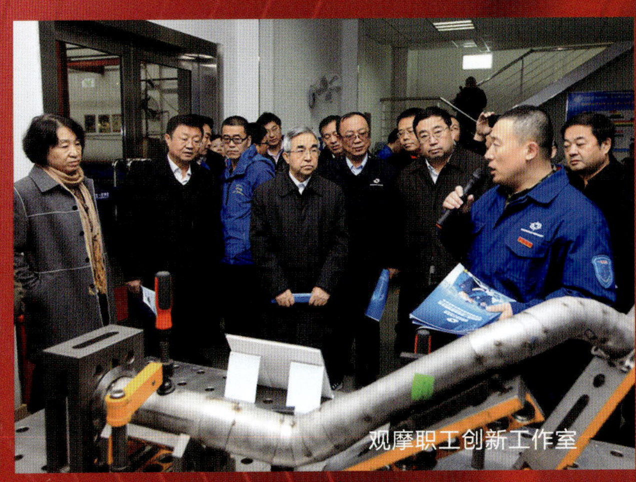

观摩职工创新工作室

4月8日，自治区总工会在呼和浩特召开全区加强基层工会建设 争创模范职工之家、争做职工信赖“娘家人”座谈会

5月5日，自治区总工会组织全国劳动模范、呼和浩特铁路局焊轨段高级技师郭晋龙等3名成功创业、自学成才劳模走进内蒙古大学艺术学院，讲述奋斗故事，传播人生经验

与会人员现场观摩了乌兰浩特市、科右前旗的环卫工人爱心驿站和爱心早餐点。

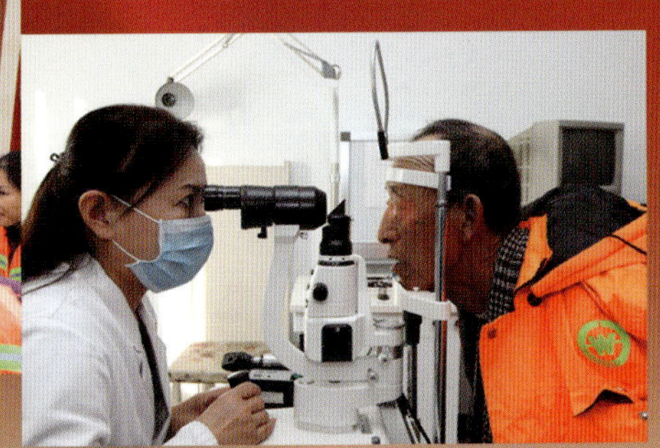

为困难职工体检

8月17日，2015全区工会金秋助学仪式在内蒙古职工之家举行

民政厅兰恩华厅长"八一"前夕走访慰问边防部队官兵

民政厅观摩组到乌兰察布市卓资县观摩"十个全覆盖"工作情况

锡林郭勒盟西乌旗吉仁高勒镇都尔布勒吉嘎查牧民进行换届选举投票

内蒙古城乡社区大学正式揭牌

老年人在农村社区超市购物

内蒙古自治区民政厅

2015年内蒙古自治区"主席杯"社区五人制足球比赛开幕

锡林浩特市社区老年人在排练节目

陶建副书记、周黎明厅长等领导参加第一女子监狱纪念"三八"妇女节文艺演出活动

周黎明厅长慰问呼和浩特市强制隔离戒毒所民警

司法厅周黎明厅长一行到国家司法考试呼和浩特考区视察指导工作

周黎明厅长慰问呼和浩特市强制隔离戒毒所民警

周黎明厅长慰问武警内蒙古总队

民主生活会

内蒙古自治区司法厅

政法干部培训

青工委会议

2016年4月7日，中国残联党组书记、理事长鲁勇到我区开展推进残疾人小康进程专项调研

2016年4月7日，时任自治区党委书记王君在呼和浩特会见中国残联党组书记、理事长鲁勇

杨瑞平理事长在基层入户了解残疾人精准扶贫“回头看”工作推进情况

2016年1月7日，全区残疾人工作会议暨自治区残联第六届主席团第四次会议在呼和浩特市召开

杨瑞平理事长向残疾人农牧户了解生产生活中的困难和问题

杨瑞平理事长在残疾人开办企业调研

2015年11月10日，北京市残联对口支援内蒙古残疾人工作合作协议签字仪式在呼和浩特市举行

2015年11月16日，自治区残联与国际蒙医医院举办合作建设内蒙古自治区残疾人康复医疗中心协议签字仪式

2015年5月11日，全区残疾人就业工作现场会在巴彦淖尔市召开

内蒙古自治区残疾人联合会

水路口岸

天池

杜鹃盛开

白浪峰晨曦

不冻河

全区国税事业迈上新台阶 助力打造北疆亮丽风景线

内蒙古自治区国家税务局
党组书记、局长 张社安

回眸“十二五”，内蒙古国税局在自治区党委、政府的正确领导下，紧紧围绕“提升站位、依法治税、深化改革、倾情带队”的工作主线，攻坚克难，改革创新，各项工作取得新的成绩，为自治区经济社会发展提供了重要的财力保障，为自治区打造北疆亮丽风景线作出积极贡献。

一、“十二五”期间主要工作成效

（一）提升站位，全力服务经济社会发展大局

五年来，全区国税系统累计完成税收收入5002.9亿元，较“十一五”增加2296.3亿元，翻了近一番。落实西部大开发、高新技术产业、促进小微企业发展等各项税收优惠政策减免税收减免税款425.3亿元，办理出口退（免）税101.6亿元，推动发展方式转变和民生改善。坚持以税资政、以税辅政，积极发挥参谋作用，为自治区党委、政府提供政策建议30余项，得到自治区领导充分肯定。“十二五”期间，累计获得国家级、省部级领导的肯定性批示50余件次，动态清样刊载19件次。

（二）依法治税，深入推进税收法治建设

认真贯彻税务系统推进依法行政五年规划，完善落实规范性文件制定管理、行政复议和法律顾问等基础性制度。制定税收规范性文件63件，清理失效税收规范性文件218件。出台税务行政处罚裁量权实施办法、税务行政处罚裁量基准和重大税务案件审理规范。落实税收执法责任制和依法行政综合考核机制，加大了风险防控和监督制约。全区国税系统6个单位被命名为“法治税务示范基地”。积极推行“黑名单”制度，实施联合惩戒。深入开展稽查检查，五年共检查纳税户5381户，查补入库税款100.1亿元。联合查办了“4.08”、“10.09”、“12.12”等一批发票违法犯罪大案要案，查处假发票110万份，查补收入2.67亿元，积极开展打击骗取出口退税工作，维护了税收秩序。

全区国税系统党风廉政建设工作会议现场

（三）深化改革，推动国税事业创新发展

实施“3+2”模式税收专业化管理试点，取得有益经验。出台税收风险管理战略规划，全面实施税收风险管理“一体化”，累计查补税款22.86亿元。圆满完成金税三期优化版上线试点工作，2015年1月8日在全国率先实现全区、全岗、全量和全业务上线运行。全面推广增值税发票管理系统升级版，覆盖近10万户纳税人。配合工商、质检部门，稳步推行“三证合一”。积极推进委托邮政代征税款、代开发票业务，设立邮政“双代”网点246个。建设税收数据综合利用平台，发挥数据“金山银库”效益。

（四）优化服务，着力提升行业良好形象

统筹推进纳税服务、税收征管、出口退（免）税和国地税合作等“四个规范”，切实做到前台“放得开”、后台“管得住”，服务“跟得上”。深入推进“便民办税春风行动”，开展了“春满草原 税系万家”、领导干部当“三员”等主题活动。出台便民办税措施73项，取消进户执法项目29项。纳税人满意度2014-2015年连续两年名列全国第7位。着力打造纳税服务“四大品牌”，12366服务热线受理来电122万通；建成134个标准化实体办税厅；23万户纳税人全面应用网上办税；“同心桥”纳税人学堂培训纳税人16万人次。内蒙古银税互动服务平台正式上线运行，中央电视台新闻联播予以报道。

（五）倾情带队，不断夯实基层建设基础

近年来，新招录公务员2219名全部充实到旗县局，补充了基层征管力量。加大干部教育培训和专业化人才培养力度，与高校联合培养研究生学历人员86人，30人入选总局专业人才库，2人入选全国税务系统领军人才。提任、调整处级领导干部249人次，15名干部晋升副厅级职务。通过置换、新建和维修改造，投入资金3.38亿元，改善了基层办公条件和生活环境。开展了“1155”创先争优活动，形成了比学赶超、创先争优的良好氛围，展现了国税干部良好精神风貌。扎实推进规范津补贴政策落实，有序实施公务员职务与职级并行

制度，基层干部的获得感进一步增强。

（六）文化引领，凝聚干事创业强大动力

在全系统大力开展“书香国税”建设，创办《蓝色高原》季刊，开展了“我身边的好税官”系列评选和“尽责圆梦 美在基层”先进事迹巡回报告等，弘扬主旋律，传播正能量。持续加大精神文明建设力度，全系统建成全国文明单位15个，全区文明单位标兵68个，全区文明单位52个，全国青年文明号13个，自治区青年文明号71个，全国巾帼文明岗11个。1名同志被中央文明委评为敬业奉献“中国好人”，22名同志荣获省部级以上荣誉。积极推进廉政文化建设，建成全国税务系统廉政教育基地1个，被地方各级党政机关命名的廉政教育基地、廉政文化示范点和廉政风险防控基地104个。内蒙古税务干部学校被命名为全国税务系统廉政教育基地。内蒙古国税局多次取得政风行风评测第1名好成绩，有力提升了国税部门良好形象。

（七）转变作风，打造廉洁高效干部队伍

连续5年在全系统开展“反腐倡廉宣传教育月”活动。认真落实惩防体系建设规划，制定实施了党组工作规则、党风廉政主体责任和监督责任实施办法，进一步明确了任务，规范了决策，压实了责任。采取“制度+科技”创新反腐倡廉手段，成功上线运行税收风险与内控管理系统，实现内控信息化全覆盖。严格落实中央八项规定精神，强化“两权”运行监督。深入贯彻执行《巡视工作条例》《纪律处分条例》和《廉洁自律准则》，对25个单位开展巡视检查，发挥了巡视利剑和尖兵作用。整合干部监督资源，形成绩效考核、人事考察、巡视检查、纪检监察、督察内审的监督合力。

二、奋力实现国税科学发展新成就

2016年，内蒙古国税局深入落实总局要求部署，精心筹划，统筹布局，牢固树立并自觉践行创新、协调、绿色、开放、共享发展理念，将深化改革和依法治税贯穿于抓收入、强征管、优服务、提素质、严作风、促发展等工作全过程，奋力实现全区国税事业发展新成就。

（一）全力以赴抓好组织收入工作

向创新机制要收入。创新税收风险分析机制，特别是要集中开展行业风险分析和大企业、高收入高净值纳税人风险分析，防范税收流失。向堵塞漏洞要收入。逐个税种、逐个行业、逐个地区分析征管漏洞，制定堵漏增收措施。开展征管潜力评估，强化“三证合一”后续管理。向科技手段要收入。用好增值税发票管理系统升级版，实现所有发票的网络化运行，高效防范税收流失。向打击涉税违法要收入。认真落实随机抽查制度，普遍推行定向稽查，依法查处税收违法行为，打击出口骗税。向税收共治要收入。加强与财政、工商、银行、地税等多部门配合，实现信息交流、交换和共享，提高组织收入的预见性和精准性。

税务人员深入企业，帮助和辅导税收政策

（二）积极支持大众创业、万众创新

全面落实现行各项结构性减税和税收优惠政策，抓好减免税落实和政策效应分析、跟踪问效。全面落实减税减负政策，规范和加强减免税管理，全力抓好西部大开发、高新技术产业、资源综合利用、提高征收起征点、促进小微企业发展等税收优惠政策落实，做好“应享尽享”，扶持相关产业发展。用好用活用足结构性减税政策，力促供给侧改革。

（三）深入推进税制和征管改革

全面推开营改增改革试点，统筹推进建筑业、房地产业、金融保险业和生活服务业近27万户纳税人全部实施营改增。持续加强“营改增”行业后续管理，促进税制平稳过渡。推进消费税政策改革。积极推进和贯彻落实成品油、卷烟等消费税改革政策。按照中央关于深化国税、地税征管体制改革要求部署，扎实推进各项改革任务落实。

（四）全面推进依法治税

认真落实税收执法权力清单制度，及时做好梳理和对外公布。加大税收执法督察力度，深入落实税收执法责任制。严格落实《重大税务案件审理办法》，完善集体审议制度，提高审理质效。完善税务行政裁量权基准制度。继续推进税务行政审批制度改革，进一步减少税务行政审批项目，取消非行政许可审批类别。落实好纳税信用管理办法与税收“黑名单”制度。

（五）持续优化纳税服务

全面实施纳税服务规范，全面推进“三证合一、一照一码”，推动涉税业务“跨区协办”“同城通办”。积极推进银税互动，建立促进诚信纳税机制，拓展银税互动服务平台功能，扩大银税合作覆盖面，助力小微企业发展，培植涵养税源。创新纳税服务机制，完善12366纳税服务平台，提升服务质效。加强办税服务厅建设，健全纳税服务投诉机制，自觉接受纳税人和社会各界监督。

组织彩民、业主参加"走近双色球"活动，见证福利彩票"公平、公开、公正、公信"

福彩公益金资助兴建的呼和浩特市儿童福利院

自治区政府副主席白向群（中）在民政厅厅长兰恩华（右）的陪同下，到自治区福彩中心检查指导工作。

巴彦淖尔市福彩中心慰问边防官兵

来自山区的贫困学子受到内蒙古福彩公益金的资助

自治区福彩中心连年利用福彩公益金开展春节送温暖活动，全区12000余户特困家庭得到了价值610万元的慰问物资

开展"福彩文化行 大奖等你赢"活动弘扬福彩文化，提升福彩美誉度

自治区福彩中心连年开展捐资助学活动，利用福彩公益金600余万元捐助2400余名贫困大学生圆梦大学

小麦新品种“农麦4号”

配套技术示范推广玉米新品种“内单314”

奶牛高效养殖

牧科1号杂花苜蓿

油用向日葵新品种“内葵杂4号”

巴美肉羊种公羊

保护性耕作玉米茬积雪效果

内蒙古自治区农牧业科学院

蒙啤麦1号成熟期

中国邮政
CHINA POST

中国邮政集团公司内蒙古分公司

【概况】 中国邮政集团公司内蒙古自治区分公司是中国邮政集团公司所属的国有大型通信企业，下辖12个盟市分公司，6个专业局，5个直属单位。全区邮政忠实履行普遍服务义务，加快企业转型创新步伐，为全区各级党政部门、企事业单位和人民群众提供了全方位、多角度的综合性服务。2015年，为主动适应经济新常态，构建企业新的比较优势和竞争优势，内蒙古邮政分公司党组确立了“用户满意、企业增效、员工增收”的转型目标和“以网点转型为切入，带动产品转型，推动专业转型，实现企业整体转型”的转型路径，全年实现业务收入17亿元，增幅6.56%，列全国第22位。

【体制改革】 2015年5月1日，经中华人民共和国财政部批准，中国邮政集团公司吸收合并全国31个省邮政公司,新设立31个省邮政分公司，中国邮政集团公司内蒙古自治区分公司正式对外运营。吸收合并之后，中国邮政集团公司承继合并前中国邮政集团公司和原内蒙古邮政公司各自拥有和承担的全部资产、负债、业务、人员、合同和其他一切权利和义务，并依照国家有关法律法规继续经营，原内蒙古邮政公司的债权债务由中国邮政集团公司内蒙古自治区分公司全部承接。

【基础管理】强化信息技术工作，为保证金融、邮务、管理类共83套系统稳定运行，全年组织系统升级133次，排除较大故障35次，较2013年下降37.5%。加强安全管控，开展元旦、春节及两会、大阅兵、国庆等期间的安全服务大检查，组织消防、枪支、保安值守、网点改造、安防设施建设和外包押送款安全情况的检查活动，保证了全区邮政企业安全稳定运行。狠抓服务提升，组织两岗履职检查，开展营业网点服务环境综合整治以及营投服务质量暗查暗访活动，通过整改落实，使全区邮政服务质量稳步提升。

【建设投资】 2015年完成建设投资1.78亿元，其中投资4677万元完成呼和浩特邮区中心局邮件处理中心工艺设备及配套土建改造；投资2884万元进行营业和投递网点改造；投资2429万元购置CRS/ATM设备；投资1100万元购置投递汽车、电动三轮车和投递手持终端设备等项目，通过重点向生产、营投等方面的倾斜，进一步提升了核心能力建设对生产经营的支撑力度。

【网运改革】 为进一步优化区内网络组织改革，落实快递包裹运营标准，新组开19条区内干线汽车邮路，调整了7条区内干线汽车邮路运行计划，进一步强化各级邮路之间、内部作业和邮件运输之间的衔接，中西部地区的出口时限加快一天，全区66%的旗县出口邮件时限较调整前加快。全面实施网运流程再造，对呼和浩特邮区中心局进行工艺改造，日处理能力达到15万件，实现了流水化作业。“双11”高峰期邮件处理日峰值达9.02万件，是上年最高日处理量的2.37倍，仍保持平稳运行。

【投递改革】 在全区12个盟市邮政分公司实施投递计件薪酬改革，采用以“底薪+计件”或“无底薪”的绩效分配方式，全区投递员年收入较改革前平均提高24%，调动了一线员工的积极性，稳定了投递队伍。出台快递包裹改革投递实施方案和实施细则，优化业务流程，在包件投递量增长55%的情况下，保证了投递质量指标达标。

【忠实履行普遍服务义务】 为了保障边远农村牧区人民群众的基本通信权利，并实现村村通邮政的目标，内蒙古邮政忠实履行普遍服务使命。认真落实国家发改委和国家邮政局关于进一步做好空白乡镇邮政局所补建工作的指示，截至2015年底，全区146处补建局所已全部完成，全区分布在农村牧区的网点924处，基本满足了边远农村牧区人民群众的用邮需求，确保了党和政府的政令畅通。党报党刊发行方面，按照自治区党委宣传部对重点党报党刊发行的要求，进一步加大征订力度，基本覆盖了各盟市旗县和大部分乡村嘎查。特殊服务方面，机要通信、义务兵免费信件、盲人读物和革命烈士遗物的免费寄递等特殊服务水平和质量进一步提升。

【国税“双代”业务】 内蒙古邮政企业充分发挥遍布城乡的邮政网点优势，致力于打造通政、通商、通民的综合便民服务平台，与自治区国税局合作开发了“代征税款、代开发票”的国税“双代”项目，全区269个邮政网点累计代收20.97万笔，代征税额1.05亿元。有效拓展了税务部分便民办税渠道，强化了零散税收征管能力，缓解了办税服务厅工作压力和征管人力资源不足等问题，同时也有效解决了服务广大零散纳税人“最后一公里”问题，节约了他们的办税成本和时间。

【人才战略】 抓好专业人才队伍建设。完善技师考评模式，有10人被评为储汇业务技师；招聘金融保险、电子商务、信息技术等专业高校毕业生185人，与石家庄邮电职业技术学院通过订单引入38人；有7人通过考试调入区分公司机关工作。加大人才交流培养力度，选派13名后备干部、业务骨干和没有基层工作经历的高校毕业生到基层锻炼，加快人才成长步伐。持续开展分层分类教育培训，全区共举办各类培训班378期，培训45589人次，是培训班次和人数最多、培训层面最广的一年,全面提升了干部员工队伍整体素质。

【便民惠民服务】 以为民、优质、便利为宗旨，以促进基本公共服务均等化为目标，为广大城乡居民提供包括金融服务、信息服务、文化服务和寄递服务等服务为主体的综合性便民惠民服务。2015年新建的便民服务站1407处，农村网点覆盖率达到37.56%。到2015年底，累计建成8249个便民服务站网点，城乡覆盖率达到70%，点均服务城乡居民2617人，可实现代收代缴农电、通讯等各类公共服务费、助农取款、报刊订阅、邮件代揽代投以及代售火车票等10多类便民惠民基础服务，在全区86个旗县实现了助农取款服务，有效地满足了农村牧区末端服务需求。

【健全完善党建体制机制】 成立了内蒙古邮政分公司党建工作领导小组，制定《党建工作领导小组工作规则》。进一步健全和完善党组中心组学习制度、“三会一课”、支部组织生活会、领导干部双重组织生活制度，2015年全区各级邮政企业共组织中心组学习149次；42名各级党组班子成员参加了双重组织生活会；全区邮政共开展党课教育45次，累计参加5400余人；各级党支部组织理论学习共计2100余次。

强化基层党组织建设，对全区邮政254个基层党组织建设情况和党员队伍情况进行摸底调查，调整和选配了支部班子不健全的11个党支部；对因工作调整而空缺的3个单位党组织书记及时配齐，调整了24名没有履行党建工作“一岗双责”的党组织书记；及时设立符合条件的4个党支部，确保了基层党组织覆盖率达到100%。严格发展程序，重视积极分子队伍的培养，全区邮政共发展新党员55名，3232名在岗党员中35岁以下党员占16.6%，大专以上学历党员占74%，党员队伍结构进一步优化。

【开展“三严三实”专题教育】 全区邮政企业各级党组织分别开展三个专题的学习研讨，全区三级副（副处级）以上领导干部撰写心得体会330篇。开展基层党组织书记讲党课45次，参加5400余人；270名基层党组织书记进行了网络和集中培训。

【和谐企业建设】 严格推行职代会制度，积极推进局务公开，维护员工知情权、监督权。开通“工会主席信箱”，畅通员工诉求渠道。开展扶贫助困活动。筹集送温暖资金144万元，慰问了916户员工；筹集37.75万元帮助265名困难员工子女圆了大学梦；面向基层员工子女定向招聘21人。修订了《重病互助保障实施办法》和《女员工“特病”医疗互助保障暂行办法》，每年企业注资由20万元增至30万元，工会注资20万元，补偿标准从1.5万元提高到2万元，新增4项保障病种和参保金退还机制，为23名患病员工发放补偿款46万元。持续推进职工小家建设。全年总投资350万元，建设面积7370平方米，创建了12个“模范职工小家”示范单位。

美丽发展、科学崛起、共享繁荣
——呼伦贝尔市

马爬犁

在鄂伦春调研产业发展

在阿荣旗调研产业发展

在莫旗调研脱贫攻坚

民族文化传承——桦树皮手工艺课堂

现代化挤奶厅

鄂伦春冬捕

风力“吹出”清洁能源

中国·海拉尔第十一届中俄蒙经贸洽淡暨商品展销会

教育均衡工作成效显著

铺设自来水管道85公里，解决了9个村3.2万人的安全饮水

春机盎然的海拉尔区奋斗镇农业发展园区

村容村貌彻底改观，城乡一体化发展格局基本形成

日新月异、生态宜居的城市——海拉尔

日新月异的城市建设，生态宜居功能凸显

辉煌“十二五” 展望“十三五”

——鄂温克旗经济社会发展五年记

鄂温克旗人民政府旗长 色音图

一、“十二五”时期经济社会发展回顾

“十二五”时期，是全旗经济社会发展接续跨越、持续提升的重要时期。五年来，旗人民政府团结带领全旗各族人民，认真执行上级党委政府和旗委各项决策部署，准确把握旗情、科学谋定目标、奋力抢抓机遇、合力攻坚克难，全旗经济社会实现了健康、持续、全面、和谐发展，续写了新的发展篇章。

（一）“十二五”时期是全旗发展思路更加清晰的时期

五年来，我们正确认识和把握综合战略机遇期，紧密结合旗情实际，提出了“建设县域经济强旗和全国民族团结进步示范旗”“构建富裕文明和谐幸福鄂温克”等一系列奋斗目标，发展的方向更加明确、思路更加清晰。围绕各阶段奋斗目标，全旗上下始终坚持经济建设“一个中心”，强化投资和项目建设“两轮驱动”，在更高层面上推动“三次产业”同频互促，突出生态环保、社会民生、民族团结、城乡统筹“四个重点”，全力推进“五大基地”建设，全旗呈现出经济总量不断扩大、投资和项目累积效应凸显、城乡面貌日新月异、生态环境持续改善、民族团结基础夯实、百姓安居乐业的大好局面。自治旗先后被授予“全国科技进步先进县”“国家级计划生育优质服务先进旗”“全国基层中医药工作先进单位”“全国文明旗县城”“全国民族团结进步创建活动示范旗”等一系列荣誉称号，被农业部认定为“第二批国家现代农业示范区”，顺利通过了环保部“全国生态旗”评估验收，通过了文化部“全国文化先进县”复验。

（二）“十二五”时期是全旗综合经济实力显著增强的时期

五年来，我们主动适应宏观经济发展形势，积极顺应国内经济发展趋势，不断创新县域经济发展模式，全旗地区生产总值由2010年的65.2亿元增加到2015年的112亿元，年均增长11.4%，增长了1.7倍，创历史最好水平。人均GDP由2010年的45130元增加到2015年的78916元，连续五年超过全市、全区和全国平均水平。五年累计完成限额以上固定资产投资298亿元，是“十一五”时期的1.1倍，经济发展后劲显著增强。地方财政总收入和地方财政支出分别由2010年的14.3亿元和11.7亿元增加到2015年的21.1亿元和21.7亿元，分别增长了1.5倍和1.8倍，经济发展的贡献率不断提升。金融机构各项存款余额由2010年的49.7亿元增加到2015年的68.8亿元，增长了1.4倍。城镇常住人口人均可支配收入和牧区常住人口人均可支配收入分别由2010年的13855元和9067元增加到2015年的25200元和17646元，年均增长12.7%和14.2%，人民生活水平得到极大提升。

（三）“十二五”时期是全旗经济结构进一步优化的时期

三次产业结构优化为7.2：68.2:24.6。工业经济提质提效，规模以上工业企业发展到15户，工业总产值由2010年的75.3亿元增加到2015年的102.7亿元，年均增长6.5%，增长了1.4倍；工业增加值由2010年的36.8亿元增加到2015年的68亿元，年均增长13.1%，增长了近2倍。工业产业结构由能源主导型向新型工业和农畜产品加工业等多元化方向转变。农牧业转型升级步伐加快，乳肉草三大产业和特色马产业健康发展，逐步形成了“两区四带”的产业化格局，农牧业产业化龙头企业发展到13家，牧民专业合作组织发展到467个，有效促进了牧区和牧业发展。第三产业对国民经济的贡献度不断提高，第三产业增加值由2010年的17.2亿元增加到2015年的27.5亿元，年均增长9.1%。旅游业长足发展，五年累计接待游客226万人次，实现旅游总收入26.7亿元。商贸物流、餐饮娱乐等现代服务业健康发展，社会消费品零售总额由2010年的8.5亿元增加到2015年的15.9亿元，年均增长13.3%。巴彦托海经济

技术开发区初具规模，入驻企业达到70家，总产值由2010年的3.1亿元增加到2015年的15.2亿元，增长了5倍；五年累计上缴税金1.25亿元、完成固定资产投资27.3亿元。

（四）“十二五”时期是全旗发展基础更加坚实的时期

五年来，编制完成了新一轮旗域体系规划和4个镇的控制性详细规划和城市设计，巴彦托海镇建成区控制性详细规划覆盖率达到100%。五年累计投入资金47.5亿元，启动了一大批经济适用房、廉租房、房地产开发建设及城镇给排水、垃圾处理、供热供气、城镇道路改造等重点建设项目，累计开发建筑面积241.8万平方米，进一步拉大了城市框架，完善了城市功能。市政管理水平不断提升，五年累计新增城市绿地面积8.6万平方米，城区绿化覆盖率达到27%。一批重大基础设施项目顺利实施，五年累计投入资金3.1亿元，完成红花尔基—特莫呼珠嘎查等13条公路建设项目，新改建公路里程315公里，实现了“以线带点、干支结合、内联外通”的区域交通格局。五年累计投入资金1.1亿元落实牧区饮水安全和节水灌溉项目，惠及更多牧区群众。累计投入资金2.6亿元，实施草原禁牧、休牧、划区轮牧、草畜平衡，草原生态得到有效保护。扎实开展防沙治沙工作，全面实现了“全国无沙害旗县”目标。

（五）“十二五”时期是民生改善取得丰硕成果的时期

民生德政工程深入实施，五年累计财政民生支出达77.1亿元，占财政总支出的88.8%。积极就业政策有效落实，五年累计实现城镇新增就业8187人，失业人员再就业2406人，转移牧区劳动力就业511人，就业困难人员再就业1684人，城镇登记失业率控制在4%以内。社会保障水平不断提升，鄂温克旗被自治区确定为第一批新型农村社会养老保险试点旗县，于2012年实现养老保险全覆盖。医疗保险范围逐年扩面，网银支付、外转治疗逐步放开，政策惠及更加全面。保障性住房建设不断加强，五年累计投资16亿元，新建保障性住房8729套，总建筑面积63.8万平方米。新增财政支出400余万元提高了牧区低保标准，率先在全市实现“城乡低保一体化”。城乡社会救助提标扩面，建立了社会救助和保障标准与物价上涨挂钩联动机制。建立了城乡医疗救助“一站式”即时结算平台，城乡医疗救助取消了病种限制，最高救助金额达到1万元。困难群体基本殡葬服务费减免政策全面落实。救灾救助能力稳步提升，旗救灾物资储备库等重点项目建成使用。人口较少民族发展项目稳步实施，五年累计投入资金7878万元在45个嘎查（居委会）、8个合作社实施215个发展项目，人民群众的获得感不断提升。

二、“十三五”时期经济社会发展任务

“十三五”时期，是转变经济发展方式的关键期、全面深化改革的攻坚期、全面建成小康社会的决胜期。今后五年，必须坚持发展第一要务，紧紧抓住调结构、转方式这条主线，坚持创新、协调、绿色、开放、共享发展理念，向改革要动力，适应、把握和引领经济发展新常态，努力开创自治旗经济社会发展新局面。为此，我们要突出抓好以下几项工作：一是更加注重经济发展的质量和效益，进一步扩大有效投资，加大对非资源产业、战略新兴产业、现代服务业及高新技术等领域的投入；二是更加注重基础设施建设，统筹规划，有序推进，加快构建现代基础设施网络，增强全旗经济社会发展的支撑保障能力；三是更加注重推进农牧业现代化，加快转变农牧业发展方式，发展多种形式适度规模经营，促进一二三产业融合发展，走产出高效、产品安全、资源节约、环境友好的农牧业现代化道路；四是更加注重推进工业转型升级，进一步延长资源型产业链条，发展非资源型产业，构建现代工业新体系；五是更加注重发展现代服务业，坚持生产性服务业和生活型服务业并重，现代服务业与传统服务业并举，推动服务业与现代产业有机融合；六是更加注重壮大市场主体，积极培育壮大各类投融资建设主体，打造新优势，实现可持续发展，支持各类市场主体发展壮大；七是更加注重创新发展，深入实施创新驱动发展战略，加快形成以创新为主要支撑的经济体系和发展模式，促进经济增长由主要依靠资源消耗向主要依靠科技进步、劳动者素质提高、管理创新转变；八是更加注重协调发展，坚持城乡一体、区域协同，在协调发展中拓宽空间，在加强薄弱环节中增强发展后劲。

阿荣旗深入推动农工贸旅立体产业发展 全面开创岭东强旗建设新局面

阿荣旗人民政府旗长　冯方祥

阿荣旗人民政府旗长　冯方祥

阿荣旗地处呼伦贝尔市东南部，全旗总面积1.36万平方公里，辖8个建制镇、4个少数民族乡、7个地方林场和2个国营农场，共有148个行政村，总人口32万。境内资源富集,有天然优质草牧场234.7万亩，林地面积892万亩，全旗耕地面积470万亩，是全国441个优质商品粮基地、自治区5个大豆主产区之一和全区最大的柞蚕生产基地，常年粮食生产能力40亿斤，素有“粮豆之乡”“肉乳故里”“绿色宝库”的美誉。交通便捷，301国道、111国道和省际大通道贯穿全旗，绥满高速公路和阿扎铁路建成通车，阿莫铁路和那吉屯至尼尔基一级公路开工建设，通用机场主体完工。移民文化兼收并蓄，既是山东人民闯关东的最后一站，也有“第二庄河”之称。红色文化底蕴深厚，是东北抗日联军三进呼伦贝尔的主战场和英雄王杰的故乡，2009年5月被自治区人民政府认定为革命老区。近年来，先后荣获全国国土资源节约集约利用模范旗、全国休闲农业与乡村旅游示范县、全区生态宜居县城示范旗等自治区级以上荣誉89项。实现了全国文明县城、全国文明村、全国文明单位，精神文明创建国家级荣誉大满贯。2015年，全旗地区生产总值完成159.5亿元，是2010年的1.8倍，五年年均增长12.12%；固定资产投资完成107.89亿元，是2010年的1.6倍，年均增长9.26%；社会消费品零售总额完成32.55亿元，是2010年的1.9倍，年均增长13.55%；规模以上工业总产值完成118.9亿元，实现利润5.6亿元，分别增长2倍和3.7倍；公共财政预算收支分别完成5.54亿元和29.2亿元，是2010年的2.3倍和2.1倍，年均增长17.66%和15.63%。

一、十二五时期县域经济发展情况

“十二五”时期，是阿荣旗发展历史上很不平凡的五年。在自治区党委、政府和市委、市政府的坚强领导下，集中力量办成了一系列打基础、谋长远、促发展的大事，解决了一系列惠民生、促和谐的难事，顺利完成了“十二五”规划确定的目标任务，实现了打造呼伦贝尔市岭东强旗顺利开局。

（一）谋划实施“2211”发展战略，农工贸旅立体产业化成效显著，经济结构转型升级取得重大进展

五年来，阿荣旗从欠发达民族地区旗情出发，打造“5112”发展平台，提出“2211”发展战略，驱动“两轮”，谋划“双翼”。实施重大项目104个，其中农业产业化项目27个，规模以上工业项目38个，旅游项目4个，商贸物流项目35个，三次产业要素深度融合，第一产业产品进入二产加工增值，进入三产流通富民，粮经饲统筹，农林牧渔结合，种养加一体，实现了生产链条的环环相扣、闭合运行。三次产业结构由38:38:24演进为30:45:25，初步形成了多元发展、多极支撑的产业格局。一是在农业方面，建成万头肉牛育肥基地2个、牲畜交易市场1个、养殖小区132个，发展养殖示范户120个、养殖大户1220个。牧业年度牲畜存栏由361.1万头只增加到459.6万头只。呼伦贝尔肉业集团成功组建，三年实现产值60亿元，成为国家农牧业产业化重点龙头企业。同步实施了兴源肉联30万只肉羊加工等项目，形成了肉产业发展集群。二是在工业方面，着力增加新动能，发展新技术产业，实施了蒙天源生物科技黑木耳综合加工、双娃乳业豆粉生产线及乳品终端粉生产线技术改造、金昌茧丝绸等项目。50兆瓦光伏发电、蒙西低温余热电站二期等新能源项目和沐禾节水灌溉设备制造等装备制造项目，有效提升了工业经济要

素组合集中度。三是在贸旅方面，岭东农产品物流园、荣盛置业商贸物流综合体、康辰冷链物流、远通汽车物流园等商贸物流项目贯通一二次产业，累计完成投资21亿元，实现产值137亿元。实施了仙人洞旅游度假山庄、圣源休闲度假山庄等休闲旅游项目，新发朝鲜族民俗馆、阿荣旗鄂温克民族民俗博物馆等项目有力拉动了休闲旅游度假型经济成长，五年累计接待旅游人数503万人次，旅游总收入33.91亿元，年均分别增长15.45%和17.8%，经济增长的潜力正日益转化为现实。

（二）着力破解体制机制障碍，各项改革全面推进，发展动力活力不断增强

全国农村改革试验区稳步推进，农民股份合作赋予农民对集体资产股份权能改革启动实施。全区首批扩权强县改革试点，争取到自治区赋予扩权强县改革试点权限111项。农村土地确权登记任务基本完成，规范流转土地261万亩，组建农民专业合作社1612家，培育家庭农牧场112家。旗政务服务中心建成投入使用，进驻审批服务事项397项。

（三）基础设施日臻完善，副中心城市地位日益巩固，农田水利基础设施建设实现新跨越

阿莫铁路、阿扎铁路货场开工建设，阿莫一级公路阿荣旗段建成通车，阿荣通用机场当年开工当年主体建成。新建通村水泥路6条、33公里，实施乡村街巷硬化318公里。实施农田水利项目6个。晓奇子水利枢纽工程及下游配套生态旅游、现代农业项目高标准设计、高水平招标。

（四）新城建设与旧城改造同步进行，城乡协调发展水平显著提高，城乡面貌焕然一新

城建项目完成投资20.87亿元。启动实施了河西新区建设，新区“三纵六横”路网框架已经形成。社会事业集聚区、教育园区初具规模，新区养老院、阿伦中学、旗一中建成投入使用。旧城改造同步跟进，建成保障性住房6.3万平方米。植树30万株，移植大树3400株，绿化覆盖面积达到595.23万平方米。“十个全覆盖”工程全面推进，完成148个行政村中心组建设任务，267个新开工较大自然村完成工程量60%以上。

二、“十三五”时期发展的目标任务

“十三五”时期，阿荣旗将围绕“四个全面”战略布局，牢固树立创新、协调、绿色、开放、共享五大发展理念，认真落实自治区“8337”发展思路，主动适应经济发展新常态，加快供给侧结构性改革，转换发展动力，突出一二三次产业要素融合发展，促进农工贸旅立体产业化，加快推进“2211”发展战略，着力建设实力阿荣、富裕阿荣、美丽阿荣、文明阿荣、和谐阿荣。全旗主要经济指标在2015年的基础上翻一番，实现再造一个阿荣的总目标。到2020年，全旗地区生产总值达到320亿元，年均增长14.9%以上。在农牧业产业化方面，实施“两个1，双50”工程，每亩地一只羊，每垧地一头牛，畜牧业和种植业产值均达到50亿元。农畜产品加工转化率达60%以上，年产值达到200亿元，其中呼伦贝尔肉业集团产值达到120亿元。新型建材、新能源、装备制造业年产值达到100亿元。商贸物流业和休闲旅游业年产值均达到50亿元。全社会固定资产投资达到220亿元，年均增长15%以上。公共财政预算收入达到11亿元，年均增长14.9%。一是加快发展现代农业。坚持“两保、三稳、两协调”，即保粮、保薯，稳定杂粮、水稻、中草药水平，促进蔬菜生产与消费、饲草生产与畜牧养殖协调发展，努力做到“三个坚持、三个突破”。坚持科技引领，力争在创新发展上取得新突破，力争主推品种和主推技术覆盖率达到80%，农业科技进步贡献率达到57%。坚持效益为重，力争在协调发展上取得新突破，牧业年度牲畜存栏达到656万头只。农作物播种面积稳定在471万亩，其中水稻种植面积达到100万亩。坚持生态为先，力争在绿色发展上取得新突破，主要农畜产品绿色有机率达40%以上。二是加快工业转型升级。重点抓好沐禾装备制造、乳业终端粉、大豆及马铃薯深加工、黑木耳加工和肉业集团150万只肉羊深加工及2万吨冷链物流等项目，打造全国重要的绿色农畜产品加工输出基地。三是大力发展旅贸产业。实施10平方公里商贸物流园区、冷链仓储物流等项目，建设电子商务产业园1个、创业孵化基地4个、示范企业10家、网店及农村服务站400家。抓好库伦沟休闲产业基地、查巴奇彩虹谷等项目建设，全力做大做强全国休闲农业与乡村旅游示范县品牌。

展望阿荣未来，前景无限美好！我们将紧密地团结在以习近平同志为总书记的党中央周围，在自治区党委、政府和市委、市政府的坚强领导下，团结带领全旗各族人民，万众一心，矢志奋斗，共同描绘高水平全面建成小康社会的美好蓝图，在中国特色社会主义道路上书写阿荣大地“十三五”的宏伟篇章；书写我们对党和人民新的奉献与忠诚！

中国最佳休闲小城——阿荣旗

旗长冯方祥指导产业发展

农村改革如火如荼

阿伦中学

阿荣旗城市建设

呼伦贝尔肉业
集团加工车间

阿荣旗鄂温克博物馆

蒙西水泥公司

阿荣旗王杰广场

自治区级爱国主义教育基地
——抗联英雄园

塞外江南东光村

全国文明城市、中国优秀旅游城市、CCTV十佳魅力城市——满洲里

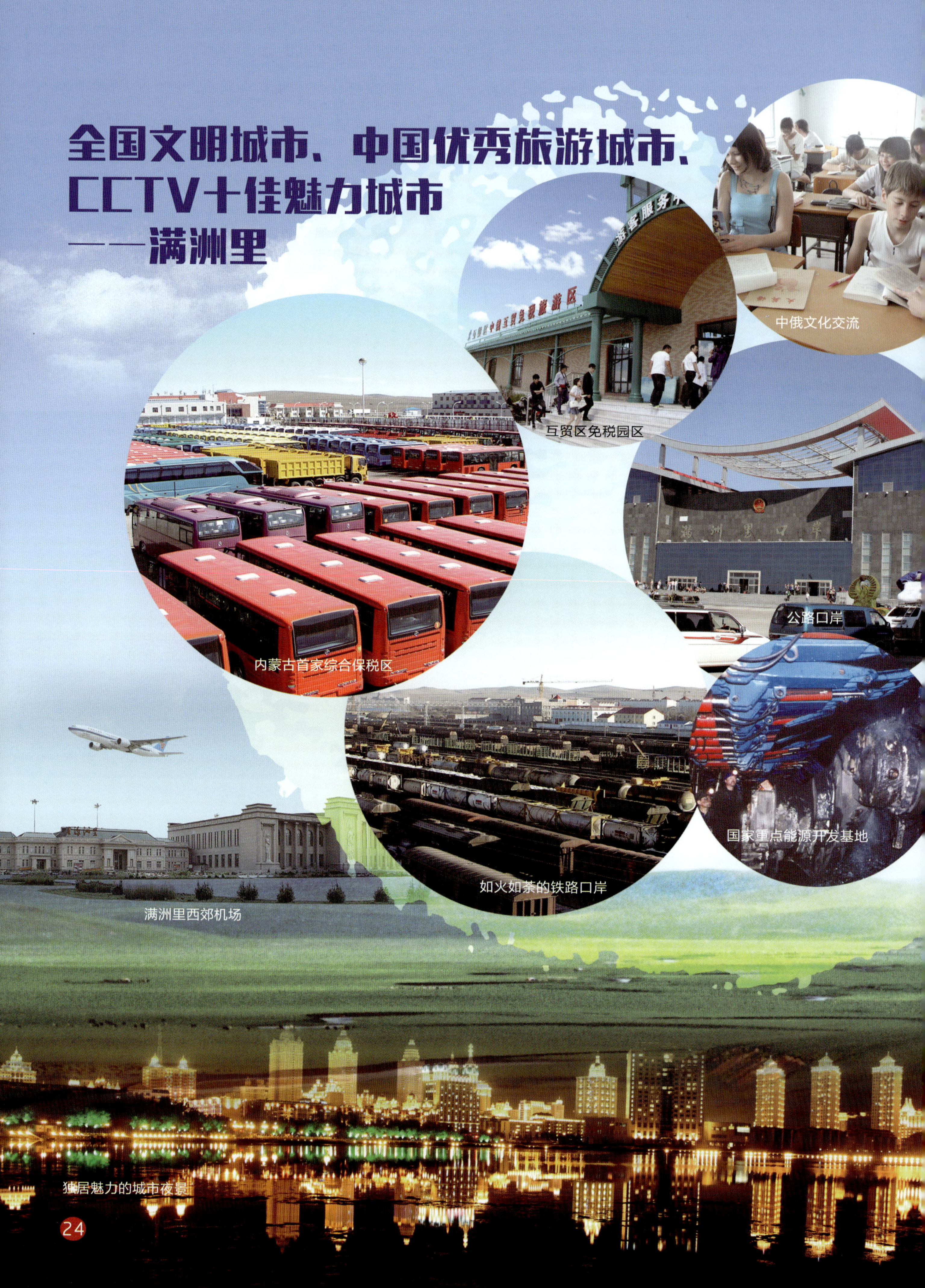

中俄文化交流

互贸区免税园区

内蒙古首家综合保税区

公路口岸

国家重点能源开发基地

如火如荼的铁路口岸

满洲里西郊机场

独居魅力的城市夜景

把握新常态 实现新作为 奋力开创阿拉善新局面

西班牙艺术花园

全盟巡回观摩检查组参观“十个全覆盖”已建成的居民住宅房，总结经验，查找差距

盟委副书记、盟长冯玉臻同志深入幼儿园调研

盟委副书记、盟长冯玉臻详细了解卫生检测设备配备情况

盟委副书记、盟长冯玉臻，盟委副书记杜隽世在国营巴音毛道农场调研

校园文化长廊

优先重点发展民族教育

北疆要道——策达一级公路

雪雕

秀美兴安

开雪节

少奇主席纪念林

休闲广场雕塑

晨练的老人

牙克石市
——“林海明珠”之美称

城市建设

富饶美丽之地——霍林郭勒市
霍林郭勒市
霍煤车轮制造业
霍林郭勒工业园
霍林郭勒市教育
霍林郭勒市广场
可汗山

众志成城、扬帆追梦、天骄圣地
——鄂尔多斯

第十届全国少数民族传统体育运动会开幕式在内蒙古鄂尔多斯举行

鄂托克前旗大沙头旅游区

东胜区小广场

上海庙移民新村

上海庙草原大舞台

十个全覆盖后的农村牧区

乌审召生态化工园区

清洁能源产业蓬勃发展–风力发电厂

伊泰煤间接液化项目全景

鄂尔多斯精恒汽车制造有限公司生产线

薛家湾供电站

鄂尔多斯草原上的火凤凰
——建设中的甲醇项目

综采工作面

霞光普康城

商都县蓝威斯顿工厂

时任自治区党委书记王君在商都调研

商都县马铃薯基地

谢家坊

西芹基地

商都县奶牛养殖

商都县恪青蔬菜加工

商都县奥淳酒业

孕育希望热土、投资兴业宝地

——商都县

商都县古驿七台

四子王旗委书记
武玉亮

四子王旗委副书记
政府旗长
赵利国

优质种公羊

四子王旗中加农业科技园区

四子王旗头号十个全覆盖工程

打造具有全球影响力的开放式平台型综合支付服务商

——中国银联内蒙古分公司

2002年3月，中国银联在上海成立，是中国银行卡联合组织，处于我国银行卡产业的核心和枢纽地位。通过银联跨行交易清算系统，实现商业银行系统间的互联互通和资源共享，保证银行卡跨行、跨地区和跨境的使用。中国银联作为一家国有股份制企业，股东以全国各商业银行为主。大力推进各类基于银行卡的综合支付服务，持卡人不仅可以在ATM自动取款机、商户POS刷卡终端等使用银行卡，还可以通过互联网、手机、固定电话、自助终端、智能电视终端等各类新兴渠道实现公用事业缴费、机票和酒店预订、信用卡还款、自助转账等多种支付。围绕着满足多元化用卡需求，在中国银联和商业银行等相关机构的共同努力下，一个范围更广、领域更多、渠道更丰富的银行卡受理环境正在逐步形成。中国银联受理网络延伸至全球160个国家和地区。

2007年5月，内蒙古分公司成立，是中国银联在内蒙古的省级分支机构。建成了全区覆盖线上线下、联通城市乡村、服务企业个人的综合支付服务平台，涵盖跨行转接、商户服务、风险监控、差错处理、助农服务、IC卡多应用等内容。2015年，全区银联网络转接交易笔数、金额分别为21602万笔、7274亿元，同比分别增长41%、31%；全区银行卡累计发卡量超过1.2亿张；全区商户数、POS终端数、ATM终端数分别为32.5万户、43.9万台、2.1万台。

中国银联推出云闪付产品，支持苹果、三星、华为、小米等主流智能手机，方便持卡人进行移动支付。推出安全便捷的银联在线支付产品，业务已渗透到全区便民缴费、交通、电力、校园、烟草等多个行业。全区银联移动互联网支付活跃用户220万户。全国首创了云金融服务平台，为产业各方提供基于云技术的大数据综合服务；基于助农金融服务点，打造了全区“互联网+便民服务+电子商务+远程信贷+政务服务+N”的成功模式，均走在全国前列。

内蒙古分公司努力践行中国银联打造具有全球影响力的开放式平台型综合支付服务商的愿景，为全区社会公众提供优质、安全、高效的银行卡综合支付服务，不断推动我区银行卡产业又好又快发展。

自治区副主席云光中一行到中国银联内蒙古分公司调研并座谈

自治区金融办姜华主任一行考察银联与农信社共同打造的助农金融服务点

银联国际首席业务发展官王立新在中蒙金融合作与发展论坛上做主题演讲

参加内蒙古第二届互联网金融大会并做主题分享

银联大厦

组织承办自治区银行业协会银行卡专业工作委员会暨内蒙古地区风管委会议

中国银联内蒙古分公司开展消防演练

中国银联内蒙古分公司

戈岚

中国银联内蒙古分公司总经理

女，蒙古族，中共党员，研究生学历，先后创立银联商务内蒙古分公司、中国银联内蒙古分公司。现任中国银联内蒙古分公司总经理，曾先后获得自治区劳动模范、自治区五一劳动奖章、自治区金融工作先进个人、2010年度内蒙古十大经济人物等多项荣誉，入选自治区第五批“草原英才”。

戈岚带领中国银联内蒙古分公司与产业各方一道，以推动自治区银行卡产业发展为己任，奋发进取，开拓创新，实现了银行卡产业超常规、跨越式发展，有力地支持和服务了自治区经济和社会发展。内蒙古分公司获得多项荣誉，2008年、2010年先后两次被全国妇联评为国家级“巾帼建功文明岗”；2013年被中华全国总工会评为“全国五一巾帼标兵岗”；六次获得自治区政府金融工作先进集体荣誉。

内蒙古分公司总经理戈岚陪同时任人民银行呼和浩特中心支行行长余文建深入旗县调研金融支持“十个全覆盖”工程情况

召开内蒙古地区银行卡业务风险信息沟通会

中国银联助理总裁胡莹到内蒙古调研助农金融服务业务开展情况

内蒙古银联与包商银行合作推出基于互联网的“村e贷”产品服务

2015年迎新联欢家庭日活动

中国工商银行股份有限公司
内蒙古自治区分行

2015年12月23日上午，吴宁锋行长，范继忠副行长出席我行与内蒙古自治区国家税务局推广安全规范POS机合作协议签约仪式。

“3.15” 国际消费者权益日期间，兴安盟分行营业室开展以“权利 责任 风险”为主题的消费者权益保护宣传教育活动，使广大金融消费者知晓消费权利，明确双方责任，承担决策风险。

2015年7月31日，包头林荫支行成功举办“林荫夏、欢乐行”消夏文艺活动。

2015年10月26日，内蒙古通辽分行在通辽市文化体育广场开展了小微企业信贷知识宣传活动。

2015年6月19日，传统佳节“端午节”前夕，满洲里分行团委开展关爱农民工子女爱心捐赠活动，为品学兼优的贫困学生捐赠基本学习用品，得到学校师生的赞扬，树立了热心公益的企业形象。

2015年7月17日，阿盟分行在辖内支行开展“扫码有礼”活动，引导客户通过扫描二维码下载手机银行、融e联、融e购等客户端，以提高互联网金融产品的渗透率和使用率。

ICBC

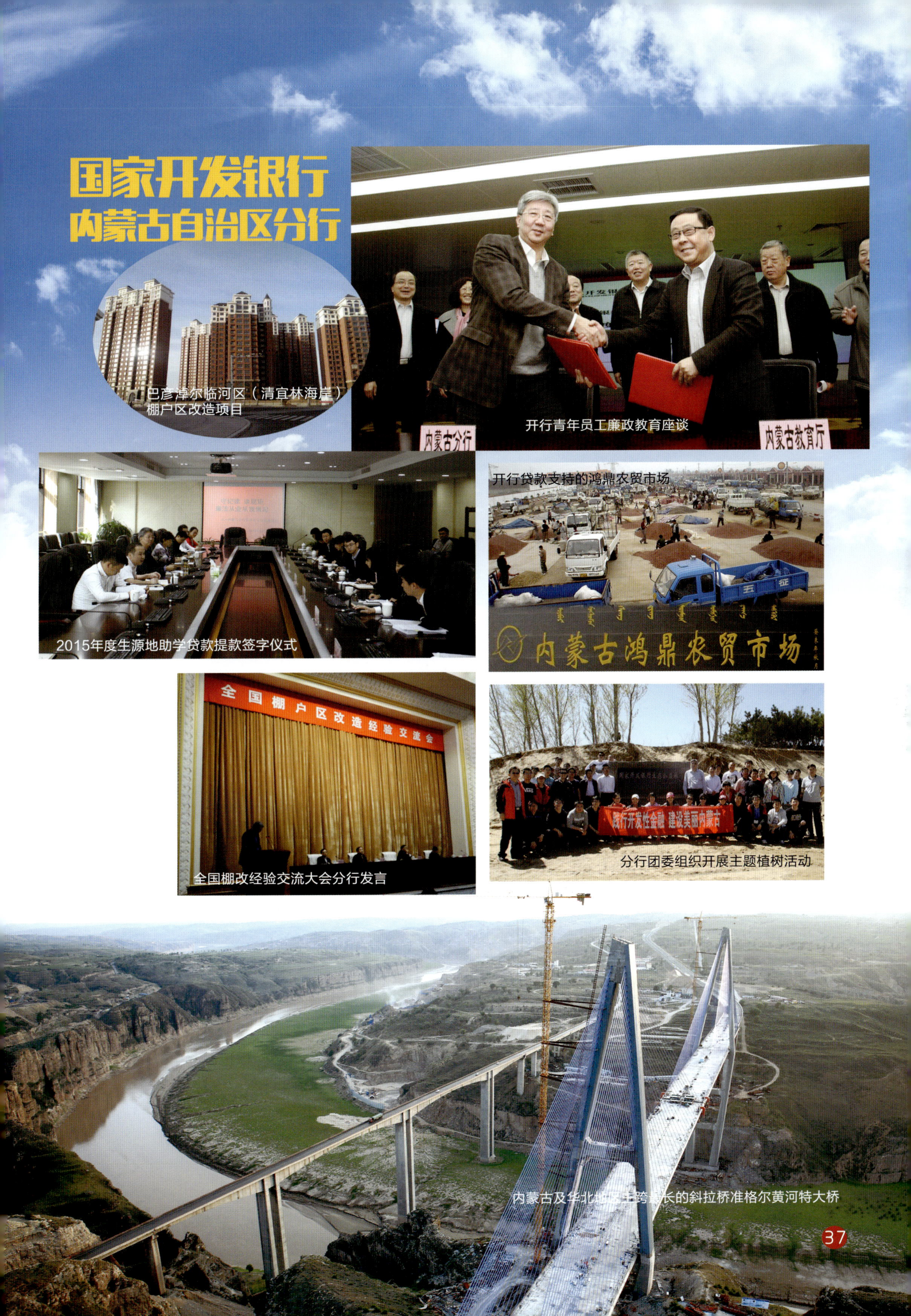

巴彦淖尔临河区（清宜林海岸）棚户区改造项目

开行青年员工廉政教育座谈

2015年度生源地助学贷款提款签字仪式

开行贷款支持的鸿鼎农贸市场

全国棚改经验交流大会分行发言

分行团委组织开展主题植树活动

内蒙古及华北地区主跨最长的斜拉桥准格尔黄河特大桥

坚持“三支银行”发展战略 打造长盛不衰“百年老店”

内蒙古自治区农村信用社联合社理事长　杨阿麟

内蒙古自治区农村信用社联合社第三届领导班子

面对错综复杂的经济金融形势，内蒙古农村信用社牢牢把握“稳中求进”工作总基调，主动适应经济发展新常态，积极应对前所未有的困难和挑战，业务经营总体平稳，稳中有进，稳中向好。

良好的发展态势得益于准确的战略定位。

内蒙古农村信用社把打造“三支银行”作为当前和今后一个时期全区农村信用社必须牢牢坚持的发展战略。

“三支银行”发展战略是对“三农三牧”服务宗旨的丰富和延伸

“三支银行”发展战略的核心理念，就是要把全区农村信用社打造成为支持“三农三牧”、小微企业与社会民生的普惠银行；助推县域经济发展的主力银行；服务城乡社区的零售银行。

普惠，就是要立足“支农支小”，围绕“让利、便民、惠民”理念，利用全区农村信用社信息科技手段，创新金融产品和服务，为农牧民、小微企业、贫困人群、创业人员等提供低成本、高效率的金融支持和服务。

主力，就是要立足当地，坚持“取之于县域、用之于县域”原则，主动适应县域经济发展需要，创新体制机制，转变发展方式，完善服务功能，加大信贷投入，全力支持地方经济发展，实现与县域经济的同生共荣，从而牢牢稳固县域金融主力军地位。

零售，就是要立足单体法人机构规模小、抗风险能力弱等实际，坚持“做农、做小、做精、做散”理念，有效分散金融风险，以客户为中心，加强产品创新，强化市场营销，为城乡社区居民、家庭客户提供存款、贷款、结算、汇兑、投资理财等综合性、一体化金融服务。

内蒙古农村信用社确定“三支银行”发展战略，主要基于以下三点考虑：

基于坚守全区农村信用社的服务宗旨。全区农村信用社之所以能够发展到今天，根本在于始终坚持了服务“三农三牧”宗旨。过去如此，未来亦然。农村信用社的优势在农村牧区、潜力在农村牧区，正如李克强总理在甘肃岷县农村信用社考察时指出：“农村信用社是在农民中成长起来的，农民是农村信用社的客户，也是农村信用社的衣食父母。只有农民生活好了，农村信用社才能真正壮大”。“三支银行”发展战略传承历史经验、顺应时代要求、延续发展规律、符合区情社情，明确了全区农村信用社发展的主阵地在农村牧区、在县域和社区，是对“三农三牧”服务宗旨的丰富和延伸。全区农村信用社必须进一步加深对“三支银行”发展战略的认识和理解，只有深耕农村牧区、城乡社区市场，才能持续发挥传统优势，才有可能把全区农村信用社打造成为长盛不衰的“百年老店”。

基于实现全区农村信用社的转型升级。随着经济进入新常态，对银行而言，规模至上的同质化发展、盈利高度依赖经济增长和存贷利差的经营模式，再也难以为继，要求我们必须探索转型升级的路径模式，走出一条差异化、特色化的发展道路。“三支银行”发展战略既是农村信用社对当前和未来发展的清晰定位，也是加快转型发展的重要途径。全区农村信用社必须进一步加深对“三支银行”发展战略的认识和理

内蒙古农村信用社支持农牧民创业

解，立足自身功能定位和禀赋条件，打造核心金融产品，培育核心客户群，提升核心竞争力，才能形成竞争优势，不断增强改革发展的内生动力。

基于确保全区农村信用社的持续健康发展。在“三期叠加”大背景下，银行业风险加速暴露。究其原因，除受经济增速放缓影响外，市场定位不准确、经营不审慎、管理不严格也是主要原因。实践证明，作为农村金融机构，谁坚持支农支小，谁的风险就小，谁就发展得好。从美国富国银行的案例看，之所以能够在金融危机中生存并发展壮大，正是因为坚持了社区银行的定位和小额、分散的贷款投放模式。“三支银行”中，无论是普惠银行、主力银行，还是零售银行，本质上都体现支农支小方向。“三支银行”发展战略既是我们履行社会责任的政治使命，也是防范各类金融风险的坚实基础。全区农村信用社必须进一步加深对“三支银行”发展战略的认识和理解，保持正确的发展方向，才能在严峻复杂的形势下“活下来”、“活得好”，实现持续健康发展。

坚持稳中求进推动全区农村信用社持续健康发展

正是基于“三支银行”发展战略的清晰认识，内蒙古农村信用社坚持“稳中求进”的总基调，主动适应经济发展新常态，恪守服务“三农三牧”宗旨，牢固树立和贯彻落实创新、协调、绿色、开放、共享发展理念，认真落实国家去产能、去库存、去杠杆、降成本、补短板五大工作任务，以打造“三支银行”为方向，围绕两坚守、两重点、两保障、两促进、两提升，着力支持供给侧结构性改革，强化基础管理，狠抓内控合规，增强服务能力，突出创新驱动，加大改革力度，提升发展动力，努力推动全区农村信用社持续健康发展，以优异成绩迎接自治区成立70周年。

“两坚守”就是坚守“支农支小”不动摇、坚守不发生区域性系统性风险的底线；“两重点”就是不良贷款压降、内控合规建设；“两保障”就是保障“三农三牧”金融服务需求、保障民生领域金融服务需求；“两促进”就是促进脱贫攻坚、促进重点项目建设；“两提升”就是提升电子银行服务水平、提升科技支撑引领能力。

围绕今年工作总要求，将重点做好九个方面的工作。

着力清收化解不良贷款。围绕落实国家去产能、去库存任务要求，坚持“三个结合”原则，即不良贷款清收与各项改革措施相结合、与高风险和重点机构风险化解相结合、与争取外部政策支持相结合。

着力强化内控合规建设。围绕内控合规建设“巩固年”目标任务，认真落实“五个加强”：加强内控体系和机制建设、加强监督检查、加强重点机构和重点领域风险防控、加强案件防控、加强安全保卫，全面提升内控合规管理水平。

金融便民服务“春雷行动”启动仪式

着力保障“三农三牧”金融服务需求。围绕自治区农牧业转方式、调结构、强基础工作部署，不断加大信贷投放力度，提升服务水平，为全区农牧业强起来、农牧民富起来、农村牧区美起来提供有力金融支持。

内蒙古农村信用社金牛卡

着力保障民生领域金融服务需求。落实国务院推进2016-2020年普惠金融发展规划，结合全区农村信用社实际，实施“四个围绕”：围绕自治区“十个全覆盖”工程、围绕“大众创业、万众创新”战略部署、围绕农村牧区消费市场、围绕提升服务水平，不断提高金融服务覆盖率、可得性和满意度。

着力促进脱贫攻坚。按照国家“六个精准”和“五个一批”工作要求，聚焦贫困人口，做到“三个加大”：加大自治区“央贷扶”工程推进力度；加大绿色农畜产品生产加工输出基地信贷支持；加大大兴安岭南麓山区连片特困地区和国贫、区贫重点旗县贫困户信贷投入，实施精准扶贫、精准脱贫，为打赢脱贫攻坚战提供有力金融支持。

着力促进重点项目建设。要站在自治区发展全局，以高度责任感和紧迫感，积极推动重点项目建设。准确把握支持重点、灵活执行信贷政策、量身定做金融产品、构建合作新模式。

着力提升电子银行服务水平。按照“互联网+金融”发展思路，加大电子银行业务创新力度，启动新一代银行卡管理平台和电子银行金融服务平台建设咨询论证工作，探索建立OTO金融服务模式。积极开展助农金融服务点加载电子商务功能试点工作，建设内蒙古农村信用社特色的助农商圈。

着力提升科技支撑引领能力。加快渠道平台整合等重点信息化系统建设，打造支撑业务发展和运维管理的基础性平台。推进数据标准化建设步伐，开展信息科技风险监督评价，提升信息科技保障能力。加强灾备建设，推动同城应用级灾备中心建设，提升突发事件应急处理能力。

着力推进产权改革。按照股份制方向和市场化原则，加大改革力度，激发发展活力，稳步推进农商银行改制，进一步优化股权结构，完善法人治理，确保“改制不改向”。

从“平安制造”到“平安创造”

管理层-总经理 刘平

中国平安人寿保险股份有限公司，是中国平安保险（集团）股份有限公司旗下的重要成员。从规模保费来衡量，是目前国内第二大寿险公司。

目前，平安人寿搭建了个险、银保、电销三大销售渠道，产品体系清晰完整，涵盖了寿险领域内的普通、分红、万能及投连等各种保险产品，可为客户提供全方位的保障与理财服务，与客户充分分享中国平安“一个客户、一个帐户、多个产品、一站式服务”的综合金融优势。

除了传统的柜面服务外，平安人寿还搭建了电话、网络、手机WAP、手机APP、移动柜面等多种服务渠道，为客户提供简单、便捷、高效的金融服务体验。

平安人寿拥有完善的治理架构和专业的管理团队，不断推动管理变革和科技创新，保持和增强了在销售、精算、产品、品牌、培训、后援及IT等诸多领域的优势地位，也为公司和客户创造了持续增长的价值：首开国内个人寿险营销和MIT移动展业平台之先河；开通第一家全国集成的呼叫中心95511；首创一年一度的客户服务节活动；率先在业内推出国内/海外急难援助服务；打造以客户为中心的两核集中运营平台和一站式理赔绿色通道服务；成为国内首家通过国家级保险服务业标准化试点项目验收的寿险公司等。

凭借在综合实力、客户服务、企业社会责任方面的杰出表现，平安人寿屡获褒奖，先后摘得最佳保险企业、“最具影响力保险品牌”、“年度服务创新奖”、卓越理赔服务保险公司、卓越竞争力创新服务保险公司、最佳寿险公司、中国最佳保险理财机构等众多荣誉。

“十二五”期间，紧跟党的深化改革开放、加快转变经济发展的步伐，平安人寿秉承“专业 让生活更简单”的品牌理念，号召“专业，从我做起、从领导做起、从提升客户体验做起、从每件事做起、从每一天做起”，针对一线员工和管理人员分别开展“专业技能奥运会”和“5+1”工程，提升平安人的专业性；完善企业文化内涵，强化危机意识；不断升级服务举措，提升客户体验NPS值。凭借稳健快速的业务增长、专业贴心的客户体验，获得市场的一致认可。同时也不遗余力地回馈社会，实践企业社会责任。

一、三大策略构建起综合金融服务生态圈

在传统的保险板块，平安人寿秉持集团综合金融及互联网金融战略打造了以客户为核心的综合金融服务生态圈，荣膺“2015 年度最佳综合金融创新寿险公司”。据了解，平安人寿通过客户迁徙活动、需求工程、平安人寿APP三大策略构建起合理、有序、智慧的客户经营平台，积极推动互联网时代下的综合金融创新。

迁徙活动中，通过构建模型识别客户需求并形成销售商机，借助线上、线下结合的创新模式，推动客户在寿险和综合金融产品间的迁徙，截至2015年10月，寿险向综合金融迁徙客户498万人次，综合金融客户迁徙寿险108万人次。需求工程是一款通过移动互联方式挖掘客户需求，精准提供销售线索的有效工具，能借助多渠道实现与客户的高频接触。截至10月，累计调查客户79.8万人，产生销售线索383.5万条，成功转化33.3万客户，12个月客户转化率45.5%。平安人寿APP财富模块致力于构建一站式在线购买综合金融产品平台，通过场景化、订制化、组合化的产品转变，实现客户高频使用；截至10月，APP注册人数突破2600万，累计销售保费21亿。

此外，平安人寿全面开展与平安产险、养老险和健康险的兼业代理协作，在全国范围内利用自身的机构网点及技术手段为其开展保险销售业务代理服务；同时

建立客户档案，深度挖掘客户需求，实现客户资源共享。截止2015年11月，个销产险业绩220.4亿，业务渠道占比为16%；个销养老险业绩42.7亿，业务渠道占比为39%；个销健康险业绩4.8亿，业务渠道占比为18%。

二、稳健业绩打造市场影响力

2015年，寿险业务实现规模保费2,998.14亿元，同比增长18.6%；个人寿险业务实现规模保费2,691.07亿元，同比增长19.4%，其中新业务规模保费804.56亿元，同比增长50.9%；寿险业务新业务价值同比增长40.4%。个人寿险代理人数量近87万，较年初增长36.9%；代理人产能稳步提升，人均每月首年规模保费7,236元，同比增长15.9%。按中国保监会数据，平安寿险的原保费收入约占中国寿险行业总额的13.1%，公司市场占有率稳居行业第二。

三、创新服务塑造客户体验口碑

平安人寿持续利用多渠道打造寿险服务新标杆。通过电话、网络、手机WAP、手机APP、移动柜面等多种服务渠道，为客户提供简单、便捷、高效的金融服务体验。2016年推出的“安e赔”更是实现了客户通过手机终端自助理赔，体验极速理赔，成为亮点服务。

此外，平安人寿还推出重疾先赔、特案预赔服务，提前给付理赔金，柜面渠道也推出免等待预约服务。2015年平安人寿在行业内首推“智享门店”，引领行业风潮。另外，通过“平安金管家”APP，平安人寿打造线上互动生态圈，各项服务参与人次达到721万，客户满意度达96%。

平安人寿正在积极投身于“互联网+服务”的浪潮，致力于打造“至佳客户服务体验”。虽然服务内容和服务手段在不断升级创新，但一直从未改变的是精诚服务为客户及家人的初心，其中历经20载的客服节就是平安人寿服务发展历程上的一个浓缩代表，致力于为客户及其家庭带去“友善安心”的品质生活。

四、怀抱感恩之心反哺社会

百年善业，责任为先。平安人寿始终怀抱感恩之心，一直把企业社会责任作为推动公司可持续发展的动力，聚焦“慈善”文化，弘扬“大爱与责任”，积极回应社会热点问题，引导员工、客户和公众共同参与社会公益活动，专注创造美好明天。

领导班子

中国平安希望小学支教行动，已成为中国平安众多公益项目的金字招牌。支教行动每年于9-11月期间开展。活动期间，通过每批招募5-8名支教志愿者为期一周的授课，持续传递“专注为明天”的公益理念。中国平安与中国青少年发展基金会在长期的支教志愿服务实践中，逐步探索出“1+2+3”的志愿服务模式：1，坚持一个核心理念——“为服务对象增能”；2，兼顾两个群体——在为学生服务的基础上，让志愿者在公益行动中进步成长；3，关注 “规划、督导、评估”三个环节，不断创新、完善，丰富项目的内容。通过开放式、游戏式的教学形式，“1+2+3”的志愿者服务模式让志愿者在志愿服务中帮助小朋友正确认识自己、他人和周围环境，调整自身行为，发挥个人潜能，建立健康的生活方式，以达到健康发展和适应社会的良好状态，志愿者也能在助人的过程中获得成就和成长。

中国平安励志计划是中国平安启动的长期公益项目，也是其在教育支持领域的品牌项目，目的在于为青年学子搭建学术研究的平台。在项目实行的十三年间，在高校和社会上产生了广泛而积极的影响，获得社会各界的广泛认同和肯定，已成为中国高校中具有良好口碑的校园品牌活动。

主题为“绿色承诺 平安中国” 的低碳100行动是中国平安于“十二五”期间成立的绿色项目，以“专注为明天”为公益理念，持续深入地将100条低碳举措贯穿到公司日常运营、业务开发及社会公益三大方面中，创建绿公司、推动绿金融、参与绿公益，稳健发展绿色综合金融。

多年以来，中国平安在教育慈善、环境保护、志愿者服务等公益领域的持续投入，也得到社会的广泛褒奖：连续十四年获评“中国最受尊敬企业”称号，连续九年荣获“最具责任感企业”赞誉。

中华联合财产保险股份有限公司内蒙古分公司

中华保险内蒙古分公司总经理 侯根成

中华保险作为国家财政部、农业部最早开展农业保险试点的单位，受到内蒙古自治区党政领导的重视，于2004年由自治区政府招商引资进入内蒙古自治区设立省级分公司。自2004年10月18日开业以来，分公司发扬“团结、负责、勤奋、进取”的企业精神，格守“稳健、创新、持续、高效”的经营理念，坚持“服务至上、信守承诺、回报社会”的服务宗旨，全面落实科学发展观，以清晰的思路，明确的目标，坚定的信心，全面加强经营管理，团结和带领广大干部员工，努力拼搏、开拓进取，取得了卓越的成效。

内蒙古保监局局长毋育生莅临我司调研并发表重要讲话

一、公司整体情况

多年来，中华财险内蒙古分公司在自治区政府的有力呵护及监管部门的大力支持下，紧跟自治区社会经济快速多元化发展的脉搏，不失时宜地制定发展政策，力破坚冰，一年又一年创造了发展的奇迹。公司稳健科学发展、诚信合规经营，保费规模不断扩大，经营效益日益攀升，品牌知名度不断提高，市场竞争力不断增强，得到了社会大众和自治区政府的积极认可，2013年被新华社内蒙古分社、内蒙古社会科学院经济研究所、内蒙古保险行业协会、新华社《金融世界》杂志社、内蒙古金融协会共同评为“‘金石蒙荣杯’金融行业服务内蒙古实体经济二十佳企业”；被《内蒙古日报》评选为“2011年内蒙古社会贡献杰出单位”称号。此外，分公司还曾被自治区党委宣传部、政府金融工作办公室、发展和改革委员会等部门共同授予“2010年度内蒙古自治区诚信企业”称号、被内蒙古自治区消费者协会评为2008-2009年度内蒙古自治区“诚信单位”及“服务、质量双满意单位”、被自治区人民政府授予“2008年度自治区优质金融服务奖”、“2009年度金融业务创新奖”等荣誉。

自治区政府云光中副主席莅临分公司调研

二、公司基本经营情况

（一）经营业绩稳步发展，企业实力逐年增强

自2004年成立以来，公司始终以市场为导向，狠抓险种创新、服务创新和经营管理创新，强化内控制度，增强风险和效益意识，在规模和速度上保持良好发展势头的同时，在质量和结构、规范和秩序、品牌和形象等方面也同步取得了科学发展和新突破。随着公司业务规模的逐渐壮大，中华财险内蒙古分公司保费规模连年稳居行业第二名，先后承保神华集团、国华集团等多家国内大型商业风险项目百余个，项目涉及煤炭、冶金、电力、金融、化工、交通运输等众多行业，承担风险上千亿元。自2007年起，公司连续7年以总分排名第二的成绩中标自治区政府本级车辆招标项目，多家分支机构中标盟市级政府车辆招标项目，为各级党政机关提供了优质、高效的保险服务。

截至2015年底，公司经营的险种已多达4549个（含附加险），包括机动车辆保险、企业财产保险、家庭财产保险、工程保险、船舶保险、货物运输保险、责任保险、信用保证保险、农业保险以及短期健康保险和意外伤害保险等，涉及社会生产生活的各个方面。

开业12年来，内蒙古分公司积极“组队伍、设机构、促发展、抓管理”，2015年，公司全年保费收入达21.95亿元，其中支农惠农的政策性农险保费收入7.95亿元，公司总体保费规模稳居全区21家财险公司主体市场第二位，公司综合实力和竞争力进一步加强和提升，为内蒙古经济社会的全面发展做出了应有的贡献。

（二）服务能力不断提升，实现机构全覆盖

目前，中华财险内蒙古分公司在全区12个盟市建立了服务机构，在全区拥有各类、各级机构150家，在135个旗、县、区设有机构，基本实现机构网点全覆盖，拥有员工1998人、个人代理人4000人。开业网点均处于自治区交通要道，依托13条国道和23条省道构筑起强大的服务网络，遍布城区、深入旗县、辐射乡镇，服务网络不断拓展，具备了在全区范围内提供保险售后服务的能力。公司分支机构的快速铺设丰富、优化了业内原有经营格局，激活了财产保险市场，使更多的客户享受到更加优质的保险服务及优惠的保险价格。

（三）服务民生，助力“三农”

中华财险内蒙古分公司自2007年开展政策性农业保险业务以来，严格按照“合规”与“发展”两手抓、两手硬的工作思路，发展亮点不断涌现，农业保险业务规模快速发展，服务领域逐步拓宽。2013年以来，中华财险内蒙古分公司为积极支持“三农”建设，完善农村金融服务体系，提升农业保险服务能力，在全区范围内广泛开展农业保险基层服务网络建设工作。目前已累计投入农业保险基层服务网络建设专项资金250多万元，在我区30多个旗县区共建立乡镇级农业保险服务网点200余所，聘用专兼职农业保险服务人员千余人，逐步实现标准化管理的乡镇级农业保险服务站，将充分发挥保险业在构建现代农村金融体系中的特殊作用，为解决农村、农业、农民问题做出应有的贡献。

2015年，公司农业保险保费收入共计7.95亿元，其中，种植业保险保费收入5.96亿元，养殖业保险保费收入6373.1万元，森林保险保费收入1.34亿元，覆盖2481.73万亩耕地、1.01亿亩公益林地、30.1万头牲畜，为94.57万户农户、39.71户林户、3639户养殖户提供643.95亿元风险保障。

（四）便捷至诚，客户至上

中华财险内蒙古分公司自开业以来，始终把客户服务作为重点工作来抓，并认真贯彻落实控股公司、总公司“以客户为中心”的服务理念，不断增强公司核心竞争力，不断探寻更加令客户满意的服务。因此，我公司理赔服务水平一直名列前茅。2013年，在自治区保险行业协会组织开展的全区各保险公司客户满意度测评活动中，中华财险内蒙古分公司理赔服务水平位居全区35家产寿险公司第一名，获得广大客户的高度赞许和一直认可；2015年，中华财险内蒙古分公司荣获“内蒙古保险行业机动车辆保险高风险信息协查工作先进单位”、“内蒙古自治区车险理赔服务现场模拟测评质量优秀单位”等荣誉称号。同时，公司推进“进校园”、“进农村”、“进企业”、“进社区”、“进车商”等活动，赞助车友会、助力高考、勇担责任，大力宣传公司特色服务，宣扬公司品牌形象。

三、公司偿付能力和社会补偿能力情况

2012年10月，总公司的注册资本金达到146.4亿元，偿付能力充足率达到162.2%（截至2015年第三季度数据），达到偿付能力充足II类公司标准。公司的整体资本实力和偿付能力居于全国所有保险公司前列，这为分公司今后更好、更快发展和为保障地方经济社会建设提供了坚实有力的资本保障。

此外，近年来，分公司紧跟市场发展潮流，及时转变思想、更新观念，不断加大改革创新力度，发展转型工作成效显著，内涵式发展能力、公司实力不断增强。截至2015年年底，分公司累计实现保费收入134.5亿元、承担各类风险责任限额14462亿元、支付赔款71.97亿元、交纳营业税金7.67亿元，为保一方平安，增加地方财税收入发挥了积极作用。

四、未来展望

面对经济社会发展深刻转型的大背景，由粗放外延发展模式向集约内涵发展模式的转型，既是保险行业发展的必然趋势，也是企业实现持续发展的内在要求。面向未来，中华财险内蒙古分公司将积极顺应转型趋势，以前期取得的成绩为新的动力，以“成为国内领先的、专业化的综合保险金融集团”为愿景，加快转变发展方式，集约化经营、内涵式发展、依法合规，主动加强与同业的交流，主动维护保险市场秩序，不断改革创新，坚持诚信为本，为客户提供良好服务，勇担社会责任，在和谐社会建设中发挥有效作用，更好地发挥风险管理和保险保障功能，为内蒙古经济社会发展保驾护航。

分公司侯根成总经理与自治区消费者协会袁威伟秘书长、自治区保险行业协会王世凯秘书长一同启动第二届客服节

贯彻自治区“8337”发展思路，为实现首府“两个一流、三个建设、两个率先”的奋斗目标打造平安、畅通、文明、和谐交通

呼市公安局副局长、交管支队支队长 王永清

近年来，在市委、市政府和市公安局、自治区公安厅交管局等上级部门的领导和支持下，呼和浩特市公安局交管支队紧紧围绕自治区“8337”发展思路和首府“两个一流、三个建设、两个率先”的发展目标，自加压力、扎实工作、顽强拼搏，全面提升城市交通管理总体水平、道路交通安全防控能力和首府交警整体形象，努力为全市经济发展和群众出行打造畅通交通、平安交通、文明交通、和谐交通，基本上实现了“事故少发、道路畅通、群众满意、形象良好”的总体目标。

一、深入推进城区缓堵工作，城市道路交通管理“畅通工程”实施工作取得明显成效

一是上级党委、政府和公安机关对呼市疏堵保畅工作高度重视，市委那顺孟和书记,自治区马明副主席,市政府李杰翔市长,狄瑞明、孙建华、李志斌副市长，赛青克主任，公安厅交管局明友局长等领导多次深入一线检查、指导并作出重要的批示、指示。市委、市政府多次召开常委会和专题会议，听取交管支队缓堵工作汇报，认真研究疏堵保畅的思路和措施，充分肯定了支队工作；二是支队成立市区缓堵工作调研小组,多次深入实地调研，大胆尝试、推行了市区道路交通组织工作。2015年，在市区主要交通路口实施91项禁左措施，在主干道及部分小街巷实施27项单向交通措施，新施划公交专用道近10公里，在市区12个路口推行机动车“借道左转”,延长了大学街、学苑街单行范围,优化、调整信号灯配时874次,并抓住道路改造施工契机,对具备优化条件的路口进行了科学渠化。全年累计施划交通标线18.2万平方米,安装指示、禁令标志56套520面,安装太阳能LED警示爆闪灯46套,安装护栏7343片,安装减速带474.5米,为车辆、行人的安全、有序、规范通行创造了较好的交通环境；三是积极推进市区交通管理勤务模式改革，设立了重点岗与非重点岗,提高了路面见警率、管事率；四是大力加强智能化交通管理和视频监控系统建设。截至2015年底,共启用了698套视频监控设备、750套电子警察设备,基本实现了智能化交通管理市区全覆盖，在维护交通和社会治安秩序中发挥了重要作用。

经过不懈努力，在全市机动车、驾驶人数量和市区道路、桥梁建设、改造大幅增加的情况下，首府城区缓堵工作见到明显成效，交通拥堵在一定程度上得到缓解，道路通行环境较大改善，得到了市委、市政府的充分肯定。国家评价、验收组对呼市的“畅通工程”给予高度评价，呼市做为“畅通工程”实施工作成效突出城市受到公安部、住建部的通报表彰。

二、全面提高重特大交通事故的防控能力，全力维护首府地区平稳的道路交通安全形势

一是在市政府的领导下，积极协调市交通、安监、农机、教育等部门和各旗县区政府,大力推进道路交通安全综合治理，形成预防交通事故的社会合力；二是深入持久、不间断地开展了春运，“两会”交通安全保卫,机动车套牌、假牌、无牌集中整治，严重道路交通违法行为整治，农牧区交通违法集中整治，五个波次的“打非治违”集中整治行动，代号为“平安”、“震慑”、“安疆”、“夜鹰”、“冬季攻势”的一系列交通秩序整治专项行动,严厉打击各类交通违法行为。2015年,支队共查处交通违法行为239873起,其中现场处罚28436起,非现场处罚211437起,行政拘留2459人,刑事拘留518人,取保候审604人,逮捕125人,移送起诉658人,涉嫌交通肇事立案203起,涉嫌危险驾驶立案518起；三是全面加强交通安全源头管理，开展了交通安全大检查、机动车安全隐患大检查、公路隧道安全隐患排查治理和事故“黑点”排查整治。以客货运车辆、危化品运输车、学校校车、旅游包车、农村面包车及其驾驶人为重点，深入到运输企业和单位，排查、整顿交通安

全隐患，督促运输企业落实交通安全主体责任；四是多次组织开展了交通安全大型主题宣传活动，组织警力深入到辖区社区、学校、单位、农村，开展日常性的交通安全宣传教育。大力推进“文明交通行动计划”，开展了“文明货运企业”及“文明货运驾驶人”评选活动，开展了交通安全劝导志愿服务和交通安全主题教育体验活动，与新闻媒体联手制作了《青城交通》、《交警在线》等栏目，与电信、传媒公司等社会单位合作,充分利用微信、微博、手机短信平台、LED屏、流动宣传车等载体,加强与关注群众的互动交流,广泛开展提示宣传提示和服务工作；五是不断加强和改进机动车及驾驶人管理，全面做好机动车注册登记、转入转出、年度检验、强制报废、尾气治理、“黄标车”治理和机动车驾驶人考试、年度审验等工作，开展了全市机动车及驾驶人基础信息补录和管理，努力筑牢预防交通事故的“第一道防线”。2015年,全市共检验机动车16.47万辆，审验驾驶人31041人，报废各类“黄标车”3154辆，考试合格驾驶人108357人。截至2015年底，呼市机动车保有量为853927辆,驾驶人保有量为995131人。

2015年,全市发生一般以上道路交通事故667起,死亡104人,受伤665人,直接经济损失124.2万元。与上年同期相比,起数增加13起,上升1.99%；死亡减少1人,下降0.95%；受伤减少19人,下降2.78%；直接经济损失减少172499元,下降12.2%。全市道路交通安全形势总体平稳，公路未发生长距离、大范围的交通拥堵。

三、积极推进社会管理创新,不断改进和完善便民利民服务工作

面对新形势下的道路交通管理工作,呼市公安局交管支队勇于改革、大胆实践,坚持以人为本,不断创新和完善便民、利民服务措施,得到广大群众的好评,同时也提升了自身工作水平。

一是继续推进执法规范化建设，进一步规范交通技术监控测速设备的设置和使用，全面加强了执法记录仪的规范使用和管理工作；二是改进交通违法行为处理工作。进一步简化处理程序,新增了交通违法处罚点，努力探索实行跨区域、跨省市处理交通违法行为。通过投入、使用机动车驾驶人交通安全信息卡，为当事人处理现场和非现场抓拍两种交通违法行为提供了便利；三是车辆和驾驶人管理方面，继续推行“一站式”、“一窗式”服务，推行落实“一次性告知”制度，拓宽业务咨询台服务范围，增加排队叫号系统和自助服务机数量。开通了互联网“淘帮办”业务，在社区和警务区建成了交通管理自助服务站。重拳整治非法中介，积极推行业务代办人员备案、挂牌管理制度。在全市13家机动车安全检测机构大力推行机动车预约检测服务,实现了交管支队与检测企业彻底脱钩。

四、以科技为支撑，向科技要警力，全面提升智能化交通管理水平

一是全市公路交通安全防控体系建设初具规模，截至2015年底，已建成公路卡口系统45处、公路视频监控系统55处、209国道4套区间测速和109国道1处固定测速，对预防犯罪、遏制交通事故、侦破案件、降低车速和“环京”安保工作起到重要作用；二是执法记录仪的管理和使用工作得到加强，截至2015年底，全市共投入使用了1123部执法记录仪、52台采集站和配套的后台管理系统，新的执法记录仪管理平台也已正式启用，维护了民警和当事人的合法权益。

五、坚持政治建警、从严治警、素质强警和文化育警，队伍建设和管理工作稳步推进

一是以“轮值轮训、战训合一”教育训练为有效载体,强力推进队伍教育、培训工作，民警综合素质得到显著提升；二是大力加强党建工作，全面、深入、扎实开展了“三严三实”专题教育活动，大力开展了学习型党组织创建活动,开展了“创先争优”活动；三是深入扎实开展了“队伍纪律作风教育整顿”、“机关作风建设年”、“抓班子、带队伍、整风肃纪、严守底线”等活动,加强“廉洁从警标兵”、“无违纪先进集体”创建活动，有效预防违规违纪的发生；四是全面加强了上下班考勤、节假日值班备勤、领导干部外出请示报备、公务用车使用管理、办公室内务管理、警容着装等工作，支队广大干部、民警的组织纪律性、工作作风、精神面貌焕然一新；五是以“快乐工作、幸福生活”为主题,全力推进支队警营文化建设。在支队内网开设了“警营文化”专栏,多次组织了登山活动、民警健步走活动、趣味运动会和球类、棋类比赛,举办了诗歌朗诵会,培养民警健康向上的兴趣爱好，陶冶道德情操；六是为一线单位配备了一大批执勤执法、办公装备,建设、改造了执法办案场所，为交通管理工作提供有力保障。

面对全市道路交通管理工作的新形势、新任务和新要求，呼市公安局交管支队将认真贯彻落实市委、政府和上级公安机关的要求部署,团结和带领支队全体民警、协勤,发扬成绩、巩固成果、再接再厉,全力以赴“保安全、保畅通、树形象”,努力推动首府道路交通安全管理和队伍建设工作再上新台阶,实现新跨越。

在实践中创新 在创新中发展 为我区生态文明建设增添强劲动力

内蒙古自治区林业科学研究院院长 郭 中

内蒙古自治区林业科学研究院院长 郭中

天地为炉、造化为工，亘古千载的山川变迁造就了内蒙古这片疆域，成为祖国北疆重要的生态安全屏障。正如习近平总书记考察内蒙古时指出的，内蒙古的生态状况如何，不仅关系内蒙古各族群众的生存和发展，而且关系到华北、东北、西北乃至全国生态安全。由于受干旱、半干旱大陆性气候的影响，全区生态环境脆弱，林业生态建设任务繁重。所谓工欲善其事，必先利其器，要突破当前林业生态建设发展瓶颈，提高林业生态建设质量，科技的强大支撑作用不可或缺。内蒙古自治区林业科学研究院作为全国最早创建的省级林业科研机构之一，承担的使命和任务尤为艰巨。

勇立潮头 凝心聚力攀科技高峰

“十二五”时期，我院牢牢抓住“科研是立院之本”这一关键，着力于科研能力的提升，坚持从多渠道争取科研项目，积极拓展合作领域，林业科研工作得到了快速发展，取得了显著的成效。

科研能力明显提升。“十二五”期间，立项的国家、自治区各级各类科研项目106项，项目总经费达到5630.9万元，与“十一五”相比，研发经费增加了2750.9万元，增幅高达95.5%，科研项目和经费大幅度增加。国家863项目、国家科技支撑项目、国家行业重大专项、国家跨区域公益性行业专项、国家自然科学基金项目、国家948项目、自治区重大专项等高级别的科研项目相继实施，实施的科研项目在层次级别上较“十一五”时期有较大提升。获各级科技奖励成果10项，其中，国家科技进步二等奖1项，自治区科技进步奖一等奖1项、三等奖1项；获国家发明专利3项、实用新型专利8项；引进林木新品种4个；完成自治区技术标准与规程3项；发表科技论文160余篇，出版专著5部。鉴定验收新成果32项，科研成果硕果盈枝。

借智登高 求真务实结科研硕果

“十二五”时期人才工作当属我院建设的重点。日益强大、高端引领、层次丰富、分布合理的人才队伍，正在全区林业科技活动中发挥着“第一资源”作用，借智登高、同频共振，才能抢占科技创新制高点。

加强人才队伍建设。“十二五”期间，内蒙古林科院始终本着以专家引领、项目支持、引进来、送出去等方式，大力推进人才建设工作。5年来，在编制和资金双重压力下，通过自聘的形式，引进不同学科的专业人才46名； 2014年，通过自治区人事厅人才考录进编14名；通过项目短期聘用25名。目前，全院有研究员24人，副研究员28 人， 中级专业技术人员27人；博士16人，硕士29人，全院科研人员的年龄和专业结构，得到了进一步优化，人才建设逐步形成梯队。

“森林资源综合监测技术体系”2013年获国家科技进步二等奖

对外合作不断深化。充分依托实施的国家948项目和外专局引智项目，实施国际合作项目8项，与美国、德国、加拿大、俄罗斯等国家相关部门建立了良好的合作关系。在学术交流方面，先后邀请了美国和加拿大的4位专家来进行学术访问，邀请了中国林科院、中科院、国家林业局应对气候变化办公室、中国绿色碳汇基金会等20多人次国内一些著名专家来我院进行学术交流，同时派出科技人员70余人次，参加一些国际和全国性的相关学术交流会议。积极主动搭建合作交流平台，

内蒙古林院与呼伦贝尔市人民政府签署战略合作协议

扩大区域合作。2014年，成功主办了第十六届中国北方省区林业科研院所学术研讨会；2015年8月，又成功承办了“中国森林认证标准宣传贯彻培训会议”，国家林业局科技发展中心、中国林科院、自治区林业厅、黑龙江省林科院、广东省林科院、河北农业大学等专家学者参加会议，对自治区森林可持续经营水平和森林认证能力建设的提高起到极大的促进作用。积极开展与国内科研院所合作，与国内20多个科研院所和大学开展了广泛的合作，取得了良好的合作成效。2011年以来，先后与呼伦贝尔市、通辽市、赤峰市、兴安盟和鄂尔多斯市5个盟市人民政府建立了全面战略合作关系，签订了“林业全面科技合作协议”，成立了5个分院，通过深度项目合作和学术交流等，实质性地推动了自治区盟市科研院所的合作。深入推进蒙鄂生态领域战略合作向纵深发展，自2012年12月自治区人民政府和武汉市人民政府签署“蒙鄂生态领域战略合作”备忘录以来，荒漠藻综合治沙合作已于2014年通过争取到的国家林业局行业重大专项进行实施，沙生植物园建设项目于2013年开始启动，目前建设进展顺利，初见雏形。。

科技支撑全面提升。积极参与全区气候变化应对工作，连续承担完成了2005年、2010年、2012年、2014年5个年度的《内蒙古自治区土地利用变化和林业温室气体清单编制》任务，为自治区编制“国民经济和社会发展规划”制定国内生产总值二氧化碳排放降低率约束性指标提供了重要的参考价值，进一步提高政府制定应对气候变化政策和控制温室气体排放的产业政策的科学性，也凸显了林业在应对气候变化中发挥的重要作用。积极开展相关课题的研究，先后获得自治区和国家立项的有“内蒙古人工林生态系统增汇关键技术研究”、“内蒙古区域人工林碳储量计量方法与技术研究”、“森林固碳与林分结构关系研究”、“利用模型评估不同经营管理措施对油松人工林固碳可持续性的研究”等课题支持。配合自治区第七次森林资源连续清查工作，承担完成了自治区生态环境状况综合监测与评估工作，编制完成了“内蒙古自治区2013年生态综合监测技术操作细则”，完成了“内蒙古自治区荒漠生态系统生态服务功能监测评估报告”和“内蒙古自治区山地系统生态服务功能监测评估报告”。参与了自治区自然资源负责表（林业部分）编制工作，组织承办了在赤峰召开的“自然资源负债表（林业部分）力量研讨与林业碳汇培训会议，负责编写了“湿地和森林生态系统碳汇监测与评估实施方案”，为我区探索林业自然资源负债表编制工作提供了理论和技术支持。承担开展自治区退耕还林工程监测和部分森林生态效益补偿效益监测工作，为全区重点区域造林绿化提供了科技支撑，抽出3名专家专门服务此项工作，负责完成了内蒙古自治区区域绿化工程“城镇绿化技术导则”、“黄河两岸绿化技术导则”、“内蒙古大青山前坡绿化技术导则”编写工作。圆满完成了自治区政府2014年青岛世博园内蒙古园和2015年中国天津绿化博览会内蒙古园建设任务。

“低覆盖度治沙原理与模式”2013年获内蒙古自治区科学技术进步一等奖

重任在肩　砥砺奋进筑创新高地

生态环境没有替代品，用之不觉，失之难存，一张助力全区生态文明建设的蓝图更加清晰。按照把自治区建设成祖国北疆重要生态安全屏障工作总要求，以全面提升我院发展水平为目标，以强化综合能力建设为抓手，深化改革、夯实基础、创新发展。这是“十三五”时期内蒙古林科院坚定不移走创新发展之路的行动方案。

“绿色食品枸杞开发研究”2010年获内蒙古自治区科技进步二等奖

强化科技成果推广应用。构建完善的科技推广体系，加速林业科技成果转化和先进适用技术推广，增强科技服务水平，加快标准化体系建设；在生态建设和保护方面，集成组装一批更成熟有效的实用模式和技术，并加快转化应用，提高科技成果转化率。

发展壮大县域经济
建设更加美丽富饶的绿色乌审

乌审旗人民政府旗长 乔允利

乌审旗位于内蒙古自治区最南端、毛乌素沙地腹部，地处蒙陕宁能源金三角的核心区域，是自治区“南大门”，毗邻陕西省榆林市榆阳区、靖边县、横山县等地，与陕西省行政区域界线长283公里；全旗总面积11645平方公里，行政区划东西长104公里，南北长194公里，下辖6个苏木镇61个嘎查村，总人口13.27万人，其中农村牧区人口6.3万人。

乌审旗境内资源富集，天然气探明储量1.2万亿立方米、煤炭探明储量520亿吨、水资源总量7.75亿立方米；现有水浇地65万亩，基本草原1060万亩，森林资源面积570万亩，林地面积896万亩，植被覆盖度达80%，森林覆盖率达32.8%。

乌审旗历史渊源流长、文化底蕴深厚、革命传统光荣。“鄂尔多斯人”（原“河套人”）在这里生息繁衍，孕育了举世闻名的“萨拉乌苏”文化；萨冈彻辰、贺希格巴图等文学巨匠曾在这里著书立说，留下了《蒙古源流》等不朽著作；“独贵龙运动”、“牧区大寨”乌审召彪炳史册；中国共产党在内蒙古自治区的第一个县级党组织和鄂尔多斯的第一个党小组在这里建立，老一辈无产阶级革命家乌兰夫、宋任穷曾在这里战斗与生活。

良好的自然条件和厚重的历史文化，促进了乌审旗经济社会科学发展、和谐发展。近年来，乌审旗坚持以党的十八大和十八届三中、四中、五中全会精神为指引，深入贯彻落实自治区“8337”发展思路及区、市、旗经济工作会议精神，牢牢把握“稳中求进”工作总基调，把改革创新服务贯穿于经济社会发展各项工作中，围绕“富民强旗，走进前列”目标，坚定不移走牧区新型工业化之路，实施“工业强旗”战略，推进“四大基地”建设，构建“一核两翼多循环”发展格局，不断优化产业结构，以突破重点工作和关键环节为抓手，加速释放县域经济发展的活力、潜力和竞争力，全面建设更加美丽富饶的绿色乌审。2015年，地区生产总值达到399亿元；公共财政预算收入完成28亿元；固定资产投资完成380亿元；社会消费品零售总额实现38亿元；城镇、农村牧区常住居民人均可支配收入分别达到35717元和14418元。荣膺“全国文明旗”“国家卫生县城”“国家园林县城”“全国休闲农业与乡村旅游示范县”等称号。

优化产业结构，厚植经济发展新优势

稳步实施工业强旗战略，围绕煤炭精细化工基地和清洁能源生产输出基地建设，着力在项目引进、项目建设、基础设施投资三个重点环节上“用猛力、下猛药”，加快工业化进程。实施县级领导包联项目责任制，强化项目服务，逐一攻坚，保障项目顺利推进。亿元以上重点工业项目达45项，规模以上工业企业达20家，3个煤矿项目获得核准，29个工业项目投产，中天合创煤炭深加工等4个重点项目加快建设，建成和在建的天然气、甲醇、尿素、液化天然气产能分别达280亿立方米、285万吨、255万吨、86万吨。2015年，工业总产值实现708亿元，工业固定资产投资完成350亿元，天然气、甲醇、尿素、液化天然气产量分别达290亿立方米、112万吨、264万吨、20.65万吨，发电量1.55亿千瓦时，工业经济总量进入全市第一方阵。一年来，累计投入28亿元，推进园区道路、管网、污水、消防站等基础建设，园区基础设施实现“八通一平”，综合承载功能不断增强，工业经济迅猛崛起，发展引擎强劲有力。

不断夯实农牧业基础，大力发展休闲养生农业，推进农牧业高端化、组织化生产，积极培育绿色有机农牧业，开辟了现代农牧业产业化之路。新增现代农业基地3.4万亩、草原畜牧业示范户和家庭牧场160户，总面积和总户数分别达到15.8万亩、724户；全旗1000万亩草牧场被认证为有机牧场，55万亩水浇地被认证为全国绿色食品原料标准化生产基地，通过国家认证的无公害农畜产品达17种、绿色食品达18种、有机食品达15种。建成王窑湾种植试验示范基地，开展新技术、新品种及新产品的试验示范和推广应用；新建鄂尔多斯细毛羊中心配种站和生猪人工授精站共12处，细毛羊多胎性研究取得重要进展。强化农牧业产业化龙头企业与农牧民利益联结，采取“公司+基地+农牧户”的方式，引进和培育了一批细毛羊、肉牛、生猪种养殖大户，全旗各类农牧民专业合作社、市级以上农牧业产业化龙头企业分别达到612家、44家。鄂尔多斯细毛羊被认证为国家地理标志产品，2107亩水稻基地被认证为有机水稻基地，巴图湾渔业、三洁商标被认定为自治区著名商标。

以“十个全覆盖”工程为抓手，构筑城乡一体发展新格局

全力攻坚“十个全覆盖”工程，累计投资28.2亿元，完成危房改造16620户，解决了39329人饮水安全问题，实施街巷硬化、通村道路和入户通道1097.2公里，农网升级改造1450公里，发展地面数字电视用户24761户，实施校舍安全工程2处，建成标准化卫生室39所、文化活动室47个、便民连锁超市89家。农牧民养老保险、高龄津贴实现应保尽保。强化工程后续管理，建立长效管理机制，农村牧区生产生活条件明显改善。

不断强化城镇核心区建设，把宜居宜业作为城市规划的核心理念，将民族文化元素与城市建筑风格有机融合，精心布局城市节点文化橱窗、书报厅和城市艺术小品，体现城市生机与灵气。进一步完善外围生态屏障带和森林景观带建设，城区绿化覆盖率达到40%以上。城镇核心区面积扩大到20平方公里，新增市政道路面积30万平方米，人均道路面积达到23平方米。铺设、改造供热管网12公里、污水管网和排雨水管网60公里，市政功能更加完善、城镇管理更加精细，常住人口城镇化率达到54.5%。

全面提升基础承载能力，加大交通、电力、水利基础设施建设项目争取力度。乌嘎一级公路建成投用，全旗公路通车里程达2605公里，其中高等级公路达470公里；铁路建设取得历史性突破，建成东乌和新恩陶2条铁路，通车里程达194公里，中煤大化肥等铁路专用线和蒙华铁路加快建设；被列入自治区通用机场布点。构建起以4座220千伏、8座110千伏及14座35千伏变电站为支撑，10千伏输电线路纵横延伸的电网架构，呼和陶勒盖35千伏输变电等5项重点电网建设工程完工。陶利等3座病险水库除险加固工程竣工，无定河治理工程加快推进，基础保障能力和水平显著增强。

着力保障和改善民生，构建民生保障新机制

持续加大民生普惠性，坚持以人为本、富民优先，将可用财力的80%以上用于保障和改善民生，各项社会事业与经济发展同步增长，构建并落实七项长效惠民机制。坚持按照不低于公共财政预算支出的0.3%安排少数民族发展资金，组织实施了土坯房改造、特色村寨保护、宗教活动场所修缮、古籍整理等一批民族宗教项目，有力促进民族团结进步事业健康发展。2015年民生领域投入资金36.7亿元，市、旗各项惠民实事有效落实。建成民族团结进步教育基地1处，蒙医医院迁建项目开工；嘎鲁图学校投用，无定河、河南幼儿园综合教学楼竣工，第三实验小学迁建工程动工；建成大学生创业园和孵化基地各1处，开发公益性岗位100个，新增城镇就业2135人；实现2200人稳定脱贫；启动图克敬老院等6个养老项目；地面数字信号覆盖乡村，农牧民免费收看30套电视节目；成功举办全区基层文化建设暨公共文化服务体系标准化建设现场会；“一中心三馆”基本建成；分配公租房和拆迁安置房428套，嘎鲁图核心区居民供热价格每平方米下调2元；食品快速检测室和微生物检验室投用，舌尖上的安全得到有效保障；民生质效同步提高，人民群众获得感节节攀升。

全面深化改革，增添经济发展新动力

改革事项稳步推进，启动事业单位分类改革和县级公立医院改革。开展土地确权登记颁证和草原确权承包试点工作。完成工商、质监、食品药品职能划转和农村牧区综合配套、集体林权制度改革。建成公共资源交易平台。社会治理更加有序，分别组建安全生产和环境保护专家咨询委员会，推行安全生产一线管理、环境保护网格化管理，建立健全应急管理体系，安全环保形势良好；精神文明创建工作深入开展，“六五”普法全面完成，四级群众工作网络不断优化，各类矛盾得到及时化解，“平安乌审”建设成效显著，社会大局保持和谐稳定。政府效能显著提升，全面落实党风廉政建设责任制，强化行政监察和审计监督，认真落实作风建设各项规定，坚决整治“四风”和“不严不实”问题，“三公”经费逐年下降，政府系统作风进一步转变；制定执行10项“三重一大”配套制度，自觉接受人大、政协和社会各界监督，民主决策和依法行政水平明显提高。

大美草原科学发展谱新曲，绿色乌审壮美腾飞著华章。“十三五”时期，乌审旗委、政府将高举中国特色社会主义伟大旗帜，以马克思列宁主义、毛泽东思想、邓小平理论、“三个代表”重要思想、科学发展观为指导，全面贯彻习近平总书记系列重要讲话精神和考察内蒙古重要讲话精神，全面落实十八大以来党的各项决策部署，遵循“五位一体”总体布局和“四个全面”战略布局，以中央“五大发展理念”、自治区“8337”发展思路和市委“五个共同”为引领，以提高发展质量和效益为中心，以转型发展、创新创业为主线，着力构筑现代产业、统筹兼顾、绿色环保、改革开放、社会保障“五大新体系”，奋力争当转型发展、统筹发展、生态文明、深化改革、幸福民生、从严治党“六个排头兵”，全面建成较高质量小康社会，把绿色乌审建设得更加美丽富饶。

城心如意

动车开通

夜幕下的内蒙古科技馆

花园城市

如意

南线二标

立交桥夜景

目　　录
CONTENTS

第一部分　特　载
PART ONE SPECIAL ARTICLES

第二部分　统计资料
PART TWO STATISTICS

二、综合
General Survey

三、国民经济核算
National Accounts

四、人口
Population

五、从业人员和职工工资
Employment and Wages

六、固定资产投资

Investment in Fixed Assets

七、能源和环境

Energy and Environment

八、财政

Government Finance

九、物价指数

Price Indices

十、人民生活

People's Livelihood

十一、城市概况

General Survey of Cities

十二、农业
Agriculture

十三、工业
Industry

十四、建筑业
Construction

十五、运输和邮电
Transportation, Postal and Telecommunications Services

十六、国内贸易

Domestic Trade

十七、对外经济贸易
Foreign Trade and Economic Cooperation

十八、旅游

Tourism

十九、金融和保险

Banking and Insurance

二十、教育、科技和文化

Education , Science and Culture

二十一、体育、卫生、社会福利和其它

Sports, Public Health, Social Welfare and Others

二十三、旗县区资料

Statistics of Banners, Counties and Districts

二十四、附录

Appendix

第一部分

特 载

PART ONE SPECIAL ARTICLES

在全区经济工作会议上的讲话

Report by Comrade Wang Jun on the Conference of Autonomous Regional Economical Work

内蒙古自治区党委书记　王　君

（2015年12月29日）

这次全区经济工作会议的主要任务是，全面贯彻落实党的十八大、十八届三中、四中、五中全会和中央经济工作会议精神，深入学习贯彻习近平总书记系列重要讲话和考察内蒙古重要讲话精神，总结2015年经济工作，分析当前经济形势，部署2016年经济工作，重点是落实自治区党委"十三五"规划建议要求，推进结构性改革，推动经济持续健康发展。

关于2016年经济工作，巴特尔同志还要作具体部署。下面，我讲一些重点问题。

一、充分认识我区经济发展面临的形势，切实增强抢抓机遇、应对挑战的自觉性和责任感

今年以来，面对严峻复杂的经济形势和艰巨繁重的改革发展稳定任务，我们认真贯彻落实中央各项决策部署，切实加强和改善党对经济工作的领导，主动适应经济发展新常态，努力克服经济下行压力，统筹做好稳增长、促改革、调结构、惠民生、防风险工作，全区经济运行总体平稳，稳中有进、稳中有好。一是经济保持稳健增长，预计全年生产总值增长7.8%，一般公共预算收入增长6.5%。主要经济指标符合年初预期、处在合理区间、好于全国平均水平。二是结构调整步伐加快，粮食产量达到565亿斤、牲畜存栏达到1.36亿头（只），规模以上工业增加值增长8.7%、增速居全国前列，服务业增加值增长7.5%，产业结构进一步优化。三是改革开放向纵深推进，全年形成各类改革成果364条，累计完成改革总台账65%的目标任务，行政审批、财税金融、投资价格、国资国企、农村牧区、生态文明等重要领域和关键环节改革迈出重要步伐，对外开放取得重要成果。四是民生状况显著改善，农村牧区基本公共服务面貌极大改观，城乡居民收入较快增长，社会事业全面发展，社会保障不断加强。五是社会大局和谐稳定，全面依法治区实现良好开局，社会矛盾化解、社会治安整治、安全生产等工作取得积极成效，各族群众的安全感和满意度进一步提升。六是生态环境保护不断加强，完成草原建设总规模5050万亩、林业生态建设总规模1100万亩、六大重点区域绿化面积210万亩，年度节能减排任务圆满完成，生态文明制度建设取得重要进展。今年经济社会发展目标任务的顺利完成，为我区"十二五"规划的收官划上了圆满句号。

"十二五"时期是内蒙古发展进程中具有里程碑意义的时期。五年来，特别是党的十八大以来，在以习近平同志为总书记的党中央坚强领导和亲切关怀下，自治区党委团结带领全区各族人民，围绕落实"五位一体"总体布局和"四个全面"战略布局，围绕打造祖国北疆亮丽风景线，与时俱进完善发展思路，凝心聚力破解发展难题，进一步开创了自治区经济社会发展的新局面。全区生产总值年均增长10%，一般公共预算收入年均增长13%，总量分别接近2万亿元和2千亿元，综合经济实力上了一个大台阶；"五大基地"建设迈出重要步伐，农牧业基础地位进一步巩固，高新技术、有色金属、装备制造和农畜产品加工业对工业增长贡献率接近50%，服务业比重超过40%，一批优势特色产业和战略性新兴产业发展壮大，一批重大关键共性技术达到国际先进水平，产业发展层次上了一个大台阶；首府和区域中心城市功能不断完善，县域城镇化水平明显提高，常住人口城镇化率达到60%，80%的行政村实现"十个全覆盖"，城乡发展面貌上了一个大台阶；呼包鄂等优势地区辐射带动作用增强，东部盟市发展步伐加快，老少边穷地区内生发展动力提升，区域协调发展水平上了一个大台阶；新增公路里程1.7万公里，其中高速公路和一级公路5300公里，新增铁路运营里程4000公里，新建机场12个，规划建设特高压电力外送通道4条、重大水利工程12项，森林覆盖率达到21%，草原平均植被盖度达到44%，发展保障能力上了一个大台阶；城乡居民收入分别超过3万元和1万元，减少贫困人口192万人，新增城镇就业134万人，建成保障性住房140万套、改造农村牧区危房80万户，教育、文化、医疗、卫生、社会保障等公共服务体系不断完善，人民生活水平上了一个大台阶。经过全区各族人民的顽强拼搏和接续奋斗，内蒙古的发展站在了一个新的历史起点上。总结"十二五"时期特别是党的十八大以来内蒙古的工作，我们积累了很多宝贵经验，其中最根本最重要的就是始终在思想上政治上行动上同以习近平同志为总书记的党中央保持高度一致，不折不扣贯彻落实党中央各项决策部署，紧紧依靠全区各族人民，守望相助，团结奋斗，从实际出发创造性开展工作，奋发有为推动内蒙古各项事业发展。我们一定要倍加珍惜来之不易的成绩，倍加珍惜弥足珍贵的经验，在新的历史起点上把自治区改革开放和现代化建设不断推向前进。

现在，内蒙古已进入全面建成小康社会的决胜阶段，正处在打造祖国北疆亮丽风景线的关键时期。在前进的道路上，推进经济社会持续健康发展，既具有充分条件，也面临艰巨任务。就充分条件而言：一是比较优势突出、发展潜力巨大。我区拥有资源禀赋优、区位条件好、要素成本低、回旋余地大等多重发展优势，新型工业化、信息化、城镇化、农牧业现代化正在加速推进，"五大基地"建设积蓄了巨大发展动能，城乡区域发展不平衡蕴藏着巨大发展潜力，我们完全有条件把自治区发展提高到一个新水平。二是宏观环境稳定、政策条件利好。我国发展仍处于可以大有作为的重要战略机遇期，经济长期向好的基本面没有改变，为我们做好经济工作创造了良好的外部环境。国家深入推进西部大开发，全面实施新一轮东北振兴战略，大力扶持边疆民族地区发展，不断增加对农产品主产区和重点生态功能区的激励性补偿，为我区发展提供了有力的政策支持。三是发展机遇叠加、发展动力增强。供给侧结构性改革的实施为我区补齐发展短板、激发市场活力带来了宝贵机遇。“一带一路”建设的推进为我区扩大对外开放带来了宝贵机遇，京津冀协同发展战略的实施为我区深化区域协作带来了宝贵机遇，全球新一轮科技革命和国内消费结构升级、发达地区产业转移为我区加快调整经济结构带来了宝贵机遇。随着一系列重大改革举措的陆续出台，随着一大批重点工程项目的相继实施，我区的发展活力不断释放、发展动力持续提升、发展后劲显著增强。更为重要的是，经过党的十八大以来的不懈努力，我们形成了系统完善的发展思路，积累了许多驾驭复杂局势、应对风险挑战的实践经验，营造了积极向上、风清气正、干事创业的浓厚氛围，为夺取全面建成小康社会决胜阶段的伟大胜利提供了科学引领和重要保障。就艰巨任务而言：一方面，我区发展中不平衡不协调不可持续的问题依然突出，产业结构比较单一，创新驱动能力不足，基础设施相对滞后，生态环境依然脆弱，公共服务水平和民生状况距全国平均水平还有一定差距，如期全面建成小康社会需要付出艰苦努力。另一方面，世界经济形势复杂多变、不容乐观，我国经济减速还没有触底、下行压力仍然较大。受国内外大环境的影响，我区经济运行面临不少突出矛盾和问题，有效需求乏力和有效供给不足并存，工业产品价格下降，企业生产经营困难增多，财政收入增速减缓，部分行业和领域的风险点有所显现，保持经济持续健康发展需要付出艰苦努力。

综合分析判断，当前和今后一个时期，我区发展面临的形势尽管比较复杂，但总体上机遇大于挑战、有利因素多于不利因素，难和险可能会构成持续挑战，但时和势总体对我区发展有利。我们一定要认清形势、把握大势，既要坚定发展信心，保持战略定力，紧紧抓住、切实用好各种发展机遇和有利条件，充分调动、有效凝聚一切积极因素和积极力量，朝着全面建成小康社会的终点线发起冲刺；又要保持清醒头脑，增强忧患意识，树立底线思维，密切跟踪经济形势的发展变化，切实把困难问题考虑得更深入一些，把风险挑战估计得更充分一些，把应对举措准备得更周全一些，化挑战为机遇、化压力为动力，努力把我区经济社会持续健康发展的良好态势长期保持下去。

二、深入学习贯彻习近平总书记关于做好经济工作的战略思想和重要要求，牢牢掌握推动发展的主动权

党的十八大以来，习近平总书记发表了一系列重要讲话，围绕坚持和发展中国特色社会主义，创造性地提出一系列治国理政的新理念新思想新战略，为在新的历史条件下深化改革开放、加快推进社会主义现代化提供了科学的理论指导和行动指南。在这次中央经济工作会议上，总书记全面分析了当前国内国际经济形势，深刻阐述了引领经济发展新常态需要解决的主要问题、加强供给侧结构性改革的政策思路和重大任务、做好经济工作必须坚持的重大原则，进一步回答了新形势下推动经济发展的重大理论和现实问题，我们要认真学习领会、深入理解把握，更加坚定自觉地用中央精神统一思想和行动。

一是要准确把握当前国内国际经济形势，努力增强工作的前瞻性、预见性和实效性。总书记在讲话中，深刻总结了今年及“十二五”时期我国经济社会的发展成就，深刻指出了发展中存在的矛盾和问题，深刻分析了我国发展环境的新变化新特征，为我们认清形势、做好工作提供了重要指导。从国内形势看，今年以来，在国际经济环境复杂多变、国内经济下行压力加大、各类风险挑战明显增多的背景下，党中央团结带领全国各族人民，协调推进“四个全面”战略布局，积极引领经济发展新常态，圆满完成了全年各项目标任务，胜利实现了“十二五”规划收官，使我国发展站在了更高的水平上。但同时，我国经济发展也面临着经济增速下降、工业品价格下降、实体企业盈利下降、财政收入增幅下降、经济风险发生概率上升等矛盾和问题。困难和风险不容低估。从国际形势看，世界经济出现了一些积极变化，总体有利于我国在全球配置资源、提升国际话语权和规则制定权，但世界经济仍将延续疲弱复苏态势、正在经历深度调整，不确定性、不稳定性比较大，出现突然性事件的可能性也比较大，我国面临的外部环境复杂多变。我们一定要把思想统一到总书记对当前国内国际经济形势的分析判断上来，坚持一分为二地看问题，既要充分认识经济形势好的一面，对我国发展前景充满信心，也要清醒看到各种不利因素，做好应对更大困难挑战的准备。特别要树立战略思维和世界眼光，善于观大势、察大势，密切关注形势变化，深入研判利弊影响，努力增强工作的前瞻性、预见性和实效性，扬长避短、趋利避害、主动作为，更加扎实有效地做好内蒙古工作。

二是要准确把握我国经济发展的大逻辑，更快更好地适应引领经济发展新常态。认识、适应和引领新常态，是我国经济发展的大逻辑，是党中央提出的重要要求。在去年中央经济工作会议上，总书记深入分析了新常态带来的趋势性变化，明确提出对新常态要深化理解、统一认识，坚持发展、主动作为等重要要求。在今年中央经济工作会议上，总书记深入分析了认识新常态的三种情况，特别强调要解决好对新常态怎么看、新常态下怎么干的问题。我们要按照总书记的要求，进一步统一思想认识、增强行动自觉，切实做到领会透彻、适应主动、引领有为。解决对新常态怎么看的问题，关键要转变思想观念。我国经济发展进入新常态，是党中央综合分析世界经济增长周期和我国发展阶段性特征及其相互作用作出的重大判断，得到了全党全社会的广泛认同，也得到了国际社会的普遍认同。我们一定要深刻认识到，目前我国经济正在从粗放向集约、从简单分工向复杂分工的高级形态演进，支持过去那种高速增长、扩张发展的条件已经发生深刻变化，粗放型发展方式难以为继，必须自觉抛弃用旧的思维逻辑和方式方法再现高增长的想法；一定要深刻认识到，我区经济同全国一样，一方面具有很大发展潜力和优势，另一方面也面临很多困难和挑战，突出表现是产业重型化低端化特征明显、结构性产能过剩比较严重，如果不抓住时机进行战略性调整，就很难克服困难、闯过关口，也很难推动我区经济行稳致远；一定要深刻认识到，当前我区经济面临的困难和问题，同外部环境变化影响有直接关系，但供给侧矛盾、结构性矛盾、体制性矛盾也是重要原因，只有加快推进供给侧结构性改革，才能为经济持续健康发展注入稳定而持久的动力。这就要求我们,必须解放思想、实事求是、与时俱进,牢固树立创新、协调、绿色、开放、共享的发展理念,自觉摆脱“速度情结”和“换挡焦虑”的思维定势,进一步加大转方式、调结构、促创新的力度,引领和推动我区经济发展不断迈上新台阶。解决新常态下怎么干的问题,关键要转变工作重点。新常态带来的变化是全面的,适应和引领新常态也要从多方面着手、多方面施策、多方面突破。总书记在讲话中围绕新常态下怎么干,提出了“十个更加注重”的要求,是我们适应和引领新常态的行动指南。我们一定要按照总书记的要求,紧密结合自治区实际,切实做到:在推动经济发展上,更加注重提高质量和效益;在稳定经济增长上,更加注重供给侧结构性改革;在实施宏观调控上,更加注重引导市场行为和社会心理预期;在调整产业结构上,更加注重加减乘除并举;在推进城镇化上,更加注重以人为核心;在促进区域发展上,更加注重人口经济和资源环境空间均衡;在保护生态环境上,更加注重促进形成绿色生产方式和消费方式;在保障改善民生上,更加注重对特定人群特殊困难的精准帮扶;在资源配置上,更加注重发挥市场的决定性作用;在扩大对外开放上,更加注重推进高水平双向开放。通过多方面转变工作重点,更快地适应、更好地引领经济发展新常态。

三是要准确把握加强供给侧结构性改革的政策思路,坚决贯彻落实五大政策支柱。中央明确提出,明年及今后一个时期,要在适度扩大总需求的同时,着力加强供给侧结构性改革,实行宏观政策要稳、产业政策要准、微观政策要活、改革政策要实、社会政策要托底的总体思路。我们要准确把握这一总体思路,全面落实五大政策支柱,全力抓好供给侧结构性改革这件大事。要坚决贯彻宏观政策要稳的思路,坚持小局服从大局、地方服从中央,认真落实好中央积极财政政策和稳健货币政策的部署要求,实施好减税降费、降低融资成本、优化信贷结构等政策措施,为推动结构性改革营造良好环境。要坚决贯彻产业政策要准的思路,准确把握结构性改革的方向,紧扣推进农牧业现代化、促进工业转型升级、加快服务业发展、提高基础设施网络化水平等重点,科学制定、精准实施扶持政策,加快培育形成新的经济增长点,推动我区产业向中高端迈进。要坚决贯彻微观政策要活的思路,坚持从制度和政策入手,鼓励和支持各种所有制企业创新发展,引导企业更好地对接不同消费群体的个性化、多样化需求,破除市场壁垒和地方保护,不断提高有效供给能力,精心做好为企业服务工作,着力营造宽松的市场经营和投资环境,充分激发企业活力和消费者潜力。要坚决贯彻改革政策要实的思路,抓好改革重点和改革试点,完善统筹协调和督察落实机制,发挥好基层首创精神,敢于啃硬骨头、敢于涉险滩,加大力度推动改革落地,使改革不断见到实效,使群众有更多获得感。要坚决贯彻社会政策要托底的思路,高度重视、切实解决结构性改革中出现的矛盾和问题,从思想、资金、物资等方面做好准备和预案,特别要做好失业救助、最低生活保障等工作,着力保障好困难群众的基本生活,坚决守住民生和社会稳定底线。

四是要准确把握加强供给侧结构性改革的重大任务,着力解决制约发展的深层次矛盾和问题。推进供给侧结构性改革,是适应引领新常态的重大创新和必然要求。党中央把2016年确定为推进结构性改革的攻坚之年,明确提出要紧紧依靠全面深化改革推进结构性改革,集中抓好去产能、去库存、去杠杆、降成本、补短板五大任务。我们必须看到,在“三期叠加”的大背景下,我国需求结构正在发生重要变化,大量传统产业出现严重产能过剩;由于实体经济利润不断下滑,大量资金流向虚拟经济,加剧了资产泡沫和金融风险;随着人民生活水平的不断提高,消费结构也在加快升级,个性化、多样化消费逐渐成为主流,有效供给还难以适应这种需求变化。这些情况表明,供给与需求不匹配、不协调、不平衡,已成为制约经济发展的突出矛盾,五大任务的确定和实施,抓住了解决这一矛盾的关键点和突破口。我们一定要准确把握、坚决落实党中央的部署要求,在思想上、工作上做更加充分的准备,打好落实五大任务这场歼灭战,打好推进结构性改革这场持久战,全面深化各领域改革,着力解决制约发展的深层次矛盾和问题,加快形成引领新常态的体制机制和发展方式。

五是要准确把握经济发展的正确方向,坚定自觉地坚持中国特色社会主义政治经济学重大原则。中国特色社会主义政治经济学,是适应当代中国国情和时代特点的政治经济学。面对错综复杂的经济形势和纷繁多样的经济现象,我们必须坚决贯彻中国特色社会主义政治经济学的重大原则,全面落实好总书记提出的“三个坚持、一个防止”的重要要求。要坚持解放和发展社会生产力,从社会主义初级阶段的国情和自治区的区情出发,始终坚持以经济建设为中心不动摇,坚持中国特色社会主义事业总体布局,坚持科学发展,坚持反对腐败,不断深化对共产党员执政规律、社会主义建设规律、人类社会发展规律的认识,特别要深化对社会主义初级阶段社会生产力发展规律、生产关系适应生产力发展规律的认识,进一步提高解放和发展社会生产力的自觉性主动性。要坚持社会主义市场经济改革方向,紧紧围绕使市场在资源配置中起决定性作用深化经济体制改革,着力解决市场体系不完善、政府干预过多和监管不到位问题,在保证市场发挥决定性作用的前提下,更好地发挥政府的作用。要坚持调动各方面积极性,通过营造宽松的市场环境和透明的法治环境,充分调动企业家的积极性;通过建立完善激励机制,充分调动创新人才的积极性;通过激励和约束并举,充分调动各级干部的积极性,在全区上下形成凝心聚力、干事创业的局面和合力。要防止陷入“中等收入陷阱”,吸取国际上特别是拉美国家的教训,防止过度福利化倾向,坚持从实际出发,把收入提高建立在劳动生产率提高的基础上,把福利水平提高建立在经济和财力可持续增长的基础上,尽力而为、量力而行地做好保障和改善民生工作。

总书记关于做好经济工作的战略思想和重要要求,内涵丰富,博大精深,是我们指导实践、推动发展最有力的思想武器。全区各级党委、政府和各级领导干部,都要把学习贯彻总书记的战略思想和重要要求作为必修课,同学习贯彻党的十八大和十八届三中、四中、五中全会精神结合起来,同学习贯彻总书记系列重要讲话和考察内蒙古重要讲话精神结合起来,努力掌握贯穿其中的立场、观点和方法,不断提高领导经济发展的能力和水平,切实担负起引领经济发展新常态的职责和使命。

三、牢牢把握明年经济工作的总体要求和重点任务，全力推动我区经济持续健康发展

2016年是实施“十三五”规划的开局之年，是推进结构性改革的攻坚之年，也是做好迎庆自治区成立70周年工作的重要之年。按照中央部署，结合我区实际，全区经济工作的总体要求是：全面贯彻党的十八大、十八届三中、四中、五中全会和中央经济工作会议精神，以邓小平理论、“三个代表”重要思想、科学发展观为指导，深入贯彻习近平总书记系列重要讲话和考察内蒙古重要讲话精神，认真落实自治区党委九届十四次全委会会议的工作部署，加强和改善党对经济工作的领导，按照“五位一体”总体布局和“四个全面”战略布局，牢固树立和贯彻落实创新、协调、绿色、开放、共享的发展理念，适应经济发展新常态，坚持改革开放，坚持稳中求进工作总基调，坚持稳增长、调结构、惠民生、防风险，落实宏观政策要稳、产业政策要准、微观政策要活、改革政策要实、社会政策要托底的总体思路，保持经济运行在合理区间，战略上坚持持久战，战术上打好歼灭战，着力加强结构性改革，在适度扩大总需求的同时，去产能、去库存、去杠杆、降成本、补短板，提高供给体系质量和效率，提高投资有效性，加快培育新的发展动能，改造提升传统比较优势，增强持续增长动力，推动我区社会生产力水平整体改善，努力实现“十三五”时期经济社会发展的良好开局，以优异成绩迎接自治区成立70周年，把祖国北疆这道风景线打造得更加亮丽。

明年全区经济社会发展的主要预期目标是：地区生产总值增长7.5%，固定资产投资增长12%，社会消费品零售总额增长9%，一般公共预算收入增长6%以上，城乡居民人均可支配收入分别增长8%和9%，单位生产总值能耗下降2.8%，城镇新增就业26万人，居民消费价格涨幅控制在3%左右，结构性改革取得实质性进展。

把明年经济增长预期目标确定为7.5%，是自治区党委根据“十三五”规划建议的安排，反复权衡各方面因素后决定的。这一目标，既贯彻了保持经济中高速增长的要求，也考虑了加大结构性改革力度的需要，是一个有利于稳定市场预期，提振发展信心的目标，也是需要经过艰苦努力才能实现的目标。这一目标，是就全区而言的，是各地经济发展的平均值而不是最低值，各盟市要增强工作主动性，在保证质量和效益的前提下，有条件的地方力争发展得快一些。

重点抓好六个方面的工作。

(一)着力加强结构性改革，全面提高经济发展的质量和效益。当前我区经济运行中的突出问题，有需求总量的问题，但结构性的问题更为突出。要全面落实中央提出的去产能、去库存、去杠杆、降成本、补短板五大任务，推动我区结构性改革取得重大突破。

一是要坚决有力化解过剩产能。现在，部分行业产能严重过剩已成为制约我国经济持续健康发展的突出矛盾，经济运行中遇到的企业经营困难、财政收入下滑、金融风险积累等问题，都与此密切相关。目前，我区煤炭、钢铁、水泥产能利用率分别为71%、54%、68%，其它一些行业也存在不同程度的产能过剩，8%的规模以上企业处于停产状态，90多户企业成了资不抵债、扭亏无望的“僵尸企业”。各级要正确处理巩固发展优势特色产业与化解过剩产能的关系，下决心做好淘汰落后产能和处置“僵尸企业”工作，抓紧研究制定总体实施方案和分类推进办法，综合运用市场机制、经济手段和法治办法，通过实施技术改造转型升级一批，通过推进兼并重组整合壮大一批，通过扩大对外投资转移发展一批，通过严格环保、安全、能耗标准淘汰退出一批，通过完善财政、税收、金融政策扶持救活一批，稳扎稳打、有力有序地做好工作，务求取得实质性进展。

二是要多措并举降低企业成本。工业品价格下降、生产经营成本攀升，是造成企业经营困难的主要原因。这两年我们在降低企业成本方面作了不少努力，仅今年就通过多项措施降低企业税费负担和用电成本340多亿元，但从总体上看企业特别是实体经济企业税费负担还比较重，交易、融资、物流、财务等方面成本较高，制约了企业发展和产业升级。要深入开展降低实体经济企业成本行动，综合施策、多管齐下，在简政放权、减税降费、金融扶持、流通体制和电价市场化改革等方面打出一套政策“组合拳”，进一步降低企业的交易成本、人工成本、财务成本和税费负担，增强企业的竞争能力、盈利能力和发展后劲。

三是要扎实有序消化房地产库存。目前，全区有商品住宅待售面积946万平方米，施工面积7600万平方米，房地产库存居于高位，部分盟市的库存压力更大一些。房地产库存的增加，不仅积压了大量的资金和资源，而且存在较大的风险和隐患，在一定程度上影响和制约了经济的持续健康发展。各级都要因地制宜研究制定去库存的具体政策措施，积极推进户籍制度和住房制度改革，加快转移农牧民市民化进程，扩大公租房覆盖面，大力发展住房租赁市场，打通供需通道，释放有效需求，加快消化房地产库存。在去库存过程中，要注意防范房地产市场调整带来的潜在风险，有些可能引发市场剧烈波动的举措要审慎出台，引导房地产企业抓住有利时机推进结构调整和产业重组，保持房地产市场稳定。

四是要聚焦短板扩大有效供给。推进结构性改革，不仅要化解过剩产能，而且要扩大有效供给，关键要把握好方向和重点，紧扣补齐短板进行有效投资。要围绕农村牧区基本公共服务体系建设，以脱贫攻坚、“十个全覆盖”等工程为主要抓手，加大资金、政策、工作等投入力度，加快推进城乡基本公共服务均等化。要围绕现代产业体系建设，加强政策引导和金融支持，促进各方面的资金资源向传统产业改造集中，向新兴产业发展集聚，加快推进产业转型升级。要围绕基础设施建设，提高投资的有效性和精准性，集中推进交通运输通道、能源外送通道和水利工程建设，全面推进各领域基础设施网络建设，加快构建适应发展、适度超前的基础设施保障体系。

五是要高度重视防范金融风险。金融稳定是经济平稳运行的基础。随着经济下行压力的加大和经济增速的放缓，我区金融财政领域的潜在风险有所显现，一些企业资金链绷得较紧，一些金融机构不良贷款增多，一些地区政府债务负担较重、民间借贷规模较大，必须坚持主动作为、抓早抓小，及时有力地进行防控和化解。各级党委、政府和有关部门，要切实增强责任感和自觉性，加强对各种风险源的调查研判和监测预警，积极稳妥、标本兼治地做好防控化解工作，特别要做好政府存量债务置换、民间借贷监管、风险案件处置等工作，

坚决守住不发生局部风险的底线。

（二）着力稳定经济增长，保持经济运行处在合理区间。越是经济下行，越要把稳增长紧紧抓在手上。明年是结构性改革的攻坚之年，稳增长的任务更加艰巨繁重。各级要切实贯彻稳中求进的工作总基调，把稳定经济增长和推进结构性改革很好地统筹和结合起来，确保经济运行处在合理区间，确保经济发展质量和效益不断提高。

一是要大力促进“三驾马车”的协调拉动。长期以来，我区经济增长主要依靠投资拉动，消费和出口带动力较弱，要形成经济发展稳定而持久的拉动力，必须下大气力调整需求结构，继续抓好投资，着力稳定消费，积极拓展外需。要发挥好投资的关键作用，充分利用当前投资品价格较低的有利时机，加紧落实三级重点项目三年推进计划，加快启动一批“十三五”重大工程项目，围绕有效需求进行有效投资，建立健全市场化、可持续的投入机制和运营机制，更好发挥政府投资的引导作用和民间投资的主力军作用，通过强化有效投资稳定经济增长、调整经济结构。要发挥好消费的基础作用，主动顺应消费结构加快升级的趋势，全面落实鼓励居民消费的一揽子政策措施，着力推进供给创新，积极培育新型消费，扩大旅游、养老、健康、信息等服务消费，稳住住房、汽车等大宗消费，增加中高端消费，努力改善消费环境、提高消费预期，把巨大的消费潜力转化为促进经济增长的重要动力。要发挥好出口的促进作用，紧紧抓住国家推进高水平双向开放的机遇，立足我区面向北方、服务内地的开放优势，加快传统外贸产品和服务转型升级，扩大农畜产品、纺织服装、机电冶金等优势产品出口，支持企业参与境外工程承包、资源开发和产能合作，逐步增强出口对经济增长的拉动力和贡献率。

二是要大力促进产业转型升级。稳增长要靠产业来支撑。近年来，随着市场环境的变化，传统低端产品的需求正在萎缩，而绿色食品、清洁能源、新型化工、高端装备、文化旅游等产品的需求日趋旺盛，这些供给侧形成的需求导向，与我区“五大基地”建设的产业定位高度契合。我们必须抓住机遇、乘势而上，以“五大基地”建设为主攻方向，研究实施更加精准的产业政策，全力推进我区产业向中高端水平迈进。要加快改造提升传统产业，全面推进技术改造、设备更新和兼并重组，推进技术、产品、业态、管理等创新，促进现代煤化工向下游产品生产、有色金属生产加工和装备制造向高端发展、农畜产品向终端延伸，不断增强传统产业的竞争力。要加快培育壮大战略性新兴产业，依托新型化工、有色金属、装备制造、稀土产业等方面的基础和优势，大力支持节能环保、生物技术、信息技术、高端装备、新能源、新材料、云计算等新兴产业发展，做好规范整顿工业园区和开发区工作，加紧打造一批创新能力强、创业环境好、特色突出、集聚发展的新兴产业基地，形成具有旺盛活力和持续竞争力的新增长点。要加快发展现代服务业，进一步放宽服务业领域社会资本投资准入，推进生产性服务业向专业化和价值链高端延伸，推动生活性服务业向精细化和高品质提升，推动制造业由生产型向生产服务型转变，加快打造一批有规模、有竞争力的服务型龙头企业和服务业集聚区，不断提升服务业的比重和水平。

三是要大力促进城乡区域协调发展。城乡、区域发展不平衡，既是差距也是潜力。要把促进城乡、区域协调发展作为扩大有效供给和有效需求的重要着力点，加强工作统筹，破除体制障碍，在补齐短板、缩小差距中不断增强发展的整体性。要进一步加大统筹城乡发展力度，深入贯彻落实中央城市工作会议精神，紧紧抓住国家重点推进中西部城镇化的机遇，加快推进城镇棚户区改造和市政基础设施建设，大力发展特色产业和城镇经济，健全完善教育、医疗等基本公共服务，加快提高户籍人口城镇化率，努力让人民群众在城镇生活得更方便、更舒心、更美好。同时，要积极推进城乡规划、基础设施、基本公共服务等一体化发展，增强城镇对农村牧区的反哺和带动能力。要进一步加大统筹区域发展力度，根据主体功能区定位和各地比较优势，从发展规划、扶持政策、协调机制等多方面入手，促进以呼包鄂为核心的西部地区协同发展，促进东部盟市合作发展，促进发展相对滞后地区加快发展，特别要加强自治区层面的统筹协高，解决好区域间产业雷同、市场分割等问题，引导各地既竞相发展又加强协作，形成整体发展合力和协调发展格局。

（三）着力做好“三农三牧”工作，不断开创农村牧区繁荣发展的新局面。内蒙古是农牧业大区，“三农三牧”工作始终在自治区全局工作中具有重要地位。各级一定要牢固树立重中之重的思想，把坚持农牧民主体地位、增进农牧民福祉作为工作的出发点和落脚点，用发展新理念破解发展难题、增强发展动力、厚植发展优势，努力让农牧业强起来、农牧民富起来、农村牧区美起来。

一是要加快发展现代农牧业。当前，受资源环境约束、生产成本上升等因素影响，传统农牧业的出路越来越窄，必须加快农牧业转方式、调结构、强基础步伐，走产出高效、产品安全、资源节约、环境友好的现代农牧业发展路子。要稳步提升农牧业综合生产能力，深入实施藏粮于地、藏粮于技战略，在保护好耕地特别是基本农田的基础上，加快推进农田水利和农机作业配套设施建设，加强农牧业科技创新和重大技术推广，扩大绿色高产高效创建规模，通过持续改善农牧业基础条件，有效增强我区主要农畜产品供给保障能力。要积极推进农牧业结构调整，坚持用工业化的理念谋划和推动农牧业发展，引导农牧民以市场为导向调整种养结构，大力发展绿色农牧业、循环农牧业、特色农牧业和品牌农牧业，深入推进农畜产品就地转化和精深加工，进一步完善龙头企业与农牧民利益联结机制，加快发展多种形式的适度规模经营，促进粮经饲统筹、农林牧结合、种养加一体发展。要不断增强农牧业市场竞争力，坚持用现代产业组织方式改造提升传统农牧业，创新农畜产品流通方式，加快培育农村牧区电商、农畜产品定制等“互联网+”新业态，搞好展销会、农博会、精品馆等销售平台建设，加强原产地保护和绿色、有机、无公害认证，大力发展农牧业保障，健全从农田到餐桌的全过程监管体系，提高我区农畜产品的市场占有率和附加值。

二是要深入推进新农村新牧区建设。我区有1000多万人生活在农村牧区，把农村牧区建设好、管理好，既是推进城乡基本公共服务均等化的必然要求，也是扩大内需的现实需要。要保质保量完成“十个全覆盖”建设任务，继续加大投入力度，加快建设进度，强化考核问责，确保到明年底实现所有行政村全覆盖。要健全基础设施和公共服务投入长效机制，进一步加大公共财政的投入力度，加大公共资源的配置力度，积极引导社会力量和资本投向农村牧区，创新基础设施和公共服务设施运行管护机制，推进形成基础设施建设和公共服务发展新机制。要加强和创新农村牧区社会管理，抓好农村牧区基层党组织建设，完善基层管理服务体系，健全留守人员关爱体系，确保农牧民安居乐业、农村牧区社会安定有序。

三是要稳步提高农牧民生活水平。我区城乡差距主要表现在农牧民生活水平上，顺应广大农牧民对美好生活的新期待，必须坚持富裕农牧民、提高农牧民、扶持农牧民，让广大农牧民把日子过得更加红火起来。要进一步拓宽农牧民增收渠道，引导农牧民通过提高种养殖水平和规模效益增加经营性收入，通过进城务工和经商创业增加非农产业收入，通过完善惠农惠牧政策、深化产权制度改革增加转移性收入和财产性收入，保持农牧民增收的持续性和稳定性。要培育造就新型农牧民，抓好农牧民职业教育和技术培训，加大政策、资金等方面的扶持力度，鼓励各类金融机构、经济组织、专业协会等深入农村牧区开展惠农惠牧经营服务，支持大中专院校毕业生、新生代农民工投身现代农牧业建设，培育造就有文化、懂技术、会经营的新型农牧民队伍。

（四）着力推进改革开放和创新发展，加快培育新的发展动能。随着传统增长动能的明显弱化，我区已经到了需要更多依靠新的动能推动经济持续健康发展的阶段。我们一定要以更加强烈的责任感和紧迫感，抓住用好“十三五”头两年这个新旧动能转换的关键期，进一步加大深化改革、推进创新、扩大开放力度，加快培育生成新的发展动能。

一是要不断把改革工作引向深入。近两年我区经济之所以能够在下行压力较大的情况下持续健康发展，很大程度得益于改革的深入推进，今后要不断培育新动能、实现新发展，必须更加扎实有效地做好改革工作。要扭住关键、精准发力，统筹推进党的十八届三中、四中、五中全会部署的改革任务，抓紧在重要领域和关键环节推出一批具有重大牵引作用的改革，特别要紧紧围绕提高政府效能深化简政放权、放管结合、优化服务改革，围绕降低企业生产要素成本加快价格市场化改革，围绕增强国有经济效益推进国有企业改革，围绕健全现代财政税收制度深化财税体制改革，围绕促进金融服务实体经济深化金融体制改革，围绕增强农村牧区发展活力深化农村牧区各项改革，积极稳妥推进国有林区（林场）、农垦、矿业、电力等方面的系统性改革，统筹推进科技教育、医药卫生、养老保险等重点改革，加快形成有利于引领经济发展新常态的体制机制。要鼓励探索、试点先行，按照试点能多则不少、范围能大则不小、时间能短则不长的要求，统筹抓好国家试点、自治区试点和基层试点工作部署的推进，加强指导，搞好验收，及时总结经验，尽快在面上推开，以试点改革的实际成效示范带动全局改革的落实落地。要严明责任、强化督察，抓好部门和地方两个责任主体，建立形成上下贯通、层层负责的主体责任链条，健全完善能定责、可追责的考核机制，抓紧抓实改革方案制定、评估、落实各个环节，做到全程跟进、全程负责、一抓到底。强化督察职能，健全督察机制，更好发挥督察在打通关节、疏通堵点、提高质量中的作用，确保各项改革取得预期成效。

二是要深入实施创新驱动发展战略。创新能力不足是制约我区发展的最大瓶颈。我们一定要以等不得、慢不得的紧迫感，把加强科技进步和自主创新作为重大战略任务紧紧抓在手上、切实抓出成效，依靠创新驱动提升发展新动能、增创发展新优势。要深入推进重点创新工程，围绕产业链部署创新链，大力实施一批新的重大科技项目，建设一批重大科技基础设施、实验室和产业技术创新中心，打造一批“双创”示范基地，培育一批具备先发优势的引领型创新企业，切实增加创新资源供给，着力突破核心关键技术，全面提升经济发展的科技含量。要着力激发各方面创新潜力，强化对创新的激励和创新成果运用，鼓励企业加强创新能力建设，改革科技成果产权制度，拓展技术和知识产权交易平台，进一步激发企业的创新潜力，激发科研机构和高校的创新潜力，激发市场转化科技成果的创新潜力，更好地推动产学研结合和技术成果转化。要培育良好创新环境，落实和完善鼓励扶持创新的优惠政策，积极构建有利于大众创业、万众创新的制度环境，大力弘扬创新文化，充分激发全社会的创新活力和创造热情。

三是要高水平推进对外开放。我区既具有独特的开放优势，也面临宝贵的开放机遇，一定要把对外开放这篇大文章做足做好，在扩大开放中不断拓展发展新空间、培育发展新动能。要深度融入“一带一路”建设战略，以中蒙俄经济走廊建设为依托，以重点开发开放试验区、沿边口岸、跨境经济合作区建设为支点，深入推进与俄蒙在基础设施建设、能源资源开发、社会人文交流等方面的合作，全面提升向北开放水平。要注重完善对外开放布局，进一步扩大同东北亚、欧美国家的经贸往来，深化同港澳台地区的合作交流，更好利用“两种资源”“两个市场”推进发展。要不断深化国内区域协作，积极融入京津冀、环渤海地区发展，深化京蒙合作，加强同东北三省的合作，推进呼包银榆经济区发展，促进乌大张地区融合发展，有效承接北京非首都功能和发达地区产业转移，推进跨地区重大基础设施建设和产业园区共建，在互利共赢中实现新的更大发展。

（五）着力推进绿色发展，不断提升可持续发展能力。筑牢我国北方重要生态安全屏障，是党中央赋予我区的重大责任，也是实现绿色富区、绿色惠民的必然要求。在今后发展中，全区上下都要把绿色发展的理念树得更牢，把改善生态环境的工作抓得更实，加快形成绿色生产方式和消费方式，不断满足各族人民对良好生态环境的新期待，努力构建人与自然和谐发展的现代化建设新格局。

一是要突出抓好生态修复和环境治理。良好的生态环境是人和社会持续发展的基础，必须坚持不懈地修复生态、坚决有力地治理环境，做到不欠新账、多还旧账。要继续组织实施重大生态修复工程，大规模推进国土绿化行动，严格执行基本草原保护制度，认真落实新一轮草原生态保护补助奖励机制，深入开展基本草原划定和草原确权承包工作，不断巩固和扩大生态保护建设成果。要实行最严格的环境保护制度，健全完善环境问题台账管理和环境保护网络化监管，扎实推进多污染物综合防治和跨区域联防联控，进一步加强重点地区和重点领域环境综合整治，严厉查处各类环境违法行为，促进我区环境质量持续改善。

二是要加快推进资源节约和循环发展。坚定不移走绿色低碳循环发展之路，从资源开发和生产建设源头抓起，找准发展和保护的平衡点、结合点,实现美丽和发展双赢。要坚决改变粗放型资源开发模式,采取过硬措施,落实能源和水资源消耗、建设用地等总量和强度双控行动,杜绝高耗能、高排放行业低水平重复建设,倒逼资源开发模式转变,促进资源综合利用效率和节约集约利用水平的提高。要大力发展循环经济,广泛开展传统制造业绿色改造,推广绿色清洁生产,扩大绿色环保标准覆盖面,制定综合扶持政策,推进节能环保产业、绿色低碳产业发展,推进循环型产业链、产业园区建设,推进企业循环式生产、产业循环式组合、园区循环式改造,大幅提高经济发展的绿色化程度。

三是要全面加强制度建设和文化培育。保护生态环境、推动绿色发展,既要靠制度保障也要靠文化支撑。要探索建立可持续的生态保护制度,依托国家和自治区生态文明制度改革试点,加紧推进自然资源资产负债表编制、自然资源资产离任审计、生态环境损害责任终身追究、主体功能区建设等改革任务,加快构建系统完整的生态文明制度体系。要积极培育生态文化,加强资源环境国情区情和生态价值观宣传教育,传承我区民族文化崇尚自然的优秀基因,倡导勤俭节约、绿色低碳、文明健康的生活方式和消费模式,增强公民节约意识、环保意识和生态意识,在全社会营造爱护生态环境、崇尚生态文明的良好风尚。

(六)着力加强民生保障,不断增进人民福祉。改革发展抓得怎么样,老百姓的感受最真切也最重要。明年的经济下行压力比较大,越是在这种情况下,越要重视民生工作,越要加强民生保障,按照坚守底线、突出重点、完善制度、引导预期的思路,切实把民生底线守住、把民生安全网织牢。要在继续实施各项民生工程、办好"三个一"民生实事的同时,突出抓好以下三个方面工作。

一是要全力打好脱贫攻坚战。农村牧区贫困人口脱贫,是我区全面建成小康社会最突出的短板、最艰巨的任务。前不久召开的自治区党委扶贫开发工作会议对全区脱贫攻坚工作进行了全面部署,关键要拿出攻坚拔寨的决心和力度苦干实干,核心是深入贯彻精准扶贫、精准脱贫基本方略。必须抓紧做实做细贫困户建档立卡这项基础工作,因地因人落实"六个精准"和"五个一批"工作要求,多措并举保障脱贫攻坚的资金需求,务求在精准施策上出实招、在精准推进上下实功、在精准落地上见实效。要精心做好对口帮扶和定点帮扶工作,广泛动员各方面力量参与扶贫开发,充分调动贫困地区干部群众的积极性主动性创造性,凝聚形成打赢脱贫攻坚战的强大合力。要切实加强对脱贫攻坚的督察和考核,对扶贫脱贫实绩突出的干部予以表彰和提拔使用,对工作落实不力、没有完成任务的干部进行约谈问责,逐级落实责任、层层传导压力,确保脱贫攻坚各项任务落地见效。

二是要大力推进创业就业工作。随着结构性改革特别是化解过剩产能的推进,部分行业可能会出现职工下岗,一些困难企业可能会增加裁员,加之高校毕业生人数创历史新高,明年的社会就业压力会有所加大,对此我们一定要密切关注、有效应对。要认真落实就业优先战略和更加积极的就业政策,鼓励和支持以创业带动就业,分类精准做好大学生、农牧民转移劳动力、退役军人、就业困难人员等重点人群就业工作,加强对灵活就业、新就业形态的扶持,确保完成年度就业目标。要准备好应对可能出现的结构性失业预案,落实好援企稳岗、社保补贴、税费减免等政策,大力扶持劳动密集型产业、服务业和中小微企业发展,确保不出现规模性失业问题。要完善就业服体系,加强职业技能培训,加强就业援助,促进劳动力在地区间、行业间、企业间自由流动,推动建立和谐劳动关系,有效改善全社会的就业质量和水平。

三是要不断提高基本公共服务供给能力和质量。我区基本公共服务水平的相对落后,其中既有供给不足的问题,也有质量不高的问题。要抓住国家推进供给侧结构性改革的有利时机,坚持普惠性、保基本、均等化、可持续的方向,加大投资于人的力度,加大对社会事业和社会保障的投入力度和改革力度,全面提高义务教育、基本医疗、基本养老、公共卫生、公共文化等服务水平,统筹推进城乡社会救助体系建设,让各族群众更多更好地享受改革发展成果。要加快推进公共服务提供方式创新,能由政府购买服务提供的,政府不再直接承办;能由政府和社会资本合作提供的,要广泛吸引社会资本参与,不断提高公共服务效率和质量。要在保障基本公共服务有效供给的基础上,努力增加中高端、多元化的教育、医疗、文化、体育等服务供给,更好地满足群众不断升级和个性化的服务需求,更好地促进民生改善和经济发展有效对接、相得益彰。

明年社会稳定工作面临的压力不小,各级一定要牢记稳定是根本大局的道理,绷紧维护社会稳定这根弦,深入推进法治内蒙古建设和平安内蒙古建设,扎实做好矛盾化解、社会治安、安全生产、食品安全和对敌斗争工作,有效防止经济生活中的困难和风险影响社会稳定,巩固发展和谐稳定大局,切实筑牢祖国北疆安全稳定屏障。

四、加强和改善党对经济工作的领导,为实现"十三五"良好开局提供坚强保证

加强党的领导是做好经济工作的保证。在自治区党委九届十四次全委会议上,我们提出了要加强制度化建设、提高法治化水平、增强专业化能力、做好组织动员群众工作的要求,各地各部门要认真抓好落实。这里,我再强调几点。

一是要把握发展方向、加强工作指导。在经济发展新常态下,我们面临的环境、形势和任务都发生了深刻变化,做好经济工作第一位的要求,就是要把思想和行动统一到中央决策部署上来,把握大局、把好方向。各级要深入学习领会中央关于经济工作的大政方针和新部署新要求,特别要不断加深对全面建成小康社会决胜阶段形势任务的认识和理解,不断加深对经济发展新常态的认识和理解,不断加深对"五大发展理念"的认识和理解,不断加深对结构性改革的认识和理解,切实增强转变经济发展方式的紧迫感和主动性,真正把经济工作的立足点转到提高发展的质量和效益上来。要注重加强对党员干部的思想引导和工作指导,推动各个方面自觉转变不适应经济发展新常态的思想观念,坚决改变不符合经济发展新常态要求的行为做法,及时纠正工作中出现的偏差,确保全区上下思想统一、行动一致,确保中央和自治区党委政令畅通、令行禁止。要注重加强舆论引导,善于把握本质、主流和趋势,善于把握社会心理,主动发声、澄清是非,有针对性地做好舆论引导工作,增强市场信心、稳定社会预期,为改革发展稳定营造良好舆论氛围。

二是要抓好学习研究、提高能力本领。把握和引领经济发展新常态，对干部的能力素质提出了新的更高要求。广大党员干部特别是各级领导干部要坚持不懈地深入学习贯彻习近平总书记系列重要讲话精神，学习研究中国特色社会主义政治经济学，把学好用好党中央关于经济工作的方针政策作为看家本领，不断提高战略思维、辩证思维、底线思维、法治思维的能力，提高把握和运用经济规律、社会规律、自然规律的能力，提高应对风险挑战、解决困难问题的能力，努力成为推动经济发展的行家里手。要增强问题意识、树立问题导向，紧紧围绕稳定经济增长、推进结构性改革、培育新的发展动能等重大问题加强战略研究，紧紧围绕经济运行中出现的突出矛盾、主要困难和潜在风险加强深度研究，努力把情况吃透、把症结找准、把办法找好，做到心中有数、手上有招，增强工作的前瞻性、预见性和实效性。要注重解决好干部队伍中存在的本领不足、本领落后、本领恐慌问题，坚持理论培训和实践历练并举，培养选拔一批政治强、业务精、敢作为、作风正的领导干部，不断提高各级领导班子和领导干部做好经济工作的能力和水平。

三是要强化责任担当、狠抓工作落实。“十三五”时期的发展蓝图已经绘就，开局之年的目标任务已经明确，关键是把责任担当起来、把工作落实下去。各地各部门都要把抓落实作为一刻也不能放松的重要任务，凡是中央和自治区党委作出的重大部署，都要有实施方案、有具体措施、有责任主体，都要盯住办、马上干、做到位，都要开展督促检查、实行问责问效，使各项工作都能落到实处、见到实效。要把抓落实的成效作为检验领导班子和领导干部能力作风的标准，建立完善激励约束机制，建立完善容错纠错机制，既要旗帜鲜明地给那些呕心沥血做事、不谋私利的干部撑腰鼓劲，又要坚决果断地对那些慢作为、不作为、乱作为的干部进行教育和问责，激励为官有为，惩戒为官不为，保护好调动好广大干部干事创业的热情和干劲。各级领导干部要自觉践行“三严三实”要求，大力弘扬敢作为、勇担当的精神，把更多的时间和精力用到抓落实上，看准了的事情要一抓到底、定下来的工作要雷厉风行，以身作则、以上率下，带动形成一级抓一级、层层抓落实的良好局面。明年是做好迎庆自治区成立70周年工作的重要之年，各级都要把做好迎庆工作作为一项政治任务，全力抓好重点迎庆工程和项目的落实落地，抓住时机推动我区改革发展再上新台阶，以良好精神风貌和优异工作成绩迎接自治区成立70周年。

同志们，良好的开局是成功的一半。做好2016年经济工作，意义重大、任务艰巨。我们一定要更加紧密地团结在以习近平同志为总书记的党中央周围，守望相助、团结奋斗，稳中求进、改革创新，着力推动全区经济社会持续健康发展，确保全面建成小康社会决胜阶段顺利开局，努力把祖国北部边疆这道风景线打造得更加亮丽。

政府工作报告

Report on the Work of the Government

——在内蒙古自治区第十二届人民代表大会第四次会议上

内蒙古自治区主席　巴特尔

现在,我代表内蒙古自治区人民政府向大会报告工作,请连同《内蒙古自治区国民经济和社会发展第十三个五年规划纲要(草案)》一并审议,并请自治区政协委员和列席会议的同志们提出意见。

一、"十二五"时期和2015年经济社会发展回顾

"十二五"时期是我区发展进程中具有里程碑意义的时期。五年来,特别是党的十八大以来,面对复杂严峻的经济形势和艰巨繁重的改革发展稳定任务,在党中央、国务院和自治区党委坚强领导下,自治区政府紧紧依靠全区各族干部群众,深入贯彻落实党的十八大和十八届三中、四中、五中全会精神,深入贯彻落实习近平总书记系列重要讲话和考察内蒙古重要讲话精神,深入贯彻落实自治区党委"8337"发展思路和各项决策部署,围绕落实"五位一体"总体布局和"四个全面"战略布局,围绕打造祖国北疆亮丽风景线,守望相助,团结奋斗,推动全区综合经济实力、产业发展层次、城乡发展面貌、区域协调发展水平、发展保障能力和人民生活水平上了一个大台阶,改革开放、社会事业、和谐内蒙古及政府自身建设得到全面加强,开创了我区经济社会发展的崭新局面。

——综合经济实力显著增强。地区生产总值由2010年的1.17万亿元增加到2015年的1.8万亿元,年均增长10%;人均生产总值由7070美元增加到1.15万美元,居全国前列。一般公共预算收入由1070亿元增加到1963.5亿元,年均增长12.9%;一般公共预算支出由2273.5亿元增加到4352亿元,年均增长13.9%。累计完成固定资产投资5.2万亿元,是"十一五"时期的2.6倍,年均增长18%。在下行压力持续加大的情况下创新调控举措,稳住了经济增长,实现了新常态下的新发展。

——转型升级步伐明显加快。"五大基地"建设取得重要进展,三次产业结构由9.4∶54.5∶36.1演进为9∶51∶40,初步形成了多元发展、多极支撑的产业格局。农牧业提质增效,粮食产量由431.6亿斤增加到565.4亿斤,牲畜存栏由1.08亿头只增加到1.36亿头只,牛奶、羊肉产量居全国首位,农畜产品加工转化率由51%提高到58%。工矿业转型升级,由"一煤独大"向产业多元转变,煤炭对工业增长贡献率由33.5%下降到11.3%,装备制造、高新技术、有色金属和农畜产品加工业贡献率由31.7%上升到49%。电力装机由6458万千瓦增加到1亿千瓦,风电装机由968万千瓦增加到2316万千瓦,均居全国首位。现代煤化工、稀土新材料、云计算等产业规模居全国前列。服务业比重明显提高,现代物流、文化旅游、金融保险、电子商务等蓬勃发展。非公有制经济快速健康发展,占地区生产总值的比重由43%提高到64%。大力实施创新驱动发展战略,优势产业装备技术达到国内先进水平。

——发展保障能力不断提高。公路总里程从15.8万公里增加到17.5万公里,高速公路突破5000公里,一级公路突破6000公里,高速和一级公路总里程居全国前列,建成30条高速和一级出区通道,94个旗县市区通了高速或一级公路。铁路运营总里程由9500公里增加到1.35万公里,居全国首位。开工建设呼和浩特至张家口等3条高速铁路和锡林浩特至乌兰浩特铁路等一批重大项目,呼包集动车组开行,结束了我区没有动车组的历史。民航机场由12个增加到24个,居全国前列。开工建设锡盟至山东等4条特高压外送电通道,蒙西电网变电容量突破1亿千伏安。建成黄河防洪一期、海勃湾枢纽等重大水利工程。国土资源保障能力进一步增强,资源节约集约利用水平不断提高。

——城乡区域统筹迈出重大步伐。累计投资886亿元实施农村牧区"十个全覆盖"工程,全区84.4%的行政嘎查村实现全覆盖,农村牧区基本公共服务水平大幅提升,有力促进了城乡一体化、地区经济发展和农牧民增收,密切了党群干群关系,赢得了各族群众的赞誉。积极推进新型城镇化,常住人口城镇化率由55%提高到60.3%。"一核多中心、一带多轴线"的城镇体系初步形成,城市面貌、功能和宜居性持续改善。呼包鄂地区辐射带动作用增强,东部盟市发展步伐加快,老少边穷地区内生发展动力提升,县域经济发展水平明显提高。

——改革开放向纵深推进。全面深化各领域改革,推出一批有力度、有特色、有影响的改革举措,党的十八届三中全会以来形成改革成果572项,行政审批、财税金融、国资国企、农村牧区、生态文明等重要领域和关键环节改革取得明显成效。全面落实国家"一带一路"战略,创新与俄蒙合作机制,加快建设向北开放的重要桥头堡和充满活力的沿边开发开放经济带。累计完成进出口总额623.8亿美元,是"十一五"时期的1.64倍。深化与京津冀、东北地区和发达省市及港澳台的务实合作,全方位开放格局加快形成。

——生态环境持续改善。加快建设我国北方重要生态安全屏障,生态环境状况实现总体遏制、局部好转,美丽内蒙古建设取得明显成效。累计投入546亿元,实施五大生态工程和六大区域性绿化工程。争取国家出台草原生态补奖政策,将10.1亿亩可利用草原全部纳入保护范围,投入草原生态补奖资金300亿元,惠及146万户、534万农牧民。森林面积由3.6亿亩增加到3.8亿亩,草原植被盖度由37%提高到44%。环境保护工作力度明显加大,全面完成了国家下达的节能减排目标任务。

——民生水平显著提高。各级财政累计投入民生资金1.18万亿元,是"十一五"时期的2.6倍。城乡居民人均可支配收入由17698元、5781元增加到30594元和10776元,年均增长11.1%和13.3%，高于经济增速，城乡居民收入差距由3.1∶1缩小到2.8∶1。社会保障制度实现城乡全覆盖，保障标准达到或超过全国平均水平。大力实施扶贫开发、百姓安居和创业就业工程，192万农牧民摆脱了贫困，为220万户城乡困难家庭改善了居住条件，累计新增城镇就业134万人。“三个一”民生实事惠及336.7万农牧户、4.15万名贫困家庭大学生和4800个零就业家庭。

——社会事业全面进步。教育投入年均增长10.9%，各级各类教育协调发展，办学条件显著改善，建立了从学前教育到高等教育的助学体系，在全国率先实现高中阶段免费教育，新增两所本科高等院校。医疗卫生体系建设迈出重要步伐，医药卫生体制改革扎实推进，看病难、看病贵的问题得到有效缓解，优生优育水平不断提高。民族文化强区建设成效显著，文化事业繁荣发展，文化产业增加值年均增长18%，新闻出版、广播影视、哲学社会科学事业持续进步，草原文化影响力、传播力显著增强，我区鲁迅文学奖实现零的突破。全面贯彻落实党的民族政策，精心做好民族工作，持续加大对少数民族和民族聚居地区倾斜支持力度，各民族大团结的良好局面进一步巩固发展。竞技体育和群众性体育协调发展，体育产业发展加快，成功举办第十届全国少数民族传统体育运动会。地震气象、档案史志、参事文史、外事侨务和妇女儿童、老龄、残疾人工作都取得了新进展。

——和谐内蒙古建设扎实推进。全面推进依法治区，强化科学立法、严格执法、公正司法、全民守法。大力实施平安创建工程，社会矛盾化解机制不断健全，社会治理水平稳步提升。构建起立体化社会治安防控体系，严厉打击各类违法犯罪和敌对势力渗透颠覆破坏活动，人民群众安全感和满意度显著提升。安全生产形势总体平稳，食品药品安全、质量技术监督工作得到加强。认真做好人防和拥军优抚工作，大力支持国防和军队现代化建设，推动军民融合发展，祖国北疆安全稳定屏障进一步巩固。

——政府自身建设不断加强。认真落实全面从严治党要求，严守党的政治纪律和政治规矩，严格执行中央八项规定和自治区28项配套规定，深入开展党的群众路线教育实践活动和“三严三实”专题教育，正风肃纪、建章立制、狠抓落实，推动政风明显好转。严格落实党风廉政建设责任制，加大监察、审计力度，加强廉政风险防控机制建设。大力简政放权，自治区本级行政审批事项和行政权力分别压减47%和45%。严格落实“约法三章”，全面停止新建和审批政府性楼堂馆所项目，自治区本级“三公”经费支出较2010年下降53.3%。全面推进依法行政、政务公开和科学民主决策，自觉接受人大依法监督和政协民主监督，认真听取各民主党派、工商联和无党派人士的意见，政府协商民主建设加快推进。

各位代表，刚刚过去的2015年，我们胜利完成了自治区十二届人大三次会议确定的各项任务。初步统计，地区生产总值增长7.7%，一般公共预算收入增长6.5%，固定资产投资增长14.5%，全体居民人均可支配收入增长8.5%，按常住地分，城镇居民人均可支配收入增长7.9%，农村牧区居民人均可支配收入增长8%。居民消费价格指数上涨1.1%，单位生产总值能耗和二氧化碳排放量分别下降4%和5%。主要指标处于合理区间，经济运行稳中有进、稳中有好。一年来，我们主要做了以下工作：

(一)全力稳定经济增长。加强对经济运行的调控，研究制定稳增长促改革调结构惠民生、扶持小微企业、促进房地产市场平稳健康发展等一系列务实管用的政策措施。发挥投资对稳增长的关键作用。落实重点项目专项推进和省级干部包联重点项目责任制，实施重大项目三年推进计划。自治区重大项目开复工率达到95%，完成投资4995亿元。争取国家核准及开展前期工作重大项目22个，总投资2024亿元。开工建设蒙西至天津、锡盟至江苏、上海庙至山东和锡盟至山东电力外送通道及配套电源项目。建成额济纳至哈密、锡林浩特至二连浩特铁路，开工建设赤峰、通辽至京沈客专连接线、呼和浩特地铁等重大项目，新增铁路运营里程1320公里。公路建设完成投资760亿元，新增通车里程3000公里，新增通沥青水泥路嘎查村1537个。建成乌兰察布、扎兰屯、霍林郭勒3个运输机场和乌拉特中旗、新巴尔虎右旗、阿荣旗3个通用机场。开工建设黄河二期防洪、绰勒下游灌区、尼尔基下游灌区工程。完成造林绿化1100万亩、重点区域绿化210万亩。全面完成主要污染物减排目标，加快治理乌海及周边地区大气污染，呼伦湖和乌梁素海治理取得明显成效。多措并举稳定企业生产。“营改增”减负面达到99%，小微企业免税面达到97%以上，累计为企业减税降费280亿元。电力综合扶持政策降低企业用电成本60亿元，带动新增工业用电97亿度、新增工业增加值335亿元、税收42亿元。“一企一策”措施帮助372户规模以上工业企业恢复生产。规模以上工业增加值增长8.6%，工业用电量增长4.9%，高于全国和周边省份。发挥财政资金的引导放大效应。以存促贷引导金融机构新增贷款568亿元，搭建了金融、水务融资平台，设立了总规模240亿元的铁路交通、产业发展、服务业和科技创新基金，向社会推出91个PPP项目、总投资1016亿元。盘活各级财政存量资金940.8亿元，成功发行地方政府债券1477亿元，有效缓解了地方偿债压力。

(二)大力调整优化产业结构。加快发展现代农牧业。新增粮食产量14.8亿斤、牲畜存栏670万头只，粮食总产、牲畜存栏均创历史新高。主要农作物优势区域集中度达到85%，绿色、无公害农产品及有机食品认证产地面积2350万亩，新增节水灌溉面积519万亩。各类家庭农牧场发展到4.3万户，农牧民专业合作社突破7万家。积极推进工业转型升级。完成企业技改投资1035亿元，增长41.2%。煤矿平均单矿规模188万吨，机械化率和安全生产水平保持全国领先。新增火电装机300万千瓦，形成142万吨煤制油、106万吨煤制烯烃、17.3亿立方米煤制天然气的生产能力，电解铝加工转化率达到70%。建设移动、电信、联通三大云计算数据中心，形成70万台服务器的装机能力，百度、腾讯、京东等知名企业入驻。大力发展现代服务业。服务业增加值增长8.1%，对税收的贡献达到54.3%，分别提高1.3和3.7个百分点。旅游业实现总收入2232亿元，接待游客8419万人次，分别增长23.7%和11%。电子商务、“互联网+”快速发展，信息服务收入增长33.5%，快递业收入增长18%。

(三)加大改革攻坚力度。进一步简政放权。公布了三级权力清单和自治区本级责任清单，取消18项企业投资项目核准前置条件，公布了行政事业性收费目录清单，取消、停征、降低150个收费项目。全面实施“三证合一、一照一码”改革，核发新版营业执照5.3万张，企业注册时间从平均26天缩短到3天。新登记市场主体37万户，增长34.5%。完善现代市场体系。启动蒙西电网输配电价改革，大工业电价每度降低2.65分，电力多边交易和大用户直供电量分别增长55%和157%。取消政府定价项目83个，缩减58.3%，实施居民阶梯水价、气价。完成不动产登记机构整合。推进财税金融改革。落实“营改增”试点和煤炭资源税费改革，完善对下转移支付，启动编制中期财政规划，在22个旗县开展了“省直管县”财政改革试点。金融机构新增信贷投放2000亿元以上，贷款余额突破1.7万亿元，增长14.7%。新增上市公司2家、“新三板”挂牌公司23家。全年直接融资1176亿元，增长54%。金融资产管理公司组建运营，“助农金融服务点”实现全覆盖。启动公务用车制度改革，预计缩减45%的公务用车，每年节省经费4亿元以上。深化国资国企改革。制定全面深化国企改革实施意见，加快推进企业负责人薪酬制度、履职待遇和业务支出、经营业绩考核等改革，森工、矿业集团综合改革全面启动，蒙能集团股权结构调整和管理体制改革后扭亏为盈。加快农村牧区改革。全区81%的规模以上龙头企业与农牧民建立了利益联结机制，农牧民人均从产业化中收入4829元。完成土地确权登记颁证试点和草原确权承包工作，耕地流转面积3187万亩，草牧场流转面积7200万亩，居草原牧区省份前列。构建开放型经济新体制。积极融入丝绸之路经济带和中蒙俄经济走廊建设，呼伦贝尔中俄蒙合作先导区建设规划、满洲里综合保税区获得国家批复，二连浩特—扎门乌德跨境经济合作区建设加快推进。在重点口岸开展大通关改革试点。成功举办首届中蒙博览会。加强生态文明制度建设。启动国有林场林区改革，全面停止商业性采伐。开展自然资源资产负债表编制和领导干部自然资源资产离任审计试点，水权、排污权、碳排放权交易制度改革扎实推进。深化社会事业领域改革。扩大城市公立医院改革试点，旗县公立医院改革实现全覆盖，参与改革的医院全部取消了药品加成。出台考试招生制度、民族教育条例等改革举措，促进各级各类教育均衡发展。文化体制改革深入推进。足球改革试点取得重要进展。制定出台户籍制度改革意见。

（四）着力保障和改善民生。各级财政民生支出2873亿元，增长17.8%，占总支出的66%。扎实推进农村牧区“十个全覆盖”工程。加强组织领导、资金投入和政策支持，采取巡回检查、典型示范、严格考核和干部下乡驻村等措施，有力推动了各项任务落实。全年完成工程投资418.6亿元，扩面工程完成投资263亿元，包括行政嘎查村和部分自然村在内的1.93万个嘎查村开展了工程建设。积极推动大众创业、万众创新。设立创业发展基金，发放创业担保贷款26.9亿元，创业带动就业15.9万人。高校毕业生初次就业率达到86.5%，12.7万名大学生实现就业或落实就业去向，257.4万农牧民实现转移就业，新增城镇就业26.9万人，城镇登记失业率控制在3.65%的较低水平。完善社会保障体系。企业退休人员养老金人均每月提高206元，城乡低保、五保集中供养标准年人均分别提高300元、225元和843元，大病保险实现城乡全覆盖。新开工城镇保障性住房28.5万套，其中棚户区改造24.2万套，居历年之最。全面完成了北梁棚改任务，铁南、阿尔山等棚改项目进展顺利。实施农村牧区危房改造21.8万户，竣工21.4万户。加大扶贫帮困力度。投入财政扶贫资金48亿元，发放金融扶贫贷款176亿元，贫困发生率下降到6%，国家标准下的贫困人口下降到80万人左右。完善“8+1”兜底体系，投入社会救助资金82.7亿元，保障了困难群众的基本生活。加快发展各项社会事业。切实改善学前教育、义务教育办学条件，学前教育毛入园率提高到87%，25个旗县通过国家义务教育均衡发展评估。实施职业教育能力提升工程，提高特殊教育学校公用经费标准。基本公共卫生服务经费补助标准提高到人均40元，自治区重点卫生项目进展顺利，内蒙古医院门诊大楼、内蒙古医科大学附属医院门诊大楼建成，内蒙古医科大学第二附属医院迁建项目、内蒙古中医医院住院及医技综合楼等5个项目主体工程竣工。首次获得南丁格尔奖。实施文化惠民工程，加强文艺创作组织工作。加大长城等文化遗产保护力度，文化产业园区和示范基地建设加快推进。

（五）提高政府自身建设及社会治理水平。加快建设法治政府，推进协商民主建设，提请自治区人大常委会审议地方性法规6件，制定、修改和废止政府规章10件，办理人大代表议案、建议和政协委员提案1038件，办结率100%。加快公共资金、国有资产、国有资源审计全覆盖，加大对失职渎职、“四风”等问题的查处力度，廉政建设明显加强。创新社会治理，劳动关系总体和谐稳定，信访批次和人数下降18.4%和27.9%，刑事和治安案件下降7.2%和7.7%。全面开展安全生产大检查和专项整治，事故起数和伤亡人数下降16.6%和9%。强化食品药品安全监管，守住了不发生区域性、系统性问题的底线，保障了群众“舌尖上的安全”。

各位代表，过去一年的努力，实现了“十二五”圆满收官，内蒙古的发展站在了一个新的历史起点上。回首“十二五”时期的发展，我们深深感到：这五年是我区经济建设、政治建设、文化建设、社会建设和生态文明建设全面推进的五年，是发展方式加快转变、发展基础更加坚实、发展更加全面协调可持续的五年，是改革攻坚力度最大、城乡面貌变化最显著、人民群众得到实惠最多的五年。特别是党的十八大以来，我们始终在思想上政治上行动上同以习近平同志为总书记的党中央保持高度一致，不断完善发展思路，积极创新发展举措，积累了许多宝贵经验。概括起来主要是：必须始终坚持正确的政治方向，全面贯彻落实党中央、国务院和自治区党委各项决策部署，紧紧依靠全区各族人民，守望相助、团结奋斗，从实际出发创造性、奋发有为地开展工作；必须始终坚持发展第一要务，主动适应、积极引领经济发展新常态，牢牢把握发展的主动权；必须始终坚持以提高发展质量和效益为中心，加大经济结构战略性调整力度，加快转变经济发展方式，推动城乡区域发展相平衡、经济社会发展相协调、人与自然和谐发展；必须始终坚持全面深化改革，用改革的办法解决发展中的矛盾和问题，拓展发展新空间，为发展注入新动力；必须始终坚持把增进人民福祉、促进人的全面发展作为出发点和落脚点，切实提高人民生活水平，大力推进基本公共服务均等化，使发展成果更多更好惠及广大群众；必须始终坚持全面落实党的民族政策和民族区域自治制度，精心做好民族工作，不断巩固发展各民族大团结的良好局面；必须始终坚持调动各方面的积极性，统筹处理好各种利益关系，全力维护社会和谐稳定，凝聚起打造祖国北疆亮丽风景线的合力。

各位代表，“十二五”时期取得的成绩来之不易。这是党中央、国务院坚强领导、关怀支持的结果，是自治区党委科学决策、正确领导的结果，是全区各族干部群众共同努力、团结奋斗的结果。在此，我代表自治区人民政府，向全区各族人民，向为自治区改革开放和现代化建设作出贡献的同志们，向关心支持内蒙古发展的朋友们，表示衷心的感谢!

在看到成绩的同时，我们也清醒地认识到：内蒙古是欠发达边疆民族地区，综合经济实力还不够强，城乡、区域、经济社会发展不够协调，基础设施和基本公共服务比较滞后，城乡居民收入水平还不高；产业结构重型化特征较为明显，非资源型产业、战略性新兴产业、现代服务业发展不足；经济增长动力不够协调，有效需求和有效供给不足并存，科技支撑能力不强；生态环境还比较脆弱，正处在“进则全胜、不进则退”的历史关头；经济运行积累的潜在风险较多，部分行业产能过剩，一些企业经营困难，财政收支矛盾比较突出，有些地方政府债务负担较重；法治、创新、廉洁和服务型政府建设还需进一步加强，经济调控、公共服务、市场监管的方式方法还需进一步创新完善。我们一定要以高度负责的精神，通过扎实有效的工作和坚持不懈的努力，加快解决这些问题，努力在新的起点上夺取全面建成小康社会的新胜利!

二、“十三五”时期经济社会发展的主要任务和2016年重点工作

“十三五”时期，是我区全面建成小康社会的决胜时期、是全面深化改革的攻坚时期、是全面推进依法治区的关键时期。根据党的十八届五中全会精神，自治区党委确定了“十三五”时期我区经济社会发展的总体要求、主要预期目标和重点任务，已经全面体现在《内蒙古自治区国民经济和社会发展第十三个五年规划纲要(草案)》中，提交本次大会审议。今后五年，要坚持发展第一要务，不断壮大地区综合经济实力。努力保持经济中高速增长，地区生产总值增速高于全国平均水平，主要经济指标平衡协调。推动产业发展向中高端迈进，基本形成多元发展、多极支撑的现代产业体系。构建适应发展需要的现代基础设施网络。坚持创新发展，着力提高发展质量和效益。形成以创新为主要引领和支撑的经济体系和发展模式，推进重点领域和关键环节改革取得决定性成果。坚持协调发展，着力增强发展的整体性。健全城乡发展一体化体制机制，促进公共资源均衡配置，形成全要素、多领域、高效益的军民深度融合发展格局。坚持绿色发展，着力建设我国北方重要生态安全屏障。促进草原植被盖度和森林覆盖率持续提高，生态环境质量持续改善，主要生态系统步入良性循环，大幅减少主要污染物排放总量，基本形成主体功能区布局。坚持开放发展，着力提高开放型经济水平。全方位融入国家发展大局，基本形成开放型经济新体制，加快建设我国向北开放的重要桥头堡。坚持共享发展，着力增进人民福祉。实现城乡居民收入增速高于全国平均水平，收入总量达到全国平均水平。持续提高基本公共服务均等化水平和人民群众思想道德、科学文化和健康素质。坚决打赢脱贫攻坚战，实现各族人民共同迈入全面小康社会。推进和谐内蒙古建设，筑牢祖国北疆安全稳定屏障。巩固发展平等团结互助和谐的社会主义民族关系，全面推进依法治区，基本建成法治政府，加快构建全民共建共享的社会治理格局。

我们要主动适应、准确把握、积极引领经济发展新常态，深刻认识重要战略机遇期的内涵变化，按照“十个更加注重”的要求，有效应对风险挑战，奋发有为做好工作，确保实现这些目标任务，不断开创现代化内蒙古建设的新局面!

今年是实施“十三五”规划的开局之年，做好各项工作意义重大。综合分析，我们面临的挑战和机遇并存，但机遇大于挑战。我区拥有资源禀赋、区位条件、要素成本等多重比较优势，五大基地建设积蓄了巨大发展动能；我国经济长期向好的基本面没有改变，宏观环境稳定，国家持续加大对西部和民族地区的支持力度；供给侧结构性改革的实施，“一带一路”、京津冀协同发展战略的深入推进，国内消费结构升级和发达地区产业转移加快，为我区调整结构、补齐短板、扩大对内对外开放带来了宝贵机遇。我们要抓住机遇，扎实工作，确保“十三五”良好开局。

今年政府工作的总体要求是：全面贯彻党的十八大、十八届三中、四中、五中全会和中央经济工作会议精神，以邓小平理论、“三个代表”重要思想、科学发展观为指导，深入贯彻习近平总书记系列重要讲话和考察内蒙古重要讲话精神，认真落实自治区党委九届十四次全委会议和全区经济工作会议的工作部署，按照“五位一体”总体布局和“四个全面”战略布局，牢固树立和贯彻落实创新、协调、绿色、开放、共享的发展理念，适应经济发展新常态，坚持改革开放，坚持稳中求进工作总基调，坚持稳增长、调结构、惠民生、防风险，落实宏观政策要稳、产业政策要准、微观政策要活、改革政策要实、社会政策要托底的总体思路，保持经济运行在合理区间，战略上坚持持久战，战术上打好歼灭战，着力加强结构性改革，在适度扩大总需求的同时，去产能、去库存、去杠杆、降成本、补短板，提高供给体系质量和效率，提高投资有效性，加快培育新的发展动能，改造提升传统比较优势，增强持续增长动力，推动我区社会生产力水平整体改善，努力实现“十三五”时期经济社会发展的良好开局，以优异成绩迎接自治区成立70周年，把祖国北部边疆这道风景线打造得更加亮丽。主要预期目标是：地区生产总值增长7.5%，固定资产投资增长12%，社会消费品零售总额增长9%，一般公共预算收入增长6%以上，城乡居民人均可支配收入分别增长8%和9%，单位生产总值能耗下降2.8%，城镇新增就业26万人，居民消费价格涨幅控制在3%左右，结构性改革取得实质性进展。为此，要重点做好以下工作。

(一)加强结构性改革，促进经济持续健康发展

全面落实供给侧结构性改革五大任务。抓住用好新常态下动力转换、结构升级等机遇，研究出台供给侧结构性改革综合性政策。坚决有力化解过剩产能。正确处理巩固发展优势特色产业与化解过剩产能的关系，把控制新增产能和承接产业转移结合起来，下决心淘汰落后产能。研究制定总体实施方案和分类推进办法，通过技术改造升级一批、兼并重组整合一批、对外投资转移一批、严格标准淘汰一批、完善政策扶持一批，稳扎稳打、有力有序地做好工作，务求取得实质性进展。对资不抵债、连年亏损、扭亏无望的“僵尸企业”，加快兼并重组或依法破产清算，退出市场。多措并举降低企业成本。深入开展降低实体经济企业成本行动，在简政放权、减税

降费、金融扶持、流通体制和电价市场化改革等方面打政策“组合拳”，进一步降低企业的交易、人工、财务、物流成本和税费负担，增强企业竞争力、盈利能力和发展后劲。扎实有序消化房地产库存。加大棚改货币化安置力度，实施不低于22万户的城镇棚户区改造，货币化安置比例达到50%以上。加快户籍制度改革和居住证制度落地，完善财政转移支付同转移人口市民化、城镇建设用地同转移人口落户数量挂钩机制。研究住房公积金支持农牧民进城购房政策，开展土地、草场、林地承包经营权及宅基地抵押担保，鼓励金融机构向转移进城农牧民发放购房贷款。探索共有产权等措施，逐步消化大平米住宅库存。推动建立租购并举的住房制度，引导房地产企业转型发展。取消过时的限制性政策，释放刚性和改善性住房需求。聚焦短板扩大有效供给。围绕农村牧区基本公共服务体系建设，以脱贫攻坚、“十个全覆盖”等工程为主要抓手，加快城乡基本公共服务均等化。围绕现代产业体系建设，加强政策引导和金融支持，促进资金资源向传统产业改造集中，向新兴产业发展集聚，加快产业转型升级。围绕基础设施建设，提高投资的有效性和精准性，加快构建适应发展、适度超前的基础设施保障体系。切实防范化解金融风险。加强对各种风险源的调查研判和监测预警，做好政府存量债务置换、民间借贷监管、风险案件处置等工作，坚决守住不发生系统性、区域性风险的底线。

以扩大有效投资为重点创新投融资方式。进一步激发社会投资潜能。加大简政放权力度，继续取消和下放一批审批事项，提高事中事后监管和服务水平。大幅放宽电力、交通、市政公用等领域市场准入，推广特许经营、投资补助等方式，带动社会资本参与建设。全面取消银行贷款承诺、可研报告审查意见等企业投资项目审批前置事项，企业能够自主决定的事项一律不得作为项目核准的前置条件。提高金融支持实体经济发展的质量和水平。加大金融创新力度，鼓励金融机构运用信托、资产证券化等方式，扩大有效信贷投放、支持股权债权融资，实现新增贷款2000亿元、直接融资1200亿元。加快推进民营银行组建，加强多层次资本市场建设。实施企业上市三年计划，推动80家企业在“新三板”挂牌，支持符合条件的企业通过发行票据和债券筹集资金。加快发展现代保险业，推动保险资金参与经济建设。放大财政资金的引导撬动效应。发挥现有融资平台和发展基金的作用，创新政府投资、与金融机构合作等方式，利用财政间歇资金开展以存促贷，加大政府性担保资金投入，引导商业银行扩大信贷投放。支持金融机构和盟市政府合作，通过共同设立城镇建设和“美丽乡村”基金等方式，解决建设资金不足的问题。完善政府和社会资本合作模式，进一步扩大PPP实施规模。

加快重大项目建设。认真落实三年推进计划，启动一批“十三五”重大工程项目，力争固定资产投资达到1.5万亿元以上。产业方面，加快煤炭深加工、精细化工、有色深加工等重点项目建设，开工建设与外送电通道配套的煤电项目，新开工火电2700万千瓦、风电和太阳能装机300万千瓦，完成工业投资7000亿元。交通方面，加快推进呼和浩特新机场、呼张客专、通辽和赤峰至京沈客专、京新高速临河至蒙甘界、经棚至锡林浩特高速、海拉尔至额尔古纳一级公路等重点项目建设，力争呼和浩特至银川、包头至西安、满洲里至海拉尔至齐齐哈尔、通辽至乌兰浩特至海拉尔、集宁至大同、锡林浩特至张家口、巴彦浩特至银川等高铁项目进入国家“十三五”规划盘子或中长期规划。全年铁路建设规模5400公里，公路建设规模2万公里，完成交通建设投资1250亿元以上。发挥好通用机场的独特优势，充分调动企业参与的积极性，各级地方政府都要加大通用机场建设力度，培育发展区域性航空市场。能源通道方面，加快推进已开工的特高压通道建设，力争新开工锡盟至张北、通辽至青州特高压和鄂尔多斯至沧州输气管道等项目，规划建设呼伦贝尔等外送电通道，完成投资300亿元以上。水利方面，开工建设“引绰济辽”工程，力争东台子水库可研报告获得批复，加快推进节水灌溉工程建设，完成水利投资200亿元以上。城市建设方面，加快呼和浩特地铁、包头地铁及新都市区地下综合管廊等重点项目建设，加大地下管网改造力度，完成投资800亿元。此外，社会事业、民生领域及生态建设等方面，要力争完成投资1750亿元以上。

（二）推进产业转型升级，促进产业城乡区域协调发展

加快建设“五大基地”。改造提升传统产业。鼓励煤炭、电力、化工、冶金、建材企业横向联合，支持煤炭转化企业与生产企业纵向重组，构建煤电用、选冶加一体化产业链，加快形成产业链竞争新优势。加大传统产业技术改造力度，促进现代煤化工向下游延伸、有色金属生产加工和装备制造向高端发展、农畜产品向终端拓展，提升传统产业竞争力。培育壮大战略性新兴产业。组织实施战略性新兴产业三年行动计划和特色产业链、“双创”示范基地等四大工程，加快构建国家级稀土、石墨、核燃料、复合材料基地。落实《中国制造2025》，大力推进协同制造、智能制造，做大装备制造业。拓展锂电池、永磁材料产业链，努力做大电动汽车产业。实施差别化、精准化产业扶持政策。坚持和完善电力综合扶持政策，扩大多边交易和大用户直供规模，深入推进输配电价改革，在有条件的地区开展配售电改革，研究制定蒙西电网峰谷电价和蒙东电网同网同价政策。对产能过剩、技术落后、环保不达标的企业，取消各类保护性措施，倒逼其转型升级或退出市场。

实施创新驱动发展战略。发挥科技创新在全面创新中的引领作用。围绕重点领域创新需求，加快实施关键技术攻关、实用成果转化、创新平台载体三大工程。深入实施人才强区战略和“草原英才”工程。强化企业创新主体地位，更多运用财政后补助等方式，鼓励企业加大技术投入。推动高校、科研院所与企业组建技术联盟，力争国家级工程研究中心、企业技术中心达到35家。深化科技体制改革，整合各类科技计划，加大知识产权保护、品牌建设和社会信用体系建设力度，完善科技成果转化、技术交易等相关政策。深入落实质量强区决定，加快实施标准化建设三年行动计划。推动大众创业、万众创新。巩固扩大“三证合一、一照一码”改革成果，实施电子营业执照和工商注册全程电子化。充分发挥“双创”集众智、汇众力的乘数效应，打造众创、众包、众扶、众筹支撑平台，形成线上线下协同创新格局。加快推进市场化改革。大力发展非公有制经济，依法保护各种所有制经济权益。激发企业家精神，依法保护企业家财产权和创新收益。以降低企业生产要素成本为重点，加快形成市场决定价格机制，推动水、电力、石油天然气、交通运输等领域价格改革，全面实行居民

用水、用气阶梯价格制度，推进农业水价改革。以市场为导向，推进国资运营公司组建和国企混合所有制试点，支持社会资本参与国企产权制度改革。加快推进管办分离、经营性国有资产集中统一监管。

大力发展现代服务业。提升服务业发展质量和水平。推动服务业与一、二产业融合，生产性服务业向专业化和价值链高端延伸，生活性服务业向精细化和高品质提升，制造业由生产型向生产服务型转变。完善服务业发展支持政策，用足用好服务业发展基金，做大服务业股权投资基金，抓好呼和浩特市国家级服务业综合改革试点，打造一批服务业集聚区和龙头企业。鼓励社会资本进入教育文化、健康养老、金融保险等服务业领域。培育新型消费热点。把握消费需求个性化、多样化特征，大力发展文化体育、娱乐休闲、家政服务等新型服务业，增加优质新型产品供给，推动消费结构升级。加快实施六大消费工程，大力发展电子商务，培育线上线下、跨区跨境等多种消费业态。积极争取“宽带乡村”试点，扩大互联网、电子商务在农村牧区的覆盖面，激活农村牧区消费潜力。加快发展现代服务业。建设一批大型物流园区、配送中心和内陆港，建立完善煤炭、钢铁、聚氯乙烯、稀土、农畜产品等大宗商品电子交易平台。实施“互联网+”和大数据发展计划，加快发展互联网经济。抓住旅游消费快速增长契机，实施“旅游+”计划，力争旅游业总收入增长20%以上。大力发展养老服务业，构建政府公共服务和社会化服务相结合、市场化运作的养老服务新模式。促进城乡区域协调发展。尊重和顺应城市发展规律。加强和改进城市工作，处理好城市发展与经济发展、城市规模与承载能力、人口集聚和功能集聚等关系，加大对城市空间规模产业、规划建设管理、改革科技文化、生产生活生态和政府社会市民的统筹力度，着力解决“城市病”等问题，加快建设和谐宜居、富有活力、各具特色的现代化城市。调整优化城镇空间布局和功能定位。大力推进“多规合一”，完善“一核多中心、一带多轴线”城镇体系，提高土地节约集约利用水平。做好包头、扎兰屯等国家新型城镇化试点。推进城乡规划、基础设施、基本公共服务一体化发展，增强城镇对农村牧区的反哺和带动能力。加大统筹区域发展力度。依据主体功能区定位和各地比较优势，从发展规划、扶持政策、协调机制等方面入手，促进以呼包鄂为核心的西部地区协同发展、东部盟市合作发展、基础薄弱地区加快发展。

(三)加快推进农牧业现代化，扎实做好农村牧区工作

积极转变农牧业发展方式。优化农牧业结构。全面实行粮食安全盟市长责任制，在稳定粮食产量的基础上，加快转变玉米“一粮独大”的种植结构，积极推进“粮改饲”，引导农牧民种植整株青贮玉米和优质苜蓿，扩大绿色有机高端产品种植。坚持“稳羊增牛”发展方向，制定实施千万头肉牛发展规划，稳定奶牛养殖头数，提高单产、淘汰散养，力争规模化养殖水平达到85%以上。加强防灾减灾体系建设，做好动物疫病和人畜共患病防治工作。落实“藏粮于地、藏粮于技”战略。实施耕地质量保护与提升工程，加快西北节水增效项目建设，探索实行耕地轮作休耕制度。建设高标准农田400万亩，新增节水灌溉350万亩，设施蔬菜达到250万亩以上。加快推进农牧业产业化经营。促进农牧业与工业、服务业融合发展，加大对领军龙头企业的扶持力度，加快行业整合重组。实施农畜产品品牌建设和输出工程，完善质量追溯体系，加快建设电商销售平台。加强农牧业标准化体系建设，健全社会化服务体系，提升服务农牧业综合能力。

深化农村牧区改革。完善农企利益联结机制，提升紧密型利益联结率，提高农牧民在产业化经营中的话语权和收益分配率。总结试点经验，全面推进农村土地承包经营权确权登记颁证工作，开展5000万亩以上土地确权。推进土地草牧场经营权有序流转，积极培育家庭农牧场、专业大户、农牧民合作社等新型经营主体，发展多种形式的适度规模经营。加强农牧民职业技能培训，培养新型职业农牧民。以垦区集团化、农场企业化为主线，推进农垦改革。按照政事分开、社企分开方向，深化供销社改革。实施县域金融工程，大力发展村镇银行和县域融资担保机构。

扎实推进农村牧区“十个全覆盖”工程。加大资金投入力度，进一步增加各级财政资金和地方政府债券投入，积极争取国家资金支持，动员企业、社会投入和农牧民投工投劳。加大政策支持力度，加强部门与盟市的协调配合，允许地方整合资金和项目。加大工程管护力度，探索各方安排管护资金或政府给予奖补等方式，发动群众参与工程管护。加大组织领导力度，进一步做好万名干部下乡驻村工作，加强督促指导，坚持典型示范，严格考核奖惩，确保全面完成所有行政嘎查村全覆盖任务。

打好脱贫攻坚战。坚持精准扶贫、精准脱贫，确保21万人稳定脱贫、10个左右自治区级贫困旗县脱贫摘帽。通过实施易地扶贫搬迁工程脱贫一批，年内完成5万人搬迁任务；通过产业扶持脱贫一批，帮助4万贫困户发展特色产业，使每户都有增收项目。加大金融扶贫力度，让有发展意愿和劳动能力的贫困户，每户都能得到3万元以上的扶贫贷款，全年新增扶贫贷款150亿元以上；通过教育、医疗扶助一批，对不在低保范围的贫困户子女接受职业教育给予资助，提高贫困人口大病保险报销比例；通过社会保障兜底一批，将4.1万贫困人口纳入低保范围。

(四)加大改革攻坚力度，进一步提高开放水平

推进改革举措落地生根。发挥好改革在稳增长、调结构、惠民生、防风险等方面的重要作用，继续推出一批具有重大牵引作用的改革举措，在简政放权、价格市场化、国资国企、财税金融、农村牧区、林区垦区、城市管理体制以及教育医疗、养老保险等领域进一步加大改革力度。按照试点能多不少、范围能大不小、时间能短不长的要求，加大先行先试力度，发挥试点的示范、突破和带动作用。加强对改革任务的研究部署、调度分析、责任落实和督促检查，建立起横向协调、纵向贯通、层层负责的工作机制，全程跟进、全程负责、一抓到底。

全面扩大对内对外开放。深入落实国家“一带一路”战略，积极推进中蒙俄经济走廊建设，创新与俄蒙合作机制。大力推进基础设施互联互通。在国家的统筹推动下，加快建设连接俄蒙的重点铁路、公路项目，积极推进海拉尔至满洲里高速公路、满都拉至白云鄂博、乌里雅斯太至珠恩嘎达布其等口岸公路项目，力争年内开放鄂尔多斯国际航空口岸。加强开放平台载体建设。加快满洲里和二连浩特开发开放试验区、呼伦贝尔中俄蒙合作先导区建设，争取二连浩特—扎门

乌德跨境经济合作区获得批复，实现满洲里综合保税区封关运营。加快推行"三个一"联合监管模式，深化大通关改革。全方位加强交流往来。积极开展与俄蒙在教育、文化、医疗、体育、科技、旅游等方面的人文交流，加强与俄蒙地方政府及部门间的定期协商会晤。推动外贸向"优进优出"转变。优化对俄蒙贸易结构，支持先进技术设备、关键零部件进口，扩大国内短缺资源性商品进口，为企业在境外开展承包工程和劳务合作创造条件。支持产能过剩企业走出去，开展国际产能合作。大力发展新兴贸易方式，支持企业开展跨境电子商务。全面提升区域经济协作水平。借助清洁能源基地平台，推动与京津冀、环渤海、长江经济带的合作。加快建设呼包银榆等经济合作区，深化京蒙区域合作，加强与港澳台地区的交流合作。发挥我区土地、电力优势，通过园区共建等方式，加快承接高水平产业转移。

(五)推进绿色发展，筑牢生态安全屏障

加强生态保护和建设。加快京津风沙源治理、退耕还林还草等重点工程建设，大规模推进国土绿化行动，完成林业生态建设1000万亩、重点区域绿化200万亩、种草3000万亩。实施新一轮草原生态补奖政策，提高补奖标准，坚持和完善阶段性禁牧和草畜平衡制度，推动草原生态持续好转。加快发展沙产业、草产业和林下经济，带动农牧民增收致富。继续实施呼伦湖、乌梁素海综合整治工程，争取治理规划获得批复。

加大环境保护力度。全面加强污染治理，开展大气污染区域联防联控，实施燃煤电厂超低排放改造，加快淘汰不达标机组锅炉和小电石、小硅铁等落后产能。加强乌海及周边地区环境综合整治，确保取得阶段性成效。大力整治工业园区环境问题，提高准入门槛，推动园区补欠账、上水平。全面完成环保违规项目清理整顿。加强城乡接合部、农业面源和重金属污染治理，推进农药、化肥、地膜减量使用。建设绿色矿山、和谐矿区。开展水体综合整治，强化重点流域水污染联防共治。大力推动低碳循环发展，推广绿色清洁生产，努力将节能环保产业打造成新的增长点。严格落实环境保护"党政同责、一岗双责、失职追责"责任制，加大执法力度，严肃查处环境违法问题。

加快生态文明制度建设。全面推进国有林场林区改革，确保按期完成改革任务。继续深化集体林权制度改革。科学编制自然资源资产负债表，开展领导干部自然资源资产离任审计试点。依据主体功能区规划，加快划定生态红线。实施排污许可和排污权有偿使用制度，提高排放成本，倒逼企业减排。建立环境保护督查机制，推进生态环境损害评估试点，实施生态环境损害责任终身追究制度。加快推进环保机构监测监察执法垂直管理。落实能源和水资源消耗、建设用地等总量和强度双控行动，实行最严格的水资源管理制度，加快推进盟市水权转让试点。积极培育生态文化，倡导勤俭节约、绿色低碳的生活方式和消费模式。

(六)加强精神文明建设，促进文化繁荣发展

深入推进社会主义核心价值观宣传教育。坚持用习近平总书记系列重要讲话精神、用中国梦和社会主义核心价值观凝聚共识、汇聚力量，巩固各族人民团结奋斗的共同思想基础。加强精神文明建设，推进文明城市、文明村镇、文明单位和文明家庭创建活动，弘扬中华传统美德，强化思想道德和社会诚信建设。做好舆论引导和网络宣传管理工作，规范传播秩序，弘扬主旋律、传播正能量。

加快建设民族文化强区。坚持社会主义先进文化前进方向，推进草原文化创新发展。加大文物和非物质文化遗产保护力度，加强文化人才队伍建设，繁荣发展文艺创作，打造一批富有民族特色、时代特征、地域特点，思想性、艺术性俱佳的精品力作。创新对外传播、文化交流方式，推动民族文化走出去。加大文化惠民工程力度，实施新闻出版广播影视固边工程，引导文化资源向基层倾斜。倡导全民阅读，繁荣发展哲学社会科学事业。促进传统媒体和新兴媒体融合发展，加快推进"三网融合"。加大文化市场监管和文化领域知识产权保护力度。

大力发展文化产业。坚持把社会效益放在首位、社会效益与经济效益相统一，深化文化体制改革，完善文化产业和市场体系。按照"抓大扶小"思路，支持骨干文化企业和中小微文化企业加快发展，推动文化产业结构升级。优化发展环境，理顺管理体制，扩大投资规模，用好文化产业发展基金，抓好重点项目和集聚区建设。促进文化与旅游、科技、创意的融合，培育新型文化业态，扩大和引导文化消费，提高文化产业对经济发展的贡献度。

(七)保障和改善民生，维护社会和谐稳定

做好就业创业和社会保障工作。积极应对化解过剩产能、处置"僵尸企业"可能带来的就业压力，实施更加积极的就业政策，确保完成就业目标。扎实推进就业创业工程，加大创业扶持力度，实施大学生就业促进和创业引领计划。组织引导劳务输出，促进农村牧区劳动力转移就业。做好困难群体就业工作。实施全民参保计划，进一步扩大社会保险覆盖面。有序推进养老保险制度改革，构建公平、可持续的养老保险制度。适当提高大病保险人均筹资水平和支付比例。落实好国家精简归并"五险一金"政策，减轻企业负担。加强社会救助体系建设，保障困难群众的基本生活。继续办好"三个一"民生实事。

努力提高城乡居民收入。进一步加大工作力度，逐步缩小城乡、地区和行业间的收入差距。多渠道增加农牧民收入，提高农牧民在产权流转等方面的财产性收入，完善"一卡通"发放机制，确保惠农惠牧补贴政策不折不扣落实到位。强化企业收入分配调控，扩大工资集体协商范围，适度调整职工工资增长幅度。完善机关事业单位工资制度，落实旗县以下机关公务员职务与职级并行制度和乡镇工作补贴制度。

加快社会事业发展。实施第二期学前教育三年行动计划，扩大公办和普惠性民办幼儿园覆盖面。加快义务教育学校标准化建设，实施乡村教师支持计划，推进义务教育均衡发展。加快构建校企合作、产教融合的现代职业教育体系，更加注重学生创新创业精神和实践能力培养。统筹推进国内一流大学、一流学科建设，鼓励部分普通本科高校向应用型转变。以义务教育和职业教育为重点，加快发展民族教育。进一步提高民办教育、特殊教育办学水平。着力推进健康内蒙古建设，继续深化城市和旗县公立医院改革。推进分级诊疗试点、医师多点执业，优化医疗卫生资源配置。加强重大疾病防控，健全突发公共卫生事件应急机制，加快建设自治区本级

重点医疗卫生项目和三级医疗卫生服务体系。推进蒙中医药事业加快发展。全面实施一对夫妇可生育两个孩子政策。积极开展全民健身运动,加快体育健身场地设施建设,深入推进足球改革发展试点工作。开展应对人口老龄化行动,保障妇女和未成年人权益,健全扶残助残服务体系。

维护社会和谐稳定。深入推进平安内蒙古建设,加强矛盾排查调处,创新治安防控体系,有效防范化解和管控各类风险。按照总体国家安全观要求,严厉打击危害国家安全行为和违法犯罪活动。支持国防和军队建设,加强国防动员和后备力量建设,加大人防和边防工作力度,提升军民融合发展水平。加大对各类安全生产事故和食品药品安全事件的查办追责力度。全面落实安全生产责任制,抓好重点领域隐患排查和专项整治,坚决防止重特大事故发生。加强食品药品安全内蒙古建设,落实最严格的、覆盖全过程的食品药品安全制度,保障人民群众生命健康安全。

(八)加强民主法治和政府自身建设,加快建设法治、创新、廉洁和服务型政府

严格遵守党的政治纪律和政治规矩,增强看齐意识,经常、主动向党中央看齐,向党的理论和路线方针政策看齐,在思想上政治上行动上坚定自觉同以习近平同志为总书记的党中央保持高度一致,全面贯彻落实党中央、国务院和自治区党委各项决策部署。坚持党的领导、人民当家作主、依法治区有机统一,坚决维护宪法法律权威,依法维护人民权益、维护社会公平正义。自觉接受人大及其常委会的法律监督、工作监督和政协的民主监督,积极组织实施政府协商计划,充分听取各民主党派、工商联、无党派人士和人民团体的意见建议。

坚定不移走中国特色解决民族问题的正确道路,全面贯彻落实党的民族政策和民族区域自治制度,深入开展民族团结进步创建活动,进一步深化各民族交往交流交融,切实增进“四个认同”,巩固发展平等团结互助和谐的社会主义民族关系。完善差别化支持政策,在基础设施、扶贫开发、生态建设、基本公共服务等方面对少数民族聚居地区给予倾斜。深入推进兴边富民行动,着力改善边境地区农牧民生产生活条件。扎实做好城市民族工作。深入贯彻落实党的宗教工作基本方针,发挥好宗教团体、宗教界人士和信教群众在促进经济社会发展中的积极作用。

坚持依法行政,严格按照法定权限、法定程序和权力清单、责任清单履职尽责,把政府全部工作纳入法治轨道。加快转变政府职能,拓宽公共服务供给渠道。加大政务公开力度,推广电子政务和网上办事。加强新型智库建设,建立健全决策咨询制度,运用大数据等手段提升决策水平。加强廉政建设,严格遵守《中国共产党廉洁自律准则》和《中国共产党纪律处分条例》,严格落实党风廉政建设责任制,严肃查处各类违纪违法案件。加强审计监督,推进审计制度改革。强化行政监察,提升行政效能。持之以恒加强作风建设,自觉践行“三严三实”要求,坚决整治行政不作为、乱作为和损害群众利益的行为。

各位代表,明年我们将迎来自治区成立70周年大庆,这是全区各族人民政治生活中的一件大事。我们将坚持为民务实节俭原则,把迎庆工作与促进自治区经济社会发展紧密结合起来,扎实抓好项目建设、环境整治、舆论宣传、组织动员等各项工作,集中力量解决一批事关民生的重大问题和制约经济社会发展的难点问题,以优异成绩向自治区成立70周年献礼。各位代表,“十三五”帷幕已经拉开,我们正在向全面建成小康社会目标发起最后冲刺。让我们高举中国特色社会主义伟大旗帜,更加紧密地团结在以习近平同志为总书记的党中央周围,全面贯彻落实党中央、国务院和自治区党委的各项决策部署,守望相助、团结奋斗、扎实工作,奋力夺取全面建成小康社会决胜阶段的新胜利,努力把祖国北疆这道风景线打造得更加亮丽!

关于内蒙古自治区2015年国民经济和社会发展计划执行情况与2016年国民经济和社会发展计划草案的报告

Report on the National Economic and Social Develepment for 2015 and the Draft Plant for 2016 in Inner Mongolia

——在内蒙古自治区第十二届人民代表大会第四次会议上

内蒙古自治区发展和改革委员会

各位代表：

受自治区人民政府委托，向大会提出2015年国民经济和社会发展计划执行情况与2016年国民经济和社会发展计划草案，请予审议，并请自治区政协委员和列席会议的同志们提出意见。

一、2015年国民经济和社会发展计划执行情况

过去的一年，在自治区党委的正确领导下，全区各地全面贯彻落实中央的各项决策部署，坚持稳中求进工作总基调，主动适应经济发展新常态，积极应对经济下行压力，主要指标处于合理区间，经济运行稳中有进、稳中有好，各项社会事业全面进步。

（一）经济运行总体平稳。加强对经济运行的调度分析，有针对性地采取一系列稳增长、调结构、促改革、惠民生、防风险政策措施，累计减轻企业税费负担280亿元，降低企业用电成本60亿元，在多项政策和工作举措的合力推动下，全区经济实现平稳运行。一是经济增长逐步回稳。初步统计，全年地区生产总值增长7.7%，高于上半年0.7个百分点。规模以上工业增加值增长8.6%，高于上半年0.5个百分点。帮助372户规模以上工业企业恢复生产。二是固定资产投资稳定增长。500万元以上项目完成固定资产投资13651.7亿元，增长14.5%。重点项目建设进展顺利，三年三级重大项目年度开复工率达到95%。基础设施得到全面加强，全区铁路运营总里程达到1.35万公里，高速公路里程突破5000公里、一级公路突破6000公里，民用机场总数达到24个。电力通道建设取得突破性进展，四条特高压外送通道全部开工建设，电力装机容量突破1亿千瓦。三是消费需求增长逐步加快。实现社会消费品零售总额6107.7亿元，增长8%，高于上半年0.7个百分点。四是财政金融稳定运行。完成一般公共预算收入1963.5亿元，增长6.5%；公共预算支出4352亿元，增长12.2%。信贷融资稳定增长，金融机构人民币存款余额增长11%，贷款余额增长14.7%。

（二）经济结构逐步优化。围绕调结构、转方式，研究出台了提升农牧业产业化经营水平、推动重点产业布局调整、加快发展生产性服务业等一系列政策措施，推动产业多元发展。一是农牧业基础地位进一步稳固。粮食产量达到565.4亿斤，创历史最高水平。畜牧业稳定发展，牧业年度牲畜存栏达到1.36亿头（只）。农牧业产业化经营水平不断提高。二是工业内部结构逐步优化。高新技术、有色、装备制造和农畜产品加工业对工业增长的贡献率达到49%，同比提高9.8个百分点；能源和化学工业对工业增长的贡献率降到30.3%，下降16.5个百分点。三是服务业增长逐步加快。全年服务业增长8.1%，占经济总量的比重达到40%。公共服务业和旅游、物流、信息、金融等现代服务业实现较快增长。四是投资结构明显改善。技改投资快速增长，增长41.2%，同比提高25.3个百分点。金融、商务服务、居民服务等非资源型产业投资较快增长，煤炭和钢铁等传统资源型产业投资持续下降，基础设施和社会事业投资快速增长。

（三）发展活力不断增强。坚持创新发展，全面深化改革，进一步扩大开放，出台大力推进大众创业、万众创新的意见，营造创业创新良好氛围，进一步释放市场活力。一是重点领域和关键环节改革取得重大进展。简政放权方面，公布了三级权力清单和自治区本级责任清单，全面实施"三证合一、一照一码"改革，取消18项企业投资项目核准前置条件，取消、停征、降低150项收费项目，压减了58.3%的政府定价项目。电力市场化改革方面，启动蒙西电网输配电价改革，成为全国第一家省级试点电网，蒙西电力多边交易电量增长55%，蒙东大用户直接交易电量增长157%。财税体制改革方面，制定出台深化预算管理制度改革的实施意见，盘活各级财政存量资金940.8亿元，成功发行地方政府债券1477亿元。积极推进营改增工作，深化资源税费改革，营改增减负面达到99%。国资国企改革方面，制定全面深化国企改革实施意见和企业负责人薪酬制度改革实施意见等一系列配套改革措施，森工、矿业集团综合改革全面启动。推进新型城镇化方面，出台了推进户籍制度改革的实施意见，扎兰屯市、包头市、元宝山区、准格尔旗、和林格尔县列为国家新型城镇化综合试点地区。农村牧区综合改革方面，全区81%的规模以上龙头企业与农牧民建立了利益联结机制，完成土地确权登记颁证试点和草原确权承包试点工作。生态文明制度建设方面，启动国有林场林区改革，全面停止商业性采伐。编制自然资源资产负债表，开展领导干部自然资源资产离任审计试点工作，水权、排污权、碳排放权交易制度改革扎实推进。社会事业领域方面，制定出台考试招生制度、民族教育条例等改革举措，促进各级各类教育均衡发展。旗县级公立医院综合改革全面推开，城市公立医院改革试点和分级诊疗试点有序开展，城乡居民大病保险制度实现全覆盖。出台推进公共文化标准化、均等化，加快构建现代公共文化服务体系的实施意见，明确了基本公共文化服务实施标准。足球改革试点积极推进。二是开放型经济水平进一步提高。对外开放取得新进展，出台实施参与“丝绸之路经济带”建设实施方案，呼伦贝尔中俄蒙合作先导区建设规划、满洲里综合保税区获得国家批复，二连浩特中蒙跨境经济合作区建设加快推进，成功举办了首届中蒙博览会。区域合作不断深化，编制融入环渤海区域发展专项规划，出台落实京津冀协同发展规划纲要的实施意见，深化京蒙合作和对口帮扶工作，积极承接发达地区产业转移，全年引进国内(区外)到位资金增长 12. 1%。三是创新型经济加快发展。科技创新方面，实施关键共性技术和实用技术成果转化工程，在杂粮作物育种种植、稀土材料应用等方面取得一系列突破，新增国家级企业重点实验室 2 家、国家地方联合共建工程研究中心 3 家、国家级企业技术中心 2 家。金融创新方面，组建运营内蒙古金融资产管理公司。直接融资取得突破性进展，全年融资 1176 亿元，增长 54%。新增上市公司 2 家、“新三板”挂牌公司 23 家。互联网经济方面，出台《关于加快推进“互联网 +”工作的指导意见》，与中国电信、中国联通签订“互联网 +”行动框架协议，呼和浩特市、呼伦贝尔市、鄂尔多斯市、乌海市、包头市石拐区 5 个市(区)入围国家智慧城市试点。

(四)生态环境持续改善。制定出台《关于加快推进生态文明建设的实施意见》，实施节能减排低碳发展行动，推进大气污染和水污染防治工作，加快重点生态工程建设，生态保护和建设进一步加强。一是节能降碳任务超额完成。推进重点领域节能降碳，实施工业能效提升计划，开展工业绿色发展专项行动、万家企业节能低碳行动，预计全年单位生产总值能耗下降 4%、单位生产总值二氧化碳排放下降 5%。二是污染防治工作扎实推进。全面完成主要污染物减排目标。有效落实各项监管措施，腾格里园区污染 23 个问题除芒硝湖局部水体治理工程外，其余全部整改完成。三是生态工程建设继续加强，完成造林绿化 1100 万亩、重点区域绿化 210 万亩，草原建设总规模 4745 万亩，治理水土流失面积 752 万亩。

(五)民生状况显著改善。按照保基本、兜底线、建机制的要求，加大社会民生投资力度，民生保障能力进一步提高。一是就业形势基本稳定。全区城镇新增就业 26.9 万人，城镇登记失业率 3.65%，低于年初控制目标 0.35 个百分点。发放创业担保贷款 26.9 亿元，创业带动就业 15.9 万人。二是居民收入和社会保障水平稳步提高。全体居民人均可支配收入增长 8.5%，按常住地分，城镇居民人均可支配收入增长 7.9%，农村牧区居民人均可支配收入增长 8%。养老、医疗、低保和社会救助标准进一步提高。居民消费价格水平保持平稳，累计上涨 1.1%，低于全国平均水平 0.3 个百分点。三是各项民生工程扎实推进。“十个全覆盖”工程完成投资 418.6 亿元，扩面工程 263 亿元，超额完成年度计划目标。新开工城镇保障性住房 28.5 万套，其中棚户区改造 24.2 万套，居历年之最。实施农村牧区危房改造 21.8 万户，竣工 21.4 万户。投入财政扶贫资金 48 亿元，发放金融扶贫贷款 176 亿元，贫困发生率由 7.3%下降到 6%，国家标准下贫困人口下降到 80 万人左右。四是社会事业不断加强。进一步改善办学条件，新建公办幼儿园 102 所，扶持民办幼儿园 110 所，“十个全覆盖”农村牧区校舍建设及安全改造工程累计竣工面积 60 万平方米，“全面改薄”工程覆盖学校 2084 所。提高卫生计生综合保障能力，自治区儿童医院、第四医院康复中心等重点卫生项目进展顺利，卫生计生机构达到 23426 个。深入实施文化惠民工程，“数字文化走进蒙古包”工程受益人群达到 200 多万人。完善全民体育健身设施，苏木乡镇、嘎查村公共体育健身设施和新建城市社区体育设施覆盖率达到 100%，成功举办第十届全国少数民族传统体育运动会。

总的看，在国内外严峻复杂的经济形势下，比较好地完成了自治区十二届人大三次会议确定的主要任务，实现了“十二五”圆满收官，全区经济总量从 2010 年的 1.17 万亿元增加到 2015 年的 1.8 万亿元，一般公共预算收入从 1070 亿元增加到 1963.5 亿元，城乡居民人均可支配收入分别从 17698 元和 5781 元增加到 30594 元和 10776 元，固定资产投资累计从 2 万亿元增加到 5.2 万亿元。经过五年的发展，我区综合经济实力、产业发展层次、城乡发展面貌、区域协调发展水平、发展保障能力、人民生活水平上了一个大台阶，为“十三五”时期发展奠定了坚实基础。同时，我们也要看到，当前经济社会发展中还存在一些困难和问题，主要是：经济持续增长的基础还不稳固，有效需求仍然不足；经济结构性矛盾还比较突出，服务业和战略性新兴产业占比仍然较低；企业效益尚未好转，财政收支矛盾比较突出；农畜产品价格较大幅度下降，农牧民增收压力较大；基础设施和基本公共服务比较滞后，城乡居民收入水平还不高。对于这些困难和问题，我们将采取有效措施，逐步加以解决。

二、2016 年国民经济和社会发展的主要任务

按照全区经济工作会议的总体部署，2016 年国民经济和社会发展的主要预期目标是：地区生产总值增长 7.5%，固定资产投资增长 12%，社会消费品零售总额增长 9%，一般公共预算收入增长 6%以上，城乡居民人均可支配收入分别增长 8%和 9%，单位生产总值能耗下降 2.8%，城镇新增就业 26 万人，居民消费价格涨幅控制在 3%左右，结构性改革取得实质性进展。实现上述目标，要全面贯彻党的十八大、十八届三中、四中、五中全会和中央经济工作会议精神，以邓小平理论、“三个代表”重要思想、科学发展观为指导，深入贯彻习近平总书记系列重要讲话和考察内蒙古重要讲话精神，认真落实自治区党委九届十四次全委会议和全区经济工作会议的工作部署，按照“五位一体”总体布局和“四个全面”战略布局，牢固树立和贯彻落实创新、协调、绿色、开放、共享的发展理念，适应经济发展新常态，坚持改革开放，坚持稳中求进工作总基调，坚持稳增长、调结构、惠民生、防风险，落实宏观政策要稳、产业政策要准、微观政策要活、改革政策要实、社会政策要托底的总体思路，保持经济运行在合理区间，战略上坚持持久战，战术上打好歼灭战，着力加强结构性改革，在适度扩大总需求的同时，去产能、去库存、去杠杆、降成本、补短板，提高供给体系质量和效率，提高投资有效性，加快培育新的发展动能，改造提升传统比较优势，增强持续增长动力，推动我区社会生产力水平整体改善，努力实现"十三五"时期经济社会发展的良好开局，以优异成绩迎接自治区成立70周年，把祖国北部边疆这道风景线打造得更加亮丽。

（一）适应发展新常态，加快供给侧结构性改革。加大有效投资力度，着力去产能、去库存、去杠杆、降成本、补短板，增强供给结构适应性和灵活性，提高经济发展的质量和效益。

提高投资有效性和精准性。发挥有效投资对经济增长的关键作用，突出抓好重点项目建设，力争固定资产投资达到1.5万亿元以上。产业方面，加快煤炭深加工、精细化工、有色深加工、战略性新兴产业等领域重点项目建设，推动煤制烯烃、甲醇制烯烃、新能源汽车、云计算数据中心等项目尽快建成投产，争取开工建设煤制油、煤制天然气及外送电通道配套煤电项目，力争完成工业投资7000亿元。交通方面，力争将呼和浩特至银川、包头至西安、满洲里至海拉尔至齐齐哈尔、通辽至乌兰浩特至海拉尔、集宁至大同、锡林浩特至张家口、巴彦浩特至银川等高铁项目纳入国家"十三五"规划盘子或中长期规划，加快推进呼张客专和通辽赤峰至京沈客专建设，开工建设呼和浩特新机场，争取全年铁路建设里程达到5400公里，公路建设规模达到2万公里，力争完成投资1250亿元以上。能源外送通道方面，推进锡盟－山东、锡盟－江苏、蒙西－天津南、上海庙－山东等外送电通道建设，争取鄂尔多斯－安平－沧州输气管道和蒙西煤制气外输管道项目获得核准并开工建设，力争完成投资300亿元以上。水利方面，继续抓好绰勒等重大水利项目，开工建设"引绰济辽"工程，加快推进各类节水灌溉工程建设，争取完成水利投资200亿元以上。城市建设方面，加快呼和浩特地铁、包头新都市区地下综合管廊等重点项目建设，力争完成投资800亿元。社会民生方面，全力推进脱贫攻坚、"十个全覆盖"、百姓安居、就业创业等民生工程建设，进一步加强社会事业建设，力争完成投资1500亿元以上。生态方面，加大京津风沙源治理二期、"三北"防护林五期、天然林保护二期、退牧还草、退耕还林还草、黄土高原淤地坝建设、东北黑土区水土流失综合防治等重点生态工程建设力度，争取完成投资250亿元左右。

积极稳妥化解落后产能。完善企业退出机制，对产品有市场、有效益但暂时遇到困难的企业予以支持，对"僵尸企业"通过兼并重组、债务重组、破产清算实现市场出清。促进产业兼并重组，着力推动煤炭、电力、化工、冶金、建材纵向重组联合，禁止新上单一煤矿项目，新上电力、化工项目要与既有未落实转化项目的煤矿重组，推动企业开展优势产能合作。加快清理整顿各类园区，研究制定园区清理整顿工作方案，做大做强一批主导产业突出、核心竞争力强、辐射带动作用大的特色产业园区。

扎实有序消化房地产库存。全面落实户籍制度改革方案，鼓励农牧业转移人口在就业地落户购租商品房。深化住房制度改革，建立购租并举的住房制度，支持各级政府购买或租赁存量商品房作为公租房源，把公租房扩大到非户籍人口。发展住房租赁市场，鼓励自然人和各类机构投资者购买存量商品房作为租赁市场房源提供者，鼓励发展以住房租赁为主的专业企业，支持房地产开发企业转为专业租赁公司。提高棚改货币化安置比例，推动公租房向货币补贴为主转变，盘活存量商品房。加快已售住房产权证办理进度。

开展降低实体企业成本行动。降低税费负担，继续清理和规范涉企收费，实施收费清单制度，落实好各项税收减免政策。降低用电成本，完善煤电价格联动机制，全面实施蒙西电网输配电价改革，研究蒙东电网同网同价政策。降低用工成本，落实好国家精简归并"五险一金"政策，适度把握最低工资标准，防止工资上涨超过劳动生产率提高。降低物流成本，下调高速公路收费。降低用地成本，下调工业用地价格。降低财务成本，疏通金融资产向实体经济传导途径，有效解决有竞争力、有市场、有效益企业融资难融资贵问题。

推动资本市场稳定健康发展。一是健全完善金融组织体系。积极推动中国进出口银行、中国出口信用保险公司、平安银行等金融机构入驻我区，推动设立地方农牧业保险公司、民营银行和金融租赁公司，推进偏远乡镇基础金融服务全覆盖。二是拓展多样化融资渠道和融资方式。充分发挥各类产业发展基金和新兴产业创业投资基金作用，做大基金规模。鼓励银行业机构综合运用信托、资产证券化等金融产品，加大有效信贷投放。扩大直接融资规模，力争新增直接融资1200亿元。三是深化金融体制改革。加快农村牧区金融改革，推进"两权"抵押贷款试点，研究制定农村信用社改革的指导意见。四是防范和化解金融风险。加强金融监管，规范发展民间融资，抓好通辽市、兴安盟等地民间融资试点工作，加快处置地方法人不良资产。

（二）培育发展新动力，推进创新发展。坚持把创新作为支撑发展的根本动力，加快形成以创新为主要引领和支撑的经济体系和发展模式，实现发展动力转换。

进一步推进体制机制创新。深入推进重点领域改革，加快形成有利于经济发展的体制机制。深化行政体制改革，推进权力清单和责任清单融合，形成权责相统一的"权责清单"，全面梳理和公开公共服务事项目录，大幅精简项目核准前置审批事项。深化财税体制改革，改进预算管理制度，继续推进营改增试点，积极推进资源税改革，清理规范收费基金，建立完善规范的地方政府举债融资体制。加快国资国企改革，推进经营性国有资产集中统一监管，进一步完善现代企业制度，稳妥规范发展混合所有制经济。进一步完善资源配置和资源性产品价格形成机制，深化煤炭资源配置市场化改革，落实国家推进农业水价改革政策，全面实行居民用水、用气阶梯价格制度。深化农村牧区综合改革，加快推进国有林场林区和农场垦区改革，在全区范围内开展土地承包经营权确权登记颁证和草原确权承包工作。

大力推进科技创新。围绕重点领域科技需求，加快实施重点领域关键技术攻关、实用高新技术成果转化、创新平台载体建设三大工程。力争到年底国家级（包括国家地方共建）工程研究中心、工程实验室和企业技术中心达到35家，自治区级工程研究中心、工程实验室和企业技术中心超过160家。深化科技体制改革，整合各类科技计划，改进财政科研资金管理模式，制定完善科技成果转化、技术交易、创业孵化等相关政策。

加快发展互联网经济。启动实施自治区推进"互联网+"和大数据发展行动计划，加快建设一批互联网经济集中区、电子商务集聚区、大宗商品电子交易市场，搭建内蒙古大数据公用平台。贯彻落实国务院《关于加快构建大众创业万众创新支撑平台的指导意见》，推动建设一批众创空间。加大信息网络基础设施建设力度，加快实施“宽带内蒙古”工程，积极推动宽带网络提速降费。制定实施自治区智慧城市建设方案，加快推进呼和浩特国家电子商务示范城市及呼和浩特、乌海国家信息惠民试点城市建设，打造一批数字城市。

（三）构建发展新格局，推进协调发展。坚持产业协调、区域协同、城乡一体，促进新型工业化、信息化、城镇化、农牧业现代化同步发展，不断增强发展的整体性和协同性。

推进农牧业现代化。增强农业综合生产能力，实施耕地质量保护与提升、节水增粮和四个千万亩节水灌溉工程，扩大高标准农田建设规模，粮食总产量稳定在550亿斤以上。发展现代畜牧业，实施“稳羊增牛”战略，推进奶牛、肉羊、肉牛标准化规模化养殖，牲畜头数持续稳定在1.3亿头（只）以上。加快种植业结构调整，调减食用玉米生产，积极推进“粮改饲”，争取青贮玉米种植面积达到1000万亩。推动农牧业产业化经营，支持龙头企业建设标准化原料基地，加强农畜产品加工设施和冷链物流体系建设，完善质量追溯体系，打造优质绿色农畜产品品牌。

促进工业转型升级。一是提高资源综合开发利用和精深加工水平。控制煤炭产量，推动煤炭行业兼并重组，构筑煤电用产业链竞争新优势。加快现代煤化工基地建设，开工一批现代煤化工升级示范项目。加快冶金行业延伸升级，大力发展稀土钢、铝后加工等适销对路产品。二是提升制造业发展水平。制定出台自治区贯彻落实《中国制造2025》行动纲要，开展质量品牌提升行动，完善技术改造贴息等激励措施，提高产业技术水平。三是加快发展战略性新兴产业。组织实施战略性新兴产业特色产业链培育计划、新兴产业“双创”示范基地建设等工程，推动大尺寸单晶硅、石墨烯、稀土催化材料等重点新材料产业化应用。

发展现代服务业。实施服务业发展三年行动计划。落实自治区《关于加快发展生产性服务业促进产业结构调整升级的实施意见》，积极发展电子商务、现代物流、人力资源服务等产业，推动生产性服务业向专业化和价值链高端延伸。制定自治区《关于加快发展生活性服务业促进消费结构升级的实施意见》，大力发展旅游、文化、体育等产业，积极培育养老、健康、家政等新型服务业，推动生活性服务业向精细化和高品质转变。优化服务业发展环境，全面落实服务业用电、用气、用水、用热与工业同价政策，扩大服务业用地规模。发挥服务业引导资金作用，支持一批服务业综合改革创新示范项目建设。

促进区域协调发展。一是打造新经济发展平台。加快沿黄沿线产业带建设，推进呼包鄂协同发展，出台实施《乌海及周边地区产业转型升级规划》，增强区域整体竞争力。培育锡赤通经济区，制定出台霍乌哈金三角经济区发展规划，推动区域协同合作发展。二是加快推进以人为核心的新型城镇化。坚持以人为本、科学发展、改革创新、依法治市的理念，转变城市发展方式，完善城市治理体制，提高城市治理能力，着力解决“城市病”等突出问题，不断提升城市环境质量、人民生活质量、城市竞争力，建设和谐宜居、富有活力、各具特色的现代化城市，提高新型城镇化水平。深化户籍制度改革，实施居住证制度，推进农民工市民化，提高户籍人口城镇化率。健全财政转移支付同农牧业转移人口市民化挂钩机制，扎实推进国家级新型城镇化综合试点工作，继续推进国家级主体功能区试点建设。加快呼包鄂城市群发展，打造赤峰、通辽百万人口区域中心城市，培育建设一批中小城市，有序推进符合条件的旗县实施撤县设市。三是发展特色县域经济，深化扩权强县改革，推进“扩权强县”试点和“省直管县”财政改革。

（四）树立发展新理念，推进绿色发展。大力推进节能减排，加强环境治理，提高资源利用效率和效益，推动形成绿色发展方式和生活方式。

加强自然生态系统保护和修复。强化生态文明制度建设，加快划定生态红线，改进自然资源资产负债表编制办法，推进领导干部自然资源资产离任审计试点工作。落实基本草原保护制度，修订完善《禁牧和草畜平衡监督管理办法》、《划区轮牧工作监督管理办法》。加大重点生态工程建设力度，完成林业生态建设1000万亩、重点区域绿化200万亩、种草3000万亩、水土流失综合治理650万亩。

加强环境综合整治。实施大气、水、土壤污染防治计划，落实京津冀及周边地区大气、水污染防治行动协作机制，推动乌海市及周边地区环境综合整治，制定自治区贯彻落实“土十条”实施意见。加强农村牧区环境治理，落实《全面推进农村垃圾治理的指导意见》，建立村庄保洁制度，启动农村牧区村镇生活垃圾和污水处理设施建设。健全环境治理体制机制，加快环境监管和决策大数据平台建设，建立生态环境保护责任分工制度、生态环境损害鉴定评估制度和责任追究制度。

推动低碳循环发展。推动交通、建筑等领域低碳发展，加快推进呼和浩特市公交都市试点工作，全年完成既有建筑节能改造面积1000万平方米。大力发展循环经济，继续深化国家和自治区循环经济示范市县创建工作，积极推进城市矿产示范基地、餐厨废弃物无害化处理和资源化利用试点城市建设，实施园区循环化改造试点，加大力度淘汰落后产能。进一步加强减排，严格控制污染物排放总量，深入推进排污权有偿使用和交易工作，推进京蒙跨区域碳排放权交易试点，实施控源增汇工程。

全面节约和高效利用资源。强化约束性指标管理，落实国家能源和水资源消耗、建设用地等总量和强度双控要求。实行资源有偿使用制度，推行合同能源和合同节水管理。加快制定和修订节能相关标准，严格项目准入条件，新建项目主要产品能耗不得超过全区能耗平均水平。推动煤炭清洁高效利用，扩大煤炭洗选和提质加工规模，加快燃煤机组超低排放改造。推进节约集约用地，严守耕地红线，严格落实占补平衡，将新增计划安排与闲置土地盘活、存量建设用地挖潜利用挂钩，提高土地利用效率。

（五）开拓发展新空间，推进开放发展。充分利用两个市场、两种资源，全方位扩大对内对外开放，提高开放型经济水平。

深入推进“一带一路”建设。加强与俄蒙基础设施互联互通，争取年内开放鄂尔多斯国际航空口岸，推进跨境铁路、口岸公路项目前期工作。加快满洲里、二连浩特国家重点开发开放试验区和呼伦贝尔中蒙俄合作先导区建设，争取二连浩特－扎门乌德中蒙跨境经济合作区总体方案获得国家批复，满洲里综合保税区实现封关运行。

推动外贸向优进优出转变。推进大通关和电子口岸建设，全面实施单一窗口和通关一体化，提升口岸通关服务能力。发展新型贸易方式，支持企业开展跨境电子商务业务。积极承接加工贸易转移，大力发展服务贸易，引导和支持数字出版、动漫游戏、软件等文化产品出口，促进蒙中医药服务贸易发展。支持先进技术设备、关键零部件进口。

积极推动国际产能合作。加快特色优势产业“走出去”，鼓励内蒙古矿业集团、包钢集团、电力集团、森工集团、鄂尔多斯资源集团等有实力的企业利用境外资源就地加工，支持包钢集团与蒙古国公司合作建设500万吨钢厂项目。鼓励有条件的承包工程企业与境内外大公司合作，承担各种形式的分包工程。

进一步加强区域合作。主动融入京津冀和环渤海地区发展，深化京蒙区域合作和对口帮扶。积极推进与周边省份合作区建设，西部推进呼包银榆经济区发展，中部加快蒙晋冀(乌大张)长城金三角合作区建设，东部打造“锡赤通朝锦”经济合作示范区。加快承接产业转移，与发达地区合作共建产业转移园区，力争全年引进国内(区外)资金到位增长8%。

(六)增进发展新福祉，推进共享发展。提高公共服务共建能力和共享水平，确保人民群众共享改革发展成果。

实施“十个全覆盖”工程。确保全面完成所有行政嘎查村全覆盖任务。全年力争完成危房改造20万户，实施街巷硬化10000公里，对3135户低标准新能源供电户统一升级至600瓦(300瓦风机+300瓦光伏)，实施地面数字电视覆盖工程30处，新建改造校舍16.3万平方米，新建标准化卫生室856个、商品配送中心11个，为1187个文化室配备设备，为228万农村牧区人口发放基本养老金，为11.5万人发放高龄津贴。

实施脱贫攻坚工程。坚持精准扶贫、精准脱贫，通过扶持发展特色产业脱贫一批、易地搬迁脱贫一批、生态补偿脱贫一批、发展教育脱贫一批、社会保障兜底一批，全年减贫21万人。整合各类扶贫资源，全年扶贫投入不少于200亿元。继续开展省级领导干部联系贫困旗县和“三到村三到户”工作，实行脱贫责任工作制，完善对口帮扶机制，研究建立贫困旗县退出机制。

促进就业创业。开展“创业内蒙古行动”，实施创业逐梦、创客筑巢、创业领航、融资畅通、青年创业、返乡农民工创业等六项计划。加强就业技能培训，编制实施职业技能专项培训计划，实行终身职业技能培训。加强公共就业服务平台和信息化建设，健全面向所有困难群体的就业援助制度。

提高居民收入和社会保障水平。完善机关事业单位工资制度，落实旗县以下机关公务员职务与职级并行制度和乡镇工作补贴制度。强化企业收入分配调控，扩大工资集体协商范围，适度调整职工工资增长幅度。多渠道增加农牧民收入，严格落实国家各项补贴政策，提高农牧民在土地草牧场承包经营和流转等方面的收益。开展“全民参保登记计划”，完善城乡居民医疗保险筹资机制，适度提高城乡低保保障标准，继续实施贫困大学生教育救助。

提高教育质量。完成学前教育二期三年行动计划工作任务，统筹城乡义务教育经费保障机制，全面推进义务教育均衡发展。推进普通高中多样化发展，开展“特殊教育提升计划”，推进终身教育体系建设。加强教师队伍建设，实施“乡村教师支持计划”。

推进健康内蒙古建设。进一步深化医药卫生体制改革，大力发展蒙中医药事业。大力实施食品安全战略，强化从农田到餐桌全过程监管。促进人口均衡发展，全面实施一对夫妇可生育两个孩子政策。健全残疾人服务体系，启动残疾人信息化服务平台。加强全民健身场地设施标准化建设，深入推进足球改革试点。

推动民族文化繁荣发展。继续推进国家级公共文化示范区创建，开展自治区公共文化示范区创建工作，加强文化资源共建共享，推动城市公共文化服务向农村牧区延伸，实施全民阅读规划。开展与俄罗斯和蒙古等国家的文化交流合作。加强民族文化遗产和文化生态保护区保护。

2016年是“十三五”开局之年，是迎接自治区成立70周年大庆关键之年。我们要在自治区党委的领导下，进一步解放思想，开拓创新，扎实工作，努力实现“十三五”时期经济社会发展的良好开局，以优异成绩迎接自治区成立70周年，把祖国北部边疆这道风景线打造得更加亮丽。

关于2015年预算执行情况和2016年预算草案的报告

Report on the Implementation of Budgets for 2015 and Draft Budgets for 2016 in Inner Mongolia

——在内蒙古自治区第十二届人民代表大会第四次会议上

内蒙古自治区财政厅

受自治区人民政府委托，现将2015年预算执行情况和2016年预算草案的报告提请本次人民代表大会审议，并请自治区政协委员和列席会议的同志们提出意见。

一、2015年全区预算执行情况

2015年，面对严峻复杂的经济形势和艰巨繁重的改革发展稳定任务，在自治区党委的坚强领导下，各地区、各部门深入学习贯彻习近平总书记系列重要讲话和考察内蒙古重要讲话精神，全面落实“8337”发展思路，主动适应经济发展新常态，齐心协力，迎难而上，实现了全区经济运行总体平稳，稳中有进、稳中有好。

（一）一般公共预算执行情况。自治区十二届人大三次会议审查批准的2015年全区一般公共预算收入为1953亿元。根据2015年12月31日统计数据，全年实际收入1963.5亿元，完成年度预算的100.5%，比上年增加119.8亿元，增长6.5%，与全区GDP、工业增加值等主要经济指标相协调。全区102个旗县（市、区）一般公共预算收入全部超亿元。汇总全区一般公共预算收入、中央补助收入、地方政府一般债券收入、上年结余收入、调入资金等，全区一般公共预算收入总计5752.5亿元。2015年，全区一般公共预算支出4352亿元，完成调整预算的92.5%，比上年增加472亿元，增长12.2%，加上上解中央支出、地方政府一般债券还本支出、安排预算稳定调节基金，全区一般公共预算支出总计5398.1亿元，年终结余354.4亿元，按国家有关政策规定，专项结转下年继续使用。

2015年，中央财政对我区各类补助收入2133.5亿元，比上年增加254.2亿元，增长13.5%。其中，返还性收入和一般性转移支付收入1200.1亿元；专项转移支付收入933.4亿元。按照中央和自治区相关转移支付分配办法，2015年，自治区财政下达盟市各类补助1959.5亿元，比上年增加287亿元，增长17.2%。其中，返还性支出和一般性转移支付943.9亿元，专项转移支付1015.6亿元。

2015年，经自治区人大常委会批准，自治区发行新增地方政府一般债券163亿元，其中：自治区本级留用45亿元，主要用于交通运输支出24亿元、医疗卫生支出14亿元、文化体育与传媒支出3亿元、住房保障支出3亿元、金融支出1亿元；转贷盟市118亿元，主要用于农村牧区“十个全覆盖”工程等自治区70周年大庆项目配套。

2015年，自治区人大审查批准自治区本级一般公共预算收入为352亿元。根据2015年12月31日统计数据，全年实际收入334.9亿元，完成年度预算的95.1%，比上年增加6.8亿元，增长2.1%。加上中央各类补助列自治区本级收入、地方政府一般债券收入、上年结余收入、调入资金以及盟市上解收入等，自治区本级收入总计774.3亿元。2015年，自治区本级一般公共预算支出597.4亿元，完成调整预算的80.8%，比上年增加5.8亿元，增长1%，加上上解中央支出、地方政府一般债券还本支出、安排40亿元预算稳定调节基金，自治区本级一般公共预算支出总计632.7亿元，年终结余141.6亿元，按国家有关政策规定，专项结转下年继续使用。

（二）政府性基金预算执行情况。2015年，自治区人大审查批准的全区政府性基金预算收入447.3亿元。根据2015年12月31日统计数据，全年实际完成250.1亿元，完成年度预算的55.9%，比上年减少252.4亿元，下降50.2%，减少的主要原因：一是地方教育附加等8项政府性基金转列一般公共预算，减少基金收入59亿元；二是受房地产市场低迷的影响，国有土地使用权出让收入等土地类收入减少220.7亿元。2015年，经自治区人大常委会批准，自治区发行新增地方政府专项债券35亿元，其中：自治区本级留用14亿元，用于自治区交通投资公司铁路发展基金资本金和下属航空资产管理公司资本金注入，转贷盟市21亿元。加上中央补助收入、地方政府专项债务收入、上年结余等，收入总计841.4亿元。2015年，全区政府性基金支出438.1亿元，完成调整预算的67.8%，比上年减少127.4亿元，下降22.5%。加上调出资金、上解中央支出、地方政府专项债务还本支出，支出总计657.4亿元。2015年，全区政府性基金年终结余184亿元，按照国家有关政策规定，专项结转下年继续使用。

2015年，自治区人大审查批准的自治区本级政府性基金预算收入为46.4亿元。根据2015年12月31日统计数据，全年实际收入51.3亿元，完成年度预算的110.6%，比上年减少30亿元，下降36.9%。加上地方政府专项债务收入、上年结余收入、中央补助收入和盟市上解收入等，收入总计162.3亿元。2015年，自治区本级政府性基金实际支出143.9亿元，完成调整预算的82.8%，比上年增加72.2亿元，增长100.7%。加上调出资金、上解中央支出、地方政府专项债务还本支出等，支出总计148.8亿元，年终结余13.5亿元，专项结转下年继续安排使用。

（三）国有资本经营预算执行情况。2015年，自治区十二届人大常委会第十九次会议审查批准自治区本级国有资本经营预算收入和支出均为6亿元。根据2015年12月31日统计数据，自治区本级全年实际收入5.4亿元，完成年度调整预算的90%。本级国有资本经营预算支出2.3亿元，主要用于自治区直属国有企业资本金注入。加上调出资金3.1亿元，支出总计5.4亿元。

（四）社会保险基金预算执行情况。根据2015年12月31日统计数据（剔除上下解后基金实际收支口径，下同），全区社会保险基金收入867.1亿元，其中：保险费收入612.4亿元，财政补贴收入220.9亿元，利息收入等33.8亿元。全区社会保险基金支出806亿元，其中，各险种待遇支出794.6亿元，转移支出等11.4亿元。收支相抵，全区社会保险基金当期结余61.1亿元。

2015年，自治区人大审查批准的自治区本级社会保险基金收入预算121.5亿元，支出预算116.4亿元。根据2015年12月31日统计数据，自治区本级社会保险基金收入130.6亿元，完成年初预算的107.5%，其中：保险费收入111.6亿元，财政补贴收入12.2亿元，利息收入等6.8亿元。全年自治区本级社会保险基金支出119.1亿元，完成年初预算的102.3%。收支相抵，自治区本级社会保险基金当期结余11.5亿元。

上述各类收支数据，待财政部批复决算后，还会有一些变化，届时依法向自治区人大常委会再作报告。

2015年，各级财政部门贯彻落实预算法，坚持依法行政依法理财，着力推进财税体制改革，着力调整财政支出结构，统筹盘活财政资金，着力稳增长、调结构、惠民生、防风险，全年预算执行情况总体符合预期。

（一）支持经济稳定增长。一是扩大政府公共投资规模。2015年，累计争取中央基本建设投资162.4亿元，增长16.3%，是“十二五”期间增幅较大的一年。加大对基本公共服务、保障性安居工程、交通、环保等领域投入力度。创新投融资体制机制，大力推广政府和社会资本合作模式，向社会推出91个PPP项目，总投资1016亿元，其中呼和浩特市地铁、包头市地下综合管廊等9个项目入选财政部示范项目。设立了总规模240亿元的铁路交通、新兴产业、服务业和科技创新基金，努力放大财政资金的乘数效应。通过以存促贷，引导商业银行对重点企业新增贷款568亿元，帮助企业缓解融资难融资贵的问题。下达部分行业生产用电补贴资金11.6亿元，带动新增工业增加值335亿元。注资5亿元，发起成立自治区金融资产管理公司，帮助银行盘活存量资产，支持自治区发展。二是增强居民消费能力和有效需求。落实居民养老、医疗、抚恤、救助等社会保障政策，以及机关事业单位人员工资改革政策、乡镇工作补贴政策，改善居民消费预期。积极引导和扶持大众创业、万众创新，全区财政投入各类创业就业补助资金24.3亿元，城镇新增就业26.6万人，高校毕业生初次就业率达到86.5%。筹集资金13.9亿元，积极支持旅游休闲、电子商务、文化体育、养老健康等产业发展，拓宽消费领域。三是推动开放型经济发展。下达资金8亿元，支持首届中蒙博览会成功举办，继续支持满洲里、二连浩特国家重点开发开放试验区建设。下达边境、口岸转移支付32.3亿元，加大重点口岸及配套设施建设力度，提高通关效率，促进边境贸易发展。采取财政贴息、出口退（免）税等方式，支持区内企业扩大对外投资和产品出口。

（二）促进产业结构调整。一是推进农牧业现代化。全区农林水支出708亿元，增长36.8%。全面落实37个产粮大县、33个产油大县的奖励扶持政策，主要农作物优势区域集中度达到85%以上。加强农田水利建设，新增节水灌溉面积519万亩。加快玉米、马铃薯、肉羊、蔬菜等绿色农畜产品生产加工基地建设，绿色、无公害农产品及有机食品认证产地面积2350万亩。二是促进工业转型升级。投入资金5.9亿元，支持企业加大技改投入，实现产业转型升级。落实“互联网+”工业发展思路，促进云计算、大数据、物联网等信息技术在生产、流通和消费领域的应用和创新，推动传统产业转型升级。三是加快战略性新兴产业发展。积极争取国家可再生能源电价附加补助资金67.9亿元，支持风电、光伏、生物质发电规模化发展。采取投资补助、贷款贴息、以奖代补、基金参股等方式，重点支持节能环保、生物技术、信息技术、新能源、新材料等新兴产业发展。争取包头市列入了国家稀土产业转型升级试点城市、国家节能减排财政政策综合示范城市，中央财政三年补助10亿元。四是支持创新驱动发展。全区科技支出34.8亿元，增长6%。加快实施科技重大专项，支持重点领域关键技术攻关，促进实用高新技术成果转化。投入4亿元设立科技协同创新基金，引导企业提升自主创新能力。五是加强生态环境保护。下达草原生态补助奖励资金43亿元，落实草原补偿面积10.1亿亩，惠及534万农牧民。下拨林业生态建设资金108.4亿元，补偿国有、集体林木面积1.6亿亩，保护天然林6.1亿亩，完成重点区域绿化210万亩。积极推动循环经济发展，与中国清洁发展基金中心签订了战略合作框架协议，建立了长效合作机制。

（三）着力保障和改善民生。2015年，全区各级财政民生支出2873亿元，占一般公共预算支出的66%，增长17.7%。一是加快实施重大民生工程。全力保障农村牧区“十个全覆盖”工程建设，中央和自治区财政下达盟市111亿元，其中自治区财政下达资金60.7亿元，全区84.4%的行政嘎查村实现了全覆盖。支持百姓安居工程，全区各级财政投入138亿元，争取国家开发银行发放棚改项目贷款259亿元，新开工城镇保障性住房28.5万套，其中棚户区改造24.2万套，居历年之首。北梁棚改项目全面完成，铁南、阿尔山等重点棚改项目进展顺利。实施农村牧区危房改造21.8万户，竣工21.3万户。全区财政扶贫支出48亿元，增长14.2%。开展“三到村三到户”精准扶贫、金融扶贫等，国家标准下的贫困人口下降到80万人左右。全区财政投入25.6亿元，继续做好“三个一”民生实事，惠及337万户农牧民、2.16万名低保家庭、孤儿大学生，实现了零就业家庭动态清零。通过“一卡通”发放财政补贴资金314亿元，惠及全区4060万人次。二是加强社会保障和医疗卫生体系建设。全区社会保障、医疗卫生支出861.5亿元，增长13.4%。进一步提高社会保障补助标准，全区城镇居民低保标准月人均提高25元；农村牧区低保标准年人均提高225元；企业退休人员养老金月人均提高206元；城乡居民养老金财政补助标准月人均提高20元；新农合和城镇居民医保财政补助标准由320元提高到380元；基本公共卫生服务人均补助标准由35元提高到40元。完善社会保障体系，全面建立城乡居民大病保险、疾病应急救助、临时救助等制度，顺利实施机关事业单位人员养老保险制度改革。投入3.1亿元，推进旗县公立医院综合改革全覆盖，扩大城市公立医院改革试点范围。三是推进教育、文化等基本公共服务均等化。全区教育、文化支出635.8亿元，增长11.6%。全面改善贫困地区义务教育薄弱学校办学条件。促进基础教育学校标准化建设，支持农民工随迁子女在公办学校就读。逐步提高高职院校生均拨款水平，加快构建现代职业教育体系。继续实施高中阶段学生"两免"政策，惠及63.9万名学生。建立了覆盖各教育阶段的家庭经济困难学生资助政策体系。支持全区521所公办、民办幼儿园发展，培训幼儿教师1.1万人。对全区1253个公益性文化场馆实施免费开放。支持校园、社区及企业足球等足球事业改革和发展。安排各类民族宗教工作经费2.8亿元，支持民族传统文化体育、蒙古语言文字信息化建设等。

（四）推进财税体制改革。一是深化预算管理制度改革。深入贯彻落实预算法，依法行政、依法理财工作稳步推进。制定了全面深化财税体制改革的方案及配套文件。完善政府预算体系，加大政府性基金、国有资本经营预算与一般公共预算的统筹力度，将地方教育附加费等8项政府性基金转列一般公共预算，将国有资本经营预算3.1亿元调入一般公共预算。全面推进预算公开，政府及部门预算支出全部细化公开到项级科目。启动编制自治区本级财政和部门2016—2018年中期财政规划。推进自治区直管旗县财政改革试点。加强"三公"经费等一般性支出管理，2015年全区财政拨款"三公经费"、会议费、培训费支出较上年下降15.8%。制定了政府购买服务管理办法及配套措施，在7个部门开展20项政府购买服务试点。出台了公共服务领域推广政府和社会资本合作模式的实施意见，为推进PPP项目提供制度保障。二是加快推进税费改革。落实扶持小微企业财税优惠政策，实施营业税改征增值税政策，累计为企业降费减税280亿元。煤炭资源税改革平稳运行，取消涉煤收费和基金，煤炭企业减负103亿元。实施稀土、钨、钼资源税从价计征，减半征收铁矿石资源税，减轻企业税费负担5.2亿元。继续清理取消行政事业性收费，及时向社会公布了行政事业性收费目录清单。三是盘活财政存量资金。将一般公共预算、政府性基金预算、转移支付、部门预算的结余结转资金全部纳入盘活存量范围，全区共盘活财政存量资金940.8亿元，调整用于保民生、补短板。四是推进财政资金统筹使用。制定了推进财政资金统筹使用的实施意见，推进重点科目资金、政府预算体系、部门资金、转移支付等财政资金的统筹使用，切实加快支出进度，提高资金使用效益。

（五）化解地方政府债务风险。一是建立地方政府债务限额管理制度。报请自治区人大常委会批准了全区2015年政府债务限额5675.5亿元，其中：一般债务4667.9亿元，专项债务1007.6亿元，与国务院核准的限额持平，并据此分配下达了各盟市政府债务限额，对各盟市举债设立了"天花板"。二是圆满完成地方政府债券自主发行工作。全年争取中央分配我区政府债务发行额度1477亿元，其中：新增债券198亿元，置换债券1140亿元，在建项目后续融资限额139亿元。新增债券重点保障了各地农村牧区"十个全覆盖"、保障性安居工程、普通公路、城市基础设施等重大公益性项目。制定出台了自治区政府债券发行、兑付、招标等办法，通过国库现金运作，建立金融机构债券承销的激励机制，成功自主发行地方政府债券1477亿元，初步测算减轻地方政府利息负担60亿元，降低了财政风险，同时为地方腾出资金支持重点项目建设。三是加强债务风险预警。制定了自治区政府债务风险评估和预警办法，要求高风险地区通过预算安排、处置存量资产等方式，积极化解债务风险，逐步将债务风险监测指标控制在警戒线以内。

2015年是"十二五"时期收官之年。经过五年来各地区、各部门的艰苦努力，"十二五"财政规划确定的各项目标得已全面实现，财政工作取得了阶段性重要成果，财政发展迈上了新的台阶。财政收支规模显著提高，一般公共预算收入接近2000亿元，由2010年的1070亿元提高到1963.5亿元，年均增长12.9%，一般公共预算支出突破4000亿元大关，由2273.5亿元提高到4352亿元，年均增长13.9%；民生得到更多实惠，民生保障水平逐年提高，民生支出由2010年1418亿元增加到2015年2873亿元，支出规模翻番，占一般公共预算支出的比重由62%提高到66%；财政宏观调控不断改进，积极财政政策、减费降税、投资引导基金等调控手段对稳增长发挥了重要作用；财税体制改革全面推进，预算法在我区全面实施，预算管理制度改革取得了决定性进展，政府预算体系更加健全完善，预算管理透明度显著提高，财政管理方式更加科学合理，税制改革顺利推进，规范的政府举债融资机制初步建立；财政支出绩效逐步提高，财政资金分配下达加快，盘活财政存量、统筹财政资金等成效显著，财政支出进度一直保持在90%以上，全区结余结转占一般公共预算支出的比重由11%下降到8%。

在看到成绩的同时，我们深刻认识到，当前财政工作中还面临和存在着一些困难和问题，如：受"三期叠加"影响，财政收入增速放缓，而财政支出刚性增长趋势没有改变，财政收支矛盾突出，预算平衡难度加大；部分盟市和旗县可用财力增长缓慢，保工资、保运转、保基本民生压力较大；全区政府性债务负担仍然较重，潜在风险防控任务艰巨；审计中发现的预算编制不够细化、部分专项转移支付绩效不高、拨付下达不及时等问题，表明财政管理还存在一些薄弱环节，资金使用效率有待提高，等等。我们将高度重视这些问题，广泛宣传、深入贯彻落实预算法，大力推进财税体制改革，加大财源建设工作力度，强化财政绩效管理，主动适应新常态，用发展的思路保持自治区财政健康平稳运行。

二、2016年预算草案

2016年是"十三五"规划开局之年，也是着力推动结构性改革的攻坚之年，做好今年财政工作意义重大。2016年财政预算安排的总体要求是：贯彻落实预算法、党的十八届五中全会和自治区党委九届十四次全委会以及中央和自治区经济工作会议精神，按照"五位一体"总体布局和"四个全面"战略布局，牢固树立创新、协调、绿色、开放、共享发展理念，围绕"8337"发展思路，继续落实积极财政政策，加快推进财税体制改革，确保实现稳增长、调结构、惠民生、防风险的宏观调控目标；继续加大财政资金统筹使用力度，盘活存量、用好增量，优化财政支出结构，重点保障基本民生支出，从严控制一般性支出；完善财政宏观调控，着力转方式、补短板、防风险、促开放，增强自治区经济持续增长动力，提高经济发展的质量和效益。

根据预算法规定，各级财政预算由同级人民政府编制，报同级人民代表大会审查批准。下面，根据自治区人民代表大会对预算草案及报告审查的内容，重点报告自治区本级政府预算安排情况。

（一）一般公共预算安排情况。根据自治区经济增长预期，以及国家拟出台的财政收入调整政策，2016年，全区一般公共预算收入安排2081亿元，比2015年实际完成数增加117.5亿元，增长6%以上；全区一般公共预算支出安排4615亿元，比2015年实际支出数增加263亿元，增长6%。

按照现行自治区与盟市收入划分政策，2016年，自治区本级一般公共预算收入安排307亿元，剔除2015年一次性增收因素，同口径比较与上年基本持平。加上中央补助收入1699.6亿元，盟市上解收入5.7亿元，从政府性基金预算和国有资本经营预算调入等45.2亿元，2016年自治区本级一般公共预算总财力安排2057.5亿元。

根据收支平衡的原则，2016年自治区本级一般公共预算总支出安排2057.5亿元，其中：补助盟市、旗县1407.3亿元；上解中央8.1亿元；自治区本级实际安排支出642.1亿元，比2015年预算数增加14.4亿元，增长2.3%。

2016年，预算安排对盟市、旗县各类转移支付补助支出1407.3亿元，其中：返还性支出48.7亿元，主要是根据中央和自治区有关财税体制政策确定的税收返还和基数性补助；一般性转移支付917.2亿元，主要根据因素法分配，重点用于增强基层政府基本公共服务保障能力；专项转移支付441.4亿元，主要根据相关专项资金管理办法分配，重点用于需要政府支持的经济社会发展领域。

2016年，在财政收支矛盾异常尖锐的情况下，自治区深入贯彻落实党的十八届三中全会精神，清理规范重点支出同财政收支增幅或生产总值挂钩事项，大力调整优化财政支出结构，支出预算安排在保工资、保运转、保基本民生、保稳定的基础上，全力保障中央和自治区党委、政府确定的年度重大事项。自治区本级财政将筹措安排150亿元以上支持自治区70周年大庆项目建设，其中，将筹措100亿元以上政府资金，重点支持农村牧区“十个全覆盖”工程建设；继续支持教育、就业、医疗等基本公共服务全覆盖；统筹资金重点保障脱贫攻坚重点工作，安排资金66.9亿元用于“五个一批”脱贫攻坚工程。

2016年自治区本级一般公共预算支出按经济分类和功能分类分别编制，从不同角度反映政府的支出活动。按经济分类划分，自治区本级一般公共预算支出安排情况是：基本支出安排158.7亿元，占24.7%；各类项目支出安排483.4亿元，占75.3%。在基本支出中，行政事业单位工资福利支出78.9亿元，商品和服务支出38.2亿元，对个人和家庭的补助支出35亿元，其他资本性支出6.6亿元。结合贯彻落实自治区国民经济和社会发展的方针政策，重点对按功能分类安排情况报告如下：

——安排一般公共服务支出55.8亿元，比上年年初预算减少1.5亿元，下降2.6%，其中专项资金安排10.3亿元。严格控制“三公”经费等一般性支出，基本公用经费继续保持零增长；专项业务费压减10%，净减少2.2亿元。重点落实自治区民族工作会议精神，促进民族团结，加快民族地区发展。支持街道社区嘎查村党组织建设，强化基层党组织整体功能。继续实施“草原英才”等人才培养、开发政策，加强人才队伍建设。大力支持对农村牧区“十个全覆盖”工程和稳增长、调结构开展审计监督。落实利用世行亚行贷款支持PPP项目开发配套。安排机关事业单位人员养老保险缴费和职业年金补助，以及公车改革后交通费补贴等。

——安排公共安全和国防支出40.4亿元，比上年年初预算增加1.4亿元，增长3.6%，其中专项资金安排17.9亿元。保障军队、武警经费补助，推动军民融合发展。推进政法经费保障体制改革和信息化建设，全面推进依法治区。支持开展反恐、应急维稳等各种专项行动，建设平安内蒙古。落实监狱、戒毒、法治宣传经费，切实加强社会管理。

——安排教育支出88.7亿元，同口径比上年年初预算增加2.2亿元，增长3%，其中专项资金安排59.3亿元。教育经费继续向贫困地区、基础教育、职业教育倾斜。全面改善贫困地区办学条件，推动义务教育均衡发展。优先重点发展民族教育，支持民办教育、特殊教育。落实高中阶段“两免”政策，扩大优质教育资源供给，提升高中阶段教育办学水平。支持高校重点学科、实验室建设，加快现代职业教育体系建设，提高高等教育教学水平和创新能力。继续完善困难家庭学生、孤儿大学生资助政策，特别是要保障转移进城农牧民子女平等接受义务教育。

——安排科技支出11.2亿元，与上年年初预算基本持平，其中专项资金安排9.5亿元。保障自治区重大科技专项顺利实施，落实创新驱动发展战略。健全科技创新引导奖励支持机制，促进科技型中小企业发展。支持基础研究、前沿技术研究等公共科技活动，鼓励科技成果转化。

——安排文化体育与传媒支出24.1亿元，比上年年初预算增加9012万元，增长3.9%，其中专项资金安排13.8亿元。安排资金4.7亿元用于自治区美术馆、蒙古语言文字数字资源建设共享工程等自治区70周年大庆文化建设项目。扩大公益性文化设施免费开放，引导文化资源向农村牧区倾斜，提高基本公共文化服务水平。加强文化文物资源保护，支持优秀文化产品创作生产和文化人才培养，促进民族文化大区建设。加快文化产业发展，推进国有文化企业体制改革。支持体育事业发展和全民健身运动。扩大农村牧区广播电视覆盖面。

——安排社会保障和就业支出、住房保障支出92.4亿元，同口径比上年年初预算增加7.2亿元，增长8.4%，其中专项资金安排59.9亿元。支持建设更加公平、可持续的社会保障制度，并重点用于统筹兜底农村牧区贫困人口。完善大众创业、万众创新的财政补助政策。健全优抚、城乡低保、农村牧区五保供养等人员抚恤和生活补助标准体系，落实好吨煤补助等困难群众生活保障政策。进一步落实困难残疾人生活补贴和重度残疾人护理补贴政策，扶持残疾人就业创业。支持保障性安居工程建设，加快推进农村牧区危房和棚户区改造，实施游牧民定居工程。统筹考虑职工平均工资增长率和物价涨幅等因素，合理确定机关事业单位和企业退休人员基本养老金水平。

——安排医疗卫生与计划生育支出37.2亿元，同口径比上年年初预算增加3.1亿元，增长9.1%，其中专项资金安排30.1亿元。医疗保险、医疗救助、大病保险政策要对贫困人口倾斜。适当提高新农合和城镇居民基本医疗保险财政补助标准。基本公共卫生服务资金继续向基层医疗卫生机构和乡村医生倾斜。深入推进县级公立医院综合改革，支持住院医师规范化培训工作。继续实施自治区直属6个重点卫生项目建设和贫困旗县蒙中医能力建设。

——安排节能环保、国土海洋气象、资源勘探信息支出48.4亿元，比上年年初预算增加7.2亿元，增长17.5%，其中专项资金安排44.3亿元。增加部分主要是为降低企业用电成本，新增安排部分行业生产用电价格临时补贴资金12亿元。支持发展清洁能源、可再生能源，加强大气、水、土壤重金属污染防治。支持应对气候变化，加强高耗能行业、企业节能改造和能耗管控，推动低碳循环发展。加强矿产资源勘查、矿山地质环境治理。创新财政资金使用方式，加快设立重点产业发展基金，撬动社会资本，支持优势特色产业发展和公益性项目建设。

——安排农林水、粮油物资储备支出107.3亿元，比上年年初预算增加6.4亿元，增长6.3%，其中专项资金安排103.4亿元。增加部分主要是新增安排列收列支的水权转让收入14.5亿元。安排脱贫攻坚资金18.7亿元，同时，统筹和整合各类涉农资金向贫困地区倾斜，实施好“五个一批”工程，加快脱贫步伐。调整完善农业补贴政策，将种植业良种补贴、农资综合补贴和粮食直补调整为农业支持保护补贴，重点用于耕地地力保护和粮食规模经营。支持绿色农畜产品生产加工输出基地建设，加快现代农牧业发展。加强农田水利建设，推进区域规模化高效节水灌溉。全面落实国家草原生态保护补助奖励政策。支持农村土地承包经营权有序流转，推进土地承包经营权确权登记颁证工作。落实小额担保贷款贴息奖励等金融政策，支持中小微企业及非公有制经济发展。继续安排食盐、化肥、药品、羊绒等重要物资储备贴息资金。

——安排交通运输、城乡社区、商业服务业、金融支出103.1亿元，比上年年初预算增加7.5亿元，增长7.8%，其中专项资金安排101.5亿元。增加部分主要是新增安排列收列支的建安保险费支出4亿元，自治区交通投资公司铁路交通产业基金利息补助3亿元等。加强行政村街巷硬化、铁路、公路、民航机场等交通建设。推动新型城镇化建设。支持物流、旅游、金融等现代服务业发展。积极培育外贸竞争新优势，加强口岸、重点开发开放试验区建设，支持同俄蒙各领域合作。注入内蒙古再担保公司资本金1亿元，发展贷款担保体系。

——安排预备费、其他支出、债务付息支出及债务发行费用支出33.5亿元，比上年年初预算减少0.3亿元，下降0.8%，其中专项资金安排33.5亿元。根据预算法，按照本级一般公共预算支出额的1%-3%设置预备费，2016年安排预备费8亿元，用于预算执行中自然灾害等突发事件增加的支出以及其他难以预见的支出。安排预算内基本建设投资13亿元，重点用于校舍安全改造、嘎查村标准化卫生室建设投资等自治区70年大庆项目建设。规范政府性债务管理，安排政府债务利息、发行费7.9亿元。

（二）政府性基金预算安排情况。2016年全区政府性基金收入安排225.9亿元。根据收支平衡的原则，2016年全区政府性基金支出安排225.9亿元，其中：调出资金3.8亿元；各类专项安排222.1亿元。

2016年自治区本级政府性基金预算总收入安排60.4亿元，剔除政府住房基金和无线电频率占用费转列一般公共预算，同口径比2015年预算数增加14.4亿元，增长31.2%。其中：自治区本级政府性基金收入55.3亿元，同口径增加9.3亿元，增长20.1%；中央补助收入5.1亿元。根据收支平衡的原则，2016年自治区本级政府性基金支出安排60.4亿元，其中：调入一般公共预算统筹使用3.8亿元，主要用于落实自治区出台的各项惠牧政策；政府性基金支出安排56.6亿元，主要用于土地整理、重大水利工程、交通等支出。

（三）国有资本经营预算安排情况。按照“以收定支、统筹兼顾、突出重点”的原则，2016年自治区本级国有资本经营预算收入和支出均安排3.5亿元，支出主要用于能源建设投资公司等国有企业资本金注入、对包钢等国有企业政策性补贴等2.1亿元，调入一般公共预算统筹使用1.4亿元。

（四）社会保险基金预算安排情况。2016年，全区社会保险基金收入预算1148.2亿元，主要包括：保险费收入812.1亿元，财政补贴收入312.1亿元，利息收入等24亿元。2016年全区社保基金支出预算1128.3亿元，主要用于基本养老、基本医疗、工伤、失业和生育等社会保险待遇支出。2016年全区社会保险基金当期收支结余19.9亿元。

2016年，自治区本级社会保险基金收入预算177.1亿元，主要包括：保险费收入167.7亿元，投资收益3.5亿元，财政补贴收入3.5亿元，转移收入等0.3亿元，储备金上解收入2.1亿元。2016年社会保险基金支出预算265.2亿元，其中：基本养老、基本医疗、工伤和生育保险待遇支出157.4亿元，转移支出等0.7亿元，补助下级支出107.1亿元。收支相抵后，2016年自治区本级社会保险基金当期收支缺口88.1亿元，其中：企业职工养老保险缺口106.6亿元，工伤保险缺口0.3亿元，其余各险种结余18.8亿元。当期收支缺口由以前年度基金滚存结余弥补。

三、确保完成2016年预算任务

（一）深化财税体制改革，促进供给侧结构性改革。认真落实中央和自治区经济工作会议部署，加大财税、社保等重点领域和关键环节改革力度，促进供给侧结构性改革。一是加快财税体制改革。完善全面规范、公开透明的现代预算制度，加大预算统筹和财政资金统筹力度，将政府存量债务还本付息纳入年初预算，实行中期财政规划管理。推进政府间事权和支出责任划分，进一步理顺自治区与盟市收入划分。完善自治区对下转移支付制度，进一步压缩专项转移支付，提高一般转移支付比例。支持扩权强县，推进省直管县财政改革试点工作。做实地方政府债务限额管理，各盟市只能在限额内依法举债。完善地方政府债券发行机制和市场化定价机制。稳步推进权责发生制政府综合财务报告制度改革。在税制方面，将建筑业、房地产业、金融业和生活服务业纳入试点范围，扩大进项税抵扣范围，全面推开营改增改革。落实资源税全面从价计征改革，清理相关收费基金。二是加快社会保障制度改革。以促进精算平衡、强化激励约束、推动制度整合、完善筹资机制为核心，健全合理分担、可持续的养老保险和医疗保险机制。推进公立医院和基层医疗卫生机构改革。

提高新农合、城镇居民医疗保险财政补助标准。整合城乡居民基本医疗保险制度和管理体制。全面建立城乡居民大病保险制度。三是围绕去产能去库存促改革。按照建立现代企业制度的要求，落实财税支持政策，鼓励企业淘汰落后产能、化解过剩产能和兼并重组。积极争取中央专项资金，解决煤炭、钢铁等行业"僵尸企业"处置中的人员安置等问题，促进去产能。改革保障性住房支持方式，促进城镇住房保障逐步转向以租赁补贴为主，推进PPP模式开展公租房建设运营管理试点，鼓励棚户区改造货币化安置，支持去库存。

（二）落实积极财政政策，提高自治区经济发展质量和效益。加大积极财政政策力度，着力稳增长调结构，增加公共服务供给，促进自治区经济发展提质增效。一是创新投融资方式。发挥好各类财政性引导基金的作用，加快推进政府与社会资本合作模式，吸引社会资本，增加有效投资，稳定经济增长。创新公共服务供给机制，通过设立PPP基金、股权合作、财政贴息等政策，拉动社会资本进入公共服务领域。健全地方债务管理体系，积极向中央争取地方政府债券额度，妥善处理存量债务，加大对自治区公益性项目建设支持力度。二是支持实体经济发展。积极落实减税降费政策，减轻企业负担，降低企业成本，促进大众创业、万众创新。继续运用财政间歇资金，以及财政贴息、政策性担保等方式，鼓励金融机构加大对税源大户、小微企业、"三农"贷款规模，解决融资难、融资贵的问题。三是促进经济转型升级。全力支持"五大基地"建设。促进新能源、新材料等新兴产业以及"互联网+"等新兴业态发展。积极培育养老、旅游、文化、健康等新型服务业，提高供给质量，扩大消费需求。改进财政科技资金管理模式，加快实施科技重大专项，促进创新驱动发展。四是支持开放型经济发展。加强铁路、公路、口岸等基础设施建设，深度融入"一带一路"战略。推进满洲里、二连浩特国家重点开发开放试验区建设，支持中俄蒙经济走廊建设。积极争取国际金融组织和外国政府贷款，支持我区经济社会发展。

（三）健全公共财政体系，建立民生投入长效保障机制。按照中央和自治区"坚守底线、突出重点、完善制度、引导预期"的要求，围绕补短板促民生，建立更加公平、可持续的民生投入保障机制。一是全力支持脱贫攻坚工程。认真落实中央和自治区扶贫开发工作会议精神，强化财政综合扶贫投入体系，促进相关领域资金优先向贫困地区、贫困人口倾斜，创新财政扶贫资金使用方式，吸引金融资金、社会资金参与，落实好发展生产脱贫、易地搬迁脱贫、生态补偿脱贫、发展教育脱贫、社保兜底脱贫政策，保障实现全年21万人稳定脱贫，10个左右自治区贫困旗县脱贫摘帽的目标。二是全力支持"十个全覆盖"工程。在统筹安排好财政资金的基础上，进一步创新投融资方式，鼓励社会资本参与"十个全覆盖"工程建设，努力形成"财政资金+社会资金+群众筹资投劳"的资金保障模式，解决资金需求。及早拨付下达工程资金，健全资金监督管理办法，加强资金的监督检查，切实提高资金使用效益。三是着力保障基本民生。健全县级基本财力保障稳定增长机制，加大对革命老区、边境地区、贫困地区转移支付力度，提高基层政府"保工资、保运转、保基本民生"能力。推进落实旗县以下机关公务员职务与职级并行和苏木乡镇工作补贴制度。完善城乡一体化的义务教育经费保障机制，促进教育公平。继续落实"三个一"民生实事，支持创业就业、平安创建工程，促进食品安全战略，推进健康内蒙古建设。创新公共服务提供方式，扩大政府购买服务的领域和范围。四是支持生态文明建设。继续实施草原生态奖补等重大生态修复和建设工程。促进节能减排，加强对大气、水、土壤重金属污染防治等环境综合整治的支持力度。

（四）加强预算执行管理，努力完成全年收支目标。2016年，推进供给侧结构性改革，抓去产能、去库存、去杠杆、降成本、补短板五大任务，将给财政带来减收增支的影响，我们必须紧紧围绕自治区人大批准的财政收支预算目标，切实加强预算执行管理，努力完成全年收支目标，保障自治区重点工作重大项目资金需要。一是全力以赴抓收入。分地区、分部门、分项目细化收入预期目标。建立与相关经济指标变化相衔接的考核体系，加强考核，建立激励约束机制。研究制定财源建设鼓励政策，引导各地培植财源，增加收入。严禁违规减免或缓征行政事业性收费和政府性基金。继续加大清缴税费力度。建立健全国有资源、国有资产有偿使用和收益收缴制度。二是加快预算支出进度。严格按照预算法规定时限下达中央和自治区转移支付资金。建立动态调整机制，对年内预算执行慢的项目资金，按一定比例收回用于其他急需资金的领域。三是进一步盘活财政存量资金。加大对结余结转等资金的管理力度，切实把"死钱"变"活钱"、"零钱"变"整钱"，支持重点领域建设。清理消化暂付款，减少库款占用，提高专项执行效率。四是严格控制一般性支出。按照中央和自治区厉行节约的要求，严格控制用于政府性楼堂馆所、财政供养人员以及"三公"经费等一般性支出。

（五）以贯彻预算法为主线，切实提升依法理财水平。切实把贯彻落实预算法作为全面推进依法治区的重要举措，牢固树立预算法治意识，真正做到依法行政、依法理财。一是加大预算法宣传力度。将预算法作为普法的重要内容，组织引导广大干部深入学习和遵守预算法，把预算法的规定作为从事财政管理的行为准则，自觉维护预算法的权威。二是加大预决算公开力度。进一步扩大预决算公开范围、细化预决算公开内容，增强预决算的透明度。积极推进专项资金申报评审、分配使用、绩效评价等全过程公开，倒逼专项资金规范管理和高效使用。三是加强财政监督。促进投资评审、内部控制、绩效评价和财政监督工作有机结合，将监督寓于预算管理全过程。建立健全贯穿预算编制、执行、监督全过程的预算绩效管理体系。加快财政系统内部控制制度建设，通过流程再造和信息化手段，防控财政业务及管理风险。四是严肃财经纪律。严格落实预算法和各项财经纪律的规定、要求，加强财政支出管理，严守财政工作和资金管理的法律红线和政策底线。加大督查问责力度，围绕审计发现的问题以及中央和自治区要求的督查事项督促整改，以强有力的督促检查和行政问责，推动工作落实。

各位代表，2016年是"十三五"的开局之年，也是我们迎接自治区成立70周年大庆的重要之年。我们要认真贯彻落实自治区党委的决策部署，团结奋进，改革创新，扎实工作，努力实现"十三五"时期经济社会发展的良好开局，为把祖国北部边疆这道风景线打造得更加亮丽做出积极贡献。

内蒙古自治区
2015年国民经济和社会发展统计公报

Statistical Bulletin of the National Econnmic and Social Development in Inner Mongolia for 2015

内蒙古自治区统计局

（2016年2月29日）

2015年，面对错综复杂的国际形势和艰巨繁重的国内改革发展稳定任务，内蒙古自治区各族人民在自治区党委、政府的正确领导下，深入学习贯彻党的十八大、十八届三中、四中、五中全会及习近平总书记系列重要讲话和考察内蒙古重要讲话精神，按照"五位一体"总体布局和"四个全面"战略布局的总要求，牢固树立和贯彻落实创新、协调、绿色、开放、共享的发展理念和自治区党委"8337"发展思路，着力推进"十个全覆盖"等重点工程建设，适应经济发展新常态，经济总体发展实现了稳中有进、稳中有好、进中有创、创中提质的良好态势，结构调整出现积极变化，改革开放不断深化，民生事业持续进步，经济社会发展迈上新台阶，实现了"十二五"圆满收官，为"十三五"经济社会发展、决胜全面建成小康社会奠定了坚实基础。

一、综合

年末全区常住人口为2511.04万人，比上年增加6.23万人。其中，城镇人口为1514.16万人，乡村人口为996.88万人。全年出生人口为19.36万人，出生率为7.72‰；死亡人口为13.34万人，死亡率为5.32‰；人口自然增长率为2.4‰。城镇化率达到60.3%，比上年提高0.8个百分点。

初步核算，全区实现地区生产总值18032.8亿元，按可比价格计算，比上年增长7.7%。其中，第一产业增加值1618.7亿元，增长3.0%；第二产业增加值9200.6亿元，增长8.0%；第三产业增加值7213.5亿元，增长8.1%。人均生产总值达到71903元，比上年增长7.4%，按年均汇率计算折合为11547美元。全区三次产业比例为9:51:40。

图1 2015年地区生产总值总量及增速(季度累计)

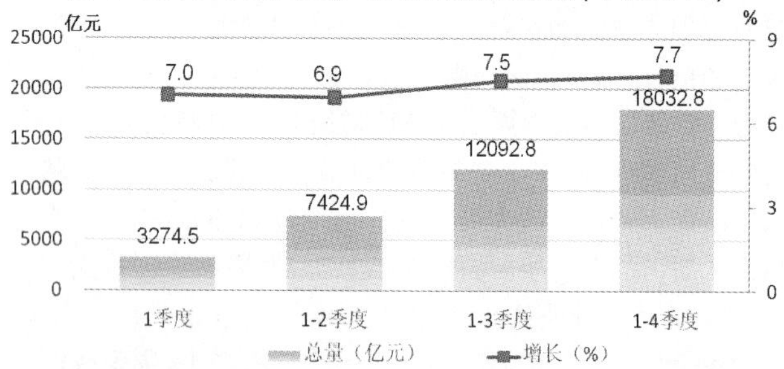

全年居民消费价格总水平比上年上涨1.1%。分城乡看，城市上涨1.1%，农村牧区上涨1.1%。分类别看，八大类消费品价格总体呈现出"六升二降"的格局。其中，涨幅排前三的分别是烟酒及用品、衣着、医疗保健和个人用品，分别上涨3.7%、2.8%和2.3%。交通和通信、居住类价格分别下降2.0%和0.3%。从生产者角度看，工业生产者购进价格和工业生产者出厂价格分别下降4.1%和6.0%。固定资产投资价格下降2.0%，农产品生产价格下降2.0%。

图2 2015年居民消费价格月度涨跌幅度

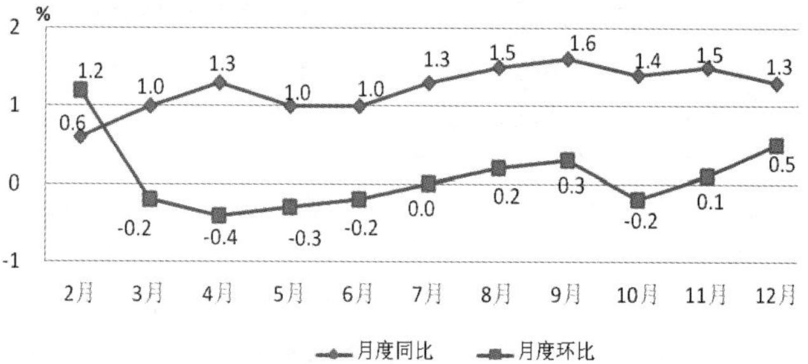

表1 居民消费价格指数表

类　　别	2015年
居民消费价格总指数(上年=100)	101.1
城市	101.1
农村牧区	101.1
食品	101.4
#粮食	101.9
肉禽及其制品	101.1
蛋	90.9
水产品	102.0
菜	104.9
干鲜瓜果	99.5
烟酒及用品	103.7
衣着	102.8
家庭设备用品及服务	100.9
医疗保健及个人用品	102.3
交通和通讯	98.0
娱乐教育文化用品及服务	101.4
居住	99.7

年末全区城镇单位就业人员292.6万人。年末城镇登记失业率为3.65%。全年实现失业人员再就业人数为6.1万人。

全年完成一般公共预算收入1964.4亿元，一般公共预算支出4290.1亿元，分别比上年增长6.5%和10.6%。财政收入在增收困难较大的情况下，顺利完成了全年增长目标。旗县(市、区)财政收入有一些新变化。全区102个旗县(市、区)全部实现超亿元全覆盖。其中，一般公共预算收入超过50亿元的旗县有3个，超过20亿元的旗县有16个，超过10亿元的旗县有37个。全区农村牧区"十个全覆盖"等70周年大庆项目和各类民生重点支出得到较好保障。其中，社会保障和就业支出增长13.7%，教育支出增长12.9%，保障性安居工程支出增长29.9%。

二、农牧业

全年农作物总播种面积756.8万公顷，比上年增长2.9%。其中，粮食作物播种面积572.7万公顷，增长1.3%。粮食总产量达2827万吨，比上年增长2.7%；油料产量193.6万吨，增长13.7%；甜菜产量230.1万吨，增长43.7%；蔬菜产量1445.3万吨，下降1.9%；水果(含果用瓜)产量296.7万吨，下降7.9%。

牧业年度全区牲畜存栏头数达13585.7万头(只)，比上年增长5.2%；牲畜总增头数7612.4万头(只)，总增率达58.9%。牧业年度良种及改良种牲畜总头数12268.4万头(只)。全年肉类总产量245.7万吨，比上年下降2.6%。其中，猪肉产量达到70.8万吨，下降3.4%；牛肉产量达到52.9万吨，下降3.0%；羊肉产量达到92.6万吨，下降0.8%。牛奶产量803.2万吨，增长1.9%；禽蛋产量56.4万吨，增长5.3%。

表2　　主要农畜产品产量和牲畜存栏数

	2015年	同比增长(%)
粮食(万吨)	2827.0	2.7
小麦(万吨)	158.3	2.8
玉米(万吨)	2250.8	3.0
稻谷(万吨)	53.2	1.5
大豆(万吨)	88.8	8.4
薯类(万吨)	147.0	-8.9
油料(万吨)	193.6	13.7
甜菜(万吨)	230.1	43.7
水果(含果用瓜)(万吨)	296.7	-7.9
蔬菜(万吨)	1445.3	-1.9
牛奶(万吨)	803.2	1.9
绵羊毛(万吨)	12.7	4.7
山羊绒(吨)	8380.1	1.2
水产品(万吨)	15.4	3.8
肉类总产量(万吨)	245.7	-2.6
猪肉	70.8	-3.4
牛肉	52.9	-3.0
羊肉	92.6	-0.8
牧业年度牲畜存栏(万头、只)	13585.7	5.2
大牲畜(万头)	1358.0	3.8
羊(万只)	10736.5	6.4
猪(万头)	1491.0	-1.7

年末全区农牧业机械总动力3805.1万千瓦，比上年增长4.8%；综合机械化水平达到81.4%。全年农村牧区用电量72.3亿千瓦时，比上年增长14.5%；化肥施用量(按折纯)237.4万吨，增长6.6%；机耕地面积645.3万公顷，增长2.7%。

三、工业和建筑业

全年全部工业增加值7939.2亿元，比上年增长8.2%。其中，规模以上工业企业增加值增长8.6%。在规模以上工业企业中，国有及国有控股企业增加值增长3.2%，集体企业增加值增长7.2%，股份制企业增加值增长9.2%，外商及港澳台投资企业增加值增长6.4%，其它经济类型企业增加值增长22.4%。在规模以上工业企业中，轻工业增加值增长11.3%；重工业增加值增长8.0%。

图3　2015规模以上工业增加值累计增速

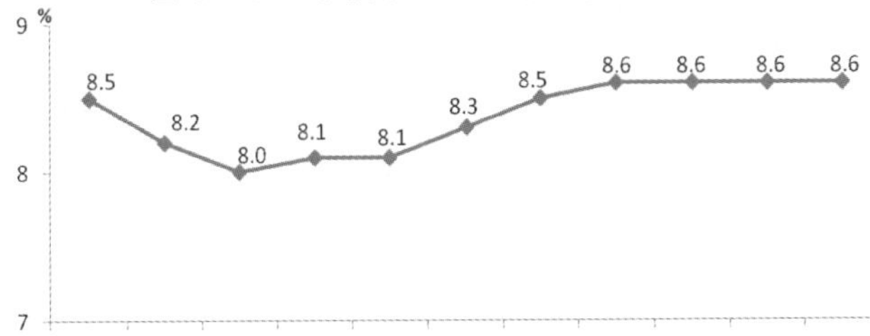

从主要工业产品产量看，全区原煤产量达90957.1万吨，比上年下降8.5%；焦炭产量3041万吨，下降11.8%；天然气产量290亿立方米，增长3.2%；发电量达到3928.8亿千瓦小时，增长1.8%，其中，风力发电量407.9亿千瓦小时，增长4.6%；钢材产量为1897.2万吨，增长7.8%；载货汽车为9719辆，下降19.5%。

表3　　主要工业产品产量及增速

	2015年	同比增长(%)
原煤(万吨)	90957.1	-8.5
焦炭(万吨)	3041.0	-11.8
天然原油(万吨)	178.8	-5.2
发电量(亿千瓦小时)	3928.8	1.8
粗钢(万吨)	1735.1	4.4
钢材(万吨)	1897.2	7.8
电解铝(万吨)	259.6	10.1
平板玻璃(万重量箱)	1014.0	79.0
化肥(万吨)	293.0	79.8
精甲醇(万吨)	684.9	6.6
水泥(万吨)	5807.1	-8.2
乳制品(万吨)	293.6	8.1
液体乳(万吨)	276.4	10.0
载货汽车(辆)	9719.0	-19.5
彩色电视机(万部)	266.5	-23.8
十种有色金属(万吨)	340.4	8.3

全区规模以上工业企业实现主营业务收入18522.7亿元，比上年下降0.3%；实现利润940.5亿元，下降23.8%。全年规模以上工业企业产品销售率96.6%，产成品库存额643.2亿元，增长0.7%。

全年建筑业增加值1263.2亿元，比上年增长6.7%。全区具有建筑业资质等级的建筑施工企业956个；施工企业房屋建筑施工面积6974.6万平方米，下降13.4%；竣工房屋面积3103.1万平方米，下降15.0%；房屋建筑竣工率44.5%。全年具有建筑业资质等级的建筑企业实现利润49.3亿元，实现税金48.4亿元。

四、固定资产投资

全年全社会固定资产投资总额13824.8亿元，比上年增长14.5%。其中，500万元以上项目完成固定资产投资13651.7亿元，增长14.5%。从投资主体看，国有经济单位投资5557亿元，增长7.2%；集体单位投资124亿元，增长66.3%；个体投资222.4亿元，增长18.3%；其他经济类型单位投资7921.4亿元，增长19.5%。从三次产业投资看，第一产业投资893.4亿元，增长6.3%；第二产业投资6614.6亿元，增长16.9%，其中，工业投资6451.1亿元，增长16.3%；第三产业投资6316.8亿元，增长13.3%。按项目隶属关系分，地方项目完成投资13084.3亿元，增长15.6%；中央项目完成投资740.4亿元，下降1.9%。

图4 2015年500万元以上固定资产投资累计增速

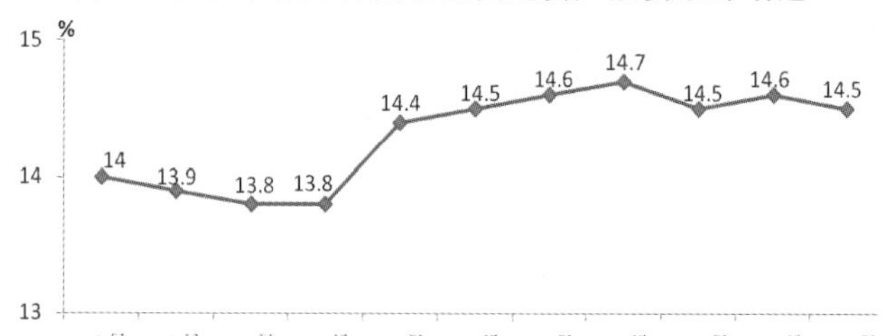

表4 分行业500万元以上固定资产投资及增速

单位：亿元

	2015年	同比增长(%)
农林牧渔业	820.5	8.3
采矿业	1008.8	–5.8
制造业	3709.8	13.7
电力、燃气及水的生产和供应业	1732.5	42.7
建筑业	163.5	47.5
批发和零售业	396.8	4.4
交通运输、仓储及邮政业	1308.6	30.5
住宿和餐饮业	99.6	–12.0
信息传输、软件和信息技术服务业	84.2	–43.5
金融业	36.4	34.8
教育	140.6	44.5
卫生和社会工作	113.5	51.8
文化、体育和娱乐业	135.5	1.6
公共管理、社会保障和社会组织	299.1	46.1

新开工项目12695个，增长2.4%；在建项目投资总规模35672亿元，下降0.1%。全年房地产开发投资额1081.1亿元，下降21.1%。商品房销售面积2369.4万平方米，下降3.6%；商品房销售额1052.2亿元，下降1.2%。

五、国内贸易

全年社会消费品零售总额6107.7亿元，比上年增长8.0%。从经营单位所在地看，城镇实现社会消费品零售额5538亿元，占社会消费品零售总额的90.7%，增长7.7%；乡村实现社会消费品零售额569.7亿元，增长10.7%。在限额以上企业商品零售额中，粮食、食品、饮料、烟酒类完成零售额247.4亿元，增长26.7%；汽车类完成零售额452亿元，增长2.5%；石油及制品类完成零售额564.1亿元，下降6.2%。

表5 社会消费品零售总额表

	2015年	同比增长(%)
社会消费品零售总额(亿元)	6107.7	8.0
城 镇	5538.0	7.7
其中：城 区	4393.2	6.7
乡 村	569.7	10.7

六、对外经济

全年海关进出口总额790.4亿元，比上年下降11.6%。其中，出口总额350.3亿元，下降10.8%；进口总额440.1亿元，下降12.2%。从主要贸易方式看，一般贸易进出口额达441.4亿元，占进出口总额的55.8%；边境小额贸易进出口额达191.5亿元；加工贸易进出口额达15.1亿元。

表6 海关进出口分项表

	单位	2015年	同比增长(%)
海关进出口总额	亿美元	790.4	–11.6
出口总额	亿美元	350.3	–10.8
一般贸易	亿美元	280.9	–9.7
边境小额贸易	亿美元	30.8	13.8
加工贸易	亿美元	6.8	–37.0
进口总额	亿美元	440.1	–12.2
一般贸易	亿美元	160.5	–12.4
边境小额贸易	亿美元	160.7	–16.4
加工贸易	亿美元	8.3	59.9

全年实际使用外商直接投资额33.7亿美元，比上年下降15.4%。年内全区在工商部门注册的外商投资企业2967家。新批准外商投资企业52家，比上年增加8家。

七、交通、邮电和旅游业

全年完成货物运输总量20.9亿吨，比上年增长2.1%。完成货物运输周转量4401.5亿吨公里，下降3.3%。

表7 各种运输方式完成货物运输量、周转量及增速

	单位	2015年	同比增长(%)
货物运输总量	亿吨	20.9	2.1
铁路	亿吨	6.7	–14.1
公路	亿吨	14.2	12.1
民航	万吨	8.1	7.7
货物运输周转量	亿吨公里	4401.5	–3.3
铁路	亿吨公里	2023.9	–17.3
公路	亿吨公里	2377.6	13.0

全年完成旅客运输总量19820万人，比上年增长0.2%。

完成旅客运输周转量 365.9 亿人公里，增长 0.7%。

表 8　各种运输方式完成旅客运输量、周转量及增速

	单位	2015 年	同比增长(%)
旅客运输总量	万人	19820	0.2
铁路	万人	5117	6.7
公路	万人	13017	-3.5
民航	万人	1686	13.0
旅客运输周转量	亿人公里	365.9	0.7
铁路	亿人公里	210.9	4.5
公路	亿人公里	155.0	-4.0

年末全区民用汽车保有量 400.1 万辆，比上年增长 7.6%；其中本年新注册汽车 41 万辆。年末私人轿车保有量 210.3 万辆，增长 13.5%；其中本年新注册轿车 24.6 万辆。

全年邮电业务总量(2010 年不变价)400.3 亿元，比上年增长 19.1%。其中，电信业务总量 377.1 亿元，增长 19.0%；邮政业务总量 23.2 亿元，增长 19.3%。年末本地固定电话用户 327 万户，下降 8.9%；移动电话用户 2425.3 万户，下降 8.0%。年末本地电话局用交换机容量 487.8 万门。全区电话普及率(包括固定和移动电话)达到 110.5 部 / 百人。年末全区互联网络用户 2164 万户，增长 8.7%。

全年实现旅游总收入 2257.1 亿元，比上年增长 25.0%。接待入境旅游人数 160.8 万人次，下降 3.8%；旅游外汇收入 9.6 亿美元，下降 4.0%。国内旅游人数 8351.8 万人次，增长 12.6%；国内旅游收入 2193.8 亿元，增长 25.7%。

八、金融

年末全区金融机构人民币存款余额 18077.6 亿元，全年新增存款 1641.3 亿元，比上年增长 11.0%。其中，住户存款余额 8999.4 亿元，比上年末增加 626.7 亿元，增长 7.1%；非金融企业存款余额 4959.6 亿元，比上年末增加 457.6 亿元，增长 10.0%；广义政府存款余额 3517.7 亿元，比上年末增加 426 亿元，增长 14.0%。年末全区金融机构人民币贷款余额 17140.7 亿元，全年新增贷款 2186.7 亿元，增长 14.7%。其中，住户贷款余额 4223.6 亿元，比上年末增加 265.7 亿元，增长 6.9%；非金融企业及机关团体贷款余额 12908.1 亿元，比上年末增加 1915.2 亿元，增长 17.4%。

年末全区保险机构共有 2460 家，保险从业人员 15.6 万人。全年保险业实现保费收入 395.5 亿元，增长 26%。全年保险业累计赔付支出 124.5 亿元，增长 12.8%。农业保险稳步推进，全年全区农业保险实现保费收入 31.4 亿元，累计赔付支出 16.8 亿元，有 247.8 万户农牧户受益，充分发挥了支农惠农作用。

九、人民生活和社会保障

全年全体居民人均可支配收入 22310 元，比上年增长 8.5%。全体居民人均生活消费支出 17179 元，增长 5.7%。

城镇常住居民人均可支配收入 30594 元，比上年增长 7.9%。从主要收入构成看，工资性收入为 18989 元，增长 9.1%；经营净收入 4801 元，增长 5.8%；财产净收入 1870 元，增长 3.8%；转移净收入 4934 元，增长 7.2%。城镇常住居民人均生活消费支出 21876 元，增长 4.7%。农村牧区常住居民人均可支配收入 10776 元，比上年增长 8.0%。从主要收入构成看，工资性收入 2250 元，增长 8.6%；经营净收入 6185 元，增长 5.3%；财产净收入 425 元，增长 9.4%；转移净收入 1916 元，增长 16.5%。农村牧区常住居民人均生活消费支出 10637 元，增长 6.7%。城镇居民家庭恩格尔系数为 28.4%，农村牧区居民家庭恩格尔系数为 29.4%。

图 5　2015 年按收入构成分的全体居民人均可支配收入及占比

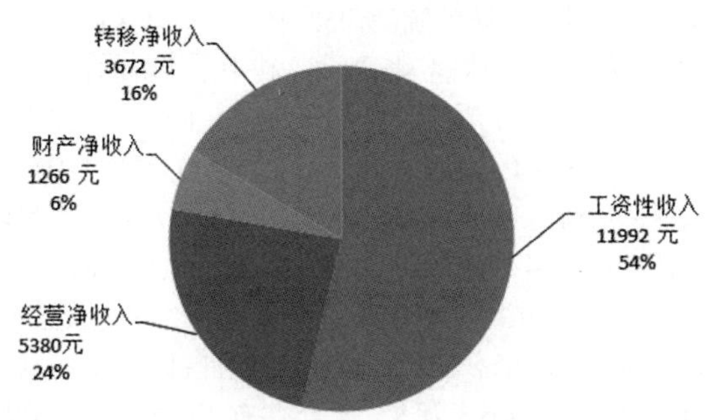

年末全区参加城镇职工基本养老保险人数 579 万人，比上年增长 10.3%；参加城乡居民社会养老保险人数 734.1 万人，下降 3.7%。参加失业保险职工人数 242.1 万人，领取失业保险金人数为 5.6 万人。参加基本养老保险的离退休人员 208.1 万人，增长 8.0%。参加基本医疗保险人数 1008.1 万人，增长 1.0%；有 336.2 万职工参加了基本医疗保险，增长 1.3%。参加农村合作医疗农牧民人数为 1285 万人。

十、教育、科学技术和文化体育

年末全区共有普通高等学校 53 所，比上年增加 3 所；全年招收学生 12.8 万人，增长 3.8%；在校学生 42.1 万人，增长 3.5%，其中，少数民族在校学生 11.0 万人，少数民族在校学生中有蒙古族学生 9.5 万人；毕业学生 10.8 万人，下降 3.4%。年末全区有研究生培养单位 10 个，招收研究生 6195 人，增长 3.5%；在校研究生 1.8 万人，增长 4.0%，其中，少数民族在校研究生 5193 人，少数民族在校研究生中有蒙古族研究生 4587 人。年末有普通高中 284 所，全年招收学生 14.8 万人，下降 4.4%；在校学生 46.3 万人，下降 4.3%，其中，少数民族学生 13.6 万人，少数民族在校学生中有蒙古族学生 12.3 万人；毕业学生 16.6 万人。年末有小学 1853 所，招收学生 22.37 万人，下降 0.4%；在校学生 131.4 万人，增长 1.3%；毕业学生 20.1 万人，下降 9.1%。全区幼儿园在园幼儿人数 59.3 万人，增长 6.2%。全区初中阶段毛入学率 100.2%，小学适龄儿童入学率 100%。

全年共取得重大科技成果 418 项，其中，基础理论成果 61 项，应用技术成果 352 项，软科学成果 5 项。获得国家级奖励的科技成果 3 项。全年专利申请 8876 项，授权专利 5522 项。年内共签订各类技术合同数 2653 个。合同成交金额 189.9 亿元，其中区内成交技术金额 14.0 亿元，向区外输出技术成交金额 1.3 亿元，吸纳技术成交金额 174.6 亿元。

全区共有 111 个产品质量检验机构，其中国家检测中心 5 个。

年末全区有艺术表演团体 96 个，其中乌兰牧骑 70 个；艺术表演场所 18 个。现拥有文化馆 105 座，公共图书馆 116 座，博物馆 78 座，档案馆 143 座，已开放各类档案 241 万卷。

年末全区广播综合人口覆盖率99.1%，电视综合人口覆盖率99.1%。年末全区有线电视用户345.9万户。全年生产故事影片14部,蒙语译制片102部。

年内全区体育健儿在国内外重大竞赛中获奖牌81枚。其中,国外获奖牌11枚,国内获奖牌70枚。

十一、卫生和社会服务

年末全区共有卫生机构23886个,其中,医院702个,农村牧区卫生院1322个,疾病预防控制机构119个,妇幼卫生机构114个,专科疾病防治院(所)53个。年末全区医疗卫生单位拥有病床13.4万张,增长3.8%,其中,医院拥有病床10.5万张,乡镇卫生院拥有病床1.9万张,妇幼卫生机构拥有病床0.3万张。全区拥有卫生技术人员16.2万人,增长5.1%,其中执业医师、助理医师6.4万人,注册护士6.1万人。农村牧区拥有村卫生室1.4万个,拥有乡村医生和卫生员1.8万人。

年末全区城镇建立各种社区服务机构2993个,其中,社区服务中心1021个。全区各类社会福利院床位8.9万张,各类福利院收养人数6.3万人。全年共有176.7万人得到国家最低生活保障救济。全年筹集社会福利资金15.4亿元,销售社会福利彩票53.6亿元,分别增长2.1%和8.0%。接受社会捐赠(不包括社会组织捐赠)61.2万元。

十二、资源、环境

初步统计,全年完成营造林面积73.4万公顷。其中,人工造林41.6万公顷,飞播造林8.3万公顷,封山育林23.5万公顷。完成退耕还林和荒山荒地造林面积2.5万公顷,完成天然林资源保护工程造林面积9.5万公顷，完成京津风沙源治理工程造林面积12.6万公顷,完成“三北”防护林五期工程造林面积14.1万公顷,完成中、幼林抚育(作业)面积18.8万公顷。年末全区森林面积2487.9万公顷，森林覆盖率达21.03%。全年实现林业产业产值307.2亿元。

全年平均气温为6.0℃,平均降水量328毫米。

全区确定的自然保护区182个。其中,国家级自然保护区29个，自治区级自然保护区60个。自然保护区面积1270.17万公顷。生态示范区建设试点单位25个。湿地类型自然保护区83处,国家湿地公园36处。

初步核算,万元生产总值能耗超额完成年度下降目标和“十二五”进度目标。万元GDP能耗比上年下降4.0%,万元工业增加值能耗[1]下降8.8%。全年规模以上工业综合能源消费量[2]下降1.0%,其中七大高耗能行业综合能源消费量下降0.8%。主要耗能工业企业[3]吨原煤生产综合能耗增长1.1%,单位电石生产综合能耗增长1.0%，吨水泥综合能耗增长1.4%,吨钢综合能耗增长0.4%。

注释：

本公报中数据均为初步统计数。部分数据因四舍五入的原因,存在着与分项合计不等的情况。

(1)规模以上工业口径,按当量值计算。

(2)规模以上工业综合能源消费量口径,按当量值计算。

(3)主要耗能工业企业是指年综合能源消费量1万吨标准煤及以上的规模以上工业企业。

2016 NEIMENGGU

第二部分

统计资料

PART TWO STATISTICS

2016 NEIMENGGU

一、行政区划和自然资源

Divisions of Administrative Areas and Natural Resources

资料整理：蔡雨成
Arranged By Cai Yucheng

1-1 自然资源
Natural Resources

项目	Item	2015
土地资源	**Land Resources**	
土地总面积(万平方公里)	Total Land Area(10 000 sq.km)	118.3
林业用地面积(万公顷)	Area of Afforestated Land(10 000 hectares)	4398.89
森林资源	**Forests Resources**	
森林面积(万公顷)	Forest Area(10 000 hectares)	2487.9
森林覆盖率(%)	Forest-Coverage Rate(%)	21.03
活立木总蓄积量(亿立方米)	Stock Volume of the Forest(100 million cu.m)	14.84
草原资源	**Prairie Resources**	
草原总面积(万公顷)	Prairie Area(10 000 hectares)	8800.0
# 可利用面积(万公顷)	Utilizable Area(10 000 hectares)	6800.0
水利资源	**Water Resources**	
水资源总量(亿立方米)	Total Water Resources Volume(100 million cu.m)	536.97
地表水资源量	Surface Water Volume	402.19
地下水资源量	Ground Water Volume	224.57
矿产资源	**Mineral Resources**	
煤保有储量(亿吨)	Coal Ensured Reserves(100 million tons)	4110.65
铁矿石保有储量(亿吨)	Iron Ore Ensured Reserves(100 million tons)	58.76
磷矿石保有储量(亿吨)	Phosphate Ore Ensured Reserves(100 million tons)	2.90
铜保有储量(万吨)	Copper Ensured Reserves(10 000 tons)	783.02
铅保有储量(万吨)	Lead Ensured Reserves(10 000 tons)	1425.10
锌保有储量(万吨)	Zinc Ensured Reserves(10 000 tons)	2833.06
盐保有储量(万吨)	Salt Ensured Reserves(10 000 tons)	10828.60

注:地表水资源量与地下水资源量之和不等于水资源总量,有重复计算部分。

a)Total Water Resources Volume is not equal to Surface Water Volume plus Ground Water Volume,there is Duplicated Measurement between Surface Water and Ground Water.

1-2 全区行政区划

地 区	Region	旗县级个数(个) Number of Areas at County Level (unit)	旗县(市、区)及名称
全区合计	**Total**	**102**	**旗52个、县17个、盟(市)辖县级市11个、区22个。**
呼和浩特市	Hohhot City	9	新城区、回民区、玉泉区、赛罕区、土默特左旗、托克托县、和林格尔县、清水河县、武川县。
包 头 市	Baotou City	9	东河区、昆都仑区、青山区、石拐区、白云矿区、九原区、土默特右旗、固阳县、达尔罕茂明安联合旗。
呼伦贝尔市	Hulunbeier City	14	海拉尔区、扎赉诺尔区、满洲里市、扎兰屯市、牙克石市、额尔古纳市、根河市、阿荣旗、莫力达瓦达斡尔族自治旗、鄂伦春自治旗、鄂温克族自治旗、新巴尔虎右旗、新巴尔虎左旗、陈巴尔虎旗。
兴 安 盟	Xingan League	6	乌兰浩特市、阿尔山市、科尔沁右翼前旗、科尔沁右翼中旗、扎赉特旗、突泉县。
通 辽 市	Tongliao City	8	科尔沁区、霍林郭勒市、科尔沁左翼中旗、科尔沁左翼后旗、开鲁县、库伦旗、奈曼旗、扎鲁特旗。
赤 峰 市	Chifeng City	12	红山区、元宝山区、松山区、阿鲁科尔沁旗、巴林左旗、巴林右旗、林西县、克什克腾旗、翁牛特旗、喀喇沁旗、宁城县、敖汉旗。
锡林郭勒盟	Xilinguole League	12	二连浩特市、锡林浩特市、阿巴嘎旗、苏尼特左旗、苏尼特右旗、东乌珠穆沁旗、西乌珠穆沁旗、太仆寺旗、镶黄旗、正镶白旗、正蓝旗、多伦县。
乌兰察布市	Wulanchabu City	11	集宁区、丰镇市、卓资县、化德县、商都县、兴和县、凉城县、察哈尔右翼前旗、察哈尔右翼中旗、察哈尔右翼后旗、四子王旗。
鄂尔多斯市	Erdos City	8	东胜区、达拉特旗、准格尔旗、鄂托克前旗、鄂托克旗、杭锦旗、乌审旗、伊金霍洛旗。
巴彦淖尔市	Bayannaoer City	7	临河区、五原县、磴口县、乌拉特前旗、乌拉特中旗、乌拉特后旗、杭锦后旗。
乌 海 市	Wuhai City	3	海勃湾区、海南区、乌达区。
阿拉善盟	Alashan League	3	阿拉善左旗、阿拉善右旗、额济纳旗。

Divisions of Administrative Areas in Inner Mongolia

Name of Areas at County(Banner, City and District)

52 Banners, 17 Counties.11 Cities at County Level, 22 Districts under Jurisdiction of Cities.

Xincheng District, Huimin District, Yuquan District, Saihan District, Tumotezuo Banner, Tuoketuo County, Helingeer County, Qingshuihe County, Wuchuan County.

Donghe District, Kundulun District, Qingshan District, Shiguai District, Baiyun Mineral District, Jiuyuan District, Tumoteyou Banner, Guyang County, Daerhanmaomingan Union Banner.

Hailaer District, Zhalainuoer District,Manzhouli City, Zhalantun City, Yakeshi City, Eerguna City, Genhe City, Arong Banner, Molidawadawoer Nationality Autonomous Banner, Elunchun Nationality Autonomous Banner, Ewenke Nationality Autonomous Banner, Xinbaerhuyou Banner, Xinbaerhuzuo Banner, Chenbaerhu Banner.

Wulanhaote City, Aershan City, Keerqinyouyiqian Banner, Keerqinyouyizhong Banner, Zhalaite Banner, Tuquan County.

Keerqin District, Huolinguole City, Keerqinzuoyizhong Banner, Keerqinzuoyihou Banner, Kailu County, Kulun Banner, Naiman Banner, Zhalute Banner.

Hongshan District, Yuanbaoshan District, Songshan District, Alukeerqin Banner, Balinzuo Banner, Balinyou Banner, Linxi County, Keshiketeng Banner, Wengniute Banner, Kalaqin Banner, Ningcheng County, Aohan Banner.

Erlianhaote City, Xilinhaote City, Abaga Banner, Sunitezuo Banner, Suniteyou Banner, Dongwuzhumuqin Banner, Xiwuzhumuqin Banner, Taipusi Banner, Xianghuang Banner, Zhengxiangbai Banner, Zhenglan Banner, Duolun County.

Jining District, Fengzhen City, Zhuozi County, Huade County, Shangdu County, Xinghe County, Liangcheng County, Chahaeryouyiqian Banner, Chahaeryouyizhong Banner, Chahaeryouyihou Banner, Siziwang Banner.

Dongsheng District, Dalate Banner, Zhungeer Banner, Etuokeqian Banner, Etuoke Banner, Hangjin Banner, Wushen Banner, Yijinhuoluo Banner.

Linhe District, Wuyuan County, Dengkou County, Wulateqian Banner, Wulatezhong Banner, Wulatehou Banner, Hangjinhou Banner.

Haibowan District, Hainan District, Wuda District.

Alashanzuo Banner, Alashanyou Banner, Ejina Banner.

1-3 边境、牧区、山老区旗县市

地区	Region	旗县级个数(个) Number of Areas at County Level (unit)	旗县(市、区)及名称
边境旗市	**Banners & Cities of Frontier**	**19**	
包 头 市	Baotou City	1	达尔罕茂明安联合旗。
呼伦贝尔市	Hulunbeier City	5	陈巴尔虎旗、满洲里市、新巴尔虎右旗、新巴尔虎左旗、额尔古纳市。
兴 安 盟	Xingan League	2	科尔沁右翼前旗、阿尔山市。
锡林郭勒盟	Xilinguole League	5	东乌珠穆沁旗、阿巴嘎旗、苏尼特左旗、二连浩特市、苏尼特右旗。
乌兰察布市	Wulanchabu City	1	四子王旗。
巴彦淖尔市	Bayannaoer City	2	乌拉特中旗、乌拉特后旗。
阿 拉 善 盟	Alashan League	3	阿拉善左旗、阿拉善右旗、额济纳旗。
牧区旗市	**Banners & Cities of Pastoral Area**	**33**	
包 头 市	Baotou City	1	达尔罕茂明安联合旗。
呼伦贝尔市	Hulunbeier City	4	鄂温克族自治旗、新巴尔虎右旗、新巴尔虎左旗、陈巴尔虎旗。
兴 安 盟	Xingan League	1	科尔沁右翼中旗。
通 辽 市	Tongliao City	3	科尔沁左翼中旗、科尔沁左翼后旗、扎鲁特旗。
赤 峰 市	Chifeng City	5	阿鲁科尔沁旗、巴林左旗、巴林右旗、克什克腾旗、翁牛特旗。
锡林郭勒盟	Xilinguole League	9	锡林浩特市、阿巴嘎旗、苏尼特左旗、苏尼特右旗、东乌珠穆沁旗、西乌珠穆沁旗、镶黄旗、正镶白旗、正蓝旗。
乌兰察布市	Wulanchabu City	1	四子王旗。
鄂尔多斯市	Erdos City	4	鄂托克前旗、鄂托克旗、杭锦旗、乌审旗。
巴彦淖尔市	Bayannaoer City	2	乌拉特中旗、乌拉特后旗。
阿 拉 善 盟	Alashan League	3	阿拉善左旗、阿拉善右旗、额济纳旗。
半牧区旗市	**Banners & Cities of Semi-Pastoral Area**	**21**	
呼伦贝尔市	Hulunbeier City	3	扎兰屯市、阿荣旗、莫力达瓦达斡尔族自治旗。
兴 安 盟	Xingan League	3	科尔沁右翼前旗、扎赉特旗、突泉县。
通 辽 市	Tongliao City	4	科尔沁区、开鲁县、库伦旗、奈曼旗。
赤 峰 市	Chifeng City	2	林西县、敖汉旗。
锡林郭勒盟	Xilinguole League	1	太仆寺旗。
乌兰察布市	Wulanchabu City	2	察哈尔右翼中旗、察哈尔右翼后旗。
鄂尔多斯市	Erdos City	4	东胜区、达拉特旗、准格尔旗、伊金霍洛旗。
巴彦淖尔市	Bayannaoer City	2	磴口县、乌拉特前旗。
山老区旗县	**Counties & Banners of Mountain & Old Liberated Area**	**47**	
呼和浩特市	Hohhot City	6	土默特左旗、新城区、赛罕区、武川县、和林格尔县、清水河县。
包 头 市	Baotou City	3	土默特右旗、固阳县、达尔罕茂明安联合旗。
呼伦贝尔市	Hulunbeier City	4	扎兰屯市、阿荣旗、满洲里市、莫力达瓦达斡尔族自治旗。
兴 安 盟	Xingan League	6	乌兰浩特市、阿尔山市、科尔沁右翼前旗、科尔沁右翼中旗、扎赉特旗、突泉县。
通 辽 市	Tongliao City	4	科尔沁左翼中旗、科尔沁左翼后旗、开鲁县、库伦旗。
赤 峰 市	Chifeng City	5	喀喇沁旗、宁城县、松山区、克什克腾旗、敖汉旗。
锡林郭勒盟	Xilinguole League	3	正蓝旗、多伦县、太仆寺旗。
乌兰察布市	Wulanchabu City	9	集宁区、卓资县、兴和县、丰镇市、凉城县、察哈尔右翼前旗、察哈尔右翼中旗、察哈尔右翼后旗、四子王旗。
鄂尔多斯市	Erdos City	6	达拉特旗、准格尔旗、鄂托克前旗、鄂托克旗、杭锦旗、乌审旗。
巴彦淖尔市	Bayannaoer City	1	乌拉特前旗。

Banners, Counties and Cities of Frontier, Pure Pastoral Area, Mountain Area and Old Liberated Area

Name of Areas at County(Banner, City & District)

Daerhanmaomingan Union Banner.
Chenbaerhu Banner, Manzhouli City, Xinbaerhuyou Banner, Xinbaerhuzuo Banner, Eerguna City.
Keerqinyouyiqian Banner, Aershan City.
Dongwuzhumuqin Banner, Abaga Banner, Sunitezuo Banner, Erlianhaote City, Suniteyou Banner.
Siziwang Banner.
Wulatezhong Banner, Wulatehou Banner.
Alashanzuo Banner, Alashanyou Banner, Ejina Banner.

Daerhanmaomingan Union Banner.
Ewenke Nationality Autonomous Banner, Xinbaerhuyou Banner, Xinbaerhuzuo Banner, Chenbaerhu Banner.
Keerqinyouyizhong Banner.
Keerqinzuoyizhong Banner, Keerqinzuoyihou Banner, Zhalute Banner.
Alukeerqin Banner Balinzuo, Banner, Balinyou Banner, Keshiketeng Banner, Wengniute Banner.
Xilinhaote City, Abaga Banner, Sunitezuo Banner, Suniteyou Banner, Dongwuzhumuqin Banner, Xiwuzhumuqin Banner, Xianghuang Banner, Zhengxiangbai Banner, Zhenglan Banner.
Siziwang Banner.
Etuokeqian Banner, Etuoke Banner, Hangjin Banner, Wushen Banner.
Wulatezhong Banne, Wulatehou Banner.
Alashanzuo Banner, Alashanyou Banner, Ejina Banner.

Zhalantun City, Arong Banner, Molidawadawoer Nationality Autonomous Banner.
Keerqinyouyiqian Banner, Zhalaite Banner, Tuquan County.
Keerqin District, Kailu County, Kulun Banner, Naiman Banner.
Linxi County, Aohan Banner.
Taipusi Banner.
Chahaeryouyizhong Banner, Chahaeryouyihou Banner.
Dongsheng City, Dalate Banner, Zhungeer Banner, Yijinhuoluo Banner.
Dengkou County, Wulateqian Banner.

Tumotezuo Banner, Xincheng District,Saihan District, Wuchuan County, Helingeer County, Qingshuihe County.
Tumoteyou Banner, Guyang County, Daerhanmaomingan Union Banner.
Zhalantun City, Arong Banner,Manzhouli City, Molidawadawoer Nationality Autonomous Banner.
Wulanhaote City,Aershan City,Keerqinyouyiqian Banner,Keerqinyouyizhong Banner,Zhalaite Banner, Tuquan County.
Keerqinzuoyizhong Banner,Keerqinzuoyihou Banner,Kailu County,Kulun Banner.
Kalaqin Banner, Ningcheng County,Songshan District,Keshiketeng Banner,Aohan Banner.
Zhenglan Banner,Duolun County,Taipusi Banner.
Jining District,Zhuozi County,Xinghe County,Fengzhen City,Liangcheng County,Chahaeryouyiqian Banner,Chahaeryouyizhong Banner,Chahaeryouyihou,Siziwang Banner.
Dalate Banner, Zhungeer Banner, Etuokeqian Banner, Etuoke Banner, Hangjin Banner, Wushen Banner.
Wulateqian Banner.

1-4 主要城市气温(2015 年)

Monthly Average Temperature of Major Cities(2015)

单位：摄氏度 (°C)

城市	City	1月 Jan.	2月 Feb.	3月 Mar.	4月 Apr.	5月 May	6月 June	7月 July	8月 Aug.	9月 Sept.	10月 Oct.	11月 Nov.	12月 Dec.	年平均 Annual Average
呼和浩特	Hohhot	-8.0	-5.8	1.7	9.0	16.0	19.2	22.7	21.7	15.1	8.2	-0.5	-7.4	7.7
包　头	Baotou	-8.3	-5.8	2.2	10.1	17.3	20.5	23.9	21.9	16.2	8.5	0.4	-6.8	8.3
海拉尔	Hailaer	-22.3	-17.3	-9.0	3.3	10.9	17.5	21.9	19.2	11.7	2.0	-11.4	-20.8	0.5
乌兰浩特	Wulanhaote	-11.1	-7.7	0.2	9.3	15.1	21.3	24.3	22.5	16.0	7.6	-5.9	-10.9	6.7
通　辽	Tongliao	-9.8	-6.0	2.0	11.4	17.2	21.4	24.0	23.2	17.8	8.7	-3.5	-8.4	8.2
赤　峰	Chifeng	-7.3	-5.2	2.6	9.7	16.9	19.8	22.4	21.9	16.8	9.2	-4.6	-6.2	8.0
锡林浩特	Xilinhaote	-14.5	-11.8	-2.3	6.4	12.8	17.3	21.5	19.7	13.9	5.0	-7.4	-13.8	3.9
集　宁	Jining	-9.7	-8.0	-0.7	7.0	13.3	16.1	19.5	18.7	13.0	6.5	-2.9	-9.6	5.3
东　胜	Dongsheng	-5.9	-4.4	2.7	8.8	15.4	18.4	22.1	20.8	14.8	8.1	0.7	-5.0	8.0
临　河	Linhe	-7.4	-4.5	2.8	10.3	17.4	21.4	24.2	22.2	16.1	8.0	0.0	-5.9	8.7
乌　海	Wuhai	-6.4	-2.9	4.5	11.9	19.2	23.1	26.0	24.4	18.0	9.1	2.2	-4.9	10.4
巴彦浩特	Bayanhaote	-5.2	-2.5	4.6	10.7	17.0	21.0	23.8	22.6	16.0	8.9	2.3	-4.6	9.6

1-5 主要城市平均相对湿度(2015 年)

Monthly Average Relative Humidity of Major Cities(2015)

单位：% (%)

城市	City	1月 Jan.	2月 Feb.	3月 Mar.	4月 Apr.	5月 May	6月 June	7月 July	8月 Aug.	9月 Sept.	10月 Oct.	11月 Nov.	12月 Dec.	年平均 Annual Average
呼和浩特	Hohhot	48	44	26	32	28	47	49	42	61	49	72	65	47
包　头	Baotou	60	57	41	43	35	52	56	54	65	58	79	70	56
海拉尔	Hailaer	74	73	61	46	46	57	58	77	63	55	66	77	63
乌兰浩特	Wulanhaote	53	47	34	32	45	60	59	71	61	42	54	62	52
通　辽	Tongliao	57	47	35	34	46	67	66	74	61	50	52	63	54
赤　峰	Chifeng	40	36	26	41	37	61	66	62	62	44	67	54	50
锡林浩特	Xilinhaote	66	65	37	43	41	60	61	58	59	53	68	74	57
集　宁	Jining	46	43	24	33	31	53	58	49	61	46	70	66	48
东　胜	Dongsheng	44	44	27	37	31	48	48	45	62	51	78	58	48
临　河	Linhe	53	44	29	41	31	43	50	49	60	53	74	60	49
乌　海	Wuhai	48	39	25	40	27	35	39	36	56	54	73	57	44
巴彦浩特	Bayanhaote	34	29	19	37	25	33	34	31	50	41	63	47	37

1-6 主要城市降水量(2015 年)
Monthly Precipitation of Major Cities(2015)

单位：毫米 (millimeters)

城市	City	1月 Jan.	2月 Feb.	3月 Mar.	4月 Apr.	5月 May	6月 June	7月 July	8月 Aug.	9月 Sept.	10月 Oct.	11月 Nov.	12月 Dec.	全年 Annual Total
呼和浩特	Hohhot	2.9	8.2		26.0	15.2	57.7	61.3	27.1	106.2	9.6	46.7	1.0	361.9
包　头	Baotou	2.6	10.4		20.7	5.2	36.2	9.4	4.8	102.7	9.4	24.3	1.9	227.6
海拉尔	Hailaer	0.8	2.1	3.5	6.6	29.8	43.2	75.8	86.0	23.1	10.0		9.0	289.9
乌兰浩特	Wulanhaote	0.3	13.6	2.0	15.7	54.1	156.9	80.1	120.3	38.3	20.0	4.0	10.4	515.7
通　辽	Tongliao	2.3	8.5	3.6	14.8	66.0	148.9	90.5	105.7	9.4	18.8	2.3	2.0	472.8
赤　峰	Chifeng	0.5	0.8	0.1	38.6	16.5	86.5	95.2	79.3	32.9	11.2	16.0	1.2	378.8
锡林浩特	Xilinhaote	10.8	3.8	0.6	36.3	42.7	130.6	69.2	37.6	42.2	13.6	16.6	8.8	412.8
集　宁	Jining	1.1	2.9		25.4	35.5	62.5	93.9	26.9	85.1	10.4	40.4	3.8	387.9
东　胜	Dongsheng	3.9	14.4	1.1	19.4	7.6	18.7	33.9	7.6	72.9	27.5	38.3	1.9	247.2
临　河	Linhe	0.2	0.6		37.0	0.2	4.8	19.0	4.4	45.0	3.6	18.7	0.5	134.0
乌　海	Wuhai	0.6	0.4		34.3	3.5	6.6	5.7	1.8	67.3	16.7	25.8	1.1	163.8
巴彦浩特	Bayanhaote	2.8	0.1		30.7	4.9	9.7	37.2	7.6	57.2	39.7	17.0	4.4	211.3

1-7 主要城市日照时数(2015 年)
Monthly Sunshine Hours of Major Cities(2015)

单位：小时 (hours)

城市	City	1月 Jan.	2月 Feb.	3月 Mar.	4月 Apr.	5月 May	6月 June	7月 July	8月 Aug.	9月 Sept.	10月 Oct.	11月 Nov.	12月 Dec.	全年 Annual Total
呼和浩特	Hohhot	174.1	184.7	282.0	273.1	313.4	236.4	292.6	281.2	192.8	245.6	80.4	110.0	2666.3
包　头	Baotou	210.8	205.0	304.5	280.1	331.1	231.7	282.4	278.5	166.0	237.5	72.4	179.0	2779.0
海拉尔	Hailaer	173.9	197.6	287.3	224.8	277.6	293.5	287.4	233.5	208.1	216.9	176.0	137.4	2714.0
乌兰浩特	Wulanhaote	186.9	162.5	242.9	237.9	212.4	162.3	244.7	153.2	208.7	233.9	173.3	183.8	2402.5
通　辽	Tongliao	193.9	210.4	282.0	244.9	232.1	209.8	276.2	241.3	238.8	238.8	140.9	174.6	2683.7
赤　峰	Chifeng	220.2	232.5	271.0	276.2	300.8	257.8	277.6	289.1	232.6	251.2	135.0	205.9	2949.9
锡林浩特	Xilinhaote	195.2	196.1	294.4	265.2	288.9	283.0	280.8	290.3	228.6	231.2	147.0	169.5	2870.2
集　宁	Jining	210.0	206.6	294.6	279.2	310.0	227.0	240.4	287.9	204.0	249.9	110.1	181.5	2801.2
东　胜	Dongsheng	207.7	211.5	288.8	272.6	298.7	248.0	287.7	288.6	216.7	263.7	116.8	191.0	2891.8
临　河	Linhe	221.6	227.1	317.7	293.5	359.9	304.4	341.0	332.7	256.1	278.4	129.4	207.9	3269.7
乌　海	Wuhai	190.0	215.2	291.1	241.5	317.2	281.9	317.3	304.7	216.6	244.9	148.1	191.9	2960.4
巴彦浩特	Bayanhaote	210.9	224.7	280.3	243.9	268.6	234.2	283.4	267.2	203.7	241.7	185.6	213.7	2857.9

主要统计指标解释

行政区划 指国家对行政区域的划分。根据宪法规定，我国的行政区域划分如下：(1)全国分为省、自治区、直辖市；(2)省、自治区分为自治州(盟)、县(旗)、自治县(旗)、市；(3)自治州分为县、自治县、市；(4)旗、县、自治县(旗)分为乡、民族乡、镇；(5)直辖市和较大的市分为区、县(旗)；(6)国家在必要时设立的特别行政区。

国土 指一个主权国家管辖下的领土、领海和领空。

气候 指地球与大气之间长期能量交换与质量交换所形成的一种自然环境状态，它是多种因素综合作用的结果。气候既是人类生活和生产的环境要素之一，又是供给人类生活和生产的重要资源。气温、降水、湿度等气象要素的多年平均值是用来描述一个地区气候状况的主要参数，而各种气象要素某年、某月的平均值(或总量)则可以反映出该时期天气气候状况的重要特征。

自然资源 指人类可以直接从自然界获得，并用于生产和生活的物质资源。自然资源一般可以分成可再生资源和非再生资源两大类。可再生资源指在较短时间内可以再生、可以循环利用的资源，包括土地资源、水资源、气候资源、生物资源和海洋资源等。非再生资源指在使用后不能再生的资源，包括矿产资源和地热能源。

土地资源 土地指陆地的表层部分，它主要由岩石、岩石的风化物和土壤构成。土地资源按利用类型可以分为农用地、建筑用地和未利用地。农用地包括耕地、园地、林地、牧草地和水面。建筑用地包括居民点及工矿用地、交通用地和水利设施用地。未利用地指农用地和建筑用地以外的土地，包括滩涂、荒漠、戈壁、冰川和石山等。

林业用地面积 指生长乔木、竹类、灌木、沿海红树林等林木的土地面积，包括有林地、灌木林、疏林地、未成林造林地、迹地、苗圃等。

草地面积 指牧区和农区用于放牧牲畜或割草，植被盖度在5%以上的草原、草坡、草山等面积。包括天然的和人工种植或改良的草地面积。

森林资源 指森林、林木、林地以及依托森林、林木、林地生存的野生动物、植物和微生物。林木指树木和竹子。森林指以乔木为主体的植物群落，是集生的乔木及与共同作用的植物、动物、微生物和土壤、气候等的总体。

活立木总蓄积量 指一定范围内土地上全部树木蓄积的总量，包括森林蓄积、疏林蓄积、散生木蓄积和四旁树蓄积。

森林面积 指由乔木树种构成，郁闭度0.2以上(含0.2)的林地或冠幅宽度10米以上的林带的面积，即有林地面积。森林面积包括天然起源和人工起源的针叶林面积、阔叶林面积、针阔混交林面积和竹林面积，不包括灌木林地面积和疏林地面积。

森林蓄积量 指一定森林面积上存在着的林木树干部分的总材积。它是反映一个国家或地区森林资源总规模和水平的基本指标之一，也是反映森林资源的丰富程度、衡量森林生态环境优劣的重要依据。

森林覆盖率 指一个国家或地区森林面积占土地面积的百分比。在计算森林覆盖率时，森林面积包括郁闭度0.2以上的乔木林地面积和竹林地面积，国家特别规定的灌木林地面积、农田林网以及四旁(村旁、路旁、水旁、宅旁)林木的覆盖面积。森林覆盖率是反映森林资源的丰富程度和生态平衡状况的重要指标。计算公式为：

森林覆盖率(%)=森林面积/土地总面积×100%

水资源 水在自然界中以固体、液体和气态三种聚集状态存在，分布于海洋、陆地(包括土壤)以及大气之中，通过水循环形成水资源。水资源包括经人类控制并直接可供灌溉、发电、给水、航运、养殖等用途的地表水和地下水，以及江河、湖泊、井、泉、潮汐、港湾和养殖水域等。水资源是发展国民经济不可缺少的重要自然资源。

地表水和地下水 陆地上的水因空间分布不同，可以分为地表水和地下水。地表水指分别存在于河流、湖泊、沼泽、冰川和冰盖等水体中水分的总称，又称陆地水。地下水指储存在地面以下饱和岩土孔隙、裂隙及溶洞中的水。

矿产资源 矿产指由地质作用形成，富集于地壳中或出露于地表达到工农业利用要求的有用矿物。矿产是一种重要的自然资源，是社会发展的重要物质基础。从某种意义上讲，一个国家对矿产资源开发利用的广度和深度，可以作为这个国家经济发展水平的标志。

矿产保有储量 指探明的矿产储量(包括工业储量和远景储量)，扣除已开采部分和地下损失量后的年末实有储量，是反映国家矿产资源现状的重要指标。

气温 指空气的温度，我国一般以摄氏度(℃)为单位表示。气象观测的温度表是放在离地面约1.5米处通风良好的百叶箱里测量的。因此，通常说的气温指的是离地面1.5米处百叶箱中的温度。其统计计算方法为：

月平均气温是将全月各日的平均气温相加，除以该月的天数而得。

年平均气温是将12个月的月平均气温累加后除以12而得。

相对湿度 指空气中实际水气压与当时气温下的饱合水气压之比。其统计方法与气温相同。

降水量 指从天气降落到地面的液态或固态（经融化后）水，未经蒸发、渗透、流失而在地面上积聚的深度。其统计计算方法为：

月降水量是将全月各日的降水量累加而得。

年降水量是将12个月的月降水量累加而得。

日照时数 指太阳实际照射地面的时间。其统计方法与降水量相同。

Explanatory Notes on Main Statistical Indicators

Administrative Division refers to the division of administrative areas by the state. The Constitution of the People's Republic of China stipulates that the administrative areas in China are divided as:1) The whole country is divided into provinces, autonomous regions and municipalities directly under the central government; 2) Provinces and autonomous regions are divided into autonomous prefectures (leagues) , counties (banners) , autonomous counties and cities; 3) Autonomous Prefectures are divided into counties , autonomous counties and cities; 4) Counties and autonomous counties are divided into townships, nationality townships and towns; 5) Municipalities and large cities are divided into districts and counties, 6) The state establish special administrative regions when necessary.

Territoryrefers to territorial land, sea and air space under the administration of a sovereign state.

Climate refers to the natural environmental status formed by the long–time exchange of energy and mass between the earth and the air, and is the results of interaction of many factors. Climate is both one of the environment factors and the important resources for the living and production activities of the human being. The average values across several years of meteorological factors such as temperature, rainfall and humidity are used as important parameters to describe the climate of a region, while the average values (or total values) of a given year or month of meteorological factors reflect the key characteristics of climate for that period of time.

Natural Resources refer to material resources that could be obtained from the nature by human being and used for production and living. Natural resources in general can be classified as renewable resources and non–renewable resources. Renewable resources refer to resources that could be renewed and recycled during a relatively short period of time, including land resource, water resource, climate resource, biology resource and marine resource. Non–renewable resources include resources that could not be renewed, such as minerals and geothermal resource.

Land Resource Land refers to the surface of the earth, consisting of mainly rocks and its weathering and earth. Land resource can be classified, by its utilization, as land for agriculture, land for construction and unused land. Land for agriculture includes cultivated land, plantation land, forestland, grassland and waters. Land for construction includes land for residential purpose, for manufacturing and mining, for transportation and for water conservancy projects. Un–used land refers to land other than land for agriculture and construction, including beaches, deserts, Gobi, glaciers and Rock Mountains.

Area of Afforestated Land refer to land for trees, bamboo, bushes and mangrove, including forest–cover land, bush–covered land, sparse forest land, land Planned for afforestation and nurseries of young trees.

Area of Grassland refers to areas of grassland, grass–slopes and grass–covered hills with a vegetation–covering rate of over 5% that are used for animal husbandry or harvesting of grass. It includes natural, cultivated and improved grassland areas.

Forest Resource refers to forests, trees, forest land and wild animals, plants and microorganism that live on forest and trees. Trees include trees and bamboo. Forest refers to the population of clusters of trees and other plants, animals and microorganism as well as the earth and climate that have interactions with the trees.

Total Standing Stock Volume refers to the total stock volume of trees growing in land, including trees in forest, tress in sparse forest, scattered trees and trees planted by the side of farm houses and along the roads, rivers and fields.

Forest Area refers to the area of forest land where trees and bamboo grow with canopy density above 0. 2, including land of natural woods and planted woods, but excluding bush land and thin forest land. It reflects the total areas of afforestation.

Stock Volume of Forest refers to total stock volume of wood growing in forest area, which shows the total size and level of forest resources of a country or a region. It is also an important indicator illustrating the richness of forest resource and the status of forest ecological environment.

Forest Coverage Rate rrefers to the ratio of area of afforested land to total land area. This indicator shows the forest resources and afforestation progress of a country or a region. According to regulations of the government, in addition to afforested land, the area of bush forest, the area of forest land inside farm land and the area of trees planted by the side of farm houses and along the roads, rivers and fields should also be included in the area of afforested land in the calculation of the forest coverage–rate. The formula for cal–

culating forest coverage rate is as follows:

Forestry coverage rate (%)=

Area of afforested Land/ Area of Total Land × 100%

Water Resource water exists in the nature in solid, liquid and gaseous states, is distributed in the ocean, land (including earth) /and air, and constitutes the water resource through the circulation of water. Water resource includes the surface water and underground water that is controlled by the human being for irrigation, power–generation, water supply, navigation and cultivation. It also includes rivers, lakes, wells, springs, tides, gulf and water area for cultivation. Water resource as an important natural resource is indispensable for the development of the national economy.

Surface Water and Underground Water water on earth can be divided into surface water and underground water according to its distribution. Surface water refers to moisture exists in rivers, lakes, swamps, glaciers, icecaps and so on. It is also called land water. The underground water refers to water deposited un–derground in the cranny and the hole of saturated rock soil and in the water–eroded cave.

Mineral Resources refer to useful minerals that can be used for industrial or agricultural purposes enriched in lithosphere or on earth due to the geological process.

Ensured Mineral Reserves refer to the actual mineral reserves, which equal to the proven mineral reserves (including industrial reserves and prospective reserves) minus extracted parts and underground losses. This indicator shows the current condition of the mineral resources of a country.

Temperature refers to the air temperature. China uses centigrade (℃) as the unit. The thermometry used for weather observation is put in a breezy shutter, which is 1. 5 meters high from the ground. Therefore, the commonly used temperature refers to the temperature in the breezy shutter 1. 5 meters away from the ground. The calculation method is as follows:

Monthly average temperature is the summation of average daily temperature of one month divided by the actual days of that particular month.

Annual average temperature is the summation of monthly average of a year divided by 12 months.

Relative Humidity refers to the ratio of actual water vapor pressure to the saturation water vapor pressure under the current temperature. The calculation method is the same as that of temperature.

Volume of Precipitation refers to the deepness of liquid state or solid state (thawed) water falling from the sky to the ground that has not been evaporated, infiltrated or run off. The calculation method is as follows:

Monthly precipitation is the summation of daily precipitation of a month.

Annual precipitation is the summation of 12 months , precipitation of a year.

Sunshine Hours refer to the actual hours of sun irradiating the earth. The calculation method is the same as that of the precipitation.

2016 NEIMENGGU

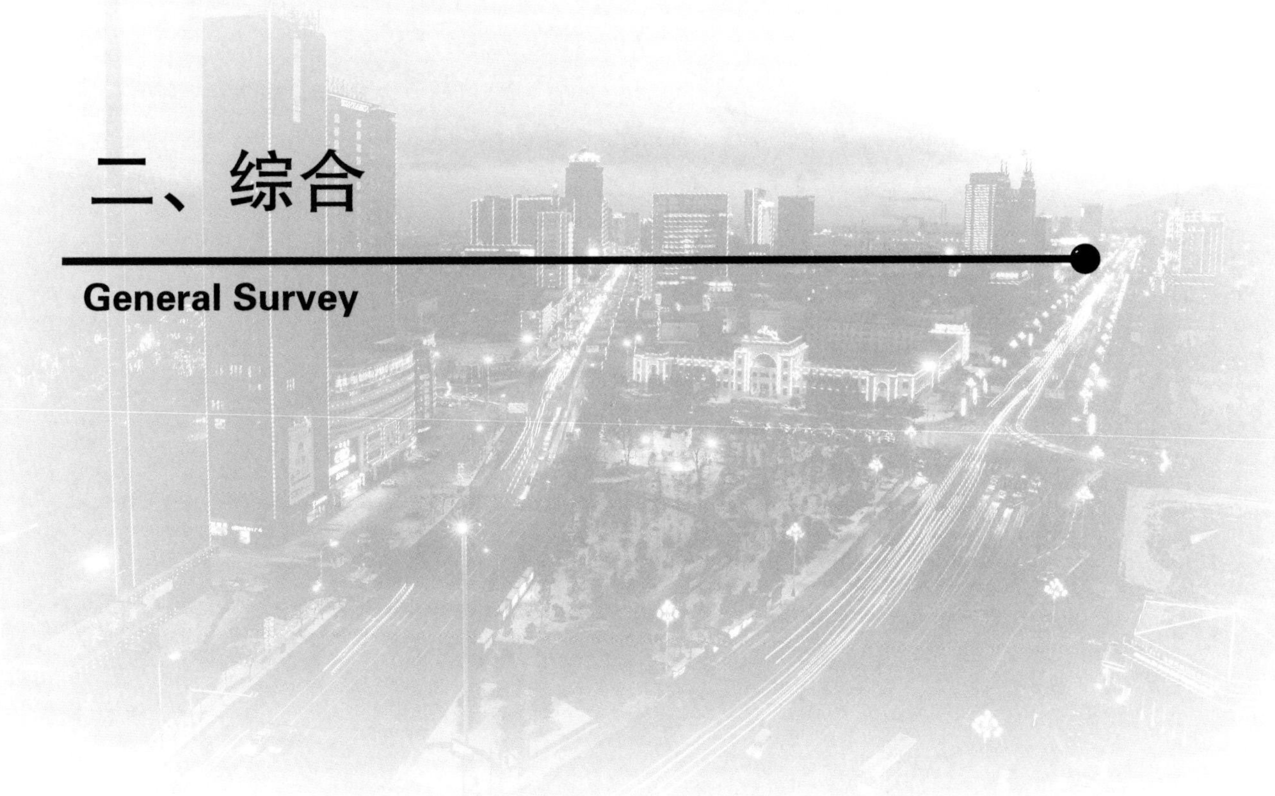

二、综合

General Survey

资料整理：王艳伟　曹源源

Arranged By Wang Yanwei, Cao Yuanyuan

2-1 平均每天主要社会经济活动

Major Indicators on Average Daily Social and Economic Activities

指　标	Item	1990	1995	2000	2005	2010	2015
全区每天创造的财富	**Autonomous Regional Daily Production**						
生产总值(万元)	Gross Domestic Product(10 000 yuan)	8748	23481	42168	106987	319781	488534
第一产业	Primary Industry	3084	7128	9611	16152	30008	44313
第二产业	Secondary Industry	2806	8460	15961	48581	174457	246591
工 业	Industry	2388	6983	13265	40490	153929	212032
建筑业	Construction	418	1477	2695	8091	20528	34607
第三产业	Tertiary Industry	2858	7893	16596	42254	115316	197630
# 运输邮电业	Transportation, Postal & Telecommunications Services	567	1900	4807	11659	27254	35454
商业饮食业	Commerce	683	2275	5353	12551	36876	64580
财政收入(万元)	Government Revenue(10 000 yuan)	904	2092	4263	14695	47620	53821
财政支出(万元)	Government Expenditures(10 000 yuan)	1668	2799	7152	20126	62288	116519
粮食(吨)	Grain(ton)	26657	28915	34025	45540	59129	77452
油料(吨)	Oil-bearing Grops(ton)	1901	1923	3189	3348	3510	5304
肉类(吨)	Meat(ton)	1469	2243	3929	6299	6540	6732
牛奶(吨)	Cow Milk(ton)	1012	1331	2186	18934	24799	22005
水产品(吨)	Aquatic Products(ton)	83	130	198	226	312	421
布(万米)	Cloth(10 000 m)	29.55	23.42	9.01	22.84	26.88	
乳制品(吨)	Dairy products(ton)	60	83	182	8425	9462	8042
原煤(万吨)	Coal(10 000 tons)	13.05	19.33	19.86	70.16	216.20	249.20
发电量(万千瓦小时)	Electricity(10 000 kwh)	4645	7631	12033	28948	68052	107638
钢(吨)	Steel(ton)	7480	9736	11605	22068	33776	47537
成品钢材(吨)	Steel Products(ton)	4807	7062	10381	20487	36751	51978
水泥(吨)	Cement(ton)	6246	9569	17260	44719	149433	159747
每天消费量	**Daily Consumption**						
最终消费(万元)	Final Consumption Expenditure(10 000 yuan)	5937	14778	23936	49393	125702	204187
居民消费(万元)	Resident Consumption(10 000 yuan)	4652	11314	17427	32632	73790	143157

注:2013 年以前,财政收入为地方财政总收入;2013 年起,财政收入为公共财政预算收入。下表同。

a)Before 2013,Government Revenue is Local Government Revenue; Form 2013,Government Revenue is General Budgetary Financial Revenue.The same as in the following tables.

2-1 续表 continued

指 标	Item	1990	1995	2000	2005	2010	2015
农民	Peasants	2368	4984	6517	8522	14428	32547
非农业居民	Non-agricultural Residents	2284	6330	10910	24110	59362	110610
政府消费(万元)	Government Consumption Expenditure (10 000 yuan)	1285	3464	6508	16761	51913	61030
能源消费量(万吨标准煤)	Energy Consumption (10 000 tons of SCE)	6.64	8.95	10.79	29.49	51.73	51.85
社会消费品零售总额(万元)	Total Retail Sales of Consumer Goods(10 000 yuan)	3577	8083	13260	37208	92712	167334
每天其他经济活动	**Other Daily Economic Activities**						
资本形成总额(万元)	Gross Capital Formation(10 000 yuan)	3416	10219	17591	77947	247134	384561
固定资本形成	Fixed Capital Formation	1939	7484	12039	73568	244896	379299
存货增加	Changes in Stock	1477	2735	5552	4379	2239	5262
城镇新建住宅面积(万平方米)	Residential Buildings Completed in Urban Areas(10 000 sq.m)	0.96	1.65	2.78	3.40	7.07	5.02
农牧民个人新建住宅面积(万平方米)	Private Residential Building Complated in Rural Areas(10 000 sq.m)	1.36	2.65	2.36	1.40	0.99	2.41
货运量(万吨)	Freight Traffic(10 000 tons)	73.09	89.68	122.27	200.22	362.21	510.03
客运量(万人)	Passenger Traffic(10 000 persons)	28.70	50.06	64.52	87.98	66.69	46.54
进出口总额(万美元)	Total Imports and Exports(USD 10 000)	132.68	307.70	557.80	1414.22	2388.75	3502.44
邮电业务总量(万元)	Volume of Postal and Telecoms Services(10 000 yuan)	58.07	264.50	1541.00	5471.78	5527.90	10966.88
个人储蓄存款新增额(万元)	Outstanding Amount of savings deposits of individuals(10 000 yuan)	822	2496	2140	10129	19292	
图书出版(万册)	Books Published(10 000 copies)	21.78	17.97	20.34	24.35	16.63	17.76
杂志出版(万册)	Magazines Issued(10 000 copies)	3.46	2.84	4.34	3.79	3.94	5.70
报纸出版(万份)	Newspapers Issued(10 000 copies)	44.36	44.62	49.23	169.37	74.11	89.90
邮寄函件(万件)	Letters Delivered(10 000 pieces)	22.14	45.83	26.51	8.61	9.28	3.99
每天人口变动与婚姻	**Daily Population Changes & Marriages**						
出生(人)	Births(person)	1117	1073	645	659	628	530
死亡(人)	Deaths(person)	293	417	359	357	374	365
结婚(对)	Marriages(couple)	435	475	416	423	555	597
离婚(对)	Divorces(couple)	60	75	89	107	157	252

注:个人储蓄存款新增额 2010 年以前为城乡居民储蓄存款新增额。

a)Before 2010, Outstanding Amount of savings deposits of individuals is called resident saving deposit in urban & rural.

2-2 社会经济主要指标人均水平

Major per Capita Indicators on Society and Economy

指 标	Item	1990	1995	2000	2005	2010	2015
生产总值(元)	**Gross Domestic Product(yuan)**	**1478**	**3772**	**6502**	**16285**	**47347**	**71101**
财政收入(元)	**Government Revenue(yuan)**	**154**	**336**	**657**	**1397**	**7051**	**7833**
农牧业生产	**Agriculture Production**						
耕地面积(公顷)	Cultivated Land(hectare)	0.23	0.24	0.31	0.31	0.29	0.37
粮食产量(千克)	Output of Grain(kg)	454.15	464.40	524.60	693.19	875.47	1127.24
油料产量(千克)	Output of Oil-bearing Crops(kg)	32.38	30.90	49.20	50.96	51.96	77.19
甜菜产量(千克)	Output of Beet Roots(kg)	110.36	116.00	59.69	57.68	65.31	91.75
年末大牲畜(头)	Large Animals at the Year-end(head)	0.33	0.31	0.26	0.33	0.36	0.35
年 末 羊(只)	Sheep and Goats at the Year-end(head)	1.41	1.46	1.50	2.26	2.14	2.30
年末生猪(口)	Hogs at the Year-end(head)	0.24	0.34	0.31	0.29	0.28	0.26
肉类产量(千克)	Output of Meat(kg)	25.02	36.03	60.58	95.88	96.83	97.97
# 牛肉产量(千克)	Output of Beef(kg)	3.99	4.10	9.23	14.01	20.17	21.09
羊肉产量(千克)	Output of Mutton(kg)	5.96	7.42	13.44	30.21	36.20	36.92
猪肉产量(千克)	Output of Pork(kg)	13.43	20.97	32.37	36.71	29.15	28.23
牛奶产量(千克)	Output of Cow Milk(kg)	17.25	21.37	33.70	288.20	367.17	320.27
羊 毛(千克)	Wool(kg)	2.87	2.64	2.89	4.27	4.87	5.48
主要工业产品产量	**Output of Major Industrial Products**						
原 煤(吨)	Coal(ton)	2.22	3.10	3.06	10.68	32.01	36.27
原 盐(吨)	Salt(ton)	0.04	0.03	0.05	0.09	0.11	0.07
发 电 量(千瓦小时)	Electricity(kwh)	791	1225	1855	4406	10684	15666
糖(千克)	Sugar(kg)	7.64	7.51	5.09	6.15	4.88	26.85
乳 制 品(千克)	Dairy Products(kg)	1.03	1.33	2.81	128.25	140.09	117.05
呢 绒(米)	Woolen Fabric(m)	0.49	0.65	0.18	0.26	0.51	0.39
水 泥(吨)	Cement(ton)	0.11	0.15	0.27	0.68	2.21	2.32
钢(吨)	Steel(ton)	0.13	0.16	0.18	0.34	0.50	0.69
生 铁(吨)	Pig Iron(ton)	0.13	0.15	0.19	0.38	0.55	0.58
社会消费品零售额(元)	**Total Retail Sales of Consumer Goods(yuan)**	**610**	**1379**	**2571**	**5664**	**13727**	**24354**
人民生活	**People's Livelihood**						
职工平均工资(元)	Average Wage of Staff & Workers(yuan)	1846	4134	6974	15985	35507	57870
# 国 有(元)	State-owned Units(yuan)	1971	4407	7261	16598	37602	62059
集 体(元)	Urban Collective-owned Units(yuan)	1441	3001	4826	10804	29822	58679
城镇常住居民人均可支配收入(元)	Per Capita Disposable Income of Urban Residents(yuan)	1155	2846	5129	9137	17698	30594
城镇常住居民人均生活消费支出(元)	Expenditure of Urban Residents(yuan)	982	2482	3928	6929	13995	21876
农村牧区常住居民人均可支配收入(元)	Per Capita Disposable Income of Rural Residents(yuan)	647	1300	2038	2989	5530	10776
农村牧区常住居民人均生活消费支出(元)	Expenditure of Rural Residents(yuan)	539	1261	1615	2446	4461	10637
住户存款余额(元)	Household deposits(yuan)	515	1804	3875	8231	18877	35884

注:1.住户存款余额 2010 年以前为城乡居民储蓄存款余额,2011-2014 年为个人储蓄存款余额,下表同。

2.2013 年以后,城镇(农村牧区)常住居民人均可支配收入、城镇(农村牧区)常住居民人均生活消费支出数据为城乡一体化住户收支与生活状况调查数据。"农牧民人均纯收入"改为"农村牧区常住居民人均可支配收入"。

a)Before 2010,the Household deposits is called resident saving deposit in urban & rural. During 2011-2014,the Horsehold deposits is called personal balance of savings deposits.The Same as in the following tables.

b)From 2013,data of Per Capita Disposable Income of Urban and Rural Residents and Expenditure of Urban and Rural Residents are from integrated household income and expenditure survey including both urban and rural households. "Annual Net Income of Rurel Households per Capita"has bcen adjusted"per Capita Disposable Income of Rural Residents".

2-3 国民经济和社会发展总量与速度

指 标	Item	总量指标				
		1978	1995	2000	2005	2010
人口与就业	**Population and Employment**					
人口(万人)	**Population(10 000 persons)**					
年末总人口	Population at the Year-end	1823.4	2284.4	2372.4	2403.1	2472.2
市镇人口	Urban	397.5	873.1	1001.1	1134.3	1372.9
乡村人口	Rural	1425.9	1411.3	1371.3	1268.8	1099.3
男性人口	Male	957.8	1187.6	1227.2	1237.9	1283.9
女性人口	Female	865.6	1096.8	1145.2	1165.2	1188.3
就业(万人)	**Employment(10 000 persons)**					
从业人数	Employment	652.8	1029.4	1061.6	1041.1	1184.7
#职工人数	Staff and Workers	227.6	383.7	263.9	239.6	244.9
城镇登记失业人数	Unemployed in Urban Areas		14.0	12.7	17.8	20.8
宏观经济	**Macroeconomic Indicator**					
国民经济核算(亿元)	**National Accounting (100 million yuan)**					
生产总值	Gross Domestic Product	58.04	857.06	1539.12	3905.03	11672.00
第一产业	Primary Industry	18.96	260.18	350.80	589.56	1095.28
第二产业	Secondary Industry	26.37	308.78	582.57	1773.21	6367.69
第三产业	Tertiary Industry	12.71	288.10	605.74	1542.26	4209.02
固定资产投资(亿元)	**Investment in Fixed Assets (100 million yuan)**					
全社会固定资产投资总额	Investment in Fixed Assets		273.06	430.42	1808.31	6035.68
#国有单位	State-owned Units		210.00	275.06	1106.52	2819.55
集体单位	Collective-owned Units		11.14	27.15	27.68	73.16
个体经济	Individuals		44.09	51.64	56.69	70.94
财政(亿元)	**Public Finance(100 million yuan)**					
地方财政总收入	Government Revenue	6.90	43.70	110.68	335.09	1738.14
地方财政总支出	Government Expenditures	18.69	102.18	261.06	734.61	2273.50
物价总指数(上年=100)	**Price Indices(preceding year=100)**					
商品零售价格总指数	General Retail Price Index	101.0	116.8	98.8	101.5	103.0
居民消费价格总指数	General Consumer Price Index		117.5	101.3	102.4	103.2
农产品生产者价格总指数	Price Indices of Farm Products by Category of Commodities	101.6	124.7	99.7	103.2	111.4
能源生产与消费(万吨标准煤)	**Production and Consumption of Energy(10 000 tons of SCE)**					
能源生产总量	Total Energy production	1070.63	4642.02	4701.23	19082.33	49740.18
能源消费总量	Total Energy Consumption		3268.44	3937.54	10788.37	18882.66

注:2011 年以后,地方财政总收支为一般公共预算收支。

a)After 2011,Government Revenue and Expenditures is General Public Budget Revenue and Expenditures.

Principal Aggregate Indicators on National Economic and Social Development and Their Related Indices and Growth Rates

Aggregate Data	速度指标(%) Indices and Growth Rates(%)									
	指数(2015年比以下各年) Index(2015 as Percentage of the following years)					平均增长速度 Average Annual Growth Rate				
2015	1978	1995	2000	2005	2010	1979-2015	1996-2000	2001-2005	2006-2010	2011-2015
2511.0	137.7	109.9	105.8	104.5	101.6	0.9	0.8	0.3	0.6	0.3
1514.2	380.9	173.4	151.3	133.5	110.3	3.7	2.8	2.5	3.9	2.0
996.9	69.9	70.6	72.7	78.6	90.7	-1.0	-0.6	-1.5	-2.8	-1.9
1298.7	135.6	109.4	105.8	104.9	101.2	0.8	0.7	0.2	0.7	0.2
1212.3	140.1	110.5	105.9	104.0	102.0	0.9	0.9	0.3	0.4	0.4
1463.7	224.2	142.2	137.9	140.6	123.6	2.2	0.6	-0.4	2.6	4.3
289.6	127.2	75.5	109.7	120.9	118.3	0.7	-7.2	-1.9	0.4	3.4
25.9		184.8	203.7	145.3	124.4		-1.9	6.9	3.2	4.5
17831.51	6747.5	1350.5	799.3	362.8	161.3	12.1	11.1	17.1	17.6	10.0
1617.42	909.1	292.5	214.7	156.3	124.9	6.1	6.4	6.6	4.6	4.5
9000.58	9720.9	2229.4	1303.4	482.2	173.0	13.2	11.3	22.0	22.8	11.6
7213.51	13186.3	1282.9	675.9	307.9	153.0	14.1	13.7	17.0	15.0	8.9
13824.76		5062.9	3211.9	764.5	229.1		9.5	44.2	27.3	18.0
5403.82		2573.2	1964.6	488.4	191.7		5.5	43.0	20.6	13.9
124.01		1113.2	456.8	448.0	169.5		19.5	8.7	21.5	11.1
222.37		504.4	430.6	392.3	313.5		3.2	10.3	4.6	25.7
1964.48							20.4	24.8	39.0	12.9
4252.96	22755.3	4162.2	1629.1	578.9	187.1	15.8	20.6	23.0	25.4	13.3
100.5	467.9	133.1	129.8	125.8	111.6	4.3	0.5	0.6	2.4	2.2
101.1		166.7	147.7	133.3	115.4		2.5	2.1	2.9	2.9
98.0		193.6	232.8	180.2	122.7		-3.6	5.3	8.0	4.2
56253.32	5254.2	1211.8	1196.6	294.8	113.1	11.3	0.3	32.3	21.1	2.5
18927.07		579.1	480.7	175.4	100.2		3.8	22.3	11.8	0.1

2-3 续表 1

指 标	Item	总量指标				
		1978	1995	2000	2005	2010
产 业	**Industry**					
农林牧渔业	**Farming, Forestry, Animal Husbandry & Fishery**					
耕地面积(万公顷)	Cultivated Areas(10 000 hectares)	532.60	549.10	731.70	735.50	714.90
从业人员(万人)	Persons Engaged in (10 000 persons)	393.80	503.00	524.30	529.18	540.53
总产值(亿元)	Gross Output(100 million yuan)	28.35	373.59	543.16	980.21	1843.57
主要农畜产品产量	Output of Major Farm & Livestock					
粮食(万吨)	Grain(10 000 tons)	499.00	1055.40	1241.90	1662.20	2158.20
油料(万吨)	Oil Bearing Crops(10 000 tons)	12.50	70.20	116.40	122.20	128.10
甜菜(万吨)	Beet Roots(10 000 tons)	43.10	263.50	141.30	138.30	161.00
造林面积(万公顷)	Forested Areas(10 000 hectares)	29.79	40.25	58.90	38.38	65.52
肉类(万吨)	Meat(10 000 tons)		81.89	143.40	229.91	238.71
牛奶(万吨)	Cow milk(10 000 tons)		48.57	79.80	691.08	905.15
羊毛(万吨)	Wool(10 000 tons)		5.99	6.85	10.25	12.00
羊绒(吨)	Cashmere(ton)		3114	3815	6646	8104
水产品(万吨)	Aquatic Products(10 000 tons)	1.50	4.76	7.21	8.26	11.38
六月末牲畜总数(万头只)	Livestock(10 000 heads)	4162.30	6065.70	7300.47	10615.30	10798.50
大牲畜(万头)	Large Animals(10 000 heads)	697.50	783.80	803.31	934.20	1140.10
羊(万只)	Sheep and Goats(10 000 heads)	2860.50	4302.50	5406.23	8713.00	8408.00
生猪(万口)	Hogs(10 000 heads)	604.30	979.40	1090.92	968.10	1250.50
工业生产	**Industrial Production**					
工业总产值(亿元)	Gross Output(100 million yuan)	52.96	626.52	1202.85	3861.58	16020.00
轻工业(亿元)	Light Industry(100 million yuan)	22.05	215.92	464.26	1171.70	4645.80
重工业(亿元)	Heavy Industry(100 million yuan)	30.91	410.61	738.59	2689.88	11374.00
工业增加值(亿元)	Value Added(100 million yuan)	21.84	254.88	484.19	1477.88	5618.40
主要工业产品产量	Output of Industrial Products					
原煤(万吨)	Raw Coal(10 000 tons)	2194	7055	7247	25608	78913
原油(万吨)	Crude Oil(10 000 tons)			90.50	146.92	182.91
原盐(万吨)	Raw Salt(10 000 tons)	65.18	76.13	126.68	215.84	278.42
发电量(亿千瓦小时)	Electricity(100 million kwh)	37.38	278.54	439.21	1056.59	2483.90
糖(包括土糖)(万吨)	Sugar(10 000 tons)	4.23	17.07	12.04	14.75	12.04
乳制品(万吨)	Dairy Products(10 000 tons)	0.31	3.03	6.65	307.53	345.36
呢绒(万米)	Woolen Fabric(10 000 m)	336.80	1477.00	421.20	611.76	1257.94
服装(万件)	Garments(10 000 units)		4868.00	1794.70	1980.72	3676.37
机制纸及纸板(万吨)	Machine Made Paper(10 000 tons)	4.25	19.15	12.19	25.74	28.84
水泥(万吨)	Cement(10 000 tons)	91.91	349.27	630.00	1632.25	5454.30
钢(万吨)	Steel(10 000 tons)	99.00	355.36	423.59	805.49	1232.84
生铁(万吨)	Pig Iron(10 000 tons)	107.00	345.78	440.83	922.69	1358.97
成品钢材(万吨)	Steel Products(10 000 tons)	36.23	257.77	378.91	747.77	1341.41
电视机(万台)	Television Sets(10 000 sets)	0.10	32.68	51.80	239.09	204.37
建筑业	**Construction**					
建筑业从业人数(万人)	Employed Persons(10 000 persons)		30.98	35.30	26.35	44.34
建筑企业总产值(亿元)	Gross output Value(100 million yuan)		85.52	138.80	381.30	1125.58
施工房屋面积(万平方米)	Building Floor Space(10 000 sq.m)		1010.92	1816.94	2958.88	7577.89
竣工房屋面积(万平方米)	Completed Floor Space(10 000 sq.m)		511.86	1130.00	1623.38	3805.24
交通运输	**Transportation**					
货运量(万吨)	Freight Traffic(10 000 tons)	8213	32732	44629	73082	132205
铁路	Railways	3861	8347	9648	22060	47040
公路	Highways	4352	24384	34979	51020	85162
空运	Civil Aviation		1.13	2.00	2.00	3.11
客运量(万人)	Passenger Traffic(10 000 persons)	3422	18273	23549	32114	24343
铁路	Railways	1753	2909	3378	3259	4136
公路	Highways	1669	15248	20061	28604	19830
空运	Civil Aviation		116	110	251	377

注:2013 年起,铁路客(货)运量包含地方铁路数据,下同。

a)Since 2013,Railway Passenger(Frieight) traffic include Local railway data,Same as follow.

continued

Aggregate Data	速度指标(%) Indices and Growth Rates(%)									
2015	指数(2015年比以下各年) Index(2015 as Percentage of the following years)					平均增长速度 Average Annual Growth Rate				
	1978	1995	2000	2005	2010	1979-2015	1996-2000	2001-2005	2006-2010	2011-2015
916.10	172.0	166.8	125.2	124.6	128.1	1.5	5.9	0.1	-0.6	5.1
566.40	143.8	112.6	108.0	107.0	104.8	1.0	0.8	0.2	0.4	0.9
2751.55	907.7	321.6	226.1	155.7	123.5	6.1	7.3	7.7	4.7	4.3
2827.01	566.5	267.9	227.6	170.1	131.0	4.8	3.3	6.0	5.4	5.5
193.60	1548.8	275.8	166.3	158.4	151.1	7.7	10.6	1.0	0.9	8.6
230.10	533.9	87.3	162.8	166.4	142.9	4.6	-11.7	-0.4	3.1	7.4
66.80	224.2	166.0	113.4	174.0	102.0	2.2	7.9	-8.2	11.3	0.4
245.70		300.0	171.3	106.9	102.9		11.8	9.9	0.8	0.6
803.20		1653.7	1006.5	116.2	88.7		10.4	54.0	5.5	-2.4
13.74		229.4	200.6	134.0	114.5		2.7	8.4	3.2	2.7
8380		269.1	219.7	126.1	103.4		4.1	11.7	4.0	0.7
15.35	1023.3	322.5	212.9	185.8	134.9	6.5	8.7	2.8	6.6	6.2
13585.73	326.4	224.0	186.1	128.0	125.8	3.2	3.8	7.8	0.3	4.7
1358.27	194.7	173.3	169.1	145.4	119.1	1.8	0.5	3.1	4.1	3.6
10736.49	375.3	249.5	198.6	123.2	127.7	3.6	4.7	10.0	-0.7	5.0
1490.97	246.7	152.2	136.7	154.0	119.2	2.5	2.3	-2.4	5.3	3.6
23424.87	13183.5	2561.2	1460.6	544.2	182.8	14.1	11.9	21.8	24.4	12.8
6793.21	12629.7	2408.7	1177.2	444.9	176.3	14.0	15.4	21.5	20.3	12.0
16631.66	12128.9	2389.3	1551.8	579.0	184.2	13.8	9.0	21.8	25.7	13.0
7739.18	10257.9	2468.9	1364.7	516.2	175.3	13.3	12.6	21.5	24.1	11.9
90957	4145.7	1289.3	1255.1	355.2	115.3	10.6	0.5	28.7	25.2	3.7
178.83			197.6	121.7	97.8			10.2	4.5	-0.5
164.57	252.5	216.2	129.9	76.2	59.1	2.5	10.7	11.2	5.2	-10.0
3928.77	10510.4	1410.5	894.5	371.8	158.2	13.4	9.5	19.2	18.6	9.3
67.33	1591.7	394.4	559.2	456.5	559.2	7.8	-6.7	4.1	-4.0	41.1
293.55	94693.5	9688.1	4414.3	95.5	85.0	20.3	17.0	115.3	2.3	-3.2
984.20	292.2	66.6	233.7	160.9	78.2	2.9	-22.2	7.8	15.5	-4.8
5095.50		104.7	283.9	257.3	138.6		-18.1	2.0	13.2	6.7
12.32	289.9	64.3	101.1	47.9	42.7	2.9	-8.6	16.1	2.3	-15.6
5830.75	6344.0	1669.4	925.5	357.2	106.9	11.9	12.5	21.0	27.3	1.3
1735.11	1752.6	488.3	409.6	215.4	140.7	8.0	3.6	13.7	8.9	6.2
1461.40	1365.8	422.6	331.5	158.4	107.5	7.3	5.0	15.9	8.1	1.5
1897.18	5236.5	736.0	500.7	253.7	141.4	11.3	8.0	14.6	12.4	9.6
266.48	266480.0	815.4	514.4	111.5	130.4	23.8	9.7	35.8	-3.1	5.5
28.64		92.4	81.1	108.7	64.6		2.6	-5.7	11.0	-8.4
1123.21		1313.4	809.2	294.6	99.8		10.2	22.4	24.2	
6970.48		689.5	383.6	235.6	92.0		12.4	10.2	20.7	-1.7
3098.93		605.4	274.2	190.9	81.4		17.2	7.5	18.6	-4.0
186160							6.4	10.6	12.6	
66653							2.9	18.0	16.4	
119499.60	2745.9	490.1	341.6	234.2	140.3	9.4	7.5	7.8	10.8	7.0
7.14		631.9	357.0	357.0	229.6		12.1		9.2	18.1
16986							5.2	6.4	-5.4	
5117							3.0	-0.7	4.9	
11017	660.1	72.3	54.9	38.5	55.6	5.2	5.6	7.4	-7.1	-11.1
852		734.5	774.5	339.4	226.0		-1.1	17.9	8.5	17.7

2–3 续表 2

指 标	Item	总量指标				
		1978	1995	2000	2005	2010
邮电通信业	**Postal & Telecoms Services**					
邮电业务总量(亿元)	Total Revenue(100 million yuan)	0.42	9.66	56.25	199.72	200.69
函 件(万件)	Letters Delivered(10 000 pieces)	6658	16728	9677	3143	3389
报刊期发数(万份)	Newspapers and Magazines Distributed(10 000 copies)	253	486	395	194	242
局用交换机容量(万门)	Capacity of office Telephone Exchange(10 000 lines)	5.08	105.92	254.30	430.45	711.47
电话机(万部)	Telephone sets(10 000 units)	9.96	85.49	322.20	1254.30	2448.09
国内贸易	**Domestic Trade**					
社会消费品零售总额(亿元)	Total Retail Sales of Consumer Goods(100 million yuan)	36.83	313.31	608.55	1358.10	3384.00
对外经济贸易	**Foreign Trade**					
进出口总额(亿美元)	Exp. & Imp.(USD100 million)	0.16	11.23	20.36	51.62	87.19
进口额	Imports	0.05	5.15	10.14	30.97	53.84
出口额	Exports	0.11	6.08	10.22	20.65	33.35
实际利用外资额(万美元)	Amount of Foreign Capital Actually Utilized(USD 10 000)		10838	54819	140007	355876
国际旅游	**International Tourism**					
入境旅游人数(万人)	Tourists(10 000 persons)		30.09	39.19	100.16	142.80
旅游外汇收入 (万美元)	Earnings (USD 10 000)		9052	12645	35207	60190
金融保险	**Finance and Insurance**					
金融机构各项存款(亿元)	Deposits of Banking (100 million yuan)	16.47	566.34	1270.13	3298.15	10278.69
金融机构各项贷款(亿元)	Loans of Banking (100 million yuan)	40.33	819.87	1340.74	2588.57	7919.47
中资保险公司保险金额(亿元)	Amount Insured (100 million yuan)		1426	1624	10504	37989
中资保险公司保费收入(亿元)	Insurance Premium (100 million yuan)		9.11	24.63	60.87	198.84
中资保险公司赔款及给付(亿元)	Chaim and Paymen (100 million yuan)		4.87	7.92	10.76	59.45
教育、科技、文化	**Education, Sci., Tech & Culture**					
教育	**Education**					
专任教师数(人)	Full-teachers(person)					
普通高等学校	Higher Education	2949	7070	8856	16189	23332
中等学校	Secondary Schools	81208	98437	101036	107704	110137
小学	Primary Schools	121364	153461	129242	118988	113546
在校学生数(人)	Students Enrollment(person)					
普通高等学校	Higher Education	12567	37248	71967	229354	371388
中等学校	Secondary Schools	1624573	1304852	1621258	1798804	1648686
小学	Primary Schools	2917772	2343129	2015076	1596381	1430751
教育经费支出(亿元)	Expenditures(100 million yuan)		31.70	55.28	116.22	357.09
科技	**Science and Technology**					
研究与发展经费支出(万元)	Expenditures on R&D (10 000 yuan)		2023	24606	113208	637205
技术市场成交额(万元)	Transaction in Technical Markets(10 000 yuan)		25000	60287	310620	868893
文化	**Culture**					
出版数量	Publications					
图书(万册·张)	Books(10 000 copies)	3200.00	6560.00	7423.34	8888.15	6069.00
杂志(万册)	Magazines(10 000 copies)		1036.00	1585.46	1384.00	1437.00
报纸(万份)	Newspapers(10 000 copies)		16286.00	17967.23	61819.00	27050.00
电视节目制作时间(小时)	Time for TV Programs(hours)		9843.00	12916.00	71091.00	64697.00

continued

Aggregate Data	速度指标(%) Indices and Growth Rates(%)									
2015	指数(2015比以下各年) Index(2015 as Percentage of the following years)					平均增长速度 Average Annual Growth Rate				
	1978	1995	2000	2005	2010	1979-2015	1996-2000	2001-2005	2006-2010	2011-2015
400.29	95307.1	4143.8	711.6	200.4	199.5	20.4	42.2	28.8	0.1	14.8
1455	21.9	8.7	15.0	46.3	42.9	-4.0	-10.4	-20.1	1.5	-15.6
194	76.7	39.9	49.1	100.0	80.2	-0.7	-4.1	-13.3	4.5	-4.3
398.46	7843.7	376.2	156.7	92.6	56.0	12.5	19.1	11.1	10.6	-10.9
							30.4	31.2	14.3	
6107.70	16583.5	1949.4	1003.6	449.7	180.5	14.8	14.2	17.2	20.0	12.5
127.84	79899.4	1138.4	627.9	247.7	146.6	19.8	12.6	20.5	11.1	8.0
71.10	142209.4	1380.7	701.2	229.6	132.1	21.7	14.5	25.0	11.7	5.7
56.73	51576.7	933.1	555.1	274.7	170.1	18.4	10.9	15.1	10.1	11.2
336629		3106.0	614.1	240.4	94.6		38.3	20.6	20.5	-1.1
160.78		534.3	410.3	160.5	112.6		5.4	20.6	7.4	2.4
96249		1063.3	761.2	273.4	159.9		6.9	22.7	11.3	9.8
18077.60	109760.8	3192.0	1423.3	548.1	175.9	20.8	17.5	21.0	25.5	12.0
17140.67	42501.1	2090.7	1278.4	662.2	216.4	17.8	10.3	14.1	25.1	16.7
							2.6	45.3	29.3	
							22.0	19.8	26.7	
							10.2	6.3	40.8	
25523	865.5	361.0	288.2	157.7	109.4	6.0	4.6	12.8	7.6	1.8
107203	132.0	108.9	106.1	99.5	97.3	0.8	0.5	1.3	0.4	-0.5
101730	83.8	66.3	78.7	85.5	89.6	-0.5	-3.4	-1.6	-0.9	-2.2
420807	3348.5	1129.7	584.7	183.5	113.3	10.0	14.1	26.1	10.1	2.5
1317240	81.1	100.9	81.2	73.2	79.9	-0.6	4.4	2.1	-1.7	-4.4
1313635	45.0	56.1	65.2	82.3	91.8	-2.1	-3.0	-4.6	-2.2	-1.7
702.94		2217.5	1271.6	604.8	196.9		11.8	16.0	25.2	14.5
1360617		67257.4	5529.7	1201.9	213.5		64.8	35.7	41.3	16.4
1899589		7598.4	3150.9	611.5	218.6		19.2	38.8	22.8	16.9
6482.46	202.6	98.8	87.3	72.9	106.8	1.9	2.5	3.7	-7.3	1.3
2080.70		200.8	131.2	150.3	144.8		8.9	-2.7	0.8	7.7
32814.97		201.5	182.6	53.1	121.3		2.0	28.0	-15.2	3.9
73301.00		744.7	567.5	103.1	113.3		5.6	40.6	-1.9	2.5

2–3 续表 3

指 标	Item	1978	1995	2000	2005	2010
		总量指标				
家庭、生活、环境	**Family, Livelihood & Environment**					
家庭	**Family**					
城镇居民平均每户家庭人口(人)	Average Household Size in Urban Areas(person)		3.34	3.08	3.00	2.82
农村居民平均每户家庭人口(人)	Average Household Size in Rural Areas(person)	5.78	4.50	4.10	3.78	3.47
婚姻	**Marriages and Divorces**					
结婚数(万对)	Number of Marriages(10 000 couples)		17.35	15.20	15.45	20.26
离婚数(万对)	Number of Divorces(10 000 couples)		2.75	3.25	3.92	5.72
居住	**Housing**					
城市居民人均居住面积(平方米)	Per Capita Net Floor Space of Urban Residents(sq.m)	3.50	12.06	15.54	26.09	29.84
农村居民人均居住面积(平方米)	Per Capita Net Floor Space of Rural Residents(sq.m)		15.29	17.00	19.70	22.10
生活	**People's Livelihood**					
城镇居民人均可支配收入(元)	Per Capita Annual Income of Urban Households(yuan)	301	2846	5129	9137	17698
农村牧区居民人均纯/可支配收入 (元)	Per Capita Net Income of Rural Residents(yuan)	131	1300	2038	2989	5530
农民人均纯/可支配收入(元)	Farmers(yuan)	126	1208	1869	2813	5222
牧民人均纯/可支配收入(元)	Herdsmen(yuan)	188	1871	3355	4341	7851
住户存款余额(亿元)	Household deposits(100 million yuan)	2.53	410.82	875.74	1973.60	4618.11
工资和福利	**Wages and Welfare**					
工资总额(亿元)	Total Wages(100 million yuan)	14.98	156.12	185.96	387.73	879.80
职工平均工资(元)	Average Wage of Staff & Workers(yuan)	712	4134	6974	15985	35507
卫生	**Health Care**					
医院、卫生院(个)	Number of Hospitals(unit)	1723	2003	1988	1834	1807
医生(人)	Number of Doctors(person)	26724	49345	52299	50308	54161
医院、卫生院床位数(张)	Number of Hospital Beds(unit)	24079	61933	63156	64002	87882
市政建设	**City Construction**					
自来水供应量(亿吨)	Tap Water Supply(100 million tons)	0.88	6.32	6.18	6.11	6.28
下水道长度(公里)	Length of Sewer Pipelines(km)		2156	2693	4505	8514
城市煤气和天然气供气量(万立方米)	Volume of Coal & Natural Gas Supply in Urban Areas(10 000 cu.m)		5694	7485	16330	72560
公共汽车总数(辆)	Total Number of Public Buses(unit)	425	2078	2128	3594	5771
铺装道路长度(公里)	Length of Paved Roads(km)	677	2229	2771	3867	6447
绿地面积(公顷)	Areas of Green Land(hectare)	2143	13394	16541	24632	38143
环境、灾害	**Environment and Disaster**					
污染治理项目本年完成投资额(亿元)	Investment of Pollution Treatment in the Year(100 million yuan)			5.59	2.57	11.18
火灾发生数(起)	Number of Fire Disasters(case)			2096	5422	8741
火灾损失(万元)	Fire Loss(10 000 yuan)			1365	1687	5195
交通事故发生数(起)	Number of Traffic Accidents(case)			9521	8452	4780
交通事故损失(万元)	Loss of Traffic Accidents(10 000 yuan)			2539	2785	2346

注:污染治理项目本年完成投资额,2011 年前取自环保厅,2012 年起数据取自环保厅和城建厅。

continued

Aggregate Data	速度指标(%) Indices and Growth Rates(%)									
2015	指数(2015年比以下各年) Index(2015 as Percentage of the following years)					平均增长速度 Average Annual Growth Rate				
	1978	1995	2000	2005	2010	1979-2015	1996-2000	2001-2005	2006-2010	2011-2015
2.78		83.2	90.3	92.7	98.6		-1.6	-0.5	-1.2	-0.3
3.02	52.2	67.1	73.7	79.9	87.0	-1.7	-1.8	-1.6	-1.7	-2.7
21.79		125.6	143.3	141.0	107.5		-2.6	0.3	5.6	1.5
9.19		334.1	282.7	234.4	160.6		3.4	3.8	7.9	9.9
31.39	896.9	260.3	202.0	120.3	105.2	6.1	5.2	10.9	2.7	1.0
26.07		170.5	153.4	132.4	118.0		2.1	3.0	2.3	3.4
30594							9.6	10.4	11.1	11.1
10776							8.3	5.2	9.7	13.2
10228							7.2	5.7	9.8	
14996							9.2	2.9	9.2	
8999.44							16.3	17.6	18.5	
1706.70	11393.2	1093.2	917.8	440.2	194.0	13.7	3.6	15.8	17.8	14.2
57870	8127.8	1399.9	829.8	362.0	163.0	12.6	11.0	18.0	17.3	10.3
2024	117.5	101.0	101.8	110.4	112.0	0.4	-0.2	-1.6	-0.3	2.3
64239	240.4	130.2	122.8	127.7	118.6	2.4	1.2	-0.8	1.5	3.5
124676	517.8	201.3	197.4	194.8	141.9	4.5	0.4	0.3	6.5	7.2
7.48	850.0	118.4	121.0	122.4	119.1	6.0	-0.4	-0.2	0.6	3.6
12542		581.7	465.7	278.4	147.3		4.5	10.8	13.6	8.1
136297		2393.7	1820.9	834.6	187.8		5.6	16.9	34.8	13.4
6822	1605.2	328.3	320.6	189.8	118.2	7.8	0.5	11.1	9.9	3.4
9281	1370.9	416.4	334.9	240.0	144.0	7.3	4.4	6.9	10.8	7.6
63090	2944.0	471.0	381.4	256.1	165.4	9.6	4.3	8.3	9.1	10.6
790.13								-14.4	34.2	134.3
9509			453.7	175.4	108.8			20.9	10.0	1.7
12866			942.6	762.6	247.7			4.3	25.2	19.9
3214			33.8	38.0	67.2			-2.4	-10.8	-7.6
1587			62.5	57.0	67.6			1.9	-3.4	-7.5

a)Investment of Pollution Treatment are from Environmental Protection Bureau before 2011,From 2012,data are from Environmental Protection Bureau and Ministry of Housing and Urban–Rural Development.

2-4 国民经济和社会发展结构

Structural Indicators on National Economic and Social Development

单位：%　　(%)

指标	Item	1990	1995	2000	2005	2010	2015
人口城乡结构	**Urban and Rural Structure of Population**						
城镇	Urban	36.1	38.2	42.2	47.2	55.5	60.3
乡村	Rural	63.9	61.8	57.8	52.8	44.5	39.7
人口性别结构	**Sexual Structure of Population**						
男	Male	52.1	52.0	51.7	51.5	51.9	51.7
女	Female	47.9	48.0	48.3	48.5	48.1	48.3
就业产业结构	**Industrial Structure of Employment**						
第一产业	Primary Industry	55.8	52.1	52.2	53.8	48.2	39.1
第二产业	Secondary Industry	21.8	21.9	17.1	15.6	17.4	17.1
第三产业	Tertiary Industry	22.4	26.0	30.7	30.5	34.4	43.8
生产总值三次产业结构	**Industrial Structure of GDP**						
第一产业	Primary Industry	35.3	30.4	22.8	15.1	9.4	9.1
第二产业	Secondary Industry	32.1	36.0	37.9	45.4	54.5	50.5
第三产业	Tertiary Industry	32.6	33.6	39.3	39.5	36.1	40.4
国民总支出中总投资和总消费结构	**Investment and Consumption as Percentage of National Expenditures**						
总投资	Investment	39.0	43.5	41.7	72.9	77.3	78.7
总消费	Consumption	67.9	62.9	56.8	46.2	39.3	41.8
工农业总产值中农、轻、重结构	**Structure of Gross Output Value of Agriculture, Light Industry and Heavy Industry**						
农业	Agriculture	37.3	38.2	31.1	20.2	10.3	10.5
轻工业	Light Industry	25.8	21.6	27.0	24.2	26.0	26.0
重工业	Heavy Industry	36.9	45.3	43.0	55.6	63.7	63.5
农、林、牧、渔业产值结构	**Structure of Gross Output Value of Agriculture**						
农业	Farming	65.7	62.0	56.8	48.3	48.8	51.5
林业	Forestry	4.0	3.2	4.3	4.1	4.2	3.6
牧业	Animal Husbandry	29.6	34.0	37.8	45.4	44.6	42.2
渔业	Fishery	0.7	0.8	1.1	0.7	0.9	1.1
工业总产值中轻、重工业结构	**Structure of Gross Output Value of Industry**						
轻工业	Light Industry	41.2	34.5	38.6	30.3	29.0	29.0
重工业	Heavy Industry	58.8	65.5	61.4	69.7	71.0	71.0
固定资产投资额三次产业投资结构	**Type of Industry as Percentage of Total Investment in FixedAssets Capital Construction**						
第一产业	Primary Industry	7.6	8.6	11.1	5.2	5.4	7.0
第二产业	Secondary Industry	57.3	64.8	34.3	58.9	55.2	52.0
第三产业	Tertiary Industry	35.1	26.6	54.6	35.9	39.4	41.0
教育经费占财政支出的比例	**Educational Expenses as Percentage in Financial Expenditures**	**14.1**	**16.2**	**11.6**	**10.7**	**14.2**	**12.6**

2–4 续表 continued

单位：%　　(%)

指标	Item	1990	1995	2000	2005	2010	2015
建筑业总产值结构	**Structure of Gross Output Value of Construction Enterprises**						
土木工程建筑业	Civil Engineering Construction	96.9	90.0	90.1	94.7	94.6	
线路管道设备安装业	Line and Equipment Installation	3.1	9.5	9.3	4.5	4.5	
建筑物装修装饰业	Building Decoration		0.5	0.6	0.8	0.9	
货运量结构(按运输方式分)	**Structure of Freight Traffic by Means of Transportation**						
铁路	Railways	26.0	27.5	21.6	30.2	35.6	35.8
公路	Highways	74.0	72.5	78.4	69.8	64.4	64.2
航空	Civil Aviation						
管道	Pipelines						
社会消费品零售总额构成	**Composition of Retail Sales of Consumer Goods**						
市	Cities	55.0	58.0	60.0	66.9		
县	Counties	25.9	24.0	24.0	20.7		
县以下	Below Counties	19.1	18.0	16.0	12.4		
学校在校学生结构	**Structure of Student Enrollment**						
大学生	College and University Students	0.9	1.0	4.8	6.3	10.7	13.8
中学生	Secondary School Students	34.2	35.4	40.9	49.6	47.8	43.2
小学生	Primary School Students	64.9	63.6	54.3	44.1	41.5	43.0
科技经费内部支出结构	**Structure of Internal Expenditures on Scientific and Technological Activities**						
# 劳务费	Service Fees			44.6	19.7		
研究与发展经费支出	Expenditures of Research and Development			35.6	34.0		
城镇居民消费结构	**Consumption Structure of Urban Residents**						
食品类	Food	48.3	48.4	34.5	31.4	30.1	28.4
衣着类	Clothing	16.5	16.3	14.3	15.1	15.7	11.3
用品及其他	Articles for Daily Use and Others	35.2	29.0	42.6	43.1	44.3	43.3
居住	Residence		6.3	8.6	10.4	9.9	17.0
农牧民消费结构	**Consumption Structure of Rural Residence**						
食品类	Food		59.7	44.8	43.1	37.5	29.4
衣着类	Clothing		7.3	6.9	6.1	7.1	7.2
用品及其他	Articles for Daily Use and Others		19.7	32.9	37.1	38.5	46.4
居住	Residence		13.3	15.4	13.7	16.9	17.1
卫生技术人员结构	**Medical Technical Personnel**						
医生	Doctors	42.8	48.3	51.9	41.5	44.0	39.6
护师、护士	Nurses	22.9	24.1	25.6	22.3	30.6	37.7

注:2013 年起,城镇居民(农牧民)消费结构数据为城乡住户一体化调查数据。

a)From 2013, Date on Consumption Structure of Urban (Rural) Residents is the household survey data integration of urban and rural.

2–5 国民经济和社会发展比例和效益
Indicators on Proportions and Efficiency in National Economic and Social Development

指标	Item	1990	1995	2000	2005	2010	2015
人口与就业	**Population and Employment**						
人口	Population						
出生率(‰)	Birth Rate(‰)	21.2	17.2	12.1	10.1	9.3	7.7
死亡率(‰)	Death Rate(‰)	7.2	6.7	5.9	5.5	5.5	5.3
自然增长率(‰)	Natural Growth Rate(‰)	14.0	10.5	6.1	4.6	3.8	2.4
就业	Employment						
城镇就业者负担人数(人)	Dependency Rural Laborer(person)	1.89	1.86	1.92	1.91	1.94	1.76
三次产业从业者比例(以第一产业为100)	Employment Ratio by type of Industry (Employment in Primary industry=100)						
第一产业	Primary Industry	100	100	100	100	100	100
第二产业	Secondary Industry	39.1	41.9	33.0	29.0	36.1	43.6
第三产业	Tertiary Industry	40.3	50.0	58.8	56.7	71.4	112.1
城镇登记失业率(%)	Unemployment Rate in Urban Areas(%)	3.49	3.17	3.34	4.26	3.90	3.65
宏观经济	**Macro Economy**						
国民经济核算	National Accounting						
三次产业增加值比例(以第一产业为100)	Ratio of Value-added by Type of Industry (Value added in Primary industry=100)						
第一产业	Primary Industry	100	100	100	100	100	100
第二产业	Secondary Industry	91.0	118.7	166.1	300.8	581.4	556.5
第三产业	Tertiary Industry	92.7	110.7	172.7	260.0	384.3	446.0
人均生产总值(元)	Per Capita GDP(yuan)	1478	3772	6502	16285	47347	71101
固定资产投资	Investment in Fixed Assets						
全社会固定资产投资占生产总值比例(%)	Proportion of Investment in Fixed Assets to GDP(%)	22.2	31.9	28.0	68.8	76.9	77.5
全社会房屋建筑面积竣工率(%)	Rate of Total Floor Space of Buildings Completed in Construction(%)	77.8	80.7	75.5	53.5	50.2	44.5
财政	Finance						
地方财政总收入占生产总值比例(%)	Proportion of Local Government Revenue to GDP(%)	10.3	5.1	7.2	8.6	14.9	
地方财政总支出占生产总值比例(%)	Proportion of Local Government Expenditures to GDP(%)	19.1	11.9	17.0	18.8	19.5	23.9
能源生产与消费	Production and Consumption of Energy						
能源生产弹性系数	Elasticity Ratio of Energy Production	0.66	1.61	0.27	0.94	1.59	-4.05
能源消费弹性系数	Elasticity Ratio of Energy Consumption	1.09	1.61	0.77	1.13	0.64	0.44
每万元生产总值消耗的能源(吨标准煤)	Energy Consumption Per 10 000 yuan GDP(ton of SCE)	7.59	6.27	2.31	2.48	1.92	1.00

2-5 续表 1 continued

指标	Item	1990	1995	2000	2005	2010	2015
产 业	**Industrial**						
农牧业	Agriculture						
人均耕地面积(公顷)	Per Capita Cultivated Land(hectare)	0.23	0.24	0.31	0.31	0.30	0.36
每公顷耕地农业机械总动力(千瓦)	Total Power of Agricultural Machinery per Hectare of Cultivated Land(kw)	1.53	1.64	1.85	2.61	4.24	4.58
每公顷播种面积农产品产量(千克)	Output of Farm Crops per Hectare of Sown Area(kg)						
粮 食	Grain	2511	2547	2800	3800	3925	4937
油 料	Oil-bearing Crops	1340	1260	1324	1759	1848	2119
甜 菜	Beet Roots	24884	18821	23998	36328	43707	46147
建筑业	Construction						
技术装备率(元/人)	Machinery per Laborer(yuan/person)	2434	3053	5844	11822	11379	24549
产值利税率(%)	Ratio of Per-tax Profits to Gross Output Value(%)	6.2	3.6	4.2	8.3	11.6	7.8
全员劳动生产率(元/人)(按总产值计算)	Overall Labor Productivity(yuan/person) (in terms of gross output value per employee)	1369	28440	39319	81750	151321	303271
交通运输业	Transportation						
铁路网密度(公里/万平方公里)	Railway Density(km/10 000 sq.km)	47	49	61	65	66	101
公路网密度(公里/万平方公里)	Highway Density(km/10 000 sq.km)	366	378	569	1052	1336	1482
铁路货运密度(吨/公里)	Railway Freight Traffic Density(ton/km)	12338	14391	14705	29186	60300	56058
公路货运密度(吨/公里)	Highway Freight Traffic Density(ton/km)	4597	5443	5194	6456	5390	6814
邮电通信业	Postal & Telecommunications Services						
固定电话普及率(部/百人)	Access to Telephones(set/100 persons)	0.8	2.9	8.7	22.7	16.8	12.8
移动电话普及率(部/百人)	Access to Mobile Phones(set/100 persons)		0.1	4.9	29.9	82.5	96.6
国内贸易	Domestic Trade						
人均社会消费品零售额(元)	Per Capita Retail Sales of Consumer Goods(yuan)	610	1298	2045	5635	13833	24323
对外经济贸易	Foreign Trade						
进出口总额占生产总值比例(%)	Proportion of Total Imports & Exports to GDP(%)	7.9	10.9	11.0	10.7	4.9	4.4

2–5 续表 2 continued

指标	Item	1990	1995	2000	2005	2010	2015
金融保险	Finance and Insurance						
金融机构存款占生产总值比例(%)	Bank Deposits as Percentage of GDP(%)	53.2	66.1	82.5	84.5	88.1	101.4
金融机构贷款占生产总值比例(%)	Bank Loans as Percentage of GDP(%)	85.5	95.7	87.1	66.3	67.9	96.1
教育、科技、文化	**Education, Science, Tech & Culture**						
教育	Education						
学龄儿童入学率(%)	Rate of School-age Children Enrollment(%)	97.9	98.9	99.5	99.4	100.0	100.0
小学升学率(%)	Rate of Graduates of primary Schools Entering Junior Secondary Schools(%)	81.8	90.0	96.1	100.0	100.2	99.6
初中升学率(%)	Rate of Graduates of Junior Secondary Schools Entering Senior Secondary Schools(%)	42.1	48.6	60.2	73.0	91.5	95.4
学校教师负担系数(%)	Student-teacher Ratio(in percentage)(%)						
高等学校	Colleges and Universities	4.8	5.3	8.1	14.2	15.9	16.5
中等学校	Secondary Schools	12.7	13.2	16.1	16.7	15.0	12.3
小学学校	Primary Schools	15.2	15.3	15.6	13.4	12.6	12.9
科技	Science and Technology						
研究与开发经费支出占生产总值比例(%)	R&D Expenditures as Percentage of GDP(%)		0.09	0.16	0.29	0.55	0.76
文化	Culture						
每百万人有艺术表演团体(个)	Number of Troupes per Million Persons(unit)	5.8	5.2	4.9	4.6	4.4	3.9
每百万人有公共图书馆(个)	Number of Public Libraries per million Persons(unit)	4.9	4.7	4.6	4.6	4.6	4.7
每百万人有博物馆(个)	Number of Museums per million Persons (unit)	0.5	0.7	1.1	1.4	2.2	3.3
家庭、生活、环境	**Family, People's Livelihood & Environment**						
家庭	Family						
负担少儿系数(%)	Dependency Ratio of Children(%)	42.1	38.2	29.0	22.4	18.0	17.3
负担老年系数(%)	Dependency Ratio of the Aged(%)	5.9	6.8	7.3	8.8	9.7	11.8
卫生	Health Care						
每万人医院、卫生院数(个)	Number of Hospitals & Public health clinic per 10 000 Persons(unit)	0.9	0.9	0.9	0.8	0.7	0.8
每万人医生数(个)	Number of Doctors per 10 000 Persons(unit)	19	22	22	21	22	26
每万人医院、卫生院床位数(张)	Number of beds of Hospital & Public health clinic per 10 000 Persons(unit)	26.6	27.3	28.2	29.1	40.4	49.7
市政建设	City Construction						
城市自来水普及率(%)	Percentage of Households with Access to Tap Water(%)	73.4	80.7	89.1	83.9	88.0	98.5
城市用气普及率(%)	Percentage of Households with Access to Tap Gas(%)	16.8	40.5	58.6	68.2	79.3	94.1
每万人绿地面积(公顷)	Public Green Areas per 10 000 Persons(hectare)	3.3	5.9	7.0	7.8	12.4	19.3

主要统计指标解释

可比价格 指计算各种总量指标所采用的扣除了价格变动因素的价格，可进行不同时期总量指标的对比。按可比价格计算总量指标有两种方法：一种是直接用产品产量乘某一年的不变价格计算；另一种是用价格指数进行缩减。

不变价格 指以同类产品某年的平均价格作为固定价格，用于计算各年的产品价值。按不变价格计算的产品价值消除了价格变动因素，不同时期对比可以反映生产的发展速度，新中国成立后，随着工农业产品价格水平的变化，国家统计局先后五次制定了全国统一的工业产品不变价格和农业产品不变价格。从1952年到1957年使用1952年工(农)业产品不变价格。从1957年到1970年使用1957年不变价格，从1971年到1980年使用1970年不变价格，从1981年到1990年使用1980年不变价格，从1991年开始使用1990年不变价格。

平均增长速度 我国计算平均增长速度有两种方法：一种是习惯上经常使用的"水平法"，又称几何平均法，是以间隔期最后一年的水平同基期水平对比来计算平均每年增长（或下降)速度；另一种是"累计法"，又称代数平均法或方程法，是以间隔期内各年水平的总和同基期水平对比来计算平均每年增长(或下降)速度。在一般正常情况下，两种方法计算的平均每年增长速度比较接近，但在经济发展不平衡、出现大起大落时，两种方法计算的结果差别较大。

本《年鉴》内所列的平均增长速度，除固定资产投资用"累计法"计算外，其余均用"水平法"计算。从某年到某年平均增长速度的年份，均不包括基期年在内。如建国四十三年的平均增长速度是以1949年为基期计算的，则写为1950–1992年平均增长速度，其余类推。

企业(单位)登记注册类型 是以在工商行政管理机关登记注册的各类企业为划分对象，以工商行政管理部门对企业登记注册的类型为依据，将企业登记注册类型分为内资企业、港澳台商投资企业和外商投资企业三大类。内资企业包括国有企业、集体企业、股份合作企业、联营企业、有限责任公司、股份有限公司、私营公司和其他企业；港澳台商投资企业和外商投资企业分别包括合资经营企业、合作经营企业、独资经营企业和股份有限公司。对不在工商行政管理部门进行登记注册的行政机关、事业单位和社会团体，主要按其经费来源和管理方式进行划分。

国有企业 指企业全部资产归国家所有，并按《中华人民共和国企业法人登记管理条例》规定登记注册的非公司制的经济组织。不包括有限责任公司中的国有独资公司。

集体企业 指企业资产归集体所有，并按《中华人民共和国企业法人登记管理条例》规定登记注册的经济组织。

股份合作企业 指以合作制为基础，由企业职工共同出资入股，吸收一定比例的社会资产投资组建，实行自主经营，自负盈亏，共同劳动，民主管理，按劳分配与按股分红相结合的一种集体经济组织。

联营企业 指两个及两个以上相同或不同所有制性质的企业法人或事业单位法人，按自愿、平等、互利的原则，共同投资组成的经济组织。联营企业包括国有联营企业、集体联营企业、国有与集体联营企业和其他联营企业。

有限责任公司 指根据《中华人民共和国公司登记管理条例》规定登记注册，由两个以上、五十个以下的股东共同出资，每个股东以其所认缴的出资额对公司承担有限责任，公司以其全部资产对其债务承担责任的经济组织。有限责任公司包括国有独资公司以及其他有限责任公司。

股份有限公司 指根据《中华人民共和国公司登记管理条例》规定登记注册，其全部注册资本由等额股份构成并通过发行股票筹集资本，股东以其认购的股份对公司承担有限责任，公司以其全部资产对其债务承担责任的经济组织。

私营企业 指由自然人投资设立或由自然人控股，以雇佣劳动为基础的营利性经济组织。包括按照《公司法》、《合伙企业法》、《私营企业暂行条例》规定登记注册的私营有限责任公司、私营股份有限公司、私营合伙企业和私营独资企业。

其他内资企业 指上述企业之外的其他内资经济组织。

与港澳台商合资经营企业 指港澳台地区投资者与内地企业依照《中华人民共和国中外合资经营企业法》及有关法律的规定，按合同规定的比例投资设立、分享利润和分担风险的企业。

与港澳台商合作经营企业 指港澳台地区投资者与内地企业依照《中华人民共和国中外合作经营企业法》及有关法律的规定，依照合作合同的约定进行投资或提供条件设立、分配利润和分担风险的企业。

港澳台商独资经营企业 指依照《中华人民共和国外资企业法》及有关法律的规定，在内地由港澳台地区投资者全额投资设立的企业。

港澳台商投资股份有限公司 指根据国家有关规定，经外经贸部依法批准设立，其中港、澳、台商的股本占公司注册资本的比例达25%以上的股份有限公司。凡其中港、澳、台商的股本占公司注册资本的比例小于25%的，属于内资企业中的股份有限公司。

中外合资经营企业 指外国企业或外国人与中国内地企业依照《中华人民共和国中外合资经营企业法》及有关法律的规定，按合同规定的比例投资设立、分享利润和分担风险的企业。

中外合作经营企业 指外国企业或外国人与中国内地企业依照《中华人民共和国中外合作经营企业法》及有关法律的规定，依照合作合同的约定进行投资或提供条件设立、分配利润和分担风险的企业。

外资企业 指依照《中华人民共和国外资企业法》及有关法律的规定，在中国内地由外国投资者全额投资设立的企业。

外商投资股份有限公司 指根据国家有关规定，经外经贸部依法批准设立，其中外资的股本占公司注册资本的比例达25%以上的股份有限公司。凡其中外资股本占公司注册资本的比例小于25%的，属于内资企业中的股份有限公司。

行政机关、事业单位和社会团体 参照企业登记注册类型，主要按其经费来源和管理方式划分。具体规定如下：

(1)行政机关：包括国家机关和政党机关，原则上均列为“国有”。但有特殊规定的，如供销社等，则列为“集体”。

(2)事业单位：包括经国家机构编制部门和有关业务主管部门批准成立的各类事业单位，不包括实行企业化管理的事业单位。事业单位的划分办法如下：

①由国家财政预算拨款或列入财政预算外资金管理以及经费主要来源于国有主管部门或国有上级单位的事业单位，列为“国有”。

②经费主要来源于集体单位的事业单位，列为“集体”。

③公民个人（或个人合伙）开办的事业单位，列为“私营”。

④上述以外的其他事业单位，如果其经费来源不明确，按管理方式进行归类。

(3)社会团体：包括经民政部门批准成立以及未纳入社会团体管理条例范围的工会、妇联等各类社会团体。社会团体的划分办法如下：

①未纳入民政部社会团体管理条例范围的工会、妇联、共青团、青联、工商联、科协、侨联等社会团体，国家拨款设立的基金会或基金管理组织以及经费主要来源于国有业务主管部门或国有上级单位的社会团体，列入“国有”。

②经费主要来源于集体单位的社会团体，列为“集体”。

③公民个人（或个人合伙）开办的社会团体，划为“私营”。

④上述以外的其他社会团体，如果其经费来源不明确，改按管理方式进行归类。

Explanatory Notes on Main Statistical Indicators

Comparable Prices refer to prices that are used to remove the factors of price change in calculating economic aggregates, so as to facilitate comparison of aggregates over time. Two methods are used for calculating economic aggregates at comparable prices: 1. Multiplying the output of products by their constant prices of certain year; 2. Deflation of data at current prices by relevant price index.

Constant Price refers to the average price of a given product in certain year, which is used for comparison of output value over time. As the output value at constant prices removes the factor of price changes, it reflects the trend of production development over time. Since 1949, with the changes in general price level, the State Statistical Bureau has issued nationally unified constant prices five times; the 1952 constant prices for 1952–1957; the 1957 constant prices for 1957–1971; the 1970 constant prices for 1971–1980; the 1980 constant prices for 1981–1990; and the 1990 constant prices have been used since 1991.

Average Annual Growth Rate Two methods for calculating average annual growth rate are applied in China, one is often called "level approach" or the method of calculating geometric average, which is derived by comparing the level of the last year of the interval with that of the beginning year; the other is called accumulative approach or algebraic average or equation method, which is derived by the summation of the actual figure of each year in the interval divided by the figure in the base year.

Usually the results calculated by the two methods are fairly close, but they differed sharply when uneven economic development occurred with striking fluctuations in growth.

The average annual growth rates listed in this statistical yearbook are calculated by "level approach" except for the growth rate of investment in fixed assets. The base years are not listed when the years are listed for average annual growth rates. For instance, the average annual growth rate of 43 years since 1949 is listed as average annual growth rate of 1950–1992 without listing the base year 1949. And the analogy of this is also the same for the rest of the years.

Registration Status of Enterprises Enterprises are classified into 3 categories, namely domestic– funded enterprises, enterprises with investment from Hong Kong, Macao and Taiwan, and enterprises with foreign investment, in the light of the registration status of an enterprise in industrial and commercial administration agencies. Domestic funded enterprises include state owned enterprises, collective owned enterprises, cooperative enterprises, joint ownership enterprises, limited liability corporations, share holding corporations Ltd. , private enterprises and other enterprises. Included in the enterprises with investment from Hong Kong, Macao and Taiwan and enterprises with foreign investment are joint venture enterprises, cooperative enterprises, sole investment enterprises and share holding corporations Ltd. For government agencies, institutions and social organizations which are not requested to be registered in industrial and commercial administration agencies, they are classified mainly by their sources of funds and way of management.

State–owned Enterprises refer to non– corporation economic units where the entire assets are owned by the state and which have registered in accordance with the Regulation of the People's Republic of China on the Management of Registration of Corporate Enterprises. Excluded from this category are sole state funded corporations in the limited liability corporations.

Collective–owned Enterprises refer to economic units where the assets are owned collectively and which have registered in accordance with the Regulation of the People's Republic of China on the Management of Registration of Corporate Enterprises.

Cooperative Enterprises refer to a form of collective economic units (enterprises) where capitals come mainly from employees as their shares, with certain proportion of capital from the outside, where production is organized on the basis of independent operation, independent accounting for profits and losses, joint work, democratic management, and a distribution system that integrates remuneration according to work with dividend according to capital share.

Joint Ownership Enterprises refer to economic units established by two or more corporate enterprises or corporate institutions of the same or different ownership, through joint investment on the basis of equality, voluntary participation and mutual benefits. They include state joint ownership enterprises, collective joint ownership enterprises, joint state–collective enterprises, other joint ownership enterprises.

Limited Liability Corporations refer to economic units established with investment from 2–50 investors and registered in accordance with the Regulation of the people's Republic of China on the Management of Registration of Corporations, each investor bearing limited liability to the corporation depending on its share of investment, and the corporation bearing liability to its debt to the maximum of its total assets. Limited liability corporations include exclusive state–funded limited liability corporations and other limited liability corporations.

Share–holding Corporations Ltd refer to economic units registered in accordance with the Regulation of the People's Republic of China on the Management of Registration of Corporations, with total registered capitals divided into equal shares and raised through issuing stocks. Each investor bears limited liability to the corporation depending on the holding of shares, and the corporation bears liability to its debt to the maximum of its total assets.

Private Enterprises refer to profit–making economic units invested and established by natural persons, or controlled by natural persons using employed labour. Included in this category are private limited liability corporations, private share–holding corporations Ltd. , private partnership enterprises and private funded enterprises registered in accordance with the Corporation Law, Partnership Enterprises Law and Interim Regulations on private Enterprises.

Other Domestic –funded Enterprises refer to domestic–funded economic units other than those mentioned above.

Joint–venture Enterprises with Funds from Hong Kong, Macao and Taiwan refer to enterprises jointly established by investors from Hong Kong, Macao and Taiwan with enterprises in the mainland of China in accordance with the Law of the People's Republic of China on Sino–foreign Joint Venture Enterprises and other relevant laws, where the share of investment, profits and risks is stipulated in the contract.

Cooperative Enterprises with Funds from Hong Kong, Macao and Taiwan established by investors from Hong Kong, Macao and Taiwan with enterprises in the mainland of China in accordance with the Law of the People's Republic of China on Sino–foreign Cooperative Enterprises and other relevant laws, where the investment or provision of facilities, and the share of profits and risks is stipulated in the cooperative contract.

Enterprises with Sole (exclusive) Investment from Hong Kong, Macao and Taiwan refer to enterprises established in the mainland of China with exclusive investment from investors from Hong Kong, Macao and Taiwan in accordance with the Law of the People's Republic of China on Foreign–Funded Enterprises and other relevant laws.

Share–holding Corporations Ltd. with Investment from Hong Kong, Macao and Taiwan refer to share–holding corporations Ltd. established with the approval from the Ministry of Foreign Trade and Economic Relations in line with relevant state regulations, where the share of investment from Hong Kong, Macao or Taiwan businessmen exceeds 25% of the total registered capital of the corporation. In case the share of investment from Hong Kong, Macao or Taiwan is less than 25% of the total registered capital, the enterprise is to be classified as domestic funded share holding corporation Ltd.

Joint–venture Enterprises with Foreign Investment refer to enterprises jointly established by foreign enterprises of foreigners with enterprises in the mainland of China in accordance with the Law of the People's Republic of China on Sino–foreign Joint Venture Enterprises and other relevant laws, where the share of investment, profits and risks is stipulated in the contract.

Cooperation Enterprises with Foreign Investment refer to enterprises jointly established by foreign enterprises or foreigners with enterprises in the mainland of China in accordance with the Law of the People's Republic of China on Sino–foreign Cooperative Enterprises and other relevant laws, where the investment or provision of facilities, and the share of profits and risks is stipulated in the cooperative contract.

Enterprises with Sole (exclusive) Foreign Investment refer to enterprises established in the mainland of China with exclusive investment from foreign investors in accordance with the Law of the People's Republic of China on Foreign–Funded Enterprises and other relevant laws.

Share–holding Corporations Ltd. with Foreign Investment refer to share–holding corporations Ltd. established with the approval from the Ministry of Foreign Trade and Economic Relations in line with relevant state regulations, where the share of investment from foreign investors exceeds 25% of the total registered capital of the corporation. In case the share of foreign investment is less than 25% of the total registered capital, the enterprise is to be classified as domestic funded share holding corporation Ltd.

Government Agencies, Institutions and Social Organizations are classified into following categories by source of funds and way of management taking reference of the registration status of enterprises:

(1) Government agencies include state and party agencies, classified in principles as " state–owned ". There are exceptions, such as supply and marketing cooperatives which are classified as "collective".

(2) Institutions: include institutions of various types

established with the approval by organization and staffing departments of the government, but exclude institutions where enterprise management system is introduced. Institutions are further classified as follows:

(a) Institutions whose main budget is listed in the Government budget appropriations or extra–budget funds, or allocated from the budget of their competent government agencies. Such institutions are classified as "state–owned".

(b) Institutions whose budget mainly comes from collective units. Such institutions are classified as "collective".

(c) Institutions Established by Individual(group of Citizen) are classified as " Private ".

(d) Institutions other than those mentioned above whose source of budget is not clear. Such institutions are classified by way of management.

(3) Social organizations: include social organizations established with the approval from the Ministry of Civil Affairs, and organizations that are not covered by social organization management regulations such as trade unions, women's federations etc. Social organizations are further classified as follows:

(a) Social organizations that are not covered by social organization management regulations of the Ministry of Civil Affairs such as trade unions, women's federations, communist youth leagues, youth associations, industrial and commerce associations, scientists associations, overseas Chinese associations, etc. , foundations and fund management organizations established with funds from the state, and social organizations whose funds mainly come from the budget of their competent government agencies. Such institutions are classified as "state-owned".

(b) Social organizations whose budget mainly comes from collective units. Such institutions are classified as "collective".

(c) Social organizations established by individual or a group of citizens, which are classified as "private".

(d) Social organizations other than those mentioned above whose source of budget is not clear. Such organizations are classified by way of management.

2016 NEIMENGGU

三、国民经济核算

National Accounts

资料整理：张文军　高　坤

Arranged By Zhang Wenjun , Gao Kun

3-1 生产总值
Gross Domestic Product

本表按当年价格计算。

Data in value terms in this table are calculated at current prices.

单位：亿元 (100 million yuan)

年 份 Year	生产总值 Gross Domestic Product	第一产业 Primary Industry	第二产业 Secondary Industry	工业 Industry	建筑业 Construction	第三产业 Tertiary Industry	# 交通运输仓储邮电通讯业 Transportation, Post and Telecommunications	# 批发和零售贸易餐饮业 Wholesale, Retail & Catering Trade	人均生产总值(元) Per Capita GDP (yuan)
1952	12.16	8.64	1.37	0.99	0.38	2.15	0.41	0.59	173
1953	15.57	10.44	2.25	1.57	0.68	2.88	0.56	1.02	211
1954	19.46	12.37	3.65	2.57	1.08	3.44	0.77	1.20	249
1955	17.49	10.25	3.53	2.73	0.80	3.71	0.78	1.18	213
1956	24.60	14.11	5.43	3.95	1.48	5.06	1.05	1.57	283
1957	21.27	11.29	5.05	3.80	1.25	4.93	0.65	1.78	232
1958	28.10	12.55	9.65	7.04	2.61	5.90	1.54	2.17	292
1959	35.76	14.75	13.41	9.90	3.51	7.60	2.59	2.65	349
1960	36.56	11.80	17.11	13.17	3.94	7.65	2.17	2.81	325
1961	25.25	11.40	7.25	6.06	1.19	6.60	1.44	2.18	215
1962	25.12	12.75	6.56	5.80	0.76	5.81	1.29	1.61	215
1963	29.02	12.71	9.90	8.24	1.66	6.41	1.49	2.04	243
1964	32.55	14.04	11.43	9.37	2.06	7.08	1.67	2.30	262
1965	35.41	15.21	12.08	9.65	2.43	8.12	2.26	2.57	275
1966	38.32	17.12	13.01	10.33	2.68	8.19	2.00	2.71	289
1967	31.80	13.87	10.43	8.46	1.97	7.50	1.58	2.16	233
1968	32.96	14.87	10.54	8.49	2.05	7.55	1.57	2.11	235
1969	32.90	14.78	10.52	8.40	2.12	7.60	1.56	2.07	227
1970	39.17	17.69	12.94	9.87	3.07	8.54	2.03	2.69	263
1971	41.61	16.82	15.99	12.50	3.49	8.80	2.18	2.56	271
1972	39.36	14.56	15.54	12.12	3.42	9.26	2.13	2.66	247
1973	44.07	16.22	18.14	14.29	3.85	9.71	2.38	2.58	269
1974	43.26	15.97	17.30	13.35	3.95	9.99	2.24	2.74	256
1975	48.55	18.15	20.02	15.52	4.50	10.38	2.49	2.66	280
1976	48.09	18.51	18.77	15.11	3.66	10.81	2.49	2.69	272
1977	51.65	18.91	21.60	16.48	5.12	11.14	2.56	2.73	287
1978	58.04	18.96	26.37	21.84	4.53	12.71	2.76	2.87	317
1979	64.14	21.03	28.37	23.52	4.85	14.74	2.85	3.25	343
1980	68.40	18.03	32.26	27.30	4.96	18.11	4.12	4.01	361

3-1 续表 continued

本表按当年价格计算。

Data in value terms in this table are calculated at current prices.

单位：亿元 (100 million yuan)

年 份 Year	生产总值 Gross Domestic Product	第一产业 Primary Industry	第二产业 Secondary Industry	工 业 Industry	建筑业 Cons-truction	第三产业 Tertiary Industry	# 交通运输仓储邮电通讯业 Transp-ortation, Post and Telecom-munica-tions	# 批发和零售贸易餐饮业 Whole-sale, Retail & Catering Trade	人均生产总值(元) Per Capita GDP (yuan)
1981	77.91	27.14	32.04	27.92	4.12	18.73	3.71	4.00	407
1982	93.22	33.32	37.21	32.35	4.86	22.69	5.12	5.20	480
1983	105.88	35.90	41.98	35.90	6.08	28.00	6.58	6.32	535
1984	128.20	42.98	47.74	39.04	8.70	37.48	8.28	10.34	640
1985	163.83	53.54	56.95	45.90	11.05	53.34	10.85	19.65	809
1986	181.58	54.64	61.55	49.74	11.81	65.39	12.59	24.11	888
1987	212.27	62.21	70.42	58.26	12.16	79.64	12.77	32.91	1025
1988	270.81	90.20	85.72	70.28	15.44	94.89	14.30	38.88	1291
1989	292.69	89.08	98.96	83.66	15.30	104.65	18.63	35.58	1377
1990	319.31	112.57	102.43	87.18	15.25	104.31	20.69	24.92	1478
1991	359.66	117.19	124.03	102.74	21.29	118.44	26.84	27.76	1642
1992	421.68	126.86	152.56	120.85	31.71	142.26	32.65	35.04	1906
1993	537.81	149.96	203.46	162.53	40.93	184.39	44.21	47.44	2423
1994	695.06	208.53	254.52	205.98	48.53	232.01	53.93	63.14	3094
1995	857.06	260.18	308.78	254.88	53.90	288.10	69.36	83.03	3772
1996	1023.09	312.82	364.77	304.81	59.96	345.50	89.13	103.70	4457
1997	1153.51	322.52	422.39	355.10	67.29	408.60	114.08	126.82	4980
1998	1262.54	341.62	458.86	382.44	76.42	462.06	126.06	144.96	5406
1999	1379.31	342.91	510.47	425.13	85.34	525.93	145.98	168.59	5861
2000	1539.12	350.80	582.57	484.19	98.38	605.74	175.46	195.39	6502
2001	1713.81	358.89	655.68	541.02	114.66	699.24	204.42	226.46	7210
2002	1940.94	374.69	754.78	614.89	139.89	811.47	244.28	266.54	8146
2003	2388.38	420.10	967.49	773.50	193.99	1000.79	296.80	312.12	10015
2004	3041.07	522.80	1248.27	1015.37	232.90	1270.00	360.39	382.66	12728
2005	3905.03	589.56	1773.21	1477.88	295.33	1542.26	425.57	458.10	16285
2006	4944.25	634.94	2374.96	2025.72	349.24	1934.35	507.69	585.17	20523
2007	6423.18	762.10	3193.67	2781.78	411.89	2467.41	628.50	762.22	26521
2008	8496.20	907.95	4376.19	3879.42	496.77	3212.06	793.00	1007.76	34869
2009	9740.25	929.60	5114.00	4503.33	610.67	3696.65	879.28	1177.61	39735
2010	11672.00	1095.28	6367.69	5618.40	749.29	4209.02	994.76	1345.96	47347
2011	14359.88	1306.30	8037.69	7101.60	936.09	5015.89	1174.19	1552.35	57974
2012	15880.58	1448.58	8801.50	7735.78	1065.71	5630.50	1185.30	1849.41	63886
2013	16916.50	1575.76	9104.08	7944.40	1161.77	6236.66	1465.17	2015.89	67836
2014	17770.19	1627.85	9119.79	7904.40	1217.62	7022.55	1499.92	2326.14	71046
2015	17831.51	1617.42	9000.58	7739.18	1263.16	7213.51	1294.07	2357.17	71101

注：1.根据全国第三次经济普查结果对2013年数据进行了修订。

2.从2013年开始，三次产业分类依据国家统计局2012年制定的《三次产业划分规定》执行，其中，工业中的开采辅助活动、金属制品及机械和设备修理业归入第三产业。

a)Data in 2013 are revised according to the result of the third national economic census.

b)Since 2013,the three industry classification according to the National Bureau of statistics in 2012 formulated the "three industrial division,"among them, Support Activities for Mining、Metal products, Machinery and Equipment Repair of Industry included in the Tertiary Industry.

3–2 生产总值构成

Composition of Gross Domestic Product

本表按当年价格计算。
Data in value terms in this table are calculated at current prices.

单位：% (%)

年 份 Year	生产总值 Gross Domestic Product	第一产业 Primary Industry	第二产业 Secondary Industry	工 业 Industry	建筑业 Construction	第三产业 Tertiary Industry	# 交通运输仓储邮电通讯业 Transportation, Post and Telecommunications	# 批发和零售贸易餐饮业 Wholesale, Retail & Catering Trade
1952	100	71.1	11.3	8.1	3.1	17.6	3.4	4.9
1953	100	67.1	14.5	10.1	4.4	18.4	3.6	6.6
1954	100	63.6	18.8	13.2	5.5	17.6	4.0	6.2
1955	100	58.6	20.2	15.6	4.6	21.2	4.5	6.7
1956	100	57.4	22.1	16.1	6.0	20.5	4.3	6.4
1957	100	53.1	23.7	17.9	5.9	23.2	3.1	8.4
1958	100	44.7	34.3	25.1	9.3	21.0	5.5	7.7
1959	100	41.2	37.5	27.7	9.8	21.3	7.2	7.4
1960	100	32.3	46.8	36.0	10.8	20.9	5.9	7.7
1961	100	45.1	28.7	24.0	4.7	26.2	5.7	8.6
1962	100	50.8	26.1	23.1	3.0	23.1	5.1	6.4
1963	100	43.8	34.1	28.4	5.7	22.1	5.1	7.0
1964	100	43.1	35.1	28.8	6.3	21.8	5.1	7.1
1965	100	43.0	34.1	27.3	6.9	22.9	6.4	7.3
1966	100	44.7	34.0	27.0	7.0	21.3	5.2	7.1
1967	100	43.6	32.8	26.6	6.2	23.6	5.0	6.8
1968	100	45.1	32.0	25.8	6.2	22.9	4.8	6.4
1969	100	44.9	32.0	25.5	6.4	23.1	4.7	6.3
1970	100	45.2	33.0	25.2	7.8	21.8	5.2	6.9
1971	100	40.4	38.4	30.0	8.4	21.2	5.2	6.2
1972	100	37.0	39.5	30.8	8.7	23.5	5.4	6.8
1973	100	36.8	41.2	32.4	8.7	22.0	5.4	5.9
1974	100	36.9	40.0	30.9	9.1	23.1	5.2	6.3
1975	100	37.4	41.2	32.0	9.3	21.4	5.1	5.5
1976	100	38.5	39.0	31.4	7.6	22.5	5.2	5.6
1977	100	36.6	41.8	31.9	9.9	21.6	5.0	5.3
1978	100	32.7	45.4	37.6	7.8	21.9	4.8	4.9
1979	100	32.8	44.2	36.7	7.6	23.0	4.4	5.1
1980	100	26.4	47.2	39.9	7.3	26.4	6.0	5.9

3-2 续表 continued

本表按当年价格计算。

Data in value terms in this table are calculated at current prices.

单位：%　　(%)

年 份 Year	生产总值 Gross Domestic Product	第一产业 Primary Industry	第二产业 Secondary Industry	工 业 Industry	建筑业 Cons-truction	第三产业 Tertiary Industry	# 交通运输仓储邮电通讯业 Transpor-tation, Post and Telecomm-unications	# 批发和零售贸易餐饮业 Wholesale, Retail & Catering Trade
1981	100	34.8	41.1	35.8	5.3	24.1	4.8	5.1
1982	100	35.8	39.9	34.7	5.2	24.3	5.5	5.6
1983	100	33.9	39.6	33.9	5.7	26.5	6.2	6.0
1984	100	33.5	37.2	30.5	6.8	29.3	6.5	8.1
1985	100	32.7	34.8	28.0	6.7	32.5	6.6	12.0
1986	100	30.1	33.9	27.4	6.5	36.0	6.9	13.3
1987	100	29.3	33.2	27.4	5.7	37.5	6.0	15.5
1988	100	33.3	31.7	26.0	5.7	35.0	5.3	14.4
1989	100	30.4	33.8	28.6	5.2	35.8	6.4	12.2
1990	100	35.3	32.1	27.3	4.8	32.6	6.5	7.8
1991	100	32.6	34.5	28.6	5.9	32.9	7.5	7.7
1992	100	30.1	36.2	28.7	7.5	33.7	7.7	8.3
1993	100	27.9	37.8	30.2	7.6	34.3	8.2	8.8
1994	100	30.0	36.6	29.6	7.0	33.4	7.8	9.1
1995	100	30.4	36.0	29.7	6.3	33.6	8.1	9.7
1996	100	30.6	35.7	29.8	5.9	33.7	8.7	10.1
1997	100	28.0	36.6	30.8	5.8	35.4	9.9	11.0
1998	100	27.1	36.3	30.3	6.0	36.6	10.0	11.5
1999	100	24.9	37.0	30.8	6.2	38.1	10.6	12.2
2000	100	22.8	37.9	31.5	6.4	39.3	11.4	12.7
2001	100	20.9	38.3	31.6	6.7	40.8	11.9	13.2
2002	100	19.3	38.9	31.7	7.2	41.8	12.6	13.7
2003	100	17.6	40.5	32.4	8.1	41.9	12.4	13.1
2004	100	17.2	41.0	33.4	7.6	41.8	11.9	12.6
2005	100	15.1	45.4	37.8	7.6	39.5	10.9	11.7
2006	100	12.8	48.1	41.0	7.1	39.1	10.3	11.8
2007	100	11.9	49.7	43.3	6.4	38.4	9.8	11.9
2008	100	10.7	51.5	45.7	5.8	37.8	9.3	11.9
2009	100	9.5	52.5	46.2	6.3	38.0	9.0	12.1
2010	100	9.4	54.5	48.1	6.4	36.1	8.5	11.5
2011	100	9.1	56.0	49.5	6.5	34.9	8.2	10.8
2012	100	9.1	55.4	48.7	6.7	35.5	7.5	11.6
2013	100	9.3	53.8	47.0	6.9	36.9	8.7	11.9
2014	100	9.2	51.3	44.5	6.9	39.5	8.4	13.1
2015	100	9.1	50.5	43.4	7.1	40.4	7.3	13.2

3-3 生产总值指数

Indices of Gross Domestic Product

本表按可比价格计算。

The indices in this table are calculated at constant prices.

(上年=100) (Preceding year=100)

年 份 Year	生产总值 Gross Domestic Product	第一产业 Primary Industry	第二产业 Secondary Industry	工 业 Industry	建筑业 Cons-truction	第三产业 Tertiary Industry	# 交通运输仓储邮电通讯业 Transportation, Post and Telecommunica-tions	# 批发和零售贸易餐饮业 Whole-sale, Retail & Catering Trade	人均生产总值 Per Capita GDP
1953	116.3	107.5	159.9	153.7	176.3	127.4	140.6	174.3	110.6
1954	119.4	111.3	160.4	162.3	156.1	117.6	137.8	117.1	112.8
1955	90.7	83.7	97.5	107.0	74.8	107.4	101.6	98.0	86.0
1956	138.7	136.6	152.3	143.2	183.3	131.4	133.3	133.8	131.0
1957	110.9	117.5	98.3	101.7	89.1	106.2	61.9	113.1	105.3
1958	125.3	105.3	184.0	178.6	200.5	127.1	238.5	121.9	119.4
1959	122.9	112.6	139.2	140.7	135.0	125.2	166.9	122.0	115.3
1960	95.8	77.9	126.6	132.1	111.2	86.5	84.1	106.0	87.3
1961	65.3	80.7	39.3	42.6	28.0	95.5	66.1	77.6	62.3
1962	94.7	105.2	84.3	89.1	59.9	86.5	90.4	73.7	95.5
1963	119.7	108.9	148.6	140.0	214.3	115.0	114.4	126.7	117.0
1964	113.2	111.8	117.1	115.5	125.5	111.3	112.6	112.9	108.9
1965	109.8	105.9	113.6	110.8	126.8	112.6	135.1	111.8	105.8
1966	110.0	112.4	114.4	113.7	117.4	99.7	88.4	105.6	106.8
1967	83.3	81.1	81.2	83.0	74.5	91.2	79.4	79.8	81.1
1968	99.9	98.9	102.6	102.0	105.4	98.3	99.2	97.8	96.9
1969	100.8	99.5	103.4	102.5	107.4	99.8	99.2	97.7	97.7
1970	123.3	119.7	140.2	134.0	164.8	105.6	129.6	130.0	120.0
1971	102.1	95.0	106.5	109.1	98.2	108.7	108.0	95.3	99.0
1972	107.8	117.0	97.2	97.0	97.9	110.4	93.1	99.4	104.1
1973	111.7	110.8	116.8	117.9	112.8	105.0	111.7	96.9	108.3
1974	96.2	94.3	95.4	93.5	102.6	101.8	94.0	106.1	93.3
1975	111.3	111.7	115.6	116.2	113.9	103.1	111.1	97.3	108.6
1976	99.4	101.8	94.7	98.4	82.1	103.2	100.0	100.9	97.4
1977	107.0	102.2	114.5	108.5	139.2	103.7	103.2	101.5	105.2
1978	108.0	98.8	117.2	127.3	84.6	108.9	107.7	105.2	106.3
1979	109.8	107.7	108.6	108.4	110.0	116.0	103.3	113.1	107.4
1980	101.7	76.0	113.3	116.6	97.6	122.9	144.5	123.5	100.2

3-3 续表 continued

本表按可比价格计算。
The indices in this table are calculated at comparabl prices.

上年=100 (Preceding year=100)

年 份 Year	生产总值 Gross Domestic Product	第一产业 Primary Industry	第二产业 Secondary Industry	工 业 Industry	建筑业 Cons- truction	第三产业 Tertiary Industry	# 交通运输仓储邮电通信业 Transportation, Post and Teleco- mmunications	# 批发和零售贸易餐饮业 Wholesale, Retail & Catering Trade	人均生产总值 Per Capita GDP
1981	110.6	141.8	96.3	98.2	85.7	103.4	90.0	99.9	109.4
1982	118.6	118.2	117.4	117.3	117.9	121.1	138.1	129.9	116.9
1983	109.8	105.0	109.9	108.5	118.8	116.7	117.4	116.1	107.8
1984	116.1	114.0	110.2	107.3	127.7	128.1	119.3	156.8	116.2
1985	117.2	114.1	108.2	105.5	121.7	133.0	129.3	175.1	114.6
1986	105.9	91.7	105.4	106.4	101.2	120.4	115.6	120.0	104.8
1987	109.0	106.8	107.0	109.3	96.5	112.5	96.2	125.6	107.7
1988	109.8	117.3	111.1	108.1	126.6	103.2	111.9	99.5	108.4
1989	102.7	95.1	104.9	107.2	94.9	106.8	121.6	102.6	101.4
1990	107.5	124.4	99.4	99.2	100.5	103.1	101.1	93.4	105.8
1991	107.5	104.0	110.8	108.2	126.0	107.9	121.4	102.5	106.0
1992	111.0	104.0	115.4	110.7	138.8	113.8	118.4	117.1	109.9
1993	111.7	105.0	113.9	112.3	120.5	115.7	119.2	120.9	111.3
1994	111.2	103.2	113.1	114.8	106.9	116.1	121.6	118.6	109.8
1995	110.1	103.9	111.0	112.7	104.2	114.1	118.8	116.4	108.9
1996	114.4	121.4	111.4	115.2	95.5	112.3	114.3	114.3	113.2
1997	110.8	102.0	114.0	114.9	109.4	114.3	119.0	117.8	109.8
1998	110.7	106.2	109.6	110.0	107.2	114.7	116.8	115.9	109.7
1999	108.8	101.0	110.0	110.7	105.9	112.7	113.5	116.3	108.0
2000	110.8	102.6	111.7	112.2	108.9	114.5	117.4	117.0	110.1
2001	110.7	102.0	110.9	110.2	114.1	115.5	116.1	115.9	110.2
2002	113.2	104.4	115.7	113.9	124.3	115.3	120.2	117.3	112.9
2003	117.9	105.9	127.7	121.8	153.3	114.5	120.3	116.2	117.8
2004	120.5	111.7	122.8	124.9	115.6	122.0	122.1	119.3	120.3
2005	123.8	109.1	134.9	138.5	121.3	118.1	117.5	117.9	123.4
2006	119.1	103.2	127.1	129.8	113.6	115.9	114.1	117.3	118.5
2007	119.2	103.9	126.0	128.3	112.7	116.0	116.2	114.2	118.6
2008	117.8	107.5	121.6	123.6	109.0	115.8	117.7	115.4	117.1
2009	116.9	102.3	121.1	120.5	125.2	115.0	109.9	116.5	116.2
2010	115.0	106.1	118.2	118.8	114.3	112.4	112.9	111.9	114.4
2011	114.3	105.9	117.1	117.3	115.6	112.4	114.8	109.0	113.8
2012	111.5	105.6	113.3	113.5	111.6	110.0	111.2	113.3	111.1
2013	109.0	105.1	110.8	111.3	106.6	107.1	106.1	108.7	108.7
2014	107.8	103.1	109.0	109.4	105.9	106.8	106.8	108.7	107.5
2015	107.7	103.0	108.0	108.2	106.7	108.1	104.6	106.8	107.4

3-4 生产总值指数

Indices of Gross Domestic Product

本表按可比价格计算。

The indices in this table are calculated at comparable prices

1952年=100 (1952=100)

年份 Year	生产总值 Gross Domestic Product	第一产业 Primary Industry	第二产业 Secondary Industry	工业 Industry	建筑业 Construction	第三产业 Tertiary Industry	#交通运输仓储邮电通信业 Transportation, Post and Telecommunications	#批发和零售贸易餐饮业 Wholesale, Retail & Catering Trade	人均生产总值 Per Capita GDP
1952	100	100	100	100	100	100	100	100	100
1953	116.3	107.5	159.9	153.7	176.3	127.4	140.6	174.3	110.6
1954	138.9	119.6	256.6	249.5	275.2	149.8	193.8	204.1	124.8
1955	125.9	100.1	250.1	266.9	206.0	160.9	196.9	200.0	107.4
1956	174.6	136.8	380.9	382.1	377.5	211.3	262.5	267.6	140.7
1957	193.6	160.8	374.2	388.7	336.3	224.5	162.5	302.7	148.2
1958	242.6	169.3	688.6	694.0	674.2	285.4	387.5	368.9	176.9
1959	298.1	190.6	958.4	976.7	910.2	357.3	646.9	450.0	204.1
1960	285.6	148.5	1213.1	1289.8	1011.9	309.1	543.8	477.0	178.1
1961	186.4	119.9	476.5	549.9	283.7	295.1	359.4	370.3	111.0
1962	176.5	126.1	401.8	490.1	169.9	255.4	325.0	273.0	106.0
1963	211.3	137.3	597.2	685.9	364.1	293.8	371.9	345.9	124.0
1964	239.3	153.5	699.5	791.9	457.0	327.0	418.8	390.5	135.1
1965	262.7	162.5	795.0	877.1	579.3	368.3	565.6	456.8	143.0
1966	288.9	182.6	909.8	997.2	680.4	367.2	500.0	460.8	152.7
1967	240.8	148.1	739.2	827.7	506.7	334.9	396.9	367.6	123.8
1968	240.6	146.5	758.6	844.1	534.2	329.1	393.8	359.5	120.1
1969	242.6	145.7	784.6	864.9	573.6	328.3	390.6	351.4	117.3
1970	299.1	174.4	1100.0	1159.0	945.1	346.6	506.3	456.8	140.7
1971	305.3	165.7	1171.8	1264.8	927.7	376.6	546.9	435.1	139.2
1972	329.1	193.9	1138.9	1226.7	908.3	415.8	509.4	432.4	144.9
1973	367.5	214.8	1329.8	1446.2	1024.3	436.5	568.8	418.9	157.0
1974	353.7	202.6	1268.7	1351.8	1050.6	444.4	534.4	444.6	146.5
1975	393.8	226.3	1467.3	1570.2	1197.1	458.4	593.8	432.4	159.1
1976	391.2	230.4	1389.9	1544.8	983.0	473.1	593.8	436.5	155.0
1977	418.7	235.4	1591.6	1676.8	1367.9	490.7	612.5	443.2	163.1
1978	452.2	232.5	1865.3	2134.7	1157.6	534.2	659.4	466.2	173.4
1979	496.3	250.5	2026.3	2241.9	1459.9	619.5	680.9	527.1	186.3
1980	504.6	190.5	2295.8	2682.5	1280.1	761.5	983.9	651.1	186.7

3-4 续表 continued

The indices in this table are calculated at comparable prices.

1952年=100 (1952=100)

年 份 Year	生产总值 Gross Domestic Product	第一产业 Primary Industry	第二产业 Secondary Industry	工 业 Industry	建筑业 Construction	第三产业 Tertiary Industry	#交通运输仓储邮电通信业 Transportation, Post and Telecommunications	#批发和零售贸易餐饮业 Wholesale, Retail & Catering Trade	人均生产总值 Per Capita GDP
1981	558.1	270.1	2210.8	2566.6	1276.3	787.4	886.0	650.4	204.2
1982	661.8	319.3	2595.1	3006.4	1514.7	953.9	1223.3	844.7	238.8
1983	726.9	335.4	2850.8	3166.6	2021.3	1113.2	1435.9	980.9	257.5
1984	844.4	382.4	3135.9	3613.9	1900.0	1425.5	1712.8	1538.0	299.1
1985	989.8	436.3	3399.5	3811.0	2318.8	1896.5	2215.0	2692.8	342.7
1986	1048.0	400.2	3582.7	4053.5	2345.9	2282.8	2561.1	3232.3	359.1
1987	1142.1	427.6	3832.2	4429.5	2263.1	2568.3	2463.2	4060.2	386.6
1988	1254.0	501.6	4259.3	4789.9	2865.3	2651.2	2755.3	4038.8	419.2
1989	1288.3	476.7	4470.0	5136.7	2718.9	2831.2	3351.4	4142.3	425.0
1990	1385.2	593.2	4444.5	5095.8	2733.6	2919.0	3386.7	3867.8	449.5
1991	1488.7	616.9	4926.5	5513.1	3445.2	3149.9	4111.9	3965.6	476.5
1992	1652.6	641.8	5687.2	6102.3	4780.7	3584.0	4869.8	4642.3	523.7
1993	1845.3	673.9	6480.5	6855.9	5747.0	4145.0	5804.3	5611.2	582.9
1994	2051.2	695.5	7329.5	7870.2	6143.6	4810.9	7058.0	6652.8	640.1
1995	2259.3	722.6	8133.5	8869.4	6400.8	5490.7	8387.3	7742.0	697.0
1996	2584.3	877.2	9064.7	10218.5	6110.4	6165.5	9589.8	8847.1	789.3
1997	2862.1	894.8	10333.8	11740.1	6686.7	7046.3	11414.7	10423.6	866.4
1998	3167.0	950.2	11322.7	12915.0	7169.1	8080.3	13335.9	12078.4	950.8
1999	3446.7	959.7	12452.7	14299.5	7591.5	9105.7	15130.4	14045.7	1026.8
2000	3817.3	984.7	13912.2	16045.4	8266.6	10422.5	17764.3	16427.2	1130.6
2001	4225.8	1003.9	15423.1	17681.2	9435.2	12033.7	20628.9	19032.6	1246.4
2002	4782.1	1048.1	17842.6	20135.5	11725.3	13879.9	24793.4	22329.2	1407.1
2003	5638.0	1109.9	22784.9	24520.4	17977.0	15886.5	29823.7	25944.0	1657.4
2004	6793.8	1239.8	27878.8	30625.9	20781.0	19381.5	36414.7	30963.5	1993.6
2005	8411.3	1352.7	37602.8	42417.1	25216.9	22881.4	42787.3	36506.0	2459.3
2006	10014.6	1396.1	47801.1	55065.6	28651.4	26509.5	48826.0	42837.7	2914.5
2007	11941.2	1450.3	60205.5	70628.6	32298.1	30750.5	56746.9	48918.0	3456.7
2008	14069.4	1558.9	73224.6	87266.9	35205.0	35598.2	66786.8	56459.8	4048.3
2009	16447.1	1594.7	88658.4	105174.1	44071.5	40946.4	73398.7	65775.7	4704.0
2010	18918.3	1692.7	104795.4	124895.3	50373.7	46044.1	82887.0	73598.6	5380.3
2011	21632.2	1792.6	122668.3	146443.8	58216.4	51773.5	95119.0	80193.7	6122.8
2012	24111.8	1893.0	138960.0	166213.9	64978.2	56963.1	105795.7	90890.9	6800.4
2013	26281.9	1989.5	153967.7	184996.1	69266.8	61007.5	112233.4	98833.7	7388.8
2014	28331.8	2051.2	167824.8	202385.7	73353.5	65156.0	119865.2	107432.3	7941.4
2015	30512.1	2113.7	181324.5	218975.3	78289.4	70441.1	125322.9	114696.4	8529.6

3-5 第三产业增加值

Value-added of the Tertiary Industry

本表按当年价格计算。

Data in value terms in this table are calculated at current prices.

单位：亿元 (100 million yuan)

行 业	Sector	2014	2015
总 计	**Total**	**7022.55**	**7213.51**
农、林、牧、渔服务业	Agricultural Services Industry	23.89	25.08
开采辅助活动	Support Activities for Mining		
金属制品、机械和设备修理业	Repair Service of Metal Products,Machinery and Equipment	2.23	1.77
批发和零售业	Wholesale and Retail Trade	1756.89	1728.30
交通运输、仓储和邮政业	Transportation and Postal Services	1313.68	1087.32
住宿和餐饮业	Hotel and Restaurants	569.25	628.87
信息传输、软件和信息技术服务业	Information Transmission, Software & Information Technology Services	186.24	206.75
金融业	Banking	724.16	829.20
房地产业	Real Estate	442.95	441.37
租赁和商务服务业	Leasing and Business Services	251.00	278.64
科学研究和技术服务业	Scientific Research & Technical Services	158.92	181.40
水利、环境和公共设施管理业	Water Conservancy, Environment and Public Facilities Administraion	78.47	89.58
居民服务、修理和其他服务业	Resident Services, Repairs and Other Services	354.07	393.06
教育	Education	318.37	363.42
卫生和社会工作	Health Care and Social Work	215.01	245.43
文化、体育和娱乐业	Culture, Sports and Entertainment	91.89	102.00
公共管理、社会保障和社会组织	Public Administration, Social Security and Social Organizations	535.54	611.31
国际组织	International Organizations		

3-6 第三产业增加值构成

Composition of Value-added of the Tertiary Industry

本表按当年价格计算。
Data in value terms in this table are calculated at current prices.

单位：% (%)

行业	Sector	2014	2015
总计	**Total**	**100.0**	**100.0**
农、林、牧、渔服务业	Agricultural Services Industry	0.3	0.3
开采辅助活动	Support Activities for Mining		
金属制品、机械和设备修理业	Repair Service of Metal Products,Machinery and Equipment		
批发和零售业	Wholesale and Retail Trade	25.0	24.0
交通运输、仓储和邮政业	Transportation and Postal Services	18.7	15.1
住宿和餐饮业	Hotel and Restaurants	8.1	8.7
信息传输、软件和信息技术服务业	Information Transmission, Software & Information Technology Services	2.7	2.9
金融业	Banking	10.3	11.5
房地产业	Real Estate	6.3	6.1
租赁和商务服务业	Leasing and Business Services	3.6	3.9
科学研究和技术服务业	Scientific Research & Technical Services	2.3	2.5
水利、环境和公共设施管理业	Water Conservancy, Environment and Public Facilities Administraion	1.1	1.2
居民服务、修理和其他服务业	Resident Services, Repairs and Other Services	5.1	5.4
教育	Education	4.5	5.0
卫生和社会工作	Health Care and Social Work	3.1	3.4
文化、体育和娱乐业	Culture, Sports and Entertainment	1.3	1.4
公共管理、社会保障和社会组织	Public Administration, Social Security and Social Organizations	7.6	8.5
国际组织	International Organizations		

3-7 第三产业增加值指数

Indices of Value-added of the Tertiary Industry

本表按可比价格计算。
The indices in this table are calculated at comparable prices

上年=100 (Preceding year=100)

行 业	Sector	2014	2015
总 计	**Total**	**106.8**	**108.1**
农、林、牧、渔服务业	Agricultural Services Industry	105.3	103.0
开采辅助活动	Support Activities for Mining		
金属制品、机械和设备修理业	Repair Service of Metal Products,Machinery and Equipment	110.3	77.7
批发和零售业	Wholesale and Retail Trade	109.1	106.5
交通运输、仓储和邮政业	Transportation and Postal Services	106.5	104.2
住宿和餐饮业	Hotel and Restaurants	106.9	107.9
信息传输、软件和信息技术服务业	Information Transmission, Software & Information Technology Services	108.8	109.7
金融业	Banking	111.2	115.1
房地产业	Real Estate	101.7	102.0
租赁和商务服务业	Leasing and Business Services	109.7	109.7
科学研究和技术服务业	Scientific Research & Technical Services	106.8	111.8
水利、环境和公共设施管理业	Water Conservancy, Environment and Public Facilities Administraion	116.1	111.3
居民服务、修理和其他服务业	Resident Services, Repairs and Other Services	104.4	105.6
教育	Education	102.1	112.9
卫生和社会工作	Health Care and Social Work	104.0	113.5
文化、体育和娱乐业	Culture, Sports and Entertainment	107.8	119.4
公共管理、社会保障和社会组织	Public Administration, Social Security and Social Organizations	100.6	113.1
国际组织	International Organizations		

3-8 三次产业和主要行业贡献率

Share of the Contributions of the Three Strata of Industry and Main Sectors to the Increase of the GDP

单位：%　　　　(%)

年份 Year	生产总值 Gross Domestic Product	第一产业 Primary Industry	第二产业 Secondary Industry	工业 Industry	建筑业 Construction	第三产业 Tertiary Industry	#交通运输仓储邮电通讯业 Transportation, Post and Telecommunications	#批发和零售贸易餐饮业 Wholesale, Retail & Catering Trade
1990	100	89.1	-2.4	-2.7	0.3	13.3	0.8	-9.6
1991	100	18.9	46.6	30.0	16.6	34.5	18.6	2.6
1992	100	12.4	46.5	26.7	19.7	41.1	12.2	11.6
1993	100	13.7	41.3	29.0	12.3	45.1	12.8	14.0
1994	100	8.6	41.2	36.6	4.7	50.1	16.1	14.1
1995	100	10.7	38.6	35.6	3.0	50.6	16.9	14.6
1996	100	43.7	28.5	30.4	-1.9	27.8	7.8	9.3
1997	100	6.2	48.0	43.2	4.8	45.7	14.9	16.7
1998	100	17.8	33.8	30.1	3.6	48.4	14.2	15.8
1999	100	3.4	43.1	39.6	3.5	53.5	14.8	21.0
2000	100	6.7	41.7	37.5	4.2	51.6	16.3	19.1
2001	100	4.2	38.6	30.1	8.5	57.2	17.3	18.9
2002	100	7.0	45.2	33.0	12.1	47.8	18.3	17.5
2003	100	6.4	59.9	38.3	21.5	33.8	14.4	12.4
2004	100	9.9	46.6	39.5	7.1	43.5	13.9	12.8
2005	100	6.2	62.6	54.6	8.1	31.2	9.6	10.1
2006	100	2.5	64.6	59.2	5.4	32.9	8.1	10.7
2007	100	2.6	65.4	60.6	4.8	32.0	8.8	8.5
2008	100	4.8	62.1	58.7	3.4	33.1	10.1	9.6
2009	100	1.4	65.9	56.5	9.4	32.7	6.0	10.6
2010	100	3.7	66.5	60.0	6.4	29.8	8.2	8.6
2011	100	3.9	64.9	57.9	7.0	31.3	8.8	7.2
2012	100	4.3	64.8	58.2	6.6	31.0	8.4	12.8
2013	100	4.7	67.8	63.0	4.8	27.6	5.8	10.8
2014	100	3.1	66.6	61.8	4.8	30.3	7.3	12.5
2015	100	2.9	60.8	55.2	5.5	36.3	4.9	9.9

3-9 三次产业和主要行业对国内生产总值增长的拉动

Contribution of the Three Strata of Industry and Main Sectors to GDP Growth

本表按不变价格计算。

Data in this table are calculated at constant prices.

单位：百分点 (percentage points)

年份 Year	生产总值 Gross Domestic Product	第一产业 Primary Industry	第二产业 Secondary Industry	工业 Industry	建筑业 Construction	第三产业 Tertiary Industry	#交通运输仓储邮电通讯业 Transportation, Post and Telecommunications	#批发和零售贸易餐饮业 Wholesale, Retail & Catering Trade
1990	7.5	6.7	-0.2	-0.2		1.0	0.1	-0.7
1991	7.5	1.4	3.5	2.3	1.2	2.6	1.4	0.2
1992	11.0	1.4	5.1	2.9	2.2	4.5	1.3	1.3
1993	11.7	1.6	4.8	3.4	1.4	5.3	1.5	1.6
1994	11.2	1.0	4.6	4.1	0.5	5.6	1.8	1.6
1995	10.1	1.1	3.9	3.6	0.3	5.1	1.7	1.5
1996	14.4	6.3	4.1	4.4	-0.3	4.0	1.1	1.3
1997	10.8	0.7	5.2	4.6	0.5	4.9	1.6	1.8
1998	10.7	1.9	3.6	3.2	0.4	5.2	1.5	1.7
1999	8.8	0.3	3.8	3.5	0.3	4.7	1.3	1.9
2000	10.8	0.7	4.5	4.0	0.5	5.5	1.8	2.1
2001	10.7	0.4	4.1	3.2	0.9	6.1	1.9	2.0
2002	13.2	0.9	6.0	4.3	1.6	6.3	2.4	2.3
2003	17.9	1.1	10.7	6.9	3.8	6.1	2.6	2.2
2004	20.5	2.0	9.6	8.1	1.5	8.9	2.8	2.6
2005	23.8	1.5	14.9	13.0	1.9	7.4	2.3	2.4
2006	19.1	0.5	12.3	11.3	1.0	6.3	1.5	2.0
2007	19.2	0.5	12.6	11.7	0.9	6.2	1.7	1.6
2008	17.8	0.9	11.1	10.5	0.6	5.9	1.8	1.7
2009	16.9	0.2	11.1	9.5	1.6	5.5	1.0	1.8
2010	15.0	0.6	10.0	9.0	1.0	4.5	1.2	1.3
2011	14.3	0.6	9.3	8.3	1.0	4.5	1.3	1.0
2012	11.5	0.5	7.5	6.7	0.8	3.6	1.0	1.5
2013	9.0	0.4	6.1	5.7	0.4	2.5	0.5	1.0
2014	7.8	0.2	5.2	4.8	0.4	2.4	0.6	1.0
2015	7.7	0.2	4.7	4.2	0.4	2.8	0.4	0.8

3-10 支出法生产总值和结构

本表按当年价格计算。
Data in value terms in this table are calculated at current prices.

年份 Year	支出法生产总值(亿元) Gross Domestic Product by Expenditure Approach (100 million yuan)	#最终消费 Final Consumption Expenditure	#资本形成总额 Gross Capital Formation	资本形成率(投资率)(%) Capital Formation Rate (%)	最终消费率(消费率)(%) Final Consumption Rate (%)	最终消费 绝对数(亿元) Absolute Figure (100 million yuan)			
						居民消费 Household Consumption Expenditure	农村居民 Rural House	城镇居民 Urban House	政府消费 Government Consumption Expenditure
1979	64.14	50.84	23.18	36.1	79.3	44.68	20.96	23.72	6.16
1980	68.40	62.10	18.88	27.6	90.8	55.83	28.22	27.61	6.27
1981	77.91	76.51	18.80	24.1	98.2	67.08	34.52	32.56	9.43
1982	93.22	88.01	26.10	28.0	94.4	79.07	43.66	35.41	8.94
1983	105.88	94.01	35.58	33.6	88.8	83.79	46.17	37.62	10.22
1984	128.20	106.57	45.81	35.7	83.1	89.38	48.80	40.58	17.19
1985	163.83	127.04	61.60	37.6	77.5	105.12	57.88	47.24	21.92
1986	181.58	144.84	60.22	33.2	79.8	118.22	59.54	58.68	26.62
1987	212.27	166.12	67.84	32.0	78.3	135.28	68.71	66.57	30.84
1988	270.81	184.46	110.15	40.7	68.1	149.57	77.59	71.98	34.89
1989	292.69	199.14	115.48	39.5	68.0	160.50	81.50	79.00	38.64
1990	319.31	216.70	124.68	39.0	67.9	169.79	86.44	83.35	46.91
1991	359.66	245.90	137.00	38.1	68.4	188.61	93.35	95.26	57.29
1992	421.68	271.08	196.10	46.5	64.3	208.10	101.92	106.18	62.98
1993	537.81	328.42	288.52	53.6	61.1	253.40	108.73	144.67	75.02
1994	695.06	420.89	331.11	47.6	60.6	327.89	135.91	191.98	93.00
1995	857.06	539.41	372.98	43.5	62.9	412.97	181.91	231.06	126.44
1996	1023.09	609.65	446.26	43.6	59.6	468.29	201.49	266.80	141.36
1997	1153.51	685.71	474.80	41.2	59.4	517.07	220.25	296.82	168.64
1998	1262.54	721.60	542.31	43.0	57.2	539.13	226.71	312.42	182.47
1999	1379.31	800.77	577.78	41.9	58.1	592.94	224.28	368.66	207.83
2000	1539.12	873.65	642.07	41.7	56.8	636.10	237.88	398.22	237.55
2001	1713.81	974.99	679.54	39.7	56.9	681.62	230.09	451.53	293.37
2002	1940.94	1137.21	862.20	44.4	58.6	796.02	240.12	555.90	341.19
2003	2388.38	1259.57	1339.07	56.1	52.7	850.14	257.93	592.21	409.43
2004	3041.07	1495.19	1945.29	64.0	49.2	965.77	271.44	694.33	529.42
2005	3905.03	1802.84	2845.06	72.9	46.2	1191.07	311.04	880.03	611.77
2006	4944.25	2129.59	3466.11	70.1	43.1	1384.29	353.30	1030.99	745.30
2007	6423.18	2630.87	4494.40	70.0	41.0	1693.31	402.73	1290.58	937.56
2008	8496.20	3278.65	5721.74	67.3	38.6	2035.49	439.14	1596.35	1243.16
2009	9740.25	3941.11	7495.42	77.0	40.5	2318.84	473.49	1845.35	1622.27
2010	11672.00	4588.14	9020.40	77.3	39.3	2693.33	526.62	2166.71	1894.81
2011	14359.88	5526.64	11014.63	76.7	38.5	3285.50	646.78	2638.72	2241.14
2012	15880.58	6244.16	13442.07	84.6	39.4	3777.27	748.49	3028.78	2466.89
2013	16916.50	7076.42	12039.04	71.2	41.8	4468.08	1049.72	3418.36	2608.34
2014	17770.19	7158.23	13755.20	77.4	40.3	4959.22	1132.16	3827.06	2199.01
2015	17831.51	7452.82	14036.48	78.7	41.8	5225.24	1187.98	4037.26	2227.58

注:2013 年及 2014 年数据按投资统计改革后的结果计算。

a)2013 and 2014 data are calculated by the results of the investment statistics reform.

Gross Domestic Product and Structure by Expenditure Approach

Final Consumption Expenditure				资本形成总额 Gross Capital Formation			
比重 Proportion				绝对数(亿元) Absolute Figure (100 million yuan)		比重 (资本形成总额=100) Proportion (Gross Capital Formation=100)	
最终消费=100 Final Consumption Expenditure=100		居民消费=100 Household Consumption=100					
居民消费 Household Consumption Expenditure	政府消费 Government Consumption Expenditure	农村居民 Rural Households	城镇居民 Urban Households	固定资本形成总额 Gross Fixed Capital Formation	存货增加 Changes in Inventories	固定资本形成总额 Gross Fixed Capital Formation	存货增加 Changes in Inventories
87.9	12.1	46.9	53.1	17.65	5.53	76.1	23.9
89.9	10.1	50.5	49.5	15.78	3.10	83.6	16.4
87.7	12.3	51.5	48.5	15.53	3.27	82.6	17.4
89.8	10.2	55.2	44.8	20.94	5.16	80.2	19.8
89.1	10.9	55.1	44.9	29.66	5.92	83.4	16.6
83.9	16.1	54.6	45.4	40.85	4.96	89.2	10.8
82.7	17.3	55.1	44.9	50.94	10.66	82.7	17.3
81.6	18.4	50.4	49.6	47.57	12.65	79.0	21.0
81.4	18.6	50.8	49.2	53.32	14.52	78.6	21.4
81.1	18.9	51.9	48.1	72.05	38.10	65.4	34.6
80.6	19.4	50.8	49.2	70.68	44.80	61.2	38.8
78.4	21.6	50.9	49.1	70.77	53.91	56.8	43.2
76.7	23.3	49.5	50.5	100.66	36.34	73.5	26.5
76.8	23.2	49.0	51.0	149.24	46.86	76.1	23.9
77.2	22.8	42.9	57.1	219.39	69.13	76.0	24.0
77.9	22.1	41.4	58.6	250.23	80.88	75.6	24.4
76.6	23.4	44.0	56.0	273.16	99.82	73.2	26.8
76.8	23.2	43.0	57.0	276.04	170.22	61.9	38.1
75.4	24.6	42.6	57.4	318.97	155.83	67.2	32.8
74.7	25.3	42.1	57.9	353.40	188.90	65.2	34.8
74.0	26.0	37.8	62.2	389.97	187.80	67.5	32.5
72.8	27.2	37.4	62.6	439.42	202.65	68.4	31.6
69.9	30.1	33.8	66.2	510.02	169.52	75.1	24.9
70.0	30.0	30.2	69.8	729.37	132.83	84.6	15.4
67.5	32.5	30.3	69.7	1228.26	110.81	91.7	8.3
64.6	35.4	28.1	71.9	1817.73	127.56	93.4	6.6
66.1	33.9	26.1	73.9	2685.22	159.84	94.4	5.6
65.0	35.0	25.5	74.5	3353.88	112.23	96.8	3.2
64.4	35.6	23.8	76.2	4356.39	138.01	96.9	3.1
62.1	37.9	21.6	78.4	5522.72	199.02	96.5	3.5
58.8	41.2	20.4	79.6	7425.16	70.26	99.1	0.9
58.7	41.3	19.6	80.4	8938.69	81.71	99.1	0.9
59.4	40.6	19.7	80.3	10837.14	177.49	98.4	1.6
60.5	39.5	19.8	80.2	12954.33	487.74	96.4	3.6
63.1	36.9	23.5	76.5	11686.49	352.55	97.1	2.9
69.3	30.7	22.8	77.2	13453.88	301.32	97.8	2.2
70.1	29.9	22.7	77.3	13844.43	192.05	98.6	1.4

3-11 工农业总产出及指数

Gross Output of Industry and Agriculture & Related Indices

年 份 Year	工农业总产出(亿元, 当年价) Gross Output of Industry and Agriculture (100 million yuan, at Current prices)			指数(以1952年为100, 可比价) Indices of Output of Industry & Agriculture (1952=100, at comparable Prices)		
	总计 Total	农业总产出 Gross Output of Agriculture	工业总产出 Gorss Output of Industry	工农业总产出 Gross Output of Industry & Agricluture	农业总产出 Gross Output of Agriculture	工业总产出 Gross Output of Industry
1952	13.70	12.10	1.60	100.0	100.0	100.0
1953	16.90	14.35	2.55	109.2	106.0	152.0
1954	20.54	19.77	3.77	123.9	116.2	224.7
1955	20.01	15.60	4.41	120.2	109.2	264.0
1956	25.57	19.52	6.05	151.3	135.7	356.7
1957	17.50	11.20	6.30	134.0	114.1	394.7
1958	27.63	15.60	12.03	191.4	150.9	722.7
1959	36.92	18.14	18.78	236.0	168.0	1127.3
1960	45.14	16.57	28.57	259.7	149.4	1704.7
1961	32.97	17.04	15.93	181.8	128.5	880.0
1962	31.31	17.05	14.26	164.4	120.9	734.7
1963	38.69	17.43	21.26	202.0	134.9	1080.7
1964	43.87	20.82	23.05	235.6	163.1	1186.7
1965	46.20	19.40	26.80	243.0	148.4	1482.7
1966	50.49	20.93	29.56	272.0	160.1	1738.7
1967	41.74	21.46	20.28	238.4	164.2	1210.0
1968	43.27	22.08	21.19	235.9	156.0	1284.0
1969	42.27	19.95	22.32	230.3	140.9	1401.3
1970	51.80	24.00	27.80	298.9	169.8	1990.7
1971	54.76	23.67	31.09	318.9	167.2	2306.7
1972	52.74	21.17	31.57	302.0	146.3	2342.7
1973	60.39	27.72	32.67	348.8	190.5	2424.0
1974	59.35	29.57	29.78	337.4	194.6	2210.0
1975	67.70	30.80	36.90	379.3	199.4	2737.3
1976	68.90	31.29	37.61	387.5	202.0	2819.3
1977	72.51	28.43	44.08	403.5	183.5	3286.7
1978	81.30	28.40	53.00	440.9	183.9	3810.0
1979	88.98	31.58	57.40	465.8	194.3	4024.0
1980	90.10	30.70	59.40	447.9	168.5	4110.0

3-11 续表 continued

年 份 Year	工农业总产出(亿元, 当年价) Gross Output of Industry and Agriculture (100 million yuan, at Current Prices)			指数(以1952年为100, 可比价) Indices of Output of Industry Agriculture (1952=100, at Comparable Prices)		
	总 计 Total	农业总产出 Gross Output of Agriculture	工业总产出 Gorss Output of Industry	工农业总产出 Gross Output of Industry & Agriculture	农业总产出 Gross Output of Agriculture	工业总产出 Gross Output of Industry
1981	101.20	39.40	61.80	479.6	201.8	4120.7
1982	120.90	47.20	73.70	553.2	233.6	4741.3
1983	134.00	52.40	81.50	601.1	250.5	5196.7
1984	151.30	61.30	90.00	659.0	280.7	5617.3
1985	186.10	73.20	112.90	752.1	309.6	6552.7
1986	203.70	77.30	126.50	781.4	293.3	7178.7
1987	238.60	87.70	150.80	856.0	305.3	8072.7
1988	316.20	122.40	193.90	975.9	348.6	9197.3
1989	371.50	128.30	243.10	1056.5	347.0	10356.0
1990	420.30	156.90	263.30	1147.0	412.0	10780.7
1991	468.50	164.10	304.40	1222.3	428.4	11648.9
1992	544.00	180.30	363.70	1336.5	453.2	12965.2
1993	691.16	220.80	470.36	1487.9	484.9	14756.1
1994	831.42	309.32	522.10	1642.0	500.7	16821.9
1995	1013.72	387.20	626.52	1797.9	521.2	18840.5
1996	1210.88	465.32	745.56	2070.8	644.8	21007.2
1997	1361.73	489.43	872.30	2297.6	660.9	24158.3
1998	1476.46	534.38	942.08	2504.3	704.8	26574.1
1999	1587.44	532.31	1055.13	2707.1	712.4	29497.3
2000	1746.01	543.16	1202.85	2961.2	729.9	33036.9
2001	1903.09	555.90	1347.19	3205.9	744.3	36704.0
2002	2122.77	586.97	1535.80	3545.0	780.7	41842.6
2003	2591.05	655.94	1935.11	4246.6	826.1	52297.6
2004	3656.51	851.30	2805.21	5704.0	942.3	73380.7
2005	4841.79	980.21	3861.58	7200.8	1048.1	95923.2
2006	6259.62	1058.50	5201.12	8878.5	1084.6	123097.0
2007	8513.32	1276.45	7236.87	11148.7	1132.1	159913.3
2008	11869.72	1525.74	10343.98	13531.6	1220.8	197652.8
2009	14278.10	1570.58	12707.52	15991.3	1249.7	238322.4
2010	17863.57	1843.57	16020.00	18783.4	1326.9	283180.1
2011	22677.45	2204.50	20472.95	22095.5	1402.5	335708.1
2012	24382.63	2449.34	21933.29	23216.9	1482.5	352602.2
2013	26837.03	2699.50	24137.53	24888.5	1555.1	378694.8
2014	26600.59	2779.80	23820.79	25892.5	1602.7	394218.0
2015	26176.42	2751.55	23424.87	27989.8	1646.0	427726.5

3-12 居民消费水平

Household Consumption

本表绝对数按当年价格计算，指数按可比价格计算。

Absolute figures in this table are calculated at current prices, while indices are calculated at comparable prices.

年份 Year	绝对数(元/人) Value(yuan/person)			指数(上年=100) Index(Preceding year=100)			指数(1952=100) Index(1952=100)		
	全部居民 All HousehoIde	农村居民 Agricultural Households	城镇居民 Non-agricultural Households	全部居民 All Househoide	农村居民 Agricultural Households	城镇居民 Non-agricultural Households	全部居民 All Households	农村居民 Agricultural Households	城镇居民 Non-agricultural Households
1952	99	88	171				100.0	100.0	100.0
1953	103	93	165	105.0	105.0	96.4	105.0	105.1	96.4
1954	106	93	173	102.8	100.1	105.0	108.0	105.2	101.3
1955	101	85	179	95.3	91.5	103.5	102.9	96.3	104.8
1956	118	98	205	116.3	114.9	114.5	119.7	110.6	120.0
1957	120	99	209	102.1	101.5	101.9	122.3	112.2	122.3
1958	125	99	228	104.0	99.9	109.2	127.1	112.1	133.5
1959	131	99	232	104.5	99.9	101.3	132.8	112.1	135.3
1960	126	93	205	96.5	93.8	88.6	128.2	105.2	119.9
1961	125	96	191	98.6	103.0	92.9	126.4	108.4	111.3
1962	121	98	187	97.5	102.8	97.9	123.3	111.4	109.0
1963	119	96	183	97.7	97.7	98.0	120.5	108.9	106.8
1964	118	96	190	99.2	99.7	103.9	119.5	108.6	111.0
1965	119	95	190	101.2	99.2	100.3	121.0	107.7	111.3
1966	131	102	212	109.7	107.6	111.1	132.7	115.9	123.6
1967	139	108	225	106.3	105.8	106.2	141.1	122.5	131.2
1968	132	100	221	94.9	92.3	98.2	134.0	113.1	128.9
1969	129	88	236	97.5	88.6	107.2	130.6	100.1	138.2
1970	139	99	241	108.0	111.7	101.9	141.0	111.8	140.8
1971	146	98	273	105.0	99.1	113.1	148.1	110.8	159.3
1972	156	97	303	106.8	99.3	111.2	158.2	110.0	177.2
1973	169	113	305	108.5	116.9	100.5	171.6	128.6	178.0
1974	170	115	310	100.3	101.1	101.6	172.2	130.1	181.0
1975	179	122	321	105.6	106.3	103.6	181.8	138.2	187.5
1976	190	128	343	106.1	105.2	107.0	192.8	145.3	200.7
1977	200	135	355	105.1	105.5	103.5	202.7	153.3	207.6
1978	207	138	370	103.4	101.8	104.2	209.7	156.1	216.4
1979	239	161	420	115.8	116.8	113.4	242.8	182.3	245.4
1980	295	213	484	123.2	132.5	115.3	299.1	241.5	282.8

3-12 续表 continued

本表绝对数按当年价格计算，指数按可比价格计算。

Absolute figures in this table are calculated at current prices, while indices are calculated at comparable prices.

年份 Year	绝对数(元/人) Value(yuan/person)			指数(上年=100) Index(Preceding year=100)			指数(1952=100) Index(1952=100)		
	全部居民 All House-holde	农村居民 Agricul-tural House-holds	城镇居民 Non agricul-tural House-holds	全部居民 All House-holde	农村居民 Agricul-tural House-holds	城镇居民 Non-agricul-tural House-holds	全部居民 All House-holds	农村居民 Agricul-tural House-holds	城镇居民 Non-agricul-tural House-holds
1981	350	257	567	115.5	116.2	115.0	345.4	280.7	325.2
1982	407	318	619	115.7	124.1	107.9	399.5	348.2	350.9
1983	423	334	632	104.1	106.3	100.4	416.0	370.3	352.4
1984	446	349	671	100.0	99.0	101.1	416.2	366.7	356.3
1985	519	412	762	105.2	105.5	104.3	438.0	386.8	371.6
1986	578	418	942	107.9	100.5	117.2	472.6	388.9	435.5
1987	653	480	1039	105.2	107.9	101.6	497.3	419.4	442.5
1988	713	541	1086	94.1	97.7	89.4	468.1	409.7	395.4
1989	755	565	1157	92.6	89.8	95.0	433.5	368.1	375.6
1990	786	592	1189	99.3	97.0	101.3	430.5	357.0	380.4
1991	861	633	1330	107.0	107.9	105.7	460.7	385.1	402.2
1992	941	686	1461	103.1	104.2	101.6	474.9	401.4	408.7
1993	1142	779	1755	103.1	100.1	105.2	487.6	402.4	429.8
1994	1460	967	2284	103.2	100.7	104.7	503.4	405.2	450.0
1995	1817	1289	2683	105.3	111.1	100.4	529.9	450.2	451.8
1996	2040	1424	3031	104.2	102.5	104.9	552.2	461.4	474.0
1997	2232	1551	3311	105.7	105.3	105.5	583.8	485.9	500.0
1998	2309	1603	3391	103.9	103.8	103.0	606.8	504.3	515.0
1999	2520	1601	3871	110.0	100.2	115.2	667.3	505.3	593.3
2000	2687	1720	4045	105.3	106.2	103.1	702.7	536.7	611.7
2001	2868	1694	4431	106.2	98.0	108.9	746.2	525.9	666.2
2002	3341	1793	5327	113.9	100.6	118.9	849.8	529.1	792.0
2003	3565	1945	5593	104.7	105.1	103.6	889.8	556.0	820.2
2004	4042	2077	6415	110.7	103.7	111.9	985.4	576.5	917.8
2005	4967	2426	7887	110.2	114.6	106.9	1085.9	660.7	981.1
2006	5746	2816	8930	113.4	113.7	111.0	1231.4	751.2	1089.0
2007	7062	3286	10930	118.1	110.9	118.0	1454.3	833.1	1285.0
2008	8354	3673	12863	109.1	112.5	105.8	1586.6	937.2	1359.6
2009	9460	4072	14323	115.0	105.3	115.3	1824.6	986.9	1567.6
2010	10925	4692	16136	111.1	114.9	107.4	2027.2	1134.0	1683.6
2011	13264	5945	18996	114.3	117.6	111.2	2317.1	1333.5	1872.1
2012	15196	7032	21308	111.6	113.9	109.6	2585.8	1518.9	2051.8
2013	17917	10076	23543	109.9	113.7	107.7	2841.8	1727.0	2209.8
2014	19827	11070	25885	108.7	108.6	107.8	3089.0	1875.5	2382.2
2015	20835	11814	26872	104.6	105.4	103.6	3231.1	1976.8	2467.9

主要统计指标解释

地区收入总值 指一个地区所有常住单位在一定时期内收入初次分配的最终结果。一地区常住单位从事生产活动所创造的增加值在初次分配中主要分配给该地区的常住单位，但也有一部分以生产税及进口税(扣除生产和进口补贴)、劳动者报酬和财产收入等形式分配给非常住单位;同时,地区外生产所创造的增加值也有一部分以生产税及进口税(扣除生产和进口补贴)、劳动者报酬和财产收入等形式分配给该地区的常住单位,从而产生了地区收入总值的概念。它等于地区生产总值加上来自地区外的净要素收入。与地区生产总值不同,地区收入总值是个收入概念,而地区生产总值是个生产概念。

地区生产总值 是按市场价格计算的地区生产总值的简称。它是一个地区所有常住单位在一定时期内生产活动的最终成果。地区生产总值有三种表现形式,即价值形态、收入形态和产品形态。从价值形态看,它是所有常住单位在一定时期内所生产的全部货物和服务价值超过同期投入的全部非固定资产货物和服务价值的差额,即所有常住单位的增加值之和;从收入形态看,它是所有常住单位在一定时期内所创造并分配给常住单位和非常住单位的初次分配收入之和;从产品形态看,它是最终使用的货物和服务减去进口货物和服务。在实际核算中,地区生产总值的三种表现形态表现为三种计算方法,即生产法、收入法和支出法。三种方法分别从不同的方面反映地区生产总值及其构成。

支出法地区生产总值 指一个地区所有常住单位在一定时期内用于最终消费、资本形成总额,以及货物和服务的净出口总额,它反映本期生产的地区生产总值的使用构成。

最终消费 指常住单位在一定时期内对于货物和服务的全部最终消费支出,也就是常住单位为满足物质、文化和精神生活的需要,从本国经济领土和国外购买的货物和服务的支出;不包括非常住单位在本国经济领土内的消费支出。最终消费分为居民消费和政府消费。

居民消费 指常住住户对货物和服务的全部最终消费支出。居民消费按市场价格计算,即按居民支付的购买者价格计算。购买者价格是购买者取得货物所支付的价格,包括购买者支付的运输和商业费用。居民消费除了直接以货币形式购买货物和服务的消费之外,还包括以其他方式获得的货物和服务的消费支出,即所谓的虚拟消费支出。居民虚拟消费支出包括以下几种类型:单位以实物报酬及实物转移的形式提供给劳动者的货物和服务;住户生产并由本住户消费了的货物和服务,其中的服务仅指住户的自有住房服务;金融机构提供的金融媒介服务;保险公司提供的保险服务。

政府消费 指政府部门为全社会提供公共服务的消费支出和免费或以较低价格向住户提供的货物和服务的净支出。前者等于政府服务的产出价值减去政府单位所获得的经营收入的价值,政府服务的产出价值等于它的经常性业务支出加上固定资产折旧;后者等于政府部门免费或以较低价格向住户提供的货物和服务的市场价值减去向住户收取的价值。

资本形成总额 指常住单位在一定时期内获得的减去处置的固定资产加存货的变动,包括固定资本形成总额和存货增加。

固定资本形成总额 指常住单位购置、转入和自产自用的固定资产,扣除固定资产的销售和转出后的价值,分有形固定资产形成总额和无形固定资产形成总额。有形固定资产形成总额包括一定时期内完成的建筑工程、安装工程和设备工器具购置(减处置)价值,以及土地改良、新增役、种、奶、毛、娱乐用牲畜和新增经济林木价值。无形固定资产形成总额包括矿藏的勘探、计算机软件、娱乐和文学艺术品原件等获得减处置。

存货增加 指常住单位存货实物量变动的市场价值,即期末价值减期初价值的差额。存货增加可以是正值,也可以是负值;正值表示存货上升,负值表示存货下降。它包括生产单位购进的原材料、燃料和储备物资等存货,以及生产单位生产的产成品、在制品等存货等。

货物和服务净出口 指货物和服务出口减货物和服务进口的差额。出口包括常住单位向非常住单位出售或无偿转让的各种货物和服务的价值;进口包括常住单位从非常住单位购买或无偿得到的各种货物和服务的价值。由于服务活动的提供与使用同时发生,因此服务的进出口业务并不发生出入境现象,一般把常住单位从国外得到的服务作为进口,非常住单位从本国得到的服务作为出口。货物的出口和进口都按离岸价格计算。

劳动者报酬 指劳动者因从事生产活动所获得的全部报酬。包括劳动者获得的各种形式的工资、奖金和津贴,既包括货币形式的,也包括实物形式的;还包括劳动者所享受的公费医疗和医药卫生费、上下班交通补贴和单位支付的社会保险费等。对于个体经济来说,其所有者所获得的劳动报酬和经营利润不易区分,这两部分统一作为劳动者报酬处理。

生产税净额 指生产税减生产补贴后的余额。生产税指政府对生产单位生产、销售和从事经营活动以及因从事生产活动使用某些生产要素(如固定资产、土地、劳动力)所征收的各种税、附加费和规费。生产补贴与生产税相反,指政府对生产单位的单方面收入转移,因此视为负生产税,包括政策亏损补贴、粮食系统价格补贴、外贸企业出口退税收入等。

固定资产折旧 指一定时期内为弥补固定资产损耗按照核定的固定资产折旧率提取的固定资产折旧,或按国民经济核算统一规定的折旧率虚拟计算的固定资产折旧。它反映了固定资产在当期生产中的转移价值。各类企业和企业化管理的事业单位的固定资产折旧是指实际计提并计入成本费中的折旧费;不计提折旧的政府机关、非企业化管理的事业单位和居民住房的固定资产折旧是按照统一规定的折旧率和固定资产原值计算的虚拟折旧。原则上，固定资产折旧应按固定资产的重置价格计算，但是目前我国尚不具备对全社会固定资产进行重估价的基础，所以暂时只能采用上述办法。

营业盈余 指常住单位创造的增加值扣除劳动者报酬、生产税净额和固定资产折旧后的余额。它相当于企业的营业利润加上生产补贴，但要扣除从利润中开支的工资和福利等。

直接消耗系数 指某一个部门生产单位总产出需要直接消耗各部门产品和服务的数量，也称为投入系数。它反映该部门与其他部门之间直接的技术经济联系和直接依赖关系。

完全消耗系数 指增加某一个部门单位总产出需要完全消耗各部门产品和服务的数量。完全消耗系数等于直接消耗系数和全部间接消耗系数之和，它是全面揭示国民经济各部门之间技术经济的全部联系和相互依赖关系的主要指标。

Explanatory Notes on Main Statistical Indicators

Gross National Product (GNP) refers to the final result of the primary distribution of the income created by all the resident units of a region during a certain period of time. The value added created by the resident units of a region engaged in production activities is mainly distributed to the resident units of that region while a part of it is distributed to the non resident units in the form of production tax and import duties (minus subsidies to production and import), remuneration for the laborers and property income. At the meantime, a part of the value added created abroad is distributed to the resident units of the region in the form of production tax and import duties (minus subsidies to production and import), remuneration for the laborers and property income. Thus the concept of gross national product is formed, which equals to gross domestic product plus net factor income from abroad. Unlike gross domestic product, which is a concept of production, gross national product is a concept of income.

Gross Domestic Product (GDP) refers to the final products of all resident units in a region during a certain period of time. Gross domestic product is expressed in three different forms, i.e. value, income, and products respectively. The form of value refers to the total value of all products and services produced by all resident units during a certain period of time minus total value of intimidate input of materials and services of the nature of non fixed assets or the summation of the value added of all resident units; the form of income includes all the income created by all resident units and distributed primarily to all resident and non resident units; the form of products refers to the value of all final goods and services for final use by all resident units plus the value of net exports of goods and services during a given period of time. In the practice of national accounting, gross domestic product is calculated with three approaches, i. e. production approach, income approach, and expenditure approach, which reflect gross domestic product and its composition from different aspects.

GDP Calculated with Expenditure Approach refers to total expenditure on final consumption, total capital formation and net export of goods and services by resident units of a region in a certain period of time. It reflects the composition of GDP by its use.

Final Consumption refers to the total expenditure of resident units on final consumption of goods and services in a certain period, namely the expenditure of the resident units for purchases of goods and services from domestic economic territory and abroad to meet the requirements of material, cultural and spiritual life. It excludes the expenditure of non-resident units on consumption in the economic territory of the country. The final consumption is classified into household consumption and government consumption.

Households Consumption refers to the total expenditure of resident households on the final consumption of goods and services. The households consumption is calculated at market prices, namely the purchaser's prices which the households pay; the purchasers' prices of goods are the prices the households pay when they obtain the goods, including the transport and commercial expenses paid by the households. In addition to the consumption of goods and services bought by the households directly with money, the expenditure on goods and services obtained by the households in other ways, i. e. the so called imputed expenditure on consumption, is also included in the households consumption. The imputation expenditure of the households on consumption includes the following types: (a) the goods and services provided to the households by the units in the form of payment in kind and transfer in kind; (b) the goods and services produced and consumed by the households themselves, in which the services refer only to the services provided by the residential buildings owned by the households; (c) the services of financial intermediary provided by the financial institutions; (d) the insurance services provided by the insurance companies.

Government Consumption refers to the expenditure on the consumption of the public services provided by the government to the whole society and the net expenditure on the goods and services provided by the government to the households at free charge or lower prices. The former equals to the output value of the government services minus the value of operating income obtained by the government departments. (The output value of the government services equals to its current operating expenditure plus depreciation of fixed assets). The latter equals to the market value of the goods and services provided by the government free of charge or at low prices to the households minus the value received by the government from the households.

Total Capital Formation refers to the fixed assets acquired minus those disposed and the change in inventory, including the total fixed assets formation and the increase in inventory.

Total Fixed Capital Formation refers to the value of fixed assets purchased, transferred in by the resident units and those produced and used by themselves deducting the value of fixed assets sold and transferred out. It can be classified into total tangible assets formation and total intangible assets formation. The total tangible assets formation include the value of the construction projects, installation projects completed and the equipment, apparatus and instruments purchased as well as the value of land improved, the value of draught animals, breeding stock, milk, wool and recreational animals and the newly increased economic forest in a certain period. The total intangible assets formation includes the prospecting of minerals, the acquisition of computer software, the originals of recreational works and works of literature and arts minus the disposal of them.

Increase in Inventory refers to the market value of the change in inventory, i. e. the difference of value between the beginning and the end of the period. The increase in inventory can be positive or negative. A positive value indicates the increase in inventory while a negative value indicates the decrease in stock. The inventory includes the raw materials, fuels and reserve materials purchased by the production units as well as the inventory of finished products, semi finished products, work in progress, etc.

Net Export of Goods and Services refers to the difference of the exports of goods and services minus the imports of goods and services. The imports include the value of various goods and services sold or gratuitously transferred by the resident units to the non–resident units. The imports include the value of various goods and services purchased or gratuitously acquired by the resident units from the non–resident units. Because the provision of services and the use of them happen simultaneously, the import and export of services do not appear to have the phenomena of crossing the border of the country. The acquisition of services by the resident units from abroad is usually treated as import while the acquisition of services by non–resident units in this country is usually treated as export. The export and import of goods are calculated at FOB.

Laborers' Remuneration refers to the whole payment of various forms earned by the laborers from the productive activities they are engaged in. It includes wages, bonuses and allowances the laborers earned in monetary form and in kind. It also includes the free medical services provided to the laborers and the medicine expenses, traffic subsidies and social insurance fee paid by the laborers , working units for them. As the individual economy is concerned, since the laborers , remuneration is not easily distinguished from the operating profit, both are treated as laborers remuneration.

Net Taxes on Production refers to the residual of the taxes on production minus the subsidies on production. The taxes on production refers to the various taxes, extra charges and fees levied on the production units on their production, sale and business activities as well as on some factors of production, such as fixed assets, land and labor force, used in the production activities they are engaged in. In contrast to the taxes on production, the subsidies on production refer to the unilateral transfer of part of the government's revenue to the production units and is therefore regarded as negative taxes on production. They include subsidies on the loss due to implementation of government policies, price subsidies to the grain institutions, foreign trade corporations receipts from drawback, etc.

Depreciation of Fixed Assets refers to the depreciation of fixed assets of a given period, drawn in accordance with the stipulated depreciation rate for the purpose of compensating the wear loss or the fixed assets or the depreciation of fixed assets calculated in a fictitious way in accordance with the stipulated unified depreciation rate in the national economic accounting system. It reflects the value of transfer of the fixed assets in the production of the current period. The depreciation of fixed assets in various enterprises and institutions managed as enterprises refers to the depreciation expenses actually drawn and calculated as part of the coast. In government agencies and institutions not managed as enterprises, which do not draw the depreciation expenses, as well as for the houses of residents, the depreciation of fixed assets is the imputed depreciation, which is calculated in accordance with the stipulated unified depreciation rate. In principle, the depreciation of fixed assets should be calculated on the basis of the re purchased value of the fixed assets. However, there is no actual condition to re–evaluate all the fixed assets in China. Therefore, the above–mentioned methods are temporarily adopted at present.

Operating Surplus refers to the balance of the value added created by the resident units deducting the labourers' remuneration, net taxes on production and the depreciation of fixed assets. It is equivalent to the business profit of the enterprises plus subsidies on production, but the wages and welfare expenses paid from the profits should be deducted.

Direct Input Coefficient refers to the volume of products and services of all sectors consumed directly by a certain sector's productive units, which are needed for their total output. It is also named as technical coefficient. It represents the direct technical economical ties and direct interdependence between the sector and other sectors.

Total Input Coefficient refers to the volume of products and services of all sectors needed for a certain sectors productive units to increase their total output. Total input coefficient is equal to the sum of direct input coefficient and total indirect input coefficient. It is a major indicator to disclose the technical economical ties and interdependence between sectors of the national economy.

2016 NEIMENGGU

四、人口

Population

资料整理：范明哲

Arranged By Fan Mingzhe

4-1 历次全国人口普查内蒙古人口基本情况

Basic Statistics on All Region Population Census in 1953, 1964, 1982, 1990,2000 and 2010

单位：万人　　　　(10 000 persons)

指 标	Item	1953	1964	1982	1990	2000	2010
总人口	**Total Population**	**610.02**	**1233.41**	**1927.43**	**2145.65**	**2375.54**	**2470.63**
男	Male	343.19	669.28	1005.29	1115.57	1228.90	1283.13
女	Female	266.83	564.13	922.14	1030.08	1146.64	1187.50
总户数(万户)	**Total Number of Households (10 000 households)**	**138.70**	**261.39**	**420.00**	**529.34**	**708.16**	**847.05**
家庭户	Family Households			418.75	527.31	695.48	817.61
集体户	Non-family Households			1.25	2.03	12.68	29.44
各年龄组人口	**Population by Age**						
0-5岁	Age 0-5			237.01	246.92	151.13	134.60
6-14岁	Age 6-14			447.58	363.45	354.43	213.66
15-64岁	Age 15-64			1173.22	1449.29	1742.85	1935.56
65岁及以上	Age 65 and Over			69.62	85.99	127.13	186.81
民族人口	**Nationality Population**						
汉族	Han Nationality	512.00	1072.94	1627.76	1729.00	1882.39	1965.07
蒙古族	Mongolian Nationality	88.82	138.45	248.94	337.97	402.92	422.61
其他少数民族	other Minority Nationalities	7.24	22.00	50.73	78.67	90.23	82.95
15岁及以上人口	**Population Aged 15 and Over**			**1242.84**	**1535.28**	**1869.98**	**2122.37**
6岁及以上人口按受教育程度分组	**Population Aged 6 and Over by Educational Level**			**1690.42**	**1898.73**	**2224.41**	**2236.03**
大学本科	University				10.83	24.47	91.99
大学专科	Three Years College			11.00	20.90	65.88	160.20
中专	Specialized Secondary School				42.97	89.66	
高中	Senior Secondary School			143.68	173.07	237.22	373.69
初中	Junior Secondary School			371.99	546.55	826.65	968.93
小学	Primary School			631.58	716.68	739.60	627.99
不识字或识字很少	Illiterate and Semi-Illiterate			422.29	332.82	240.93	113.23
市镇乡村人口	**Population of Cities, Towns & Countyside**						
市镇人口	City & Town		305.10	556.14	779.69	1013.88	1372.02
乡村人口	County		928.31	1371.29	1365.96	1361.66	1098.61

注:1953、1964、1982和1990年数据为年中数(7月1日零时), 2000、2010年数据为2000、2010年11月1日零时快速汇总数。
a)Data on 1953,1964,1982 and 1990 is year-middle data (at zero hour of Jul.1). The figures from the pre liminary tabulationa,2000、2010 is Data at at zero hour of Nov.1

4-2 年末总人口数及构成

Population and Its Composition at Year-end

单位：万人 (10 000 persons)

年 份 Year	年末总人口 Total Population (year-end)	按性别分 By sex		按农业、非农业分 By Agricultural & Non-agricultural Population		按城乡分 By Residence	
		男 Male	女 Female	农业人口 Agricultural	非农业人口 Non-agricaltural	市镇人口 Urban	乡村人口 Rural
1949	608.1	334.0	274.1			75.2	532.9
1952	715.9	394.3	321.6			91.9	624.0
1957	936.0	519.3	416.7			175.4	760.6
1965	1296.4	700.1	596.3			268.3	1028.1
1970	1491.0	799.0	692.0			320.8	1170.2
1975	1737.9	918.6	819.3	1306.3	431.6	379.3	1358.6
1978	1823.4	957.8	865.6	1360.8	462.6	397.5	1425.9
1980	1876.5	981.2	895.3	1380.8	495.7	433.1	1443.4
1981	1902.9	994.9	908.0	1390.6	512.3	445.2	1457.7
1982	1941.6	996.0	945.6	1414.6	527.0	565.2	1376.4
1983	1969.8	1009.8	960.0	1431.9	537.9	573.8	1396.0
1984	1993.1	1022.7	970.4	1444.9	548.2	847.1	1146.0
1985	2015.9	1043.6	972.3	1441.2	574.7	874.1	1141.8
1986	2040.7	1058.0	982.7	1451.7	589.0	932.2	1108.5
1987	2066.4	1062.3	1004.1	1456.7	609.7	1004.5	1061.9
1988	2093.9	1083.2	1010.7	1461.9	632.0	1033.8	1060.1
1989	2122.2	1102.4	1019.8	1470.8	651.5	1055.8	1066.5
1990	2162.6	1127.6	1035.0	1496.8	665.7	781.1	1381.4
1991	2183.9	1132.8	1051.0	1506.9	677.0	807.4	1376.4
1992	2206.6	1142.1	1064.5	1519.5	687.1	817.1	1389.5
1993	2232.4	1149.8	1082.6	1525.2	707.2	831.8	1400.6
1994	2260.5	1161.5	1099.0	1534.6	725.9	849.3	1411.2
1995	2284.4	1187.6	1096.8	1541.3	743.1	873.1	1411.3
1996	2306.6	1198.0	1108.6	1546.8	759.8	887.2	1419.4
1997	2325.7	1207.5	1118.2	1549.6	776.1	905.6	1420.1
1998	2344.9	1216.7	1128.2	1552.1	792.8	936.7	1408.2
1999	2361.9	1224.6	1137.3	1553.7	808.2	967.8	1394.1
2000	2372.4	1227.2	1145.2	1535.4	837.0	1001.1	1371.3
2001	2381.4	1230.6	1150.8	1528.4	853.0	1036.8	1344.6
2002	2384.1	1231.1	1153.0	1518.0	866.1	1050.3	1333.8
2003	2385.8	1231.4	1154.3	1504.5	881.3	1067.4	1318.4
2004	2392.7	1234.2	1158.5	1477.8	915.0	1097.3	1295.4
2005	2403.1	1237.9	1165.2	1446.2	956.9	1134.3	1268.8
2006	2415.1	1243.0	1172.1	1449.3	965.8	1174.7	1240.4
2007	2428.8	1250.0	1178.8	1448.5	980.3	1218.0	1210.8
2008	2444.3	1255.9	1188.4	1455.1	989.2	1264.1	1180.2
2009	2458.2	1263.5	1194.7	1458.9	999.3	1312.7	1145.5
2010	2472.2	1283.9	1188.3	1462.0	1010.2	1372.9	1099.3
2011	2481.7	1288.0	1193.7	1469.2	1012.5	1405.2	1076.5
2012	2489.9	1291.6	1198.3	1464.6	1025.3	1437.6	1052.3
2013	2497.6	1294.4	1203.2	1466.9	1030.7	1466.3	1031.3
2014	2504.8	1296.9	1207.9	1468.9	1035.9	1490.6	1014.2
2015	2511.0	1298.7	1212.3			1514.2	996.9

注:1985 年之前为户籍统计数,2011 年及以后年份为人口变动抽样调查推算数据,其余年份为根据历次人口普查数据调整的数据。

a)Before 1985,data were Enumeration of Census Register,In 2011, data have been estimated on the basis of the annual National Sample Surveys on Population Changes ,and in other years,Data were adjusted on the basis of all previous National Population Census.

4-3 人口出生率、死亡率、自然增长率

Birth Rate, Death Rate and Natural Growth Rate

年 份 Year	出生率 Birth Rate(‰)	死亡率 Death Rate(‰)	自然增长率 Natural Growth Rate(‰)	人口机械增长率 Migratory Growth Rate(‰)
1956	29.5	7.9	21.6	40.0
1957	37.2	10.5	26.7	16.3
1958	28.4	7.9	20.5	31.7
1959	30.8	11.0	19.8	54.8
1960	29.4	9.4	20.0	94.1
1961	22.1	8.8	13.3	-37.1
1962	38.2	9.0	29.2	-21.7
1963	41.3	8.5	32.8	3.7
1964	41.9	11.8	30.1	0.9
1965	40.0	9.3	30.7	2.8
1966	36.1	8.1	28.0	-2.8
1967	34.9	7.7	27.2	3.5
1968	34.9	7.3	27.6	1.2
1969	32.5	6.8	25.7	8.4
1970	32.3	6.2	26.1	-5.1
1971	29.7	5.6	24.1	18.0
1972	30.7	6.6	24.1	6.3
1973	28.3	5.7	22.6	7.1
1974	25.9	6.1	19.8	12.4
1975	23.3	6.1	17.2	1.8
1976	20.1	5.5	14.6	3.3
1977	18.1	5.4	12.7	3.5
1978	18.5	5.2	13.3	0.6
1979	18.1	4.9	13.2	-0.3
1980	16.5	4.9	11.5	
1981	17.3	4.9	12.4	1.3
1982	21.2	5.7	15.5	-0.8
1983	20.0	5.5	14.5	
1984	18.9	5.5	13.4	-1.7
1985	17.2	5.7	11.5	-0.1
1986	19.1	5.9	13.2	-1.0
1987	19.7	6.1	13.6	-1.1
1988	19.0	5.7	13.3	-0.1
1989	19.3	5.8	13.5	-0.7
1990	21.2	7.2	14.0	-1.1
1991	16.8	7.0	9.8	-1.2
1992	17.1	6.7	10.3	-1.3
1993	18.5	6.8	11.7	-0.5
1994	19.0	6.5	12.5	-0.3
1995	17.2	6.7	10.5	-0.1
1996	16.1	6.4	9.7	0.1
1997	15.2	7.0	8.3	0.1
1998	14.4	6.2	8.2	
1999	13.3	6.1	7.2	-0.2
2000	12.1	5.9	6.1	-0.6
2001	10.8	5.8	5.0	-1.2
2002	9.6	5.9	3.7	-2.6
2003	9.2	6.2	3.1	-2.4
2004	9.5	6.0	3.6	-0.6
2005	10.1	5.5	4.6	-0.3
2006	9.9	5.9	4.0	1.0
2007	10.2	5.7	4.5	1.2
2008	9.8	5.5	4.3	2.1
2009	9.6	5.6	4.0	1.7
2010	9.3	5.5	3.8	1.9
2011	8.9	5.4	3.5	0.3
2012	9.2	5.5	3.7	-0.4
2013	9.0	5.6	3.4	-0.3
2014	9.3	5.7	3.6	-0.7
2015	7.7	5.3	2.4	0.1

4-4 年末总人口及人口变动

Population and Its Changes at Year-end

项 目	Item	2014	2015	2015年比2014年增长(%) Growth Rate
一、常住人口(万人)	**Permanet Resident Population (10 000 persons)**	**2504.81**	**2511.04**	**0.25**
按性别分	**By sex**			
男(万人)	Male(10 000 persons)	1296.9	1298.73	0.14
女(万人)	Female(10 000 persons)	1207.91	1212.31	0.36
按城乡分	**By Residence**			
市镇人口(万人)	Urban(10 000 persons)	1490.61	1514.16	1.58
乡村人口(万人)	Rural(10 000 persons)	1014.2	996.88	-1.71
二、人口自然变动	**Population Natural Changes**			
出生人口(万人)	Briths(10 000 persons)	23.29	19.36	-16.87
男	Male	12.08	10.03	-16.97
女	Female	11.21	9.33	-16.77
死亡人口(万人)	Deaths(10 000 persons)	14.38	13.34	-7.23
出生率(‰)	Birth Rate(‰)	9.31	7.72	
死亡率(‰)	Death Rate(‰)	5.75	5.32	
自然增长率(‰)	Natural Growth Rate(‰)	3.56	2.40	

注:本表数据根据人口变动调查数据推算。

a)Data in the table have been estimated on the basis of the annual Autonomoous Regional Sample Surveys on population Changes.

4-5 民族人口及构成

Population Nationality and Its Composition

单位：人 (person)

项 目	Item	2014	2015	构成(%) Composition 2014	2015
汉族	Han	19062387	18896524	77.54	77.42
蒙古族	Mongolian	4584472	4577684	18.65	18.75
回族	Hui	220631	217008	0.90	0.89
满族	Man	544371	544851	2.21	2.23
朝鲜族	Korean	23809	23105	0.10	0.09
达斡尔族	Daur	85039	85616	0.35	0.35
鄂温克族	Ewenki	31917	32005	0.13	0.13
鄂伦春族	Oroqen	4817	4528	0.02	0.02
壮族	Zhuang	2293	2358	0.01	0.01
藏族	Tibetan	1546	1945	0.01	0.01
锡伯族	Xibe	3685	3472	0.01	0.01
苗族	Miao	2016	2083	0.01	0.01
土家族	Tujia	1936	2032	0.01	0.01
彝族	Yi	1679	1722	0.01	0.01
维吾尔族	Uygur	226	191		
其他少数民族	Other Minority Nationalities	12424	12730	0.05	0.05
外国人加入中国籍	Foreigners Naturalized China	6	5		

注:本表数据为公安户籍统计数。

a) Date in the Table is Registered Statistics

4–6 年末民族人口数
Population by Nationality at Year-end

年 份 Year	在 人 口 总 数 中 Total Populational Including							
	汉 族(万人) Han(10000 persons)	蒙古族(万人) Mongolian (10000 persons)	回 族(万人) Hui(10000 persons)	满 族(万人) Man(10000 persons)	朝鲜族 (人) Korean (person)	达斡尔族 (人) Daur (person)	鄂温克族 (人) Ewenki (person)	鄂伦春族 (人) Oroqen (person)
1951	589.6	87.1	4.7	1.9	6242	18060	5546	919
1952	614.4	91.2	5.0	2.0	6590	19129	5611	929
1953	649.3	98.5	5.2	2.1	6841	19480	5667	953
1954	687.6	102.7	5.4	2.2	7120	21304	5976	989
1955	725.6	105.5	5.8	2.3	7589	21883	6313	1067
1956	775.7	108.6	6.2	2.0	10213	22253	5665	1009
1957	811.2	111.6	6.7	2.1	11247	24278	6178	949
1958	857.1	114.1	7.5	2.5	12674	27656	6723	1025
1959	930.7	115.5	8.0	3.0	13209	29884	6593	1124
1960	1049.8	121.4	9.4	3.2	14056	30420	6935	1135
1961	1021.0	123.5	10.5	2.8	12457	30918	7508	1143
1962	1023.5	129.7	10.0	3.2	11934	31201	8558	1129
1963	1061.1	134.6	10.3	3.8	11827	32509	8469	1145
1964	1091.4	140.3	11.2	5.0	11328	34819	9038	1205
1965	1129.4	144.5	11.3	5.3	11412	35980	9191	1272
1966	1158.3	148.3	11.4	5.5	11513	36620	9591	1318
1971	1358.2	169.7	13.2	6.8	13884	40440	11038	1364
1972	1401.7	172.9	13.4	6.9	13426	42966	11195	1409
1973	1444.5	178.5	13.8	7.1	13864	44971	11268	1454
1974	1493.4	182.6	14.2	7.4	14400	46420	11639	1499
1975	1521.7	186.6	14.3	7.6	14862	48333	12426	1544
1976	1549.0	189.5	14.6	7.8	15750	48967	13554	1592
1977	1573.9	193.1	14.7	7.9	15420	52733	12753	1524
1978	1592.9	198.6	15.0	8.0	15403	55372	12657	1579
1979	1617.0	202.1	14.6	8.7	20881	53954	15592	1600
1980	1632.7	209.0	15.3	10.3	16193	56399	14722	1699
1981	1651.5	215.3	15.8	11.0	16062	56801	15245	1754
1982	1637.9	253.2	17.0	23.7	17337	56883	17525	2186
1983	1657.5	260.3	17.0	24.9	17800	59500	18000	2200
1984	1671.0	268.1	17.6	26.0	18400	60500	18300	2300
1985	1686.2	274.7	17.1	27.1	18600	61500	18900	2300
1986	1696.8	285.5	17.7	29.4	19485	64129	19840	2483
1987	1706.9	297.2	18.3	32.3	19743	65167	20412	2561
1988	1721.8	307.3	18.5	34.4	20152	66462	20499	2686
1989	1729.9	315.7	18.8	35.7	21147	69579	20853	2793
1990	1749.1	328.5	18.7	40.0	22380	70959	22494	2976
1991	1758.7	333.1	19.0	40.9	22047	71598	23138	3171
1992	1766.1	338.3	19.5	41.4	22161	72432	23321	3262
1993	1779.4	343.4	19.7	42.1	21963	73574	23928	3242
1994	1791.6	349.6	19.7	42.8	22735	73354	24427	3302
1995	1803.4	356.5	19.9	43.7	22741	72680	24545	3447
1996	1820.0	364.2	20.0	44.8	22772	73689	25059	3436
1997	1836.8	371.8	20.4	45.5	22759	74992	25632	3599
1998	1851.0	378.6	20.4	46.2	23068	73797	25578	3568
1999	1865.5	382.8	21.0	46.0	23825	73818	26001	3813
2000	1832.5	386.0	20.9	47.0	23278	76374	26546	3704
2001	1843.7	391.8	20.8	48.1	23841	77145	26870	3846
2002	1855.0	396.0	21.1	47.8	24009	79202	27423	3968
2003	1860.6	404.0	21.1	48.7	23863	79195	27915	3998
2004	1866.5	408.0	21.3	48.7	24117	79960	28285	4229
2005	1853.8	412.7	21.0	49.1	23503	79248	27931	4791
2006	1880.9	414.4	21.1	49.9	23800	82342	28774	4816
2007	1898.0	427.7	21.3	50.6	24117	83610	29085	5000
2008	1913.3	433.5	21.4	51.4	24353	84478	29589	5032
2009	1921.4	441.6	21.5	51.9	24318	83127	30163	4561
2010	1921.5	441.1	21.6	52.4	24184	83007	30863	4594
2011	1927.4	447.2	21.8	52.8	24017	83284	31296	4623
2012	1917.7	450.2	21.8	53.4	23784	83653	31248	4664
2013	1918.4	454.9	21.9	54.0	24172	84342	31505	4739
2014	1906.2	458.4	22.1	54.4	23809	85039	31917	4817
2015	1889.7	457.8	21.7	54.5	23105	85616	32005	4528

注：本表数据为公安户籍统计数。

a) Date in the Table is Registered Statistics

主要统计指标解释

人口数 指一定时点、一定地区范围内的有生命的个人的总和。

年度统计的年末人口数指每年 12 月 31 日 24 时的人口数。

市镇总人口和乡村总人口

其定义有两种口径：

第一种口径(按行政建制)

市人口：市管辖区域内的全部人口(含市辖镇，不含市辖县)；

镇人口：县辖镇的全部人口(不含市辖镇)；

县人口：县辖乡人口。

第二种口径(按常住人口划分)

市人口：设区的市的区人口和不设区的市所辖的街道人口；

镇人口：不设区的市所辖镇的居民委员会人口和县辖镇的居民委员会人口；

县人口：除上述两种人口以外的全部人口。

1952–1980 年数据为第一种口径的数据，1982 年以后的数据为第二种口径的数据。

出生率(又称粗出生率) 指在一定时期内(通常为一年)平均每千人所出生的人数的比率，一般用千分率表示。计算公式为：

出生率 = 年出生人数 / 年平均人数 × 1000‰

式中：出生人数指活产婴儿，即胎儿脱离母体时(不管怀孕月数)，有过呼吸或其他生命现象。年平均人数指年初、年底人口数的平均数，也可用年中人口数代替。

死亡率(又称粗死亡率) 指在一定时期内(通常为一年)一定地区的死亡人数与同期平均人数(或期中人数)之比，一般用千分率表示。计算公式为：

死亡率 = 年死亡人数 / 年平均人数 × 1000‰

人口自然增长率 指在一定时期内(通常为一年)人口自然增加数(出生人数减死亡人数)与该时期内平均人数(或期中人数)之比，一般用千分率表示。计算公式为：

人口自然增长率 =(本年出生人数 – 本年死亡人数)/ 年平均人数 × 1000‰

人口自然增长率 = 人口出生率 — 人口死亡率

Explanatory Notes on Main Statistical Indicators

Total Population refers to the total number of people alive at a certain point of time within a given area.

The annual statistics on total population is taken at midnight, the 3lst of December.

Urban Population and Rural Population There are two definitions. The first definition (according to the administrative organizational system):

City population: Total population under the jurisdiction of city (including population of the town under the jurisdiction of city. excluding the population of counties under the jurisdiction of city).

Town population: Total population of town under the jurisdiction of county (excluding the population of town under the jurisdiction of city).

County population: Total population of country under the jurisdiction of county).

The second definition (classified by the permanent population):

City population: Total population of districts under the jurisdiction of city with district establishment and the population of street under the jurisdiction of city without district establishment.

Town population: Total resident committees population of towns under the jurisdiction of city without district establishment and the resident committee's population of towns under the jurisdiction of county.

County population: Total population except city population and town population.

Data from 1952 to 1980 is the figures according to the first definition. Data since 1982 are the figure according to the second definition.

Birth Rate of (Crude Birth Rate) refers to the ratio of the number of births to the average population during a certain period of time (usually a year) which is often expressed in‰. The following formula is used:

Birth Rate = Number of Births /Average Number of Population × 1000‰

Number of births refers to live births i. e. the births when babies had showed any vital phenomena regardless of the length of pregnancy.

Annual Average Number of Population is the average of the number of population at the beginning of the year and that at the end of the year. Sometimes it is substituted for with the mid year population.

Death Rate (or Crude Death Rate) refers to the ratio of the number of deaths to the average population (or mid year population) during a certain period of time (usually a year) which is often expressed in‰. The following formula is used:

Death Rate =Number of Deaths /Annual Average Number of Population × 1000‰

Natural Growth Rate of Population refers to the ratio of natural increase in population (number of births minus number of deaths) in a certain period of time (usually a year) to the average population (or mid year population) of the same period which is often expressed in‰. The following formulas are applied:

Natural Growth of Population =(Number of Births−Number of Deaths) / Average Number of Population × 1000‰

Natural Growth Rate of Population=Birth Rate−Death Rate

2016 NEIMENGGU

五、从业人员和职工工资

Employment and Wages

资料整理：白　菲
Arranged By Bai Fei

5-1 就业基本情况

Employment

项 目	Item	1995	2000	2005	2010	2015
就业人员总计(万人)	**Total Number of Employed Persons(10 000 persons)**	**1029.4**	**1061.6**	**1041.1**	**1184.7**	**1463.7**
第一产业	Primary Industry	536.8	553.7	560.5	571.0	572.3
第二产业	Secondary Industry	225.0	182.4	162.7	206.2	249.7
第三产业	Tertiary Industry	267.6	325.5	317.9	407.5	641.7
就业人员构成(总计=100)	**Composition of Employed Persons(total=100)**					
第一产业	Primary Industry	52.1	52.2	53.8	48.2	39.1
第二产业	Secondary Industry	21.9	17.1	15.6	17.4	17.1
第三产业	Tertiary Industry	26.0	30.7	30.5	34.4	43.8
按城乡分就业人员(万人)	**Number of Employed Persons by Urban and Rural Areas(10 000 persons)**	**1029.4**	**1061.6**	**1041.1**	**1184.7**	**1463.7**
城镇就业人员	**Urban Employed Persons**	**440.0**	**430.1**	**350.3**	**465.2**	**725.7**
# 国有单位	State-owned Units	302.3	201.1	162.0	169.4	168.0
城镇集体单位	Urban Collective-owned Units	70.8	25.6	12.4	8.9	5.9
股份合作单位	Share Holding Units	5.9	2.9	1.8	2.1	0.9
联营单位	Joint-owned Units	0.3	0.6	0.3	0.2	0.1
有限责任公司	Limited Liability Corporations		26.0	47.0	45.5	90.8
股份有限公司	Share-holding Corporations Ltd.		8.2	14.3	17.8	23.3
私营企业	Private Enterprises	7.6	28.6	47.1	103.1	168.1
港澳台商投资单位	Units Funded by Entrepreneurs from Hong Kong, Macao & Taiwan	2.0	1.7	1.6	1.6	2.5
外商投资单位	Foreign Funded Units	2.2	2.2	2.5	2.8	5.5
个体	Self-employed Individuals	36.7	88.2	60.2	113.0	259.3
乡村从业人员	**Rural Employed Persons**	**589.4**	**631.5**	**690.8**	**719.5**	**738.1**
职工人数(万人)	**Number of Staff andWorkers(10 000 persons)**	**383.7**	**263.9**	**239.6**	**244.9**	**289.6**
国有单位	State-owned Units	302.3	197.3	159.7	166.7	164.4
城镇集体单位	Urban Collective-owned Units	70.8	25.4	12.2	8.6	5.6
其他单位	Units of Other Types of Ownership	10.6	41.2	67.7	69.6	119.6
城镇单位女性就业人员(万人)	**Number of Female Employment in Urban Units(10 000 persons)**	**149.9**	**102.9**	**91.8**	**91.6**	**107.7**
城镇登记失业人数(万人)	**Number of Registered Unemployed Persons in Urban Areas(10 000 persons)**	**13.97**	**12.65**	**17.75**	**20.81**	**25.87**
城镇登记失业率(%)	**Registered Unemployment Rate in Urban Areas(%)**	**3.17**	**3.34**	**4.26**	**3.90**	**3.65**

注:1.1998 年及以后城镇单位就业人员、职工人数统计口径有调整,详见本篇末指标解释。

2.2003 年以后全社会就业人员中不包括社会自由从业人员。

a)Statistical coverage of staff and workers employed in urban units was adjusted after 1998.Please refer to the explanatory notes at the end of this chapter.

b)Social total number of employed persons doesn´t include social self-employed persons after 2003.

5-2 按三次产业划分的年末就业人员

Number of Employed Persons at Year-end by Type of Industry

年份 Year	就业人员 (万人) Total (10 000 persons)				构成(合计=100) Composition in Percentage(total=100)		
		第一产业 Primary Industry	第二产业 Secondary Industry	第三产业 Tertiary Industry	第一产业 Primary Industry	第二产业 Secondary Industry	第三产业 Tertiary Industry
1965	476.8	379.7	45.3	51.8	79.64	9.50	10.86
1970	524.4	405.2	63.6	55.6	77.27	12.13	10.60
1975	607.5	441.6	95.5	70.4	72.69	15.72	11.59
1978	652.8	438.0	120.5	94.3	67.10	18.45	14.45
1980	698.4	460.7	129.7	108.0	65.97	18.57	15.46
1981	731.2	478.8	136.4	116.0	65.48	18.66	15.86
1982	762.4	501.5	140.1	120.8	65.78	18.38	15.84
1983	798.8	515.8	146.7	136.3	64.57	18.37	17.06
1984	827.8	524.5	154.5	148.8	63.36	18.66	17.98
1985	856.6	517.8	174.8	164.0	60.45	20.40	19.15
1986	875.4	521.7	184.6	169.1	59.60	21.08	19.32
1987	891.0	490.3	188.0	212.7	55.03	21.10	23.87
1988	909.7	490.0	200.1	219.6	53.86	22.00	24.14
1989	910.3	491.3	199.1	219.9	53.97	21.87	24.16
1990	924.6	515.5	201.4	207.7	55.76	21.78	22.46
1991	962.9	537.9	208.8	216.2	55.86	21.68	22.45
1992	976.0	531.4	217.1	227.5	54.45	22.24	23.31
1993	1008.2	535.4	220.4	252.4	53.10	21.86	25.04
1994	1033.4	536.5	225.1	271.8	51.92	21.78	26.30
1995	1029.4	536.8	225.0	267.6	52.15	21.85	26.00
1996	1039.0	546.8	223.4	268.8	52.63	21.50	25.87
1997	1050.3	544.6	213.2	292.5	51.85	20.30	27.85
1998	1050.3	542.6	207.1	300.6	51.66	19.72	28.62
1999	1056.7	555.4	185.5	315.8	52.56	17.55	29.89
2000	1061.6	553.7	182.4	325.5	52.20	17.10	30.70
2001	1067.0	550.5	179.3	337.2	51.60	16.80	31.60
2002	1086.1	552.3	173.7	360.1	50.90	16.00	33.10
2003	1005.2	548.7	152.5	303.9	54.59	15.17	30.24
2004	1026.1	559.3	153.0	313.8	54.51	14.91	30.58
2005	1041.1	560.5	162.7	317.9	53.83	15.64	30.53
2006	1051.2	565.3	168.0	317.8	53.78	15.98	30.23
2007	1081.5	569.3	183.6	328.6	52.64	16.98	30.38
2008	1103.3	556.7	186.2	360.4	50.45	16.88	32.67
2009	1142.5	558.0	193.3	391.2	48.84	16.92	34.24
2010	1184.7	571.0	206.2	407.5	48.20	17.41	34.39
2011	1249.3	573.0	221.5	454.8	45.87	17.73	36.40
2012	1304.9	583.4	236.1	485.4	44.70	18.10	37.20
2013	1408.2	580.9	264.6	562.7	41.25	18.79	39.96
2014	1485.4	582.0	271.4	632.0	39.18	18.27	42.55
2015	1463.7	572.3	249.7	641.7	39.10	17.06	43.84

注：1. 2003 年以后就业人员中不包括社会自由就业人员。
2. 2004 年三次产业就业人员和构成按相关数据进行了调整。

a)Social total number of employed persons doesn´t include social self-employed persons after 2003.

b)The number of employed persons in tertiary industry and its composition in 2004 is adjusted by relation data.

5-3 分行业城镇单位年末女性就业人员(2015 年)

Number of Female Employed in Urban Units at Year-end by Sector(2015)

单位：人 (person)

项 目	Item	合 计 Total	国有单位 State-owned Units	城镇集体单位 Urban Collective-owned Units	其他单位 Units of Other Types of Ownership
总 计	**Total**	**1076743**	**681343**	**25830**	**369570**
按企、事业和机关分组	**Grouped by Enterprises, Institutions and Agencies**				
企业	Enterprises	543012	158031	19281	365700
事业	Institutions	400417	392034	6537	1846
机关	Agencies & Organizations	130923	130726		197
按国民经济行业分组	**Grouped by Sector**				
农、林、牧、渔业	Farming, Forestry, Animal Husbandry and Fishery	77154	74089	67	2998
采矿业	Mining	26088	4934	197	20957
制造业	Manufacturing	137468	4452	3033	129983
电力、燃气及水的生产和供应业	Production & Supply of Electric Power, Gas and Water	40777	14295	265	26217
建筑业	Construction	28659	1791	1419	25449
批发和零售业	Wholesale and Retail Trade	45661	6622	603	38436
交通运输、仓储和邮政业	Transportation, Storage and Postal Services	53054	34806	435	17813
住宿和餐饮业	Quarters and Catering	23319	4042	375	18902
信息传输、软件和信息技术服务业	Information Transmission,Software and IT Services	25061	8219	26	16816
金融业	Banking	61956	21808	11930	28218
房地产业	Real Estate	23792	2311	45	21436
租赁和商务服务业	Leasing and Commercial Services	13964	7150	254	6560
科学研究和技术服务业	Scientific and Technical Services	20464	14884	128	5452
水利、环境和公共设施管理业	Water Conservancy, Environment and Public Facilities Administration	35439	31096	1247	3096
居民服务、修理和其他服务业	Resident Services, Repairs and Other Services	3550	1865	847	838
教育	Education	201875	198455	181	3239
卫生和社会工作	Health and Social Work	92090	84912	4767	2411
文化、体育和娱乐业	Culture, Sports & Recreational Services	16241	15660	11	570
公共管理、社会保障和社会组织	Public Administration，Social Security and Social Organizations	150131	149952		179
国际组织	International Organizations				

5-4 按登记注册类型和城乡划分的年末就业人员

单位：万人

年份 Year	总计 Total	城镇						
		合计 Sub-total	# 国有单位 State-owned Units	# 集体单位 Collective-owned Units	# 股份合作单位 Share Holding Units	# 联营单位 Joint-owned Units	# 有限责任公司 Limited Liability Corporations	# 股份有限公司 Share-holding Corporations Ltd.
1965	476.8	101.2	86.5	13.4				
1970	524.4	124.8	110.9	13.9				
1975	607.5	176.9	143.8	32.9				
1978	652.8	227.8	183.2	44.4				
1980	698.4	225.4	200.6	53.7				
1985	856.6	335.6	241.4	79.0				
1987	891.0	359.7	260.2	82.5		0.1		
1988	909.7	373.3	268.3	84.7		0.2		
1989	910.3	375.4	271.0	86.0		0.3		
1990	924.6	386.6	282.3	87.0		0.4		
1991	962.9	404.2	293.2	89.3		0.6		
1992	976.0	415.7	302.1	89.6		1.0		
1993	1008.2	434.2	301.1	87.4	1.2	0.3		
1994	1033.4	453.8	301.7	76.1	5.0	0.4		
1995	1029.4	440.0	302.3	70.8	5.9	0.3		
1996	1039.0	434.7	302.1	66.8	5.9	0.3		
1997	1050.3	444.9	291.9	59.4	7.1	0.2		
1998	1050.3	443.4	252.4	45.7	2.9	0.8	18.1	6.9
1999	1056.7	435.7	232.4	37.8	2.9	0.9	23.4	8.0
2000	1061.6	430.1	201.1	25.6	2.9	0.6	26.0	8.2
2001	1067.0	434.5	188.9	20.5	2.2	0.5	29.3	9.3
2002	1086.1	435.6	177.8	17.7	1.9	0.4	34.4	11.1
2003	1005.2	352.9	169.2	15.8	2.0	0.3	40.2	12.0
2004	1026.1	350.3	166.6	13.5	1.7	0.3	43.3	13.0
2005	1041.1	350.3	162.0	12.4	1.8	0.3	47.0	14.3
2006	1051.2	365.0	160.5	11.5	1.5	0.3	49.3	14.3
2007	1081.5	383.5	162.0	11.1	1.9	0.3	48.1	17.7
2008	1103.3	414.9	163.5	10.1	1.4	0.3	45.5	18.3
2009	1142.5	439.5	166.7	9.2	1.9	0.2	44.5	17.9
2010	1184.7	465.2	169.4	8.9	2.1	0.2	45.5	17.8
2011	1249.3	517.1	173.1	8.5	1.5	0.2	53.7	19.6
2012	1304.9	562.6	176.3	8.5	2.4	0.2	56.6	20.1
2013	1408.2	665.4	170.8	7.3	2.0	0.1	91.4	22.8
2014	1485.4	738.8	168.1	6.3	1.1	0.2	92.0	23.7
2015	1463.7	725.7	168.0	5.9	0.9	0.1	90.8	23.3

Number of Employed Persons at Year-end by Status of Registration and Residence in Urban and Rural Areas

(10 000 persons)

Urban Area				乡 村Rural Area		
# 私营企业 Private Enterprises	# 港澳台商投资单位 Economic Units Funded by Entrepreneurs from Hong Kong, Macao and Taiwan	# 外商投资单位 Foreign Funded Economic Units	# 个 体 Self-employed individuals	合 计 Sub-total	# 私营企业 Private Enterprises	# 个体 Self-employed Individuals
			1.3	375.6		
				399.6		
			0.2	430.6		
			0.2	425.0		
			1.1	443.0		
			15.2	521.0		
			16.9	531.3		
			20.1	536.4		
			18.1	534.9		
			16.9	538.0		
			21.1	558.7		
			23.0	560.3		
3.8	1.0	1.1	28.7	574.0		
5.5	1.4	1.7	38.1	579.6		
7.6	2.0	2.2	36.7	589.4	2.5	26.6
10.8	1.9	2.7	40.7	604.3	3.2	32.9
14.0	2.1	2.8	57.9	605.4	3.7	37.1
23.0	2.3	1.7	73.2	606.9	5.9	48.8
25.1	2.0	2.1	88.0	621.0	13.6	59.7
28.6	1.7	2.2	88.2	631.5	12.8	71.5
30.4	1.7	1.8	96.2	632.5	15.2	73.7
29.0	1.8	2.0	87.9	650.5	22.8	77.6
35.7	1.7	2.5	72.8	652.3	15.6	35.6
44.2	1.1	2.7	56.1	675.8	17.0	21.8
47.1	1.6	2.5	60.2	690.8	21.1	22.1
53.3	1.3	2.7	69.0	686.2	20.3	18.8
61.8	1.5	2.7	75.2	698.0	21.1	18.4
80.4	1.4	2.8	89.6	688.4	18.0	20.1
89.2	1.5	2.9	104.5	703.0	16.2	24.4
103.1	1.6	2.8	113.0	719.5	18.4	24.4
117.4	1.7	3.1	137.3	732.2	18.2	28.6
133.5	2.4	3.1	158.3	742.3	20.1	49.4
144.8	2.2	5.4	216.7	742.8	50.9	55.0
173.2	2.4	6.3	264.1	746.6	34.7	50.7
168.1	2.5	5.5	259.3	738.1		

5-5 分行业年末职工(2015 年)

Number of Staff and Workers at Year-end by Sector(2015)

单位：人 (person)

项 目	Item	合 计 Total	国有单位 State-owned Units	城镇集体单位 Urban Collective-owned Unit	其他单位 Units of Other Types of Ownership
总 计	**National Total**	**2895546**	**1643765**	**55651**	**1196130**
按企、事业和机关分组	**Grouped by Enterprises, Institutions and Agencies**				
企业	Enterprises	1734513	503340	42500	1188673
事业	Institutions	773369	756492	13128	3749
机关	Agencies & Organizations	382932	382195		737
按国民经济行业分组	**Grouped by Sector**				
农、林、牧、渔业	**Farming, Forestry, Animal Husbandry and Fishery**	**226750**	**219240**	**570**	**6940**
农业	Farming	100831	99190	255	1386
林业	Forestry	73649	73567		82
畜牧业	Animal Husbandry	25083	20375	59	4649
渔业	Fishery	2335	2327		8
农、林、牧、渔服务业	Agricultural Services	24852	23781	256	815
采矿业	**Mining**	**175718**	**32255**	**1393**	**142070**
制造业	**Manufacturing**	**457189**	**18982**	**7114**	**431093**
电力、燃气及水的生产和供应业	**Production and Supply of Electric Power, Gas and Water**	**139875**	**49978**	**704**	**89193**
建筑业	**Construction**	**199936**	**8900**	**3422**	**187614**
房屋建筑业	Housing Construction	137067	6240	2396	128431
土木工程建筑业	Civil Engineering Construction	52799	2431	766	49602
建筑安装业	Installation of Buildings	6854	229	195	6430
建筑装饰和其他建筑业	Decoration of Buildings and Other Construction	3216		65	3151
批发和零售业	**Wholesale & Retail Trade**	**94204**	**19191**	**1510**	**73503**
批发业	Wholesale Trade	34608	14015	535	20058
零售业	Retail Trade	59596	5176	975	53445
交通运输、仓储和邮政业	**Transportation, Storage and Postal Services**	**201984**	**150218**	**1441**	**50325**
铁路运输业	Railway Transport	103563	98285	60	5218
道路运输业	Roadway Transport	65234	29459	251	35524
水上运输业	Water transport	23	23		
航空运输业	Air Transport	4230	536		3694
管道运输业	Pipeline Transport				
装卸搬运和运输代理业	Handling and transportation	2987	164	601	2222
仓储业	Storage	5027	3980	444	603
邮政业	Postal Services	20920	17771	85	3064
住宿和餐饮业	**Quarters and Catering**	**39862**	**7255**	**767**	**31840**
住宿业	Quarters	22745	5929	565	16251
餐饮业	Catering	17117	1326	202	15589
信息传输、软件和信息技术服务业	**Information Transmission, Software and IT Services**	**49656**	**16426**	**33**	**33197**
电信、广播电视和卫星传输服务	Telecommunications, Radio and Television ,Satellite Transmission Services	47247	16011		31236
互联网和相关服务	Internet and Related Services	349	199		150
软件和信息技术服务业	Software and IT Services	2060	216	33	1811

5-5 续表 continued

单位：人 (person)

项目	Item	合计 Total	国有单位 State-owned Units	城镇集体单位 Urban Collective-owned Unit	其他单位 Units of Other Types of Ownership
金融业	**Finance**	**103403**	**39839**	**23218**	**40346**
货币金融服务业	Monetary and Financial Services	86210	33233	23218	29759
资本市场服务业	Capital Market Services	879	307		572
保险业	Insurance	15898	6021		9877
其他金融活动	Others	416	278		138
房地产业	**Real Estate**	**52540**	**5260**	**71**	**47209**
租赁和商务服务业	**Leasing and Commercial Services**	**43462**	**18338**	**771**	**24353**
租赁业	Leasing Services	2815	2505	30	280
商务服务业	Commercial Services	40647	15833	741	24073
科学研究、技术服务业	**Scientific and Technical Services**	**61009**	**41376**	**803**	**18830**
研究与试验发展	Research and Development	6367	6070		297
专业技术服务业	Special Technical Services	46105	29051	797	16257
科技推广和应用服务业	Science and Technology Popularization and Application Services	8537	6255	6	2276
水利、环境和公共设施管理业	**Water Conservancy, Environment and Public Facilities Administration**	**77221**	**67038**	**2604**	**7579**
水利管理业	Water Conservancy	15289	14667	89	533
生态保护和环境治理业	Ecological Protection and Environmental Management	3268	3236		32
公共设施管理业	Public Facilities Administration	58664	49135	2515	7014
居民服务、修理和其他服务业	**Resident Services, Repairs and Other Services**	**8133**	**4688**	**1752**	**1693**
居民服务业	Resident Services	5622	4453	330	839
机动车、电子产品和日用产品修理业	Motor Vehicles, Electronics and Household Goods Repair Services	1022	20	715	287
其他服务业	Other Services	1489	215	707	567
教育	**Education**	**349003**	**343338**	**264**	**5401**
卫生和社会工作	**Health and Social Work**	**148044**	**135349**	**9185**	**3510**
卫生	Health	143888	131280	9162	3446
社会工作	Social Work	4156	4069	23	64
文化、体育和娱乐业	**Culture, Sports and Recreational Services**	**34038**	**32845**	**29**	**1164**
新闻出版业	Press	7044	6699		345
广播、电视、电影和影视录音制作业	Radio, Television, Film and Video Recording Industry	11062	10703	28	331
文化艺术业	Culture and Arts	14088	14008	1	79
体育	Sports	1231	1061		170
娱乐业	Recreational Services	613	374		239
公共管理、社会保障和社会组织	**Public Administration，Social Security and Social Organizations**	**433519**	**433249**		**270**
中国共产党机关	Chinese Communist Party Agencies	18527	18527		
国家机构	Government Agencies	394738	394738		
人民政协、民主党派	People's Politics Consultative Conference and Democratic Parties	3396	3396		
社会保障	Social Security	5380	5380		
群众社团、社会团体和其他成员组织	Mass society, Social Organizations and Other Organizations	11376	11106		270

5-6 私营企业年末就业人员(2015年)

Number of Employed Persons in Private Enterprises at Year-end(2015)

单位：户、人 (household)(person)

项目	Item	合计 Total			#城镇 Urban Areas		
		户数 Number of Enter-prises	就业人员 Number of Empl-oyed Persons	#投资者 Empl-oyers	户数 Number of Enter-prises	就业人员 Number of Empl-oyed Persons	#投资者 Empl-oyers
总计	**Total**	**249611**	**2085856**	**469826**	**206261**	**1680945**	**408789**
农、林、牧、渔业	Farming, Forestry, Animal Husbandry and Fishery	15697	121221	30074	9660	61785	19592
采矿业	Mining	3660	52219	7553	2581	32046	5467
制造业	Manufacturing	20956	273521	48180	16549	206299	38141
电力、燃气及水的生产和供应业	Production & Supply of Electric Power, Gas and Water	1884	22515	3957	1440	17326	3110
建筑业	Construction	14301	124339	29451	12826	109505	27009
批发和零售业	Wholesale and Retail Trade	100101	790697	169917	83588	661590	151260
交通运输、仓储和邮政业	Transportation, Storage and Postal Services	8769	76149	18291	6764	60135	15496
住宿和餐饮业	Quarters and Catering	4508	43699	7888	3782	36206	6923
信息传输、软件和信息技术服务业	Information Transmission, Software and IT Services	8983	52398	15191	8011	46987	14147
金融业	Banking	3672	32033	7860	1796	20865	7379
房地产业	Real Estate	9902	81161	21015	8759	71284	19687
租赁和商务服务业	Leasing and Commercial Services	32287	235335	62927	28403	200518	57852
科学研究和技术服务业	Scientific and Technical Services	7053	52962	15252	6334	45552	14048
水利、环境和公共设施管理业	Water Conservancy, Environment and Public Facilities Administration	1656	12280	3463	1487	10069	3057
居民服务、修理和其他服务业	Resident Services, Repairs and Other Services	11437	79184	19595	10019	68651	17233
教育	Education	1176	8949	2008	1055	7888	1797
卫生和社会工作	Health and Social Work	356	4691	611	316	4274	554
文化、体育和娱乐业	Culture, Sports & Recreational Services	3158	18490	5424	2847	15952	4868
其他行业	Others	55	4013	1169	44	4013	1169

注：本资料由工商部门提供。

a)The Statistics are provided by the Department of Industry and Commerce.

5-7 个体年末就业人员(2015年)

Number of Self-employed Individuals at Year-end(2015)

单位：户、人 (household)(person)

项目	Item	合计 Total		# 城镇 Urban Areas	
		户数 Number of Households	就业人员 Number of Employed Individuals	户数 Number of Households	就业人员 Number of Employed Individuals
总计	**Total**	**1302295**	**3034250**	**1065263**	**2593100**
农、林、牧、渔业	Farming, Forestry, Animal Husbandry and Fishery	20202	51217	9032	28605
采矿业	Mining	898	4130	459	2051
制造业	Manufacturing	50103	116762	38730	89905
电力、燃气及水的生产和供应业	Production & Supply of Electric Power, Gas and Water	104	2751	71	2671
建筑业	Construction	1358	6719	1100	5922
批发和零售业	Wholesale and Retail Trade	750235	1738825	607273	1492585
交通运输、仓储和邮政业	Transportation, Storage and Postal Services	70737	110118	56794	91805
住宿和餐饮业	Quarters and Catering	166589	464224	143609	417822
信息传输、软件和信息技术服务业	Information Transmission, Software and IT Services	13310	21205	10958	18253
金融业	Banking				
房地产业	Real Estate	1036	2686	968	2598
租赁和商务服务业	Leasing and Commercial Services	11979	22567	10543	20076
科学研究和技术服务业	Scientific and Technical Services	4510	8284	4060	7597
水利、环境和公共设施管理业	Water Conservancy, Environment and Public Facilities Administration	283	536	239	398
居民服务、修理和其他服务业	Resident Services, Repairs and Other Services	195110	442580	167128	373911
教育	Education	1912	5516	1716	5057
卫生和社会工作	Health and Social Work	5292	11957	4892	11311
文化、体育和娱乐业	Culture, Sports & Recreational Services	8309	19071	7398	17596
其他行业	Others	328	5102	293	4937

注：本资料由工商部门提供，对部分数据稍作调整。

a)The Statistics are provided by the Department of Industry and Commerce, partial data make a little adjustment。

5-8 城镇就业及失业人数

Employment and Unemployment in Urban Areas

年份 Year	当年需要安置人数(人) Number of Need Settled down(person)	登记失业人员当年就业人数(人) Registered unemployed persons in employment this year (person)	年末城镇失业人数(人) Unemployment at year-end(person) 合计 Total	# 女性 Female	失业女性占城镇失业人数(%) Percentage of Female Unemployed Persons to Total Unemployed Persons In Urban Areas	登记失业率(%) Registered Unemploy-ment Rate in Urban Areas
1980	429100	202696	367280			12.62
1981	464100	344573	283181			9.39
1982	488300	202958	285369			9.11
1983	464100	179283	267539			8.18
1984	427500	198995	177568			5.34
1985	335600	178336	138773			3.97
1986	347000	207440	127726			3.51
1987	307800	161514	129753			3.48
1988	268100	140598	123579			3.69
1989	266700	116515	143681			3.78
1990	282800	124582	151916			3.49
1991	292500	140710	146319			2.68
1992	275300	154848	114894			3.49
1993	226400	107653	113405			2.62
1994	215400	88637	123660			2.86
1995	232084	87033	139713			3.17
1996	263436	86341	144107	79201	54.96	3.47
1997	258299	105927	145253	85024	58.54	3.40
1998	265256	115162	131138	70463	53.73	3.13
1999	222695	96002	123858	61124	49.35	3.10
2000	239620	106020	126478	66932	52.92	3.34
2001	274460	116527	144687	74641	51.59	3.65
2002	345500	174300	162700	83703	51.45	4.10
2003	406755	215118	175889	93556	53.19	4.50
2004	430454	245309	185118	96233	51.98	4.59
2005	451039	261359	177483	81080	45.68	4.26
2006	527624	320781	179786	88842	49.42	4.13
2007	511642	319431	184573	98785	53.52	4.00
2008	513101	314011	199167	97800	49.10	4.10
2009	492987	290897	201428	103173	51.22	4.05
2010	513615	303436	208110	85596	41.13	3.90
2011	484723	266418	218289	96117	44.03	3.80
2012	525613	294336	231277	106106	45.88	3.73
2013	479820	241773	238047	103627	43.53	3.66
2014	470258	222582	247676	116690	47.11	3.59
2015	498667	239973	258694	109340	42.27	3.65

注:1.本表资料由人力资源和社会保障厅提供。

2.2011 年及以前,登记失业人员当年就业人数为当年就业人数。

a)The Statistics are provided by the Bureau of human resources and social security

b)Before 2011, registered unemployed persons in employment is employed persons in that very year.

5-9 职工工资总额和指数

Total Wages of Staff and Workers and Related Index

年 份 Year	工资总额(万元) Total Wages(10 000 yuan)				指数(上年=100) Index(preceding year=100)			
	总 计 Total	国有单位 State-owned Units	城镇集体单位 Urban Collective-owned Units	其他单位 Units of Other Types of Ownership	总计 Total	国有单位 State-owned Units	城镇集体单位 Urban Collective-owned Units	其他单位 Units of other Types of Ownership
1965	70670	63788	6882					
1970	77531	71047	6484					
1975	111072	99489	11583					
1978	149779	128019	21760		112.7	115.5	98.6	
1980	198255	164897	33358		110.0	109.0	115.0	
1981	210486	175079	35407		104.2	104.2	104.2	
1982	230005	189964	40041		107.4	106.7	111.2	
1983	247989	203182	44807		106.5	105.7	110.6	
1984	292787	234455	58332		112.5	110.0	124.1	
1985	339534	271875	67619	40	106.5	106.5	106.4	
1986	405310	324839	80423	48	113.1	113.3	112.7	113.8
1987	436260	350557	85628	75	99.2	99.5	98.1	143.2
1988	531584	429383	102028	173	104.1	104.7	101.8	196.5
1989	589385	475264	113791	330	96.2	96.0	96.7	165.4
1990	662156	540255	121270	631	110.4	111.7	104.7	187.9
1991	755609	615184	139230	1194	107.7	107.4	108.3	178.6
1992	897992	735751	160172	2069	109.3	110.0	105.8	159.3
1993	1090634	894747	185691	10196	104.3	104.5	99.6	423.4
1994	1410664	1178947	201545	30172	104.1	106.0	87.3	238.1
1995	1561199	1312079	208706	40414	94.5	95.0	88.4	114.4
1996	1758549	1483936	227478	47136	104.6	105.1	101.3	108.4
1997	1853641	1586052	210134	57455	100.8	102.2	88.3	116.5
1998	1747030	1375390	161525	210115	96.2	88.5	77.9	376.2
1999	1779688	1379154	141567	258967	101.6	100.0	87.3	122.9
2000	1859617	1442792	125315	291510	103.2	103.3	87.4	111.1
2001	2105277	1633364	121820	350093	118.3	118.4	86.1	135.2
2002	2374765	1791830	112018	490918	112.8	109.7	92.0	140.2
2003	2723285	1988162	115527	619597	114.7	111.0	103.1	126.2
2004	3230903	2339836	122021	769046	118.6	117.7	105.6	124.1
2005	3877342	2656826	136088	1084428	120.0	113.5	111.5	141.0
2006	4469480	3078254	141470	1249756	115.3	115.9	104.0	115.3
2007	5365887	3660690	159016	1546181	120.1	118.9	112.4	123.7
2008	6384902	4402592	190267	1792043	119.0	120.3	119.7	115.9
2009	7535111	5338087	227203	1969821	118.0	121.3	119.4	109.9
2010	8798003	6252755	261116	2284132	116.8	117.1	114.9	116.0
2011	11085738	7577309	322083	3186346	126.0	121.2	123.3	139.5
2012	12805461	8652112	373904	3779445	115.5	114.2	116.1	118.6
2013	15633371	9118184	359931	6155256	122.1	105.4	96.3	162.9
2014	16362974	9363412	325262	6674300	104.7	102.7	90.4	108.4
2015	17067037	10217897	327067	6522073	104.3	109.1	100.6	97.7

注:1998 年及以后职工工资总额为在岗职工的工资总额。

a)Data on total wages since1998 refer to wages of fully employed staff and workers.

5-10 职工平均工资及指数

Average Wages of Staff and Workers and Related Index

年份 Year	职工平均工资(元) Average Wages(yuan)				指数(上年=100) Index(preceding year=100)			
	总计 Total	国有单位 State-owned Units	城镇集体单位 Urban Collective-owned Units	其他单位 Units of Other Types of Ownership	总计 Total	国有单位 State-owned Units	城镇集体单位 Urban Collective-owned Units	其他单位 Units of Other Types of Ownership
1965	728	751	544					
1970	648	671	475					
1975	667	707	495					
1978	712	749	563		100.0	105.1	102.1	
1980	796	839	635		104.8	105.4	103.4	
1981	807	851	642		99.5	99.5	99.2	
1982	826	869	669		100.6	100.4	102.5	
1983	862	903	714		103.1	102.7	105.5	
1984	986	1047	801		109.0	110.5	106.9	
1985	1095	1169	872	1023	102.0	102.5	100.0	
1986	1239	1325	982	1034	107.3	107.4	106.7	95.8
1987	1301	1410	1053	1000	96.8	98.1	98.8	89.1
1988	1548	1641	1251	1105	101.7	99.5	101.5	94.4
1989	1685	1779	1381	1451	94.4	94.0	95.7	113.9
1990	1846	1971	1441	1858	107.6	108.8	102.5	125.8
1991	2012	2148	1573	1984	102.8	102.8	103.0	100.7
1992	2339	2493	1823	2292	106.9	106.8	106.6	106.3
1993	2796	2998	2107	2940	102.7	103.2	99.3	110.2
1994	3675	3942	2667	3299	105.7	105.8	101.9	90.3
1995	4134	4407	3001	3906	96.1	95.5	96.1	101.1
1996	4716	4996	3508	4283	106.0	105.4	108.6	102.0
1997	5124	5462	3551	4687	103.9	104.5	96.8	104.6
1998	5792	5979	4184	6367	102.9	101.5	99.5	119.3
1999	6347	6580	4548	6526	109.3	109.7	108.4	102.2
2000	6974	7261	4826	6947	108.5	108.9	104.8	105.1
2001	8250	8737	5525	7579	117.6	119.6	113.8	108.4
2002	9683	10287	6431	8777	116.4	116.8	115.4	114.9
2003	11279	11929	7620	10391	114.8	114.2	116.7	116.6
2004	13324	14209	9010	11965	115.2	116.2	115.4	112.3
2005	15985	16598	10804	15514	120.0	116.8	119.9	129.7
2006	18469	19386	12469	17391	115.5	116.8	115.4	112.1
2007	21884	22822	14338	20980	118.5	117.7	115.0	120.6
2008	26114	27316	18809	24476	119.3	119.7	131.2	116.7
2009	30699	32326	24344	27750	117.6	118.3	129.4	113.4
2010	35507	37602	29822	31402	115.7	116.3	122.5	113.2
2011	41481	44143	37963	36578	116.8	117.4	127.3	116.5
2012	47053	49680	46309	42032	113.4	112.5	122.0	114.9
2013	51388	54592	52107	47243	109.2	109.9	112.5	112.4
2014	54460	56987	55159	51241	106.0	104.4	105.9	108.5
2015	57870	62059	58679	52303	106.3	108.9	106.4	102.1

5-11 分行业全部在岗职工平均工资

Average Wage of All Staff and Workers Being on Duty by Sector

单位：元 (yuan)

项 目	Item	2014	2015	2015年比2014年增长(%) Increase Rate in 2015 over 2014(%)
总 计	**Total**	**54460**	**57870**	**6.3**
按企、事业和机关分组	**Grouped by Enterprises, Institutions & Agencies**			
企业	Enterprises	52659	54366	3.2
事业	Institutions	57115	63217	10.7
机关	Agencies & Organizations	58012	63557	9.6
按国民经济行业分组	**Grouped by Sector**			
农、林、牧、渔业	Farming, Forestry, Animal Husbandry and Fishery	32896	36095	9.7
采矿业	Mining	69061	69216	0.2
制造业	Manufacturing	48816	50937	4.3
电力、燃气及水的生产和供应业	Production & Supply of Electric Power, Gas and Water	70671	74525	5.5
建筑业	Construction	41628	40935	-1.7
批发和零售业	Wholesale and Retail Trade	43397	46348	6.8
交通运输、仓储和邮政业	Transportation, Storage and Postal Services	62654	64820	3.5
住宿和餐饮业	Quarters and Catering	34277	36463	6.4
信息传输、软件和信息技术服务业	Information Transmission, Software and IT Services	61332	65850	7.4
金融业	Banking	77629	80364	3.5
房地产业	Real Estate	40790	42421	4.0
租赁和商务服务业	Leasing and Commercial Services	45672	47425	3.8
科学研究和技术服务业	Scientific and Technical Services	61680	63816	3.5
水利、环境和公共设施管理业	Water Conservancy, Environment and Public Facilities Administration	40393	42551	5.3
居民服务、修理和其他服务业	Resident Services, Repairs and Other Services	40251	41405	2.9
教育	Education	64026	71844	12.2
卫生和社会工作	Health and Social Work	59351	63305	6.7
文化、体育和娱乐业	Culture, Sports & Recreational Services	55140	61421	11.4
公共管理、社会保障和社会组织	Public Administration， Social Security and Social Organizations	57429	63075	9.8
国际组织	International Organizations			

5-12 分行业职工平均工资(2015 年)

Average Wage of Staff and Workers by Sector(2015)

单位：元 (yuan)

项 目	Item	合 计 Total	国有单位 State-owned Units	城镇集体单位 Urban Collective-owned Units	其他单位 Units of Other Types of Ownership
总 计	**Total**	**57870**	**62059**	**58679**	**52303**
按企、事业和机关分组	**Grouped by Enterprises, Institutions & Agencies**				
企业	Enterprises	54366	58658	62793	52320
事业	Institutions	63217	63556	45321	57288
机关	Agencies & Organizations	63557	63639		21781
按国民经济行业分组	**Grouped by Sector**				
农、林、牧、渔业	Farming, Forestry, Animal Husbandry and Fishery	36095	36323	24802	29739
采矿业	Mining	69216	83237	39412	66334
制造业	Manufacturing	50937	64986	32593	50622
电力、燃气及水的生产和供应业	Production & Supply of Electric Power, Gas and Water	74525	76719	33147	73627
建筑业	Construction	40935	52949	28382	40659
批发和零售业	Wholesale and Retail Trade	46348	65293	30267	41678
交通运输、仓储和邮政业	Transportation, Storage and Postal Services	64820	70037	31423	50059
住宿和餐饮业	Quarters and Catering	36463	40787	29584	35618
信息传输、软件和信息技术服务业	Information Transmission, Software and IT Services	65850	59982	37515	68787
金融业	Banking	80364	76555	88029	79724
房地产业	Real Estate	42421	60532	35071	40381
租赁和商务服务业	Leasing and Commercial Services	47425	48733	41207	46595
科学研究和技术服务业	Scientific and Technical Services	63816	61956	28882	69506
水利、环境和公共设施管理业	Water Conservancy, Environment and Public Facilities Administration	42551	42894	21367	46612
居民服务、修理和其他服务业	Resident Services, Repairs and Other Services	41405	45896	30368	39659
教育	Education	71844	72237	76928	46215
卫生和社会工作	Health and Social Work	63305	64392	54246	45027
文化、体育和娱乐业	Culture, Sports & Recreational Services	61421	61959	57000	46761
公共管理、社会保障和社会组织	Public Administration，Social Security and Social Organizations	63075	63083		50007
国际组织	International Organizations				

5-13 国有单位年末就业人员和劳动报酬(2015 年)

Employed Persons at Year-end & Earnings in State-owned Units(2015)

项 目	Item	就业人员（人）Number of Employed (person)	# 女性 Female	在就业人员中 In Employed Persons # 在岗职工（人）Fully Employed Staff & Workers (person)	# 其他从业人员（人）Other Employed Persons (person)
总 计	**Total**	**1680412**	**681343**	**1643765**	**36647**
按企、事业和机关分组	**Grouped by Enterprises, Institutions & Agencies**				
企业	Enterprises	518624	158031	503340	15284
事业	Institutions	769957	392034	756492	13465
机关	Agencies & Organizations	390092	130726	382195	7897
按国民经济行业分组	**Grouped by Sector**				
农、林、牧、渔业	Farming, Forestry, Animal Husbandry and Fishery	227211	74089	219240	7971
采矿业	Mining	32382	4934	32255	127
制造业	Manufacturing	19449	4452	18982	467
电力、燃气及水的生产和供应业	Production & Supply of Electric Power, Gas and Water	51180	14295	49978	1202
建筑业	Construction	9433	1791	8900	533
批发和零售业	Wholesale and Retail Trade	19711	6622	19191	520
交通运输、仓储和邮政业	Transportation, Storage and Postal Services	151634	34806	150218	1416
住宿和餐饮业	Quarters and Catering	7508	4042	7255	253
信息传输、软件和信息技术服务业	Information Transmission, Software and IT Services	16898	8219	16426	472
金融业	Banking	41754	21808	39839	1915
房地产业	Real Estate	5349	2311	5260	89
租赁和商务服务业	Leasing and Commercial Services	20400	7150	18338	2062
科学研究和技术服务业	Scientific and Technical Services	42085	14884	41376	709
水利、环境和公共设施管理业	Water Conservancy, Environment and Public Facilities Administration	70005	31096	67038	2967
居民服务、修理和其他服务业	Resident Services, Repairs and Other Services	4968	1865	4688	280
教育	Education	345500	198455	343338	2162
卫生和社会工作	Health and Social Work	139567	84912	135349	4218
文化、体育和娱乐业	Culture, Sports & Recreational Services	33215	15660	32845	370
公共管理、社会保障和社会组织	Public Administration，Social Security and Social Organizations	442163	149952	433249	8914
国际组织	International Organizations				

5-13 续表 continued

单位：万元 (10 000 yuan)

行业	Sector	单位从业人员劳动报酬 Total Remuneration	在岗职工工资总额 Wages of Fully Employed Staff & Workers	其他从业人员劳动报酬 Remuneration for Other Employed Persons
总计	**Total**	**10307420**	**10217897**	**89523**
按企、事业和机关分组	**Grouped by Enterprises, Institutions & Agencies**			
企业	Enterprises	3014624	2975682	38942
事业	Institutions	4840412	4806564	33848
机关	Agencies & Organizations	2442502	2425774	16728
按国民经济行业分组	**Grouped by Sector**			
农、林、牧、渔业	Farming, Forestry, Animal Husbandry and Fishery	820139	800935	19204
采矿业	Mining	271649	271237	412
制造业	Manufacturing	126012	124409	1603
电力、燃气及水的生产和供应业	Production & Supply of Electric Power, Gas and Water	382410	379259	3151
建筑业	Construction	49572	47914	1658
批发和零售业	Wholesale and Retail Trade	128636	127218	1418
交通运输、仓储和邮政业	Transportation, Storage and Postal Services	1066110	1060935	5176
住宿和餐饮业	Quarters and Catering	31285	30513	772
信息传输、软件和信息技术服务业	Information Transmission, Software and IT Services	99964	98664	1299
金融业	Banking	310094	306542	3553
房地产业	Real Estate	32260	31937	324
租赁和商务服务业	Leasing and Commercial Services	92753	90775	1979
科学研究和技术服务业	Scientific and Technical Services	257827	255786	2041
水利、环境和公共设施管理业	Water Conservancy, Environment and Public Facilities Administration	293888	287898	5990
居民服务、修理和其他服务业	Resident Services, Repairs and Other Services	22287	22062	225
教育	Education	2487330	2482310	5020
卫生和社会工作	Health and Social Work	884912	869665	15247
文化、体育和娱乐业	Culture, Sports & Recreational Services	205692	204441	1251
公共管理、社会保障和社会组织	Public Administration， Social Security and Social Organizations	2744599	2725400	19199
国际组织	International Organizations			

5-14 城镇集体单位年末就业人员和劳动报酬(2015年)

Employed Persons at Year-end & Earnings in Urban Collective-owned Units(2015)

项 目	Item	就业人员（人） Number of Employed (person)	# 女 性 Female	在就业人员中 In Employed Persons # 在岗职工（人） Fully Employed Staff & Workers (person)	# 其他从业人员（人） Other Employed Persons (person)
总 计	**Total**	**58833**	**25830**	**55651**	**3182**
按企、事业和机关分组	**Grouped by Enterprises, Institutions & Agencies**				
企业	Enterprises	45405	19281	42500	2905
事业	Institutions	13405	6537	13128	277
机关	Agencies & Organizations				
按国民经济行业分组	**Grouped by Sector**				
农、林、牧、渔业	Farming, Forestry, Animal Husbandry and Fishery	570	67	570	
采矿业	Mining	1393	197	1393	
制造业	Manufacturing	8032	3033	7114	918
电力、燃气及水的生产和供应业	Production & Supply of Electric Power, Gas and Water	704	265	704	
建筑业	Construction	4182	1419	3422	760
批发和零售业	Wholesale and Retail Trade	1540	603	1510	30
交通运输、仓储和邮政业	Transportation, Storage and Postal Services	2015	435	1441	574
住宿和餐饮业	Quarters and Catering	811	375	767	44
信息传输、软件和信息技术服务业	Information Transmission, Software and IT Services	33	26	33	
金融业	Banking	23601	11930	23218	383
房地产业	Real Estate	71	45	71	
租赁和商务服务业	Leasing and Commercial Services	771	254	771	
科学研究和技术服务业	Scientific and Technical Services	803	128	803	
水利、环境和公共设施管理业	Water Conservancy, Environment and Public Facilities Administration	2687	1247	2604	83
居民服务、修理和其他服务业	Resident Services, Repairs and Other Services	1948	847	1752	196
教育	Education	293	181	264	29
卫生和社会工作	Health and Social Work	9350	4767	9185	165
文化、体育和娱乐业	Culture, Sports & Recreational Services	29	11	29	
公共管理、社会保障和社会组织	Public Administration ,Social Security and Social Organizations				
国际组织	International Organizations				

5-14 续表 continued

单位：万元 (10 000 yuan)

行 业	Sector	单位从业人员劳动报酬 Total Remuneration	在岗职工工资总额 Wages of Fully Employed Staff & Workers	其他从业人员劳动报酬 Remuneration for Other Employed Persons
总 计	**Total**	**338337**	**327067**	**11270**
按企、事业和机关分组	**Grouped by Enterprises, Institutions & Agencies**			
企业	Enterprises	278303	267626	10677
事业	Institutions	59941	59347	593
机关	Agencies & Organizations			
按国民经济行业分组	**Grouped by Sector**			
农、林、牧、渔业	Farming, Forestry, Animal Husbandry and Fishery	1414	1414	
采矿业	Mining	5461	5419	42
制造业	Manufacturing	26458	23640	2818
电力、燃气及水的生产和供应业	Production & Supply of Electric Power, Gas and Water	2271	2271	
建筑业	Construction	13618	9812	3807
批发和零售业	Wholesale and Retail Trade	4725	4604	121
交通运输、仓储和邮政业	Transportation, Storage and Postal Services	6546	4588	1958
住宿和餐饮业	Quarters and Catering	2385	2281	104
信息传输、软件和信息技术服务业	Information Transmission, Software and IT Services	124	124	
金融业	Banking	205972	204607	1366
房地产业	Real Estate	246	246	
租赁和商务服务业	Leasing and Commercial Services	3239	3239	
科学研究和技术服务业	Scientific and Technical Services	2319	2319	
水利、环境和公共设施管理业	Water Conservancy, Environment and Public Facilities Administration	5628	5489	138
居民服务、修理和其他服务业	Resident Services, Repairs and Other Services	5588	5126	462
教育	Education	2090	2031	59
卫生和社会工作	Health and Social Work	50090	49694	396
文化、体育和娱乐业	Culture, Sports & Recreational Services	165	165	
公共管理、社会保障和社会组织	Public Administration，Social Security and Social Organizations			
国际组织	International Organizations			

5-15 其他单位年末就业人员和劳动报酬(2015年)

Employed Persons at Year-end and Earnings in other Types of Ownership(2015)

项 目	Item	就业人员(人) Number of Employed (person)	#女性 Female	在就业人员中 In Employed Persons #在岗职工(人) Fully Employed Staff & Workers (person)	#其他从业人员(人) Other Employed Persons (person)
总 计	**Total**	**1243413**	**369570**	**1196130**	**47283**
按企、事业和机关分组	**Grouped by Enterprises, Institutions & Agencies**				
企业	Enterprises	1235709	365700	1188673	47036
事业	Institutions	3981	1846	3749	232
机关	Agencies & Organizations	737	197	737	
按国民经济行业分组	**Grouped by Sector**				
农、林、牧、渔业	Farming, Forestry, Animal Husbandry and Fishery	7738	2998	6940	798
采矿业	Mining	145313	20957	142070	3243
制造业	Manufacturing	439392	129983	431093	8299
电力、燃气及水的生产和供应业	Production & Supply of Electric Power, Gas and Water	90608	26217	89193	1415
建筑业	Construction	202139	25449	187614	14525
批发和零售业	Wholesale and Retail Trade	74845	38436	73503	1342
交通运输、仓储和邮政业	Transportation, Storage and Postal Services	52716	17813	50325	2391
住宿和餐饮业	Quarters and Catering	32372	18902	31840	532
信息传输、软件和信息技术服务业	Information Transmission, Software and IT Services	33309	16816	33197	112
金融业	Banking	50357	28218	40346	10011
房地产业	Real Estate	48531	21436	47209	1322
租赁和商务服务业	Leasing and Commercial Services	24930	6560	24353	577
科学研究和技术服务业	Scientific and Technical Services	20324	5452	18830	1494
水利、环境和公共设施管理业	Water Conservancy, Environment and Public Facilities Administration	8203	3096	7579	624
居民服务、修理和其他服务业	Resident Services, Repairs and Other Services	1799	838	1693	106
教育	Education	5685	3239	5401	284
卫生和社会工作	Health and Social Work	3594	2411	3510	84
文化、体育和娱乐业	Culture, Sports & Recreational Services	1288	570	1164	124
公共管理、社会保障和社会组织	Public Administration， Social Security and Social Organizations	270	179	270	
国际组织	International Organizations				

注:本表数据口径为除国有单位、城镇集体单位、私营企业和个体以外的城镇就业人员。

a)Data in the table is the employed in Urban except from State owned Unit 、Urban Collective owned Unit、Private Enterprises and Self-employed Individuals.

5-15 续表 continued

单位：万元 (10 000 yuan)

行 业	Sector	单位从业人员劳动报酬 Total Remuneration	在岗职工工资总额 Wages of Fully Employed Staff & Workers	其他从业人员劳动报酬 Remuneration for Other Employed Persons
总 计	**Total**	**6764819**	**6522073**	**242746**
按企、事业和机关分组	**Grouped by Enterprises, Institutions & Agencies**			
企业	Enterprises	6728099	6485801	242298.1
事业	Institutions	21541	21128	413
机关	Agencies & Organizations	1618	1618	
按国民经济行业分组	**Grouped by Sector**			
农、林、牧、渔业	Farming, Forestry, Animal Husbandry and Fishery	21800	20558	1242
采矿业	Mining	978341	957259	21083
制造业	Manufacturing	2223742	2189905	33837
电力、燃气及水的生产和供应业	Production & Supply of Electric Power, Gas and Water	660651	656058	4593
建筑业	Construction	1076541	961682	114859
批发和零售业	Wholesale and Retail Trade	311496	307600	3897
交通运输、仓储和邮政业	Transportation, Storage and Postal Services	259470	251445	8025
住宿和餐饮业	Quarters and Catering	115543	114010	1533
信息传输、软件和信息技术服务业	Information Transmission, Software and IT Services	228724	228317	407
金融业	Banking	355838	319660	36178
房地产业	Real Estate	192512	188194	4318
租赁和商务服务业	Leasing and Commercial Services	111285	109237	2048
科学研究和技术服务业	Scientific and Technical Services	134979	128086	6892
水利、环境和公共设施管理业	Water Conservancy, Environment and Public Facilities Administration	38672	36045	2627
居民服务、修理和其他服务业	Resident Services, Repairs and Other Services	6860	6714	146
教育	Education	25200	24591	609
卫生和社会工作	Health and Social Work	15934	15737	197
文化、体育和娱乐业	Culture, Sports & Recreational Services	5880	5625	255
公共管理、社会保障和社会组织	Public Administration，Social Security and Social Organizations	1350	1350	
国际组织	International Organizations			

主要统计指标解释

经济活动人口 指在16岁以上,有劳动能力,参加或要求参加社会经济活动的人口;包括从业人员和失业人员。

从业人员 指从事一定社会劳动并取得劳动报酬或经营收入的人员,包括全部职工、再就业的离退休人员、私营业主、个体户主、私营和个体从业人员、乡镇企业从业人员、农村从业人员、其他从业人员(包括民办教师、宗教职业者、现役军人等)。这一指标反映了一定时期内全部劳动力资源的实际利用情况,是研究我国基本国情国力的重要指标。

各单位的从业人员 指在各级国家机关、政党机关、社会团体及企业、事业单位中工作,取得工资或其他形式的劳动报酬的全部人员。包括在岗职工、再就业的离退休人员、民办教师以及在各单位中工作的外方人员和港澳台方人员、兼职人员、借用的外单位人员和第二职业者。不包括离开本单位仍保留劳动关系的职工。各单位的从业人员反映了各单位实际参加生产或工作的全部劳动力。

城镇私营和个体从业人员 城镇私营从业人员指在工商管理部门注册登记,其经营地址设在县城关镇(含城关镇)以上的私营企业从业人员;包括私营企业投资者和雇工。城镇个体从业人员指在工商管理部门注册登记,并持有城镇户口或在城镇长期居住,经批准从事个体工商经营的从业人员;包括个体经营者和在个体工商户劳动的家庭帮工和雇工。

城镇登记失业人员 指有非农业户口,在一定的劳动年龄内,有劳动能力,无业而要求就业,并在当地就业服务机构进行求职登记的人员。

城镇登记失业率 指城镇登记失业人数同城镇从业人数与城镇登记失业人数之和的比。计算公式为:

城镇登记失业率 = 城镇登记失业人数 /(城镇从业人数 + 城镇登记失业人数) × 100%

职工 指在国有经济、城镇集体经济、联营经济、股份制经济、外商和港、澳、台投资经济、其他经济单位及其附属机构工作,并由其支付工资的各类人员,不包括返聘的离退休人员、民办教师、在国有经济单位工作的外方人员和港、澳、台人员(1998年以后的数据均为在岗职工数据,其他相关指标如职工工资总额,职工平均工资等指标也从1998年按此口径进行了相应调整)。

国有单位职工 指在国有经济单位及其附属机构工作,并由其支付工资的各类人员。

城镇集体单位职工 指在城镇集体经济单位及其管理部门工作,并由其支付工资的各类人员。

其他单位职工 指在联营经济、股份制经济、外商投资经济、港、澳、台投资经济单位工作,并由其支付工资的各类人员。

在岗职工 指在本单位工作并由单位支付工资的人员,以及有工作岗位,但由于学习、病伤产假等原因暂未工作,仍由单位支付工资的人员。

职工工资总额 指各单位在一定时期内直接支付给本单位全部职工的劳动报酬总额。工资总额的计算原则应以直接支付给职工的全部劳动报酬为根据。各单位支付给职工的劳动报酬以及其他根据有关规定支付的工资,不论是计入成本的还是不计入成本的,不论是按国家规定列入计征奖金税项目的,还是未列入计征奖金税项目的,不论是以货币形式支付的还是以实物形式支付的,均包括在工资总额内。

奖金 指支付给职工的超额劳动报酬和增收节支的劳动报酬。

津贴和补贴 指为了补偿职工特殊或额外的劳动消耗和因其他特殊原因支付给职工的津贴,以及为了保证职工工资水平不受物价影响支付给职工的物价补贴。

职工平均工资 指企业、事业、机关单位的职工在一定时期内平均每人所得的货币工资额。它表明一定时期职工工资收入的高低程度,是反映职工工资水平的主要指标。计算公式为:

职工平均工资 = 报告期实际支付的全部职工工资总额 / 报告期全部职工平均人数

职工平均工资指数 指报告期职工平均工资与基期职工平均工资的比率,是反映不同时期职工货币工资水平变动情况的相对数。计算公式为:

职工平均工资指数 = 报告期职工平均工资 / 基期职工平均工资

职工平均实际工资指数 职工平均实际工资指扣除物价变动因素后的职工平均工资。职工平均实际工资指数是反映实际工资变动情况的相对数,表明职工实际工资水平提高或降低的程度。计算公式为:

职工平均实际工资指数 = 报告期职工平均工资指数 / 报告期城镇居民消费价格指数 × 100%

Explanatory Notes on Main Statistical Indicators

Economically Active Population refers to the population aged 16 and over who are capable to work, are participating in or willing to participate in economic activities, including employed persons and unemployed persons.

Employees refers to the persons who are engaged in social labor and receive remuneration payment or earn business income, including: total staff and workers, re–employed retirees, employers of private enterprises, self–employed workers, employers in private and individual economy, employees in township, employed persons in the rural areas, and other employed persons (including teachers in the schools run by the local people, people engaged in religious profession and the servicemen, etc.) . This indicator reflects the actual utilization of total labor force during a certain period of time and is often used for the research on China's economic affairs and national power.

Persons Employed in Various Units refer to all the persons working in government agencies of various levels, political and party organizations, social organizations, enterprises and institutions, and receiving wages or other forms of payment. They include fully employed staff and workers, re–employed retirees, teachers in schools run by the local people, foreigners and Chinese compatriots from Hong Kong, Macao and Taiwan working in various units, part time employees, employees of other units working temporarily at current posts, and employees holding the second job, but exclude staff and workers who have left their working units while keeping their labor contract (employment relation) unchanged. This indicator reflects the total number of laborers actually engaged in production or other operations in various units.

Persons–Employed in Private Enterprises and Self Employed Individuals in Urban Areas Persons employed in private enterprises refer to the persons employed in the private enterprises which have been registered at the departments of industrial and commercial administration and are situated at a county town (i. e. a town where the county government is located) for business operation or at urban areas with the level higher than a county town. The self employed individuals in urban areas refer to persons who hold the certificates of residence in urban areas or have resided in the urban areas for a long time and have been registered at the departments of industrial and commercial administration and approved to be engaged in individual industrial or commercial business, including self–employed persons as well as helpers and hired laborers who work in the individual households engaged in industrial or commercial business.

Registered Urban Unemployed Persons The registered unemployed persons in urban areas refer to the persons who are registered as permanent residents in the urban areas engaged in non agricultural activities, aged within the range of working age, capable to labor, unemployed but desirous to be employed and have been registered at the local employment service agencies to apply for a job.

Registered Urban Unemployment Rate Registered unemployment rate in urban areas refers to the ratio of the number of the registered unemployed persons to the sum of the number of employed persons and the registered unemployed persons. The formula is as follows:

Registered urban unemployment rate = number of registered urban unemployed persons / (urban employed person number + registered urban unemployed person number) × 100%

Staff and Workers refer to the persons who work in (and receive payment there from) enterprises and institutions of state ownership, collective ownership, joint ownership, share holding, foreign ownership, and ownership by entrepreneurs from Hong Kong, Macao, and Taiwan, and other types of ownership and their affiliated units, excluding the retired persons invited to work in the units again, teachers in the schools run by the local people and foreigners and persons coming from Hong Kong, Macao, and Taiwan and working in the state owned economic units. (The figures since 1998 refer to those of fully employed staff and workers. Other relative figures since 1998, such as total wages of staff and workers, average wage of staff and workers, etc. , were adjusted according to the standard) .

Staff and Workers in State owned–Economic Units refer to the persons who work in the state owned economic units or their attached units and are listed in their payrolls.

Staff and Workers of Collective Owned Units in Urban Areas refer to the persons who work in collective owned units in urban areas and their administration departments and receive payment there from.

Staff and Workers in Units of Other types of Ownership refer to those who work in (and receive payment there from) enterprises and institutions of joint ownership, share holding, foreign ownership, and ownership by entrepreneurs from Hong Kong, Macao, and Taiwan.

Fully Employed Staff and Workers refer to persons who work in, and receive wages from their working units, as well as persons who have their work posts, but are temporarily absent from work for reasons of study or on sick, injury or maternal leave and still receive wages from their working units.

Total Wages of Staff and Workers refer to the total remuneration payment to staff and workers in various units during a certain period of time. The calculation of total wages is based on the total remuneration payment to the staff and workers. Therefore, all the wages and salaries and other payments to staff and workers are included in the total wages regardless of their sources, category, and forms (in kind or cash) .

Bonus refers to remuneration payment to workers for extra work and for increasing earnings and practicing economy.

Subsidies and Allowances refer to subsidies paid to staff and workers for compensating special or extra labor and allowances paid to staff and workers to offset the impact of inflation on real wages.

Average Wage of Staff and Workers refers to the average wage in money terms per person during a certain period of time for staff and workers in enterprises, institutions, and government agencies, which reflects the

general level of wage income during a certain period of time and is calculated as follows:

Average Wage of Staff and Workers = Total Wages of Staff and Workers in Reference Period / Average Number of Staff and Workers in Reference Period

Index of Average Wage of Staff and Worker refers to the ratio of average wage of staff and workers at the report time to that at the reference time. It reflects the relative changing degree of average wage in money terms at the several of time, which is calculated as following:

Index of Average Wage of Staff and Worker = average wage of staff and workers at the report time / average wage of staff and workers at the reference time

Index of Average Real Wage of Staff and Worker refers to the average wage which has removed the factor of price change. Index of average real wage of staff and worker reflects the relative changing degree of average real wage, and indicates the degree of the rising or declining degree of real wage of staff and worker, which is calculated as following:

Index of Average Real Wage of Staff and Worker = Index of Average Wage of Staff and Worker at the Report Time / Urban Consumer Prices Index at the Report Time × 100%

2016 NEIMENGGU

六、固定资产投资

Investment in Fixed Assets

资料整理：李 宇　范莉蕾
Arranged By　Liyu,　Fan Lilei

6-1 全社会固定资产投资
Total Investment in Fixed Assets

指标	Item	2014	2015	2015年比2014年增长% Increase Rate in 2015 over 2014(%)
投资总额(亿元)	**Total Investment(100 million yuan)**	**12074.24**	**13824.76**	**14.5**
#房地产开发	Real Estate Development	1370.88	1081.05	-21.1
按登记注册类型分	Grouped by Status of Registration			
内资投资	Domistic-funded Enterprises	11797.32	13528.41	14.7
国有	State-owned Units	4573.33	5403.82	18.2
集体	Collective-owned Units	74.55	124.01	66.3
股份合作	Cooperative Units	18.33	19.50	6.4
联营	Joint-ownership Economic Units	3.67	27.93	661.0
#国有联营	State Joint-ownership Economic Units	2.48	23.88	862.9
集体联营	Collective Joint-ownership Enterprises	0.05	0.49	880.0
国有与集体联营	Joint State-collective	0.66	0.99	50.0
有限责任公司	Limited Liability Corporations	4355.36	4716.38	8.3
#国有独资	Exclusive State-funded	194.14	241.90	24.6
股份有限公司	Share-holding Corporations	455.45	577.02	26.7
私营	Private Enterprises	2043.45	2332.35	14.1
其他	Others	273.18	327.40	19.8
港澳台商投资	Economic Units Funded by Entrepreneurs from Hong Kong.Macao and Taiwan	38.85	43.36	11.6
外商投资	Foreign Funded Economic Units	50.07	30.61	-38.9
个人投资	Individuals	188.00	222.37	18.3
#农村个人（农户）	Rural Individuals	153.98	173.07	12.4
按资金来源分	Grouped by Source of Funds			
国家预算内资金	State Budgetary Appropriation	684.99	705.84	3.0
国内贷款	Domestic Loans	1529.90	1750.89	14.4
利用外资	Foreign Investment	10.20	6.86	-32.7
自筹资金	Fund Raising	9417.33	10540.06	11.9
其他资金	Others	686.37	673.97	-1.8
按构成分	Grouped by Use of Funds			
建筑安装工程	Construction and Installation	8411.23	9802.78	16.5
设备工器具购置	Purchase of Equipment and Instruments	2820.48	3326.79	18.0
其他费用	Others	842.54	695.19	-17.5
房屋建筑面积(万平方米)	**Floor Space of Buildings(10 000 sq.m)**			
施工面积	Floor Space under Construction	23710.72	23619.48	-0.4
竣工面积	Floor Space Completed	3828.74	4506.60	17.7
#住宅	Residential Buildings	2057.08	2713.09	31.9

注：1.按资金来源分组为财务拨款数，各项相加不等于投资总额。以下各表同。

2.由于投资统计制度改革，从2014年起，投资统计范围由城乡计划总投资50万元及以上建设项目，调整为城乡计划总投资500万元及以上建设项目，并对2002年以后数据进行了修订。以下各表同。

a)Total investment grouped by sources of finance refers to financial appropriation, and the broken down figures do not add up to the total. The same as in the following tables.

b)Since the reform of the investment system, from 2014 onwards, investment statistics by the scope of urban and rural plans a total investment of more than $ 500,000 and construction projects, adjusted for the rural and urban plans a total investment of 500 million yuan construction project and. And since 2002 data were revised. The same as in the following tables.

6-2 全社会固定资产投资(按登记注册类型和产业分)

单位：亿元

年 份 Year	投资总额 Total Investment	# 住宅 Residential Buildings	按登记注册类型分 By status of Registration 国有及国有控股 State-owned or Controlling Share Hold Units	集体 Collective-owned Units	#城镇集体 Urban
1985	52.42	11.17	39.10	2.51	1.38
1986	47.57	7.76	37.00	2.52	1.54
1987	53.32	9.65	39.06	3.07	1.86
1988	72.05	12.61	49.23	4.44	2.43
1989	70.68	12.71	52.92	3.98	2.06
1990	70.77	13.71	56.77	3.06	1.32
1991	100.66	19.64	81.63	4.72	1.98
1992	149.24	15.38	123.61	6.52	3.29
1993	217.40	41.26	178.41	7.93	3.72
1994	250.99	46.65	200.74	8.29	2.41
1995	273.06	51.93	210.00	11.14	2.42
1996	275.54	59.47	208.10	11.96	2.87
1997	317.50	59.63	223.35	12.37	2.83
1998	350.16	77.27	225.69	14.69	2.60
1999	383.37	87.06	241.76	24.51	2.63
2000	430.42	87.38	275.06	27.15	3.61
2001	496.43	96.04	269.69	28.00	4.01
2002	687.07	94.50	356.43	26.85	7.24
2003	976.54	92.26	509.25	26.68	9.01
2004	1333.66	113.68	878.68	26.31	9.94
2005	1808.31	138.60	1106.52	27.68	9.98
2006	2291.70	251.73	1159.86	41.50	19.33
2007	2963.40	352.43	1495.03	59.61	30.58
2008	3770.67	500.32	1875.01	43.27	39.75
2009	5069.29	500.38	2488.96	47.85	41.93
2010	6035.68	645.84	2819.55	73.16	58.87
2011	7332.86	908.08	2986.35	85.10	81.08
2012	8821.13	788.53	3456.10	164.12	149.83
2013	10441.60	1239.65	4395.46	86.91	62.73
2014	12074.24	1182.70	5186.18	74.55	46.97
2015	13824.76	1107.41	6244.69	124.01	

Total Investment in Fixed Assets by Status of Registration and Industry

(100 millon yuan)

个体 Indivi duals	#农村个人投资(农户) Indivdual Invest-ment in Rural Areas	其他类型投资 Others	按隶属关系分 By Administrative Relationship: 中央项目 Central Government Projects	地方项目 Local Projects
10.81	8.74		23.44	28.98
8.05	6.00		17.48	30.09
11.19	8.86		17.96	35.36
18.38	14.91		24.63	47.42
13.78	10.84		29.31	41.37
10.94	8.13		29.81	40.96
14.31	11.03		42.16	58.50
19.11	13.27		62.50	86.74
19.68	12.66	11.38	78.02	139.38
30.46	23.23	11.50	92.55	158.44
44.09	36.53	7.83	98.50	174.56
44.18	36.66	11.30	96.53	179.01
45.90	39.01	35.88	142.34	175.16
53.03	40.94	56.75	109.49	240.67
55.06	43.01	62.04	90.28	293.09
51.64	45.88	76.57	60.41	370.01
86.25	48.74	112.49	60.31	436.12
96.63	50.12	207.17	99.69	587.39
112.12	44.96	328.49	104.79	871.75
58.74	42.94	369.93	111.20	1222.46
56.69	41.75	617.42	172.00	1636.30
51.20	44.11	1039.13	277.67	2014.03
59.46	50.28	1349.30	341.25	2622.15
67.75	54.10	1784.64	544.06	3226.61
67.69	56.61	2464.80	557.87	4511.42
70.94	61.37	3072.04	627.36	5408.32
97.14	75.48	4164.27	549.77	6783.08
123.00	84.75	5077.92	573.51	8247.63
181.14	144.99	5778.09	678.22	9763.38
188.00	153.98	6625.51	754.44	11319.80
222.37	173.07	7233.69	740.43	13084.34

6-2 续表 continued

单位：亿元 (100 million yuan)

年份 Year	按三次产业分 Grouped by Type of Industry			房屋建筑面积 Floor Space of Buildings		
	第一产业 Primary Industry	第二产业 Secondary Industry	第三产业 Tertiary Industry	施工面积 (万平方米) Floor space under Construction (10 000 sq.m)	竣工面积 (万平方米) Floor Space Completed (10 000 sq.m)	#住宅 Residential Buildings
1985	4.85	25.69	33.05	2524.6	2064.4	1379.2
1986	3.49	23.66	28.18	1769.8	1359.5	931.6
1987	1.92	26.55	34.50	1892.3	1518.8	1023.8
1988	5.58	38.89	40.19	1953.1	1513.5	1088.9
1989	5.38	42.05	35.96	1638.0	1282.4	912.5
1990	5.39	40.55	38.54	1490.0	1159.8	844.4
1991	8.02	54.53	57.75	2122.2	1570.8	1167.8
1992	10.18	81.05	73.39	1408.0	1409.7	959.8
1993	7.62	106.17	103.61	1752.9	1885.1	1230.1
1994	11.25	132.09	106.65	2419.0	1907.2	1413.8
1995	18.95	143.34	110.77	2744.2	2216.0	1569.3
1996	16.75	128.90	129.89	2749.9	2099.7	1584.2
1997	24.15	145.14	148.22	2972.9	2476.6	1709.1
1998	29.44	131.69	221.67	3276.4	2638.7	1788.7
1999	37.27	101.92	240.25	3342.6	2555.1	1825.2
2000	38.03	117.76	274.63	3444.1	2599.9	1874.9
2001	40.79	152.86	302.78	3633.2	2618.2	1807.8
2002	77.66	235.93	373.49	3919.9	2797.5	1782.4
2003	73.30	410.57	492.67	5108.9	3239.0	2027.5
2004	81.63	678.56	573.46	5702.4	3358.7	1991.0
2005	87.11	983.84	737.36	6411.7	3274.2	1881.9
2006	115.66	1221.43	954.61	8047.1	3807.8	2274.7
2007	123.39	1495.55	1344.46	10284.7	4210.1	2698.6
2008	192.93	1947.97	1629.77	12797.0	4255.1	2716.1
2009	274.29	2577.83	1716.78	14784.4	4457.4	2874.8
2010	289.70	2978.73	2121.42	18817.2	4760.8	3177.4
2011	378.93	3456.87	2588.97	23153.1	4663.8	2753.5
2012	486.97	4390.48	3155.15	25343.6	5039.0	2683.3
2013	698.22	4860.99	3702.96	26793.1	5343.3	3319.7
2014	838.17	5654.53	4398.84	23710.7	3828.7	2057.1
2015	892.68	6607.46	5217.22	23619.5	4506.6	2713.1

注：按产业划分全社会固定资产投资不含住宅投资。

a)Total Investment in Fixed Assets by Three Strata of Industry does not include Residential Buildings.

6-3 全社会固定资产投资(按资金来源和构成分)

Total Investment of Fixed Assets by Source of Finance & Use of Fund

年份 Year	按资金来源分 Grouped by Source of Finance				按构成分 Grouped by Use of Funds		
	国家预算内资金 State Budgetary Appropriations	国内贷款 Domestic Loans	利用外资 Foreign Investment	自筹和其他资金 Fund Raising and Others	建筑安装工程 Construction and Installation	设备工具器具购置 Purchase of Equipment & Instruments	其他费用 Others
投资额(万元) Investment (10 000 yuan)							
1994	190289	646675	172001	1442919	1538978	657469	278796
1995	175546	583256	232002	1617671	1609643	749927	370991
1996	150246	710872	76386	1661729	1666690	664510	424171
1997	143587	997032	79710	1880868	1937796	753100	484275
1998	266157	888211	45659	2211536	2306538	708744	486673
1999	442502	689372	144490	2442264	2627258	735037	417817
2000	435776	761680	155448	2732802	2985528	870546	448109
2001	437274	1066975	301567	2867155	3439701	939451	585138
2002	1079725	1054904	173749	3896938	4493461	1463467	913808
2003	1055992	1937600	77504	6616903	6376791	2070260	1318326
2004	999337	2336287	108036	10060888	8962178	3000729	1373667
2005	1076190	3611620	109443	13443251	12368814	3978273	1735974
2006	1092392	2812329	162697	19174972	16087736	4697985	2131281
2007	1141297	3153584	210239	25529012	20832679	6104597	2696691
2008	1632637	2733717	341715	33260225	25489733	8484009	3732964
2009	2983176	5233642	104673	44014931	34268397	11456594	4967904
2010	2621472	7800477	63938	53452449	40137303	14183859	6035685
2011	3424127	8918656	79631	67208441	51330011	16498932	5499644
2012	4294511	10362842	186718	78514866	61571521	20376821	6263006
2013	5477012	12395484	61910	89595174	74097667	22849555	7468761
2014	6849856	15298955	102030	101036972	84112256	28204785	8425372
2015	7058390	17508893	68609	112140255	98027788	33267926	6951933
构成(%) Percentage							
1994	7.8	26.4	7.0	58.8	62.2	26.6	11.2
1995	6.7	22.4	8.9	62.0	58.9	27.5	13.6
1996	5.8	27.3	2.9	63.9	60.5	24.1	15.4
1997	4.6	32.2	2.6	60.6	61.0	23.7	15.3
1998	7.8	26.1	1.3	64.8	65.9	20.2	13.9
1999	11.9	18.5	3.9	65.7	69.5	19.4	11.1
2000	10.7	18.6	3.8	66.9	69.4	20.2	10.4
2001	9.3	22.8	6.5	61.4	69.3	18.9	11.8
2002	17.4	17.0	2.8	62.8	65.4	21.3	13.3
2003	10.9	20.0	0.8	68.3	65.3	21.2	13.5
2004	7.4	17.3	0.8	74.5	67.2	22.5	10.3
2005	5.9	19.8	0.6	73.7	68.4	22.0	9.6
2006	4.7	12.1	0.7	82.5	70.2	20.5	9.3
2007	3.8	10.5	0.7	85.0	70.3	20.6	9.1
2008	4.3	7.2	0.9	87.6	67.6	22.5	9.9
2009	5.7	10.0	0.2	84.1	67.6	22.6	9.8
2010	4.1	12.2	0.1	83.6	66.5	23.4	10.0
2011	4.3	11.2	0.1	84.4	70.0	22.6	7.5
2012	4.6	11.1	0.2	84.1	69.8	23.1	7.1
2013	5.1	11.5	0.1	83.3	71.0	21.9	7.1
2014	5.6	12.4	0.1	82.0	69.7	23.4	7.0
2015	5.2	12.8	0.1	82.0	70.9	24.1	5.0

6-4 按登记注册类型分的全社会固定资产投资(2015 年)

指标	Item	总计 Total	内资 国有 State-owned Units	集体 Collective-owned Units	股份合作 Coopeative Units
投资总额(万元)	**Total Investment(10 000 yuan)**	**138247647**	**54038245**	**1240056**	**194950**
#房地产开发	Real Estate Development	10810542	39754		7800
按资金来源分	Grouped by Source of Funds				
国家预算内资金	State Appropriations	7058390	6649278	49287	2275
国内贷款	Domestic Loans	17508893	8344142	44684	6382
利用外资	Foreign Investment	68609	18709		
自筹资金	Fund Raising	105400584	34176063	1021185	199538
其他资金	Others	6739671	2265035	111286	2600
按构成分	Grouped by Use of Funds				
建筑安装工程	Construction and Installation	98027788	43111449	1113780	77110
设备、工具器具购置	Purchase of Equipment & Instruments	33267926	8161971	79564	79640
其他费用	Others	6951933	2764825	46712	38200
新增固定资产(万元)	**Newly Increased Fixed Assets (10 000 yuan)**	**107188764**	**43439482**	**1912833**	**280514**
房屋建筑面积(万平方米)	**Floor Space of Buildings (10 000 sq.m)**				
施工面积	Floor Space Under Construction	23619.48	3342.8	51.35	26.05
竣工面积	Floor Space Completed	4506.60	981.16	41.66	21.11
# 住宅	Residential Buildings	2713.09	456.38	32.79	

Total Investment in Fixed Assets by Status of Registration(2015)

Domistic-funded Enterprises					港澳台投资 Economic Units Funded by Entrepreneurs from HK,Macao & Taiwan	外商投资 Foreign Funded Economic Units	个 人 投 资 Indivi-duals	
联营经济 Joint-owned Economic Units	有限责任公司 Limited Liabibity Corp.	股份有限公司 Share-holding Corp.Ltd.	私营 Private Enter-prises	其他 Others				#个体经营 Manage by Individuals
279250	**47163824**	**5770227**	**23323536**	**3274029**	**433648**	**306142**	**2223740**	**2112933**
	5286025	239737	5225815	60		11351		
	216239	29675	35054	75082	1500			
15353	4864414	888888	2931233	211020	94028	10964	97785	91785
	37000		9400		3500			
262282	39468522	4740517	20030246	2879968	308607	283650	2030006	1927399
3000	2659000	229776	1145208	215982	5990	15953	85841	82841
252122	29829872	3605742	15680100	2572679	248811	150146	1385977	1284370
25160	15033073	2036235	6231511	626242	164873	136628	693029	686829
1968	2300879	128250	1411925	75108	19964	19368	144734	141734
276745	**34261503**	**4283328**	**15844821**	**3921766**	**230856**	**403914**	**2333002**	**2214395**
	8781.24	721.78	9389.95	137.08	12.77	92.75	1063.72	1053.5
	1161.60	120.49	1008.52	107.99	0.52	25.03	1038.52	1037.18
	684.11	65.40	561.41	14.61		17.48	880.90	880.90

6-5 按各种分组的国有经济固定资产投资

Investment in Fixed Assets of State-owned Units by Group

指 标	Item	1995	2000	2005	2010	2015
投资总额(万元)	**Total Investment(10 000 yuan)**	**2099845**	**2750621**	**7935361**	**23758581**	**54038245**
按资金来源分	Grouped by Source of Funds					
国家预算内资金	State Budgetary Appropriations	167282	375824	1077880	2768142	6649278
国内贷款	Domestic Loans	514959	509425	2196445	4141791	8344142
利用外资	Foreign Investment	207128	127053	53589	9560	18709
自筹资金	Fund Raising	939696	1139959	3696181	16031830	34176063
其他资金	Others	153491	454853	1024076	1382371	2265035
按构成分	Grouped by Use of Funds					
建筑安装工程	Construction and Installation	1173494	1925160	6112613	17161674	43111449
设备、工具器具购置	Purchase of Equipment and Instruments	615448	554610	1037607	3859614	8161971
其他费用	Others	310903	270851	785142	2737293	2764825
按建设性质分	Grouped by Type of Construction					
# 新建	New Construction	820541	588067	4830214	17300144	37807695
扩建	Expansion	917390	1258468	1785369	3347894	8126438
改建	Reconstruction	242964	604524	1002187	2390144	6863670
按产业分	Grouped by Type of Industry					
第一产业	Primary Industry	22483	162552	540456	1665683	4692177
第二产业	Secondary Industry	1350248	774968	2626260	7413077	14639756
第三产业	Tertiary Industry	488069	1460516	4425514	13851138	32455187
按国民经济主要行业分	Grouped by Main Sector					
农业	Agriculture	22483	162552	540473	1750423	4698507
工业	Industry	1341029	767129	2612136	7068228	12791186
# 能源工业	Energy	800786	427666	2245981	5465568	6887119
运输邮电业	Transportation, Postal and Telecommunications Services	280048	866275	2464627	6361089	9596443
新增固定资产(万元)	**Newly Increased Fixed Assets(10 000 yuan)**	**1766780**	**1877577**	**5621682**	**16380523**	**43439482**
房屋建筑面积(万平方米)	**Floor Space of Buildings(10 000 sq.m)**					
施工面积	Floor Space Under Construction	874.36	1177.96	1456.94	2941.93	3342.80
竣工面积	Floor Space Completed	493.23	757.69	760.68	808.00	981.16
# 住宅	Residential Buildings	281.08	466.73	303.53	334.62	456.38

注：1.改建投资中不含单纯建造生活设施投资。

2.按国民经济行业分、按建设性质分和按产业分不含房地产投资和住宅投资，其他统计分组的含。

a) The investment in reconstruction includes the investment in construction of facilities simply for the improvement of residents'life.

b) The investment in the real estate development is not included in the investment grouped by main sector and by Type of Industry.

6-6 按各种分组的城镇固定资产投资

Investment in Fixed Assets in Urban Area by Group

指 标	Item	2010	2011	2012	2013	2014
投资总额(万元)	**Total Investment(10 000 yuan)**	**57467622**	**69719147**	**83762814**	**98279124**	**112302430**
隶属关系分	By Administrative Relationship					
中央项目	Central Government Projects	7255566	6287790	6620786	6670502	7433155
地方项目	Local Projects	50212056	63431357	77142028	91608622	104869275
按资金来源分	Grouped by Source of Funds					
国家预算内资金	State Budgetary Appropriations	2821724	3684167	4512172	4828607	6103822
国内贷款	Domestic Loans	8604373	9900248	11445884	11999812	14233735
利用外资	Foreign Investment	40304	68683	119000	46756	79230
自筹资金	Fund Raising	45921291	56881221	66867257	77476575	86793131
其他资金	Others	3328838	5117764	5456104	6188314	6705335
按构成分	Grouped by Use of Funds					
建筑安装工程	Construction and Installation	39234923	50540304	60481768	69627943	77921542
设备、工具器具购置	Purchase of Equipment and Instruments	11575914	13516540	16747086	21467011	26406960
其他费用	Others	6656785	5662303	6533960	7184170	7973928
按产业分	Grouped by Type of Industry					
第一产业	Primary Industry	2001743	2418049	3372068	4839570	5050769
第二产业	Secondary Industry	26230813	30394355	36153076	43021456	49839537
第三产业	Tertiary Industry	21219017	26129369	31542917	35724160	41846787
按国民经济主要行业分	Grouped by Main Sector					
农业	Agriculture	2107693	2444552	3400242	4854032	5050810
工业	Industry	25689356	29863498	35494253	42341182	48871348
# 能源工业	Energy	13709906	12414003	10046870	11722494	14203223
运输邮电业	Transportation, Postal and Telecommunications Services	7825665	7461039	9063757	9639781	9999119
新增固定资产(万元)	**Newly Increased Fixed Assets(10 000 yuan)**	**37464181**	**49740676**	**56062714**	**65413779**	**82460390**
房屋建筑面积(万平方米)	**Floor Space of Buildings(10 000 sq.m)**					
施工面积	Floor Space Under Construction	17188.09	23085.30	25161.40	25749.53	23418.16
竣工面积	Floor Space Completed	3731.43	4368.28	4946.23	4570.28	3721.50
# 住宅	Residential Buildings	2244.41	2546.69	2427.99	2587.79	2015.78

注:按国民经济行业分、按产业分不含房地产投资和住宅投资,其他统计分组的含。

a) The investment in the real estate development is not included in the investment grouped by main sector and by Type of Industry.

6-7 按各种分组的固定资产投资(不含农户)

Investment in Fixed Assets（Excluding Rural Households) by Group

指 标	Item	2014	2015	2015年比2014年增长% Increase Rate in 2015 over 2014(%)
投资总额(万元)	**Total Investment(10 000 yuan)**	**119202619**	**136516949**	**14.5**
隶属关系分	By Administrative Relationship			
中央项目	Central Government Projects	7544440	7404276	-1.9
地方项目	Local Projects	111658179	129112673	15.6
按资金来源分	Grouped by Source of Funds			
国家预算内资金	State Budgetary Appropriations	6849856	7058390	3.0
国内贷款	Domestic Loans	15180681	17426328	14.8
利用外资	Foreign Investment	102030	68609	-32.8
自筹资金	Fund Raising	92751774	103831174	11.9
其他资金	Others	6863678	6660948	-3.0
按构成分	Grouped by Use of Funds			
建筑安装工程	Construction and Installation	83210408	96963101	16.5
设备、工具器具购置	Purchase of Equipment and Instruments	27671006	32737489	18.3
其他费用	Others	8321205	6816359	-18.1
按产业分	Grouped by Type of Industry			
第一产业	Primary Industry	7555485	8197951	8.5
第二产业	Secondary Industry	52053399	61883871	18.9
第三产业	Tertiary Industry	43949903	52080611	18.5
按国民经济主要行业分	Grouped by Main Sector			
农业	Agriculture	7556026	8204711	8.6
工业	Industry	50960144	60320217	18.4
# 能源工业	Energy	14720360	17825802	21.1
运输邮电业	Transportation, Postal and Telecommunications Services	10280328	12299509	19.6
新增固定资产(万元)	**Newly Increased Fixed Assets(10 000 yuan)**	**88423666**	**105468290**	**19.3**
房屋建筑面积(万平方米)	**Floor Space of Buildings(10 000 sq.m)**			
施工面积	Floor Space Under Construction	23710.63	22624.48	-4.6
竣工面积	Floor Space Completed	3828.65	3519.60	-8.1
# 住宅	Residential Buildings	2057.01	1834.09	-10.8

注：按国民经济行业分、按产业分不含房地产投资和住宅投资，其他统计分组的含。

a) The investment in the real estate development is not included in the investment grouped by main sector and by Type of Industry.

6-8 国民经济各行业按建设性质分的固定资产投资(2015 年)

Investment in Fixed Assets by Type of Construction (2015)

单位：万元 (10 000 yuan)

行 业	Sector	投资额 Investment	# 新建 New Construction	# 扩建 Expansion	# 改建 Reconstruction
全 区	**Autonomous Regional Total**	**125706407**	**90473186**	**13217994**	**19522280**
农、林、牧、渔业	**Farming, Forestry, Animal Husbandry & Fishery**	**8204711**	**6187249**	**1396252**	**578912**
农 业	Farming	1896988	1425294	374226	96690
林 业	Forestry	1376994	901842	233066	241936
畜牧业	Animal Husbandry	2796647	2391130	380186	13062
渔 业	Fishery	58200	36143		22057
农、林、牧、渔服务业	Agricultural Services	2075882	1432840	408774	205167
采矿业	**Mining**	**10087628**	**7022515**	**1521750**	**1502956**
煤炭开采和洗选业	Coal Mining & Processing	5128813	4242342	168901	679763
石油和天然气开采业	Extraction of Petroleum & Natural Gas	1076967	204836	810838	61293
黑色金属矿采选业	Mining & Dressing of Ferrous Metals	1499805	966648	156329	376828
有色金属矿采选业	Mining & Dressing of Nonferrous Metals	1517365	965881	242963	305921
非金属矿采选业	Mining & Dressing of Nonmetal Minerals	639679	436480	142719	60480
开采辅助活动	Support Activities for Mining	223751	205451		18300
其他采矿业	Mining of Other Mineral	1248	877		371
制造业	**Manufacturing**	**37098062**	**27222851**	**2299477**	**6811616**
农副食品加工业	Processing of Agricultural Side-line Food	3097693	2243194	399407	434982
食品制造业	Food Manufacturing	794245	352420	90363	343962
酒、饮料和精制茶制造业	Wine, Beverage and Refined Tea Manufacturing	445568	301729	50060	86199
烟草制品业	Tobacco Products	12422	3222		
纺织业	Textile Industry	255131	180396	57391	17344
纺织服装、服饰业	Textile, Apparel Industry	110922	60390	20300	20629
皮革、毛皮、羽毛及其制品和制鞋业	Leather, Fur, Feathers and Their Products and Footwear	60882	48282	3700	8900
木材加工及木、竹、藤、棕、草制品业	Timber Processing, Bamboo, Cane, Palm Fiber & Straw Products	419638	318632	60327	37679
家具制造业	Furniture Manufacturing	145439	136794	5085	3560
造纸及纸制品业	Paper-making & Paper Products	221382	137710	71042	12630
印刷业和记录媒介的复制	Printing and Record Medium Reproduction	124874	75048	7796	38530
文教、工美、体育和娱乐用品制造业	Manufacturing of Cultural, Educational & Arts , Crafts & Sports and Entertainment Goods	61360	58260		3100
石油加工、炼焦及核燃料加工业	Petroleum Processing , Coke Products & Processing of Nuclear Fuel	997600	870455	9000	109427
化学原料及化学制品制造业	Raw Chemical Materials & Products	8218792	7499730	177569	530292
医药制造业	Medicine Manufacturing	1586062	1409575	60968	115519
化学纤维制造业	Chemical Fiber Manufacturing	180847	174407		6440

注：此表未包括房地产投资和农户投资。

a)Data in this table doesn´t include real estate development and Rural Individuals.

6-8 续表 1 continued

单位：万元 (10 000 yuan)

行业	Sector	投资额 Investment	#新建 New Construction	#扩建 Expansion	#改建 Reconstruction
橡胶和塑料制品业	Rubber and Plastic Products	1016170	862384	30620	118320
非金属矿物制品业	Nonmetal Mineral Products	2743621	2106670	254176	288392
黑色金属冶炼及压延加工业	Smelting & Pressing of Ferrous Metals	2691968	1485375	40770	1130669
有色金属冶炼及压延加工业	Smelting & Pressing of Nonferrous Metals	4058816	1685481	270509	2099976
金属制品业	Metal Products	1196617	623406	245467	269284
通用设备制造业	Manufacturing of General Purpose Equipment	1237687	782413	104448	293542
专用设备制造业	Special Purposes Equipment Manufacturing	1889731	1438529	29580	290035
汽车制造业	Automotive Manufacturing	1497845	1075455	12500	233073
铁路、船舶、航空航天和其他运输设备制造业	Railroad,Ships, Aerospace and Other Transportation Equipment Manufacturing	339940	278287	35750	9210
电气机械及器材制造业	Electric Equipment & Machinery	2086283	1760185	94558	130860
计算机、通信和其他电子设备制造业	Manufacturing of Computer , Communications and Other Electronic Equipment	1033224	848563	153018	26691
仪器仪表制造业	Manufacturing of Instrument	102861	100463		2398
其他制造业	Others	114904	93092		21812
废弃资源综合利用业	Comprehensive Utilization of Waste Resources	215978	175863	9960	30155
金属制品、机械和设备修理业	Metal products, Machinery and Equipment Repair	139560	36441	5113	98006
电力、燃气及水的生产和供应业	**Production & Supply of Electric Power,Gas & Water**	**17325253**	**13330641**	**1627970**	**2170876**
电力、热力的生产和供应业	Electric Power and Heating Power	13874418	10652964	1270790	1760673
燃气生产和供应业	Production & Supply of Gas	938730	771007	24904	137044
水的生产和供应业	Production & Supply of Water	2512105	1906670	332276	273159
建筑业	**Construction**	**1629271**	**1264851**	**43990**	**304538**
房屋建筑业	Housing Construction	462836	425698	828	26710
土木工程建筑业	Civil Engineering Construction	808593	691482	6300	110811
建筑安装业	Installation of Buildings	102487	16300	4780	81407
建筑装饰和其他建筑业	Decoration of Buildings and Other Construction	255355	131371	32082	85610
批发和零售业	**Wholesale & Retail Trade**	**3968191**	**2495052**	**215451**	**1059472**
批发业	Wholesale Trade	2240747	1231336	125016	770023
零售业	Retail Trade	1727444	1263716	90435	289449
交通运输、仓储和邮政业	**Transportation, Storage & Postal**	**13095103**	**10574101**	**794468**	**1584540**
铁路运输业	Railway Transport	3650211	3360953	29190	250568
道路运输业	Roadway Transport	7916464	5907262	703595	1235356
水上运输业	Water transport	9634		9634	
航空运输业	Air Transport	121783	75006	9929	
管道运输业	Pipeline Transport	8410	110		8300
装卸搬运和其他运输服务业	Handling and transportation	311901	274531	8770	16800
仓储业	Storage	1051389	940113	33350	64331
邮政业	Postal Services	25311	16126		9185
住宿和餐饮业	**Quarters & Catering**	**995712**	**659577**	**140266**	**159268**
住宿业	Quarters	687731	523940	93066	62125
餐饮业	Catering	307981	135637	47200	97143
信息传输、软件和信息技术服务业	**Information Transmission,Software and IT Services**	**841960**	**502306**	**193540**	**136434**
电信、广播电视和卫星传输服务	Telecommunications, Radio and Television , Satellite Transmission Services	255795	156862	44773	54160
互联网和相关服务	Internet and Related Services	146432	105895	1530	34227
软件和信息技术服务业	Software and IT Services	439733	239549	147237	48047

6-8 续表 2 continued

单位：万元 (10 000 yuan)

行业	Sector	投资额 Investmert	# 新建 New Constr-uction	# 扩建 Expan-sion	# 改建 Recons-truction
金融业	**Finance**	**364153**	**149211**	**82795**	**71387**
货币金融服务	Monetary and Financial Services	287344	99841	82795	53448
资本市场服务	Capital Market Services	26729	4970		12259
保险业	Insurance	7300	7300		
其他金融活动	Others	42780	37100		5680
房地产业	**Real Estate**	**4645024**	**3483577**	**480376**	**465805**
房地产业	Real Estate	4645024	3483577	480376	465805
租赁和商务服务业	**Leasing & Commercial Services**	**1000508**	**700810**	**43150**	**225424**
租赁业	Leasing Services	20986			14806
商务服务业	Commercial Services	979522	700810	43150	210618
科学研究、技术服务业	**Scientific and Technical Services**	**986109**	**480040**	**108322**	**370680**
研究与试验发展	Research & Development	84293	51174		21819
专业技术服务业	Special Technical Services	418031	235457	94952	80022
科技推广和应用服务业	Science and Technology Popularization and Application Services	483785	193409	13370	268839
水利、环境和公共设施管理业	**Water Conservancy, Environment & Public Facilities Administration**	**17717364**	**11181831**	**3283741**	**3167080**
水利管理业	Water Conservancy	1553338	1163708	219777	163979
生态保护和环境治理业	Ecological Protection and Environmental Management	337804	239639	42645	55112
公共设施管理业	Public Facilities Administration	15826222	9778484	3021319	2947989
居民服务、修理和其他服务业	**Resident Services, Repairs and Other Services**	**859487**	**769586**	**18100**	**63762**
居民服务业	Resident Services	273251	203582	18100	43530
机动车、电子产品和日用产品修理业	Motor Vehicles, Electronics and Household Goods Repair Services	533676	519714		13962
其他服务业	Other Services	52560	46290		6270
教育	**Education**	**1406296**	**1014858**	**217553**	**105280**
教育	Education	1406296	1014858	217553	105280
卫生、社会工作	**Health and Social Work**	**1135327**	**621500**	**121660**	**150393**
卫生	Health	844524	388889	83684	135264
社会工作	Social Work	290803	232611	37976	15129
文化、体育和娱乐业	**Culture, Sports & Recreational Services**	**1354791**	**947873**	**227674**	**101308**
新闻出版业	Press	10500	10500		
广播、电视、电影和影视录音业	Radio, Television, Film and Video Recording Industry	158871	62802	31368	45401
文化艺术业	Culture & Arts	737793	601373	75311	29069
体育	Sports	277893	157564	84555	19428
娱乐业	Recreational Services	169734	115634	36440	7410
公共管理、社会保障和社会组织	**Public Administration， Social Security and**	**2991457**	**1864757**	**401459**	**492549**
中国共产党机关	Chinese Communist Party Agencies	12965	11480		1485
国家机构	Government Agencies	2340956	1466034	359245	351344
人民政协和民主党派	People's Politics Consultative Conference & Democratic Parties	1092			
社会保障	Social Security	25503	24189	1314	
群众社团、社会团体和其他成员组织	Mass society, Social Organizations and Other Organizations	249785	168147	34900	13171
基层群众自治组织	Basic Mass Autonomous Organization	361156	194907	6000	126549
国际组织	**International Organizations**				
国际组织	International Organizations				

6-9 国民经济各行业固定资产投资和新增固定资产(2015 年)

Investment in Fixed Assets & Newly Increased Fixed Assets by Sector(2015)

单位：万元 (10 000 yuan)

行业	Sector	投资额 Invest-ment	# 地方项目 Local Proiects	新增固定资产 Newly Increased Fixed Assets	# 地方项目 Local Proiects
全　　区	**Autonomous Regional Total**	**125706407**	**118610744**	**100013567**	**96808288**
农、林、牧、渔业	**Farming, Forestry, Animal Husbandry & Fishery**	**8204711**	**8178711**	**7391305**	**7365305**
农　业	Farming	1896988	1896988	1749149	1749149
林　业	Forestry	1376994	1350994	1259949	1233949
畜牧业	Animal Husbandry	2796647	2796647	2489985	2489985
渔　业	Fishery	58200	58200	56387	56387
农、林、牧、渔服务业	Agricultural Services	2075882	2075882	1835835	1835835
采矿业	**Mining**	**10087628**	**8946170**	**6243875**	**5859129**
煤炭开采和洗选业	Coal Mining & Processing	5128813	4791499	2425072	2184674
石油和天然气开采业	Extraction of Petroleum & Natural Gas	1076967	284463	303012	167664
黑色金属矿采选业	Mining & Dressing of Ferrous Metals	1499805	1499805	1064691	1064691
有色金属矿采选业	Mining & Dressing of Nonferrous Metals	1517365	1505775	1395960	1386960
非金属矿采选业	Mining & Dressing of Nonmetal Minerals	639679	639679	630345	630345
开采辅助活动	Support Activities for Mining	223751	223701	423918	423918
其他采矿业	Mining of Other Mineral	1248	1248	877	877
制造业	**Manufacturing**	**37098062**	**36412662**	**24347176**	**24047132**
农副食品加工业	Processing of Agricultural Side-line Food	3097693	3093570	2847525	2843402
食品制造业	Food Manufacturing	794245	794245	687099	687099
酒、饮料和精制茶制造业	Wine, Beverage and Refined Tea Manufacturing	445568	445568	411432	411432
烟草制品业	Tobacco Products	12422		20200	
纺织业	Textile Industry	255131	255131	201183	201183
纺织服装、服饰业	Textile, Apparel Industry	110922	110922	92001	92001
皮革、毛皮、羽毛及其制品和制鞋业	Leather, Fur, Feathers and Their Products and Footwear	60882	60882	65288	65288
木材加工及木、竹、藤、棕、草制品业	Timber Processing, Bamboo, Cane, Palm Fiber & Straw Products	419638	419638	444288	444288
家具制造业	Furniture Manufacturing	145439	145439	165644	165644
造纸及纸制品业	Paper-making & Paper Products	221382	221382	132207	132207
印刷业和记录媒介的复制	Printing and Record Medium Reproduction	124874	124874	143555	143555
文教、工美、体育和娱乐用品制造业	Manufacturing of Cultural, Educational & Arts ,Crafts & Sports and Entertainment Goods	61360	61360	65000	65000
石油加工、炼焦及核燃料加工业	Petroleum Processing , Coke Products & Processing of Nuclear Fuel	997600	977842	487861	472063
化学原料及化学制品制造业	Raw Chemical Materials & Products	8218792	8014256	4931288	4922948
医药制造业	Medicine Manufacturing	1586062	1584162	570356	568456
化学纤维制造业	Chemical Fiber Manufacturing	180847	180847	17177	17177

注:此表未包括房地产投资和农户投资。

a)Data in this table doesn´t include real estate development and Rural Individuals.

6-9 续表 1 continued

单位：万元 (10 000 yuan)

行业	Sector	投资额 Invest-ment	# 地方项目 Local Projects	新增固定资产 Newly Increased Fixed Assets	# 地方项目 Local Projects
橡胶和塑料制品业	Rubber and Plastic Products	1016170	885463	499888	499888
非金属矿物制品业	Nonmetal Mineral Products	2743621	2726265	2946504	2929148
黑色金属冶炼及压延加工业	Smelting & Pressing of Ferrous Metals	2691968	2691968	2355372	2355372
有色金属冶炼及压延加工业	Smelting & Pressing of Nonferrous Metals	4058816	4058365	1577577	1574577
金属制品业	Metal Products	1196617	1195417	1108877	1107677
通用设备制造业	Manufacturing of General Purpose Equipment	1237687	1219414	911414	893141
专用设备制造业	Special Purposes Equipment Manufacturing	1889731	1713043	852271	852271
汽车制造业	Automotive Manufacturing	1497845	1453680	609307	584693
铁路、船舶、航空航天和其他运输设备制造业	Railroad,Ships, Aerospace and Other Transportation Equipment Manufacturing	339940	334754	272449	252553
电气机械及器材制造业	Electric Equipment & Machinery	2086283	2060069	736632	726144
计算机、通信和其他电子设备制造业	Manufacturing of Computer , Communications and Other Electronic Equipment	1033224	1033224	506445	506445
仪器仪表制造业	Manufacturing of Instrument	102861	102861	102823	102823
其他制造业	Others	114904	114904	71790	71790
废弃资源综合利用业	Comprehensive Utilization of Waste Resources	215978	206122	218863	209007
金属制品、机械和设备修理业	Metal products, Machinery and Equipment Repair	139560	126995	294860	149860
电力、燃气及水的生产和供应业	**Production & Supply of Electric Power,Gas & Water**	**17325253**	**14345523**	**13855408**	**12313373**
电力、热力的生产和供应业	Electric Power and Heating Power	13874418	11074423	10976811	9603112
燃气生产和供应业	Production & Supply of Gas	938730	927751	893577	771383
水的生产和供应业	Production & Supply of Water	2512105	2343349	1985020	1938878
建筑业	**Construction**	**1629271**	**1627585**	**1333015**	**1333015**
房屋建筑业	Housing Construction	462836	462836	378217	378217
土木工程建筑业	Civil Engineering Construction	808593	806907	637218	637218
建筑安装业	Installation of Buildings	102487	102487	96877	96877
建筑装饰和其他建筑业	Decoration of Buildings and Other Construction	255355	255355	220703	220703
批发和零售业	**Wholesale & Retail Trade**	**3968191**	**3949376**	**4104050**	**4086255**
批发业	Wholesale Trade	2240747	2231052	2409328	2399633
零售业	Retail Trade	1727444	1718324	1694722	1686622
交通运输、仓储和邮政业	**Transportation, Storage & Postal**	**13095103**	**11226991**	**11733007**	**11154527**
铁路运输业	Railway Transport	3650211	1950102	2697913	2326113
道路运输业	Roadway Transport	7916464	7864072	7510064	7460172
水上运输业	Water transport	9634	9634	9634	9634
航空运输业	Air Transport	121783	94823	71978	45018
管道运输业	Pipeline Transport	8410	8399	39800	8300
装卸搬运和其他运输服务业	Handling and transportation	311901	311901	309069	309069
仓储业	Storage	1051389	962749	1067223	968895
邮政业	Postal Services	25311	25311	27326	27326
住宿和餐饮业	**Quarters & Catering**	**995712**	**992712**	**935779**	**915779**
住宿业	Quarters	687731	684731	612133	592133
餐饮业	Catering	307981	307981	323646	323646
信息传输、软件和信息技术服务业	**Information Transmission,Software and IT Services**	**841960**	**728455**	**726442**	**663728**
电信、广播电视和卫星传输服务	Telecommunications, Radio and Television , Satellite Transmission Services	255795	202540	398524	335810
互联网和相关服务	Internet and Related Services	146432	146432	118551	118551
软件和信息技术服务业	Software and IT Services	439733	379483	209367	209367

6-9 续表 2 continued

单位：万元 (10 000 yuan)

行业	Sector	投资额 Investment	# 地方项目 Local Projects	新增固定资产 Newly Increased Fixed Assets	# 地方项目 Local Projects
金融业	**Finance**	**364153**	**324913**	**339998**	**300758**
货币金融服务	Monetary and Financial Services	287344	248104	261081	221841
资本市场服务	Capital Market Services	26729	26729	26729	26729
保险业	Insurance	7300	7300	9408	9408
其他金融活动	Others	42780	42780	42780	42780
房地产业	**Real Estate**	**4645024**	**4622721**	**3810267**	**3788964**
房地产业	Real Estate	4645024	4622721	3810267	3788964
租赁和商务服务业	**Leasing & Commercial Services**	**1000508**	**999208**	**1178414**	**1178414**
租赁业	Leasing Services	20986	20986	20986	20986
商务服务业	Commercial Services	979522	978222	1157428	1157428
科学研究、技术服务业	**Scientific and Technical Services**	**986109**	**966664**	**818440**	**783995**
研究与试验发展	Research & Development	84293	75196	79049	69952
专业技术服务业	Special Technical Services	418031	415371	319495	316835
科技推广和应用服务业	Science and Technology Popularization and Application Services	483785	476097	419896	397208
水利、环境和公共设施管理业	**Water Conservancy, Environment & Public Facilities Administration**	**17717364**	**17566232**	**15947424**	**15813548**
水利管理业	Water Conservancy	1553338	1546291	1221982	1217222
生态保护和环境治理业	Ecological Protection and Environmental Management	337804	324104	313104	313104
公共设施管理业	Public Facilities Administration	15826222	15695837	14412338	14283222
居民服务、修理和其他服务业	**Resident Services, Repairs and Other Services**	**859487**	**859487**	**353802**	**353802**
居民服务业	Resident Services	273251	273251	237225	237225
机动车、电子产品和日用产品修理业	Motor Vehicles, Electronics and Household Goods Repair Services	533676	533676	78888	78888
其他服务业	Other Services	52560	52560	37689	37689
教育	**Education**	**1406296**	**1390807**	**1305913**	**1289734**
教育	Education	1406296	1390807	1305913	1289734
卫生、社会工作	**Health and Social Work**	**1135327**	**1135327**	**1116511**	**1116511**
卫生	Health	844524	844524	831463	831463
社会工作	Social Work	290803	290803	285048	285048
文化、体育和娱乐业	**Culture, Sports & Recreational Services**	**1354791**	**1346091**	**1612281**	**1603581**
新闻出版业	Press	10500	10500	8500	8500
广播、电视、电影和影视录音业	Radio, Television, Film and Video Recording Industry	158871	150171	157749	149049
文化艺术业	Culture & Arts	737793	737793	662815	662815
体育	Sports	277893	277893	621328	621328
娱乐业	Recreational Services	169734	169734	161889	161889
公共管理、社会保障和社会组织	**Public Administration，Social Security and Social Organizations**	**2991457**	**2991109**	**2860460**	**2840738**
中国共产党机关	Chinese Communist Party Agencies	12965	12965	12965	12965
国家机构	Government Agencies	2340956	2340956	2201746	2201746
人民政协和民主党派	People's Politics Consultative Conference & Democratic Parties	1092	1092	1092	1092
社会保障	Social Security	25503	25503	24449	24449
群众社团、社会团体和其他成员组织	Mass society, Social Organizations and Other Organizations	249785	249437	286429	266707
基层群众自治组织	Basic Mass Autonomous Organization	361156	361156	333779	333779
国际组织	**International Organizations**				
国际组织	International Organizations				

6-10 按行业分固定资产投资施工、投产项目个数(2015年)

Number of Construction Projects Under Construction and Put into Use by Sector (2015)

行业	Sector	施工项目(个) Number of Projects Under Construction (unit)	#新开工项目 Started This Year	全部建成投产项目(个) Number of Projects Started This Year (unit)	项目建成投产率(%) Rate of Construction Projects Completed and Put into Use(%)
全　　区	**Autonomous Regional Total**	**17732**	**12698**	**14187**	**80.0**
农、林、牧、渔业	**Farming, Forestry, Animal Husbandry & Fishery**	**1874**	**1468**	**1616**	**86.2**
农 业	Farming	428	335	360	84.1
林 业	Forestry	316	262	273	86.4
畜牧业	Animal Husbandry	605	466	530	87.6
渔 业	Fishery	16	13	14	87.5
农、林、牧、渔服务业	Agricultural Services	509	392	439	86.2
采矿业	**Mining**	**1136**	**755**	**913**	**80.4**
煤炭开采和洗选业	Coal Mining & Processing	303	187	217	71.6
石油和天然气开采业	Extraction of Petroleum & Natural Gas	54	43	42	77.8
黑色金属矿采选业	Mining & Dressing of Ferrous Metals	333	206	265	79.6
有色金属矿采选业	Mining & Dressing of Nonferrous Metals	238	197	214	89.9
非金属矿采选业	Mining & Dressing of Nonmetal Minerals	157	101	132	84.1
开采辅助活动	Support Activities for Mining	48	21	42	87.5
其他采矿业	Mining of Other Mineral	3		1	33.3
制造业	**Manufacturing**	**3665**	**2556**	**2980**	**81.3**
农副食品加工业	Processing of Agricultural Side-line Food	574	431	491	85.5
食品制造业	Food Manufacturing	151	114	125	82.8
酒、饮料和精制茶制造业	Wine, Beverage and Refined Tea Manufacturing	104	76	82	78.8
烟草制品业	Tobacco Products	1		1	100.0
纺织业	Textile Industry	43	35	40	93.0
纺织服装、服饰业	Textile, Apparel Industry	21	15	18	85.7
皮革、毛皮、羽毛及其制品和制鞋业	Leather, Fur, Feathers and Their Products and Footwear	14	8	11	78.6
木材加工及木、竹、藤、棕、草制品业	Timber Processing, Bamboo, Cane, Palm Fiber & Straw Products	80	63	66	82.5
家具制造业	Furniture Manufacturing	42	16	35	83.3
造纸及纸制品业	Paper-making & Paper Products	29	22	22	75.9
印刷业和记录媒介的复制	Printing and Record Medium Reproduction	26	23	25	96.2
文教、工美、体育和娱乐用品制造业	Manufacturing of Cultural, Educational & Arts,Crafts & Sports and Entertainment Goods	9	7	8	88.9
石油加工、炼焦及核燃料加工业	Petroleum Processing , Coke Products & Processing of Nuclear Fuel	60	34	42	70.0
化学原料及化学制品制造业	Raw Chemical Materials & Products	350	204	250	71.4
医药制造业	Medicine Manufacturing	101	68	78	77.2
化学纤维制造业	Chemical Fiber Manufacturing	9	6	5	55.6

6-10 续表 1 continued

行业	Sector	施工项目(个) Number of Projects Under Construction (unit)	# 新开工项目 Started This Year	全部建成投产项目(个) Number of Projects Started This Year (unit)	项目建成投产率(%) Rate of Construction Projects Completed and Put into Use(%)
橡胶和塑料制品业	Rubber and Plastic Products	96	64	77	80.2
非金属矿物制品业	Nonmetal Mineral Products	468	330	383	81.8
黑色金属冶炼及压延加工业	Smelting & Pressing of Ferrous Metals	377	249	287	76.1
有色金属冶炼及压延加工业	Smelting & Pressing of Nonferrous Metals	217	146	177	81.6
金属制品业	Metal Products	199	140	183	92.0
通用设备制造业	Manufacturing of General Purpose Equipment	155	130	134	86.5
专用设备制造业	Special Purposes Equipment Manufacturing	155	110	125	80.6
汽车制造业	Automotive Manufacturing	93	61	67	72.0
铁路、船舶、航空航天和其他运输设备制造业	Railroad,Ships, Aerospace and Other Transportation Equipment Manufacturing	23	13	17	73.9
电气机械及器材制造业	Electric Equipment & Machinery	108	66	88	81.5
计算机、通信和其他电子设备制造业	Manufacturing of Computer , Communications and Other Electronic Equipment	52	42	46	88.5
仪器仪表制造业	Manufacturing of Instrument	18	15	17	94.4
其他制造业	Others	19	14	15	78.9
废弃资源综合利用业	Comprehensive Utilization of Waste Resources	38	29	33	86.8
金属制品、机械和设备修理业	Metal products, Machinery and Equipment Repair	33	25	32	97.0
电力、燃气及水的生产和供应业	**Production & Supply of Electric Power,Gas & Water**	**1591**	**1153**	**1255**	**78.9**
电力、热力的生产和供应业	Electric Power and Heating Power	1109	803	849	76.6
燃气生产和供应业	Production & Supply of Gas	118	58	89	75.4
水的生产和供应业	Production & Supply of Water	364	292	317	87.1
建筑业	**Construction**	**421**	**283**	**312**	**74.1**
房屋建筑业	Housing Construction	70	55	51	72.9
土木工程建筑业	Civil Engineering Construction	203	125	143	70.4
建筑安装业	Installation of Buildings	45	42	40	88.9
建筑装饰和其他建筑业	Decoration of Buildings and Other Construction	103	61	78	75.7
批发和零售业	**Wholesale & Retail Trade**	**870**	**706**	**769**	**88.4**
批发业	Wholesale Trade	546	462	495	90.7
零售业	Retail Trade	324	244	274	84.6
交通运输、仓储和邮政业	**Transportation, Storage & Postal**	**1335**	**935**	**911**	**68.2**
铁路运输业	Railway Transport	127	57	59	46.5
道路运输业	Roadway Transport	969	705	670	69.1
水上运输业	Water transport	3	2	2	66.7
航空运输业	Air Transport	10	7	7	70.0
管道运输业	Pipeline Transport	4	1	2	50.0
装卸搬运和其他运输服务业	Handling and transportation	43	28	33	76.7
仓储业	Storage	174	131	133	76.4
邮政业	Postal Services	5	4	5	100.0
住宿和餐饮业	**Quarters & Catering**	**183**	**125**	**156**	**85.2**
住宿业	Quarters	110	68	91	82.7
餐饮业	Catering	73	57	65	89.0
信息传输、软件和信息技术服务业	**Information Transmission,Software and IT Services**	**157**	**115**	**133**	**84.7**
电信、广播电视和卫星传输服务	Telecommunications, Radio and Television ,Satellite Transmission Services	67	50	60	89.6
互联网和相关服务	Internet and Related Services	37	32	32	86.5
软件和信息技术服务业	Software and IT Services	53	33	41	77.4

6–10 续表 2 continued

行 业	Sector	施工项目(个) Projects Under Construction (unit)	# 新开工项目 Started This Year	全部建成投产项目(个) Projects Started This Year (unit)	项目建成投产率(%) Rate of Construction Projects Completed and Put into Use(%)
金融业	**Finance**	**49**	**33**	**41**	**83.7**
货币金融服务	Monetary and Financial Services	37	25	30	81.1
资本市场服务	Capital Market Services	6	5	5	83.3
保险业	Insurance	2		2	100.0
其他金融活动	Others	4	3	4	100.0
房地产业	**Real Estate**	**702**	**392**	**527**	**75.1**
房地产业	Real Estate	702	392	527	75.1
租赁和商务服务业	**Leasing & Commercial Services**	**233**	**162**	**212**	**91.0**
租赁业	Leasing Services	7	6	6	85.7
商务服务业	Commercial Services	226	156	206	91.2
科学研究、技术服务业	**Scientific and Technical Services**	**208**	**125**	**169**	**81.3**
研究与试验发展	Research & Development	20	14	15	75.0
专业技术服务业	Special Technical Services	100	74	90	90.0
科技推广和应用服务业	Science and Technology Popularization and	88	37	64	72.7
水利、环境和公共设施管理业	**Water Conservancy, Environment & Public Facilities Administration**	**3531**	**2673**	**2846**	**80.6**
水利管理业	Water Conservancy	436	310	321	73.6
生态保护和环境治理业	Ecological Protection and Environmental Management	104	62	72	69.2
公共设施管理业	Public Facilities Administration	2991	2301	2453	82.0
居民服务、修理和其他服务业	**Resident Services, Repairs and Other Services**	**105**	**77**	**84**	**80.0**
居民服务业	Resident Services	64	47	52	81.3
机动车、电子产品和日用产品修理业	Motor Vehicles, Electronics and Household Goods Repair Services	27	17	22	81.5
其他服务业	Other Services	14	13	10	71.4
教育	**Education**	**450**	**309**	**329**	**73.1**
教育	Education	450	309	329	73.1
卫生、社会工作	**Health and Social Work**	**238**	**153**	**172**	**72.3**
卫生	Health	150	94	110	73.3
社会工作	Social Work	88	59	62	70.5
文化、体育和娱乐业	**Culture, Sports & Recreational Services**	**325**	**216**	**253**	**77.8**
新闻出版业	Press	3	1	1	33.3
广播、电视、电影和影视录音业	Radio, Television, Film and Video Recording Industry	28	19	25	89.3
文化艺术业	Culture & Arts	185	118	142	76.8
体育	Sports	65	44	51	78.5
娱乐业	Recreational Services	44	34	34	77.3
公共管理、社会保障和社会组织	**Public Administration， Social Security and Social Organizations**	**659**	**462**	**509**	**77.2**
中国共产党机关	Chinese Communist Party Agencies	3	3	3	100.0
国家机构	Government Agencies	537	364	408	76.0
人民政协和民主党派	People's Politics Consultative Conference & Democratic Parties				
社会保障	Social Security	7	6	5	71.4
群众社团、社会团体和其他成员组织	Mass society, Social Organizations and Other Organizations	52	33	40	76.9
基层群众自治组织	Basic Mass Autonomous Organization	60	56	53	88.3
国际组织	**International Organizations**				
国际组织	International Organizations				

6-11 固定资产投资新增主要生产能力(2015 年)

Newly Increased Productive Capacities Through Investment in Fixed Assets (2015)

能力名称	Item	2015
原煤开采(万吨/年)	Coal Mining (10 000 tons/year)	3848.49
洗煤(万吨/年)	Washer Coal (10 000 tons/year)	4578
焦炭(万吨/年)	Coke (10 000 tons/year)	329
天然原油开采(万吨/年)	Petroleum Extraction (10 000 tons/year)	122.93
铁矿开采(原矿)(万吨/年)	Iron-ore Mining (10 000 tons/year)	2092.6
生铁(万吨/年)	Iron Smelting (10 000 tons/year)	19.2
粗钢(万吨/年)	Crude Steel (10 000 tons/year)	20.6
钢材(万吨/年)	Steel (10 000 tons/year)	90.62
铁合金(万吨/年)	Iron Alloy,Electric Furnace (10 000 tons/year)	213.1
氧化铝（吨/年）	Alumina (ton/year)	40
铜采矿(原矿)(万吨/年)	Copper Ore Mining (10 000 tons/year)	186.1
铜选矿:	Copper Ore Dressing	
处理原矿(万吨/年)	Crude Ore Dressing (10 000 ton/year)	34
铜含量(吨/年)	Copper Content (ton/year)	585
铜冶炼(吨/年)	Copper Smelting (ton/year)	220000
铅锌采矿(原矿)(万吨/年)	Plumbum / Zinc Ore Mining (10 000 tons/year)	806.12
铅锌选矿:	Plumbum and Zinc Ore Dressing	
处理原矿(万吨/年)	Crude Ore Dressing (10 000 tons/year)	248.5
铅含量(吨/年)	Plumbum Content (ton/year)	27060.6
锌含量(吨/年)	Zinc Content (ton/year)	48159
锌冶炼(吨/年)	Zinc Smelting (ton/year)	30
铝加工(吨/年)	Aluminium Processing(ton/year)	705950
银选矿:	Silver Ore Dressing	
处理原矿(吨/年)	Crude Ore Dressing(ton/year)	
银含量(公斤/年)	Silver Content(kg/year)	92900
黄金(公斤/年)	Gold (kg/year)	4085.5
火力发电(万千瓦)	Thermal Power (10 000 kw)	132.05
风力发电（万千瓦）	Wind Power(10 000 kw)	277.6
太阳能发电（万千瓦）	Solar Power(10 000 kw)	328.5
其他发电(万千瓦)	Other Power (10 000 kw)	15.29
输电线路长度(11万伏及以上)(公里)	Length of Electric Cable (over 110 000 va)(km)	4966.39
水泥(万吨/年)	Cement (10 000 tons/year)	561.6

6–11 续表 continued

能力名称	Item	2015
合成橡胶（吨/年）	Synthetic rubber(ton/year)	80200
氮肥(吨/年)	Nitrogen Fertlizers (ton/year)	1105375
磷肥(吨/年)	Phosphate (ton/year)	
钾肥（吨/年）	Potash(ton/year)	
塑料树脂及共聚物(吨/年)	Plastic Resin and Copolymer (ton/year)	11900
白酒(万吨/年)	Liquor (10 000 tons/year)	1.62
卷烟(箱/年)	Cigarette (cases / year)	
化学纤维(吨/年)	Chemical Fiber (tons / year)	
棉纺锭(锭)	Cotton Spindles (spindles)	
毛纺锭(锭)	Wool Spindles(spindles)	
新建铁路里程(公里)	Length of Newly Built Railway(km)	336.97
新建公路(公里)	Length of New Railway (km)	3886.69
#高速公路(公里)	Expressway (km)	188.6
一级公路(公里)	First Class Highway (km)	46.4
二级公路(公里)	Second Class Highway (km)	52.2
改建公路(公里)	Length of Reconstructed Highways (km)	2953.05
#高速公路(公里)	Expressway (km)	23.6
一级公路(公里)	First Class Highway (km)	89.3
二级公路(公里)	Second Class Highway (km)	397.08
新建独立公路桥梁(延长米)	New-built Separate Highway and Bridge (extended meter)	1802.08
新建独立公路桥梁(座)	New-built Separate Highway and Bridge (unit)	8
新(扩)建公路客、货运站(个)	New-built or Expanded Passenger & Freight Stations(unit)	8
新(扩)建公路客、货运站(平方米)	New-built or Expanded Passenger & Freight Stations(sq.m)	28561.38
城市自来水供水能力(万吨/日)	Capacity of City Tap Water Supply (10 000 tons/day)	23.6
城市污水处理能力(万吨/日)	Disposal Capacity of Sewage (10 000 tons/day)	23.2

6-12 按登记注册类型分的房地产开发投资(2015年)

指标	Item	总计 Total	内资 国有 State-owned Units	内资 集体 Collective-owned Units
企业个数(个)	**Number of Enterprises(unit)**	**2048**	**7**	**1**
#亏损企业个数	Loss-Making Enterprises	1100	5	
本年完成投资额(万元)	**Investment Completed This Year(10 000 yuan)**	**10810542**	**39754**	
按构成分	Grouped by Use of Funds			
建筑工程	Construction Projects	8586439	35490	
安装工程	Installation Projects	1010585		
设备工器具购置	Purchase of Equipment, Tools and Instruments	87743		
其他费用	Other Funds	1125775	4264	
#土地购置费	Purchase of Land	876202	4264	
按构成用途分	Grouped by Use of Project			
住宅	Residential Buildings	7585091	29215	
#经济适用房	Economical Houses			
别墅、高档公寓	Villa, Top Grade Flat	180848		
办公楼	Office Buildings	396813		
商业营业用房	Business Buildings	1874974	5518	
其他	Others	953664	5021	
本年新增固定资产(万元)	**Newly Increased This Year(10 000 yuan)**	**5454723**		
资金来源(万元)	**Finance Sources(10 000 yuan)**	**11960665**	**47897**	
国内贷款	Domestic Loans	975050	25600	
利用外资	Foreign Investment			
自筹资金	Fund Raising	8384682	13754	
#自有资金	Self-owned	4566478	13654	
其他资金来源	Others	2600933	8543	
#定金及预收款	Fund Ordered and Pre-received	1654071	8543	
土地开发(平方米)	**Land Development (sq.m)**			
待开发土地面积	Area of Land to be Developed	4686344		
本年购置土地面积	Area of Land Purchased This Year	3162699		
本年土地成交价款(万元)	Value of Land Transaction(10 000yuan)	526223		

Investment in Real Estate Development by Type of Registration(2015)

Domistic-funded Enterprises						港澳台投资 Economic Units Funded by Entrepreneurs from HK,Macao & Taiwan	外商投资 Foreign Funded Economic Units
股份合作 Coopeative Enterprises	联营经济 Joint-owned Economic Units	有限责任公司 Limited Liabibity Corp.	股份有限公司 Share-holding Corp.Ltd.	私营 Private Enter-prises	其他 Others		
1		**929**	**84**	**1017**	**4**	**2**	**3**
		478	39	575	1	1	1
		5307612	**276335**	**5175406**	**84**		**11351**
		4131405	244226	4163942	25		11351
		470448	24048	516030	59		
		19880	717	67146			
		685879	7344	428288			
		536025	1115	334798			
		3858157	207118	3479220	30		11351
		119506	5672	55670			
		211866	9872	175063	12		
		755554	47357	1066519	26		
		482035	11988	454604	16		
		2799792	**278011**	**2291436**			**85484**
		5912354	**416845**	**5567651**	**165**		**15753**
		685802	24863	238785			
		3807181	250720	4312862	165		
		2308320	64960	2179484	60		
		1419371	141262	1016004			15753
		884978	90139	662853			7558
		3478849	62230	1145265			
		1294634	131359	1736706			
		297299	8621	220303			

6-13 房地产开发情况

Main Indicators of Real Estate Development

指 标	Item	2014	2015
企业个数(个)	**Number of Enterprises(unit)**	**2079**	**2048**
内资	Domestic Funded	2073	2043
# 国有	State-owned Enterprises	10	7
集体	Collective-owned Enterprises	1	1
股份有限公司	Share-holding Corporations Ltd.	85	84
私营	Private Enterprises	1047	1017
港、澳、台投资	Funded by Entrepreneurs From H.K,Macao & Taiwan	3	2
外商投资	Foreign Funded	3	3
平均从业人员(人)	**Average Number of Employed Persons(person)**	**50123**	**44813**
内资	Domestic Funded	49859	44643
# 国有	State-owned Enterprises	252	209
集体	Collective-owned Enterprises	14	11
股份有限公司	Share-holding Corporations Ltd.	1906	1619
私营	Private Enterprises	24974	21219
港、澳、台投资	Funded by Entrepreneurs From H.K,Macao & Taiwan	9	9
外商投资	Foreign Funded	255	161
土地开发及购置	**Land Development and Purchase**		
土地购置费用(万元)	Land Space Purchased Costs(10 000 yuan)	1544806	876202
待开发的土地面积(万平方米)	Land Space Needed to Development(10 000 sq.m)	508.77	468.63
本年土地购置面积(万平方米)	Land Space Purchased This Year(10 000 sq.m)	534.48	316.27
房地产开发建设投资总规模及完成投资(万元)	**General Scale of & Actually Completed Investment in Real Estate Development(10 000 yuan)**		
实际需要总投资	Total Investment Actually Needed	79388769	81471735
自开始建设至本年底累计完成投资	Accumulative Investment Actually Made Since Starting of Construction up to the End This Year	50567883	54492258
# 本年完成投资	Investment Made This Year	13708803	10810542
全部建成尚需投资	Further Investment for the Completion of Construction	28820886	26979477
按用途分的房地产开发完成投资额(万元)	**Actually Completed Investment of Enterprises for Real Estate Development by Use(10 000 yuan)**		
本年完成投资额	Investment Made This Year	13708803	10810542
住宅	Residential Buildings	9367598	7585091
# 别墅、高档公寓	Villas and Good Apartments	203746	180848
经济适用房屋	Economical Houses		
办公楼	Office Buildings	510090	396813
商业营业用房	Houses for Business Use	2544407	1874974
其他	Others	1286708	953664

6–13 续表 continued

指 标	Item	2014	2015
房屋建筑面积(万平方米)	**Floor Space of Buildings(10 000 sq.m)**		
施工面积	Floor Space under Construction	18474.17	17641.28
竣工面积	Floor Space Completed	2012.08	1697.16
# 住宅	Residential Buildings	1496.66	1281.45
# 经济适用房屋	Economical Houses		
竣工房屋价值(万元)	Value of Buildings Completed(10 000 yuan)	5387879	4598212
按用途分新开工房屋面积(万平方米)	**Floor Space Started by Use(10 000 sq.m)**		
本年新开工房屋面积	Floor Space of Selling House	3114.00	2341.67
住 宅	Residential Buildings	2151.45	1683.29
#别墅、高档公寓	Villas and Good Apartments	51.68	26.07
#经济适用房屋	Economical Houses		
办公楼	Office Buildings	72.47	29.85
商业营业用 房	Houses for Business Use	483.48	359.09
其 他	Others	406.60	269.44
商品房屋销售情况	**Selling of Commercial Houses**		
房屋销售面积(万平方米)	Floor Space of Selling House(10 000 sq.m)	2457.18	2369.37
# 住宅	Residential Buildings	1995.68	1944.92
# 经济适用房屋	Economical Houses		
商品房销售额(万元)	Total Sales Of Commercial House (10 000 yuan)	10648151	10521821
# 住宅	Residential Buildings	7650415	7660638
# 经济适用房屋	Economical Houses		
房地产开发企业资产负债(万元)	**Asset Balance of Enterprises (10 000 yuan)**		
实收资本合计	Total Capital Hold	8111724	7653861
# 国家资本金	State Capital		
资产总计	Total Assets	65493306	70623873
累计折旧	Total Depreciation	325697	329732
# 本年折旧	Depreciation This Year	64378	59672
负债总计	Total Liabilities	54122519	61200509
所有者权益	Creditors Equity	11370787	9423363
资产负债率(%)	Ratio of Liabilities to Assets	82.6	86.7
经营总收入(万元)	**Total Revenue(10 000 yuan)**	**8015187**	**6633108**
# 土地转让收入	Land Transferred	62470	12771
资金来源(万元)	**Source of Funds(10 000 yuan)**	**14391687**	**11960665**
# 国内贷款	Domestical Loans	1456220	975050
利用外资	Foreign Investment		
自筹资金	Fund Raising	10223861	8384682
其他资金来源	Others	2711606	2600933

6-14 农村个人固定资产投资和建房

Individual Investment in Fixed Assets & Building Construction in Rural Areas

年份 Year	投资总额 (万元) Total Investment (10 000 yuan)	# 竣工房屋投资 Investment in Buildings Completed		施工房屋建筑面积 (万平方米) Floor Space of Buildings Under Construction (10 000 sq.m)	竣工房屋建筑面积 (万平方米) Floor Space of Buildings Completed (10 000 sq.m)		竣工房屋造价 (元/平方米) Cost of Buildings Completed (yuan/sq.m)	
		小 计 Subtotal	# 住宅 Residential Buildings		总 计 Total	# 住宅 Residential Buildings	总 计 Total	# 住宅 Residential Buildings
1985	87369	48929	35718	1112	1112	812		44.0
1986	59978		17787	636	590	549		32.4
1987	88573		31132	749	719	613		50.8
1988	149132		38671	696	684	635		60.9
1989	108402		45730	692	668	572		79.9
1990	81263	45120	42971	552	552	495	81.7	86.8
1991	110319	74186	66180	1010	910	782	81.5	84.6
1992	132675	74766	56356	813	770	656	97.1	85.8
1993	126581	62776	53630	1258	900	629	99.8	85.3
1994	195856	109418	102269	1007	967	789	113.2	129.6
1995	365345	193582	177824	1239	1221	967	158.5	183.9
1996	381618	239963	208326	1238	1224	1020	196.0	204.2
1997	390141	230023	174965	1344	1344	1018	171.1	171.9
1998	409854	207169	179393	1382	1216	875	170.4	205.0
1999	430084	231832	196678	1173	1051	863	220.6	227.9
2000	458815	220926	200248	1092	985	860	224.3	232.8
2001	502098	253278	229572	1151	1079	916	234.6	250.6
2002	521562	223103	199163	1117	1047	869	213.1	229.2
2003	556773	220324	195820	1109	1018	848	207.0	221.6
2004	582376	188669	163294	923	880	728	214.4	224.3
2005	620529	207046	170065	738	710	510	291.6	333.5
2006	655749	252738	211770	780	769	583	328.7	363.2
2007	747324	284341	238955	814	794	596	358.1	400.9
2008	804120	334000	304610	905	813	621	410.8	490.5
2009	841470	365019	332142	468	433	394	843.0	843.0
2010	912153	385681	252380	507	469	360	822.3	701.1
2011	1121948	363719	267181	616	582	428	624.9	624.3
2012	1259708	277796	263127	460	401	359	692.8	732.9
2013	1449900	807878	728063	914	890	783	907.7	929.8
2014	1539794	881044	781886	903	872	710	1010.4	1101.2
2015	1730698	945271	904343	995	987	879	957.7	1028.8

主要统计指标解释

全社会固定资产投资 固定资产投资是社会固定资产再生产的主要手段。通过建造和购置固定资产的活动,国民经济不断采用先进技术装备,建立新兴部门,进一步调整经济结构和生产力的地区分布,增强经济实力,为改善人民物质文化生活创造物质条件。这对我国的社会主义现代化建设具有重要意义。

固定资产投资额 是以货币表现的建造和购置固定资产活动的工作量,它是反映固定资产投资规模、速度、比例关系和使用方向的综合性指标。全社会固定资产投资按经济类型可分为国有、集体、个体、联营、股份制、外商、港澳台商、其他等。

城镇固定资产投资 指城镇各种登记注册类型的企业、事业、行政单位及个体户进行的计划总投资 (或实际需要总投资)50 万元及 50 万元以上的建设项目投资、房地产开发投资、城镇和工矿区私人建房投资。县城及以上区域内发生的投资,县及县以上各级政府及主管部门直接领导、管理的建设项目和企业事业单位的投资均为城镇固定资产投资。

房地产开发投资 指房地产开发公司、商品房建设公司及其他房地产开发法人单位和附属于其他法人单位实际从事房地产开发或经营的活动单位统一开发的包括统代建、拆迁还建的住宅、厂房、仓库、饭店、宾馆、度假村、写字楼、办公楼等房屋建筑物和配套的服务设施,土地开发工程(如道路、给水、排水、供电、供热、通讯、平整场地等基础设施工程)的投资;不包括单纯的土地交易活动。

农村投资 包括在农村区域范围内进行固定资产投资活动的企业、事业、行政单位及农村个人投资。

建设总规模 是指在报告期内所有施工项目的计划总投资。这个指标和施工项目相对应。

在建总规模 是指在报告期末所有在建项目的计划总投资。

在建净规模 是指报告期末所有在建项目建成投产尚需的投资总量。

在建净规模 = 在建总规模 - 累计完成投资。

固定资产投资的资金来源 根据固定资产投资的资金来源不同,分为国家预算内资金、国内贷款、利用外资、自筹资金和其他资金来源。

(1)国家预算内资金:指中央财政和地方财政中由国家统筹安排的基本建设拨款和更新改造拨款,以及中央财政安排的专项拨款中用于基本建设的资金和基本建设拨款改贷款的资金等。

(2)国内贷款:指报告期内企、事业单位向银行及非银行金融机构借入的用于固定资产投资的各种国内借款。包括银行利用自有资金及吸收的存款发放的贷款、上级主管部门拨入的国内贷款、国家专项贷款(包括煤代油贷款、劳改煤矿专项贷款等。)、地方财政专项资金安排的贷款、国内储备贷款、周转贷款等。

(3)利用外资:指报告期内收到的用于固定资产投资的国外资金,包括统借统还、自借自还的国外贷款,中外合资项目中的外资,以及对外发行债券和股票等。国家统借统还的外资指由我国政府出面同外国政府、团体或金融组织签订贷款协议、并负责偿还本息的国外贷款。

(4)自筹资金:指建设单位报告期内收到的,用于进行固定资产投资的上级主管部门、地方和企、事业单位自筹资金。

(5)其他资金来源:指报告期内收到的除以上各种拨款、借款、自筹资金之外,其他用于固定资产投资的资金。

固定资产投资按国民经济行业分 建设项目归哪个行业,按其建成投产后的主要产品或主要用途及社会经济活动性质来确定。基本建设按建设项目划分国民经济行业,更新改造、国有单位其他固定资产投资及城镇集体投资根据整个企业、事业单位所属的行业来划分。一般情况下,一个建设项目或一个企业、事业单位只属于一种国民经济行业。为了更准确地反映国民经济各行业之间的比例关系,联合企业(总厂)所属分厂属于不同行业的,原则上按分厂划分行业。

固定资产投资按建设性质分 建设项目的性质一般分为新建、扩建、改建、迁建、恢复。基本建设按建设项目划分建设性质,更新改造、国有单位其他固定资产投资及城镇集体投资等按整个企业、事业单位的建设情况确定建设性质,房地产开发单位、农村投资、城镇工矿区私人建房等投资不划分建设性质。

(1)新建:一般是指从无到有、"平地起家"新开始建设的单位。有的单位原有的基础很小,经过建设后其新增加的固定资产价值超过原有固定资产价值 (原值) 三倍以上的也算新建。

(2)扩建:一般是指为扩大原有产品的生产能力,在厂内或其他地点增建主要生产车间(或主要工程)、独立的生产线或分厂的企业;事业单位和行政单位在原单位增建业务用房(如学校增建教学用房、医院增建门诊部或病床用房、行政机关增建办公楼等)也作为扩建。

(3)改建:一般是指现有企业、事业单位为了技术进步,提高产品质量,增加花色品种,促进产品升级换代,降低消耗和成本,加强资源综合利用和三废治理、劳保安全等,采用新技术、新工艺、新设备、新材料等对现有设施、工艺条件进行技术改造或更新(包括相应配套的辅助性生产、生活福利设施)。有的企业为充分发挥现有生产能力,进行填平补齐而增建不增加本单位主要产品生产能力的车间等,也属于改建。

固定资产投资按构成分 固定资产投资活动按其工作内容和实现方式分为建筑安装工程,设备、工具、器具购置,其他费用三个部门。

(1)建筑安装工程(建筑安装工作量):指各种房屋、建筑物的建造工程和各种设备、装置的安装工程。包括各种房屋建造工程，各种用途设备基础和各种工业窑炉的砌筑工程；为施工而进行的各种准备工作和临时工程以及完工后的清理工作等；铁路、道路的铺设，矿井的开凿及石油管道的架设等；水利工程；防空地下建筑等特殊工程；以及各机械设备的安装工程；为测定安装工程质量，对设备进行的试运工作。在安装工程中，不包括被安装设备本身的价值；

(2)设备、工具、器具购置：指购置或自制达到固定资产标准的设备、工具、器具的价值，固定资产的标准按财务部门规定。新建单位、扩建单位的新建车间按照设计和计划要求购置或自制的全部设备、工具、器具，不论是否达到固定资产标准均计入“设备、工具、器具购置”中。

(3)其他费用：指在固定资产建造和购置过程中发生的，除建筑安装工程和设备、工具、器具购置以外的各种应摊入固定资产的费用。

施工项目 指报告期内曾进行建筑或安装工程施工活动的建设项目，包括报告期内新开工项目、报告期以前开工跨人报告期继续施工的项目以及报告期施过工并在报告期内全部建成投产或停缓建的项目。

全部建成投产项目 工业项目是指设计文件规定形成生产能力的主体工业及其相应配套的辅助设施全部建成，经负荷试运转，证明具备生产设计规定合格产品的条件，并经过验收鉴定合格或达到竣工验收标准，与生产性工程配套的生活福利设施可以满足近期正常生产的需要，正式移交生产的建设项目。非工业项目是指设计文件规定的主体工程和相应的配套工程全部建成，能够发挥设计规定的全部效益，经验收鉴定合格或达到竣工验收标准，正式移交作用的建设项目。

新增生产能力 指通过固定资投资活动而增加的设计能力或工程效益，它是用实物形态表示的固定资产投资的成果，也是考核投资经济效果的重要依据。新增生产能力的计算，是以能独立发挥生产能力或工程效益的单项工程（或项目）为对象。当单项工程(或项目)建成，经有关部门鉴定合格，正式移交投入生产，即可算新增生产能力。

新增生产能力或工程效益有以下几种表现形式：

(1)用产品数量表示，以工程在单位时间内（一般是一年）所能生产的产品数量（即年产量）表示。如原煤开采用万吨/年表示。

(2)用单位时间内所能处理的原料数量表示，以工程每天（或小时）所能处理原料的数量表示。

(3) 以新增的主要设备数量或容量表示，如棉纺锭锭数、发电机组容量等。

(4) 以节约的原材料、燃料、动力实物量表示，适用于反映更新改造节约项目的效益。

(5) 以建筑物容积、容量、面积或长度表示，是非工业项目或工程新增效益的一种表现形式。如水库容量、铁路公路里程等。

根据工程的特点，有时需要用两种或两种以上的复合计量单位表示新增生产能力（或工程效益），如新增内燃机生产能力同时用年产台数、千瓦数表示等。

房屋建筑面积 指从房屋外墙线算起的各层平面面积的总和，包括可供使用的有效面积和房屋结构(如柱、墙)占用的面积。多层建筑按各层(包括地下室)面积总和计算。

住宅建筑面积 指施工和竣工房屋建筑面积中供居住用的施工和竣工房屋建筑面积。

施工面积 指报告期内施工的全部房屋建筑面积。包括本期新开工的面积、上期跨入本期继续施工的房屋面积、上期停缓建在本期恢复施工的房屋面积、本期竣工的房屋面积及本期施工后又停缓建的房屋面积。

竣工面积 指在报告期内房屋建筑按照设计要求已全部完工，达到住人和使用条件，经验收鉴定合格，正式移交使用单位的建筑面积。

房屋建筑面积竣工率 批一定时期内房屋竣工面积占同期房屋施面积的比率。它是从房屋建筑施工速度的角度反映投资效果和建筑业经济效益的指标。

新增固定资产 指通过投资活动所形成的新的固定资产价值，包括已经建成投入生产或交付使用的工程价值和达到固定资产标准的设备、工具、器具的价值及有关应摊入的费用。它是以价值形式表示的固定资产投资成果的综合性指标，可以综合反映不同时期、不同部门、不同地区的固定资产投资成果。

建设项目投产率 指一定时期内全部建成投入生产项目个数与同期正式施工项目个数的比率。它是从项目建设速度的角度反映投资效果的指标。

商品房销售面积 指报告期内出售商品房屋的合同总面积(即双方签署的正式买卖合同中所确定的建筑面积)。由现房销售建筑面积和期房销售建筑面积两部分组成。

商品房销售额 指报告期内出售商品房屋的合同总价款(即双方签署的正式买卖合同中所确定的合同总价)。该指标与商品房销售面积同口径，由现房销售额和期房销售额两部分组成。

固定资产交付使用率 指一定时期新增固定资产与同期完成投资额的比率。它是反映各个时期固定资产动用速度，衡量建设过程中投资效果的一个综合性指标。

Explanatory Notes on Main Statistical Indicators

Total Investment in Fixed Assets in the Whole Country Investment in fixed assets is the essential means for Social reproduction of fixed assets. By means of construction and purchase of fixed assets, more advanced technologies and equipment are adopted in the national economy, and new sectors are established, which promote the adjustment of economic structure and the regional distribution of productive forces and enhance the economic strengths so as to provide the material conditions for improving people's livelihood. This is significant for speeding up the drive of socialist modernization in China.

Amount of investment in fixed assets refers to the volume of activities in construction and purchases of fixed assets in monetary terms. It is a comprehensive indicator which shows the size, pace, proportional relations and use orientation of the investment in fixed assets. Total investment in fixed assets in the whole country includes, by status of economic ownership, the investment by the state owned units, collective units, individuals, joint ownership units, share holding units, as well as investment by businessmen from foreign countries and from Hong Kong, Macao and Taiwan, and by other units.

Urban Investment in Fixed Assets refers to construction projects involving a total planned (or required) investment of 500,000 yuan and over by urban enterprises and institutions of various types of ownership, by administrative units and by individuals, investment in real estate development, and housing investment by individuals in urban areas and in industrial and mining areas. In other words, all investments that take place in county towns and urban areas, investment in construction projects under the direct leadership and management of government agencies at and above county levels and investments by enterprises and institutions at and above county levels are covered in urban investment in fixed assets.

Investment in Real Estate Development It includes the investment by the real estate development companies, commercial buildings construction companies and other real estate development units of various types of ownership in the construction of house buildings, such as residential buildings, factory buildings, warehouses, hotels, guesthouses, holiday villages, office buildings, and the complementary service facilities and land development projects, such as roads, water supply, water drainage, power supply, heating, telecommunications, land leveling and other projects of infrastructure. It excludes the activities in simple land transactions.

Investment in Rural Areas refers to investment in fixed assets by enterprises, institutions and individuals in rural areas.

Total Size of Construction refers to the planned total investment for all construction projects during the reference period.

Total Size of Investment in Projects under Construction refers to the planned total investment of all projects under construction at the end of the reference period.

Net Size of Investment in Projects under Construction refers to the required investment of all projects under construction at the end of the reference period.

Net Size of Investment = Total Size of Investment– accumulated completed investment

Sources of funds for Investment in Fixed Assets State budgetary appropriation, domestic loans, foreign investment, self raised funds, and others.

(1) State budgetary appropriation refers to appropriation in the budget of the central and local governments earmarked for capital construction and for innovation projects, and the special appropriation from the budget of the central government for capital construction and for the transfer fund to banks to be issued as loans for capital construction projects.

(2) Domestic loans refer to various funds borrowed by enterprises and institutions from banks and non bank financial institutions during the reference period for the purpose of investment in fixed assets, including loans issued by banks from their self owned funds and deposit, loans appropriated by higher responsible authorities, special loans by government (including loan for replacing petroleum with coal, special loan for reform through labor coal mines) , loans arranged by local government from special funds, domestic reserve loan, and working loan, etc. .

(3) Foreign Investment refers to foreign funds received during the reference period for the purpose of investment in fixed assets, including foreign funds borrowed and managed by the government, by individual units, foreign fund in joint venture program, and issue of bonds and stocks at the international financial markets. The foreign funds borrowed and managed by the government refer to foreign loans borrowed by the government from foreign governments, organizations, or financial institutions under official agreements signed by both parties, under which government is responsible for the repayment of both the principal and interests of the foreign loans.

(4) Self–raised funds refer to funds received by construction enterprises from their higher responsible authorities, local governments, or raised by enterprises or institutions themselves for the purpose of investment in fixed assets during the reference period.

(5) Others refer to funds received during the reference period which are not included in the above mentioned sources.

Investment in Fixed Assets by Sector The classification of construction projects by sector is determined by the major products or the purpose of the projects when they are put into production or use, and by the nature of their social economic activities. The investment in capital construction is classified by construction projects, while investment in innovation, other investment by state owned units and urban collective units are classified according to the sector which the whole enterprise or institution belongs to. In general, one project or one enterprise or institution can only belong to one sector. In order to reflect more accurately the proportions among various sectors, the branch factories of integrated complex are classified into different sectors according to their economic activities.

Investment in Fixes by Type of Construction The construction projects in general can be classified by the type of construction into new construction, expansion, reconstruction and moving away. In capital construction, the type of construction is determined by the condition of the project. In investment in innovation, in other investment by state owned units and investment by collective owned units, the type of construction is determined by the condition of the whole enterprise or institutions. Investment by type of construction is not applied to investment by real estate development units, investment in rural areas and investment in housing by urban individuals.

(1) New construction in general refers to newly constructed units. In the case in which the value of the original fixed assets is quite small, and the value of newly added fixed assets exceeds the original ones by three times, the expansion construction is considered as new construction.

(2) Expansion refers to construction of new major production workshop or independent production line within a factory or in other locations, or construction of a branch factory so as to increase the production capacity of the original products. Newly constructed business houses in institutions and administrative organizations (such as the newly constructed teaching buildings in schools, clinics or bed building in hospitals, and office buildings in administrative agencies, etc.) Are also classified as expansion.

(3) Reconstruction refers to technical innovation and transformation of the existing equipment and technical conditions undertaken by enterprises and institutions for the purposes of technological advancement, improvement in product quality, enlarging variety of products, promoting new generation of products, reducing production consumption and cost, promoting comprehensive utilization of resources, strengthening treatment of waste gas, waste water and solid wastes, and safety in production, etc. through application of new technologies and techniques, use of new equipment and new materials (including accessory facilities for production or for living and welfare purposes) . Construction of new workshops for improving existing production capacity rather than increasing production capacity is also considered as reconstruction.

Investment in Fixed Assets by Structure refers to the three major parts of investment activities, i. e. construction and installation, purchase of equipment and instrument, and other expenses.

(1) Construction and installation (work volume of construction and installation) refers to the construction of various houses and buildings and installation of various kinds of equipment and instruments, including construction of various houses, equipment foundations and industrial kilns and stoves, preparation works for project construction, and clearing up works post project construction, pavement of railways and roads, drilling of mines and putting up of oil pipes, construction of projects of water conservancy, construction of underground air raid shelters and construction of other special projects, installation of various machinery the quality of installation projects, The value of equipment installed is not included in the value of installation projects.

(2) Purchase of equipment and instruments refers to the total value of equipment, tools, and vessels purchased or self produced which come up to standards for fixed assets. Equipment, tools and vessels purchased or self produced for new work shops by newly established or expanded units are categorized as" purchase of equipment and instruments" no matter whether they come up to the standards for fixed assets or not.

(3) Other expenses refer to expenses occurring during the construction or purchase of fixed assets other than construction, installation or purchase of equipment and instruments.

Projects Under Construction refer to projects having construction and installation activities undertaken in the reference period, including projects started in the reference period, or continued from the previous period, or completed and put into production or suspended in the reference period.

Projects Completed and Put into Use Industrial projects refer to the major projects and accessory facilities completed which result in forming production capacity and have been checked and accepted while the living and welfare facilities have been completed and can ensure normal production and formally put into production. Non-industrial projects refer to the major projects and accessory facilities completed which possess the designed capacity and have been checked, accepted and formally put into production.

Newly Increased Production Capacity refers to the increase of designed capacity and project efficiency through investment in fixed assets, which reflects the accomplishment of investment in fixed assets in kind. The calculation of newly increased production capacity is based on individual project which operates independently and efficiently. When an individual project is completed and checked and accepted and put into production, it is counted as newly increased production capacity.

The newly increased production capacity and project efficiency are usually expressed in one of the following forms:

(1) output of products, i. e. the output that the project can produce during a given period (usually a year) . For instance, the capacity in coal mining is expressed in 10, 000 tons/year, etc;

(2) raw materials processing capacity, i. e. the volume of raw materials that could be processed by the project per day (or per hour), such as tons of materials processed per day by a sugar refining project or edible vegetable oil project, or tons of urban sewage processed per day;

(3) number or capacity of major equipment increased, such as number of cotton or silk looms increased, wool spindles increased, or capacity (in kilowatt s) of power generators increased;

(4) saved raw materials, fuels or power, which are mainly used for the efficiency of innovation and transformation projects; and

(5) physical measures (volume, capacity, area, and length) of construction, which is typical for non industrial projects, for instance, the length of new railways, etc.

Features of projects sometimes call for combined use of two or more measurement to reflect the increased production capacity (or project efficiency), for instance, the new capacity for the production of internal combustion engines are expressed in sets per year and kilowatts per year simultaneously.

Floor Space of Buildings under Construction and Completed refers to total floor space in each story of buildings calculated from the outside line of building walls, including both usable space and the space occupied by constructions like pillars or walls. The floor space of multi story buildings includes the total floor space of each story (including basement).

Floor Space of Residential Buildings refers to the floor space of the residential buildings under construction and completed among the total space of buildings under construction and completed.

Floor Space Under Construction refers to total floor space of all buildings under construction during the reference period, including floor space of newly started buildings during the reference period, floor space of construction extended from the previous period to the current period, floor space of construction suspended during the previous period and resumed in the current period, floor space of construction completed in the current period, and floor space of construction started and then suspended in the current period.

Floor Space of Buildings Completed refers to the floor space of buildings completed in the reference period, which have come up to the designed standards and have been put into use.

Completion Rate of Floor Space of Buildings refers to the ratio of the floor space of buildings completed in certain period of time to the floor space of buildings under construction in the same period, which reflects the investment result and economic efficiency of the construction industry from the angle of the speed of project construction.

Newly Increased Fixed Assets refer to the newly increased value of fixed assets through investment, including the value of projects completed and put into production, the value of equipment, tools, and vessels considered as fixed assets, as well as the relevant expenses as investment in fixed assets. This is a comprehensive indicator of investment in fixed assets, reflecting the achievements of investment in fixed assets in different periods, different sectors, and different regions.

Rate of Construction Projects Completed and put into Use refers to the ratio of the number of construction projects completed and put into use in certain period of time to the number of projects under construction in the same period, this reflects the investment efficiency from the angle of the speed of projects construction.

Area of Commercial Housing Sold refers to total contracted area of commercial housing (i.e. area of floor space as designated in the formal contracts signed by both sides) during the reference time. It constitutes floor space of completed housing and floor space of future housing.

Value of Commercial Housing Sold refer to total value of contracts (i.e. value of sales/purchase for selling/purchase of commercial housing as designated in the contracts signed by both sides) during the reference time. It has the same coverage as the area of commercial housing sold, constituting completed housing and floor space of future housing

Rate of Projects of Fixed Assets Completed and Put into Operation refers to the ratio of the newly increased fixed assets to the total investment made in the same period. This is a comprehensive indicator, reflecting the speed of the employment of fixed assets and the investment efficiency.

2016 NEIMENGGU

七、能源和环境

Energy and Environment

资料整理：王晓妍　朱大玮　闫霁云　朱丽娅

Arranged By Wang Xiaoyan , Zhu Dawei , Yan Jiyun , Zhu Liya

7-1 能源生产总量及构成
Total Production of Energy and Its Composition

年份 Year	能源生产总量 (万吨标准煤) Total Energy Production (10 000 tons of SCE)	占能源生产总量的比重(%)As Percentage of Total Energy Production(%)			
		原煤 Raw Coal	原油 Crude Oil	天然气 Natural Gas	水电、核电和其他能源 Hydro Power, Nuclear Power and Other Energy
1978	1070.63	99.83			
1980	1078.94	99.81			
1985	2027.75	99.99			
1986	2007.72	99.85			
1987	2092.12	99.82			
1988	2252.60	99.88			
1989	2688.70	99.90			
1990	2821.61	99.81			
1991	3069.14	99.81			
1992	3221.65	95.43			
1993	3647.44	94.05	3.96		
1994	3994.00	94.27	5.69		
1995	4642.02	94.55	5.41		
1996	4767.47	95.48	4.49		
1997	5354.63	96.46	3.53		
1998	5019.91	96.28	3.66		
1999	4566.42	96.34	3.59		
2000	4701.23	95.90	2.75		
2001	6047.84	96.40	2.01	1.41	
2002	8428.61	97.21	1.40	1.22	
2003	10814.13	97.14	1.22	1.30	
2004	15586.70	97.32	1.04	1.34	
2005	19082.33	95.86	1.10	2.69	0.36
2006	22298.37	95.33	1.10	3.17	0.40
2007	26725.88	94.71	0.89	3.51	0.88
2008	33440.86	94.52	0.75	4.00	0.74
2009	40185.85	92.87	0.67	4.84	1.62
2010	49740.18	92.35	0.53	5.42	1.65
2011	59738.06	92.50	0.49	5.55	1.47
2012	64027.06	92.44	0.44	5.38	1.73
2013	58554.29	91.25	0.47	6.15	2.14
2014	60205.75	91.04	0.46	6.21	2.29
2015	56253.32	89.81	0.45	6.88	2.86

注:1.水电、核电和其它能源发电折算标准煤系数根据当年平均火力发电煤耗计算。
2.根据全国第三次经济普查结果,对2013、2014年能源生产总量和比重数据进行了调整。

a) The coefficient for conversion of Hydropower, nuclear power and other power into SCE (standard coal equivalent)is calculated on the basic of the average thermal coal in the same year.

b)According to the results of the third national economic census, the total energy production and the proportion of energy production in 2014 and 2013 were adjusted.

7-2 能源消费总量及构成
Total Consumption of Energy and Its Composition

年份 Year	能源消费总量 (万吨标准煤) Total Energy Consumption (10 000 tons of SCE)	占能源消费总量的比重(%) As Percentage of Total Energy Consumption(%)			
		煤炭 Coal	石油 Petroleum	天然气 Natural Gas	水电、核电和其他能源 Hydro Power, Nuclear Power and Other Energy
1985	1870.66				
1986	1856.66				
1987	1967.11				
1988	2035.52				
1989	2250.36				
1990	2423.51				
1991	2505.19				
1992	2554.99				
1993	2676.11				
1994	2812.19				
1995	3268.44				
1996	3144.36				
1997	3708.95				
1998	3440.06				
1999	3634.88				
2000	3937.54				
2001	4453.48				
2002	5190.12				
2003	6612.77				
2004	8601.81				
2005	10788.37	90.44	8.60	0.78	0.17
2006	12835.27	89.67	8.64	1.49	0.20
2007	14703.32	88.79	8.35	2.40	0.46
2008	16407.63	88.09	8.99	2.47	0.44
2009	17473.68	86.36	9.10	3.37	1.17
2010	18882.66	86.60	8.96	3.02	1.42
2011	21148.52	87.08	9.15	2.34	1.43
2012	22103.30	87.59	8.36	2.30	1.75
2013	17681.37	81.44	8.19	3.30	7.07
2014	18309.06	81.73	7.48	3.27	7.52
2015	18927.07	82.92	6.50	2.09	8.49

注:1.根据全国第三次经济普查结果,对2013、2014年能源消费总量和比重进行了调整。

2.从2013年开始,能源消费量采用等价值数据。

a)According to the results of the third national economic census, the total energy consumption and the proportion of energy consumption in 2014 and 2013 were adjusted.

b)Starting in 2013, energy consumption data using the equivalent value.

7–3 综合能源平衡表

Overall Energy Balance

单位：万吨标准煤 (10 000 tons of SCE)

项 目	Item	1990	1995	2000	2005	2010	2015
可供消费的能源总量	**Total Energy Available for Consumption**	**2418.00**	**2922.20**	**3996.41**	**9493.38**	**16736.97**	**18927.07**
一次能源生产量	Primary Energy Output	2821.61	4642.02	4701.23	19082.33	49740.18	56253.32
外省（区、市）调入量	Transfer From Other Province(Region、City)						2061.74
进口量	Imports	3.33	4.56		228.02	1160.11	1059.77
本省（区、市）调出量(-)	Transfer to Other Province(Region、City)(-)						-40109.15
出口量(-)	Exports(-)	-16.81	-48.38	-141.96	-11.21	-390.77	-99.98
年初年末库存差额	Stock Changes in the Year	-57.33	-61.74	47.81	416.06	-2445.33	-238.64
能源消费总量	**Total Energy Consumption**	**2423.51**	**3268.44**	**3937.54**	**9666.11**	**16820.30**	**18927.07**
在总量中：	Consumption by Sector						
1.农、林、牧、渔业	1.Farming, Forestry, Animal Husbandry & Fishery	83.39	100.09	128.62	319.53	514.21	561.39
2.工业	2.Industry	1368.62	1338.90	2059.93	6936.80	11501.76	13728.80
3.建筑业	3.Construction	29.69	35.69	57.57	105.80	287.21	302.36
4.交通运输、仓储及邮电通信业	4.Transportation, Storage, Post & Telecommunications Services	152.46	154.58	151.07	688.87	1322.92	1178.66
5.批发、零售业和住宿餐饮业	5.Wholesale，Retail Trade, Quarters & Catering	43.72	73.44	92.87	308.58	983.90	801.66
6.其他	6.Others	115.66	128.19	80.27	277.08	472.03	816.98
7.生活消费	7.Residential Consumption	437.18	155.45	225.40	1022.10	1738.27	1537.23
在总量中：	Consumption by Usage						
(一)终端消费	(Ⅰ)Final Consumption	2230.72	1986.38	2795.70	8831.74	14767.89	17942.32
# 工业	Industry	1368.62	1338.90	2059.93	6109.78	9449.35	12744.05
(二)加工转换损失量	(Ⅱ)Losses in Processing & Transformation	135.67	905.20	1119.59	827.02	2052.42	984.75
# 炼焦	Coking	43.91	36.52	16.30	255.60	302.94	398.14
炼油及煤制油损失	Petroleum Refining & CTL losses		1.11	24.69	4.12	46.15	138.72
(三)损失量	(III)Other Losses	57.12	376.86	22.25	7.34		
平衡差额	**Balance**	**-5.51**	**-346.24**	**58.87**	**-172.73**	**-83.34**	

7-4 石油平衡表

Petroleum Balance

单位：万吨 (10 000 tons)

项 目	Item	2014	2015
可供量	**Total Energy Available for Consumption**	**967.44**	**869.24**
生产量	Output	193.21	178.83
外省(区、市)调入量	Transfer From Other Province(Region、City)	879.22	880.98
进口量	Imports	41.46	77.48
本省(区、市)调出量(-)	Transfer to Other Province(Region、City)(-)	-144.87	-248.59
出口量(-)	Exports(-)		-10.15
年初年末库存差额	Stock Changes in the Year	-1.58	-9.30
消费量	**Total Energy Consumption**	**967.44**	**869.24**
在消费总量中：	Consumption by Sector		
1.农、林、牧、渔业	1.Farming, Forestry, Animal Husbandry and Fishery	67.12	73.04
2.工业	2.Industry	100.94	66.77
3.建筑业	3.Construction	139.88	126.03
4.交通运输、仓储及邮电通信业	4.Transportation, Storage, Post and Telecommunications Services	411.62	376.11
5.批发、零售业和住宿餐饮业	5.Wholesale，Retail Trade, Quarters and Catering	17.42	15.33
6.其他	6.Others	109.30	92.82
7.生活消费	7.Residential Consumption	121.16	119.15
在消费总量中：	Consumption by Usage		
(一)终端消费	(Ⅰ)Final Consumption	1068.81	990.50
# 工业	Industry	202.31	188.03
(二)中间消费	(Ⅱ)Intermediate Consumption		
(用于加工转换)	(Consumed in Transformation)	1.47	8.96
发电	Power Generation	1.42	8.91
供热	Heating	0.05	0.05
(三)炼油损失量	(Ⅲ)Losses in Petroleum Refining	-102.84	-130.22
(四)损失量	(Ⅳ)Other Losses		
平衡差额	**Balance**		

注:生产量为原油产量。

a)Data on output refer to the output of crude oil.

7-5 煤炭平衡表
Coal Balance Sheet

单位：万吨 (10 000 tons)

项 目	Item	2014	2015
可供量	**Total Energy supply**	**36465.97**	**36499.76**
生产量	Output	99391.27	90957.05
外省（区、市）调入量	Transfer From Other Province(Region、City)	1083.79	1050.84
进口量	Imports	1670.72	1402.90
本省（区、市）调出量(-)	Transfer to Other Province(Region、City)(-)	-63892.3	-56422.44
出口量(-)	Exports(-)	-160.64	-118.21
年初年末库存差额	Stock Changes in the Year	-1626.87	-370.38
消费量	**Total Energy Consumption**	**36465.97**	**36499.76**
在消费总量中:	Consumption by Sector		
1.农、林、牧、渔业	1.Farming,Forestry,Animal Husbandry & Fishery	504.14	501.57
2.工业	2.Industry	33027.72	33416.24
3.建筑业	3.Construction	194.05	143.91
4.交通运输、仓储及邮电通信业	4.Transport, Storage, Post & Telecomm Services	636.20	719.53
5.批发、零售业和住宿餐饮业	5.Wholesale，Retail Trade, Quarters & Catering	988.54	812.48
6.其他	6.Others	797.14	596.93
7.生活消费	7.Residential Consumption	318.18	309.10
在消费总量中:	Consumption by Usage		
(一)终端消费	(Ⅰ)Final Consumption	7016.77	7543.02
# 工业	Industry	3578.52	4459.50
(二)中间消费	(Ⅱ)Intermediate Consumption		
(用于加工转换)	(Consumed in Transformation)	29449.20	28956.74
#发电	Power Generation	19366.50	19131.53
供热	Heating	2320.41	2563.88
洗选损耗	Losses in Coal Washing and Dressing	2652.55	2106.63
炼焦	Coking	4732.18	4444.40
炼油及煤制油	Petroleum Refineries and Coal-to-liquids	377.56	347.51
制气	Gas Production		362.79
平衡差额	**Balance**		

注：生产量为原煤产量。

a)Data on output refer to the output of raw coal.

7-6 电力平衡表

Electricity Balance Sheet

单位：亿千瓦小时 (100 million kwh)

项 目	Item	2014	2015
可供量	**Total Energy supply**	**2416.74**	**2542.86**
生产量	Output	3860.59	3923.20
# 火电	Thermal Power	3417.08	3421.93
风电	Wind power	386.18	407.88
水电	Hydro-power	34.61	36.41
外省（区、市）调入量	Transfer From Other Province(Region、City)	16.48	15.72
进口量	Imports		
本省（区、市）调出量(-)	Transfer to Other Province(Region、City)(-)	-1450.31	-1385.06
出口量(-)	Exports(-)	-10.02	-11.00
消费量	**Total Energy Consumption**	**2416.74**	**2542.86**
在消费总量中：	Consumption by Sector		
1.农、林、牧、渔业	1.Farming, estry,Animal Husbandry & Fishery	38.85	41.36
2.工业	2.Industry	2140.34	2245.56
3.建筑业	3.Construction	11.18	9.92
4.交通运输、仓储及邮电通信业	4.Transportation, Storage, Post & Telecommunications Services	23.24	23.02
5.批发、零售业和住宿餐饮业	5.Wholesale，Retail Trade, Quarters & Catering	41.34	45.49
6.其他	6.Others	41.25	49.37
7.生活消费	7.Residential Consumption	120.54	128.14
在消费总量中：	Consumption by Usage		
(一)终端消费	(Ⅰ)Final Consumption	2416.74	2542.86
# 工业	Industry	2140.34	2245.56
(二)输配电损失量	(Ⅱ)Losses in Transmission		

7-7 规模以上工业分行业综合能源消费

Consumption of Overall Energy by Industrial Branch above Designated

单位：万吨标准煤 (10 000 tons of SCE)

行 业	Sector	2014	2015
总计	**Total**	**14245.15**	**14853.08**
按工业行业门类分	**By Industrial Branch**		
轻工业	**Light Industry**	**450.48**	**498.95**
重工业	**Heavy Industry**	**13794.67**	**14354.12**
采矿业	**Mining**	**1419.88**	**853.81**
煤炭开采和洗选业	Coal Mining & Processing	1207.51	655.74
石油和天然气开采业	Petroleum & Natural Gas Pumped	20.57	19.34
黑色金属矿采选业	Mining & Dressing of Ferrous Metals	110.37	102.09
有色金属矿采选业	Mining & Dressing of Nonferrous Metals	56.02	54.52
非金属矿采选业	Mining & Dressing of Nonmetal Minerals	23.52	20.62
开采辅助活动	Support Activities for Mining		
其他采矿业	Mining of Other Mineral	1.88	1.50
制造业	**Manufacturing**	**7311.65**	**8671.65**
农副食品加工业	Processing of Agricultural Side-Line Food	127.78	138.15
食品制造业	Food Manufacturing	119.32	126.60
酒、饮料和精制茶制造业	Wine, Beverage and Refined Tea Manufacturing	38.98	32.38
烟草制品业	Tobacco Products	1.32	1.26
纺织业	Textile Industry	9.49	8.20
纺织服装、服饰业	Textile, Apparel Industry	3.52	3.22
皮革、毛皮、羽毛及其制品和制鞋业	Leather, Fur, Feathers and Their Products and Footwear	1.04	0.85
木材加工和木、竹、藤、棕、草制品业	Timber Processing, Bamboo, Cane, Palm Fiber & Straw Products	26.60	21.15
家具制造业	Furniture Manufacturing	3.10	2.70
造纸及纸制品业	Paper-making & Paper Products	17.65	13.75
印刷和记录媒介复制业	Printing and Record Medium Reproduction	0.50	0.86

7-7 续表 continued

单位：万吨标准煤 (10 000 tons of SCE)

行 业	Sector	2014	2015
文教、工美、体育和娱乐用品制造业	Manufacturing of Cultural, Educational & Arts , Crafts & Sports and Entertainment Goods	0.23	0.20
石油加工、炼焦和核燃料加工业	Petroleum Processing ,Coke Products & Processing of Nuclear Fuel	673.43	1040.98
化学原料和化学制品制造业	Raw Chemical Materials & Chemical Products	2608.76	3192.74
医药制造业	Medicine Manufacturing	96.45	142.60
化学纤维制造业	Chemical Fiber Manufacturing		0.03
橡胶和塑料制品业	Rubber and Plastic Products	4.82	5.74
非金属矿物制品业	Nonmetal Mineral Products	505.49	435.77
黑色金属冶炼和压延加工业	Smelting & Pressing of Ferrous Metals	1944.87	2003.66
有色金属冶炼和压延加工业	Smelting & Pressing of Nonferrous Metals	1079.76	1450.21
金属制品业	Metal Products	18.43	9.93
通用设备制造业	Manufacturing of General-Purpose Equipment	6.69	6.10
专用设备制造业	Special Purposes Equipment Manufacturing	6.49	5.42
汽车制造业	Automotive Manufacturing	5.96	5.21
铁路、船舶、航空航天和其他运输设备制造业	Railroad,Ships, Aerospace and Other Transportation Equipment Manufacturing	0.62	0.83
电气机械和器材制造业	Electric Equipment & Machinery	7.71	8.07
计算机、通信和其他电子设备制造业	Manufacturing of Computer , Communications and Other Electronic Equipment	0.39	11.58
仪器仪表制造业	Manufacturing of Instrument	0.04	0.04
其他制造业	Others	0.14	0.14
废弃资源综合利用业	Comprehensive Utilization of Waste Resources	1.86	3.07
金属制品、机械和设备修理业	Metal products, Machinery and Equipment Repair	0.21	0.21
电力、燃气及水的生产和供应业	**Production & Supply of Electric Power,Gas & Water**	**5513.62**	**5327.62**
电力、热力生产和供应业	Production & Supply of Electric Power & Heating Power	5472.36	5257.08
燃气生产和供应业	Production & Supply of Gas	31.86	60.28
水的生产和供应业	Production & Supply of Water	9.40	10.26

7-8 分行业能源消费总量和主要能源品种消费量(2015 年)

Consumption of Total Energy & Its Main Varieties by Sector(2015)

行 业	Sector	能源消费总量(万吨标准煤) Total Energy Consumption (10 000 tons of SCE)	煤炭消费量(万吨) Coal Consumption (10 000 tons)	焦炭消费量(万吨) Coke Consumption (10 000 tons)	原油消费量(万吨) Crude Oil Consumption (10 000 tons)	汽油消费量(万吨) Gasoline Consumption (10 000 tons)
消费总量	**Total Consumption**	**18927.07**	**36499.76**	**1532.74**	**383.67**	**305.76**
农、林、牧、渔业	**Farming, Forestry, Animal Husbandry & Fishery**	**561.39**	**501.57**			**7.20**
工业	**Industry**	**13728.81**	**33416.24**	**1532.74**	**383.67**	**13.65**
采矿业	**Mining**	**857.49**	**2283.03**	**51.88**	**5.21**	**4.09**
煤炭开采和洗选业	Coal Mining & Processing	524.63	2140.43	51.88		1.33
石油和天然气开采业	Petroleum & Natural Gas Pumped	37.91	1.13		5.21	0.21
黑色金属矿采选业	Mining & Dressing of Ferrous Metals	115.36	88.39			0.31
有色金属矿采选业	Mining & Dressing of Nonferrous Metals	122.49	35.53			1.98
非金属矿采选业	Mining & Dressing of Nonmetal Minerals	36.40	15.88			0.16
开采辅助活动	Support Activities for Mining					
其他采矿业	Mining of Other Mineral	20.71	1.67			0.10
制造业	**Manufacturing**	**11041.65**	**13563.12**	**1480.86**	**378.43**	**7.75**
农副食品加工业	Processing of Agricultural Side-Line Food	173.22	232.95	0.29		3.01
食品制造业	Food Manufacturing	93.17	229.25	0.05		0.26
酒、饮料和精制茶制造业	Wine, Beverage and Refined Tea Manufacturing	47.95	40.65			0.27
烟草制品业	Tobacco Products	17.75	0.67			0.01
纺织业	Textile Industry	9.47	13.54			0.09
纺织服装、服饰业	Textile, Apparel Industry	4.28	3.72			0.05
皮革、毛皮、羽毛及其制品和制鞋业	Leather, Fur, Feathers and Their Products and Footwear	2.35	0.75			0.20
木材加工和木、竹、藤、棕、草制品业	Timber Processing, Bamboo, Cane, Palm Fiber & Straw Products	24.89	13.70			0.18
家具制造业	Furniture Manufacturing	8.57	2.57			0.01
造纸及纸制品业	Paper-making & Paper Products	14.19	20.19			0.04
印刷和记录媒介复制业	Printing and Record Medium Reproduction	2.90	0.10			0.01
文教、工美、体育和娱乐用品制造业	Manufacturing of Cultural, Educational & Arts , Crafts & Sports and Entertainment Goods	1.62	0.05			0.03

7-8 续表 1 continued

行业	Sector	煤油消费量(万吨) Kerosene Consumption (10 000 tons)	柴油消费量(万吨) Diesel Oil Consumption (10 000 tons)	燃料油消费量(万吨) Fuel Oil Consumption (10 000 tons)	天然气消费量(亿立方米) Natural Gas Consumption (100 million cu.m)	电力消费量(亿千瓦小时) Electricity Consumption (100 million kwh)
消费总量	**Total Consumption**	**32.60**	**475.13**	**10.60**	**39.11**	**2542.86**
农、林、牧、渔业	**Farming, Forestry, Animal Husbandry & Fishery**		**65.84**			**41.36**
工业	**Industry**	**0.24**	**108.74**	**10.55**	**23.51**	**2245.56**
采矿业	**Mining**	**0.01**	**81.03**	**0.45**	**0.10**	**144.10**
煤炭开采和洗选业	Coal Mining & Processing		63.70	0.45		78.68
石油和天然气开采业	Petroleum & Natural Gas Pumped		1.02		0.09	8.46
黑色金属矿采选业	Mining & Dressing of Ferrous Metals		9.69		0.01	13.68
有色金属矿采选业	Mining & Dressing of Nonferrous Metals		3.76			30.23
非金属矿采选业	Mining & Dressing of Nonmetal Minerals		2.83			6.80
开采辅助活动	Support Activities for Mining					
其他采矿业	Mining of Other Mineral		0.03			6.24
制造业	**Manufacturing**	**0.23**	**19.36**	**9.96**	**21.26**	**1644.64**
农副食品加工业	Processing of Agricultural Side-Line Food		1.00		0.06	14.11
食品制造业	Food Manufacturing		0.35	0.25	0.07	5.33
酒、饮料和精制茶制造业	Wine, Beverage and Refined Tea Manufacturing		0.27		0.02	5.33
烟草制品业	Tobacco Products		0.01		0.06	5.33
纺织业	Textile Industry		0.05		0.01	1.26
纺织服装、服饰业	Textile, Apparel Industry		0.01		0.01	0.48
皮革、毛皮、羽毛及其制品和制鞋业	Leather, Fur, Feathers and Their Products and Footwear					0.48
木材加工和木、竹、藤、棕、草制品业	Timber Processing, Bamboo, Cane, Palm Fiber & Straw Products		0.18			1.92
家具制造业	Furniture Manufacturing		0.34			1.92
造纸及纸制品业	Paper-making & Paper Products		0.06		0.03	1.32
印刷和记录媒介复制业	Printing and Record Medium Reproduction		0.01			0.75
文教、工美、体育和娱乐用品制造业	Manufacturing of Cultural, Educational & Arts ,Crafts & Sports and Entertainment Goods					0.49

7-8 续表 2 continued

行业	Sector	能源消费总量(万吨标准煤) Total Energy Consumption (10 000 tons of SCE)	煤炭消费量(万吨) Coal Consumption (10 000 tons)	焦炭消费量(万吨) Coke Consumption (10 000 tons)	原油消费量(万吨) Crude Oil Consumption (10 000 tons)	汽油消费量(万吨) Gasoline Consumption (10 000 tons)
石油加工、炼焦和核燃料加工业	Petroleum Processing ,Coke Products & Processing of Nuclear Fuel	941.68	4305.39	12.15	378.43	0.02
化学原料和化学制品制造业	Raw Chemical Materials & Chemical Products	4576.09	3982.41	470.22		1.03
医药制造业	Medicine Manufacturing	150.03	237.66			0.17
化学纤维制造业	Chemical Fiber Manufacturing	45.30				
橡胶和塑料制品业	Rubber and Plastic Products	23.82	1.52			0.19
非金属矿物制品业	Nonmetal Mineral Products	559.89	468.26	0.38		0.85
黑色金属冶炼和压延加工业	Smelting & Pressing of Ferrous Metals	2488.68	1589.43	968.86		0.36
有色金属冶炼和压延加工业	Smelting & Pressing of Nonferrous Metals	1753.56	2397.75	28.60		0.24
金属制品业	Metal Products	29.82	4.20			0.07
通用设备制造业	Manufacturing of General-Purpose Equipment	9.96	1.52	0.01		0.07
专用设备制造业	Special Purposes Equipment Manufacturing	11.29	4.16			0.09
汽车制造业	Automotive Manufacturing	6.00	0.85			0.23
铁路、船舶、航空航天和其他运输设备制造业	Railroad,Ships, Aerospace and Other Transportation Equipment Manufacturing	0.95	0.02			
电气机械和器材制造业	Electric Equipment & Machinery	16.40	0.87			0.24
计算机、通信和其他电子设备制造业	Manufacturing of Computer , Communications and Other Electronic Equipment	17.93	8.45			0.01
仪器仪表制造业	Manufacturing of Instrument					
其他制造业	Others	6.89	0.13			
废弃资源综合利用业	Comprehensive Utilization of Waste Resources	2.76	2.34	0.30		0.01
金属制品、机械和设备修理业	Metal products, Machinery and Equipment Repair	0.23				
电力、燃气及水的生产和供应业	**Production & Supply of Electric Power,Gas & Water**	**1829.67**	**17570.09**		**0.03**	**1.80**
电力、热力生产和供应业	Production & Supply of Electric Power & Heating Power	1694.74	17218.68		0.03	1.65
燃气生产和供应业	Production & Supply of Gas	105.04	347.91			0.03
水的生产和供应业	Production & Supply of Water	29.88	3.49			0.13
建筑业	**Construction**	**302.36**	**143.91**			**7.98**
交通运输、仓储及邮电通信业	**Transportation,Storage, Postal & Telecommunications Services**	**1178.66**	**719.53**			**155.32**
批发、零售业和住宿、餐饮业	**Wholesale，Retail Trade, Quarters & Catering**	**801.66**	**812.48**			**7.94**
其他	**Others**	**816.98**	**596.93**			**50.75**
生活消费	**Residential Consumption**	**1537.23**	**309.10**			**62.92**

7–8 续表 3 continued

行 业	Sector	煤油消费量(万吨) Kerosene Consumption (10 000 tons)	柴油消费量(万吨) Diesel Oil Consumption (10 000 tons)	燃料油消费量(万吨) Fuel Oil Consumption (10 000 tons)	天然气消费量(亿立方米) Natural Gas Consumption (100 million cu.m)	电力消费量(亿千瓦小时) Electricity Consumption (100 million kwh)
石油加工、炼焦和核燃料加工业	Petroleum Processing , Coke Products & Processing of Nuclear Fuel		0.53		1.08	16.70
化学原料和化学制品制造业	Raw Chemical Materials & Chemical Products		2.29	0.03	16.16	616.96
医药制造业	Medicine Manufacturing		0.04			20.79
化学纤维制造业	Chemical Fiber Manufacturing					14.57
橡胶和塑料制品业	Rubber and Plastic Products		0.06			7.03
非金属矿物制品业	Nonmetal Mineral Products	0.02	3.63	9.39	1.27	55.14
黑色金属冶炼和压延加工业	Smelting & Pressing of Ferrous Metals	0.03	8.22	0.21	0.56	346.69
有色金属冶炼和压延加工业	Smelting & Pressing of Nonferrous Metals	0.17	2.07	0.08	1.39	502.61
金属制品业	Metal Products		0.04		0.16	8.02
通用设备制造业	Manufacturing of General-Purpose Equipment		0.02		0.04	2.55
专用设备制造业	Special Purposes Equipment Manufacturing		0.06		0.03	2.55
汽车制造业	Automotive Manufacturing		0.08		0.17	0.76
铁路、船舶、航空航天和其他运输设备制造业	Railroad,Ships, Aerospace and Other Transportation Equipment Manufacturing				0.01	
电气机械和器材制造业	Electric Equipment & Machinery		0.02		0.11	4.48
计算机、通信和其他电子设备制造业	Manufacturing of Computer , Communications and Other Electronic Equipment				0.02	4.48
仪器仪表制造业	Manufacturing of Instrument					
其他制造业	Others					2.19
废弃资源综合利用业	Comprehensive Utilization of Waste Resources		0.02			0.42
金属制品、机械和设备修理业	Metal products, Machinery and Equipment Repair					
电力、燃气及水的生产和供应业	**Production & Supply of Electric Power, Gas & Water**		**8.35**	**0.14**	**2.15**	**456.82**
电力、热力的生产和供应业	Production & Supply of Electric Power & Heating Power		8.31	0.14	0.59	440.42
燃气生产和供应业	Production & Supply of Gas		0.04		1.54	7.64
水的生产和供应业	Production & Supply of Water		0.01		0.01	8.76
建筑业	**Construction**		**17.63**			**9.92**
交通运输、仓储及邮电通信业	**Transportation,Storage, Postal & Telecommunications Services**	**32.36**	**188.15**	**0.05**	**5.07**	**23.02**
批发、零售业和住宿、餐饮业	**Wholesale，Retail Trade, Quarters & Catering**		**7.07**		**4.36**	**45.49**
其他	**Others**		**41.81**		**3.37**	**49.37**
生活消费	**Residential Consumption**		**45.89**		**2.80**	**128.14**

7-9 能源生产弹性系数

Elasticity Ratio of Energy Production

年份 Year	能源生产比上年增长% Growth Rate of Energy Production over Preceding Year (%)	电力生产比上年增长% Growth Rate of Electricity Production over Preceding Year (%)	生产总值比上年增长% Growth Rate of Gross Domestic Product(GDP) over Preceding Year (%)	能源生产弹性系数 Elasticity Ratio of Energy Production	电力生产弹性系数 Elasticity Ratio of Electricity Production
1984	10.15	14.35	16.4	0.62	0.89
1985	20.49	15.69	18.2	1.15	0.91
1986	-0.99	39.54	5.9	-0.17	6.30
1987	4.20	13.76	9.0	0.47	1.53
1988	7.67	9.33	9.8	0.78	0.95
1989	19.36	11.12	2.7	7.17	4.12
1990	4.94	10.51	7.5	0.66	1.40
1991	8.77	11.31	7.5	1.17	1.51
1992	4.97	17.63	11.0	0.45	1.60
1993	13.22	5.82	11.7	1.13	0.50
1994	9.50	11.07	11.2	0.85	0.99
1995	16.22	6.61	10.1	1.61	0.65
1996	2.70	16.32	14.4	0.19	1.13
1997	12.32	5.62	10.8	1.14	0.52
1998	-6.25	2.39	10.7	-0.58	0.22
1999	-9.03	8.62	8.8	-1.03	0.98
2000	2.95	16.87	10.8	0.27	1.56
2001	28.64	5.98	10.6	2.68	0.56
2002	39.37	11.27	13.2	2.98	0.85
2003	27.99	25.05	17.6	1.59	1.42
2004	44.13	26.09	20.9	2.11	1.25
2005	22.43	31.01	23.8	0.94	1.30
2006	18.96	38.13	19.1	0.99	2.00
2007	19.86	30.36	19.2	1.03	1.58
2008	25.13	11.45	17.8	1.41	0.64
2009	20.17	4.96	16.9	1.19	0.29
2010	23.78	14.30	15.0	1.59	0.95
2011	20.10	19.48	14.3	1.41	1.36
2012	7.18	7.63	11.5	0.62	0.66
2013	-2.76	5.37	9.0	-0.31	0.60
2014	2.82	8.15	7.8	0.36	1.04
2015	-6.56	1.62	7.7	-4.05	0.21

注:能源生产增长速度按等价值计算。

a)The growth rate of energy production by equivalent value.

7-10 能源消费弹性系数

Elasticity Ratio of Energy Consumption

年份 Year	能源消费比上年增长% Growth Rate of Energy Consumption over Preceding Year (%)	电力消费比上年增长% Growth Rate of Electricity Consumption over Preceding Year (%)	生产总值比上年增长% Growth Rate of Gross Domestic Product(GDP) over Preceding Year (%)	能源消费弹性系数 Elasticity Ratio of Energy Consumption	电力消费弹性系数 Elasticity Ratio of Electricity Consumption
1986	1.97	7.94	5.9	0.33	1.35
1987	5.95	9.70	9.0	0.66	1.08
1988	3.48	14.15	9.8	0.36	1.44
1989	10.03	13.95	2.7	3.71	5.17
1990	8.21	13.55	7.5	1.09	1.81
1991	3.37	3.87	7.5	0.45	0.52
1992	1.98	10.65	11.0	0.18	0.97
1993	4.74	39.43	11.7	0.41	3.37
1994	5.08	-17.23	11.2	0.45	-1.54
1995	16.22	-18.43	10.1	1.61	-1.82
1996	-3.80	49.76	14.4	-0.26	3.46
1997	17.96	4.68	10.8	1.66	0.43
1998	-7.25	-10.42	10.7	-0.68	-0.97
1999	5.66	24.91	8.8	0.64	2.83
2000	8.33	8.15	10.8	0.77	0.75
2001	13.10	9.22	10.6	1.24	0.87
2002	16.54	14.57	13.2	1.25	1.10
2003	27.41	26.89	17.6	1.56	1.53
2004	30.08	31.72	20.9	1.44	1.52
2005	26.81	24.67	23.8	1.13	1.04
2006	16.08	32.48	19.1	0.84	1.70
2007	13.87	31.11	19.2	0.72	1.62
2008	10.36	5.20	17.8	0.58	0.29
2009	8.82	5.52	16.9	0.52	0.33
2010	9.62	19.33	15.0	0.64	1.29
2011	11.39	19.31	14.3	0.80	1.35
2012	5.60	8.19	11.5	0.49	0.71
2013	4.04	8.19	9.0	0.45	0.91
2014	3.55	10.76	7.8	0.46	1.38
2015	3.38	5.22	7.7	0.44	0.68

注：能源消费增长速度按等价值计算。

a)The growth rate of energy consumption by equivalent value.

7-11 废水、废气排放及处理情况

Discharge and Treatment of Waste Water、Waste Gas

指　标	Item	2014	2015
废水排放及处理情况	**Discharge and Treatment of Waste Water**		
废水排放总量(亿吨)	Total Waste Water Discharged (100 million tons)	11.19	11.09
工业废水排放量	Industrial Waste Water	3.93	3.58
城镇生活污水排放量	Urban Living Waste Water Discharged	7.26	7.51
集中式治理设施污水排放量	Centralized Pollution Control Facilities	36.09	37.61
化学需氧量(COD)排放量(万吨)	COD Discharged(10 000 tons)	84.77	83.56
工业废水中COD排放量	Industrial COD	9.95	9.74
农业COD排放量	Agriculture COD	59.32	59.12
城镇生活污水中COD排放量	Living COD	15.30	14.47
集中式治理设施COD排放量	Centralized Pollution Control Facilities	0.20	0.23
氨氮排放量(万吨)	Ammonia Nitrogen Discharged(10 000 tons)	4.93	4.69
工业废水中氨氮排放量	Industrial Ammonia Nitrogen	1.14	1.06
农业氨氮排放量	Agriculture Ammonia Nitrogen	1.16	1.13
生活污水中氨氮排放量	Living Ammonia Nitrogen	2.61	2.49
集中式治理设施氨氮排放量	Centralized Pollution Control Facilities	0.02	0.02
工业废水治理设施数(套)	Number Of Industrial Waste Water Treatment Facilities（set）	1220	1170
工业废水治理设施处理能力(万吨/日)	Capacity of Industrial Waste Water Treatment Facilities (10 000 tons/day)	472.80	499.61
工业废水处理量(万吨)	Industrial Waste Water Treated(10 000 tons)	75284.53	70141.39
废气排放及处理情况	**Emission and Treatment of Waste Gas**		
二氧化硫(SO_2)排放量(万吨)	Sulphur Dioxide Emission(10 000 tons)	131.24	123.09
工业SO_2排放量	Volume of Industrial Sulphur Dioxide Emission	116.71	106.10
城镇生活SO_2排放量	Volume of Sulphur Dioxide Emission by Consumption	14.53	16.99
氮氧化物排放量(万吨)	Nitrogen Oxides(10 000 tons)	125.83	113.90
工业氮氧化物排放量	Volume of Industrial Sulphur Dioxide Emission	98.31	86.46
城镇生活氮氧化物排放量	Volume of Nitrogen Dioxide Emission by Consumption	2.97	3.75
机动车氮氧化物排放量	Volume of Nitrogen Oxides Emission by Motor Vehicle	24.55	23.69
烟（粉）尘排放量(万吨)	Smoke and Dust(10 000 tons)	102.15	87.88
工业烟（粉）尘排放量	Volume of Industrial Sulphur Dioxide Emission	81.88	65.67
城镇生活烟尘排放量	Volume of Consumption Soot Emission	17.39	19.29
机动车烟尘排放量	Volume of Consumption Soot Emission by Motor Vehicle	2.88	2.91
工业废气排放量(亿立方米)	Volume of Industrial Waste Gas Emission(100 million cu.m)	36116.47	35855.41
工业废气治理设施数(套)	Industrial Waste Gas Treatment Facilities（set）	9110	10070
工业废气治理设施处理能力(亿立方米/时)	Capacity of Industrial Waste Gas Treatment Facilities (100 million cu.m/hour)	9.97	10.99

7-12 固体废物、危险废物产生及综合利用情况

Generation,Discharge and Utilization of Solid Wastes、Hzardous Wastes

指 标	Item	2014	2015
固体废物	**Solid Wastes**		
一般工业固体废物产生量(万吨)	Common Industrial Solid Wastes Produced (10 000 tons)	23191.30	26668.53
一般工业固体废物综合利用量(万吨)	Common Industrial Solid Wastes Comprehensively Utilized(10 000 tons)	13259.98	12305.52
综合利用往年贮存量	Stock of Comprehensively Utilized in former years	191.96	60.93
一般工业固体废物综合利用率(%)	Ratio of Industrial Solid Wastes Utilized(%)	56.35	45.91
一般工业固体废物处置量(万吨)	Common Industrial Solid Wastes Disposed (10 000 tons)	8272.22	7554.11
处置往年贮存量	Stock of Disposed in former years	405.11	53.79
一般工业固体废物处置率(%)	Ratio of Industrial Solid Wastes Disposed(%)	33.92	28.12
一般工业固体废物贮存量(万吨)	Stock of Common Industrial Solid Wastes (10 000 tons)	2255.74	6921.20
一般工业固体废物倾倒丢弃量(万吨)	Common Industrial Solid Wastes Discharged (10 000 tons)	0.44	2.43
危险废物	**Hazardous Wastes**		
危险废物产生量(万吨)	Hazardous Wastes Produced(10 000 tons)	112.54	155.32
危险废物综合利用量(万吨)	Hazardous Wastes Utilized(10 000 tons)	34.71	90.75
综合利用往年贮存量	Stock of Comprehensively Utilized in former years	0.01	0.87
危险废物综合利用率(%)	Ratio of Industrial Hazardous Wastes Utilized(%)	30.83	57.86
危险废物处置量(万吨)	Hazardous Wastes Disposed(10 000 tons)	38.30	49.92
处置往年贮存量	Stock of Disposed in former years	0.66	0.82
危险废物处置率(%)	Ratio of Industrial Hazardous Wastes Disposed(%)	33.45	31.61
危险废物贮存量(万吨)	Stock of Hazardous Wastes(10 000 tons)	40.21	16.35

7-13 生态环境、自然灾害及供水用水情况

Natural Ecology,Natural Disasters,Water Supply and Use

指　标	Item	2014	2015
森林面积(万公顷)	Forest Area(10 000 hectares)	2488	2488
其中：人工林	Man-made Forest	1086.67	1086.67
活立木总蓄积量(万立方米)	Total Standing Forest Stock(10 000 cu.m)	148400	148400
森林蓄积量(万立方米)	Stock Volume of Forest(10 000 cu.m)	134530	134530
湿地面积(万公顷)	Area of Wetlands(10 000 hectares)	601.06	601.06
其中：自然湿地	Natural Wetlands	587.88	587.88
累计水土流失治理面积(千公顷)	Area of Soil Erosion under Control (1 000 hectares)	12210.81	12597.24
累计除涝面积(千公顷)	Area with Flood Prevention Measures (1 000 hectares)	277	277
地质灾害次数(次)	Number of Geological Disasters(time)	56	70
地质灾害直接经济损失(万元)	Direct Economic Loss(10 000 yuan)	6095.90	3411.16
森林火灾次数(次)	Number of Forest Fires(time)	142	123
森林火灾受害森林面积(公顷)	Forest Fires Destructed Forest Area(hectare)	555.49	3254.00
林业有害生物防治率(%)	Prevention Rate of Forest Biological Disasters(%)	43.06	54.00
突发环境事件次数(次)	Number of Environmental Emergencies(time)	2	
供水总量(亿立方米)	Water Supply(100 million cu.m)	182.01	185.78
地表水	Surface Water	89.06	95.19
地下水	Groundwater	90.78	88.29
其　他	Others	2.18	2.31
用水总量(亿立方米)	Water Use(100 million cu.m)	182.01	185.78
农业	Agriculture	137.54	140.19
工业	Industry	19.73	18.75
生活	Consumption	10.46	10.41
生态环境补水	Ecological Protection	14.28	16.43
人均用水量(立方米/人)	Per Capita Water Use(cu.m/person)	727.69	740.77
人均水资源量(立方米/人)	Per Capita Water Resources(cu.m/person)	2150.14	2141.09

7-14 环境污染治理及林业投资情况

Investment in the Treatment of Environmental Pollution and Forestry Investment

指　标	Item	2014	2015
环境污染治理投资总额(亿元)	Total Investment in the Treatment of Environmental Pollution(100 million yuan)	797.25	790.13
城镇环境基础设施建设投资	Investment in Urban Environmental Infrastructure	513.03	513.03
# 燃气	Gas Supply	16.23	16.23
集中供热	Centralized Heating	43.45	43.45
排水	Drainage Works	41.09	41.09
园林绿化	Gardening and Greening	118.05	118.05
市容环境卫生	Environmental Sanitation	2.00	2.00
工业企业污染防治投资	Investment Completed in the Treatment of Industrial Pollution	77.54	43.89
治理废水	Treatment of Waste Water	2.09	3.96
治理废气	Treatment of Waste Gas	70.84	36.76
治理固体废物	Treatment of Solid Waste	1.82	1.34
治理噪声	Treatment of Noise Pollution	0.10	0.03
治理其他	Treatment of Other Pollution	2.69	1.81
完成环保验收项目环保投资	Environmental Investment of Project of nvironmental Protection Acceptance Completed	206.67	233.20
环境污染治理投资占GDP比重(%)	Total Investment in the Treatment of Environmental Pollution as Percent of GDP(%)	4.49	4.38
工业废气治理设施运行费用(亿元)	Expenditure of Industrial Wastegas Treatment Facilities(100 million yuan)	75.60	84.18
工业废水治理设施运行费用(亿元)	Expenditure of Industrial Wastewater Treatment Facilities(100 million yuan)	13.32	15.96
排污费解缴入库户数(%)	Numbers of charges for disposing pollutants(households)	7195	6165
排污费解缴入库金额(亿元)	Charges for disposing pollutants (100 million yuan)	15.28	10.55
本年林业投资完成额(亿元)	Investment Completed During the Year (100 million yuan)	103.26	160.42
生态建设与保护	Ecological Construction	79.76	125.33
林业支撑与保障	Forestry Support	4.21	8.82
林业产业发展	Forestry Development	0.23	3.78
林业民生工程	Forestry Project for People's Livelihood	5.55	5.79
其他	Other Investment	13.51	16.71

主要统计指标解释

能源生产总量 指一定时期内全区一次能源生产量的总和,是观察全区能源生产水平、规模、构成和发展速度的总量指标。一次能源生产量包括原煤、原油、天然气、水电、核能及其他动力能(如风能、地热能等)发电量,不包括低热值燃料生产量、生物质能、太阳能等的利用和由一次能源加工转换而成的二次能源产量。

能源消费总量 指一定时期内全区物质生产部门、非物质生产部门和生活消费的各种能源的总和,是观察能源消费水平、构成和增长速度的总量指标。能源消费总量包括原煤和原油及其制品、天然气、电力,不包括低热值燃料、生物质能和太阳能等的利用。能源消费总量分为终端能源消费量、能源加工转换损失量和损失量三部分。

(1)终端能源消费量:指一定时期内全区生产和生活消费的各种能源在扣除了用于加工转换二次能源消费量和损失量以后的数量。

(2)能源加工转换损失量:指一定时期内全区投入加工转换的各种能源数量之和与产出各种能源产品之和的差额,是观察能源在加工转换过程中损失量变化的指标。

(3)能源损失量:指一定时期内能源在输送、分配、储存过程中发生的损失和由客观原因造成的各种损失量,不包括各种气体能源放空、放散量。

能源生产弹性系数 是研究能源生产增长速度与国民经济增长速度之间关系的指标。计算分式为:

能源生产弹性系数 = 能源生产总量年平均增长速度 / 国民经济年平均增长速度

国民经济年平均增长速度,可根据不同的目的或需要,用地区收入总值、地区生产总值等指标来计算,本年鉴是采用国内生产总值指标计算的。

电力生产弹性系数 是研究电力生产增长速度与国民经济增长速度之间关系的指标。一般来说,电力的发展应当快于国民经济的发展,也就是说电力应超前发展。计算公式为:

电力生产弹性系数 = 电力生产量年平均增长速度 / 国民经济年平均增长速度

能源消费弹性系数 是反映能源消费增长速度与国民经济增长速度之间比例关系的指标。计算公式为:

能源消费弹性系数 = 能源消费量年平均增长速度 / 国民经济年平均增长速度

电力消费弹性系数 反映电力消费增长速度与国民经济增长速度之间比例关系的指标。计算公式为:

电力消费弹性系数 = 电力消费量年平均增长速度 / 国民经济年平均增长速度

能源加工转换效率 指一定时期内能源经过加工、转换后,产出的各种能源产品的数量与同期内投入加工转换的各种能源数量的比率。它是观察能源加工转换装置和生产工艺先进与落后、管理水平高低等的重要指标。计算公式为:

能源加工转换效率 = 能源加工、转换产出量 / 能源加工、转换投入量 × 100%

单位生产总值能耗 是指某地区总能耗与生产总值之比,也就是每产生万元生产总值所消耗的能源消费量。它是衡量能源利用水平和效率的综合性指标。计算公式是万元生产总值能耗 = 能源消费量(吨标准煤)/ 地区生产总值(万元)。

工业废水排放量 指经过企业厂区所有排放口排到企业外部的工业废水量。包括生产废水、外排的直接冷却水、超标排放的矿井地下水和与工业废水混排的厂区生活污水,不包括外排的间接冷却水 (清污不分流的间接冷却水应计算在内)。

工业废气排放量 指企业厂区内燃料燃烧和生产工艺过程中产生的各种排入空气的含有污染物的气体总量,按标准状态[273K,101325pa]计算。

工业二氧化硫排放量 指企业在燃料燃烧和生产工艺过程中排入大气的二氧化硫数量。烟尘排放量 指企业厂区内燃料燃烧产生的烟气中夹带的颗粒物数量。

工业粉尘排放量 指企业在生产工艺过程中排放的颗粒物重量,如钢铁企业的耐火材料粉尘、焦化企业的筛焦系统粉尘、烧结机的粉尘、石灰窑的粉尘、建材企业的水泥粉尘等。不包括电厂排入大气的烟尘。

工业固体废物产生量 指企业在生产过程中产生的固

体状、半固体状和高浓度液体状废弃物的总量,包括危险废物、冶炼废渣、粉煤灰、炉渣、煤矸石、尾矿、放射性废物和其他废物等;不包括矿山开采的剥离废石和掘进废石(煤矸石和呈酸性或碱性的废石除外)。酸性或碱性废石指采掘的废石其流经水、雨淋水的PH值小于4或PH值大于10.5者。

工业固体废物综合利用量 指通过回收、加工、循环、交换等方式,从固体废物中提取或者使其转化为可以利用的资源、能源和其他原材料的固体废物量 (包括当年利用往年的工业固体废物累计贮存量),如用作农业肥料、生产建筑材料、筑路等。综合利用量由原产生固体废物的单位统计。

工业固体废物贮存量 指以综合利用或处置为目的,将固体废物暂时贮存或堆存在专设的贮存设施或专设的集中堆存场所内的数量。专设的固体废物贮存场所或贮存设施必须有防扩散、防流失、防渗漏、防止污染大气、水体的措施。

工业固体废物处置量 指将固体废物焚烧或者最终置于符合环境保护规定要求的场所,并不再回取的工业固体废物量(包括当年处置往年的工业固体废物累计贮存量)。处置方法有填埋(其中危险废物应安全填埋)、焚烧、专业贮存场(库)封场处理、深层灌注、回填矿井等。

工业固体废物排放量 指将所产生的固体废物排到固体废物污染防治设施、场所以外的数量,不包括矿山开采的剥离废石和掘进废石(煤矸石和呈酸性或碱性的废石除外)。

Explanatory Notes on Main Statistical Indicators

Total Energy Production refers to the total production of primary energy by all energy producing enterprises in the autonomous region in a given period of time. It is a comprehensive indicator to show the capacity, scale, composition and development of energy production of the country. The production of primary energy includes that of coal, crude oil, natural gas, hydropower and elect recite generated by nuclear energy and other means such as wind power and geothermal power. However, it excludes the production of fuels of low calorific value, bio-energy, solar-energy and the secondary energy converted from the primary energy.

Total Domestic Energy Consumption refers to the total consumption of energy of various kinds by material production sectors, nonmaterial production sectors and households in the autonomous region in a given period of time. It is a comprehensive indicator to show the scale, composition and development of energy consumption. The total energy consumption includes that of coal, crude oil and their products, natural gas and electricity. However, it excludes the consumption of fuel of low calorific value, bio-energy and solar energy. Total domestic energy consumption can be divided into three parts:

(1) Final Energy Consumption: It refers to the total energy consumption by material production sectors. Non material production sectors and households in the autonomous region in a given period of time, but excludes the consumption in conversion o f the primary energy into the secondary energy and the loss in the process of energy conversion.

(2) Loss During the Process of Energy Conversion: It refers to the total input of various kinds of energy for conversion, minus the total output of various kinds of energy in the autonomous region in a given period of time. It is an indicator to show the loss that occurs during the process of energy conversion.

(3) Loss: It refers to the total of the loss of energy during the course of energy transport, distribution and storage and the loss caused by any objective reason in a given period of time. The loss of various kinds of gas due to gas discharges and stocktaking is excluded.

Elasticity Ratio of Energy Production is an indicator to show the relationship between the growth rate of energy production and the growth rat e of the national economy. The formula is:

Elasticity Ratio of Energy Production=Average Annual Growth Rate of Energy Production ÷ Average Annual Growth Rate of National Economy

The average annual growth rate of the national economy can be shown by the gross national product, gross domestic product and other indicators, depending upon the purposes or needs. The gross domestic product is used in calculation of the ratio in this chapter.

Elasticity Ratio of Electricity Production is an indicator to show the relations hip between the growth rate of electricity production and the growth rate of the national economy. Generally speaking, the growth rate of electricity production should be higher than that of the national economy. Its formula is:

Elasticity Ratio of Electricity Production = Average Annual Growth Rate of Electricity Production ÷ Average Annual Growth Rate of National Economy

Elasticity Ratio of Energy Consumption is an indicator to show the relationship between the growth rate of energy consumption and the growth r ate of the national economy. The formula is:

Elasticity Ratio of Energy Consumption=Average Annual Growth Rate of Energy Consumption ÷ Average Annual Growth Rate of National Economy

Elasticity Ratio of Electricity Consumption is an indicator to show the relation ship between the growth rate of electricity consumption and the growth rate of t he national economy. The formula is:

Elasticity Ratio of Electricity Consumption = Average Annual Growth Rate of Electricity ÷ Average Annual Growth Rate of National Economy

Efficiency of Energy Processing and Conversion refers to the ratio of the total output of energy products of various kinds after processing and conversion and the total input of energy of various kinds for processing and conversion in the same reference period. It is an important indicator to show the current conditions of energy processing and conversion equipment, production technique and management. The formula is:

Efficiency of Energy Processing and Conversion = Output of Energy After Processing and Conversion ÷ Input of Energy for Processing and Conversion × 100%

Energy Consumption of 10 000 yuan GDP refers to the ratio of the bobal energy consumption to GDP,means to produce per-10 000 yuan of GDP consuming how much energy. It is a general indicator to show the relationship between utiltity and efficiency of energy . the formula is:

Energy Consumption of 10 000 yuan GDP=Total Energy Consumption (ton of SCE)/GDP (10 000 yuan)

Volume of Industrial Waste Water Discharged refers to the volume of industrial waste water discharged, through all outlets, to the outside of industrial enterprises, including waste water produced, direct cooling water, underground water from mines that does not meet the standard of discharge, and the domestic sewage mixed up with industrial waste water when discharged, but excluding discharged indirect cooling water.

Volume of Waste Industrial Gas Emission refers to waste gas emitted from burning of fuels and from production process in the area of the factory, and is measured by 10000 standard cubic meters each year under normal condition.

Industrial Dust Discharged refers to the total weight of solid dust discharged by industrial enterprises in the production process, such as dust of refractory materials from iron plants, dust from coke screening system or from sintering machines of coking plants, dust from lime kilns, cement dust from building material enterprises, etc. but excluding smoke and dust discharged by power plants.

Volume of Industrial Solid Wastes Produced refers to the total volume of solid, semi solid or high concentration liquid residue produced by industrial enterprises in their production process, including dangerous wastes, residues from melting, slag, powdered coal ash, gangue, chemical residues, tailings, radio active residues and other residues, but excluding stripped or dug stones in mining(except gangue and acid or alkali stones which are stones washed or soaked by water with a pH value smaller than 4 or larger than 10. 5)

Volume of Industrial Solid Wastes Utilized in a Comprehensive Way refers to the volume of solid wastes from which useful materials can be extracted or which can be changed to be utilizable resources, energy or other materials, including the volume of industrial solid wastes stored up in the previous years and utilized in the current year, such as the solid wastes utilized as fertilizers, building materials, for making roads or for other purpose. Statistical data on utilization of industrial solid wastes are collected by solid wastes producing units.

Volume of Industrial Stored up Solid Wastes refers to the volume of industrial solid wastes temporarily stored up or piled with special facilities or piled in the special sites for purpose of utilization or treatment in future. The special facilities or special sites for the storing up solid wastes should have the measures against spreading or being washed away to other places, permeating the soil or causing air pollution or water contamination.

Volume of Industrial Solid Wastes Treated refers to solid wastes disposed of in a non recoverable place that meet the requirement of environmental protection, such as burying (The dangerous wastes should be buried safely) , burning, piling in designated sites, pouring water into the deep strata, filling of old mines, etc. (including treatment of solid wastes piled up in the previous years) .

Volume of Industrial Solid Wastes Discharged refers to the volume of industrial solid wastes produced and discharged at the places outside the special facilities

2016 NEIMENGGU

八、财政

Government Finance

资料整理：王艳伟

Arranged By Wang Yanwei

8-1 地方财政收支总额及增长速度

Local Government Revenue and Expenditures and Their Increase Rate

年 份 Year	地方财政总收入 (万元) Local Government Revenue (10 000 yuan)	地方财政总支出 (万元) Local Government Expenditures (10 000 yuan)	增长速度(%) Incease Rate(%)	
			地方财政总收入 Local Government Revenue	地方财政总支出 Local Government Expenditures
1948	110	262	1122.2	571.8
1949	739	786	571.8	200.0
1950	5347	4562	623.5	480.4
1951	5376	6025	0.5	32.1
1952	13335	10280	148.0	70.6
1953	8657	13997	-35.1	36.2
1954	18503	18045	113.7	28.9
1955	21090	17489	14.0	-3.1
1956	27597	29032	30.9	66.0
1957	31385	26771	13.7	-7.8
1958	42764	64432	36.3	140.7
1959	70269	99357	64.3	54.2
1960	89917	122162	28.0	23.0
1961	49529	56471	-44.9	-53.8
1962	33590	37641	-32.2	-33.3
1963	38345	39952	14.2	6.1
1964	43219	49683	12.7	24.4
1965	45967	51808	6.4	4.3
1966	48455	59224	5.4	14.3
1967	40232	47949	-17.0	-19.0
1968	38882	41477	-3.4	-13.5
1969	27680	61706	-28.8	48.8
1970	44088	78582	59.3	27.3
1971	36543	90915	-17.1	15.7
1972	31314	97994	-14.3	7.8
1973	34123	114983	9.0	17.3
1974	26863	124842	-21.3	8.6
1975	27375	129157	1.9	3.5
1976	26587	138332	-2.9	7.1
1977	29339	140470	10.4	1.5
1978	69046	186888	135.3	33.0
1979	45553	210416	-34.0	12.6
1980	41284	183721	-9.4	-12.7

8-1 续表 continued

年 份 Year	地方财政总收入 (万元) Local Government Revenue (10 000 yuan)	地方财政总支出 (万元) Local Government Expenditures (10 000 yuan)	增长速度(%) Incease Rate(%)	
			地方财政总收入 Local Government Revenue	地方财政总支出 Local Government Expenditures
1981	41585	163506	0.7	-11.0
1982	51842	203074	24.7	24.2
1983	69891	228273	34.8	12.4
1984	84556	308604	21.0	35.2
1985	131789	341832	55.9	10.8
1986	160206	438955	21.6	28.4
1987	194326	455597	21.3	3.8
1988	241343	510137	24.2	12.0
1989	286679	558124	18.8	9.4
1990	329763	609023	15.0	9.1
1991	393966	666190	19.5	9.4
1992	390775	720731	-0.8	8.2
1993	561177	882773	43.6	22.5
1994	362969	928235	-35.3	5.1
1995	437028	1021780	20.4	10.1
1996	572571	1263825	31.0	23.7
1997	731774	1429118	27.8	13.1
1998	897747	1817593	22.7	27.2
1999	1008228	2128369	12.3	17.1
2000	1106808	2610629	9.8	22.7
2001	1173825	3359808	6.1	28.7
2002	1329097	4133327	13.2	23.0
2003	1627213	4710924	22.4	14.0
2004	2382753	6027524	46.4	27.9
2005	3350925	7346079	40.6	21.9
2006	5945874	9149716	77.4	24.6
2007	8354915	10823054	40.5	18.3
2008	11072700	14545732	32.5	34.4
2009	13777018	19268365	24.4	32.5
2010	17381353	22735046	26.2	18.0
2011	22618058	29892052	30.1	31.5
2012	24972839	34259895	10.4	14.6

注:1.从 2013 年起,根据自治区财政厅要求,不再公布地方财政总收支数据。以下各表同。

2.数据来自于自治区财政厅年度总决算报表,以下各表同。

a)Since 2013,according to the autonomous region financial department,No longer published Local Government Revenue and Expenditures.The same as in the following tables.

b)Date are from final accounts report form of provincial finance department .The same as in the following tables.

8-2 地方财政总收入占生产总值的比重
Local Government Revenue as Percentage to Gross Domestic Product

年 份 Year	地方财政总收入 (亿元) Local Government Revenue (100 million yuan)	生产总值 (亿元) Gross Domestic Products (100 million yuan)	地方财政总收入占生产总值的比重(%) Percentage of Local Government Revenue to GDP(%)
1953	0.87	15.57	5.6
1957	3.14	21.27	14.8
1962	3.36	25.12	13.4
1965	4.60	35.41	13.0
1970	4.41	39.17	11.3
1975	2.74	48.55	5.6
1978	6.90	58.04	11.9
1979	4.56	64.14	7.1
1980	4.13	68.40	6.0
1981	4.16	77.91	5.3
1982	5.18	93.22	5.6
1983	6.99	105.88	6.6
1984	8.46	128.20	6.6
1985	13.18	163.83	8.0
1986	16.02	181.58	8.8
1987	19.43	212.27	9.2
1988	24.13	270.81	8.9
1989	28.67	292.69	9.8
1990	32.98	319.31	10.3
1991	39.40	359.66	11.0
1992	39.08	421.68	9.3
1993	56.12	537.81	10.4
1994	36.30	695.06	5.2
1995	43.70	857.06	5.1
1996	57.26	1023.09	5.6
1997	73.18	1153.51	6.3
1998	89.77	1262.54	7.1
1999	100.82	1379.31	7.3
2000	110.68	1539.12	7.2
2001	117.38	1713.81	6.8
2002	132.91	1940.94	6.8
2003	162.72	2388.38	6.8
2004	238.28	3041.07	7.8
2005	335.09	3905.03	8.6
2006	594.59	4944.25	12.0
2007	835.49	6423.18	13.0
2008	1107.27	8496.20	13.0
2009	1377.70	9740.25	14.1
2010	1738.14	11672.00	14.9
2011	2261.81	14359.88	15.8
2012	2497.28	15880.58	15.7

8-3 地方财政分项收入
Local Government Revenue by Source

单位：万元 (10 000 yuan)

年份 Year	地方财政总收入 Local Government Revenue	一般公共预算收入 General Public Budget Revenue	#工商税收 Industrial and Commercial Tax	#契税和耕地占用税 Contract Tax and Tax on The Occupancy of Cultuvated Land	#企业所得税 Income Tax of Enterprises	#国有资本经营收入 Operation Income of State-owned Assets Enterprises
1947	9	9			1	
1948	110	110			20	
1949	739	739	149		196	
1950	5347	5347	1852		1568	
1951	5376	5376	2266		1306	
1952	13335	13335	3744		5049	
1953	8657	8657	4507		2550	
1954	18503	18503	7725		5260	
1955	21090	21090	8549		6324	
1956	27597	27597	11797		9328	
1957	31385	31385	12535		9409	
1958	42764	42764	15174		17065	
1959	70269	70269	19237		39150	
1960	89917	89917	24690		52872	
1961	49529	49529	16531		24238	
1962	33590	33590	18027		7788	
1963	38345	38345	19929		9734	
1964	43219	43219	20196		12499	
1965	45967	45967	22577		13144	
1966	48455	48455	21712		16086	
1967	40232	40232	20303		9058	
1968	38882	38882	20537		7549	
1969	27680	27680	20168		1509	
1970	44088	44088	27399		6076	
1971	36543	36543	29455		-1820	
1972	31314	31314	31085		-5822	
1973	34123	34123	34954		-9309	
1974	26863	26863	34257		-16136	
1975	27375	27375	40295		-21044	
1976	26587	26587	43142		-25703	
1977	29339	29339	49579		-29193	
1978	69046	69046	54486		3234	
1979	45553	45553	54648		-20749	
1980	41284	41284	58537		-26724	

8-3 续表 continued

单位：万元 (10 000 yuan)

年份 Year	地方财政总收入 Local Government Revenue	一般公共预算收入 General Public Budget Revenue	#工商税收 Industrial and Commercial Tax	#契税和耕地占用税 Contract Tax and Tax on The Occupancy of Cultuvated Land	#企业所得税 Income Tax of Enterprises	#国有资本经营收入 Operation Income of State-owned Assets Enterprises
1981	41585	41585	62493		-32579	
1982	51842	51842	71540		-35624	
1983	69891	69891	78370		-25171	
1984	84556	84556	86862		-20618	
1985	131789	131789	119871		36495	7429
1986	160206	160206	145866		37092	706
1987	194326	194326	176890		35797	9344
1988	241343	241343	214128		41206	11050
1989	286679	286679	261270		40045	3193
1990	329763	329763	278480		40954	17895
1991	393966	393966	299621		39320	16833
1992	390775	390775	335490		38992	12382
1993	561177	561177	511777		37311	9745
1994	362969	362969	261719		43005	4900
1995	437028	437028	278344		62222	4070
1996	572571	548777	339614		56853	5230
1997	731774	660777	415328		60554	5964
1998	897747	776654	492585		50815	12083
1999	1008228	865714	502477		80821	13766
2000	1106808	950320	546435		105983	12815
2001	1173825	994313	571829		151985	19489
2002	1329097	1128546	673679		90287	40610
2003	1627213	1387157	857381		71615	60521
2004	2382753	1967589	1220909		86995	147494
2005	3350925	2774553	1768690		193550	147758
2006	5945874	3433774	2183213	148893	272831	188849
2007	8354915	4923615	3342205	134741	419186	234394
2008	11072700	6506764	4401399	241064	592789	415549
2009	13777018	8508588	5263903	502465	748129	707123
2010	17381353	10699776	6869595	594367	1016492	589245
2011	22618058	13566701	9100923	675788	1561016	512220
2012	24972839	15527453	10077812	1008121	1798497	460204
2013		17209843	10619291	1400299	1552566	590800
2014		18436736	9896184	2470558	1096419	1038577
2015		19644820	9857091	3190394	1017711	780747

注：1.1984 年以前企业所得税包括国有企业上缴利润和国有企业亏损补贴；
2.1994 年以来地方财政收入为分税制财政体制统计口径。

a)Before 1984, Enterprises income tax including payed profits and planned subsidies for the losses of the state-owned enterprises;
b)Since 1994, Revenue of the local governments has been counted by the classification of the structure of the government finance.

8-4 一般公共预算支出及主要支出项目

General Public Budget Expenditures by Accounting Item

单位：万元 (10 000 yuan)

项目	Item	2014	2015
一般公共预算支出	**General Public Budget Expenditure**	**38799789**	**42529613**
一般公共服务	General Public Services	2975537	2991356
外交	Foreign Affairs	180	305
国防	National Defense	47699	53986
公共安全	Public Security	1804497	1883671
教育	Education	4777716	5365328
科学技术	Science and Technology	328653	357221
文化体育与传媒	Operating Expenses of Culture , Sports and Media	919029	958087
# 文化	Culture	236634	264910
新闻出版	News Published	33079	30957
社会保障和就业	Social Security and Employment	5317643	6052610
# 社会福利	Social Welfare	137803	143897
医疗卫生	Public Health	2277786	2571480
节能环保	Energy saving and environmental protection	1427534	1752452
城乡社区事务	City and Countryside Community Business	5402959	5601971
农林水事务	Expenses of Agriculture,Forestry,Water	5176937	6755767
交通运输	Transportation	2927154	2927772
其他支出	Others	5416465	5257607

8-5 财政用于科学技术的支出

Government Expenditure for Scientific and Technological

单位：万元 (10 000 yuan)

项目	Item	2014	2015
合计	**Total**	**328653**	**357221**
科学技术管理事务	Administrative Affairs of Scientific and Technological	18654	21212
基础研究	Basic Research	7978	8703
应用研究	Applied Research	22585	23146
技术研究与开发	Technological Research and Development	127621	119086
科技条件与服务	Condition and Service of Scientific and Technological	9844	8238
社会科学	Social Sciences	9752	8601
科学技术普及	Scientific and Technological Popularization	25374	42468
科技交流与合作	Scientific and Technological International Exchange and Cooperation	650	1599
其他	Others	106195	124168

8-6 财政用于教育支出

Government Expenditure for Education

单位：万元 (10 000 yuan)

项目	Item	2014	2015
合计	**Total**	**4777716**	**5365328**
教育管理事务	Administrative Affairs of Education	101218	95828
普通教育	General Education	3716136	4201736
职业教育	Vocational Education	442276	572948
成人教育	Adult Education	281	282
广播电视教育	Radio and Television Education	6300	7489
特殊教育	Special Education	14736	18873
进修及培训	Further Education and Train	67666	75259
教育费附加安排的支出	The expenditure of education surtax arrangementsrge	299991	263456
其他	Others	129112	129457

8-7 财政用于社会保障和就业的支出

Government Expenditure for Social Security and Employment

单位：万元　　　　(10 000 yuan)

项目	Item	2014	2015
合计	**Total**	**5317643**	**6052610**
人力资源和社会保障管理事务	Human Resources and Social Security Management Services	146860	138952
民政管理事务	Administrative Affairs of Civil Affairs	96518	99379
财政对社会保险基金的补助	Subsidy of Social Insurance Fund from Government Finance	1424379	1801676
行政事业单位离退休	Expenditure for Retired Persons in Administrative Department	1893765	2270953
企业改革补助	Subsidy of Enterprise Reform	36643	6543
就业补助	Subsidy of Employment	237474	242164
抚恤	Pensions for Disable and Bereaved Families	128938	144873
退役安置	Retirement Places	67798	89964
社会福利	Social Welfare	137803	143897
残疾人事业	Disabled Persons Enterprise	52244	69850
自然灾害生活救助	Life Salvation of Natural Disaster	41002	42154
红十字事业	Red Cross	11104	11533
最低生活保障	Receiving Minimum Living Allowance	688096	663821
其他	Others	355019	326851

8-8 财政用于农林水事务支出

Government Expenditure for Agriculture,Forestry and Water Conservation

单位：万元 (10 000 yuan)

项目	Item	2014	2015
合计	**Total**	**5176937**	**6755767**
农业	Agriculture	2348990	3138585
林业	Forestry	883711	936155
水利	Water Conservation	844350	1173100
扶贫	Poverty Alleviation	420092	458809
农业综合开发	Comprehensive Agricultural Development	263759	285163
农村综合改革	Comprehensive rural reform	352884	463722
其他	Others	63151	300233

8-9 财政用于文化体育与传媒支出

Government Expenditure for Culture,Physical Education and Media

单位：万元 (10 000 yuan)

项目	Item	2014	2015
合计	**Total**	**919029**	**958087**
文化	Culture	236634	264910
文物	Qntiquity	70938	71517
体育	Physical Education	181567	177156
广播影视	Ministry of radio film and television	264639	257740
新闻出版	News Media	33079	30957
其他	Other	132172	155807

8-10 各项税收收入

Government Tax Revenue

单位：万元 (10 000 yuan)

年 份 Year	税收总额 Total Tax	地方税收 Local Government Tax	工商税收 Industrial and Commercial Tax	农业各税 Agricultural and Related	企业所得税 Income Tax of Enterprises	税收总额占地方财政总收入比重(%) Percentage of Government Tax Revenue to Government Revenue(%)
1947	4	4	4		1	44.4
1948	69	69	26	43	20	62.7
1949	431	431	149	282	196	58.3
1950	3588	3588	1908	1680	1568	67.1
1951	2871	2871	2361	510	1306	53.4
1952	6544	6544	3856	2700	5049	49.1
1953	4981	4981	4546	450	2550	57.5
1954	12373	12373	7867	4544	5260	66.9
1955	14249	14249	8904	5370	6324	67.6
1956	17834	17834	12334	5512	9328	64.6
1957	21579	21579	16209	5550	9409	68.8
1958	25331	25331	19733	5598	17065	59.2
1959	29277	29277	22771	6506	39150	41.7
1960	34050	34050	27640	6410	52872	37.9
1961	23348	23348	18421	4297	24238	47.1
1962	24442	24442	19442	5000	7788	72.8
1963	27163	27163	21167	5996	9734	70.8
1964	29705	29705	22205	7500	12499	68.7
1965	31784	31784	25656	6128	13144	69.1
1966	31722	31722	24744	6978	16086	65.5
1967	30754	30754	23235	7519	9058	76.4
1968	30590	30590	23954	6636	7549	78.7
1969	25668	25668	20403	5265	1509	92.7
1970	37427	37427	27800	9627	6076	84.9
1971	37573	37573	29830	7743	-1820	102.8
1972	36369	36369	31524	4845	-5822	116.1
1973	42897	42897	35397	7500	-9309	125.7
1974	42330	42330	34726	7604	-16136	157.6
1975	47743	47743	40849	6894	-21044	174.4
1976	51665	51665	43677	7988	-25703	194.3
1977	57440	57440	50169	7271	-29193	195.8
1978	60750	60750	55111	5639	3234	88.0
1979	63755	63755	57597	6158	-20749	140.0
1980	64858	64858	61190	3668	-26724	157.1

8-10 续表 continued

单位：万元 (10 000 yuan)

年 份 Year	税收总额 Total Tax	地方税收 Local Government Tax	工商税收 Industrial and Commercial Tax	农业各税 Agricultural and Related	企业所得税 Income Tax of Enterprises	税收总额占地方财政总收入比重(%) Percentage of Government Tax Revenue to Government Revenue(%)
1981	71049	71049	65071	6022	-32579	170.9
1982	81872	81872	75171	6701	-35624	157.9
1983	89833	89833	82205	7628	-25171	128.5
1984	99926	99926	91152	8774	-20618	118.2
1985	130558	130558	119865	10688	36495	99.1
1986	155167	155167	145866	9432	37092	96.9
1987	187130	187130	176890	10483	35797	96.3
1988	228758	228758	214128	15117	41206	94.8
1989	317150	317150	261270	16397	40045	110.6
1990	342192	342192	278480	23565	40954	103.8
1991	355665	355665	299621	23181	39320	90.3
1992	363571	363571	335490	29712	38992	93.0
1993	540247	540247	511777	29736	37311	96.3
1994	631630	312432	261719	58722	43005	174.0
1995	672614	346184	278344	66469	60801	153.9
1996	870713	510884	339614	113751	57519	152.1
1997	988192	607219	415328	130023	61868	135.0
1998	1085216	670633	492585	127233	50815	120.9
1999	1144680	716021	502477	134371	80821	113.5
2000	1226549	777459	546435	126444	105983	110.8
2001	1315328	811744	571829	105819	151985	112.1
2002	1624794	885794	673679	121828	90287	122.2
2003	2018522	1065414	857381	136418	71615	124.0
2004	2704290	1440390	1220909	132486	86995	113.5
2005	4082530	2069822	1768690	107582	193550	121.8
2006	5118845	2606745	2183213	148893	272831	86.1
2007	6910357	3479057	3342205	134741	419186	82.7
2008	9210300	4644481	4401399	241064	592789	83.2
2009	11036736	5768306	5263903	502465	748129	80.1
2010	14209706	7528129	6869595	594367	1016492	81.8
2011	18908284	9856927	9100923	675788	1561016	83.6
2012	20644006	11198651	10077812	1008121	1798497	82.7
2013	21540773	12151973	10619291	1400299	1552566	
2014	20514412	12510723	9896184	2470558	1096419	
2015	21131143	13207461	9857091	3190394	1017711	

注：1.农业各税包括农业税、牧业税、耕地占用税、农业特产税和契税。从 2006 年，农业各税不包括农业税、牧业税和农业特产税。
2.企业所得税中 1985-1993 年包括国有企业调节税，1994 年以后包括地方金融企业所得税。

a)The agricultural and retail taxes include the agricultural tax, the animal husbandry tax, the tax on the use of cultivated land, the tax on special agricultural products and the contract tax.Since2006,the agricultural and retail taxes do not include the agricultural tax, the animal husbandry tax and the tax on special agricultural products

b)During the Years 1985 to 1993, the income tax levied on state-owned enterprises included the tax for adjusting income. Since 1994,it has also included the income tax levied on banking institutions.

主要统计指标解释

财政收入 指国家财政参与社会产品分配所取得的收入，是实现国家职能的财力保证。财政收入所包括的内容几经变化，目前主要包括：

(1)各项税收：包括增值税、营业税、消费税、土地增值税、城市维护建设税、资源税、城市土地使用税、印花税、个人所得税、企业所得税、关税、农牧业税和耕地占用税等。

(2)专项收入：包括征收排污费收入、征收城市水资源费收入、教育费附加收入等。

(3)其他收入：包括基本建设贷款归还收入、基本建设收入、捐赠收入等。

(4)国有企业计划亏损补贴：这项为负收入，冲减财政收入。

财政支出 国家财政将筹集起来的资金进行分配使用，以满足经济建设和各项事业的需要，主要包括：

(1)基本建设支出：指按国家有关规定，属于基本建设范围内的基本建设有偿使用、拨款、资本金支出以及经国家批准对专项和政策性基建投资贷款，在部门的基建投资额中统筹支付的贴息支出。

(2)企业挖潜改造资金：指国家预算内拨给的用于企业挖潜、革新和改造方面的资金。包括各部门企业挖潜改造资金和企业挖潜改造贷款资金，为农业服务的县办"五小"企业技术改造补助，挖潜改造贷款利息支出。

(3)地质勘探费用：指国家预算用于地质勘探单位的勘探工作费用，包括地质勘探管理机构及其事业单位经费、地质勘探经费。

(4)科技三项费用：指国家预算用于科技支出的费用，包括新产品试制费、中间试验费、重要科学研究补助费。

(5)支援农村生产支出：指国家财政支援农村集体(户)各项生产的支出。包括对农村举办的小型农田水利和打井、喷灌等的补助费，对农村水土保持措施的补助费，对农村举办的小水电站的补助费，特大抗旱的补助费，农村开荒补助费，扶持乡镇企业资金，农村农技推广和植保补助费，农村草场和畜禽保护补助费，农村造林和林木保护补助费，农村水产补助费，发展粮食生产专项资金。

(6)农林水利气象等部门的事业费用：指国家财政用于农垦、农场、农业、畜牧、农机、林业、森工、水利、水产、气象、乡镇企业的技术推广、良种推广(示范)、动植物(畜禽、森林)保护、水质监测、勘探设计、资源调查、干部训练等项费用，园艺特产场补助费，中等专业学校经费，飞播牧草试验补助费，营林机构、气象机构经费，渔政费以及农业管理事业费等。

(7)工业交通商业等部门的事业费：指国家预算支付给工交商各部门用于事业发展的经费，包括勘探设计费、中等专业学校经费、技术学校经费、干部训练费。

(8)文教科学卫生事业费：指国家预算用于文化、出版、文物、教育、卫生、中医、公费医疗、体育、档案、地震、海洋、通讯、电影电视、计划生育、党政群干部训练、自然科学、社会科学、科协等项事业的经费支出和高技术研究专项经费。主要包括工资、补助工资、福利费、离退休费、助学金、公务费、设备购置费、修缮费、业务费、差额补助费。

(9)抚恤和社会福利救济费：指国家预算用于抚恤和社会福利救济事业的经费。包括由民政部门开支的烈士家属和牺牲病残人员家属的一次性、定期抚恤金，革命伤残人员的抚恤金，各种伤残补助费，烈军属、复员退伍军人生活补助费，退伍军人安置费，优抚事业单位经费，烈士纪念建筑物管理、维修费，自然灾害救济事业费和特大自然灾害灾后重建补助费等。

(10)行政事业单位离退休支出：指实行归口管理的行政事业单位离退休经费。

(11)社会保障补助支出：指国家预算用于社会保障的补助支出，包括对社会保障基金的补助、促进就业补助、国有企业下岗职工补助、补充全国社会保障基金等。

(12) 国防支出：指国家预算用于国防建设和保卫国家安全的支出，包括国防费、国防科研事业费、民兵建设以及专项工程支出等。

(13)行政管理费：包括行政管理支出，党派团体补助支出，外交支出、公安安全支出，司法支出、法院支出，检察院支出和公检法办案费用补助。

(14) 政策性补贴支出：指经国家批准，由国家财政拨给的政策性补贴支出。主要包括粮、棉、油差价补贴，平抑物价和储备糖补贴，农业生产资料价差补贴，粮食风险基金，副食品风险基金，地方煤炭风险基金等。

(15)债务利息支出：指国家预算中用于偿还国内外债务利息的支出。

中央财政收入和地方财政收入 指按财政体制划分的中央本级收入和地方本级收入。1994年分税制财政体制以后，属于中央财政的收入包括关税、海关代征消费税和增值税，消费税，中央企业所得税，地方银行和外资银行及非银行金融企业所得税，铁道、银行总行、保险总公司等集中缴纳的营业税、所得税、利润和城市维护建设税，增值税的75%部分，证券交易税(印花税)94%部分和海洋石油资源税。属于地方财政的收入包括营业税，地方企业所得税，个人所得税，城镇土地使用税，固定资产投资方向调节税，城镇维护建设税，房产税，车船使用税，印花税、屠宰税，农牧业税，农业特产税，耕地占用税，契税，增值税25%部分，证券交易税(印花税)6%部分和除海洋石油资源税以外的其他资源税。

中央财政支出和地方财政支出 指根据政府在经济和社会活动中的不同职责，划分中央和地方政府的责权，按照政府的责权划分确定的支出。中央财政支出包括国防支出，武装警察部队支出，中央级行政管理费和各项事业费，重点建设支出以及中央政府调整国民经济结构、协调地区发展、实施宏观调控的支出。地方财政支出主要包括地方行政管理和各项事业费,地方统筹的基本建设、技术改造支出,支援农村生产支出,城市维护和建设经费,价格补贴支出等。

预算外资金收支 预算外资金指国家机关、事业单位和社会团体为履行或代行政府职能,依据国家法律、法规和具有法律效力的规章而收取、提取和安排使用 的未纳入国家预算管理的各种财政性资金。其范围主要包括:法律、法规规定的行政事业性收费、基金和附加收入等;国务院或省级人民政府及其财政、计划(物价)部门审批的行政事业性收费;国务院及财政部审批建立的基金、附加收入等;主管部门所属单位集中上缴资金 ; 用于乡镇政府开支的乡自筹和乡统筹资金;其他未纳入预算管理的财政性资金。社会保障基金在国家财政尚未建立社会保障预算制度以前,先按预算外资金管理制度进行管理,专款 专用。财政部门在银行开设统一的专户,用于预算外资金收入和支出管理。部门和单位的预算外收入必须上缴同级财政专户,支出由同级财政按预算外资金收支计划和单位财务收支计划统筹安排,从财政专户中拨付,实行收支两条线管理。

Explanatory Notes on Main Statistical Indicators

Government Revenue refers to the revenue of the government finance by means of participating in the distribution of the social products, which are the financial resources for ensuring the government to function. The contents of government revenue have been changed several times. Now it includes the following main items:

(1) Various tax revenues, including value added tax, business tax, consumption tax, land value added tax, tax on city maintenance and construction, resources tax, tax on use of urban land, stamp tax, personal income tax, enterprise income tax, tariff, tax on agriculture and animal husbandry and tax on occupancy of cultivated l and, etc.

(2) Special revenues, including revenue collected from imposing fee on sewage treatment, revenue collected from imposing fee on urban water resources, and extra charges for education, etc.

(3) Other revenues, including revenue from the repayment of capital construction l loan, revenue from capital construction projects, and donations and grants.

(4) Planned subsidies for the losses of the state owned enterprises. This is s an item of negative revenue, used to eat up part of the government revenue.

Government Expenditure refers to the distribution and use of the funds the government finance has raise d, so as to meet the needs of economic construction and various causes. It include s the following main items:

(1) Expenditure for capital construction: It refers to the non gratuitous use and appropriation of funds for capital construction in the range of capital construction, outlay of capital as well as the loans on capital construction approved by the government for special purpose or policy purpose and the expenditure with discount paid in an overall way within the amount of the funds appropriated to the departments for capital construction.

(2) Innovation funds of the enterprises: They refer to the funds appropriated from the government budget for the enterprises to tap the latent power, upgrade the technology and carry out innovation, including the innovation fund of the departments, loan of the enterprises for innovation, subsidies on the innovation of the small fertilizer plant, small cement plant, small coal mines, small machinery plant and small steel plant, the expenditure of interest for the loan for innovation.

(3) Geological prospecting expenses: They refer to the expenses appropriated from the government budget to the geological prospecting units for the expenditure of the prospecting work, including the expenditures of the administrative agencies for geological prospecting and their institutional units as well as the geologic al prospecting expenditure.

(4) Expenditures for science and technology promotion: They refer to the expense s appropriated from the government budget for the scientific and technological expenditure, including new products development expenditure, expenditure for intermediate trial and subsidies on important scientific researches.

(5) Expenditure for supporting rural production: It refers to the expenditures appropriated from the government budget for supporting the various expenditures of the rural collective units or households for production, including the subsidies to the small water conservancy projects and well drilling, sprinkling irrigation projects run by the villages; subsidies on the rural water and soil conserving measures; subsidies to the small power stations run by the villages; subsidies to the expenditure for fighting against particularly severe draughts; subsidies on the rural was the land exclamation; fund for supporting the township enterprises; subsidies to the expenditure for popularization of the agricultural technologies and plant protection in the rural areas; subsidies to the expenditure for the protection of grasslands and cattle and fowls; subsidies on afforestation and forest protection in rural areas; subsidies on the rural aquatic products industry; special fund for developing grain production.

(6) Operating expenses of the departments of farming, forestry, water conservancy and meteorology etc. : They refer to the expenses appropriated from the government budget for the expenditures of agricultural exclamation, farms, agriculture, animal husbandry, agricultural machinery, forestry, timber industry, water conservancy, aqua tic products industry, meteorology, technology popularization in township enterprises, popularization (demonstration) of improved varieties, plant (cattle and fowls, forest) protection, water quality monitoring, prospecting and designing, resources investigation, cadres training, subsidies to horticulture gardens, expenditure of specialized secondary schools, subsidies on the experiments of sowing herbage seeds by flights, expenditures of afforestation agencies and meteorology agencies, expenses for fishery administration and operating expenses for agricultural administration, etc.

(7) Operating expenses of the departments of industry, transport and commerce: They refer to the expenses appropriated from the government budget to the departments of industry, transport and commerce for the expenditure of business development, including expenses for prospecting and designing, expenditures of specialized secondary schools, expenditures of the technical training schools and expenditures or cadres training, etc.

(8) Operating expenses of the departments of culture, education, science and public health: They refer to the expenses appropriated from the government budget for t he expenditures of the causes of culture, publication, cultural relics, education, public health, traditional Chinese medical science, free medical services, sports, archives, earthquake, ocean, communications, broadcasting, film and television, family planning; expenditure for training of cadres of government, party and mass organization; expenditures for natural sciences, social sciences, associations for science and technology and the special expenditure for the high tech researches. They include mainly wages, extra wages, welfare funds, pension for the retirees, stipend, expenses for official business, expenses for equipment purchases, expenses for repairs, business expenses and subsidies to the un its which are unable to support their expenditures by their own earnings.

(9) Pension for the disabled or for the families of the bereaved and relief funds for social welfare: They refer to the funds appropriated from the government bud get for the expenditures of pension for the disabled or for the families of the bereaved and relief funds for social welfare, including the lump sum or regular pension paid by the departments of civil affairs to the members of martyrs families and families of those who died for the public interest, pension to the revolutionary disabled, subsidies for permanent disability of various kinds, subsidies to the military martyrs dependents and the demobilized servicemen, expenditure for settling down the demobilized servicemen, operating expenses of the consoling institutions, expenses for management and repair of the commemorative buildings for the martyrs, the expenses managed by the departments of civil affairs for the retirees and those who have quitted their work, expenses for social relief in rural and urban areas, operating expenses for providing relief to the areas of natural calamity and subsidies on the reconstruction after the particularly severe natural calamities, etc.

(10) Expenditures on retiree : It refers to the expenditures of government agencies and institutions that covered by the state budget.

(11) Expenditures on subsidies to social security system: It refers to expenditure from the state budget for subsidies to the social insurance fund, subsidies to promoting employment, subsidies to laid-off workers of state-owner enterprises, supplement to national social security funds, etc.

(12) Expenditures for national defence: They refer to the funds appropriated from the government budget for the expenditures for building up national defence and safeguarding national security, including expenses of national defence, expenses o f scientific researches on national defence, expenses for building up people's militia and expenditure for special projects, etc.

(13) Administrative expenses: They include expenditure for administration, subsidies to the parties and mass organizations, diplomatic expenditure, expenditure for public security, judicial expenditure, law court expenditure, procuratorial expenditure and subsidies to the expenses for treating the cases by the public security departments, procuratorial organs and law courts.

(14) Expenditure for price subsidies: It refers to the expenditure appropriated, with the approval of the government, from the government budget for the policy subsidies to price adjustment, including the fund for the increase of grain prices, the subsidies to the difference between the selling prices and purchasing prices o f grains, cotton and edible oil, awards in addition to the purchasing prices of cotton, risk fund for non staple food, subsidies on the prices of meat and meat products, subsidies on the price difference for curbing the high market prices of meat, meat products and vegetables and the subsidies approved by the government on the prices of textbooks and newsprint of newspapers and periodicals.

(15) Expenditure on interest of debts: It refers to expenses from the state budget on paying interest of domestic and foreign debts.

Revenue of the central government and revenue of the local governments In accordance with the classification of the structure of the government finance in 1994 on the basis of the classification of channels for collection of tax revenues, the revenue of the central government and the revenue of the local governments have different coverage. The revenue of the central government includes tariff, consumption tax and value added tax levied by the customs, consumption tax, income tax of the enterprises subordinate to the central government, income taxes of the local banks, foreign funded banks and non bank financial institutions, business tax, income tax and profits of railways, head offices of banks, head office of insurance company, which are handed over to the government in a centralized way, tax on city maintenance and construction, 75% of the value added tax, tax on ocean petroleum resources, 94% of the tax on stock dealing (stamp tax) . The revenue of the local governments includes business tax, income tax of the enterprises subordinate to the local government, personal income tax, tax on the use of urban land, tax on the adjustment of the investment in fixed assets, tax on town maintenance and construction, tax on real estates, tax on the use of vehicles and ships, stamp tax, slaughter tax, tax on agriculture and animal husbandry, tax on special agricultural products, tax on the occupancy of cultivated land, contract tax, 25% of the value added tax, 6% of the tax on stock dealing(stamp tax) and tax on resources other than the ocean petroleum resources.

Expenditure of the central government and expenditure of the local governments according to the different functions of the central government and local governments in the economic and social activities, the rights of affairs administration are classified between the central government and local governments; and the classification of the expenditure between the central government and local governments are made on the basis of the classification of the rights of affairs administration between them. The expenditure of the central government includes the expenditure for national defence, expenditure for armed police forces, the administrative expenses and various operating expenses at the level of central government, expenditure for key projects and the expenditure of the central government for adjusting the national economic structure, coordinating the development among different regions and exercising the macro economic regulation and control. The expenditure of the local governments includes mainly the administrative expenses and various operating expenses at the level of local governments, the expenditure for capital construction and technological innovation with the funds raised by the local government, expenditure for supporting rural production, expenditure for city maintenance and construction and expenditure for price subsidies, etc.

Extra-budgetary revenue and expenditure Extra-budgetary fund refers to financial fund of various types not covered by the regular government budgetary management, which is collected, allocated or arranged by government agencies, institutions and social organizations while performing duties delegated to them or on behalf o f the government in accordance with laws, rules and regulations. It mainly covers following items: administrative and institutional fees, funds and extra charges that are stipulated by laws and regulations; administrative and institutional fees approved by the State Council and provincial governments and their financial and planning (price management) departments; funds and extra charges established by the State Council and the Ministry of Finance; funds turned over to competent departments by their subordinate institutions; self raised and collected funds by township governments for their own expenditure; and other financial funds that a re not covered in budgetary management. Social security funds are treated as extra budget fund and managed for its exclusive use, given the circumstance that separate government budgetary system for social security is yet to be designed. Special accounts are opened by the financial departments in banks for the management of revenue and expenditure of extra budgetary fund. Extra budgetary revenue and expenditure is managed separately, namely, revenue of institutions and departments must enter into the special accounts of the financial department s at the same administrative level, and their extra budgetary expenditure is arranged in line with the extra budget plans and appropriated from these accounts.

2016 NEIMENGGU

九、物价指数

Price Indices

资料整理：赵桂梅　郭松　郑海兰　方玲　张宝明　杨少文　刘世友
Arranged By Zhao Guimei , Guo Song , Zheng Hailan , Fang Ling
Zhang Baoming , Yang Shaowen , Liu Shiyou

9-1 各种价格总指数
General Price Indices

(上年=100) (preceding year=100)

年 份 Year	居民消费价格指数 General Consumer Price Index	城市居民消费价格指数 Urban Areas	农村居民消费价格指数 Rural Areas	商品零售价格指数 General Retail Price Index	农产品收购价格指数 General Purchasing Price Index of Farm Products	农村工业品零售价格指数 General Rural Retail Price Index of Industrial Products	工农业商品综合比价指数 General Price Parity Index of Industrial & Farm Products
1962		104.9		108.2	101.7	107.9	106.1
1965		98.6		99.6	99.1	98.1	99.0
1970		100.4		100.1	101.1	100.4	99.3
1975		101.4		100.7	101.8	99.5	98.0
1978		101.5		101.0	101.6	100.0	98.8
1979		102.3		101.9	120.2	99.6	82.9
1980		106.1		105.5	112.0	100.4	89.6
1981		101.9		101.8	106.3	100.9	94.9
1982		101.7		101.7	99.9	101.4	101.5
1983		101.2		101.0	101.6	100.9	99.3
1984	104.0	104.9	102.2	104.4	106.9	103.6	96.9
1985	109.3	108.9	110.0	108.5	113.5	103.9	91.5
1986	105.2	105.5	104.5	105.0	114.1	103.1	90.4
1987	107.8	108.5	106.0	108.1	118.6	105.7	89.1
1988	116.3	117.0	115.0	116.3	124.6	114.3	91.7
1989	115.3	114.2	118.3	115.9	105.1	117.9	112.2
1990	102.3	101.8	103.4	102.9	95.2	107.0	112.4
1991	104.6	106.0	102.5	104.5	95.0	103.4	108.8
1992	107.4	108.7	103.9	106.8	104.0	102.4	98.5
1993	114.1	114.7	112.5	112.5	115.5	110.5	95.7
1994	122.9	124.3	121.3	119.3	144.6	116.7	80.7
1995	117.5	117.1	118.0	116.8	124.7	112.8	90.5
1996	107.6	107.5	107.7	105.8	96.3	105.8	109.9
1997	104.5	104.6	104.3	102.3	94.9	102.7	108.2
1998	99.3	99.3	99.2	98.1	97.3	99.0	101.7
1999	99.8	100.3	99.1	97.7	93.8	97.3	103.7
2000	101.3	101.3	101.2	98.8	99.7	99.6	99.9
2001	100.6	100.6	100.5	100.0	105.7	99.4	94.0
2002	100.2	99.3	101.9	99.4	99.0	99.3	100.3
2003	102.2	101.5	103.5	99.6			
2004	102.9	102.5	103.9	102.7			
2005	102.4	102.0	103.3	101.5			
2006	101.5	101.3	102.0	101.9			
2007	104.6	104.3	105.2	103.6			
2008	105.7	105.4	106.3	104.7			
2009	99.7	99.7	99.8	99.5			
2010	103.2	103.0	103.5	103.0			
2011	105.6	105.5	105.7	104.9			
2012	103.1	103.3	102.5	102.5			
2013	103.2	103.4	102.8	102.6			
2014	101.6	101.7	101.2	100.7			
2015	101.1	101.1	101.1	100.5			

注：工农业商品综合比价指数是以农产品收购价格指数为 100, 下表同。

a)The general purchasing price index of farm products is taken as 100 in calculating the general price parity index of industrial and farm products.The same as in the following table.

9-2 居民消费价格分类指数(2015 年)

Consumer Price Indices by Category(2015)

(上年=100) (preceding year=100)

项目	Item	全区 Autonomous Regional Indices	城市 Urban Indices	农村 Rural Indices
居民消费价格总指数	**General Consumer Price Index**	**101.1**	**101.1**	**101.1**
非食品价格指数	Non-food Price Index	101.0	101.0	101.0
服务项目价格指数	Service Index	101.5	101.0	103.3
扣除鲜菜鲜果总指数	General Index Except Fresh Vegetables & Fruits	101.1	101.1	101.1
消费品价格指数	Consumer Goods Price Index	101.0	101.2	100.4
食品	**Food**	**101.4**	**101.4**	**101.5**
粮食	Grain	101.9	102.4	101.2
#大米	Rice	101.6	102.1	100.6
面粉	Flour	101.3	102.2	100.7
淀粉及制品	Starches and Their Products	101.5	99.9	102.6
干豆类及豆制品	Bean and Its Products	101.1	101.1	100.8
油脂	Oil or Fat	98.3	98.0	99.3
#食用植物油	Edible Vegetable Oil	98.0	97.6	99.3
肉禽及其制品	Meal, Poultry and Their Products	101.1	100.6	103.2
食用畜肉及副产品	Meal and Its Products	100.9	100.2	103.5
#猪肉	Pork	110.1	109.6	111.5
牛肉	Beef	97.4	98.0	93.9
羊肉	Mutton	90.5	90.7	89.6
禽	Poultry	103.1	103.3	102.5
加工肉禽	Products of Meal and Poultry	101.5	101.6	100.3
蛋	Eggs	90.9	90.6	92.0
水产品	Aquatic Products	102.0	101.9	102.4
鱼	Fish	101.7	101.3	102.4
其它水产品	Other Aquatic Products	102.5	102.5	102.8
菜	Vegetables	104.9	106.0	100.8
调味品	Flavoring	102.0	101.8	102.5
#食用盐	Salt	104.6	105.4	103.7
糖	Carbohydrate	99.6	99.6	99.7
#食糖	Sugar	98.8	98.7	98.9
糖果	Candy	100.4	100.4	100.3
茶及饮料	Tea and Beverages	101.0	100.8	101.7
茶叶	Tea	100.8	100.7	101.1
饮料	Beverages	101.1	100.9	102.0
干鲜瓜果	Dried and Fresh Melon and Fruits	99.5	99.0	101.9

9-2 续表 1 continued

(上年=100) (preceding year=100)

项目	Item	全区 Autonomous Regional Indices	城市 Urban Indices	农村 Rural Indices
# 鲜瓜果	Fresh Fruits	98.7	98.0	101.9
糕点饼干面包	Cake, Biscuit and Bread	101.5	101.4	102.0
液体乳及乳制品	Milk and Its Products	98.7	98.6	99.7
# 巴氏杀菌乳或灭菌乳	Pasteurized milk or sterilized milk	97.4	97.1	99.4
乳粉	Milk powder	101.0	101.0	101.1
在外用膳食品	Outdoor Food	102.6	102.8	101.5
# 主食	Staple Food	101.7	102.0	100.9
炒菜	Fried Dishes	102.9	103.1	101.7
其它食品	Other Food	100.4	100.6	99.8
烟酒	**Tobacco and Liquor**	**103.7**	**104.1**	**102.8**
烟草	Tobacco	106.7	107.5	104.8
# 高档卷烟	High-grade cigarette	104.2	103.9	104.6
中档卷烟	Mid-cigarette	105.1	105.2	105.0
酒	Alcoholic Drink	100.5	100.5	100.7
# 白酒	Liquor	100.4	100.4	100.3
啤酒	Beer	101.1	100.8	101.6
其它	Other	100.3	100.2	100.4
衣着	**Clothing**	**102.8**	**102.8**	**103.2**
服装	Garments	102.7	102.7	103.3
男式服装	Men's Garment	103.7	103.6	103.7
女式服装	Women's Garment	102.2	102.1	103.5
儿童服装	Children's Garment	102.3	102.3	102.1
衣着材料	Clothing Material	102.5	102.5	102.6
# 棉布	Cotton Cloth	104.1	103.1	105.3
化纤布	Chemical Fiber Cloth	100.4	101.4	99.1
毛线	Wool	102.6	103.9	101.5
鞋袜帽	Footwear and Hats	103.1	103.1	103.0
鞋	Shoes	103.3	103.2	103.3
袜子	Socks and Stockings	101.0	100.8	101.8
帽子	Hats	104.0	104.3	101.9
衣着加工服务费	Service Charges of Clothing Processing	104.2	104.4	102.0
家庭设备用品及维修服务	**Household Facilities and Repairing Services**	**100.9**	**100.9**	**100.6**
耐用消费品	Durable Consumer Goods	100.4	100.6	99.9
家具	Furniture	101.9	102.1	100.9
家庭设备	Household Facilities	99.6	99.7	99.4

9–2 续表 2 continued

(上年=100) (preceding year=100)

项目	Item	全区 Autonomous Regional Indices	城市 Urban Indices	农村 Rural Indices
#洗衣机	Washing Machine	100.2	101.2	98.1
电冰箱(柜)	Refrigerator	99.9	100.9	98.9
室内装饰品	Interior Decorations	101.5	101.6	100.7
床上用品	Bed Articles	100.8	100.9	100.3
家庭日用杂品	Daily Use Household Articles	101.0	100.9	101.2
家庭服务及加工维修服务	Family Service and Repairing Service	103.3	103.7	102.3
医疗保健和个人用品	**Medicine & Medical Articles and Personal Necessities**	**102.3**	**101.2**	**104.6**
医疗保健	Medical and Health Care	101.9	100.8	103.8
医疗器具及用品	Medical Appliances and Articles	101.1	101.4	100.1
中药材及中成药	Traditional Chinese Medicine	101.7	101.9	101.3
西药	Western Medicine	100.9	100.8	100.9
保健器具及用品	Health Care Appliances and Articles	102.1	102.1	100.0
医疗保健服务	Medical and Health Care Services	102.5	100.1	106.0
#挂号诊疗费	Registration Medical Fee	109.1	100.0	120.4
手术费	Operation Fee	100.2	100.2	100.2
个人用品及服务	Personal Necessities and Services	103.0	101.8	107.0
化妆美容用品	Cosmetic and Beauties	100.8	100.8	100.5
清洁类化妆品	Clean Cosmetics	100.1	100.2	99.2
个人饰品	Personal Decorations	98.2	98.2	98.2
个人服务	Personal Services	109.4	107.4	112.9
交通和通讯	**Transportation and Communication**	**98.0**	**98.4**	**96.6**
交通	Transportation	97.3	97.9	95.6
交通工具	Means of Transportation	99.6	100.3	97.2
自行车	Bike	99.3	99.2	100.3
轿　车	Automobile	99.6	100.4	95.5
车用燃料及零配件	Fuel and Spares of Vehicles	86.1	84.9	88.0
#汽油	Gasoline	80.8	80.9	80.6
柴油	Diesel Oil	78.6	78.0	78.9
车辆使用及维修费	Utilize and Repair Costs of Vehicles	101.1	101.3	100.6

9–2 续表 3 continued

(上年=100) (preceding year=100)

项目	Item	全区 Autonomous Regional Indices	城市 Urban Indices	农村 Rural Indices
市区公共交通费	Public Traffic in City	100.8	101.1	100.0
# 公共汽车票	Bus Ticket	99.2	98.9	100.0
出租汽车	Taxi	102.0	102.4	100.0
城市间交通费	Traffic between Cities	99.2	99.1	99.9
# 火车票	Train Ticket	99.5	99.4	100.0
长途汽车	Long Distance Bus	99.9	99.8	100.0
通信	Communication	99.2	99.5	98.4
通信工具	Means of Communication	97.1	97.7	96.2
通信服务	Service of Communication	99.8	99.9	99.6
娱乐教育文化用品及服务	**Recreation, Education and Culture Articles & Services**	**101.4**	**101.2**	**102.9**
文娱用耐用消费品及服务	Durable Consumer Goods for Recreation Use and Service	99.8	100.2	98.3
# 电视机	Television	98.7	99.9	94.0
激光视盘机	Video Disc Player	100.0	100.1	99.8
照相机	Camera	100.9	101.1	96.3
电　脑	Computer	100.3	100.5	99.8
教育	Education	102.6	101.9	107.1
教材及参考书	Teaching Materials and Reference Books	101.0	101.2	100.8
教育服务	Education services	102.7	101.9	109.0
文化娱乐类	Cultural and Recreational Articles	100.7	100.5	101.7
文化娱乐用品	Culture and Recreation	100.5	100.4	100.9
书报杂志	Newspapers and Magazines	102.6	102.3	103.5
文娱费	Recreational Fee	100.3	100.3	100.7
旅游	Tourism	100.5	100.7	98.4
居住	**Residence**	**99.7**	**100.0**	**98.8**
建房及装修材料	Housing and Building Decoration Material	98.6	100.9	97.8
# 木材	Wood	97.3	101.0	94.7
水泥	Cement	97.0	99.7	96.0
涂料	Paint	100.1	100.6	100.0
玻璃	Glass	100.1	100.2	99.0
住房租金	Housing Rent	99.9	100.4	99.6
自有住房	Individual-own House	100.5	100.6	100.0
水、电、燃料	Water, Electricity and Fuels	98.6	98.6	98.5
# 水	Water	101.5	101.3	105.3
电	Electricity	100.0	100.0	100.0

9–3 商品零售价格分类指数(2015年)

Retail Price Indices by Category of Commodities(2015)

(上年=100) (preceding year=100)

项目	Item	全区 Autonomous Regional Indices	城市 Urban Indices	农村 Rural Indices
商品零售价格指数	**General Retail Price Index**	**100.5**	**100.6**	**100.2**
食品	**Food**	**100.8**	**100.9**	**100.4**
粮食	Grain	102.2	102.2	102.2
淀粉及制品	Starch and Products	100.7	100.1	101.9
干豆类及豆制品	Dry Beans and Bean Products	101.6	102.1	100.5
油脂	Oil or Fat	98.8	98.7	99.2
肉禽及制品	Meal, Poultry	100.6	101.2	99.1
蛋	Eggs	91.0	90.5	92.4
水产品	Aquatic Products	101.6	101.6	101.6
菜	Vegetables	103.7	105.4	99.5
调味品	Condiments	101.9	101.9	101.9
糖	Sugar	100.0	99.9	100.3
干鲜瓜果	Dried and fresh Fruits	99.2	98.2	102.0
糕点饼干面包	Cake, Biscuits and Bread	101.3	100.9	102.0
液体乳及乳制品	Mike and Its Products	98.3	97.8	99.7
在外用膳食品	Out-of-home Food	102.2	102.3	101.6
其他食品	Other Food	100.2	100.4	99.9
饮料烟酒	**Beverages, Tobacco and Liquor**	**102.9**	**103.0**	**102.5**
茶及饮料	Tea and Beverages	100.7	100.4	101.4
烟草	Tobacco	105.5	105.9	104.6
酒	Liquor	101.0	101.1	101.0
服装鞋帽	**Garments, Shoes and Hats**	**103.3**	**103.4**	**103.1**
服装	Garments	103.2	103.1	103.3
鞋袜帽	Shoes, Sock and Cap	103.5	103.7	103.0
其他	Others	103.4	105.8	100.3
纺织品	**Textiled**	**100.6**	**100.3**	**101.2**
衣着材料	Material of Cloth	102.0	102.0	102.1
床上用品	Bedding	99.5	99.2	100.1
家用电器及音像器材	**Household Appliances**	**99.4**	**99.8**	**98.6**
文化办公用品	**Cultural and Office Goods**	**100.7**	**100.8**	**100.1**
日用品	**Articles for Daily Use**	**101.9**	**102.3**	**100.8**
体育娱乐用品	**Sports Entertainment Goods**	**101.1**	**100.8**	**101.6**
交通通信用品	**Transportation and communication**	**99.3**	**100.0**	**97.4**
家　具	**Furniture**	**101.7**	**101.9**	**100.8**
化妆品	**Cosmetics**	**100.1**	**100.1**	**99.7**
金银珠宝	**Jewelry**	**98.2**	**98.4**	**97.7**
中西药品及医疗保健用品	**Traditional Chinese and Western Medicines**	**101.1**	**101.0**	**101.4**
医疗器具及用品	Medical Appliances and Articles	101.1	101.8	100.1
中药材及中成药	Traditional Chinese Medicine	101.8	101.8	101.7
西药	Western Medicines	100.8	100.6	101.4
保健品及器具	Health Care Appliances and Articles	100.3	100.4	100.0
书报杂志及电子出版物	**Newspapers,Magazines and Electronic Publications**	**100.6**	**100.4**	**100.9**
燃料	**Fuels**	**90.9**	**90.8**	**91.5**
建筑材料及五金电料	**Building Materials and Hardwares**	**100.0**	**100.8**	**98.3**

9-4 主要农产品生产价格指数

Yielding Price Indices of Main Farm Products

(上年=100) (preceding year=100)

项 目	Item	2014	2015
总指数	**General Index**	**102.7**	**98.0**
农业产品	**Farm Products**	**103.4**	**100.3**
谷物(原粮)	Grain(Primary Grain)	104.5	98.3
小麦	Wheat	108.0	106.3
稻谷	Rice	105.3	104.6
玉米	Corn	103.7	97.5
谷子	Millet	110.3	94.7
高粱	Sorghum	105.1	94.7
荞麦	Buckwheat	114.4	97.1
马铃薯	Potatos	102.9	96.8
豆类	Legume	105.8	94.2
# 大豆	Soybean	101.6	91.9
油料	Edible Oil	99.9	98.6
甜菜	Sugar Beet	114.6	108.0
牧草	Herbage	109.4	129.6
蔬菜	Vegetables	99.2	100.4
水果	Fruits	98.1	134.8
中药材	Raw Material of Traditional Chinese Medicine	118.6	106.2
林业产品	**Forest Products**	**108.1**	**98.5**
畜牧业产品	**Livestock Products**	**101.5**	**95.5**
牛	Cattles	103.1	96.4
羊	Sheep and Goats	98.3	89.5
猪	Hogs	93.6	104.0
肉禽	Poultry	100.1	99.9
禽蛋	Poultry's egg	112.6	98.0
牛奶	Milk	108.3	96.1
绵羊毛	Sheep's wool	94.1	95.7
山羊绒	Cashmere	100.6	74.0
渔业产品	**Fishing Products**	**101.8**	**97.6**

9-5 农业生产资料价格分类指数

Price Indices of Agricultural Means of production by Category

（上年=100）　(preceding year=100)

项　目	Item	2015
总指数	**General Index**	**98.7**
农用手工工具	Agricultural hand tools	100.0
饲料	Forage	100.6
产品畜	Commodity Animals	97.3
半机械化农具	Semi-mechanized farm	100.9
机械化农具	Mechanized farm	99.5
化学肥料	Chemical fertilizers	98.2
农药及农药器械	Pesticides and pesticide equipment	99.7
化学农药	Chemical pesticides	99.5
农药器械	Pesticide equipment	100.0
农用机油	Oil for Farm Machinery	87.5
其他农业生产资料	Other agricultural production materials	100.7
农业生产服务	Agricultural production and services	101.3

9-6 工业生产者出厂价格分类指数

Factory Price Indices of Industrial Producer Sub-index

(上年=100)　(preceding year=100)

项 目	Item	2010	2011	2012	2013	2014	2015
全部工业品	**Total Industry Products**	**106.7**	**107.8**	**100.2**	**97.0**	**97.3**	**94.0**
生产资料	**Means of Production**	**107.5**	**108.1**	**99.6**	**95.8**	**96.3**	**93.0**
采掘工业	Mining & Quarrying Industry	110.5	113.0	99.5	92.4	94.8	90.0
原材料工业	Raw Materials Industry	107.1	107.3	100.9	97.1	97.1	94.9
加工工业	Manufacturing Industry	105.3	105.0	98.1	97.1	96.7	93.3
生活资料	**Consumer Goods**	**103.1**	**106.4**	**103.3**	**102.5**	**102.1**	**98.8**
食品类	Food	104.1	108.1	103.4	102.8	102.6	98.8
衣着类	Clothing	103.3	98.6	105.1	101.7	100.1	97.5
一般日用品	Articles for Daily Uses	101.4	100.9	100.0	101.6	100.5	100.0
耐用消费品	Durable Consumer Goods	92.5	101.5	102.5	98.4	99.1	99.4

9–7 工业生产者购进价格指数
Purchase Price Indices of Industrial Producer

(上年=100) (preceding year=100)

项 目	Item	2010	2011	2012	2013	2014	2015
工业生产者购进价格总指数	**General price index of Industrial producer purchasing**	**105.0**	**106.1**	**102.0**	**99.3**	**98.4**	**95.9**
燃料、动力	Fuels and Energy	104.1	103.5	103.4	97.5	97.4	95.8
黑色金属材料	Ferrous Metals	103.6	107.3	101.3	98.4	98.1	94.9
# 钢 材	Steel Products	103.6	108.2	101.7	97.2	97.7	94.4
有色金属材料和电线	Nonferrous Metals and Wires	112.5	107.2	96.9	95.1	97.2	96.0
化工原料	Chemical Raw Materials	103.0	105.3	96.6	99.4	98.7	98.0
木材及纸浆	Wood and Paper Pulps	100.8	105.3	102.9	99.2	100.3	100.0
建筑材料类及非金属矿	Construction Materials	102.9	104.1	99.8	99.5	98.6	98.3
其它工业原材料类及半成品	Other Industrial Raw Materials and Semi-products	103.6	107.2	105.0	102.3	98.1	93.5
农副产品类	Farm and Sideline Products	105.9	108.3	102.4	103.2	101.4	99.3
纺织原料类	Textile Raw Materials	102.6	105.9	100.3	98.9	100.6	97.3

9–8 固定资产投资价格指数
Price Indices of Investment in Fixed Assets

(上年=100) (preceding year=100)

项 目	Item	2010	2011	2012	2013	2014	2015
固定资产投资	**Investment in Fixed Assets**	**105.4**	**106.3**	**101.6**	**99.6**	**99.8**	**98.0**
建筑安装工程	Construction and Installation	107.3	108.1	101.0	99.6	99.8	97.3
设备、工器具购置	Purchase of Equipment,Tools & Instruments	100.1	101.9	103.1	99.0	99.7	99.3
其他费用	Others	103.0	103.7	102.2	100.8	100.9	100.6

主要统计指标解释

商品零售价格指数 是反映城乡商品零售价格变动趋势的一种经济指数。零售物价的调整变动直接影响到城乡居民的生活支出和国家的财政收入，影响居民购买力和市场供需平衡，影响消费与积累的比例。因此，计算零售价格指数，可以从一个侧面对上述经济活动进行观察和分析。

居民消费价格指数 是反映一定时期内城乡居民所购买的生活消费品价格和服务项目价格变动趋势和程度的相对数，是对城市居民消费价格指数和农村居民消费价格指数进行综合汇总计算的结果。利用居民消费价格指数，可以观察和分析消费品的零售价格和服务价格变动对城乡居民实际生活费支出的影响程度。

城市居民消费价格指数 是反映城市居民家庭所购买的生活消费品价格和服务项目价格变动趋势和程度的相对数。城市居民消费价格指数可以观察和分析消费品的零售价格和服务项目价格变动对职工货币工资的影响，作为研究职工生活和确立工资政策的依据。

农村居民消费价格指数 是反映农村居民家庭所购买的生活消费品价格和服务项目价格变动趋势和程度的相对数。农村居民消费价格指数可以观察农村消费品零售价格和服务项目价格变动对农村居民生活消费支出的影响，直接反映农民生活水平的实际变化情况，为分析和研究农村居民生活问题提供依据。

工业生产者出厂价格指数 是反映全部工业产品出厂价格总水平变动趋势和程度的相对数，包括工业企业售给本企业以外所有单位各种产品和直接售给居民用于生活消费的产品。通过工业品出厂价格指数能观察出厂价格变动对工业总产值的影响。

固定资产投资价格指数 是反映固定资产投资额价格变动趋势和程度的相对数。固定资产投资额是由建筑安装工程投资完成额、设备、工器具购置投资完成额和其他费用投资完成额三部分组成的。编制固定资产投资价格指数应首先分别编制上述三部分投资的价格指数，然后采用加权算术平均法求出固定资产投资价格总指数。

编制固定资产投资价格指数可以准确地反映固定资产投资中涉及的各类商品和取费项目价格变动趋势和变动幅度，消除按现价计算的固定资产投资指标中的价格变动因素，真实地反映固定资产投资的规模、速度、结构和效益，为国家科学地制定、检查固定资产投资计划并提高宏观调控水平，为完善国民经济核算体系提供科学的、可靠的依据。

Explanatory Notes on Main Statistical Indicators

Retail Price Index reflects the general change in retail prices of commodities. The change and adjustment in retail prices directly affect the living expenditure of urban and rural residents, government revenue, purchasing power of residents and the equilibrium of market supply and demand, and the ratio of consumption to accumulation. Therefore, the calculation of retail p rice index is useful to analyze the changes of the above economic activities.

Consumer Price Index reflects the trend and degree of changes in prices of consumer goods and services purchased by urban and rural residents, and is a composite index derived from the urban consumer price index and the rural consumer price index. Consumer price index can be used to analyze the impact of consumer price change on actual expenditure for living cost of urban and rural residents.

Urban Consumer Price Index reflects the trend and degree of changes in prices of consumer goods and services purchased by urban households. It can be used to observe and analyze the impact of price changes in consumer goods and services on money wages of staff and workers, and provide basis for policy making concerning t he living cost and wages of staff and workers.

Rural Consumer Price Index reflects the trend and degree of changes in prices of consumer goods and services purchased by rural households. It can be used to observe the impact of change in retail prices of consumer goods and service prices in rural areas on living expenditure of rural households, and t o show the changes in the living standard of peasants. It provides basis for analysis and research on condition of life in rural areas.

Price Index of Industrial Products reflects the trend and degree of changes in general ex factory prices of all industrial products, including sales of industrial products by an industrial enterprise to all units outside the enterprise, as well as sales of consumer goods to residents. It can be used to analyze the impact of ex– factory prices on gross industrial output value.

Price Index of Investment in Fixed Assets reflects the trend and degree of changes in prices of investment in fixed assets. The investment in fixed assets consists of three components, namely the investment in construction and installation, the investment in Purchases of equipment and instrument, and the investment in other items. Price index of investment in fixed assets is calculated as the weighted arithmetic mean of the price indices of the three components of investment in fixed assets. Removing the factor of price change in the aggregates of investment at current prices, this indicator shows the changes in the pr ices of commodities and fees involved in the investment of fixed assets, and can be used to observe the actual size, growth, structure, and efficiency of investment in fixed assets and provides reliable and scientific data for government planning, management, decision making, and further improving the current national accounting system.

2016 NEIMENGGU

十、人民生活

People's Livelihood

资料整理：高志宇　谢瑞平　刘军

Arranged By Gao Zhiyu ,Xie Ruiping , Liu Jun ,

10-1 人民物质文化生活情况

People's Material & Cultural Life

项 目	Item	1990	1995	2000	2005	2010	2015
就 业	**Employment**						
每一农村劳动力负担人数(人)	Dependents per Rural Laborer(person)	1.68	1.55	1.48	1.42	1.35	1.37
每一城镇就业者负担人数(人)	Dependents per Urban Employee(person)	1.89	1.86	1.92	1.91	1.94	1.76
城镇登记失业率(%)	Urban Unemployment Rate(%)	3.80	3.17	3.34	4.26	3.90	3.65
收 入	**Income of Rural & Urban Residents**						
农村牧区人均纯收入(元)	Per Capita Net Income of Rural(yuan)	647	1300	2038	2989	5530	
农民人均纯收入	Peasants	607	1208	1869	2813	5222	
牧民人均纯收入	Herdermen	906	1871	3355	4341	7851	
农村牧区居民家庭人均纯收入指数(1978=100)	Index of Per Capita Net Income of Rural Residents(1978=100)	224.3	274.0	408.7	526.1	834.5	
城镇居民人均可支配收入(元)	Per Capita Disposable Income of Urban Residents(yuan)	1155	2846	5129	9137	17698	
城镇居民人均可支配收入指数(1978=100)	Index of Annual Per Capita Disposable Income of Urban Residents(1978=100)	189.6	244.1	385.8	632.3	1071.5	
职工年平均工资(元)	Average Wages of Staff & Workers (yuan)	1846	4134	6974	15985	35507	57870
消 费	**Consumption**						
农村牧区居民人均消费支出(元)	Expenditure of Rural Residents(yuan)	539	1261	1615	2446	4461	10637
农民人均消费支出	Peasants	492	1181	1442	2244	4115	10193
牧民人均消费支出	Herdsmen	843	1762	2959	4006	7067	14055
城镇居民人均消费支出(元)	Expenditure of Urban Residents(yuan)	982	2482	3928	6929	13995	21876
恩格尔系数(%)	Engel Coefficient(%)						
城镇居民	Urban Residerts	48.3	48.4	34.5	31.4	30.1	28.4
农民家庭	Households of Peasant	59.2	59.7	47.7	45.1	38.8	29.3
牧民家庭	Households of Herdsman	48.3	48.1	33.8	34.3	32.0	29.5
储 蓄	**Savings**						
住户存款余额(亿元)	Household deposits(100 million yuan)	110	410	876	1974	4618	8999
人均住户存款余额(元)	Per capita Household deposits(yuan)	515	1804	3875	8274	18877	35884
住房面积(平方米)	**Per Capita Floor Space(sq.m)**						
农村牧区平均每人居住	Rural Areas	11.9	15.3	17.0	19.7	22.1	26.07
城市平均每人居住	Urban Areas	8.98	12.06	15.54	26.09	29.84	31.39
城市公用事业	**Public Utilities in Urban Areas**						
自来水普及率(%)	Rate of Access to Tap Water(%)	73.4	80.7	89.1	83.9	88.0	98.5
燃气普及率(%)	Rate of Access to Gas(%)	16.8	40.5	58.6	68.2	79.3	94.1
每万人拥有绿地面积(公顷)	Green Area per 10 000 Persons(hectare)	3.3	5.9	7.0	7.8	12.4	19.3
文 化	**Culture**						
城镇每百户有彩色电视机(台)	Number of Color TV Set per 100 Households in Urban Areas(unit)	53.43	84.22	106.66	113.34	110.18	102.38
农村每百户有彩色电视机(台)	Color TV Sets per 100 Households in Rural Areas(unit)	42.14	84.89	96.07	102.00	103.00	104.58
广播综合人口覆盖率(%)	Broadcast Covering Rate (%)			85.6	92.6	96.6	99.1
电视综合人口覆盖率(%)	TV Covering Rate of Population(%)			81.4	90.2	95.4	99.1
每人每年拥有报纸(份)	Newspapers per Capita(copy)	2.06	7.17	7.56	25.92	10.97	13.08
每人每年拥有图书杂志(册)	Books & Magazines per capita(copy)	4.30	3.34	3.79	4.31	3.04	3.41
教 育	**Education**						
学龄儿童入学率(%)	Enrollment Ratio of School Age Children(%)	97.90	98.90	99.50	99.40	99.99	100.00
每万人口中在校大学生数(人)	Number of University Students per 10 000 Persons(person)	15.10	16.39	29.60	96.15	150.65	167.79
卫 生	**Public Health**						
每万人有医院、卫生院病床(张)	Number of Hospital Beds per 10000Persons(unit)	26.62	27.25	28.24	26.83	35.65	49.71
每万人有卫生机构数(个)	Number of Health institutions per 10 000 Persons(unit)	2.39	2.16	1.87	1.58	3.32	9.51
每万人有医生数(人)	Doctors per 10 000 Persons(person)	19	22	22	21	22	26

注:1.(人均)住户存款余额 2010 年以前为(人均)城乡居民储蓄存款余额,2011—2014 年为(人均)个人储蓄存款余额。

2.从 2013 年起,国家统计局开展了城乡一体化住户收支与生活状况调查,10-3 以后各表数据来源于此调查样本,与 2013 年前的数据在调查范围、调查方法、指标口径有所不同。2013 年以后,10-1、2 两表城乡收入旧口径数据将不再公布。

a)Before 2010, (per capita)the Household deposits is called (per capita)resident saving deposit in urban & rural. During 2011–2014, (per capita)the Household deposits is called (per capita) personal balance of savings deposits.

b)The NBS started an integrated household income and expenditure survey in 2013, including both urban and rural households. The data shown in Tables 10–3 after are compiled on the basis of the survey. The coverage, methodology and definitions used in the survey are different from those used for the separate urban and rural household surveys prior to 2013.After 2013, 10–1、2 tables no longer publish the data of the old caliber of urban and rural residents.

10-2 城乡居民家庭人均收入及指数

年 份 Year	农牧民人均纯收入 Annual Net Income of Rural Households per Capita			
	农牧民 Peasant and Herdsman		农 民 Peasant	
	绝对数(元) Value(yuan)	指数(1978=100) Index	绝对数(元) Value(yuan)	指数(1978=100) Index
1978	131	100.0	126	100.0
1979	164	115.8	156	114.9
1980	192	123.9	181	121.6
1981	241	146.1	228	144.0
1982	288	163.8	273	162.0
1983	325	174.1	294	163.6
1984	368	189.0	336	179.6
1985	400	192.3	360	180.0
1986	382	171.3	340	157.7
1987	426	185.7	389	175.8
1988	547	219.3	500	209.4
1989	553	214.5	478	179.9
1990	647	224.3	607	208.1
1991	651	242.1	618	208.7
1992	719	251.8	672	222.3
1993	829	254.1	778	225.2
1994	1062	266.2	970	228.6
1995	1300	274.0	1208	240.2
1996	1602	314.5	1552	288.7
1997	1780	335.9	1705	304.6
1998	1982	379.2	1911	341.5
1999	2003	403.5	1903	350.3
2000	2038	408.7	1869	340.8
2001	1973	393.2	1784	323.4
2002	2086	411.7	1948	350.3
2003	2268	436.5	2133	373.1
2004	2606	474.0	2465	406.9
2005	2989	526.1	2813	449.6
2006	3342	578.7	3188	501.4
2007	3953	655.0	3750	564.2
2008	4656	725.7	4457	631.3
2009	4938	771.3	4656	660.7
2010	5530	834.5	5222	716.0
2011	6642	948.2	6299	817.0
2012	7611	1060.4	6968	882.0
2013	8596	1165.0	8032	989.0

Per Capita Annual Income of Urban and Rural Household and Related Index

牧 民 Herdsman		城镇居民可支配收入 Annual Disposable Income of Urban Residents per Capita	
绝对数(元) Value(yuan)	指数(1978=100) Index	绝对数(元) Value(yuan)	指数(1978=100) Index
188	100.0	301.0	100.0
236	116.8	350.1	115.5
265	118.8	407.1	124.7
326	137.2	418.3	124.7
387	153.0	452.7	133.6
530	199.5	474.2	138.5
573	206.5	548.8	152.8
650	219.9	666.0	173.0
649	205.1	773.6	187.4
662	203.3	819.7	183.0
850	233.4	915.8	174.8
1038	249.0	1052.8	175.9
906	244.8	1155.0	189.6
868	230.8	1294.7	200.5
1022	264.1	1478.9	210.7
1164	262.5	1883.3	235.2
1664	314.5	2503.0	251.5
1871	292.1	2845.7	244.1
1951	278.1	3431.8	273.9
2345	321.8	3944.7	300.9
2516	345.2	4353.0	334.5
2698	370.5	4770.5	365.5
3354	454.2	5129.1	385.8
3277	441.0	5535.9	411.9
3052	403.9	6051.0	446.7
3201	418.0	7012.9	509.6
3571	444.2	8123.1	575.9
4341	522.8	9136.8	632.3
4502	532.7	10358.0	708.2
5510	624.9	12378.0	811.6
6194	660.5	14433.0	897.6
7071	755.3	15849.2	988.3
7851	810.3	17698.2	1071.5
9109	889.4	20407.6	1170.9
12257	1168.0	23150.3	1285.9
12668	1174.3	25496.7	1369.7

10-3 全体居民人均收支情况

Per Capita Income and Expenditure of All Residents

单位：元　　　　(yuan)

项　目	Item	2014	2015	2015年比上年增长% Increase Rate in 2015 Over 2014(%)
可支配收入	**Disposable income**	**20559**	**22310**	**8.5**
工资性收入	Income of wage	10904	11992	10.0
经营净收入	Operational income	5104	5380	5.4
第一产业净收入	Net income of primary industry	2440	2537	4.0
农业净收入	Net income of agriculture	1599	1710	6.9
牧业净收入	Net income of animal-husbandry	837	810	-3.2
第二产业净收入	Net income of secondary industry	379	348	-8.2
第三产业净收入	Net income of third industry	2285	2495	9.2
财产净收入	Net income of property	1203	1266	5.2
转移净收入	Net income of transfer	3348	3672	9.7
消费性支出	**Consumer spending**	**16258**	**17179**	**5.7**
食品	Food	4746	4920	3.7
衣着	Clothing	1688	1760	4.3
居住	Residence	2795	2919	4.4
生活用品及服务	Articles for daily use and service	1009	1031	2.2
交通和通讯	Transportation and Communications	2405	2569	6.8
交通	Transportation	1686	1777	5.4
通信	Communications	719	792	10.2
教育文化娱乐	Education,Culturaland Entertainment	1813	2067	14.0
教育	Education	1121	1239	10.5
文化娱乐	Culturaland Entertainment	692	828	19.7
医疗保健	Medicine and Medical Service	1320	1384	4.8
其它商品和服务	Other Commodities and Services	482	529	9.8

10-4 城镇常住居民人均收支情况

Per Capita Income and Expenditure of Urban Permanent Residents

单位：元 (yuan)

项　目	Item	2014	2015	2015年比上年增长% Increase Rate in 2015 Over 2014(%)
可支配收入	**Disposable income**	**28350**	**30594**	**7.9**
工资性收入	Income of wage	17406	18989	9.1
经营净收入	Operational income	4539	4801	5.8
第一产业净收入	Net income of primary industry	374	410	9.6
农业净收入	Net income of agriculture	261	354	35.6
牧业净收入	Net income of animal-husbandry	111	75	-32.4
第二产业净收入	Net income of secondary industry	588	562	-4.4
第三产业净收入	Net income of third industry	3577	3830	7.1
财产净收入	Net income of property	1802	1870	3.8
转移净收入	Net income of transfer	4603	4934	7.2
消费性支出	**Consumer spending**	**20885**	**21876**	**4.7**
食品	Food	6003	6210	3.4
衣着	Clothing	2395	2474	3.3
居住	Residence	3619	3710	2.5
生活用品及服务	Articles for daily use and service	1437	1430	-0.5
交通和通讯	Transportation and Communications	3095	3231	4.4
交通	Transportation	2181	2236	2.5
通信	Communications	915	995	8.7
教育文化娱乐	Education,Culturaland Entertainment	2178	2505	15.0
教育	Education	1135	1264	11.4
文化娱乐	Culturaland Entertainment	1043	1241	19.0
医疗保健	Medicine and Medical Service	1471	1576	7.1
其它商品和服务	Other Commodities and Services	688	740	7.6

10–5 农村牧区常住居民人均收支情况

Per Capita Income and Expenditure of Residents In Rural Areas

单位：元 (yuan)

项　目	Item	2014	2015	2015年比上年增长% Increase Rate in 2015 Over 2014(%)
可支配收入	**Disposable income**	**9976**	**10776**	**8.0**
工资性收入	Income of wage	2071	2250	8.6
经营净收入	Operational income	5872	6185	5.3
第一产业净收入	Net income of primary industry	5246	5500	4.8
农业净收入	Net income of agriculture	3416	3598	5.3
牧业净收入	Net income of animal-husbandry	1823	1833	0.5
第二产业净收入	Net income of secondary industry	96	50	-47.9
第三产业净收入	Net income of third industry	530	636	20.0
财产净收入	Net income of property	389	425	9.3
转移净收入	Net income of transfer	1644	1916	16.5
消费性支出	**Consumer spending**	**9972**	**10637**	**6.7**
食品	Food	3039	3123	2.8
衣着	Clothing	728	765	5.1
居住	Residence	1676	1817	8.4
生活用品及服务	Articles for daily use and service	428	475	11.0
交通和通讯	Transportation and Communications	1468	1647	12.2
交通	Transportation	1014	1138	12.2
通信	Communications	454	509	12.1
教育文化娱乐	Education,Culturaland Entertainment	1318	1458	10.6
教育	Education	1102	1204	9.3
文化娱乐	Culturaland Entertainment	216	254	17.6
医疗保健	Medicine and Medical Service	1114	1118	0.4
其它商品和服务	Other Commodities and Services	202	235	16.3

10-6 农民人均收支情况

Per Capita Income and Expenditure of Farmer

单位：元　　　　(yuan)

项　目	Item	2014	2015	2015年比上年增长% Increase Rate in 2015 Over 2014(%)
可支配收入	**Disposable income**	**9441**	**10228**	**8.3**
工资性收入	Income of wage	2151	2339	8.7
经营净收入	Operational income	5451	5755	5.6
第一产业净收入	Net income of primary industry	4779	5024	5.1
农业净收入	Net income of agriculture	3653	3844	5.2
牧业净收入	Net income of animal-husbandry	1119	1110	-0.8
第二产业净收入	Net income of secondary industry	108	55	-49.1
第三产业净收入	Net income of third industry	564	677	20.0
财产净收入	Net income of property	366	399	9.0
转移净收入	Net income of transfer	1474	1734	17.6
消费性支出	**Consumer spending**	**9502**	**10193**	**7.3**
食品	Food	2908	2990	2.8
衣着	Clothing	679	710	4.6
居住	Residence	1652	1787	8.2
生活用品及服务	Articles for daily use and service	394	452	14.7
交通和通讯	Transportation and Communications	1306	1495	14.5
交通	Transportation	881	1011	14.8
通信	Communications	425	484	13.9
教育文化娱乐	Education,Culturaland Entertainment	1292	1449	12.2
教育	Education	1078	1188	10.2
文化娱乐	Culturaland Entertainment	213	260	22.1
医疗保健	Medicine and Medical Service	1074	1078	0.4
其它商品和服务	Other Commodities and Services	198	235	18.7

10-7 牧民人均收支情况

Per Capita Income and Expenditure of Herdsmen

单位：元 (yuan)

项　目	Item	2014	2015	2015年比上年增长% Increase Rate in 2015 Over 2014(%)
可支配收入	**Disposable income**	**14094**	**14996**	**6.4**
工资性收入	Income of wage	1455	1568	7.8
经营净收入	Operational income	9118	9491	4.1
第一产业净收入	Net income of primary industry	8836	9160	3.7
农业净收入	Net income of agriculture	1592	1699	6.7
牧业净收入	Net income of animal-husbandry	7241	7397	2.2
第二产业净收入	Net income of secondary industry	8	8	0.0
第三产业净收入	Net income of third industry	274	323	17.9
财产净收入	Net income of property	565	623	10.3
转移净收入	Net income of transfer	2956	3314	12.1
消费性支出	**Consumer spending**	**13593**	**14055**	**3.4**
食品	Food	4049	4150	2.5
衣着	Clothing	1108	1190	7.4
居住	Residence	1862	2050	10.1
生活用品及服务	Articles for daily use and service	688	656	-4.7
交通和通讯	Transportation and Communications	2711	2817	3.9
交通	Transportation	2035	2117	4.0
通信	Communications	675	700	3.7
教育文化娱乐	Education,Culturaland Entertainment	1521	1530	0.6
教育	Education	1286	1327	3.2
文化娱乐	Culturaland Entertainment	235	203	-13.6
医疗保健	Medicine and Medical Service	1422	1426	0.3
其它商品和服务	Other Commodities and Services	231	236	2.2

10-8 农村牧区常住居民家庭住房基本情况

Housing Conditions of Rural Resident Households

项 目	Item	2015
年末使用房屋	**Rooms Used at the End of Year**	
居住面积(平方米/人)	Per Capita Floor Space(sq.m/person)	26.07
砖木结构(%)	Brick and Wood Structure	55.87
钢筋混凝土结构(%)	Reinforced Concrete Structures	1.41
自建住房(%)	Self-built housing	92.11
购买商品房(%)	Buy real estate	3.22
房屋价值(万元/户)	Value per Room(10 000 yuan/household)	8.63
本年新建房屋面积(平方米/户)	**Rooms Newly Built Within the Year Per Capita Floor Space of Houses(sq.m/household)**	**0.42**
每平方米价值(元)	Value per Square Meter(yuan)	1578.21

注:本表为农村抽样调查资料。

a)Data in this table are obtained from the sample surveys on rural households.

10–9 城镇常住居民家庭基本情况(2015 年)

项 目	Item	全 区 All Regional Cities and County Towns	低收入 Low Income	更低收入 Lower Income
调查户数(户)	**Number of Households Surveyed(household)**	**2826**	**565**	**286**
平均每户家庭人口(人)	Average Household Size(person)	2.78	3.14	3.21
平均每户就业人口(人)	Average Number of Employees per Household(person)	1.58	1.58	1.57
平均每户就业面(%)	Percentage of Employed Persons per Household(%)	56.90	50.36	48.86
平均每一就业者负担人数(包括就业者本人)(人)	Number of Persons Supported by Each Employee (including the employee himsel for herself)(person)	1.76	1.99	2.05
平均每人全部年收入(元)	Per Capita Annual Income(yuan)	33174	13302	10935
平均每人可支配收入(元)	Per Capita Disposable Income(yuan)	30594	11194	8236
平均每人消费性支出(元)	Per Capita Annual Living Expenditure(yuan)	21876	11327	10199

10–10 按收入等级分的城镇常住居民家庭平均每人全年收入(2015 年)

单位：元

项 目	Item	全 区 All Regional Cities and County Towns	低收入 Low Income	更低收入 Lower Income
可支配收入	**Disposable Income**	**30594.10**	**11194.45**	**8235.97**
工资性收入	Income of wage	18989.33	7236.24	5783.51
经营净收入	Operational income	4801.08	2067.38	1240.88
财产性净收入	Net income of property	1869.66	702.75	582.09
利息	Interest	60.35	2.00	11.20
红利	Bonus	106.66	4.21	
转移性净收入	Net income of transfer	4934.03	1188.09	629.49
养老金或离退休金	Pension	5380.08	1071.80	678.93
社会救济和补助	Social relief and subsidies	149.25	434.78	485.56
借贷收入	**Loan Income**	**646.21**	**442.74**	**716.55**
提取储蓄存款	Withdraw Saving Deposit	241.87	93.65	90.33
收回借出款	Paid back Loan	40.86	28.35	43.94
收回储蓄性保险本金	Withdraw Saving Premium	0.48	1.48	
为购置房屋从银行贷款	Loan from Bank for Buying Housing	32.73	0.19	0.37
其它借贷收入	Other Loan Income	3.37	4.60	9.01

Basic Conditions of Urban Resident Households(2015)

按收入等级分 Grouped by Percentile of Households

最低收入 Lowest Income	中低收入 Lower Middle Income	中等收入 Middle Income	中高收入 Upper Medium Income	高收入 High Income	更高收入 Higher Income	最高收入 Highest Income
141	**565**	**565**	**565**	**566**	**286**	**142**
3.05	3.05	2.75	2.65	2.33	2.32	2.36
1.48	1.73	1.53	1.55	1.53	1.59	1.74
48.35	56.89	55.47	58.47	65.63	68.40	73.67
2.07	1.76	1.80	1.71	1.52	1.46	1.36
9986	22446	30208	39970	69715	87598	110991
5476	20488	28264	37298	65041	81186	101407
9734	16265	19987	26600	40270	49973	60209

Per Capita Annual Cash Income of Urban Resident Households by Level of Income(2015)

(yuan)

按收入等级分 Grouped by Percentile of Households

最低收入 Lowest Income	中低收入 Lower Middle Income	中等收入 Middle Income	中高收入 Upper Medium Income	高收入 High Income	更高收入 Higher Income	最高收入 Highest Income
5475.88	**20488.17**	**28263.60**	**37298.44**	**65040.74**	**81186.41**	**101406.62**
3908.27	13984.62	17061.07	24270.91	37622.75	42547.03	48967.44
906.49	3111.19	3948.42	4267.19	12301.98	20565.81	33128.62
534.20	1101.12	1492.61	2082.87	4647.54	6673.04	8909.62
19.76	20.73	35.07	56.44	224.99	395.43	537.29
	4.96	20.83	29.91	566.06	1102.89	2022.72
126.92	2291.24	5761.51	6677.47	10468.47	11400.53	10400.94
688.20	2654.77	6332.19	7333.58	11392.99	12327.07	11072.52
383.95	102.11	55.65	28.90	74.04	25.50	19.84
1279.17	**237.98**	**330.85**	**524.19**	**1964.86**	**2746.24**	**4167.07**
129.97	89.56	62.33	286.72	801.61	1345.81	2018.63
25.49	16.12	77.26	50.57	35.94	55.45	106.62
		0.73				
0.03	9.58	2.02	52.56	120.55	225.62	
18.94				13.92	27.85	54.72

10-11 城镇常住居民家庭平均每人全年消费性支出及构成(2015 年)

单位：元

项目	Item	全区 All Regional Cities and County Towns	低收入 Low Income	更低收入 Lower Income
消费性支出	**Total Living Expenditures**	**21876.47**	**11327.16**	**10199.15**
食品	Food	6210.34	3760.39	3388.65
#谷物	Cereals	572.20	512.87	484.59
肉禽及其制品	Meat, Poultry and Related Products	1408.81	906.70	831.50
蛋类	Eggs	129.98	71.91	67.76
水产品	Aquatic Products	101.55	80.14	75.21
奶及奶制品	Milk and Dairy Products	293.77	161.12	145.95
衣着	Clothing	2474.00	1055.48	901.64
#服装	Garments			
居住	Residence	3710.27	2058.96	1811.32
生活用品及服务	Articles for daily use and service	1430.25	555.30	490.29
交通和通讯	Transportation and Communications	3231.27	1290.14	1154.94
教育文化娱乐	Education,Culturaland Entertainment	2504.74	1438.34	1344.77
#文娱用耐用消费品	Durable Consumer Goods for Recreational Use	167.52	55.07	41.97
医疗保健	Other Commodities and Services	1575.70	944.76	890.65
其他商品和服务	Miscellaneous Commodities	739.89	223.80	216.88

10-12 农村牧区常住居民家庭基本情况(2015 年)

项目	Item	全区 All Regional Cities and County Towns	低收入 Low Income	更低收入 Lower Income
调查户数(户)	**Number of Households Surveyed(household)**	**1711**	**342**	**171**
平均每户家庭人口(人)	Average Household Size(person)	3.02	3.16	3.06
平均每户整半劳力(人)	Average Number of Able-bodied and Semi-able-bodied Laborers per Household(person)	2.21	2.19	2.15
平均每户就业人口(人)	Average Number of Employees per Household(person)	2.09	2.09	2.05
平均每户就业面(%)	Percentage of Employed Persons per Household(%)	69.31	66.15	66.80
平均每一就业者负担人数(包括就业者本人)(人)	Number of Persons Supported by Each Employee (including the employee himsel for herself)(person)	1.44	1.51	1.50
平均每人全部年收入(元)	Per Capita Annual Income(yuan)	18527	9846	10640
平均每人可支配收入(元)	Per Capita Disposable Income(yuan)	10776	898	-2101
平均每人消费性支出(元)	Per Capita Annual Living Expenditure(yuan)	10637	9003	10201

Per Capita Annual Living Expenditure of Urban Resident Households and its Composition(2015)

(yuan)

按收入等级分 Grouped by Percentile of Households						
最低收入 Lowest Income	中低收入 Lower Middle Income	中等收入 Middle Income	中高收入 Upper Medium Income	高收入 High Income	更高收入 Higher Income	最高收入 Highest Income
9733.95	**16265.49**	**19987.41**	**26599.97**	**40269.90**	**49972.57**	**60209.35**
3297.79	5040.47	6375.07	7220.45	9693.16	10971.46	12061.50
493.39	517.46	561.62	566.21	742.87	722.02	716.26
846.33	1179.55	1529.40	1643.36	1974.91	2062.78	2215.34
60.13	102.30	138.23	145.55	216.81	275.29	311.86
75.31	95.78	104.34	108.74	126.43	140.14	146.28
109.05	240.71	303.76	347.21	469.05	580.54	543.54
890.60	1753.62	2214.13	3338.56	4649.06	5647.82	6403.30
1809.39	2773.61	3599.24	4386.33	6519.29	7395.22	8007.71
499.17	955.31	1274.80	1789.42	3003.85	3988.23	4893.15
1154.47	2078.88	2376.36	4027.85	7454.74	10392.83	14928.12
1022.31	2132.23	2269.24	2879.94	4278.54	5420.31	7094.71
53.58	126.77	133.46	221.02	351.56	456.23	622.83
886.50	1179.41	1311.31	1962.01	2816.23	3469.27	3218.11
173.71	351.97	567.27	995.40	1855.02	2687.43	3602.75

Basic Conditions of Rural Resident Households(2015)

按收入等级分 Grouped by Percentile of Households						
最低收入 Lowest Income	中低收入 Lower Middle Income	中等收入 Middle Income	中高收入 Upper Medium Income	高收入 High Income	更高收入 Higher Income	最高收入 Highest Income
85	**342**	**342**	**342**	**343**	**172**	**86**
3.04	3.18	3.01	3.06	2.69	2.71	2.58
2.15	2.32	2.13	2.25	2.15	2.14	2.07
2.08	2.20	2.03	2.13	2.01	1.95	1.87
68.27	68.99	67.58	69.64	74.90	72.21	72.46
1.46	1.45	1.48	1.44	1.34	1.38	1.38
12268	12441	15080	20458	37529	47641	58486
-5858	6090	9342	13753	26086	32470	39830
12051	8690	9625	11079	15481	17752	18840

10–13 按收入等级分的农村牧区常住居民家庭平均每人全年收入(2015 年)

单位：元

项 目	Item	全区 All Regional Cities and County Towns	低收入 Low Income	更低收入 Lower Income
可支配收入	**Disposable Income**	**10775.89**	**898.34**	**-2101.34**
工资性收入	Income of wage	2249.66	565.05	500.87
经营净收入	Operational income	6185.41	-627.16	-3413.63
第一产业经营收入	Primary industry	5499.65	-814.51	-3575.18
# 农业	Agriculture	3597.73	763.26	-570.70
牧业	Animal-husbandry	1832.87	-1613.71	-3024.26
第二产业经营收入	Secondary industry	49.58	-27.78	
第三产业经营收入	Third industry	636.19	215.13	161.55
财产性净收入	Net income of property	425.30	57.85	-30.19
转移性净收入	Net income of transfer	1915.51	902.60	841.61
借贷收入	**Loan Income**	**1864.84**	**1520.37**	**1877.74**
# 提取储蓄存款	Withdraw Saving Deposit	259.42	103.97	136.27
收回借出款	Paid back Loan	125.93	42.17	55.29
其它借贷收入	Other Loan Income	99.52	166.44	288.17

10–14 按收入等级分农村牧区常住居民家庭平均每人全年消费性支出(2015 年)

单位：元

项 目	Item	全区 All Regional Cities and County Towns	低收入 Low Income	更低收入 Lower Income
消费性支出	**Total Living Expenditures**	**10637.39**	**9002.75**	**10201.23**
食 品	Food	3122.99	2598.53	2793.30
# 谷物	Cereals	541.02	516.39	522.64
肉禽及其制品	Meat, Poultry and Related Products	730.25	552.98	593.50
水产品	Aquatic Products	39.80	38.32	38.06
蛋 类	Eggs	66.14	58.44	54.28
奶及奶制品	Milk and Dairy Products	120.81	80.40	88.26
衣 着	Clothing	765.07	628.10	768.56
# 服 装	Garments			
居 住	Residence	1817.07	1491.66	1647.39
# 住房维修及管理	Housing maintenance and management	461.99	514.67	728.47
生活用品及服务	Articles for daily use and service	474.96	356.04	365.43
交通和通讯	Transportation and Communications	1646.84	1291.12	1480.53
教育文化娱乐	Education,Culturaland Entertainment	1457.70	1649.93	1961.22
# 文娱用耐用消费品	Durable Consumer Goods for Recreational Use	74.94	112.33	86.62
医疗保健	Medicine and Medical Services	1117.71	781.69	898.08
其他商品和服务	Miscellaneous Commodities	235.07	205.68	286.70

Per Capita Annual Cash Income of Rural Resident Households by Level of Income(2015)

(yuan)

按收入等级分 Grouped by Percentile of Households						
最低收入 Lowest Income	中低收入 Lower Middle Income	中等收入 Middle Income	中高收入 Upper Medium Income	高收入 High Income	更高收入 Higher Income	最高收入 Highest Income
-5858.15	**6089.98**	**9341.66**	**13753.36**	**26086.42**	**32470.16**	**39829.76**
835.72	1461.13	2042.52	3328.61	4157.46	3917.40	3496.32
-7299.09	3449.84	5407.97	7893.19	16314.33	21762.50	27536.80
-7534.51	2860.08	4821.70	7265.44	14755.39	19746.50	24382.76
-2104.94	2680.11	3250.66	4711.29	7119.20	8519.23	9004.10
-5478.34	95.39	1473.41	2485.38	7578.35	11218.70	15391.13
	-0.55	44.81	25.45	232.10	425.78	615.20
235.42	590.31	541.46	602.31	1326.83	1590.23	2538.85
-69.87	104.29	221.30	346.29	1552.19	2423.30	3831.37
675.09	1074.72	1669.87	2185.28	4062.45	4366.95	4965.26
2629.57	**1556.50**	**1398.06**	**1804.35**	**3221.79**	**3561.99**	**4578.36**
220.55	391.07	303.71	198.30	305.35	251.52	287.55
110.49	32.86	57.70	170.97	358.96	454.81	779.29
584.37	61.38	136.28	86.13	40.71	80.85	169.98

Per Capita Annual Living Expenditure of Rural Resident Households by Level of Income(2015)

(yuan)

按收入等级分 Grouped by Percentile of Households						
最低收入 Lowest Income	中低收入 Lower Middle Income	中等收入 Middle Income	中高收入 Upper Medium Income	高收入 High Income	更高收入 Higher Income	最高收入 Highest Income
12051.41	**8689.65**	**9625.40**	**11078.64**	**15481.41**	**17752.10**	**18840.31**
2953.91	2613.52	2909.95	3276.28	4402.64	4825.64	5052.24
522.67	493.80	553.57	503.97	653.81	733.04	847.48
599.77	562.22	655.92	798.68	1141.55	1293.85	1328.32
42.92	36.45	39.57	37.72	48.10	50.84	49.90
53.83	68.89	69.25	63.36	71.56	69.99	74.48
85.83	89.17	109.78	125.05	212.97	246.94	246.11
860.86	570.83	661.23	841.25	1184.38	1433.85	1625.44
1953.74	1479.21	1584.87	2006.05	2641.62	2888.22	2656.56
830.80	406.16	331.02	552.43	509.79	567.95	474.89
461.32	360.84	423.40	493.99	784.94	921.74	1013.06
1902.08	1468.95	1528.99	1704.16	2339.58	3002.86	3386.45
2526.26	1242.50	1309.44	1411.01	1706.16	1973.71	2032.31
135.61	38.85	73.77	61.87	90.12	94.22	64.65
1031.50	795.46	990.89	1095.96	2058.18	2204.93	2493.04
361.74	158.35	216.63	249.94	363.92	501.15	581.23

10-15 城镇居民家庭平均每人全年购买的主要商品数量

Per Capita Annual Purchases of Major Commodities in Urban Households

项 目	Item	1990	1995	2000	2005	2010	2015
粮 食(千克)	Grain(kg)	134.98	101.17	77.72	80.99	91.47	99.74
薯 类(千克)	Starches & Tubers(kg)						23.60
豆 类(千克)	Beans and the Products(kg)						8.53
食用植物油(千克)	Edible Vegetable Oil(kg)	4.45	5.82	5.56	6.14	6.28	9.62
猪 肉(千克)	Pork(kg)	11.43	11.82	11.59	11.61	12.16	15.93
牛 羊 肉(千克)	Beef and Mutton(kg)	6.39	5.02	6.61	8.33	10.23	15.69
家 禽(千克)	Poultry(kg)	0.59	1.77	3.25	3.82	5.01	5.85
水 产 品(千克)	Aquatic Products(kg)		3.44	4.30	4.29	5.19	6.47
鲜 蛋(千克)	Fresh Eggs(kg)	2.31	7.92	9.67	8.71	8.23	10.41
鲜 菜(千克)	Fresh Vegetables(kg)	162.03	125.87	107.45	103.85	98.92	100.90
食 糖(千克)	Sugar(kg)	1.44	1.14	1.08	0.90		1.30
卷 烟(盒)	Cigarettes(pack)	38.06	29.71	26.13	21.69		27.81
白 酒(千克)	Strong White Spirit(kg)	3.77	3.78	3.17	2.75	3.43	4.42
啤 酒(千克)	Beer(kg)	3.91	6.31	4.95	6.25	5.60	6.78
茶 叶(千克)	Tea(kg)					0.29	0.32
鲜 瓜 果(千克)	Fresh Melons and Fruits(kg)	41.50	42.77	63.11	61.19	55.34	58.48
鲜 奶(千克)	Fresh Milk(kg)	2.80	5.83	12.58	20.71	16.64	21.70
鞋 类(双)	Shoes(pair)						3.09
移动电话机（部）	Mobile phones(set)						0.17
煤 炭(千克)	Coal(kg)	480.64		205.07	224.54	169.16	235.49
液化石油气(千克)	Liquefied Gas(kg)	2.17		8.27	12.53	8.84	13.23
汽油(升)	Gasoline/petrol(L)						76.72

10-16 按收入等级分的城镇居民家庭平均每人全年购买商品数量(2015 年)

Per Capita Annual Purchases of Major Commodities of Urban Households by Level of Income(2015)

项目	Item	总平均 Average	低收入 Low Income	更低收入 Lower Income	最低收入 Lowest Income	中低收入 Lower Middle Income	中等收入 Middle Income	中高收入 Upper Medium Income	高收入 High Income	更高收入 Higher Income	最高收入 Highest Income
薯类(千克)	Starches & Tubers(kg)	23.60	28.46	28.20	29.24	21.45	21.99	23.30	22.14	22.03	21.67
大米(千克)	Rice(kg)	34.69	35.18	36.55	38.57	33.87	35.65	34.58	34.10	36.24	36.34
面粉(千克)	Flour(kg)	33.15	38.75	36.36	36.22	31.67	32.35	31.33	30.54	32.83	33.09
食用植物油(千克)	Edible Vegetable Oil(kg)	9.62	8.19	7.15	7.31	8.43	10.44	10.84	10.72	11.16	10.76
猪肉(千克)	Pork(kg)	15.93	14.02	13.20	13.45	15.13	15.35	17.51	18.45	19.58	21.10
牛肉(千克)	Beef(kg)	5.19	2.47	2.12	2.13	3.85	6.47	6.67	7.38	7.92	8.79
羊肉(千克)	Mutton(kg)	10.51	5.16	4.37	3.81	8.75	11.77	12.77	15.93	14.95	16.64
家禽(千克)	Poultry(kg)	5.85	5.07	4.64	4.04	5.71	5.97	6.57	6.12	6.36	6.05
鸡(千克)	Chicken(kg)	4.34	3.82	3.59	3.11	4.30	4.40	4.97	4.34	4.41	4.48
禽制品(千克)	Products of Poultry(kg)	1.25	1.12	0.95	0.82	1.16	1.26	1.28	1.47	1.59	1.22
鲜蛋(千克)	Fresh Eggs(kg)	10.41	8.18	7.54	7.33	9.89	10.91	11.30	12.50	13.57	14.22
鱼(千克)	Fish(kg)	4.96	3.24	3.17	3.00	4.49	5.68	5.79	6.07	6.59	6.58
虾(千克)	Shrimp(kg)	0.48	0.16	0.18	0.16	0.31	0.54	0.65	0.88	1.12	1.34
水产制品(千克)	Aquatic Products(kg)	0.75	0.53	0.52	0.52	0.65	0.76	0.84	1.04	1.18	1.34
鲜菜(千克)	Fresh Vegetables(kg)	100.90	80.41	73.05	73.14	92.06	100.94	115.04	123.93	135.50	140.90
干菜及菜制品(千克)	Dried Vegetables(kg)	1.50	0.85	0.71	0.70	1.62	1.38	1.85	1.96	2.26	2.73
啤酒(千克)	Beer(kg)	6.78	5.61	5.19	6.23	7.91	7.41	6.62	6.32	6.07	5.94
白酒(千克)	liquor(kg)	4.42	3.69	3.72	4.45	3.98	4.41	5.02	5.30	5.84	6.16
果酒(千克)	Fruit Wine(kg)	0.10	0.05	0.03	0.03	0.06	0.10	0.15	0.17	0.24	0.26
鲜瓜果(千克)	Fresh Fruits(kg)	58.48	40.71	36.65	35.90	51.37	60.11	71.49	74.98	80.63	81.68
糕点(千克)	Cake(kg)	4.83	3.36	2.78	2.49	3.76	5.07	5.59	7.04	7.94	7.66
鲜乳品(千克)	Fresh Dairy Products(kg)	21.70	12.20	10.31	8.29	17.39	23.12	27.23	32.17	38.33	39.57
奶粉(千克)	Milk Powder(kg)	0.30	0.20	0.18	0.11	0.29	0.25	0.33	0.47	0.57	0.42
酸奶(千克)	Yogurt Milk(kg)	4.06	1.78	1.57	1.31	2.96	4.03	5.73	6.71	7.99	8.48
鞋类（双）	Shoes(pair)	3.09	2.50	2.32	2.45	2.87	3.04	3.54	3.73	4.25	4.38

10-17 按收入等级分的城镇居民家庭平均每百户耐用消费品年末拥有量(2015年)

Number of Durable Consumer Goods Owned Per 100 Urban Households at Year-end by Level of Income(2015)

项目	Item	总平均 Average	低收入 Low Income	更低收入 Lower Income	最低收入 Lowest Income	中低收入 Lower Middle Income	中等收入 Middle Income	中高收入 Upper Medium Income	高收入 High Income	更高收入 Higher Income	最高收入 Highest Income
家用汽车(辆)	Automobile	32.12	16.71	15.81	13.45	20.95	31.17	39.36	52.35	61.43	72.44
摩托车(辆)	Motorcycle	24.72	32.84	35.55	38.52	29.71	27.29	20.75	13.04	12.35	15.90
助力车(辆)	Moped	46.10	50.54	51.22	54.85	52.57	43.94	48.28	35.19	34.75	36.24
洗衣机(台)	Washing Machine	94.98	90.23	90.48	89.41	94.68	95.67	98.92	95.42	99.46	101.25
电冰箱(柜)(台)	Refrigerator	94.69	83.64	81.62	85.17	94.71	96.64	98.12	100.34	104.82	105.63
微波炉(台)	Microwave	37.92	15.57	14.04	11.02	25.66	37.38	49.06	61.87	68.23	69.43
彩色电视机(台)	Color TV Set	102.38	99.78	99.84	99.96	100.72	104.44	104.16	102.78	108.86	110.52
#接入有线电视	Access Cable TV	87.17	71.56	68.76	63.84	87.70	90.38	92.27	93.94	99.22	99.37
空调器(台)	Air Conditioner	12.14	3.15	3.11	2.76	7.10	10.32	16.51	23.61	27.96	29.74
淋浴热水器(台)	Shower	56.41	28.60	23.71	21.46	44.72	59.88	72.10	76.69	83.66	84.05
#太阳能热水器	Solar water heaters	18.86	11.99	12.57	14.79	15.33	20.99	24.51	21.47	22.19	21.10
消毒碗柜(台)	Sterilized Cupboard	2.27	1.23	1.70	2.22	1.94	2.18	1.56	4.40	4.17	5.16
洗碗机(台)	Washing-up Machine	1.11	0.43	0.67	0.72	0.88	1.53	1.16	1.58	1.72	0.99
排油烟机(台)	Kitchen Ventilator	61.89	34.14	28.81	25.51	53.64	67.38	72.93	81.30	86.60	86.69
固定电话(部)	Fixed telephone	34.87	24.73	22.36	20.30	30.56	40.82	38.77	39.46	42.66	38.09
移动电话(部)	Mobile Telephone	216.91	215.68	215.41	203.90	224.65	216.33	215.56	212.34	215.87	221.57
#接入互联网	Internet access	80.95	64.37	69.68	67.38	88.36	79.81	84.54	87.66	88.81	100.13
家用电脑(台)	Computer	58.45	34.16	31.41	23.61	52.90	60.00	67.64	77.50	83.21	87.48
#接入互联网	Internet access	45.79	23.68	18.79	14.41	42.41	47.85	53.31	61.65	67.43	70.30
摄相机(架)	Pickup Camera	7.28	1.60	1.72	0.00	2.55	7.72	9.94	14.56	18.11	23.73
照相机(架)	Camera	24.03	6.31	3.53	3.25	16.27	22.89	32.51	42.16	47.26	51.53
中高档乐器(件)	Other High Grade Music Instrument	3.05	0.69	0.82	1.64	1.16	2.69	4.65	6.05	8.62	11.68
健身器材(件)	Healthy Equipment	2.61	0.61	0.59	0.00	0.90	1.88	2.96	6.68	9.45	13.02
组合音响(套)	Hi -Fi Stereo Component System	2.74	0.75	1.21	1.16	2.39	2.48	2.83	5.22	6.72	8.57

10-18 农村牧区常住居民家庭平均每人主要消费品消费量

Per Capita Consumption of Major Consumer Goods in Rural Resident Households

项 目	Item	2014	2015
粮食(千克)	Grain(kg)	165.43	170.41
蔬菜(千克)	Fresh Vegetables(kg)	75.58	69.38
食油(千克)	Edible Oil(kg)	8.19	5.70
猪牛羊肉(千克)	Pork, Beef and Mutton(kg)	27.45	26.71
家禽(千克)	Poultry(kg)	3.93	3.87
蛋及制品(千克)	Eggs and Related Products(kg)	6.47	7.34
水产品(千克)	Fish and Shrimp(kg)	2.63	2.64
食糖(千克)	Sugar(kg)	1.77	1.21
酒(千克)	Liquor(kg)	18.13	17.86
#白酒 (千克)	Spirit(kg)	6.92	6.72

10-19 农村牧区常住居民家庭平均每百户耐用消费品年末拥有量

Number of Durable Consumer Goods Owned Per 100 Rural Resident Households at Year-end

品 名	Item	2014	2015
家用汽车(辆)	Automobile(unit)	17.12	23.08
摩托车(辆)	Motorcycle(unit)	76.38	75.19
移动电话(部)	Telephone(unit)	206.74	220.58
洗衣机(台)	Washing Machine(unit)	81.52	85.70
家用电冰箱(台)	Refrigerator(unit)	84.63	89.57
热水器(台)	Water Heater(unit)	13.56	16.66
彩色电视机(台)	Color TV Set(unit)	105.31	104.58
计算机(台)	Computer(set)	17.17	20.84
其中：接入互联网	Access to the Internet	11.28	14.06

主要统计指标解释

全体居民收入 内蒙古调查系统自 2012 年开始，实施城乡住户一体化调查改革。按照国家统计局制订的统一调查方案、抽样方法、指标名称、分类标准和计算方法，将过去独立开展的城镇住户调查和农村住户调查合而为一，建立了科学统一的城乡一体化住户调查体系。通过实际调查，准确地获得了内蒙古自治区全体居民人均收入和支出、城镇居民人均收入和支出、农牧民人均收入和支出。

住户成员 指居住在一个住宅内，所有与本住户分享生活开支或收入的人员。还包括：①由本住户供养的在外学生(包括大中专学生和研究生)；②未分家的农村外出从业人员和随迁家属，无论其外出时间长短；③轮流居住的老人；④因探亲访友、旅游、住医院、培训或出差等原因临时外出的人员。

常住成员 指住户成员中，经常在家居住、或者调查期内居住时间超过一半的人员，以及本住户供养的学生。常住成员是住户收支的调查对象。

总收入 是调查期内全部收入的总和，其中未扣除为获得收入所发生的支出(生产费用)。包括工资性收入、经营性收入、财产性收入、转移性收入、非收入所得、借贷性所得

可支配收入 指调查户在调查期内获得的、可用于最终消费支出和储蓄的总和，即调查户可以用来自由支配的收入。可支配收入既包括现金，也包括实物收入。按照收入的来源，可支配收入包含：工资性收入、经营净收入、财产净收入、转移净收入

工资性收入 指就业人员通过各种途径得到的全部劳动报酬和各种福利，包括受雇于单位或个人、从事各种自由职业、兼职和零星劳动得到的全部劳动报酬和福利。

经营净收入 指住户或住户成员从事生产经营活动所获得的净收入，是全部经营收入中扣除经营费用、生产性固定资产折旧和生产税净额(生产税减去生产补贴)之后得到的净收入。计算公式具体为：经营净收入 = 经营收入 - 经营费用 - 生产性固定资产折旧 - 生产税净额(生产税 - 生产补贴)

财产净收入 指住户或住户成员将其所拥有的金融资产和自然资源交由其他机构单位、住户或个人支配而获得的回报并扣除相关的费用之后得到的净收入。财产净收入包括利息净收入、红利收入、储蓄性保险净收益和转让承包土地经营权租金净收入等。

转移净收入 指国家、单位、社会团体对住户的各种经常性转移支付和住户之间的经常性收入转移，并扣除相关的支出和费用之后得到的净收入。包括政府、非行政事业单位、社会团体对居民转移的养老金或退休金、社会救济和补助、政策性生活补贴、救灾款、经常性捐赠和赔偿以及报销医疗费等；住户之间的赡养收入、经常性捐赠和赔偿以及农村地区(村委会)在外(含国外)工作的本住户非常住成员寄回带回的收入等。

总支出 指住户用于生产、生活和再分配的全部支出。包括消费支出、生产经营费用支出、财产性支出、转移性支出、购置资产及非经常性转移支出、借贷性支出。

消费支出 指住户用于满足家庭日常生活消费需要的全部支出，包括用于消费品的支出和用于服务性消费的支出。根据用途不同，消费支出可划分为食品烟酒、衣着、居住、生活用品及服务、交通通信、教育文化娱乐、医疗保健、其他用品及服务八大类。根据来源不同，消费支出可划分为现金消费支出、实物消费支出(含自产自用、来自单位、来自政府和其他社会组织)。

Explanatory Notes on Main Statistical Indicators

All the residents income Since 2012, Inner Mongolia survey system implement the reform of urban–rural integration of household surveys. According to the National Bureau of investigation, the uniform Protocol, sampling methods, index names, classification criteria and calculation methods would separate rural and urban household survey carried out in the past household surveys are combined into one, the establishment of a unified scientific system of urban–rural integration of household surveys. Through actual investigations, accurate access to residents of the Inner Mongolia autonomous region, all expenditures, per capita income and expenditure of urban residents and per capita income, per capita income of farmers and herdsmen, and expenses.

A member of the household Refers to Live in a House, all personnel and tenants share living expenses or income. Also included: ①the students out of household support (including college students and graduate students); ② going out is not the separation of rural practitioners and the accompanying family members, regardless of the length of their out of ③ alternated between old ;④ By visiting friends and relatives, travel, hospital, training or business reasons such as temporarily absent persons.

The permanent members Refers to members in the household, often at home , or lived for more than half of the officers in the period of investigation, as well as the household dependent student. Permanent member are the investigation object of householdincome and expenditure.

General income Refers to the sum of total income in thesurvey period, before deduction for income/expenditure incurred(production costs).Income includes wages, business–income, property–income,ransfer–income,not income–gains, loan proceeds.

Disposable income Refers to the households received in the survey period for the sum of final consumption expenditure and savings that investigation can be used for discretionary income. Disposable income including cash, including income in kind. According to the source of income, disposable income includes wage, business–income,property–income,transfer–income.

Income from wage Refers to employed persons by various means to get the total remuneration and benefits, including employed by units or individuals, engaged in freelance, part–time and sporadic Labor's total remuneration and benefits.

Net income from operations Refers to members of households or households engaged in production and operating activities net income gained, is deducted from the total operating income operating expenses, of productive fixed assets depreciation and net taxes on production (taxes on production less subsidies) received after net income. Formula in particular to: Net–operations income = operating revenue–operating expenses–productive fixed assets depreciation–net taxes on production (taxes on production–production subsidies)

Net income from Property Refers to household or the household member to its own financial assets and natural resources considered by the other establishments, household or personal gain reward and after deduction of the expenses related to the net income. Assets net income including net interest income, dividend income, net income, savings, insurance and the transfer of contracted land operation right rentals net income, and so on.

Net income from transfer Refers to countries, organizations, social organizations, current transfers between households and for households of the regular transfer of income and the net income after deduction of the expenses and costs related to the get. Including Government, non–administrative public institutions, social groups and the residents of the old–age pension or pensions, social assistance and benefits, policy–related subsidies, disaster relief, regular donations and reimbursed for medical expenses and compensation; maintenance of incomes between households, recurring donation and compensation, as well as in rural areas (village) (including foreign) returned back to the tenants who are living members of earnings.

Total expenditure Refers to household production, living and redistribution of all expenditures. Includes consumer spending, production and operating expenses, property expenditure, transfer expenditures, acquire assets and non–recurring expenses, loan payments.

Consumption expenditure Refers to households to meet the daily consumption needs of all expenditure, including expenditure on consumer goods and spending on services. According to different uses, consumer spending can be divided into food and alcoholic drinks and tobacco, clothing, housing, daily necessities and services, transport and communications, education, culture and entertainment, healthcare, other supplies and services. According to different sources, Consumption expenditure can be divided into cash consumption expenditure and real consumption expenditure (self–produced, from units, from Government and other social organizations).

2016 NEIMENGGU

十一、城市概况

General Survey of Cities

资料整理：杨力英
Arranged By Yang Liying

11-1 城市社会经济指标(2015年)

Main Social and Economic Indicators of Cities

指标	Item	2015
年末户籍人口(万人)	**The Registered Population Year-end(10 000 persons)**	**884.94**
#城镇人口	Urban	643.31
全社会从业者人数(万人)	**Number of Employed Persons(10 000 persons)**	**555.43**
#单位职工人数	Staff and Workers	159.60
按产业分的从业人员	Grouped by Industry	555.41
第一产业	Primary Industry	99.12
第二产业	Secondary Industry	127.59
第三产业	Tertiary Industry	328.71
土地面积(万平方公里)	**Total Area (10 000 sq.km)**	**15.1**
生产总值(亿元)	**Gross Domestic Product (100 million yuan)**	**11094.55**
第一产业	Primary Industry	405.93
第二产业	Secondary Indutry	4556.79
#工业	Industry	3890.84
第三产业	Tertiary Industry	6131.83
生产总值指数(上年=100)	Indices of Gross Domestic Product (Preceding year=100)	108.0
农林牧渔业总产值(当年价格,亿元)	**Gross Agricultural Output Value (at current prices) (100 million yuan)**	**680.62**
主要农产品产量	**Output of Major Agricultural Products**	
粮食产量(万吨)	Gain (10 000 tons)	581.13
猪牛羊肉产量(万吨)	Pork, Beef and Mutton (10 000 tons)	48.95
水 果(万吨)	Fruits (10 000 tons)	39.52
水产品(万吨)	Aquatic Products (10 000 tons)	2.20
规模以上工业	**Industry of All State-owned & Non-state-owned Industrial Enterprises above Designated Size**	
工业总产值(当年价格,亿元)	Gross Output Value (at current prices) (100 million yuan)	7673.29
主营业务收入(亿元)	Revenues of Main Business (100 millon yuan)	7432.82
工业利润总额(亿元)	Total Profits(100 million yuan)	200.72
运输邮电	**Transportation, Postal and Telecom**	
客运量(发送)(亿人)	Passenger Traffic (100 million persons)	1.51
货运量(发送)(亿吨)	Freight Traffic (100 million tons)	18.09

注:本表除运输邮电外的指标为不包括市辖县统计数。

a)Data in this table don′t include the data of county directly under the city, except transportation and postal and telecom.

11-1 续表 continued

指 标	Item	2015
邮电业务总量(2010年不变价.亿元)	Revenud of Postal and Telecommunications Services (at 2010 constant prices) (100 million yuan)	269.25
固定资产投资额(亿元)	**Total Investment in Fixed Assets (100 million yuan)**	**6344.30**
社会消费品零售总额(亿元)	**Total Retail Sales of Consumer Goods (100 million yuan)**	**4307.49**
实际利用外资金额(亿美元)	**Amount of Foreign Capital Actually Utilized (USD 100 million)**	**13.43**
在校学生数(万人)	**Student Enrollment (10 000 persons)**	
普通高等学校	Number of Regular Institutes of Higher Education	42.87
中等专业学校	Number of Specialized Secondary Schools	9.15
普通中学	Number of Regular Secondary Schools	52.19
小 学	Number of Primary Schools	60.20
成人高等学校	Noumber of Schools Higher Education for Aduals	3.86
医院、卫生院数(个)	**Number of Hospitals (unit)**	**679**
医院、卫生院床位数(万张)	**Number of Beds in Hospitals (10 000 units)**	**7.71**
卫生技术人员数(万人)	**Number of Medical Technical Personnel in Hospitals (10 000 persons)**	**7.90**
专业技术人员数(万人)	**Number of Technical Personnel (10 000 persons)**	**23.55**
在岗职工工资总额(亿元)	**Total Wages of Fully Emploged Staff and Workers (100 million yuan)**	**927.06**
住户存款余额(亿元)	**The Balance of Savings Deposits of Households (100 million yuan)**	**5783.85**
公共财政预算收入(亿元)	**Public Budgetary Financial Revenue(100 million yuan)**	**760.93**

11-2 城市主要经济指标(2015年)

Main Economic Indicators of Cities(2015)

城市名称	City	土地面积 (万平方公里) Total Area (10 000 Sq.km)	年末户籍人口 (万人) The Registered Population Year-end(10 000 persons)	户籍城镇人口 (万人) Urban (10 000 persons)	生产总值 (不包括市辖县) (亿元) Gross Domestic Product (100 million yuan)
合计	**Total**	**68.46**	**2212.11**	**1003.86**	**11094.55**
呼和浩特市	Hohhot City	1.72	238.58	130.72	2303.92
包头市	Baotou City	2.78	223.86	156.78	3341.85
呼伦贝尔市	Hulunbeier City	25.34	259.30	167.55	287.85
通辽市	Tongliao City	5.89	319.37	118.72	691.28
赤峰市	Chifeng City	9.00	462.63	137.69	790.82
乌兰察布市	Wulanchabu City	5.45	273.87	93.19	181.63
鄂尔多斯市	Erdos City	8.69	157.32	52.82	962.56
巴彦淖尔市	Bayannaoer City	6.44	174.66	57.40	287.08
乌海市	Wuhai City	0.18	44.49	41.03	609.82
满洲里市	Manzhouli City	0.07	17.13	17.13	225.78
扎兰屯市	Zhalantun City	1.68	41.11	17.80	181.51
牙克石市	Yakeshi City	2.78	33.94	30.84	230.88
根河市	Genhe City	2.00	14.20	13.16	41.55
额尔古纳市	Eerguna City	2.90	8.12	5.90	46.12
乌兰浩特市	Wulanhaote City	0.27	31.90	24.59	161.85
阿尔山市	Aershan City	0.74	4.65	4.65	16.81
霍林郭勒市	Huolinguole City	0.06	8.21	8.21	280.28
二连浩特市	Erlianhaote City	0.40	3.08	2.89	100.73
锡林浩特市	Xilinhaote City	1.58	18.38	15.82	210.18
丰镇市	Fengzhen City	0.27	31.86	12.06	142.05

11-2 续表 1 continued

城市名称	City	农业总产值(亿元) Gross Agricultural Output Value (100 million yuan)	不包括市辖县 Counties Excluded	工业总产值(亿元) Gross Industrial Output Value (100 million yuan)	不包括市辖县 Counties Excluded	客运总量(万人) Total Passenger Traffic (10 000 persons)	货运总量(万吨) Total Freight Traffic (10 000 tons)	固定资产投资(亿元) Investment in Fixed Assets (100 million yuan)	不包括市辖县 Counties Excluded
合计	**Total**	**2491.38**	**680.62**	**17470.96**	**7673.29**	**15068**	**180858**	**12594.20**	**6344.30**
呼和浩特市	Hohhot City	225.28	48.55	1667.58	568.70	649	18371	1618.64	860.37
包头市	Baotou City	180.16	53.80	2979.70	2262.20	1515	33056	2582.91	2017.18
呼伦贝尔市	Hulunbeier City	439.60	14.45	1305.99	188.26	2805	18181	969.70	230.59
通辽市	Tongliao City	450.77	99.67	2483.00	848.02	2592	14994	1362.38	570.96
赤峰市	Chifeng City	462.10	111.73	2075.64	803.23	3187	12391	1282.10	518.60
乌兰察布市	Wulanchabu City	229.77	6.68	999.28	120.86	399	5842	658.82	138.71
鄂尔多斯市	Erdos City	169.94	2.44	4341.29	547.80	1089	45640	2737.17	492.79
巴彦淖尔市	Bayannaoer City	277.99	75.45	873.42	299.38	1728	9666	664.50	158.58
乌海市	Wuhai City	8.31	8.31	381.99	381.99	416	7981	398.64	398.64
满洲里市	Manzhouli City	5.88	5.88	144.70	144.70	179	3481	110.13	110.13
扎兰屯市	Zhalantun City	70.44	70.44	240.64	240.64	328	570	116.42	116.42
牙克石市	Yakeshi City	61.97	61.97	250.80	250.80	625	5210	112.08	112.08
根河市	Genhe City	17.14	17.14	13.80	13.80	62	172	17.07	17.07
额尔古纳市	Eerguna City	24.86	24.86	29.68	29.68	27	1633	28.66	28.66
乌兰浩特市	Wulanhaote City	17.46	17.46	138.54	138.54	154	1356	94.31	94.31
阿尔山市	Aershan City	4.33	4.33	0.94	0.94	5	30	37.00	37.00
霍林郭勒市	Huolinguole City	5.67	5.67	410.25	410.25	88	7268	184.53	184.53
二连浩特市	Erlianhaote City	1.03	1.03	70.89	70.89	71	1237	38.82	38.82
锡林浩特市	Xilinhaote City	24.64	24.64	152.70	152.70	458	12113	149.21	149.21
丰镇市	Fengzhen City	26.12	26.12	199.91	199.91	95	671	69.66	69.66

注：工业总产值为规模以上工业企业。

a) The gross industrial output value is covered all state-owned and Non-state-owned industrial enterprises above designated size.

11-2 续表 2 continued

城市名称	City	一般公共预算收入(亿元) General Public Budget Revenue(100 million yuan)	#不包括市辖县 Counties Excluded	住户存款余额(亿元) The Balance of Savings Deposits of Households (100 million yuan)	在岗职工人数(万人) Number of Fully-empolyec Staff and Workers (10 000 persons)	#不包括市辖县 Counties Excluded	在岗职工工资总额(亿元) Total Wages of Fully-empolyed Staff and Workers (100 million yuan)	#不包括市辖县 Counties Excluded
合 计	**Total**	**1515.80**	**760.93**	**8542.33**	**253.07**	**159.60**	**1477.19**	**927.06**
呼和浩特市	Hohhot City	247.40	121.84	1683.96	40.72	33.82	222.75	187.07
包头市	Baotou City	252.30	213.20	1307.99	37.75	34.53	228.05	208.72
呼伦贝尔市	Hulunbeier City	103.33	15.07	778.07	29.86	6.29	170.94	38.02
通辽市	Tongliao City	120.48	50.47	527.85	28.96	11.20	154.52	57.09
赤峰市	Chifeng City	104.58	43.41	1049.85	33.33	14.60	186.43	82.97
乌兰察布市	Wulanchabu City	55.15	17.16	595.81	15.42	5.87	87.69	30.68
鄂尔多斯市	Erdos City	445.90	90.44	1416.40	31.23	8.34	220.72	58.91
巴彦淖尔市	Bayannaoer City	65.76	20.53	530.92	14.73	7.26	77.47	37.88
乌海市	Wuhai City	80.48	80.48	326.34	9.49	9.49	58.71	58.71
满洲里市	Manzhouli City	14.96	14.96	123.96	3.60	3.60	21.13	21.13
扎兰屯市	Zhalantun City	4.87	4.87	76.23	3.04	3.04	17.99	17.99
牙克石市	Yakeshi City	5.99	5.99	114.55	3.15	3.15	17.67	17.67
根河市	Genhe City	1.80	1.80	51.98	1.14	1.14	6.89	6.89
额尔古纳市	Eerguna City	2.44	2.44	27.72	1.40	1.40	6.93	6.93
乌兰浩特市	Wulanhaote City	7.74	7.74	127.38	4.33	4.33	25.95	25.95
阿尔山市	Aershan City	1.01	1.01	15.01	0.62	0.62	3.58	3.58
霍林郭勒市	Huolinguole City	32.94	32.94	44.38	2.65	2.65	17.47	17.47
二连浩特市	Erlianhaote City	5.20	5.20	41.35	0.73	0.73	5.09	5.09
锡林浩特市	Xilinhaote City	26.45	26.45	141.40	5.90	5.90	35.29	35.29
丰镇市	Fengzhen City	4.94	4.94	62.45	1.64	1.64	9.02	9.02

11-3 城市公用事业基本情况

Basic Statistics on Urban Public Utilities

项 目	Item	2014	2015
城市建设	**Cities Areas and Floor Space of Buildings**		
城区面积(平方公里)	Urban Area (sq.km)	6764.56	5372.72
建成区面积(平方公里)	Area of Built Districts(sq.km)	1184.81	1225.21
城市建设用地面积(平方公里)	Area of Land Used for Urban Construction(sq.km)	1265.68	1164.76
城市人口密度(人/平方公里)	Population Density of Urban Districts(person/sq.km)	1291.00	1629.00
供水、供气及供热	**Water Supply, Gas Supply and Heating**		
自来水年供水量(万吨)	Annual Supply of Tap Water(10 000 tons)	73863.63	74788.02
#生活用水量	Water Consumption for Residentialuse	32267.84	33577.32
平均每人日生活用水(升)	Per Capita Water Consumption for Residential use(liter)	103.49	106.71
用水普及率(%)	Percentage of Population with Access to Tap Water(%)	97.79	98.47
煤气供气量(万立方米)	Coal Gas Supply(10 000 cu.m)	3500.00	3090.00
#家庭用量	Consumption of Coal Gas for Residential Use	2944.00	2240.00
天然气供气量(万立方米)	Natural Gas Supply(10 000 cu.m)	110922.09	133207.34
#家庭用量	Consumption of Natural Gas for Residedtial Use	18819.70	22595.34
液化石油气供气量(吨)	Liquefied Petroleum Gas(ton)	63069.43	57950.05
#家庭用量(吨)	Consumption of Liquefied Gas for Residential use(ton)	57504.89	53755.19
燃气普及率(%)	Percentage of Population with Access to Gas(%)	92.28	94.09
集中供热面积(万平方米)	Heated Area(10 000 sq.m)	41967.39	44869.08
市政工程	**Municipal Engineering**		
铺装道路长度(公里)	Length of Paved Roads(km)	8612.28	9281.14
平均每万人拥有道路长度(公里)	Length of Paved Roads per 10000 Population(km)	9.86	10.60
铺装道路面积(万平方米)	Area of Paved Roads(10 000 sq.m)	18432.34	19793.10
人均城市道路面积(平方米)	Area of Paved Roads per Population(sq.m)	21.10	22.61
下水道长度(公里)	Length of Sewer Pipelines(km)	12123	12542
公共交通	**Public Traffic**		
公共汽车总数(辆)	Number of Public Transportation Vehicles(unit)	6782	6822
平均每万人拥有(辆)	Number of Public Transportation Vehicles Per 10 000 Population(unit)	7.76	7.79
出租汽车(辆)	Taxi(unit)	39616	39309
城市绿化	**Afforestation in Cities**		
园林绿地面积(公顷)	Area of Green Land(hectare)	57372	63090
人均公园绿地面积(平方米)	Per Capita Area of Parks and Green Land(sq.m)	18.80	19.28
公园个数(个)	Number of Parks(unit)	260	254
公园面积(公顷)	Area of Parks(hectare)	12090	13725
建成区绿化覆盖率（%）	Green Covered Area as % of Completed Area(%)	39.79	39.18
环境卫生	**Environmental Sanitation**		
污水处理厂集中处理率（%）	Centralized Treatment Rate of Waste-water Treatment Plants（%）	89.21	93.14
生活垃圾无害化处理率（%）	Domestic Garbage Harmless Treatment Rate(%)	96.07	97.72
清运垃圾(万吨)	Volume of Garbage Disposal(10 000 tons)	324.56	329.12
清运粪便(万吨)	Disposal of Excrement and Urine(10 000 tons)	48.13	37.81
每万人有公厕(座)	Public Lavatories per 10 000 Population(unit)	4.67	4.76

注:人均和普及率指标均按城区人口与城区暂住人口之和计算,以公安部门的户籍统计和暂住人口统计为准。

a)Per capita data and coverage rate are calculated on the basis of the sum of districts area population and temporarily residing population,which are provided by the Ministry of Public Security.

11-4 城市建设情况(2015年)
Statistics on City Construction (2015)

地区	Region	建成区面积(平方公里) Developed Areas (sq.km)	征用土地面积(平方公里) Land Put in Requisition for State Construction Projects (sq.km)	市区人口密度(人/平方公里) Population Density of Urban Districts (person/sq.km)	城区面积(平方公里) Urban Area (sq.km)	城市建设用地面积(平方公里) Area of Land Used for Urban Construction(sq.km)
合计	**Total**	**1225.21**	**19.57**	**1629**	**5372.72**	**1164.76**
呼和浩特市	Hohhot City	260.00	10.15	7096	265.05	229.91
包头市	Baotou City	195.79		2130	885.00	195.79
呼伦贝尔市	Hulunbeier City	59.46		1272	252.00	59.46
通辽市	Tongliao City	61.20	1.23	5963	75.63	61.20
赤峰市	Chifeng City	105.00		1754	560.00	82.05
乌兰察布市	Wulanchabu City	60.00	4.81	5322	60.00	52.18
鄂尔多斯市	Erdos City	116.42		2624	199.42	116.42
巴彦淖尔市	Bayannaoer City	51.00		5093	80.51	61.09
乌海市	Wuhai City	62.30		8347	67.17	41.60
满洲里市	Manzhouli City	27.06		290	732.44	27.00
扎兰屯市	Zhalantun City	19.20	1.02	342	385.00	18.25
牙克石市	Yakeshi City	19.00		3374	39.00	18.98
根河市	Genhe City	17.50		203	350.00	12.83
额尔古纳市	Eerguna City	10.38		45	804.00	10.38
乌兰浩特市	Wulanhaote City	38.50	0.98	2931	86.10	37.75
阿尔山市	Aershan City	11.40		3149	15.40	11.40
霍林郭勒市	Huolinguole City	17.00		3513	36.04	16.81
二连浩特市	Erlianhaote City	27.00		1471	45.96	45.96
锡林浩特市	Xilinhaote City	42.00	1.38	507	409.00	42.00
丰镇市	Fengzhen City	25.00		5460	25.00	23.70

11-5 城市自来水(2015 年)

Basic Statistics on Tap Water Supply in Cities(2015)

地 区	Region	年末自来水生产能力(万吨/日) Production Capacity of Tap Water (year-end) (10 000 tons/day)	年末供水管道长度(公里) Length of Water Supply Pipelines (year-end) (km)	全年供水总量(万吨) Total Annual Volume of Water Supply (10 000 tons)	# 生活用水 For Residential Use	# 生产用水 For Productive Use	用水人口(万人) Number of Residents with Access to Tap Water (10 000 persons)	人均日生活用水量(升) Per Capita Daily Consumption of Tap Water for Resideddtial Use(litre)
合 计	**Total**	**410.19**	**9214**	**74788**	**33577**	**26209**	**862.07**	**106.71**
呼和浩特市	Hohhot City	56.60	811	13081	6248	3726	188.00	91.05
包头市	Baotou City	99.50	1750	17909	6139	8345	187.55	89.68
呼伦贝尔市	Hulunbeier City	10.00	338	2572	1592	571	30.76	141.80
通辽市	Tongliao City	45.80	578	5231	2256	1668	44.01	140.44
赤峰市	Chifeng City	43.57	1283	11397	3775	6493	94.56	109.39
乌兰察布市	Wulanchabu City	8.76	337	1746	1100	239	30.98	97.25
鄂尔多斯市	Erdos City	19.80	808	3774	2921	350	52.21	153.26
巴彦淖尔市	Bayannaoer City	14.40	463	2252	1275	312	39.77	87.86
乌海市	Wuhai City	30.18	420	5260	2751	579	56.07	134.41
满洲里市	Manzhouli City	9.50	473	1174	716	218	21.00	93.39
扎兰屯市	Zhalantun City	8.20	108	2242	317	1686	12.79	67.82
牙克石市	Yakeshi City	3.60	96	1201	560	558	12.78	120.05
根河市	Genhe City	7.10	29	315	258	43	6.68	105.82
额尔古纳市	Eerguna City	1.00	66	105	87	7	3.45	68.69
乌兰浩特市	Wulanhaote City	21.50	281	2643	1446	663	24.87	159.29
阿尔山市	Aershan City	2.15	49	64	43	7	4.01	29.46
霍林郭勒市	Huolinguole City	7.10	370	805	617	70	12.60	134.23
二连浩特市	Erlianhaote City	5.00	166	499	246	129	6.76	99.50
锡林浩特市	Xilinhaote City	8.45	596	1618	803	285	20.24	108.68
丰镇市	Fengzhen City	7.98	192	899	429	260	12.98	90.46

11-6 城市煤气、液化石油气、天然气(2015 年)

Basic Statistics on Supply of Gas, Liquefied Petroleum Gas and Natural Gas in Cities(2015)

地 区	Region	人工煤气生产能力(万立方米/日) Production Capacity of Coal Gas(10 000 cu.m/day)	管道长度(公里) Length of Gas Pipelines(km)		全年供气总量 Total Gas Supply			用气人口(万人) Population with Access to Gas(10 000 persons)		
			人工煤气 Coal Gas	天然气 Natural Gas	人工煤气(万立方米) Coal Gas (10 000 cu.m)	液化石油气(吨) Liquefied Petroleum Gas(ton)	天然气(万立方米) Natural Gas (10 000 cu.m)	人工煤气 Coal Gas	液化石油气 Liquefied Petroleum Gas	天然气 Natural Gas
合 计	**Total**		**500**	**8148**	**3090**	**57950**	**133207**	**39.40**	**247.94**	**536.41**
呼和浩特市	Hohhot City			2580			50728			185.93
包头市	Baotou City		500	1800	3090	6775	51000	39.40	18.64	123.90
呼伦贝尔市	Hulunbeier City			10		4120	524		22.63	6.20
通辽市	Tongliao City			688		576	1967		5.00	38.40
赤峰市	Chifeng City			352		15816	2313		76.36	18.57
乌兰察布市	Wulanchabu City			280		3700	2970		11.63	15.76
鄂尔多斯市	Erdos City			1044		650	11131		6.00	43.31
巴彦淖尔市	Bayannaoer City			97			3686			37.01
乌海市	Wuhai City			847			4298			49.68
满洲里市	Manzhouli City			176		6438	299		18.01	1.02
扎兰屯市	Zhalantun City			58		2888	323		10.56	1.17
牙克石市	Yakeshi City			16		1833	101		9.76	1.98
根河市	Genhe City					982			6.10	
额尔古纳市	Eerguna City					742			3.42	
乌兰浩特市	Wulanhaote City			75		5328	1003		19.84	2.01
阿尔山市	Aershan City					80			3.50	
霍林郭勒市	Huolinguole City					3161			12.00	
二连浩特市	Erlianhaote City					910	511		6.20	
锡林浩特市	Xilinhaote City			117		3000	1910		15.29	4.50
丰镇市	Fengzhen City			8		952	444		3.00	6.97

11-7 城市集中供热(2015 年)

Basic Statistics on Heating in Cities(2015)

地区	Region	供热能力 Heating Capacity		供热总量 Volume Supplied		管道长度(公里) Length of Pipelines(km)		供热面积 (万平方米) Heated Area (10 000 sq.m)
		蒸汽 (吨/小时) Steam (ton/hour)	热水 (兆瓦) Hot Water (mw)	蒸汽 (万吉焦) Steam (10 000 gigajouies)	热水 (万吉焦) Hot Water (10 000 gigajoules)	蒸汽 Steam	热水 Hot Water	
合计	**Total**	**341.1**	**45683**	**185**	**32711**	**28**	**10956**	**44869.1**
呼和浩特市	Hohhot City		14161		12008		2873	10386.0
包头市	Baotou City		8014		3697		865	8014.0
呼伦贝尔市	Hulunbeier City		1915		1588		348	1587.7
通辽市	Tongliao City		1260		930		585	2454.7
赤峰市	Chifeng City	271.1	3612	148	2408	8	1583	4298.0
乌兰察布市	Wulanchabu City		2073		1041		253	1785.8
鄂尔多斯市	Erdos City		5100		3700		1045	5319.1
巴彦淖尔市	Bayannaoer City		1311		1140		926	1680.0
乌海市	Wuhai City		2020		1201		426	2109.9
满洲里市	Manzhouli City		946		793		370	1229.0
扎兰屯市	Zhalantun City		261		357		79	466.4
牙克石市	Yakeshi City		457		562		200	630.0
根河市	Genhe City		130		299		33	152.0
额尔古纳市	Eerguna City		221		159		43	172.6
乌兰浩特市	Wulanhaote City		1679		621		563	1147.9
阿尔山市	Aershan City	70.0	90	37	47	20	55	107.7
霍林郭勒市	Huolinguole City		170		362		108	517.3
二连浩特市	Erlianhaote City		366		269		256	490.1
锡林浩特市	Xilinhaote City		1469		1159		282	1585.0
丰镇市	Fengzhen City		428		370		62	736.1

11-8 城市市政工程(2015年)
Basic Statistics on Municipal Engineering in Cities(2015)

地 区	Region	年末实有铺装道路长度(公里) Length of Paved Roads (year-end) (km)	年末实有铺装道路面积(万平方米) Area of Paved Roads (year-end) (10 000 sq.m)	城市桥梁(座) Number of Bridges (unit)	城市排水管道长度(公里) Length of Sewer Pipelines (km)	城市污水日处理能力(万立方米) Daily Disposal Capacity of Sewage (10 000 cu.m)	城市路灯(千盏) Number of Street Lights (1000 units)
合 计	**Total**	**9281**	**19793**	**349**	**12542**	**202.0**	**721.7**
呼和浩特市	Hohhot City	898	2506	80	1996	30.0	233.0
包头市	Baotou City	1516	2852	40	2207	45.2	102.7
呼伦贝尔市	Hulunbeier City	372	999	10	504		20.5
通辽市	Tongliao City	515	1189	15	737	20.0	53.4
赤峰市	Chifeng City	731	2175	41	840	26.6	30.3
乌兰察布市	Wulanchabu City	411	887	18	318	7.8	49.8
鄂尔多斯市	Erdos City	1202	2948	17	2169	15.5	67.8
巴彦淖尔市	Bayannaoer City	629	1013	9	1181	17.0	21.7
乌海市	Wuhai City	1002	1430	10	290	8.5	17.4
满洲里市	Manzhouli City	452	782	11	292	2.0	26.0
扎兰屯市	Zhalantun City	164	331	29	140	4.0	16.2
牙克石市	Yakeshi City	92	311	3	97	3.4	5.5
根河市	Genhe City	46	109	6	28	1.5	1.2
额尔古纳市	Eerguna City	83	85	3	69	1.0	2.4
乌兰浩特市	Wulanhaote City	263	489	9	392	6.0	15.8
阿尔山市	Aershan City	77	89	10	38	1.0	1.9
霍林郭勒市	Huolinguole City	130	400	13	376	5.0	5.3
二连浩特市	Erlianhaote City	158	267	2	172	1.5	12.3
锡林浩特市	Xilinhaote City	308	595	5	455	4.0	31.9
丰镇市	Fengzhen City	234	337	18	243	2.0	6.7

11-9 城市公共汽车、出租汽车(2015年)

Basic Statistics on Buses and Taxis in Cities(2015)

地区	Region	年末实有公共汽车(辆) Public Transportation Vehicles(year-end) (unit)	运客总数 (万人次) Number of Passengers Carried (10 000 Person times)	出租汽车 (辆) Number of Taxis (unit)
合计	**Total**	**6822**	**107423**	**39309**
呼和浩特市	Hohhot City	1946	40290	6568
包头市	Baotou City	1105	16570	5827
呼伦贝尔市	Hulunbeier City	320	1983	2131
通辽市	Tongliao City	442	5272	3059
赤峰市	Chifeng City	628	17431	3788
乌兰察布市	Wulanchabu City	309	3500	2177
鄂尔多斯市	Erdos City	474	4801	2375
巴彦淖尔市	Bayannaoer City	121	1731	1238
乌海市	Wuhai City	433	5538	1054
满洲里市	Manzhouli City	253	2052	1073
扎兰屯市	Zhalantun City	56	648	1089
牙克石市	Yakeshi City	64	420	1949
根河市	Genhe City	32	308	308
额尔古纳市	Eerguna City	15	58	700
乌兰浩特市	Wulanhaote City	178	2862	2212
阿尔山市	Aershan City	22	77	315
霍林郭勒市	Huolinguole City	202	1490	546
二连浩特市	Erlianhaote City	37	201	492
锡林浩特市	Xilinhaote City	104	1671	1784
丰镇市	Fengzhen City	81	520	624

11-10 城市园林绿化(2015 年)

Basic Statistics on Parks, Gardens and Green Areas in Cities(2015)

地 区	Region	园林绿地面积(公顷) Area of Green Land(hectare)	公园绿地面积(公顷) Park Green Area(hectare)	公 园(个) Number of Parks (unit)	公园面积(公顷) Area of Parks (hectare)
合 计	**Total**	**63090**	**16876**	**254**	**13725**
呼和浩特市	Hohhot City	14077	3258	31	2783
包头市	Baotou City	8009	2493	28	2681
呼伦贝尔市	Hulunbeier City	1961	703	7	518
通辽市	Tongliao City	2456	950	7	788
赤峰市	Chifeng City	3785	1844	35	528
乌兰察布市	Wulanchabu City	5868	1206	17	2227
鄂尔多斯市	Erdos City	11577	1830	56	1466
巴彦淖尔市	Bayannaoer City	2136	879	7	211
乌海市	Wuhai City	2572	1104	19	683
满洲里市	Manzhouli City	843	274	4	48
扎兰屯市	Zhalantun City	2382	189	1	68
牙克石市	Yakeshi City	693	223	1	5
根河市	Genhe City	563	119	1	73
额尔古纳市	Eerguna City	430	59	3	23
乌兰浩特市	Wulanhaote City	1312	501	9	500
阿尔山市	Aershan City	430	137	5	130
霍林郭勒市	Huolinguole City	716	200	6	135
二连浩特市	Erlianhaote City	900	131	5	239
锡林浩特市	Xilinhaote City	1500	372	6	452
丰镇市	Fengzhen City	878	404	6	167

11-11 城市公共卫生(2015 年)
Basic Statistics on Urban Sanitation in Cities(2015)

地 区	Region	清扫面积 (万平方米) Area Under Cleaning Program (10 000 sq.m)	生活垃圾清运量 (万吨) Volume of Garbage Disposal (10 000 tons)	粪便清运量 (万吨) Volume of Excrement and Urine Disposal (10 000 tons)	市容环卫专用车辆设备总数 (台) Number of Special Vehicles for Environment (unit)	公共厕所 (座) Number of Public Lavatories (unit)
合 计	**Total**	**19799**	**329.1**	**37.8**	**3704**	**4171**
呼和浩特市	Hohhot City	2592	59.3		423	373
包头市	Baotou City	3606	52.3	11.9	426	289
呼伦贝尔市	Hulunbeier City	950	12.1	2.1	125	93
通辽市	Tongliao City	1218	13.7	1.1	1042	275
赤峰市	Chifeng City	1700	42.0	11.2	143	209
乌兰察布市	Wulanchabu City	506	11.5	1.2	150	333
鄂尔多斯市	Erdos City	3943	22.4	2.4	242	361
巴彦淖尔市	Bayannaoer City	780	16.0	3.0	101	325
乌海市	Wuhai City	837	21.2	1.6	236	472
满洲里市	Manzhouli City	791	6.8		75	440
扎兰屯市	Zhalantun City	418	5.8		240	248
牙克石市	Yakeshi City	270	9.3		50	50
根河市	Genhe City	93	3.0		23	19
额尔古纳市	Eerguna City	80	3.3		41	15
乌兰浩特市	Wulanhaote City	510	15.8	1.5	85	132
阿尔山市	Aershan City	70	2.1		15	19
霍林郭勒市	Huolinguole City	413	7.9		61	27
二连浩特市	Erlianhaote City	260	7.2		62	57
锡林浩特市	Xilinhaote City	600	8.4	0.2	90	139
丰镇市	Fengzhen City	162	9.2	1.5	74	295

11-12 城市设施水平(2015 年)

Level of Public Facilities in Cities(2015)

地 区	Region	城市人口用水普及率(%) Percentage of Population with Access to Tap Water(%)	城市燃气普及率(%) Percentage of Population with Access to Gas(%)	每万人拥有公共汽车辆(标台) Number of Public Buses per 10 000 Persons (st.set)	人均城市道路面积(平方米) Per Capita Area of Paved Roads (sq.m)	人均公园绿地面积(平方米) Per Capita Area of Parks and Green Land (sq.m)	每万人拥有公共厕所(座) Number of Public Lavatories per 10 000 Population (unit)
全 区	**All Region**	**98.47**	**94.09**	**7.79**	**22.61**	**19.28**	**4.76**
呼和浩特市	Hohhot City	99.96	98.86	10.35	13.32	17.32	1.98
包头市	Baotou City	99.50	96.52	5.86	15.13	13.23	1.53
呼伦贝尔市	Hulunbeier City	95.95	89.93	9.98	31.15	21.93	2.90
通辽市	Tongliao City	97.58	96.23	9.80	26.36	21.06	6.10
赤峰市	Chifeng City	96.28	96.66	6.39	22.14	18.77	2.13
乌兰察布市	Wulanchabu City	97.02	85.78	9.68	27.78	37.78	10.43
鄂尔多斯市	Erdos City	99.77	94.23	9.06	56.34	34.97	6.90
巴彦淖尔市	Bayannaoer City	97.00	90.27	2.95	24.71	21.45	7.93
乌海市	Wuhai City	100.00	88.60	7.72	25.50	19.69	8.42
满洲里市	Manzhouli City	98.96	89.68	11.92	36.84	12.89	20.74
扎兰屯市	Zhalantun City	97.04	89.00	4.25	25.09	14.35	18.82
牙克石市	Yakeshi City	97.11	89.21	4.86	23.63	16.95	3.80
根河市	Genhe City	93.95	85.79	4.50	15.32	16.74	2.67
额尔古纳市	Eerguna City	95.04	94.21	4.13	23.48	16.25	4.13
乌兰浩特市	Wulanhaote City	98.53	86.57	7.05	19.37	19.85	5.23
阿尔山市	Aershan City	82.68	72.16	4.54	18.35	28.25	3.92
霍林郭勒市	Huolinguole City	99.53	94.79	15.96	31.60	15.81	2.13
二连浩特市	Erlianhaote City	100.00	91.72	5.47	39.52	19.38	8.43
锡林浩特市	Xilinhaote City	97.68	95.51	5.02	28.70	17.93	6.71
丰镇市	Fengzhen City	95.09	73.04	5.93	24.69	29.60	21.61

主要统计指标解释

年末自来水生产能力 指年底城建部门管理的自来水厂和自备水源的社会单位取水、净化、送水、出厂输水干管等环节的实际生产能力。

年末供水管道长度 指从送水泵到用户水表之间所有管道的长度。全年供水总量指公用自来水厂和自备水源的社会单位全年的供水总量,包括有效供水量及损失水量。

年末供水总量 指报告期供水企业(单位)供出的全部水量,包括有效供水量及损失水量。

生活用水量 指居民日常生活与公共福利设施的用水量,包括居民、饮食店、旅馆、医院、理发店、浴池、洗衣店、游泳池、商店、学校、机关、部队等单位的用水量。

城市人口用水普及率 指城市用水的非农业人口数(不包括临时人口和流动人口)与城市非农业人口总数之比。计算公式为:

用水普及率 = 城市用水的非农业人口数 / 城市非农业人口数 × 100%

人工煤气生产能力 指城市煤气厂制气、净化、输送等环节的综合实际生产能力。

输气管道长度 指由压缩机、鼓风机、储气罐的出口到用户煤气表之间的全部管道长度。

全年供气总量 指全年售给各类用户的全部煤气量,包括工业用量、家庭用量和其他用量。

城市用气普及率 指使用煤气(包括人工煤气、液化石油气、天然气)的城市非农业人口数(不包括临时人口和流动人口)与城市非农业人口总数之比。计算公式为:

城市煤气普及率 = 城市用气的非农业人口数 / 城市非农业人口总数 × 100%

城市供热能力 指热电厂、热力公司和达到标准的集中采暖锅炉房和城市输送的供热源的设计能力,即每小时向城市输送蒸汽、热水的能力。

城市供热总量 指热电厂、热力公司和达到标准的集中采暖锅炉房向城市输送的全部蒸汽、热水量。

城市供热管道长度 指热电厂、热力公司和达到标准的集中采暖锅炉房管理的集中供热热源到用户之间的全部供气、供热水的管道长度。

年底实有铺装道路长度 指除土路外,路面经过铺装宽度在 3.5 米以上的道路,包括高级、次高级道路和普通道路。

城市桥梁 指城市范围内,修建在河道上的桥梁和道路与道路立交、道路跨越铁路的立交桥及人行天桥。包括永久性桥和半永久性桥,不包括临时性桥、铁路桥、涵洞。

城市下水道总长度 指所有排水总管、干管、支管及暗渠、检查井、连接井进出水口等长度之和。

城市污水日处理能力 指污水处理厂每昼夜处理污水量的设计能力。

年末实有公共汽车 指年底可参加营运的全部车辆数,包括营运车辆数和库存查封未参加营运的车辆。不包括非营运车辆,如架线车、油罐车、工程车、货车及其他专用车辆和借入的客运车辆。

城市园林绿地面积 指城市公共绿地、专用绿地、生产绿地、防护绿地、郊区风景名胜区的全部面积。

公共绿地 指供游览休息的各种公园、动物园、植物园、陵园以及花园、游园和供游览休息用的林荫道绿地、广场绿地,不包括一般栽植的行道树及林荫道的面积。

Explanatory Notes on Main Statistical Indicators

Production Capacity of Tap Water at the Year-end refers to the actual comprehensive production capacity of the waterworks administered by the urban construction department and those owned by enterprises or institutions, taking the capacity of the main links, such as water inflow, purification, conveyance and outflow of the trunk pipelines into account.

Length of Water Supply Pipelines at the Year- end refers to the total length of all the pipelines between the water pumps and the users water meters.

Annual Volume of Water Supply refers to the total volume of water supplied by the public water works and those owned by individual enterprises and institutions during the whole year, including both the effective water supply and loss during the water supply.

Consumption of Water for Residential Use refers to the water consumption of households for daily life and the water consumption of public welfare facilities, including the consumption of restaurants, hotels, hospitals, barber shops, public bathhouses, laundries, swimming pools, shops, schools, institutions, army units and other units.

Percentage of Urban Population with Access to Tap Water refers to the ratio of the urban non-agricultural population (excluding temporary and mobile population) with access to tap water to the total urban non-agricultural population. The formula is:

Percentage of Population with Access to Tap Water = Urban Non-agricultural Population with Access to Tap Water ÷ Urban Non-agricultural Population × 100%

Production Capacity of Gasworks Gas refers to the actual comprehensive production capacity of the urban gasworks in gas generation, purification and delivery.

Length of Gas Pipelines refers to the total length of pipelines between the outlet of the compressor, blower or gas tank and the gas meters of users.

Volume of Gas Supply refers to the total volume of gas sold to users in a year, including the volume for industrial use, residential use and other uses.

Percentage of Urban Population with Access to the Gas refers to ratio of the urban non-agricultural population with access to gas(including gas, liquefied petroleum gas and natural gas) to the urban non agricultural population(excluding temporary and mobile population) . The formula is:

Percentage of Population with Access to Gas = Urban Non-agricultural Population with Access to Gas ÷

Urban Non-agricultural Population × 100%

Heating Capacity in Urban Area refers to the capacity of hourly supply of steam and hot water to cities by thermal power plants, heating corporations and centralized heating boiler rooms which meet certain standard.

Heating Volume in Urban Area refers to the total volume of steam and hot water supplied to cities every year by thermal power plants, heating corporations and centralized heating boiler rooms which meet certain standard.

Length of Heating Pipelines refers to the total length of pipelines for centralized supply of steam and hot water from the thermal power plants, heating corporations and centralized heating boiler rooms which meet certain standard to the users.

Length of Paved Roads at the Year-end refers to the length of roads with a paved surface, and with a width of more than 3.5 meters, including high quality, medium quality and ordinary roads.

Urban Bridges refer to bridges over river courses, great separated junctions and overpasses in urban areas. Permanent bridges and semi permanent bridges are included. Temporary bridges, railway bridges and culverts are excluded.

Length of Urban Sewage Pipes refers to the total length of general drainage, trunks. Branch and blind drainage, inspection wells, connection wells, inlets and outlets, etc.

Daily Disposal Capacity of Urban Sewage refers to the designed 24-hour capacity of sewage disposal at the sewage treatment works.

Number of Public Vehicles at the Year-end refers to the total number of operational buses available at the year-end, including the year-end operational vehicles and vehicles in stock. Non-operational vehicles such astringing cars, tank cars, machine shop cars, trucks and other special vehicles and the borrowed passenger vehicles are excluded.

Area of Urban Gardens and Green Areas refers to the total area of urban public green land, special green land, production green land, protection green land and suburban scenic spots.

Public Green Area refers to green areas of various parks, zoos, botanical gardens, cemeteries, amusement parks, tree flanked boulevards' Greenland squares for tourism and relaxing. Areas with trees planted along side the streets and boulevards are excluded.

2016 NEIMENGGU

十二、农业

Agriculture

资料整理：顾文军　赵　燕　胡金山　罗钢　马一鹏　刘世友
李艳丽　王元杰　秦文彬

Arranged By Gu Wenjun , Zhao Yan , Hu Jinshan , Luo Gang ,
Ma Yipeng , Liu Shiyou , Li Yanli ,Wang Yuanjie , Qin Wenbin

12-1 农村牧区基层组织和农牧业基本情况(2015 年)

Basic Conditions of Rural Grassroots Units, Farming &Animal Husbandry(2015)

指 标	Item	总 计 Total	农村 Farm Area	牧区 Pastoral Area
农村牧区基层组织情况	**Basic Conditions of Rural Grassroots Units**			
乡镇(苏木)(个)	Number of Township &Town Governments(unit)	771	520	251
# 镇(个)	Number of Town Governments(unit)	496	396	100
村委会(嘎查)(个)	Number of Villages' Committees(unit)	11110	8505	2605
农村牧区社会基础设施	**Rural Fundamental Facilities of Society**			
自来水受益村(个)	Number of Benefiting from Pipewater Villages (unit)	8158	6964	1194
通有线电视村(个)	Number of Cable TV Villages(unit)	8363	6787	1576
通宽带村(个)	Number of Internet Villages (unit)	7050	6073	977
农村牧区人口与从业人口	**Rural Population &Employment**			
乡村户数(万户)	Number of Rural Households(10 000 households)	430.87	370.55	60.33
乡村人口(万人)	Rural Population(10 000 persons)	1363.91	1177.94	185.96
乡村劳动力资源(万人)	Resource of Rural Laborers(10 000 persons)	843.79	732.80	110.99
乡村从业人员(万人)	Number of Rural Employed Persons(10 000 persons)	761.54	662.33	99.21
男(万人)	Male(10 000 persons)	420.30	365.57	54.73
女(万人)	Female(10 000 persons)	341.23	296.75	44.48
按行业分乡村劳动力	**Rural Employed Persons by Sector**			
农林牧渔业从业人员(万人)	Number of Rural Employee of Farming, Foresting, Animal Husbandry & Fishery(10 000 persons)	566.40	482.71	83.69
# 农业从业人员(万人)	Farming(10 000 persons)	429.98	397.73	32.25
牧业从业人员(万人)	Animal Husbandry(10 000 persons)	97.64	49.69	47.95
工业从业人员(万人)	Employed Persons of Industry(10 000 persons)	37.41	35.39	2.02
建筑业从业人员(万人)	Employed Persons of Construction(10 000 persons)	56.08	53.21	2.87
交通运输仓储业和邮政业从业人员(万人)	Employed Persons of Transportation, Storage & Postal (10 000 persons)	18.17	17.03	1.14
信息传输计算机服务和软件业从业人员 (万人)	Employed Persons of Information Transmission, Software and IT Services(10 000 persons)	4.54	4.16	0.38
批发和零售业从业人员 (万人)	Employed Persons of Wholesale & Retail Trade (10 000 persons)	31.65	29.01	2.64
住宿和餐饮业从业人员(万人)	Employed Persons of Quarters & Catering (10 000 persons)	21.96	19.31	2.66
其他非农行业人员(万人)	Employed Persons of Other Non-agricultural Trades(10 000 persons)	25.32	21.51	3.81
农牧业生产条件	**Productive Condition of Farming & Animal Husbandry**			
农作物总播种面积(万公顷)	Total Sown Areas(10 000 hectares)	756.8		
年末草场面积(万公顷)	Areas of Grassland at Year-end(10 000 hectares)	8800.00		
有效灌溉面积(万公顷)	Irrigated Areas(10 000 hectares)	308.69		
农牧业机械总动力(万千瓦)	Total Power of Machinery for Farming &Animal Husbandry(10 000 kw)	3805.11		
化肥施用量(折纯)(万吨)	Consumption of Chemical Fertilizers(10 000 tons)	229.35		
农村牧区用电量(亿千瓦小时)	Electricity Consumed in Rural Area &Pastoral Area(100 million kwh)	72.26		
主要农牧业生产情况	**Output of Farming &Animal Husbandry**			
粮食总产量(万吨)	Gross Yield of Grain(10 000 tons)	2827.00		
牲畜总增头数(万头只)	Total Number of Livestocks Added(10 000 heads)	7612.39		
肉类总产量(万吨)	Gross Output of Meat(10 000 tons)	245.71		
蔬菜总产量(万吨)	Gross Output of Vegetables(10 000 tons)	1445.33		

注:"乡镇(苏木)(个)"、"# 镇(个)"和"村委会(嘎查)(个)"三个指标为国家反馈数,其中农村和牧区的数据按照上报比例核算。

a)Data of Township &Town Governments Units is from the Department of Civil Affairs, Villages′ Committees Units is from the total of region.

12–2 农林牧渔业总产值

Gross Output Value of Farming, Forestry, Animal Husbandry and Fishery

单位：万元 (10 000 yuan)

年份 Year	农林牧渔业总产值 Total	# 农业 Farming	# 种植业 Plant Products Industry	# 林业 Forestry	# 畜牧业 Animal Husbandry	# 渔业 Fishery
1957	112000	82992	25712	1792	26992	224
1962	170500	116281	100084	2387	50639	1193
1965	194000	129980	109998	4656	58200	1164
1970	240000	158160	140160	9360	72000	480
1975	308300	198545	169256	8016	101122	617
1978	283500	187961	173786	10490	84200	849
1979	315800	206533	189796	11369	97266	632
1980	306844	197403	181340	13460	95199	782
1981	394274	255550	232657	22848	114744	1132
1982	471608	307328	274780	31393	131391	1496
1983	524301	347389	299604	38108	136887	1917
1984	612772	408789	341956	44356	157230	2397
1985	731955	465638	401175	48284	214048	3985
1986	772500	483567	402848	43670	239908	5355
1987	877426	544449	450608	36254	290178	6545
1988	1223765	729359	614262	38582	447432	8392
1989	1267208	763517	639781	39968	453357	10366
1990	1569192	1031256	888314	62298	464131	11507
1991	1640837	1066021	918894	66705	494474	13637
1992	1802705	1156550	1005362	78040	552787	15328
1993	2208047	1420784	1265080	91549	677461	18253
1994	3093195	1892180	1682500	103350	1070005	27659
1995	3735936	2311734	2080477	121176	1271609	31417
1996	4653285	2995270	2731580	139653	1485617	32745
1997	5043396	3142026	2833824	152632	1712322	36416
1998	5343765	3353206	3032350	168785	1773911	47863
1999	5323166	3187204	2852798	210062	1871452	54448
2000	5431645	3083645	2725199	236071	2054581	57349
2001	5559041	3075703	2706529	260696	2162426	60216
2002	5869716	3321447	3043459	288371	2205642	54256
2003	6663815	3359567	2640337	479357	2671028	49373
2004	8513045	4115399	3334515	465808	3746932	59527
2005	9802098	4738918	3837514	397888	4445801	72420
2006	10584953	5422303	4338302	490057	4392499	91053
2007	12764437	6204176	4752347	636860	5596517	109486
2008	15257369	7166075	5683542	727163	6996335	117788
2009	15705841	7319020	5281536	782452	7214442	127069
2010	18435705	9004465	6569414	765727	8224208	158585
2011	22045061	10578457	7878996	931636	9983126	235197
2012	24493357	11719727	8764535	977552	11188550	260801
2013	26994991	13280732	9660572	961409	12084853	290411
2014	27798064	14084377	9741571	964358	12056515	290686
2015	27515527	14183052	10150729	994184	11608538	307518

注：本表绝对数按当年价格计算。

a)Data value terms in this table are calculated at current prices.

12-3 主要年份农林牧渔业总产值指数

Indices of Gross Output Value of Farming, Forestry, Animal Husbandry and Fishery

上年=100 (Preceding year=100)

年 份 Year	农林牧渔业总产值 Total	# 农 业 Farming	# 种 植 业 Plant Products Industry	# 林 业 Forestry	# 畜 牧 业 Animal Husbandry	# 渔 业 Fishery
1980	87.1	81.4	96.3	87.1	96.9	96.3
1981	120.2	123.2	123.2	151.9	112.2	131.1
1982	115.8	115.2	115.2	113.8	111.9	101.6
1983	107.2	106.8	106.8	120.4	99.6	109.7
1984	112.1	110.1	110.1	113.3	105.1	106.7
1985	110.3	113.0	113.0	104.2	113.6	129.5
1986	94.7	88.9	88.9	85.8	104.1	121.6
1987	104.1	103.3	103.3	83.2	104.6	105.6
1988	114.2	120.2	120.2	95.6	109.0	109.6
1989	98.3	91.9	91.9	101.5	108.5	121.6
1990	120.2	133.7	133.7	114.1	102.4	100.8
1991	104.0	101.3	101.3	104.3	108.8	112.8
1992	105.8	106.8	106.7	113.0	105.2	110.0
1993	107.1	123.4	109.1	111.4	104.3	115.7
1994	103.3	99.3	96.7	104.7	108.4	124.7
1995	103.5	99.9	98.1	106.7	110.9	111.7
1996	123.7	131.4	136.0	103.8	114.9	99.7
1997	104.0	98.7	98.0	110.1	112.7	103.9
1998	106.5	108.5	108.8	105.3	103.1	126.2
1999	101.3	97.4	96.7	111.6	106.3	113.6
2000	102.5	100.3	99.9	115.0	104.1	104.8
2001	102.0	99.3	98.7	109.5	104.9	105.5
2002	104.9	106.5	114.1	110.8	102.0	102.2
2003	106.2	94.8	91.6	110.1	122.0	87.2
2004	114.9	109.4	110.5	93.0	126.0	107.4
2005	111.2	110.6	110.2	82.6	115.2	116.0
2006	103.7	107.9	106.1	112.8	97.5	116.1
2007	104.0	100.7	96.3	117.1	106.0	117.9
2008	107.6	108.6	110.9	106.1	106.6	104.1
2009	102.4	97.4	93.0	105.1	107.0	107.9
2010	106.2	106.9	107.6	95.1	106.5	111.1
2011	105.7	108.7	109.7	105.3	102.3	108.2
2012	105.7	105.8	106.6	104.9	105.7	103.6
2013	104.7	109.7	109.5	102.2	99.5	107.0
2014	103.1	102.7	98.4	100.1	103.6	105.0
2015	102.4	106.0	110.4	103.5	97.9	104.4

注:按可比价格计算。

a)Indices are calculated at comparable prices.

12-4 年末主要农牧业机械拥有量

Major Machinery for Farming & Animal Husbandry at Year-end

项 目	Item	2014	2015
农牧业机械原值(万元)	Original Value of Machinery for Farming and Animal Husbandry(10 000 yuan)	4021813	4415758
农牧业机械净值(万元)	Net Value of Machinery for Farming & Animal Husbandry (10 000 yuan)	2980525	3214003
农牧业机械总动力(万千瓦)	Total Power of Machinery for Farming & Animal Husbandry (10 000 kw)	3633	3805
大中型农用拖拉机(混合台)	Large & Medium Agricultural Tractors (mixed unit)	671457	723780
大中型农用拖拉机(万千瓦)	Large & Medium Agricultural Tractors(10 000 kw)	1562	1721
小型拖拉机(台)	Mini -Tractors (unit)	407807	382093
小型拖拉机(万千瓦)	Mini -Tractors (10 000 kw)	480	447
联合收割机(台)	Combine Harvesters (unit)	24713	30093
联合收割机(万千瓦)	Combine Harvesters (10 000 kw)	158.19	192
农用运输车(万辆)	Trucks for Agricultural Use (10 000 units)	40.26	40.45
农用运输车(万千瓦)	Trucks for Agricultural Use (10 000 kw)	656	667
排灌用电动机(台)	Electric Motor for Irrigating & Draining (unit)	178321	182889
排灌用电动机(万千瓦)	Electric Motor for Irrigating & Draining (10 000 kw)	160	164
排灌用柴油机(台)	Diesel Engine for Irrigating & Draining (unit)	213086	218014
排灌用柴油机(万千瓦)	Diesel Engine for Irrigating & Draining (10 000 kw)	225	232
大中型拖拉机配套农具(部)	Number of Large & Medium Agricultural Tractor Towing Farm Machinery (unit)	1070771	1167365
小型拖拉机配套农具(部)	Number of Mini-tractor Towing Farm Machinery (unit)	848805	866423
机动脱粒机(台)	Motorized Threshing Machines (unit)	109870	113058
机动割晒机(台)	Motorized Harvesters (unit)	30237	29879
机引牧草收割机(部)	Towed Harvesters for Grass (unit)	101129	105073
饲料粉碎机(部)	Smashing Machines for Feed (unit)	141959	138872
机动剪毛机(台)	Motorized Sheepshears (unit)	5246	6011
农 用 水 泵(万台)	Water Pumps for Agricultural Use (10 000 units)	38.68	39.09

注:本表数据取自于农牧业厅农机局。

a)Data in this table are obtained from Agricultural Machinery Bureau.

12-5 灌溉、化肥施用量、农村牧区用电、水库和治理水土情况

Irrigation, Consumption of Chemical Fertilizers, Electricity Consumption of Rural Area, Number of Reservoirs and Areas of Soil Erosion under Control

项 目	Item	2014	2015
有效灌溉面积(万公顷)	Effective Irrigated Areas(10 000 hectares)	301.19	308.69
# 灌区有效灌溉面积(万公顷)	Effective Irrigated Areas in Irrigation Area(10 000 hectares)	145.52	145.93
节水灌溉面积(万公顷)	Watersaving Irrigated Areas(10 000 hectares)	227.94	247.48
喷灌和滴灌(万公顷)	Jetting Irrigation Dropping Irrigatation(10000 hectares)	91.33	112.24
渠道防渗节水面积(万公顷)	Pipeline Anti-seepage Water Areas(10 000 hectares)	82.48	79.75
化肥施用量(万吨)	Consumption of Chemical Fertilizers(10 000 tons)	222.67	229.35
氮肥(万吨)	Nitrogenous Fertilizer(10 000 tons)	97.15	98.68
磷肥(万吨)	Phosphate Fertilizer(10 000 tons)	38.66	41.40
钾肥(万吨)	Potash Fertilizer(10 000 tons)	18.97	19.31
复合肥(万吨)	Compound Fertilizer(10 000 tons)	67.89	69.96
农村用电量(万千瓦时)	Electricity Consumption in Rural Area(10 000 kwh)	631227	722611
水库个数(座)	Number of Reservoirs(unit)	589	613
大型水库(座)	Large(unit)	15	15
中型水库(座)	Medium-sized(unit)	89	89
小型水库(座)	Small(unit)	485	509
水库容量(亿立方米)	Capacity of Reservoirs(100 million cu.m)	102.97	103.15
大型水库(亿立方米)	Large(100 million cu.m)		61.18
中型水库(亿立方米)	Medium-Sized(100 million cu.m)		31.28
小型水库(亿立方米)	Small(100 million cu.m)		10.69
治理水土面积(万公顷)	Areas of Soil Erosion under Control(10 000 hectares)	1221.08	1259.72

注:本表“化肥施用量”及其中项、“农村用电量”为国家统计局反馈数,其他指标均取自于水利厅。

a)Consumption of Chemical Fertilizers and Electricity Consumed in Rural Area are from the feedback of the National Bureau of statistics,others are from Department of Water Resources.

12-6 农牧民家庭平均每户年末固定资产原价

Original Value of Fixed Assets Owned Per Rural Household (End of Year)

单位：元 (yuan)

项 目	Item	2015
年末生产性固定资产原价	**Original Value of Productive Fixed Assets at year-end**	**45616.49**
农业生产性固定资产原价	Original Value of Agriculture Productive Fixed Assets	40919.13
生产用房	Building for Productive Purpose	9237.57
农业设施	Agricultural facilities	668.84
农业机械	Agricultural Machinery	9637.71
役畜	Draught Animals	1328.98
产品畜	Commodity Animals	17896.37
非农产业固定资产原价	Original Value of Nonagricultural	4697.35

12-7 农牧民家庭平均每百户年末拥有固定资产数量

Number of Fixed Assets Owned Per 100 Rural Households (End of Year)

项 目	Item	2015
生产性用房及建筑物(平方米)	Production houses and buildings(sq.m)	4406.69
大中型农用拖拉机(台)	Large and Medium Tractors(unit)	11.57
小型农用拖拉机(台)	Mini - tractors and Walking Tractors(unit)	59.69
农用排灌动力机械(台)	Drainage and Irrigation Machinery(unit)	3.75
插秧机(台)	Rice Transplanter(unit)	0.79
收割机(台)	Harvesters(unit)	5.29
脱粒机(台)	Thresher(unit)	10.19
役畜(头)	Draught Animals(head)	23.77
产品畜(头)	Commodity Animals(head)	1037.88

12-8 农业机械化、电气化情况
Basic Statistics on Agricultural Mechanization and Electrification

项 目	Item	2014	2015
农业机械化程度	**Level of Agricultural Mechanization**		
机耕地面积(万公顷)	Areas of Tractor Plowing(10 000 hectares)	628.21	645.12
占耕地面积的比重(%)	Percentage to Cultivated Areas(%)	93.62	92.20
机械播种面积(万公顷)	Areas of Mechine Sowing(10 000 hectares)	685.61	722.03
占农作物总播种面积的比重(%)	Percentage to Total Sown Areas(%)	85.70	86.99
机械收割面积(万公顷)	Areas of Machine Harvesting(10 000 hectares)	448.67	508.62
占农作物总播种面积的比重(%)	Percentage to Total Sown Areas(%)	56.08	61.28
每公顷耕地拥有农业机械总动力(瓦特)	Total Power of Machinery for Per Hectare(w)	4540.69	4584.34
农业电气化情况	**Level of Agricultural Electrification**		
农村用电量(亿千瓦小时)	Electricity Consumption by Rural Area (100 million kwh)	63.12	72.26
乡村(嘎查)及村以下办水电站个数(个)	Number of Hydroelectric Stations Run by Villiges and Lower Level (unit)	40	40
发 电 量(万千瓦小时)	Number of Generating Electricity(10 000 kwh)	16884.00	16868.00

注：本表数据取自于农牧业厅农机局与水利厅。

a)Data in this table are obtained from Agricultural Machinery Bureau and Department of Water Resources.

12-9 草原建设及利用情况
Basic Statistics on Construction and Utilization of Grasslands

项 目	Item	2014	2015
草场面积(万公顷)	**Areas of Grasslands(10 000 hectares)**	**8800.00**	**8800.00**
#承包到户面积(万公顷)	Areas Contracted with Households (10 000 hectares)	6940.00	6940.00
草库伦面积(围栏草场面积)(万公顷)	**Areas of Fenced Grasslands(10 000 hectares)**	**3092.48**	**3158.84**
#当年新增面积(万公顷)	Annual Newly Increased Areas (10 000 hectares)	81.40	55.30
人工种草保有面积(万公顷)	**Areas of Grasslands Planted and Surviving (10 000 hectares)**	**356.00**	**379.30**
#当年种草面积(万公顷)	Annual Areas of Planted Grasslands (10 000 hectares)	205.21	218.66
飞机播种面积(万公顷)	Aircraft Sowing(10 000 hectares)	0.85	0.68
天然草原冷季可食牧草储量(万吨)	**Cool-season Grasses Edible Natural Grassland Reserves(10 000 units)**	**1379.65**	**1350.04**
畜棚面积(万平方米)	Areas of Animal Sheds(10 000 sq.m)	15121.28	14262.79
每平米畜棚拥有牲畜数(只/平方米)	Number of Animals per Square meter in Sheds(head/sq.m)	1.10	1.23
畜圈面积(万平方米)	Areas of Animal Corrals(10 000 sq.m)	16633.41	15624.43
每平米畜圈拥有牲畜数(只/平方米)	Number of Animals per Square meter in Corrals(head/sq.m)	1.00	1.12

注：每平方米畜棚、畜圈拥有牲畜及草原载畜量均按标准羊单位计算；草原载畜量为每万公顷草场饲养牲畜数量。

a) Number of Animals per S.m in Sheds, Number of Animals per S.m Corrals and Animal Loading Capacity of Grasslands are Calculated at standardized sheep; Animal Loading Capacity of Grasslands is the number of animals which per 10000 hectares grassland can load.

12-10 耕地面积、造林面积和播种面积
Cultivated Areas, Afforested Areas and Sown Areas

单位：万公顷 (10 000 hectares)

年份 Year	年末实有耕地面积 Cultivated Areas at Year end	水田 Paddy Fields	旱地 Dry Fields	#水浇地 Irrigated Fields	当年造林面积 Annual Afforested Hilly Areas	总播种面积 Total Sown Areas	粮食作物播种面积 Sown Areas of Grain Crops	经济作物播种面积 Sown Areas of Industrial Crops
1947	396.7	0.8	395.9	29.5		347.9	318.9	20.4
1948	417.0	0.9	416.1	31.6		372.7	337.2	27.1
1949	433.1	1.4	431.7	32.1		389.6	352.8	28.0
1950	472.6	2.0	470.6	33.5	0.53	423.8	388.8	28.3
1951	506.3	1.8	504.5	39.8	1.66	469.7	416.0	46.2
1952	517.4	1.5	515.9	52.9	4.43	494.9	436.0	49.7
1953	531.9	1.6	530.3	54.3	3.68	477.6	428.7	40.5
1954	531.6	1.1	530.5	55.5	3.93	484.9	437.8	36.6
1955	542.3	1.4	540.9	57.9	3.73	488.6	435.8	41.9
1956	569.9	3.3	566.6	68.0	12.79	531.0	472.9	42.8
1957	571.5	4.3	567.2	64.5	8.27	527.9	463.2	48.6
1958	555.3	9.4	545.9	104.1	37.13	505.5	445.2	40.9
1959	539.3	9.7	529.6	100.1	31.93	487.0	414.2	56.6
1960	602.0	9.8	592.2	108.3	39.10	575.0	486.2	56.1
1961	609.7	7.0	602.7	78.3	7.41	580.0	503.1	43.8
1962	586.7	4.0	582.7	55.4	4.73	544.6	484.7	39.0
1963	554.2	3.6	550.6	56.3	5.23	526.1	471.6	36.4
1964	561.4	3.1	558.3	67.4	15.86	534.2	478.4	39.5
1965	561.5	1.9	559.6	86.9	20.00	528.1	470.9	37.9
1966	548.0	1.7	546.3	110.7	16.32	510.0	449.4	33.7
1967	540.3	1.7	538.6	99.4	15.55	510.2	448.5	35.9
1968	531.2	2.3	528.9	91.5	11.10	497.1	443.4	34.0
1969	534.3	2.9	531.4	87.0	9.61	499.3	445.7	35.7
1970	545.0	2.8	542.2	93.6	11.71	508.4	453.5	35.3
1971	544.1	1.9	542.2	95.1	16.33	503.5	451.0	32.2
1972	542.7	2.1	540.6	100.5	16.20	499.8	444.1	33.9
1973	541.2	1.7	539.5	107.0	18.77	498.9	441.0	35.5
1974	537.7	1.5	536.2	113.1	20.59	496.3	436.1	36.4
1975	534.1	1.5	532.6	124.7	23.68	490.9	429.0	37.7
1976	526.7	2.0	524.7	130.3	26.19	480.7	410.1	42.9
1977	525.1	2.7	522.4	122.8	34.52	478.1	406.5	44.7
1978	532.6	1.7	530.9	120.9	29.79	482.4	409.4	44.9
1979	534.7	1.7	533.0	115.2	30.47	488.1	404.2	52.8
1980	525.2	1.5	523.7	106.0	29.81	479.7	388.2	61.1

12-10 续表 continued

单位：万公顷 (10 000 hectares)

年 份 Year	年末实有耕地面积 Cultivated Areas at Year-end	水 田 Paddy Fields	旱 地 Dry Fields	水浇地 Irrigated Fields	当年造林面积 Annual Afforested Hilly Areas	总播种面积 Total Sown Areas	粮食作物播种面积 Sown Areas of Grain Crops	经济作物播种面积 Sown Areas of Industrial Crops
1981	518.6	1.7	516.9	103.2	38.12	466.2	385.4	55.6
1982	510.9	1.6	509.3	101.1	51.65	464.1	384.3	58.2
1983	506.5	1.7	504.8	100.5	60.94	463.1	383.7	58.5
1984	500.6	1.9	498.7	96.1	69.91	463.1	376.2	63.9
1985	493.0	2.3	490.7	94.2	70.41	454.9	342.2	91.4
1986	489.5	2.7	486.8	97.9	22.63	455.6	358.1	71.6
1987	485.1	2.8	482.3	101.0	24.83	447.4	355.6	64.3
1988	487.1	3.6	483.5	104.3	26.60	455.9	363.6	66.8
1989	491.2	5.1	486.1	110.2	23.70	457.6	372.1	61.9
1990	496.6	7.6	489.0	117.3	29.80	472.2	387.5	62.6
1991	500.5	8.7	491.8	123.6	41.08	476.8	387.9	68.9
1992	508.1	9.5	498.6	127.3	51.82	485.4	392.5	72.4
1993	517.1	7.4	509.7	130.8	39.68	486.8	398.7	67.3
1994	531.0	6.5	524.5	132.1	37.19	492.5	402.7	66.3
1995	549.1	8.4	540.7	135.8	40.25	507.9	414.3	71.3
1996	592.4	9.1	583.3	146.5	43.59	529.1	442.4	64.9
1997	746.3	11.3	735.0	173.5	46.44	583.8	490.6	80.4
1998	722.4	11.3	711.0	171.7	47.78	602.7	503.1	85.9
1999	752.4	11.6	740.8	191.9	53.40	607.7	495.1	97.2
2000	731.7	12.1	719.6	194.6	59.00	591.4	443.6	122.9
2001	709.1	11.1	698.0	195.5	73.19	570.7	438.3	92.4
2002	709.1	11.6	697.5	202.1	90.74	588.7	434.3	104.0
2003	686.3	10.1	676.3	207.9	83.60	574.9	405.1	103.6
2004	711.5	10.9	700.6	244.7	63.09	592.4	418.1	100.0
2005	735.5	9.3	726.2	249.4	38.38	621.6	437.4	104.0
2006	713.3	8.3	525.9	179.1	47.98	659.0	493.7	87.8
2007	714.8	8.3	526.6	179.9	59.01	676.2	510.2	85.7
2008	714.9	8.4	514.4	192.1	71.86	686.1	525.4	110.6
2009	714.9	8.4	514.4	192.1	86.19	692.8	542.4	109.0
2010	714.9	8.4	514.4	192.1	62.52	700.3	549.9	108.8
2011	714.9	8.4	514.4	192.1	73.18	711.0	556.2	112.8
2012	910.9	8.7	621.8	280.4	78.16	715.4	558.9	156.5
2013	912.2	8.7	621.9	281.7	80.52	721.1	561.7	159.4
2014	915.5	8.7	622.7	284.1	55.63	735.6	565.1	170.5
2015	916.2	8.7	623.1	284.4	66.80	756.8	572.7	184.1

注：1.2006 年以后耕地面积为国土资源厅提供的数据；且耕地面积=水 田+旱 地+水浇地。

2.自 2012 年始，总播面积=粮食作物播种面积+经济作物播种面积。

a)The Culitiaved Areas after 2006 are Provided by the Bureau of Land and Resource, Culitaved Area=Paddy Field+Dry Field+Irrigated Field.

b)from 2012,Total Sown Areas=Sown Areas of Grain +Sown Areas of Industrial Crops

12-11 主要粮食作物播种面积
Sown Areas of Major Grain Crops

单位：万公顷 (10 000 hectares)

年份 Year	农作物总播种面积 Total Sown Area	粮食作物播种面积 Sown Areas of Grain Crops	谷物 Cereal							薯类 Tubers	豆类 Beans	
				小麦 Wheat	玉米 Corn	稻谷 Rice	谷子 Millet	莜麦 Sweet-oats	糜黍 Broom Corn Millet			#大豆 Soybean
1947	347.9	318.9		22.6	19.1	0.8	61.0	32.0	42.0	15.1		14.7
1948	372.7	337.2		25.0	20.1	0.9	63.8	33.1	46.0	16.2		14.9
1949	389.6	352.8		26.7	22.4	1.4	65.7	35.3	46.7	16.6		16.5
1950	423.8	388.8		29.6	24.7	2.0	73.3	40.3	49.3	17.1		11.7
1951	469.7	416.0		33.9	19.1	1.6	73.5	52.7	56.5	21.8		11.1
1952	494.9	436.0		43.9	22.9	1.5	79.8	60.8	71.5	22.1		15.8
1953	477.6	428.7		47.6	24.4	0.8	77.0	62.0	69.1	21.1		21.7
1954	484.9	437.8		58.0	26.4	1.0	73.3	60.4	70.4	20.6		22.7
1955	488.6	435.8		60.2	31.9	1.4	71.9	64.7	68.8	19.8		26.9
1956	531.0	472.9		60.1	50.6	2.9	88.7	59.6	71.9	21.9		24.2
1957	527.9	463.2		64.0	36.2	4.0	84.7	64.2	68.1	22.4		26.8
1958	505.5	445.2		57.9	57.6	8.9	81.8	55.5	48.1	39.4		21.2
1959	487.0	414.2		59.7	35.1	8.9	68.2	61.4	53.6	27.1		20.5
1960	575.0	486.2		73.7	52.2	8.9	79.1	63.2	66.6	29.6		23.0
1961	580.0	503.1		80.8	48.7	6.3	73.0	67.8	73.2	31.2		23.1
1962	544.6	484.7		67.1	50.1	3.9	79.7	69.7	68.8	26.7		23.5
1963	526.1	471.6		67.1	45.0	3.5	76.8	70.7	66.0	27.1		
1964	534.2	478.4		71.4	47.7	3.4	83.1	71.3	63.4	26.0		26.6
1965	528.1	470.9		72.5	50.1	1.8	85.3	66.3	63.9	24.2		24.4
1966	510.1	449.4		71.4	66.4	1.6	80.3	62.2	55.9	32.2		21.7
1967	510.2	448.5		74.1	62.3		82.2	63.3	52.4	24.4		
1968	497.1	443.4		72.3	56.2		78.1	61.7	55.1	23.7		
1969	499.3	445.7		78.3	53.3		81.1	64.2	45.7	22.5		
1970	508.4	453.5		84.8	52.4		82.1	65.2	53.7	21.8		
1971	503.5	451.0		85.7	63.5		79.7	58.7	50.3	22.9		
1972	499.8	444.1		83.8	61.6		72.3	54.8	53.1	23.6		
1973	498.9	441.0		86.9	59.7		78.0	50.5	51.1	25.6		
1974	496.3	436.1		87.0	66.5		74.7	48.6	45.0	25.6		
1975	490.9	429.0		92.1	70.9		68.5	47.3	40.3	26.9		
1976	480.7	410.1		105.5	70.7		57.2	39.1	34.7	25.3		
1977	478.1	406.5		108.4	65.2		55.9	40.4	31.2	26.6		
1978	482.4	409.4		108.6	66.8		56.7	38.6	29.6	29.2		
1979	488.1	404.2		95.2	67.0	1.6	56.4	45.4	37.6	27.7		18.3
1980	479.7	388.2		95.7	65.3	1.5	50.2	47.4	36.0	25.2		17.1

12-11 续表 continued

单位：万公顷 (10 000 hectares)

年份 Year	农作物总播种面积 Total Sown Area	粮食作物播种面积 Sown Areas of Grain Crops	谷物 Cereal	小麦 Wheat	玉米 Corn	稻谷 Rice	谷子 Millet	莜麦 Sweet-oats	糜黍 Broom Corn Millet	薯类 Tubers	豆类 Beans	#大豆 Soybean
1981	466.2	385.4		90.3	59.2	1.6	53.4	43.8	41.5	23.2		19.4
1982	464.1	384.3		87.8	50.5	1.6	57.0	44.4	39.7	24.3		23.9
1983	463.1	383.7		91.1	49.4	1.7	55.9	45.0	38.2	25.4		21.9
1984	463.1	376.3		93.2	46.4	1.8	51.9	41.4	40.9	24.6		19.3
1985	454.9	342.2		92.7	43.4	2.4	46.3	36.5	31.1	22.7		21.9
1986	455.6	358.1		93.7	54.8	2.7	41.4	34.0	32.4	22.5		26.4
1987	447.4	355.7		92.1	66.0	2.8	38.7	33.8	26.8	22.9		27.5
1988	455.9	363.6		97.4	66.9	3.5	38.5	28.9	26.8	25.3		31.1
1989	457.6	372.1		100.8	69.6	5.3	37.4	26.8	13.0	24.7		31.8
1990	472.2	387.5		115.4	77.4	7.9	35.7	26.5	11.7	24.6		30.1
1991	476.8	387.9		119.2	81.2	8.8	33.4	25.2	11.0	23.9		30.1
1992	485.4	392.5	318.8	133.4	77.5	9.4	28.5	18.7	9.8	25.0	48.7	35.6
1993	486.8	398.7	293.6	118.9	76.2	7.3	25.8	17.2	7.9	26.3	78.8	57.1
1994	492.5	402.7	292.1	103.4	83.7	6.8	23.3	16.9	8.5	25.3	85.3	60.4
1995	507.9	414.3	300.9	101.7	99.2	7.9	23.7	13.7	8.2	35.5	77.9	55.7
1996	529.1	442.4	323.2	109.4	111.6	9.0	25.2	13.0	17.1	41.6	77.6	55.5
1997	583.8	490.6	339.0	116.5	127.9	12.2	25.7	11.3	20.7	46.4	105.2	75.8
1998	602.7	503.1	340.5	109.3	147.1	11.8	22.4	10.2	14.9	50.1	112.5	77.1
1999	607.7	495.1	330.9	93.8	157.2	11.7	20.7	9.3	12.4	58.2	106.0	73.7
2000	591.4	443.6	264.8	61.7	129.8	11.8	16.4	6.2	12.8	65.0	113.7	79.4
2001	570.7	438.3	263.8	51.6	151.9	8.6	17.6	3.3	11.5	56.7	117.9	75.5
2002	588.7	434.3	271.8	46.5	156.2	9.0	17.7	4.5	10.0	58.0	104.6	59.6
2003	574.9	405.1	243.4	31.8	159.1	6.7	14.2	4.4	8.1	53.6	108.2	69.7
2004	592.4	418.1	258.3	41.9	167.6	8.1	12.6	3.8	7.4	52.8	107.0	75.3
2005	621.6	437.4	273.4	46.1	180.6	8.4	12.5	3.9	6.1	56.2	107.7	79.7
2006	659.0	493.7	302.4	48.4	191.6	9.1	14.3	5.0	6.9	59.5	131.8	97.3
2007	676.2	510.2	330.3	56.8	201.2	10.8	13.7	6.4	6.8	62.2	117.6	74.7
2008	686.1	525.4	351.8	45.2	234.0	9.8	14.4	5.8	5.5	69.9	103.7	66.8
2009	692.8	542.4	363.2	52.8	245.1	10.2	15.0	5.0	4.8	66.7	112.5	84.0
2010	700.3	549.9	370.8	56.6	248.6	9.2	17.4	4.2	4.3	69.1	110.0	81.2
2011	711.0	556.2	381.9	56.8	267.0	9.0	13.7	4.0	4.0	72.0	102.3	68.8
2012	715.4	558.9	406.8	61.0	283.4	8.9	14.2	6.2	3.1	68.1	84.0	61.7
2013	721.1	561.7	425.0	57.1	317.1	7.6	12.6	3.6	3.0	61.2	75.5	56.4
2014	735.6	565.1	445.6	56.3	337.2	7.8	16.7	4.4	2.8	54.2	65.3	50.4
2015	756.8	572.7	452.4	56.4	340.7	7.9	19.8	4.9	3.2	51.3	69.0	53.0

12-12 主要经济作物播种面积

Sown Areas of Major Industrial Crops

单位：万公顷　　　　(10 000 hectares)

年 份 Year	经济作物播种面积 Sown Areas of Industrial Crops	油料 Oil bearing Crops	葵花籽 Sunflo-wer Seeds	胡麻籽 Flax Seeds	油菜籽 Rape Seeds	甜菜 Beet-roots	烟叶 Tob-acco	麻类 Fiber Crops	蔬菜 Vege-table	果用瓜 Melons (use on Fruit)	其它作物播种面积 Sown Areas of other Crops	# 青饲料 Green fodder
1947	20.4	18.7		7.8	2.3		0.2	0.8	2.3		38.6	
1948	27.1	25.0		8.5	2.4		0.2	1.0	4.7		8.4	
1949	28.0	25.8		9.2	1.9		0.2	1.0	5.0		8.8	
1950	28.3	25.0		9.4	3.4		0.1	0.8	3.7		6.6	
1951	46.2	36.4		14.3	5.0		0.2	0.9	4.2		7.5	
1952	49.7	46.6		17.7	6.9		0.2	1.5	5.1		9.3	
1953	40.5	38.4		17.2	6.0		0.2	1.2	4.7		8.3	
1954	36.7	34.9		17.3	4.8		0.2	0.9	5.6		10.4	
1955	41.9	39.6		21.5	4.8	0.8	0.3	0.9	6.0		11.0	
1956	42.8	39.8		21.6	5.6	1.0	0.3	0.9	6.3		15.3	
1957	48.6	43.1		22.7	5.4	1.4	0.3	1.7	6.6		16.1	
1958	40.9	35.9		18.9	4.6	1.6	0.3	1.6	7.4		19.4	
1959	56.6	48.6		23.8	5.8	2.4	0.4	2.1	8.8		16.1	
1960	56.1	48.1		21.8	8.1	3.7	0.3	2.0	15.2		32.7	
1961	43.8	38.3		16.6	7.3	1.9	0.5	1.9	19.1		33.1	
1962	39.0	34.4		14.3	6.3	0.7	0.5	2.1	12.2		20.8	
1963	36.4	31.8		14.9	4.5	0.8	0.4	2.1	9.5		18.1	
1964	39.5	33.5		14.8	5.1	1.5	0.4	1.9	8.1		16.3	
1965	37.9	31.4		14.7	4.7	1.9	0.3	1.8	7.9		19.3	
1966	33.7	27.8		13.1	4.1	2.2	0.3	1.6	8.2		26.9	
1967	35.9	28.9				2.8					25.8	
1968	34.0	27.4				2.8					19.7	
1969	35.7	38.3				3.1					17.9	
1970	35.3	28.9				2.9					19.6	
1971	32.2	26.7				2.4					20.3	
1972	33.9	27.2				3.6					21.8	
1973	35.5	27.2				4.6					22.4	
1974	36.4	28.4				4.1					23.8	
1975	37.7	28.8				4.7					24.2	
1976	42.9	32.4				5.7					27.7	
1977	44.7	34.2				5.3					26.9	
1978	44.9	34.8				4.8					28.1	
1979	52.8	41.9	5.7	19.1	7.1	4.5	0.4	1.6	8.9	2	31.1	15.3
1980	61.1	52.0	16.3	18.9	7.9	5.6	0.3	1.2	8.5	1.4	30.4	14.0

12-12 续表 continued

单位：万公顷　　(10 000 hectares)

年 份 Year	经济作物播种面积 Sown Areas of Industrial Crops	油料 Oil-bearing Crops	葵花籽 Sunflower Seeds	胡麻籽 Flax Seeds	油菜籽 Rape Seeds	甜菜 Beetroots	烟叶 Tobacco	麻类 Fiber Crops	蔬菜 Vegetable	果用瓜 Melons (use on Fruit)	其它作物播种面积 Sown Areas of other Crops	# 青饲料 Green fodder
1981	55.6	46.9	14.3	14.6	8.1	5.7	0.4	0.9	7.3	1.6	25.2	10.4
1982	58.2	49.3	15.0	16.4	7.8	6.1	0.5	0.4	6.8	1.5	21.6	9.7
1983	58.5	49.0	15.4	16.3	6.8	6.1	0.2	0.3	6.7	1.3	20.9	9.6
1984	63.9	54.3	21.5	15.4	6.9	6.1	0.2	0.2	6.1	1.7	23.0	11.8
1985	91.4	76.6	30.1	18.3	8.8	10.0	0.4	0.3	5.8	2.0	21.4	11.4
1986	71.6	60.4	25.8	15.6	6.7	7.5	0.4	0.3	5.7	2.0	26.0	14.4
1987	64.3	54.6	22.3	16.6	6.6	7.5	0.3	0.1	6.4	1.6	27.4	16.7
1988	66.8	53.7	19.0	17.4	7.3	10.3	0.5	0.1	6.1	1.7	25.6	14.6
1989	61.9	51.1	17.7	16.4	4.9	8.2	0.7	0.1	6.3	1.2	23.6	13.0
1990	62.6	51.8	17.2	16.8	6.0	9.5	0.5	0.3	6.4	0.9	22.2	12.4
1991	68.9	55.1	19.7	17.2	7.5	11.9	0.7	0.4	5.9	0.9	20.1	11.2
1992	72.4	58.2	22.6	16.9	9.1	10.8	0.4	0.5	7.8	1.5	20.5	9.8
1993	67.3	50.3	18.3	15.2	7.9	10.9	0.4	0.1	8.2	1.5	20.9	9.5
1994	66.3	53.1	20.7	15.2	10.8	11.8	0.2	0.4	7.1	1.3	23.5	10.6
1995	71.3	55.7	20.7	15.1	13.5	14.0	3.0	0.8	1.3	1.3	9.9	
1996	64.9	50.6	18.9	14.6	11.8	12.7	0.8	0.4	8.8	1.5	21.8	8.4
1997	78.8	49.9	21.6	13.5	11.7	12.6	1.6	0.4	11.8	1.8	14.4	9.8
1998	84.3	56.7	27.1	11.5	15.6	11.7	0.6	0.3	11.5	2.6	15.3	9.3
1999	97.2	68.0	35.1	10.5	17.5	6.6	0.7	0.6	16.4	4.1	15.4	9.0
2000	122.9	87.9	36.3	10.1	29.5	5.9	0.8	0.1	20.9	4.8	25.0	13.1
2001	92.4	60.8	32.0	3.8	19.9	5.8	0.6	0.3	18.2	3.5	40.0	33.3
2002	104.0	68.9	34.5	7.6	22.5	7.1	0.5	0.4	20.8	3.6	50.4	43.8
2003	103.6	72.3	32.8	6.8	28.0	3.7	0.7	0.5	19.2	3.8	66.2	56.5
2004	100.0	67.1	29.5	5.9	27.8	3.6	0.6	0.8	20.4	3.5	74.3	65.5
2005	104.0	69.5	35.6	5.6	25.6	3.8	0.8	1.0	22.1	3.9	80.2	72.2
2006	87.8	59.2	25.7	4.9	23.0	3.0	0.4	0.7	17.2	5.3	77.5	62.4
2007	85.7	53.3	26.3	3.8	15.2	3.0	0.3	0.4	21.8	4.7	80.3	60.1
2008	110.6	70.5	40.8	4.8	22.1	4.9	0.5	0.3	26.0	5.3	50.1	39.0
2009	109.0	70.2	40.2	4.9	21.9	3.3	0.4	0.1	26.9	5.3	41.4	31.9
2010	108.8	69.4	39.5	4.8	22.3	3.7	0.4		26.4	6.3	41.6	31.0
2011	112.8	71.7	41.2	5.6	21.9	3.9	0.4		27.1	6.6	42.0	22.5
2012	156.5	76.5	39.9	5.9	27.1	4.4	0.4		28.8	6.3	37.2	23.1
2013	159.4	81.2	42.9	6.1	29.0	4.6	0.3		26.6	6.3	37.4	25.7
2014	170.5	86.2	46.3	6.3	31.3	4.0	0.3		28.2	6.9	40.2	23.6
2015	184.1	91.3	51.8	6.0	31.6	5.0	0.3		27.7	5.8	47.9	26.4

注：自 2012 年始，经济作物播种面积包含其它作物播种面积。

a)From 2012,sown areas of industrial crops include sown areas of other crops.

12-13 主要年份主要农产品产量
Yield of Major Farm Crops in Major Years

单位：万吨 (10 000 tons)

年份 Year	粮食 Grain	谷物 Cereal	小麦 Wheat	玉米 Corn	稻谷 Rice	谷子 Millet	莜麦 Sweet -oats	糜子 Broom Corn Millet	薯类 Tubers	豆类 Beans	#大豆 Soybean
1957	302.5		52.5	34.5	4.2	51.0	32.7	33.8	29.2		14.6
1965	382.0		59.5	81.0	2.8	64.0	35.9	34.6	22.2		16.0
1970	469.5		66.0	101.0		95.0	46.5	42.0	25.0		
1975	519.5		93.5	157.0		71.5	34.0	36.0	37.5		
1978	499.0		88.0	173.5	3.6	60.0	25.0	26.5	42.0		
1980	396.5		82.7	139.2	4.1	39.7	21.3	19.0	30.0		12.4
1981	510.0		99.8	142.6	4.0	59.9	37.8	36.3	37.6		19.3
1982	530.0		126.7	105.9	4.7	71.2	37.2	23.3	41.6		24.3
1983	560.2		120.9	142.9	4.2	79.2	20.9	26.4	41.9		24.3
1984	594.4		144.2	148.3	6.0	73.6	32.5	26.4	49.9		24.3
1985	604.1		148.5	159.8	7.8	78.6	28.6	18.1	48.2		28.8
1986	528.5		130.8	192.7	8.3	38.3	15.9	12.3	36.4		41.0
1987	607.0		125.7	273.3	7.7	52.1	7.3	10.1	33.7		36.7
1988	738.3		163.4	305.5	12.0	46.4	20.9	15.5	61.2		47.5
1989	677.9		187.5	285.1	19.2	31.3	9.0	10.0	42.5		36.9
1990	973.0		261.7	393.1	31.1	59.4	25.3	13.6	61.3		47.7
1991	958.5		280.2	413.7	35.2	45.1	17.0	9.3	46.5		45.1
1992	1046.8	937.4	330.3	435.4	41.4	44.3	13.3	12.4	58.7	50.7	40.0
1993	1108.3	930.9	298.5	453.9	33.0	48.4	12.1	9.2	63.8	113.6	90.1
1994	1083.5	910.4	234.8	482.3	30.5	41.4	10.0	10.7	55.3	117.8	94.0
1995	1055.4	914.1	262.2	518.4	39.6	23.9	8.8	7.3	74.3	67.0	52.5
1996	1535.3	1301.7	318.9	751.5	51.0	49.3	13.4	11.4	124.0	109.6	83.4
1997	1421.0	1188.0	307.9	677.9	70.6	41.1	7.6	11.0	114.4	118.7	97.4
1998	1575.4	1319.9	282.7	839.8	60.3	44.3	10.0	10.8	127.0	128.5	93.8
1999	1428.5	1210.6	273.1	771.4	68.8	29.2	6.4	5.5	110.7	107.2	82.5
2000	1241.9	947.9	181.8	629.2	72.2	15.0	2.7	5.3	184.3	109.7	85.8
2001	1239.1	1016.5	127.1	757.0	56.7	25.7	1.3	5.1	108.8	113.8	83.4
2002	1406.1	1097.7	121.5	821.5	56.0	30.3	3.9	5.3	168.5	139.9	96.4
2003	1360.7	1092.3	79.0	888.7	45.0	21.4	5.9	5.5	174.5	93.9	53.6
2004	1505.4	1180.4	110.5	948.0	54.5	19.9	5.6	5.1	189.8	135.1	103.1
2005	1662.2	1342.1	143.6	1066.2	62.1	23.4	2.8	4.5	156.0	164.1	130.9
2006	1806.7	1486.0	172.2	1134.6	65.3	26.6	7.0	2.9	178.6	142.1	103.7
2007	1811.1	1528.0	175.9	1161.4	81.4	23.1	2.1	5.4	153.9	129.1	85.7
2008	2131.3	1780.0	154.0	1410.7	70.5	30.3	2.6	3.9	195.7	155.7	106.1
2009	1981.7	1677.2	171.2	1341.3	64.8	14.4	1.7	2.5	161.3	143.2	114.4
2010	2158.2	1821.2	165.2	1465.7	74.8	25.9	1.7	2.4	171.0	166.0	133.4
2011	2387.5	2012.2	170.9	1632.1	77.9	27.8	2.1	2.4	204.0	171.3	137.2
2012	2528.5	2180.9	188.4	1784.4	73.3	40.8	11.1	2.6	184.7	162.9	122.0
2013	2773.0	2433.6	180.4	2069.7	56.0	28.9	4.5	2.0	201.1	138.3	119.7
2014	2753.0	2493.1	153.9	2186.1	52.4	33.1	3.6	1.4	161.4	98.5	81.9
2015	2827.0	2577.0	158.3	2250.8	53.2	43.8	4.9	1.8	147.0	103.0	88.8

12–13 续表 continued

单位：万吨 (10 000 tons)

年 份 Year	油 料 Oil-bearing Crops				甜 菜 Beet-roots	烟 叶 Tobacco	麻 类 Fiber Crops	蔬 菜 Veget-ables	果用瓜 Melons (Use on Fruit)
		葵花籽 Sunflower Seeds	胡麻籽 Flax Seeds	油菜籽 Rape -seeds					
1957	13.0		7.5	1.5	22.1	0.2	0.6	66.4	
1965	9.0		4.7	0.9	20.9	0.2	0.5	110.7	
1970	10.5				34.0				
1975	10.5				37.1				
1978	12.5				43.1				
1980	25.0	16.5	4.6	1.8	81.2	0.2	0.4	157.6	9.7
1981	36.5	23.7	4.7	2.2	82.3	0.6	0.4	147.1	17.5
1982	49.0	32.0	8.2	3.0	115.2	0.9	0.2	156.8	16.3
1983	54.0	38.7	5.7	1.5	135.1	0.3	0.1	199.0	19.4
1984	60.0	42.1	8.4	3.0	141.0	0.3	0.1	158.5	23.3
1985	79.5	49.5	10.8	4.6	254.2	0.6	0.3	182.7	33.4
1986	66.0	48.4	7.6	2.2	159.0	0.6	0.2	220.9	36.9
1987	54.0	38.6	6.4	2.2	167.8	0.4	0.1	195.4	34.1
1988	56.5	35.0	10.3	3.2	219.0	0.8	0.1	203.0	36.3
1989	48.6	33.8	6.0	1.7	177.6	0.9	0.1	226.8	30.0
1990	69.4	41.7	11.5	4.4	236.4	0.8	0.7	243.3	22.8
1991	71.8	50.1	10.8	3.3	302.8	1.2	0.8	220.5	27.9
1992	81.4	56.8	11.1	5.5	260.1	0.8	1.4	271.2	50.9
1993	72.6	49.8	9.6	5.7	278.6	1.3	0.2	327.6	44.5
1994	65.0	44.5	8.7	8.3	233.6	0.9	0.9	267.9	121.8
1995	70.2	47.2	8.0	9.5	263.5	0.5	1.5	308.3	40.5
1996	81.4	53.9	11.2	10.5	320.7	1.8	1.0	365.4	49.6
1997	73.1	53.5	8.5	8.9	306.4	4.1	0.6	420.4	61.9
1998	90.3	59.4	10.6	14.1	259.2	1.3	0.3	433.4	84.4
1999	100.9	71.6	7.2	18.5	136.8	1.6		594.9	121.8
2000	116.4	69.1	6.5	30.5	141.3	1.4	0.1	759.9	161.7
2001	80.6	61.0	1.9	13.0	133.1	1.0	0.4	768.7	106.9
2002	108.9	70.4	6.5	28.2	195.0	1.0	1.0	755.3	120.8
2003	102.3	62.6	6.9	25.3	99.4	1.6	1.2	846.8	103.2
2004	103.7	58.9	7.3	31.3	96.3	1.3	1.9	872.8	109.6
2005	122.2	85.3	4.6	28.3	138.3	2.0	2.5	1009.1	156.8
2006	101.1	56.7	5.6	23.5	105.5	2.6	1.7	1171.4	190.8
2007	79.4	48.7	2.5	12.8	118.5	1.6	1.4	1277.5	181.1
2008	117.5	75.6	3.4	20.2	170.0	1.4	2.1	1360.8	210.6
2009	119.6	90.0	2.9	22.4	109.6	1.2	1.0	1380.6	179.2
2010	128.1	99.2	2.9	22.4	161.0	1.5	0.1	1350.9	240.9
2011	133.9	103.0	3.2	24.0	157.7	1.5		1440.2	254.6
2012	145.1	107.1	3.7	30.7	167.9	1.4		1476.3	228.1
2013	158.1	116.1	4.2	33.7	181.4	1.3		1421.1	231.3
2014	170.3	121.5	4.1	39.6	160.2	1.1		1472.7	257.7
2015	193.6	141.8	5.2	41.7	230.1	1.2		1445.3	230.7

12-14 主要农产品产量及单位面积产量

Yield of Major Farm Crops and Yield of Major Farm Crops Per Hectare

年份	Item	2014		2015	
		总产量 (万吨) Total Yield (10000 tons)	单位面积产量 (千克/公顷) Yield Per Hectare (kg/hectare)	总产量 (万吨) Total Yield (10000 tons)	单位面积产量 (千克/公顷) Yield Per Hectare (kg/hectare)
粮食	**Grain**	**2753.0**	**4872**	**2827.0**	**4937**
谷物	Cereal	2493.1	5596	2577.0	5697
#稻谷	Rice	52.4	6704	53.2	6736
小麦	Wheat	153.9	2731	158.3	2806
玉米	Corn	2186.1	6483	2250.8	6606
高粱	Sorghum	42.5	4064	39.6	4561
谷子	Millet	33.1	1982	43.8	2217
莜麦	Sweet Oats	3.6	810	4.9	993
糜子	Broom Corn Millet	1.4	1472	1.8	1441
荞麦	Buckwheat	5.6	884	6.4	960
豆类	Beans	98.5	1508	103.0	1494
#大豆	Soybean	81.9	1626	88.8	1675
薯类	Tubers	161.4	2978	147.0	2863
油料	**Oil bearing Crops**	**170.3**	**1975**	**193.6**	**2119**
#葵花籽	Sunflower Seeds	121.5	2627	141.8	2736
油菜籽	Rape seeds	39.6	1264	41.7	1323
胡麻籽	Flax Seeds	4.1	656	5.2	868
甜菜	**Beetroots**	**160.2**	**40508**	**230.1**	**46147**
棉花	**Cotton**	**0.2**	**1463**	**0.02**	**1493**
麻类	**Fiber Crops**				
蔬菜	**Vegetables**	**1472.7**	**52285**	**1445.3**	**52127**
瓜类(果用瓜)	**Melons (Use on Fruit)**	**257.7**	**37432**	**230.7**	**39816**
园林水果	**Garden fruits**	**64.6**	**9080**	**66.0**	**8713**

12-15 自然灾害面积
Areas Covered by Natural Disaster

单位：万公顷 (10 000 hectares)

项 目	Item	2014	2015
农作物受灾面积	**Areas Covered**	**1057.88**	**1006.83**
#旱　灾	Drought	266.10	222.50
洪涝灾	Flood	22.10	14.40
风雹灾	Windstorm and Hail	20.60	29.10
低温冷冻灾	Freeze Injury	12.80	8.20
病虫害	Plant Diseases and Insect Pests	736.28	732.63
农作物绝收面积	**Areas Without Output**	**37.86**	**43.96**
#旱　灾	Drought	29.50	32.80
洪涝灾	Flood	2.80	2.40
风雹灾	Windstorm and Hail	2.40	4.70
低温冷冻灾	Freeze Injury	0.50	0.30
病虫害	Plant Diseases and Insect Pests	2.66	3.76

注：本表数据由农牧业厅提供。

a)Data in the table are provided by Inner Mongolia Agriculture and Animal Husbandry Department.

12-16 造林面积和封山育林面积(2015年)
Area of Afforestation and Closing Hill for Afforestation(2015)

单位：万公顷 (10 000 hectares)

地区	Region	造林面积 Area of Afforestation	人工造林 Artificial Afforestation	飞播造林 Afforestation by Plane	封山育林 Closing Hill for Afforestation
总　计	**Total**	**66.80**	**36.09**	**7.94**	**22.77**
呼和浩特市	Hohhot City	3.68	2.98		0.70
包头市	Baotou City	3.68	1.38		2.30
呼伦贝尔市	Hulunbeier City	3.95	2.84		1.11
兴安盟	Xingan League	6.34	3.69	0.31	2.35
通辽市	Tongliao City	9.16	4.82	0.47	3.87
赤峰市	Chifeng City	7.40	2.46	0.67	4.27
锡林郭勒盟	Xilinguole League	5.17	2.37	1.22	1.58
乌兰察布市	Wulanchabu City	5.01	3.87		1.13
鄂尔多斯市	Erdos City	7.00	4.63	1.20	1.17
巴彦淖尔市	Bayannaoer City	6.00	2.36	2.10	1.54
乌海市	Wuhai City	0.02	0.02		
阿拉善盟	Alashan League	8.69	4.12	1.98	2.59
满洲里市	Manzhouli City				
二连浩特市	Erlianhaote City	0.18	0.01		0.17
内蒙古森工集团	Inner Mongolia Forest Group	0.53	0.53		

12-17 林业基本情况

Basic Statistics on Forestry

单位：万公顷、个 (10 000 hectares、unit)

项 目	Item	2014	2015
造林、封育面积	**Areas of Afforesting and closing hill for afforestation**	**55.63**	**66.80**
人工造林	Artificial Afforestation	31.73	36.09
飞播造林	Afforestation by Plane	5.74	7.94
当年封山育林面积	Area of Closing Hill for Afforestation this Year	18.16	22.77
按六大林业重点工程分	**Classified by Six Key Projects**		
天然林资源保护工程造林、封山育林	Afforestation of Protection of Natural Forest and Closing Hill for Afforestation	9.15	10.82
退耕还林工程造林、封山育林	Afforestation of Returning Land for Farming to Forestry and Closing Hill for Afforestation	1.64	1.89
#退耕地造林	Afforesting on the Returned Farmland		0.33
京津风沙源治理工程造林、封山育林	Afforestation & Closing Hill for Afforestation of Controlling Sand Sround Beijing & Tianjin	13.26	12.45
"三北"四期防护林工程造林、封山育林	Afforestation & Closing Hill for Afforestation of the Forth Stage of "The Three North Shelter Forest Project"	12.34	15.09
自然保护区个数	Number of Nature Reserve	129	143
#国家级	National Nature Reserve	25	24
自然保护区面积	Area of Nature Reserve	840.81	994.18
造林面积按经济成份分	**Afforestation by Sector of the Economy**		
公有经济造林	Aforestation by Publicily-owned	37.84	47.04
国有经济造林	Aforestation by State-owned	18.05	21.07
集体经济造林	Aforestation by Collective-owned	19.79	25.97
非公有经济造林	Aforestation by Non-publicily-owned	17.79	19.76
造林面积按林种分	**Areas of Afforestation classified by sorts of forests**		
用材林	Timber Forest	0.84	0.97
经济林	Economic Forest	0.94	1.34
防护林	Shelter Forest	53.78	64.47
薪炭林	Firewood Forest		
其他林	Others	0.07	0.02
森林覆盖率(%)	**Forest Cover Rate(%)**	**21.03**	**21.03**

12-18 牲畜总头数和总增头数

Total Number of Livestock and Livestock Added

单位：万头(只) (10 000 heads)

项 目	Item	2014			2015		
		总头数		总增头数 Total Number Added of Live-stocks	总头数		总增头数 Total Number Added of Live-stocks
		年中数 Year-middle	年末数 Year-end		年中数 Year-middle	年末数 Year-end	
大牲畜和羊合计	**Total Number of Large Animals, Sheep and Goats**	**11399.51**	**6409.14**	**6290.50**	**12094.76**	**6662.38**	**6604.67**
大牲畜	Large Animals	1308.48	839.86	436.66	1358.27	884.58	460.30
牛	Cattles	1078.53	630.60	375.30	1125.97	670.96	398.86
# 良种及改良种乳牛	Fine Breed and Improved Milk Cows	298.45	231.20	118.58	296.18	237.68	117.22
马	Horses	80.77	81.72	21.39	86.79	87.69	23.11
驴	Donkeys	110.47	88.94	34.79	106.87	88.54	32.20
骡	Mules	23.22	24.77	2.22	20.84	22.48	2.01
骆 驼	Camels	15.48	13.82	2.95	17.80	14.91	4.13
羊	Sheep and Goats	10091.03	5569.28	5853.84	10736.49	5777.80	6144.37
绵 羊	Sheep	7716.77	4016.18	4740.35	8266.80	4274.19	5011.32
# 细毛羊及改良羊	Nap Sheep or Improved Sheep	2211.29	993.59		2280.06	993.59	
半细毛羊及改良羊	Semi-nap Sheep or Improved Sheep	844.60	375.03		921.10	375.03	
山 羊	Goats	2374.26	1553.10	1113.48	2469.69	1503.61	1133.05
猪	**Hogs**	**1516.33**	**669.44**	**1059.36**	**1490.97**	**645.34**	**1007.72**

注:总增头数是指牧业年度繁殖成活仔畜头数减去期内成幼畜死亡头数。

a) Total Number of Livestoks Added refers to survival number of newborn livestocks in the period subtract death livestocks.

12-19 牲畜总头数
Total Number of Livestock

单位：万头(只) (10 000 heads)

年 份 Year	年中数 Year-middle				年末数 Year-end			
	合 计 Total	大牲畜 Large Animals	羊 Sheep & Goats	猪 Hogs	合 计 Total	大牲畜 Large Animals	羊 Sheep & Goats	猪 Hogs
1947	931.9	271.0	570.8	90.1	851.8	262.9	510.8	78.1
1948	949.9	286.5	571.6	91.8	869.1	277.9	511.6	79.6
1949	1058.6	313.7	642.6	102.3	968.6	304.3	575.6	88.7
1950	1191.4	343.1	731.8	116.5	1068.4	331.1	636.3	101.0
1951	1418.1	388.0	902.0	128.1	1278.6	372.5	795.0	111.1
1952	1749.9	450.6	1143.2	156.1	1467.6	430.3	902.0	135.3
1953	2105.2	504.5	1434.4	166.3	1844.7	442.5	1235.0	167.2
1954	2428.6	558.4	1672.2	198.0	1959.0	494.7	1292.6	171.7
1955	2501.3	586.9	1724.4	190.0	1912.3	514.7	1232.9	164.7
1956	2635.2	591.6	1874.9	168.7	2094.4	496.9	1451.2	146.3
1957	2438.9	552.7	1713.9	172.3	1809.9	450.5	1210.0	149.4
1958	2674.0	550.7	1879.7	243.6	2184.9	468.1	1505.6	211.2
1959	3070.8	589.0	2244.2	237.6	2576.7	537.2	1833.5	206.0
1960	3315.5	612.9	2431.7	270.9	2709.4	553.5	1921.0	234.9
1961	3305.4	623.4	2494.8	187.2	2671.2	550.5	1958.4	162.3
1962	3497.3	643.3	2621.0	233.0	2801.4	568.1	2031.3	202.0
1963	3981.7	699.7	3005.5	276.5	3242.4	628.3	2374.4	239.7
1964	4282.5	750.1	3242.1	290.3	3315.5	664.6	2399.2	251.7
1965	4488.4	787.9	3388.3	312.2	3606.1	716.2	2619.2	270.7
1966	4012.8	748.5	2969.0	295.3	3231.4	680.4	2295.0	256.0
1967	4164.6	730.0	3140.6	294.0	3469.4	680.9	2531.0	257.5
1968	4150.7	750.2	3067.6	332.9	3288.2	679.8	2349.0	259.4
1969	3844.5	721.7	2823.1	299.7	3213.0	665.1	2311.2	236.7
1970	3865.2	726.4	2840.3	298.5	3319.6	689.1	2356.4	274.1
1971	4032.5	754.3	2922.0	356.2	3419.7	712.2	2363.4	344.1
1972	4197.2	775.6	2985.5	436.1	3478.5	717.2	2372.3	389.0
1973	4317.2	781.3	3092.7	443.2	3654.6	738.2	2519.4	397.0
1974	4425.5	805.8	3160.3	459.4	3707.0	752.3	2532.6	422.1
1975	4628.5	820.3	3307.9	500.3	3757.6	766.8	2638.1	352.7
1976	4465.4	808.4	3058.0	599.0	3649.0	748.7	2397.8	502.5
1977	4428.6	784.1	3056.4	588.1	3643.4	715.3	2394.6	533.5
1978	4162.3	697.5	2860.5	604.3	3586.5	659.3	2378.1	549.1
1979	4513.4	724.6	3177.6	611.2	3873.1	685.3	2633.2	554.6
1980	4656.8	741.3	3317.0	598.5	3753.3	681.3	2553.4	518.6

12-19 续表 continued

单位：万头(只) (10 000 heads)

年 份 Year	年中数 Year-middle				年末数 Year-end			
	合 计 Total	大牲畜 Large Animals	羊 Sheep & Goats	猪 Hogs	合 计 Total	大牲畜 Large Animals	羊 Sheep & Goats	猪 Hogs
1981	4565.6	723.2	3307.2	535.2	3817.2	678.9	2670.0	468.3
1982	4721.9	744.3	3474.0	503.6	3903.9	708.0	2735.0	460.9
1983	4413.6	739.9	3177.9	495.8	3539.8	694.7	2418.0	427.1
1984	4259.5	740.9	3053.7	464.9	3488.3	698.2	2377.3	412.8
1985	4341.8	775.3	3060.7	505.8	3667.4	736.6	2468.4	462.4
1986	4434.5	799.5	3082.7	552.3	3734.5	751.3	2502.2	481.0
1987	4555.2	811.5	3219.9	523.8	3731.0	730.8	2544.7	455.5
1988	4685.9	792.3	3408.8	484.8	4093.8	734.6	2892.8	466.4
1989	5301.5	812.7	3945.0	543.8	4215.4	718.6	3009.5	487.3
1990	5307.5	784.9	3955.2	567.4	4254.4	707.5	3023.9	523.0
1991	5568.2	783.8	4160.0	624.4	4220.5	699.8	2960.9	559.8
1992	5558.0	774.4	4067.4	716.2	4168.4	690.2	2856.7	621.5
1993	5577.9	771.8	3942.1	864.0	4231.9	685.7	2860.3	685.9
1994	5711.3	756.6	4038.9	915.8	4450.7	682.4	3028.1	740.2
1995	6065.7	783.8	4302.5	979.4	4795.0	708.3	3321.0	765.7
1996	6697.7	825.5	4804.3	1067.9	5066.8	734.9	3561.8	770.1
1997	7112.4	840.8	5164.8	1106.8	5180.4	714.0	3656.7	809.7
1998	7387.2	817.8	5383.5	1185.9	5206.3	677.3	3712.9	816.1
1999	7436.2	802.8	5491.6	1141.7	5147.6	667.4	3702.6	777.6
2000	7300.5	803.3	5406.2	1090.9	4912.0	622.1	3551.6	738.3
2001	7135.0	702.3	5427.8	1004.9	4817.6	536.3	3515.9	765.4
2002	7260.1	652.0	5675.2	932.9	5176.9	543.4	3951.7	681.8
2003	7987.6	718.1	6396.1	873.5	5713.3	615.4	4450.1	647.7
2004	9274.4	814.5	7514.7	945.2	6722.9	718.2	5318.5	686.2
2005	10615.3	934.2	8713.0	968.1	6903.5	783.2	5420.0	700.3
2006	11050.5	986.8	9002.6	1061.1	6508.8	786.2	5102.5	620.1
2007	10854.4	1039.4	8774.6	1040.5	6524.3	822.7	5064.2	637.4
2008	10677.7	1063.8	8442.9	1170.5	6519.4	883.2	5125.3	675.3
2009	10858.5	1084.6	8512.2	1261.7	6748.6	868.9	5197.2	683.7
2010	10798.5	1140.1	8408.0	1250.5	6845.7	883.4	5277.2	684.4
2011	10762.6	1176.7	8347.5	1238.4	6806.2	846.5	5276.0	684.2
2012	11263.0	1238.7	8605.4	1418.9	6677.1	839.2	5144.0	693.8
2013	11819.8	1266.5	9024.7	1528.5	6743.3	819.6	5239.2	684.5
2014	12915.8	1308.5	10091.0	1516.3	7078.6	839.9	5569.3	669.4
2015	13585.7	1358.3	10736.5	1491.0	7307.7	884.6	5777.8	645.3

12-20 大牲畜和羊(年中数)
Total Number of Large Animals, Sheep and Goats(Year-middle)

单位：万头(只) (10 000 heads)

年份 Year	合计 Total	牛 Cattles	马 Horses	驴 Donkeys	骡 Mules	骆驼 Camels	绵羊 Sheep	山羊 Goats
1947	841.8	174.6	48.7	33.7	3.0	11.0	342.6	228.2
1948	858.1	186.7	48.1	37.6	3.2	10.9	348.0	223.6
1949	956.3	208.5	45.3	44.9	3.2	11.8	403.8	238.8
1950	1074.9	232.1	45.0	94.1	3.7	13.2	457.3	274.5
1951	1290.1	262.6	50.5	56.3	4.3	14.3	550.2	351.9
1952	1593.8	307.1	59.7	63.6	4.9	15.3	692.4	450.8
1953	1938.9	348.9	67.0	66.4	5.4	16.8	853.7	580.7
1954	2230.6	385.6	73.8	74.7	6.2	18.1	991.3	680.9
1955	2311.3	394.2	83.5	81.2	7.8	20.2	1030.6	693.8
1956	2466.5	389.0	90.9	82.1	8.5	21.2	1098.8	776.1
1957	2266.6	353.2	94.5	74.6	8.1	22.3	992.5	721.4
1958	2430.4	346.9	95.9	77.5	8.2	22.2	1097.9	781.8
1959	2833.2	380.7	103.1	73.5	8.5	23.2	1281.0	963.2
1960	3044.6	402.8	109.5	66.0	9.0	25.6	1379.0	1052.7
1961	3118.2	415.7	116.3	57.1	8.9	25.4	1417.8	1077.0
1962	3264.3	421.2	125.3	61.1	8.9	26.8	1453.3	1167.7
1963	3705.2	454.2	140.4	68.6	9.3	27.2	1696.3	1309.2
1964	3992.2	476.7	155.6	78.7	10.4	28.7	1875.7	1366.4
1965	4176.2	493.2	166.9	85.3	11.6	30.9	2017.4	1370.9
1966	3717.5	454.3	165.9	88.6	13.4	26.3	1844.2	1124.8
1967	3870.6	436.7	163.0	88.8	16.0	25.5	1952.8	1187.8
1968	3817.8	427.5	180.7	92.2	19.2	30.6	1935.8	1131.8
1969	3544.8	396.9	184.9	86.0	22.4	31.5	1755.1	1068.0
1970	3566.7	390.5	196.7	86.7	23.2	29.3	1815.4	1024.9
1971	3676.3	400.2	205.5	88.8	27.2	32.6	1887.8	1034.2
1972	3761.1	409.8	212.7	90.9	28.8	33.4	1974.6	1010.9
1973	3874.0	410.2	218.9	90.6	30.6	31.0	2119.0	973.7
1974	3966.1	418.1	231.4	93.1	32.3	30.9	2186.8	973.5
1975	4128.2	422.7	239.0	91.2	34.2	33.2	2304.2	1003.7
1976	3866.4	423.2	231.2	84.4	35.2	34.4	2162.4	895.6
1977	3840.5	412.3	224.9	76.3	34.7	35.9	2183.5	872.9
1978	3558.0	358.5	192.8	75.9	34.4	35.9	1986.7	873.8
1979	3902.2	376.2	198.2	78.0	34.1	38.2	2212.4	965.2
1980	4058.3	391.1	196.3	80.9	34.1	38.9	2354.7	962.3

12–20 续表 continued

单位：万头(只) (10 000 heads)

年 份 Year	合 计 Total	牛 Cattles	马 Horses	驴 Donkeys	骡 Mules	骆 驼 Camels	绵 羊 Sheep	山 羊 Goats
1981	4030.4	381.6	187.7	79.8	33.9	40.2	2408.7	898.5
1982	4218.3	404.2	189.1	75.2	35.0	40.8	2543.8	930.2
1983	3917.8	407.4	185.1	74.3	37.6	35.6	2394.8	783.1
1984	3794.6	404.0	184.2	78.1	40.8	33.8	2273.4	780.3
1985	3836.0	424.0	189.4	85.2	44.6	32.2	2263.2	797.5
1986	3882.2	437.3	192.3	90.8	48.5	30.6	2255.5	827.2
1987	4031.4	445.2	194.2	93.2	51.9	27.0	2365.3	854.6
1988	4201.1	438.4	184.1	91.4	53.8	24.6	2454.1	954.7
1989	4757.7	457.8	180.9	92.1	56.5	25.4	2776.0	1169.0
1990	4740.1	439.8	169.2	93.0	58.2	24.7	2734.3	1220.9
1991	4943.8	434.9	166.8	96.7	61.8	23.6	2847.4	1312.6
1992	4841.9	426.4	164.1	97.6	65.3	21.0	2779.8	1287.7
1993	4713.8	424.2	161.9	100.1	68.0	17.7	2652.3	1289.8
1994	4795.5	415.4	158.2	96.8	69.7	16.6	2694.6	1344.3
1995	5086.3	442.7	158.0	97.6	69.4	16.1	2779.6	1522.9
1996	5629.8	477.2	161.5	100.4	70.1	16.3	3083.4	1720.9
1997	6005.6	488.0	161.3	102.9	72.2	16.5	3285.0	1879.9
1998	6201.3	478.6	149.9	101.8	71.8	15.7	3419.0	1964.5
1999	6294.5	475.2	140.4	100.9	71.6	14.8	3544.0	1947.6
2000	6209.6	490.2	130.5	99.5	69.5	13.6	3537.4	1868.8
2001	6130.1	431.4	108.4	87.9	62.3	12.3	3408.1	2019.7
2002	6327.2	419.6	87.6	80.4	55.5	8.9	3476.8	2198.4
2003	7114.1	499.3	79.2	81.1	49.4	9.1	3974.0	2422.1
2004	8329.2	600.0	74.6	82.9	47.0	10.1	4936.7	2578.0
2005	9647.2	721.9	74.5	84.3	43.0	10.6	5904.3	2808.7
2006	9989.4	780.1	73.5	80.1	41.9	11.2	6054.3	2948.3
2007	9814.0	820.1	75.9	91.3	40.7	11.4	5724.1	3050.5
2008	9506.7	838.9	78.7	96.3	38.7	11.3	5441.0	3001.9
2009	9596.8	881.8	70.9	88.2	32.1	11.6	5552.5	2959.7
2010	9548.1	929.4	70.3	97.2	30.7	12.1	5782.0	2626.0
2011	9524.2	956.3	77.0	102.1	28.7	12.6	5885.6	2461.9
2012	9844.1	1015.8	79.4	102.4	26.1	14.9	6245.8	2359.6
2013	10291.3	1047.4	74.7	103.9	25.0	15.5	6668.7	2356.0
2014	11399.5	1078.5	80.8	110.5	23.2	15.5	7716.8	2374.3
2015	12094.8	1126.0	86.8	106.9	20.8	17.8	8266.8	2469.7

12-21 牲畜增减变化情况(2015 年, 年末数)

Number of Newly Increased and Decreased Livestock(End of 2015)

单位：万头(只) (10 000 heads)

项 目	Item	繁殖仔畜 New Born Stocks	成活仔畜 Survival New Born Stocks		成幼畜死亡 Death Number of Young and Adult Stocks	
			头数 Number	成活率 (%) Survival Rate	头数 Number	死亡率 (%) Death Rate
大牲畜和羊合计	**Total Number of Large Animals, Sheep and Goats**	**5472.47**	**5331.12**	**97.42**	**89.84**	**1.40**
大牲畜	Large Animals	392.12	382.90	97.65	5.23	0.62
牛	Cattles	324.70	317.23	97.70	4.04	0.64
# 良种及改良种乳牛	Fine Breed and Improved Milk Cows	120.38	117.70	97.77	1.49	0.65
马	Horses	28.51	27.63	96.91	0.49	0.60
驴	Donkeys	32.15	31.57	98.20	0.46	0.51
骡	Mules	2.95	2.90	98.31	0.10	0.39
骆 驼	Camels	3.81	3.57	93.70	0.14	1.02
羊	Sheep and Goats	5080.35	4948.22	97.40	84.61	1.52
绵 羊	Sheep	4086.93	3976.88	97.31	63.95	1.59
山 羊	Goats	993.43	971.33	97.78	20.67	1.33
猪	**Hogs**	**858.87**	**816.74**	**95.09**	**15.39**	**2.30**

12-21 续表 continued

单位：万头(只) (10 000 heads)

项 目	Item	自宰自食 killed for Self-use	出卖 Selling	#出卖肉畜 Sold Meat Stocks	出栏率 (%) Slaughter Rate	商品率 (%) Commodity Rate
大牲畜和羊合计	**Total Number of Large Animals,Sheep and Goats**	**452.99**	**6601.37**	**5553.34**	**93.72**	**103.00**
大牲畜	Large Animals	28.34	547.15	381.69	48.82	65.15
牛	Cattles	24.02	442.93	302.35	51.76	70.24
马	Horses	1.09	37.78	29.18	37.04	46.23
驴	Donkeys	2.60	53.15	41.29	49.35	59.77
骡	Mules	0.24	10.35	6.40	26.78	41.78
骆 驼	Camels	0.39	2.94	2.48	20.73	21.28
羊	Sheep and Goats	424.65	6054.22	5171.65	100.49	108.71
绵 羊	Sheep	270.09	4803.47	4127.79	109.50	119.60
山 羊	Goats	154.56	1250.75	1043.86	77.16	80.53
猪	**Hogs**	**210.11**	**989.09**	**688.34**	**134.21**	**147.75**

12-22 牲畜总增情况(年中数)

Total Number of Newly Increased Livestock(Middle of Year)

单位：万头(只) (10 000 heads)

项 目	Item	总增头数 Total Number of Livestocks Added		总增率(%) Growth Rate	
		2014	2015	2014	2015
大牲畜和羊合计	**Total Number of Large Animals, Sheep and Goats**	**6290.50**	**6604.67**	**61.12**	**57.94**
大牲畜	Large Animals	436.66	460.30	34.48	35.18
牛	Cattles	375.30	398.86	35.83	36.98
#良种及改良种乳牛	Fine Breed and Improved Milk Cows	118.58	117.22	38.00	39.30
马	Horses	21.39	23.11	28.63	28.61
驴	Donkeys	34.79	32.20	33.48	29.14
骡	Mules	2.22	2.01	8.88	8.68
骆驼	Camels	2.95	4.13	19.12	26.88
羊	Sheep and Goats	5853.84	6144.37	64.86	60.89
绵羊	Sheep	4740.35	5011.32	71.08	64.94
山羊	Goats	1113.48	1133.05	47.26	47.73
猪	**Hogs**	**1059.36**	**1007.72**	**69.31**	**66.46**

12-23 牲畜增减变化情况(2015年, 年中数)

Number of Newly Increased and Decreased Livestock(Middle of 2015)

单位：万头(只) (10 000 heads)

项 目	Item	繁殖成活仔畜 New Born Stocks And Survival New Born Stocks				成幼畜死亡 Death Number of Stocks	
		繁殖仔畜 New Born Stocks	成活仔畜 Survival New Born Stocks	成活率(%) Survival Rate	繁成率(%) Rate of Breeding and Surviving	头数 Number	死亡率(%) Death Rate
大牲畜和羊合计	**Total Number of Large Animals, Sheep and Goats**	**6892.95**	**6728.52**	**97.61**	**154.07**	**123.85**	**1.09**
大牲畜	Large Animals	476.81	467.51	98.05	90.97	7.21	0.55
牛	Cattles	412.50	404.58	98.08	94.76	5.72	0.53
#良种及改良种乳牛	Fine Breed and Improved Milk Cows	123.23	118.86	96.46	76.28	1.64	0.55
马	Horses	24.26	23.68	97.60	65.76	0.57	0.71
驴	Donkeys	33.40	32.79	98.17	73.75	0.59	0.53
骡	Mules	2.27	2.23	98.12		0.21	0.92
骆驼	Camels	4.38	4.23	96.76	65.67	0.11	0.70
羊	Sheep and Goats	6416.14	6261.01	97.58	162.48	116.64	1.16
绵羊	Sheep	5227.23	5102.08	97.61	186.60	90.76	1.18
山羊	Goats	1188.91	1158.93	97.48	103.55	25.88	1.09
猪	**Hogs**	**1056.78**	**1027.12**	**97.19**	**1227.73**	**19.40**	**1.28**

12–24 能繁殖母畜、耕畜及改良畜(2015 年, 年中数)

Female Parent Stocks, Plow Stocks and Improved Stock(Middle of 2015)

单位：万头(只) (10 000 heads)

项 目	Item	能繁殖母畜 Female Parent Stocks	耕 畜 Plow Stocks	良种牲畜 Fine Breed Stocks	改良种牲畜 Improved Stocks
大牲畜和羊合计	**Total Number of Large Animals, Sheep and Goats**	**6926.55**	**83.38**	**4282.26**	**6648.48**
大牲畜	Large Animals	694.18	83.38	407.57	744.56
牛	Cattles	601.60	19.13	352.06	653.13
# 良种及改良种乳牛	Fine Breed and Improved Milk Cows	175.07			
马	Horses	37.08	11.81	17.29	34.66
驴	Donkeys	47.31	38.87	27.60	55.65
骡	Mules		13.30		0.59
骆驼	Camels	8.19	0.27	10.62	0.52
羊	Sheep and Goats	6232.37		3874.69	5903.91
绵羊	Sheep	4820.09		2876.73	4621.17
# 细毛羊及改良羊	Nap Sheep or Improved Sheep	1050.20			
半细毛羊及改良羊	Semi nap Sheep or Improved Sheep	392.64			
山羊	Goats	1412.27		997.96	1282.75
猪	**Hogs**	**164.33**		**460.77**	**876.87**

12–25 能繁殖母畜、耕畜及改良畜(2015 年, 年末数)

Female Parent Stocks, Plow Stocks and Improved Stock(End of 2015)

单位：万头(只) (10 000 heads)

项 目	Item	能繁殖母畜 Female Parent Stocks	耕 畜 Plow Stocks	良种牲畜 Fine Breed Stocks	改良种牲畜 Improved Stocks
大牲畜和羊合计	**Total Number of Large Animals,Sheep and Goats**	**4555.23**	**72.84**	**2494.42**	**3530.35**
大牲畜	Large Animals	515.32	72.84	322.99	433.86
牛	Cattles	426.87	10.91	270.57	334.40
马	Horses	39.30	12.32	25.39	33.83
驴	Donkeys	42.97	34.96	18.23	59.04
骡	Mules		14.49		6.26
骆驼	Camels	6.18	0.17	8.80	0.33
羊	Sheep and Goats	4039.91		2171.42	3096.49
绵羊	Sheep	2993.98		1490.85	2273.45
山羊	Goats	1045.93		680.57	823.04
猪	**Hogs**	**96.33**		**222.56**	**371.52**

12-26 主要畜禽产品产量
Output of Major Livestock and Poultry

项 目	Item	2014	2015
当年出栏肉猪头数(万头)	Annual Number of Sold Fatten Hogs (10 000head)	930.08	898.45
当年出栏和自宰的肉用牛(万头)	Annual Number of Sold and Killed Meat Cattles (10 000head)	336.81	326.37
当年出售和自宰的肉用羊(万只)	Annual Numberof Sold and Killed Mutton Goats and Sheep (10 000head)	5665.71	5596.30
当年肉类总产量(吨)	Annual Output of Meat (ton)	2523268	2457061
# 猪肉产量(吨)	Pork (ton)	733000	708078
牛肉产量(吨)	Beef (ton)	545309	528950
羊肉产量(吨)	Mutton (ton)	933319	925918
奶类产品(吨)	Milks (ton)	7970837	8122382
# 牛 奶(吨)	Cow Millk (ton)	7880157	8032000
山羊毛产量(吨)	Goat Wool (ton)	18733	18643
山羊粗毛(吨)	Goat Wool (ton)	10450	10262
山羊绒产量(吨)	Cashmere (ton)	8284	8380
绵羊毛产量(吨)	Sheep Wool (ton)	121525	127187
蜂蜜产量(吨)	Honey (ton)	2225	4395
禽蛋产量(吨)	Poultry Eggs (ton)	535400	564000
年末实有家禽(万只)	Number of Poultry at Yearend (10 000 heads)	5033.72	4580.70
年内牛皮产量(万张)	Annual Output of Cattle Skin (10 000 units)	308.06	314.40
绵羊皮产量(万张)	Output of Sheep Skin (10 000 units)	4199.08	4383.39
山羊皮产量(万张)	Output of Goat Skin (10 000 units)	1173.74	1160.86
驼绒产量(吨)	Output of Fine Hair of Camel (ton)	468	460
出售肉类总量(吨)	Products of Sold Meat (ton)	2249734	2264740
# 出售猪肉(吨)	Pork (ton)	623898	610518
出售牛肉(吨)	Beef (ton)	487414	515984
出售羊肉(吨)	Mutton (ton)	837373	848954
出售牛羊奶数量(吨)	Products of Sold Milk (ton)	7663201	8021084
出售羊毛数量(吨)	Products of Sold Wool of Sheep and Goats (ton)	118241	133495
出售家禽只数(万只)	Number of Sold Poultry (10 000 heads)	10984	10749
水 产 品(吨)	Aquatic Products (ton)	147949	153525

主要统计指标解释

农林牧渔业总产值 指以货币表现的农、林、牧、渔业全部产品的总量，它反映一定时期内农业生产总规模和总成果。农业总产值的计算方法通常是按农林牧渔业产品及其副产品的产量分别乘以各自单位产品价格求得；少数生产周期较长，当年没有产品或产品产量不易统计的，则采用间接方法匡算其产值；然后将四业产品产值相加即为农业总产值。

粮食产量 指全社会的产量。包括国有经济经营的、集体统一经营的和农民家庭经营的粮食产量，还包括工矿企业办的农场和其他生产单位的产量。粮食除包括稻谷、小麦、玉米、高粱、谷子及其他杂粮外，还包括薯类和豆类。其产量计算方法，豆类按去豆荚后的干豆计算；薯类(包括甘薯和马铃薯，不包括芋头和木薯)1963 年以前按每 4 公斤鲜薯折 1 公斤粮食计算，从 1964 年开始改为按 5 公斤鲜薯折 1 公斤粮食计算。城市郊区作为蔬菜的薯类(如马铃薯等)按鲜品计算，并且不作粮食统计。其他粮食一律按脱粒后的原粮计算。

油料产量 指全部油料作物的生产量。包括花生、油菜籽、芝麻、向日葵籽、胡麻籽(亚麻籽)和其他油料。不包括大豆，木本油料和野生油料。花生以带壳干花生计算。

水产品产量 指人工养殖的水产品和天然生长的水产品的捕捞量。包括海水的鱼类、虾蟹类、贝类和藻类以及内陆水域的鱼类、虾蟹类和贝类，不包括淡水生植物。

猪、牛、羊肉产量 指当年出栏并已屠宰、除去头蹄下水后带骨肉(即胴体重)的重量。

牲畜总增头数 是反映牲畜的总体增长情况、牲畜头数增殖情况和死亡损失情况的一项数量指标，以大畜、小畜和猪分畜种计算。

总增头数 = 期内繁殖成活仔畜头数—期内成幼畜死亡头数

期末牲畜存栏头数 指调查期末农村各种合作经济组织和国营农场，农民个人，机关、团体、学校、工矿企业，部队等单位以及城镇居民饲养的大牲畜、猪、羊的存栏头数。

耕地面积 指可以用来种植农作物、经常进行耕锄的田地，包括熟地、当年新开荒地、连续撂荒未满三年的耕地和当年的休闲地(轮歇地)，还包括以种植农作物为主并附带种植桑树、茶树、果树和其他林木的土地，以及沿海、沿湖地区已围垦利用的“海涂”、“湖田”等面积。不包括属于专业性的桑园、茶园、果园、果木苗圃、林地、芦苇地、天然或人工草地面积。

农作物播种面积 指实际播种或移植有农作物的面积。凡是实际种植有农作物的面积，不论种植在耕地上还是种植在非耕地上，均包括在农作物播种面积中。在播种季节基本结束后，因遭灾而重新改种和补种的农作物面积，也包括在内。

有效灌溉面积 指具有一定的水源，地块比较平整，灌溉工程或设备已经配套，在一般年景下当年能够进行正常灌溉的耕地面积。

农用化肥施用量 指本年内实际用于农业生产的化肥数量，包括氮肥、磷肥、钾肥和复合肥。化肥施用量要求按折纯量计算数量。折纯量是把氮肥、磷肥、钾肥分别按含氮、含五氧化二磷、含氧化钾的百分之一百成份进行折算后的数量。复合肥按其所含主要成分折算。

农业机械总动力 指主要用于农、林、牧、渔业的各种动力机械的动力总和。包括耕作机械、排灌机械、收获机械、农用运输机械、植物保护机械、牧业机械、林业机械、渔业机械和其他农业机械[内燃机按引擎马力折成瓦(特)计算、电动机按功率折成瓦(特)计算]。不包括专门用于乡、镇、村、组办工业、基本建设、非农业运输、科学试验和教学等非农业生产方面用的动力机械与作业机械。

农林牧渔业劳动力 指全社会直接参加农林牧渔业生产活动的劳动力。

Explanatory Notes on Main Statistical Indicators

Gross Output Value of Farming, Forestry, Animal Husbandry and Fishery refers to the total value of products of farming, forestry, animal husbandry and fishery, which reflects the total scale and result of agricultural production during a given period. Gross output value of agriculture is obtained by first multiplying the output of each product or by product by its price, resulting in the output value of each single item. For a small number of products, annual output of which is not available or difficult to get due to the long production growing process involved, the output value is estimated through an indirect approach. The sum of output value of all products of farming, forestry, animal husbandry, and fishery is then equal to the gross output value of agriculture.

Grain Yield refers to the yield in the whole country including grains produced by state farms, collective units, industrial enterprises and mines. Grain includes rice, wheat, corn, sorghum, millet and other miscellaneous grains as well as tubers and beans. Output of beans refers to dry beans without pods. The output of tubers (sweet potatoes and potatoes, not including taros and cassava) was converted into that of grain at the ratio 4:1, i. e. 4 kilograms of fresh tubers was equivalent to 1 kilogram of grain up to 1963. Since 1964 the ratio for conversion has been 5:1. Tubers supplied as vegetables (such as potatoes) in cities and suburbs are calculated as fresh vegetables and their output is not included in the output of grain . Output of all other grains refers to husked grain.

Yield of Oil–bearing Crops refers to the total yield of oil bearing crops of various kinds, including peanuts, (dry, in shell) rape seeds, sesame, sunflower seeds, flax seeds, and other oil bearing crops, Soybeans, oil bearing woody plants, and wild oil bearing crops are not included.

Output of Aquatic Products refers to catches of both artificially cultured and naturally grown aquatic products, including fish, shrimps, crabs and shellfish in sea and inland water as well as seaweed. Freshwater plants are not included.

Output of pork, Beef, and Mutton refers to the meat of slaughtered hogs, cattle, sheep and goats with head, feet, and offal taken away.

Total Number of Livestock Added is a kind of numeral index which reflects the total statistics of increase, breeding and death of livestock, it is calculated at different kinds of livestock.

Total Number of Livestock Added = Survival Number of Newborn Livestock in the given Period–Death Number of Livestock

Number of Livestock in stock at Beginning (or End) refers to the total number of large animals, pigs, sheep, etc. raised by rural cooperative organizations, state farms, rural individuals, government agencies, schools, industrial and mining enterprises, army, and urban residents at the beginning(or end) of the reference period.

Cultivated Area (Area under cultivation) refers to farmland which is plowed constantly for growing crops, including cultivated land, newly cultivated land in the current year, farmland left without cultivation for less than three years and fallow land in the current year, rotation land, rotation land of grass and crops, farmland with some fruit trees, mulberry trees and other trees and cultivated seashore land, lake land and etc. The land of mulberry fields, tea plantations, orchards, nurseries of young plants, forestland, reed land, natural and manmade grassland and other land are not included in cultivated land.

Sown Area of Crops refers to area of land sown or transplanted with crops regardless of being in cultivated area or non–cultivated area. Area of land re sown due to natural disasters is also included.

Irrigated Area refers to areas that are effectively irrigated, i. e. level land which has water source and complete sets of irrigation facilities to lift and move adequate water for irrigation purpose under normal conditions.

Consumption of Chemical Fertilizers in Agriculture refers to the quantity of chemical fertilizers applied in agriculture in the year, including nitrogenous fertilizer, phosphate fertilizer, potash fertilizer, and compound fertilizer. The consumption of chemical fertilizers is required in calculation to convert the gross weight into weight containing 100% effective component. Compound fertilizer is converted with its major component.

Total Power of Farm Machinery refers to total mechanical power of machinery used in farming, forestry, animal husbandry, and fishery, including ploughing, irrigation and drainage, harvesting, transport, plant protection, stock breeding, forestry and fishery. The power of internal combustion engines is required to convert horsepower into watts and the power of electric motors is required to be converted into watts. Machinery employed for non–agricultural purposes, such as the machines used in township run and village run industry, construction, non agricultural transport, scientific experiments and teaching, is excluded.

Labour Force Engaged in Farming, Forestry, Animal Husbandry and Fishery refers to the total laborers who are directly engaged in production of farming, forestry, animal husbandry and fishery.

2016 NEIMENGGU

十三、工业

Industry

资料整理：张恩铭　杨晓楠　侯琰文　张路　胡立锐

Arranged By Zhang Enming ,Yang Xiaonan , Hou Yanwen , Zhang Lu , Hu Lirui

13-1 工业企业单位数和工业总产值

Number of Industrial Enterprises and Gross Industrial Output Value by Ownership

项 目	Item	2000	2005	2010	2014
企业单位数(个)	**Number of Industrial Enterprises(unit)**	**147769**	**130898**	**122718**	**119659**
在总计中:	Of the Total:				
国有及国有控股企业	State-owned Enterprises(including enterprises with controlling share hold by the state)	757	525	517	661
在总计中:	Of the Total:				
轻工业	Light Industry	97464	81391	75631	73629
重工业	Heavy Industry	50305	49507	47087	46030
在总计中:	Of the Total:				
国有企业	State-owned Enterprises	545	353	228	129
集体企业	Collective-owned Enterprises	3874	1207	1933	1835
个体企业	Individual-owned Enterprises	133421	119446	104305	
其他经济类型企业	Enterprises of Other Types of Ownership	9929	9892	16252	
#股份制经济	Share-holding Corporations	371	2382	2762	2627
外商及港澳台商投资企业	Enterprises Funded by Foreigners or by Entrepreneurs from Hong Kong, Macao and Taiwan	90	245	221	172
工业总产值(亿元)	**Gross Industrial Output Value (100 million yuan)**	**1202.85**	**3861.58**	**16020.00**	**23820.79**
在总计中:	Of the Total:				
国有及国有控股企业	State-owned Enterprises(including enterprises with controlling share hold by the state)	636.95	1684.26	4455.52	6327.41
在总计中:	Of the Total:				
轻工业	Light Industry	464.26	1171.70	4645.80	6908.03
重工业	Heavy Industry	738.59	2689.88	11374.20	16912.76
在总计中:	Of the Total:				
国有企业	State-owned Enterprises	245.68	415.17	1393.64	805.31
集体企业	Collective-owned Enterprises	65.64	60.94	206.59	280.56
个体企业	Individual-owned Enterprises	245.29	405.69	1269.10	
其他经济类型企业	Enterprises of Other Types of Ownership	646.24	2979.78	13150.67	
#股份制经济	Share-holding Corporations	410.35	1927.37	9264.92	12804.84
外商及港澳台商投资企业	Enterprises Funded by Foreigners or by Entrepreneurs from Hong Kong, Macao and Taiwan	58.10	358.39	1180.70	1247.36

注:工业总产值按核算口径工业总产出计算。

a)The gross industrial output value is calculated at gross industrial output of national accounts .

13-2 工业总产值
Gross Industrial Output Value

本表按当年价计算。

Data in this table are calculated at current prices.

单位：亿元　　　　(100 million yuan)

年份 Year	工业总产值 Total Industry	按轻重工业分 Grouped by Light & Heavy Industry		按经济类型分 Grouped by Ownership			
		轻工业 Light Industry	重工业 Heavy Industry	国有及国有控股企业 State-owned or Controlling Share Hold Industry	集体企业 Collective-owned Industry	个体企业 Individual-Owned Industry	其他经济类型企业 Industry of Other Types of Ownership
1965	26.79	9.61	17.18	24.15	2.60	0.03	
1970	27.80	8.85	18.95	25.16	2.64		
1975	36.89	15.28	21.61	30.22	6.67		
1978	52.96	22.05	30.91	40.89	10.78		
1979	57.40	23.90	33.50	44.32	11.68		
1980	59.39	24.58	34.81	46.23	13.13	0.02	0.01
1981	61.76	28.41	33.35	49.10	12.60	0.04	0.02
1982	73.73	31.45	42.28				
1983	81.53	34.06	47.47	65.76	15.62	0.13	0.03
1984	90.02	36.99	53.03	75.57	17.09	0.35	0.02
1985	112.93	45.78	67.15	91.86	20.38	0.65	0.04
1986	126.46	52.69	73.77	97.87	25.67	2.84	0.07
1987	150.84	64.10	86.74	115.86	30.93	3.94	0.11
1988	193.86	86.41	107.45	144.60	42.21	6.76	0.28
1989	243.13	105.31	137.82	178.22	55.03	9.20	0.68
1990	263.33	108.51	154.82	193.14	57.69	11.55	0.94
1991	304.43	108.98	195.45	233.55	55.15	13.03	2.70
1992	363.72	131.55	234.91	276.33	67.11	15.98	4.30
1993	470.36	141.87	328.49	371.91	70.25	20.77	7.42
1994	522.10	169.98	352.12	392.39	94.14	24.44	11.13
1995	626.52	215.92	410.61	389.89	121.40	63.86	51.37
1996	745.56	293.21	452.35	454.64	145.67	78.81	66.45
1997	872.30	347.20	525.10	505.74	162.26	116.68	87.62
1998	942.08	371.08	571.00	472.70	162.87	176.56	129.95
1999	1055.13	383.65	671.48	559.69	87.03	206.43	201.97
2000	1202.85	464.26	738.59	636.95	65.64	245.29	254.97
2001	1347.19	536.76	810.43	689.16	53.92	269.87	334.24
2002	1535.80	614.38	921.42	767.98	61.46	307.63	398.73
2003	1935.11	754.71	1180.40	849.26	77.44	387.60	620.81
2004	2805.21	893.21	1912.00	1182.28	52.38	358.06	1212.50
2005	3861.58	1171.70	2689.88	1684.26	60.94	405.69	1710.69
2006	5201.12	1506.72	3694.40	1972.38	67.07	477.35	2684.32
2007	7143.37	2069.37	5074.00	2708.92	92.12	655.61	3686.72
2008	9894.76	2869.48	7025.28	3858.96	127.60	908.18	5000.02
2009	12707.52	3685.18	9022.34	4955.94	163.87	1166.35	6421.36
2010	16020.00	4645.80	11374.20	4455.52	206.59	1269.10	10088.79
2011	20472.95	6141.89	14331.06	5659.20	270.54	1494.99	13048.22
2012	21933.29	6579.99	15353.30	6102.94	285.13	1591.13	13954.09
2013	24137.53	6951.61	17185.92	6505.30	301.20	1690.49	15640.54
2014	23820.79	6908.03	16912.76	6327.41	280.56		
2015	23424.87	6793.21	16631.66	5623.66	275.90		

注：工业总产值按核算口径工业总产出计算。

a)The gross industrial output value is calculated at gross industrial output of national accounts.

13–3 工业总产值指数

Indices of Gross Industrial Output Value

(上年=100) (preceding year=100)

年份 Year	工业总产值 Total Industry	按轻重工业分 Grouped by Light & Heavy Industry		按经济类型分 Grouped by Ownership			
		轻工业 Light Industry	重工业 Heavy Industry	国有及国有控股企业 State-owned or Controlling Share Hold Industry	集体企业 Collective-owned Industry	个体企业 Individual-Owned Industry	其他经济类型企业 Industry of Other Types of Ownership
1979	106.7	101.5	110.3	108.4	112.9		
1980	104.8	112.3	99.9	104.0	107.5		
1981	100.6	110.9	92.9	102.7	92.8	191.7	300.0
1982	115.1	107.9	121.1	114.9	115.5	200.5	96.7
1983	109.6	108.4	110.5	110.3	106.3	173.2	120.0
1984	108.1	107.4	108.6	108.0	107.1	252.9	87.0
1985	116.6	116.8	116.6	113.9	93.6	444.7	157.5
1986	109.6	112.8	107.2	107.7	146.0	168.3	188.7
1987	112.5	115.6	110.0	111.5	113.5	130.8	136.2
1988	113.9	116.1	112.2	110.7	121.1	152.1	229.2
1989	112.6	107.7	116.7	110.7	117.0	122.1	217.9
1990	104.1	102.8	105.0	104.1	100.7	120.7	134.0
1991	108.1	108.1	108.0	106.4	107.8	138.4	156.1
1992	111.3	108.0	113.5	107.9	118.4	133.8	148.5
1993	113.8	106.0	117.2	105.1	124.5	143.9	272.5
1994	114.0	118.0	113.2	103.7	122.1	142.0	295.0
1995	112.0	115.5	111.0	107.2	97.0	186.8	126.3
1996	111.5	112.5	110.1	101.6	124.6	158.9	161.1
1997	115.0	117.2	112.0	101.5	118.0	127.4	140.0
1998	110.0	109.7	110.4	106.5	86.6	114.8	145.3
1999	111.0	117.2	105.9	109.6	91.3	111.1	123.6
2000	112.0	120.7	106.8	106.7	67.2	125.5	135.6
2001	111.1	114.1	108.6	106.3	76.6	110.3	125.4
2002	114.0	116.8	112.5	115.1	108.4	112.4	137.4
2003	125.0	123.6	125.9	109.1	119.9	108.3	146.1
2004	129.7	127.5	130.8	126.2	68.0	93.1	149.6
2005	130.7	126.0	133.2	134.7	113.4	111.0	133.6
2006	132.1	126.1	134.7	122.6	126.9	115.4	153.9
2007	127.8	122.3	130.1	125.0	129.6	129.9	141.1
2008	123.1	113.7	125.5	117.0	133.5	125.7	136.9
2009	120.6	123.4	119.8	113.5	118.7	131.8	121.9
2010	118.8	116.6	119.3	119.6	114.3	128.5	118.9
2011	119.0	112.5	120.5	112.6	115.7	128.9	119.1
2012	114.8	114.4	114.9	112.4	120.0	125.3	115.2
2013	112.0	111.3	112.2	110.6	110.3	123.2	114.7
2014	110.0	110.6	109.8	103.7	97.2	112.1	110.6
2015	108.6	111.3	108.0	103.2	107.2	110.5	109.4

注：本表按可比价格计算，以上年为 100。

a)Data in this table are calculated at comparable prices, preceding year=100.

13-4 规模以上工业企业分行业职工人数(2015年)

Number of Staff & Workers of Industrial Enterprises above Designated Size by Industrial Branch(2015)

单位：万人 (10 000 persons)

项 目	Item	2015
总 计	**Total**	**114.43**
按登记注册类型分	**Grouped by Ownership**	
国有	State-owned	7.76
集体	Collective-owned	0.36
其他	Other Ownership	106.31
按行业分	**Grouped by Sector**	
采矿业	**Mining**	**30.59**
煤炭开采和洗选业	Coal Mining & Processing	21.59
石油和天然气开采业	Petroleum & Natural Gas Pumped	0.63
黑色金属矿采选业	Mining & Dressing of Ferrous Metals	2.87
有色金属矿采选业	Mining & Dressing of Nonferrous Metals	3.71
非金属矿采选业	Mining & Dressing of Nonmetal Minerals	1.71
开采辅助活动	Support Activities for Mining	
其他采矿业	Mining of Other Mineral	0.08
制造业	**Manufacturing**	**71.49**
农副食品加工业	Processing of Agricultural Side-Line Food	7.54
食品制造业	Food Manufacturing	5.28
酒、饮料和精制茶制造业	Wine, Beverage and Refined Tea Manufacturing	2.78
烟草制品业	Tobacco Products	0.28
纺织业	Textile Industry	2.38
纺织服装、服饰业	Textile, Apparel Industry	1.09
皮革、毛皮、羽毛及其制品和制鞋业	Leather, Fur, Feathers and Their Products and Footwear	0.26
木材加工和木、竹、藤、棕、草制品业	Timber Processing, Bamboo, Cane, Palm Fiber & Straw Products	1.58
家具制造业	Furniture Manufacturing	0.12
造纸及纸制品业	Paper-making & Paper Products	0.46
印刷和记录媒介复制业	Printing and Record Medium Reproduction	0.25
文教、工美、体育和娱乐用品制造业	Manufacturing of Cultural, Educational & Arts , Crafts & Sports and Entertainment Goods	0.16
石油加工、炼焦和核燃料加工业	Petroleum Processing ,Coke Products & Processing of Nuclear Fuel	4.99
化学原料和化学制品制造业	Raw Chemical Materials & Chemical Products	9.68
医药制造业	Medicine Manufacturing	2.97
化学纤维制造业	Chemical Fiber Manufacturing	0.01
橡胶和塑料制品业	Rubber and Plastic Products	1.05
非金属矿物制品业	Nonmetal Mineral Products	5.26
黑色金属冶炼和压延加工业	Smelting & Pressing of Ferrous Metals	10.68
有色金属冶炼和压延加工业	Smelting & Pressing of Nonferrous Metals	7.25
金属制品业	Metal Products	1.18
通用设备制造业	Manufacturing of General-Purpose Equipment	1.57
专用设备制造业	Special Purposes Equipment Manufacturing	1.15
汽车制造业	Automotive Manufacturing	1.19
铁路、船舶、航空航天和其他运输设备制造业	Railroad,Ships, Aerospace and Other Transportation Equipment Manufacturing	0.23
电气机械和器材制造业	Electric Equipment & Machinery	1.51
计算机、通信和其他电子设备制造业	Manufacturing of Computer , Communications and Other Electronic Equipment	0.31
仪器仪表制造业	Manufacturing of Instrument	0.02
其他制造业	Others	0.02
废弃资源综合利用业	Comprehensive Utilization of Waste Resources	0.14
金属制品、机械和设备修理业	Metal products, Machinery and Equipment Repair	0.10
电力、燃气及水的生产和供应业	**Production & Supply of Electric Power,Gas & Water**	**12.34**
电力、热力生产和供应业	Production & Supply of Electric Power & Heating Power	10.15
燃气生产和供应业	Production & Supply of Gas	0.82
水的生产和供应业	Production & Supply of Water	1.37

注:规模以上工业是指全部年主营业务收入2000万元及以上的工业法人企业(下同)。

a)Industrial enterprises above designated size refer to the industiral enterprises with an annual operating income of over 20 million yuan (The next table is the same).

13–5 规模以上工业企业工业总产值

Gross Industrial Output Value of Industrial Enterprises above Designated Size

单位：万元 (10 000 yuan)

行 业	Item	2015年工业总产值(现价) Gross Industrial Output Value in 2015 (at current prices)
总 计	**Total**	**191332592**
按经济类型分	**Grouped by Ownership**	
在总计中：	Of the Total:	
国有及国有控股企业	State-owned Enterprises(including with controlling share hold by the state)	56236582
在总计中：	Of the Total:	
集体企业	Collective-owned Enterprises	514808
股份有限公司	Share-holding Corporation	28852507
外商投资企业	Foreign Funded Enterprises	8771619
港澳台商投资企业	Enterprises Funded by Entrepreneurs from Hong Kong, Macao and Taiwan	3489802
按轻重工业分	**Grouped by Light & Heavy Industry**	
轻工业	Light Industry	41009429
重工业	Heavy Industry	150323163
按企业规模分	**Grouped by Size of Enterprises**	
大型企业	Large	54886698
中型企业	Medium-sized	59786976
小型企业	Small	73521960
微型企业	Tiny	3136958
按行业分	**Grouped by Sector**	
煤炭开采和洗选业	Coal Mining & Processing	30045188
石油和天然气开采业	Petroleum & Natural Gas Pumped	7027077
黑色金属矿采选业	Mining & Dressing of Ferrous Metals	5800684
有色金属矿采选业	Mining & Dressing of Nonferrous Metals	6403963
非金属矿采选业	Mining & Dressing of Nonmetal Minerals	2456407
开采辅助活动	Support Activities for Mining	
其他采矿业	Mining of Other Mineral	121241
农副食品加工业	Processing of Agricultural Side-Line Food	16666728
食品制造业	Food Manufacturing	7073597

13-5 续表 1 continued

单位：万元 (10 000 yuan)

行 业	Item	2015年工业总产值(现价) Gross Industrial Output Value in 2015 (at current prices)
酒、饮料和精制茶制造业	Wine, Beverage and Refined Tea Manufacturing	3030259
烟草制品业	Tobacco Products	986532
纺织业	Textile Industry	4376582
纺织服装、服饰业	Textile, Apparel Industry	928562
皮革、毛皮、羽毛及其制品和制鞋业	Leather, Fur, Feathers and Their Products and Footwear	239990
木材加工和木、竹、藤、棕、草制品业	Timber Processing, Bamboo, Cane, Palm Fiber & Straw Products	2421081
家具制造业	Furniture Manufacturing	239507
造纸和纸制品业	Paper-making & Paper Products	943672
印刷和记录媒介复制业	Printing and Record Medium Reproduction	207568
文教、工美、体育和娱乐用品制造业	Manufacturing of Cultural, Educational & Arts , Crafts & Sports and Entertainment Goods	392928
石油加工、炼焦和核燃料加工业	Petroleum Processing ,Coke Products & Processing of Nuclear Fuel	6280019
化学原料和化学制品制造业	Raw Chemical Materials & Chemical Products	14955738
医药制造业	Medicine Manufacturing	3419703
化学纤维制造业	Chemical Fiber Manufacturing	5257
橡胶和塑料制品业	Rubber and Plastic Products	1743236
非金属矿物制品业	Nonmetal Mineral Products	7497715
黑色金属冶炼和压延加工业	Smelting & Pressing of Ferrous Metals	15759623

13–5 续表 2 continued

单位：万元　　(10 000 yuan)

行 业	Item	2015年工业总产值(现价) Gross Industrial Output Value in 2015 (at current prices)
有色金属冶炼和压延加工业	Smelting & Pressing of Nonferrous Metals	14808999
金属制品业	Metal Products	2837916
通用设备制造业	Manufacturing of General-Purpose Equipment	2672068
专用设备制造业	Special Purposes Equipment Manufacturing	2242361
汽车制造业	Automotive Manufacturing	1617934
铁路、船舶、航空航天和其他运输设备制造业	Railroad,Ships, Aerospace and Other Transportation Equipment Manufacturing	339318
电气机械和器材制造业	Electric Equipment & Machinery	3529826
计算机、通信和其他电子设备制造业	Manufacturing of Computer , Communications and Other Electronic Equipment	644874
仪器仪表制造业	Manufacturing of Instrument	88859
其他制造业	Others	71455
废弃资源综合利用业	Comprehensive Utilization of Waste Resources	362887
金属制品、机械和设备修理业	Metal products, Machinery and Equipment Repair	21901
电力、热力生产和供应业	Production & Supply of Electric Power & Heating Power	19559243
燃气生产和供应业	Production & Supply of Gas	3184036
水的生产和供应业	Production & Supply of Water	328062

13-6 规模以上工业企业主要经济指标(2015 年)

单位：万元

项 目	Item	企业单位数(个) Number of Enterprises (unit)	工业总产值(现价) Gross Industrial Output Value (at current prices)
总 计	**Total**	**4398**	**191332592**
在总计中：	Of the Total:		
亏损企业	Enterprises at Lose	1038	36309962
按轻重分	**Grouped by Light & Heavy Industry**		
轻工业	Light Industry	1260	41009429
重工业	Heavy Industry	3138	150323163
按行业分	**Grouped by Sector**		
采矿业	Mining	816	51854559
制造业	Manufacturing	3037	116406692
电力、燃气及水的生产和供应业	Production & Supply of Electric Power,Gas & Water	545	23071340
按企业规模分	**Grouped by Size of Enterprises**		
大型企业	Large	138	54886698
中型企业	Medium sized	621	59786976
小型企业	Small	3203	73521960
微型企业	tiny	436	3136958
按登记注册类型分组	**Grouped by Registration Status**		
内资企业	Domestic-funded Enterprise	4232	179071171
国有企业	State-owned Enterprises	116	8242813
中央企业	Central Enterprises	36	5359076
地方企业	Local Enterprises	80	2883737
集体企业	Collective-owned Enterprises	29	514808
股份合作企业	Cooperative Enterprises	5	44028
联营企业	Joint Ownership Enterprises		
国有联营企业	State joint Ownership Enterprises		
集体联营企业	Collective Joint Ownership Enterprises		
国有与集体联营企业	Joint State Collective Enterprises		
其他联营企业	Other Joint Ownership Enterprises		
有限责任公司	Limited Liability Corporations	2062	92560711
国有独资公司	Exclusive State-funded Limited Liability Corporations	135	16021160
股份有限公司	Share-holding Corporations Ltd.	187	24281316
私营企业	Private Enterprises	1812	52830304
其他企业	Other Enterprises	21	597191
港澳台商投资企业	Enterprises Funded by Entrepreneurs from Hong Kong, Macao and Taiwan	63	3489802
外商投资企业	Enterprises Funded by Foreigners	103	8771619

Main Indicators of Industrial Enterprises above Designated Size(2015)

(10 000 yuan)

资产合计 Total Assets	流动资产合计 Circulating Funds	固定资产原价 Original Value of Fixed Assets	流动负债合计 Liquid Liabilities	非流动负债合计 Non-Liquid Liabilities
286770328	**95911792**	**179395161**	**111469836**	**58404041**
100172093	31615996	54571966	52438739	21602229
32432452	13964590	17608002	12677333	3152049
254337875	81947202	161787159	98792504	55251993
77132853	29264865	41425816	23916587	15146721
140736981	52734842	75801143	66020558	18557828
68900494	13912085	62168201	21532692	24699492
122381388	41782321	73264951	48144831	25301087
84705237	27030785	53501784	31988069	19259826
71454743	24348078	47968472	28478065	12085729
8228960	2750609	4659953	2858871	1757400
258972736	87223847	163385365	101664319	52608569
26728789	5221896	17875713	9436758	7756645
19649535	3323307	13153166	6195225	5955893
7079254	1898588	4722547	3241533	1800751
157827	80474	237231	69118	4479
125011	9055	3386	4420	100
148125564	48925286	102709781	57760007	33262075
38088257	12274395	31846870	11108809	11867420
41864801	14823093	21577280	16186953	7633345
41368547	17991044	20811295	18077521	3833186
602197	172999	170679	129543	118740
6724164	1623045	4855208	2561694	992559
21073428	7064901	11154588	7243824	4802913

13-6 续表

单位：万元

项 目	Item	所有者权益 Creditors Equity	实收资本 Total Capital Hold
总 计	**Total**	**106463352**	**65921184**
在总计中：	Of the Total:		
亏损企业	Enterprises at Lose	22218490	31284961
按轻重分	**Grouped by Light & Heavy Industry**		
轻工业	Light Industry	15647433	6209975
重工业	Heavy Industry	90815918	59711209
按行业分	**Grouped by Sector**		
采矿业	Mining	35746732	10900710
制造业	Manufacturing	49974134	40500728
电力、燃气及水的生产和供应业	Production & Supply of Electric Power,Gas & Water	20742486	14519746
按企业规模分	**Grouped by Size of Enterprises**		
大型企业	Large	48514001	22137980
中型企业	Medium-sized	29133343	15197994
小型企业	Small	26979348	27084326
微型企业	tiny	1836660	1500884
按登记注册类型分组	**Grouped by Registration Status**		
内资企业	Domestic funded Enterprise	95078737	60896837
国有企业	State-owned Enterprises	9036786	5078104
中央企业	Central Enterprises	7338664	3788086
地方企业	Local Enterprises	1698122	1290018
集体企业	Collective-owned Enterprises	70275	31203
股份合作企业	Cooperative Enterprises	115420	5688
联营企业	Joint Ownership Enterprises		
国有联营企业	State joint Ownership Enterprises		
集体联营企业	Collective Joint Ownership Enterprises		
国有与集体联营企业	Joint State Collective Enterprises		
其他联营企业	Other Joint Ownership Enterprises		
有限责任公司	Limited Liability Corporations	51696061	39491839
国有独资公司	Exclusive State-funded Limited Liability Corporations	14560546	7146258
股份有限公司	Share-holding Corporations Ltd.	17528978	7990293
私营企业	Private Enterprises	16314161	8098465
其他企业	Other Enterprises	317057	201245
港澳台商投资企业	Enterprises Funded by Entrepreneurs from Hong Kong, Macao and Taiwan	2446290	1954373
外商投资企业	Enterprises Funded by Foreigners	8938324	3069974

continued

(10 000 yuan)

主营业务收入 Revenues of Main Business	主营业务成本 Cost of Main Business	利润总额 Total Profits	营业利润 Business prifits
185888846	**154382350**	**9649795**	**11831294**
32912230	32730906	-5322835	-5070736
40774962	32871244	3152724	3780067
145113884	121511106	6497071	8051227
50928220	39558569	4958704	5395305
111087370	94098188	3478309	5540024
23873256	20725593	1212782	895966
52906383	43827345	1172581	1175018
58254452	48783503	3847694	4305724
71788665	59384829	4546211	6221367
2939347	2386672	83309	129186
171377201	142522372	8887617	11053346
7360055	6722182	-838670	-836296
4692848	4637300	-1020783	-1039358
2667206	2084882	182113	203062
502840	433057	28749	40459
70053	48695	10581	10622
87584815	72917711	4218701	5267761
14954354	13309935	152847	16364
24260194	19550840	1892051	1694922
50938256	42362660	3475113	4774899
660988	487228	101093	100980
3156753	2532969	167472	208923
11354892	9327009	594705	569026

13-7 国有及国有控股工业企业主要经济指标(2015 年)

单位：万元

项 目	Item	企业单位数(个) Number of Enterprises (unit)	工业总产值(现价) Gross Industrial Output Value (at curent prices)
总 计	**Total**	**663**	**56236582**
在总计中:亏损企业	Of the Total:Enterprises at Lose	225	16957035
在总计中:轻工业	Of the Total:Light Industry	76	3438621
重工业	Heavy Industry	587	52797962
在总计中:	Of the Total:		
采矿业	Mining	96	13919294
制造业	Manufacturing	233	23751250
电力、燃气及水的生产和供应业	Production & Supply of Electric Power,Gas & Water	334	18566038
在总计中:	Of the Total:		
大型企业	Large	72	28832572
中型企业	Medium-sized	187	18796713
小型企业	Small	321	8037080
微型企业	Tiny	83	570218

13-7 续表

单位：万元

行 业	Item	所有者权益 Creditors Equity
总 计	**Total**	**51217542**
在总计中:亏损企业	Of the Total:Enterprises at Lose	16278741
在总计中:轻工业	Of the Total:Light Industry	2445082
重工业	Heavy Industry	48772459
在总计中:	Of the Total:	
采矿业	Mining	17290774
制造业	Manufacturing	17343422
电力、燃气及水的生产和供应业	Production & Supply of Electric Power,Gas & Water	16583346
在总计中:	Of the Total:	
大型企业	Large	29393685
中型企业	Medium-sized	12364403
小型企业	Small	8601492
微型企业	Tiny	857961

Main Indicators on Economic Benefit of State-owned and State Holding Majority Shares Industrial Enterprises(2015)

(10 000 yuan)

资产合计 Total Assets	流动资产合计 Circulating Funds	固定资产原价 Original Value of Fixed Assets	流动负债合计 Liquid Liabilities	非流动负债合计 Non-Liquid Liabilities
146226924	**40122819**	**104032193**	**55676775**	**35520903**
67664436	17702940	38555530	33065781	16864371
5104812	2170139	2058100	1586026	985990
141122112	37952680	101974093	54090749	34534913
31408868	11155771	17382703	9425028	4320667
58198465	18579182	31988895	29007408	9862819
56619591	10387866	54660594	17244339	21337418
72874327	23388887	47242911	29788744	13375174
43542143	10791900	32684198	15992570	12891032
26309597	5378650	21058253	8647607	8084653
3500858	563382	3046831	1247854	1170044

continued

(10 000 yuan)

实收资本 Total Capital Hold	主营业务收入 Revenues of Main Business	主营业务成本 Cost of Main Business	利润总额 Total Profits	营业利润 Business prifits
30870923	**52047088**	**44511767**	**-119591**	**-236449**
14032638	15265563	15947142	-4031174	-4006896
1550858	3076082	2003063	223561	207029
29320065	48971005	42508704	-343152	-443478
5135023	11519457	9143331	272790	417017
13836920	21234508	18540288	-1389781	-1369112
11898980	19293122	16828147	997399	715646
14970750	24736505	20860709	-715626	-754617
8045642	19128116	17160428	8565	-3900
7082361	7788516	6257335	507403	450817
772169	393950	233295	80066	71251

13-8 规模以上工业企业分行业主要经济指标(2015 年)

单位：万元

行 业	Item	企业单位数(个) Enterprise (unit)	工业总产值(现价) Gross Industrial Output Value (at current prices)
总计	**Total**	**4398**	**191332592**
采矿业	**Mining**	**816**	**51854559**
煤炭开采和洗选业	Coal Mining & Processing	395	30045188
石油和天然气开采业	Petroleum & Natural Gas Pumped	12	7027077
黑色金属矿采选业	Mining & Dressing of Ferrous Metals	164	5800684
有色金属矿采选业	Mining & Dressing of Nonferrous Metals	116	6403963
非金属矿采选业	Mining & Dressing of Nonmetal Minerals	124	2456407
开采辅助活动	Support Activities for Mining		
其他采矿业	Mining of Other Mineral	5	121241
制造业	**Manufacturing**	**3037**	**116406692**
农副食品加工业	Processing of Agricultural Side-Line Food	585	16666728
食品制造业	Food Manufacturing	137	7073597
酒、饮料和精制茶制造业	Wine, Beverage and Refined Tea Manufacturing	119	3030259
烟草制品业	Tobacco Products	2	986532
纺织业	Textile Industry	110	4376582
纺织服装、服饰业	Textile, Apparel Industry	47	928562
皮革、毛皮、羽毛及其制品和制鞋业	Leather, Fur, Feathers and Their Products and Footwear	13	239990
木材加工和木、竹、藤、棕、草制品业	Timber Processing, Bamboo, Cane, Palm Fiber & Straw Products	117	2421081
家具制造业	Furniture Manufacturing	8	239507
造纸及纸制品业	Paper-making & Paper Products	27	943672
印刷和记录媒介复制业	Printing and Record Medium Reproduction	22	207568
文教、工美、体育和娱乐用品制造业	Manufacturing of Cultural, Educational & Arts , Crafts & Sports and Entertainment Goods	7	392928
石油加工、炼焦和核燃料加工业	Petroleum Processing ,Coke Products & Processing of Nuclear Fuel	44	6280019
化学原料和化学制品制造业	Raw Chemical Materials & Chemical Products	329	14955738
医药制造业	Medicine Manufacturing	73	3419703
化学纤维制造业	Chemical Fiber Manufacturing	1	5257
橡胶和塑料制品业	Rubber and Plastic Products	89	1743236
非金属矿物制品业	Nonmetal Mineral Products	421	7497715
黑色金属冶炼和压延加工业	Smelting & Pressing of Ferrous Metals	253	15759623
有色金属冶炼和压延加工业	Smelting & Pressing of Nonferrous Metals	178	14808999
金属制品业	Metal Products	103	2837916
通用设备制造业	Manufacturing of General-Purpose Equipment	89	2672068
专用设备制造业	Special Purposes Equipment Manufacturing	83	2242361
汽车制造业	Automotive Manufacturing	35	1617934
铁路、船舶、航空航天和其他运输设备制造业	Railroad,Ships, Aerospace and Other Transportation Equipment Manufacturing	8	339318
电气机械和器材制造业	Electric Equipment & Machinery	95	3529826
计算机、通信和其他电子设备制造业	Manufacturing of Computer , Communications and Other Electronic Equipment	14	644874
仪器仪表制造业	Manufacturing of Instrument	3	88859
其他制造业	Others	5	71455
废弃资源综合利用业	Comprehensive Utilization of Waste Resources	16	362887
金属制品、机械和设备修理业	Metal products, Machinery and Equipment Repair	4	21901
电力、燃气及水的生产和供应业	**Production & Supply of Electric Power,Gas & Water**	**545**	**23071340**
电力、热力生产和供应业	Production & Supply of Electric Power & Heating Power	461	19559243
燃气生产和供应业	Production & Supply of Gas	44	3184036
水的生产和供应业	Production & Supply of Water	40	328062

Main Indicators of Industrial Enterprises above Designated Size by Industrial Branch(2015)

(10 000 yuan)

资产合计 Total Assets	流动资产合计 Circulating Funds	固定资产原价 Original Value of Fixed Assets	流动负债合计 Liquid Liabilities	非流动负债合计 Non-Liquid Liabilities
286770328	**95911792**	**179395161**	**111469836**	**58404041**
77132853	**29264865**	**41425816**	**23916587**	**15146721**
63109402	24269902	31962522	19194131	13784616
2888756	1016776	1971107	223829	321904
4576004	1918026	3526880	2018234	408981
5193999	1516727	2931600	1889028	513587
1307369	528071	997675	575987	117609
57323	15363	36033	15378	25
140736981	**52734842**	**75801143**	**66020558**	**18557828**
6965776	2807785	5214892	2404582	400956
9073026	4311592	3627211	4074264	541448
2572252	1096235	1475368	1036152	264489
673811	481758	293399	146698	689
3907786	1534756	2301152	1631946	593510
480253	314481	356738	235689	24218
88401	39921	51629	21818	44
1176538	791363	655497	329285	59818
84165	22139	69804	39380	1466
451749	241093	282687	199968	1568
143489	50926	83526	39934	1416
68298	54903	14582	12171	2587
10767420	3377892	7318980	4951119	2779817
29603460	8571550	18893723	12375880	7213679
3216124	1159104	2148833	1573241	149112
3723	2304	1419	268	2593
856610	335056	575639	226867	9314
8441811	3023480	5327222	4273801	457287
33051039	12130226	12698214	17514498	2982119
15920872	5765377	9936626	7942316	1775035
1279285	782778	500784	769141	12276
1571603	896974	652259	833708	64551
1476451	617905	946543	603483	36034
3825751	2016980	978646	2869938	511630
526745	290423	121383	128646	49
3629719	1636072	870697	1487218	526978
702471	286328	332337	186847	143982
3727	1860	1828	1451	
13527	7210	3593	3245	
110201	50591	48324	67948	1164
50899	35782	17612	39057	
68900494	**13912085**	**62168201**	**21532692**	**24699492**
63266175	12053061	58897658	19653044	23046499
3194328	867018	1934970	1137235	864119
2439991	992006	1335573	742413	788874

13-8 续表

单位：万元

行 业	Item	所有者权益 Creditors Equity
总计	**Total**	**106463352**
采矿业	**Mining**	**35746732**
煤炭开采和洗选业	Coal Mining & Processing	28442328
石油和天然气开采业	Petroleum & Natural Gas Pumped	2285829
黑色金属矿采选业	Mining & Dressing of Ferrous Metals	1929760
有色金属矿采选业	Mining & Dressing of Nonferrous Metals	2499766
非金属矿采选业	Mining & Dressing of Nonmetal Minerals	548448
开采辅助活动	Support Activities for Mining	
其他采矿业	Mining of Other Mineral	40601
制造业	**Manufacturing**	**49974134**
农副食品加工业	Processing of Agricultural Side-Line Food	3855922
食品制造业	Food Manufacturing	4284845
酒、饮料和精制茶制造业	Wine, Beverage and Refined Tea Manufacturing	1175616
烟草制品业	Tobacco Products	526424
纺织业	Textile Industry	1585094
纺织服装、服饰业	Textile, Apparel Industry	217614
皮革、毛皮、羽毛及其制品和制鞋业	Leather, Fur, Feathers and Their Products and Footwear	62918
木材加工和木、竹、藤、棕、草制品业	Timber Processing, Bamboo, Cane, Palm Fiber & Straw Products	763564
家具制造业	Furniture Manufacturing	42719
造纸及纸制品业	Paper-making & Paper Products	227212
印刷和记录媒介复制业	Printing and Record Medium Reproduction	79738
文教、工美、体育和娱乐用品制造业	Manufacturing of Cultural, Educational & Arts , Crafts & Sports and Entertainment Goods	53540
石油加工、炼焦和核燃料加工业	Petroleum Processing ,Coke Products & Processing of Nuclear Fuel	2559405
化学原料和化学制品制造业	Raw Chemical Materials & Chemical Products	8205256
医药制造业	Medicine Manufacturing	1421970
化学纤维制造业	Chemical Fiber Manufacturing	862
橡胶和塑料制品业	Rubber and Plastic Products	569568
非金属矿物制品业	Nonmetal Mineral Products	3056874
黑色金属冶炼和压延加工业	Smelting & Pressing of Ferrous Metals	11288787
有色金属冶炼和压延加工业	Smelting & Pressing of Nonferrous Metals	5526631
金属制品业	Metal Products	439853
通用设备制造业	Manufacturing of General-Purpose Equipment	602618
专用设备制造业	Special Purposes Equipment Manufacturing	802194
汽车制造业	Automotive Manufacturing	381036
铁路、船舶、航空航天和其他运输设备制造业	Railroad,Ships, Aerospace and Other Transportation Equipment Manufacturing	265838
电气机械和器材制造业	Electric Equipment & Machinery	1563317
计算机、通信和其他电子设备制造业	Manufacturing of Computer , Communications and Other Electronic Equipment	364745
仪器仪表制造业	Manufacturing of Instrument	2245
其他制造业	Others	10282
废弃资源综合利用业	Comprehensive Utilization of Waste Resources	25606
金属制品、机械和设备修理业	Metal products, Machinery and Equipment Repair	11842
电力、燃气及水的生产和供应业	**Production & Supply of Electric Power,Gas & Water**	**20742486**
电力、热力生产和供应业	Production & Supply of Electric Power & Heating Power	18832889
燃气生产和供应业	Production & Supply of Gas	1087797
水的生产和供应业	Production & Supply of Water	821800

continued

(10 000 yuan)

实收资本 Total Capital Hold	主营业务收入 Revenues of Main Business	主营业务成本 Cost of Main Business	利润总额 Total Profits	营业利润 Business prifits
65921184	**185888846**	**154382350**	**9649795**	**11831294**
10900710	**50928220**	**39558569**	**4958704**	**5395305**
8137983	29893636	21689847	3184709	3407000
689661	7030600	6169074	748380	750282
869534	5557527	4785522	359096	409356
942028	5970991	4881957	519499	601480
245781	2361697	1943894	139704	216903
15724	113770	88276	7316	10284
40500728	**111087370**	**94098188**	**3478309**	**5540024**
1338633	15760720	13502472	864081	1226834
1496064	9225022	7309444	890527	879266
593228	2827864	2049611	216472	300813
134616	981160	313100	102246	104139
282594	4206224	3590824	375719	412094
107961	872096	693323	66917	91343
26272	242295	207383	12098	17866
153824	2241690	1776242	289938	333990
8047	234331	188431	24974	24974
96657	825236	657711	89022	102763
19360	206904	166455	17998	21647
5343	381724	283761	83699	85008
2493339	5560978	4524399	-479783	-422997
6616656	13779238	11404945	390141	499179
845049	2624544	1941155	306905	306003
235	5085	4436	43	47
214028	1698782	1345550	116574	172656
2819422	7180065	5975568	257921	415975
6726865	14311807	13709127	-545260	-581718
13715439	14583584	13461430	207731	308982
215656	2674908	2292919	101184	252870
301316	2516531	2038025	60644	344092
311625	2136378	1658532	85435	228145
544057	1493753	1153573	-190171	101244
99537	290277	253287	7943	2049
1055131	3111067	2586606	128376	266527
237215	600682	568871	-13987	-15058
651	93972	65561	2385	24783
9616	71796	50454	494	19695
22759	326760	304958	8097	16878
9532	21901	20036	-54	-65
14519746	**23873256**	**20725593**	**1212782**	**895966**
13529443	20139699	17366627	1047999	749632
531157	3333901	3057715	166944	159020
459146	399656	301252	-2161	-12687

13-9 国有及国有控股工业企业分行业主要经济指标(2015 年)

单位：万元

行 业	Item	企业单位数(个) Number of Enterprise (unit)	工业总产值(现价) Gross Industrial Output Value (at current prices)
总计	**Total**	**663**	**56236582**
采矿业	**Mining**	**96**	**13919294**
煤炭开采和洗选业	Coal Mining & Processing	58	10522768
石油和天然气开采业	Petroleum & Natural Gas Pumped	4	536943
黑色金属矿采选业	Mining & Dressing of Ferrous Metals	10	864206
有色金属矿采选业	Mining & Dressing of Nonferrous Metals	16	1849471
非金属矿采选业	Mining & Dressing of Nonmetal Minerals	7	134662
开采辅助活动	Support Activities for Mining		
其他采矿业	Mining of Other Mineral	1	11245
制造业	**Manufacturing**	**233**	**23751250**
农副食品加工业	Processing of Agricultural Side-Line Food	12	532338
食品制造业	Food Manufacturing	11	476224
酒、饮料和精制茶制造业	Wine, Beverage and Refined Tea Manufacturing	12	315705
烟草制品业	Tobacco Products	2	986532
纺织业	Textile Industry	2	359001
纺织服装、服饰业	Textile, Apparel Industry	2	61866
皮革、毛皮、羽毛及其制品和制鞋业	Leather, Fur, Feathers and Their Products and Footwear		
木材加工和木、竹、藤、棕、草制品业	Timber Processing, Bamboo, Cane, Palm Fiber & Straw Products		
家具制造业	Furniture Manufacturing		
造纸及纸制品业	Paper-making & Paper Products	1	25441
印刷和记录媒介复制业	Printing and Record Medium Reproduction	2	7775
文教、工美、体育和娱乐用品制造业	Manufacturing of Cultural, Educational & Arts , Crafts & Sports and Entertainment Goods		
石油加工、炼焦和核燃料加工业	Petroleum Processing ,Coke Products & Processing of Nuclear Fuel	10	3518360
化学原料和化学制品制造业	Raw Chemical Materials & Chemical Products	27	3407116
医药制造业	Medicine Manufacturing	7	330778
化学纤维制造业	Chemical Fiber Manufacturing	1	5257
橡胶和塑料制品业	Rubber and Plastic Products	3	30058
非金属矿物制品业	Nonmetal Mineral Products	30	654171
黑色金属冶炼和压延加工业	Smelting & Pressing of Ferrous Metals	14	3317420
有色金属冶炼和压延加工业	Smelting & Pressing of Nonferrous Metals	37	6512784
金属制品业	Metal Products	5	340272
通用设备制造业	Manufacturing of General-Purpose Equipment	16	538973
专用设备制造业	Special Purposes Equipment Manufacturing	15	176029
汽车制造业	Automotive Manufacturing	10	965256
铁路、船舶、航空航天和其他运输设备制造业	Railroad,Ships, Aerospace and Other Transportation Equipment Manufacturing	2	220500
电气机械和器材制造业	Electric Equipment & Machinery	10	908104
计算机、通信和其他电子设备制造业	Manufacturing of Computer , Communications and Other Electronic Equipment	1	46766
仪器仪表制造业	Manufacturing of Instrument		
其他制造业	Others		
废弃资源综合利用业	Comprehensive Utilization of Waste Resources		
金属制品、机械和设备修理业	Metal products, Machinery and Equipment Repair	1	14525
电力、燃气及水的生产和供应业	**Production & Supply of Electric Power,Gas & Water**	**334**	**18566038**
电力、热力生产和供应业	Production & Supply of Electric Power & Heating Power	304	17999056
燃气生产和供应业	Production & Supply of Gas	7	367195
水的生产和供应业	Production & Supply of Water	23	199787

Main Indicators on Economic Benefit of State-owned and State Holding Majority Shares Industrial Enterprises by Industrial Branch(2015)

(10 000 yuan)

资产合计 Total Assets	流动资产合计 Circulating Funds	固定资产原价 Original Value of Fixed Assets	流动负债合计 Liquid Liabilities	非流动负债合计 Non-Liquid Liabilities
146226924	**40122819**	**104032193**	**55676775**	**35520903**
31408868	**11155771**	**17382703**	**9425028**	**4320667**
26242167	9331158	13813162	8016088	3658631
2024853	850008	1604108	55107	279730
1466006	635745	855816	502978	219781
1546138	286572	1044552	794574	152079
106179	46930	51264	43923	10445
23525	5358	13800	12358	
58198465	**18579182**	**31988895**	**29007408**	**9862819**
358345	174412	181862	176446	43139
244779	130848	275058	101185	12407
558079	249346	247829	243742	-260
673811	481758	293399	146698	689
31208	29275	4160	17541	
40361	23267	59524	18739	1678
52051	21640	41660	31239	
17483	7767	15868	7030	8
5308649	967485	4945716	2031452	1917600
10711277	1587136	9303669	4673227	3319082
331581	130353	123518	120336	26675
3723	2304	1419	268	2593
27732	19488	7285	13304	637
1611984	501586	1396752	1147490	96201
23089518	8048770	7254391	11916926	2167274
8286557	2586248	5943058	4002891	1227872
513846	450051	57590	470257	
766315	530546	271160	497093	35736
323684	187542	176315	289506	10726
2785065	1588687	794109	2318456	394495
335295	224269	104525	96160	49
1804123	588780	231598	532719	464691
282206	18790	251591	125559	141530
40796	28834	6839	29145	
56619591	**10387866**	**54660594**	**17244339**	**21337418**
54488835	9558584	53405964	16645384	20609672
663135	176798	449597	136118	251933
1467621	652484	805033	462838	475813

13-9 续表

单位：万元

行 业	Item	所有者权益 Creditors Equity
总计	**Total**	**51217542**
采矿业	**Mining**	**17290774**
煤炭开采和洗选业	Coal Mining & Processing	14207993
石油和天然气开采业	Petroleum & Natural Gas Pumped	1690015
黑色金属矿采选业	Mining & Dressing of Ferrous Metals	736514
有色金属矿采选业	Mining & Dressing of Nonferrous Metals	593274
非金属矿采选业	Mining & Dressing of Nonmetal Minerals	51811
开采辅助活动	Support Activities for Mining	
其他采矿业	Mining of Other Mineral	11168
制造业	**Manufacturing**	**17343422**
农副食品加工业	Processing of Agricultural Side-Line Food	137887
食品制造业	Food Manufacturing	130531
酒、饮料和精制茶制造业	Wine, Beverage and Refined Tea Manufacturing	264456
烟草制品业	Tobacco Products	526424
纺织业	Textile Industry	13667
纺织服装、服饰业	Textile, Apparel Industry	19944
皮革、毛皮、羽毛及其制品和制鞋业	Leather, Fur, Feathers and Their Products and Footwear	
木材加工和木、竹、藤、棕、草制品业	Timber Processing, Bamboo, Cane, Palm Fiber & Straw Products	
家具制造业	Furniture Manufacturing	
造纸及纸制品业	Paper-making & Paper Products	20811
印刷和记录媒介复制业	Printing and Record Medium Reproduction	10445
文教、工美、体育和娱乐用品制造业	Manufacturing of Cultural, Educational & Arts , Crafts & Sports and Entertainment Goods	
石油加工、炼焦和核燃料加工业	Petroleum Processing ,Coke Products & Processing of Nuclear Fuel	1301831
化学原料和化学制品制造业	Raw Chemical Materials & Chemical Products	2026144
医药制造业	Medicine Manufacturing	184570
化学纤维制造业	Chemical Fiber Manufacturing	862
橡胶和塑料制品业	Rubber and Plastic Products	13755
非金属矿物制品业	Nonmetal Mineral Products	278967
黑色金属冶炼和压延加工业	Smelting & Pressing of Ferrous Metals	8112654
有色金属冶炼和压延加工业	Smelting & Pressing of Nonferrous Metals	2893301
金属制品业	Metal Products	43588
通用设备制造业	Manufacturing of General-Purpose Equipment	212595
专用设备制造业	Special Purposes Equipment Manufacturing	6690
汽车制造业	Automotive Manufacturing	72114
铁路、船舶、航空航天和其他运输设备制造业	Railroad,Ships, Aerospace and Other Transportation Equipment Manufacturing	239086
电气机械和器材制造业	Electric Equipment & Machinery	806334
计算机、通信和其他电子设备制造业	Manufacturing of Computer , Communications and Other Electronic Equipment	15117
仪器仪表制造业	Manufacturing of Instrument	
其他制造业	Others	
废弃资源综合利用业	Comprehensive Utilization of Waste Resources	
金属制品、机械和设备修理业	Metal products, Machinery and Equipment Repair	11651
电力、燃气及水的生产和供应业	**Production & Supply of Electric Power,Gas & Water**	**16583346**
电力、热力生产和供应业	Production & Supply of Electric Power & Heating Power	15886374
燃气生产和供应业	Production & Supply of Gas	245005
水的生产和供应业	Production & Supply of Water	451967

continued

(10 000 yuan)

实收资本 Total Capital Hold	主营业务收入 Revenues of Main Business	主营业务成本 Cost of Main Business	利润总额 Total Profits	营业利润 Business prifits
30870923	**52047088**	**44511767**	**-119591**	**-236449**
5135023	**11519457**	**9143331**	**272790**	**417017**
4151307	8305929	6148111	327999	449442
571284	533143	647122	-153574	-151774
198724	913794	903291	-57951	-58895
198479	1626585	1338485	137933	159847
14228	130917	101262	16111	16117
1000	9091	5061	2271	2280
13836920	**21234508**	**18540288**	**-1389781**	**-1369112**
105973	470096	411325	30667	31067
65837	462564	365519	50709	46746
194205	229583	149823	10728	10512
134616	981160	313100	102246	104139
9600	351327	320934	27797	27797
15100	54872	46998	2666	2862
16364	27433	20688	-655	1584
7164	7685	5015	1037	860
1398799	3181161	2409361	-438892	-385575
3037854	3070748	2617285	-146716	-138874
62670	178984	116808	28953	27273
235	5085	4436	43	47
9068	25324	22745	1	12
338564	611987	554303	-64849	-66884
4852901	2628957	3015410	-766489	-954917
1821085	6307988	5886096	49060	-30978
78573	284771	273512	3335	2715
145707	459150	420923	-8312	1922
152252	179571	163724	-31811	-33922
461841	792956	608242	-197757	4515
84718	200078	178881	-4796	-5862
767630	671449	572492	-3525	19114
70665	37056	50166	-33819	-33850
5501	14525	12503	598	586
11898980	**19293122**	**16828147**	**997399**	**715646**
11575710	18616895	16247249	955012	686868
84020	425795	382446	65027	60314
239250	250432	198452	-22640	-31536

13-10 主要工业产品产量

年份 Year	原煤（万吨）Coal (10000 tons)	原盐（万吨）Salt (10000 tons)	发电量（亿千瓦小时）Electricity (100 million kwh)	钢（万吨）Steel (10000 tons)	成品钢材（万吨）Steel Products (10000 tons)	生铁（万吨）Pig Iron (10000 tons)	水泥（万吨）Cement (10000 tons)	木材（万立方米）Timber (10000 cu·m)	平板玻璃（万重量箱）Plate Glass (10000 Weight cases)	小型拖拉机（台）Small Tractors (unit)
1957	217	43.89	0.92			0.02		186.67		
1965	806	8.16	12.55	34	1.76	51.00	3.06	391.36		
1970	1215	63.58	22.01	81	16.02	66.00	11.14	244.43		
1975	1699	38.03	28.26	49	27.44	50.00	57.64	378.65	6.74	361
1978	2194	65.18	37.78	99	36.23	107.00	91.91	378.17	11.83	193
1980	2211	43.00	49.05	133	41.32	138.00	109.85	414.55	23.66	537
1981	2180	45.53	54.50	132	37.71	137.00	104.40	427.15	23.99	370
1982	2382	48.79	58.40	129	54.94	137.00	124.43	448.71	40.75	1365
1983	2487	61.61	60.82	134	60.47	151.00	145.88	480.48	121.60	6196
1984	2740	62.74	69.55	149	74.80	160.00	151.40	478.47	175.53	12118
1985	3204	66.34	80.46	170	100.14	182.00	185.11	502.07	112.84	16025
1986	3292	99.13	111.24	186	106.85	214.00	207.97	626.99	154.54	12045
1987	3410	97.29	126.54	216	130.53	257.00	218.84	596.00	157.41	17073
1988	3734	86.88	138.47	221	137.70	227.00	239.62	594.74	118.82	23780
1989	4382	109.97	153.72	242	157.27	255.00	250.55	527.89	235.32	12488
1990	4762	93.28	169.54	273	175.47	281.00	227.97	525.96	250.20	12464
1991	4923	100.66	189.04	269	179.69	271.00	270.60	483.87	254.92	14520
1992	5039	116.05	222.29	309	210.97	302.00	319.61	494.19	163.64	12852
1993	5514	111.93	235.23	346.11	244.58	329.95	371.50	500.02	341.07	3700
1994	6052	107.09	261.27	335.75	267.11	328.88	312.00	500.00	393.55	4522
1995	7055	76.13	278.54	355.36	257.77	345.78	349.27	504.35	445.42	7903
1996	7317	83.22	324.01	431.95	291.44	428.12	399.84	540.73	388.14	3948
1997	8303	100.00	342.23	453.32	339.94	450.84	465.76	524.15	399.77	5070
1998	7769	148.28	350.41	404.36	342.10	408.74	486.82	486.86	339.49	2881
1999	7071	132.07	380.61	416.30	365.80	424.86	549.70	379.23	390.93	5809
2000	7247	126.68	439.22	423.60	378.91	440.84	630.00	321.65	371.58	8419
2001	8163	136.75	465.50	453.75	388.39	476.06	698.00	280.72	464.33	5266
2002	11471	149.18	517.98	515.58	484.71	556.12	787.22	274.61	752.61	4175
2003	14707	148.72	647.73	576.83	560.36	606.90	947.86	255.35	852.49	1335
2004	21235	161.82	816.75	626.54	604.62	678.46	1282.83	377.75	1074.45	572
2005	25608	215.84	1056.59	805.49	747.77	922.69	1632.25	340.96	1144.59	
2006	29760	206.45	1416.00	861.86	823.97	1108.33	2215.59	350.52	999.52	
2007	35438	246.45	1931.95	1040.36	912.32	1260.09	2871.17	416.66	1395.72	16730
2008	47270	236.81	2136.00	1211.03	1047.34	1256.55	3424.06	342.39	1458.32	17750
2009	60375	216.98	2242.57	1261.94	1294.87	1437.07	4333.75	393.23	1564.89	11750
2010	78913	278.42	2483.90	1232.84	1341.41	1358.97	5454.30	320.55	1214.12	1080
2011	98441	310.99	2972.85	1669.75	1417.32	1431.07	6499.28	217.88	1259.53	816
2012	106603	253.46	3116.89	1734.14	1661.82	1326.43	5872.06	208.83	549.07	2559
2013	99055	243.02	3567.14	1978.56	1797.74	1367.23	6497.96	196.22	521.63	2430
2014	99391	193.67	3857.81	1661.48	1763.16	1330.72	6310.12	187.29	629.31	2450
2015	90957	164.57	3928.77	1735.11	1897.18	1461.40	5830.75	142.62	1014.00	2230

注:1979 年以后化肥产量按折合 100%计算。

Output of Major Industrial Products

化 肥 (万吨) Chemical Fertilizer (10000 tons)	机制纸及纸板 (万吨) Machine-made Paper and Paperboards (10000 tons)	合成洗涤剂 (吨) Synthetic Detergents (ton)	糖 (万吨) Sugar (10000 tons)	电视机 (台) Television Sets (unit)	彩色电视机 (台) Color Television Sets (unit)	自行车 (辆) Bicycle (unit)	纱 (吨) Yarn (ton)	布 (万米) Cloth (10000 m)
0.49	0.69		0.16				104	37
0.88	1.83		4.17				706	238
2.91	1.88		5.80				10267	5562
8.19	3.08	1352	3.28	150			8559	4741
16.65	4.25	2042	4.23	1020			14278	7604
4.00	4.24	2646	6.92	13803		1121	14814	7950
6.22	4.02	2641	10.93	26736		18189	15328	8270
9.54	4.67	3322	9.58	41360		13559	14884	8448
10.16	2.50	4851	12.87	52992	3000	6206	13475	8202
10.81	7.16	6417	17.28	100111	8676	15317	12851	7168
9.81	9.53	7898	17.88	175087	66889	25074	14951	7104
10.16	10.70	8261	20.60	155047	84448	62038	16860	8109
12.13	10.92	11919	17.15	220168	108858	61500	19334	8814
12.84	11.73	19354	15.22	276936	135286	51276	21612	10313
12.18	13.02	16353	19.76	342102	134548	44004	22581	10548
13.48	13.59	11936	16.37	384451	157331	19110	23950	10785
12.50	15.05	9530	23.54	286128	170647	7732	24090	10826
13.44	15.64	10454	29.23	293761	213085	10552	20912	9537
13.03	14.45	11686	26.43	333600	229200	5000	17742	8782
17.92	14.90	13130	18.34	410000	305285	10000	19343	9232
17.35	19.15	17326	17.07	326833	270907	600	19105	8548
20.95	20.14	10588	27.21	228718	170210	2524	18921	8728
16.87	16.03	7730	26.70	156560	115779	1955	19782	8271
21.12	13.76	4240	20.12	34307	34307	1548	18241	7197
43.72	14.27	2252	11.95	127796	125396	1627	18312	6191
35.54	12.19	1929	12.04	518000	518000	504	15718	3287
39.58	14.33	1064	19.67	961388	961388		20523	4078
48.70	18.59	127	18.77	1267016	1267016		23814	5275
50.93	18.92	329	14.74	1342993	1342993		22560	4685
57.87	25.17		10.67	2374871	2374871		22171	4203
65.58	25.74		14.75	2390900	2390900		32194	8337
68.95	19.73	1994	25.88	3337425	3337425		14512	13576
84.30	25.88	263	19.46	8302633	8302633		45580	14810
89.05	35.53		22.37	8667513	8667513		16762	5537
259.13	77.97		15.42	2174236	2174236		20250	8030
180.82	28.84		12.04	2043662	2043662		20629	9813
126.06	30.91		18.00	2610853	2610853		20340	10192
123.03	14.97		31.14	3832302	3832302		10929	4153
113.69	11.91		42.35	3737574	3737574		3466	3
126.08	29.06		51.11	3497783	3497783		4267	
292.96	12.32		67.33	2664795	2664795		5167	

a)The output of chemical fertilizer is calculated on the basis of 100% effective content since 1979.

13-11 主要工业产品产量
Output of Major Industrial Products

项　　目	Item	2014	2015
原 煤(万吨)	Coal(10 000 tons)	99391.26	90957.05
汽 油(万吨)	Gasoline(10 000 tons)	151.87	147.91
柴 油(万吨)	Diesel Oil(10 000 tons)	214.67	177.29
天然气(亿立方米)	Natural Gas(100 million cu.m)	281.08	290.00
原 油(万吨)	Crude Oil(10 000 tons)	193.21	178.83
发电量(亿千瓦小时)	Electricity(100 million kwh)	3857.81	3928.77
食用植物油(万吨)	Edible Vegetable Oil(10 000 tons)	49.68	57.88
罐 头(万吨)	Canned Food(10 000 tons)	0.13	0.13
乳 制 品(万吨)	Dairy Products(10000 tons)	269.83	293.55
液体乳(万吨)	Liquid Dairy(10 000 tons)	246.47	276.37
啤 酒(千升)	Beer(1000 litres)	1093686.20	1040850.30
白 酒(千升)	Liquor(1000 litres)	616705.50	689950.70
卷 烟(万支)	Cigarettes(10000 pcs)	3550000.00	3550000.00
呢 绒(万米)	Woolen Piece Goods(10 000 m)	2055.20	984.20
服 装(万件)	Garments(10 000 pcs)	4311.60	5095.50
中成药(万吨)	Traditional Chinese Medicine(10 000 tons)	1.01	1.37
化学原料药(万吨)	Chemical Medicine(10 000 tons)	2.95	3.44
胶合板(万立方米)	Plywood(10 000cu·m)	135.00	140.35
纤 维 板(万立方米)	Fiberboard(10 000cu·m)	58.33	54.83
焦 炭(万吨)	Coke(10 000 tons)	3445.94	3040.99
硫 酸(万吨)	Sulfuric Acid(10 000 tons)	293.85	277.76
烧碱(氢氧化钠)(万吨)	Caustic Soda(10 000 tons)	256.38	265.11
纯碱(无水碳酸钠)(万吨)	Soda Ash(10 000 tons)	60.03	51.67
农用化学肥料(万吨)	Chemical Fertilizer(10 000 tons)	126.08	292.96
氮 肥(万吨)	Nitrogen Fertilizers(10 000 tons)	116.91	276.30
磷 肥(万吨)	Phosphate Fertlizers(10 000 tons)	9.17	14.61

注:生产量包括规模以下工业企业工业产品产量。

a)The output of products includes the products of industrial enterprises below designated size.

13-11 续表 continued

项　　目	Item	2014	2015
合成氨(万吨)	Synthetic Ammonia(10 000 tons)	125.43	124.03
水泥(万吨)	Cement(10 000 tons)	6310.12	5830.75
平板玻璃(万重量箱)	Plate Glass(10 000 weight cases)	629.31	1014.00
铝(万吨)	Aluminum(10 000 tons)	235.88	259.64
生铁(万吨)	Pig Iron(10 000 tons)	1330.72	1461.40
钢(万吨)	Steel(10 000 tons)	1661.48	1735.11
成品钢材(万吨)	Steel Products(10 000 tons)	1763.16	1897.18
载货汽车(辆)	Trucks(unit)	11996	9719.00
铁路货车(万辆)	Railway Freight Coaches(10 000 units)	0.32	0.10
彩色电视机(万台)	Color Television Sets(10 000 sets)	349.78	266.48
铁合金(万吨)	Ferroalloy(10 000 tons)	539.35	600.58
精甲醇(万吨)	Purified Carbinol(10 000 tons)	647.32	684.88
化学农药原药(万吨)	Original Chemical Peoticide(10 000 tons)	5.14	7.77
碳化钙(电石)(万吨)	Calcium Carbide(10 000 tons)	840.40	860.91
铁矿石原矿量(万吨)	Crudeiron Ore(10 000 tons)	9363.59	8156.23
洗煤(万吨)	Washed Coal(10 000 tons)	11166.16	8258.01
硫铁矿石(万吨)	Pyritel Ore(10 000 tons)	59.94	64.31
配混合饲料(万吨)	Forage(10 000 tons)	490.00	480.95
精炼铜(万吨)	Refined Copper(10 000 tons)	27.68	17.40

13-12 主要工业产品生产能力

Production Capacity of Major Industrial Products

产品名称	Item	2015
原煤(万吨)	Coal(10 000 tons)	116634.29
焦炭(万吨)	Coke(10 000 tons)	4829.00
天然原油(万吨)	Crude Oil(10 000 tons)	317.14
碳化钙(电石）(万吨)	Calcium Carbide (10 000 tons)	1014.55
发电设备容量总计(万千瓦)	Capacity Of Generator (10 000 kw)	9174.00
卷烟(万支)	Cigarettes(10 000 pieces)	5089500.00
农用氮磷钾化学肥料(万吨)	Chemical Fertilizer(10 000 tons)	369.55
棉布织机(万台)	Looms(10 000 sets)	
原铝(万吨)	Aluminum(10 000 tons)	337.50
水泥(万吨)	Cement(10 000 tons)	10949.57
平板玻璃(万重量箱)	Plate Glass(10 000 weight cases)	1080.00
生铁(万吨)	Pig Iron(10 000 tons)	1952.90
钢(万吨)	Steel(10 000 tons)	3117.50
钢材(万吨)	Rolled Steel(10 000 tons)	2798.40
铁合金(万吨)	Ferroalloy(10 000 tons)	840.04
汽车(辆)	Vehicle(unit)	170000.00
电视机(万台)	Television Sets(10 000 sets)	375.00
#彩色电视机(万台)	Color TV Sets(10 000 sets)	375.00

主要统计指标解释

工业 指从事自然资源的开采，对采掘品和农产品进行加工和再加工的物质生产部门。具体包括:(1)对自然资源的开采,如采矿、晒盐、森林采伐等(但不包括禽兽捕猎和水产捕捞)(2)对农副产品的加工、再加工,如粮油加工、食品加工、轧花、缫丝、纺织、制革等;(3)对采掘品的加工、再加工,如炼铁、炼钢、化工生产、石油加工、机器制造、木材加工等,以及电力、自来水、煤气的生产和供应等;(4)对工业品的修理、翻新,如机器设备的修理,交通运输工具(包括小卧车)的修理等。

工业统计调查单位 工业统计调查单位分为两类：独立核算法人工业企业和工业活动单位。

(1)独立核算法人工业企业 是指从事工业生产经营活动的单位。独立核算法人工业企业应同时具备以下条件:①依法成立,有自己的名称、组织机构和场所,能够承担民事责任;②独立拥有和使用资产,承担负债,有权与其他单位签订合同;③独立核算盈亏,并能够编制资产负债表。

(2)工业活动单位 是指在一个场所从事一种或主要从事一种工业生产活动的经济单位。它包括独立核算工业企业按主营业务活动(即工业生产活动)划分的主营业务活动单位和非工业企业所属的工业生产活动单位 (即原非独立核算工业生产单位)。工业活动单位,一般应同时具备以下三个条件:①具有一个场所,从事一种或主要从事一种工业活动;②单独组织工业生产、经营或业务活动;③单独核算收入和支出。

轻工业 指主要提供生活消费品和制作手工工具的工业。按其所使用的原料不同,可分为两大类:(1)以农产品为原料的轻工业，是指直接或间接以农产品为基本原料的轻工业。主要包括食品制造、饮料制造、烟草加工、纺织、缝纫、皮革和毛皮制作、造纸以及印刷等工业;(2)以非农产品为原料的轻工业,是指以工业品为原料的轻工业。主要包括文教体育用品、化学药品制造、合成纤维制造、日用化学制品、日用玻璃制品、日用金属制品、手工工具制造、医疗器械制造、文化和办公用机械制造等工业。

重工业 是指为国民经济各部门提供物质技术基础的主要生产资料的工业。按其生产性质和产品用途,可以分为下列三类:(1)采掘(伐)工业,是指对自然资源的开采,包括石油开采、煤炭开采、金属矿开采、非金属矿开采和木材采伐等工业;(2)原材料工业,指向国民经济各部门提供基本材料、动力和燃料的工业。包括金属冶炼及加工、炼焦及焦炭、化学、化工原料、水泥、人造板以及电力、石油和煤炭加工等工业;(3)加工工业,是指对工业原材料进行再加工制造的工业。包括装备国民经济各部门的机械设备制造工业、金属结构、水泥制品等工业,以及为农业提供的生产资料如化肥、农药等工业。

根据上述划分原则,修理业中以重工业产品为修理作业对象的划为重工业,反之划为轻工业。

工业总产值 是以货币表现的工业企业在一定时期内生产的已出售或可供出售工业产品总量,它反映一定时间内工业生产的总规模和总水平。它包括:在本企业内不再进行加工,经检验、包装入库(规定不需包装的产品除外)的成品价值,对外加工费收入,自制半成品、在产品期末期初差额价值。工业总产值采用“工厂法”计算,即以工业企业作为一个整体,按企业工业生产活动的最终成果来计算,企业内部不允许重复计算,不能把企业内部各个车间(分厂)生产的成果相加。但在企业之间、行业之间、地区之间存在着重复计算。

工业增加值 是指工业行业在报告期内以货币表现的工业生产活动的最终成果。

实收资本 指企业实际收到的投资人投入的资本。按投资主体可分为国家资本、集体资本、法人资本、个人资本、港澳台资本和外商资本等。

资产合计 指企业拥有或控制的能以货币计量的经济资源。包括各种财产、债权和其他权利。资产按其流动性划分为流动资产、长期投资、固定资产、无形及递延资产和其他资产。

(1)流动资产 指企业可以在一年内或者超过一年的一个生产周期内变现或耗用的资产合计。包括现金及各种存款、短期投资、应收及预付款项、存货等。

(2)固定资产 指企业固定资产净值、固定资产清理、在建工程、待处理固定资产损失所占用的资金合计。

(3)无形资产 指企业长期使用而没有实物形态的资产。包括专利权、非专利技术、商标权、著作权、土地使用权、商誉等。

负债合计 指企业承担的能以货币计量,将以资产或劳务偿付的债务。负债一般按偿还期长短分为流动负债和长期负债、递延税项等。

(1)流动负债 指企业在一年内或者超过一年的一个营业周期内需要偿还的债务合计,其中包括短期借款、应付及预收款项、应付工资、应交税金和应交利润等。

(2)长期负债 指企业在一年以上或者超过一年的一个营业周期以上需要偿还的债务合计,其中包括长期借款、应付债务、长期应付款项等。

所有者权益 指企业投资人对企业净资产的所有权。企业净资产等于企业全部资产减去全部负债后的余额,其中包括投资者对企业的最初投入,以及资本公积金、盈余公积金和未分配利润,对股份制企业即为股东权益。

固定资产原价 指企业在建造、购置、安装、改建、扩建、技术改造某项固定资产时所支出的全部货币总额。它一般包括买价、包装费、运杂费和安装费等。

固定资产净值 是指固定资产原价减去历年已提折旧额后的净额。

流动资产 是指可以在一年或者超过一年的一个营业周期内变现或者耗用的资产,包括现金及各种存款、短期投资、应收及预付货款、存货等。

产品销售收入 指企业销售产品和提供劳务等主要经营

业务取得的业务总额。

产品销售成本 指企业销售产品和提供劳务等主要经营业务的实际成本。

产品销售税金及附加 指企业销售产品和提供工业性劳务等主要经营业务应负担的城市维护建设税、消费税、资源税和教育费附加。

产品销售利润 指企业销售产品和提供工业性劳务等主要经营业务收入扣除其成本、费用、税金后的利润。

利润总额 指企业实现的利润。

应交增值税 指企业在报告期内应交纳的增值税额。

总资产贡献率 反映企业全部资产的获利能力，是企业经营业绩和管理水平的集中体现，是评价和考核企业盈利能力的核心指标。计算公式为：

总资产贡献率 (%)= (利润总额 + 税金总额 + 利息支出)/平均资产总额 × 100%

资产负债率 该指标既反映企业经营风险的大小，也反映企业利用债权人提供的资金从事经营活动的能力。计算公式为：

总资产负债率(%)= 负债总额 / 资产总额 × 100%

工业成本费用利润率 指在一定时期内实现的利润与成本费用之比，是反映工业生产成本及费用投入的经济效益指标，同时也是反映降低成本的经济效益的指标。计算公式为：

工业成本费用利润率 (%)= 利润总额 / 成本费用总额 × 100%

工业增加值率 指在一定时期内工业增加值占同期工业总产值的比重，反映降低中间消耗的经济效益。计算公式为：

工业增加值率(%)= 工业增加值(现价)/ 工业总产值(现价) × 100%

流动资金周转次数 指在一定时期内流动资产完成的周转次数，反映流动资产的周转速度。计算公式为：

流动资金周转次数 = 产品销售收入 / 全部流动资产平均余额

产品销售率 指报告期工业销售产值与同期全部工业总产值之比，是反映工业产品已实现销售的程度，分析工业产销衔接情况，研究工业产品满足社会需求程度的指标。计算公式为：

产品销售率 (%)= 工业销售产值 / 工业总产值 (现价) × 100%

全员劳动生产率 指根据产品的价值量指标计算的平均每一个从业人员在单位时间内的产品生产量。是考核企业经济活动的重要指标，是企业生产技术水平、经营管理水平、职工技术熟练程度和劳动积极性的综合表现。目前我国的全员劳动生产率是将工业企业的工业增加值除以同一时期全部从业人员的平均人数来计算的。计算公式为：

全员劳动生产率 = 工业增加值 / 全部从业人员平均人数

为了使各年度的全员劳动生产率数字可以比较，1990 年以前各年的全员劳动生产率均按指数换算成 1990 年不变价格。

Explanatory Notes on Main Statistical Indicators

Industry refers to the material production sector which is engaged in extraction of natural resources and processing and reprocessing of minerals and agricultural products, including (1) extraction of natural resources, such as mining, salt production, logging (but not including hunting and fishing); (2) processing and reprocessing of farm and sideline produces, such as rice husking, flour milling, wine making, oil pressing, cotton ginning, silk reeling, spinning and weaving, and leather making; (3) manufacture of industrial products, such as steel making, iron smelting, chemicals manufacturing, petroleum processing, machine building, timber processing; water and gas production and electricity generation and supply; (4) repairing of industrial products such as the repairing of machinery and means of transport(including cars).

Units of Industrial Statistics and Inquiry They are classified into two categories (1) corporate industrial enterprises with independent accounting system (2) industrial establishments.

(1) Corporate industrial enterprises with independent accounting system refer to enterprises engaging in industrial production activities, which meet the following requirements: ①They are established legally, having their own names, organizations, location, able to take civil liability; ②They possess and use their assets independently, assume liabilities, and are entitled to sign contracts with other units; ③They are financially independent and compile their own balance sheets.

(2) Industrial establishments refer to economic units which located in one single place and engaged entirely or primarily in one kind of industrial activity, including financially independent industrial enterprises and units engaged in industrial activities under the non industrial enterprises (or financially dependent). Industrial establishments generally meet the following requirements: ①They have each one location and are engaged in one kind of industrial activity each; ②They operate and manage their industrial production activities separately; ③They have accounts of income and expenditures separately.

Light Industry refers to the industry that produces consumer goods and hand tools. It consists of two categories, depending on the materials used:

(1) Industries using farm products as raw materials. These are branches of light industry which directly or indirectly use farm products as basic raw materials, including the manufacture of food and beverages, tobacco processing, textile, clothing, fur and leather manufacturing, paper making printing, etc.

(2) Industries using non-farm products as raw materials. These are branches of light industry which use manufactured goods as raw materials, including the manufacture of cultural, educational articles and sports goods, chemicals, synthetic fiber, chemical products for daily use, glass products for daily use, metal products for daily use, hand tools, medical apparatus and instruments, and the manufacture of cultural and clerical machinery

Heavy Industry refers to the industry which produces capital goods, and provides various sectors of the national economy with necessary material and technical basis. It consists of the following three branches according to the purpose of production or the use of products:

(1) Mining, quarrying and logging industry refers to the industry that extracts natural resources, including extraction of petroleum, coal, metal and non metal and logging.

(2) Raw materials industry refers to the industry that provides various sectors of the national economy with raw materials, fuels and power. It includes smelting and processing of metals, coking and coke chemistry, chemical materials and building materials such as cement, plywood, and power, petroleum refining and coal dressing.

(3) Manufacturing industry refers to the industry that processes raw materials. It includes machine building industry which equips sectors of the national economy, industries of metal structure and cement products, industries producing means of agricultural production, such as chemical fertilizers and pesticides. According to the above principle of classification, the repairing trades which are engaged primarily in repairing products of heavy industry are classified into heavy industry while these engaged in repairing products of light industry are classified into light industry.

Gross Industrial Output Value is the total volume of industrial products sold or available for sale in value terms which reflects the total achievements and overall scale of industrial production during a given period. It includes the value of the finished products, which are not to be further processed in the enterprises and have been inspected, packed and put in storage, the value of industrial services rendered to other units, and the changes in the value of the semi finished products and products in process between the beginning and closing of the period. The gross industrial output value is calculated with "factory method". No double calculations are to be made within the same enterprise. However, double counting does occur among different enterprises.

Value-added of Industry refers to the final results of industrial production of the industrial trade in money terms during the reference period.

Capital Obtained refers to capital actually received by the enterprise from investors. It can be further classified by investors as state capital, collective capital, corporate capital, individual capital, capital from Hong Kong, Macao and Taiwan and foreign capital.

Total Assets refer to all economic resources, owned or controlled by enterprises that could be measured in monetary terms, including properties, creditors equity and other economic rights of all forms. Classified by the degree of equitability, total assets include circulating assets, long term investment, fixed assets, intangible assets and deferred assets, and other assets.

(1) Circulating assets (working capital) refer to assets which can be cashed in or spent or consumed in an operating cycle of one year or over one year, including cash, all kinds of deposits, short term investment, receivables, advance payment, stock, etc.

(2) Fixed assets refer to the net value of fixed assets, clearance of fixed assets, project under construction, fixed assets losses in suspense. These are corporations, fund holdings.

(3) Intangible assets refer to the assets without material form used by enterprises over a long time, such as patents, non patent technologies, trade marks, copyright, land use right, business reputation, etc.

Total Liabilities refer to the debts, measured in monetary terms, that enterprises are responsible for repayment in the form of cash, assets or labour. Classified by terms of repayment, liability includes liquid liabilities and long-term liabilities.

(1) Liquid liabilities (also called quick liabilities or immediate liabilities) refer to enterprises' total debt payable within an operating cycle of one year or over one year, including short term loans, payables and advance payments, wages payable, taxes payable and profit payable, etc.

(2) Long term liabilities refers to total debt payable within an operating cycle of one year or over one year, including long term loans, payable liabilities, long term payables, etc.

Creditors´ Equity refers to investors' ownership of net assets of the enterprise. It is equal to the total assets of the enterprise minus its total liabilities, including the primary input from investors, capital accumulation fund, surplus accumulation fund and undistributed profit. It is the shareholder's equity in shareholding companies.

Original Value of Fixed Assets refers to the original value of all fixed assets owned by industrial enterprises, calculated at the cost paid at the time of purchase, installation, reconstruction, expansion, and technical innovation and transformation of the said assets, which includes expenses on purchase, package, transportation, and installation, etc.

Net Value of Fixed Assets is obtained by deducting depreciation over years from the original value of fixed assets.

Working Capital (Circulating Assets) refers to assets which can be cashed in or spent or consumed in an operating cycle of one year or over one year, which includes cash, various deposits, short term investment, and receivable payments, and advance payments, stock, etc.

Sales Revenue of Industrial Products refers to the revenue from the sales of products by industrial enterprises and the revenue from services provided and etc.

Sales Cost of Industrial Products refers to the actual cost of products of industrial enterprises and industrial services provided, etc. .

Tax and Extra Charges on Sales of Products refer to the tax on city maintenance and construction, consumption tax, resources tax and extra charges for education, which should be borne by the enterprises in selling products and providing industrial services.

Sales Profit of Products refers to the profit gained by the enterprises by deducting cost, charges and taxes from the business income of the enterprises obtained in selling products and providing industrial services.

Total Profits refer to the profits gained by the enterprises.

Value-added Tax Payable refers to the amount of the value added tax which should be paid by the enterprises in the reporting period.

Ratio of Profits, Taxes and Interests to Average Assets reflects the profit making capability of all assets of the enterprise and is a key indicator manifesting the performance and management and evaluating the profit making potential of the enterprise. It is calculated as follows:

Ratio of profits, taxes and interests to average assets (%) = [(Total profits + total Taxes + interest payment) ÷ average assets] × 100%

Ratio of Debts to Assets reflect both the operation risk and the capability of the enterprise in making use of the capital from the creditors. It is calculated as follows:

Ratio of debts to assets (%) = (Total debts ÷ total assets) × 100%

Ratio of Profits to Total Industrial Costs refers to the ratio of profits realized in a given period to the total costs in the same period, which reflects the economic efficiency of input cost and is calculated as follows:

Ratio of Profits to Total Industrial Cost(%) =(Total Profits ÷ Total Costs) × 100%

Value-added Rate of Industry refers to the ratio of value added of industry in a given period to the gross output value in the same period, which reflects the economic efficiency of cutting down the intermediate input and is calculated as follows:

Value added Rate of Industry(%) =[Value added of Industry (at current prices)] ÷ [Gross Output Value(at Current Prices)] × 100%

Turnover of Working Capital refers to the number of times of turnover of working capital in a given period of time, which reflects the speed of the turnover of working capital and is calculated as follows:

Turnover of Working Capital (%) = (Sales Revenue of Products) ÷ (Average Balance of Total Working Capital) × 100%

Ratio of Sales to Gross Output Value refers to the sales of industrial products to the gross industrial output value during the reference period, and is important in

reflecting the linkage between production and sales and the extent of the needs of the society that has been met by the supply of industrial products. It is calculated as follows:

Ratio of Sales to Gross Output Value=Industrial sales ÷ Gross industrial output value (at current prices) × 100%

Overall Labour Productivity of Industrial Enterprises refers to the average output per employed person in industrial enterprises in value terms. At present, the value added and the average number of staff and workers of an industrial enterprise in a given period are used to calculate the overall labour productivity. The formula used is:

Overall Labour Productivity= (Value Added of Industry) ÷ (Average Number of Staff and Workers)

For the purpose of comparison of the overall labour productivity among different years, the data on the overall labour productivity of the years prior to 1990 have been adjusted on the basis of 1990 constant prices.

2016 NEIMENGGU

十四、建筑业

Construction

资料整理：项 巍
Arranged By Xiang Wei

14-1 建筑业企业基本情况

Basic Statistics on Construction Enterprises

年份 Year	总计 Total	国有 State-owned	城镇集体 Urban Collective-owned	其他经济 Others
企业单位数(个) **Number of Enterprises(unit)**				
2002	726	56	67	603
2003	674	39	31	604
2004	674	18	9	647
2005	676	20	14	642
2006	703	17	7	679
2007	734	18	11	705
2008	790	14	7	769
2009	820	14	9	797
2010	873	16	8	849
2011	896	14	5	877
2012	917	11	4	902
2013	951	6	1	944
2014	960	5	1	954
2015	955	7	1	947
年末从业人员(万人) **Number of Persons Engaged(10 000 persons)**				
2002	27.68	5.00	1.88	20.80
2003	26.63	2.10	0.67	23.86
2004	27.53	1.69	0.15	25.69
2005	26.35	1.57	0.32	24.26
2006	29.62	2.84	0.14	26.64
2007	38.62	3.88	0.22	34.52
2008	42.80	4.74	0.24	37.82
2009	49.89	4.83	0.37	44.69
2010	44.34	1.87	0.18	42.30
2011	41.05	1.35	0.05	39.65
2012	36.89	1.06	0.03	35.80
2013	39.58	0.33		39.25
2014	33.70	0.26		33.44
2015	28.64	0.25		28.39
建筑业总产值(亿元) **Gross Output Value (100 million yuan)**				
2002	220.02	50.53	13.68	155.81
2003	257.66	36.34	9.92	211.40
2004	354.51	29.42	2.44	322.65
2005	381.30	38.78	3.10	339.42
2006	467.00	38.17	2.74	426.09
2007	681.10	76.64	2.53	601.93
2008	780.05	69.90	4.13	706.02
2009	964.73	66.60	6.21	891.91
2010	1125.58	72.71	4.52	1048.35
2011	1394.68	50.85	0.40	1343.43
2012	1441.00	50.48	0.54	1389.97
2013	1571.16	13.05	0.04	1558.07
2014	1401.91	8.98	0.02	1392.91
2015	1123.21	7.69	0.02	1115.51

14-2 建筑业企业主要经济指标

Main Economic Indicators on Construction Enterprices

指 标	Item	2014	2015
建筑业企业个数(个)	Number of Construction Enterprises(unit)	960	955
签订的合同额(万元)	Value of Contracts(10 000 yuan)	22310602	19982822
建筑业总产值(万元)	Gross Output Value(10 000 yuan)	14019121	11232125
其中：装饰装修产值	Output of Decoration	244861	277672
其中：在外省完成的产值	Output Value Outside the Province	639776	570045
竣工产值(万元)	Output of Buildings Completed(10 000 yuan)	8930190	7625289
房屋建筑施工面积(万平方米)	Floor Space of Constructing(10 000 sq.m)	8053.42	6970.48
房屋建筑竣工面积(万平方米)	Floor Space of Buildings Completed(10 000 sq.m)	3648.93	3098.93
房屋建筑面积竣工率(%)	Rate of Floor Space of Buildings Completed(%)	45.3	44.5
自有机械设备净价(万元)	Machinery & Equipment Owned (net valued)(10 000 yuan)	523793	703183
自有机械设备台数(万台)	Machinery and Equipment Owned(10 000 sets)	9.85	8.78
自有机械设备总功率(万千瓦)	Total Power of Machinery and Equipment Owned(10 000 kw)	236.40	189.86
技术装备率(元/人)	Value of Machines per Laborer(yuan/person)	15543	24549
动力装备率(千瓦/人)	Power of Machines per Laborer(kw/person)	7.01	6.63
按总产值计算的劳动生产率(元/人)	Overall Labor Productivity by Gross Output Value(yuan/person)	274884	303271
年末从业人员(万人)	Number of Persons Engaged(10 000 persons)	33.70	28.64
其中：工程技术人员	Engineering Techinal Personel	9.38	5.29
其中：一级建造师	First Construction Engineer	0.41	0.30
利润总额(万元)	Total Profits(10 000 yuan)	730277	464846
税金总额(万元)	Total Tax(10 000 yuan)	518489	413332
产值利润率(%)	Ratio of Profit to Gross Output Value(%)	5.2	4.1
产值利税率(%)	Ratio of Pre-tax Profit to Gross Output Value(%)	8.9	7.8

14-3 劳务分包建筑业企业主要经济指标(2015年)

Main Economic Indicators on Constructional Labour Subcontractors(2015)

项 目	Item	企业个数（个）Enterprises (unit)	建筑业总产值（万元）Gross Output (10 000 yuan)	期末从业人数（人）Engaged Persons (person)
总 计	**Total**	**110**	**35756**	**3461**
按企业登记注册类型分	**Grouped by Type Registered**			
内资企业	Domestic Investment	110	35756	3461
国有企业	State-owned			
集体企业	Collective-owned			
股份合作企业	Share Holding Cooperative			
联营企业	Joint-owned			
有限责任公司	Limited-liability Company	28	9206	1645
股份有限公司	Share Holding Company	1		1
私营企业	Private	80	26550	1805
其他企业	Others	1		10
港、澳、台商投资企业	Hong kong, Macao & Taiwan Funded			
外商投资企业	Foreign Funded			
按行业类别分	**Grouped by Sector**			
房屋建筑业	Housing Construction Industry	40	1550	628
土木工程建筑业	Civil Engineering Industry	8	717	41
建筑安装业	Construction and Installation Industry	12	3587	475
建筑装饰业和其他建筑业	Construction and Decoration Industry and Other Construction Industries	50	29903	2317
按企业资质等级分	**Grouped by Intelligent Grade**			
一 级	First	82	32433	2887
二 级	Second	18	2167	502
三 级及以下	Third and below	10	1157	72

14-4 建筑施工企业主要生产指标(2015 年)

项 目	Item	建筑业企业个数(个) Enterprises (unit)	签订的合同额(万元) Value of Contracts (10 000 yuan)	上年结转合同额 Signed in Last year	本年新签合同额 Signed in this Year
总 计	**Total**	**955**	**19982822**	**9196381**	**10786440**
按企业登记注册类型分	**Grouped by Type Registered**				
内资企业	Domestic Investment	955	19982822	9196381	10786440
国有企业	State-owned	7	119508	98926	20583
集体企业	Collective-owned	1	180		180
股份合作企业	Share Holding Cooperative	6	188229	4096	184133
联营企业	Joint-owned				
有限责任公司	Limited-liability Company	484	11854966	5094713	6760253
股份有限公司	Share Holding Company	36	1822004	873185	948819
私营企业	Private	419	5988934	3122462	2866472
其他企业	Others	2	9000	3000	6000
港、澳、台商投资企业	Hong kong, Macao & Taiwan Funded				
外商投资企业	Foreign Funded				
按行业类别分	**Grouped by Sector**				
房屋建筑业	Housing Construction Industry	542	12845378	6003177	6842201
土木工程建筑业	Civil Engineering Industry	260	6364373	2965691	3398682
建筑安装业	Construction and Installation Industry	90	580230	184497	395734
建筑装饰业和其他建筑业	Construction and Decoration Industry and Other Construction Industries	63	192841	43017	149824
按企业资质等级分	**Grouped by Intelligent Grade**				
施工总承包	General Contractors	768	18861228	8870338	9990890
特 级	Special Grade	1	1765787	895000	870787
一 级	First	75	7694881	3869777	3825104
二 级	Second	244	5869763	2783450	3086313
三 级	Third	448	3530797	1322111	2208686
专业承包	Professional Contractors	187	1121594	326044	795550
一 级	First	16	277725	162618	115107
二 级	Second	61	402589	57807	344782
三 级	Third	109	441280	105618	335661
其他	Others	1			

Main Production Indicators on Construction Enterprises(2015)

建筑业总产值(万元) Gross Output Value (10 000 yuan)	其中：装饰装修产值 Decoration	其中：在外省完成的产值 Outside the Province	建筑业总产值按构成分 By Composition of Gross Value of Construction		
			建筑工程产值 Building	安装工程产值 Installation	其他产值 Others
11232125	**277672**	**570045**	**9387350**	**1043927**	**800847**
11232125	277672	570045	9387350	1043927	800847
76892			65084		11808
180			180		
187802			167972	1190	18640
6960108	143286	410356	5647959	880440	431709
970854	12922	23969	766507	27086	177261
3027290	121464	135720	2732349	135211	159730
9000			7300		1700
6926070	218844	285982	6505608	203149	217312
3690759	3851	246210	2625915	578700	486144
430572	8709	37853	183396	228540	18636
184724	46268		72432	33538	78755
10398630	249651	530402	8933361	761236	704033
381182	3170	110948	350687	30495	
4255034	121389	275713	3781067	330218	143749
3371477	66542	138243	2791000	269390	311088
2390937	58549	5498	2010607	131134	249197
833495	28021	39643	453990	282691	96814
168162	5260	2062	123016	32673	12474
345483	21018	35287	181745	153493	10245
319850	1743	2294	149229	96526	74095

14-4 续表

项 目	Item	竣工产值（万元）Output of Buildings Completed (10 000 yuan)	房屋建筑施工面积（万平方米）Floor Space Constructing Buildins (10 000 sq.m)	实行投标承包面积 Bidding Contracting Space
总 计	**Total**	**7625289**	**6970.5**	**5571.7**
按企业登记注册类型分	**Grouped by Type Registered**			
内资企业	Domestic Investment	7625289	6970.5	5571.7
国有企业	State-owned	72588	11.4	2.9
集体企业	Collective-owned	180		
股份合作企业	Share Holding Cooperative	187292	90.6	51.6
联营企业	Joint-owned			
有限责任公司	Limited-liability Company	4518257	4239.9	3359.1
股份有限公司	Share Holding Company	478910	430.0	381.6
私营企业	Private	2359362	2195.0	1776.3
其他企业	Others	8700	3.6	0.3
港、澳、台商投资企业	Hong kong, Macao & Taiwan Funded			
外商投资企业	Foreign Funded			
按行业类别分	**Grouped by Sector**			
房屋建筑业	Housing Construction Industry	5055541	6776.0	5406.7
土木工程建筑业	Civil Engineering Industry	2035543	86.0	66.1
建筑安装业	Construction and Installation Industry	356471	108.5	98.9
建筑装饰业和其他建筑业	Construction and Decoration Industry and Other Construction Industries	177735		
按企业资质等级分	**Grouped by Intelligent Grade**			
施工总承包	General Contractors	6997708	6956.1	5557.3
特 级	Special Grade	196043	290.9	290.9
一 级	First	2278157	2648.3	2190.1
二 级	Second	2496859	2201.5	1795.1
三 级	Third	2026649	1815.3	1281.3
专业承包	Professional Contractors	627582	14.4	14.4
一 级	First	33095		
二 级	Second	332245	14.4	14.4
三 级	Third	262241		
其他	Others			

continued

房屋建筑竣工面积（万平方米）Buildings Completed (10 000 sq.m)	自有机械设备 Machinery & Equipment Owned 净价(万元) net valued (10 000 yuan)	台数(万台) Number (10 000 sets)	总功率(万千瓦) Numbers (10 000 kw)	期末从业人数（万人）Engaged Persons (10 000 persons)	其中：工程技术人员 Engineer	其中：一级建造师 First Engineer
3098.9	**703183**	**8.78**	**189.86**	**28.64**	**5.29**	**0.30**
3098.9	703183	8.78	189.86	28.64	5.29	0.30
2.9	8041	0.09	2.81	0.25	0.07	
	5					
90.6	5644	0.40	2.64	0.37	0.07	
1877.5	291697	5.71	129.31	17.07	3.03	0.18
136.6	21906	0.42	12.35	2.63	0.41	0.02
987.8	375685	2.16	42.22	8.31	1.71	0.10
3.6	203	0.01	0.53	0.02	0.01	
2952.4	494353	7.15	107.98	19.68	3.19	0.16
47.6	191646	1.22	74.39	7.12	1.73	0.12
98.9	7065	0.37	4.76	1.23	0.28	0.02
	10119	0.04	2.73	0.61	0.09	
3060.8	683948	8.47	183.52	26.43	4.92	0.28
30.7	23905	0.37	5.68	0.43	0.04	0.01
745.4	384129	3.40	71.74	9.86	1.79	0.13
1150.7	171268	2.79	74.00	9.69	1.86	0.08
1134.0	104645	1.90	32.10	6.45	1.22	0.06
38.1	19235	0.31	6.34	2.21	0.37	0.02
	4095	0.03	1.64	0.58	0.09	0.01
38.1	8500	0.22	2.56	0.69	0.18	0.01
	6640	0.07	2.14	0.94	0.10	

14-5 建筑施工企业主要财务指标(2015 年)

单位:万元

项 目	Item	资产合计 Total Assets	流动资产合计 Total Circulating Assets	#存 货 Stock	长期投资 Longterm Investment
总 计	**Total**	**19291759**	**15073891**	**2464095**	
按企业登记注册类型分	**Grouped by Type Registered**				
内资企业	Domestic Investment	19291759	15073891	2464095	
国有企业	State-owned	975469	844859	143335	
集体企业	Collective-owned	1223	401	30	
股份合作企业	Share Holding Cooperative	33575	17887	498	
联营企业	Joint-owned				
有限责任公司	Limited-liability Company	8776077	6886640	1254625	
股份有限公司	Share Holding Company	1498657	1235489	88278	
私营企业	Private	7998048	6083025	977196	
其他企业	Others	8711	5590	134	
港、澳、台商投资企业	Hong kong, Macao & Taiwan Funded				
外商投资企业	Foreign Funded				
按行业类别分	**Grouped by Sector**				
房屋建筑业	Housing Construction Industry	8621904	6812498	1139124	
土木工程建筑业	Civil Engineering Industry	9777244	7497036	1205245	
建筑安装业	Construction and Installation Industry	596421	518942	92154	
建筑装饰业和其他建筑业	Construction and Decoration Industry and Other Construction Industries	296191	245414	27572	
按企业资质等级分	**Grouped by Intelligent Grade**				
施工总承包	General Contractors	17933735	14166409	2338007	
特 级	Special Grade	764227	631842	183859	
一 级	First	6843621	5576767	634767	
二 级	Second	5922453	4519097	1021874	
三 级	Third	4403433	3438702	497507	
专业承包	Professional Contractors	1358025	907482	126088	
一 级	First	455899	196452	19894	
二 级	Second	370712	312274	47119	
三 级	Third	531414	398757	59075	

Main Financial Indicators on Construction Enterprises with Independent Accounting System(2015)

(10 000 yuan)

固定资产合计 Total Fixed Assets	固定资产原价合计 Original Value of Fixed Assets	#生产经营用 for Production Use	累计折旧 Accumulative Depreciation	#本年折旧 Of this Year	在建工程 Under Construction	无形及递延资产合计 Intangible & Deffered Assets	#无形资产 Intangible	其它资产 others
2119364	**2902082**		**1053807**	**131579**	**150940**			
2119364	2902082		1053807	131579	150940			
107703	129994		34350	15882	583			
185	93		12	12	92			
13816	16834		3017	320				
979260	1384354		565185	53774	106091			
84833	123333		45662	5975	473			
931363	1243582		403893	55418	43702			
2204	3892		1688	198				
904880	1149170		407690	41182	101246			
1126779	1597191		568147	81774	47772			
44727	82099		45723	3067	1682			
42978	73623		32248	5555	240			
1970499	2664531		951013	118696	143748			
74390	98643		28310	5717	4056			
576813	884429		366291	44485	17724			
745180	979279		338829	29528	94590			
574116	702180		217583	38966	27377			
148865	237552		102794	12883	7192			
27345	57097		29789	4159	18			
42228	72844		32745	4932	547			
79292	107611		40260	3793	6628			

14–5 续表 1

单位：万元

项 目	Item	负债合计 Total Liability	流动负债合计 Total Circulating Liability	长期负债合计 Total Longterm Liability	所有者权益合计 Ownership Interest
总 计	**Total**	**12352833**	**10816950**	**1068539**	**6938926**
按企业登记注册类型分	**Grouped by Type Registered**				
内资企业	Domestic Investment	12352833	10816950	1068539	6938926
国有企业	State-owned	489056	185977	302800	486413
集体企业	Collective-owned	1112	960		111
股份合作企业	Share Holding Cooperative	15281	14068	1213	18293
联营企业	Joint-owned				
有限责任公司	Limited-liability Company	5680962	5470748	70720	3095115
股份有限公司	Share Holding Company	1046890	974712	60335	451767
私营企业	Private	5115106	4166059	633471	2882942
其他企业	Others	4426	4426		4285
港、澳、台商投资企业	Hong kong, Macao & Taiwan Funded				
外商投资企业	Foreign Funded				
按行业类别分	**Grouped by Sector**				
房屋建筑业	Housing Construction Industry	5452931	5028819	60471	3168973
土木工程建筑业	Civil Engineering Industry	6300285	5225803	1005399	3476959
建筑安装业	Construction and Installation Industry	428237	412371	20	168184
建筑装饰业和其他建筑业	Construction and Decoration Industry and Other Construction Industries	171381	149958	2648	124810
按企业资质等级分	**Grouped by Intelligent Grade**				
施工总承包	General Contractors	11653915	10159725	1062701	6279820
特 级	Special Grade	667875	641076	26799	96352
一 级	First	4757504	4345109	274950	2086117
二 级	Second	3844414	3354216	416405	2078040
三 级	Third	2384122	1819324	344546	2019311
专业承包	Professional Contractors	698918	657225	5838	659107
一 级	First	156376	138941	457	299523
二 级	Second	212345	198510	4231	158367
三 级	Third	330198	319775	1150	201216

continued

(10 000 yuan)

实收资本 Contributed Capital	国家资本 State	集体资本 Collective	法人资本 Institutionnal Units	个人资本 Individuals	港澳台资本 Hong kong, Macao & Taiwan	外商资本 Foreign	工程结算收入 Revenue of Settlement of Projects
3463501	**728166**	**195958**	**721964**	**1817413**			**11171542**
3463501	728166	195958	721964	1817413			11171542
445915	443915		2000				78743
68		68					286
14856		3129	5755	5972			187502
1549637	282812	166028	415135	685663			7037797
239456	1093	13716	71892	152756			935880
1209508	346	13016	224623	971523			2931335
4060			2560	1500			
1510329	117241	138724	268251	986114			6959688
1775015	593298	42256	397555	741906			3560892
107068	13748	14978	18543	59799			469924
71090	3879		37616	29595			181037
3258286	705454	170766	684136	1697930			10446251
68329	68329						529933
1041756	255986	109785	246523	429463			4268264
1031831	50193	32796	229974	718869			3349297
1116369	330946	28186	207639	549599			2298757
205215	22712	25192	37829	119483			725291
40739	5976	6000	1110	27654			169541
79390	7732	12424	14866	44367			234469
85086	9004	6767	21852	47462			321281

14-5 续表 2

单位：万元

项 目	Item	工程结算成本 Cost of Settlement of Projects	工程结算税金及附加 Tax and Extra Charges of Settlement of Projects	工程结算利润 Profits of Settlement of Projects
总 计	**Total**	**9507153**	**390079**	
按企业登记注册类型分	**Grouped by Type Registered**			
内资企业	Domestic Investment	9507153	390079	
国有企业	State-owned	70287	2660	
集体企业	Collective-owned	256	1	
股份合作企业	Share Holding Cooperative	149945	8500	
联营企业	Joint-owned			
有限责任公司	Limited-liability Company	6099900	240260	
股份有限公司	Share Holding Company	811176	35512	
私营企业	Private	2375590	103147	
其他企业	Others			
港、澳、台商投资企业	Hong kong, Macao & Taiwan Funded			
外商投资企业	Foreign Funded			
按行业类别分	**Grouped by Sector**			
房屋建筑业	Housing Construction Industry	6060506	253015	
土木工程建筑业	Civil Engineering Industry	2926006	116978	
建筑安装业	Construction and Installation Industry	397514	14519	
建筑装饰业和其他建筑业	Construction and Decoration Industry and Other Construction Industries	123127	5566	
按企业资质等级分	**Grouped by Intelligent Grade**			
施工总承包	General Contractors	8928387	368399	
特 级	Special Grade	464413	15947	
一 级	First	3839257	149255	
二 级	Second	2764039	122651	
三 级	Third	1860679	80546	
专业承包	Professional Contractors	578766	21680	
一 级	First	148077	5465	
二 级	Second	188912	6084	
三 级	Third	241777	10131	

continued

(10 000 yuan)

其他业务收入 Revenue of Other Business	其他业务利润 Profits of Other Business	管理费用 Management Expenses	#税金 Taxes	#财产保险费 Premium of Property	财务费用 Financial Expense	#利息支出 Interest Expenditure	营业利润 Operating Profits	利润总额 Total Profits
	10363	**495155**	**23254**		**146738**	**119368**	**452707**	**464846**
	10363	495155	23254		146738	119368	452707	464846
	16	5286	14		830	-633	-304	-344
		10	1		10	10		
		2714	562		1199	889	25145	25145
	4646	313345	12023		63512	52804	237026	236166
	2551	35869	1247		7690	5412	39905	43258
	3151	137694	9401		73453	60841	150856	160541
		237	6		45	44	80	80
	4707	240903	14507		66782	45647	249658	250946
	4204	209421	6637		75421	70587	164013	174635
	1453	30776	1770		1242	1144	25187	25447
		14056	340		3293	1990	13849	13819
	7959	431898	21207		139495	113181	418353	430259
	-168	19014	1630		17607	17181	4134	4638
	3607	146518	4683		57103	49530	88937	100797
	1797	141738	7213		36792	26251	164403	161236
	2723	124628	7681		27993	20219	160880	163588
	2405	63258	2047		7243	6187	34354	34587
		7772	175		4144	3984	3984	3922
	606	27231	844		609	441	12576	13150
	1799	28255	1028		2491	1762	17794	17516

14–5 续表 3

单位：万元

项 目	Item	应交所得税 Income Tax Payable	应付利润 Profits Payable	劳动待业保险费 Premium for Employment
总 计	**Total**	**117217**		
按企业登记注册类型分	**Grouped by Type Registered**			
内资企业	Domestic Investment	117217		
国有企业	State-owned	348		
集体企业	Collective-owned			
股份合作企业	Share Holding Cooperative	5701		
联营企业	Joint-owned			
有限责任公司	Limited-liability Company	56675		
股份有限公司	Share Holding Company	7822		
私营企业	Private	46655		
其他企业	Others	16		
港、澳、台商投资企业	Hong kong, Macao & Taiwan Funded			
外商投资企业	Foreign Funded			
按行业类别分	**Grouped by Sector**			
房屋建筑业	Housing Construction Industry	64961		
土木工程建筑业	Civil Engineering Industry	41969		
建筑安装业	Construction and Installation Industry	6680		
建筑装饰业和其他建筑业	Construction and Decoration Industry and Other Construction Industries	3607		
按企业资质等级分	**Grouped by Intelligent Grade**			
施工总承包	General Contractors	108019		
特 级	Special Grade	3771		
一 级	First	25796		
二 级	Second	45153		
三 级	Third	33299		
专业承包	Professional Contractors	9198		
一 级	First	1827		
二 级	Second	2595		
三 级	Third	4776		

continued

(10 000 yuan)

本年应付职工薪酬总额 Employee compensation Payable	# 主营业务应付工资 Wage Payable of Major Business	本年应付福利费总额 Welfares Payable in the Year	# 主营业务应付 of Major Business	建筑业增加值 Value Added of Construction
1409041				**2406660**
1409041				2406660
7471				25723
39				53
17214				51741
837860				1380943
145634				228273
398995				717817
1829				2113
976913				1535275
340814				710216
63224				107767
28089				53399
1313077				2239732
31714				59142
494493				781853
425057				748852
361814				649887
95963				166927
31350				45133
24148				48584
40465				73211

主要统计指标解释

建筑业统计单位 指从事房屋、构筑物建造和设备安装活动的法人企业。建筑业法人企业应同时具备的条件是:①依法成立,有自己的名称、组织机构和场所,能够承担民事责任;②独立拥有和使用资产,承担负债,有权与其他单位签订合同;③独立核算盈亏,能够编制资产负债表。

建筑业总产值(即自行完成施工产值) 是以货币表现的建筑安装企业在一定时期内生产的建筑业产品的总和。建筑业总产值包括:

(1)建筑工程产值:指列入建筑工程预算内的各种工程价值。

(2)安装工程产值:指设备安装工程价值,不包括被安装设备本身价值。

(3)其他产值:建筑业总产值中,除建筑工程、安装工程以外的产值。包括房屋、构筑物修理产值、非标准设备制造产值、总包企业向分包企业收取的管理费以及不能明确划分的施工活动所完成的产值。

a 房屋、构筑物修理产值:指房屋、构筑物修理所完成的价值,但不包括被修理房屋、构筑物本身的价值和生产设备的修理价值。

b 非标准设备制造产值:指加工制造没有定型的、非标准的生产设备的加工费和原材料价值,以及附属加工厂为本企业承建工程制作的非标准设备的价值。

建筑业增加值 指建筑业企业在报告期内以货币表现的建筑业生产经营活动的最终成果。目前建筑业增加值采用分配法(收入法)计算,即从收入的角度出发,根据生产要素在生产过程中应得的收入份额计算。具体计算公式为:

建筑业增加值 = 本年提取的固定资产折旧 + 主营业务应付工资 + 主营业务应付福利费 + 管理费用中的劳动待业保险金、税金 + 工程结算税金及附加 + 工程结算利润

房屋建筑施工面积 指在报告期内施工的全部房屋建筑面积、包括本期新开工的房屋面积、上期施工跨入本期继续施工的房屋面积、上期停缓建在本期恢复施工的房屋面积、本期竣工的房屋面积及本期施工后又停缓建的房屋面积。

房屋建筑竣工面积 指在报告期内房屋建筑按照设计要求全部完工,达到了住人和使用条件,经验收鉴定合格,正式移交使用单位的房屋建筑面积。

自有机械设备年末总台数 指归本企业所有,属于本企业固定资产的生产性机械设备年末总台数。包括施工机械、生产设备、运输设备以及其他设备。

自有机械设备年末总功率 指本企业自有施工机械、生产设备、运输设备以及其他设备等列为在册固定资产的生产性机械设备年末总功率,按设定能力或查定能力计算。包括机械本身的动力和为该机械服务的单独动力设备,如电动机等。计算单位用千瓦,动力换算可按 1 马力 =0.735 千瓦折合成千瓦数。电焊机、变压器、锅炉不计算动力。

工程结算收入 指企业承包工程实现的工程价款结算收入,以及向发包单位收取的除工程价款以外的按规定列作营业收入的各种款项,如临时设施费、劳动保险费、施工机械调迁费等以及向发包单位收取的各种索赔款。

工程结算利润 指已结算工程实现的利润,如亏损以“–”号表示。计算公式为:

工程结算利润 = 工程结算收入 – 工程结算成本 – 工程结算税金及附加

企业总收入 指与企业生产经营直接有关的各项收入,包括工程结算收入和其他业务收入。计算公式为:

企业总收入 = 工程结算收入 + 其他业务收入

Explanatory Notes on Main Statistical Indicators

Statistical Unit in Construction refers to corporate enterprise engaged in the construction of buildings and structures and in the installation of equipment. A corporate construction enterprise should meet the following requirements: ①being set up in line with relevant legal basis, having its full name, organization and location, and capable of taking civil liabilities; ②independently possessing and using its assets and assuming its liabilities, and entitled to sign contracts with other institutions; ③ making independent accounts of its profits and losses, and capable of compiling its own balance sheet.

Gross Output Value of Construction (Output Value of Projects Under Construction) refers to total of construction products, expressed in money terms, completed by construction and installation enterprises during a given period of time. It includes:

(1) Output value of construction projects, that is the value of projects covered by the project budgets;

(2) Output value of installation projects, that is the value of the installation of equipment, (excluding the value of the equipment to be installed) ;

(3)Other Output value:

a Output value of repair of buildings and structures, that is the value created through the repairs of buildings or structures, but does not include the value of buildings or structures being repaired and the value of the repair of production equipment;

b Output value of manufactured nonstandard equipment, that is the value of nonstandard production equipment which including raw materials and manufacturing cost made for the construction project, and the equipment manufactured by subsidiary workshops.

Value added of Construction refers to the final result of the activities of production and management of construction in monetary terms in the reference period. At present, the value added of construction is calculated with the income approach. In other words, it is the sum of income of various production factors in the production process. The formula is as follows:

Value added of construction = depreciation of fixed assets in the year + wages payable of the major operation + welfare expenses payable of the major operation + insurance premium and tax for waiting for employment in the administrative expenses + taxes and surcharges on project settlement + profit gained from Project settlement.

Floor Space of Buildings Under Construction refers to floor space of buildings under construction during the reference period, including newly started buildings, buildings started earlier and continued during the reference period, and buildings suspended earlier but restarted during the reference period, buildings completed during the reference period, and buildings under construction , and then suspended during the reference period.

Floor Space of Buildings Completed refers to the floor space of buildings that are completed in the reference period in accordance with the requirements of the design, up to the standard for putting them into use, and have been checked and accepted by concerned departments as qualified ones.

Total Number of Machinery and Equipment Owned by the End of Year refers to the number of machines and equipment owned by the enterprises, and listed as the fixed assets of the enterprises by the end of the year, including machinery and equipment for construction, production and transportation.

Total Power of Machinery and Equipment Owned by the End of Year refers to the total power of machinery and equipment owned by the enterprises, and listed as the fixed assets of the enterprises by the end of the year, including machinery and equipment for construction, production and transportation. The power of the machinery is calculated on basis of the designed or verified capacity, covering the power of the machinery/equipment and the separate power equipment serving the machinery/equipment(such as electric motors) , but excluding welders, transformers and boilers. The unit used for the calculation of power is kilowatt, with horsepower converted to kilowatt by 1 horse power = 0. 735 kilowatt.

Income from Settlement of Projects refers to the income received by the construction enterprise from the contracted project through settlement procedures, and other charges to the contractoree as operational costs in addition to the value of the project, such as temporary facility fee, labour insurance premium, moving cost of construction equipment, as well as various types of claims to the contractee.

Profit from Settlement of Projects refers to profit realized through settled projects. It is calculated with the following formula:

Profit from Settlement of Projects=Income from Settlement of Projects – Cost – Taxes and Other Cost

Total Revenue of Enterprises refers to the sum of income from production and operation of enterprises, including income from settlement of projects and other operational income, namely:

Total Revenue of Enterprises = Income from Settlement of Projects + Other Operational Income

2016 NEIMENGGU

十五、运输和邮电

Transportation,Postal and Telecommumications Services

资料整理：杜勇慧
Arranged By Du Yonghui

15-1 交通运输业基本情况

Basic Conditions of Transportation

指 标	Item	2014	2015
运输线路长度(公里)	**Length of Transportation Routes(km)**	**184993**	**189667**
国家铁路营业里程	National Railways	9351	10611
地方铁路营业里程	Local Railways	1072	1279
公路	Highways	172167	175374
内河	Navigable Inland Waterways	2403	2403
客运量总计(万人)	**Total Passenger Traffic(10 000 persons)**	**19034**	**16986**
国家铁路	National Railways	4788	5108
地方铁路	Local Railways	9	9
公路	Highways	13495	11017
民用航空	Civil Aviation	742	852
旅客周转量总计(亿人公里)	**Total Passenger Kilometers(100 million passenger-km)**	**363.25**	**371.27**
国家铁路	National Railways	201.72	210.80
地方铁路	Local Railways	0.14	0.13
公路	Highways	161.40	160.34
货运量总计(万吨)	**Total Freight Traffic(10 000 tons)**	**204303**	**186160**
国家铁路	National Railways	40655	31942
地方铁路	Local Railways	36938	34711
公路	Highways	126704	119500
民用航空	Civil Aviation	5.88	7.14
货物周转量总计(亿吨公里)	**Total Freight Ton-kilometers(100 million ton-km)**	**4550.29**	**4263.86**
国家铁路	National Railways	2031.16	1604.19
地方铁路	Local Railways	415.66	419.71
公路	Highways	2103.47	2239.96
民用汽车拥有量(辆)	**Number of Civil Motor Vehicles Owned(unit)**	**3716860**	**4000927**
#私人汽车拥有量(辆)	Number of Motor Vehicles Owned by Individuals(unit)	3259274	3573203
载客汽车辆数(辆)	Number of Buses and Cars(unit)	2886157	3220350
#私人	Private-owned	2630228	2982795
载货汽车辆数(辆)	Number of Trucks(unit)	511683	492265
#私人	Private-owned	365278	356784
民用运输船舶拥有量(艘)	**Number of Civil Transport Vessels(unit)**	**978**	**903**

注:1.公路部门营运汽车统计口径为全社会营运汽车。
2.表中民用航空客(货)运量为机场旅客(货邮行)发运量,下同。
3.2015 年起,公路客(货)运量、周转量采用新的统计调查方法,下同。

a)The statistical coverage of number of motor vehicles owned by highway departments has extended to motor vehicles of all society.
b)Passenger(Freight) traffic of Civil Aviation in this table is The Passenger(Freight) shipments of Airport.same as follow.
c)Since 2015,Highways passenger(freight) traffic and passenger(freight) kilometers adopt a new survey method,same as follow.

15-2 主要交通运输工具和线路里程

Major Tools and Length of Transports

年 份 Year	载货汽车(辆) Trucks (unit)	载客汽车(辆) Buses and Cars (unit)	铁 路 Railways 机车(台) Locomotives (unit)	客车(辆) Passenger Coaches (unit)	飞 机(架) Number of Civil Aircraft(unit)	铁路正线延展里程(公里) Extention Length of the Trunk Lines(km)	公路线路里程(公里) Total Length of Highways (km)
1947	76	18				1557	1974
1948	81	25				1557	1872
1949	89	25				1557	2394
1950	227	53				1557	3259
1951	343	78				1557	4037
1952	344	101				1574	4821
1953	617	173				1574	5495
1954	1066	269				1912	6253
1955	1750	391				1912	8325
1956	2459	496				2106	11501
1957	2828	641				2404	13020
1958	3492	797				2644	18020
1959	4100	996				3091	18752
1960	5198	1061				3222	21131
1961	5446	970				3219	21131
1962	5595	1003				3222	22804
1963	5398	1033				3190	22195
1964	5871	1000				3299	22103
1965	6335	1348				3541	25688
1966	7335	1718				3635	25180
1967	6905	1605				3496	24407
1968	7110	1669				3496	25234
1969	7007	1781				3590	25676
1970	8174	2027				3593	27605
1971	9140	2316				3491	31355
1972	11061	2852				3537	34676
1973	14388	3733				3747	29043
1974	15496	4237				3747	30308
1975	19611	5172				3747	31362
1976	23281	6046				3697	33414
1977	25001	6448				3755	36471

15-2 续表 continued

年 份 Year	载货汽车(辆) Trucks (unit)	载客汽车(辆) Buses and Cars (unit)	铁路 Railways 机 车(台) Locomotives (unit)	铁路 Railways 客 车(辆) Passenger Coaches (unit)	飞 机(架) Number of Civil Aircraft (unit)	铁路线路里程(公里) Length of the Railway Lines(km)	公路线路里程(公里) Total Length of Highways (km)	民航通航里程(公里) Length of Civil Aviation Routes(km)
1978	29027	7669				3803	37535	
1979	33011	8476				3760	23769	
1980	38647	9969				4361	35016	3734
1981	42482	11842	341	601	16	4379	35856	3734
1982	47125	13254	500	910	16	4360	36828	2933
1983	49674	14087	507	955	18	4360	37939	2933
1984	51663	15405	562	1003	18	4355	37456	7565
1985	57354	19078	532	838	21	4364	38198	7565
1986	66258	23409	627	1121	21	4405	40380	8824
1987	68618	24883	667	1282	19	4821	41984	10005
1988	71856	29940	706	1275	18	4825	42800	23193
1989	77909	32634	691	1339	19	5445	43080	21745
1990	87161	35763	676	1471	19	5596	43274	21431
1991	95489	41081	686	1522	21	5653	43396	20506
1992	103757	47958	661	1473	20	5770	43704	22496
1993	115807	58084	641	1561	19	5800	43789	38976
1994	118985	65374	668	1661	19	5733	44202	51951
1995	131055	85825	759	1802	18	5790	44753	48136
1996	111675	94187	789	1802	18	7588	45744	76116
1997	130350	118978	650	1771	19	7031	49992	66532
1998	142255	144216	745	1694	19	7083	58430	61199
1999	157377	169241	838	1595	13	7331	63824	64426
2000	167004	188154	883	1818	9	7179	67346	40469
2001	180481	241364	865	1886	11	7240	70408	51476
2002	182971	237719	898	1903	11	7475	72673	56890
2003	202306	286481	912	1757	10	7476	74135	78705
2004	240591	341371	892	1753	13	7885	75976	76725
2005	248809	384575	892	1753	15	7689	124465	55218
2006	284285	513375	980	1492	15	7839	128762	20656
2007	305163	643648	1123	1324	15	6683	138610	7528200
2008	338015	811922	1715	2033	11	7222	147288	2968910
2009	421962	1061527	837	1391	12	7630	150756	3987710
2010	485141	1371936	700	1528	8	7801	157994	3904050
2011	545221	1761036	726	1678	4	7986	160995	
2012	477214	2159439	831	1692	4	8973	163763	
2013	499608	2544640	1410	1693	20	10411	167515	
2014	511683	2886157	2368	1747	16	10423	172167	
2015	492265	3220350	1227	1956	22	11890	175374	

注：1.2013 年起，铁路机车数、线路里程包含地方铁路数据，下同。

2.2013 年起飞机架数为驻港航空公司(国航和天津航空公司)驻内蒙古地区飞机数。

a)Since 2013,Railways locomotives and Length of the railwaiy lines include local railwaiys data.Same as follow.

b)Since 2013,Number of civil Aircrafts are number of airlines(CIA and Tianjin airlines) stationed in Inner Mongolia.

15-3 运输线路长度

Length of Transports Routes

单位：公里 (km)

项 目	Item	2014	2015
国家铁路（含合资）	**National Railways (Including Joint Ventures)**		
正线延展里程	Extention Length of the Trunk Lines	15060	16710
# 呼铁局	Huhhot Railway Bureau	9312	10705
哈铁局(内蒙地段)	Harbin Railway Bureau(Section of Inner Mongolia)	2568	2583
沈铁局(内蒙地段)	Shengyang Railway Bureau(Section of Inner Mongolia)	3092	3331
兰州铁路局（内蒙地段）	Lanzhou Railway Bureau(Section of Inner Mongolia)	88	92
营业里程	Length of Railways in Operations	9351	10611
# 呼铁局	Huhhot Railway Bureau	5153	6135
哈铁局(内蒙地段)	Harbin Railway Bureau(Section of Inner Mongolia)	1914	1987
沈铁局(内蒙地段)	Shengyang Railway Bureau(Section of Inner Mongolia)	2196	2401
兰州铁路局（内蒙地段）	Lanzhou Railway Bureau(Section of Inner Mongolia)	88	88
地方铁路	**Local Railways**		
正线延展里程	Extention Length of the Trunk Lines	1805	1729
营业里程	Length of Railways in Operations	1072	1279
公路	**Highways**		
公路里程	Total Length of Highways	172167	175374
等级公路	Expressway and Class I to IV Highway	160123	163767
#高速公路	Expressway	4237	5016
一级公路	First Class	6290	6010
二级公路	Second Class	14484	14607
等外路	Highway Below Class IV	12044	11607
内河	**Inland Rivers**		
航道里程	Length of Navigabe Inland Waterways	2403	2403

15-4 民用车辆船舶年末拥有量

Figure of Civil Vehicles and Shipping at Year-end

项 目	Item	2014 合 计 Total	2014 # 私 人 Private-owned	2015 合 计 Total	2015 # 私 人 Private-owned
铁路运输工具	**Tool of Railway Transport**				
中央铁路：机车(台)	Central Railways:Locomotives(unit)	2368		1055	
客车(辆)	Passenger Coaches(unit)	1747		1948	
民用汽车(辆)	**Number of Civil Motor Vehicles(unit)**	**3716860**	**3259274**	**4000927**	**3573203**
# 载货汽车(辆)	Number of Trucks(unit)	511683	365278	492265	356784
载客汽车(辆)	Buses and Cars(unit)	2886157	2630228	3220350	2982795
轮胎式拖拉机(台)	**Type Tractors(unit)**	**1079255**	**1079255**	**1105883**	**1105883**
摩托车(辆)	**Motors(unit)**	**1212687**	**1206768**	**1103800**	**1098442**
# 两轮摩托车	Two-wheel Motors	1054951	1049898	949800	945302
载货车挂车(辆)	**Trailer(unit)**	**71323**	**24021**	**68635**	**22827**
民用运输船(艘)	**Civil Transport Vessels(unit)**	**978**		**903**	
# 机动运输船(艘)	Motor Vessels(unit)	568		592	
非机动船(艘)	Non-motor Vessels(unit)	342		269	
挂桨船(艘)	Vessels with Oar(unit)	68		42	
民航飞机(架)	**Civil Aircraft(unit)**	**16**		**22**	
# 通用飞机	General Aircraft	16		22	

15-5 客货运输量

Passenger Traffic and Freight Traffic

年份 Year	客运量 (万人) Passenger Traffic (10 000 persons)	铁路 Railways	公路 Highways	货运量 (万吨) Freight Traffic (10 000 tons)	铁路 Railways	公路 Highways
1949			0.6		0.2	0.2
1950			0.8	0.2		0.2
1951			3.0	396	391	5
1952			16	447	417	30
1953			39	755	526	229
1954			58	1168	694	474
1955			87	1433	496	937
1956			131	2093	622	1471
1957			189	2224	739	1485
1958			181	3390	1039	2351
1959	1238	993	245	6911	2657	4254
1960	1754	1456	298	5986	3289	2697
1961	2022	1723	299	3749	2355	1394
1962	1869	1585	284	2729	1754	975
1963	1416	1118	298	2235	1434	801
1964	1268	914	354	2759	1640	1116
1965	1320	852	468	3614	2060	1554
1966	1463	836	627	4160	2425	1735
1967	1688	978	710	4409	2881	1528
1968	1651	990	661	3284	1889	1395
1969	1546	1046	500	3200	1792	1408
1970	1688	1016	672	4625	2882	1743
1971	1865	1080	785	4964	2749	2215
1972	2223	1164	1059	5387	2859	2528
1973	2338	1199	1139	5477	2668	2709
1974	2364	1161	1203	5453	2604	2849
1975	2599	1324	1275	6325	3190	3135
1976	2588	1300	1288	6487	3114	3373
1977	3017	1564	1453	7399	3529	3870

15-5 续表 continued

年 份 Year	客运量 (万人) Passenger Traffic (10 000 persons)	铁路 Railways	公路 Highways	航空 Civil Aviation	货运量 (万吨) Freight Traffic (10 000 tons)	铁路 Railways	公路 Highways	航空 Civil Aviation
1978	3422	1753	1669		8213	3861	4352	
1979	3470	1689	1781		8046	3924	4122	
1980	4162	1994	2164	4	7653	4142	3511	0.05
1981	4250	2071	2176	3	7305	3989	3316	0.05
1982	4926	2288	2635	3	8314	4317	3997	0.04
1983	5703	2556	3145	2	9103	4542	4561	0.04
1984	6313	2738	3573	2	10149	4957	5192	0.03
1985	6673	2784	3884	5	11588	5510	6078	0.13
1986	7612	2833	4775	4	15348	5638	9710	0.06
1987	8493	2965	5509	19	16979	6065	10914	0.06
1988	9518	3242	6242	34	18533	5296	13237	0.06
1989	9411	2997	6405	9	22515	6678	15837	0.06
1990	10475	2433	8012	30	26676	6909	19767	0.17
1991	9148	2565	6543	40	25678	7027	18651	0.24
1992	10406	2801	7567	38	29126	7198	21928	0.34
1993	11165	3014	8108	43	31708	7587	24121	0.41
1994	15294	3042	12162	90	31386	7812	23573	0.90
1995	18273	2909	15248	116	32732	8347	24384	1.13
1996	18099	2563	15418	118	34321	9435	24885	1.15
1997	19148	2735	16287	126	39008	9960	29047	1.27
1998	20205	2542	17552	111	39564	8227	31336	1.17
1999	21498	2824	18576	98	41652	8747	32903	1.90
2000	23549	3378	20061	110	44629	9648	34979	2.00
2001	24133	2956	21041	136	45970	9816	36145	0.90
2002	25376	2824	22421	132	47879	10639	37239	1.00
2003	23521	2552	20831	138	50046	11513	38532	1.10
2004	28954	3235	25510	209	61259	18560	42697	1.60
2005	32114	3259	28604	251	73082	22060	51020	2.00
2006	35512	3437	31817	258	84137	25157	58978	1.98
2007	38781	3489	35039	253	102907	29605	73300	1.79
2008	20259	3876	16207	176	100012	39070	60941	1.07
2009	22259	4093	17998	168	116508	45675	70832	1.00
2010	24343	4136	19830	377	132205	47040	85162	3.11
2011	26420	4156	21807	457	146589	42934	103651	3.63
2012	28188	4273	23310	605	168078	42813	125260	4.68
2013	21751	4866	16184	701	173913	76849	97058	5.49
2014	19034	4797	13495	742	204303	77593	126704	5.88
2015	16986	5117	11017	852	186160	66653	119500	7.14

注:2013 年起,铁路客(货)运量包含地方铁路数据,下同。

a)Since 2013,Railway Passenger(Frieight) traffic include Local railway data,Same as follow.

15-6 客货周转量

Passenger-kilometers and Freight Ton-kilometers

年份 Year	旅客周转量 (亿人公里) Passenger-kilometers (100 million passenger-km)	铁路 Railways	公路 Highways	货物周转量 (亿吨公里) Freight Ton-kilometers (100 milion ton km)	# 铁路 Railways	# 公路 Highways
1980	43.19	31.84	11.35	174.92	164.78	10.14
1981	45.55	34.33	11.22	252.36	243.98	8.38
1982	52.06	37.50	14.40	299.40	288.62	10.78
1983	61.41	43.92	17.36	348.97	335.57	13.40
1984	70.63	50.29	20.34	391.94	376.45	15.49
1985	82.53	58.34	23.86	442.51	424.30	18.20
1986	90.85	62.57	28.03	470.56	449.30	21.26
1987	100.92	65.55	33.78	492.62	469.12	23.50
1988	115.69	74.49	37.58	491.93	466.08	25.85
1989	111.29	68.18	39.84	579.63	501.93	77.70
1990	99.01	57.54	38.07	621.90	519.41	102.49
1991	104.90	60.64	40.06	608.08	505.15	102.93
1992	113.60	69.24	40.26	655.89	515.18	137.56
1993	152.95	74.44	74.03	697.86	546.50	151.36
1994	174.86	75.09	89.55	734.25	586.94	143.85
1995	173.58	71.97	89.85	785.12	625.56	159.56
1996	167.10	63.79	90.68	832.66	658.96	170.11
1997	180.27	69.14	97.69	881.49	695.86	182.18
1998	187.91	76.13	100.44	844.35	657.08	187.27
1999	205.50	88.00	108.18	898.80	701.00	197.75
2000	219.10	92.30	116.30	1041.20	828.60	211.80
2001	225.30	89.70	121.90	1090.10	869.70	220.30
2002	236.80	92.70	130.70	1132.00	900.50	231.40
2003	222.06	85.74	122.14	1218.22	976.18	241.91
2004	290.24	108.63	155.28	1441.39	1171.39	269.84
2005	323.12	113.22	178.98	1604.31	1280.75	323.35
2006	354.24	122.20	199.47	1798.35	1414.03	384.12
2007	377.11	134.75	219.46	2121.40	1629.40	492.00
2008	351.43	154.77	179.66	3548.36	1911.00	1637.36
2009	377.29	161.84	198.38	3963.12	2077.87	1885.25
2010	387.74	169.54	218.20	3949.24	1688.12	2261.12
2011	409.37	168.21	241.16	5138.15	2400.55	2737.60
2012	435.00	171.00	264.00	5582.00	2283.00	3299.00
2013	371.12	197.67	173.45	4514.15	2641.44	1872.71
2014	363.25	201.85	161.40	4550.29	2446.82	2103.47
2015	371.27	210.93	160.34	4263.86	2023.90	2239.96

注:2013 年起,旅客(货物)周转量包含地方铁路数据,下同。

a)Since 2013,Passenger(Freight) kilometers include Local railway data,Same as follow.

15-7 邮电业务基本情况
Basic Conditions of Post and Telecommunications Services

指 标	Item	2014	2015
邮电业务总量(万元)	Business Volume of Post and Telecommunications Service(10 000 yuan)	3378447	4002912
邮政业务总量	Business Volume of Post Service	194664	232307
电信业务总量	Business Volume of Telecommunications Service	3183783	3770605
函件(万件)	Number of Letters(10 000 pcs)	1639	1455
包件(万件)	Number of Parcels(10 000 pcs)	103	34
特快专递(万件)	Pieces of Express Mail Services(10 000 pcs)	4364	5410
报刊期发数(万份)	Number of Newspapers and Magazines Circulation(10 000 copies)	262	194
长途电话通话时长(万分钟)	Length of Long-distance Calls (10 000 minutes)	57560	53424
#国内长途电话通话时长	Length of Domestic Long-distance Calls	57418	53311
固定电话年末用户(万户)	Access to Telephone Subscribers (10 000 subscribers)	359.1	320.5
城市电话用户(万户)	Number of Urban Telephone Subscribers (10 000 subscribers)	301.3	273.6
# 住宅电话用户	Residential Telephone Subscribers	173.6	141.3
农村电话用户(万户)	Number of Rural Telephones Subscribers at Year-end (10 000 subscribers)	57.7	47.0
年末移动电话用户(万户)	Number of Mobile Telephones Subscribers at Year-end (10 000 subscribers)	2634.6	2425.3
移动短信业务量(万条)	Short Message Services (10 000 messages)	1282504.4	1060980.0
年末互联网用户(万户)	Number of Subscribers of Internet Service at Year-end (10 000 subscribers)	1989.2	2208.2
邮电局所(处)	Number of Post &Telecommunications Offices(unit)	1506	1505
邮路总长度(公里)	Length of Postal Routes (km)	75186	76350
# 汽车邮路	Highway Routes	70809	72941
铁路邮路	Railway Routes	2718	2720
局用交换机容量(万门)	Capacity of Office Telephone Exchanges(10 000 lines)	667.37	398.46

注:1.表中邮电业务总量按2010年不变价格计算。

2.2013年邮政业务总量、特快专递数据来源于邮政管理局,包含内蒙古邮政公司及其他快递公司的数据,下同。

a)The business volume of post and telecommunications in the table is calculated at 2010 constant prices.

b)Business Volume of Post Service and Pieces of Express Mail Services data from the Postal Service,including Inner Mongolia postal company and other express company,the same below.

15-8 城乡邮电局所和电话机数
Number of Post and Telecommunications Office and Telephones

年 份 Year	邮电局所(处) Number of Telecommunications Offices (unit)	城 市 Urban	乡 村 Rural	每万人口中邮电局所(处) Number of Post and Telecoms Offices per 10 000 Person (unit)	固定电话机部数(万部) Number of Telephone Access to (10 000 sets)	城 市 Urban	乡 村 Rural	每万人口中电话机数(部) Number of Telephones per 10 000 persons (set)
1957	563	149	414	0.60	1.03	0.90	0.13	18.71
1958	799	308	481	0.82	1.31	1.17	0.14	25.69
1965	951	161	790	0.73	3.33	2.23	1.10	13.88
1970	1111	216	895	0.75	2.07	1.49	0.58	15.13
1975	835	151	684	0.48	2.66	1.98	0.68	14.59
1978	857	163	694	0.48	3.10	2.36	0.74	17.00
1979	1513	206	1307	0.82	5.87	4.16	1.71	31.70
1980	1515	212	1303	0.81	6.04	4.34	1.70	32.19
1981	1519	212	1307	0.80	6.13	4.57	1.56	32.21
1982	1520	218	1302	0.78	6.47	4.97	1.50	33.32
1983	1517	216	1301	0.77	6.98	5.46	1.52	35.44
1984	1545	232	1313	0.78	7.63	6.14	1.49	38.28
1985	1603	232	1371	0.80	8.51	7.00	1.51	42.21
1986	1634	254	1380	0.80	9.07	7.56	1.51	44.45
1987	1615	229	1386	0.78	10.31	8.71	1.60	49.89
1988	1632	236	1396	0.78	12.67	10.98	1.69	60.51
1989	1636	232	1404	0.77	14.70	12.81	1.89	69.27
1990	1638	225	1413	0.76	16.83	14.80	2.03	77.82
1991	1645	230	1415	0.75	18.48	16.34	2.14	84.62
1992	1648	228	1420	0.75	21.18	18.66	2.52	95.98
1993	1651	233	1418	0.74	28.05	25.08	2.97	125.65
1994	1765	247	1518	0.78	62.47	59.51	2.96	276.35
1995	1804	419	1385	0.79	65.89	63.59	2.26	289.94
1996	1831	424	1407	0.80	85.98	85.07	0.91	374.60
1997	1837	407	1430	0.79	105.64	89.44	16.20	454.23
1998	1815	414	1401	1.20	150.08	128.66	21.42	640.05
1999	1739	413	1326	0.74				657.35
2000	1728	417	1311	0.73				872.11
2001	1671	446	1215	0.70				1087.51
2002	1671	521	1150	0.70				1308.64
2003	1678	551	1127	0.71				1807.19
2004	1672	559	1113	0.70				2107.30
2005	1743	600	1143	0.73				2270.78
2006	1711	615	1096	0.72				2260.49
2007	1702	617	1085	0.71				2183.85
2008	1570	516	1054	0.65				1914.05
2009	1599	561	1038	0.66				1824.93
2010	1588	549	1039	0.64				1679.38
2011	1483	506	977	0.60				1534.15
2012	1509	572	937	0.61				1481.23
2013	1479	557	922	0.59				1510.32
2014	1506	523	983	0.60				1473.84
2015	1505	505	1000	0.60				

15-9 邮电业务量
Telecommunications Services

年 份 Year	邮电业务总量 (万元) Business Volume of post & Telecommunications (10 000 yuan)	邮政业务总量 Business Volume of Post	电信业务总量 Business Volume of Telecommunications	邮电业务总量指数 (1978年=100) Index of Business Volume of Post & Telecommunications(1978=100)	函 件 (万件) Number of Letters (10 000 pcs)	特快专递 (万件) Pieces of Express Mail Services (10 000 pcs)	报刊期发数 (万份) Newspapers & Magazines Circulation (10 000 copies)
1980	8216			109	7146		329
1985	11471			153	9416		605
1986	11953			159	9589		507
1987	14436			192	9778		596
1988	17119			228	9946	1	515
1989	18652			248	8637	1	342
1990	21194	7373	13821	282	8080		
1991	25096	8126	16970	334	7782	3	419
1992	32195	10093	22102	428	8001	9	412
1993	46809	11866	34943	623	9539	28	560
1994	69688	15317	54371	927	10858	55	567
1995	96552	19031	77521	1284	16728	95	486
1996	128846	21677	107169	1714	10277	153	625
1997	174001	25413	148588	2314	9479	157	650
1998	247762	29003	218759	3295	8521	115	408
1999	391291	34591	356700	5204	8332	100	341
2000	562463	59463	523000	7481	9677	111	395
2001	580521	76007	504515	10956	12249	147	268
2002	903848	80448	823400	17058	14002	167	249
2003	1085474	85115	1000359	20486	22066	205	249
2004	1566250	86250	1480000	20842	6229	230	218
2005	1997246	89351	1907895	26577	3143	251	194
2006	2545460	98860	2446600	33872	4273	272	215
2007	3640097	107785	3532312	48438	4270	322	246
2008	4576036	118798	4457238	60892	4186	410	224
2009	5538489	116468	5422021	73699	3675	579	233
2010	2006940	119844	1887096	89913	3389	401	242
2011	2413465	99580	2313885	108126	3031	405	285
2012	2702939	112076	2590863	121094	2433	406	230
2013	3112277	175177	2937100	139433	1865	2839	248
2014	3378447	194664	3183783	151358	1639	4364	262
2015	4002912	232307	3770605	179335	1455	5410	194

注：邮电业务总量2000年及以前按1990年不变价格计算，2001−2009年按2000年价格计算，2010−2015年按2010年价格计算。
a)Business Volume of Post and telecommunications before 2000 is calculated at 1990 constant Prices,and 2001−2009 it is calculated at 2000 constant Prices,and 2010−2015 is calculated at 2010 constant Prices.

15-9 续表 1 continued

年 份 Year	集邮业务 (万元) Philately (10 000 yuan)	长途电话 (万次) Number of Long Distance Telephone Calls(10 000 times)	无线寻呼用户 (户) Number of Subscribers of Pageing Service (subscriber)	移动电话用户 (户) Number of Mobile Telephone Subscribers (subscriber)	国际互联网络用户 (户) Number of Subscribers of Internet Service (subscriber)
1980		495			
1985		792			
1986		856			
1987		923	175		
1988	287	1100	558		
1989		1071	1120		
1990	1373	1257	1747		
1991	2149	1722	3799	70	
1992	3959	2615	8246	636	
1993	4829	4856	24549	2298	
1994	4944	7623	52794	8351	
1995	4935	10422	102653	21852	
1996	6248	14349	179383	52388	25
1997	10173	15686	300692	127630	382
1998	11158	17429	420108	258881	1454
1999	10024	19101	530011	533000	10306
2000	7830	21088	780008	1153000	56556
2001	11768	22160	430000	2090000	161420
2002	12527	23358	315000	3172000	330133
2003	7095	23696	104000	4790500	547046
2004	4833	51408	51500	5945700	824000
2005	4996	49600	3000	7123000	1061143
2006	2759	34500	1467	8741300	1432319
2007	5301	77033		10469307	1417322
2008	11303	33071		13444000	1390000
2009	8901			16160000	1760000
2010	12693			20340000	1910000
2011	15985			23161610	14982141
2012	18990			25501300	18260800
2013	19713			26906162	18322255
2014	10611			26346056	19892147
2015	10172			24253440	22081983

注:本表中国际互联网络用户 2010 年以前不包括移动互联网用户。

a)Before 2010,Number of Subscribers of Internet Service did not include mobile Internet users.

15-9 续表 2 continued

年 份 Year	固定电话年末用户(户) Number of Subscribers of Local Telephone at Year-end (subscriber)	城市电话用户 Number of Urban Telephone Subscribers	#住宅电话 Residential Telephone Subscribers	乡村电话用户 Rural Telephone Subscribers	#住宅电话 Residential Telephone Subscribers	#公用电话(户) Public Telephone (subscriber)
1980	60483	43435		17048		95
1985	86230	71101	733	15129	87	317
1986	97947	82004	2096	15943	156	386
1987	110409	93869	3047	16540	366	436
1988	127372	109781	6484	17591	484	467
1989	147108	128187	24732	18921	398	391
1990	168328	147964	32003	20364	518	278
1991	184856	163414	41193	21442	1785	376
1992	211796	186574	64151	25222	3319	679
1993	280512	250772	118788	29740	6139	1480
1994	440361	409220	265776	31141	10482	2958
1995	658577	635945	441383	22632	10586	6887
1996	859754	850652	615126	9102	3349	11759
1997	1056355	894372	697425	161983	118986	20400
1998	1254391	1040109	845015	214282	172736	32451
1999	1552582	1276323	1027119	276259	236006	41271
2000	2069000	1664000	1339000	405000	358000	48039
2001	2580000	2030000	1620000	550000	490000	70000
2002	3112000	2426000	1884000	686000	616000	74000
2003	4300400	3450900	2607300	849500	765400	168063
2004	5019600	3998600	3223000	1021000	823300	268800
2005	5420000	4340000	3455000	1079000	824000	382600
2006	5408300	4259700	3341200	1148600	1066500	430500
2007	5252301	4113873	3224093	1138428	1050367	408798
2008	4624600	3883200	3431200	741400	670000	350000
2009	4420000	3728456	2642711	687467	614185	334758
2010	4140000	3540000	2377786	600000	520000	300000
2011	3795159	3188791	1886621	606367	488398	279091
2012	3682000	3107000	1840900	575000	461500	255254
2013	3772185	3176934	1917926	595251	477898	248404
2014	3590789	3013493	1735678	577295	463494	235862
2015	3205263	2735731	1412999	469532	377220	191804

15-10 年末邮电局所数及邮递线路

Postal and Telecommunications Services Facilities(Year-end)

年 份 Year	邮电局所(处) Number of Post and Telecommunications Offices (unit)	信筒信箱 (处) Number of Post Boxes (unit)	邮路总长度 (公里) Length of Postal Routes (km)	# 汽车邮路 Highway Routes	# 铁路邮路 Railway Routes	农村投递线路 (公里) Rural Delivery Routes (km)
1980	1515	3220	70944	35115	5740	
1985	1603	3557	59292	36174	6726	117800
1986	1634	3554	60831	37480	7023	110363
1987	1615	3671	60591	36485	7174	111786
1988	1632	3721	59203	35843	7024	110093
1989	1636	3637	63017	36037	7025	116686
1990	1638	3549	64495	36666	6802	109926
1991	1645	3600	67048	37235	6772	108231
1992	1648	3496	66966	37230	6772	107295
1993	1651	3590	66139	36401	6772	105501
1994	1765	3561	67551	39339	7050	101706
1995	1804	3576	68751	41030	6929	102757
1996	1831	3641	68873	43729	6929	104694
1997	1837	3616	71006	45955	6623	103991
1998	1815	3471	69261	44286	5936	107262
1999	1739	3059	64183	43747	5173	107280
2000	1728	3096	63759	43232	5514	106539
2001	1671	4502	72499	42969	5838	111394
2002	1671	3478	62307	42558	5764	111395
2003	1678	3022	62344	42799	5764	111636
2004	1672	5541	57762	43074	5699	110812
2005	1743	8630	60713	43895	6196	109398
2006	1711	8767	58523	44027	5946	109635
2007	1702	2567	61900	43851	5946	111007
2008	1570	2565	67905	43746	5836	111911
2009	1599	2521	72245	46726	6403	112612
2010	1588	2455	58391	44277	6205	114545
2011	1483	2368	59125	49983	5720	112903
2012	1509	2397	64421	58624	4066	109253
2013	1479	2361	65695	61496	2718	109302
2014	1506	2174	75186	70809	2718	115219
2015	1505	1229	76350	72941	2720	114098

15-11 年末电信电路及电信线路

Line of Telecommunications Facilities(Year-end)

年 份 Year	长话业务电路 (路/2M) Long Distance Telephone Lines(line/2M)	# 数字电路 Digital Lines	光缆线路长度 (公里) Length of Optical Cable Lines(km)	长途光缆线路长度(公里) Length of Long Distance Optical Cable Lines(km)
1992	3191	881		309
1993	6593	2154		950
1994	10043	1658		3274
1995	11669	8578		8074
1996	17174	15920		9282
1997	19199	18833		9846
1998	30569	30559		11416
1999	26053	26053		11625
2000	48309	48309		16420
2001	84036	84036		15890
2002	166749	166749		25018
2003	247110	247110		28597
2004	213030	213030		31114
2005	364200	364200		35400
2006	451770	451770	103700	38031
2007	2837160	2837160	106300	34416
2008	3993105	3993105	154300	48146
2009	14542350	14542350	174784	42626
2010	21284190	21284190	204179	46831
2011	559741		271019	55514
2012			310453	56775
2013			338832	57600
2014			386759	66400
2015			432981	68583

注:从 2011 年起,长话业务电路单位由路改为 2M。

a)From 2011,the long distance telephone Lines´unit has changed from line to 2M.

15-12 邮电通信水平

Level of Postal and Telecommunications Services

指 标	Item	1995	2000	2005	2010	2015
全区邮电通信水平	**Autonomous Regional Level**					
平均每人每年发函件数(件)	Annual Average Number of Letters Mailed per Capita(piece)	4.72	4.09	1.32	1.37	0.58
平均每百人每年订报刊数(份)	Annual Average Number of Newspaper and Magazine Subscribed per 100 Persons(copy)	21.39	16.69	8.13	9.82	13.90
平均每百人拥有本地网电话机部数(部)	Number of Local Telephone Sets Owned per 100 Persons(set)	2.90	8.75	22.70	16.80	
农村邮电通信水平	**Rural Level**					
设有邮电局、所的乡(镇)比重(%)	Percentage of Townships with Post and Telephone Communications Offices(%)		82	88	92	93
通电话的乡(镇)比重(%)	Percentage of Townships with Telephone Communication(%)	94.20	100	100	100	100
进入长话自动网的乡(镇)比重(%)	Percentage of Townships with Connected Autoexchange Net of Long Distance Call(%)	37.60	100	100	100	100

15-13 电信设备年末拥有量

Telecommunications Facilities at Year-end

年 份 Year	长途自动交换机容量(路端) Capacity of Long-distance Telehone Exchanges (circuit)	本地电话局用交换机容量(门) Capacity of Local-office Telehone Exchanges (line)	# 中央国有 Central State-owned	电话机(部) Number of Telephone (set)	# 中央国有 Central State-owned
1980		104050	60450	106473	74235
1985		156280	108230	156929	128360
1986		163960	113930	181936	149191
1987		179070	128820	164123	129670
1988	200	193155	141190	232159	194589
1989	1560	222675	169540	266627	226723
1990	1560	241305	188020	296601	253525
1991	2249	268605	212950	329689	283773
1992	5342	351793	251230	363537	312632
1993	9906	449154	358984	454013	398342
1994	25895	682979	618964	624729	595081
1995	68127	1059151	1029828	854869	838265
1996	70336	1284301	1260288	1100640	1088151
1997	81050	1554614	1226356	1313097	1063609
1998	92200	1889691	1508344	1500674	1200539
1999	94200	2119776	1769500	2086000	1748959
2000	96320	2543000	2122789	3222000	2577600
2001	110000	3034400	3034400	4670000	4670000
2002	137060	3463000	3463000	6284000	6284000
2003	68640	3705538	3705538	9090500	9090500
2004	74000	7224000	7224000	10966000	10966000
2005	79211	4304500	4304500	12543000	12543000
2006	158974	4277900	4277900	14149600	14149600
2007	339509	7230000	7230000	15721608	15721608
2008	344765	7290000	7290000	18064000	18064000
2009	248814	7137435	7137435	20575837	20575837
2010	202524	7114721	7114721	24480903	24480903
2011	202524	6826400	6826400	26957000	26957000
2012	202524	8635286	8635286	29183000	29183000
2013	220734	8085838	8085838	30678347	30678347
2014	221574	6673726	6673726	29936845	29936845
2015	127944	3984618			

主要统计指标解释

铁路营业里程 又称营业长度(包括正式营业和临时营业里程),指办理客货运输业务的铁路正线总长度。凡是全线或部分建成双线及以上的线路，以第一线的实际长度计算;复线、站线、段管线、岔线和特殊用途线以及不计算运费的联络线都不计算营业里程。铁路营业里程是反映铁路运输业基础设施发展水平的重要指标,也是计算客货周转量、运输密度和机车车辆运用效率等指标的基础资料。

铁路正线延展里程 指正线第一线、第二线、第三线和其他正线建筑里程之和,不包括站线、段管线、岔线及特殊用途线的延展里程。它是作为计算铁路上钢轨、枕木及路基砂石需要量的主要依据。

公路里程 指在一定时期内实际达到《公路工程技术标准 JTJ01-88》规定的等级公路,并经公路主管部门正式验收交付使用的公路里程数。包括大中城市的郊区公路以及通过小城镇街道部分的公路里程和桥梁、渡口的长度,不包括大中城市的街道、厂矿、林区生产用道和农业生产用道的里程。两条或多条公路共同经由同一路段,只计算一次,不得重复计算里程长度。它是反映公路建设发展规模的重要指标,也是计算运输网密度等指标的基础资料。

内河航道里程 也称内河通航里程,指在一定时期内,能通航运输船舶及排筏的天然河流、湖泊水库、运河及通航渠道的长度。包括全年季节性通航累计三个月以上的航道,不包括仅供零散流放竹、木排的河道。它是内河水运网规模、水平和发展情况的主要指标。

民用航空线里程 指民航运输定期班机飞行的航线长度的总和。航线长度按机场之间的距离计算,通常有两种计算方法：一是将每条航线长度相加称为重复计算航线里程;二是将两线或两条以上航线经过同一区段里程,只计算一次航线长度称为不重复计算航线里程,一般常用的是后者,它能确切反映民航运输网的规模,是表明民航事业为国民经济服务和方便人民生活程度的主要指标。

货(客)运量 指在一定时期内,各种运输工具实际运送的货物(旅客)数量。它是反映运输业为国民经济和人民生活服务的数量指标,也是制定和检查运输生产计划、研究运输发展规模和速度的重要指标。货运按吨计算,客运按人计算。货物不论运输距离长短、货物类别,均按实际重量统计。旅客不论行程远近或票价多少,均按一人一次客运量统计;半价票、小孩票也按一人统计。

货(客)运密度 指在一定时期内某种运输方式在营运线路的某一区段平均每公里线路通过的货物 (旅客) 运输周转量。计算公式为：

货(客)运密度 = 货物(旅客)周转量 / 营业线路长度

货(客)运密度是反映交通运输线路上货物(旅客)运输量运输繁忙程度的主要指标,是平衡运输线路运输能力和通过能力,规划线路建设及改造、配备技术设备,研究运输网布局的重要依据。

货物(旅客)周转量 指在一定时期内,由各种运输工具运送的货物(旅客)数量与其相应运输距离的乘积之总和。它是反映运输业生产总成果的重要指标,也是编制和检查运输生产计划,计算运输效率、劳动生产率以及核算运输单位成本的主要基础资料。计算货物周转量通常按发出站与到达站之间的最短距离,也就是计费距离计算。计算公式为：

货物(旅客)周转量 =∑货物(旅客)运输量 × 运输距离

邮电业务总量 指以货币形式表现的邮电通信企业为社会提供各类邮电通信服务的总数量。计算方法为各类邮电通信服务业务的实物量分别乘以相应的不变单价,求出各类业务的货币量后加总求得。该指标反映了一定时期邮电通信业务发展的总成果,是观察邮电通信业务发展变化总趋势的综合性指标,分别按邮政业务总量和电信业务总量统计。计算公式为：

邮电业务总量 =∑ (各类邮电业务量 × 不变单价)+ 出租代维及其他业务收入

固定电话用户 指在电信企业登记注册,且在报告期末实际已经接入电信企业固定电话网(包括局用电话交换机、接入网设备、软交换用户接入设备、无线市话设备)上的全部电话用户。包括普通电话用户、无线接入电话用户、公用电话用户、窄带综合业务数字网 (N-ISDN) 用户、集中用户交换机(CENTREX)用户、模拟中继线用户等。

移动电话用户 指在移动电话营业部门登记,通过移动电话交换机进入电话网、占有移动电话号码的电话用户。用户数量以实际办理登记手续进入邮电部门移动电话网的户数进行计算,一部或一台移动电话统计为一户。

城市电话用户 指话机安装地的行政区划属于中央直辖市、省辖市、地级市、县级市的市区、市郊区及县城区范围内的固定电话用户,还包括分布在农村地区的县团级以上建制的独立工矿区、林区、驻军的电话用户。

农村电话用户 指话机安装地的行政区划属于城市范围以外的乡(镇)、村的固定电话用户。

住宅电话用户 指私人付费或安装在居民住宅并按照住宅电话用户登记注册和收费的各类电话用户。不包括安装在居民住宅,属于经营性的电话用户。住宅电话用户按行政区划分为城市住宅电话用户和农村住宅电话用户。

长途光缆线路长度 指用以实现光信号传输的长途光缆线路的实际长度。架空的光缆按实际杆路长度统计;埋设于地下、管道、水底、海底的光缆按沟长统计。

局用交换机容量 指安装在电信企业内用于接续本地固定电话的交换机容量,不含接入网设备容量。

函件 指邮政企业为用户传递以书面信息为主的邮件,包括信件、印刷品和邮送广告等。

包裹 指符合准寄范围,按一般时限规定传递处理的物品。

Explanatory Notes on Main Statistical Indicators

Length of Railways in Operation refers to the total length of the trunk line under passenger and freight transportation (including both full operation and temporary operation). The calculation is based on the actual length of the first line even if this line has a full or partial double track or more tracks, excluding double tracks, station sidings, tracks under the charge of station, branch lines, special purpose lines and the non payable connecting lines, The length of railways in operation is an important indicator to show the development of the infrastructure for the railway transport, and also the essential data to calculate volume of passenger freight transport, traffic density and utilization efficiency of the locomotives and carriages.

Extenuation Length of Trunk Lines refers to the sum of the first, the second, the third lines and other constructed length of the trunk railways, excluding the extenuation length of the station lines, lines under the jurisdiction of depots, sidings and lines for special purpose. It provides important information for the calculation of the needs for rails, sleepers, sand and stone for the construction of railways.

Length of Highways refers to the length of highways which are built in conformity with the grades specified by the highway engineering standard formulated by the Ministry of Communications, and have been formally checked and accepted by departments of highways and put into use. The length of highways includes that of the suburb highways at large and medium sized cities, highways passing through streets at small cities and towns, and also the length of bridges and ferries. It does not include the length of streets in big and medium sized cities and highways built for the production purpose at factories, mines, forest areas and agricultural areas. If two or more highways go the same section of the way, the length of the section is only calculated for once and no duplication is allowed. The length of highways is an important indicator to show the development of the highway construction and to provide essential information to calculate the transport network density.

Length of Navigable Inland Waterways an indicator reflecting the size and development of inland water network, it refers to the length of the natural rivers, lakes, reservoirs, canals, and ditches open to navigation during a given period, which enables the transport by ships and rafts. It includes the channels open to navigation for over an accumulative 3 months in a year, yet this does not include the river courses which are only used to float odd logs and bamboo rafts.

Length of Civil Aviation Routes refers to the length of all routes for regular civil aviation flights. There are usually two ways to calculate the distance between airports connected by the route length: One is to put the length of all air routes together, called duplicated calculation of the length of the routes, the other is not to allow the duplication in calculation when two or more routes passing the same section of aviation routes. The latter is usually used, as it can precisely show the size of the civil aviation network and indicate the extent of civil aviation serving the national economy and the people.

Freight (Passenger) Traffic refers to the volume of freight (passenger) transported with various means. Freight transport is calculated in tons and passenger traffic is calculated in the number of persons. Despite the type of freight and traveling distance, the freight transport is calculated in the actual weight of the goods: and despite the traveling distance and ticket price, the passenger traffic is calculated by the principle that one person can be counted only once in one travel. The passenger who travels a half price ticket or a child ticket is also calculated as one person. The freight (passenger) traffic provides a quantitative measure to show how the transport industry serves the national economy and people, and is also an important indicator for planning the transport industry and for studying the development scale and speed of the transport industry.

Freight (Passenger) Traffic Density refers to the freight (passenger) traffic volume carried by a particular means of transportation during a given period through one kilometer of a specific section of transportation route. The formula is as follows.

Freight (Passenger) Traffic Density =[Freight Ton–kilometers (Passenger–kilometers)] ÷ (Length of Route in Operation)

Freight (passenger) traffic density reflects the degree of business of freight (passenger) traffic on transportation routes, and therefore provides important information for balancing transport capability, planning construction and upgrading of transport routes and studying the distribution of transport network.

Freight Ton–kilometers (Passenger kilometers) refer to the sum of the products of the volume of transported cargo(passengers) multiplying by the transport distance, usually using ton kilometer and passenger kilometer as units for measurement. Normally, the shortest distance between the departure station and the destination station (i. e, the payable distance) is the basis to calculate the freight Ton kilometers. This is an important indicator to show the total results of the transport industry, to prepare and examine the transport plan and to measure the efficiency, the labour productivity and the unit cost of transport. The formula is as follows:

Freight Ton kilometers(Passenger kilometers) ={ Freight (Passenger) Traffic × Distance of Transportation }

Measuring unit: ton kilometer(person kilometer)

Business Volume of Post and Telecommunications refers to the monetary terms of the total numbers that the post and telecommunications companies to provide the post and telecommunication services for society. Calculation methods for all types of post and telecommunications services in kind amounts are multiplied by the corresponding constant price, after obtaining various services plus total amount of money obtained. The indicator reflects the overall results of post and telecommunications services during a given period, it is to observe the development and changes in business trends in post and telecommunications total comprehensive index, respectively, according to the total business volume of post and telecommunications services statistics.

The formula is follows:

Business Volume of Post and Telecommunications

= Σ (Transaction of Post and Telecommunication Service $\times$ Constant Price) + Income from Leasing, Maintenance and other Services

Fixed telephone subscribers refers to in the telecommunications business registration, and in the reporting period have access to the actual telecommunications business fixed telephone network (including central office telephone switches, access equipment, Softswitch subscriber access equipment, PHS device) on all phone users. Including ordinary phone users wireless access phone users, public phone users, narrowband integrated services digital network (N-ISDN) users, centralized user switch (CENTREX) users, analog trunk users.

Mobile Telephone Subscribers refer to the persons who own mobile telephone number connected with the mobile telephone communication network and have registered in mobile communication enterprises. The number of subscribers is calculated only when the subscribers who have gone through all the register formalities and entered into the mobile telephone network. One mobile telephone is treated as a subscriber.

Urban Telephone subscribers refers to the administrative division telephone installation of the central municipalities, provincial cities, prefecture-level city, fixed telephone users within the scope of urban, suburban district and county level city, further comprising a distribution group in the rural areas of the county independent industrial and mining areas above the level of the establishment, forest, garrison phone users.

Rural Telephone subscribers refer to the administrative division telephone installation belonging to the township outside the city limits (town), fixed phone users village.

Residential Telephone subscribers refer to private pays or installed in residential and home telephone user in accordance with the registration fees and all kinds of phone users. Installation is not included in the residential, it is on business phone users. Residential telephone subscribers by administrative classified as urban residential telephone users and rural residential telephone users.

Local switch capacity refers to the capacity of the switch installed in the telecommunications business for local fixed telephone connection, free access network equipment capacity.

Long-distance fiber optic line length refers to the actual length of the optical signal transmission to achieve long-distance optical cable lines. Overhead cable length according to the actual path length of the lever statistics; buried in the ground, pipes, underwater, undersea cable channel length according to the statistics.

Letter refers to postal companies for the user to pass a written information-based e-mail, including letters, printed and mailed advertisements.

Package refers to a range of postal parcels, as a general time limit passed article treated.

2016 NEIMENGGU

十六、国内贸易

Domestic Trade

资料整理：沙仁高娃　赵　孔
Arranged By Sha Rengaowa , Zhao Kong

16–1 社会消费品零售总额(按销售单位所在地和行业分)

Total Retail Sale of Consumer Goods by Location of Retailers and by Sector

单位：万元 (10 000 yuan)

年 份 Year	社会消费品零售总额 Total Retail Sales of Consumer Goods	市 City	县 County	县以下 Under County Level
1978	368336	109765	173880	84691
1979	396306	115097	212109	69100
1980	443085	134370	234472	74243
1981	473558	154209	220104	102245
1982	521169	168509	184330	168330
1983	576479	213026	190936	172517
1984	682854	272508	219274	191072
1985	756373	379587	204430	172356
1986	848809	435847	226870	186092
1987	963006	493222	257461	212323
1988	1188967	615424	319333	254210
1989	1256875	674326	333493	249056
1990	1305760	718633	338223	248904
1991	1455207	847989	378809	228409
1992	1686851	978585	421058	287208
1993	2222885	1274436	520515	427934
1994	2656752	1556018	612519	488215
1995	3133114	1787351	764355	581408
1996	3644208	2046368	935855	661985
1997	4171634	2494448	987127	690059
1998	4699727	2834462	1093481	771784
1999	5326021	3274132	1212618	839271
2000	6085451	3782591	1382488	920372
2001	6959858	4408005	1549876	1001977
2002	8253061	5255468	1805237	1192356
2003	9561995	6208135	2036284	1317576
2004	11607118	7720880	2398047	1488191
2005	13581000	9086000	2813000	1682000
2006	16286000	11052000	3328000	1906000
2007	19640000	13436000	3916000	2288000
2008	24630000	16957000	4844000	2829000
2009	28553067	19546789	5625019	3381259

16-1 续表 continued

单位：万元 (10 000 yuan)

年份 Year	批发零售贸易业 Wholesale and Retail Sale Trade	住宿餐饮业 Hotels and Catering	制造业 Manufacturing	农业生产者 Agriculture	其他行业 Others
1978	324557	9176	18424	4500	11679
1979	349203	9873	19823	4806	12601
1980	377210	12425	26812	11745	14893
1981	395242	13436	32747	12613	19520
1982	429129	15383	40642	16000	20015
1983	468060	17180	49112	18419	23708
1984	540456	21996	64587	28201	27614
1985	639621	26309	83076	43560	34446
1986	717482	31180	83815	51319	42686
1987	822095	37134	84602	60161	50035
1988	1022036	45026	110832	72734	54327
1989	1097906	44454	121209	81943	40349
1990	1154732	46081	126464	93257	41615
1991	1277458	54716	138160	111773	49581
1992	1424440	61275	166494	138677	74718
1993	1812421	274859			135605
1994	2182469	326337			147946
1995	2558304	396339			178471
1996	2972167	472720			199321
1997	3400261	563531			207842
1998	3807265	658848			233614
1999	4284513	786023			255485
2000	4875210	941049			269192
2001	5569681	1102355			287822
2002	6609147	1348192			295722
2003	7640622	1601569			319804
2004	9207247	2026590			373281
2005	10780965	2364654			435381
2006	12890755	2899876			495369
2007	15486890	3682236			470874
2008	21081000	3028000			520000
2009	24307808	3604645			640614

16–2 社会消费品零售总额(按销售单位所在地和消费形态分)

Total Retail Sale of Consumer Goods by Location of Retailers and by Consumption Patterns

单位：万元 (10 000 yuan)

年份 Year	社会消费品零售总额 Total Retail Sale of Consumer Goods	按销售单位所在地分 Grouped by Location of Retailers				按消费形态分 Grouped by consumption patterns	
		城镇 Cities	城区 City	镇区 Towns	乡村 Village	商品零售收入 Revenue from Commodities	餐费收入 Revenue from Meals
2010	33840000	29613000	22487000	7126000	4227000	29465000	4375000
2011	39917000	34950000	27031000	7919000	4967000	34953000	4964000
2012	45725000	40060000	31217000	8843000	5665000	40036000	5689000
2013	51142000	44753000	34297000	10456000	6389000	44830000	6312000
2014	56576000	49494000	37413000	12081000	7082000	49503000	7073000
2015	61077000	53430000	40388000	13042000	7647000	51704600	9372400

16–3 社会消费品销售额

Total Sales Volume Grand of Consumer Goods

单位：万元 (10 000 yuan)

指标	Item	2014	2015
销售额（营业额）总计	**Sales volume (turnover) grand total**	**161240596**	**164209660**
销售额	**Sales volume**	**149563412**	**151699856**
批发业	Whole-sale Trade	83253834	83257170
零售业	Retail Sale Trade	66309578	68442686
营业额	**Turnover**	**11677184**	**12509804**
住宿业	Hotels Trade	1940797	2007544
餐饮业	Catering Trade	9736387	10502260

16-4 限额以上住宿业企业及个体户经营情况(2015年)

Above Designated Size Hotel Enterprises and Self-Employed Trade(2015)

单位：万元 (10 000 yuan)

指标	Item	营业额 Business Revenue	#客房收入 Revenue from Hotel Rooms	#餐费收入 Revenue from Meals	#商品销售收入 Revenue from Commodities
总　计	**Total**	**463907**	**229727**	**206003**	**3153**
旅游饭店	Tourist Hotel	305727	132885	150009	1470
一般旅馆	General Hotel	141203	88954	48693	713
其他住宿服务	Others	16977	7889	7301	970

16-5 限额以上餐饮业企业及个体户经营情况(2015年)

Above Designated Size Catering Enterprises and Self-Employed Trade(2015)

单位：万元 (10 000 yuan)

指标	Item	营业收入 Business Revenue	# 商品零售额 Retail Sales of Commodities
总 计	**Total**	**957982**	**825186**
正餐服务	Dinner Services	923347	791278
快餐服务	Fast Food Services	31354	31014
饮料及冷饮服务	Cold/Ice drink,and Services	1602	1602
其他餐饮服务	Others	1679	1292

16-6 亿元以上商品交易市场情况(2015 年)

Statistics on Commodity Exchange Markets of Transaction Value Over 100 Million Yuan(2015)

指标	Item	市场数（个）Markets (unit)	总摊位数（个）Booths (unit)	年末出租摊位（个）Rent Booths At Year-end (unit)	成交额（万元）Turn Over (10 000 yuan)
总　计	**Total**	**73**	**40116**	**37636**	**6065264**
综合市场	**Integrated Markets**	**11**	**10793**	**9301**	**1297499**
生产资料	Productions Markets	1	40	40	32568
工业消费品	Industrial Markets	2	3402	3348	97290
农产品	Farm Produce Markets	5	2856	1839	756591
其他	Others	3	4495	4074	411050
专业市场	**Special Markets**	**62**	**29323**	**28335**	**4767765**
生产资料	Productions Markets	12	2772	2728	1733757
农业生产用具	Agricultural implements	2	61	61	65600
农用生产资料	Agricultural Productions	2	175	175	65850
煤炭	Coal and Charcoal	1	30	30	368790
木材	Wood	1	134	134	170560
建材	Building Materials	3	768	768	211507
化工材料及制品	Chemical Materials				
金属材料	Metal Materials	2	378	334	338720
机械设备	Mechanical Equipment				
其他生产资料	Others	1	1226	1226	512730
农产品	Farm Produce Markets	22	8452	8333	984254
粮油	Grain & Oil	4	302	302	130785
肉禽蛋	Meat,Poultry & Eggs	3	684	652	60791
水产品	Aquatic Products				
蔬菜	Vegetables	4	4490	4460	202577
干鲜果品	Dried & Fresh Fruits	1	20	20	30520
棉麻土畜、烟叶	Local & lives tocks	3	734	734	135000
其他农产品	Others	7	2222	2165	424581
食品、饮料及烟酒	Food,Beverages,Tobacco & Liquor				
纺织、服装、鞋帽	Textile,Garments,Footwear & Hat Wear	13	9486	8970	355392
日用品及文化用品	Commodity & Cultural Articles				
黄金、珠宝、玉器等首饰	Jewelry	2	2335	2335	138180
电器、通讯器材、电子设备	Electrical Equipment				
医药、医疗用品及器材	Medicament	1	177	136	33450
家具、五金及装饰材料	Furniture,Hardware,Decorating	4	1128	1128	158494
汽车、摩托车及零配件	Autocar,Accessories	1	43	35	32300
花、鸟、鱼、虫	Flower,Bird,Fish & Insect				
旧货	Second Hand				
其他专业市场	Others	7	4930	4670	1331938

16-7 限额以上批发和零售业、住宿和餐饮业企业及个体户基本情况 (2015年, 按登记注册类型分)

Basic Conditions of Enterprises above Designated Size of Wholesale , Retail Sale, Hotels ,Catering Trades and Self-employed by Registration(2015)

指 标	Item	法人企业(个) Number of Corporation Unit (unit)	产业活动单位数及个体户(个) Number of Active Unit and Self-Employed (unit)	从业人数(人) Persons Engaged (person)
总 计	**Total**	**2667**	**1298**	**238905**
一、 批发业合计	**Wholesale Trade**	**692**	**41**	**42905**
内资企业	**Domestic Funded Enterprises**	**688**	**9**	**38317**
国有企业	State-owned Enterprises	51	4	8078
集体企业	Collective-owned Enterprises	4		135
股份合作企业	Cooperative Enterprises			
联营企业	Joint Ownership Enterprises			
国有联营公司	State Joint Ownership Enterprises			
集体联营企业	Collective Joint Ownership Enterprises			
国有与集体联营企业	Joint State collective Enterprises			
其他联营企业	Other Joint Ownership Enterprises			
有限责任公司	Limited Liability Corporations	240	3	12046
国有独资企业	State funded Corporations	17		2002
其他有限责任公司	Other Limited Liability Corporations	223	3	10044
股份有限公司	Share-holding Corporations Ltd.	34	1	7269
私营企业	Private Enterprises	357		10733
私营独资企业	Private-funded Enterprises	1		12
私营合伙企业	Private Partnership Enterprises			
私营有限责任公司	Private Limited Liability Corporations	346		10188
私营股份有限公司	Private Share-holding Corporations Ltd.	10		533
其他企业	Other Enterprises	2	1	56
港、澳、台商投资企业	**Enterprises with Investment from Hong Kong, Macao & Taiwan**	**3**	**1**	**240**
港澳台资合资经营	Joint-venture Enterprises	1		184
港澳台资合作经营	Cooperative Enterprises			
港澳台商独资企业	Sole Investment	2	1	56
港澳台商投资股份有限公司	Share-holding Co.,Ltd			
其它港澳台投资	Others			
外商投资企业	**Enterprises With Foreign Investment**	**1**		**21**
中外合资经营	Joint venture Enterprises	1		21
中外合作经营	Cooperation Enterprises			
外资企业	Enterprises with Sole			
外商投资股份有限公司	Share-holding Co., Ltd.			
其它外商投资	Others			
个体工商户	**Self-employed Individuals**		**31**	**4327**
二、 零售业合计	**Retail Trade**	**1284**	**490**	**111865**
内资企业	**Domestic Funded Enterprises**	**1275**	**12**	**95777**
国有企业	State-owned Enterprises	18	5	3340
集体企业	Collective-owned Enterprises	9		190
股份合作企业	Cooperative Enterprises	3		58
联营企业	Joint Ownership Enterprises			
国有联营公司	State Joint Ownership Enterprises			
集体联营企业	Collective Joint Ownership Enterprises			
国有与集体联营企业	Joint-State-collective Enterprises			
其他联营企业	Other Joint Ownership Enterprises			
有限责任公司	Limited Liability Corporations	505	4	41533
国有独资企业	State funded Corporations	11		1523
其他有限责任公司	Other Limited Liability Corporations	494	4	40010
股份有限公司	Share-holding Corporations Ltd.	53	1	10757

16-7 续表 1 continued

指 标	Item	法人企业(个) Number of Corporation Unit (unit)	产业活动单位及个体户(个) Number of Active Unit and Self-Employed (unit)	从业人数(人) Persons Engaged (person)
私营企业	Private Enterprises	674	2	39123
私营独资企业	Private funded Enterprises	34	1	1321
私营合伙企业	Private Partnership Enterprises	1		33
私营有限责任公司	Private Limited Liability Corporations	618	1	33033
私营股份有限公司	Private Share holding Corporations Ltd.	21		4736
其他企业	Other Enterprises	13		776
港、澳、台商投资企业	**Enterprises with Investment from Hong Kong, Macao & Taiwan**	**7**	**4**	**1383**
港澳台资合资经营	Joint-venture Enterprises	4		392
港澳台资合作经营	Cooperative Enterprises			
港澳台商独资企业	Sole Investment	3	3	909
港澳台商投资股份有限公司	Share-holding Co.,Ltd.from		1	82
其它港澳台投资	Others			
外商投资企业	**Enterprises With Foreign Investment**	**2**	**3**	**679**
中外合资经营企业	Joint venture Enterprises		1	17
中外合作经营企业	Cooperation Enterprises	1		51
外资企业	Enterprises with Sole Foreign Investment	1	2	611
外商投资股份有限公司	Share-holding Co., Ltd.			
其它外商投资	Others			
个体工商户	**Self-employed Individuals**		**471**	**14026**
三、住宿业合计	**Hotels**	**314**	**148**	**33680**
内资企业	**Domestic Funded Enterprises**	**310**	**18**	**29080**
国有企业	State owned Enterprises	32	5	3692
集体企业	Collective owned Enterprises	4		367
股份合作企业	Cooperative Enterprises	1		80
联营企业	Joint Ownership Enterprises	1		66
国有联营公司	State Joint Ownership Enterprises			
集体联营企业	Collective Joint Ownership Enterprises	1		66
国有与集体联营企业	Joint State collective Enterprises			
其他联营企业	Other Joint Ownership Enterprises			
有限责任公司	Limited Liability Corporations	131	8	14992
国有独资企业	State funded Corporations	2		1085
其他有限责任公司	Other Limited Liability Corporations	129	8	13907
股份有限公司	Share holding Corporations Ltd.	14	1	915
私营企业	Private Enterprises	120	3	8411
私营独资企业	Private funded Enterprises	13		594
私营合伙企业	Private Partnership Enterprises			
私营有限责任公司	Private Limited Liability Corporations	105	3	7746
私营股份有限公司	Private Share holding Corporations Ltd.	2		71
其他企业	Other Enterprises	7	1	557
港、澳、台商投资企业	**Enterprises with Investment from Hong Kong, Macao Taiwan**	**2**		**568**
港澳台资合资经营	Joint-venture Enterprises			
港澳台资合作经营	Cooperative Enterprises			
港澳台商独资企业	Sole Investment	1		347
港澳台商投资	Share-holding Co.,Ltd.	1		221
其它港澳台投资	Others			
外商投资企业	**Enterprises With Foreign Investment**	**2**	**1**	**471**
中外合资经营企业	Joint venture Enterprises			
中外合作经营企业	Cooperation Enterprises			
外资企业	Enterprises with Sole Foreign Investment	2	1	471
外商投资股份有限公司	Share-holding Co., Ltd.			
其它外商投资	Others			
个体工商户	**Self-employed Individuals**		**129**	**3561**

16–7 续表 2 continued

指 标	Item	法人企业(个) Number of Corporation Unit (unit)	产业活动单位及个体户(个) Number of Active Unit and Self-Employed (unit)	从业人数(人) Persons Engaged (person)
四、 餐饮业合计	**Catering Trade**	**377**	**619**	**50455**
内资企业	**Domestic Funded Enterprises**	**374**	**24**	**30497**
国有企业	State owned Enterprises	10	1	968
集体企业	Collective owned Enterprises	2		125
股份合作企业	Cooperative Enterprises			
联营企业	Joint Ownership Enterprises			
国有联营公司	State Joint Ownership Enterprises			
集体联营企业	Collective Joint Ownership Enterprises			
国有与集体联营企业	Joint State collective Enterprises			
其他联营企业	Other Joint Ownership Enterprises			
有限责任公司	Limited Liability Corporations	164	9	13284
国有独资企业	State funded Corporations	2		192
其他有限责任公司	Other Limited Liability Corporations	162	9	13092
股份有限公司	Share holding Corporations Ltd.	16	1	2563
私营企业	Private Enterprises	174	13	13118
私营独资企业	Private funded Enterprises	26	3	1489
私营合伙企业	Private Partnership Enterprises	3	2	382
私营有限责任公司	Private Limited Liability Corporations	140	8	10667
私营股份有限公司	Private Share holding Corporations Ltd.	5		580
其他企业	Other Enterprises	8		439
港、澳、台商投资企业	**Enterprises with Investment from Hong Kong, Macao Taiwan**	**1**		**217**
港澳台资合资经营	Joint-venture Enterprises			
港澳台资合作经营	Cooperative Enterprises			
港澳台商独资企业	Sole Investment	1		217
港澳台商投资股份有限公司	Share-holding Co.,Ltd.			
其它港澳台投资	Others			
外商投资企业	**Enterprises With Foreign Investment**	**2**		**76**
中外合资经营企业	Joint venture Enterprises	1		76
中外合作经营企业	Cooperation Enterprises			
外资企业	Enterprises with Sole Foreign Investment	1		
外商投资股份有限公司	Share-holding Co., Ltd.			
其它外商投资	Others			
个体工商户	**Self-employed Individuals**		**595**	**19665**

16-8 限额以上批发、零售贸易业企业及个体户商品销售总额 (2015 年,按行业分)

Total Sales of Enterprise above Designated Size in Wholesale, Retail Trade and Self-employed by Sector(2015)

单位：万元 (10 000 yuan)

指 标	Item	销售总额 Total Sales	批 发 Whole sale	零 售 Retail
总 计	**Total**	**40427879**	**22676928**	**17750952**
批发业合计	**Wholesale Trade**	**24189577**	**21182759**	**3006817**
农、林、牧产品	Agriculture, Forestry,Husbandry Products	2424803	2098959	325844
#谷物、豆及薯类	Cereal,Beans & Tubers	486589	455167	31423
食品、饮料及烟草制品	Food, Beverages & Tobaccos	4665665	3917434	748230
#米、面制品及食用油	Grains & Edible Oil	107575	97807	9767
果品、蔬菜	Fruits & Vegetables	911517	547151	364366
肉、禽、蛋、奶及水产品	Meat, poultry, eggs, milk and aquatic	280442	186589	93853
纺织、服装及家庭用品	Textile, Clothing and Household Goods	366248	290547	75701
#纺织品、针织品及原料	Textile,Kintwear	2641	2641	
服装	Garment	262582	188838	73744
文化、体育用品及器材	Cultural,Sports & Equipment	117205	117205	
医药及医疗器材	Medicines & Medical Appliances	729025	671019	58005
矿产品、建材及化工产品	Minerals,Building & Chemicals	15133162	13473601	1659561
# 煤炭及制品	Coal & Related Products	8211629	7483756	727873
石油及制品	Petroleum & Related Products	3606969	2812064	794905
化肥	Chemical Materials	705806	693875	11931
机械设备、五金产品及电子产品	Machinery, Metal and Electronic Products	578907	442025	136882
#农业机械	Agricultural Machinery	180734	156818	23916
贸易经纪与代理	Trading Brokerage & Agency	144144	144144	
其他	Others	30419	27825	2594
零售业合计	**Retail Trade**	**16238303**	**1494169**	**14744134**
综合零售	Comprehensive Retail	2963318	29148	2934170
#百货	Consumer Goods	2326281	15037	2311245
食品、饮料及烟草制品	Food, Drink & Tobaccos	531762	56621	475141
#粮油	Grains & Edible Oil	161960	35723	126236
纺织、服装及日用品	Textile , Garment & Household	724749	38099	686650
#纺织品及针织品	Textile & Kintwear Products	25898	13999	11899
服装	Garments	603219	22158	581061
鞋帽	Shoes & Hats	24735		24735
文化、体育用品及器材	Cultural,Sports Goods	242326	8536	233790
#文具用品	Cultural Goods	1453		1453
体育用品及器材	Sporting Goods and Equipment	15564		15564
图书、报刊	Books, Newspapers and Magazines	56899	3753	53146
医药及医疗器材	Medicines & Medical Appliances	302933	79648	223285
汽车、摩托车、燃料及零配件	Auto,Motorbikes,Fuel & Accessory	9466357	1090260	8376097
#汽车	Automobile	4403656	115103	4288554
家用电器及电子产品	Electronic Products	932607	121223	811384
#计算机、软件及辅助设备	Computers, Software	243862	8911	234951
五金、家具及室内装修材料	Hardware,Furniture & Home Decoration Material	739310	50971	688340
货摊、无店铺及其他零售	Stall, NOn-Shop and Other Retails	334941	19662	315279

16-9 限额以上批发零售贸易业商品分类销售额

Total Sales of Enterprises above Designated Size in Wholesale and Retail Sale by Category of Main Commodities

单位：万元 (10 000 yuan)

项 目	Item	合 计 Total		批 发 Wholesale		零 售 Retail Sale	
		2014	2015	2014	2015	2014	2015
粮油食品类	Foodstuffs	3674947	4120649	2187038	2118263	1487909	2002386
#肉禽蛋类	Meat, Poultry and Eggs	258712	519031	92956	224950	165755	294081
饮料类	Beverages	246166	251416	107268	91744	138898	159672
烟酒类	Tobacco and Liquor	3024578	3053704	2762321	2759298	262256	294406
服装、鞋帽类	Garments, Footwear and Hats	1819951	2014373	65770	89818	1754181	1924555
针、纺织品类	Knitwear and Textiles	198142	441673	25796	245804	172346	195869
化妆品类	Cosmetics	202955	215454	2032	1812	200923	213641
金银珠宝类	Gold, Silver and Jewelry	352688	388109	34013	31481	318675	356628
日用品类	Articles for Daily Use	309672	356505	30812	42074	278860	314431
#洗涤用品类	Washing Articles	107293		13130		94163	
五金、电料类	Hardware and Electrical Materials	63467	93974	14001	16208	49466	77767
体育、娱乐用品类	Sports and Recreation Articles	50397	40847	4872	26	45524	40821
书报杂志类	Newspapers and Magazines	111757	125899	61522	75188	50235	50710
电子出版物及音像制品类	E journal and Video Products	5391	4229			5391	4229
家用电器和音像器材类	Household Appliances and Video Appliances	832914	896505	158278	181232	674636	715273
中西药品类	Traditional Chinese and Western Medicines	799822	990978	552090	693201	247732	297777
文化、办公用品类	Cultural and Official Goods	185378	187672	59685	54117	125693	133555
家具类	Furniture	417713	468101	4	71	417709	468030
通讯器材类	Communication Appliances	180119	214170	91310	112809	88809	101361
煤炭及制品类	Coal and Related Product	10000106	8315386	9382825	7566573	617281	748813
木材及制品类	Wood and Wooden Product	302589	603443	302589	603443		
石油及制品类	Petroleum and Related Product	10242203	8391070	4293447	2750467	5948757	5640603
化工材料类	Raw Chemical Materials	1791564	1638372	1791564	1638372		
黑色金属材料类	Ferrous Metals Materials						
有色金属材料类	Nonferrous Metals						
建筑及装潢材料类	Building and Decoration Materials	514587	686582	305788	421537	208798	265045
机电产品设备类	Mechanical and Electrical Products	358079	408505	159140	166630	198939	241875
#农机类	Agricultural Machinery	111495	132078	111495	132078		
种子饲料类	Seed and Feedstuff	50556	62308	50556	62308		
棉麻、土畜类	Cotton, Hemp and Local livestock	12	2			12	2

16-10 限额以上批发零售贸易企业资产及负债(2015 年,按登记注册类型分)

Assets and Liability of Enterprises above Designated Size in Whole sale and Retail Sale by Registration(2015)

单位：万元 (10 000 yuan)

指标	Item	资产合计 Total Assets	# 流动资产 Circulating Funds	# 固定资产 Fixed Asset	负债合计 Total Liabilities
总计	**Total**	**25878917**	**17970875**	**3085805**	**19705038**
一、批发业合计	**Wholesale Trade**	**17181457**	**12029693**	**1587194**	**12842416**
内资企业	**Domestic-Funded Enterprises**	**17160526**	**12017685**	**1587168**	**12831707**
国有企业	State-owned	3491653	3141533	220076	2571332
集体企业	Collective owned	21310	17512	2352	9271
股份合作企业	Cooperative				
联营企业	Joint Ownership				
国有联营公司	State Joint Ownership				
集体联营企业	Collective Joint Ownership				
国有与集体联营企业	Joint State collective				
其他联营企业	Other Joint Ownership				
有限责任公司	Limited Liability Co.	8567392	5382519	771297	6023010
国有独资企业	State funded	3421850	2407416	310904	2711914
其他有限责任公司	Other Limited Liability Co.	5145542	2975103	460393	3311097
股份有限公司	Share holding Co. Ltd.	1262314	695922	264259	865183
私营企业	Private Enterprises	3812603	2775057	329074	3358039
私营独资企业	Private funded	4755	2432	2323	987
私营合伙企业	Private Partnership				
私营有限责任公司	Private Limited Liability Co.	3726364	2738796	291950	3305200
私营股份有限公司	Private Share holding Co. Ltd.	81484	33830	34800	51853
其他企业	Other Enterprises	5254	5142	110	4871
港、澳、台商投资企业	**Enterprises with Investment from Hong Kong, Macao & Taiwan**	**14012**	**5088**	**27**	**9104**
港澳台资合资经营	Joint-venture	1836	1756	7	1836
港澳台资合作经营	Cooperative				
港澳台商独资企业	Sole Investment	12176	3332	20	7268
港澳台商投资股份有限公司	Share-holding Co.Ltd.				
其它港澳台投资	Others				
外商投资企业	**Enterprises With Foreign Investment**	**6919**	**6919**		**1605**
中外合资经营企业	Joint venture	6919	6919		1605
中外合作经营企业	Cooperation				
外资企业	Enterprises with Sole				
外商投资股份有限公司	Share-holding Co. Ltd.				
其它外商投资	Others				

16-10 续表 continued

单位：万元 (10 000 yuan)

指标	Item	资产合计 Total Assets	#流动资产 Circulating Funds	#固定资产 Fixed Asset	负债合计 Total Liabilities
二、零售业合计	**Retail Trade**	**8697460**	**5941183**	**1498610**	**6862622**
内资企业	**Domestic Funded Enterprises**	**8290481**	**5710437**	**1428658**	**6509930**
国有企业	State owned	243244	103454	99079	241856
集体企业	Collective owned	16939	9017	7647	7053
股份合作企业	Cooperative	1298	978	295	745
联营企业	Joint Ownership				
国有联营公司	State Joint Ownership				
集体联营企业	Collective Joint Ownership				
国有与集体联营企业	Joint State collective				
其他联营企业	Other Joint Ownership				
有限责任公司	Limited Liability Co.	3747754	2472920	711542	2835046
国有独资企业	State funded	219230	126605	67146	157754
其他有限责任公司	Other Limited Liability Co.	3528524	2346314	644396	2677292
股份有限公司	Share holding Co. Ltd.	708505	292241	240487	633375
私营企业	Private Enterprises	3538678	2809533	359725	2769664
私营独资企业	Private funded	41845	24001	4208	25255
私营合伙企业	Private Partnership	3794	1138	2656	1143
私营有限责任公司	Private Limited Liability Co.	3379837	2696608	334794	2661348
私营股份有限公司	Private Share holding Co. Ltd.	113202	87787	18067	81917
其他企业	Other Enterprises	34063	22296	9883	22192
港、澳、台商投资企业	**Enterprises with Investment from Hong Kong, Macao & Taiwan**	**393496**	**223537**	**64948**	**336713**
港澳台资合资经营	Joint-venture	327347	216220	24367	293998
港澳台资合作经营	Cooperative				
港澳台商独资企业	Sole Investment	66149	7317	40581	42715
港澳台商投资股份有限公司	Share-holding Co.Ltd.				
其它港澳台投资	Others				
外商投资企业	**Enterprises With Foreign Investment**	**13483**	**7209**	**5005**	**15979**
中外合资经营企业	Joint venture				
中外合作经营企业	Cooperation	3678	3112	497	3101
外资企业	Enterprises with Sole	9806	4097	4508	12878
外商投资股份有限公司	Share-holding Co. Ltd.				
其它外商投资	Others				

16-11 限额以上批发、零售贸易企业资产及负债(2015年,按行业分)

Assets and Liability of Enterprises above Designated Size in Wholesale and Retail by Sector(2015)

单位：万元 (10 000 yuan)

指标	Item	资产合计 Total Assets	#流动资产 Circula-ting Funds	#固定资产 Fixed Asset	负债合计 Total Liabi-lities
总计	**Total**	**25878917**	**17970875**	**3085805**	**19705038**
批发业合计	**Wholesale Trade**	**17181457**	**12029693**	**1587194**	**12842416**
农、林、牧产品	Agriculture, Forestry,Husbandry Products	3291346	2844331	311766	2832480
#谷物、豆及薯类	Cereal,Beans & Tubers	2914369	2674021	179464	2656756
食品、饮料及烟草制品	Food, drink & Tobaccos	1719922	1217780	217299	702137
#米、面制品及食用油	Grains & Edible Oil	328270	243516	20209	271385
果品、蔬菜	Fruits & Vegetables	197835	38156	60074	126067
肉、禽、蛋、奶及水产品	Meat, poultry, eggs, milk and aquatic	49161	38484	3515	22874
纺织、服装及家庭用品	Textile, Clothing and Household Goods	177570	127300	25774	141400
#纺织品、针织品及原料	Textile,Kintwear & Material	380	379	1	252
服装	Garment	153274	104702	25101	127768
文化、体育用品及器材	Cultural,Sports Goods & Equipment	102270	74472	18119	59639
医药及医疗器材	Medicines & Medical Appliances	465308	426759	19080	380611
矿产品、建材及化工产品	Minerals,Building Materials & Chemicals	11037046	7025027	962489	8419585
#煤炭及制品	Coal & Related Products	7333776	4829284	794662	5636925
石油及制品	Petroleum & Related Products	515003	279324	128410	460531
化肥	Chemical Materials	528110	445097	5940	482025
机械设备、五金产品及电子产品	Machinery, Metal and Electronic Products	352390	281953	31450	279697
#农业机械	Agricultural Machinery	108763	88519	15512	75077
贸易经纪与代理	Trading Brokerage & Agency	1076	1011	3	804
其他	Others	34530	31060	1216	26062
零售业合计	**Retail Trade**	**8697460**	**5941183**	**1498610**	**6862622**
综合零售	Comprehensive Retail	1813349	1219856	399649	1515801
#百货	Consumer Goods	1397159	937142	304284	1190203
食品、饮料及烟草制品	Food, Drink & Tobaccos	286693	209921	47281	207298
#粮油	Grains & Edible Oil	150751	118507	19802	113139
纺织、服装及日用品	Textile , Garment & Household	369799	265995	45544	358482
#纺织品及针织品	Textile & Kintwear Products	35160	34369	51	36261.8
服装	Garments	310439	215010	42374	307413
鞋帽	Shoes & Hats	10043	5520	1845	7543
文化、体育用品及器材	Cultural,Sports Goods	135860	104652	18401	97912
#文具用品	Cultural Goods	682	485	197	632
体育用品及器材	Sporting Goods and Equipment	10771	10196	127	8828
图书、报刊	Books, Newspapers and Magazines	59386	36555	12626	53540
医药及医疗器材	Medicines & Medical Appliances	199057	158431	16922	157659
汽车、摩托车、燃料及零配件	Auto,Motorbikes,Fuel & Accessory	4558508	3088296	747504	3664361
#汽车	Automobile	3250793	2477526	335135	2557133
家用电器及电子产品	Electronic Products	637659	445231	65459	442787
#计算机、软件及辅助设备	Computers, Software	57767	47679	2756	34243
五金、家具及室内装修材料	Hardware,Furniture & Home Decoration Material	306763	223865	52941	143522
货摊、无店铺及其他零售	Stall, NOn-Shop and Other Retails	389773	224937	104910	274800

16-12 限额以上住宿企业资产及负债(2015 年,按登记注册类型和行业分)

Assets and Liability of Enterprises above Designated Size in Hotel by Registration and by Sector(2015)

单位：万元　(10 000 yuan)

指标	Item	资产合计 Total Assets	#流动资产 Circulating Funds	#固定资产 Fixed Asset	负债合计 Total Liabilities
总 计	**Total**	**1392551**	**421425**	**679314**	**862342**
按登记注册类型分	**By Status of Registration**				
内资企业	**Domestic Funded Enterprises**	**1259947**	**410576**	**566448**	**789046**
国有企业	State owned	148946	31003	71409	58961
集体企业	Collective owned	3740	570	2383	3252
股份合作企业	Cooperative	1861	228	174	241
联营企业	Joint Ownership	991	53	502	2485
国有联营公司	State Joint Ownership				
集体联营企业	Collective Joint Ownership	991	53	502	2485
国有与集体联营企业	Joint State collective				
其他联营企业	Other Joint Ownership				
有限责任公司	Limited Liability Co.	660844	163476	334459	390380
国有独资企业	State funded Co.	42362	10310	24636	22222
其他有限责任公司	Other Limited Liability Co.	618482	153166	309823	368158
股份有限公司	Share holding Co. Ltd.	48787	15797	21212	18728
私营企业	Private Enterprises	385262	197783	130549	309390
私营独资企业	Private funded	17431	3319	11366	13701
私营合伙企业	Private Partnership				
私营有限责任公司	Private Limited Liability Co.	365165	194189	116977	293168
私营股份有限公司	Private Share holding Co. Ltd.	2666	275	2206	2521
其他企业	Other .	9517	1666	5760	5609
港、澳、台商投资企业	**Enterprises with Investment from HK , Macao & Taiwan**	**87758**	**7011**	**77340**	**50240**
港澳台资合资经营	Joint-venture Enterprises (HK,Macao & Taiwan)				
港澳台资合作经营	Cooperative Enterprises (HK,Macao & Taiwan)				
港澳台商独资企业	Sole Investment from HK, Macao & Taiwan	39232	4292	32500	32028
港澳台商投资股份有限公司	Share-holding Co.,Ltd.from HK, Macao & Ttaiwan	48526	2719	44841	18212
其它港澳台投资	Others				
外商投资企业	**Enterprises With Foreign Investment**	**44846**	**3838**	**35526**	**23056**
中外合资经营企业	Joint venture				
中外合作经营企业	Cooperation				
外资企业	Enterprises with Sole Foreign Investment	44846	3838	35526	23056
外商投资股份有限公司	Share-holding Co.Ltd. with Foreign Investment				
其它外商投资	Others				
按国民经济行业分					
旅游饭店	Tourist Hotel	1153743	328540	571238	678540
一般旅馆	General Hotel	223555	86679	103701	171485
其他住宿业	Others	15253	6206	4375	12317

16–13 限额以上餐饮企业资产及负债 (2015 年,按登记注册类型和行业分)

Assets and Liability of Enterprises above Designated Size in Catering Trades by Registration and by Sector(2015)

单位：万元 (10 000 yuan)

指 标	Item	资产合计 Total Assets	#流动资产 Circulating Funds	#固定资产 Fixed Asset	负债合计 Total Liabi-lities
总 计	**Total**	**1195886**	**511016**	**431132**	**916427**
按登记注册类型分	**By Status of Registration**				
内资企业	**Domestic Funded Enterprises**	**1043377**	**393163**	**418223**	**819619**
国有企业	State owned	41712	7786	19137	10669
集体企业	Collective owned	737	565	27	1138
股份合作企业	Cooperative				
联营企业	Joint Ownership				
国有联营公司	State Joint Ownership				
集体联营企业	Collective Joint Ownership				
国有与集体联营企业	Joint State collective				
其他联营企业	Other Joint Ownership				
有限责任公司	Limited Liability Co.	465707	162296	190823	437505
国有独资企业	State funded Co.	21663	1111	19106	9116
其他有限责任公司	Other Limited Liability Co.	444045	161186	171717	428389
股份有限公司	Share holding Co. Ltd.	106209	47092	50417	52862
私营企业	Private Enterprises	423155	174767	154857	313418
私营独资企业	Private funded	61873	25008	18912	49871
私营合伙企业	Private Partnership	11855	2063	9792	4940
私营有限责任公司	Private Limited Liability Co.	335915	142869	122013	252383
私营股份有限公司	Private Share holding Co. Ltd.	13511	4827	4140	6225
其他企业	Other .	5857	658	2962	4027
港、澳、台商投资企业	**Enterprises with Investment from HK , Macao & Taiwan**	**1823**	**1173**	**335**	**413**
港澳台资合资经营	Joint-venture Enterprises (HK,Macao & Taiwan)				
港澳台资合作经营	Cooperative Enterprises (HK,Macao & Taiwan)				
港澳台商独资企业	Sole Investment from HK, Macao & Taiwan	1823	1173	335	413
港澳台商投资股份有限公司	Share-holding Co.,Ltd.from HK, Macao & Ttaiwan				
其它港澳台投资	Others				
外商投资企业	**Enterprises With Foreign Investment**	**150685**	**116679**	**12574**	**96395**
中外合资经营企业	Joint venture	7716	4169	3546	6646
中外合作经营企业	Cooperation				
外资企业	Enterprises with Sole Foreign Investment	142970	112510	9028	89749
外商投资股份有限公司	Share-holding Co.Ltd. with Foreign Investment				
其它外商投资	Others				
按服务业分	**By Business Categories**				
正餐服务	Dinner Services	1180760	501409	426532	902014
快餐服务	Fast Food Services	12959	7712	4346	10981
饮料及冷饮服务	Cold drink Services				
其他餐饮服务	Others	2167	1895	254	3431

16-14 限额以上批发零售贸易企业主要财务指标 (2015年,按登记注册类型分)

Main Financial Indicators of Enterprises above Designated Size in Wholesale and Retail Sale by Registration(2015)

单位：万元 (10 000 yuan)

指 标	Item	商品销售收入 Sales Revenue	商品销售成本 Cost of Sales	商品销售税金及附加 Sales Tax and Extra Changes	销售费用 selling expenses	营业利润 Operating profit
批发零售贸易业总计	**Total**	**35919923**	**32727332**	**403849**	**1243876**	**445148**
一、 批发业合计	**Wholesale Trades**	**21984983**	**20320612**	**316947**	**550426**	**111849**
内资企业	**Domestic Funded Enterprises**	**21924711**	**20267616**	**316844**	**547891**	**107765**
国有企业	State owned	2708172	2006214	241868	76547	190029
集体企业	Collective owned	147139	133507	236	5522	1798
股份合作企业	Cooperative					
联营企业	Joint Ownership					
国有联营公司	State Joint Ownership					
集体联营企业	Collective Joint Ownership					
国有与集体联营企业	Joint State collective					
其他联营企业	Other Joint Ownership					
有限责任公司	Limited Liability Co.	10857518	10416166	41534	199988	-101724
国有独资企业	State funded Co.	5285613	5261778	18677	25372	-52861
其他有限责任公司	Other Limited Liability Co.	5571905	5154387	22858	174616	-48863
股份有限公司	Share holding Corporations Ltd.	3382343	3265927	5942	75748	-5461
私营企业	Private	4817729	4434356	27261	190024	23063
私营独资企业	Private funded	4482	4371	30	7	65
私营合伙企业	Private Partnership					
私营有限责任公司	Private Limited Liability Co.	3813508	3445928	26456	188874	18062
私营股份有限公司	Private Share holding Co. Ltd.	999739	984058	775	1144	4936
其他企业	Other Enterprises	11810	11447	3	63	61
港、澳、台商企业	**Enterprises from HK, Macao & Taiwan**	**11137**	**10894**	**9**	**1823**	**-1697**
港澳台资合资经营	Joint-venture Enterprises (HK,Macao & Taiwan)	7629	7751		1609	-1726
港澳台资合作经营	Cooperative Enterprises (HK,Macao & Taiwan)					
港澳台商独资企业	Sole Investment from HK, Macao & Taiwan	3509	3143	9	214	29
港澳台商投资股份有限公司	Share-holding Co.,Ltd.from HK, Macao & Ttaiwan					
其它港澳台投资	Others					
外商企业	**Enterprises Foreign Investment**	**49135**	**42103**	**94**	**712**	**5781**
中外合资经营企业	Joint venture	49135	42103	94	712	5781
中外合作经营企业	Cooperation					
外资企业	Sole Foreign Investment					
外商投资股份有限公司	Share-holding Co. Ltd.with Foreign Investment					
其它外商投资	Others					

单位：万元

16–14 续表 continued

(10 000 yuan)

指 标	Item	商品销售收入 Sales Revenue	商品销售成本 Cost of Sales	商品销售税金及附加 Sales Tax and Extra changes	销售费用 selling expenses	营业利润 Operating profit
二、 零售企业合计	**Retail Sale Trades**	**13934939**	**12406720**	**86902**	**693450**	**333299**
内资企业	**Domestic Funded Enterprises**	**13758265**	**12257761**	**84898**	**678654**	**334235**
国有企业	State owned	1275531	1097915	1100	54489	112093
集体企业	Collective owned	112678	108165	109	739	1657
股份合作企业	Cooperative	5304	5044	22	164	-5
联营企业	Joint Ownership					
国有联营公司	State Joint Ownership					
集体联营企业	Collective Joint Ownership					
国有与集体联营企业	Joint State collective					
其他联营企业	Other Joint Ownership					
有限责任公司	Limited Liability Co.	5902727	5215195	47235	313214	131292
国有独资企业	State funded Co.	334680	303826	983	15393	7093
其他有限责任公司	Other Limited Liability Co.	5568047	4911370	46252	297821	124198
股份有限公司	Share holding Corporations Ltd.	2325438	2176699	4654	120693	4394
私营企业	Private	4090620	3615380	31331	187504	83658
私营独资企业	Private funded	74154	64742	679	2011	1744
私营合伙企业	Private Partnership	8648	5462	3	196	1385
私营有限责任公司	Private Limited Liability Co.	3857395	3416570	29179	177227	75337
私营股份有限公司	Private Share holding Co. Ltd.	150422	128606	1470	8070	5192
其他企业	Other Enterprises	45968	39364	449	1851	1147
港、澳、台商投资企业	**Enterprises with Investment from Hong Kong, Macao & Taiwan**	**156285**	**130384**	**1891**	**12085**	**1608**
港澳台资合资经营	Joint-venture Enterprises (HK,Macao & Taiwan)	88223	80094	1628	4044	-7195
港澳台资合作经营	Cooperative Enterprises (HK,Macao & Taiwan)					
港澳台商独资企业	Sole Investment from HK, Macao & Taiwan	68061	50290	262	8041	8804
港澳台商投资股份有限公司	Share-holding Co.,Ltd.from HK, Macao & Ttaiwan					
其它港澳台投资	Others					
外商投资企业	**Enterprises With Foreign Investment**	**20389**	**18574**	**114**	**2711**	**-2544**
中外合资经营企业	Joint venture					
中外合作经营企业	Cooperation	9120	8855	28	341	-211
外资企业	Sole Foreign Investment	11270	9720	85	2369	-2334
外商投资股份有限公司	Share-holding Co. Ltd.with Foreign Investment					
其它外商投资	Others					

16-15 限额以上批发、零售贸易企业主要财务指标(2015 年,按行业分)

Main Financial Indicators of Enterprises above Designated Size in Wholesale and Retail Sale by Sector(2015)

单位：万元 (10 000 yuan)

指 标	Item	商品销售收入 Sales Revenue	商品销售成本 Cost of Sales
总 计	**Total**	**35919923**	**32727332**
批发业合计	**Wholesale Trade**	**21984983**	**20320612**
农、林、牧产品	Agriculture, Forestry,Husbandry Products	1937815	1803694
# 谷物、豆及薯类	Cereal,Beans & Tubers	480107	448206
食品、饮料及烟草制品	Food, Beverages & Tobaccos	3883466	2934690
# 米、面制品及食用油	Grains & Edible Oil	70344	62010
果品、蔬菜	Fruits & Vegetables	518511	490865
肉、禽、蛋、奶及水产品	Meat, poultry, eggs, milk and aquatic	271717	211446
纺织、服装及家庭用品	Textile, Clothing and Household Goods	365315	324409
# 纺织品、针织品及原料	Textile,Kintwear	2258	2176
服装	Garment	262014	231875
文化、体育用品及器材	Cultural,Sports & Equipment	84664	79789
医药及医疗器材	Medicines & Medical Appliances	646591	601107
矿产品、建材及化工产品	Minerals,Building & Chemicals	14460995	14017392
# 煤炭及制品	Coal & Related Products	9034563	8802033
石油及制品	Petroleum & Related Products	2891737	2814783
化肥	Chemical Materials	655832	630835
机械设备、五金产品及电子产品	Machinery, Metal and Electronic Products	430309	387096
# 农业机械	Agricultural Machinery	149797	136076
贸易经纪与代理	Trading Brokerage & Agency	144144	144071
其他	Others	31685	28363
零售业合计	**Retail Trade**	**13934939**	**12406720**
综合零售	Comprehensive Retail	2324724	2039549
# 百货	Consumer Goods	1903175	1672242
食品、饮料及烟草制品	Food, Drink & Tobaccos	410779	356271
# 粮油	Grains & Edible Oil	110125	106746
纺织、服装及日用品	Textile , Garment & Household	512545	398302
# 纺织品及针织品	Textile & Kintwear Products	20891	19197
服装	Garments	455197	353547
鞋帽	Shoes & Hats	5234	4512
文化、体育用品及器材	Cultural,Sports Goods	122365	94507
# 文具用品	Cultural Goods	1024	978
体育用品及器材	Sporting Goods and Equipment	10476	8049
图书、报刊	Books, Newspapers and Magazines	47335	32152
医药及医疗器材	Medicines & Medical Appliances	276577	231241
汽车、摩托车、燃料及零配件	Auto,Motorbikes,Fuel & Accessory	8619802	7909039
# 汽车	Automobile	4066062	3717740
家用电器及电子产品	Electronic Products	853883	748868
# 计算机、软件及辅助设备	Computers, Software	228363	206042
五金、家具及室内装修材料	Hardware,Furniture & Home Decoration Material	533605	400584
货摊、无店铺及其他零售	Stall, NOn-Shop and Other Retails	280659	228359

16-15 续表 continued

单位：万元 (10 000 yuan)

指 标	Item	商品销售税金及附加 Sales Tax and Extra Changes	销售费用 Management Cost	营业利润 Total Profits
总 计	**Total**	**403849**	**1243876**	**445148**
批发业合计	**Wholesale Trade**	**316947**	**550426**	**111849**
农、林、牧产品	Agriculture, Forestry,Husbandry Products	2393	69694	-77109
#谷物、豆及薯类	Cereal,Beans & Tubers	737	41691	-111852
食品、饮料及烟草制品	Food, Beverages & Tobaccos	277356	91733	377989
#米、面制品及食用油	Grains & Edible Oil	1	3416	-5466
果品、蔬菜	Fruits & Vegetables	892	2266	17323
肉、禽、蛋、奶及水产品	Meat, poultry, eggs, milk and aquatic	4791	15139	31812
纺织、服装及家庭用品	Textile, Clothing and Household Goods	4079	14374	13986
#纺织品、针织品及原料	Textile,Kintwear	1	78	-10
服装	Garment	3873	9602	8869
文化、体育用品及器材	Cultural,Sports & Equipment	67	1973	1409
医药及医疗器材	Medicines & Medical Appliances	1027	17776	9299
矿产品、建材及化工产品	Minerals,Building & Chemicals	30567	332105	-210945
# 煤炭及制品	Coal & Related Products	26392	169362	-107797
石油及制品	Petroleum & Related Products	1474	76540	-17147
化肥	Chemical Materials	336	15650	-19276
机械设备、五金产品及电子产品	Machinery, Metal and Electronic Products	1297	20625	-2568
#农业机械	Agricultural Machinery	500	7193	1263
贸易经纪与代理	Trading Brokerage & Agency	1	33	32
其他	Others	161	2112	-246
零售业合计	**Retail Trade**	**86902**	**693450**	**333299**
综合零售	Comprehensive Retail	23638	126383	59923
#百货	Consumer Goods	20677	84553	63962
食品、饮料及烟草制品	Food, Drink & Tobaccos	2037	20200	15891
#粮油	Grains & Edible Oil	210	3443	-7639
纺织、服装及日用品	Textile , Garment & Household	14011	33074	31942
#纺织品及针织品	Textile & Kintwear Products	4	1024	47
服装	Garments	13744	26312	27960
鞋帽	Shoes & Hats	76	409	50
文化、体育用品及器材	Cultural,Sports Goods	1841	9598	7187
#文具用品	Cultural Goods	8	13	13
体育用品及器材	Sporting Goods and Equipment	48	2087	74
图书、报刊	Books, Newspapers and Magazines	381	3755	4962
医药及医疗器材	Medicines & Medical Appliances	1479	23924	3072
汽车、摩托车、燃料及零配件	Auto,Motorbikes,Fuel & Accessory	28138	379690	113868
#汽车	Automobile	21779	165950	9089
家用电器及电子产品	Electronic Products	3937	53151	15517
#计算机、软件及辅助设备	Computers, Software	1883	5506	7500
五金、家具及室内装修材料	Hardware,Furniture & Home Decoration Material	10595	31353	67832
货摊、无店铺及其他零售	Stall, NOn-Shop and Other Retails	1227	16076	18066

16-16 限额以上住宿企业主要财务指标（2015 年,按登记注册类型和行业分）

Main Financial Indicators of Enterprises above Designated Size in Hotel by Registration and by Sector(2015)

单位：万元 (10 000 yuan)

指 标	Item	营业收入 Operating income	营业成本 Operating costs	营业税金及附加 Business tax and surcharges	销售费用 selling expenses	营业利润 Operating profit
总 计	**Total**	**360906**	**156132**	**19488**	**109972**	**-44454**
按登记注册类型分	**By Status of Registration**					
内资企业	**Domestic Funded Enterprises**	**335410**	**138794**	**18098**	**105034**	**-33974**
国有企业	State owned	35231	18682	2002	7772	-7952
集体企业	Collective owned	1994	844	110	205	-79
股份合作企业	Cooperative	263	124	14	58	-26
联营企业	Joint Ownership	702	337	39	307	-113
国有联营公司	State Joint Ownership					
集体联营企业	Collective Joint Ownership	702	337	39	307	-113
国有与集体联营企业	Joint State collective					
其他联营企业	Other Joint Ownership					
有限责任公司	Limited Liability Co.	167654	67856	9834	57244	-16939
国有独资企业	State funded Co.	13943	9943	784	3505	-3226
其他有限责任公司	Other Limited Liability Co.	153712	57913	9051	53739	-13713
股份有限公司	Share holding Co.Ltd.	12834	5327	613	3822	-1410
私营企业	Private Enterprises	112004	43427	5207	34318	-7382
私营独资企业	Private funded	7263	4774	222	1519	-577
私营合伙企业	Private Partnership					
私营有限责任公司	Private Limited Liability Co.	104126	38413	4921	32569	-6677
私营股份有限公司	Private Share holding Co. Ltd.	615	240	65	230	-128
其他企业	Other	4728	2196	280	1309	-74
港、澳、台商投资企业	**Enterprises with Investment from HK , Macao & Taiwan**	**14292**	**11280**	**785**	**4157**	**-7347**
港澳台资合资经营	Joint-venture Enterprises (HK,Macao & Taiwan)					
港澳台资合作经营	Cooperative Enterprises (HK,Macao & Taiwan)					
港澳台商独资企业	Sole Investment from HK, Macao & Taiwan	9444	8718	516	215	-2745
港澳台商投资股份有限公司	Share-holding Co.,Ltd.from HK, Macao & Ttaiwan	4849	2563	269	3942	-4602
其它港澳台投资	Others					
外商投资企业	**With Foreign Investment**	**11204**	**6059**	**605**	**781**	**-3133**
中外合资经营企业	Joint venture					
中外合作经营企业	Cooperation					
外资企业	Sole Foreign Investment	11204	6059	605	781	-3133
外商投资股份有限公司	Share-holding Co. Ltd. with Foreign Investment					
其它外商投资	Others					
按国民经济行业分	**By Sector**					
旅游饭店	Tourist Hotel	262418	118305	14789	79304	-40728
一般旅馆	General Hotel	89732	34317	4335	28786	-4265
其他住宿服务	Others	8756	3511	365	1883	539

16-17 限额以上餐饮企业主要财务指标
(2015 年,按登记注册类型和行业分)
Main Financial Indicators of Enterprises above Designated Size in Catering Trades by Registration and by Sector(2015)

单位：万元 (10 000 yuan)

指 标	Item	营业收入 Operating income	营业成本 Operating costs	营业税金及附加 Business tax and surcharges	销售费用 selling expenses	营业利润 Operating profit
总 计	**Total**	**524988**	**295582**	**18599**	**121641**	**-6145**
按登记注册类型分	**By Status of Registration**					
内资企业	**Domestic Funded Enterprises**	**483802**	**270353**	**16812**	**112647**	**-238**
国有企业	State owned	8583	4435	423	2644	-1193
集体企业	Collective owned	729	313	43	157	-15
股份合作企业	Cooperative					
联营企业	Joint Ownership					
国有联营公司	State Joint Ownership					
集体联营企业	Collective Joint Ownership					
国有与集体联营企业	Joint State collective					
其他联营企业	Other Joint Ownership					
有限责任公司	Limited Liability Co.	144982	66640	6492	50461	-16759
国有独资企业	State funded Co.	2940	674	284	886	-956
其他有限责任公司	Other Limited Liability Co.	142042	65966	6208	49575	-15803
股份有限公司	Share holding Co.Ltd.	145171	109579	1370	11062	15310
私营企业	Private Enterprises	181520	87708	8340	47949	2248
私营独资企业	Private funded	21016	11891	947	2984	1735
私营合伙企业	Private Partnership	4441	1353	303	1644	266
私营有限责任公司	Private Limited Liability Co.	144905	68698	6897	40818	-492
私营股份有限公司	Private Share holding Co. Ltd.	11159	5764	193	2503	739
其他企业	Other	2817	1679	145	374	172
港、澳、台商投资企业	**Enterprises with Investment from HK , Macao & Taiwan**	**3431**	**1216**	**169**	**1840**	**-36**
港澳台资合资经营	Joint-venture Enterprises (HK,Macao & Taiwan)					
港澳台资合作经营	Cooperative Enterprises (HK,Macao & Taiwan)					
港澳台商独资企业	Sole Investment from HK, Macao & Taiwan	3431	1216	169	1840	-36
港澳台商投资股份有限公司	Share-holding Co.,Ltd.from HK, Macao & Ttaiwan					
其它港澳台投资	Others					
外商投资企业	**Enterprises With Foreign Investment**	**37755**	**24013**	**1618**	**7154**	**-5871**
中外合资经营企业	Joint venture	1882	941	376	45	500
中外合作经营企业	Cooperation					
外资企业	Sole Foreign Investment	35873	23072	1242	7109	-6371
外商投资股份有限公司	Share-holding Co. Ltd. with Foreign Investment					
其它外商投资	Others					
按国民经济行业分	**By Sector**					
正餐服务	Dinner Services	512635	289660	18213	117386	-5438
快餐服务	Fast Food Services	11922	5880	361	4006	-358
饮料及冷饮服务	Cold drink Services					
其他餐饮服务	Others	431	42	25	249	-349

主要统计指标解释

社会消费品零售总额 指国民经济各行业直接售给城乡居民和社会集团的消费品总额。它是反映各行业通过多种商品流通渠道向居民和社会集团供应的生活消费品总量，是研究国内零售市场变动情况、反映经济景气程度的重要指标。

社会消费品零售总额包括：(1)售给城乡居民作为生活用的商品和修建房屋用的建筑材料；(2)售给社会集团的各种办公用品和公用消费品；(3)售给机关、团体、学校、部队、企业、事业单位的职工食堂和旅店(招待所)附设专门供本店旅客食用，不对外营业的食堂的各种食品、燃料；企业、单位和国营农场直接售给本单位职工和职工食堂的自己生产的产品；(4)售给部队干部、战士生活用的粮食、副食品、衣着品、日用品、燃料；(5)售给来华的外国人、华侨、港澳台同胞的消费品；(6)居民自费购买的中、西药品、中药材及医疗用品；(7)报社、出版社直接售给居民和社会集团的报纸、图书、杂志，集邮公司出售的新、旧纪念邮票、特种邮票、首日封、集邮册、集邮工具等；(8)旧货寄售商店自购、自销部分的商品；(9)煤气公司、液化石油气站售给居民和社会集团的煤气灶具和罐装液化石油气；(10)农民售给非农业居民和社会集团的商品。不包括售给国民经济各部门企业、事业单位(包括国有经济的农场)生产经营用的各种原材料、燃料、设备、工具等和售给批发零售贸易业、餐饮业作为转卖用的商品，旧货寄售商店受托寄售卖出的商品，服务业的营业收入，邮局出售邮票的收入，自来水、电力、煤气生产(供应)单位的产品供应收入，也不包括农民之间的商品销售。

批发零售贸易业商品购、销、存总额 指各种登记注册类型的批发、零售贸易业(不包括个体)企业(单位)以本企业(单位)为总体的商品购进、销售、库存总额。

商品购进总额 指从本企业(单位)以外的单位和个人购进 (包括从境外直接进口) 作为转卖或加工后转卖的商品总额。它反映批发零售贸易业从国内、国外市场上购进商品的总量。商品购进总额包括：(1)从工农业生产者购进的商品；(2)从出版社、报社的出版发行部门购进的图书、杂志和报纸；(3)从各种登记注册类型的批发零售贸易企业 (单位) 购进的商品；(4)从其他单位购进的商品，如从机关、团体、企业等单位购进的剩余物资，从餐饮业、服务业购进的商品，从海关、市场管理部门购进的缉私和没收的商品，从居民手中收购的废旧商品等；(5)从国(境)外直接进口的商品。不包括企业(单位)为自身经营用和未通过买卖行为而收入的商品以及销售退回、商品升溢等。

商品销售总额 指对本企业(单位)以外的单位和个人出售(包括对境外直接出口)的商品总额。它反映批发零售贸易业在国内市场上销售商品以及出口商品的总量。商品销售总额包括：(1)售给城乡居民和社会集团消费用的商品；(2)售给工业、农业、建筑业、运输邮电业、批发零售贸易业、餐饮业、服务业等作为生产、经营使用的商品；(3)售给批发零售贸易业作为转卖或加工后转卖的商品；(4)对国(境)外直接出口的商品。不包括出售本企业(单位)自用的废旧包装用品；未通过买卖行为付出的商品；经本单位介绍，由买卖双方直接结算，本单位只收取手续费的业务；购货退出的商品以及商品损耗和损失等。

批发零售贸易业库存 指报告期末各种登记注册类型的批发零售贸易企业(单位)已取得所有权的商品。它反映批发零售贸易企业(单位)的商品库存情况和对市场商品供应的保证程度。期末库存包括：(1)存放在批发零售贸易业经营单位(如门市部、批发站、经营处)仓库、货场、货柜和货架中的商品；(2)挑选、整理、包装中的商品；(3)已记入购进而尚未运到本单位的商品，即发货单或银行承兑凭证已到而货未到的部分，(4)寄放他处的商品，如因购货方拒绝承付而暂时存放在购货方的商品和已办完加工成品收回手续而未提回的商品；(5)委托其他单位代销(未作销售或调出)尚未售出的商品；(6)代其他单位购进尚未交付的商品。不包括所有权不属于本单位的商品、拨付除批发零售贸易业以外的其他行业所属独立核算加工厂等加工生产尚未收回成品的商品、代国家物资储备部门保管的商品等。

库存总额采用的计算价格是：农副产品采购单位按购进价计算；批发单位按进货价计算；零售单位按核算价格计算，即按什么价格核算就按什么价格计算。

餐饮业营业收入 指餐饮企业、活动单位或个体户的全部营业额，包括商品零售额和其他服务性收入。其主要反映餐饮企业、活动单位或个体户的经营情况及发展变化趋势。

餐饮业商品零售额 指餐饮企业、活动单位或个体户直接对居民和社会集团零售的各种商品。包括：(1)经烹饪、调制加工后出售的各种食品，如主食、炒菜、凉拌菜等；(2)不经加工直接转卖的各种外购商品，如卷烟、酒、饮料、熟食、水果等；(3)附设非独立核算的销售商品的小卖部出售的各种食品及其他商品。

消费品市场成交额 指从事消费品交易的商品市场的全部商品成交金额。消费品市场包括农副产品市场和工业消费品市场。

Explanatory Notes on Main Statistical Indicators

Total Retail Sales of Consumer Goods refer to the sum of retail sales of consumer goods sold by all sectors of the national economy to urban and rural residents and social groups. This indicator is used to show the supply of consumer goods through various channels to households and institutions, and is very important for the study on changes at the domestic retail market, and on economic cycles

The retail sales of consumer goods include: (1) commodities sold to urban and rural residents for their daily use and building materials sold to them for the construction or repair of houses; (2) office appliances and supplies sold to institutions; (3) food and fuels sold to canteens of institutions, enterprises, schools, military units and to canteens of hotels and hostels that only serve their guests, and commodities produced by enterprises, institutions or state farms and sold directly to their employees or their canteens; (4) grain and non staple food, clothing, daily articles and fuels sold to military personnel; (5) consumer goods sold to foreigners, overseas Chinese, and Chinese compatriots from Taiwan, Hong Kong and Macao during their stay in the mainland of China; (6) Chinese and western medicines, herbs and medical facilities purchased by residents; (7) newspapers, books and magazines directly sold to residents and social groups by publishers, new and old commemorative stamps, special stamps, first day covers, stamp albums and other stamp collection articles sold by stamp companies; (8) consumer goods purchased and then sold by second hand shops; (9) stoves and other heating facilities and liquefied gas sold by gas companies to households and institutions; and (10) commodities sold by farmers to non agricultural residents and social groups . Excluded under this heading are: raw materials, fuels, equipment, tools sold to enterprises, institutions and state farms for production purpose; commodities sold to trade establishments for reselling; commissioned sales at second hand shops; operational income of urban public utilities; stamps sold at post offices; income of water, power, gas production and supply establishments from the supply of their products; and sales of commodities among farmers.

Purchase, Sales and Stock of Commodities by Wholesale and Retail Trade refer to the purchase, sales and stock of commodities by wholesale and retail establishments of different status of registration (excluding individual sellers) .

Total Purchases of Commodities refer to the total value of purchases of commodities by the establishments from other establishments or individuals (including direct import from abroad) for the purpose of re selling, either with or without further processing of the commodities purchased. This indicator is used to show the total value of purchases of commodities by wholesale and retail establishments from domestic and overseas markets. The total purchases include: (1)agricultural and industrial products purchased from producers; (2)books, magazines and newspapers purchased from distribution departments of the publishers; (3)commodities purchased from wholesale and retail establishments of different status of registration; (4)commodities purchased from other units, such as surplus materials purchased from government agencies, enterprises or institutions, commodities purchased from catering and service establishments, confiscated goods purchased from customs authorities or market management agencies, second hand goods and wastes purchased from residents; and (5)commodities directly imported from abroad. Excluded are commodities purchased by establishments (units) for use in their own business operation, commodities obtained without buying or selling procedures, rejected commodities, etc.

Total Sales of Commodities refer to value of commodities sold by the establishments to other establishments and individuals (including direct export) . This indicator is used to show the total value of sales of commodities at domestic markets and export. The total sales include: (1) commodities sold to urban and rural residents and social groups for their consumption; (2) commodities sold to establishments in industry, agriculture, construction, transportation, post and telecommunications, wholesale and retail trades, catering trade and public utility for their production and operation; (3) commodities sold to wholesale and retail establishments for re selling, with or without further processing; and (4) commodities for direct export to other countries. Excluded are selling of waste packaging materials used by the establishments (units) themselves, commodities transferred without buying or selling procedures, commission income from brokerage in transactions whose settlement is directly handled by buyers and sellers, rejected commodities in the purchase, loss in commodities, etc.

Commodity Stock of Wholesale and Retail Enterprises refers to total commodities possessed by wholesale and retail enterprises (units) of various types of registration status at the end of the reference period, which reflects the commodity stock level of various wholesale and retail enterprises and the potential for market supply. It includes:(1) commodities located in storage, garages, counters, and shelves of operating units(such as sale stores, wholesale centers, and operating offices) of wholesale and retail enterprises; (2) commodities in the process of selecting, sorting, and packing; (3) commodities not arrived but recorded as purchase in the account, i. e. . commodities not arrived but payment receipts for the commodities from the sellers or the banks arrived; (4) commodities deposited in other places rather than places mentioned above, for instance: commodities in the hold of purchasers temporarily due to the refusal of payment and commodities not taken back after going through the formalities; (5) commodities entrusted to other units to sell but not sold yet; (6) commodities purchased for other units but not delivered yet. Commodities not included as stock are those not owned by the enterprises (units) , those allocated to financially independent factories rather than wholesale and retail enterprises for processing but not taken back yet, and finally those put in stock by wholesale and retail enterprises on behalf of the state material reserves units.

For the calculation of the value of commodities stock,the value is calculated at purchasing prices in agricultural goods purchasing units and wholesale units, and at the accounting prices in retail units.

Business Income of Catering Industryrefer to the total turnover of catering businesses, establishments or individuals, including retail sales and other services income. It reflects the operational and managerial conditions and development trend of catering businesses, establishment s and individuals in t his sector.

Retail Sales of Commodities in Catering Indus tryrefer to retail sales to residents and social groups by catering enterprises, establishments and individual, including: (1) various food sold after cooking and processing, such as: staple food, cooked dishes, cold and dressed dishes and so on. (2) re-selling commodities without further processing, such as: cigarettes, liquor, beverage, cooked food, fruit s and son on. (3) various food and other commodities sold in and ascent buffets with dependant accounting system.

Volume of Transaction at Free Markets for Consumer Goods refers to the value of transaction or all goods at the free trade markets for consumer goods, where markets include both free markets for farm and sideline products and for manufactured consumer goods.

2016 NEIMENGGU

十七、对外经济贸易

Foreign Trade and Economic Cooperation

资料整理：柏 丽
Arranged By Bai Li

17-1 对外经济贸易
Foreign Trade and Economic Cooperation

指标	Item	2000	2005	2010	2015
进出口总额(万元人民币)	**Total Imports and Exports (RMB10 000 yuan)**	**1687811**	**4165757**	**5774292**	**7925407**
出口总额	Total Exports	847114	1666408	2208571	3515123
进口总额	Total Imports	840697	2499349	3565721	4410284
进出口总额(万美元)	**Total Imports and Exports(USD 10 000)**	**203596**	**516190**	**871894**	**1278391**
出口总额	Total Exports	102185	206489	333485	567344
进口总额	Total Imports	101411	309701	538409	711047
外商投资企业进出口额(万美元)	**Total Imports and Exports of Foreign-funded Enterprises(USD 10 000)**	**13597**	**82872**	**161034**	**132100**
出口总额	Total Exports	11535	41547	96009	70500
进口总额	Total Imports	2062	41325	65025	61600
对外签订利用外资协议(合同)项目(个)	**Number of Projects for Utilization of Foreign Capital in the Signed Agreements & Contracts(unit)**	**127**	**209**	**71**	**52**
对外借款	Foreign Loans	32	12		
外商直接投资	Foreign Direct Investments	95	197	71	52
对外签订利用外资协议(合同)金额(万美元)	**Total Amount of Foreign Capital to Be Utilized in the Signed Agreements & Contracts(USD 10 000)**	**51273**	**161700**		
对外借款	Foreign Loans	25475	23369		
外商直接投资	Foreign Direct Investments	25798	138331		
外商其他投资	Other Foreign Investments				
实际利用外资额(万美元)	**Total Amount of Foreign Capital Actually Used(USD 10 000)**	**54819**	**140007**	**355876**	**336629**
境外筹资转贷款	Overseas Financing transferred loans	43583	21430	17420	
外商直接投资	Foreign Direct Investments	11236	118577	338456	336629
外商其他投资	Other Foreign Investments				
外商投资企业基本情况	**Registered Foreign-funded Enterprises**				
年底登记户数(户)	Number of Registered Enterprises(unit)	874	914	3693	2967
投资总额(万美元)	Total Investment(USD 10 000)	253634	1264645	2324266	3514212
注册资本(万美元)	Registered Capital(USD 10 000)	171773	627138	1223998	1730106
# 外方	Capital from Foreign Partners	84084	407333	910119	1061594
国外经济合作(万美元)	**Foreign economic cooperation(USD 10 000)**				
对外承包工程、设计咨询	Foreign contracted projects, design and consultation				
# 新签合同额	New contract amount				703
完成营业额	The turnover				656
对外劳务合作	Foreign labor cooperation				
# 新签劳务人员合同工资总额	Total contract wages of newly signed labor service personnel				531
劳务人员实际收入总额	Total real income of labor service personnel				83

注:1.境外筹资转贷款为 2011 年修改指标,2010 年以前为外债余额。
2.国外经济合作分项指标为 2011 年商务厅改后指标。
a)Lending of overseas financing is the revised index of the 2011,Before 2010 was the balance of foreign debts.
b)Item index of Foreign economic cooperation is the revised index of bureau of Commerce of the 2011.

17-2 外贸进出口贸易总额

Total Imports and Exports

年 份 Year	按人民币计算(万元) RMB 10 000 Yuan			按美元计算(万美元) USD 10 000		
	进出口总额 Total Imports & Exports	出口总额 Total Exports	进口总额 Total Imports	进出口总额 Total Imports & Exports	出口总额 Total Exports	进口总额 Total Imports
1965				333		333
1970				554	158	396
1975				925	394	531
1978	2674	1768	906	1552	1026	526
1980	6555	3970	2585	4397	2663	1734
1981	10676	8100	2576	6008	4558	1450
1982	15733	13881	1852	8173	7211	962
1983	17615	11176	6439	9001	5711	3290
1984	28557	20661	7896	10912	7895	3017
1985	59053	43880	15173	18448	13708	4740
1986	89086	63656	25430	23937	17104	6833
1987	113130	84310	28820	30398	22654	7744
1988	141303	109390	31913	37968	29393	8575
1989	161191	125158	36033	43312	33630	9682
1990	252898	169483	83415	48430	32456	15974
1991	321692	224597	97095	59964	41865	18099
1992	507068	319168	187901	93555	58887	34668
1993	1041650	561843	479807	120283	64878	55405
1994	914685	513373	401312	106128	59565	46563
1995	937671	506785	430886	112310	60840	51470
1996	1038914	569132	469782	124981	68590	56391
1997	1086188	609458	476730	131027	73519	57508
1998	1147173	681635	465538	138581	82343	56238
1999	1330986	750028	580958	160786	90605	70181
2000	1687811	847114	840697	203596	102185	101411
2001	2109035	943996	1165039	254819	114056	140763
2002	2487279	1134776	1352503	300494	137095	163399
2003	2576975	1192581	1384394	311353	144089	167264
2004	3350865	1391710	1959155	404865	168152	236713
2005	4165757	1666408	2499349	516190	206489	309701
2006	4643967	1672155	2971812	594717	214140	380577
2007	5657121	2152965	3504156	774460	294741	479719
2008	6105451	2446445	3659006	893315	357950	535365
2009	4618493	1581088	3037405	676395	231556	444839
2010	5774292	2208571	3565721	871894	333485	538409
2011	7522708	2953377	4569331	1193910	468723	725187
2012	7074817	2495428	4579389	1125667	397045	728622
2013	7311689	2495199	4816490	1199247	409257	789990
2014	8940400	3928200	5012200	1455400	639500	815900
2015	7925407	3515123	4410284	1278391	567344	711047

注：本表 2003 年以后数据由呼和浩特海关提供(下同)。

a) Data after 2003 in this table were obtained from the Hohhot Customs statistics.The same as in the following table.

17–3 对外贸易出口总额

Total Amount of Export Commodities

单位：万美元　　　　(USD 10 000)

项 目	Item	2014	2015
出口总额	**Total Amount**	**639500**	**567344**
按商品类别分	**By Category of Commodities**		
活动物;动物产品	Live Animals & Animal Products	3305	2678
植物产品	Vegetables, Fruits & Cereals	23342	40125
动植物油脂及分解产品;精制食用油脂; 动植物蜡	Animal & Vegetable Oils, Fats & Wax, Refined Edible Oils & Fats	149	390
食品、饮料、酒及醋; 烟草及代用品的制品	Food, Beverages, Liquor & Vinegar, Tobacco & Tobacco Substitutes	14298	19703
矿产品	Minerals	20164	16665
化学工业及其相关工业的产品	Chemicals & Related Products	107125	122141
塑料及其制品;橡胶及其制品	Plastics & Related Products,Rubber & Related Products	36003	30640
生皮、皮革、毛皮及制品;鞍具挽具;旅行用品、手提包及类似物品;动物肠线制品	Raw Hides, Leather, Furs & Related Products, Saddle,Travel Articles, Handbags and Similar Containers	12497	7656
木及木制品;木炭;软木及制品;稻草、秸杆、针茅或其他编结材料制品;篮筐及柳条编结品	Wood & Wooden Products, Charcoal, Cork & Related Products, Straws, Plaited Products, Baskets & Wickerwork	4745	3315
木浆及其他纤维状纤维素浆;纸及纸板的废碎品;纸、纸板及其制品	Paper Pulp & Cellulose Pulp, Paper and Waste Paper,Paperboard & Related	5903	6323
纺织原料及纺织制品	Textile Materials & Products	112313	90883
鞋、帽、伞、杖、鞭及其零件;已加工的羽毛及其制品;人造花;人发制品	Footwear, Headgear, Umbrellas, Canes, Whips, Processed Feather, Artificial Flowers, Wigs	14610	21901
石料石膏水泥石棉云母及类似材料的制品;陶瓷产品;玻璃及其制品	Gypsum, Cement, Asbestos, Mica, Ceramic Glass	19350	14603
天然或养殖珍珠、宝石或半宝石、贵金属、包贵金属及其制品，仿首饰硬币	Pearls, Precious or , Jewelry Metal or Rolled Precious Metal, Artificial Jewelry,Coins	360	802
贱金属及其制品	Base Metals & Related Products	149859	97611
机器、机械器具、电气设备及零件;录音机及放声机、电视图象声音的录制和重放设备及零附件	Machinery, Electric Equipment & Accessories, Recorders, Video Recorder & Accessories	37429	34692
车辆、航空器、船舶及有关运输设备	Locomotives, Vehicles, Aircraft, Ship and Related Transportation Equipment	32062	24579
光学、照相、电影、计量、检验、医疗或外科用仪器设备、精密仪器及设备:钟表:乐器:及其零附件	Optical, Photos, Film, Measuring & Medical Instruments & Equipment,Clocks, Musical Instruments,Related Parts & Accessories	4665	4475
其他	Others	41321	28162
主要贸易国别、地区	**Main Trade Countries or Regions**		
蒙　古	Mongolia	92655	72937
日　本	Japan	26450	19432
俄罗斯	Russia	64981	60610
美　国	United States	47579	51889
韩　国	South Korea	48379	31923
越　南	Vietnam	24360	22239
中国香港	Hong Kong, China	6931	13644
印　度	India	19651	18056
意大利	Italy	9601	10739
英　国	United Kingdom	8370	12387
法　国	France		
印度尼西亚	Indonesia	16180	12616
马达加斯加	Madagascar	4738	
泰　国	Thailand	25237	14114
德　国	Germany	6615	8236

17-4 对外贸易出口主要商品

Main Export Commodities of Foreign Trade

单位：万美元 (USD 10 000)

项 目	Item	2014	2015
针织或钩编的套头衫、开襟衫、马甲及类似品	Pullover, Carligan, Vest	15316	13284
铁合金	Ferroalloy	20398	9768
披巾、头巾、围巾、披纱、面纱及类似品	Scarf	9748	8637
针或钩织女西便服套装，上衣，裙，裙裤，长短裤	Sets of Clothes,Pants For Woman	9482	5552
抗菌素	Antibiotics	19351	21000
贵金属或包贵金属的其他制品	Noble metal	1.4	7
宽≥600㎜经包、镀或涂层的普通钢铁板材	Steel Plate	28640	23900
其他合金钢板材，宽≥600㎜	Alloy Steel Plates	19184	23948
货运机动车辆	Freight Moter Rehicles	6899	5669
不规则盘卷的其他合金钢热轧条、杆	Alloy	19319	2488
稀土金属、钇、钪及其混合物的化合物	Rare Earth	2814	1954
铝箔，厚度不超过0.2毫米	Aluminum Foil	1609	1071
8801或8802所列货品的零件	Spare parts of 8801 & 8802		
碱金属、碱土金属；稀有金属、钪及钇；汞	Alkali metals, alkaline earth metals; rare metals, scandium and yttrium; mercury	1703	2054
针或钩织男西或便服套装，上衣，长短裤，马裤	Sets of Clothes,Pants For Man	4803	3006
床上、餐桌、盥洗及厨房用的织物制品	Fabric Products	3001	1574
初级形状未列名天然聚合物及改性天然聚合物	Natural polymer	14517	11553
仅冷轧，宽≥600㎜普通钢铁板材	Only cold, wide≥ 600mm ordinary steel plate	8691	3764
挂车及半挂车或其他非机械驱动车辆及其零件	Non mechanical drive of vehicle & Spare parts	812	1246
牵引车、拖拉机	Tractor	2773	1879

17–5 对外贸易进口总额及主要商品
Main Import Commodities of Foreign Trade in Amount & Volume

单位：万美元 （USD 10 000）

项 目	Item	2014	2015
进口总额	**Total Import Amount**	**815900**	**711047**
按主要商品类别分	**By Categories of Commodities**		
活动物；动物产品	Live Animals & Animal Products	32026	19735
植物产品	Vegetables; Fruits & Cereals	8547	19223
动植物油脂及分解产品；精制食用油脂；动植物蜡	Animal & Vegetable Oils; Fats & Wax; Refined Edible Oils & Fats	697	1854
食品、饮料、酒及醋；烟草及代用品的制品	Food; Beverages; Liquor & Vinegar; Tobacco & Tobacco Substitutes	1098	1311
矿产品	Minerals	455041	379123
化学工业及其相关工业的产品	Chemicals & Related Products	24480	25513
塑料及其制品；橡胶及其制品	Plastics & Related Products; Rubber & Related Products	19522	16117
生皮、皮革、毛皮及制品；鞍具挽具；旅行用品、手提包及类似物品； 动物肠线制品	Raw Hides; Leather; Furs & Related Products; Saddle;Travel Articles; Handbags & Similar Containers	1990	831
木及木制品；木炭；软木及制品；稻草 、秸杆、针茅 或其他编结材料制品；篮筐及柳条编结品	Wood & Wooden Products; Charcoal; Cork & Related Products; Straws; Plaited Products; Baskets & Wickerwork	154172	146944
木浆及其他纤维状纤维素浆；纸及纸板的废碎品；纸、纸板及其制品	Paper Pulp & Cellulose Pulp;Paper & Waste Paper;Paperboard & Related	31614	25023
纺织原料及纺织制品	Textile Materials & Products	7263	6502
鞋、帽、伞、杖、鞭及其零件；已加工的羽毛及其制品；人造花；人发制品	Footwear; Headgear; Umbrellas;Canes; Whips; Processed Feather;Artificial Flowers; Wigs	5	35
石料石膏水泥石棉云母及类似材料的制品；陶瓷产品；玻璃及其制品	Gypsum; Cement; Asbestos; Mica; Ceramic Glass	1015	1602
天然或养殖珍珠、宝石或半宝石、贵金属、包贵金属及其制品，仿首饰硬币	Natural or Cultivated Pearls; Precious or Semi-Stones; Jewelry of Precious Metal or Rolled Precious Metal;Artificial Jewelry;Coins	78	63
贱金属及其制品	Base Metals & Related Products	4871	3001
机器、机械器具、电气设备及零件；录音机及放声机、电视图象声音的录制和重放设备及零附件	Machinery; Electric Equipment & Accessories; Recorders; Video Recorder & Accessories	60518	52036
车辆、航空器、船舶及有关运输设备	Locomotives; Vehicles; Aircraft; Ship & Related Transportation Equipment	2092	2043
光学、照相、电影、计量、检验、医疗或外科用仪器设备、精密仪器及设备；钟表；乐器；及其零附件	Optical,Photographic, Film; Measuring,Medical,Music Instruments & Equipment;Clocks;Parts & Accessories	10399	9873
其他	Others	472	218
主要进口商品	**Main Import Commodities**		
原　木	Logs	68948	51722
浓缩、加糖或其他甜物质的乳及奶油	Concentrated, containing added sugar or other sweetening matter, milk and cream	27421	14196
铜矿砂及其精矿	Copper Ores	235463	214300
锯材	Wood Sawn	84888	94800
煤炭	Coal	80586	50800
铁矿砂及其精矿	Iron Ores	30862	58900
石油，沥青矿物油类及制品	Petroleum, Asphalt	24322	5026

17–6 利用外资

Utilization of Foreign Capital

单位：万美元 (USD 10 000)

年 份 Year	实际利用外资额 Total Amount of Foreign Capital Actually Used	境外筹资转贷款 Overseas Financing transferred loans	外商直接投资 Direct Foreign Investments	外商其他投资额 Other Foreign Investments
1984	178	178		
1985	530			530
1986	664	230	136	298
1987	1120	468	109	543
1988	961	491	337	133
1989	3050	2415	42	593
1990	2530	1199	1064	267
1991	5532	5422	110	
1992	7910	7300	610	
1993	19213	10713	8093	407
1994	29086	17484	11602	
1995	61801	37696	10605	13500
1996	38355	32931	5424	
1997	44209	29076	8433	6700
1998	44253	31771	9082	3400
1999	40133	30683	9450	
2000	54819	43583	11236	
2001	47342	36466	10876	
2002	58211	35410	22801	
2003	66529	29724	36805	
2004	89664	26921	62743	
2005	140007	21430	118577	
2006	196863	22797	174066	
2007	238780	23891	214889	
2008	285556	20482	265074	
2009	318019	19634	298385	
2010	355876	17420	338456	
2011	404125	20298	383827	
2012	417665	23346	394319	
2013	484258	19802	464456	
2014	417182	19434	397748	
2015	336629		336629	

注：境外筹资转贷款为2011年修改指标，2010年以前为外债余额。

a)Lending of overseas financing is the revised index of the 2011,Before 2010 was the balance of foreign debts.

17-7 利用外资(按方式分,2015年)

Utilization of Foreign Capital and Investment(by Pattern 2015)

单位：万美元 (USD 10 000)

指标	Item	实际使用金额 Used Value
总 计	**Total**	**336629**
境外筹资转贷款（年末）	**Overseas Financing transferred loans**	
经营贷款	Business Loan	
固定资产贷款	Fixed asset loans	
用于并购的转贷款	Transferred loans for mergers and acquisitions	
用于贸易融资的转贷款	Transfer loans for trade financing	
外商直接投资	**Foreign Direct Investments**	**336629**
合资经营企业	Joint Ventures Enterprises	135609
合作经营企业	Cooperative Operation Enterprises	10580
外资企业	Foreign Investment Enterprises	89996
外商投资股份制企业	Foreign Investment Share Enterprises	100444
合作开发	Cooperative Development	
其 他	Others	
外商其他投资	**Other Foreign Investment**	
对外发行股票	Sale Share	
国际租赁	International Lease	
补偿贸易	Compensation Trade	
加工装配	Processing and Assembly	

17-8 按行业分外商实际直接投资额(2015 年)

Actually Used Amount of Foreign Direct Investment by Sector(2015)

单位：万美元 (USD 10 000)

行 业	Sector	2015
总 计	**Total**	**336629**
农、林、牧、渔业	Farming, Forestry, Animal Husbandry and Fishery	39168
采矿业	Mining	127196
制造业	Manufacturing	114711
电力、燃气及水的生产和供应业	Production & Supply of Electric Power, Gas and Water	19197
建筑业	Construction	
批发和零售业	Wholesale and Retail Trade	534
交通运输、仓储和邮政业	Transportation, Storage and Postal Services	
住宿和餐饮业	Quarters and Catering	4784
信息传输、软件和信息技术服务业	Information Transmission,Software and IT Services	
金融业	Banking	
房地产业	Real Estate	
租赁和商务服务业	Leasing and Commercial Services	31039
科学研究和技术服务业	Scientific and Technical Services	
水利、环境和公共设施管理业	Water Conservancy, Environment and Public Facilities Administration	
居民服务、修理和其他服务业	Resident Services, Repairs and Other Services	
教育	Education	
卫生和社会工作	Health and Social Work	
文化、体育和娱乐业	Culture, Sports & Recreational Services	
公共管理、社会保障和社会组织	Public Administration ， Social Security and Social Organizations	
国际组织	International Organizations	

17–9 年末登记外商投资企业行业分布(2015 年)

Sector Distribution Registered of Foreign-Funded Enterprises(2015)

行业	Sector	企业数(户) Number of Registered Enterprises (unit)	投资总额(万美元) Total Investment (USD 10 000)	注册资本(万美元) Registeres Capital (USD 10 000)	#外方 Capital Invested by Foreign Partner
总计	**Total**	**2967**	**3514212**	**1730106**	**1061594**
农、林、牧、渔业	Farming, Forestry, Animal Husbandry and Fishery	63	271533	138108	73987
采矿业	Mining	61	144987	102542	71517
制造业	Manufacturing	313	996841	467313	344129
电力、燃气及水的生产和供应业	Production & Supply of Electric Power, Gas and Water	79	1400056	684902	309333
建筑业	Construction	14	9806	5336	4863
批发和零售业	Wholesale and Retail Trade	382	218100	104042	81996
交通运输、仓储和邮政业	Transportation, Storage and Postal Services	52	134912	50018	38120
住宿和餐饮业	Quarters and Catering	159	47514	27306	24452
信息传输、软件和信息技术服务业	Information Transmission, Software and IT Services	1472	333	333	171
金融业	Banking	80	5007	2575	2145
房地产业	Real Estate	23	34258	18932	11730
租赁和商务服务业	Leasing and Commercial Services	151	165240	90271	71763
科学研究和技术服务业	Scientific and Technical Services	65	74440	31748	21204
水利、环境和公共设施管理业	Water Conservancy, Environment and Public Facilities Administration	10	9479	5842	5369
居民服务、修理和其他服务业	Resident Services, Repairs and Other Services	37	962	436	436
教育	Education	1			
卫生和社会工作	Health and Social Work				
文化、体育和娱乐业	Culture, Sports & Recreational Services	4	744	402	379
公共管理、社会保障和社会组织	Public Administration， Social Security and Social Organizations				
其他行业	Others	1			

17-10 对外经济合作

Economic Cooperation with Foreign Countries or Territories

年份 Year	合同数 (份) Number of Contracts (copy)	合同金额 (万美元) Contracted Value (USD 10 000)	完成营业额 (万美元) Value of Business Fulfilled (USD 10 000)
总计 Total			
1976-1988	2	613	337
1989-1999	1332	74124	40190
2000	80	5157	2549
2001	84	5403	2511
2002	110	7440	5092
2003	120	7510	2742
2004	120	55958	6082
2005	92	18017	6100
2006	109	19800	6710
2007	129	22131	8032
2008	120	18232	7110
2009	41	3889	4776
2010	19	2356	4511
对外承包工程 Contracted Projects			
1976-1988			
1989-1999	111	15079	8954
2000	9	1730	404
2001	10	3630	1561
2002	24	5040	2622
2003	16	3366	1385
2004	2	21	735
2005	8	4613	1986
2006	15	13595	4177
2007	3	13645	5057
2008	9	5233	4481
2009	2	701	3126
2010	3	681	3495
对外劳务合作 Labor Cooperation			
1976-1988	2	613	337
1989-1999	1207	58111	31054
2000	71	3427	2145
2001	74	1773	950
2002	86	2400	2470
2003	104	4144	1357
2004	118	55937	5347
2005	84	13404	4114
2006	94	6205	2533
2007	126	8486	2975
2008	111	12999	2629
2009	39	3188	1650
2010	16	1675	1016

主要统计指标解释

进出口总额 海关进出口总额指实际进出我国国境的货物总金额。包括对外贸易实际进出口货物,来料加工装配进出口货物,国家间、联合国及国际组织无偿援助物资和赠送品,华侨、港澳台同胞和外籍华人捐赠品,租赁期满归承租人所有的租赁货物,进料加工进出口货物,边境地方贸易及边境地区小额贸易进出口货物(边民互市贸易除外),中外合资经营企业、中外合作经营企业、外商独资企业进出口货物和公用物品,到日离岸价格在规定限额以上的进出口货样和广告品(无商业价值、无使用价值和免费提供出口的除外),从保税仓库提取在中国境内销售的进口货物,以及其他进出口货物。进出口总额用以观察一个国家在对外贸易方面的总规模。我国规定出口货物按离岸价格统计,进口货物按到岸价格统计。

商品经营单位所在地进、出口额 指所在地海关注册登记的有进出口经营权的企业实际进、出口额。

利用外资 指我国各级政府、部门、企业和其他经济组织通过对外 借款、吸收外商直接投资以及用其他方式筹措的境外现汇、设备、技术等。

对外借款 是我国利用外资的重要部分。指通过对外正式签订借款 协议,从境外筹措的资金 ,包括外国政府贷款、国际金融组织贷款、外国银行商业贷款、出口信贷以及对外发行债券等。1996 年及以前还包括对外发行股票。

外商直接投资 指外国企业和经济组织或个人 (包括华侨、港澳台胞以及我国在境外注册的企业)按我国有关政策、法规,用现汇、实物、技术等在我国境内开办外商独资企业、与我国境内的企业或经济组织共同举办中外合资经营企业,合作经营企业或合作开发资源的投资 (包括外商投资收益的再投资),以及经政府有关部门批准的项目投资总额内企业从境外借入的资金。

外商其他投资 指除对外借款和外商直接投资以外的各种利用外资的形式。包括企业在境内外股票市场公开发行的以外币计价的股票 (目前主要是在香港证券市场发行的 H 股和在境内证券市场发行的 B 股)发行价总额,国际租赁进口设备的应付款,补偿贸易中外商提供的进口设备、技术、物料的价款,加工装配贸易中外商提供的进口设备、物料的价款。

对外承包工程 指各对外承包公司以招标议标承包方式承揽的下列业务:(1)承包国外工程建设项目,(2)承包我国对外经援项目,(3)承包我国驻外机构的工程建设项目,(4)承包我国境内利用外资进行建设的工程项目,(5)与外国承包公司合营或联合承包工程项目时我国公司分包部分,(6)对外承包兼营的房屋开发业务。对外承包工程的营业额是以货币表现的本期内完成的对外承包工程的工作量,包括以前年度签订的合同和本年度新签订的合同在报告期内完成的工作量。

对外劳务合作 指以收取工资的形式向业主或承包商提供技术和劳动服务的活动。我国对外承包公司在境外开办的合营企业,中国公司同时又提供劳务的,其劳务部分也纳入劳务合作统计。劳务合作营业额按报告期向雇主提交的结算数(包括工资、加班费和奖金等)统计。

对外设计咨询 指以服务成果向业主收费的技术服务项目。包括承担地形地貌测绘,地质资源勘探与普查,建设区域规划,提供设计文件、图纸、生产工艺技术资料和工程技术经济咨询,工程项目的可行性考察、研究和评估,进行技术指导和培训人员等;也包括承担国(境)内利用外资进行建设的工程项目的上述规定的设计咨询项目的收取外币部分。

Explanatory Notes on Main Statistical Indicators

Total Imports and Exports at Customs refer to the value of commodities imported into and exported from the boundary of China. They include the actual imports and exports through foreign trade, imported and exported goods under the processing and assembling trades and materials, supplies and gifts as aid given gratis between governments and by the United Nation and other international organizations, and contributions donated by over seas Chinese, compatriots in Hong Kong and Macao and Chinese with foreign citizenship, leasing commodities owned by tenant at the expiration of leasing period, the imported and exported commodities processed with imported materials, commodities trading in border areas (excluding mutual exchange goods) , the imported and exported commodities and articles for public use of the Sino foreign joint ventures, cooperative enterprises and ventures exclusively with foreign own investment. Also included are import or export of samples and advertising goods for whose CIF or FOB value are beyond the permitted ceiling (excluding goods of no trading or use value and free commodities for export) , imported goods sold in China from bonded warehouses and other imported or exported goods. The indicator of the total imports and exports at customs can be used to ob serve the total size of external trade in a country. In accordance with the stipulation of the Chinese government, imports are calculated at CIF, while exports are calculated at FOB

Import and Export Value by Location of China′s Foreign Trade Managing Units refers to actual value of imports and exports carried out by corporations which have been registered by the local customhouse and are vested with right to run import export business.

Utilization of Foreign Capital refers to remittance, equipment and technology financed from abroad, by loans, foreign direct investment and other forms undertaken by the Chinese governments at all levels by various departments, enterprises and other economic units.

Foreign Borrowings an important part of China's utilization of foreign capital, it refers to funds borrowed from abroad through formal signing o f borrowing agreements with foreign institutions, including loans of foreign governments, loans of international financial institutions, commercial loans of foreign banks, export credit, and funds raised by Chinese bonds (and shares before 1996) issued abroad.

Direct Investment by Foreign Entrepreneurs refers to the investments inside China by foreign enterprises and economic organizations or individuals (including overseas Chinese, compatriots from Hong Kong and Macao, and Chinese enterprises registered abroad) , following the relevant policies and laws of China, for the establishment of ventures exclusively with foreign own investment, Sino–foreign joint ventures and cooperative enterprises or for co operative exploration of resources with enterprises or economic organizations in China. It includes the re investment of the foreign entrepreneurs with the profits gained fro m the investment an d the funds that enterprises borrow from abroad in the total investment of projects which are approved by the relevant department of the government.

Other Investment by Foreign Entrepreneurs refers to all forms of utilization of foreign capitals other than foreign borrowings and foreign direct investment. It includes the total value of stock shares in foreign currencies issued by enterprises at domestic or foreign stock exchanges (now mainly consisting of H shares issued at Hong Kong Security Market and B shares issued at domestic security markets) , rent payable for the imported equipment through international leasing arrangement, cost of imported equipment, technology and materials provided by foreign counterparts in compensation trade and processing and assembly trade.

Contracted Projects with Foreign Countries refer to projects undertaken by Chine se contractors (project contracting companies) through bidding process. They include: (1) overseas civil engineering construction projects financed by foreign investors; (2) overseas projects financed by the Chinese government through its foreign aid programs;(3) construction projects of Chinese diplomatic missions, trade offices and other institutions stationed abroad;(4) construction projects in China financed by foreign investment; (5) subcontracted projects to be taken by Chinese contractors through a joint umbrella project with foreign contractor; (6) housing development projects. The business income from international contracted projects is the work volume of contracted projects completed during the reference period, expressed in monetary terms, including completed work on projects signed in previous years.

Service Cooperation with Foreign Countries refers to the activities of providing technology and labour services to employers or contractors in the forms of receiving salaries and wages. Labour services providing by contractual joint venture s of Chinese international contracting corporations should be included in the statistics of service cooperation with foreign countries. The business income of labour service co–operation is the income in the form of wages and salaries, over time pay, bonuses and other remuneration received from the employers during the reference period.

Overseas Design and Consultation Service refers to projects wit h charges for technical services from overseas operators. It includes geographic and topographic mapping, geological resource prospecting and survey, planning of construction areas, provision of design documents, blueprints, materials on production process and techniques, as well as engineering, technical and economic consultation, and feasibility study, research and evaluation of projects. Also included under this category are the abovementioned services of foreign financed projects in China that are paid in foreign currencies.

2016 NEIMENGGU

十八、旅游

Tourism

资料整理：王亦兵
Arranged By Wang Yibing

18-1 旅游业基本情况

Basic Statistics on Tourism

指 标	Item	2000	2005	2010	2015
旅行社总数(个)	**Total Number of Agencies(unit)**	**88**	**404**	**716**	**969**
#组团社	Travel agents	1	10	23	76
边境社	Border community	10	13	15	41
旅行社分社	Travel agencies bureaus			31	163
旅行社职工人数(人)	**Number of Staff and Workers of Travel Agencies(person)**	**1075**	**2051**	**6309**	**7050**
组团社	Travel agents	82	780	920	2460
星级宾馆个数(个)	**Total Number of Stars Hotel(unit)**	**54**	**202**	**263**	**318**
入境旅游人数(人次)	**Total Number of International Tourists Inbound (person-times)**	**391970**	**1001635**	**1428015**	**1607816**
外国人	Foreigners	384000	995007	1400197	1533523
华 侨	Overseas Chinese				
港澳同胞	Compatriots from Hong Kong and Macao	2814	5550	17823	45176
台湾同胞	Compatriots from Taiwan	5156	1078	9995	29117
旅行社组织出境旅游总人数（人次）	**Number of outbound tourism of Travel Agency(person-times)**	**19425**	**25808**	**31100**	**147433**
国内旅游人数(万人次)	**Number of Domestic Tourism (10 000 person times)**	**735**	**2062**	**4478**	**8352**
旅游总收入(亿元人民币)	**Income of Tourism(100 million yuan)**	**42.72**	**208.09**	**732.70**	**2257.10**
国际旅游外汇收入 (万美元)	Earnings from International Tourism (USD 10 000)	12645	35207	60190	96249
国内旅游收入(万元人民币)	Earnings from Domestic Tourism (10 000 yuan)	322300	1797200	6929200	21937700
国内旅游人均花费(元/天)	Per Capita Spending of Domestic Tourism (yuan/day)	272	363	520	799

18-2 接待外国旅游人数

Number of Foreign Tourists by Country

国别(地区)	country(district)	2014	2015
入境旅游人数总计(人次)	**Total Number of Entry Tourists(person times)**	**1671233**	**1607816**
外国人(包括外籍华人)	Foreigners(Including Chinese owning foreign nationality)	1600359	1533523
日 本	Japan	25632	36409
菲 律 宾	Philippines	897	4094
新 加 坡	Sigapore	4150	4499
美 国	United States	15874	20220
加 拿 大	Canada	3834	4255
英 国	United Kingdom	8033	7420
德 国	Federal Republic of Germany	8432	7002
法 国	France	5643	5993
意 大 利	Italy	2138	1981
瑞 士	Switzerland	1631	1253
荷 兰	Netherlands	2293	2534
澳 大 利 亚	Australia	7260	6782
新 西 兰	New Zealand		
俄 罗 斯	Russia	633389	514148
蒙 古	Mongolia	782449	817319
华 侨	Overseas Chinese		
港澳台同胞	Chinese Compatriots from Hong Kong, Macao and Taiwan	70874	74293
入境旅游者平均逗留天数(天)	**Average Days of Entry Tourist Staying(day)**	**3.77**	**3.33**
外国人(包括外籍华人)	Foreigners(Including Chinese owing foreign nationality)	4.25	3.30
华 侨	Overseas Chinese		
港澳台同胞	Chinese Compatriots from Hong Kong, Macao and Taiwan	3.39	4.18

18-3 入境旅游外汇收入
Foreign Exchange Earnings

项 目	Item	2014	2015
旅游外汇收入总额(万美元)	**Foreign Exchange Earnings (USD 10000)**	**100295**	**96249**
长途交通费	Long Distance Transportation	24172	23463
#飞机	Air	17050	16348
火车	Railway	1805	1702
汽车	Highway	5316	5413
住宿	Accommodation	10330	9912
餐饮	Cater	7522	7308
景区游览	Visiting	3510	3551
娱乐	Entertainment	5316	5101
购物	Shopping	33900	32098
市内交通	Local Transportation	2808	2705
邮电通讯	Postal and Communication	2507	2406
其他	Other	10230	9707

18-4 入境旅游情况
Condition of International Tourism

项 目	Item	2014	2015
入境旅游总人数(万人次)	**Overseas Visitor Arrivals (10 000 person-times)**	**167.12**	**160.78**
#满洲里	Manzhouli City	53.87	43.20
二连浩特	Erlianhaote City	60.64	62.53
入境旅游创汇(万美元)	**Foreign Exchange Earning (USD 10 000)**	**100295**	**96249**
#满洲里	Manzhouli City	32117	25839
二连浩特	Erlianhaote City	20496	24518

主要统计指标解释

旅游人数 包括入境国际旅游者人数、出境居民人数和国内旅游者人数。

(1)入境国际旅游者人数:指来中国参观、访问、旅行、探亲、访友、休养、考察、参加会议和从事经济、科技、文化、教育、宗教等活动的外国人、华侨、港澳同胞和台湾同胞的人数。不包括外国在我国的常驻机构,如使领馆、通讯社、企业办事处的工作人员;来我国常住的外国专家、留学生以及在岸逗留不过夜人员。

(2)出境居民人数:指大陆居民因公务活动或私人事务短期出境的人数。公务活动出境居民人数包括在国际交通工具上的中国服务员工,因私出境居民人数不包括在国际交通工具上的中国服务员工。

(3)国内旅游者人数:指我国大陆居民和在我国常住 1 年以上的外国人、华侨、港澳台同胞离开常住地在境内其他地方的旅游设施内至少停留一夜,最长不超过 6 个月的人数。

国际旅游(外汇)收入 指入境旅游的外国人、华侨、港澳同胞和台湾同胞在中国大陆旅游过程中发生的一切旅游支出,对于国家来说就是国际旅游(外汇)收入。

国际旅行社 指经营对外招徕并接待外国人、华侨、港澳同胞和台湾同胞来中国、归国或回内地旅游业务的旅行社。

国内旅行社 指负责经营招徕、组团、接待国内旅客的旅游业务,以及不对外招徕,负责经营接待国际旅行社或其它涉外部门组织的外国人、华侨、港澳同胞和台湾同胞来中国、归国或回内地的旅游业务的旅行社。

星级饭店 指已评定星级的饭店。

Explanatory Notes on Main Statistical Indicators

Number of Tourists Include international tourists entering into China, Chinese residents going abroad and domestic tourists.

(1) International tourists refer to foreigners, overseas Chinese, Chinese compatriots from Hong Kong, Macao and Taiwan coming to China for sightseeing, visits, tours, family reunions, vacations, study tours, conferences and other activities of a business, scientific and technological, cultural, educational and religious nature. It does not include representatives and employees of resident institutions of foreign countries in China such as embassies, consulates, news agencies and offices of foreign companies and organizations, nor does it include long term foreign experts or students residing in China, or persons in transition without spending a night in China.

(2) Chinese residents going abroad refer to Chinese residents going abroad for short terms for either public business or private purposes. Chinese employees working on international transport carriers are included in those going abroad for public business purpose, not in those for private purpose.

(3) Domestic tourists refer to residents of the mainland of China who stay for one night at least, but no more than 6 months at tourist facilities in other places

than their permanent residence within the territory of the mainland China, including foreigners, overseas Chinese and Chinese compatriots from Hong Kong, Macao and Taiwan who have resided in China for over one year.

Foreign Exchange Earnings from International Tourism refer to the total expenditures of foreigners, overseas Chinese, Chinese compatriots from Hong Kong, Macao and Taiwan during their stay in the mainland of China, which are earnings of foreign exchange from international tourism from the point of view from China.

International Travel Agencies refer to travel agencies engaged in the promotion, solicitation, organization and reception of tours to the mainland of China by foreigners, overseas Chinese, Chinese compatriots from Hong Kong, Macao and Taiwan.

Domestic Travel Agencies refer to travel agencies engaged in the promotion, solicitation, organization and reception of domestic tourists, and in the reception of foreigners, overseas Chinese, Chinese compatriots from Hong Kong, Macao and Taiwan organized by international travel agencies or other departments concerned, without their own promotion and solicitation programs.

Star-hotels refer to hotels rated with stars.

2016 NEIMENGGU

十九、金融和保险

Banking and Insurance

资料整理：曹源源

Arranged By Cao Yuanyuan

19-1 银行业金融机构、人员数(2015 年末)

Number of Institutions and Persons Engaged in Finance System(End of 2015)

项 目	Item	机构数(个) Number of Institutions (unit)	年末人数(人) Number of Staff and Workers (person)
总计	**Total**	**4915**	**95982**
政策性银行	**Policy-related Bank**	**86**	**2078**
国家开发银行	State Development Bank	1	157
中国农业发展银行	Agricultural Development Bank of China	85	1921
国有商业银行	**State-owned Commercial Bank**	**1490**	**41125**
中国工商银行	Industrial and Commercial Bank of China	283	12245
中国农业银行	Agricultural Bank of China	581	12920
中国银行	Bank of China	270	6537
中国建设银行	Construction Bank of China	333	8581
交通银行	Bank of Communications	23	842
股份制商业银行	**Joint-stock Commercial Bank**	**181**	**4472**
中信银行	China Citic Bank	36	923
中国光大银行	China Everbright Bank	18	525
华夏银行	Hua Xia Bank	19	552
招商银行	China Merchants Bcmk	18	603
上海浦东发展银行	Shanghai pudong Development Bank	23	519
兴业银行	Industrial Bank	35	909
民生银行	Min Sheng Bank	30	335
渤海银行	China Commercial Bank	2	106
城市商业银行	**City Commercial Bank**	**488**	**12384**
农村合作金融机构	**Rural Cooperative Financial Institutions**	**2493**	**31299**
农村信用社	Rural Credit Cooperatives	1480	16771
农村商业银行	Rural Commercial Bank	786	9917
农村合作银行	Rural Coopeyation Bank	71	782
村镇银行	Rural and Taon Bank	153	3773
贷款公司	Loan Corporation	1	37
农村资金互助社	Rural Fund Cooperation Society	2	19
非银行金融机构	**Non-bank Finance Institutions**	**7**	**505**
企业集团财务公司	Corporate Finance Companies	5	154
信托公司	Trust Corporation	2	351
邮政储蓄银行	**Postal Savings Bank**	**166**	**3926**
资产管理公司	**Asset Management Corporation**	**3**	**173**
外资金融机构	**Foreign Financial Institutions**	**1**	**20**

注:邮政储蓄银行不包括代理营业机构。

a)Postal Savings Bank is not include Agency business organizations.

19-2 金融机构人民币存、贷款年末余额

Saving Deposits and Loans of Financial Institutions at Year-end

单位：万元 (10 000 yuan)

年 份 Year	各项存款余额合计 Depoits	# 企业存款 Depoits of Enterprises	# 城乡储蓄存款 Urban and Rural Savings Deposits	各项贷款余额合计 Loans	# 工业贷款 Loans to Industrial Enterprises	# 商业贷款 Loans to Commercial Enterprises	# 农业贷款 Agricultural Loans
1949	140	120		195	92	91	12
1950	1525	635	119	767	75	459	233
1951	4227	1619	219	3312	402	2163	747
1952	9034	3161	397	7089	593	5017	1479
1953	9937	3543	590	16492	1367	13360	1765
1954	12477	4223	1256	33777	2146	29908	1723
1955	17259	4126	1235	40223	2445	36242	1536
1956	15456	6427	2426	40576	3745	30496	6330
1957	19212	5527	3456	45042	3536	36810	4696
1958	50202	14707	5481	66279	12923	48083	5273
1959	62204	11976	7776	140589	49725	86119	4745
1960	83174	14756	10272	177063	85910	84703	6450
1961	76297	19608	5616	173300	59865	105884	7551
1962	66097	31248	3708	140530	37211	93696	9623
1963	63565	27446	4144	107154	25294	73514	8346
1964	86304	19796	5885	98027	25451	72465	111
1965	76946	22060	6913	102246	24133	77336	777
1966	91036	29410	7386	134554	30299	92977	11278
1967	85323	29687	7814	146590	44634	89084	12872
1968	94204	34411	8380	154190	51580	89045	13565
1969	84049	33112	7068	174312	61467	97906	14939
1970	98931	35109	7844	233001	68242	150137	14622
1971	105614	39136	9504	268530	82034	172315	14181
1972	102931	40288	11994	260678	77738	165836	17104
1973	127154	51746	14163	279108	88418	167532	23158
1974	123097	50332	15959	292432	91734	174258	26440
1975	148439	68452	17464	318410	92559	196711	29140
1976	153865	70737	18552	345268	95167	216124	33977
1977	162209	67821	21908	367586	97370	231722	38494

19-2 续表 continued

单位：万元 (10 000 yuan)

年 份 Year	各项存款余额合计 Deposits	# 企业存款 Deposits of Enterprises	# 城乡储蓄存款 Urban & Rural Savings Deposits	各项贷款余额合计 Loans	# 工业贷款 Loans to Industrial Enterprises	# 商业贷款 Loans to Commercial Enterprises	# 农业贷款 Agricultural Loans	# 基建贷款 Loans for Capital Construction	# 技改贷款 Loans for Technical Innovation
1978	164678	67214	25307	403314	110930	246495	45889		
1979	206997	75522	33092	436393	120396	256689	52236		
1980	231227	82688	48642	492949	129636	289980	67516		5677
1981	296065	103970	63106	558697	141810	330354	68239		14667
1982	364613	114791	84452	620194	148745	355038	73375	15587	26437
1983	442119	121952	112569	710563	175272	402264	75706	24778	28525
1984	500609	169826	155599	809114	219008	434714	86724	24767	32332
1985	560822	165393	210077	905412	275658	490451	89030	22465	42905
1986	782114	291284	290738	1291351	373446	590163	99373	48935	82523
1987	971166	337985	389691	1520239	436267	689530	114882	93458	188982
1988	1198527	401268	508287	1802119	537013	819194	126932	66132	119188
1989	1360860	382088	679584	2127588	681802	944070	139861	78510	139794
1990	1697712	424678	934355	2729173	869405	1272231	158545	109050	158675
1991	2057796	483906	1193618	3268535	1017327	1447576	188438	229244	201602
1992	2628246	783031	1497165	3951616	1153695	1683779	229783	353655	275853
1993	3505394	773581	2321390	5297191	1379014	2033053	427737	603560	327876
1994	4577562	1135970	3183199	6743662	1617514	2290203	229180	1054354	382402
1995	5663419	1303563	4108239	8198675	1879398	2566713	428884	1535360	466283
1996	7037693	1651490	5053804	10029833	2215841	3025593	510457	2011886	547128
1997	8455291	1993334	6050130	11721737	2518926	3467961	582678	2565495	587911
1998	9966107	2233337	7075160	13187511	2813556	3764324	533490	2885535	652933
1999	10923695	2512228	7976283	13641685	2649791	3794411	614282	3005261	636275
2000	12701349	3041165	8757399	13407383	2313181	3565930	692289	2513615	577427
2001	14987869	3750596	9867305	14707493	2570704	3437091	874092	3041254	594685
2002	17352559	4227073	11381038	16497795	2795982	3402539	1041324	4280175	139797
2003	20909846	5442363	13556610	19241312	3264636	3121745	1136558	5342779	222438
2004	25763691	6900717	16038752	22397621	3330576	2956277	1412981	6897652	302228
2005	32981538	8448175	19735996	25885704	3216173	3465313	1750056	8841665	358323
2006	40365605	10326769	22713442	32051943	4561123	3548955	1921286	11503692	259640
2007	49537024	13645713	25419224	37677360	4953807	3763969	2294291	13216458	188389
2008	63410312	17526198	32116628	45278595	5447082	4196462	3138133	15953891	410905
2009	83736999	26590936	39139510	62925233	6408156	4908094	4514951	23102340	668800
2010	102786934	31072851	46181090	79194745					

19-3 金融机构人民币信贷收支

Sources and Uses of Credit Funds of Financial Institutions

单位：万元 (10 000 yuan)

项 目	Item	2015
各项存款	**Deposits**	**180775969.48**
境内存款	**In-country Deposit**	**180723971.46**
住户存款	Household	89994397.50
活期存款	Demand	43027216.49
定期及其他存款	Time Deposit and others	46967181.01
非金融企业存款	Deposit of Non-financial Enterprises	49595713.30
活期存款	Demand	28047884.63
定期及其他存款	Time Deposit and others	21547828.67
广义政府存款	The General Government Deposits	35176625.72
财政性存款	Fiscal Deposit	6771984.53
机关团体存款	Deposits of Government Departments&Organizations	28404641.20
非银行业金融机构存款	Non-banking Finacial Institutions Deposits	5957234.93
境外存款	**Overseas Deposit**	**51998.02**
各项贷款	**Loans**	**171406739.54**
境内贷款	**Domestic Loans**	**171402016.23**
住户贷款	Household Loans	42235777.98
短期贷款	Short-term Loans	20089088.04
消费贷款	Consumer Loans	4835882.58
经营贷款	Business Loans	15253205.47
中长期贷款	Medium-term & Long-term Loans	22146689.93
消费贷款	Consumer Loans	15510769.63
经营贷款	Business Loans	6635920.30
非金融企业及机关团体贷款	Non-financial Enterprises and Organizations Loans	129081238.26
短期贷款	Short-term Loans	47540081.76
中长期贷款	Medium-term&Long-term Loans	73831411.59
票据融资	Circulated Fund by Bills	7187212.39
融资租赁	Renting by Circulated Fund	10000.00
各项垫款	Money Advanced	512532.52
非银行业金融机构贷款	Non-banking Finacial Institutions Loans	85000.00
境外贷款	**Overseas Loans**	**4723.30**

19–4 大型商业银行人民币信贷收支(年末余额, 2015 年)

Sources and Uses of Credit Funds of Large Commercial Banks At the End of Year(2015)

单位：万元　　(10 000 yuan)

项 目	Item	2015
各项存款	**Deposits**	**93295976.64**
境内存款	**In-country Deposit**	**93251465.46**
个人存款	Individual Deposit	51224411.93
#活期储蓄存款	Demand	26299188.17
定期储蓄存款	Time	20010521.24
结构性存款	Structured Deposits	1161104.80
单位存款	Corporate Deposit	40274412.23
#活期存款	Demand	25350816.48
定期存款	Time	7671883.94
保证金存款	Margin Deposit	1519813.53
结构性存款	Structured Deposits	662024.00
国库定期存款	Treasury Deposit	260000.00
非存款类金融机构存款	Non-deposit Finacial Institutions Deposit	1492641.30
境外存款	**Overseas Deposit**	**44511.18**
各项贷款	**Loans**	**94862477.22**
境内贷款	**Domestic Loans**	**94858317.92**
短期贷款	Short-term Loans	21445503.31
个人贷款及透支	Personal Loans & Overdraw	3797382.75
#个人消费贷款	Personal Consumption Loans	2384017.03
单位贷款及透支	Unit Loans & Overdraw	17648120.56
经营贷款及透支	Business Loans& Overdraw	16755604.47
固定资产贷款	Fixed Assets Loans	137930.53
并购贷款	M&A Loans	
贸易融资	Trade Financing	754585.56
非存款类金融机构贷款	Non-deposit Finacial Institutions Loans	
中长期贷款	Medium-term & Long-term Loans	70506427.88
个人贷款	Personal Loans & Overdraw	14311013.10
#个人消费贷款	Personal Consumption Loans	12140840.62
单位贷款	Unit Loans & Overdraw	56195414.78
经营贷款	Business Loans	3657750.32
固定资产贷款	Fixed Assets Loans	52214033.06
并购贷款	M&A Loans	323631.40
贸易融资	Trade Financing	
非存款类金融机构贷款	Non-deposit Finacial Institutions Loans	
票据融资	Circulated Fund by Bills	2854716.28
融资租赁	Renting by Circulated Fund	
各项垫款	Money Advanced	51670.45
境外贷款	**Overseas Loans**	**4159.30**

19-5 金融机构人民币存款基准利率

Legal Interest Rates on Deposits of Financial Institutions

单位：年利率% (annual interest rate%)

项 目	Item	2014年11月22日 Nov. 22,2014	2015年3月1日 Mar. 1,2015	2015年5月11日 May. 11,2015	2015年6月28日 June. 28,2015	2015年8月26日 Aug. 26,2015	2015年10月24日 Oct. 24,2015
活期存款	**Demand**	**0.35**	**0.35**	**0.35**	**0.35**	**0.35**	**0.35**
定期存款	**Time**						
#整存整取	Lump-sum time						
三个月	3Months	2.35	2.10	1.85	1.60	1.35	1.10
半年	6Months	2.55	2.30	2.05	1.80	1.55	1.30
一年	1Year	2.75	2.50	2.25	2.00	1.75	1.50
二年	2Years	3.35	3.10	2.85	2.60	2.35	2.10
三年	3Years	4.00	3.75	3.50	3.25	3.00	2.75
五年	5Years	4.00					
#零存整取、整存零取、存本取息	Installment fixed deposits admission is the entire deposit						
一年	1Year	2.35	2.10	1.85	1.60	1.35	1.10
三年	3Years	2.55	2.30	2.05	1.80	1.55	1.30
五年	5Years	2.75	2.50				
#定活两便	Time-demand Deposit	一年内定期整存整取同档次利率打六折					
协定存款	**Negotiated Deposit**	**1.15**	**1.15**	**1.15**	**1.15**	**1.15**	**1.15**
通知存款	**Call Deposit**						
一天	1day	0.80	0.80	0.80	0.80	0.80	0.80
七天	7days	1.35	1.35	1.35	1.35	1.35	1.35

19-6 金融机构人民币法定贷款基准利率
Legal Interest Rates on Loans of Financial Institutions

单位：年利率%　　　　(annual interest rate%)

项 目	Item	2014年11月12日 Nov. 12,2014	2015年3月1日 Mar. 1,2015	2015年5月11日 May. 11,2015	2015年6月28日 June. 28,2015	2015年8月26日 Aug. 26,2015	2015年10月24日 Oct. 24,2015
短期贷款	**Short-term Loans**						
一年以内（含一年）	Less than one year	5.60	5.35	5.10	4.85	4.60	4.35
中长期贷款	**Medium-term & Long-term Loans**						
一至五年（含五年）	1 to 5 years	6.00	5.75	5.50	5.25	5.00	4.75
五年以上	More than 5 years	6.15	5.90	5.65	5.40	5.15	4.90
贴现	**Discounting**	**以再贴现利率为下限加点确定**					
个人住房公积金贷款	Personal HousingAccumulation Fund Loan						
五年以下（含五年）	Less than 5 years	3.75	3.50	3.25	3.00	2.75	2.75
五年以上	More than 5 years	4.25	4.00	3.75	3.50	3.25	3.25

19-7 上市公司情况
Summary for Number of Listed Companies

单位：个　　　　(unit)

年 份 Year	全区合计 All Region	上交所 Shanghai Stock Exchange	深交所 Shenzhen Stock Exchange	#仅发A股公司 A share Only	#仅发B股公司 B share Only	H股 H share	增发A股公司 A Share Add
1995	1	1			1		
1996	4	1	3	4			
1997	5	3	2	4	1		
1998	2	2		2			
1999	1	1		1			
2000	5	5		5			
2001	1	1		1			1
2002							2
2003							
2004	2	1		1		1	
2005	1	1		1			
2006							
2007	1		1	1			
2008							
2009							
2010	1		1	1			
2011	2	1	1	2			
2012	2		2	2			
2013	1	1		1			
2014							4
2015							8

19-8 新上市公司股票发行筹资情况

Issuing Summary for Stocks of New Listed Companies

年 份 Year	股票发行量 (万股) Amount Issued (10 000 shares)	A股 A share	B股 B share	A、B股配股 A & B Shares Rights Issued	H股 H share	股票筹资额 (亿元) Raised Capital (100 million yuan)	A股 A share	B股 B share	A、B股配股 A & B Shares Rights Issued	H股 H share
1989	1820	1820				0.5	0.5			
1994	5000	5000				1.95	1.95			
1995	11000		11000			4.38	4.38			
1996	6520	5020		1500		3.46	2.86		0.60	
1997	51800	22200	16600	13000		25.36	10.83	5.61	8.92	
1998	32852	13100	19752	22.72		8.37		14.35		
1999	13095			13095		9.71		9.71		
2000	38230	30800		7430		32.58	24.10		8.48	
2001	44720	43000		1720		33.84	31.57		2.27	
2002	15896	15896				17.95	17.95			
2003	1258			1258		7.84			7.84	
2004	40000	5000			35000	17.78	3.49			14.29
2005	14000	14000				4.68	4.68			
2006										
2007	7800	7800				7.64	7.64			
2008						57.21	57.21			
2009						47.88	47.88			
2010	1900	1900				5.50	5.50			
2011	13900	13900				31.71	31.71			
2012	6159	6159				8.95	8.95			
2013	2500	2500				2.27	2.27			

19–9 保险公司主要指标(2015 年)

Main Indicators of Insurance Companies Funded(2015)

项 目	Item	原保险保费收入 (万元) Premium (10 000 yuan)	赔付支出 (万元) Claim and Payment (10 000 yuan)
总 计	**Total**	**3954785**	**1245402**
财产保险公司	**Property Insurance**	**1566964**	**801911**
企业财产保险	Enterprise Property Insurance	72481	29785
家庭财产保险	Family Property Insurance	5987	2464
机动车辆保险	Motor Vehicle Insurance	988159	505489
工程保险	Construction and Installation Projects	19722	6229
责任保险	Liability Insurance	36593	14607
信用保险	Credit Insurance	22176	16143
保证保险	Guarantee Insurance	26706	10237
船舶保险	Ship Insurance	10	3
货物运输保险	Freight Transport Insurance	5742	1765
特殊风险保险	Other Property Insurance	622	92
农业保险	Agriculture Insurance	313526	167927
健康保险	Health Insurance	43831	36683
意外伤害保险	Unforeseen Human Injury Insurance	30312	9702
其他保险	Other Insurance	1098	786
人身保险公司	**Life Insurance**	**2387820**	**443491**
人寿保险	Life Insurance	2035791	361152
健康保险	Health Insurance	302903	71872
意外伤害保险	Unforeseen Human Injury Insurance	49126	10467

19-10 财产保险公司主要业务指标(2015年)

Main Indicators of property Insurance (2015)

项 目	Item	保险金额（亿元）Amount Insured (100 million yuan)	签单数量（万件）Number Sign (10 000 item)	已决赔款（万元）Indrmnity (10 000 yuan)	未决赔款（万元）Loss Assessment of Unsrttled Claims (10 000 yuan)
财产保险	**Property Insurance**	**75678**	**1801**	**771796**	**250682**
企业财产险	Enterprise Property	13200	3	27612	34651
家庭财产险	Family Property	680	30	2277	372
机动车辆险	Motor Vehicle Insurance	15331	562	486273	158552
货物运输保险	Freight Transport Insurance	639	14	1840	454
责任险	Liability Insurance	6545	16	14121	10209
产品责任险	Products Liability Insurance	20		59	20
雇主责任险	Employers Liability Insurance	655	1	2490	2047
公众责任险	Public Liability Insurance	5541	14	8249	7132
其他责任险	Other Liability Insurance	330	2	3322	1010
保证保险	Guarantee Insurance	83	4	10418	960
农业保险	Agriculture Insurance	3061	4	165496	37223
种植险	Planting Insurance	2978	4	149021	35505
养殖险	Animal Husbandry Insurance	84		16476	1718
其他保险	Other Insurance	36138	1168	63758	8261

19-11 人身保险公司主要业务指标(2015年)

Main Indicators of Life Insurance (2015)

项 目	Item	期末有效承保人次(万人) New Person of Insurance (10 000 persons)	保险金额(亿元) Premiums (100 million yuan)	赔款支出(万元) Claim (10 000 yuan)	死伤医疗给付(万元) Death and Injury Payment (10 000 yuan)	满期给付(万元) Value of Expiration Payment (10 000 yuan)
总 计	**Total**	**3878**	**19478**	**42829**	**82916**	**225069**
寿险	Life Insurance	828	3581		43492	224982
普通寿险	Ordinary Life Insurance	476	1906		25650	66025
分红寿险	Share out Bonus Products	242	905		9693	157144
投资连接保险	Products Link to Insvestment	1	6		5	15
万能保险	All-purpose Products	109	764		8145	1798
意外伤害保险	Unforeseen Human Injury Insurance	1273	11785	10467		
一年期以内	Less than one Year	210	2532	197		
一年期及以上	One Year(More than one Year)	1063	9253	10270		
健康保险	Health Insurance	1777	4112	32362	39424	87
一年期及以内	One Year(Less than one Year)	1393	2683	32362		
一年期以上	Over One Year	384	1429		39424	87

19-12 银行卡业务基本情况

Basic Conditions of Bank card business

项　目	Item	2014	2015
银行卡累计发放量(万张)	**Total Payment Amount of Bank Card(10 000 pieces)**	**10386.56**	**12210.07**
借记卡	Debit Card	9623.88	11220.21
#银联标准卡	Standard Bank Card	8039.03	9459.04
信用卡	Credit Card	762.68	989.86
#银联标准卡	Standard Bank Card	521.79	722.45
银行卡受理商户、机具	**Accepting Bank Card Business, Equipment**		
特约商户(户)	Special Merchant(enterprise)	305074	324530
销售终端(台)	POS(set)	366446	438612
自动柜员机(台)	ATM(set)	12454	20558
银行卡跨行交易量（本年累计）	**Volume of Inter Bank Trading**		
清算笔数(万笔)	Settlement Amount(10 000 items)	15312.85	21602.21
#ATM交易量	Volume of ATM	4992.38	6921.74
POS机交易量	Volume of POS	10170.91	14448.34
非传统渠道交易量	Volume of Non traditional channel	149.56	232.13
清算金额(亿元)	Amount of Settlement(100 million yuan)	5537.62	7274.24
#ATM交易量	Volume of ATM	827.03	1426.63
POS机交易量	Volume of POS	4606.05	5586.18
非传统渠道交易量	Volume of Non traditional channel	104.53	261.43

主要统计指标解释

信贷资金 指金融机构以信用方式积聚和分配的货币资金。金融机构信贷资金的来源有各项存款、对国际金融机构负债、流通中货币、银行自有资金及当年结益等;信贷资金的运用有各项贷款、黄金占款、外汇占款、财政借款及在国际金融机构中的资产等。

存款 指企业、机关、团体或居民根据资金必须收回的原则,把货币资金存入银行或其他信用机构保管并取得一定利息的一种信用活动形式。根据存款对象的不同可划分为企业存款、财政存款、机关团体存款、基本建设存款、城镇储蓄存款、农村存款等科目。它是银行信贷资金的主要来源。

贷款 指银行或其他信用机构根据资金必须归还的原则,按一定利率,为企业、个人等提供资金的一种信用活动形式。我国银行贷款分为流动资金贷款、固定资产贷款、城乡个体工商户贷款以及农业贷款等科目。

中资保险公司 指中国公民、法人或其他组织出资(含外资参股)设立的保险公司。

保险金额 指保险人承担赔偿或者给付保险金责任的最高限额。

保费 指投保人为取得保险人在约定范围内所承担赔偿责任而支付给保险人的费用。

赔款 指保险人根据保险合同的规定,向被保险人支付的赔偿保险责任损失的金额。

给付 包括死伤医疗给付和满期给付。死伤医疗给付是指保险人根据人寿保险及长期健康保险合同的规定,因被保险人在保险期内发生保险责任范围内的保险事故支付给被保险人(或受益人)的金额。满期给付是指被保险人生存期满,保险人按人寿保险合同规定支付给被保险人的满期保险金额。

Explanatory Notes on Main Statistical Indicators

Credit Funds refer to the funds issued as loans by banking institutions. The sources of credit funds of the banking institutions included deposits, Liabilities to international financial institutions, currency in circulation, self-owned funds and current retained profits, etc. The credit funds can be used in forms of loans, gold, foreign exchange, government debt and assets in the international financial institutions.

Deposit is a form of credit by which enterprises, institutions, organizations or households can put money into banks and other credit institutions for safekeeping and interest earning under the principle of free withdrawal. According to different depositors, deposits are divided into enterprise deposits, treasury deposits, deposits of government agencies and organizations, capital construction deposits, urban savings deposits, rural deposits and other deposits. Deposits are major sources of the credit funds of banks.

Loan is a form of credit by which banks and other credit institutions provide funds at certain interest rate to enterprises and individuals in the light of the principle of unconditional repayment. Loans from Chinese banks include circulating capital loans, fixed assets loans, loans to urban and rural individuals engaged in industrial and commercial business and agricultural loans.

Insurance Companies Funded with Chinese Capital refer to insurance companies established with capitals from Chinese citizens, corporate institutions or other organizations (including companies with shares from foreign capital) .

Amount Insured refers to the maximum that the insurant will get for the claim of the case insured.

Premium is the fee paid by the insurant to the insurer to obtain the obligation of compensation from the insurance within the agreed terms.

Settled Claim is the compensation paid by the insurer to the insurant in accordance with the insurance contract.

Payment includes payment for death, injury or medical treatment and mature payment. Payment for death, injury or medical treatment refers to the money paid to the insurant (or the beneficiary) in accordance with the life or health insurance contract when the insurant encounters accidents within the insured period covered in the contract. Mature payment refers to the mature payment to the insurant in accordance with the life insurance contract at the end of the insured period.

2016 NEIMENGGU

二十、教育、科技和文化

Education and Culture

资料整理：王琳　程旭嵘
Arranged By Wang Lin, Cheng Xurong

20-1 教育事业基本情况
Basic Statistics on Education

项 目	Item	2014	2015
学校数(所)	**Number of Schools(unit)**	**6669**	**6717**
普通高等学校	Regular Institutions of Higher Education	50	53
普通中等学校	Secondary Schools	1261	1250
# 中等专业学校	Specialized Secondary Schools	141	134
中等技术学校	Technical Secondary Schools	79	73
中等师范学校	Teacher Secondary Schools	1	
普通中学	Regular Secondary Schools	1003	1000
职业中学	Vocational Secondary Schools	117	116
小 学	Primary Schools	2174	1853
幼儿园	Kindergartens	3140	3516
特殊教育	Special Schools	44	45
专任教师(人)	**Number of Full time Teachers(person)**	**275720**	**272965**
普通高等学校	Regular Instiutions of Higher Education	25000	25523
普通中等学校	Secondary Schools	109005	107203
# 中等专业学校	Specialized Secondary Schools	6044	5491
中等技术学校	Technical Secondary Schools	4176	3746
中等师范学校	Teacher Secondary Schools	80	
普通中学	Regular Secondary Schools	94360	93211
职业中学	Vocational Secondary Schools	8601	8501
小 学	Primary Schools	107262	101730
幼儿园	Kindergartens	33244	37250
特殊教育	Special Schools	1209	1259
招生数(人)	**New Student Enrollment(person)**	**1043818**	**1022960**
普通高等学校	Regular Institutions of Higher Education	122755	127536
普通中等学校	Secondary Schools	457391	424829
# 中等专业学校	Specialized Secondary Schools	48982	45088
中等技术学校	Technical Secondary Schools	41110	38134
中等师范学校	Teacher Secondary Schools	807	
普通中学	Regular Secondary Schools	374991	348670
职业中学	Vocational Secondary Schools	33418	31071
小 学	Primary Schools	224453	223680
幼儿园	Kindergartens	238489	246060
特殊教育	Special Schools	730	855
在校学生(人)	**Student Enrollment(person)**	**3650947**	**3648837**
普通高等学校	Regular Institutions of Higher Education	406414	420807
普通中等学校	Secondary Schools	1385564	1317240
# 中等专业学校	Specialized Secondary Schools	136373	123766
中等技术学校	Technical Secondary Schools	118573	110071
中等师范学校	Teacher Secondary Schools	2012	
普通中学	Regular Secondary Schools	1153699	1102685
高 中	Senior Secondary Schools	484042	463037
初 中	Junior Secondary Schools	669657	639648
职业中学	Vocational Secondary Schools	95492	90789
小 学	Primary Schools	1296454	1313635
幼儿园	Kindergartens	559013	593392
特殊教育	Special Schools	3502	3763
毕业生数(人)	**Graduates(person)**	**1005122**	**989608**
普通高等学校	Regular Institutions of Higher Education	111723	107863
普通中等学校	Secondary Schools	471028	471273
# 中等专业学校	Specialized Secondary Schools	49731	52181
中等技术学校	Technical Secondary Schools	39052	43104
中等师范学校	Teacher Secondary Schools	487	
普通中学	Regular Secondary Schools	389732	388335
高 中	Senior Secondary Schools	162138	165936
初 中	Junior Secondary Schools	227594	222399
职业中学	Vocational Secondary Schools	31565	30757
小 学	Primary Schools	221107	201145
幼儿园	Kindergartens	201007	208990
特殊教育	Special Schools	257	337

注:1.普通中学的高中学校数包括高级中学和完全中学。

2.毕业生数、招生数、在校学生数不包括成人高校附设普通班学生数。

a)Number of senior secondary schools in regular secondary schools include senior secondary schools & whole secondary schools.

b)The number of graduates,new student enrollment and student enrollment studing in general class except adult university.

20-2 在校学生民族构成

Composition of Student Enrollment by Nationality

单位：人 (person)

项　目	Item	2014	2015
普通高等教育	**Regular Institutions of Higher Education**	**406414**	**420807**
蒙古族	Mongolian	93557	95420
其他少数民族	Other Minority Nationality	14321	14926
高等教育中研究生	Postgradate Students Enrollment	17276	17962
蒙古族	Mongolian	4602	4587
其他少数民族	Other Minority Nationality	528	606
中等专业学校	**Specialized Secondary Schools**	**120585**	**110071**
中等技术学校	Technical Schools	118573	110071
蒙古族	Mongolian	19472	17638
其他少数民族	Other Minority Nationality	3845	3465
中等师范学校	Teacher Training Schools Secondary	2012	
蒙古族	Mongolian	205	
其他少数民族	Other Minority Nationality	290	
普通中学	**Rogular Secondary Schools**	**1153699**	**1102685**
高中	Senior	484042	463037
蒙古族	Mongolian	121980	123400
其他少数民族	Other Minority Nationality	14265	12480
初中	Junior	669657	639648
蒙古族	Mongolian	160267	156838
其他少数民族	Other Minority Nationality	17841	17899
职业中学	**Vocational Secondary Schools**	**95492**	**90789**
蒙古族	Mongalian	16883	22145
其他少数民族	Other Minority Nationality	3742	4163
小学	**Primary Schools**	**1296454**	**1313635**
蒙古族	Mongolian	325443	339506
其他少数民族	Other Minority Nationality	37035	38794

注：1.普通高等教育指普通本专科。

2.本表中中等专业学校不含成人中专。

a)Ordinary higher education refers to Undergraduate and specialist.

b)Secondary specialized school does not contain adult technical secondary school.

20–3 普通高等学校分类情况(2015年)

Basic Statistics of Colleges and Universities by Different Types(2015)

项　目	Item	学校数(所) Number (unit)	毕业生数(人) Graduates (person)	招生数(人) New Student Enrollment (person)	在校学生(人) Student Enrollment (person)
普通高校	**Colleges and Universities**	**53**	**107863**	**127536**	**420807**
综合大学	Comprehensive Universities	22	45949	55790	189336
理工院校	Science and Engineering	16	29461	36313	105864
农业大学	Agricultural Universities	1	8071	8194	31113
医药院校	Medicinal Universities	2	4531	4445	16180
师范院校	Normal Universities	3	10788	11928	42755
语文院校	Language Colleges	1	61	113	260
财经院校	Economics and Finance	3	8811	9387	32364
政法院校	Law Universities	1		418	1130
体育院校	Physical Universities	1	95	184	428
艺术院校	Arts Universities	3	96	764	1377

注：毕业生、在校生数不含成人高校附设普通班学生数。

a)The number of student does not include the number of student who as studing in general class belonging to adult university.

20–3 续表 continued

项 目	Item	教职工合计(人) Number of Staff and Workers (person)	# 专任教师 Teachers	# 正、副教授 Professors and Asso.Prof.	# 讲 师 Lecturers	# 助教、教员 Assistants and Instructors
普通高校	**Universities and Colleges**	**38648**	**25523**	**10642**	**10128**	**4753**
综合大学	Comprehensive Universities	18419	11798	5262	4488	2048
理工院校	Science and Engineering	8990	6544	2285	2679	1580
农业大学	Agricultural Universities	2616	1581	779	575	227
医药院校	Medicinal Universities	1817	1122	507	363	252
师范院校	Normal Universities	3237	2104	881	959	264
语文院校	Language Colleges	126	81	2	70	9
财经院校	Economics & Finance	2170	1383	590	610	183
政法院校	Law Universities	230	127	79	44	4
体育院校	Physical Universities	136	94	17	36	41
艺术院校	Arts Universities	907	689	240	304	145

20-4 普通高等院校基本情况(2015年)

Basic Statistics of Colleges and Universities(2015)

项　目	Item	毕业生数(人) Graduates (person)	招生数(人) New Student Enrollment (person)	在校生数(人) Student Enrollment (person)
内蒙古大学	Inner Mongolia University	5261	4960	21773
内蒙古科技大学	Inner Mongolia Sci. & Tech. University	11284	11486	44392
内蒙古工业大学	Inner Mongolia Eng. University	5370	5745	22688
内蒙古农业大学	Inner Mongolia Agriculture University	8071	8194	31113
内蒙古医科大学	Inner Mongolia Medical	3541	3274	12968
内蒙古师范大学	Inner Mongolia Normal University	7993	8243	31115
内蒙古民族大学	Inner Mongolia Nationality University	4778	5111	21040
赤峰学院	Chifeng College	2936	3430	12100
内蒙古财经大学	Inner Mongolia Finance University	5216	5290	20358
呼伦贝尔学院	Hulunbeier College	3029	3416	12641
内蒙古建筑职业技术学院	Inner Mongolia Pro. And Tech. College	2967	3105	9202
集宁师范学院	Jining Teacher Training Academy	2795	3234	10516
内蒙古丰州职业学院	Inner Mongolia Fengzhou College	446	869	2039
河套学院	Hetao College	2054	3294	9427
呼和浩特民族学院	Inner Mongolia Nationality Academy	1644	2330	8042
包头职业技术学院	Baotou Pro.& Tech. College	2494	3354	9231
兴安职业技术学院	Xingan Pro. & Tech. College	1035	1745	4500
呼和浩特职业学院	Hohhot Vocational College	4327	4257	12753
包头轻工职业技术学院	Baotou Light Industry Professional and Technical College	2535	3306	8813
内蒙古电子信息职业技术学院	Inner Mongolia Electronics College	3571	3474	10185
内蒙古机电职业技术学院	Inner Mongolia Machinery & Electronics Professional and Technical College	3332	3445	10163
内蒙古化工职业学院	Inner Mongolia Chemical Eng. College	2174	3050	8618
内蒙古商贸职业学院	Inner Mongolia Trade College	3363	3375	9897
锡林郭勒职业学院	Xilingguole Vocational College	2067	3193	7794
内蒙古警察职业学院	Inner Mongolia Police College		418	1130
内蒙古体育职业学院	Inner Mongolia Sport College	95	184	428
乌兰察布职业学院	Wulanchabu Vocational College	1017	1999	4932
通辽职业学院	Tongliao Vocational College	1922	2234	6254
科尔沁艺术职业学院	Keerqin Arts Vocational College	63	209	583
内蒙古交通职业技术学院	Inner Mongolia Transport Tech College	2424	2282	6788
包头钢铁职业技术学院	Baotou Iron and Steel Vocational College	1492	1713	4802
乌海职业技术学院	Wuhai Vocational College	853	1678	3536
内蒙古科技职业学院	Inner Mongolia Technical and Vocational College	156	605	1203
内蒙古北方职业技术学院	Inner Mongolia North Tech College	479	914	2348
赤峰职业技术学院	Chifeng Vocational College	6		
内蒙古经贸外语职业学院	Inner Mongolia Trade & Language College	232	722	2109
包头铁道职业技术学院	Baotou Railway Vocational & Tech College	1425	2067	5082
内蒙古大学创业学院	Pioneer College of Inner Mongolia University	1324	1951	6795
内蒙古师范大学鸿德学院	Honder of Inner Mongolia Normal University	1460	2241	7884
乌兰察布医学高等专科学校	Wulanchabu Medicine Academy	990	1171	3212
鄂尔多斯职业学院	Erdos Vocational College	366	1038	2211
内蒙古工业职业学院	Inner Mongolia Gongye Vocational College	414		447
呼伦贝尔职业技术学院	Hulunbeier Pro.And Tech College	408	1225	2714
满洲里俄语职业学院	Manlouli Russian College	61	113	260
内蒙古能源职业学院	Inner Mongolia Energy Vocational College	86	573	1552
赤峰工业职业技术学院	Chifeng College of Industry Technology	216	649	1523
阿拉善职业技术学院	Alashan Pro.And Tech College	58	377	703
内蒙古美术职业学院	Inner Mongolia Vocational College of Fine Arts	33	177	416
内蒙古民族幼儿师范高等专科学校	Inner Mongolia National Kindergarten Teachers		451	1124
鄂尔多斯生态环境职业学院	Erdos Ecological Environment of Career Academy		229	267
内蒙古艺术学院	Inner Mongolia University of Arts		378	378
鄂尔多斯应用技术学院	Ordos College,Inner Mongolia University		496	496
扎兰屯职业学院	Zhalantun Vocational College		262	262

注:学生数中不含成人高校附设普通班学生数。

a)The number of student does not include the number of student who was studing in general class belonging toadult university.

20-4 续表 continued

项　目	Item	教职工总数(人) Number of Staff & Workers (person)	#专任教师 Teacher	#中级职称以上教师 Medium over Professional Certification
内蒙古大学	Inner Mongolia University	1952	1107	1095
内蒙古科技大学	Inner Mongolia Sci. & Tech. University	3548	2518	2250
内蒙古工业大学	Inner Mongolia Eng. University	2045	1437	1322
内蒙古农业大学	Inner Mongolia Agriculture University	2616	1581	1354
内蒙古医科大学	Inner Mongolia Medical	1506	926	757
内蒙古师范大学	Inner Mongolia Normal University	2250	1400	1271
内蒙古民族大学	Inner Mongolia Nationality University	1772	1188	1014
赤峰学院	Chifeng College	1719	1017	914
内蒙古财经大学	Inner Mongolia Finance University	1491	960	866
呼伦贝尔学院	Hulunbeier College	1109	615	581
内蒙古建筑职业技术学院	Inner Mongolia Pro. And Tech. College	570	435	366
集宁师范学院	Jining Teacher Training Academy	807	557	454
内蒙古丰州职业学院	Inner Mongolia Fengzhou College	86	44	35
河套学院	Hetao College	1014	567	453
呼和浩特民族学院	Inner Mongolia Nationality Academy	566	410	319
包头职业技术学院	Baotou Pro.& Tech. College	790	484	360
兴安职业技术学院	Xingan Pro. & Tech. College	536	356	292
呼和浩特职业学院	Hohhot Vocational College	1144	727	612
包头轻工职业技术学院	Baotou Light Industry Professional and Technical College	792	583	447
内蒙古电子信息职业技术学院	Inner Mongolia Electronics College	567	439	331
内蒙古机电职业技术学院	Inner Mongolia Machinery & Electronics Professional and Technical College	590	496	342
内蒙古化工职业学院	Inner Mongolia Chemical Eng. College	486	362	320
内蒙古商贸职业学院	Inner Mongolia Trade College	597	375	326
锡林郭勒职业学院	Xilingguole Vocational College	997	588	320
内蒙古警察职业学院	Inner Mongolia Police College	230	127	123
内蒙古体育职业学院	Inner Mongolia Sport College	136	94	53
乌兰察布职业学院	Wulanchabu Vocational College	478	351	266
通辽职业学院	Tongliao Vocational College	664	464	307
科尔沁艺术职业学院	Keerqin Arts Vocational College	245	189	110
内蒙古交通职业技术学院	Inner Mongolia Transport Tech College	554	436	256
包头钢铁职业技术学院	Baotou Iron and Steel Vocational College	566	324	260
乌海职业技术学院	Wuhai Vocational College	253	228	209
内蒙古科技职业学院	Inner Mongolia Technical and Vocational College	105	53	24
内蒙古北方职业技术学院	Inner Mongolia North Tech College	133	65	25
赤峰职业技术学院	Chifeng Vocational College	53	18	17
内蒙古经贸外语职业学院	Inner Mongolia Trade & Language College	82	48	8
包头铁道职业技术学院	Baotou Railway Vocational & Tech College	603	464	197
内蒙古大学创业学院	Pioneer College of Inner Mongolia University	296	229	111
内蒙古师范大学鸿德学院	Honder of Inner Mongolia Normal University	457	350	241
乌兰察布医学高等专科学校	Wulanchabu Medicine Academy	311	196	113
鄂尔多斯职业学院	Erdos Vocational College	247	194	116
内蒙古工业职业学院	Inner Mongolia Gongye Vocational College	27	4	4
呼伦贝尔职业技术学院	Hulunbeier Pro.And Tech College	627	288	223
满洲里俄语职业学院	Manlouli Russian College	126	81	72
内蒙古能源职业学院	Inner Mongolia Energy Vocational College	82	49	14
赤峰工业职业技术学院	Chifeng College of Industry Technology	494	370	257
阿拉善职业技术学院	Alashan Pro.And Tech College	409	277	190
内蒙古美术职业学院	Inner Mongolia Vocational College of Fine Arts	88	66	55
内蒙古民族幼儿师范高等专科学校	Inner Mongolia National Kindergarten Teachers College	180	147	115
鄂尔多斯生态环境职业学院	Erdos Ecological Environment of Career Academy	246	190	143
内蒙古艺术学院	Inner Mongolia University of Arts	574	434	379
鄂尔多斯应用技术学院	Ordos College,Inner Mongolia University	400	301	208
扎兰屯职业学院	Zhalantun Vocational College	432	314	273

20-5 科技活动基本情况(2015年)

Basic Statistics on Scientific and Technological Activities(2015)

项 目	Item	2015
科技活动	**Scientific and Technological Activities**	
科技活动人员(人)	Number of Persons Engaged in Scientific and Technological Activities(person)	85398
# 大学本科及以上学历	Undergraduate college and above	45735
研究与试验发展折合全时人员(人年)	Number of Full-time Persons in Research and Developmeut Activities(man-year)	38248
# 研究人员	Researchers	16840
研究与试验发展经费内部支出(万元)	Research and Development Expenses(10 000 yuan)	1360617
# 基础研究	Fundamental Research	26073
应用研究	Applied Research	82418
试验发展	Experimental Development	1252125
研究与试验发展经费支出占生产总值比重(%)	Proportion of Research and Development Expenses to GDP(%)	0.76
技术成果和国家奖励	**Achievements in Scientific and Technological Research and National Prizes Won**	
自治区科技进步奖(项)	Number of Major Achievements in Science and Technology(item)	
国家发明奖(项)	Number of National Invention Prizes Awarded(item)	
国家科学技术进步奖(项)	Number of National Scientific and Technological Progress Prizes Awarded(item)	
技术市场成交额(万元)	Transaction Value in Technical Market(10 000 yuan)	1899589
专 利	**Patent**	
申请受理量(件)	Accepted(piece)	8876
发明	Creation and Inventions	2254
实用新型	Utility Models	5609
外观设计	Designs	1013
授权量(件)	Granted(piece)	5522
发明	Creation and Inventions	797
实用新型	Utility Models	3757
外观设计	Designs	968

20-6 地方国有单位各类专业技术人员
Special Technical Personnel of State-owned Units

单位：人 (person)

年份 Year	总 计 Total	工程技术人员 Engineering	农业技术人员 Agriculture	科学研究人员 Scientific Research	卫生技术人员 Health Care	教学人员 Teaching
1986	298360	50544	16026	1561	43130	137854
1987	344667	58353	17665	1794	44962	166079
1988	385181	66901	18436	1646	47332	158905
1989	428612	71848	18649	1845	49311	175621
1990	442659	75686	19644	1803	51184	180408
1991	453193	78705	20168	1839	53585	184784
1992	461901	79224	20710	2174	54257	187739
1993	454591	77474	18534	2043	54236	192023
1994	463501	77624	19096	2026	54873	199488
1995	471197	78640	18781	1877	56045	205952
1996	476610	78450	18946	1832	56854	214200
1997	477411	77127	19010	1792	60806	218651
1998	476012	74538	18499	1762	60990	223704
1999	504045	78903	19246	1992	65578	242551
2000	509470	77348	19076	2002	68954	250740
2001	497202	69548	18979	2084	69156	257165
2002	486215	64635	18288	1927	68725	260445
2003	514746	68669	22202	2029	72508	274565
2004	532891	65362	26978	2631	80287	286581
2005	534906	62700	27393	2401	81181	291842
2006	536071	59529	27465	1985	81658	300322
2007	553733	70527	27645	2160	82346	303470
2008	559013	67777	32659	2431	86965	302841
2009	556413	64790	32144	2205	88058	305803
2010	543015	60725	27792	1864	87458	304574
2011	559597	63173	33396	2346	90276	306684
2012	559502	65166	31234	2883	92393	308157
2013	553400	63919	28404	3183	90202	311647
2014	545108	64970	24058	3166	89489	302635
2015	540633	62363	25537	3539	90166	301568

20-7 政府属研究机构、人员、经费(2015年)

Number of State-owned Research and Development Institutions, Persons and Funds(2015)

项目	Item	政府属研究机构合计 State-Owend R&D Institutions	自然科学与技术领域 Natural Sciences and Techonology	社会与人文科学领域 Social Sciences & Humanities	科技信息与文献机构 Scientific Technological Information & Literature Institutions
机构数(个)	Institutions(unit)	92	71	10	11
从业人员数(人)	Staff & workers(person)	7385	6703	476	206
#从事科技活动人员	Scientific & Tech Activities	6257	5609	453	195
#大学本科及以上学历	Scientists & Engineers	4227	3709	400	118
科技经费筹集总额(万元)	Funds For Science and Technology(10 000 yuan)	150058	136061	11000	2998
#政府资金	Government Funds	140414	126935	10640	2840
科技经费内部支出总额(万元)	Intramural Expenditures (10 000 yuan)	165314	149893	12619	2802
#R&D经费支出额	Fands of R&D	69802	61762	7603	438
资产性支出(万元)	Asset Expenditures(10 000 yuan)	34929	34253	184	492
科技活动课题数(个)	Number of Science and Technology Topics(unit)	926	875	34	17
科技活动课题经费内部支出(万元)	Science and Technology Activities Subject Intramural Expenditures(10 000 yuan)	51317	45334	5273	710
# R&D课题经费支出	Funds of R&D Subject	36831	31346	5273	211
课题投入人员(人年)	Persons of Topics(man-year)	2322	2086	186	49
# R&D课题投入	R&D of Topics	1644	1443	186	15
专利申请受理数(件)	Number of Patent Applications Accepted(piece)	61	61		
专利申请授权数(件)	Number of Patent Applications Granted(piece)	68	68		
科技论文(篇)	Science Papers(piece)	1095	1013	78	4

注:R&D为研究与发展(Research and Development)的缩写。

a) R&D is abridge of Research and Development.

20-8 政府属自然科学与技术领域研究机构、人员、经费(2015 年)

Number of State-Owned Natural Scientific and Technological Institutions, Staff and Expenditure (2015)

项 目	Item	机构数(个) Institutions (unit)	从业人数(人) Staff & workers (person)	# 从事科技活动 Science & Technology	R&D人员 R&D
总 计	**Total**	**71**	**6703**	**5609**	**2380**
按隶属关系分	**Grouped by Level**				
中央部门属	Central Departments	3	466	419	267
自治区属	Autonomous Region	20	2221	1919	1029
盟市属	Leaguesand Cities	48	4016	3271	1084
按行政地域分	**Grouped by Region**				
呼和浩特市	Hohhot City	28	3259	2730	1248
包 头 市	Baotou City	3	173	127	62
呼伦贝尔市	Hulunbeier City	8	368	305	137
兴 安 盟	Xingan League	5	83	65	37
通 辽 市	Tongliao City	4	358	209	142
赤 峰 市	Chifeng City	2	298	277	211
锡林郭勒盟	Xilinguole League	2	928	816	121
乌兰察布市	Wulanchabu City	5	253	201	48
鄂尔多斯市	Erdos City	5	386	316	89
巴彦淖尔市	Bayannaoer City	5	504	477	252
乌 海 市	Wuhai City	1	23	23	
阿拉善盟	Alashan League	3	70	63	33

20-8 续表 continued

单位：万元 (10 000 yuan)

项 目	Item	科技经费筹集总额 Funds For Science and Technology	# 政府资金 Government Funds	科技经费内部支出 Intramural Expenditures	R&D经费内部支出 Fands of R&D	资产性支出 Asset Expenditures	课题经费支出 Funds of Topics	# 政府资金 Government Funds
总 计	**Total**	**136061**	**126935**	**149893**	**61762**	**34253**	**45334**	**43218**
按隶属关系分	**Grouped by Level**							
中央部门属	Central Departments	19250	16673	19106	10530	4553	8873	8184
自治区属	Autonomous Region	67000	61380	67575	34619	22687	23000	23000
盟市属	Leaguesand Cities	49811	48882	63212	16613	7013	13461	12034
按行政地域分	**Grouped by Region**							
呼和浩特市	Hohhot City	88165	79967	89670	44397	26544	31481	30792
包 头 市	Baotou City	3834	3834	3545	1708	1292	921	722
呼伦贝尔市	Hulunbeier City	7749	7723	6204	2001	114	1976	1909
兴 安 盟	Xingan League	1669	1580	1456	848	348	680	680
通 辽 市	Tongliao City	4700	4700	4836	2110	700	1633	1173
赤 峰 市	Chifeng City	4713	4713	3751	2959	518	2238	1888
锡林郭勒盟	Xilinguole League	7659	7659	20917	2561	2948	1526	1526
乌兰察布市	Wulanchabu City	2142	2142	2096	465	2	264	253
鄂尔多斯市	Erdos City	5550	5550	8774	1349	319	1379	1038
巴彦淖尔市	Bayannaoer City	8384	7571	7343	2988	1457	2708	2708
乌 海 市	Wuhai City	301	301	297		7	232	232
阿拉善盟	Alashan League	1196	1196	1005	376	5	298	298

20-9 大中型工业企业科技活动基本情况

Basic Statistics on Scientific and Technological Activities of Large and Medium-sized Industrial Enterprises

项　目	Item	2014	2015
单位数(个)	**Number of units(unit)**	**829**	**764**
#有R&D活动单位数	Units Having Activities of R&D	139	157
科技活动人员(人)	**Persons Engaged in Sci. & Tech. Activities(person)**	**38587**	**39658**
#大学本科及以上学历	Undergraduate college and above	11952	23851
R&D人员全时当量(人年)	**Persons in R&D into Full-time(man-year)**	**23258**	**25614**
#研究人员	Researchers	11843	19094
按活动类型分	According to active type		
基础研究	Fundamental Research	10	10
应用研究	Applied Research	1726	201
试验发展	Experiment and Development	21522	25404
R&D经费内部支出(万元)	**Inter Expenditures of Funds of R&D(10 000 yuan)**	**899194**	**927154**
按活动类型分	According to active type		
基础研究	Fundamental Research	143	61
应用研究	Applied Research	39552	8483
试验发展	Experiment and Development	859499	918609
按支出用途分	According to disbursement and use		
日常性支出	Quotidienne	801794	805045
#人员劳务费	Labor Expenses	192216	205647
资产性支出	Capital Nature	97400	122109
#仪器和设备	Equipment and Facilities	94654	119959

20-10 高等学校科技活动基本情况

Basic Statistics on Scientific and Technological Activities of Colleges and Universities

项　目	Item	2014	2015
单位数(个)	**Number of units(unit)**	**32**	**65**
#有R&D活动单位数	Units Having Activities of R&D	32	54
科技活动人员(人)	**Persons Engaged in Sci. & Tech. Activities(person)**	**19004**	**22481**
#大学本科及以上学历	Undergraduate college and above	17134	21042
R&D人员全时当量(人年)	**Persons in R&D into Full-time(man-year)**	**4280**	**3255**
#研究人员	Researchers	3616	2815
按活动类型分	According to active type		
基础研究	Fundamental Research	1455	1138
应用研究	Applied Research	1964	1608
试验发展	Experiment and Development	861	509
R&D经费内部支出(万元)	**Inter Expenditures of Funds of R&D(10 000 yuan)**	**40934**	**32707**
按活动类型分	According to active type		
基础研究	Fundamental Research	10502	8609
应用研究	Applied Research	20512	18775
试验发展	Experiment and Development	9920	5324
按支出用途分	According to disbursement and use		
日常性支出	Quotidienne	37875	31063
#人员劳务费	Labor Expenses	4546	3921
资产性支出	Capital Nature	3059	1644
#仪器和设备	Equipment and Facilities	3059	1644

20–11 科技成果获奖

Number of Achievements in Scientific and Technological Research and National Prizes Won

单位：项 (item)

年 份 Year	国家发明奖 Number of National Invention Prizes Awarded	国家科技进步奖 Number of National Scientific & Technological Prizes Awarded	国家自然科学奖 Number of National Natural Sciences Prizes Awarded	自治区科技进步奖 Number of Autonomous Regional Scientific & Technological Prizes Awarded	一等奖 First Class Prize	二等奖 Second Class Prize	三等奖 Third Class Prize
1985	1	4		167	12	36	119
1986				96	8	20	68
1987			1	121	12	35	74
1988	2	3		103	3	22	78
1989		4		102	7	20	75
1990		3		103	5	20	78
1991		2	1	130	6	14	110
1992		4		105	3	15	87
1993	1	3		123	3	18	102
1994				104	4	14	86
1995	1	2		124	7	22	95
1996		3		129	5	21	103
1997		2		115	3	25	87
1998		1		123	4	22	97
1999	1	3	2	142	4	20	118
2000		1		89	5	16	68
2001		1		100	5	20	75
2002				93	4	20	69
2003		1		80	5	18	57
2004		1		83	7	21	55
2005		1		100	8	23	69
2006		1		98	8	24	66
2007		1		100	12	26	62
2008		1		107	14	22	71
2009		1		91	8	21	62
2010		2		100	6	23	71
2011				104	9	25	70
2012		1		101	10	25	66
2013		1		93	8	29	56
2014				102	9	23	70
2015							

注:此表2015年获奖结果未公布。

a)The table data was not annouced in 2015.

20-12 三种专利申请受理量及授权量

Three Types of Patent Applications Accepted and Granted

单位：件 (piece)

年份 Year	申请受理量合计 Number of Patent Applications Accepted	发明 Inventions	实用新型 Utility Models	外观设计 Designs	授权量合计 Number of Patent Applications Granted	发明 Inventions	实用新型 Utility Models	外观设计 Designs
1986	90	31	48	11	17		16	1
1987	154	39	108	7	48	3	36	9
1988	228	46	176	6	63	7	53	3
1989	231	43	179	9	128	10	110	8
1990	347	54	270	23	170	5	158	7
1991	431	86	310	35	153	6	130	17
1992	510	102	366	42	242	14	212	16
1993	601	137	438	26	438	14	381	43
1994	731	124	474	133	337	7	296	34
1995	647	117	449	81	415	8	293	114
1996	859	215	507	137	326	6	265	55
1997	940	244	534	162	372	11	264	97
1998	785	125	519	141	523	12	375	136
1999	971	198	557	216	723	17	521	185
2000	1138	234	602	302	775	60	530	185
2001	1089	185	664	240	743	73	440	230
2002	1202	233	643	326	679	53	428	198
2003	1394	242	716	436	816	82	419	315
2004	1457	286	699	472	831	108	437	286
2005	1455	307	708	440	845	98	452	295
2006	1946	430	915	601	978	108	543	327
2007	2015	565	966	484	1313	120	788	405
2008	2221	695	980	546	1328	140	866	322
2009	2484	719	1266	499	1494	178	762	554
2010	2912	932	1406	574	2096	262	1276	558
2011	3841	1267	2034	540	2262	364	1415	483
2012	4732	1492	2566	674	3090	570	1900	620
2013	6388	1935	3213	1240	3836	549	2494	793
2014	6359	1924	3562	873	4031	458	2908	665
2015	8876	2254	5609	1013	5522	797	3757	968

20-13 文化艺术和文物事业机构、人员(2015年)

Number of Institutions and Personnel in Culture, Art and Cultural Relics(2015)

机构类别	Category of Institution	机构数(个) Number of Institutions (unit)	从业人数(人) Number of Persons Engaged (person)
文化事业合计	**Culture**	**1579**	**15163**
艺术事业	Art Institutions	115	5890
艺术表演团体	Art Performance Troupes	97	5659
话剧、儿童剧、滑稽剧团	Drama, Children Plays ,Comedy	1	82
歌舞音乐类	Song and Dance ,Music	16	1402
乌兰牧骑	Ulanmuchi	70	2606
地方戏曲类	Local Opera	3	159
京剧类	Local Beijing Opera Troupes		
曲杂类	QuYi		
综合性艺术表演团体	Comprehensive performing arts	7	1410
艺术表演场所	Art Centers	18	231
剧场、影剧院	Theaters and Music Halls	18	231
书场、曲艺场	Storytelling Places, Recitation and Ballad Places		
杂技、马戏场	Acrobatics, Circus Places		
音乐厅	Concert Halls		
图书馆事业	Libraries	117	1942
群众文化事业	Mass Culture	1179	5274
群众艺术馆	Mass Art Centers	13	551
文化馆	Cultural Centers	106	1437
文化站	Cultural Stations	1060	3286
# 乡镇文化站	Township Cultural Stations	871	2849
艺术教育事业	Culture and Education	4	367
其他文化事业	Other Cultural Units	164	1690
艺术创作机构	Art Creation Institutions	5	24
艺术研究机构	Art Research Institutions	11	141
艺术展览机构	Art Exhibition Institutions	24	213
# 美术馆	Art Gallery	21	204
其他	Others	124	1312
文物事业合计	**Cultural Relics**	**183**	**2252**
文物保护管理机构	Agency of Historical Relics Preservation	90	608
文物科研机构	Scientific and Research Historical Relics	2	59
其他文物机构	Other Historical Relics Agency	6	40
博物馆	Museums	84	1543
综合性博物馆	Comprehensive Museum	64	1237
历史类博物馆	Special Museum	18	297
自然科技类博物馆	Nature Science and Technology Museum		
其他博物馆	Memorial Museum	2	9
文物商店	Cultural Relics Agencies	1	2

20-14 图书、杂志、报纸出版

Books, Magazines and Newspapers Published

项 目	Item	2014	2015
图 书	**Books Published**		
种 数(种)	Number of Publications(kind)	3417	3289
#蒙 文(种)	Mongol(kind)	1679	
新 出(种)	New Books(kind)	2659	1574
重 印(种)	Republication(kind)	758	1715
总印数(万册)	Total Printed Copies(10 000 copies)	6752.00	6482.46
总印张数(万印张)	Printed Sheets(10 000 sheets)	41608.17	48981.67
定价总金额(万元)	Total of Fixed Price(10 000 yuan)	58421.68	63083.77
杂 志	**Magazines Publised**		
种 数(种)	Number of Publications(kind)	147	146
#蒙 文(种)	Mongol(kind)	46	46
总印数(万册)	Total Printed Copies(10 000 copies)	2422.85	2080.70
总印张数(万印张)	Printed Sheets(10 000 sheets)	11249.14	10772.31
定价总金额(万元)	Total of Fixed Price(10 000 yuan)	12912.52	13128.03
报 纸	**Newspapers Publised**		
种 数(种)	Number of News Published(kind)	74	58
#蒙 文(种)	Mongol(kind)	16	16
总印数(万份)	Total Printed Copies(10 000 copies)	33599.04	32814.97
总印张数(万印张)	Printed Signatures(10 000 sheets)	85514.15	75291.47
定价总金额(万元)	Total of Fixed Price(10 000 yuan)	31558.54	31648.62

20–15 广播电视事业
Statistics on Broadcasting and Television Stations

项 目	Item	2014	2015
广 播	**Broadcasting**		
广播电台(座)	Number of Broadcasting Stations(set)	1	1
调频转播发射台座数(座)	Transmission Stations of Frequency Modulation(set)	561	799
中短波转播发射台座数(座)	Transmission Stations of Short and medium Wave(set)	56	58
广播人口覆盖率(%)	Listener Rating(%)	98.42	99.05
节目套数(套)	Number of Programs(set)	125	126
广播节目全年播出情况	**Annual Statistics on Broadcasting**	**674674:52**	**683782:46**
新闻资讯类(小时：分)	News Programs(hour:minute)	115502:04	118026:59
专题服务类(小时：分)	Special Subject Programs(hour:minute)	149881:22	161799:51
综艺类(小时：分)	Programs of Entertainment(hour:minute)	213468:15	217654:56
广播剧类(小时：分)	Radio Play(hour:minute)	45976:55	43440:45
广告类(小时：分)	Programs of Advertisment(hour:minute)	53038:30	43902:30
其他类(小时：分)	Other Programs(hour:minute)	96807:46	98957:45
广播节目全年制作情况	**Annual Statistics on Production of Broadcasting**	**268903:29**	**244138:19**
新闻资讯类(小时：分)	News Programs(hour:minute)	43965:24	39687:28
专题服务类(小时：分)	Special Subject Programs(hour:minute)	91414:14	86053:56
综艺类(小时：分)	Programs of Entertainment(hour:minute)	76632:40	76251:50
广播剧类(小时：分)	Radio Play(hour:minute)	15891:00	5986:25
广告类(小时：分)	Programs of Advertisment(hour:minute)	29115:20	24464:50
其他类(小时：分)	Other Programs(hour:minute)	11884:51	11693:50
电 视	**Television**		
电视台(座)	Number of Television Stations(set)	2	2
电视转播发射台座数(座)	Transmission and Relaying Stations(set)	857	1293
卫星地球站(座)	Satellits Television Station(set)	1	1
电视人口覆盖率(%)	Viewer Rating(%)	98.6	99.1
节目套数(套)	Number of Programs(set)	121	120
电视节目全年播出情况	**Annual Statistics on Dissemination of TV Programs**	**651439:07**	**646632:30**
新闻资讯类(小时：分)	News Programs(hour:minute)	81960:45	84771:24
专题服务类(小时：分)	Special Subject Programs(hour:minute)	68295:11	67242:30
综艺益智类(小时：分)	Programs of Entertainment(hour:minute)	55627:38	57234:50
影视剧类(小时：分)	Programs of Film and TV Play (hour:minute)	300652:54	301378:18
广告类(小时：分)	Programs of Advertisment(hour:minute)	71557:57	66515:33
其他类(小时：分)	Other Programs(hour:minute)	73344:42	69489:55
电视节目全年制作情况	**Annual Statistics on Production of TV Programs**	**71591:39**	**73301:48**
新闻资讯类(小时：分)	News Programs(hour:minute)	24518:50	24908:08
专题服务类(小时：分)	Special Subject Programs(hour:minute)	17771:01	19120:05
综艺益智类(小时：分)	Programs of Entertainment(hour:minute)	8323:24	9532:54
影视剧类(小时：分)	Programs of Film and TV Play (hour:minute)	10:00	19:43
广告类(小时：分)	Programs of Advertisment(hour:minute)	16890:46	14689:33
其他类(小时：分)	Other Programs(hour:minute)	4077:38	5031:25
广播电视台(座)	**Number of Broadcasting and Television Stations(set)**	**89**	**88**

主要统计指标解释

普通高等学校 指按照国家规定的设置标准和审批程序批准举办,通过国家统一招生考试,招收高中毕业生为主要培养对象,实施高等教育的全日制大学、独立设置的学院和高等专科学校、短期职业大学。

成人高等学校 指按照国家有关规定审批,招收通过全国成人高教统一招生考试的具有高中毕业或同等学历的在职从业人员,利用脱产、半脱产、业余或函授等多种形式对其实施高等学历教育,培养高等教育专科或本科毕业水平的专门人才,修业年限,课程设置和总学时数均按高等学历教育要求付诸实施的学校。包括广播电视大学、职工高等学校、农民高等学校、管理干部学院、教育学院、独立设备的函授学院等。

小学学龄儿童入学率 指调查范围内已入小学学习的学龄儿童占校内外学龄儿童总数(包括弱智儿童,不包括盲聋哑儿童)的比重。计算公式为:

小学学龄儿童入学率 = 已入学的小学学龄儿童数 / 校内外小学学龄儿童总数 × 100%

科技活动 指在自然科学、农业科学、医药科学、工程与技术科学、人文与社会科学领域(简称科学技术领域)中,与科技知识的产生、发展、传播和应用密切相关的有组织的活动。可分为研究与试验发展(R&D)、研究与试验发展成果应用及相关的科技服务三类活动。该定义是联合国教科文组织考虑成员国特别是发展中国家开展科技统计工作的需要,而对科技活动所作的统计界定。

科技活动人员 指直接从事科技活动、以及专门从事科技活动管理和为科技活动提供直接服务,累计的实际工作时间占全年制度工作时间10%及以上的人员。(1)直接从事科技活动的人员包括:在独立核算的科学研究与技术开发机构、高等学校、各类企业及其他事业单位内设的研究室、实验室、技术开发中心及中试车间(基地)等机构中从事科技活动的研究人员、工程技术人员、技术工人及其它人员;虽不在上述机构工作,但编入科技活动项目(课题)组的人员;科技信息与文献机构中的专业技术人员;从事论文设计的研究生等。(2)专门从事科技活动管理和为科技活动提供直接服务的人员,包括:独立核算的科学研究与技术开发机构、科技信息与文献机构、高等学校、各类企业及其他事业单位主管科技工作的负责人,专门从事科技活动的计划、行政、人事、财务、物资供应、设备维护、图书资料管理等工作的各类人员,但不包括保卫、医疗保健人员、司机、食堂人员、茶炉工、水暖工、清洁工等为科技活动提供间接服务的人员。该指标用来反映投入科技活动人力的规模。

科学家与工程师 指科技活动人员中具有高、中级技术职称(职务)的人员和不具有高、中级技术职称(职务)的大学本科及以上学历人员。该指标用来反映投入科技活动人力的素质。

专业技术人员 指从事专业技术工作和专业技术管理工作的人员,即企事业单位中已经聘任专业技术职务从事专业技术工作和专业技术管理工作的人员,以及未聘任专业技术职务,现在专业技术岗位上工作的人员。包括工程技术人员,农业技术人员,科学研究人员,卫生技术人员,教学人员,经济人员,会计人员,统计人员,翻译人员,图书资料、档案、文博人员,新闻出版人员,律师、公证人员,广播电视播音人员,工艺美术人员,体育人员,艺术人员及企业政治思想工作人员,共十七个专业技术职务类别。用来反映科技人力资源情况。

研究与试验发展(R&D) 指在科学技术领域,为增加知识总量、以及运用这些知识去创造新的应用进行的系统的创造性的活动,包括基础研究、应用研究、试验发展三类活动。国际上通常采用R&D活动的规模和强度指标反映一国的科技实力和核心竞争力。

科技活动经费筹集 指从各种渠道筹集到的计划用于科技活动的经费,包括政府资金、企业资金、事业单位资金、金融机构贷款、国外资金和其他资金等。反映各社会经济主体对促进科技进步所做的努力。

专利 是专利权的简称,是对发明人的发明创造经审查合格后,由专利局依据专利法授予发明人和设计人对该项发明创造享有的专有权。包括发明、实用新型和外观设计。反映拥有自主知识产权的科技和设计成果情况。

发明 是专利法及其实施细则所称的发明,指对有关产品、方法或其改进所提出的新的技术方案。

实用新型 是专利法及其实施细则所称的实用新型,指对产品的形状、构造或者其结合所提出的适于实用的新的技术方案。

外观设计 是专利法及其实施细则所称的外观设计,指对产品的形状、图案、色彩或者其结合所作出的富有美感并适于工业上应用的新设计。

文化事业机构 指从事专业文化工作和为专业文化工作服务的独立建制的单位。不包括这些单位另外举办独立核算的其他机构和各部门的业余文化组织。

艺术表演团体 指从事戏曲、音乐、舞蹈、杂技等专业艺术表演,有独立帐户的单位,不包括半工半艺、半农半艺和民间职业剧团。

电影放映单位 指具有放映机器设备、固定或不固定的放映场所与专职或兼职的放映技术人员,经有关部门登记批准,经常为一定的观众对象放映电影的机构。

艺术表演观众人数(人次) 指售票、包场演出或民族地区免费演出的艺术表演观众人次数,不包括彩排审查和内部观摩演出的观看人次数。

Explanatory Notes on Main Statistical Indicators

Regular Institutions of Higher Learning refer to educational establishments set up according to the government evaluation and approval procedures, enrolling graduates from senior secondary schools and providing higher education courses and training for senior professionals. They include fulltime universities, colleges, high professional schools and short-term professional universities.

Institutions of Higher Learning for Adults refer to educational establishments, set up in line with relevant rules approved by the government, enrolling staff and workers with senior secondary school or equivalent education, and providing higher education courses in many forms of full time, pray time, spare time, or correspondence for adults. Professionals thus trained receive a qualification equivalent to graduates studying regular courses at regular universities, colleges and professional colleges. Institutions of higher learning for adults include Radio and TV universities, schools of high education for staff and workers and peasants, colleges for management cadres, pedagogical colleges, independent correspondence colleges.

Enrollment Rate of Primary School age Children refers to the proportion of school age children enrolled at schools to the total number of school age children both in and outside schools (including retarded children, but excluding blind, deaf and mute children) . The formula is: Enrollment Rate of Primary School age Children= (Total Primary School age Children at Schools) ÷ (Total Primary School age Children Both at and Outside Schools) × 100%

Scientific and Technological Activities (S&T Activities) refer to organized activities which are closely related with the creation, development, dissemination and application of the scientific and technical knowledge in t he fields of natural sciences, agricultural science, medical science, engineering and technological science, humanities and social sciences (referred to as scientific and technological fields) . S&T activities can be classified in to 3 categories: research and development (R&D) activities, application of R&D results, and related S&T services. This statistical definition is made by UNICHIEF for scientific and technological activities to meet the need of carrying out statistical work in this field for its member countries in particular those developing countries.

Personnel Engaged in S&T Activities refer to personnel directly engaged in S&T activities, in the management of S&T activities, and in providing direct service to S&T activities, who sp end over 10% of the total working hours in a year in S&T activities. (1) Personnel directly engaged in S&T activities include researchers, engineers, technicians and other related personnel engaged in S&T activities in independent-accounting R&D institutions, institutions of higher learning, and in research institutes, laboratories, technology development centers and central experiment workshops under enterprises and institutions. Also included are people working in S&T research project teams, professional and technical personnel working in S&T information archiving institutes, and graduate students working on the design of their thesis. (2) Personnel engaged in the management of S&T activities and in providing direct service to S&T activities include senior management people responsible for S&T activities in independent -accounting R&D institutions, S&T information archiving institutes, institutions of higher learning, and in enterprises and institutions where S&T activities are undertaken. Also included are people responsible for the planning, administration, personnel management, financial management, logistics supply, equipment maintenance, information and library management that are related with S&T activities. People providing indirect services are excluded, such as security, medical service, drivers, plumbers, cleaners and those providing catering and related service. This indicator reflects the size of personnel engaged in S&T activities.

Scientists and Engineers refer to persons engaged in S&T activities who have obtained titles of senior and middle level professional positions, and those without such position but have completed university or higher education. This indicator reflects the quality of personnel engaged in S&T activities.

Professional and Technical Personnel refer to persons engaged in professional and technical work or in the management of professional and technical activities, i. e. , people with professional or technical posit ions who are engaged in professional and technical work or in the management of professional and technical activities, and people without professional or technical positions but are working on professional or technical posts. They include professionals and technicians working in 17 categories of technical occupations including engineering, agriculture, scientific researches, medical service, teaching, economic research and application, accounting, statistics, translation, libraries, archives, cultural and museum service, journalism and publication, lawyers, notarization service, radio and television broadcasting, handicraft and fine arts, sports, performing art, and political workers in enterprises. This indicator reflects the condition of human resources in S&T.

Research and Development (R&D) refers to systematic and creative activities in the field of science and technology aiming at increasing the knowledge and using the knowledge for new application. R&D includes 3 categories of activities: basic research, applied research and experiments and development. The scale and intensity of R&D are widely us ed internationally to reflect the strength of S&T and the core competitiveness of a country in the world.

Funding for S&T Activities refers to funds obtained from various sources for S&T activities, including government funds, self-raised funds by enterprises, self-raised funds by institutions, loans from financial institutions, foreign funds and other funds . This indicator reflects the efforts made by various social economic entities in promoting the development of S&T.

Patent is an abbreviation for the patent right and refers to the exclusive right of ownership by the inventors or designers for the creation or inventions, given from the patent offices after due process of assessment and approval in accordance wit h the Patent Law. Patents are grant ed for inventions, utility model sand designs. This indicator reflects the achievements of S&T and design with in dependent intellectual property.

Inventions refer to the inventions as specified by the patent law and its detailed rules and regulations for implementation. They refer to the new technical proposals to the products or methods or their modifications.

Utility Models refer to the utility models as specified by the patent law and its detailed rules and regulations for implementation. They refer to the practical and new technical proposals on the shape and structure of the product or the combination of both.

Designs refer to the designs as specified by the Patent law and its detailed rules and regulation for implementation. They refer to the aesthetics and industry applicable new designs for the shape, pattern and color of the product, or their combinations.

Cultural Institutions refer to units which have their own organizational system and independent accounting system and specialize in or serve cultural development. They exclude other establishments run by these cultural institutions and amateur cultural groups established by various departments.

Art Troupe refers to the troupe which is engaged in drama, opera, music, dance, acrobatics or other art performance, opens independent accounts with banks and has self supporting accounting system; excluding the troupes which are engaged partly in industrial or agricultural activities, partly in art performance and the professional troupes organized by the people.

Film Projection Units refer to units with film projection equipment, full or part time projectionists, permanent or non permanent places, approved by related administrative departments to show films regularly for certain groups of audience, including those film projection units which have been approved to give commercial shows and run business with independent accounting system as well as those film renting units of the military system.

Number of Spectators at Art performance refers to the number of attendants at commercial shows, completely booked shows or free shows given in minority national areas, and does not include the number of spectators at rehearsals for examination and internal shows for study.

2016 NEIMENGGU

二十一、体育、卫生、社会福利和其它

Sports,Pudlic Health, Social Welfare and Others

资料整理：程旭嵘
Arranged By Cheng Xurong

21-1 等级运动员分项发展情况(2015年)
Development of Athletes in Grade By Type of Sports(2015)

单位：人 (person)

项 目	Item	合 计 Total	国际级健将 International Master of Sports	国家级运动健将 National Master of Sports	一 级 First Grade Sportsmen	二 级 Second Grade Sportsmen
总 计	**Total**	**1132**	**3**	**49**	**276**	**804**
田 径	Track and Field	181		1	15	165
游 泳	Swimming	22			2	20
跳 水	Diving	2				2
体 操	Gymnastics					
举 重	Weightlifting	1			1	
拳 击	Boxing	50	3	2	16	29
摔 跤	Wrestling	38		5	10	23
中国式摔跤	Chinese-style Wrestling	32		16	12	4
跆拳道	Tackwonde	55		3	23	29
柔 道	Judo	26			13	13
射 击	Shooting	3			2	1
射 箭	Archery	6			3	3
足 球	Football	152			32	120
篮 球	Basketball	114			8	106
排 球	Volleyball	138			55	83
乒乓球	Table Tennis	59			26	33
羽毛球	Badminton	1				1
台 球	Billiards					
网 球	Tennis	66				66
软式网球	Soft Tennis					
曲棍球	Hockey	43		8	7	28
速度滑冰	Speed Skating	3		1	2	
短道速滑	Short Track Speed Skating	3		2		1
航空模型	Model airplane					
武 术	Wu Shu	32			4	28
马 术	Horsemanship	4			2	2
橄榄球	Rugby	72		10	31	31
国际象棋	Chess					
象 棋	Chinese Chess	2		1		1
击 剑	Fencing					
健美操	Aerobics					
蹦床	Trampoline	7				7
自行车	Bicycle	13			10	3
单板滑雪	Snowboarding	5				5
围棋	Weiqi	1			1	
攀岩	Climbing	1			1	

21-2 运动员获奖牌情况(2015年)
Medals Won by Athletes(2015)

单位：枚 (piece)

项 目	Item	金 牌 Gold Medal	银 牌 Silver Medal	铜 牌 Copper Medal
总 计	**Total**	**20**	**22**	**39**
国际比赛	International Race	6	3	2
国内比赛	National Race	14	19	37

21-3 等级裁判员分项发展情况(2015年)

Development of Referees in Grades by Type of Sports(2015)

单位：人 (person)

项 目	Item	合 计 Total	国际裁判 International Referees	国家级 National Referees	一 级 First Grade Referees	二 级 Second Grade Referees
总 计	**Total**	**1522**				**1522**
田 径	Track and Field	173				173
游 泳	Swimming	63				63
体 操	Gymnastics					
举 重	Weightlifting	4				4
拳 击	Boxing	5				5
摔 跤	Wrestling	5				5
中国式摔跤	Chinese Wrestling	1				1
跆拳道	Tackwonde	4				4
柔 道	Judo	4				4
射 击	Shooting	9				9
射 箭	Archery	9				9
足 球	Football	463				463
篮 球	Basketball	236				236
排 球	Volleyball	110				110
乒乓球	Table Tennis	100				100
羽毛球	Badminton	117				117
网 球	Tennis	15				15
曲棍球	Soft Tennis					
速度滑冰	Speed Skating	3				3
短道速滑	Short Track Speed Skating	1				1
越野滑雪	Cross-country skiing					
冬季两项	Biathlon					
健美操	Aerobics					
武 术	Wu Shu	7				7
马 术	Horsemanship					
自行车	Bicycle					
围 棋	Weiqi					
国际象棋	Chess					
中国象棋	Chinese Chess	6				6
铁人三项	Triathlon					
钓 鱼	Fishing	74				74
航空模型	Ariation Model	18				18
台 球	Billiards	20				20
藤 球	Sepaktakraw					
毽 球	Shuttlecock					
门 球	Doorball	53				53
信 鸽	Pigeon	3				3
健身气功	Fitness Qigong					
保龄球	Bowling					
风 筝	Kite	18				18
帆船	Yacht	1				1

21-4 医疗卫生事业

Basic Statistics of Public Health

项 目	Item	2014	2015
卫生机构(个)	**Health Institutions(unit)**	**23426**	**23885**
#医院	Hospitals	639	702
乡镇卫生院	Health Center at Town	1335	1322
社区卫生服务中心(站)	Health Service Center for Community	1180	1193
疗养院、所	Sanatoriums	6	6
门诊部	Clinics	181	246
妇幼保健所、站	Maternity and Child Care Centers	117	114
疾病预防控制机构	CDC(Center for Disease Control)	119	119
专科疾病防治院(所、站)	Disease Prevention Specialist Hospital	53	53
诊所、医务室、卫生所及护理站	Clinics, clinic, clinics and nursing stations	5522	6014
床位(张)	**Beds(unit)**	**129011**	**133892**
#医院	Hospitals	99050	105185
乡镇卫生院	Health Center at Town	18960	19491
社区卫生服务中心（站）	Health Service Center for Community	6233	4275
疗养院、所	Sanatoriums	690	844
妇幼保健所、站	Maternity and Child Care Centers	3471	3474
专科疾病防治院(所、站)	Disease Prevention Specialist Hospital	340	354
职工人数(人)	**Persons Engaged in Health Institution(person)**	**202999**	**212500**
#卫生技术人员	Medical Technical Personnel	154483	162328
#执业医师	Permitted Doctors	52624	54863
执业助理医师	Practicing Physician Assistant	9558	9376
注册护师、护士	Registered Senior and Junior Nurses	56723	61224
药剂人员	Pharmacists	9668	10271
检验人员	Laboratory Technical	5388	5768
其他技术人员	Other Technical Personnel	8457	8788
管理人员	Managerical Personnel	9487	10040
工勤人员	Logistics Workers	12150	13066

注：本表中数据包含村卫生室数据。

a) Data in the table includes the village clinics.

21-5 卫生机构

Number of Health Care Institutions

单位：个 (unit)

年份 Year	总计 Total	医院、卫生院 Hospitals & Public Health Clinic	疗养院所 Sanat-oriums	专科防治所站 Specialized Prevention & Treatment Centers or Stations	疾病预防控制中心 CDC	妇幼保健所站 Maternity & Child Care Centers	每万人口拥有卫生机构数 Number of Health Institutions Per 10000 Population
1952	538	103	9	14	5	93	0.75
1957	2152	136	3	28	59	234	2.30
1965	3820	436	16	18	116	116	2.95
1970	4952	1582	4	4	88	50	3.32
1975	3621	1612	9	8	113	110	2.08
1978	4000	1723	8	26	118	117	2.19
1979	4146	1743	8	34	117	116	2.24
1980	4350	1760	9	39	126	118	2.32
1981	4630	1794	12	42	136	120	2.43
1982	4660	1796	14	43	138	121	2.41
1983	4632	1819	14	45	135	120	2.37
1984	4711	1841	14	53	139	121	2.37
1985	4749	1763	14	55	141	120	2.37
1986	4905	1770	13	57	140	122	2.42
1987	4991	1780	12	60	143	123	2.42
1988	5120	1787	13	61	144	123	2.45
1989	5152	1810	11	62	150	118	2.43
1990	5161	1856	12	64	153	122	2.39
1991	5172	1927	12	66	155	122	2.37
1992	5253	1928	12	61	157	120	2.38
1993	4932	1987	11	64	190	119	2.21
1994	4918	2000	11	65	189	119	2.18
1995	4915	2003	11	64	188	117	2.16
1996	5037	2016	11	53	143	107	2.19
1997	4863	1991	11	63	183	113	2.10
1998	4641	1991	11	63	182	110	1.99
1999	4468	1982	11	63	183	108	1.89
2000	4427	1988	11	63	185	108	1.87
2001	4296	1892	11	61	187	107	1.85
2002	3768	1857	10	58	147	118	1.58
2003	3595	1819	9	57	146	117	1.51
2004	3715	1831	9	54	147	117	1.56
2005	3774	1834	9	54	146	116	1.58
2006	3693	1820	8	51	140	113	1.54
2007	7853	1815	8	54	140	114	3.30
2008	7423	1799	6	54	137	115	3.09
2009	7919	1803	6	50	133	116	3.29
2010	8052	1807	6	50	127	117	3.32
2011	22931	1818	6	50	121	117	9.24
2012	23046	1848	6	52	119	117	9.26
2013	23264	1898	6	53	119	116	9.31
2014	23426	1974	6	53	119	117	9.35
2015	23885	2024	6	53	119	114	9.51

注:卫生机构 2010 年以前不包含村卫生室,下表同。

a)Number of Health Care Institutions does not include the village clinics before 2010,Same in the following tables.

21-6 卫生机构床位
Number of Beds in Health Institutions

单位：张 (unit)

年份 Year	总计 Total	医院、卫生院 Hospitals & Public Health Clinic	疗养院所 Sanat-oriums	专科防治所站 Specialized Prevention & Treatment Centers or Stations	疾病预防控制中心 CDC	妇幼保健所站 Maternity & Child Care Centers	每万人口卫生机构床位数 Number of Public Health Orgon Beds Per 10 000 Population
1949	726	639	70				1.05
1952	2890	1274	1567				1.78
1957	7733	5700	194				6.09
1965	23241	15820	1669				12.20
1970	25614	24833	280				16.66
1975	22198	21089	500				21.87
1978	25023	24079	500				24.23
1979	48769	46495	1290				25.11
1980	49630	47271	1295				25.19
1981	51319	47942	1948				25.19
1982	51002	47339	2270				24.44
1983	52436	48739	2217				24.92
1984	52911	49307	2274				24.84
1985	53572	50567	2194				25.20
1986	54726	51566	2053			344	25.41
1987	57651	54354	1933	6		401	26.30
1988	59414	55867	2143	36		421	26.68
1989	60090	56776	1863	88		402	26.75
1990	60727	57558	1871	87		404	26.62
1991	62929	59268	2182	66	4	452	27.14
1992	64446	60730	2182	66	4	514	27.52
1993	65221	60893	2062	97	12	584	27.28
1994	65464	61425	2007	65		500	27.17
1995	66515	61933	2124	144	15	574	27.25
1996	65247	61667	2260	105	4	716	26.86
1997	65387	61918	2260	123		749	26.73
1998	65794	62499	2080	83		766	26.76
1999	66367	62832	2102	147		740	28.10
2000	66903	63156	1984	176		1000	28.24
2001	66682	63071	1884	191	25	1580	28.75
2002	64742	61909	1773	409	54	1944	27.30
2003	65072	60438	1768	224	26	1920	27.37
2004	66699	61155	1757	174	95	2269	28.00
2005	69440	64002	1554	234	77	2422	29.10
2006	70284	64816	1397	253	150	2388	29.38
2007	73830	65780	1217	202		2441	30.76
2008	81407	73205	670	201	24	2600	33.85
2009	87321	77702	910	246		2921	36.05
2010	97811	87882	640	250		2716	40.38
2011	100805	89954	640	227		2895	40.80
2012	110788	99761	640	286		3075	44.50
2013	120065	109474	640	304		3272	48.07
2014	129011	118010	690	340		3471	51.51
2015	133892	124676	844	354		3474	53.32

注：医院、卫生院2002年以前为医院口径。

a)The Data about Hospitals and Public Health Clinic Refer to Date of Hospitals before 2002.

21-7 卫生机构人员
Number of Persons Engaged in Health Institutions

单位：人 (person)

年份 Year	总计 Total	卫生技术人员 Medical Technical Personnel	#医生 Doctors	#执业医师 Certified Doctors	#执业助理医师 Practicing physician assistant	#注册护师、护士 Registered Senior and Junior Nurses	每万人口医生数 Number of Doctors per 10 000 Population
1952	12233	10727	6097			552	9
1957	21848	18290	10556			1977	11
1965	40695	33215	18027			4664	14
1970	42097	33333	17101			6490	11
1975	60529	47845	22114			7932	13
1978	75123	59277	26724			8225	15
1979	82855	65615	28417			7949	16
1980	88188	70022	31068			9129	17
1981	98165	77647	32184			10426	17
1982	101637	80450	32975			10969	17
1983	104446	82873	33456			11768	17
1984	107234	85185	34903			12264	18
1985	109210	87130	36467			12598	18
1986	112011	89257	38103			13427	19
1987	115164	91437	37781			14458	18
1988	117779	94095	42794			18605	20
1989	119044	94969	44579			21310	21
1990	121443	96764	41453			22123	19
1991	123935	97984	42520			22797	19
1992	126859	100365	46612			23157	21
1993	127494	99878	47171			23425	21
1994	129101	102220	48962			24575	22
1995	129483	102187	49345			24617	22
1996	130368	103606	50263			25313	22
1997	129306	102983	52438			25953	22
1998	129765	104890	56384			26163	24
1999	125632	101312	51602			25766	22
2000	124362	100688	52299			25726	22
2001	131931	109147	53021			26755	22
2002	120628	100665	48866	39901	8965	25740	21
2003	120264	101073	49304	40241	9063	25555	21
2004	120253	101730	50177	41252	8925	26517	21
2005	121180	102587	50308	41646	8662	27052	21
2006	120571	102336	50409	42116	8293	27601	21
2007	126155	105790	48403	40398	8005	29732	20
2008	131879	110042	49806	41990	7816	31652	21
2009	139488	117197	51947	43964	7983	34895	22
2010	146610	123232	54161	46148	8013	37765	22
2011	175563	131806	57214	48399	8815	42522	23
2012	183875	139876	59528	50100	9428	46774	24
2013	195943	148176	62055	52500	9555	52358	25
2014	202999	154483	62182	52624	9558	56723	25
2015	212500	162328	64239	54863	9376	61224	26

21-8 社会保障基本情况

Basic Statistics on Social Security

项目	Item	2014	2015
一、最低生活保障	**Minimum Standard of Living for Residents**		
城市居民(万人)	Residents in Urban Area(10 000 persons)	70.58	60.27
城市居民(万户)	Housholds in Urban Area(10 000 households)	41.57	36.41
农村居民(万人)	Residents in Rural Area(10 000 persons)	122.15	116.42
农村居民(万户)	Housholds in Rural Area(10 000 households)	95.90	90.70
二、社会福利事业	**Social Welfare**		
收养性单位(个)	Adopting Social Welfare Institutions(unit)	727	671
优抚类单位	Adopting Institution of Social Special Relief	31	32
福利类单位	Adopting Institution of Social Welfare	62	64
城市养老服务机构	Urban Institutions for the Aged	232	272
农村养老服务机构	Rural Institutions for the Aged	399	301
其他社会福利机构	Others	3	2
收养性单位床位数(张)	Adopting Social Welfare Instiutions(bed)	87090	86963
优抚类单位	Adopting Institution of Social Special Relief	2846	2636
福利类单位	Adopting Institution of Social Welfare	12413	13931
城市养老服务机构	Urban Institutions for the Aged	32177	40452
农村养老服务机构	Rural Institutions for the Aged	39442	29734
其他社会福利机构	Others	212	210
年末收养人数(人)	Persons Adopted at the year-end(person)	52949	45264
优抚类单位	Adopting Institution of Social Special Relief	1707	1586
福利类单位	Adopting Institution of Social Welfare	7488	6215
城市养老服务机构	Urban Institutions for the Aged	18400	21759
农村养老服务机构	Rural Institutions for the Aged	25259	15546
其他社会福利机构	Others	95	158
社会福利事业支出(万元)	Expenditure for Social Welfare(10 000 yuan)	1409253	1410122
#抚恤、离退休和社会福利救济	Pensions and Relief Funds for Social Welfare	1122935	1127386
自然灾害生活救助	Life Salvation of Natural Calamity	48219	45547
三、社区服务	**Community Service**		
城镇社区服务设施(个)	Number of Urban Welfare Facilities(unit)	2789	3754
城镇便民利民服务网点(个)	Number of Urban Service Points for Civilian(unit)	8816	6721

21-8 续表 continued

项目	Item	2014	2015
四、社会保障	**Social Security**		
基本养老保险	**Basic Pension Insurance**		
城镇职工基本养老保险参保人数(万人)	Persons joined(10 000 persons)	525	579
#参加基本养老保险离退休人数(万人)	Retirees joined(10 000 persons)	189	204
城乡居民养老保险参保人数(万人)	Contributors of Urban(10 000 persons)	762	734
城镇职工基本养老保险基金当年支出额(亿元)	Expenses of Insurance Fund(100 million yuan)	615.66	780.89
城乡居民养老保险基金当年支出额(亿元)	Expenses of Insurance Fund(100 million yuan)	29.34	39.76
失业保险	**Unemployment Insurance**		
参加失业保险人数(万人)	Persons joined(10 000 persons)	236.30	242.06
累计领取失业金人数(万人)	Beneficiaries(10 000 persons)	4.78	5.61
失业保险基金当年支出额(亿元)	Expenses of Insurance Fund(100 million yuan)	8.83	12.44
医疗保险	**Basic Medical Insurance**		
参加基本医疗保险人数(万人)	Persons joined(10 000 persons)	998.12	1008.05
#参加大病统筹的人数(万人)	Contributors of Comprehensive Arrangement for Serious Disease(10 000 persons)	457.85	465.77
#城镇居民参加基本医疗保险人数(万人)	Persons joined(10 000 persons)	527.42	530.61
城镇职工基本医疗保险基金当年支出额(亿元)	Expenses of Insurance Fund(100 million yuan)	147.04	133.43
城镇居民基本医疗保险基金当年支出额(亿元)	Expenses of Insurance Fund(100 million yuan)	20.33	20.82
农村新型合作医疗参合人数(万人)	Persons joined(10 000 persons)	1289	1285
农村新型合作医疗收入额(亿元)	Revenue of Medical Insurance in Rural(100 million yuan)	54.00	64.07
农村新型合作医疗支出额(亿元)	Expenses of Medical Insurance in Rural(100 million yuan)	51.00	57.98
农村新型合作医疗参合率(%)	Rate of Medical Insurance in Rural(%)	97.02	97.88
工伤保险	**Work Injury Insurance**		
参加工伤保险人数(万人)	Persons joined(10 000 persons)	290	297
#参加工伤保险的农牧民人数(万人)	Farmers and Herdsmen(10 000 persons)		
工伤保险基金当年支出额(亿元)	Expenses of Insurance Fund(100 million yuan)	10.30	9.94
生育保险	**Maternity Insurance**		
参加生育保险人数(万人)	Persons joined(10 000 persons)	294	303
生育保险基金当年支出额(亿元)	Expenses of Insurance Fund(100 million yuan)	6.20	5.32
社会保险基金收支情况			
养老、失业、医疗、工伤、生育保险基金收入(亿元)	Revenue of Pension, Unemployment, Medical, Work injury, Maternity insurance Fun(100 million yuan)	908.98	1064.10
养老、失业、医疗、工伤、生育保险基金支出(亿元)	Expenses of Pension, Unemployment, Medical, Work injury, Maternity insurance Fun(100 million yuan)	873.69	1002.61
养老、失业、医疗、工伤、生育保险基金累计节余(亿元)	Balance of Pension, Unemployment, Medical, Work injury, Maternity insurance Fun(100 million yuan)	828.67	894.38

注：社会保险基金收支情况包含城乡居民养老、医疗保险基金情况。

a)The balance of social insurance funds including pension, medical insurance fund for urban and rural residents.

21-9 社会服务机构基本情况
Basic Statistics on Social Service Institutions

项　目	Item	机构(个) Number of Institutions or Enterprises(unit)		工作人员(人) Number of Persons Engaged(person)	
		2014	2015	2014	2015
社会服务	**Social**	**29242**	**31553**	**172671**	**184972**
社会工作	**Social Work**	**3831**	**4691**	**29992**	**34942**
提供住宿的社会服务机构	Social Welfare Institutions with Accommodations	797	735	7996	8065
老年人与残疾人服务机构	Institutions for the Aged and Disabled	734	674	6589	6657
智障与精神疾病服务机构	Social Welfare Institutions for Mental Retardation and Meental Diseases	7	7	527	538
儿童收养救助服务机构	Social Welfare Institutions for Children	8	8	331	345
其他提供住宿的服务机构	Other Social Welfare Institutions with Accommodations	48	46	549	525
不提供住宿的社会服务机构	Social Welfare Institutions without Accommodations	3034	3956	21996	26877
成员组织和其他社会服务机构	**Membership Organizations and Othet Social Service**	**25386**	**26842**	**142337**	**149693**
其他	**Others**	**25**	**20**	**342**	**337**

21-10 收养性社会福利事业单位基本情况(2015 年)
Basic Statistics on Social Welfare Institutions(2015)

项　目	Item	院数(个) Homes (unit)	工作人员(人) Staff and Workers (person)	床位(张) Beds (unit)	年末收养人数(人) Persons Housed year-end (person)
全区总计	**Autonomous Regional Total**	**671**	**7313**	**86963**	**45264**
优抚类收养性单位	Adopting Institutions of the special care	32	569	2636	1586
荣誉军人康复医院	Disable Veteran Hospital	1	73	100	20
复员军人疗养院	Sanatorium of Demobilized Soldier	1	5	120	15
复退军人精神病院	Psychiatric Hospital of Veteran	2	196	705	622
光荣院	Homes for Disabled Veterans	28	295	1711	929
福利类收养性单位	Adopting Institutions of the welfare	64	1618	13931	6215
社会福利院	Social Welfare Homes	51	931	10940	4361
儿童福利机构	Baby Welfare Homes	8	345	1633	840
社会福利医院	Social Welfare Hospitals	5	342	1358	1014
城市养老服务福利机构	The urban old-age service welfare agencies	272	3483	40452	21759
农村养老福利机构	Rural old-age welfare institutions	301	1627	29734	15546
其他社会福利机构	Others	2	16	210	158

21-11 享受补助、救济人员情况

Persons Receiving Subsidies or Relief Funds

单位：人、户、人次 (person)(household)(person-time)

项　目	Item	2015
传统救济人数	**Number of Persons Receiving Traditional Relief Funds**	**20852**
城市社会救济情况	**Social Relief in Urban Area**	
城市居民最低生活保障人数	Number of Persons Receiving Lowest Cost-of-Living in Urban Area	602708
城市居民最低生活保障家庭数	Number of Households Receiving Lowest Cost-of-Living in Urban Area	364139
城市临时救助家庭户次数	Number of Urban Households Interim Relief	104503
农村社会救济情况	**Social Relief in Rural Area**	
农村居民最低生活保障人数	Number of Persons Receiving Lowest Cost-of-Living in Rural Area	1164224
农村居民最低生活保障家庭数	Number of Housholds Receiving Lowest Cost-of-Living in Rural Area	907009
农村五保救济人数	Number of Persons of Rural Guaranteed Five Aspects	87635
农村临时救助家庭人次数	Number of Rural Households Interim Relief	147452

21-12 城镇社区服务设施

Statistics on Urban Community Service Facilities

单位：个 (unit)

项　目	Item	2014	2015
社区服务机构数	Number of Urban Welfare Facilities	2789	3754
社区服务指导中心数	Number of Community Service Facilities	4	3
社区服务中心数	Community Service Guidance Centers	982	834
社区服务站数	Community Service Stations	709	880
其他社区服务机构	Other Community Service Facilities	1094	2037
便民利民网点数	Number of Convenience Networks	8816	6721
社区服务机构覆盖率(%)	Coverage Rate of Community Service Facilities(%)	20.8	27.9

21-13 火灾、交通 事 故 情 况(2015 年)

Basic Statistics on Fires and Traffic Accidents(2015)

项　　目	Item	发生(起) Accured (case)	死亡(人) Death (person)	受伤(人) Injuries (person)	财产损失(万元) Property Loss (10 000 yuan)
一、火灾事故情况	**Fires**	**9509**	**58**	**24**	**12865.9**
特 大	Extraordinarily				
重 大	Serious				
较 大	Larger	1	6	6	794.0
一 般	Ordinary	9508	52	18	12071.9
二、交通事故情况	**Traffic Accidents**	**3214**	**973**	**3124**	**1586.9**
死亡事故	Deaths	864	973	535	927.9
伤人事故	Injuries	2049		2589	570.7
财产损失事故	Property Loss	301			88.4

21-14 民间组织管理情况

Statistics on Non Governmental Organizations

单位：个、人　　(unit)(person)

项 目	Item	2015
社团管理	**Mass Organizations**	
年末实有社团数	The Number of Mass Organizations at Year-end	7538
社团负责人	The Number of Leaders of Mass Organizations	14524
# 女性	Female	2627
民办非企业单位	**Nonbusinesses Run by Local People**	
年末实有民办非企业单位	Nonbusinesses Run by Local People at Year-end	5608
民办非企业单位负责人	Leaders of Nonbusinesses	8250
# 女性	Female	2281

主要统计指标解释

等级运动员人数 指经考核正式批准授予等级运动员称号的人数。运动员等级分为国际级运动健将,运动健将、一级运动员、二级运动员、三级运动员、少年级运动员。

等级裁判员人数 指经考核正式批准授予等级裁判员称号的人数。裁判员等级分为国际裁判、国家级裁判、一级裁判、二级裁判、三级裁判。

体育场 指有400米跑道(中心含足球场),有固定道牙,跑道6条以上,并有固定看台的室外田径场地。体育场按看台容纳观众人数分为:甲级25000人以上,乙级15000–25000人,丙级5000–15000人,丁级5000人以下。

体育馆 指有固定看台,可供篮球、排球、羽毛球、乒乓球、体操等项目训练比赛活动用的室内运动场地。体育馆按看台容纳观众人数分为:甲级6000人以上,乙级4000–6000人,丙级2000–4000人,丁级2000人以下。

卫生机构 包括医疗机构、疾病预防控制中心(防疫站)、采供血机构、卫生监督及监测(检验)机构、医学科研和在职培训机构、健康教育所等。医疗机构包括医院、社区卫生服务中心(站)、疗养院、卫生院、门诊部、诊所(卫生所、医务室)、妇幼保健院(所、站)、专科疾病防治院(所、站)、急救中心(站)和临床检验中心。医疗机构分为非赢利性医疗机构和赢利性医疗机构。

医院 包括综合医院、中医医院、中西医结合医院、民族医院、各类专科医院和护理院。

卫生技术人员 指卫生机构中医生、护理人员、药剂人员、检验人员等卫生技术人员。

医生 指在医疗、预防保健机构工作且取得《执业医师证书》的执业医师和执业助理医师。

社会福利事业单位 指集中收养社会孤老、残、幼的机构,包括由民政部门管理的社会福利院、儿童福利院、精神病人福利院和城镇集体举办的福利院及农村集体举办的敬老院以及优抚医院和具有收养能力的社区服务中心等。该指标主要反映我国在社会福利性单位投入的水平。

社会福利事业单位收养人数 包括民政部门管理和城镇、农村集体举办的社会福利事业单位中收养的老人、少年儿童、缺乏生活自理能力的残疾人员和精神病人。

社会福利企业单位 指以安置城镇有一定劳动能力的盲、聋、哑和肢体残疾人员就业为目的,享受国家减免税待遇的国有或集体企业。包括福利工厂、福利商业和服务业、假肢厂和安置农场等单位。

农村五保户 指农村中既无劳动能力,又无经济来源的老、弱、孤、残的农民,其生活由集体供养,实行保吃、保穿、保住、保医、保葬(孤儿保教),简称“五保”。享受五保待遇的家庭叫五保户。

基本养老保险

1.参加保险人数: 指报告期末按照国家法律、法规和有关政策规定参加基本养老保险的职工人数。包括不能正常缴费、已中断缴费但未终止保险关系的职工人数。

2.社会统筹基金收入: 指根据国家规定,由纳入基本养老保险范围的单位,按照国家规定的缴费基数和缴费比例缴纳的社会统筹基金,以及通过其他方式取得的形成基金来源的收入,包括: 单位缴纳的社会统筹基金收入、财政补贴收入、利息收入、其他收入。

3. 社会统筹基金支出: 指按照国家政策规定的开支范围和开支标准从社会统筹基金中支付给参加基本养老保险的离休、退休、退职人员个人的养老金、丧葬抚恤补助,以及由于保险关系转移、上下级之间调剂资金等原因而发生的支出。包括: 基础性养老金、过渡性养老金、离休金、退休金、退职金、补贴、丧葬抚恤补助、其他支出。

4. 社会统筹基金结余: 指截止报告期末基本养老保险的社会统筹基金结余金额。包括银行存款、财政专户、债券投资和其他。

基本医疗保险

1. 参加保险人数: 指报告期末按国家有关规定参加基本医疗保险的人数。包括参加保险的职工人数和退休人员人数。

2.社会统筹基金收入: 指根据国家有关规定,由纳入基本医疗保险范围的缴费单位,按国家规定的缴费基数和缴费比例缴纳的社会统筹基金,以及通过其他方式取得的形成基金来源的款项,包括: 单位缴纳的社会统筹基金收入、财政补贴收入、利息收入、其他收入。

3. 社会统筹基金支出: 指按照国家政策规定的开支范围和开支标准从社会统筹基金中支付给参加基本医疗保险的职工和退休人员的医疗保险待遇支出及其他支出。包括: 住院医疗费用支出、门急诊医疗费用支出、其他支出。

4. 社会统筹基金结余: 指截止报告期末基本医疗保险的社会统筹基金结余金额。包括银行存款、财政专户、债券投资和其他。

失业保险

1.参加保险人数: 指报告期末按照国家法律、法规和有关政策规定参加了失业保险的城镇企业事业单位的职工及地方政府规定参加失业保险的其他人员的人数。

2. 失业保险金: 指为保障失业人员的基本生活而按规定支付的失业保险金金额。保险福利费用总额指各单位在工资以外支付给职工和离休、退休、退职人员个人和用于集体的保险福利费用,不包括用于职工的劳动保护费用,由保险福利费用开支的医务人员工资,集体福利机构工作人员和病伤休息期满6个月以上人员的工资。

保险福利费用总额 指各单位在工资以外支付给职工和离休、退休、退职人员、个人和集体的保险福利费用,不包括用于职工的劳动保护费用,由保险福利费用开支的医务人员工资,具体福利机构工作人员和病伤休息期满6个月以上人员的工资。

离休、退休、退职人员 指正式办理了离休、退休、退职手续,并享受相应的离休、退休、退职待遇的人员。

离休、退休、退职人员保险福利费用 包括:

1. 离休金:指发给离休干部的工资和按1982年国务院《关于老干部离职休养制度的几项规定的通知》发给符合规定的离休干部相当于一至两个月标准工资的生活补贴及1988年增发的生活补贴。

2. 退休金:指按照国家有关规定发给退休职工的退休费和1988年增发的生活补贴。

3.退职生活费:指按照1978年国务院《关于工人退休、退职的暂行办法》发给退职人员的生活费用和1988年增发的生活补贴。

以上离退休、退职人员的离退休金、退职生活费还应包括发给离退休、退职人员的生活补贴和物价补贴。

4.医疗卫生费:指离休、退休、退职人员的医疗费、住院费以及住院伙食补助等费用。

5.其他:指上述费用以外的其他保险福利费用,如丧葬抚恤救济费、交通费补贴、冬季取暖补贴等。

Explanatory Notes on Main Statistical Indicators

Number of Athletes in Grades refers to the number of athletes who have been given titles through examination. The titles of athletes include international masters of sports, masters of sports, first grade, second grade and third grade sportsmen and young athletes.

Number of Referees in Grades refers to the number of referees who have been given titles after examination. They are classified as international referees, national referees and referees of the first, second and third grades.

Stadiums refer to stadiums for track and field events with six lane 400 meter tracks around soccer fields, permanent track marks and permanent bleachers. Stadiums are classified according to seating capacity. They include: Class A stadiums seating 25000 people each. Class B stadiums seating 15000 to 25000 people each. Class C stadiums seating 5000 to 15000 people each, and Class D stadiums seating fewer than 5000 people.

Gymnasiums refer to indoor sports grounds with permanent seats in which basketball, volleyball. Badminton, table tennis and gymnastics competitions can be held. Gymnasiums are classified according to seating capacity. They include Class A gymnasiums seating over 6000 people. Class B gymnasiums seating 4000 to 6000 people. Class C gymnasiums seating 2000 to 4000 people, and Class D gymnasiums seating fewer than 2000 people.

Medical Organizations include: hospitals, health service centers (stations) of communities, nursing homes, health centers, clinics, clinics (health stations and infirmaries) , maternity and child care agencies (centers and stations) , special disease prevention and curing agencies (centers and stations) , first aid centers (stations) and clinical inspection centers. Medical organizations are grouped by two types: profit- making and non- profit- making medical organizations.

Hospitals include: polyclinics, traditional Chinese medical hospitals, hospitals integrated with traditional Chinese therapeutics and western therapeutics, ethical hospitals, various specialties hospitals and nursing hospitals.

Medical Technical Personnel refers to doctors, assistant nurses, pharmacists, and laboratory technicians working in medical institutions.

Doctors refer to certified physicians and certified assistant physicians with certifications working in medical and health care and prevention agencies.

Social Welfare Institutions refer to institutions taking care of old pople without children, handicapped people and orphans. They include social welfare institutions run by civil affairs departments, children welfare institutions, social welfare institutions for mental patients, collective-owned old peoples homes in rural areas, convalescent homes and community service centers with the capaCity of receiving those people. This indicator reflects the input in social welfare institutions.

Number of People Taken in by Social Welfare Institutions refers to the number of old people, children, totally dependent handicapped people and mental patients taken in by social welfare institutions run by civil affairs departments and those run by collective units in urban and rural areas.

Social Welfare Enterprises are collective-owned enterprises which employ the blind, deaf mute, and other handicapped people who are able to work in cities and towns and enjoy exemption from state taxes, including welfare plants, welfare commercial services, artificial limb plants and farms, etc.

Rural Households with Livelihood Guaranteed in Five Aspects refer to the households in which there are old people without child, orphans and handicapped people who are unable to work and without financial resources in rural areas. They are taken care of by the collective units and their food, clothing, housing, medical care, funeral expenses (or schooling for orphans) are guaranteed to be provided for.

Households in the Poor Household Support Program refer to the households of martyrs and disabled servicemen, and poor households, who are able to work but in poor conditions, receiving government or collective relief funds. In this way, the households can get to work and make them break away from poverty.

Basic Endowment Insurance

1. Number of people participating in the insurance program: by the end of reference period, number of staff and workers participating in the insurance program in line with national laws, regulations and related policies, including those who can not make regular payment or interrupt payment but not terminate the insurance program.

2. Revenue of social comprehensive funds: according to national provision, payments made by units covered in basic endowment insurance program, and income from other resources, including: income of social comprehensive funds paid by unites, financial subsidies, interest income and others.

3. Expenditure of social comprehensive funds: refer to payment made to those retired and resigned people covered in endowment insurance program in terms of pens ion or compensation within the expenditure scope and standards according to related national policies, and the expenditure occurred due to shift of the insurance relationship or adjustment funds among agencies, in-

cluding: basic pension, transitional pension, pension for resigned people, pension for retired people, pension for people quitting jobs, subsidies, funeral subsidies and other expenditure.

4. Balance of social comprehensive funds: refer to the balance of basic endowment insurance of social comprehensive funds at the end of the reference period, including: bank savings, special fiscal account, investment in bonds and others.

Basic Medical Care Insurance:

1. Number of people participated in the insurance program: refer to number of people participated in the basic medical care insurance program according to related regulation by the end of reference period, including: number of staff and workers and retired persons participated in this insurance program.

2. Revenue of social comprehensive funds: according to national provision, payments made by units covered in basic medical care insurance program, and income from other resources, including: income of social comprehensive funds paid by unites, financial subsidies, interest income and others.

3. Expenditure of social comprehensive funds: refer to payment made to those retired and resigned people covered in basic medical care insurance within the expenditure scope and standards according to related national policies, including: expenditure on fee-for-service in hospital, expenditure on fee-for-service in clinic and other expenditure.

4. Balance of social comprehensive funds: refer to the balance of medical care insurance of social comprehensive funds at the end of the reference period, including: bank savings, special fiscal account, investment in bonds and others.

Unemployment Insurance

1. Number of people participated in unemployment insurance program: number of staff and workers in urban enterprises or institutions and other people according to local government regulations participated in unemployment insurance program in line with national law, regulations and related policies by the end of the reference period.

2. Sum of Unemployment Insurance: refer to total amount of insurance paid to un-employees to guarantee their basic lives according to related regulations.

Insurance and Welfare Funds refers to labor insurance and welfare fund paid by enterprises, organizations and institutions to their staff and workers as well as retired and resigned persons in addition to their wages and salaries excluding labor protection fees, wages paid to medical workers from insurance and welfare fund and wages paid to staff members working in collective welfare agencies and to people with over 6 months of sick-leave.

Retired or Resigned Personnel refers to the persons who have formally gone through the formalities for their retirement or quitting work and enjoy the corresponding treatments.

Insurance and Welfare Funds for Retired and Resigned Staff and Workers

1. Pensions for retired veteran cadres: They refer to pensions, other subsidies, and additional allowances paid to retired in line with relevant government documents.

2. Pensions for Retirement: They refer to living allowance; other subsidies and additional allowances paid to retired staff and workers in line with the relevant government documents.

3. Resignation Allowances for Living Expenses: They refer to living allowance, and additional allowances subsidies paid to resigned staff and workers in line with relevant government instructions.

It also includes living subsidies and prices subsidies paid to retired and resigned staff and workers.

4. Medical Care Allowance: refer to fee-for-service, cost of medical care and per diem subsidies during hospitalizations of retired and resigned staff and workers.

5. Others: They refer to other expenses, including other types of insurance and welfare fund, fees for funerals, traveling subsidies and heating subsidies during the winter time.

2016 NEIMENGGU

二十二、盟市资料

Statistics of Leagues and Cities

资料整理：于 瑾
Arranged By Yu Jin

22-1 各盟市行政区域土地面积和城市建设(2015 年)
Administrative Areas and Construction in Cities by Region(2015)

地 区	Region	行政区域土地面积(万平方公里) Gross Area (10 000 sq.km)	城市面积(平方公里) Areas of City (sq.km)	城市建成区面积(平方公里) Urban Developed Area (sq.km)	公园个数(个) Parks (unit)	公园面积(公顷) Area of Parks (hectare)	建成区绿化覆盖面积(公顷) Green Coverage Developed Area(hectare)
总 计	**Total**	**118.30**	**5372.72**	**1225.21**	**254**	**13725**	**47999**
呼和浩特市	Hohhot City	1.72	265.05	260.00	31	2783	9620
包 头 市	Baotou City	2.77	885.00	195.79	28	2681	8390
呼伦贝尔市	Hulunbeier City	25.30	2562.44	152.60	17	735	5484
兴 安 盟	Xingan League	5.98	101.50	49.90	14	630	1885
通 辽 市	Tongliao City	5.95	111.67	78.20	13	923	3215
赤 峰 市	Chifeng City	9.00	560.00	105.00	35	528	4101
锡林郭勒盟	Xilinguole League	20.26	454.96	69.00	11	691	2502
乌兰察布市	Wulanchabu City	5.50	85.00	85.00	23	2394	3276
鄂尔多斯市	Erdos City	8.68	199.42	116.42	56	1466	4920
巴彦淖尔市	Bayannaoer City	6.44	80.51	51.00	7	211	1978
乌 海 市	Wuhai City	0.17	67.17	62.30	19	683	2629
阿拉善盟	Alashan League	27.02					

22-2 各盟市年末常住人口(2015 年)
Number of Population at Year-end by Region(2015)

单位：万人 (10 000 persons)

地 区	Region	年末常住人口 Total Population	#男 Male	女 Female	#市镇人口 Urban	乡村人口 Rural
呼和浩特市	Hohhot City	305.96	155.99	149.97	206.49	99.47
包 头 市	Baotou City	282.93	145.68	137.25	233.85	49.08
呼伦贝尔市	Hulunbeier City	252.65	129.47	123.18	178.98	73.67
兴 安 盟	Xingan League	159.91	81.62	78.29	73.94	85.97
通 辽 市	Tongliao City	312.08	158.34	153.74	144.64	167.44
赤 峰 市	Chifeng City	429.95	220.37	209.58	202.32	227.63
锡林郭勒盟	Xilinguole League	104.26	54.05	50.21	66.59	37.67
乌兰察布市	Wulanchabu City	211.13	107.48	103.65	98.34	112.79
鄂尔多斯市	Erdos City	204.51	115.16	89.35	149.55	54.96
巴彦淖尔市	Bayannaoer City	167.73	88.37	79.36	88.18	79.55
乌 海 市	Wuhai City	55.58	29.12	26.46	52.57	3.01
阿拉善盟	Alashan League	24.35	13.08	11.27	18.71	5.64

22-3 各盟市生产总值(2015 年)

Gross Domestic Product by Region(2015)

单位：亿元 (100 million yuan)

地 区	Region	生产总值 Gross Domestic Product	第一产业 Primary Industry	第二产业 Secondary Industry	工 业 Industry	建筑业 Construc -tion	第三产业 Tertiary Industry	人均生产总值(元) Per Capita GDP(yuan)
呼和浩特市	Hohhot City	3090.52	126.23	867.08	678.57	188.51	2097.21	101492
包 头 市	Baotou City	3721.93	101.05	1800.64	1580.09	221.10	1820.24	132253
呼伦贝尔市	Hulunbeier City	1596.01	263.66	710.97	605.46	108.88	621.38	63131
兴 安 盟	Xingan League	502.31	125.15	198.98	160.47	38.53	178.18	31391
通 辽 市	Tongliao City	1877.44	269.68	948.71	865.60	94.90	659.05	60138
赤 峰 市	Chifeng City	1861.27	276.96	882.59	747.58	135.23	701.72	43269
锡林郭勒盟	Xilinguole League	1000.10	105.50	611.12	541.45	69.67	283.48	96025
乌兰察布市	Wulanchabu City	913.77	132.39	443.84	390.14	53.70	337.54	43221
鄂尔多斯市	Erdos City	4226.13	98.97	2400.01	2131.19	279.14	1727.15	207163
巴彦淖尔市	Bayannaoer City	887.43	165.65	450.55	379.89	70.78	271.23	52987
乌 海 市	Wuhai City	559.83	4.74	319.14	276.69	42.45	235.95	100871
阿拉善盟	Alashan League	322.58	12.02	219.27	197.85	21.42	91.29	133187

注：本表按当年价格计算。

a)Data in value terms in this table are calculated at current prices.

22-4 各盟市生产总值指数(2015 年)

Indices of Gross Domestic Product by Region(2015)

(上年=100) (preceding year=100)

地 区	Region	生产总值 Gross Domestic Product	第一产业 Primary Industry	第二产业 Secondary Industry	工 业 Industry	建筑业 Construc -tion	第三产业 Tertiary Industry	人均生产总值 Per Capita GDP
呼和浩特市	Hohhot City	108.3	103.3	108.0	108.2	107.2	108.8	107.2
包 头 市	Baotou City	108.1	103.5	108.3	108.4	106.8	108.2	107.0
呼伦贝尔市	Hulunbeier City	108.1	103.8	108.5	108.4	109.1	109.3	108.2
兴 安 盟	Xingan League	109.0	105.4	110.5	110.0	112.1	109.9	109.1
通 辽 市	Tongliao City	107.8	104.2	108.6	108.8	107.3	107.7	107.8
赤 峰 市	Chifeng City	108.1	104.3	108.6	108.6	108.1	108.7	108.1
锡林郭勒盟	Xilinguole League	107.7	104.6	108.7	108.8	106.8	106.1	107.5
乌兰察布市	Wulanchabu City	108.0	103.4	108.2	108.2	108.3	109.4	108.2
鄂尔多斯市	Erdos City	107.7	103.3	108.0	108.3	105.7	107.5	107.0
巴彦淖尔市	Bayannaoer City	107.5	104.8	108.5	108.8	106.9	107.1	107.2
乌 海 市	Wuhai City	107.5	103.0	106.3	106.3	106.5	109.7	107.2
阿拉善盟	Alashan League	107.5	103.7	107.9	107.8	108.2	106.9	106.4

注：本表按可比价格计算。

a)The indices in this table are calculated at comparable prices.

22-5 各盟市按三次产业分的年末就业人员(2015 年)

Number of Employed Persons at Year-end by Type of Industry and by Region(2015)

地 区	Region	就业人员(万人) Number of Employed Persons (10 000 persons)	第一产业 Primary Industry	第二产业 Secondary Industry	第三产业 Tertiary Industry	构成(合计=100) Composition in Percentage(total=100) 第一产业 Primary Industry	第二产业 Secondary Industry	第三产业 Tertiary Industry
呼和浩特市	Hohhot City	178.20	36.30	54.10	87.80	20.4	30.4	49.3
包 头 市	Baotou City	157.96	21.25	41.56	95.15	13.5	26.3	60.2
呼伦贝尔市	Hulunbeier City	150.99	60.75	20.35	69.89	40.2	13.5	46.3
兴 安 盟	Xingan League	88.78	51.93	9.11	27.75	58.5	10.3	31.3
通 辽 市	Tongliao City	187.89	103.39	26.78	57.72	55.0	14.3	30.7
赤 峰 市	Chifeng City	262.02	137.67	48.51	75.84	52.5	18.5	28.9
锡林郭勒盟	Xilinguole League	60.02	24.88	9.61	25.53	41.5	16.0	42.5
乌兰察布市	Wulanchabu City	113.60	64.10	14.20	35.30	56.4	12.5	31.1
鄂尔多斯市	Erdos City	107.38	27.96	29.65	49.77	26.0	27.6	46.3
巴彦淖尔市	Bayannaoer City	90.20	53.10	11.20	25.90	58.9	12.4	28.7
乌 海 市	Wuhai City	32.06	1.07	8.52	22.47	3.3	26.6	70.1
阿拉善盟	Alashan League	19.46	4.60	5.25	9.60	23.6	27.0	49.3

22-6 各盟市城镇年末就业人员(2015 年)

Number of Employed Persons at Year-end in Urban Areas by Region(2015)

单位：人 (person)

地 区	Region	合 计 Total	国有单位 State-owned Units	集体单位 Collective-owned Units	其他单位 Units of Other Types of Ownership
呼和浩特市	Hohhot City	1109401	192091	8729	214864
包 头 市	Baotou City	1208100	127093	11530	262938
呼伦贝尔市	Hulunbeier City	726179	194257	4102	112814
兴 安 盟	Xingan League	296841	100937	2676	28015
通 辽 市	Tongliao City	569604	198944	6023	88332
赤 峰 市	Chifeng City	755890	195726	9269	134481
锡林郭勒盟	Xilinguole League	405280	87998	2932	47830
乌兰察布市	Wulanchabu City	430659	115313	2494	42111
鄂尔多斯市	Erdos City	722661	144044	3110	173315
巴彦淖尔市	Bayannaoer City	510944	104134	2604	42071
乌 海 市	Wuhai City	203254	27566	24	67390
阿拉善盟	Alashan League	147455	27982	653	29113
直报单位	Units of Direct Reporting	170435	164327	4687	139

22-6 续表 continued

单位：人 (person)

地区	Region	#港澳台商投资单位 Economic Units Funded by Entrepreneurs from H. K,Macao and Taiwan	#外商投资单位 Foreign Funded Units	私营企业 Private Enterprises	个体 Self-employed Individuals
呼和浩特市	Hohhot City	8499	15537	271323	422394
包头市	Baotou City	2021	4908	531692	274847
呼伦贝尔市	Hulunbeier City	1455	1382	90198	324808
兴安盟	Xingan League	55	716	34719	130494
通辽市	Tongliao City	4352	5954	63949	212356
赤峰市	Chifeng City	1317	3934	148786	267628
锡林郭勒盟	Xilinguole League	171	149	96186	170334
乌兰察布市	Wulanchabu City	2609	418	74642	196099
鄂尔多斯市	Erdos City	2673	20944	149254	252938
巴彦淖尔市	Bayannaoer City	241	591	96117	266018
乌海市	Wuhai City	646	612	61746	46528
阿拉善盟	Alashan League	487	70	61051	28656
直报单位	Units of Direct Reporting			1282	

22-7 各盟市登记注册类型年末职工人数(2015年)

Number of Staff and Workers at Year-end by Status of Registration and by Region(2015)

单位：人 (person)

地区	Region	合计 Total	国有单位 State-owned Units	城镇集体单位 Urban Collective-owned Units	其他单位 Units of Other Types of Ownership
呼和浩特市	Hohhot City	407177	191010	8703	207464
包头市	Baotou City	377513	122440	11245	243828
呼伦贝尔市	Hulunbeier City	298550	185736	4073	108741
兴安盟	Xingan League	123586	94928	2657	26001
通辽市	Tongliao City	289604	197668	5977	85959
赤峰市	Chifeng City	333300	193072	9196	131032
锡林郭勒盟	Xilinguole League	134699	85599	2773	46327
乌兰察布市	Wulanchabu City	154231	111768	2417	40046
鄂尔多斯市	Erdos City	312325	140086	3002	169237
巴彦淖尔市	Bayannaoer City	147327	103540	2526	41261
乌海市	Wuhai City	94930	27560	24	67346
阿拉善盟	Alashan League	56958	27560	649	28749
直报单位	Units of Direct Reporting	165346	162798	2409	139

22-8 各盟市登记注册类型女性年末就业人员(2015年)

Number of Female Employed by Registration Status and by Region at Year-end(2015)

单位：人 (person)

地区	Region	合计 Total	国有单位 State-owned Units	城镇集体单位 Urban Collective-owned Units	其他单位 Units of Other Types of Ownership
呼和浩特市	Hohhot City	169847	85016	4246	80585
包头市	Baotou City	145924	61244	5034	79646
呼伦贝尔市	Hulunbeier City	111065	82801	1548	26716
兴安盟	Xingan League	52010	42670	1295	8045
通辽市	Tongliao City	109586	81949	2840	24797
赤峰市	Chifeng City	126284	86566	4237	35481
锡林郭勒盟	Xilinguole League	54099	36911	1372	15816
乌兰察布市	Wulanchabu City	59766	43654	1053	15059
鄂尔多斯市	Erdos City	104666	59086	1725	43855
巴彦淖尔市	Bayannaoer City	62233	46800	1362	14071
乌海市	Wuhai City	30884	13511	9	17364
阿拉善盟	Alashan League	21454	13004	348	8102
直报单位	Units of Direct Reporting	28925	28131	761	33

22-9 各盟市私营企业年末就业人员(2015年)

Number of Employed Persons in Private Enterprises at the Year-end by Region(2015)

单位：户、人 (enterprise, person)

地区	Region	合计 Total			城镇 Urban Areas			乡村 Rural Areas		
		户数 Enter-prises	就业人数 Employed Persons	#投资者 Empl-oyers	户数 Enter-prises	就业人数 Employed Persons	#投资者 Empl-oyers	户数 Enter-prises	就业人数 Employed Persons	#投资者 Empl-oyers
总计	**Total**	**249611**	**2085856**	**469826**	**206261**	**1680945**	**408789**	**43350**	**404911**	**61037**
自治区本级	**Autonomous Region**	**208**	**3387**	**1207**	**203**	**1282**	**1175**	**5**	**2105**	**32**
呼和浩特市	Hohhot City	52577	337971	108321	46628	271323	100745	5949	66648	7576
包头市	Baotou City	38269	596821	77710	33042	531692	71598	5227	65129	6112
呼伦贝尔市	Hulunbeier City	17836	125876	35811	13234	90198	27159	4602	35678	8652
兴安盟	Xingan League	6741	43918	11027	5054	34719	9412	1687	9199	1615
通辽市	Tongliao City	18131	86510	29807	14192	63949	26227	3939	22561	3580
赤峰市	Chifeng City	28597	206349	44329	20872	148786	35920	7725	57563	8409
锡林郭勒盟	Xilinguole League	14027	108636	23538	12531	96186	22241	1496	12450	1297
乌兰察布市	Wulanchabu City	15651	120455	28008	11907	74642	19176	3744	45813	8832
鄂尔多斯市	Erdos City	33505	214217	66018	27163	149254	54451	6342	64963	11567
巴彦淖尔市	Bayannaoer City	12762	107233	23274	11118	96117	20893	1644	11116	2381
乌海市	Wuhai City	6995	64032	12675	6600	61746	12642	395	2286	33
阿拉善盟	Alashan League	4312	70451	8101	3717	61051	7150	595	9400	951

注:数据来自自治区工商行政管理局。

a)Data from the Inner Mongolia Administration For Indllstry & Commerce.

22-10 各盟市年末个体就业人员(2015 年)

Number of Self-Employed Individuals at Year-end by Region(2015)

单位：户、人 (enterprise, person)

地 区	Region	合计 Total		城镇 Urban Areas		乡村 Rural Areas	
		户数 Number of Households	就业人数 Number of Employed Individuals	户数 Number of Households	就业人数 Number of Employed Individuals	户数 Number of Households	就业人数 Number of Employed Individuals
总 计	**Total**	**1302295**	**3034250**	**1065263**	**2593100**	**237032**	**441150**
呼和浩特市	Hohhot City	158887	540215	136256	492394	22631	47821
包 头 市	Baotou City	135582	316010	114734	274847	20848	41163
呼伦贝尔市	Hulunbeier City	171833	395518	147325	310061	24508	85457
兴 安 盟	Xingan League	81389	126368	65247	104601	16142	21767
通 辽 市	Tongliao City	151714	222117	106178	157733	45536	64384
赤 峰 市	Chifeng City	183046	264500	133814	196489	49232	68011
锡林郭勒盟	Xilinguole League	87925	162208	83319	154347	4606	7861
乌兰察布市	Wulanchabu City	70979	331494	59424	308488	11555	23006
鄂尔多斯市	Erdos City	131175	297491	106754	252938	24421	44553
巴彦淖尔市	Bayannaoer City	87006	296609	73131	266018	13875	30591
乌 海 市	Wuhai City	23427	46854	23264	46528	163	326
阿拉善盟	Alashan League	19332	34866	15817	28656	3515	6210

注：本资料由工商部门提供，部分数据参考后稍作调整。

a)The Statistics are provided by the Department of Industry and Commerce.On the basis of reference,partial data make a little adjustment.

22-11 各盟市城镇年末实有登记失业人数

Number of Registered Unemployed Persons at the Year-end in Urban Areas by Region

单位：人 (person)

地 区	Region	1995	2000	2005	2010	2015
总 计	**Total**	**139713**	**126478**	**177483**	**208110**	**258694**
呼和浩特市	Hohhot City	11781	13120	24465	29749	38355
包 头 市	Baotou City	27205	20412	31972	39203	51253
呼伦贝尔市	Hulunbeier City	25887	29283	24601	27855	30368
兴 安 盟	Xingan League	4079	5564	8539	11345	11719
通 辽 市	Tongliao City	12559	8696	15027	16503	17554
赤 峰 市	Chifeng City	14266	14374	21000	25050	28558
锡林郭勒盟	Xilinguole League	4783	4943	7809	9550	12239
乌兰察布市	Wulanchabu City	11337	9155	14271	17039	20379
鄂尔多斯市	Erdos City	5900	3653	9620	7901	22831
巴彦淖尔市	Bayannaoer City	11511	9562	11074	13150	14728
乌 海 市	Wuhai City	8359	5715	6860	7915	7613
阿拉善盟	Alashan League	2046	2001	2245	2850	3097

22–12 各盟市城镇登记失业率

Registered Unemployment Rate in Urban Areas by Region

单位：% (%)

地 区	Region	1995	2000	2005	2010	2011	2012	2013	2014	2015
总 计	**Total**	**3.17**	**3.34**	**4.26**	**3.90**	**3.80**	**3.73**	**3.66**	**3.59**	**3.65**
呼和浩特市	Hohhot City	2.41	3.01	4.29	3.90	3.70	3.63	3.85	3.54	3.56
包 头 市	Baotou City	3.81	3.44	4.14	3.83	3.87	3.87	3.87	3.87	3.88
呼伦贝尔市	Hulunbeier City	4.83	4.24	4.36	4.10	4.08	3.86	3.85	3.84	3.81
兴 安 盟	Xingan League	1.88	2.48	4.30	4.33	4.05	4.10	4.05	4.01	3.93
通 辽 市	Tongliao City	3.14	2.46	4.20	3.93	3.89	3.80	3.60	3.54	3.61
赤 峰 市	Chifeng City	3.13	2.90	4.22	4.18	4.17	3.88	3.87	3.96	3.98
锡林郭勒盟	Xilinguole League	2.77	3.25	4.65	3.70	3.42	3.51	3.24	3.20	2.87
乌兰察布市	Wulanchabu City	3.63	4.01	4.40	4.10	4.10	3.98	3.87	3.94	3.94
鄂尔多斯市	Erdos City	3.13	2.07	3.97	2.21	2.21	2.55	2.74	2.61	3.11
巴彦淖尔市	Bayannaoer City	4.49	3.84	4.25	4.10	3.90	3.77	3.65	3.50	3.88
乌 海 市	Wuhai City	5.12	4.40	4.50	4.30	4.30	4.20	3.60	3.25	3.39
阿拉善盟	Alashan League	4.00	3.46	4.12	3.95	3.77	3.44	3.40	3.26	3.16

22–13 各盟市职工工资总额和指数(2015 年)

Total Wages of Staff and Workers and Related Index by Region(2015)

地 区	Region	工资总额(万元) Total Wages(10 000 yuan)				指 数(上年=100) Index(preceding year=100)			
		合 计 Total	国有单位 State-owned Units	城镇集体单位 Urban Collect-iveowned Units	其他单位 Units of Other Types of Owner ship	合 计 Total	国有单位 State-owned Units	城镇集体单位 Urban Collect-iveowned Units	其他单位 Units of Other Types of Owner ship
呼和浩特市	Hohhot City	2227518	1098920	38697	1089901	102.6	106.5	98.8	99.1
包 头 市	Baotou City	2280522	877560	47757	1355205	103.7	115.4	94.9	97.6
呼伦贝尔市	Hulunbeier City	1709356	1039121	37108	633127	103.7	106.6	93.6	99.9
兴 安 盟	Xingan League	676084	527148	17354	131582	120.4	122.3	122.2	113.2
通 辽 市	Tongliao City	1545180	1077174	38622	429384	114.8	116.6	116.8	110.3
赤 峰 市	Chifeng City	1864257	1214779	58006	591471	98.3	106.8	96.8	84.5
锡林郭勒盟	Xilinguole League	845558	573323	24861	247374	108.2	110.6	104.0	103.3
乌兰察布市	Wulanchabu City	876936	648170	14180	214586	112.1	116.1	116.7	101.4
鄂尔多斯市	Erdos City	2207228	1122223	19870	1065135	102.8	100.7	93.1	105.2
巴彦淖尔市	Bayannaoer City	774708	556252	14708	203749	105.0	109.4	105.1	94.5
乌 海 市	Wuhai City	587125	168063	140	418922	90.9	110.4	95.0	84.8
阿拉善盟	Alashan League	356759	211008	4753	140997	101.5	121.6	103.4	81.3

22-14 各盟市职工平均工资及指数(2015 年)

Average Wage of Staff and Workers and Related Indices by Region(2015)

地 区	Region	平均货币工资(元) Average Money Wage(yuan)				指数(上年=100)Indices (preceding year=100)			
		合 计 Total	国有单位 State-owned Units	城镇集体单位 Urban Collective-owned Units	其他单位 Units of Other Types of Owner ship	合 计 Total	国有单位 State-owned Units	城镇集体单位 Urban Collective-owned Units	其他单位 Units of Other Types of Owner -ship
呼和浩特市	Hohhot City	53698	57600	44700	50604	106.4	108.2	102.3	104.6
包 头 市	Baotou City	59573	71940	42274	54310	105.9	111.0	106.9	102.1
呼伦贝尔市	Hulunbeier City	54752	56237	90264	51343	102.2	104.3	92.3	99.5
兴 安 盟	Xingan League	54881	55598	66336	51080	116.8	120.0	122.9	104.9
通 辽 市	Tongliao City	53093	54551	65030	48999	113.0	114.1	115.7	110.1
赤 峰 市	Chifeng City	55377	62703	62059	44282	106.2	108.1	104.4	99.8
锡林郭勒盟	Xilinguole League	62199	67074	90534	51838	107.1	109.4	96.0	102.9
乌兰察布市	Wulanchabu City	56538	57974	58862	52476	112.8	113.5	121.5	109.7
鄂尔多斯市	Erdos City	70583	80231	67608	62691	100.9	107.0	107.2	96.1
巴彦淖尔市	Bayannaoer City	51169	53550	58526	45263	106.4	107.2	109.6	103.1
乌 海 市	Wuhai City	55577	60732	58375	53746	102.7	112.5	162.3	99.2
阿拉善盟	Alashan League	60552	75172	70946	46722	109.1	119.6	98.2	94.5

22-15 各盟市固定资产投资(2015 年)

Total Investment in Fixed Assets by Region(2015)

单位：万元 (10 000 yuan)

地 区	Region	总 计 Total	按登记注册类型分 By status of Registration			
			国有及国有控股 State-owned or Controlling Share Hold Units	集体 Collective-owned Units	个体 Indivi duals	其他类型投资 Others
呼和浩特市	Hohhot City	16046355	8991346	367473	15161	6672375
包 头 市	Baotou City	25829135	8637424	463472	18980	16709259
呼伦贝尔市	Hulunbeier City	9258485	4778736		5730	4474019
兴 安 盟	Xingan League	4253318	2560205	15581		1677532
通 辽 市	Tongliao City	12886569	5666526	8903	164860	7046280
赤 峰 市	Chifeng City	12721048	4203673	359601	141226	8016548
锡林郭勒盟	Xilinguole League	6057080	3868326	2328	119620	2066806
乌兰察布市	Wulanchabu City	6588156	2809579	4300	10465	3763812
鄂尔多斯市	Erdos City	27191694	13191748	5708		13994238
巴彦淖尔市	Bayannaoer City	6644995	3088351	8600		3548044
乌 海 市	Wuhai City	3986441	1620961		17000	2348480
阿拉善盟	Alashan League	3482171	1458543	4090		2019538

注:此表未包括农户投资。

a)Data in this table doesn´t include Rural Individuals.

22-16 各盟市按建设性质分的固定资产投资(2015 年)
Investment in Fixed Assets by Type of Construction by Region(2015)

单位：万元 (10 000 yuan)

地 区	Region	投资额 Investment	#新建 New Construction	#扩建 Expansion	#改建 Reconstruction
呼和浩特市	Hohhot City	10955903	5236532	3292244	1445152
包头市	Baotou City	23855916	13992411	1138634	7587654
呼伦贝尔市	Hulunbeier City	8589058	7129296	455888	954108
兴安盟	Xingan League	3999450	3270153	84564	630930
通辽市	Tongliao City	12570883	6639848	1873634	4044801
赤峰市	Chifeng City	11863932	10204153	1079045	374234
锡林郭勒盟	Xilinguole League	5871757	4734086	574268	555975
乌兰察布市	Wulanchabu City	6357732	6180384	60916	113432
鄂尔多斯市	Erdos City	26603414	23031722	2957065	598310
巴彦淖尔市	Bayannaoer City	6387358	2286518	1531489	2566143
乌海市	Wuhai City	3616324	3152169	63605	348399
阿拉善盟	Alashan League	3463178	3049366	106642	298188

注:此表未包括房地产投资和农户投资。

a)Data in this table doesn´t include real estate development and Rural Individuals.

22-17 各盟市固定资产投资施工、投产项目和新增固定资产(2015 年)
Number of Construction Projects under Construction and Put into Use and Newly Increased Fixed Assets by Region(2015)

地 区	Region	施工项目(个) Number of Projects under Construction (unit)	全部建成投产项目(个) Number of Projects Completed & Put into Use (unit)	项目建成投产率(%) Rate of Projects Completed and Put into Use(%)	新增固定资产(万元) Newly Increased Fixed Assets (10 000 yuan)	固定资产交付使用率(%) Rate of Fixed Assets Put into Use(%)
呼和浩特市	Hohhot City	1384	1102	79.62	10204246	93.14
包头市	Baotou City	4391	3733	85.01	20875965	87.51
呼伦贝尔市	Hulunbeier City	1662	1112	66.91	6391221	74.41
兴安盟	Xingan League	887	710	80.05	4716624	117.93
通辽市	Tongliao City	1546	1366	88.36	10772948	85.70
赤峰市	Chifeng City	2388	2151	90.08	11958399	100.80
锡林郭勒盟	Xilinguole League	1176	869	73.89	4283739	72.95
乌兰察布市	Wulanchabu City	559	449	80.32	4944201	77.77
鄂尔多斯市	Erdos City	1875	1322	70.51	14973485	56.28
巴彦淖尔市	Bayannaoer City	1082	888	82.07	5573848	87.26
乌海市	Wuhai City	300	231	77.00	2870589	79.38
阿拉善盟	Alashan League	446	254	56.95	2448302	70.70

22-18 各盟市固定资产投资房屋建筑面积(2015 年)

Investment in Fixed Assets of Floor Space of Buildings by Region(2015)

单位：万平方米 (10 000 sq.m)

地 区	Region	施工面积 Floor Space of Buildings Under Construction	# 住 宅 Residential Buildings	竣工面积 Floor Space of Buildings Completed	# 住 宅 Residential Buildings
呼和浩特市	Hohhot City	1024.21	360.56	503.58	192.04
包 头 市	Baotou City	1564.27	139.90	97.63	5.85
呼伦贝尔市	Hulunbeier City	336.41	116.10	144.58	79.37
兴 安 盟	Xingan League	440.04	153.90	195.33	80.38
通 辽 市	Tongliao City	466.66	83.02	339.69	63.97
赤 峰 市	Chifeng City	391.96	56.02	140.87	27.94
锡林郭勒盟	Xilinguole League	203.94	46.94	124.16	38.57
乌兰察布市	Wulanchabu City	153.70	22.82	34.20	
鄂尔多斯市	Erdos City	164.99	62.06	112.72	61.91
巴彦淖尔市	Bayannaoer City	88.29	11.50	22.34	2.61
乌 海 市	Wuhai City	146.10		107.34	
阿拉善盟	Alashan League	2.64			

注:本表数字不含商品房。

a)Data in this doesn´t include commercial house.

22-19 各盟市按构成分的固定资产投资(2015 年)

Investment in Fixed Assets by Composition of Funds by Region(2015)

单位：万元 (10 000 yuan)

地 区	Region	投 资 额 Investment	建筑工程 Construction Projects	安装工程 Installation Projects	设备工器具购置 Purchase of Equipment and Instruments	其他费用 Others
呼和浩特市	Hohhot City	10955903	6656400	368160	2459278	1472065
包 头 市	Baotou City	23855916	12542265	3408913	6458544	1446194
呼伦贝尔市	Hulunbeier City	8589058	6921659	448921	1057572	160906
兴 安 盟	Xingan League	3999450	3101786	124680	647697	125287
通 辽 市	Tongliao City	12570883	7526733	935793	3545706	562651
赤 峰 市	Chifeng City	11863932	8108412	1231781	2152523	371216
锡林郭勒盟	Xilinguole League	5871757	3424964	363836	1630849	452108
乌兰察布市	Wulanchabu City	6357732	4103160	637240	1584071	33261
鄂尔多斯市	Erdos City	26603414	13487973	1600598	10896756	618087
巴彦淖尔市	Bayannaoer City	6387358	4754676	253495	1157981	221206
乌 海 市	Wuhai City	3616324	2011708	561348	939905	103363
阿拉善盟	Alashan League	3463178	2777522	577998	91634	16024

注:此表未包括房地产投资和农户投资。

a)Data in this table doesn´t include real estate development and Rural Individuals.

22-20 各盟市按资金来源分的固定资产(2015 年)

Investment of Fixed Assets by Source of Finance by Region(2015)

单位：万元 (10000 yuan)

地 区	Region	国家预算内资金 State Budgetary	国内贷款 Domestic Loans	利用外资 Foreign Investment	自筹资金 Fund Raising	其他资金 Others
呼和浩特市	Hohhot City	892974	242745	39956	8237054	198001
包 头 市	Baotou City	410749	4659556	1330	19166130	788466
呼伦贝尔市	Hulunbeier City	655533	367901		7218832	215054
兴 安 盟	Xingan League	534426	282538		2994695	79805
通 辽 市	Tongliao City	771742	2171878		8687218	860962
赤 峰 市	Chifeng City	671852	89611		10795693	457298
锡林郭勒盟	Xilinguole League	355280	629214		4076471	296881
乌兰察布市	Wulanchabu City	55278	1130476		5483181	137332
鄂尔多斯市	Erdos City	371707	4751646	9423	19407068	441736
巴彦淖尔市	Bayannaoer City	987312	336170	17900	4902497	303141
乌 海 市	Wuhai City	444722	504585		1889348	26823
阿拉善盟	Alashan League	906815	847158		1696514	27516

22-21 各盟市房地产开发企业(单位)个数(2015 年)

Number of Enterprises for Real Estate Development by Region(2015)

单位：个 (unit)

地 区	Region	企业个数 Number of Enterprises	内资企业 Domestic Funded Enterprises	#国有 State-owned Enterprises	#集体 Collective Owned Enterprises	港、澳、台投资企业 Funded by Entrepreneurs from Hong Kong Macao & Taiwan	外商投资企业 Foreign Funded Enterprises
呼和浩特市	Hohhot City	269	268	1			1
包 头 市	Baotou City	333	330	4		2	1
呼伦贝尔市	Hulunbeier City	223	223	1			
兴 安 盟	Xingan League	116	116	1			
通 辽 市	Tongliao City	161	161				
赤 峰 市	Chifeng City	228	228				
锡林郭勒盟	Xilinguole League	147	147				
乌兰察布市	Wulanchabu City	100	100				
鄂尔多斯市	Erdos City	216	215				1
巴彦淖尔市	Bayannaoer City	96	96		1		
乌 海 市	Wuhai City	120	120				
阿拉善盟	Alashan League	39	39				

22-22 各盟市房地产开发企业(单位)年底从业人员(2015 年)

Number of Employed Persons in Enterprises for Real Estate Development by Region(end of 2015)

单位：人 (person)

地 区	Region	年末从业人数 Number of Employed Persons	内资企业 Domestic Funded Enterprises	# 国有 State-owned Enterprises	# 集体 Collective-owned Enterprises	港、澳、台投资企业 Funded by Entrepreneurs from Hong Kong Macao and Taiwan	外商投资企业 Foreign Funded Enterprises
呼和浩特市	Hohhot City	7918	7873	81			45
包 头 市	Baotou City	8234	8127	110		9	98
呼伦贝尔市	Hulunbeier City	4284	4284	15			
兴 安 盟	Xingan League	1405	1405	13			
通 辽 市	Tongliao City	3803	3803				
赤 峰 市	Chifeng City	3822	3822				
锡林郭勒盟	Xilinguole League	2371	2371				
乌兰察布市	Wulanchabu City	1832	1832				
鄂尔多斯市	Erdos City	5337	5319				18
巴彦淖尔市	Bayannaoer City	2356	2356		12		
乌 海 市	Wuhai City	2097	2097				
阿拉善盟	Alashan League	518	518				

22-23 各盟市按用途分的房地产开发企业(单位)完成投资额(2015 年)

Actually Completed Investment of Enterprises for Real Estate Development by Region and by Use(2015)

单位：万元 (10 000 yuan)

地 区	Region	本年完成投资额 Investment Made This Year	住 宅 Residential Buildings	# 经济适用房屋 Economical Houses	办 公 楼 Office Buildings	商业营业用房 Houses for Business Use	其 他 Others
呼和浩特市	Hohhot City	5090452	3563527		257545	842070	427310
包 头 市	Baotou City	1973219	1397706		57460	324118	193935
呼伦贝尔市	Hulunbeier City	669427	457058		5997	126276	80096
兴 安 盟	Xingan League	253868	186857		37	60017	6957
通 辽 市	Tongliao City	315686	214240		5962	59575	35909
赤 峰 市	Chifeng City	857116	612529		17497	152196	74894
锡林郭勒盟	Xilinguole League	185323	138935		880	34375	11133
乌兰察布市	Wulanchabu City	230424	148600		4550	64273	13001
鄂尔多斯市	Erdos City	588280	447650		25032	80305	35293
巴彦淖尔市	Bayannaoer City	257637	191713		4446	39032	22446
乌 海 市	Wuhai City	370117	212694		17407	88186	51830
阿拉善盟	Alashan League	18993	13582			4551	860

22-24 各盟市商品房建筑面积和造价(2015 年)

Floor Space of Buildings and Cost in Commercial House by Region(2015)

地 区	Region	施工房屋面积(万平方米) Floor Space of Buildings under Construction (10 000 sq.m)	竣工房屋面积(万平方米) Floor Space of Buildings Completed (10 000 sq.m)	房屋建筑面积竣工率(%) Rate of Floor Space of Buildings Completed (%)	竣工房屋价值(万元) Value of Buildings Completed (10 000 yuan)	竣工房屋造价(元/平方米) Cost of Buildings Completed (yuan/sq.m)
呼和浩特市	Hohhot City	5574.45	301.29	5.40	1210532	4017.83
包 头 市	Baotou City	2379.80	334.66	14.06	1020832	3050.36
呼伦贝尔市	Hulunbeier City	1250.18	260.94	20.87	591391	2266.39
兴 安 盟	Xingan League	516.35	84.88	16.44	174482	2055.63
通 辽 市	Tongliao City	888.31	162.88	18.34	333386	2046.82
赤 峰 市	Chifeng City	988.28	177.74	17.98	458590	2580.12
锡林郭勒盟	Xilinguole League	595.78	98.72	16.57	184940	1873.38
乌兰察布市	Wulanchabu City	709.57	37.81	5.33	66148	1749.48
鄂尔多斯市	Erdos City	2885.95	94.83	3.29	210362	2218.31
巴彦淖尔市	Bayannaoer City	1168.66	109.59	9.38	279954	2554.56
乌 海 市	Wuhai City	574.66	29.55	5.14	60113	2034.28
阿拉善盟	Alashan League	109.30	4.27	3.91	7482	1752.22

22-25 各盟市商品房屋销售情况(2015 年)

Selling of Commercial Houses by Region(2015)

地 区	Region	房屋销售面积(万平方米) Floor Space of Selling House (10 000 sq. m)	# 住 宅 Residential Buildings	商品房销售额(万元) Total Sales of Commerical Houses (10 000 yuan)	# 住 宅 Residential Buildings
呼和浩特市	Hohhot City	381.81	321.44	1982921	1589705
包 头 市	Baotou City	399.71	332.81	1957793	1450910
呼伦贝尔市	Hulunbeier City	480.30	359.61	2011568	1052219
兴 安 盟	Xingan League	157.12	135.22	549284	420470
通 辽 市	Tongliao City	144.66	122.63	513742	389961
赤 峰 市	Chifeng City	251.56	202.22	1205849	936162
锡林郭勒盟	Xilinguole League	51.35	36.34	151895	94565
乌兰察布市	Wulanchabu City	65.70	61.18	176706	162606
鄂尔多斯市	Erdos City	221.10	184.99	966603	775640
巴彦淖尔市	Bayannaoer City	99.80	93.55	386881	329067
乌 海 市	Wuhai City	110.53	89.79	603972	447816
阿拉善盟	Alashan League	5.72	5.14	14607	11517

22-26 各盟市一般公共预算收支(2015 年)

General Public Budget Revenue and Expenditure by Region(2015)

单位：万元 (10 000 yuan)

地 区	Region	一般公共预算收入 General Public Budget Revenue	一般公共预算支出 General Public Budget Expenditure
呼和浩特市	Hohhot City	2474021	3606450
包 头 市	Baotou City	2523021	3932680
呼伦贝尔市	Hulunbeier City	1033323	3745392
兴 安 盟	Xingan League	266594	2275364
通 辽 市	Tongliao City	1204848	3496271
赤 峰 市	Chifeng City	1045777	4150346
锡林郭勒盟	Xilinguole League	938363	2240771
乌兰察布市	Wulanchabu City	551515	3182311
鄂尔多斯市	Erdos City	4458999	5730546
巴彦淖尔市	Bayannaoer City	657634	2294897
乌 海 市	Wuhai City	804757	1062908
阿拉善盟	Alashan League	327326	845337

22-27 各盟市一般公共预算收入(2015 年)

General Public Budget Revenue by Region(2015)

单位：万元 (10 000 yuan)

地 区	Region	收入合计 Total Revenue	# 增值税 Value-added Tax	# 营业税 Operation Tax	# 企业所得税 Enterprises Income Tax	#契税和耕地占用税 Contract Tax and Tax on The Occupancy of Cultuvated Land
呼和浩特市	Hohhot City	2474021	220131	664539	165305	164271
包 头 市	Baotou City	2523021	131915	350918	76520	611475
呼伦贝尔市	Hulunbeier City	1033323	81655	219937	56775	172431
兴 安 盟	Xingan League	266594	18135	79247	18864	15368
通 辽 市	Tongliao City	1204848	66342	137420	33284	231718
赤 峰 市	Chifeng City	1045777	69905	220591	69240	175552
锡林郭勒盟	Xilinguole League	938363	68695	156247	54796	219138
乌兰察布市	Wulanchabu City	551515	45085	179234	39587	51144
鄂尔多斯市	Erdos City	4458999	417773	330386	128553	1333116
巴彦淖尔市	Bayannaoer City	657634	37921	138933	36280	103292
乌 海 市	Wuhai City	804757	36155	72817	19854	104422
阿拉善盟	Alashan League	327326	17239	70819	10565	8467

22–28 各盟市一般公共预算支出(2015 年)

General Public Budget Expenditure by Region(2015)

单位：万元 (10 000 yuan)

地区	Region	支出合计 Total Expenditure	# 一般公共服务 General Public Services	# 教育支出 Expenditure for Education	#科学技术 Science and Technology
呼和浩特市	Hohhot City	3606450	245449	492723	25504
包头市	Baotou City	3932680	263047	500593	53969
呼伦贝尔市	Hulunbeier City	3745392	296116	476649	39814
兴安盟	Xingan League	2275364	156478	309800	15885
通辽市	Tongliao City	3496271	224326	532746	19708
赤峰市	Chifeng City	4150346	285178	790760	14338
锡林郭勒盟	Xilinguole League	2240771	224121	310517	10371
乌兰察布市	Wulanchabu City	3182311	216972	363298	8036
鄂尔多斯市	Erdos City	5730546	365462	544321	37614
巴彦淖尔市	Bayannaoer City	2294897	171483	282329	6902
乌海市	Wuhai City	1062908	56800	121031	19522
阿拉善盟	Alashan League	845337	81597	72878	5589

22–28 续表 continued

单位：万元 (10 000 yuan)

地区	Region	#社会保障和就业 Social Security and Employment	# 医疗卫生支出 Expenditure for Medical treatment and Health	#节能环保 Energy saving and environmental protection	# 农林水事务 Expenses of Agriculture, Forestry and Water
呼和浩特市	Hohhot City	384974	207888	77718	443102
包头市	Baotou City	723089	204241	168333	294377
呼伦贝尔市	Hulunbeier City	809292	277066	123264	661762
兴安盟	Xingan League	398044	159284	65070	479943
通辽市	Tongliao City	557038	262457	118122	566874
赤峰市	Chifeng City	696341	353775	147408	758014
锡林郭勒盟	Xilinguole League	228617	145430	83555	440191
乌兰察布市	Wulanchabu City	717495	234989	137780	563501
鄂尔多斯市	Erdos City	461095	282946	123094	652606
巴彦淖尔市	Bayannaoer City	367751	166557	121675	507129
乌海市	Wuhai City	186588	65318	31811	108660
阿拉善盟	Alashan League	61065	46470	37712	215707

22-29 各盟市金融机构人民币存、贷款余额(2015 年末)

Saving Deposits and loans of Financial Institutions by Region(end of 2015)

单位：亿元 (100 million yuan)

地区	Region	金融机构存款 Deposits	#非金融企业存款 Deposit of Non-financial Enterprises	活期 Demand	定期及其他 Time Deposit and others	#住户存款 Household Deposit	活期 Demand	定期及其他 Time Deposit and others
呼和浩特市	Hohhot City	5364.66	2107.48	1290.80	816.68	1683.96	779.49	904.47
包头市	Baotou City	2709.70	854.20	303.33	550.87	1307.99	595.42	712.57
呼伦贝尔市	Hulunbeier City	1268.85	212.17	145.37	66.80	778.07	345.06	433.01
兴安盟	Xingan League	469.70	100.00	67.00	33.00	254.00	150.00	104.00
通辽市	Tongliao City	814.19	118.61	76.86	41.75	527.85	311.39	216.46
赤峰市	Chifeng City	1494.77	204.17	166.17	38.00	1049.85	481.80	568.05
锡林郭勒盟	Xilinguole League	596.06	110.56	78.67	31.89	368.42	217.93	150.49
乌兰察布市	Wulanchabu City	866.86	106.93	78.58	28.35	595.81	278.28	317.53
鄂尔多斯市	Erdos City	2700.92	716.07	336.55	379.52	1416.40	605.10	811.30
巴彦淖尔市	Bayannaoer City	814.81	118.01	84.84	33.17	530.92	337.65	193.27
乌海市	Wuhai City	674.03	230.82	116.50	114.32	326.34	141.01	185.33
阿拉善盟	Alashan League	303.02	80.07	60.36	19.71	160.28	60.11	100.17

22-29 续表 continued

单位：亿元 (100 million yuan)

地区	Region	金融机构贷款 Loans	#住户贷款 Household Loans	短期贷款 Short-term Loans	中长期贷款 Medium-term & Long-term Loans	#非金融企业及机关团体贷款 Non-financial Enterprises and Organizations Loans	短期贷款 Short-term Loans	中长期贷款 Medium-term & Long-term Loans
呼和浩特市	Hohhot City	6073.89	938.14	324.32	613.82	5135.68	967.22	3878.29
包头市	Baotou City	2192.52	651.15	247.66	403.49	1532.87	824.49	558.09
呼伦贝尔市	Hulunbeier City	920.76	253.17	129.74	123.43	667.59	425.06	233.12
兴安盟	Xingan League	508.13	140.93	79.43	61.50	367.20	272.05	95.05
通辽市	Tongliao City	923.68	257.57	129.88	127.69	666.11	440.94	219.68
赤峰市	Chifeng City	1163.14	569.95	288.85	281.10	593.18	259.80	321.51
锡林郭勒盟	Xilinguole League	617.24	207.24	113.96	93.28	409.60	113.83	286.12
乌兰察布市	Wulanchabu City	515.97	247.44	146.65	100.79	268.52	70.78	187.69
鄂尔多斯市	Erdos City	2702.02	445.34	225.16	220.18	2256.68	834.50	1292.48
巴彦淖尔市	Bayannaoer City	687.38	356.84	248.02	108.82	330.55	215.90	101.45
乌海市	Wuhai City	553.81	97.52	34.80	62.72	456.29	196.34	120.37
阿拉善盟	Alashan League	282.12	58.28	40.44	17.84	223.84	133.09	89.29

22-30 各盟市保险公司主要指标(2015 年)

Main Indicators of Insurance Companies Funded by Region(2015)

单位：亿元 (100 million yuan)

地 区	Region	保险金额 Amount Insured	财产保险公司 Property Insurance Co	人身保险公司 Accident in Insurance Co	原保险保费收入 Premium	财产保险公司 Property Insurance Co	人身保险公司 Accident in Insurance Co
呼和浩特市	Hohhot City	20038.09	13643.92	6394.17	82.46	29.22	53.24
包 头 市	Baotou City	10240.23	7639.27	2600.96	51.03	17.90	33.13
呼伦贝尔市	Hulunbeier City	7544.27	5576.67	1967.60	39.97	15.56	24.41
兴 安 盟	Xingan League	2902.80	2007.27	895.53	18.70	8.90	9.81
通 辽 市	Tongliao City	11744.72	10711.28	1033.44	33.32	16.55	16.78
赤 峰 市	Chifeng City	8146.20	6072.01	2074.19	47.88	19.44	28.44
锡林郭勒盟	Xilinguole League	4282.38	3551.37	731.01	14.24	6.39	7.85
乌兰察布市	Wulanchabu City	2885.90	2350.00	535.90	17.50	7.98	9.52
鄂尔多斯市	Erdos City	17600.67	16194.81	1405.86	42.48	17.06	25.42
巴彦淖尔市	Bayannaoer City	6043.05	4759.84	1283.21	28.38	9.27	19.11
乌 海 市	Wuhai City	1790.49	1363.83	426.66	13.46	4.77	8.69
阿拉善盟	Alashan League	1937.29	1807.90	129.39	6.05	3.67	2.38

22-30 续表 continued

地 区	Region	赔款及给付 Claim and Payment	财产保险公司 Property Insurance Co	人身保险公司 Accident in Insurance Co	机构数(个) Number of Institution (unit)	财产保险公司 Property Insurance Co	人身保险公司 Accident in Insurance Co
呼和浩特市	Hohhot City	24.76	15.75	9.02	281	158	123
包 头 市	Baotou City	17.11	8.99	8.12	232	156	76
呼伦贝尔市	Hulunbeier City	13.82	8.65	5.17	299	186	113
兴 安 盟	Xingan League	6.70	5.26	1.44	126	82	44
通 辽 市	Tongliao City	10.96	8.01	2.95	236	131	105
赤 峰 市	Chifeng City	15.72	9.66	6.05	363	186	177
锡林郭勒盟	Xilinguole League	4.11	2.87	1.24	170	129	41
乌兰察布市	Wulanchabu City	6.88	4.20	2.67	209	142	67
鄂尔多斯市	Erdos City	11.10	8.14	2.96	233	157	76
巴彦淖尔市	Bayannaoer City	7.38	4.53	2.85	209	116	93
乌 海 市	Wuhai City	3.84	2.45	1.38	71	46	25
阿拉善盟	Alashan League	2.17	1.67	0.49	40	26	14

22-31 各盟市财产保险业务收入与赔付(2015年)

Insurance Business Income of Property and Claim & Payment by Region(2015)

单位：万元 (10 000 yuan)

地 区	Region	原保险保费收入合计 Total Premium	# 企业财产保险 Enterprise Property Insurance	机动车辆保险 Motor Vehicle Insurance	货物运输保险 Freight Transport Insurance	责任保险 Insurance of Duty	农业保险 Agriculture Insurance
呼和浩特市	Hohhot City	292164	13893	206751	1988	7207	25569
包 头 市	Baotou City	178996	10103	138333	835	4314	7509
呼伦贝尔市	Hulunbeier City	155629	7946	63244	361	3084	73231
兴 安 盟	Xingan League	88953	1933	42996	153	1547	37274
通 辽 市	Tongliao City	165470	5111	92760	462	2628	43357
赤 峰 市	Chifeng City	194408	7130	129863	337	4896	44147
锡林郭勒盟	Xilinguole League	63882	2877	42190	178	2133	9976
乌兰察布市	Wulanchabu City	79826	2728	50388	217	1762	20728
鄂尔多斯市	Erdos City	170568	13854	115567	419	4790	21144
巴彦淖尔市	Bayannaoer City	92728	2293	58076	336	2376	22750
乌 海 市	Wuhai City	47660	2221	30523	70	861	308
阿拉善盟	Alashan League	36679	2394	17468	386	993	7534

22-31 续表 continued

单位：万元 (10 000 yuan)

地 区	Region	赔款支出合计 Claim and Payment	# 企业财产保险 Enterprise Property Insurance	机动车辆保险 Motor Vehicle Insurance	货物运输保险 Freight Transport Insurance	责任保险 Insurance of Duty	农业保险 Agriculture Insurance
呼和浩特市	Hohhot City	157463	6046	116070	640	3802	14631
包 头 市	Baotou City	89851	3629	66768	74	1666	7841
呼伦贝尔市	Hulunbeier City	86509	2977	34413	28	1385	44978
兴 安 盟	Xingan League	52559	1044	22095	14	892	23498
通 辽 市	Tongliao City	80086	1716	46241	28	1301	18380
赤 峰 市	Chifeng City	96644	3507	69266	139	1220	18069
锡林郭勒盟	Xilinguole League	28702	917	19369	16	852	3894
乌兰察布市	Wulanchabu City	42049	681	25661	48	906	13237
鄂尔多斯市	Erdos City	81425	5398	53637	216	1302	8958
巴彦淖尔市	Bayannaoer City	45339	666	28765	128	602	10241
乌 海 市	Wuhai City	24540	838	15090	17	230	157
阿拉善盟	Alashan League	16742	2366	8114	417	447	4043

22-32 各盟市人身保险业务收入与赔付(2015 年)

Insurance Business Income and Settled Claim & Payment of Accident in Insurance by Region(2015)

单位：万元 (10 000 yuan)

地 区	Region	原保险保费收入 Remium	寿险 Life Insurance Business	意外伤害险 Personal Insurance Accident	健康险 Health Insurance
呼和浩特市	Hohhot City	532442	461289	12386	58767
包 头 市	Baotou City	331285	284635	6257	40393
呼伦贝尔市	Hulunbeier City	244077	190722	5171	48183
兴 安 盟	Xingan League	98066	81850	2140	14076
通 辽 市	Tongliao City	167755	140444	4322	22990
赤 峰 市	Chifeng City	284396	245687	6247	32462
锡林郭勒盟	Xilinguole League	78542	67073	1882	9587
乌兰察布市	Wulanchabu City	95205	84439	1896	8871
鄂尔多斯市	Erdos City	254210	226239	3714	24257
巴彦淖尔市	Bayannaoer City	191079	157247	3571	30260
乌 海 市	Wuhai City	86942	75946	1086	9909
阿拉善盟	Alashan League	23821	20221	454	3146

22-32 续表 continued

单位：万元 (10 000 yuan)

地 区	Region	赔付支出合计 Benefit Paidand Expenditare of Payment	寿险 Life Insurance Business	意外伤害险 Personal Accident Insurance	健康险 Health Insuranec
呼和浩特市	Hohhot City	90173	65671	1464	23039
包 头 市	Baotou City	81220	71660	921	8639
呼伦贝尔市	Hulunbeier City	51685	42441	1347	7896
兴 安 盟	Xingan League	14419	10251	749	3418
通 辽 市	Tongliao City	29512	23937	1200	4375
赤 峰 市	Chifeng City	60544	49027	1853	9664
锡林郭勒盟	Xilinguole League	12423	10019	418	1986
乌兰察布市	Wulanchabu City	26728	24597	232	1898
鄂尔多斯市	Erdos City	29556	24160	818	4578
巴彦淖尔市	Bayannaoer City	28510	23338	1020	4152
乌 海 市	Wuhai City	13811	11702	268	1840
阿拉善盟	Alashan League	4912	4349	176	386

22-33 各盟市银行卡跨行交易情况(2015 年)

Inter-bank Bank card transactions by Region(2015)

地 区	Region	银行卡跨行清算笔数（万笔）Inter-bank liquidation items(10000 items)		银行卡跨行清算金额（亿元）The amount of Inter-bank liquidation(100 milllion yuan)	
		自动柜员机 ATM	销售终端 POS	自动柜员机 ATM	销售终端 POS
总 计	**Total**	**6921.74**	**14448.34**	**1426.63**	**5586.18**
呼和浩特市	Hohhot City	1758.97	4844.35	315.92	2155.71
包 头 市	Baotou City	920.34	2949.91	166.70	1040.09
呼伦贝尔市	Hulunbeier City	508.69	703.10	95.61	212.01
兴 安 盟	Xingan League	269.18	259.21	56.38	110.95
通 辽 市	Tongliao City	531.90	587.69	99.97	236.52
赤 峰 市	Chifeng City	708.28	1054.53	120.75	333.30
锡林郭勒盟	Xilinguole League	296.38	665.73	71.70	198.12
乌兰察布市	Wulanchabu City	292.37	607.17	69.45	202.91
鄂尔多斯市	Erdos City	860.86	1431.09	196.28	605.43
巴彦淖尔市	Bayannaoer City	365.62	726.18	89.17	265.55
乌 海 市	Wuhai City	261.63	423.27	104.95	158.58
阿拉善盟	Alashan League	147.52	196.11	39.75	67.01

22-34 各盟市全体居民人均收入情况(2015 年)

Per Capita Income of All Residents by Region(2015)

单位：元 (yuan)

地区	Region	可支配收入 Disposable income	工资性收入 Income of wage	经营净收入 Operational income	第一产业净收入 Net income of primary industry	农业净收入 Net income of agriculture	牧业净收入 Net income of animal-husbandry
全 区	**Autonomous Regional Total**	**22310**	**11992**	**5380**	**2537**	**1710**	**810**
呼和浩特市	Hohhot City	28263	14496	7116	1159	881	271
包 头 市	Baotou City	33184	18204	4316	501	311	190
呼伦贝尔市	Hulunbeier City	22461	12271	5385	3286	2530	719
兴 安 盟	Xingan League	14230	6119	4554	3034	2415	592
通 辽 市	Tongliao City	16989	6849	6594	4974	4269	658
赤 峰 市	Chifeng City	16302	8518	4869	2846	2113	673
锡林郭勒盟	Xilinguole League	23574	11686	6375	2617	414	2076
乌兰察布市	Wulanchabu City	16042	7478	4850	2514	1776	725
鄂尔多斯市	Erdos City	30511	17980	6556	2177	1170	915
巴彦淖尔市	Bayannaoer City	19435	7774	8623	6238	4779	1321
乌 海 市	Wuhai City	33023	25360	2744	66	3	63
阿拉善盟	Alashan League	28323	14145	7869	1801	585	1201

22–34 续表 continued

单位：元 (yuan)

地 区	Region	第二产业净收入 Net income of secondary industry	第三产业净收入 Net income of third industry	财产净收入 Net income of property	转移净收入 Net income of transfer
全 区	**Autonomous Regional Total**	**348**	**2495**	**1266**	**3672**
呼和浩特市	Hohhot City	1074	4882	2636	4015
包 头 市	Baotou City	384	3431	3083	7581
呼伦贝尔市	Hulunbeier City	31	2068	740	4065
兴 安 盟	Xingan League	179	1341	498	3059
通 辽 市	Tongliao City	37	1583	674	2872
赤 峰 市	Chifeng City	399	1624	687	2228
锡林郭勒盟	Xilinguole League	486	3272	970	4542
乌兰察布市	Wulanchabu City	234	2102	533	3181
鄂尔多斯市	Erdos City	507	3872	3820	2155
巴彦淖尔市	Bayannaoer City	134	2251	692	2346
乌 海 市	Wuhai City	296	2382	1288	3630
阿拉善盟	Alashan League	476	5592	1647	4662

22–35 各盟市全体居民人均消费支出情况(2015 年)

Per Capita Expenditure of All Residents by Region(2015)

单位：元 (yuan)

地区	Region	消费支出 Consumer spending	食品 Food	衣着 Clothing	居住 Residence	生活用品及服务 Articles for daily use and service	交通和通讯 Transportation and Communications	交通 Transportation
全 区	**Autonomous Regional Total**	**17179**	**4920**	**1760**	**2919**	**1031**	**2569**	**1777**
呼和浩特市	Hohhot City	21922	5426	2371	4636	1112	3660	2779
包 头 市	Baotou City	24119	7518	3417	3453	2268	2199	1586
呼伦贝尔市	Hulunbeier City	16640	4953	1947	2601	1137	2241	1442
兴 安 盟	Xingan League	10118	3064	1023	2145	534	1353	871
通 辽 市	Tongliao City	12776	3468	1285	2289	791	1982	1242
赤 峰 市	Chifeng City	11455	3344	991	1935	727	1589	981
锡林郭勒盟	Xilinguole League	20745	7324	2236	3203	1388	2718	1796
乌兰察布市	Wulanchabu City	10747	4146	999	1673	498	1103	554
鄂尔多斯市	Erdos City	22918	5454	2233	4752	1479	4638	3732
巴彦淖尔市	Bayannaoer City	14834	4302	1575	2712	872	2109	1485
乌 海 市	Wuhai City	26085	7129	3882	3492	1888	4108	2657
阿拉善盟	Alashan League	23754	6206	2154	4303	1399	4771	3668

22-35 续表 Continued

单位：元 (yuan)

地区	Region	通讯 Communications	教育文化娱乐 Education, Cultural and Entertainment	教育 Education	文化娱乐 Cultural and Entertainment	医疗保健 Medicine and Medical Service	其它商品和服务 Other Commodities and Services
全　区	**Autonomous Regional Total**	**792**	**2067**	**1239**	**828**	**1384**	**529**
呼和浩特市	Hohhot City	881	2357	1239	1118	1518	842
包 头 市	Baotou City	613	2506	934	1572	1977	781
呼伦贝尔市	Hulunbeier City	799	1717	1210	507	1423	621
兴 安 盟	Xingan League	482	1035	729	306	769	195
通 辽 市	Tongliao City	740	1439	981	458	1185	336
赤 峰 市	Chifeng City	608	1448	1086	362	1141	280
锡林郭勒盟	Xilinguole League	922	1773	820	953	1452	651
乌兰察布市	Wulanchabu City	549	1118	794	324	1008	202
鄂尔多斯市	Erdos City	906	2132	1261	871	1536	695
巴彦淖尔市	Bayannaoer City	624	1443	996	447	1446	375
乌 海 市	Wuhai City	1451	3611	1528	2083	1180	796
阿拉善盟	Alashan League	1103	2323	1376	947	1820	777

22-36 各盟市城镇常住居民人均收入情况(2015 年)
Per Capita Income of Urban Permanent residents by Region(2015)

单位：元 (yuan)

地区	Region	可支配收入 Disposable income	工资性收入 Income of wage	经营净收入 Operational income	第一产业净收入 Net income of primary industry	农业净收入 Net income of agriculture	牧业净收入 Net income of animal husbandry
全　区	**Autonomous Regional Total**	**30594**	**18989**	**4801**	**410**	**354**	**75**
呼和浩特市	Hohhot City	37362	19926	8116	160	49	111
包 头 市	Baotou City	38098	24110	4158	38	41	
呼伦贝尔市	Hulunbeier City	26844	17391	3832	345	37	294
兴 安 盟	Xingan League	22397	12937	3659	342	235	68
通 辽 市	Tongliao City	25364	14034	5709	2588	2420	149
赤 峰 市	Chifeng City	25195	15187	5143	1260	903	310
锡林郭勒盟	Xilinguole League	30409	17584	5753	98	105	8
乌兰察布市	Wulanchabu City	24597	14668	4792	193	185	8
鄂尔多斯市	Erdos City	37432	24606	5795	630	303	333
巴彦淖尔市	Bayannaoer City	24314	14315	5495	1121	964	168
乌 海 市	Wuhai City	33968	26253	2714			
阿拉善盟	Alashan League	32253	18439	7907	238	63	151

22-36 续表 continued

单位：元 (yuan)

地区	Region	第二产业净收入 Net income of secondary industry	第三产业净收入 Net income of third industry	财产净收入 Net income of property	转移净收入 Net income of transfer
全　区	**Autonomous Regional Total**	**562**	**3830**	**1870**	**4934**
呼和浩特市	Hohhot City	1576	6380	3881	5439
包 头 市	Baotou City	414	3706	3745	6085
呼伦贝尔市	Hulunbeier City	219	3268	722	4899
兴 安 盟	Xingan League	385	2932	831	4970
通 辽 市	Tongliao City	46	3075	1006	4615
赤 峰 市	Chifeng City	815	3069	1370	3495
锡林郭勒盟	Xilinguole League	770	4885	1305	5767
乌兰察布市	Wulanchabu City	420	4179	866	4271
鄂尔多斯市	Erdos City	695	4470	4512	2519
巴彦淖尔市	Bayannaoer City	279	4095	1015	3489
乌 海 市	Wuhai City	304	2410	1319	3682
阿拉善盟	Alashan League	648	7021	1771	4137

22-37 各盟市城镇常住居民人均消费支出情况(2015 年)

Per Capita Expenditure of Urban Pernanent Residents by Region(2015)

单位：元 (yuan)

地区	Region	消费支出 Consumer spending	食品 Food	衣着 Clothing	居住 Residence	生活用品及服务 Articles for daily use and service	交通和通讯 Transportation and Communications	交通 Transportation
全　区	**Autonomous Regional Total**	**21876**	**6210**	**2474**	**3710**	**1430**	**3231**	**2236**
呼和浩特市	Hohhot City	26547	6728	2639	5390	1536	4782	3731
包 头 市	Baotou City	27269	7868	3243	3903	2150	4535	3360
呼伦贝尔市	Hulunbeier City	18565	5612	2424	2817	1347	2491	1591
兴 安 盟	Xingan League	14481	4706	1654	2685	803	1602	840
通 辽 市	Tongliao City	17308	4225	2062	3192	1196	2433	1327
赤 峰 市	Chifeng City	14597	4235	1481	2694	1077	1856	1104
锡林郭勒盟	Xilinguole League	25504	8901	2740	4087	1934	3100	1939
乌兰察布市	Wulanchabu City	15392	5553	1753	2453	893	1486	720
鄂尔多斯市	Erdos City	26069	6272	2783	5175	1766	5344	4331
巴彦淖尔市	Bayannaoer City	16741	4674	2080	2912	1132	2158	1400
乌 海 市	Wuhai City	26827	7423	4065	3614	1951	4256	2761
阿拉善盟	Alashan League	26164	6952	2498	4450	1604	5216	4080

22-37 续表 continued

单位：元 (yuan)

地区	Region	通讯 Communications	教育文化娱乐 Education, Cultural and Entertainment	教育 Education	文化娱乐 Cultural and Entertainment	医疗保健 Medicine and Medical Service	其它商品和服务 Other Commodities and Services
全　区	**Autonomous Regional Total**	**995**	**2505**	**1264**	**1241**	**1576**	**740**
呼和浩特市	Hohhot City	1051	2837	1194	1643	1814	821
包 头 市	Baotou City	1175	2947	926	2021	1444	1179
呼伦贝尔市	Hulunbeier City	900	1711	1083	628	1432	731
兴 安 盟	Xingan League	762	1399	851	548	1305	327
通 辽 市	Tongliao City	1106	2131	1417	714	1567	502
赤 峰 市	Chifeng City	752	1659	1133	526	1271	324
锡林郭勒盟	Xilinguole League	1161	2320	928	1392	1556	866
乌兰察布市	Wulanchabu City	766	1686	1068	618	1211	357
鄂尔多斯市	Erdos City	1013	2416	1287	1129	1472	841
巴彦淖尔市	Bayannaoer City	758	1629	1045	584	1602	554
乌 海 市	Wuhai City	1495	3490	1329	2160	1212	816
阿拉善盟	Alashan League	1136	2688	1516	1172	1874	882

22-38 各盟市农村牧区常住居民人均收入情况(2015 年)

Per Capita Income of Rural and Pastoral Areas Residents by Region(2015)

单位：元 (yuan)

地区	Region	可支配收入 Disposable income	工资性收入 Income of wage	经营净收入 Operational income	第一产业净收入 Net income of primary industry	农业净收入 Net income of agriculture	牧业净收入 Net income of animal-husbandry
全　区	**Autonomous Regional Total**	**10776**	**2250**	**6185**	**5500**	**3598**	**1833**
呼和浩特市	Hohhot City	13491	6493	4717	2418	1954	443
包 头 市	Baotou City	13667	4548	7656	4253	2499	1858
呼伦贝尔市	Hulunbeier City	11632	2048	6902	7363	6031	1265
兴 安 盟	Xingan League	7894	1049	5029	4398	3327	892
通 辽 市	Tongliao City	10757	1606	7329	7004	5847	1096
赤 峰 市	Chifeng City	8812	2901	4638	4182	3133	979
锡林郭勒盟	Xilinguole League	12222	1892	7408	6801	985	5755
乌兰察布市	Wulanchabu City	8428	1683	4459	4164	3059	1082
鄂尔多斯市	Erdos City	14420	2978	7932	5329	3120	1919
巴彦淖尔市	Bayannaoer City	13479	1413	10567	10117	7569	2203
乌 海 市	Wuhai City	14402	7360	3608	1477	58	1402
阿拉善盟	Alashan League	15563	1821	6650	5142	2607	2543

22-38 续表 Continued

单位：元 (yuan)

地区	Region	第二产业净收入 Net income of secondary industry	第三产业净收入 Net income of third industry	财产净收入 Net income of property	转移净收入 Net income of transfer
全 区	**Autonomous Regional Total**	**50**	**636**	**425**	**1916**
呼和浩特市	Hohhot City	339	1960	842	1439
包 头 市	Baotou City	549	2854	572	891
呼伦贝尔市	Hulunbeier City	-272	-189	641	2041
兴 安 盟	Xingan League	149	482	501	1315
通 辽 市	Tongliao City	30	295	398	1424
赤 峰 市	Chifeng City	49	407	112	1160
锡林郭勒盟	Xilinguole League	13	594	414	2508
乌兰察布市	Wulanchabu City	8	287	88	2198
鄂尔多斯市	Erdos City	253	2350	2175	1335
巴彦淖尔市	Bayannaoer City	-2	452	178	1321
乌 海 市	Wuhai City	225	1906	737	2697
阿拉善盟	Alashan League	13	1495	981	6112

22-39 各盟市农村牧区常住居民人均消费支出情况(2015 年)

Per Capita Expenditure of rural and pastoral areas permanent residents by Region(2015)

单位：元 (yuan)

地区	Region	消费支出 Consumer spending	食品 Food	衣着 Clothing	居住 Residence	生活用品及服务 Articles for daily use and service	交通和通讯 Transportation and Communications	交通 Transportation
全 区	**Autonomous Regional Total**	**10637**	**3123**	**765**	**1817**	**475**	**1647**	**1138**
呼和浩特市	Hohhot City	13223	3425	1074	3404	490	1982	1370
包 头 市	Baotou City	10099	3292	919	2214	533	1260	699
呼伦贝尔市	Hulunbeier City	11745	3332	892	2000	653	1599	1053
兴 安 盟	Xingan League	6653	2164	527	1287	296	1115	831
通 辽 市	Tongliao City	9082	2840	640	1606	455	1609	1173
赤 峰 市	Chifeng City	8922	2626	597	1323	444	1373	882
锡林郭勒盟	Xilinguole League	12343	4539	1347	1643	423	2044	1543
乌兰察布市	Wulanchabu City	7028	3011	391	1044	180	794	461
鄂尔多斯市	Erdos City	14224	3212	769	3534	705	2705	2113
巴彦淖尔市	Bayannaoer City	12551	3713	992	2489	572	2092	1609
乌 海 市	Wuhai City	13734	4019	1098	2553	859	1902	1216
阿拉善盟	Alashan League	15142	3867	1117	2398	782	3654	2861

22-39 续表 Continued

单位：元 (yuan)

地区	Region	通讯 Communications	教育文化娱乐 Education, Cultural and Entertainment	教育 Education	文化娱乐 Cultural and Entertainment	医疗保健 Medicine and Medical Service	其它商品和服务 Other Commodities and Services
全　区	**Autonomous Regional Total**	**509**	**1458**	**1204**	**254**	**1118**	**235**
呼和浩特市	Hohhot City	612	1602	1239	363	1048	198
包 头 市	Baotou City	561	962	607	355	758	161
呼伦贝尔市	Hulunbeier City	546	1603	1366	237	1301	365
兴 安 盟	Xingan League	284	628	538	90	515	121
通 辽 市	Tongliao City	436	865	617	248	868	199
赤 峰 市	Chifeng City	491	1278	1049	229	1036	245
锡林郭勒盟	Xilinguole League	501	807	630	177	1269	271
乌兰察布市	Wulanchabu City	333	686	582	104	845	77
鄂尔多斯市	Erdos City	592	1345	1036	309	1698	256
巴彦淖尔市	Bayannaoer City	483	1241	952	289	1212	240
乌 海 市	Wuhai City	687	1938	1331	607	748	616
阿拉善盟	Alashan League	793	1274	765	509	1786	265

22-40 各盟市农村基层组织情况(2015 年)
Basic Conditions of Rural Grassroots Units by Region(2015)

地 区	Region	乡镇数(个) Number of Township & Town Governments (unit)	#镇数 Town Governments	村民委员会(个) Number of Villagers' Committees (unit)	乡村户数(万户) Number of Households (10 000 households)	乡村人口数(万人) Rural Population (10 000 persons)	乡村从业人员(万人) Number of Rural Employers (10 000 persons)	男 Male	女 Female
呼和浩特市	Hohhot City	40	23	962	35.86	111.14	61.45	34.72	26.73
包头市	Baotou City	39	29	545	19.58	54.74	32.57	18.65	13.92
呼伦贝尔市	Hulunbeier City	93	56	790	37.67	114.60	62.98	35.50	27.47
兴安盟	Xingan League	56	36	866	34.68	116.45	61.36	34.08	27.28
通辽市	Tongliao City	85	56	2092	68.20	240.58	127.69	70.15	57.54
赤峰市	Chifeng City	123	77	2057	116.75	359.94	193.55	105.13	88.42
锡林郭勒盟	Xilinguole League	61	25	845	15.18	46.60	29.08	15.26	13.82
乌兰察布市	Wulanchabu City	86	41	1342	47.24	145.82	85.30	48.46	36.85
鄂尔多斯市	Erdos City	42	34	735	20.40	55.57	40.45	21.74	18.70
巴彦淖尔市	Bayannaoer City	53	40	650	31.88	108.99	60.94	33.26	27.68
乌海市	Wuhai City	5	5	13	0.75	2.11	1.46	0.85	0.61
阿拉善盟	Alashan League	30	15	198	2.69	7.36	4.71	2.50	2.20

注：本表中各盟市乡镇个数不包括城关镇、城市街道办事处、工矿区。

a)The number of Township in This Table are not including County seats、Street agencies、Mining areas。

22-41 各盟市乡村年末从业人员(2015 年)

Rural Employers Force by Sector at Year-end by Region(2015)

单位：人 (person)

地区	Region	农林牧渔业 Farming Forestry Animal Husbandry and Fishery	工业 Industry	建筑业 Construction	交通运输仓储业和邮政业 Transportation, Storage and Postal Services	信息传输、计算机服务和软件业 Information Transmission, Computer Service & Computer Software	批发与零售业 Wholesale & Retail Trade	住宿和餐饮业 Quarters and Catering	其他行业 Others
呼和浩特市	Hohhot City	357239	43800	76614	29284	6193	40861	32665	27832
包头市	Baotou City	212540	24637	23133	14225	1775	23268	14193	11922
呼伦贝尔市	Hulunbeier City	490170	29851	24862	15578	4216	28838	19331	16909
兴安盟	Xingan League	493110	23368	23792	6808	8095	21326	16730	20397
通辽市	Tongliao City	967983	58775	88112	17900	8170	48953	39151	47893
赤峰市	Chifeng City	1353543	124746	209281	46577	10640	81589	42182	66928
锡林郭勒盟	Xilinguole League	243566	4500	11161	4652	729	6711	9012	10446
乌兰察布市	Wulanchabu City	658204	25630	76886	17683	1970	21782	18642	32246
鄂尔多斯市	Erdos City	310272	18188	15793	19317	2342	18708	15882	3957
巴彦淖尔市	Bayannaoer City	528139	18546	8743	7857	1148	23295	10023	11697
乌海市	Wuhai City	8681	1593	2038	688	38	478	506	551
阿拉善盟	Alashan League	40546	454	352	1154	64	717	1329	2453

22-42 各盟市农林牧渔业总产值(2015 年)

Gross Output Value of Farming, Forestry, Animal Husbandry and Fishery by Region(2015)

单位：万元 (10 000 yuan)

地区	Region	农林牧渔业总产值 Total	农业 Farming	林业 Forestry	牧业 Animal Husbandry	渔业 Fishery	农林牧渔服务业 Agricultural Services
呼和浩特市	Hohhot City	2252770	709657	29758	1459953	29091	24310
包头市	Baotou City	1801553	617058	9536	1140156	12325	22478
呼伦贝尔市	Hulunbeier City	4395981	2390993	298253	1532165	110657	63913
兴安盟	Xingan League	2108237	1161171	75482	825466	18339	27778
通辽市	Tongliao City	4507706	2669143	124927	1641892	21754	49990
赤峰市	Chifeng City	4620972	2762624	193489	1565730	27946	71183
锡林郭勒盟	Xilinguole League	1915861	518850	24119	1341563	3031	28298
乌兰察布市	Wulanchabu City	2297741	1065752	72274	1098729	10504	50482
鄂尔多斯市	Erdos City	1699369	810438	74007	756598	24293	34033
巴彦淖尔市	Bayannaoer City	2779851	1605026	78142	1008863	45560	42259
乌海市	Wuhai City	83078	34805	3111	42270	809	2084
阿拉善盟	Alashan League	205128	105576	11841	79992	2290	5427

注:本表绝对数按当年价格计算。

a)Data in value terms in this table are calculated at current prices.

22-43 各盟市造林及农作物播种面积(2015年)
Afforested Area and Sown Area of Farm Crops by Region(2015)

单位：千公顷 (1 000 hectares)

地区	Region	造林面积 Afforested Area	农作物总播种面积 Total Sown Area	#粮食作物播种面积 Sown Area of Grain Crops	有效灌溉面积 Irrigated Area
呼和浩特市	Hohhot City	36.84	461.52	327.88	210.34
包头市	Baotou City	36.83	320.70	223.25	127.64
呼伦贝尔市	Hulunbeier City	39.49	1619.25	1362.02	254.41
兴安盟	Xingan League	63.43	831.41	754.92	324.46
通辽市	Tongliao City	91.55	1174.76	951.65	644.43
赤峰市	Chifeng City	73.98	1187.54	921.59	412.29
锡林郭勒盟	Xilinguole League	51.69	228.00	154.89	34.21
乌兰察布市	Wulanchabu City	50.08	669.06	488.64	175.04
鄂尔多斯市	Erdos City	69.99	410.84	246.89	244.3
巴彦淖尔市	Bayannaoer City	60.02	600.89	270.97	652.72
乌海市	Wuhai City	0.18	7.06	4.64	7.06
阿拉善盟	Alashan League	86.87	56.86	19.33	

22-44 各盟市农业机械总动力和农村用电量及化肥施用量(2015年)
Total Power of Agricultural Machinery, Electricity Consumed in Rural Area and Consumption of Chemical Fertilizer by Region(2015)

地区	Region	农业机械总动力(万千瓦) Total Power of Agricultural Machinery (10 000 kw)	农村用电量(万千瓦小时) Electricity Consumed in Rural Area (10 000 kwh)	农药使用量(吨) Consumption of Pesticide (ton)	化肥施用量(折纯量)(吨) Consumption of Chemical Fertilizer (ton)
呼和浩特市	Hohhot City	258.91	50394	397	122702
包头市	Baotou City	164.80	36595	827	77262
呼伦贝尔市	Hulunbeier City	450.53	38931	9514	272324
兴安盟	Xingan League	429.56	34125	4746	298548
通辽市	Tongliao City	676.87	118988	8581	659502
赤峰市	Chifeng City	608.72	242021	4046	347877
锡林郭勒盟	Xilinguole League	158.17	10967	596	17841
乌兰察布市	Wulanchabu City	219.32	32505	858	97472
鄂尔多斯市	Erdos City	313.09	83161	1584	121077
巴彦淖尔市	Bayannaoer City	485.10	52456	1485	255997
乌海市	Wuhai City	8.67	3299	29	3734
阿拉善盟	Alashan League	31.36	19170	298	19147

22-45 各盟市主要农产品产量(2015 年)

Yield of Major Farm Crops by Region(2015)

单位：万吨 (10 000 tons)

地区	Region	粮食 Grain	谷物 Cereal	#小麦 Wheat	#玉米 Corn	豆类 Beans	薯类 Tubers	油料 Oil-bearing Crops
呼和浩特市	Hohhot City	130.25	114.82	6.37	102.87	1.25	14.18	9.58
包头市	Baotou City	105.65	96.36	6.39	88.87	0.07	9.22	5.98
呼伦贝尔市	Hulunbeier City	621.20	506.91	111.18	370.25	91.68	22.61	33.48
兴安盟	Xingan League	435.15	424.05	9.89	379.55	9.39	1.71	11.68
通辽市	Tongliao City	690.20	685.89	1.61	651.46	2.67	1.63	10.61
赤峰市	Chifeng City	516.00	500.00	11.87	418.03	3.37	12.63	14.50
锡林郭勒盟	Xilinguole League	36.75	12.95	8.50	2.47	0.08	23.72	2.35
乌兰察布市	Wulanchabu City	100.55	40.87	8.52	27.05	1.66	58.02	13.69
鄂尔多斯市	Erdos City	147.00	132.79	1.31	130.10	0.45	13.76	11.87
巴彦淖尔市	Bayannaoer City	214.90	214.30	22.42	191.55	0.09	0.51	77.51
乌海市	Wuhai City	4.10	4.08	0.29	3.60		0.02	0.17
阿拉善盟	Alashan League	17.95	17.93	0.60	17.21		0.02	2.16

22-46 各盟市大牲畜年中数(2015 年)

Number of Large Animals at the Middle of Year by Region(2015)

单位：万头 (10 000 heads)

地区	Region	大牲畜 Large Animals	牛 Cattle and Buffalos	马 Horses	驴 Donkeys	骡 Mules	骆驼 Camels
呼和浩特市	Hohhot City	62.10	58.84	0.14	1.69	1.42	0.01
包头市	Baotou City	26.00	22.25	1.57	1.41	0.46	0.31
呼伦贝尔市	Hulunbeier City	225.68	200.00	24.10	1.05	0.24	0.29
兴安盟	Xingan League	78.68	69.72	6.09	2.85	0.03	
通辽市	Tongliao City	345.42	302.44	14.99	22.82	5.15	0.02
赤峰市	Chifeng City	333.91	242.30	13.64	69.56	8.27	0.14
锡林郭勒盟	Xilinguole League	162.12	139.07	21.10	0.38	0.01	1.56
乌兰察布市	Wulanchabu City	41.76	34.59	1.81	2.92	1.53	0.92
鄂尔多斯市	Erdos City	38.11	32.74	1.45	1.84	1.43	0.65
巴彦淖尔市	Bayannaoer City	28.58	19.86	1.62	2.15	2.29	2.65
乌海市	Wuhai City	0.47	0.37	0.05	0.04	0.01	
阿拉善盟	Alashan League	15.43	3.78	0.23	0.17	0.01	11.25

22-47 各盟市大牲畜年末数(2015年)

Number of Large Animals at Year-end by Region(2015)

单位：万头 (10 000 heads)

地区	Region	大牲畜 Large Animals	牛 Cattle and Buffalos	马 Horses	驴 Donkeys	骡 Mules	骆驼 Camels
呼和浩特市	Hohhot City	64.02	61.34	0.14	1.53	1.00	0.02
包头市	Baotou City	28.33	25.56	1.52	0.81	0.24	0.20
呼伦贝尔市	Hulunbeier City	123.64	101.13	20.93	0.99	0.30	0.29
兴安盟	Xingan League	60.67	51.28	4.99	4.37	0.04	
通辽市	Tongliao City	197.72	154.81	22.04	15.27	5.59	0.02
赤峰市	Chifeng City	203.18	118.01	15.73	59.11	10.23	0.10
锡林郭勒盟	Xilinguole League	103.37	82.77	18.56	0.50	0.01	1.53
乌兰察布市	Wulanchabu City	40.66	35.77	1.01	2.12	1.21	0.55
鄂尔多斯市	Erdos City	26.42	21.90	1.02	1.74	1.45	0.31
巴彦淖尔市	Bayannaoer City	23.13	15.35	1.49	1.89	2.41	2.00
乌海市	Wuhai City	0.49	0.40	0.04	0.04	0.01	
阿拉善盟	Alashan League	12.94	2.65	0.22	0.17	0.02	9.88

22-48 各盟市羊和猪年中数(2015年)

Number of Sheep, Goats and Hogs at the Middle of Year by Region(2015)

单位：万只(头) (10 000 heads)

地区	Region	羊 Sheep and Goats	绵羊 Sheep	山羊 Goats	生猪 Hogs
呼和浩特市	Hohhot City	287.62	213.62	74.00	32.75
包头市	Baotou City	374.07	258.00	116.07	33.76
呼伦贝尔市	Hulunbeier City	1715.12	1503.07	212.05	195.86
兴安盟	Xingan League	1182.48	1007.63	174.85	82.08
通辽市	Tongliao City	1234.88	729.36	505.52	531.26
赤峰市	Chifeng City	1593.76	1325.77	268.00	357.41
锡林郭勒盟	Xilinguole League	1386.45	1287.71	98.74	7.10
乌兰察布市	Wulanchabu City	687.82	642.53	45.29	84.15
鄂尔多斯市	Erdos City	1108.62	501.52	607.10	103.82
巴彦淖尔市	Bayannaoer City	995.82	740.79	255.03	57.41
乌海市	Wuhai City	10.92	4.58	6.34	3.65
阿拉善盟	Alashan League	158.94	52.22	106.72	1.73

22-49 各盟市羊和猪年末数(2015 年)

Number of Sheep, Goats and Hogs at Year-end by Region(2015)

单位：万只(头)　　(10 000 heads)

地区	Region	羊 Sheep and Goats	绵羊 Sheep	山羊 Goats	生猪 Hogs	肉猪出栏头数 Slaughtered Fattened Hogs
呼和浩特市	Hohhot City	179.41	128.21	51.19	26.16	37.32
包头市	Baotou City	212.22	140.20	72.02	25.12	55.55
呼伦贝尔市	Hulunbeier City	792.52	684.67	107.85	32.77	50.42
兴安盟	Xingan League	568.55	423.56	144.99	67.02	105.24
通辽市	Tongliao City	700.03	388.21	311.83	247.78	327.02
赤峰市	Chifeng City	695.30	532.47	162.83	118.10	166.53
锡林郭勒盟	Xilinguole League	622.16	576.02	46.13	4.80	10.00
乌兰察布市	Wulanchabu City	462.08	424.84	37.24	39.30	54.26
鄂尔多斯市	Erdos City	699.42	263.34	436.08	40.53	72.46
巴彦淖尔市	Bayannaoer City	746.85	549.68	197.17	39.33	38.78
乌海市	Wuhai City	9.01	3.02	5.98	2.80	10.83
阿拉善盟	Alashan League	112.57	35.84	76.73	1.63	2.21

22-50 各盟市主要畜产品产量(2015 年)

Output of Major Livestock Products by Region(2015)

地区	Region	肉类产量(吨) Output of Meat (ton)	#猪牛羊肉 Output of Pork, Beef and Mutton	猪肉 Pork	牛肉 Beef	羊肉 Mutton	奶类(吨) Milk (ton)	#牛奶 Cow Milk
呼和浩特市	Hohhot City	104064	96157	27990	33134	35033	2872448	2872088
包头市	Baotou City	163509	155484	46393	39759	69332	982710	982603
呼伦贝尔市	Hulunbeier City	263629	246010	38321	98016	109673	1279137	1270812
兴安盟	Xingan League	198644	182306	84722	23423	74161	458261	458261
通辽市	Tongliao City	517433	438816	261615	105203	71998	421889	385622
赤峰市	Chifeng City	463618	319464	130000	98487	90977	392222	392208
锡林郭勒盟	Xilinguole League	266097	257397	8136	116137	133124	624742	605680
乌兰察布市	Wulanchabu City	225737	207329	44818	29411	133100	644851	644801
鄂尔多斯市	Erdos City	160506	153575	55067	14821	83687	162350	136203
巴彦淖尔市	Bayannaoer City	206955	195817	32573	8466	154778	422810	422810
乌海市	Wuhai City	13907	13020	9691	520	2809	2072	2072
阿拉善盟	Alashan League	16467	13730	1820	582	11328	36321	36271

22-50 续表 continued

地区	Region	绵羊毛(吨) Sheep Wool (ton)	山羊毛(吨) Goat Wool (ton)	#山羊绒(吨) Cashmere (ton)	牛皮(万张) Cattle hide (10 000 pieces)	羊皮(万张) Sheep skin (10 000 pieces)	禽蛋(吨) Poultry Eggs (ton)
呼和浩特市	Hohhot City	4302	665	287	19.50	214.57	33520
包头市	Baotou City	3453	614	279	24.39	418.09	27286
呼伦贝尔市	Hulunbeier City	25361	1573	685	54.64	672.33	42276
兴安盟	Xingan League	9452	2220	773	12.02	451.29	21584
通辽市	Tongliao City	11260	5583	1241	57.59	342.05	59937
赤峰市	Chifeng City	30287	1955	1018	57.25	444.41	342023
锡林郭勒盟	Xilinguole League	13084	279	240	54.84	678.55	4998
乌兰察布市	Wulanchabu City	9051	88	73	18.70	871.72	14764
鄂尔多斯市	Erdos City	12163	4307	2783	8.99	439.46	7279
巴彦淖尔市	Bayannaoer City	8869	809	728	5.78	946.74	8609
乌海市	Wuhai City	58	102	13	0.31	16.81	3260
阿拉善盟	Alashan League	355	449	261	0.38	48.23	251

22-51 各盟市规模以上工业企业单位数和工业总产值(2015 年)

Number of above Designated Size Industrial Enterprises and Their Gross Output Value by Region(2015)

单位：个、万元　　(unit)(10 000 yuan)

地区	Region	规模以上企业 Enterprises above Designated Size		#国有及国有控股企业 State-owned Enterprises	
		企业单位数 Number of Enterprises	总产值(当年价格) Gross Output Value (At Current Prices)	企业单位数 Number of Enterprises	总产值(当年价格) Gross Output Value (At Current Prices)
呼和浩特市	Hohhot City	277	16675793	58	7832509
包头市	Baotou City	658	29796976	90	8130214
呼伦贝尔市	Hulunbeier City	419	13059948	78	4112744
兴安盟	Xingan League	206	4023239	24	658858
通辽市	Tongliao City	609	24830033	64	3897716
赤峰市	Chifeng City	556	20756397	75	6864524
锡林郭勒盟	Xilinguole League	392	9479019	71	3480349
乌兰察布市	Wulanchabu City	339	9992752	52	2845795
鄂尔多斯市	Erdos City	384	43412880	74	12517055
巴彦淖尔市	Bayannaoer City	287	8734244	35	1553541
乌海市	Wuhai City	147	3819934	19	1437138
阿拉善盟	Alashan League	122	5108908	21	994367

22-51 续表 1 continued

单位：个、万元 (unit)(10 000 yuan)

地区	Region	轻工业 Enterprises of Light Industry		重工业 Enterprises of Heavy Industry	
		企业单位数 Number of Enterprises	总产值（当年价格） Gross Output Value (At Current Prices)	企业单位数 Number of Enterprises	总产值（当年价格） Gross Output Value (At Current Prices)
呼和浩特市	Hohhot City	119	7832886	158	8842906
包头市	Baotou City	83	2028971	575	27768005
呼伦贝尔市	Hulunbeier City	161	4611973	258	8447975
兴安盟	Xingan League	92	2175535	114	1847705
通辽市	Tongliao City	228	9502862	381	15327172
赤峰市	Chifeng City	172	4559029	384	16197368
锡林郭勒盟	Xilinguole League	154	2225044	238	7253975
乌兰察布市	Wulanchabu City	82	1897655	257	8095097
鄂尔多斯市	Erdos City	35	2196888	349	41215992
巴彦淖尔市	Bayannaoer City	119	3724103	168	5010141
乌海市	Wuhai City	5	42418	142	3777516
阿拉善盟	Alashan League	10	212066	112	4896842

22-51 续表 2 continued

单位：个、万元 (unit) (10 000 yuan)

地区	Region	大型企业 Large Enterprises		中型企业 Medium-sized Enterprises		小型企业 Small Enterprises	
		企业单位数 Number of Enterprises	总产值（当年价格） Gross Output Value (At Current Prices)	企业单位数 Number of Enterprises	总产值（当年价格） Gross Output Value (At Current Prices)	企业单位数 Number of Enterprises	总产值（当年价格） Gross Output Value (At Current Prices)
呼和浩特市	Hohhot City	14	7946700	52	5582060	187	2459167
包头市	Baotou City	24	8792053	110	8127659	472	12398771
呼伦贝尔市	Hulunbeier City	11	3532486	50	3130429	332	6231395
兴安盟	Xingan League	1	261183	22	1152985	159	2460970
通辽市	Tongliao City	12	4067978	75	6615884	480	14008204
赤峰市	Chifeng City	18	6369120	79	6031497	434	8014588
锡林郭勒盟	Xilinguole League	6	1507194	33	1967542	282	5560654
乌兰察布市	Wulanchabu City	5	686179	30	2081584	264	6079193
鄂尔多斯市	Erdos City	33	18236696	76	14447776	256	10524172
巴彦淖尔市	Bayannaoer City	5	915203	36	3043374	182	3884326
乌海市	Wuhai City	7	1503755	29	1016135	89	996010
阿拉善盟	Alashan League	4	2182316	28	1948633	65	904510

22-52 各盟市规模以上工业企业主要指标(2015 年)

Main Indicators of Industrial Enterprises above Designed Size by Region(2015)

单位：万元　(10 000 yuan)

地 区	Region	资产合计 Total Assets	负债合计 Total Liabilities	主营业务收入 Revenue of main business	利润总额 Total Profits
呼和浩特市	Hohhot City	26204433	16889124	17198446	716003
包 头 市	Baotou City	48244143	30641737	28988794	327869
呼伦贝尔市	Hulunbeier City	17619556	11678214	11996954	752318
兴 安 盟	Xingan League	4301768	2646916	3687687	295156
通 辽 市	Tongliao City	18511634	8381287	24514466	1443792
赤 峰 市	Chifeng City	16564093	10450926	19750526	720448
锡林郭勒盟	Xilinguole League	17494280	13498145	8774410	180226
乌兰察布市	Wulanchabu City	13525724	9659532	8505620	244303
鄂尔多斯市	Erdos City	82829520	47726221	42596448	5211067
巴彦淖尔市	Bayannaoer City	11667006	8040005	7375891	124946
乌 海 市	Wuhai City	15266512	11473200	3505968	-136298
阿拉善盟	Alashan League	8353604	6544160	4054627	404889

22-53 各盟市规模以上工业企业主要指标(2015 年)

Main Indicators of Industrial Enterprises above Designed Size by Region(2015)

单位：万元　(10 000 yuan)

地 区	Region	所有者权益 Creditors Equity	营业利润 Operating prifits	流动资产合计 Circulating Funds	固定资产合计 Total Fixed Assets
呼和浩特市	Hohhot City	9061556	589089	10061610	9270747
包 头 市	Baotou City	17597807	1169081	18475027	13099163
呼伦贝尔市	Hulunbeier City	5941341	758684	4878472	9840396
兴 安 盟	Xingan League	1635118	430578	1225446	2446169
通 辽 市	Tongliao City	10062033	2709607	4279549	12308838
赤 峰 市	Chifeng City	6045187	663030	5297978	8810319
锡林郭勒盟	Xilinguole League	3996132	266961	3394185	10365374
乌兰察布市	Wulanchabu City	3845654	361101	3465558	7522423
鄂尔多斯市	Erdos City	35102716	5231159	27571309	35713027
巴彦淖尔市	Bayannaoer City	3619309	107990	3989983	6228434
乌 海 市	Wuhai City	3793310	-90773	6426931	5145299
阿拉善盟	Alashan League	1728847	382385	3268618	3110217

22-54 各盟市规模以上工业增加值增速(2015 年)

Value-added Growth of Above-scale Industry by Region(2015)

单位：%　　　　(%)

地 区	Region	规模以上工业增加值增速 Value-added Growth of Above-scale Industry	#轻工业 Light Industry	重工业 Heavy Industry	#国有及国有控股企业 State-owned or Controlling Share Hold Industry	#大中型企业 Large and Medium sized enterprises
全　区	**Autonomous Regional Total**	**8.6**	**11.3**	**8.0**	**3.2**	**7.3**
呼和浩特市	Hohhot City	10.0	14.4	6.4	5.0	8.7
包 头 市	Baotou City	10.0	8.5	10.1	-2.5	7.2
呼伦贝尔市	Hulunbeier City	9.0	12.5	7.4	8.5	6.6
兴 安 盟	Xingan League	11.0	11.5	10.1	6.7	10.4
通 辽 市	Tongliao City	9.1	8.1	9.8	5.4	16.7
赤 峰 市	Chifeng City	9.1	8.0	9.4	6.8	12.0
锡林郭勒盟	Xilinguole League	9.6	8.2	9.8	6.2	5.1
乌兰察布市	Wulanchabu City	9.6	13.2	8.9	-1.2	16.6
鄂尔多斯市	Erdos City	9.6	8.9	9.7	0.1	4.4
巴彦淖尔市	Bayannaoer City	9.1	10.3	8.4	6.8	8.9
乌 海 市	Wuhai City	7.3	46.0	6.8	54.0	27.7
阿拉善盟	Alashan League	8.2	3.0	8.4	6.5	12.1

22-55 各盟市主要工业产品产量(2015 年)

Output of Major Industrial Products by Region(2015)

地 区	Region	白酒 (千升) Liquor (1000 litres)	糖 (吨) Sugar (ton)	液体乳 (万吨) Milk (10000 tons)	机制纸及纸板(吨) Machine-made Paper and Paperboards (ton)	原 油 (吨) Crude Oil (ton)	原 煤 (万吨) Coal (10 000 tons)	发电量 (亿千瓦小时) Electricity (100 million kwh)
呼和浩特市	Hohhot City	2037.00		164.72	61534		352.19	436.95
包 头 市	Baotou City	7046.00		15.64	7026		1920.63	454.20
呼伦贝尔市	Hulunbeier City	152219.20		2.31	54685	440201	8255.86	332.76
兴 安 盟	Xingan League	54454.00		9.93			107.37	46.62
通 辽 市	Tongliao City	271567.90	358170	13.17			5137.82	381.34
赤 峰 市	Chifeng City	87204.50	216909	9.84			2406.55	230.34
锡林郭勒盟	Xilinguole League	32689.90		7.39		1229693	8365.64	347.39
乌兰察布市	Wulanchabu City	34768.60	98200	22.66				441.96
鄂尔多斯市	Erdos City	28944.10					61693.08	827.52
巴彦淖尔市	Bayannaoer City	18863.50		30.70		118378		158.36
乌 海 市	Wuhai City	156.00					1465.46	192.47
阿拉善盟	Alashan League						1252.43	70.03

注：各盟市发电量为 6000 千瓦以上机组发电量。
Electricity generation is 6000-kilowatt above by Region.

22-55 续表 continued

地 区	Region	焦 炭(万吨) Coke (10 000 tons)	钢(万吨) Steel (10 000 tons)	生 铁(万吨) Pig Iron (10 000 tons)	成品钢材(万吨) Steel Products (10 000 tons)	水 泥(万吨) Cement (10 000 tons)	化 肥(万吨) Chemical Fertilizer (10 000 tons)
呼和浩特市	Hohhot City	35.73				573.17	32.28
包 头 市	Baotou City	576.43	1479.68	1383.32	1406.99	544.20	
呼伦贝尔市	Hulunbeier City		7.26			607.53	28.56
兴 安 盟	Xingan League		61.10	60.47	60.26	342.56	6.00
通 辽 市	Tongliao City					1067.47	
赤 峰 市	Chifeng City	130.27	187.07		319.67	503.89	34.25
锡林郭勒盟	Xilinguole League					534.79	
乌兰察布市	Wulanchabu City					934.97	
鄂尔多斯市	Erdos City	779.78		17.62	82.51	429.06	183.73
巴彦淖尔市	Bayannaoer City	220.51			27.75	98.15	8.15
乌 海 市	Wuhai City	968.57				94.92	
阿拉善盟	Alashan League	329.70				100.04	

22-56 各盟市建筑业企业情况(2015 年)
Main Indicators on Construction Enterprises by Region(2015)

地 区	Region	企业单位数(个) Enterprises (unit)	# 国有 State-owned	# 集体 Collective owned	从业人员(人) Persons Employed (person)	# 国有 State-owned	# 集体 Collective owned	建筑业总产值(万元) Gross Output Value (10 000 yuan)	# 国有 State-owned	# 集体 Collective owned
呼和浩特市	Hohhot City	172	3		49949	1524		2008147	12212	
包 头 市	Baotou City	99			43842			1845439		
呼伦贝尔市	Hulunbeier City	72			20943			1335976		
兴 安 盟	Xingan League	37			7034			506860		
通 辽 市	Tongliao City	57	1		16361	725		538834	52109	
赤 峰 市	Chifeng City	137		1	53116		22	1704287		180
锡林郭勒盟	Xilinguole League	34			4028			147462		
乌兰察布市	Wulanchabu City	39			11675			486738		
鄂尔多斯市	Erdos City	193	3		42884	299		1540324	12571	
巴彦淖尔市	Bayannaoer City	57			15291			437041		
乌 海 市	Wuhai City	41			19165			586038		
阿拉善盟	Alashan League	17			2153			94978		

22-57 各盟市房屋建筑面积(2015年)
Floor Space of Building by Region(2015)

单位：万平方米 (10 000 sq.m)

地区	Region	房屋建筑面积 Floor Space of Building Construction			国有 State-owned		集体 Collective-owned	
		施工面积 Floor Space Under Construction	竣工面积 Floor Space Completed	#住宅 Residential Buildings	施工面积 Floor Space Under Construction	竣工面积 Floor Space Completed	施工面积 Floor Space Under Construction	竣工面积 Floor Space Completed
呼和浩特市	Hohhot City	1393.53	430.26	266.66	8.47			
包头市	Baotou City	1379.37	370.58	288.24				
呼伦贝尔市	Hulunbeier City	722.57	589.84	467.10				
兴安盟	Xingan League	438.07	105.10	85.95				
通辽市	Tongliao City	392.56	212.81	158.70				
赤峰市	Chifeng City	1064.06	744.47	559.20				
锡林郭勒盟	Xilinguole League	133.38	82.47	61.08				
乌兰察布市	Wulanchabu City	565.63	201.65	182.14				
鄂尔多斯市	Erdos City	223.08	120.89	71.67	2.90	2.90		
巴彦淖尔市	Bayannaoer City	376.97	154.42	128.53				
乌海市	Wuhai City	261.90	76.12	69.22				
阿拉善盟	Alashan League	19.36	10.34	5.32				

22-58 各盟市城镇自来水情况(2015年)
Basic Statistics on Tap Water Supply in Towns and Cities by Region(2015)

地区	Region	年末供水管道长度(公里) Length of Water Supply Pipelines (year-end)(km)	全年供水总量(万吨) Total Annual Volume of Water Supply (10 000 tons)	#生产运营用水 For Productive Use	#生活用水 For Residential Use	用水人口(万人) Number of Residents with Access to Tap water (10 000 persons)
总计	**Total**	**9214**	**74788**	**26209**	**33577**	**862.07**
呼和浩特市	Hohhot City	811	13081	3726	6248	188.00
包头市	Baotou City	1750	17909	8345	6139	187.55
呼伦贝尔市	Hulunbeier City	1111	7610	3084	3529	87.46
兴安盟	Xingan League	330	2707	670	1489	28.88
通辽市	Tongliao City	948	6036	1738	2873	56.61
赤峰市	Chifeng City	1283	11397	6493	3775	94.56
锡林郭勒盟	Xilinguole League	762	2117	414	1048	27.00
乌兰察布市	Wulanchabu City	529	2645	499	1528	43.96
鄂尔多斯市	Erdos City	808	3774	350	2921	52.21
巴彦淖尔市	Bayannaoer City	463	2252	312	1275	39.77
乌海市	Wuhai City	420	5260	579	2751	56.07
阿拉善盟	Alashan League					

22-59 各盟市城镇煤气、液化石油气、天然气(2015 年)

Basic Statistics on Supply of Gas, Liquefied Petroleum Gas and Natural Gas in Towns and Cities by Region(2015)

地区	Region	煤气供气量(万立方米) Coal Gas Supply (10 000 cu.m)	#家庭用量 For Residential Use	天然气供气量(万立方米) Natural Gas Supply (10 000 cu.m)	#家庭用量 For Residential Use	液化石油气供气量(吨) Liquefied Petroleum Gas Supply (ton)	#家庭用量 For Residential Use
总计	**Total**	**3090**	**2240**	**133207**	**22595**	**57950**	**53755**
呼和浩特市	Hohhot City			50728	6386		
包头市	Baotou City	3090	2240	51000	6843	6775	6763
呼伦贝尔市	Hulunbeier City			1246	730	17002	15843
兴安盟	Xingan League			1003	52	5408	5408
通辽市	Tongliao City			1967	683	3737	3061
赤峰市	Chifeng City			2313	1515	15816	14230
锡林郭勒盟	Xilinguole League			2421	90	3910	3630
乌兰察布市	Wulanchabu City			3414	603	4652	4170
鄂尔多斯市	Erdos City			11131	2942	650	650
巴彦淖尔市	Bayannaoer City			3686	905		
乌海市	Wuhai City			4298	1847		
阿拉善盟	Alashan League						

22-60 各盟市城镇市政工程(2015 年)

Basic Statistics on Municipal Engineering in Towns and Cities by Region(2015)

地区	Region	污水排放量(万吨) Volume of Waste Water Discharged (10 000 tons)	城市污水日处理能力(万吨) Daily Disposal Capacity of Sewage (10 000 tons)	排水管道长度(公里) Length of Sewer Pipelines (km)	生活垃圾清运量(万吨) Volume of Garbage Disposal (10 000 tons)	生活垃圾无害化处理量(万吨) Volume of Garbage Treated (10 000 tons)
总计	**Total**	**59052**	**202.0**	**12542**	**329.1**	**321.6**
呼和浩特市	Hohhot City	10465	30.0	1996	59.3	59.3
包头市	Baotou City	10657	45.2	2207	52.3	50.7
呼伦贝尔市	Hulunbeier City	6310	11.9	1129	40.2	38.9
兴安盟	Xingan League	1975	7.0	430	17.9	17.7
通辽市	Tongliao City	7138	25.0	1113	21.5	20.6
赤峰市	Chifeng City	9379	26.6	840	42.0	41.3
锡林郭勒盟	Xilinguole League	1485	5.5	626	15.6	15.6
乌兰察布市	Wulanchabu City	2261	9.8	561	20.7	19.8
鄂尔多斯市	Erdos City	3119	15.5	2169	22.4	21.5
巴彦淖尔市	Bayannaoer City	2045	17.0	1181	16.0	16.0
乌海市	Wuhai City	4218	8.5	290	21.2	20.3
阿拉善盟	Alashan League					

22-61 各盟市年末公路运输线路长度和运量(2015 年)

Length of Highways for Transportation Routes and Traffic by Region(End of 2015)

地 区	Region	公路里程(公里) Total Length of Highways (km)	等级路 Expre-ssway & Class I to IV Highway	等外路 Highway Below Class IV	客运量(万人) Passenger Traffic (10 000 persons)	旅客周转量(万人公里) Passenger-Kilometers (10 000 passenger-km)	货运量(万吨) Freight Traffic (10 000 tons)	货物周转量(万吨公里) Freight Ton -Kilometers (10 000 ton-km)
呼和浩特市	Hohhot City	7219	6938	281	551	149908	15440	3009718
包 头 市	Baotou City	6915	5907	1008	581	139018	27255	5171293
呼伦贝尔市	Hulunbeier City	23489	22336	1153	1498	170098	9225	1822958
兴 安 盟	Xingan League	11399	11226	173	489	90562	3299	670727
通 辽 市	Tongliao City	19036	17650	1386	1583	206376	8502	1655081
赤 峰 市	Chifeng City	24827	24003	824	3187	298556	12390	2559435
锡林郭勒盟	Xilinguole League	19212	18658	554	348	135838	3878	720742
乌兰察布市	Wulanchabu City	13459	13434	25	399	53689	5842	1246396
鄂尔多斯市	Erdos City	19162	17660	1502	698	161333	15947	2056624
巴彦淖尔市	Bayannaoer City	20762	16233	4529	1463	150432	8135	1858640
乌 海 市	Wuhai City	923	921	2	148	24868	5386	763651
阿拉善盟	Alashan League	8971	8801	170	74	22766	4200	864375

22-62 各盟市邮政业务基本情况(2015 年)

Basic Conditions of Post Services by Region(2015)

地 区	Region	邮政业务总量(万元) Business Volume of Post Service (10 000 yuan)	函 件(万件) Number of Letters (10 000 Pcs)	报刊期发数(万份) Newspapers and Magazines Circulation (10 000 copies)	邮政局所总数(处) Number of Post and Telecommunications Offices (unit)
呼和浩特市	Hohhot City	95197	670	32	118
包 头 市	Baotou City	22405	84	19	106
呼伦贝尔市	Hulunbeier City	14040	152	17	180
兴 安 盟	Xingan League	7730	39	8	109
通 辽 市	Tongliao City	13608	32	18	128
赤 峰 市	Chifeng City	27485	198	32	296
锡林郭勒盟	Xilinguole League	7840	106	14	122
乌兰察布市	Wulanchabu City	10313	28	12	151
鄂尔多斯市	Erdos City	12891	81	18	105
巴彦淖尔市	Bayannaoer City	11956	47	13	129
乌 海 市	Wuhai City	6124	10	6	29
阿拉善盟	Alashan League	2718	8	5	32

22-63 各盟市社会消费品零售总额(2015 年, 按销售单位所在地分)

Total Retail Sale of Consumer Goods by Location of Retailers by Region(2015)

单位：万元 (10 000 yuan)

地 区	Region	社会消费品零售总额 Total Retail Sales of Consumer Goods	城镇 Cities and towns			乡村 Villages
				城区 Cities	镇区 Towns	
呼和浩特市	Hohhot City	13535272	12301491	11493975	807516	1233781
包 头 市	Baotou City	12765735	12448319	10944647	1503672	317416
呼伦贝尔市	Hulunbeier City	5458753	4995311	4110768	884543	463442
兴 安 盟	Xingan League	2096773	1738855	1146544	592311	357918
通 辽 市	Tongliao City	4693171	3519291	1854185	1665106	1173880
赤 峰 市	Chifeng City	6370823	5221954	3510997	1710957	1148869
锡林郭勒盟	Xilinguole League	2233115	1796652	780834	1015818	436463
乌兰察布市	Wulanchabu City	2904137	2202806	1038307	1164500	701331
鄂尔多斯市	Erdos City	6603243	5520479	3115135	2405343	1082764
巴彦淖尔市	Bayannaoer City	2344851	2045112	1001477	1043634	299740
乌 海 市	Wuhai City	1390586	1390586	1256266	134320	
阿拉善盟	Alashan League	680568	613812	344776	269036	66757

22-64 各盟市商品销售额(营业额)(2015 年, 按行业分)

Sale of Commodities Goods（Turnover） by Sector by Region(2015)

单位：万元 (10 000 yuan)

地 区	Region	批发业 Whole-sale Trade	零售业 Retail Sale Trade	住宿业 Hotels Trade	餐饮业 Catering Trade
呼和浩特市	Hohhot City	30616765	16049873	536261	2207273
包 头 市	Baotou City	17348235	18127855	372228	2249286
呼伦贝尔市	Hulunbeier City	5301660	5213657	213586	1007864
兴 安 盟	Xingan League	742204	1986330	30698	208506
通 辽 市	Tongliao City	3849190	4258682	102548	740897
赤 峰 市	Chifeng City	7086945	6042721	203931	816029
锡林郭勒盟	Xilinguole League	2101993	2363624	91232	279309
乌兰察布市	Wulanchabu City	2271786	2568116	73567	473747
鄂尔多斯市	Erdos City	10643001	8089279	242143	1792850
巴彦淖尔市	Bayannaoer City	1839204	2051309	22382	376602
乌 海 市	Wuhai City	951095	890236	72082	157782
阿拉善盟	Alashan League	505094	801005	46887	192116

22-65 各盟市限额以上批发零售贸易、住宿餐饮业法人企业(2015 年)

Number of Corporation Units above Designated Size in Wholesale and Retail Sale, Catering Trades (2015)

单位：个　　　　(unit)

地 区	Region	合 计 Total	批 发 业 Wholesale Trade	零 售 业 Retail Trade	住宿业 Hotels	餐 饮 业 Catering Trade
呼和浩特市	Hohhot City	536	119	274	62	81
包 头 市	Baotou City	387	86	201	42	58
呼伦贝尔市	Hulunbeier City	320	120	121	44	35
兴 安 盟	Xingan League	72	21	34	8	9
通 辽 市	Tongliao City	290	101	154	23	12
赤 峰 市	Chifeng City	214	64	86	32	32
锡林郭勒盟	Xilinguole League	120	33	42	32	13
乌兰察布市	Wulanchabu City	75	8	32	13	22
鄂尔多斯市	Erdos City	372	39	214	30	89
巴彦淖尔市	Bayannaoer City	87	37	37	1	12
乌 海 市	Wuhai City	148	56	72	15	5
阿拉善盟	Alashan League	46	8	17	12	9

22-66 各盟市限额以上批发零售贸易、住宿餐饮业产业活动单位及个体户(2015 年)

Number of Active Units above Designated Size in Wholesale, Retail Sale, Catering and Trades and Self-Employed (2015)

单位：个　　　　(unit)

地 区	Region	合 计 Total	批 发 业 Wholesale Trade	零 售 业 Retail Trade	住宿业 Hotels	餐 饮 业 Catering Trade
呼和浩特市	Hohhot City	140	3	40	10	87
包 头 市	Baotou City	198	4	31	19	144
呼伦贝尔市	Hulunbeier City	218	8	68	35	107
兴 安 盟	Xingan League	12		6	3	3
通 辽 市	Tongliao City	182		100	16	66
赤 峰 市	Chifeng City	149	20	65	15	49
锡林郭勒盟	Xilinguole League	82	1	38	13	30
乌兰察布市	Wulanchabu City	25	2	9	2	12
鄂尔多斯市	Erdos City	218		123	24	71
巴彦淖尔市	Bayannaoer City	10				10
乌 海 市	Wuhai City	59	2	9	10	38
阿拉善盟	Alashan League	5	1	1	1	2

22-67 各盟市限额以上批发零售贸易、住宿餐饮业企业及个体户从业人员(2015年)

Number of Persons Engaged in Enterprises above Designated Size in Wholesale ,Retail Sale and Self-Employed Catering Trades (2015)

单位：人 (person)

地区	Region	合计 Total	批发业 Wholesale Trade	零售业 Retail Trade	住宿业 Hotels	餐饮业 Catering Trade
呼和浩特市	Hohhot City	62740	10427	32740	9074	10499
包头市	Baotou City	33693	3778	15920	4913	9082
呼伦贝尔市	Hulunbeier City	21444	3426	8751	4338	4929
兴安盟	Xingan League	5102	1310	2404	794	594
通辽市	Tongliao City	17714	3454	9094	2834	2332
赤峰市	Chifeng City	29608	9955	12548	3276	3829
锡林郭勒盟	Xilinguole League	9639	834	4906	2193	1706
乌兰察布市	Wulanchabu City	11161	1540	5897	1198	2526
鄂尔多斯市	Erdos City	28412	3158	12166	2232	10856
巴彦淖尔市	Bayannaoer City	8805	3416	3148	74	2167
乌海市	Wuhai City	7191	1346	3136	1413	1296
阿拉善盟	Alashan League	3396	261	1155	1341	639

22-68 各盟市限额以上批发零售贸易业企业及个体户商品销售总额(2015年)

Total Sales of Enterprise above Designated Size in Wholesale ,Retail Sale Trades Self-Employed(2015)

单位：万元 (10 000 yuan)

地区	Region	销售总额 Total Sales	批发 Wholesale Trade	零售 Retail Trade
呼和浩特市	Hohhot City	11293197	5992352	5300845
包头市	Baotou City	6760576	3310910	3449666
呼伦贝尔市	Hulunbeier City	2781783	1734037	1047746
兴安盟	Xingan League	698652	275481	423171
通辽市	Tongliao City	2248184	918267	1329917
赤峰市	Chifeng City	3165376	1768593	1396783
锡林郭勒盟	Xilinguole League	1100239	617583	482655
乌兰察布市	Wulanchabu City	804076	484183	319894
鄂尔多斯市	Erdos City	8550443	5892466	2657977
巴彦淖尔市	Bayannaoer City	1342348	870499	471850
乌海市	Wuhai City	1362590	686135	676455
阿拉善盟	Alashan League	320414	126421	193993

22-69 各盟市限额以上批发零售贸易企业主要财务指标(2015 年)

Main Financial Indicators of Enterprises above Designated Size in Wholesale and Retail by Region(2015)

单位：万元 (10 000 yuan)

地 区	Region	商品销售收入 Sales Revenue	商品销售成本 Cost of Sales	商品销售税金及附加 Sales Tax and Extra Changes	销售费用 selling expenses	营业利润 Operating profit
呼和浩特市	Hohhot City	9699396	8686154	125607	302544	263854
包 头 市	Baotou City	5617650	5156098	56983	224161	-49500
呼伦贝尔市	Hulunbeier City	2397681	2179388	27129	122379	21867
兴 安 盟	Xingan League	659740	588082	13158	42714	-58412
通 辽 市	Tongliao City	1887312	1699802	11649	66177	36108
赤 峰 市	Chifeng City	2070902	1862690	33966	86728	28000
锡林郭勒盟	Xilinguole League	539706	453742	23343	29838	8064
乌兰察布市	Wulanchabu City	966803	874575	13709	57062	-15184
鄂尔多斯市	Erdos City	9137818	8565989	62400	196740	175445
巴彦淖尔市	Bayannaoer City	1232884	1082949	20240	49529	34016
乌 海 市	Wuhai City	1420191	1319740	11547	51008	4120
阿拉善盟	Alashan League	289841	258123	4118	14998	-3230

22-70 各盟市限额以上住宿和餐饮企业主要财务指标(2015 年)

Main Financial Indicators of Enterprises above Designated Size in Catering Trade by Region(2015)

单位：万元 (10 000 yuan)

地 区	Region	营业收入 Sales Revenue	营业成本 Cost of Sales	营业税金及附加 Business Tax and Surcharges	销售费用 Selling Expenses	营业利润 Operating Profit
呼和浩特市	Hohhot City	217097	88825	11262	64593	-14160
包 头 市	Baotou City	272073	176224	7119	49196	4048
呼伦贝尔市	Hulunbeier City	72776	30096	3944	25034	-8788
兴 安 盟	Xingan League	11141	5450	533	4042	-1594
通 辽 市	Tongliao City	33056	18507	1440	8038	-3855
赤 峰 市	Chifeng City	48908	22610	2668	13278	-4265
锡林郭勒盟	Xilinguole League	28375	13484	1489	8830	-2537
乌兰察布市	Wulanchabu City	23570	11278	1069	8152	-3893
鄂尔多斯市	Erdos City	126659	61115	5549	31534	-5533
巴彦淖尔市	Bayannaoer City	16306	5449	901	6813	-2161
乌 海 市	Wuhai City	14451	6709	957	7583	-6082
阿拉善盟	Alashan League	21484	11968	1158	4521	-1780

22-71 各盟市海关进出口总值(2015年)
Total Imports & Exports by Region(2015)

地区	Region	按人民币计算(亿元) RMB(100 million yuan)			按美元计算(亿美元) (USD 100 million)		
		进出口总额 Total Imports & Exports	出口总额 Total Exports	进口总额 Total Imports	进出口总额 Total Imports & Exports	出口总额 Total Exports	进口总额 Total Imports
呼和浩特市	Hohhot City	128.12	77.10	51.02	20.72	12.48	8.24
包头市	Baotou City	96.25	54.93	41.32	15.53	8.88	6.65
呼伦贝尔市	Hulunbeier City	185.73	76.29	109.43	29.89	12.27	17.63
兴安盟	Xingan League	6.34	4.38	1.96	1.02	0.7	0.32
通辽市	Tongliao City	26.96	21.33	5.62	4.35	3.44	0.91
赤峰市	Chifeng City	48.35	11.27	37.08	7.79	1.81	5.97
锡林郭勒盟	Xilinguole League	71.11	33.66	37.46	11.5	5.45	6.06
乌兰察布市	Wulanchabu City	4.64	2.20	2.41	0.74	0.36	0.39
鄂尔多斯市	Erdos City	44.08	36.08	8.00	7.12	5.83	1.29
巴彦淖尔市	Bayannaoer City	159.49	26.30	133.19	25.71	4.24	21.47
乌海市	Wuhai City	2.84	2.80	0.04	0.46	0.45	0.01
阿拉善盟	Alashan League	16.51	3.96	12.56	2.66	0.64	2.02

22-72 各盟市入境旅游人数和外汇收入(2015年)
Number of Foreign Tourists and Foreign Exchange Earnings by Region(2015)

地区	Region	入境旅游人数(人次) Total Number of International Tourists Inbound (person-times)	#外国人 Foreigners	旅游外汇收入(万美元) Earnings from International Tourism(USD 10 000)
呼和浩特市	Hohhot City	130339	95906	13133
包头市	Baotou City	37516	33224	3961
呼伦贝尔市	Hulunbeier City	555948	550860	35025
兴安盟	Xingan League	1423	1401	105
通辽市	Tongliao City	25129	17554	1862
赤峰市	Chifeng City	43300	37800	3526
锡林郭勒盟	Xilinguole League	666825	666582	27541
乌兰察布市	Wulanchabu City	40859	28186	3027
鄂尔多斯市	Erdos City	31788	27995	2537
巴彦淖尔市	Bayannaoer City	35412	35011	2623
乌海市	Wuhai City	607	349	45
阿拉善盟	Alashan League	38670	38655	2865

22–73 各地区旅行社单位数和国内旅游情况(2015 年末)

Number of Travel Agencies and Domestic Tourism by Region(End of 2015)

地 区	Region	旅行社数(个) Total Number of Travel Agencies (unit)	国内旅游人数（万人次） Number of Tourists (10 000 person times)	国内旅游收入（亿元） Earnings (100 million yuan)
全 区	**Autonomous Regional Total**	**969**	**8351.83**	**2193.77**
呼和浩特市	Hohhot City	224	1412.18	461.89
包 头 市	Baotou City	93	1036.16	322.41
呼伦贝尔市	Hulunbeier City	278	1361.53	425.31
兴 安 盟	Xingan League	58	241.79	39.43
通 辽 市	Tongliao City	27	444.51	92.16
赤 峰 市	Chifeng City	73	710.32	170.39
锡林郭勒盟	Xilinguole League	50	1273.45	264.01
乌兰察布市	Wulanchabu City	35	453.66	56.28
鄂尔多斯市	Erdos City	76	865.10	254.19
巴彦淖尔市	Bayannaoer City	25	190.98	34.82
乌 海 市	Wuhai City	14	184.88	32.94
阿拉善盟	Alashan League	16	177.27	39.94

22–74 各地区星级宾馆个数(2015 年末)

Number of Stars Hotels by Region(End of 2015)

单位：个 (unit)

地 区	Region	星级宾馆个数 Total Number of Stars Hotels	五星级 Five Stars	四星级 Four Stars	三星级 Three Stars	二星级 Two Stars	一星级 One Stars
全 区	**Autonomous Regional Total**	**318**	**10**	**39**	**137**	**132**	
呼和浩特市	Hohhot City	32	5	8	10	9	
包 头 市	Baotou City	23	2	5	13	3	
呼伦贝尔市	Hulunbeier City	51	1	4	30	16	
兴 安 盟	Xingan League	29		1	10	18	
通 辽 市	Tongliao City	28		2	12	14	
赤 峰 市	Chifeng City	34		6	12	16	
锡林郭勒盟	Xilinguole League	22	1	1	10	10	
乌兰察布市	Wulanchabu City	19		1	5	13	
鄂尔多斯市	Erdos City	32	1	7	19	5	
巴彦淖尔市	Bayannaoer City	22		1	7	14	
乌 海 市	Wuhai City	9		1	2	6	
阿拉善盟	Alashan League	17		2	7	8	

22-75 各盟市普通高等学校基本情况(2015 年)
Basic Statistics on Higher Education by Region(2015)

地 区	Region	学校数(所) Number of Schools (unit)	毕业生数(人) Number of Graduates (person)	招生数(人) New Student Enrollment (person)	在校学生数(人) Student Enrollment (person)	教职工数(人) Number of Staff and Teachers (person)	# 专任教师 Full-time Teachers
总 计	**Total**	**53**	**107863**	**127536**	**420807**	**38648**	**25523**
呼和浩特市	Hohhot City	24	61522	67597	235188	18588	12152
包 头 市	Baotou City	5	19230	21926	72320	6299	4373
呼伦贝尔市	Hulunbeier City	4	3498	5016	15877	2294	1298
兴 安 盟	Xingan League	1	1035	1745	4500	536	356
通 辽 市	Tongliao City	3	6763	7554	27877	2681	1841
赤 峰 市	Chifeng City	4	5582	6361	20411	2820	1841
锡林郭勒盟	Xilinguole League	1	2067	3193	7794	997	588
乌兰察布市	Wulanchabu City	3	4802	6404	18660	1596	1104
鄂尔多斯市	Erdos City	4	366	2214	4098	1073	832
巴彦淖尔市	Bayannaoer City	2	2087	3471	9843	1102	633
乌 海 市	Wuhai City	1	853	1678	3536	253	228
阿拉善盟	Alashan League	1	58	377	703	409	277

注:毕业生数、招生数、在校学生数不包括成人高校附设普通班学生数。

a)The number of graduates,new student enrollment and student enrollment studing in general class except adult university.

22-76 各盟市成人高等学校基本情况(2015 年)
Basic Statistics on Adult Education by Region(2015)

地 区	Region	学校数(所) Number of Schools (unit)	毕业生数(人) Number of Graduates (person)	招生数(人) New Student Enrollment (person)	在校学生数(人) Student Enrollment (person)	教职工数(人) Number of Staff and Teachers (person)	# 专任教师 Full-time Teachers
总 计	**Total**	**1**	**54851**	**13726**	**71084**	**587**	**269**
呼和浩特市	Hohhot City	1	23185	6333	33711	587	269
包 头 市	Baotou City		9212	2804	13336		
呼伦贝尔市	Hulunbeier City		2181	1163	4168		
兴 安 盟	Xingan League		130	37	127		
通 辽 市	Tongliao City		8675	912	7808		
赤 峰 市	Chifeng City		8435	1150	7707		
锡林郭勒盟	Xilinguole League		350	150	480		
乌兰察布市	Wulanchabu City		1710	959	2709		
鄂尔多斯市	Erdos City						
巴彦淖尔市	Bayannaoer City		552	218	720		
乌 海 市	Wuhai City		401		236		
阿拉善盟	Alashan League		20		82		

注:毕业生数、招生数,在校学生数中包含普通高校附设成人班学生数。

a)Number of graduates and new student enrollment and student enrodment include the number of students of ordinary classes attached adult colleges.

22-77 各盟市中等专业学校基本情况(2015 年)
Basic Statistics on Specialized Secondary Schools by Region(2015)

地 区	Region	学校数(所) Number of Schools (unit)	毕业生数(人) Number of Graduates (person)	招生数(人) New Student Enrollment (person)	在校学生数(人) Student Enrollment (person)	教职工数(人) Number of Staff and Teachers (person)	# 专任教师 Full-time Teacher
总 计	**Total**	**73**	**43104**	**38134**	**110071**	**5733**	**3746**
呼和浩特市	Hohhot City	38	11125	11169	33064	1978	1121
包 头 市	Baotou City	14	7536	8185	23937	1567	1104
呼伦贝尔市	Hulunbeier City	3	3140	2873	8790	305	185
兴 安 盟	Xingan League	2	686	697	2138	62	37
通 辽 市	Tongliao City	4	1429	1261	3606	177	127
赤 峰 市	Chifeng City	2	9553	4076	10445	370	251
锡林郭勒盟	Xilinguole League		2203	2639	6460		
乌兰察布市	Wulanchabu City	3	915	1121	3695	262	181
鄂尔多斯市	Erdos City	3	2546	2855	8167	407	301
巴彦淖尔市	Bayannaoer City	3	1536	1320	3917	375	252
乌 海 市	Wuhai City	1	1669	1594	4221	230	187
阿拉善盟	Alashan League		766	344	1631		

注:本表数据不包含成人中专。
a)Date in the Table doesn´t include Adult secondary schools.

22-78 各盟市普通中学基本情况(2015 年)
Basic Statistics on Regular Secondary Schools by Region(2015)

地 区	Region	学校数(所) Number of Schools (unit)	毕业生数(人) Number of Graduates (person)	初 中 Junior Secondary Schools	高 中 Senior Secondary Schools	招生数(人) New Student Enrollment (person)	初 中 Junior Secondary Schools	高 中 Senior Secondary Schools
总 计	**Total**	**1000**	**388335**	**222399**	**165936**	**348670**	**200281**	**148389**
呼和浩特市	Hohhot City	109	49578	28717	20861	46736	28688	18048
包 头 市	Baotou City	93	42938	24813	18125	36451	20822	15629
呼伦贝尔市	Hulunbeier City	160	33146	19101	14045	28878	16388	12490
兴 安 盟	Xingan League	81	20568	11863	8705	20217	11682	8535
通 辽 市	Tongliao City	136	50304	30332	19972	50949	28285	22664
赤 峰 市	Chifeng City	154	78624	41747	36877	65881	37062	28819
锡林郭勒盟	Xilinguole League	40	16848	9730	7118	15642	8565	7077
乌兰察布市	Wulanchabu City	71	28990	15624	13366	25636	14283	11353
鄂尔多斯市	Erdos City	66	27569	16760	10809	26746	16569	10177
巴彦淖尔市	Bayannaoer City	50	27235	16533	10702	20466	11869	8597
乌 海 市	Wuhai City	23	8722	4988	3734	7633	4188	3445
阿拉善盟	Alashan League	17	3813	2191	1622	3435	1880	1555

22-78 续表 continued

地区	Region	在校学生数(人) Student Enrollment (person)	初中 Junior Secondary Schools	高中 Senior Secondary Schools	教职工数(人) Number of Staff and Teachers (person)	#专任教师 Full-time Teacher
总 计	**Total**	**1102685**	**639648**	**463037**	**131307**	**93211**
呼和浩特市	Hohhot City	146261	88300	57961	14677	9767
包 头 市	Baotou City	117914	68520	49394	12530	9845
呼伦贝尔市	Hulunbeier City	92998	53260	39738	16139	10503
兴 安 盟	Xingan League	63509	36799	26710	9444	6463
通 辽 市	Tongliao City	156356	89834	66522	16325	11829
赤 峰 市	Chifeng City	207539	117164	90375	23154	17480
锡林郭勒盟	Xilinguole League	51055	29439	21616	5523	4304
乌兰察布市	Wulanchabu City	81261	44881	36380	10508	6633
鄂尔多斯市	Erdos City	82033	50745	31288	10343	7811
巴彦淖尔市	Bayannaoer City	68045	40146	27899	7922	5107
乌 海 市	Wuhai City	24896	14294	10602	2983	2259
阿拉善盟	Alashan League	10818	6266	4552	1759	1210

22-79 各盟市职业中学基本情况(2015 年)
Basic Statistics on Vocational Secondary Schools by Region(2015)

地区	Region	学校数(所) Number of Schools (unit)	毕业生数(人) Number of Graduates (person)	招生数(人) New Student Enrollment (person)	在校学生数(人) Student Enrollment (person)	教职工数(人) Number of Staff and Teachers (person)	#专任教师 Full-time Teacher
总 计	**Total**	**116**	**30757**	**31071**	**90789**	**10890**	**8501**
呼和浩特市	Hohhot City	15	3041	3357	8971	1396	855
包 头 市	Baotou City	2	417	1378	3937	198	172
呼伦贝尔市	Hulunbeier City	11	1726	2110	5722	835	670
兴 安 盟	Xingan League	10	1311	2091	5504	713	555
通 辽 市	Tongliao City	14	5743	2853	8542	801	648
赤 峰 市	Chifeng City	30	8434	7546	25474	2479	2028
锡林郭勒盟	Xilinguole League	9	588	893	2214	907	688
乌兰察布市	Wulanchabu City	10	2218	2245	6650	1194	984
鄂尔多斯市	Erdos City	8	3480	3072	8904	1246	985
巴彦淖尔市	Bayannaoer City	5	3707	5412	14646	1069	868
乌 海 市	Wuhai City		62	63	123		
阿拉善盟	Alashan League	2	30	51	102	52	48

注：本表中职业中学指职业高中。

a)In the table Vocational Secondary Schools refer to Vocational high schools.

22–80 各盟市小学基本情况(2015 年)

Basic Statistics on Primary Schools by Region(2015)

地 区	Region	学校数(所) Number of Schools (unit)	毕业生数(人) Number of Graduates (person)	招生数(人) New Student Enrollment (person)	在校学生数(人) Student Enrollment (person)	教职工数(人) Number of Staff and Teachers (person)	# 专任教师 Full-time Teacher
总 计	**Total**	**1853**	**201145**	**223680**	**1313635**	**118137**	**101730**
呼和浩特市	Hohhot City	212	27663	29222	169454	11093	10045
包 头 市	Baotou City	138	21005	23222	133377	8857	8736
呼伦贝尔市	Hulunbeier City	150	16391	17129	106546	11506	10883
兴 安 盟	Xingan League	128	11621	14556	85979	9506	8330
通 辽 市	Tongliao City	353	28479	30182	184888	16816	15048
赤 峰 市	Chifeng City	396	36896	42705	252487	24845	19029
锡林郭勒盟	Xilinguole League	69	8817	9749	58085	5662	4494
乌兰察布市	Wulanchabu City	148	14690	13352	84080	10268	7947
鄂尔多斯市	Erdos City	128	16831	25162	123155	9594	7925
巴彦淖尔市	Bayannaoer City	90	11980	11784	73972	7089	6007
乌 海 市	Wuhai City	25	4824	4686	29605	2030	2184
阿拉善盟	Alashan League	16	1948	1931	12007	871	1102

22–81 各盟市幼儿园基本情况(2015 年)

Basic Statistics on Kindergartens by Region(2015)

地 区	Region	园 数 (所) Number of Kindergartens (unit)	幼儿数 (人) Student Enrollment (person)	教职工数 (人) Number of Staff and Teachers (person)	# 教 师 Teachers
总 计	**Total**	**3516**	**593392**	**59684**	**37250**
呼和浩特市	Hohhot City	320	61283	7714	4232
包 头 市	Baotou City	312	57275	7503	4649
呼伦贝尔市	Hulunbeier City	351	48281	5160	3191
兴 安 盟	Xingan League	351	36459	3229	1935
通 辽 市	Tongliao City	599	84096	7201	4594
赤 峰 市	Chifeng City	846	114846	9822	6033
锡林郭勒盟	Xilinguole League	106	23195	2615	1637
乌兰察布市	Wulanchabu City	125	27006	2337	1510
鄂尔多斯市	Erdos City	308	84942	9217	6476
巴彦淖尔市	Bayannaoer City	127	37361	2548	1488
乌 海 市	Wuhai City	46	12391	1543	925
阿拉善盟	Alashan League	25	6257	795	580

22-82 各盟市文化艺术、文物事业单位数(2015 年)

Number of Institutions for Culture, Art and Cultural Relics by Region(2015)

单位：个 (unit)

地区	Region	艺术表演团体 Art Performance Troupes	艺术表演场所 Art Performance Places	文化馆 Cultural Centers	公共图书馆 Public Libraries	博物馆 Museums
总计	**Total**	**97**	**18**	**106**	**117**	**84**
呼和浩特市	Hohhot City	5	1	9	10	4
包头市	Baotou City	5	3	11	10	3
呼伦贝尔市	Hulunbeier City	13	1	14	15	19
兴安盟	Xingan League	6	2	6	7	3
通辽市	Tongliao City	9		8	9	5
赤峰市	Chifeng City	10		12	14	10
锡林郭勒盟	Xilinguole League	13	1	13	14	12
乌兰察布市	Wulanchabu City	14	4	12	12	8
鄂尔多斯市	Erdos City	9	4	8	9	6
巴彦淖尔市	Bayannaoer City	7		7	8	6
乌海市	Wuhai City	1	1	3	4	3
阿拉善盟	Alashan League	4	1	3	4	4
自治区直属	Units Attached to Autonomous Region	1			1	1

22-83 各盟市县以上政府属研究机构及科技信息与文献机构、人员(2015 年)

State-owned R & D and Information Literature Institutions at Above County Level & Persons Engaged by Region(2015)

地区	Region	合计 Total Number			自然科学技术领域研究机构 Field of Natural Sciences & Technology		
		机构(个) Institutions (unit)	从业人员(人) Employees (person)	#科技活动人员 S&T personnel	机构(个) Institutions (unit)	从业人员(人) Employees (person)	#科技活动人员 S&T personnel
总计	**Total**	**92**	**7385**	**6257**	**71**	**6703**	**5609**
呼和浩特市	Hohhot City	38	3752	3200	28	3259	2730
包头市	Baotou City	4	193	147	3	173	127
呼伦贝尔市	Hulunbeier City	9	379	316	8	368	305
兴安盟	Xingan League	6	94	74	5	83	65
通辽市	Tongliao City	6	382	229	4	358	209
赤峰市	Chifeng City	2	298	277	2	298	277
锡林郭勒盟	Xilinguole League	2	928	816	2	928	816
乌兰察布市	Wulanchabu City	6	285	231	5	253	201
鄂尔多斯市	Erdos City	7	437	364	5	386	316
巴彦淖尔市	Bayannaoer City	6	525	498	5	504	477
乌海市	Wuhai City	2	31	31	1	23	23
阿拉善盟	Alashan League	4	81	74	3	70	63

22-83 续表 continued

地区	Region	社会、人文科学技术领域 Field of Social Sciences & Humanities			科技信息和文献机构 Technical Information & Literature Institutions		
		机构（个）Institutions (unit)	从业人员（人）Employees (person)	#科技活动人员 S&T personnel	机构（个）Institutions (unit)	从业人员（人）Employees (person)	#科技活动人员 S&T personnel
总计	**Total**	**10**	**476**	**453**	**11**	**206**	**195**
呼和浩特市	Hohhot City	8	426	406	2	67	64
包头市	Baotou City				1	20	20
呼伦贝尔市	Hulunbeier City				1	11	11
兴安盟	Xingan League				1	11	9
通辽市	Tongliao City	1	10	8	1	14	12
赤峰市	Chifeng City						
锡林郭勒盟	Xilinguole League						
乌兰察布市	Wulanchabu City				1	32	30
鄂尔多斯市	Erdos City	1	40	39	1	11	9
巴彦淖尔市	Bayannaoer City				1	21	21
乌海市	Wuhai City				1	8	8
阿拉善盟	Alashan League				1	11	11

22-84 各盟市旗县以上政府属研究机构及科技信息与文献机构科技活动收入和科技经费支出总额(2015年)

Total Funds & Expenditures of State-Owned Research & Technical Information and Literature Institutions above County Level by Region(2015)

单位：万元 (10 000 yuan)

地区	Region	合计 Total				自然科学技术领域研究机构 Field of Natural Sciences & Tech & Trasformed Institution			
		科技经费筹集总额 Funds For Science and Technology	#政府资金 Government Funds	科技经费内部支出总额 Intramural Expenditures	R&D经费支出 Funds of R&D	科技经费筹集总额 Funds For Science and Technology	#政府资金 Government Funds	科技经费内部支出总额 Intramural Expenditures	R&D经费支出 Funds of R&D
总计	**Total**	**150058**	**140414**	**165314**	**69802**	**136061**	**126935**	**149893**	**61762**
呼和浩特市	Hohhot City	99463	90747	102365	52438	88165	79967	89670	44397
包头市	Baotou City	4055	4055	3775	1708	3834	3834	3545	1708
呼伦贝尔市	Hulunbeier City	7942	7916	6443	2001	7749	7723	6204	2001
兴安盟	Xingan League	1855	1766	1632	848	1669	1580	1456	848
通辽市	Tongliao City	4980	4980	5084	2110	4700	4700	4836	2110
赤峰市	Chifeng City	4713	4713	3751	2959	4713	4713	3751	2959
锡林郭勒盟	Xilinguole League	7659	7659	20917	2561	7659	7659	20917	2561
乌兰察布市	Wulanchabu City	2443	2443	2392	465	2142	2142	2096	465
鄂尔多斯市	Erdos City	6563	6563	9837	1349	5550	5550	8774	1349
巴彦淖尔市	Bayannaoer City	8619	7806	7559	2988	8384	7571	7343	2988
乌海市	Wuhai City	429	429	426		301	301	297	
阿拉善盟	Alashan League	1337	1337	1136	376	1196	1196	1005	376

22-84 续表 continued

单位：万元 (10 000 yuan)

地区	Region	社会、人文科学技术领域 Field of Social Sciences and Humanities				科技信息和文献机构 Scientific Technical Information and Literature Institutions			
		科技经费筹集总额 Funds For Science and Technology	#政府资金 Government Funds	科技经费内部支出总额 Intramural Expenditures	R&D经费支出 Funds of R&D	科技经费筹集总额 Funds For Science and Technology	#政府资金 Government Funds	科技经费内部支出总额 Intramural Expenditures	R&D经费支出 Funds of R&D
总 计	**Total**	**11000**	**10640**	**12619**	**7603**	**2998**	**2840**	**2802**	**438**
呼和浩特市	Hohhot City	10007	9647	11586	7603	1291	1133	1109	438
包 头 市	Baotou City					221	221	230	
呼伦贝尔市	Hulunbeier City					193	193	239	
兴 安 盟	Xingan League					186	186	176	
通 辽 市	Tongliao City	204	204	161		76	76	87	
赤 峰 市	Chifeng City								
锡林郭勒盟	Xilinguole League								
乌兰察布市	Wulanchabu City					301	301	296	
鄂尔多斯市	Erdos City	788	788	872		225	225	191	
巴彦淖尔市	Bayannaoer City					235	235	216	
乌 海 市	Wuhai City					128	128	129	
阿拉善盟	Alashan League					141	141	131	

22-85 各盟市卫生机构、床位(2015 年)

Number of Health Institutions, Beds by Region(2015)

地 区	Region	机构数(个) Health Institutions (unit)	#医院、卫生院 Hospital	#疾病预防控制中心 CDC	#妇幼保健所、站 Maternity and Child Care Centers	床位合计(张) Beds Total (unit)	#医院、卫生院 Hospital
总 计	**Total**	**23885**	**2024**	**119**	**114**	**133892**	**124676**
呼和浩特市	Hohhot City	2011	174	12	11	17750	16777
包 头 市	Baotou City	1723	127	11	10	16008	14756
呼伦贝尔市	Hulunbeier City	1953	229	17	16	14091	13500
兴 安 盟	Xingan League	1700	122	7	7	7836	7336
通 辽 市	Tongliao City	4602	243	10	9	15464	14451
赤 峰 市	Chifeng City	4588	328	11	13	25700	23999
锡林郭勒盟	Xilinguole League	1286	160	14	14	4494	4237
乌兰察布市	Wulanchabu City	2105	225	12	12	7808	7300
鄂尔多斯市	Erdos City	1614	170	9	8	10258	9801
巴彦淖尔市	Bayannaoer City	1659	163	8	8	9711	8426
乌 海 市	Wuhai City	310	28	4	3	3672	3083
阿拉善盟	Alashan League	334	55	4	3	1100	1010

22-86 各盟市卫生机构人员(2015 年)
Number of Persons Engaged in Health Institutions by Region(2015)

单位：人 (person)

地 区	Region	卫生机构人员 Total	卫生技术人员 Medical Technical Personnel	执业医师、执业助理医师 Doctors	# 执业医师 Physician	注册护师、护士 Registered Senior and Junior Nurses
总 计	**Total**	**212500**	**162328**	**64239**	**54863**	**61224**
呼和浩特市	Hohhot City	28948	21778	8882	8017	8798
包 头 市	Baotou City	25807	20941	7752	7217	9364
呼伦贝尔市	Hulunbeier City	25158	19846	7516	6256	7921
兴 安 盟	Xingan League	12775	9493	3668	2815	3249
通 辽 市	Tongliao City	23551	15977	6649	5502	5394
赤 峰 市	Chifeng City	37445	28112	11331	9238	10202
锡林郭勒盟	Xilinguole League	8833	6959	3034	2645	2360
乌兰察布市	Wulanchabu City	12471	8632	3549	2829	2771
鄂尔多斯市	Erdos City	15683	12962	4784	4202	4716
巴彦淖尔市	Bayannaoer City	13590	10943	4439	3802	3957
乌 海 市	Wuhai City	5499	4554	1694	1549	1772
阿拉善盟	Alashan League	2740	2131	941	791	720

注：本表数据包含村卫生室数。
a)Date in the Table include the Village clinics.

22-87 各盟市交通事故(2015 年)
Basic Statistics on Traffic Accidents by Region(2015)

地 区	Region	发生数(起) Number of Traffic Accidents (case)	死亡人数(人) Number of Deaths (person)	受伤人数(人) Number of Injuries (person)	直接经济损失(万元) Direct Losses (10000yuan)
总 计	**Total**	**3214**	**973**	**3124**	**1586.9**
呼和浩特市	Hohhot City	669	104	668	124.3
包 头 市	Baotou City	1039	69	1206	113.7
呼伦贝尔市	Hulunbeier City	126	109	136	113.6
兴 安 盟	Xingan League	90	53	90	64.6
通 辽 市	Tongliao City	491	94	303	114.5
赤 峰 市	Chifeng City	146	150	76	58.6
锡林郭勒盟	Xilinguole League	77	52	94	81.8
乌兰察布市	Wulanchabu City	110	77	110	57.1
鄂尔多斯市	Erdos City	230	119	201	119.4
巴彦淖尔市	Bayannaoer City	69	58	37	11.9
乌 海 市	Wuhai City	31	30	19	15.4
阿拉善盟	Alashan League	78	24	109	220.2
高速公路支队	Expressway Detachment	58	34	75	491.7

22-88 各盟市火灾事故(2015 年)

Basic Statistics on Fires by Region(2015)

地 区	Region	发生数(起) Number of Traffic Accidents (case)	死亡人数(人) Number of Deaths (person)	受伤人数(人) Number of Injuries (person)	直接经济损失(万元) Direct Losses (10000yuan)
总 计	**Total**	**9509**	**58**	**24**	**12865.92**
呼和浩特市	Hohhot City	2518	10	8	804.93
包 头 市	Baotou City	1420	4		1105.30
呼伦贝尔市	Hulunbeier City	1040	12	3	3257.10
兴 安 盟	Xingan League	160	2		439.17
通 辽 市	Tongliao City	573	3	1	881.61
赤 峰 市	Chifeng City	1114	5	2	991.36
锡林郭勒盟	Xilinguole League	333	4		567.28
乌兰察布市	Wulanchabu City	360	5	1	822.71
鄂尔多斯市	Erdos City	658	1		1325.99
巴彦淖尔市	Bayannaoer City	743	4		1129.61
乌 海 市	Wuhai City	513	1	1	265.29
阿拉善盟	Alashan League	60	1	2	466.93
内蒙古森工集团	Inner Mongolia Forest Industry Group	17	6	6	808.62

22-89 各盟市能源消费(2015 年)

Consumption of Energy By Region(2015)

地 区	Region	能源消费总量(万吨标准煤) Total Consumption of Energy (10 000 tons of SCE)	能源消费比上年增长(%) Growth Rate of Energy Consumption over Preceding Year (%)	单位GDP能耗变化率(±%) Change rate of Energy Consumption Per Unit of GDP (±%)
呼和浩特市	Hohhot City	1531.64	3.51	-4.43
包 头 市	Baotou City	4059.28	3.11	-4.65
呼伦贝尔市	Hulunbeier City	1253.83	2.70	-4.95
兴 安 盟	Xingan League	350.59	1.70	-6.70
通 辽 市	Tongliao City	1788.49	7.77	0.00
赤 峰 市	Chifeng City	1659.34	6.00	-1.90
锡林郭勒盟	Xilinguole League	859.58	-0.04	-7.20
乌兰察布市	Wulanchabu City	1374.40	1.26	-6.20
鄂尔多斯市	Erdos City	3390.83	2.88	-4.50
巴彦淖尔市	Bayannaoer City	924.75	2.08	-5.00
乌 海 市	Wuhai City	1562.55	-1.18	-8.10
阿拉善盟	Alashan League	645.72	2.66	-4.50

注:各盟市单位 GDP 能耗采用 2010 年不变价 GDP 计算。

a)The Energy Consumption Per Unit of GDP is calculated at 2010 constant prices.

2016 NEIMENGGU

二十三、旗县区资料

Statistics of Banners,Counties and Districts

资料整理：张利珍　于瑾

Arranged By　Zhang Lizhen , Yu Jin

23-1 各旗县(区)按年末总人口排序(2015年)

Banners, Counties and Districts Ranked by Population (Year end of 2015)

单位：人　　　　(person)

位次 Order	旗县(区)名称	Name of Banners, Counties and Districts	年末户籍人口 The Registered Population Year-end
1	通辽市科尔沁区	Keerqin District in Tongliao City	854401
2	赤峰市宁城县	Ningcheng County in Chifeng City	615834
3	赤峰市敖汉旗	Aohan Banner in Chifeng City	609083
4	赤峰市松山区	Songshan District in Chifeng City	575841
5	巴彦淖尔市临河区	Linhe District in Bayannaoer City	520388
6	通辽市科尔沁左翼中旗	Keerqinzuoyizhong Banner in Tongliao City	519090
7	包头市昆都仑区	Kundulun District in Baotou City	510318
8	赤峰市翁牛特旗	Wengniute Banner in Chifeng City	479772
9	呼和浩特市赛罕区	Saihan District in Hohhot City	468536
10	通辽市奈曼旗	Naiman Banner in Tongliao City	447591
11	包头市东河区	Donghe District in Baotou City	424117
12	呼伦贝尔市扎兰屯市	Zhalantun City in Hulunbeier City	411091
13	通辽市科尔沁左翼后旗	Keerqinzuoyihou Banner in Tongliao City	408894
14	通辽市开鲁县	Kailu County in Tongliao City	398143
15	呼和浩特市新城区	Xincheng District in Hohhot City	393124
16	兴安盟扎赉特旗	Zhalaite Banner in Xingan League	390276
17	呼和浩特市土默特左旗	Tumotezuo Banner in Hohhot City	365819
18	包头市土默特右旗	Tumoteyou Banner in Baotou City	364536
19	鄂尔多斯市达拉特旗	Dalate Banner in Erdos City	364257
20	包头市青山区	Qingshan District in Baotou City	360663
21	赤峰市红山区	Hongshan District in Chifeng City	357181
22	赤峰市喀喇沁旗	Kalaqin Banner in Chifeng City	350102
23	赤峰市巴林左旗	Balinzuo Banner in Chifeng City	347478
24	呼伦贝尔市牙克石市	Yakeshi City in Hulunbeier City	339424
25	乌兰察布市商都县	Shangdu County in Wulanchabu City	333183
26	巴彦淖尔市乌拉特前旗	Wulateqian Banner in Bayannaoer City	332528
27	兴安盟科尔沁右翼前旗	Keerqinyouyiqian Banner in Xingan League	332087
28	赤峰市元宝山区	Yuanbaoshan District in Chifeng City	324775
29	鄂尔多斯市准格尔旗	Zhungeer Banner in Erdos City	324205
30	呼伦贝尔市阿荣旗	Arong Banner in Hulunbeier City	319596
31	乌兰察布市兴和县	Xinghe County in Wulanchabu City	319477
32	呼伦贝尔市莫力达瓦达斡尔族自治旗	Molidawadawoer National Autonomous Banner in Hulunbeier City	319086
33	兴安盟乌兰浩特市	Wulanhaote City in Xingan League	318984
34	乌兰察布市丰镇市	Fengzhen City in Wulanchabu City	318561

23-1 续表 1 continued

单位：人 (person)

位次 Order	旗县(区)名称	Name of Banners, Counties and Districts	年末户籍人口 The Registered Population Year-end
35	乌兰察布市集宁区	Jining District in Wulanchabu City	316003
36	兴安盟突泉县	Tuquan County in Xingan League	303814
37	通辽市扎鲁特旗	Zhalute Banner in Tongliao City	303584
38	赤峰市阿鲁科尔沁旗	Alukeerqin Banner in Chifeng City	298997
39	巴彦淖尔市杭锦后旗	Hangjinhou Banner in Bayannaoer City	296447
40	鄂尔多斯市东胜区	Dongsheng District in Erdos City	280754
41	呼伦贝尔市海拉尔区	Hailaer District in Hulunbeier City	280382
42	巴彦淖尔市五原县	Wuyuan County in Bayannaoer City	280377
43	呼伦贝尔市鄂伦春自治旗	Elunchun National Autonomous Banner in Hulunbeier City	255321
44	兴安盟科尔沁右翼中旗	Keerqinyouyizhong Banner in Xingan League	253900
45	赤峰市克什克腾旗	Keshiketeng Banner in Chifeng City	248809
46	乌兰察布市凉城县	Liangcheng County in Wulanchabu City	237988
47	呼和浩特市回民区	Huimin District in Hohhot City	237135
48	乌海市海勃湾区	Haibowan District in Wuhai City	234721
49	赤峰市林西县	Linxi County in Chifeng City	234593
50	乌兰察布市察哈尔右翼前旗	Chahaeryouyiqian Banner in Wulanchabu City	217146
51	乌兰察布市四子王旗	Siziwang Banner in Wulanchabu City	212666
52	锡林郭勒盟太仆寺旗	Taipusi Banner in Xilinguole League	210526
53	乌兰察布市察哈尔右翼后旗	Chahaeryouyihou Banner in Wulanchabu City	209934
54	包头市固阳县	Guyang County in Baotou City	205102
55	乌兰察布市察哈尔右翼中旗	Chahaeryouyizhong Banner in Wulanchabu City	204601
56	乌兰察布市卓资县	Zhuozi County in Wulanchabu City	204245
57	呼和浩特市托克托县	Tuoketuo County in Hohhot City	203144
58	呼和浩特市玉泉区	Yuquan District in Hohhot City	202159
59	呼和浩特市和林格尔县	Helingeer County in Hohhot City	200883
60	赤峰市巴林右旗	Balinyou Banner in Chifeng City	183877
61	锡林郭勒盟锡林浩特市	Xilinhaote City in Xilinguole League	183806
62	通辽市库伦旗	Kulun Banner in Tongliao City	179868
63	鄂尔多斯市伊金霍洛旗	Yijinhuoluo Banner in Erdos City	173699
64	呼和浩特市武川县	Wuchuan County in Hohhot City	172985
65	呼伦贝尔市满洲里市	Manzhouli City in Hulunbeier City	171346
66	乌兰察布市化德县	Huade County in Wulanchabu City	164871
67	包头市九原区	Jiuyuan District in Baotou City	164248
68	阿拉善盟阿拉善左旗	Alashanzuo Banner in Alashan League	147843

23-1 续表 2 continued

单位：人 (person)

位次 Order	旗县(区)名称	Name of Banners, Counties and Districts	年末户籍人口 The Registered Population Year-end
69	鄂尔多斯市杭锦旗	Hangjin Banner in Erdos City	142379
70	呼和浩特市清水河县	Qingshuihe County in Hohhot City	142047
71	呼伦贝尔市根河市	Genhe City in Hulunbeier City	142021
72	巴彦淖尔市乌拉特中旗	Wulatezhong Banner in Bayannaoer City	141664
73	呼伦贝尔市鄂温克族自治旗	Ewenke National Autonomous Banner in Hulunbeier City	139775
74	乌海市乌达区	Wuda District in Wuhai City	120916
75	巴彦淖尔市磴口县	Dengkou County in Bayannaoer City	116346
76	包头市达尔罕茂明安联合旗	Daerhanmaomingan Union Banner in Baotou City	112788
77	鄂尔多斯市乌审旗	Wushen Banner in Erdos City	111510
78	锡林郭勒盟多伦县	Duolun County in Xilinguole League	109794
79	鄂尔多斯市鄂托克旗	Etuoke Banner in Erdos City	97650
80	呼伦贝尔市满洲里扎赉诺尔区	Zhalainuoer District of Manzhouli City in Hulunbeier City	89808
81	乌海市海南区	Hainan District in Wuhai City	89277
82	锡林郭勒盟正蓝旗	Zhenglan Banner in Xilinguole League	83229
83	通辽市霍林郭勒市	Huolinguole City in Tongliao City	82143
84	呼伦贝尔市额尔古纳市	Eerguna City in Hulunbeier City	81166
85	锡林郭勒盟东乌珠穆沁旗	Dongwuzhumuqin Banner in Xilinguole League	81147
86	锡林郭勒盟西乌珠穆沁旗	xiwuzhumuqin Banner in Xilinguole League	79793
87	鄂尔多斯市鄂托克前旗	Etuokeqian Banner in Erdos City	78750
88	锡林郭勒盟正镶白旗	Zhengxiangbai Banner in Xilinguole League	72277
89	锡林郭勒盟苏尼特右旗	Suniteyou Banner in Xilinguole League	68337
90	巴彦淖尔市乌拉特后旗	Wulatehou Banner in Bayannaoer City	58837
91	呼伦贝尔市陈巴尔虎旗	Chenbaerhu Banner in Hulunbeier City	56768
92	包头市石拐区	Shiguai District in Baotou City	55671
93	兴安盟阿尔山市	Aershan City in Xingan League	46503
94	锡林郭勒盟阿巴嘎旗	Abaga Banner in Xilinguole League	44644
95	呼伦贝尔市新巴尔虎左旗	Xinbaerhuzuo Banner in Hulunbeier City	42052
96	呼伦贝尔市新巴尔虎右旗	Xinbaerhuyou Banner in Hulunbeier City	34987
97	锡林郭勒盟苏尼特左旗	Sunitezuo Banner in Xilinguole League	34648
98	锡林郭勒盟镶黄旗	Xianghuang Banner in Xilinguole League	31349
99	锡林郭勒盟二连浩特市	Erlianhaote City in Xilinguole League	30833
100	阿拉善盟阿拉善右旗	Alashanyou Banner in Alashan League	25012
101	阿拉善盟额济纳旗	Ejina Banner in Alashan League	18132
102	包头市白云矿区	Baiyun Mineral District in Baotou City	17638

23-2 各旗县(区)按生产总值排序(2015年)

Banners, Counties and Districts Ranked by Gross Domestic Product(2015)

单位：万元　　(10 000 yuan)

位次 Order	旗县(区)名称	Name of Banners, Counties and Districts	生产总值 GDP
1	鄂尔多斯市准格尔旗	Zhungeer Banner in Erdos City	11077800
2	包头市昆都仑区	Kundulun District in Baotou City	10894200
3	鄂尔多斯市东胜区	Dongsheng District in Erdos City	9625600
4	包头市青山区	Qingshan District in Baotou City	8737500
5	呼和浩特市新城区	Xincheng District in Hohhot City	7288349
6	通辽市科尔沁区	Keerqin District in Tongliao City	6912805
7	鄂尔多斯市伊金霍洛旗	Yijinhuoluo Banner in Erdos City	6598900
8	呼和浩特市赛罕区	Saihan District in Hohhot City	6165652
9	包头市东河区	Donghe District in Baotou City	5105300
10	鄂尔多斯市达拉特旗	Dalate Banner in Erdos City	4718100
11	鄂尔多斯市鄂托克旗	Etuoke Banner in Erdos City	4357500
12	呼和浩特市回民区	Huimin District in Hohhot City	3999501
13	鄂尔多斯市乌审旗	Wushen Banner in Erdos City	3989100
14	包头市土默特右旗	Tumoteyou Banner in Baotou City	3463400
15	包头市九原区	Jiuyuan District in Baotou City	3379900
16	呼和浩特市玉泉区	Yuquan District in Hohhot City	3095032
17	赤峰市红山区	Hongshan District in Chifeng City	3007102
18	呼伦贝尔市海拉尔区	Hailaer District in Hulunbeier City	2878539
19	巴彦淖尔市临河区	Linhe District in Bayannaoer City	2870800
20	通辽市霍林郭勒市	Huolinguole City in Tongliao City	2802814
21	阿拉善盟阿拉善左旗	Alashanzuo Banner in Alashan League	2526446
22	乌海市海勃湾区	Haibowan District in Wuhai City	2515371
23	赤峰市松山区	Songshan District in Chifeng City	2491609
24	呼和浩特市托克托县	Tuoketuo County in Hohhot City	2424539
25	赤峰市元宝山区	Yuanbaoshan District in Chifeng City	2408474
26	呼和浩特市土默特左旗	Tumotezuo Banner in Hohhot City	2372750
27	呼伦贝尔市牙克石市	Yakeshi City in Hulunbeier City	2308754
28	呼伦贝尔市满洲里市	Manzhouli City in Hulunbeier City	2257860
29	通辽市开鲁县	Kailu County in Tongliao City	2144205
30	锡林郭勒盟锡林浩特市	Xilinhaote City in Xilinguole League	2101811
31	包头市达尔罕茂明安联合旗	Daerhanmaomingan Union Banner in Baotou City	2087800
32	通辽市扎鲁特旗	Zhalute Banner in Tongliao City	1970938
33	乌海市乌达区	Wuda District in Wuhai City	1884310
34	乌兰察布市集宁区	Jining District in Wulanchabu City	1816327

23–2 续表 1 continued

单位：万元 (10 000 yuan)

位 次 Order	旗县(区)名称	Name of Banners, Counties and Districts	生产总值 GDP
35	呼伦贝尔市扎兰屯市	Zhalantun City in Hulunbeier City	1815034
36	乌海市海南区	Hainan District in Wuhai City	1787678
37	赤峰市宁城县	Ningcheng County in Chifeng City	1677784
38	赤峰市敖汉旗	Aohan Banner in Chifeng City	1639872
39	通辽市科尔沁左翼后旗	Keerqinzuoyihou Banner in Tongliao City	1618737
40	兴安盟乌兰浩特市	Wulanhaote City in Xingan League	1618518
41	呼伦贝尔市阿荣旗	Arong Banner in Hulunbeier City	1595044
42	通辽市科尔沁左翼中旗	Keerqinzuoyizhong Banner in Tongliao City	1586889
43	呼和浩特市和林格尔县	Helingeer County in Hohhot City	1531266
44	通辽市奈曼旗	Naiman Banner in Tongliao City	1502217
45	赤峰市克什克腾旗	Keshiketeng Banner in Chifeng City	1471357
46	赤峰市翁牛特旗	Wengniute Banner in Chifeng City	1446499
47	乌兰察布市丰镇市	Fengzhen City in Wulanchabu City	1420483
48	巴彦淖尔市乌拉特前旗	Wulateqian Banner in Bayannaoer City	1407827
49	锡林郭勒盟东乌珠穆沁旗	Dongwuzhumuqin Banner in Xilinguole League	1361953
50	巴彦淖尔市杭锦后旗	Hangjinhou Banner in Bayannaoer City	1356500
51	鄂尔多斯市鄂托克前旗	Etuokeqian Banner in Erdos City	1289900
52	赤峰市巴林左旗	Balinzuo Banner in Chifeng City	1235948
53	包头市固阳县	Guyang County in Baotou City	1185900
54	锡林郭勒盟西乌珠穆沁旗	xiwuzhumuqin Banner in Xilinguole League	1153290
55	呼伦贝尔市鄂温克族自治旗	Ewenke National Autonomous Banner in Hulunbeier City	1115644
56	巴彦淖尔市五原县	Wuyuan County in Bayannaoer City	1100800
57	赤峰市阿鲁科尔沁旗	Alukeerqin Banner in Chifeng City	1090063
58	呼伦贝尔市莫力达瓦达斡尔族自治旗	Molidawadawoer National Autonomous Banner in Hulunbeier City	1048109
59	包头市石拐区	Shiguai District in Baotou City	1026100
60	锡林郭勒盟二连浩特市	Erlianhaote City in Xilinguole League	1007308
61	巴彦淖尔市乌拉特中旗	Wulatezhong Banner in Bayannaoer City	995700
62	兴安盟科尔沁右翼前旗	Keerqinyouyiqian Banner in Xingan League	966020
63	呼伦贝尔市陈巴尔虎旗	Chenbaerhu Banner in Hulunbeier City	909200
64	兴安盟扎赉特旗	Zhalaite Banner in Xingan League	898774
65	鄂尔多斯市杭锦旗	Hangjin Banner in Erdos City	896100
66	乌兰察布市察哈尔右翼前旗	Chahaeryouyiqian Banner in Wulanchabu City	895866
67	呼和浩特市武川县	Wuchuan County in Hohhot City	836637
68	锡林郭勒盟多伦县	Duolun County in Xilinguole League	820473

23–2 续表 2 continued

单位：万元 (10 000 yuan)

位次 Order	旗县(区)名称	Name of Banners, Counties and Districts	生产总值 GDP
69	呼伦贝尔市新巴尔虎右旗	Xinbaerhuyou Banner in Hulunbeier City	780260
70	赤峰市巴林右旗	Balinyou Banner in Chifeng City	771298
71	赤峰市林西县	Linxi County in Chifeng City	765059
72	乌兰察布市凉城县	Liangcheng County in Wulanchabu City	764377
73	兴安盟突泉县	Tuquan County in Xingan League	734116
74	乌兰察布市察哈尔右翼后旗	Chahaeryouyihou Banner in Wulanchabu City	711726
75	赤峰市喀喇沁旗	Kalaqin Banner in Chifeng City	706436
76	呼和浩特市清水河县	Qingshuihe County in Hohhot City	700855
77	锡林郭勒盟正蓝旗	Zhenglan Banner in Xilinguole League	696799
78	通辽市库伦旗	Kulun Banner in Tongliao City	685476
79	锡林郭勒盟阿巴嘎旗	Abaga Banner in Xilinguole League	673551
80	呼伦贝尔市鄂伦春自治旗	Elunchun National Autonomous Banner in Hulunbeier City	667554
81	乌兰察布市兴和县	Xinghe County in Wulanchabu City	645801
82	乌兰察布市卓资县	Zhuozi County in Wulanchabu City	639760
83	兴安盟科尔沁右翼中旗	Keerqinyouyizhong Banner in Xingan League	634138
84	巴彦淖尔市乌拉特后旗	Wulatehou Banner in Bayannaoer City	630400
85	呼伦贝尔市满洲里扎赉诺尔区	Zhalainuoer District of Manzhouli City in Hulunbeier City	617605
86	乌兰察布市商都县	Shangdu County in Wulanchabu City	599028
87	锡林郭勒盟苏尼特右旗	Suniteyou Banner in Xilinguole League	595391
88	乌兰察布市察哈尔右翼中旗	Chahaeryouyizhong Banner in Wulanchabu City	565258
89	乌兰察布市四子王旗	Siziwang Banner in Wulanchabu City	562298
90	锡林郭勒盟镶黄旗	Xianghuang Banner in Xilinguole League	527296
91	乌兰察布市化德县	Huade County in Wulanchabu City	516852
92	巴彦淖尔市磴口县	Dengkou County in Bayannaoer City	508700
93	锡林郭勒盟太仆寺旗	Taipusi Banner in Xilinguole League	501190
94	锡林郭勒盟苏尼特左旗	Sunitezuo Banner in Xilinguole League	498179
95	呼伦贝尔市额尔古纳市	Eerguna City in Hulunbeier City	461181
96	呼伦贝尔市根河市	Genhe City in Hulunbeier City	415501
97	阿拉善盟额济纳旗	Ejina Banner in Alashan League	410959
98	包头市白云矿区	Baiyun Mineral District in Baotou City	401700
99	呼伦贝尔市新巴尔虎左旗	Xinbaerhuzuo Banner in Hulunbeier City	359071
100	锡林郭勒盟正镶白旗	Zhengxiangbai Banner in Xilinguole League	310757
101	阿拉善盟阿拉善右旗	Alashanyou Banner in Alashan League	275156
102	兴安盟阿尔山市	Aershan City in Xingan League	168104

23-3 各旗县(区)按粮食产量排序(2015年)

Banners, Counties and Districts Ranked by Output of Grain （2015）

单位：吨 (ton)

位次 Order	旗县(区)名称	Name of Banners, Counties and Districts	粮食产量 Output of Grain
1	通辽市科尔沁左翼中旗	Keerqinzuoyizhong Banner in Tongliao City	1780581
2	呼伦贝尔市莫力达瓦达斡尔族自治旗	Molidawadawoer National Autonomous Banner in Hulunbeier City	1673549
3	呼伦贝尔市阿荣旗	Arong Banner in Hulunbeier City	1575056
4	兴安盟扎赉特旗	Zhalaite Banner in Xingan League	1197037
5	通辽市科尔沁区	Keerqin District in Tongliao City	1156511
6	呼伦贝尔市扎兰屯市	Zhalantun City in Hulunbeier City	1101046
7	兴安盟科尔沁右翼前旗	Keerqinyouyiqian Banner in Xingan League	1092512
8	通辽市开鲁县	Kailu County in Tongliao City	1069465
9	兴安盟突泉县	Tuquan County in Xingan League	1047800
10	通辽市科尔沁左翼后旗	Keerqinzuoyihou Banner in Tongliao City	1040026
11	巴彦淖尔市乌拉特前旗	Wulateqian Banner in Bayannaoer City	883303
12	赤峰市松山区	Songshan District in Chifeng City	790243
13	赤峰市敖汉旗	Aohan Banner in Chifeng City	783221
14	通辽市奈曼旗	Naiman Banner in Tongliao City	774732
15	赤峰市宁城县	Ningcheng County in Chifeng City	753584
16	包头市土默特右旗	Tumoteyou Banner in Baotou City	750502
17	巴彦淖尔市临河区	Linhe District in Bayannaoer City	728415
18	赤峰市翁牛特旗	Wengniute Banner in Chifeng City	721507
19	兴安盟科尔沁右翼中旗	Keerqinyouyizhong Banner in Xingan League	695026
20	鄂尔多斯市达拉特旗	Dalate Banner in Erdos City	581039
21	呼伦贝尔市鄂伦春自治旗	Elunchun National Autonomous Banner in Hulunbeier City	572516
22	呼伦贝尔市牙克石市	Yakeshi City in Hulunbeier City	570500
23	巴彦淖尔市杭锦后旗	Hangjinhou Banner in Bayannaoer City	549215
24	通辽市扎鲁特旗	Zhalute Banner in Tongliao City	540179
25	通辽市库伦旗	Kulun Banner in Tongliao City	530022
26	呼和浩特市土默特左旗	Tumotezuo Banner in Hohhot City	514237
27	赤峰市阿鲁科尔沁旗	Alukeerqin Banner in Chifeng City	513500
28	赤峰市巴林左旗	Balinzuo Banner in Chifeng City	451511
29	呼伦贝尔市额尔古纳市	Eerguna City in Hulunbeier City	436113
30	巴彦淖尔市五原县	Wuyuan County in Bayannaoer City	399056
31	鄂尔多斯市杭锦旗	Hangjin Banner in Erdos City	378500
32	赤峰市喀喇沁旗	Kalaqin Banner in Chifeng City	316512
33	巴彦淖尔市磴口县	Dengkou County in Bayannaoer City	278060
34	赤峰市林西县	Linxi County in Chifeng City	258500

23-3 续表 1 continued

单位：吨 (ton)

位次 Order	旗县(区)名称	Name of Banners, Counties and Districts	粮食产量 Output of Grain
35	兴安盟乌兰浩特市	Wulanhaote City in Xingan League	255560
36	呼和浩特市托克托县	Tuoketuo County in Hohhot City	251506
37	乌兰察布市凉城县	Liangcheng County in Wulanchabu City	250522
38	巴彦淖尔市乌拉特中旗	Wulatezhong Banner in Bayannaoer City	225930
39	呼和浩特市武川县	Wuchuan County in Hohhot City	201043
40	赤峰市克什克腾旗	Keshiketeng Banner in Chifeng City	180000
41	赤峰市巴林右旗	Balinyou Banner in Chifeng City	175461
42	呼和浩特市和林格尔县	Helingeer County in Hohhot City	174133
43	锡林郭勒盟太仆寺旗	Taipusi Banner in Xilinguole League	172761
44	赤峰市元宝山区	Yuanbaoshan District in Chifeng City	162574
45	阿拉善盟阿拉善左旗	Alashanzuo Banner in Alashan League	162531
46	鄂尔多斯市乌审旗	Wushen Banner in Erdos City	126400
47	呼伦贝尔市陈巴尔虎旗	Chenbaerhu Banner in Hulunbeier City	115037
48	乌兰察布市四子王旗	Siziwang Banner in Wulanchabu City	113476
49	乌兰察布市察哈尔右翼中旗	Chahaeryouyizhong Banner in Wulanchabu City	103453
50	鄂尔多斯市鄂托克旗	Etuoke Banner in Erdos City	102965
51	鄂尔多斯市鄂托克前旗	Etuokeqian Banner in Erdos City	100000
52	乌兰察布市察哈尔右翼后旗	Chahaeryouyihou Banner in Wulanchabu City	93087
53	巴彦淖尔市乌拉特后旗	Wulatehou Banner in Bayannaoer City	91964
54	包头市达尔罕茂明安联合旗	Daerhanmaomingan Union Banner in Baotou City	90529
55	鄂尔多斯市伊金霍洛旗	Yijinhuoluo Banner in Erdos City	89667
56	乌兰察布市察哈尔右翼前旗	Chahaeryouyiqian Banner in Wulanchabu City	86142
57	鄂尔多斯市准格尔旗	Zhungeer Banner in Erdos City	81429
58	乌兰察布市丰镇市	Fengzhen City in Wulanchabu City	81213
59	包头市固阳县	Guyang County in Baotou City	79029
60	锡林郭勒盟东乌珠穆沁旗	Dongwuzhumuqin Banner in Xilinguole League	76579
61	乌兰察布市兴和县	Xinghe County in Wulanchabu City	75159
62	乌兰察布市商都县	Shangdu County in Wulanchabu City	75064
63	呼伦贝尔市海拉尔区	Hailaer District in Hulunbeier City	70427
64	包头市九原区	Jiuyuan District in Baotou City	69718
65	呼和浩特市清水河县	Qingshuihe County in Hohhot City	68464
66	乌兰察布市卓资县	Zhuozi County in Wulanchabu City	67592
67	兴安盟阿尔山市	Aershan City in Xingan League	63565
68	呼和浩特市赛罕区	Saihan District in Hohhot City	61504

23-3 续表 2 continued

单位：吨 (ton)

位 次 Order	旗县(区)名称	Name of Banners, Counties and Districts	粮食产量 Output of Grain
69	呼伦贝尔市新巴尔虎左旗	Xinbaerhuzuo Banner in Hulunbeier City	57460
70	赤峰市红山区	Hongshan District in Chifeng City	53387
71	锡林郭勒盟多伦县	Duolun County in Xilinguole League	52538
72	乌兰察布市化德县	Huade County in Wulanchabu City	50263
73	包头市东河区	Donghe District in Baotou City	43026
74	锡林郭勒盟锡林浩特市	Xilinhaote City in Xilinguole League	33719
75	呼伦贝尔市鄂温克族自治旗	Ewenke National Autonomous Banner in Hulunbeier City	30688
76	锡林郭勒盟正蓝旗	Zhenglan Banner in Xilinguole League	30230
77	呼和浩特市玉泉区	Yuquan District in Hohhot City	27555
78	乌海市海南区	Hainan District in Wuhai City	27277
79	阿拉善盟阿拉善右旗	Alashanyou Banner in Alashan League	15128
80	乌海市海勃湾区	Haibowan District in Wuhai City	11581
81	包头市昆都仑区	Kundulun District in Baotou City	11200
82	通辽市霍林郭勒市	Huolinguole City in Tongliao City	10484
83	鄂尔多斯市东胜区	Dongsheng District in Erdos City	10000
84	乌兰察布市集宁区	Jining District in Wulanchabu City	9529
85	呼伦贝尔市新巴尔虎右旗	Xinbaerhuyou Banner in Hulunbeier City	7600
86	呼伦贝尔市根河市	Genhe City in Hulunbeier City	6807
87	包头市石拐区	Shiguai District in Baotou City	6070
88	锡林郭勒盟正镶白旗	Zhengxiangbai Banner in Xilinguole League	3600
89	包头市青山区	Qingshan District in Baotou City	2619
90	呼和浩特市回民区	Huimin District in Hohhot City	2200
91	乌海市乌达区	Wuda District in Wuhai City	2142
92	呼和浩特市新城区	Xincheng District in Hohhot City	1858
93	阿拉善盟额济纳旗	Ejina Banner in Alashan League	1842
94	呼伦贝尔市满洲里市	Manzhouli City in Hulunbeier City	1259
95	锡林郭勒盟苏尼特右旗	Suniteyou Banner in Xilinguole League	298
96	锡林郭勒盟镶黄旗	Xianghuang Banner in Xilinguole League	229
97	呼伦贝尔市满洲里扎赉诺尔区	Zhalainuoer District of Manzhouli City in Hulunbeier City	140
98	锡林郭勒盟西乌珠穆沁旗	xiwuzhumuqin Banner in Xilinguole League	45
99	包头市白云矿区	Baiyun Mineral District in Baotou City	
100	锡林郭勒盟二连浩特市	Erlianhaote City in Xilinguole League	
101	锡林郭勒盟阿巴嘎旗	Abaga Banner in Xilinguole League	
102	锡林郭勒盟苏尼特左旗	Sunitezuo Banner in Xilinguole League	

23-4 各旗县(区)按年末牲畜存栏头数排序(2015 年)
Banners, Counties and Districts Ranked by Number of Livestock (Year end of 2015)

单位：万头（只） (10 000 heads)

位次 Order	旗县(区)名称	Name of Banners, Counties and Districts	年末牲畜存栏头数 Number of Livestock at the Year-end
1	兴安盟科尔沁右翼前旗	Keerqinyouyiqian Banner in Xingan League	256.81
2	通辽市扎鲁特旗	Zhalute Banner in Tongliao City	247.53
3	鄂尔多斯市达拉特旗	Dalate Banner in Erdos City	206.72
4	通辽市开鲁县	Kailu County in Tongliao City	206.14
5	锡林郭勒盟东乌珠穆沁旗	Dongwuzhumuqin Banner in Xilinguole League	201.00
6	巴彦淖尔市临河区	Linhe District in Bayannaoer City	193.80
7	呼伦贝尔市阿荣旗	Arong Banner in Hulunbeier City	184.41
8	兴安盟科尔沁右翼中旗	Keerqinyouyizhong Banner in Xingan League	179.21
9	通辽市科尔沁左翼中旗	Keerqinzuoyizhong Banner in Tongliao City	175.28
10	通辽市科尔沁区	Keerqin District in Tongliao City	167.70
11	兴安盟扎赉特旗	Zhalaite Banner in Xingan League	147.28
12	赤峰市阿鲁科尔沁旗	Alukeerqin Banner in Chifeng City	146.57
13	赤峰市敖汉旗	Aohan Banner in Chifeng City	146.16
14	巴彦淖尔市乌拉特中旗	Wulatezhong Banner in Bayannaoer City	143.88
15	巴彦淖尔市乌拉特前旗	Wulateqian Banner in Bayannaoer City	142.78
16	鄂尔多斯市杭锦旗	Hangjin Banner in Erdos City	142.29
17	呼伦贝尔市扎兰屯市	Zhalantun City in Hulunbeier City	138.32
18	赤峰市翁牛特旗	Wengniute Banner in Chifeng City	135.75
19	巴彦淖尔市五原县	Wuyuan County in Bayannaoer City	135.60
20	呼伦贝尔市莫力达瓦达斡尔族自治旗	Molidawadawoer National Autonomous Banner in Hulunbeier City	135.42
21	通辽市奈曼旗	Naiman Banner in Tongliao City	128.93
22	通辽市科尔沁左翼后旗	Keerqinzuoyihou Banner in Tongliao City	121.91
23	呼伦贝尔市新巴尔虎右旗	Xinbaerhuyou Banner in Hulunbeier City	120.97
24	鄂尔多斯市鄂托克旗	Etuoke Banner in Erdos City	113.17
25	巴彦淖尔市杭锦后旗	Hangjinhou Banner in Bayannaoer City	113.00
26	鄂尔多斯市乌审旗	Wushen Banner in Erdos City	112.18
27	赤峰市巴林左旗	Balinzuo Banner in Chifeng City	112.14
28	呼伦贝尔市新巴尔虎左旗	Xinbaerhuzuo Banner in Hulunbeier City	110.85
29	包头市土默特右旗	Tumoteyou Banner in Baotou City	110.83
30	赤峰市巴林右旗	Balinyou Banner in Chifeng City	109.52
31	赤峰市克什克腾旗	Keshiketeng Banner in Chifeng City	104.78
32	阿拉善盟阿拉善左旗	Alashanzuo Banner in Alashan League	95.14
33	锡林郭勒盟西乌珠穆沁旗	xiwuzhumuqin Banner in Xilinguole League	93.69
34	鄂尔多斯市鄂托克前旗	Etuokeqian Banner in Erdos City	92.54

23-4 续表 1 continued

单位：万头（只） (10 000 heads)

位 次 Order	旗县(区)名称	Name of Banners, Counties and Districts	年末牲畜存栏头数 Number of Livestock at the Year-end
35	乌兰察布市四子王旗	Siziwang Banner in Wulanchabu City	90.52
36	赤峰市松山区	Songshan District in Chifeng City	85.50
37	通辽市库伦旗	Kulun Banner in Tongliao City	81.88
38	呼和浩特市土默特左旗	Tumotezuo Banner in Hohhot City	79.00
39	锡林郭勒盟苏尼特右旗	Suniteyou Banner in Xilinguole League	78.35
40	锡林郭勒盟阿巴嘎旗	Abaga Banner in Xilinguole League	78.08
41	乌兰察布市察哈尔右翼后旗	Chahaeryouyihou Banner in Wulanchabu City	76.41
42	呼伦贝尔市陈巴尔虎旗	Chenbaerhu Banner in Hulunbeier City	72.08
43	锡林郭勒盟苏尼特左旗	Sunitezuo Banner in Xilinguole League	68.86
44	兴安盟突泉县	Tuquan County in Xingan League	67.93
45	呼伦贝尔市鄂温克族自治旗	Ewenke National Autonomous Banner in Hulunbeier City	66.67
46	锡林郭勒盟锡林浩特市	Xilinhaote City in Xilinguole League	66.50
47	赤峰市林西县	Linxi County in Chifeng City	61.53
48	乌兰察布市兴和县	Xinghe County in Wulanchabu City	57.69
49	乌兰察布市察哈尔右翼中旗	Chahaeryouyizhong Banner in Wulanchabu City	56.64
50	包头市达尔罕茂明安联合旗	Daerhanmaomingan Union Banner in Baotou City	56.21
51	包头市固阳县	Guyang County in Baotou City	55.97
52	呼和浩特市和林格尔县	Helingeer County in Hohhot City	55.62
53	乌兰察布市丰镇市	Fengzhen City in Wulanchabu City	51.52
54	赤峰市宁城县	Ningcheng County in Chifeng City	49.46
55	鄂尔多斯市准格尔旗	Zhungeer Banner in Erdos City	48.42
56	乌兰察布市察哈尔右翼前旗	Chahaeryouyiqian Banner in Wulanchabu City	48.16
57	呼伦贝尔市鄂伦春自治旗	Elunchun National Autonomous Banner in Hulunbeier City	46.93
58	乌兰察布市商都县	Shangdu County in Wulanchabu City	46.54
59	赤峰市喀喇沁旗	Kalaqin Banner in Chifeng City	45.20
60	乌兰察布市凉城县	Liangcheng County in Wulanchabu City	44.82
61	巴彦淖尔市磴口县	Dengkou County in Bayannaoer City	43.91
62	呼和浩特市托克托县	Tuoketuo County in Hohhot City	42.95
63	鄂尔多斯市伊金霍洛旗	Yijinhuoluo Banner in Erdos City	41.68
64	乌兰察布市卓资县	Zhuozi County in Wulanchabu City	38.46
65	锡林郭勒盟正蓝旗	Zhenglan Banner in Xilinguole League	38.26
66	呼伦贝尔市额尔古纳市	Eerguna City in Hulunbeier City	37.00
67	巴彦淖尔市乌拉特后旗	Wulatehou Banner in Bayannaoer City	36.31
68	呼和浩特市武川县	Wuchuan County in Hohhot City	31.86

23-4 续表 2 continued

单位：万头（只） (10 000 heads)

位次 Order	旗县(区)名称	Name of Banners, Counties and Districts	年末牲畜存栏头数 Number of Livestock at the Year-end
69	呼伦贝尔市牙克石市	Yakeshi City in Hulunbeier City	31.23
70	兴安盟乌兰浩特市	Wulanhaote City in Xingan League	29.22
71	锡林郭勒盟太仆寺旗	Taipusi Banner in Xilinguole League	28.73
72	锡林郭勒盟多伦县	Duolun County in Xilinguole League	25.51
73	呼和浩特市清水河县	Qingshuihe County in Hohhot City	25.24
74	锡林郭勒盟正镶白旗	Zhengxiangbai Banner in Xilinguole League	24.69
75	乌兰察布市化德县	Huade County in Wulanchabu City	24.62
76	包头市九原区	Jiuyuan District in Baotou City	23.26
77	呼和浩特市赛罕区	Saihan District in Hohhot City	22.19
78	阿拉善盟阿拉善右旗	Alashanyou Banner in Alashan League	21.34
79	锡林郭勒盟镶黄旗	Xianghuang Banner in Xilinguole League	20.39
80	通辽市霍林郭勒市	Huolinguole City in Tongliao City	16.33
81	兴安盟阿尔山市	Aershan City in Xingan League	15.80
82	赤峰市元宝山区	Yuanbaoshan District in Chifeng City	14.13
83	呼伦贝尔市海拉尔区	Hailaer District in Hulunbeier City	12.59
84	阿拉善盟额济纳旗	Ejina Banner in Alashan League	10.66
85	鄂尔多斯市东胜区	Dongsheng District in Erdos City	8.96
86	乌海市海南区	Hainan District in Wuhai City	7.03
87	赤峰市红山区	Hongshan District in Chifeng City	6.83
88	包头市东河区	Donghe District in Baotou City	6.28
89	呼和浩特市玉泉区	Yuquan District in Hohhot City	5.98
90	呼伦贝尔市满洲里市	Manzhouli City in Hulunbeier City	5.92
91	呼和浩特市新城区	Xincheng District in Hohhot City	5.77
92	乌兰察布市集宁区	Jining District in Wulanchabu City	4.89
93	锡林郭勒盟二连浩特市	Erlianhaote City in Xilinguole League	4.32
94	包头市昆都仑区	Kundulun District in Baotou City	4.13
95	乌海市海勃湾区	Haibowan District in Wuhai City	3.96
96	包头市石拐区	Shiguai District in Baotou City	3.56
97	包头市青山区	Qingshan District in Baotou City	3.36
98	呼伦贝尔市满洲里扎赉诺尔区	Zhalainuoer District of Manzhouli City in Hulunbeier City	2.68
99	呼伦贝尔市根河市	Genhe City in Hulunbeier City	1.95
100	乌海市乌达区	Wuda District in Wuhai City	1.30
101	呼和浩特市回民区	Huimin District in Hohhot City	0.98
102	包头市白云矿区	Baiyun Mineral District in Baotou City	0.16

23-5 各旗县(区)按全体居民人均可支配收入排序(2015 年)

Banners, Counties and Districts Ranked by The per capita disposable income of all residents （2015）

单位：元 (yuan)

位 次 Order	旗县(区)名称	Name of Banners, Counties and Districts	全体居民人均可支配收入 The per capita disposable income of all residents
1	包头市昆都仑区	Kundulun District in Baotou City	40934
1	包头市青山区	Qingshan District in Baotou City	40934
3	包头市白云矿区	Baiyun Mineral District in Baotou City	40915
4	锡林郭勒盟二连浩特市	Erlianhaote City in Xilinguole League	38299
5	鄂尔多斯市东胜区	Dongsheng District in Erdos City	36729
6	通辽市霍林郭勒市	Huolinguole City in Tongliao City	35382
7	呼和浩特市新城区	Xincheng District in Hohhot City	35378
8	锡林郭勒盟锡林浩特市	Xilinhaote City in Xilinguole League	34698
9	乌海市海勃湾区	Haibowan District in Wuhai City	34412
10	呼和浩特市回民区	Huimin District in Hohhot City	34326
11	包头市东河区	Donghe District in Baotou City	33146
12	包头市九原区	Jiuyuan District in Baotou City	32899
13	呼和浩特市赛罕区	Saihan District in Hohhot City	32818
14	乌海市乌达区	Wuda District in Wuhai City	32788
15	呼和浩特市玉泉区	Yuquan District in Hohhot City	31861
16	鄂尔多斯市伊金霍洛旗	Yijinhuoluo Banner in Erdos City	30629
17	鄂尔多斯市准格尔旗	Zhungeer Banner in Erdos City	30175
18	呼伦贝尔市海拉尔区	Hailaer District in Hulunbeier City	30038
19	阿拉善盟额济纳旗	Ejina Banner in Alashan League	29740
20	呼伦贝尔市满洲里市	Manzhouli City in Hulunbeier City	29661
21	乌海市海南区	Hainan District in Wuhai City	29279
22	阿拉善盟阿拉善右旗	Alashanyou Banner in Alashan League	28710
23	包头市石拐区	Shiguai District in Baotou City	28183
24	阿拉善盟阿拉善左旗	Alashanzuo Banner in Alashan League	28012
25	鄂尔多斯市鄂托克旗	Etuoke Banner in Erdos City	27956
26	锡林郭勒盟东乌珠穆沁旗	Dongwuzhumuqin Banner in Xilinguole League	27689
27	呼伦贝尔市满洲里扎赉诺尔区	Zhalainuoer District of Manzhouli City in Hulunbeier City	27468
28	赤峰市红山区	Hongshan District in Chifeng City	27398
29	呼伦贝尔市牙克石市	Yakeshi City in Hulunbeier City	26140
30	鄂尔多斯市鄂托克前旗	Etuokeqian Banner in Erdos City	26027
31	鄂尔多斯市乌审旗	Wushen Banner in Erdos City	25840
32	锡林郭勒盟西乌珠穆沁旗	xiwuzhumuqin Banner in Xilinguole League	25226
33	乌兰察布市集宁区	Jining District in Wulanchabu City	25191
34	锡林郭勒盟阿巴嘎旗	Abaga Banner in Xilinguole League	24919

23-5 续表 1 continued

单位：元 (yuan)

位次 Order	旗县(区)名称	Name of Banners, Counties and Districts	全体居民人均可支配收入 The per capita disposable income of all residents
35	鄂尔多斯市达拉特旗	Dalate Banner in Erdos City	24550
36	呼伦贝尔市鄂温克族自治旗	Ewenke National Autonomous Banner in Hulunbeier City	24324
37	呼伦贝尔市陈巴尔虎旗	Chenbaerhu Banner in Hulunbeier City	24282
38	鄂尔多斯市杭锦旗	Hangjin Banner in Erdos City	24150
39	赤峰市元宝山区	Yuanbaoshan District in Chifeng City	23962
40	锡林郭勒盟镶黄旗	Xianghuang Banner in Xilinguole League	23478
41	兴安盟乌兰浩特市	Wulanhaote City in Xingan League	23279
42	锡林郭勒盟苏尼特右旗	Suniteyou Banner in Xilinguole League	23027
43	通辽市科尔沁区	Keerqin District in Tongliao City	22966
44	包头市达尔罕茂明安联合旗	Daerhanmaomingan Union Banner in Baotou City	22749
45	呼伦贝尔市额尔古纳市	Eerguna City in Hulunbeier City	22169
46	巴彦淖尔市临河区	Linhe District in Bayannaoer City	21754
47	锡林郭勒盟多伦县	Duolun County in Xilinguole League	21306
48	巴彦淖尔市五原县	Wuyuan County in Bayannaoer City	21234
49	锡林郭勒盟正蓝旗	Zhenglan Banner in Xilinguole League	21102
50	巴彦淖尔市杭锦后旗	Hangjinhou Banner in Bayannaoer City	20965
51	呼伦贝尔市新巴尔虎右旗	Xinbaerhuyou Banner in Hulunbeier City	20857
52	锡林郭勒盟苏尼特左旗	Sunitezuo Banner in Xilinguole League	20816
53	包头市土默特右旗	Tumoteyou Banner in Baotou City	20530
54	兴安盟阿尔山市	Aershan City in Xingan League	19528
55	呼伦贝尔市扎兰屯市	Zhalantun City in Hulunbeier City	19272
56	呼伦贝尔市根河市	Genhe City in Hulunbeier City	19151
57	呼伦贝尔市新巴尔虎左旗	Xinbaerhuzuo Banner in Hulunbeier City	19056
58	赤峰市松山区	Songshan District in Chifeng City	18759
59	呼和浩特市托克托县	Tuoketuo County in Hohhot City	18712
60	乌兰察布市丰镇市	Fengzhen City in Wulanchabu City	17798
61	巴彦淖尔市乌拉特中旗	Wulatezhong Banner in Bayannaoer City	17780
62	巴彦淖尔市乌拉特后旗	Wulatehou Banner in Bayannaoer City	17778
63	巴彦淖尔市乌拉特前旗	Wulateqian Banner in Bayannaoer City	17642
64	呼伦贝尔市阿荣旗	Arong Banner in Hulunbeier City	17454
64	巴彦淖尔市磴口县	Dengkou County in Bayannaoer City	17454
66	呼和浩特市土默特左旗	Tumotezuo Banner in Hohhot City	17219
67	呼伦贝尔市鄂伦春自治旗	Elunchun National Autonomous Banner in Hulunbeier City	16567
68	呼和浩特市和林格尔县	Helingeer County in Hohhot City	16505

23–5 续表 2 continued

单位：元 (yuan)

位 次 Order	旗县(区)名称	Name of Banners, Counties and Districts	全体居民人均可支配收入 The per capita disposable income of all residents
69	包头市固阳县	Guyang County in Baotou City	15880
70	锡林郭勒盟正镶白旗	Zhengxiangbai Banner in Xilinguole League	15873
71	通辽市开鲁县	Kailu County in Tongliao City	15753
72	乌兰察布市化德县	Huade County in Wulanchabu City	15718
73	锡林郭勒盟太仆寺旗	Taipusi Banner in Xilinguole League	15565
74	赤峰市克什克腾旗	Keshiketeng Banner in Chifeng City	15331
75	通辽市扎鲁特旗	Zhalute Banner in Tongliao City	15214
76	赤峰市巴林右旗	Balinyou Banner in Chifeng City	15120
77	赤峰市林西县	Linxi County in Chifeng City	15034
78	乌兰察布市卓资县	Zhuozi County in Wulanchabu City	14796
79	呼和浩特市清水河县	Qingshuihe County in Hohhot City	14539
80	乌兰察布市察哈尔右翼后旗	Chahaeryouyihou Banner in Wulanchabu City	14402
81	乌兰察布市凉城县	Liangcheng County in Wulanchabu City	14266
82	赤峰市喀喇沁旗	Kalaqin Banner in Chifeng City	13938
83	呼和浩特市武川县	Wuchuan County in Hohhot City	13650
84	通辽市科尔沁左翼后旗	Keerqinzuoyihou Banner in Tongliao City	13427
85	乌兰察布市四子王旗	Siziwang Banner in Wulanchabu City	13011
86	通辽市科尔沁左翼中旗	Keerqinzuoyizhong Banner in Tongliao City	12966
87	赤峰市翁牛特旗	Wengniute Banner in Chifeng City	12863
88	通辽市库伦旗	Kulun Banner in Tongliao City	12852
89	通辽市奈曼旗	Naiman Banner in Tongliao City	12647
90	乌兰察布市商都县	Shangdu County in Wulanchabu City	12598
91	赤峰市巴林左旗	Balinzuo Banner in Chifeng City	12502
92	赤峰市宁城县	Ningcheng County in Chifeng City	12333
93	兴安盟科尔沁右翼中旗	Keerqinyouyizhong Banner in Xingan League	12169
94	赤峰市阿鲁科尔沁旗	Alukeerqin Banner in Chifeng City	12060
95	乌兰察布市察哈尔右翼前旗	Chahaeryouyiqian Banner in Wulanchabu City	12033
96	赤峰市敖汉旗	Aohan Banner in Chifeng City	11963
97	兴安盟扎赉特旗	Zhalaite Banner in Xingan League	11843
98	兴安盟突泉县	Tuquan County in Xingan League	11603
99	呼伦贝尔市莫力达瓦达斡尔族自治旗	Molidawadawoer National Autonomous Banner in Hulunbeier City	11530
100	乌兰察布市兴和县	Xinghe County in Wulanchabu City	11223
101	乌兰察布市察哈尔右翼中旗	Chahaeryouyizhong Banner in Wulanchabu City	11019
102	兴安盟科尔沁右翼前旗	Keerqinyouyiqian Banner in Xingan League	10400

23-6 各旗县(区)按城镇常住居民人均可支配收入排序(2015年)

Banners, Counties and Districts Ranked by The per capita disposable income of urban permanent residents （2015）

单位：元 (yuan)

位次 Order	旗县(区)名称	Name of Banners, Counties and Districts	城镇常住居民人均可支配收入 The per capita disposable income of urban permanent residents
1	呼和浩特市新城区	Xincheng District in Hohhot City	42196
2	呼和浩特市赛罕区	Saihan District in Hohhot City	41155
3	包头市昆都仑区	Kundulun District in Baotou City	40934
3	包头市青山区	Qingshan District in Baotou City	40934
5	包头市白云矿区	Baiyun Mineral District in Baotou City	40915
6	包头市九原区	Jiuyuan District in Baotou City	39391
7	鄂尔多斯市东胜区	Dongsheng District in Erdos City	38807
8	鄂尔多斯市准格尔旗	Zhungeer Banner in Erdos City	38698
9	鄂尔多斯市伊金霍洛旗	Yijinhuoluo Banner in Erdos City	38690
10	锡林郭勒盟二连浩特市	Erlianhaote City in Xilinguole League	38299
11	呼和浩特市回民区	Huimin District in Hohhot City	37285
12	鄂尔多斯市鄂托克旗	Etuoke Banner in Erdos City	36832
13	锡林郭勒盟锡林浩特市	Xilinhaote City in Xilinguole League	36472
14	呼和浩特市玉泉区	Yuquan District in Hohhot City	36145
15	鄂尔多斯市乌审旗	Wushen Banner in Erdos City	35717
16	鄂尔多斯市鄂托克前旗	Etuokeqian Banner in Erdos City	35545
17	通辽市霍林郭勒市	Huolinguole City in Tongliao City	35382
18	包头市东河区	Donghe District in Baotou City	34829
19	乌海市海勃湾区	Haibowan District in Wuhai City	34822
20	鄂尔多斯市达拉特旗	Dalate Banner in Erdos City	33863
21	鄂尔多斯市杭锦旗	Hangjin Banner in Erdos City	33716
22	包头市石拐区	Shiguai District in Baotou City	33199
23	阿拉善盟阿拉善右旗	Alashanyou Banner in Alashan League	32970
24	阿拉善盟额济纳旗	Ejina Banner in Alashan League	32945
25	乌海市海南区	Hainan District in Wuhai City	32894
26	乌海市乌达区	Wuda District in Wuhai City	32788
27	阿拉善盟阿拉善左旗	Alashanzuo Banner in Alashan League	32037
28	包头市达尔罕茂明安联合旗	Daerhanmaomingan Union Banner in Baotou City	31913
29	锡林郭勒盟西乌珠穆沁旗	xiwuzhumuqin Banner in Xilinguole League	30910
30	锡林郭勒盟东乌珠穆沁旗	Dongwuzhumuqin Banner in Xilinguole League	30811
31	呼伦贝尔市海拉尔区	Hailaer District in Hulunbeier City	30788
32	锡林郭勒盟镶黄旗	Xianghuang Banner in Xilinguole League	30645
33	锡林郭勒盟多伦县	Duolun County in Xilinguole League	30565
34	呼和浩特市托克托县	Tuoketuo County in Hohhot City	30338

23-6 续表 1 continued

单位：元 (yuan)

位次 Order	旗县(区)名称	Name of Banners, Counties and Districts	城镇常住居民人均可支配收入 The per capita disposable income of urban permanent residents
35	锡林郭勒盟苏尼特左旗	Sunitezuo Banner in Xilinguole League	30204
36	锡林郭勒盟阿巴嘎旗	Abaga Banner in Xilinguole League	30001
37	锡林郭勒盟正蓝旗	Zhenglan Banner in Xilinguole League	29933
38	呼伦贝尔市满洲里市	Manzhouli City in Hulunbeier City	29661
39	包头市土默特右旗	Tumoteyou Banner in Baotou City	29608
40	锡林郭勒盟苏尼特右旗	Suniteyou Banner in Xilinguole League	29413
41	呼和浩特市和林格尔县	Helingeer County in Hohhot City	29104
42	呼和浩特市土默特左旗	Tumotezuo Banner in Hohhot City	28646
43	锡林郭勒盟太仆寺旗	Taipusi Banner in Xilinguole League	28113
44	赤峰市红山区	Hongshan District in Chifeng City	28026
45	通辽市科尔沁区	Keerqin District in Tongliao City	27588
46	赤峰市元宝山区	Yuanbaoshan District in Chifeng City	27575
47	呼伦贝尔市满洲里扎赉诺尔区	Zhalainuoer District of Manzhouli City in Hulunbeier City	27468
48	锡林郭勒盟正镶白旗	Zhengxiangbai Banner in Xilinguole League	27364
49	呼伦贝尔市扎兰屯市	Zhalantun City in Hulunbeier City	27088
50	赤峰市松山区	Songshan District in Chifeng City	26555
51	乌兰察布市集宁区	Jining District in Wulanchabu City	26408
52	呼伦贝尔市牙克石市	Yakeshi City in Hulunbeier City	26140
53	呼伦贝尔市陈巴尔虎旗	Chenbaerhu Banner in Hulunbeier City	25597
54	包头市固阳县	Guyang County in Baotou City	25332
55	呼伦贝尔市鄂温克族自治旗	Ewenke National Autonomous Banner in Hulunbeier City	25200
56	巴彦淖尔市临河区	Linhe District in Bayannaoer City	24945
57	巴彦淖尔市乌拉特中旗	Wulatezhong Banner in Bayannaoer City	24943
58	呼伦贝尔市阿荣旗	Arong Banner in Hulunbeier City	24939
59	巴彦淖尔市乌拉特后旗	Wulatehou Banner in Bayannaoer City	24711
60	呼伦贝尔市新巴尔虎右旗	Xinbaerhuyou Banner in Hulunbeier City	24684
61	兴安盟乌兰浩特市	Wulanhaote City in Xingan League	24616
62	乌兰察布市化德县	Huade County in Wulanchabu City	24581
63	巴彦淖尔市杭锦后旗	Hangjinhou Banner in Bayannaoer City	24378
64	赤峰市宁城县	Ningcheng County in Chifeng City	24341
65	巴彦淖尔市五原县	Wuyuan County in Bayannaoer City	24201
66	乌兰察布市卓资县	Zhuozi County in Wulanchabu City	24033
67	乌兰察布市凉城县	Liangcheng County in Wulanchabu City	23768
68	巴彦淖尔市乌拉特前旗	Wulateqian Banner in Bayannaoer City	23757

23-6 续表 2 continued

单位：元 (yuan)

位 次 Order	旗县(区)名称	Name of Banners, Counties and Districts	城镇常住居民人均可支配收入 The per capita disposable income of urban permanent residents
69	巴彦淖尔市磴口县	Dengkou County in Bayannaoer City	23749
70	乌兰察布市丰镇市	Fengzhen City in Wulanchabu City	23482
71	乌兰察布市察哈尔右翼后旗	Chahaeryouyihou Banner in Wulanchabu City	23453
72	乌兰察布市察哈尔右翼前旗	Chahaeryouyiqian Banner in Wulanchabu City	23366
73	乌兰察布市察哈尔右翼中旗	Chahaeryouyizhong Banner in Wulanchabu City	23235
74	通辽市开鲁县	Kailu County in Tongliao City	23104
75	呼伦贝尔市额尔古纳市	Eerguna City in Hulunbeier City	22965
76	乌兰察布市四子王旗	Siziwang Banner in Wulanchabu City	22923
77	赤峰市克什克腾旗	Keshiketeng Banner in Chifeng City	22796
78	通辽市扎鲁特旗	Zhalute Banner in Tongliao City	22716
79	赤峰市喀喇沁旗	Kalaqin Banner in Chifeng City	22335
80	赤峰市巴林左旗	Balinzuo Banner in Chifeng City	22330
81	赤峰市敖汉旗	Aohan Banner in Chifeng City	22328
82	呼和浩特市清水河县	Qingshuihe County in Hohhot City	22188
83	兴安盟阿尔山市	Aershan City in Xingan League	22171
84	赤峰市翁牛特旗	Wengniute Banner in Chifeng City	22169
85	赤峰市林西县	Linxi County in Chifeng City	22056
86	乌兰察布市商都县	Shangdu County in Wulanchabu City	21975
87	乌兰察布市兴和县	Xinghe County in Wulanchabu City	21777
88	呼伦贝尔市根河市	Genhe City in Hulunbeier City	21488
89	呼伦贝尔市新巴尔虎左旗	Xinbaerhuzuo Banner in Hulunbeier City	21379
90	呼和浩特市武川县	Wuchuan County in Hohhot City	21332
91	通辽市科尔沁左翼后旗	Keerqinzuoyihou Banner in Tongliao City	21274
92	通辽市奈曼旗	Naiman Banner in Tongliao City	21091
93	通辽市科尔沁左翼中旗	Keerqinzuoyizhong Banner in Tongliao City	21007
94	兴安盟扎赉特旗	Zhalaite Banner in Xingan League	20921
95	兴安盟科尔沁右翼前旗	Keerqinyouyiqian Banner in Xingan League	20918
96	赤峰市阿鲁科尔沁旗	Alukeerqin Banner in Chifeng City	20738
97	赤峰市巴林右旗	Balinyou Banner in Chifeng City	20737
98	呼伦贝尔市鄂伦春自治旗	Elunchun National Autonomous Banner in Hulunbeier City	20421
99	兴安盟突泉县	Tuquan County in Xingan League	20382
100	通辽市库伦旗	Kulun Banner in Tongliao City	20295
101	兴安盟科尔沁右翼中旗	Keerqinyouyizhong Banner in Xingan League	20018
102	呼伦贝尔市莫力达瓦达斡尔族自治旗	Molidawadawoer National Autonomous Banner in Hulunbeier City	18907

23-7 各旗县(区)按农村牧区常住居民人均可支配收入排序(2015年)

Banners, Counties and Districts Ranked by The per capita disposable income of permanent residents of rural and pastoral areas （2015）

单位：元 (yuan)

位次 Order	旗县(区)名称	Name of Banners, Counties and Districts	农村牧区常住居民人均可支配收入 The per capita disposable income of permanent residents of rural and pastoral areas
1	锡林郭勒盟东乌珠穆沁旗	Dongwuzhumuqin Banner in Xilinguole League	23843
2	呼伦贝尔市海拉尔区	Hailaer District in Hulunbeier City	22250
3	锡林郭勒盟锡林浩特市	Xilinhaote City in Xilinguole League	20635
4	呼伦贝尔市额尔古纳市	Eerguna City in Hulunbeier City	20415
5	锡林郭勒盟西乌珠穆沁旗	xiwuzhumuqin Banner in Xilinguole League	20286
6	锡林郭勒盟阿巴嘎旗	Abaga Banner in Xilinguole League	20075
7	阿拉善盟额济纳旗	Ejina Banner in Alashan League	18060
8	包头市东河区	Donghe District in Baotou City	17731
9	呼伦贝尔市鄂温克族自治旗	Ewenke National Autonomous Banner in Hulunbeier City	17646
10	呼伦贝尔市陈巴尔虎旗	Chenbaerhu Banner in Hulunbeier City	17185
11	阿拉善盟阿拉善右旗	Alashanyou Banner in Alashan League	17096
12	呼和浩特市回民区	Huimin District in Hohhot City	17056
13	呼伦贝尔市新巴尔虎右旗	Xinbaerhuyou Banner in Hulunbeier City	16956
14	呼伦贝尔市新巴尔虎左旗	Xinbaerhuzuo Banner in Hulunbeier City	16831
15	包头市九原区	Jiuyuan District in Baotou City	16629
16	呼和浩特市新城区	Xincheng District in Hohhot City	16319
17	呼和浩特市玉泉区	Yuquan District in Hohhot City	16266
18	乌海市海勃湾区	Haibowan District in Wuhai City	15761
19	呼和浩特市赛罕区	Saihan District in Hohhot City	15407
20	赤峰市红山区	Hongshan District in Chifeng City	14993
21	赤峰市元宝山区	Yuanbaoshan District in Chifeng City	14820
22	阿拉善盟阿拉善左旗	Alashanzuo Banner in Alashan League	14813
23	鄂尔多斯市鄂托克前旗	Etuokeqian Banner in Erdos City	14501
24	鄂尔多斯市准格尔旗	Zhungeer Banner in Erdos City	14459
25	鄂尔多斯市伊金霍洛旗	Yijinhuoluo Banner in Erdos City	14445
26	鄂尔多斯市鄂托克旗	Etuoke Banner in Erdos City	14418
26	鄂尔多斯市乌审旗	Wushen Banner in Erdos City	14418
28	通辽市科尔沁区	Keerqin District in Tongliao City	14417
29	鄂尔多斯市达拉特旗	Dalate Banner in Erdos City	14341
30	巴彦淖尔市临河区	Linhe District in Bayannaoer City	14310
31	鄂尔多斯市杭锦旗	Hangjin Banner in Erdos City	14258
32	巴彦淖尔市五原县	Wuyuan County in Bayannaoer City	14248
33	巴彦淖尔市杭锦后旗	Hangjinhou Banner in Bayannaoer City	14192
34	呼伦贝尔市阿荣旗	Arong Banner in Hulunbeier City	14055

23-7 续表 1 continued

单位：元 (yuan)

位 次 Order	旗县(区)名称	Name of Banners, Counties and Districts	农村牧区常住居民人均可支配收入 The per capita disposable income of permanent residents of rural and pastoral areas
35	包头市土默特右旗	Tumoteyou Banner in Baotou City	13794
36	巴彦淖尔市磴口县	Dengkou County in Bayannaoer City	13751
37	锡林郭勒盟正蓝旗	Zhenglan Banner in Xilinguole League	13626
38	乌海市海南区	Hainan District in Wuhai City	13608
39	巴彦淖尔市乌拉特前旗	Wulateqian Banner in Bayannaoer City	13431
40	呼伦贝尔市扎兰屯市	Zhalantun City in Hulunbeier City	13170
41	呼和浩特市土默特左旗	Tumotezuo Banner in Hohhot City	13160
42	巴彦淖尔市乌拉特中旗	Wulatezhong Banner in Bayannaoer City	13042
43	呼和浩特市托克托县	Tuoketuo County in Hohhot City	12773
44	乌兰察布市集宁区	Jining District in Wulanchabu City	12686
45	包头市石拐区	Shiguai District in Baotou City	12469
46	通辽市开鲁县	Kailu County in Tongliao City	12065
47	巴彦淖尔市乌拉特后旗	Wulatehou Banner in Bayannaoer City	11790
48	包头市达尔罕茂明安联合旗	Daerhanmaomingan Union Banner in Baotou City	11784
49	通辽市扎鲁特旗	Zhalute Banner in Tongliao City	11764
50	锡林郭勒盟苏尼特左旗	Sunitezuo Banner in Xilinguole League	11760
51	兴安盟乌兰浩特市	Wulanhaote City in Xingan League	11539
52	赤峰市松山区	Songshan District in Chifeng City	11497
53	锡林郭勒盟镶黄旗	Xianghuang Banner in Xilinguole League	11223
54	锡林郭勒盟多伦县	Duolun County in Xilinguole League	10990
55	呼伦贝尔市根河市	Genhe City in Hulunbeier City	10875
56	包头市固阳县	Guyang County in Baotou City	10724
57	呼和浩特市和林格尔县	Helingeer County in Hohhot City	10274
58	乌兰察布市丰镇市	Fengzhen City in Wulanchabu City	9927
59	通辽市科尔沁左翼后旗	Keerqinzuoyihou Banner in Tongliao City	9502
60	乌兰察布市凉城县	Liangcheng County in Wulanchabu City	9468
61	锡林郭勒盟太仆寺旗	Taipusi Banner in Xilinguole League	9072
62	通辽市科尔沁左翼中旗	Keerqinzuoyizhong Banner in Tongliao City	8997
63	乌兰察布市察哈尔右翼后旗	Chahaeryouyihou Banner in Wulanchabu City	8813
64	乌兰察布市察哈尔右翼前旗	Chahaeryouyiqian Banner in Wulanchabu City	8743
65	通辽市奈曼旗	Naiman Banner in Tongliao City	8725
66	赤峰市克什克腾旗	Keshiketeng Banner in Chifeng City	8702
67	赤峰市喀喇沁旗	Kalaqin Banner in Chifeng City	8696
68	赤峰市敖汉旗	Aohan Banner in Chifeng City	8692

23–7 续表 2 continued

单位：元 (yuan)

位 次 Order	旗县(区)名称	Name of Banners, Counties and Districts	农村牧区常住居民人均可支配收入 The per capita disposable income of permanent residents of rural and pastoral areas
69	乌兰察布市卓资县	Zhuozi County in Wulanchabu City	8530
70	赤峰市宁城县	Ningcheng County in Chifeng City	8510
71	乌兰察布市四子王旗	Siziwang Banner in Wulanchabu City	8491
72	通辽市库伦旗	Kulun Banner in Tongliao City	8466
73	锡林郭勒盟苏尼特右旗	Suniteyou Banner in Xilinguole League	8405
74	锡林郭勒盟正镶白旗	Zhengxiangbai Banner in Xilinguole League	8244
75	赤峰市巴林右旗	Balinyou Banner in Chifeng City	8068
76	赤峰市翁牛特旗	Wengniute Banner in Chifeng City	8050
77	呼伦贝尔市莫力达瓦达斡尔族自治旗	Molidawadawoer National Autonomous Banner in Hulunbeier City	8035
78	乌兰察布市商都县	Shangdu County in Wulanchabu City	7920
79	兴安盟阿尔山市	Aershan City in Xingan League	7906
80	兴安盟科尔沁右翼前旗	Keerqinyouyiqian Banner in Xingan League	7881
81	赤峰市巴林左旗	Balinzuo Banner in Chifeng City	7841
82	兴安盟扎赉特旗	Zhalaite Banner in Xingan League	7803
83	乌兰察布市兴和县	Xinghe County in Wulanchabu City	7607
84	兴安盟突泉县	Tuquan County in Xingan League	7562
85	呼伦贝尔市鄂伦春自治旗	Elunchun National Autonomous Banner in Hulunbeier City	7478
86	赤峰市阿鲁科尔沁旗	Alukeerqin Banner in Chifeng City	7390
87	赤峰市林西县	Linxi County in Chifeng City	7379
88	兴安盟科尔沁右翼中旗	Keerqinyouyizhong Banner in Xingan League	7325
89	乌兰察布市化德县	Huade County in Wulanchabu City	7093
90	乌兰察布市察哈尔右翼中旗	Chahaeryouyizhong Banner in Wulanchabu City	6970
91	呼和浩特市清水河县	Qingshuihe County in Hohhot City	6562
92	呼和浩特市武川县	Wuchuan County in Hohhot City	6325
93	乌海市乌达区	Wuda District in Wuhai City	
94	包头市昆都仑区	Kundulun District in Baotou City	
95	包头市青山区	Qingshan District in Baotou City	
96	包头市白云矿区	Baiyun Mineral District in Baotou City	
97	呼伦贝尔市满洲里市	Manzhouli City in Hulunbeier City	
98	呼伦贝尔市满洲里扎赉诺尔区	Zhalainuoer District of Manzhouli City in Hulunbeier City	
99	呼伦贝尔市牙克石市	Yakeshi City in Hulunbeier City	
100	通辽市霍林郭勒市	Huolinguole City in Tongliao City	
101	锡林郭勒盟二连浩特市	Erlianhaote City in Xilinguole League	
102	鄂尔多斯市东胜区	Dongsheng District in Erdos City	

23-8 各旗县(区)按在岗职工平均工资排序(2015年)

Banners, Counties and Districts Ranked by Average Wage of Staff and Workers Employed in（2015）

单位：元 (yuan)

位 次 Order	旗县(区)名称	Name of Banners, Counties and Districts	职工平均工资 Average Wage
1	鄂尔多斯市伊金霍洛旗	Yijinhuoluo Banner in Erdos City	82204
2	锡林郭勒盟多伦县	Duolun County in Xilinguole League	80189
3	鄂尔多斯市准格尔旗	Zhungeer Banner in Erdos City	78199
4	鄂尔多斯市东胜区	Dongsheng District in Erdos City	78084
5	鄂尔多斯市杭锦旗	Hangjin Banner in Erdos City	71916
6	包头市石拐区	Shiguai District in Baotou City	70651
7	锡林郭勒盟二连浩特市	Erlianhaote City in Xilinguole League	70631
8	包头市白云矿区	Baiyun Mineral District in Baotou City	70038
9	锡林郭勒盟阿巴嘎旗	Abaga Banner in Xilinguole League	69868
10	呼伦贝尔市鄂温克族自治旗	Ewenke National Autonomous Banner in Hulunbeier City	69863
11	乌兰察布市凉城县	Liangcheng County in Wulanchabu City	69338
12	乌海市海南区	Hainan District in Wuhai City	68894
13	呼伦贝尔市陈巴尔虎旗	Chenbaerhu Banner in Hulunbeier City	68735
14	锡林郭勒盟西乌珠穆沁旗	xiwuzhumuqin Banner in Xilinguole League	68693
15	乌兰察布市察哈尔右翼中旗	Chahaeryouyizhong Banner in Wulanchabu City	68591
16	锡林郭勒盟苏尼特左旗	Sunitezuo Banner in Xilinguole League	68081
17	包头市九原区	Jiuyuan District in Baotou City	67199
18	乌兰察布市商都县	Shangdu County in Wulanchabu City	66872
19	鄂尔多斯市鄂托克前旗	Etuokeqian Banner in Erdos City	66589
20	阿拉善盟额济纳旗	Ejina Banner in Alashan League	66495
21	包头市达尔罕茂明安联合旗	Daerhanmaomingan Union Banner in Baotou City	65061
22	乌兰察布市四子王旗	Siziwang Banner in Wulanchabu City	64848
23	锡林郭勒盟苏尼特右旗	Suniteyou Banner in Xilinguole League	64702
24	通辽市霍林郭勒市	Huolinguole City in Tongliao City	63673
25	包头市青山区	Qingshan District in Baotou City	63574
26	乌兰察布市卓资县	Zhuozi County in Wulanchabu City	63542
27	呼伦贝尔市新巴尔虎右旗	Xinbaerhuyou Banner in Hulunbeier City	62546
28	鄂尔多斯市达拉特旗	Dalate Banner in Erdos City	62304
29	锡林郭勒盟镶黄旗	Xianghuang Banner in Xilinguole League	62266
30	赤峰市元宝山区	Yuanbaoshan District in Chifeng City	61652
31	呼伦贝尔市海拉尔区	Hailaer District in Hulunbeier City	61321
32	乌兰察布市察哈尔右翼前旗	Chahaeryouyiqian Banner in Wulanchabu City	60976
33	阿拉善盟阿拉善左旗	Alashanzuo Banner in Alashan League	60855
34	锡林郭勒盟正镶白旗	Zhengxiangbai Banner in Xilinguole League	60692

23-8 续表 1 continued

单位：元 (yuan)

位 次 Order	旗县(区)名称	Name of Banners, Counties and Districts	职工平均工资 Average Wage
35	兴安盟乌兰浩特市	Wulanhaote City in Xingan League	60651
36	通辽市扎鲁特旗	Zhalute Banner in Tongliao City	60414
37	锡林郭勒盟正蓝旗	Zhenglan Banner in Xilinguole League	59931
38	鄂尔多斯市乌审旗	Wushen Banner in Erdos City	59891
39	呼伦贝尔市满洲里扎赉诺尔区	Zhalainuoer District of Manzhouli City in Hulunbeier City	59378
40	巴彦淖尔市乌拉特中旗	Wulatezhong Banner in Bayannaoer City	59232
41	呼伦贝尔市满洲里市	Manzhouli City in Hulunbeier City	59057
42	包头市昆都仑区	Kundulun District in Baotou City	58947
43	锡林郭勒盟锡林浩特市	Xilinhaote City in Xilinguole League	58932
44	鄂尔多斯市鄂托克旗	Etuoke Banner in Erdos City	58824
45	呼伦贝尔市根河市	Genhe City in Hulunbeier City	58524
46	赤峰市喀喇沁旗	Kalaqin Banner in Chifeng City	58330
47	兴安盟阿尔山市	Aershan City in Xingan League	58259
48	呼和浩特市赛罕区	Saihan District in Hohhot City	58051
49	包头市土默特右旗	Tumoteyou Banner in Baotou City	57735
50	锡林郭勒盟东乌珠穆沁旗	Dongwuzhumuqin Banner in Xilinguole League	57159
51	乌海市乌达区	Wuda District in Wuhai City	57084
52	赤峰市敖汉旗	Aohan Banner in Chifeng City	57070
53	呼和浩特市托克托县	Tuoketuo County in Hohhot City	56731
54	乌兰察布市察哈尔右翼后旗	Chahaeryouyihou Banner in Wulanchabu City	56350
55	锡林郭勒盟太仆寺旗	Taipusi Banner in Xilinguole League	56181
56	兴安盟突泉县	Tuquan County in Xingan League	56029
57	赤峰市巴林左旗	Balinzuo Banner in Chifeng City	55570
58	赤峰市松山区	Songshan District in Chifeng City	55526
59	阿拉善盟阿拉善右旗	Alashanyou Banner in Alashan League	55421
60	赤峰市林西县	Linxi County in Chifeng City	54728
61	赤峰市巴林右旗	Balinyou Banner in Chifeng City	54627
62	呼伦贝尔市新巴尔虎左旗	Xinbaerhuzuo Banner in Hulunbeier City	54613
63	兴安盟扎赉特旗	Zhalaite Banner in Xingan League	54403
64	乌海市海勃湾区	Haibowan District in Wuhai City	54224
65	乌兰察布市丰镇市	Fengzhen City in Wulanchabu City	54151
66	赤峰市红山区	Hongshan District in Chifeng City	54049
67	赤峰市阿鲁科尔沁旗	Alukeerqin Banner in Chifeng City	53963
68	巴彦淖尔市临河区	Linhe District in Bayannaoer City	53196

23–8 续表 2 continued

单位：元 (yuan)

位 次 Order	旗县(区)名称	Name of Banners, Counties and Districts	职工平均工资 Average Wage
69	通辽市奈曼旗	Naiman Banner in Tongliao City	53143
70	赤峰市宁城县	Ningcheng County in Chifeng City	52824
71	呼和浩特市新城区	Xincheng District in Hohhot City	52766
72	通辽市科尔沁左翼中旗	Keerqinzuoyizhong Banner in Tongliao City	52565
73	赤峰市翁牛特旗	Wengniute Banner in Chifeng City	52090
74	乌兰察布市集宁区	Jining District in Wulanchabu City	51878
75	呼和浩特市土默特左旗	Tumotezuo Banner in Hohhot City	51742
76	包头市固阳县	Guyang County in Baotou City	51741
77	巴彦淖尔市乌拉特后旗	Wulatehou Banner in Bayannaoer City	51730
78	通辽市科尔沁左翼后旗	Keerqinzuoyihou Banner in Tongliao City	51417
79	呼和浩特市回民区	Huimin District in Hohhot City	51231
80	通辽市库伦旗	Kulun Banner in Tongliao City	51102
81	兴安盟科尔沁右翼前旗	Keerqinyouyiqian Banner in Xingan League	50833
82	通辽市科尔沁区	Keerqin District in Tongliao City	50804
83	赤峰市克什克腾旗	Keshiketeng Banner in Chifeng City	50714
84	呼和浩特市和林格尔县	Helingeer County in Hohhot City	50487
85	呼和浩特市清水河县	Qingshuihe County in Hohhot City	50197
86	乌兰察布市化德县	Huade County in Wulanchabu City	50170
87	呼伦贝尔市牙克石市	Yakeshi City in Hulunbeier City	49828
88	巴彦淖尔市乌拉特前旗	Wulateqian Banner in Bayannaoer City	49702
89	呼和浩特市玉泉区	Yuquan District in Hohhot City	49519
90	呼伦贝尔市额尔古纳市	Eerguna City in Hulunbeier City	49492
91	巴彦淖尔市杭锦后旗	Hangjinhou Banner in Bayannaoer City	49491
92	呼伦贝尔市鄂伦春自治旗	Elunchun National Autonomous Banner in Hulunbeier City	49055
93	包头市东河区	Donghe District in Baotou City	48924
94	通辽市开鲁县	Kailu County in Tongliao City	48393
95	巴彦淖尔市磴口县	Dengkou County in Bayannaoer City	47928
96	乌兰察布市兴和县	Xinghe County in Wulanchabu City	47418
97	呼伦贝尔市阿荣旗	Arong Banner in Hulunbeier City	47300
98	呼伦贝尔市莫力达瓦达斡尔族自治旗	Molidawadawoer National Autonomous Banner in Hulunbeier City	47229
99	呼伦贝尔市扎兰屯市	Zhalantun City in Hulunbeier City	45498
100	兴安盟科尔沁右翼中旗	Keerqinyouyizhong Banner in Xingan League	45079
101	呼和浩特市武川县	Wuchuan County in Hohhot City	45072
102	巴彦淖尔市五原县	Wuyuan County in Bayannaoer City	43819

23-9 各旗县(区)按一般公共预算收入排序(2015年)

Banners, Counties and Districts Ranked by General Public Budget Revenue(2015)

单位：万元　　　　(10 000 yuan)

位次 Order	旗县(区)名称	Name of Banners, Counties and Districts	一般公共预算收入 General Public Budget Revenue
1	鄂尔多斯市东胜区	Dongsheng District in Erdos City	904364
2	鄂尔多斯市准格尔旗	Zhungeer Banner in Erdos City	790005
3	鄂尔多斯市伊金霍洛旗	Yijinhuoluo Banner in Erdos City	772629
4	通辽市科尔沁区	Keerqin District in Tongliao City	504722
5	呼和浩特市赛罕区	Saihan District in Hohhot City	451216
6	包头市昆都仑区	Kundulun District in Baotou City	444566
7	呼和浩特市新城区	Xincheng District in Hohhot City	430430
8	包头市青山区	Qingshan District in Baotou City	419466
9	鄂尔多斯市鄂托克旗	Etuoke Banner in Erdos City	354348
10	通辽市霍林郭勒市	Huolinguole City in Tongliao City	329353
11	鄂尔多斯市乌审旗	Wushen Banner in Erdos City	281236
12	乌海市海勃湾区	Haibowan District in Wuhai City	279332
13	锡林郭勒盟锡林浩特市	Xilinhaote City in Xilinguole League	264530
14	赤峰市红山区	Hongshan District in Chifeng City	216200
15	鄂尔多斯市达拉特旗	Dalate Banner in Erdos City	213612
16	包头市土默特右旗	Tumoteyou Banner in Baotou City	206689
17	巴彦淖尔市临河区	Linhe District in Bayannaoer City	205300
18	锡林郭勒盟西乌珠穆沁旗	xiwuzhumuqin Banner in Xilinguole League	189725
19	包头市九原区	Jiuyuan District in Baotou City	187533
20	呼和浩特市玉泉区	Yuquan District in Hohhot City	177322
21	乌兰察布市集宁区	Jining District in Wulanchabu City	171563
22	阿拉善盟阿拉善左旗	Alashanzuo Banner in Alashan League	164253
23	通辽市扎鲁特旗	Zhalute Banner in Tongliao City	162750
24	鄂尔多斯市鄂托克前旗	Etuokeqian Banner in Erdos City	160016
25	呼和浩特市回民区	Huimin District in Hohhot City	159471
26	包头市达尔罕茂明安联合旗	Daerhanmaomingan Union Banner in Baotou City	154249
27	包头市东河区	Donghe District in Baotou City	152697
28	呼伦贝尔市海拉尔区	Hailaer District in Hulunbeier City	150663
29	呼伦贝尔市满洲里市	Manzhouli City in Hulunbeier City	149565
30	呼和浩特市土默特左旗	Tumotezuo Banner in Hohhot City	133987
31	呼和浩特市托克托县	Tuoketuo County in Hohhot City	131019
32	乌海市海南区	Hainan District in Wuhai City	124186
33	鄂尔多斯市杭锦旗	Hangjin Banner in Erdos City	122980
34	锡林郭勒盟东乌珠穆沁旗	Dongwuzhumuqin Banner in Xilinguole League	122868

23-9 续表 1 continued

单位：万元 (10 000 yuan)

位 次 Order	旗县(区)名称	Name of Banners, Counties and Districts	一般公共预算收入 General Public Budget Revenue
35	赤峰市元宝山区	Yuanbaoshan District in Chifeng City	120166
36	呼和浩特市和林格尔县	Helingeer County in Hohhot City	112972
37	乌海市乌达区	Wuda District in Wuhai City	102225
38	赤峰市松山区	Songshan District in Chifeng City	97700
39	巴彦淖尔市乌拉特前旗	Wulateqian Banner in Bayannaoer City	93821
40	巴彦淖尔市乌拉特中旗	Wulatezhong Banner in Bayannaoer City	87778
41	呼伦贝尔市鄂温克族自治旗	Ewenke National Autonomous Banner in Hulunbeier City	86741
42	兴安盟乌兰浩特市	Wulanhaote City in Xingan League	77397
43	赤峰市克什克腾旗	Keshiketeng Banner in Chifeng City	75600
44	巴彦淖尔市乌拉特后旗	Wulatehou Banner in Bayannaoer City	75040
45	赤峰市巴林左旗	Balinzuo Banner in Chifeng City	68290
46	赤峰市宁城县	Ningcheng County in Chifeng City	66850
47	巴彦淖尔市杭锦后旗	Hangjinhou Banner in Bayannaoer City	62885
48	呼伦贝尔市牙克石市	Yakeshi City in Hulunbeier City	59859
49	呼伦贝尔市陈巴尔虎旗	Chenbaerhu Banner in Hulunbeier City	59006
50	赤峰市敖汉旗	Aohan Banner in Chifeng City	55800
51	呼伦贝尔市阿荣旗	Arong Banner in Hulunbeier City	55381
52	锡林郭勒盟二连浩特市	Erlianhaote City in Xilinguole League	52023
53	呼伦贝尔市新巴尔虎右旗	Xinbaerhuyou Banner in Hulunbeier City	51420
54	锡林郭勒盟正蓝旗	Zhenglan Banner in Xilinguole League	50079
55	乌兰察布市丰镇市	Fengzhen City in Wulanchabu City	49406
56	呼伦贝尔市扎兰屯市	Zhalantun City in Hulunbeier City	48719
57	赤峰市喀喇沁旗	Kalaqin Banner in Chifeng City	47610
58	通辽市开鲁县	Kailu County in Tongliao City	46673
59	通辽市奈曼旗	Naiman Banner in Tongliao City	45725
60	通辽市科尔沁左翼后旗	Keerqinzuoyihou Banner in Tongliao City	45016
61	赤峰市翁牛特旗	Wengniute Banner in Chifeng City	42020
62	阿拉善盟额济纳旗	Ejina Banner in Alashan League	41966
63	赤峰市巴林右旗	Balinyou Banner in Chifeng City	41462
64	乌兰察布市凉城县	Liangcheng County in Wulanchabu City	40800
65	呼伦贝尔市满洲里扎赉诺尔区	Zhalainuoer District of Manzhouli City in Hulunbeier City	39603
66	巴彦淖尔市五原县	Wuyuan County in Bayannaoer City	38229
67	乌兰察布市察哈尔右翼前旗	Chahaeryouyiqian Banner in Wulanchabu City	38154
68	通辽市科尔沁左翼中旗	Keerqinzuoyizhong Banner in Tongliao City	37306

23-9 续表 2 continued

单位：万元 (10 000 yuan)

位 次 Order	旗县(区)名称	Name of Banners, Counties and Districts	一般公共预算收入 General Public Budget Revenue
69	包头市石拐区	Shiguai District in Baotou City	36617
70	赤峰市林西县	Linxi County in Chifeng City	35950
71	赤峰市阿鲁科尔沁旗	Alukeerqin Banner in Chifeng City	34843
72	乌兰察布市兴和县	Xinghe County in Wulanchabu City	33653
73	通辽市库伦旗	Kulun Banner in Tongliao City	33301
74	包头市白云矿区	Baiyun Mineral District in Baotou City	32477
75	锡林郭勒盟多伦县	Duolun County in Xilinguole League	32430
76	呼伦贝尔市莫力达瓦达斡尔族自治旗	Molidawadawoer National Autonomous Banner in Hulunbeier City	30317
77	包头市固阳县	Guyang County in Baotou City	30083
78	锡林郭勒盟苏尼特右旗	Suniteyou Banner in Xilinguole League	29608
79	兴安盟科尔沁右翼前旗	Keerqinyouyiqian Banner in Xingan League	29079
80	乌兰察布市卓资县	Zhuozi County in Wulanchabu City	28307
81	乌兰察布市察哈尔右翼后旗	Chahaeryouyihou Banner in Wulanchabu City	26077
82	呼伦贝尔市额尔古纳市	Eerguna City in Hulunbeier City	24402
83	巴彦淖尔市磴口县	Dengkou County in Bayannaoer City	24393
84	兴安盟扎赉特旗	Zhalaite Banner in Xingan League	23988
85	锡林郭勒盟镶黄旗	Xianghuang Banner in Xilinguole League	23192
86	锡林郭勒盟苏尼特左旗	Sunitezuo Banner in Xilinguole League	22214
87	兴安盟科尔沁右翼中旗	Keerqinyouyizhong Banner in Xingan League	20574
88	呼伦贝尔市新巴尔虎左旗	Xinbaerhuzuo Banner in Hulunbeier City	19875
89	锡林郭勒盟阿巴嘎旗	Abaga Banner in Xilinguole League	19788
90	呼和浩特市武川县	Wuchuan County in Hohhot City	19446
91	呼和浩特市清水河县	Qingshuihe County in Hohhot City	19150
92	乌兰察布市化德县	Huade County in Wulanchabu City	18545
93	乌兰察布市四子王旗	Siziwang Banner in Wulanchabu City	18493
94	乌兰察布市商都县	Shangdu County in Wulanchabu City	18351
95	呼伦贝尔市根河市	Genhe City in Hulunbeier City	17991
96	呼伦贝尔市鄂伦春自治旗	Elunchun National Autonomous Banner in Hulunbeier City	17775
97	乌兰察布市察哈尔右翼中旗	Chahaeryouyizhong Banner in Wulanchabu City	14332
98	兴安盟突泉县	Tuquan County in Xingan League	13640
99	锡林郭勒盟正镶白旗	Zhengxiangbai Banner in Xilinguole League	12256
100	阿拉善盟阿拉善右旗	Alashanyou Banner in Alashan League	11997
101	锡林郭勒盟太仆寺旗	Taipusi Banner in Xilinguole League	11885
102	兴安盟阿尔山市	Aershan City in Xingan League	10148

23-10 呼和浩特市新城区

指　标	Item	2014	2015	2015年比上年增长% Increase Rate in 2015 Over 2014(%)
行政区域土地面积(平方公里)	**Area of Administration(Sq.km)**	**661**	**661**	**0.0**
人口和就业	**Population & Employment**			
年末户籍人口(人)	The Registered Population Year-end(person)	385274	393124	2.0
#男性(人)	Male(person)	190266	193795	1.9
#乡村人口(人)	Rural(person)	51191	15266	
年末常住人口(人)	Permanet Resident Population Year-end(person)	610900	617200	1.0
#男性(人)	Male(person)	308900	312400	1.1
#乡村人口(人)	Rural(person)	118100	116700	-1.2
年末总户数(户)	Total Number of Households at the Year-end(Household)	140254	145271	3.6
#乡村户数(户)	Number of Rural Household(Household)	19588	20164	2.9
出生人口(人)	Births(person)	5139	3866	-24.8
死亡人口(人)	Deaths(person)	2334	1994	-14.6
全社会就业人员(人)	Employment(person)	324199	328042	1.2
第一产业(人)	Primary Industry(person)	10252	11903	16.1
第二产业(人)	Secondary Industry(person)	92596	88714	-4.2
第三产业(人)	Tertiary Industry(person)	221351	227425	2.7
在岗职工人数(人)	Number of Staff & Workers Employed in(person)	111078	111670	0.5
乡村劳动力(人)	Number of Rural Laborers(person)	37175	37903	2.0
#农林牧渔业(人)	Farming,Forestry,Animal Husbandry & Fishery(person)	10252	11903	16.1
国民经济综合指标	**Summary Item on the National Economy**			
生产总值(万元)	Gross Domestic Product(10 000 yuan)	6191455	7288349	8.6
第一产业(万元)	Primary Industry(10 000 yuan)	22098	22422	3.9
第二产业(万元)	Secondary Industry(10 000 yuan)	738114	752105	6.4
#工业(万元)	Industry(10 000 yuan)	343414	339431	5.1
第三产业(万元)	Tertiary Industry(10 000 yuan)	5431243	6513822	8.9
人均生产总值(元)	Per Capita GDP(yuan)	102001	118693	7.4
全社会固定资产投资(万元)	Total Investment in Fixed Assets(10 000 yuan)	1876421	2330315	24.2
按登记注册类型分	Grouped by Registered Type			
#国有(万元)	State-owned Enterprises(10 000 yuan)	960823	1257324	30.9
集体(万元)	Collective-owned Enterprises(10 000 yuan)	5874		
有限责任公司(万元)	Limited Liability Corporations(10 000 yuan)	437660	828016	89.2
股份有限公司(万元)	Share Holding Enterprises(10 000 yuan)	282762	100505	-64.5
私营企业(万元)	Private Enterprises(10 000 yuan)	189302	144470	-23.7
外商及港澳台投资企业(万元)	Funds from HK,Macao,Taiwan & Foreign(10 000 yuan)			
一般公共预算收入(万元)	General Public Budget Revenue(10 000 yuan)	365324	430430	17.8
一般公共预算支出(万元)	General Public Budget Expenditure(10 000 yuan)	191447	248436	29.8
住户存款余额(万元)	The balance of savings deposits of Households(10 000 yuan)			
在岗职工工资总额(万元)	Total Wages of Staff & Workers Employed in(10 000 yuan)	588830	609002	3.4
在岗职工平均工资(元)	Average Wage of Staff & Workers Employed in(yuan)	50965	52766	3.5
全体居民人均可支配收入(元)	The per capita disposable income of all residents(yuan)	32607	35378	8.5
城镇常住居民人均可支配收入(元)	The per capita disposable income of urban permanent residents(yuan)	39253	42196	7.5
农村牧区常住居民人均可支配收入(元)	The per capita disposable income of permanent residents of rural and pastoral areas(yuan)	15181	16319	7.5
农村牧区经济	**Economic Development in Rural & Pastoral Area**			
农作物总播种面积(公顷)	Total Sown Area(hectare)	1643	1825	11.1
#粮食作物播种面积(公顷)	Sown Area of Grain Crops(hectare)	1267	1430	12.9
农牧业机械总动力(万千瓦)	Total Power of Agricultural Machinery(10 000 kw)	4.00	4.00	0.0
化肥施用折纯量(吨)	Consumption of Chemical Fertilizer(ton)	136	137	0.7
农村用电量(万千瓦小时)	Electricity Consumed in Rural Area(10 000 kwh)	1662	1740	4.7
农林牧渔业总产值(万元)	Gross Output of Farming,Forestry,Animal Husbandry & Fishery(10 000 yuan)	40154	40882	4.5
粮食产量(吨)	Yield of Grain(ton)	3150	1858	-41.0
油料产量(吨)	Yield of Oil-bearing Grops(ton)	109	50	-54.1
甜菜产量(吨)	Yield of Beetroots(ton)			
猪牛羊肉产量(吨)	Output of Pork, Beef & Mutton(ton)	2314	2360	2.0
#猪肉产量(吨)	Output of Pork(ton)	1562	1579	1.1
牛肉产量(吨)	Output of Beef(ton)	240	254	5.8
羊肉产量(吨)	Output of Mutton(ton)	512	527	2.9
羊毛产量(吨)	Output of Wool(ton)	83	82	-1.2

23-10 Xincheng District in Hohhot City

指　标	Item	2014	2015	2015年比上年增长% Increase Rate in 2015 Over 2014(%)
年末牲畜存栏头数(万头只)	Total Livestock at the Year-end(10 000 heads)	5.70	5.77	1.2
# 大牲畜(万头只)	Large Animals(10 000 heads)	0.42	0.42	0.0
羊(万只)	Sheep & Goats(10 000 heads)	4.27	4.34	1.6
猪(万头)	Hogs(10 000 heads)	1.00	1.01	1.0
规模以上工业	**Industrial Enterprises above Designated size**			
工业企业单位数(个)	Number of Industrial Enterprises(unit)	24	25	4.2
# 内资企业(个)	Civil Funded Enterprises(unit)	24	25	4.2
工业总产值(万元)	Gross Industrial Output Value(10 000 yuan)	847742	823191	-2.9
内资企业(万元)	Civil Funded Enterprises(10 000 yuan)	847742	823191	-2.9
国有企业(万元)	State-owned Enterprises(10 000 yuan)			
集体企业(万元)	Collective-owned Enterprises(10 000 yuan)			
股份合作企业(万元)	Share Holding Enterprises(10 000 yuan)			
联营企业(万元)	Joint Owned Enterprises(10 000 yuan)			
有限责任公司(万元)	Limited Company(10 000 yuan)	486794	513077	5.4
股份有限公司(万元)	Share Holding Limited Company(10 000 yuan)	300518	250928	-16.5
私营企业(万元)	Privately Owned Enterprises(10 000 yuan)	60431	59186	-2.1
其他企业(万元)	Enterprises of Other Ownership(10 000 yuan)			
港澳台商投资企业(万元)	Funds from HK,Macao & Taiwan(10 000 yuan)			
外商投资企业(万元)	Foreign Funded Enterprises(10 000 yuan)			
工业企业增加值(万元)	Value Added of Industrial Enterprises(10 000 yuan)			5.8
工业企业资产总计(万元)	Total Assets of Industrial Enterprises(10 000 yuan)	625680	888786	42.1
工业企业负债合计(万元)	Total Liabilities of Industrial Enterprises(10 000 yuan)	545348	780109	43.0
工业企业营业收入(万元)	Sales of Revenue Industrial Enterprises(10 000 yuan)	845043	820243	-2.9
工业企业利润总额(万元)	Total Profits of Industrial Enterprises(10 000 yuan)	334088	308627	-7.6
建筑业	**Construction**			
建筑企业单位数(个)	Number of Construction Enterprises(unit)	67	64	-4.5
建筑企业从业人员(人)	Number of Employee in Construction Enterprises(person)	17130	13975	-18.4
建筑业总产值(万元)	Gross Construction Output Value(10 000 yuan)	630244	573083	-9.1
交通运输邮电通信业	**Transportation,Post & Telecommunications**			
公路里程(公里)	Total Length of Highways(km)			
邮电业务总量(万元)	Business Volume of Post & Telecoms(10 000 yuan)			
本地电话用户(户)	Number of Subscribers of Local Telephone(Household)			
国内贸易	**Domestic Trade**			
社会消费品零售总额(万元)	Total Retail Sales of Consumer Goods(10 000 yuan)	3727524	4012680	7.7
城镇(万元)	Town(10 000 yuan)	3405915	3658355	7.4
乡村(万元)	Village(10 000 yuan)	321609	354325	10.2
科技教育卫生	**Science,Education & Public Health**			
各类专业技术人员(人)	Special Technical Personnel(person)	3628	3674	1.3
幼儿园数(所)	Number of Kindergartens(unit)	37	45	21.6
学龄儿童入学率(%)	Percentage of School-Age Children Enrolled(%)	100.0	100.0	0.0
小学学校数(所)	Number of Primary Schools(unit)	31	37	19.4
小学专任教师数(人)	Number of Full-time Teachers of Primary Schools(person)	2113	2239	6.0
小学在校学生数(人)	Number of Student Enrollment of Primary Schools(person)	40181	39229	-2.4
普通中学学校数(所)	Number of Regular Secondary Schools(unit)	15	13	-13.3
普通中学专任教师数(人)	Number of Teachers of Secondary Shools(person)	1166	1292	10.8
初中在校学生数(人)	Number of Student in Junior Secondary Schools(person)	19858	21996	10.8
高中在校学生数(人)	Number of Student in Senior Secondary Schools(person)	13525	11610	-14.2
卫生机构数(所)	Number of Health Institutions(unit)	20	17	-15.0
# 医院(所)	Hospitals(unit)	18	15	-16.7
卫生院(所)	Township Hospitals(unit)	2	2	0.0
床位数(张)	Number of Beds(unit)	2392	2616	9.4
# 医院(张)	Hospitals(unit)	2332	2487	6.6
卫生院(张)	Township Hospitals(unit)	60	70	16.7
卫生技术人员(人)	Medical Technical Presonnel(person)	1827	2840	55.4
# 医院(人)	Hospitals(person)	1779	1669	-6.2
卫生院(人)	Township Hospitals(person)	48	57	18.8

23-11 呼和浩特市回民区

指　标	Item	2014	2015	2015年比上年增长% Increase Rate in 2015 Over 2014(%)
行政区域土地面积(平方公里)	**Area of Administration(Sq.km)**	**194**	**194**	**0.0**
人口和就业	**Population & Employment**			
年末户籍人口(人)	The Registered Population Year-end(person)	240518	237135	-1.4
# 男性(人)	Male(person)	120076	117925	-1.8
# 乡村人口(人)	Rural(person)	30992	31191	
年末常住人口(人)	Permanet Resident Population Year-end(person)	426800	432500	1.3
# 男性(人)	Male(person)	211600	214700	1.5
# 乡村人口(人)	Rural(person)	46600	46200	-0.9
年末总户数(户)	Total Number of Households at the Year-end(Household)	90409	90640	0.3
# 乡村户数(户)	Number of Rural Household(Household)	13270	16484	24.2
出生人口(人)	Births(person)	3000	1753	-41.6
死亡人口(人)	Deaths(person)	1765	1633	-7.5
全社会就业人员(人)	Employment(person)	189814	196686	3.6
第一产业(人)	Primary Industry(person)	3974	3950	-0.6
第二产业(人)	Secondary Industry(person)	45887	41528	-9.5
第三产业(人)	Tertiary Industry(person)	139953	151208	8.0
在岗职工人数(人)	Number of Staff & Workers Employed in(person)	51793	46735	-9.8
乡村劳动力(人)	Number of Rural Laborers(person)	15111	26850	77.7
# 农林牧渔业(人)	Farming,Forestry,Animal Husbandry & Fishery(person)	3501	3935	12.4
国民经济综合指标	**Summary Item on the National Economy**			
生产总值(万元)	Gross Domestic Product(10 000 yuan)	3423469	3999501	7.7
第一产业(万元)	Primary Industry(10 000 yuan)	5343	5437	4.1
第二产业(万元)	Secondary Industry(10 000 yuan)	416658	422728	5.9
# 工业(万元)	Industry(10 000 yuan)	186258	182833	4.4
第三产业(万元)	Tertiary Industry(10 000 yuan)	3001468	3571335	8.0
人均生产总值(元)	Per Capita GDP(yuan)	80212	93087	6.4
全社会固定资产投资(万元)	Total Investment in Fixed Assets(10 000 yuan)	1044618	1300471	24.5
按登记注册类型分	Grouped by Registered Type			
# 国有(万元)	State-owned Enterprises(10 000 yuan)	70064	311445	344.5
集体(万元)	Collective-owned Enterprises(10 000 yuan)		33145	
有限责任公司(万元)	Limited Liability Corporations(10 000 yuan)	938248	519924	-44.6
股份有限公司(万元)	Share Holding Enterprises(10 000 yuan)	1960	22260	1035.7
私营企业(万元)	Private Enterprises(10 000 yuan)		374076	
外商及港澳台投资企业(万元)	Funds from HK,Macao,Taiwan & Foreign(10 000 yuan)	34346	39621	15.4
一般公共预算收入(万元)	General Public Budget Revenue(10 000 yuan)	143914	159471	11.0
一般公共预算支出(万元)	General Public Budget Expenditure(10 000 yuan)	139504	127123	-9.0
住户存款余额(万元)	The balance of savings deposits of Households(10 000 yuan)			
在岗职工工资总额(万元)	Total Wages of Staff & Workers Employed in(10 000 yuan)	246870	240775	-2.5
在岗职工平均工资(元)	Average Wage of Staff & Workers Employed in(yuan)	47774	51231	7.2
全体居民人均可支配收入(元)	The per capita disposable income of all residents(yuan)	31603	34326	8.6
城镇常住居民人均可支配收入(元)	The per capita disposable income of urban permanent residents(yuan)	34619	37285	7.7
农村牧区常住居民人均可支配收入(元)	The per capita disposable income of permanent residents of rural and pastoral areas(yuan)	15808	17056	7.9
农村牧区经济	**Economic Development in Rural & Pastoral Area**			
农作物总播种面积(公顷)	Total Sown Area(hectare)	707	473	-33.1
# 粮食作物播种面积(公顷)	Sown Area of Grain Crops(hectare)	647	433	-33.1
农牧业机械总动力(万千瓦)	Total Power of Agricultural Machinery(10 000 kw)	1.00	1.00	0.0
化肥施用折纯量(吨)	Consumption of Chemical Fertilizer(ton)	135	63	-53.1
农村用电量(万千瓦小时)	Electricity Consumed in Rural Area(10 000 kwh)	354	452	27.7
农林牧渔业总产值(万元)	Gross Output of Farming,Forestry,Animal Husbandry & Fishery(10 000 yuan)	9994	10209	4.7
粮食产量(吨)	Yield of Grain(ton)	2580	2200	-14.7
油料产量(吨)	Yield of Oil-bearing Grops(ton)	20		
甜菜产量(吨)	Yield of Beetroots(ton)			
猪牛羊肉产量(吨)	Output of Pork, Beef & Mutton(ton)	544	548	0.7
# 猪肉产量(吨)	Output of Pork(ton)	458	460	0.4
牛肉产量(吨)	Output of Beef(ton)	13	13	0.0
羊肉产量(吨)	Output of Mutton(ton)	73	75	2.7
羊毛产量(吨)	Output of Wool(ton)			

23-11 Huimin District in Hohhot City

指　标	Item	2014	2015	2015年比上年增长% Increase Rate in 2015 Over 2014(%)
年末牲畜存栏头数(万头只)	Total Livestock at the Year-end(10 000 heads)	0.96	0.98	2.1
# 大牲畜(万头只)	Large Animals(10 000 heads)	0.01	0.01	0.0
羊(万只)	Sheep & Goats(10 000 heads)	0.48	0.49	2.1
猪(万头)	Hogs(10 000 heads)	0.47	0.48	2.1
规模以上工业	**Industrial Enterprises above Designated size**			
工业企业单位数(个)	Number of Industrial Enterprises(unit)	14	14	0.0
# 内资企业(个)	Civil Funded Enterprises(unit)	11	11	0.0
工业总产值(万元)	Gross Industrial Output Value(10 000 yuan)	401471	333229	-17.0
内资企业(万元)	Civil Funded Enterprises(10 000 yuan)	203879	169400	-16.9
国有企业(万元)	State-owned Enterprises(10 000 yuan)			
集体企业(万元)	Collective-owned Enterprises(10 000 yuan)			
股份合作企业(万元)	Share Holding Enterprises(10 000 yuan)			
联营企业(万元)	Joint Owned Enterprises(10 000 yuan)			
有限责任公司(万元)	Limited Company(10 000 yuan)	143522	119955	-16.4
股份有限公司(万元)	Share Holding Limited Company(10 000 yuan)			
私营企业(万元)	Privately Owned Enterprises(10 000 yuan)	60357	49446	-18.1
其他企业(万元)	Enterprises of Other Ownership(10 000 yuan)			
港澳台商投资企业(万元)	Funds from HK,Macao & Taiwan(10 000 yuan)	195415	161629	-17.3
外商投资企业(万元)	Foreign Funded Enterprises(10 000 yuan)	2177	2200	1.1
工业企业增加值(万元)	Value Added of Industrial Enterprises(10 000 yuan)			4.8
工业企业资产总计(万元)	Total Assets of Industrial Enterprises(10 000 yuan)	947239	997136	5.3
工业企业负债合计(万元)	Total Liabilities of Industrial Enterprises(10 000 yuan)	861009	883702	2.6
工业企业产品销售收入(万元)	Sales of Revenue Industrial Enterprises(10 000 yuan)	369893	314809	-14.9
工业企业利润总额(万元)	Total Profits of Industrial Enterprises(10 000 yuan)	-21713	10932	
建筑业	**Construction**			
建筑企业单位数(个)	Number of Construction Enterprises(unit)	39	37	-5.1
建筑企业从业人员(人)	Number of Employee in Construction Enterprises(person)	8777	7556	-13.9
建筑业总产值(万元)	Gross Construction Output Value(10 000 yuan)	445371	397783	-10.7
交通运输邮电通信业	**Transportation,Post & Telecommunications**			
公路里程(公里)	Total Length of Highways(km)			
邮电业务总量(万元)	Business Volume of Post & Telecoms(10 000 yuan)			
本地电话用户(户)	Number of Subscribers of Local Telephone(Household)			
国内贸易	**Domestic Trade**			
社会消费品零售总额(万元)	Total Retail Sales of Consumer Goods(10 000 yuan)	3859817	4164154	7.9
城镇(万元)	Town(10 000 yuan)	3782621	4080871	7.9
乡村(万元)	Village(10 000 yuan)	77196	83283	7.9
科技教育卫生	**Science,Education & Public Health**			
各类专业技术人员(人)	Special Technical Personnel(person)	8964	9011	0.5
幼儿园数(所)	Number of Kindergartens(unit)	54	62	14.8
学龄儿童入学率(%)	Percentage of School-Age Children Enrolled(%)	100.0	100.0	0.0
小学学校数(所)	Number of Primary Schools(unit)	31	31	0.0
小学专任教师数(人)	Number of Full-time Teachers of Primary Schools(person)	928	952	2.6
小学在校学生数(人)	Number of Student Enrollment of Primary Schools(person)	23361	23776	1.8
普通中学学校数(所)	Number of Regular Secondary Schools(unit)	22	21	-4.5
普通中学专任教师数(人)	Number of Teachers of Secondary Shools(person)	1809	1849	2.2
初中在校学生数(人)	Number of Student in Junior Secondary Schools(person)	15984	15865	-0.7
高中在校学生数(人)	Number of Student in Senior Secondary Schools(person)	13430	12694	-5.5
卫生机构数(所)	Number of Health Institutions(unit)	231	249	7.8
# 医院(所)	Hospitals(unit)	21	23	9.5
卫生院(所)	Township Hospitals(unit)	1	1	0.0
床位数(张)	Number of Beds(unit)	4509	4772	5.8
# 医院(张)	Hospitals(unit)	4484	4421	-1.4
卫生院(张)	Township Hospitals(unit)	25	20	-20.0
卫生技术人员(人)	Medical Technical Presonnel(person)	6227	6210	-0.3
# 医院(人)	Hospitals(person)	6213	4997	-19.6
卫生院(人)	Township Hospitals(person)	14	20	42.9

23-12 呼和浩特市玉泉区

指　标	Item	2014	2015	2015年比上年增长% Increase Rate in 2015 Over 2014(%)
行政区域土地面积(平方公里)	**Area of Administration(Sq.km)**	**207**	**207**	**0.0**
人口和就业	**Population & Employment**			
年末户籍人口(人)	The Registered Population Year-end(person)	202488	202159	-0.2
#男性(人)	Male(person)	101210	100835	-0.4
#乡村人口(人)	Rural(person)	49635	41097	
年末常住人口(人)	Permanet Resident Population Year-end(person)	409300	414700	1.3
#男性(人)	Male(person)	210100	213300	1.5
#乡村人口(人)	Rural(person)	74500	73900	-0.8
年末总户数(户)	Total Number of Households at the Year-end(Household)	83092	84728	2.0
#乡村户数(户)	Number of Rural Household(Household)	16242	16279	0.2
出生人口(人)	Births(person)	2981	1769	-40.7
死亡人口(人)	Deaths(person)	1238	1184	-4.4
全社会就业人员(人)	Employment(person)	98972	99207	0.2
第一产业(人)	Primary Industry(person)	10609	11015	3.8
第二产业(人)	Secondary Industry(person)	27838	25216	-9.4
第三产业(人)	Tertiary Industry(person)	60525	62976	4.0
在岗职工人数(人)	Number of Staff & Workers Employed in(person)	26253	25516	-2.8
乡村劳动力(人)	Number of Rural Laborers(person)	20442	20860	2.0
#农林牧渔业(人)	Farming,Forestry,Animal Husbandry & Fishery(person)	10609	11015	3.8
国民经济综合指标	**Summary Item on the National Economy**			
生产总值(万元)	Gross Domestic Product(10 000 yuan)	2721208	3095032	7.7
第一产业(万元)	Primary Industry(10 000 yuan)	32446	32017	1.8
第二产业(万元)	Secondary Industry(10 000 yuan)	808341	821387	7.2
#工业(万元)	Industry(10 000 yuan)	607841	614818	7.6
第三产业(万元)	Tertiary Industry(10 000 yuan)	1880421	2241629	8.0
人均生产总值(元)	Per Capita GDP(yuan)	66934	75122	6.3
全社会固定资产投资(万元)	Total Investment in Fixed Assets(10 000 yuan)	1176023	1460177	24.2
按登记注册类型分	Grouped by Registered Type			
#国有(万元)	State-owned Enterprises(10 000 yuan)	22000	463138	2005.2
集体(万元)	Collective-owned Enterprises(10 000 yuan)			
有限责任公司(万元)	Limited Liability Corporations(10 000 yuan)	954653	907133	-5.0
股份有限公司(万元)	Share Holding Enterprises(10 000 yuan)	13460		
私营企业(万元)	Private Enterprises(10 000 yuan)	185910	75491	-59.4
外商及港澳台投资企业(万元)	Funds from HK,Macao,Taiwan & Foreign(10 000 yuan)			
一般公共预算收入(万元)	General Public Budget Revenue(10 000 yuan)	141404	177322	25.4
一般公共预算支出(万元)	General Public Budget Expenditure(10 000 yuan)	130937	129073	-1.4
住户存款余额(万元)	The balance of savings deposits of Households(10 000 yuan)			
在岗职工工资总额(万元)	Total Wages of Staff & Workers Employed in(10 000 yuan)	150265	139515	-7.2
在岗职工平均工资(元)	Average Wage of Staff & Workers Employed in(yuan)	46826	49519	5.8
全体居民人均可支配收入(元)	The per capita disposable income of all residents(yuan)	29418	31861	8.3
城镇常住居民人均可支配收入(元)	The per capita disposable income of urban permanent residents(yuan)	33561	36145	7.7
农村牧区常住居民人均可支配收入(元)	The per capita disposable income of permanent residents of rural and pastoral areas(yuan)	15122	16266	7.6
农村牧区经济	**Economic Development in Rural & Pastoral Area**			
农作物总播种面积(公顷)	Total Sown Area(hectare)	4778	4753	-0.5
#粮食作物播种面积(公顷)	Sown Area of Grain Crops(hectare)	3912	3875	-0.9
农牧业机械总动力(万千瓦)	Total Power of Agricultural Machinery(10 000 kw)	7.52	7.68	2.1
化肥施用折纯量(吨)	Consumption of Chemical Fertilizer(ton)	2799	2763	-1.3
农村用电量(万千瓦小时)	Electricity Consumed in Rural Area(10 000 kwh)	1137	1200	5.5
农林牧渔业总产值(万元)	Gross Output of Farming,Forestry,Animal Husbandry & Fishery(10 000 yuan)	56548	56114	2.3
粮食产量(吨)	Yield of Grain(ton)	27544	27555	0.0
油料产量(吨)	Yield of Oil-bearing Grops(ton)	70	73	4.3
甜菜产量(吨)	Yield of Beetroots(ton)			
猪牛羊肉产量(吨)	Output of Pork, Beef & Mutton(ton)	2122	2373	11.8
#猪肉产量(吨)	Output of Pork(ton)	931	1163	24.9
牛肉产量(吨)	Output of Beef(ton)	845	846	0.1
羊肉产量(吨)	Output of Mutton(ton)	346	364	5.2
羊毛产量(吨)	Output of Wool(ton)	54		

23-12 Yuquan District in Hohhot City

指　标	Item	2014	2015	2015年比上年增长% Increase Rate in 2015 Over 2014(%)
年末牲畜存栏头数(万头只)	Total Livestock at the Year-end(10 000 heads)	5.68	5.98	5.3
# 大牲畜(万头只)	Large Animals(10 000 heads)	0.98	0.98	0.0
羊(万只)	Sheep & Goats(10 000 heads)	2.58	3.4	31.8
猪(万头)	Hogs(10 000 heads)	2.12	1.6	-24.5
规模以上工业	**Industrial Enterprises above Designated size**			
工业企业单位数(个)	Number of Industrial Enterprises(unit)	17	18	5.9
# 内资企业(个)	Civil Funded Enterprises(unit)	17	18	5.9
工业总产值(万元)	Gross Industrial Output Value(10 000 yuan)	147535	194200	31.6
内资企业(万元)	Civil Funded Enterprises(10 000 yuan)	147535	194200	31.6
国有企业(万元)	State-owned Enterprises(10 000 yuan)			
集体企业(万元)	Collective-owned Enterprises(10 000 yuan)			
股份合作企业(万元)	Share Holding Enterprises(10 000 yuan)			
联营企业(万元)	Joint Owned Enterprises(10 000 yuan)			
有限责任公司(万元)	Limited Company(10 000 yuan)	16486	8206	-50.2
股份有限公司(万元)	Share Holding Limited Company(10 000 yuan)	78986	122288	54.8
私营企业(万元)	Privately Owned Enterprises(10 000 yuan)	52063	63707	22.4
其他企业(万元)	Enterprises of Other Ownership(10 000 yuan)			
港澳台商投资企业(万元)	Funds from HK,Macao & Taiwan(10 000 yuan)			
外商投资企业(万元)	Foreign Funded Enterprises(10 000 yuan)			
工业企业增加值(万元)	Value Added of Industrial Enterprises(10 000 yuan)			9.2
工业企业资产总计(万元)	Total Assets of Industrial Enterprises(10 000 yuan)	199439	223245	11.9
工业企业负债合计(万元)	Total Liabilities of Industrial Enterprises(10 000 yuan)	80392	82903	3.1
工业企业产品销售收入(万元)	Sales of Revenue Industrial Enterprises(10 000 yuan)	172813	194175	12.4
工业企业利润总额(万元)	Total Profits of Industrial Enterprises(10 000 yuan)	55233	71214	28.9
建筑业	**Construction**			
建筑企业单位数(个)	Number of Construction Enterprises(unit)	28	28	0.0
建筑企业从业人员(人)	Number of Employee in Construction Enterprises(person)	8451	5958	-29.5
建筑业总产值(万元)	Gross Construction Output Value(10 000 yuan)	271870	184584	-32.1
交通运输邮电通信业	**Transportation,Post & Telecommunications**			
公路里程(公里)	Total Length of Highways(km)			
邮电业务总量(万元)	Business Volume of Post & Telecoms(10 000 yuan)			
本地电话用户(户)	Number of Subscribers of Local Telephone(Household)			
国内贸易	**Domestic Trade**			
社会消费品零售总额(万元)	Total Retail Sales of Consumer Goods(10 000 yuan)	1977656	2131023	7.8
城镇(万元)	Town(10 000 yuan)	1901997	2039228	7.2
乡村(万元)	Village(10 000 yuan)	75659	91795	21.3
科技教育卫生	**Science,Education & Public Health**			
各类专业技术人员(人)	Special Technical Personnel(person)	5553	6471	16.5
幼儿园数(所)	Number of Kindergartens(unit)	35	32	-8.6
学龄儿童入学率(%)	Percentage of School-Age Children Enrolled(%)	100.0	100.0	0.0
小学学校数(所)	Number of Primary Schools(unit)	34	35	2.9
小学专任教师数(人)	Number of Full-time Teachers of Primary Schools(person)	1086	1119	3.0
小学在校学生数(人)	Number of Student Enrollment of Primary Schools(person)	22789	23281	2.2
普通中学学校数(所)	Number of Regular Secondary Schools(unit)	10	10	0.0
普通中学专任教师数(人)	Number of Teachers of Secondary Shools(person)	665	758	14.0
初中在校学生数(人)	Number of Student in Junior Secondary Schools(person)	7405	7474	0.9
高中在校学生数(人)	Number of Student in Senior Secondary Schools(person)	3813	4025	5.6
卫生机构数(所)	Number of Health Institutions(unit)	249	267	7.2
# 医院(所)	Hospitals(unit)	25	25	0.0
卫生院(所)	Township Hospitals(unit)	2	2	0.0
床位数(张)	Number of Beds(unit)	2240	2280	1.8
# 医院(张)	Hospitals(unit)	2180	2210	1.4
卫生院(张)	Township Hospitals(unit)	50	50	0.0
卫生技术人员(人)	Medical Technical Presonnel(person)	3283	3312	0.9
# 医院(人)	Hospitals(person)	2209	2238	1.3
卫生院(人)	Township Hospitals(person)	44	47	6.8

23-13 呼和浩特市赛罕区

指 标	Item	2014	2015	2015年比上年增长% Increase Rate in 2015 Over 2014(%)
行政区域土地面积(平方公里)	**Area of Administration(Sq.km)**	**1025**	**1025**	**0.0**
人口和就业	**Population & Employment**			
年末户籍人口(人)	The Registered Population Year-end(person)	449793	468536	4.2
#男性(人)	Male(person)	224336	233378	4.0
#乡村人口(人)	Rural(person)	127045	112939	
年末常住人口(人)	Permanet Resident Population Year-end(person)	685500	692400	1.0
#男性(人)	Male(person)	349100	352600	1.0
#乡村人口(人)	Rural(person)	180000	174100	-3.3
年末总户数(户)	Total Number of Households at the Year-end(Household)	165282	176458	6.8
#乡村户数(户)	Number of Rural Household(Household)	44112	45129	2.3
出生人口(人)	Births(person)	7908	5711	-27.8
死亡人口(人)	Deaths(person)	1958	1941	-0.9
全社会就业人员(人)	Employment(person)	181120	180124	-0.5
第一产业(人)	Primary Industry(person)	47530	47412	-0.2
第二产业(人)	Secondary Industry(person)	32560	31567	-3.0
第三产业(人)	Tertiary Industry(person)	101030	101145	0.1
在岗职工人数(人)	Number of Staff & Workers Employed in(person)	137191	133635	-2.6
乡村劳动力(人)	Number of Rural Laborers(person)	88884	89499	0.7
#农林牧渔业(人)	Farming,Forestry,Animal Husbandry & Fishery(person)	43535	47273	8.6
国民经济综合指标	**Summary Item on the National Economy**			
生产总值(万元)	Gross Domestic Product(10 000 yuan)	5730522	6165652	8.8
第一产业(万元)	Primary Industry(10 000 yuan)	205161	207381	3.5
第二产业(万元)	Secondary Industry(10 000 yuan)	1905048	1598558	8.3
#工业(万元)	Industry(10 000 yuan)	1485876	1153536	8.0
第三产业(万元)	Tertiary Industry(10 000 yuan)	3620313	4359713	9.2
人均生产总值(元)	Per Capita GDP(yuan)	84130	89493	7.6
全社会固定资产投资(万元)	Total Investment in Fixed Assets(10 000 yuan)	2798764	3512662	25.5
按登记注册类型分	Grouped by Registered Type			
#国有(万元)	State-owned Enterprises(10 000 yuan)	160792	1090841	578.4
集体(万元)	Collective-owned Enterprises(10 000 yuan)		350800	
有限责任公司(万元)	Limited Liability Corporations(10 000 yuan)	2447172	1926711	-21.3
股份有限公司(万元)	Share Holding Enterprises(10 000 yuan)	125614	67014	-46.7
私营企业(万元)	Private Enterprises(10 000 yuan)		18025	
外商及港澳台投资企业(万元)	Funds from HK,Macao,Taiwan & Foreign(10 000 yuan)	64152	5000	-92.2
一般公共预算收入(万元)	General Public Budget Revenue(10 000 yuan)	398477	451216	13.2
一般公共预算支出(万元)	General Public Budget Expenditure(10 000 yuan)	302318	397987	31.6
住户存款余额(万元)	The balance of savings deposits of Households(10 000 yuan)			
在岗职工工资总额(万元)	Total Wages of Staff & Workers Employed in(10 000 yuan)	770022	778659	1.1
在岗职工平均工资(元)	Average Wage of Staff & Workers Employed in(yuan)	53971	58051	7.6
全体居民人均可支配收入(元)	The per capita disposable income of all residents(yuan)	30235	32818	8.5
城镇常住居民人均可支配收入(元)	The per capita disposable income of urban permanent residents(yuan)	38355	41155	7.3
农村牧区常住居民人均可支配收入(元)	The per capita disposable income of permanent residents of rural and pastoral areas(yuan)	14323	15407	7.6
农村牧区经济	**Economic Development in Rural & Pastoral Area**			
农作物总播种面积(公顷)	Total Sown Area(hectare)	32343	32310	-0.1
#粮食作物播种面积(公顷)	Sown Area of Grain Crops(hectare)	24953	24832	-0.5
农牧业机械总动力(万千瓦)	Total Power of Agricultural Machinery(10 000 kw)	30.28	31.28	3.3
化肥施用折纯量(吨)	Consumption of Chemical Fertilizer(ton)	10569	11047	4.5
农村用电量(万千瓦小时)	Electricity Consumed in Rural Area(10 000 kwh)	11208	11433	2.0
农林牧渔业总产值(万元)	Gross Output of Farming,Forestry,Animal Husbandry & Fishery(10 000 yuan)	373308	378274	4.0
粮食产量(吨)	Yield of Grain(ton)	61704	61504	-0.3
油料产量(吨)	Yield of Oil-bearing Grops(ton)	1581	1231	-22.1
甜菜产量(吨)	Yield of Beetroots(ton)	200	200	0.0
猪牛羊肉产量(吨)	Output of Pork, Beef & Mutton(ton)	10831	14217	31.3
#猪肉产量(吨)	Output of Pork(ton)	3535	5232	48.0
牛肉产量(吨)	Output of Beef(ton)	6547	7715	17.8
羊肉产量(吨)	Output of Mutton(ton)	749	1270	69.6
羊毛产量(吨)	Output of Wool(ton)	98	119	21.4

23-13 Saihan District in Hohhot City

指　标	Item	2014	2015	2015年比上年增长% Increase Rate in 2015 Over 2014(%)
年末牲畜存栏头数(万头只)	Total Livestock at the Year-end(10 000 heads)	21.16	22.19	4.9
#大牲畜(万头只)	Large Animals(10 000 heads)	11.67	11.76	0.8
羊(万只)	Sheep & Goats(10 000 heads)	5.07	5.86	15.6
猪(万头)	Hogs(10 000 heads)	4.42	4.57	3.4
规模以上工业	**Industrial Enterprises above Designated size**			
工业企业单位数(个)	Number of Industrial Enterprises(unit)	32	30	-6.3
#内资企业(个)	Civil Funded Enterprises(unit)	29	26	-10.3
工业总产值(万元)	Gross Industrial Output Value(10 000 yuan)	4556632	4480508	-1.7
内资企业(万元)	Civil Funded Enterprises(10 000 yuan)	4479747	4244333	-5.3
国有企业(万元)	State-owned Enterprises(10 000 yuan)	56615	864285	1426.6
集体企业(万元)	Collective-owned Enterprises(10 000 yuan)	1817		
股份合作企业(万元)	Share Holding Enterprises(10 000 yuan)			
联营企业(万元)	Joint Owned Enterprises(10 000 yuan)			
有限责任公司(万元)	Limited Company(10 000 yuan)	1188471	848042	-28.6
股份有限公司(万元)	Share Holding Limited Company(10 000 yuan)	3213119	2427374	-24.5
私营企业(万元)	Privately Owned Enterprises(10 000 yuan)	19724	104633	430.5
其他企业(万元)	Enterprises of Other Ownership(10 000 yuan)			
港澳台商投资企业(万元)	Funds from HK,Macao & Taiwan(10 000 yuan)	2010	170585	8388.9
外商投资企业(万元)	Foreign Funded Enterprises(10 000 yuan)	74875	65590	-12.4
工业企业增加值(万元)	Value Added of Industrial Enterprises(10 000 yuan)			9.8
工业企业资产总计(万元)	Total Assets of Industrial Enterprises(10 000 yuan)	7382622	7363765	-0.3
工业企业负债合计(万元)	Total Liabilities of Industrial Enterprises(10 000 yuan)	4664904	4895485	4.9
工业企业产品销售收入(万元)	Sales of Revenue Industrial Enterprises(10 000 yuan)	4204342	4415910	5.0
工业企业利润总额(万元)	Total Profits of Industrial Enterprises(10 000 yuan)	-716602	-484374	
建筑业	**Construction**			
建筑企业单位数(个)	Number of Construction Enterprises(unit)	64	52	-18.8
建筑企业从业人员(人)	Number of Employee in Construction Enterprises(person)	19301	17899	-7.3
建筑业总产值(万元)	Gross Construction Output Value(10 000 yuan)	655222	632249	-3.5
交通运输邮电通信业	**Transportation,Post & Telecommunications**			
公路里程(公里)	Total Length of Highways(km)			
邮电业务总量(万元)	Business Volume of Post & Telecoms(10 000 yuan)			
本地电话用户(户)	Number of Subscribers of Local Telephone(Household)			
国内贸易	**Domestic Trade**			
社会消费品零售总额(万元)	Total Retail Sales of Consumer Goods(10 000 yuan)	1736012	1872526	7.9
城镇(万元)	Town(10 000 yuan)	1539374	1665671	8.2
乡村(万元)	Village(10 000 yuan)	196638	206855	5.2
科技教育卫生	**Science,Education & Public Health**			
各类专业技术人员(人)	Special Technical Personnel(person)	31452	35632	13.3
幼儿园数(所)	Number of Kindergartens(unit)	50	57	14.0
学龄儿童入学率(%)	Percentage of School-Age Children Enrolled(%)	100.0	100	0.0
小学学校数(所)	Number of Primary Schools(unit)	39	39	0.0
小学专任教师数(人)	Number of Full-time Teachers of Primary Schools(person)	1669	1878	12.5
小学在校学生数(人)	Number of Student Enrollment of Primary Schools(person)	38865	39816	2.4
普通中学学校数(所)	Number of Regular Secondary Schools(unit)	21	22	4.8
普通中学专任教师数(人)	Number of Teachers of Secondary Shools(person)	2874	3405	18.5
初中在校学生数(人)	Number of Student in Junior Secondary Schools(person)	23507	21760	-7.4
高中在校学生数(人)	Number of Student in Senior Secondary Schools(person)	12626	13039	3.3
卫生机构数(所)	Number of Health Institutions(unit)	95	101	6.3
#医院(所)	Hospitals(unit)	22	24	9.1
卫生院(所)	Township Hospitals(unit)	6	7	16.7
床位数(张)	Number of Beds(unit)	5324	5859	10.0
#医院(张)	Hospitals(unit)	5116	5568	8.8
卫生院(张)	Township Hospitals(unit)	120	218	81.7
卫生技术人员(人)	Medical Technical Presonnel(person)	5270	5880	11.6
#医院(人)	Hospitals(person)	4589	5065	10.4
卫生院(人)	Township Hospitals(person)	110	127	15.5

23-14 呼和浩特市土默特左旗

指 标	Item	2014	2015	2015年比上年增长% Increase Rate in 2015 Over 2014(%)
行政区域土地面积(平方公里)	**Area of Administration(Sq.km)**	**2765**	**2765**	**0.0**
人口和就业	**Population & Employment**			
年末户籍人口(人)	The Registered Population Year-end(person)	370335	365819	-1.2
# 男性(人)	Male(person)	192553	190073	-1.3
# 乡村人口(人)	Rural(person)	322700	312333	
年末常住人口(人)	Permanet Resident Population Year-end(person)	317800	319900	0.7
# 男性(人)	Male(person)	165000	166000	0.6
# 乡村人口(人)	Rural(person)	221700	221100	-0.3
年末总户数(户)	Total Number of Households at the Year-end(Household)	139112	143639	3.3
# 乡村户数(户)	Number of Rural Household(Household)	94407	96552	2.3
出生人口(人)	Births(person)	5042	3657	-27.5
死亡人口(人)	Deaths(person)	1720	1594	-7.3
全社会就业人员(人)	Employment(person)	185319	186500	0.6
第一产业(人)	Primary Industry(person)	82712	80998	-2.1
第二产业(人)	Secondary Industry(person)	51213	52163	1.9
第三产业(人)	Tertiary Industry(person)	51394	53339	3.8
在岗职工人数(人)	Number of Staff & Workers Employed in(person)	35192	18190	-48.3
乡村劳动力(人)	Number of Rural Laborers(person)	185621	186053	0.2
# 农林牧渔业(人)	Farming,Forestry,Animal Husbandry & Fishery(person)	81879	80165	-2.1
国民经济综合指标	**Summary Item on the National Economy**			
生产总值(万元)	Gross Domestic Product(10 000 yuan)	2147954	2372750	8.0
第一产业(万元)	Primary Industry(10 000 yuan)	385854	390422	3.6
第二产业(万元)	Secondary Industry(10 000 yuan)	795779	803092	6.8
# 工业(万元)	Industry(10 000 yuan)	683779	680488	5.9
第三产业(万元)	Tertiary Industry(10 000 yuan)	966321	1179235	10.5
人均生产总值(元)	Per Capita GDP(yuan)	67718	74404	7.4
全社会固定资产投资(万元)	Total Investment in Fixed Assets(10 000 yuan)	633769	809346	27.7
按登记注册类型分	Grouped by Registered Type			
# 国有(万元)	State-owned Enterprises(10 000 yuan)	304558	485005	59.2
集体(万元)	Collective-owned Enterprises(10 000 yuan)			
有限责任公司(万元)	Limited Liability Corporations(10 000 yuan)	208774	274299	31.4
股份有限公司(万元)	Share Holding Enterprises(10 000 yuan)	74100	5800	-92.2
私营企业(万元)	Private Enterprises(10 000 yuan)	21761	10461	-51.9
外商及港澳台投资企业(万元)	Funds from HK,Macao,Taiwan & Foreign(10 000 yuan)			
一般公共预算收入(万元)	General Public Budget Revenue(10 000 yuan)	113316	133987	18.2
一般公共预算支出(万元)	General Public Budget Expenditure(10 000 yuan)	244482	300675	23.0
住户存款余额(万元)	The balance of savings deposits of Households(10 000 yuan)		341958	
在岗职工工资总额(万元)	Total Wages of Staff & Workers Employed in(10 000 yuan)	169370	94476	-44.2
在岗职工平均工资(元)	Average Wage of Staff & Workers Employed in(yuan)	48935	51742	5.7
全体居民人均可支配收入(元)	The per capita disposable income of all residents(yuan)	15972	17219	7.8
城镇常住居民人均可支配收入(元)	The per capita disposable income of urban permanent residents(yuan)	26500	28646	8.1
农村牧区常住居民人均可支配收入(元)	The per capita disposable income of permanent residents of rural and pastoral areas(yuan)	12219	13160	7.7
农村牧区经济	**Economic Development in Rural & Pastoral Area**			
农作物总播种面积(公顷)	Total Sown Area(hectare)	104919	105288	0.4
# 粮食作物播种面积(公顷)	Sown Area of Grain Crops(hectare)	66155	65707	-0.7
农牧业机械总动力(万千瓦)	Total Power of Agricultural Machinery(10 000 kw)	68.95	73.51	6.6
化肥施用折纯量(吨)	Consumption of Chemical Fertilizer(ton)	32807	33586	2.4
农村用电量(万千瓦小时)	Electricity Consumed in Rural Area(10 000 kwh)	12927	13164	1.8
农林牧渔业总产值(万元)	Gross Output of Farming,Forestry,Animal Husbandry & Fishery(10 000 yuan)	694149	704467	4.2
粮食产量(吨)	Yield of Grain(ton)	524365	514237	-1.9
油料产量(吨)	Yield of Oil-bearing Grops(ton)	26090	30928	18.5
甜菜产量(吨)	Yield of Beetroots(ton)	5538	4258	-23.1
猪牛羊肉产量(吨)	Output of Pork, Beef & Mutton(ton)	31127	30636	-1.6
# 猪肉产量(吨)	Output of Pork(ton)	11292	10484	-7.2
牛肉产量(吨)	Output of Beef(ton)	11726	10748	-8.3
羊肉产量(吨)	Output of Mutton(ton)	8109	9404	16.0
羊毛产量(吨)	Output of Wool(ton)	1024	1205	17.7

23-14 Tumotezuo Banner in Hohhot City

指　标	Item	2014	2015	2015年比上年增长% Increase Rate in 2015 Over 2014(%)
年末牲畜存栏头数(万头只)	Total Livestock at the Year-end(10 000 heads)	73.75	79.00	7.1
# 大牲畜(万头只)	Large Animals(10 000 heads)	24.39	24.26	-0.5
羊(万只)	Sheep & Goats(10 000 heads)	40.22	46.21	14.9
猪(万头)	Hogs(10 000 heads)	9.14	8.53	-6.7
规模以上工业	**Industrial Enterprises above Designated size**			
工业企业单位数(个)	Number of Industrial Enterprises(unit)	38	38	0.0
# 内资企业(个)	Civil Funded Enterprises(unit)	34	34	0.0
工业总产值(万元)	Gross Industrial Output Value(10 000 yuan)	937240	737202	-21.3
内资企业(万元)	Civil Funded Enterprises(10 000 yuan)	691156	662368	-4.2
国有企业(万元)	State-owned Enterprises(10 000 yuan)			
集体企业(万元)	Collective-owned Enterprises(10 000 yuan)			
股份合作企业(万元)	Share Holding Enterprises(10 000 yuan)			
联营企业(万元)	Joint Owned Enterprises(10 000 yuan)			
有限责任公司(万元)	Limited Company(10 000 yuan)	540705	527790	-2.4
股份有限公司(万元)	Share Holding Limited Company(10 000 yuan)	2582	10844	320.0
私营企业(万元)	Privately Owned Enterprises(10 000 yuan)	147870	123734	-16.3
其他企业(万元)	Enterprises of Other Ownership(10 000 yuan)			
港澳台商投资企业(万元)	Funds from HK,Macao & Taiwan(10 000 yuan)			
外商投资企业(万元)	Foreign Funded Enterprises(10 000 yuan)	246084	74835	-69.6
工业企业增加值(万元)	Value Added of Industrial Enterprises(10 000 yuan)			6.8
工业企业资产总计(万元)	Total Assets of Industrial Enterprises(10 000 yuan)	1746048	1773202	1.6
工业企业负债合计(万元)	Total Liabilities of Industrial Enterprises(10 000 yuan)	1083017	1106240	2.1
工业企业产品销售收入(万元)	Sales of Revenue Industrial Enterprises(10 000 yuan)	953122	759545	-20.3
工业企业利润总额(万元)	Total Profits of Industrial Enterprises(10 000 yuan)	34150	34319	0.5
建筑业	**Construction**			
建筑企业单位数(个)	Number of Construction Enterprises(unit)	3	2	-33.3
建筑企业从业人员(人)	Number of Employee in Construction Enterprises(person)	1620	1447	-10.7
建筑业总产值(万元)	Gross Construction Output Value(10 000 yuan)	28828	30562	6.0
交通运输邮电通信业	**Transportation,Post & Telecommunications**			
公路里程(公里)	Total Length of Highways(km)	1375	1375	0.0
邮电业务总量(万元)	Business Volume of Post & Telecoms(10 000 yuan)	15437	12728	-17.5
本地电话用户(户)	Number of Subscribers of Local Telephone(Household)	28017	14100	-49.7
国内贸易	**Domestic Trade**			
社会消费品零售总额(万元)	Total Retail Sales of Consumer Goods(10 000 yuan)	347662	373528	7.4
城镇(万元)	Town(10 000 yuan)	295513	317499	7.4
乡村(万元)	Village(10 000 yuan)	52149	56029	7.4
科技教育卫生	**Science,Education & Public Health**			
各类专业技术人员(人)	Special Technical Personnel(person)	3960	3894	-1.7
幼儿园数(所)	Number of Kindergartens(unit)	58	53	-8.6
学龄儿童入学率(%)	Percentage of School-Age Children Enrolled(%)	100.0	100.0	0.0
小学学校数(所)	Number of Primary Schools(unit)	28	27	-3.6
小学专任教师数(人)	Number of Full-time Teachers of Primary Schools(person)	1360	1277	-6.1
小学在校学生数(人)	Number of Student Enrollment of Primary Schools(person)	12559	12739	1.4
普通中学学校数(所)	Number of Regular Secondary Schools(unit)	13	13	0.0
普通中学专任教师数(人)	Number of Teachers of Secondary Shools(person)	794	749	-5.7
初中在校学生数(人)	Number of Student in Junior Secondary Schools(person)	5806	5754	-0.9
高中在校学生数(人)	Number of Student in Senior Secondary Schools(person)	4261	4222	-0.9
卫生机构数(所)	Number of Health Institutions(unit)	330	330	0.0
# 医院(所)	Hospitals(unit)	2	2	0.0
卫生院(所)	Township Hospitals(unit)	16	16	0.0
床位数(张)	Number of Beds(unit)	589	629	6.8
# 医院(张)	Hospitals(unit)	380	360	-5.3
卫生院(张)	Township Hospitals(unit)	209	259	23.9
卫生技术人员(人)	Medical Technical Presonnel(person)	1242	661	-46.8
# 医院(人)	Hospitals(person)	427	365	-14.5
卫生院(人)	Township Hospitals(person)	127	189	48.8

23-15 呼和浩特市托克托县

指　标	Item	2014	2015	2015年比上年增长% Increase Rate in 2015 Over 2014(%)
行政区域土地面积(平方公里)	**Area of Administration(Sq.km)**	**1408**	**1408**	**0.0**
人口和就业	**Population & Employment**			
年末户籍人口(人)	The Registered Population Year-end(person)	206900	203144	-1.8
#男性(人)	Male(person)	105376	103627	-1.7
#乡村人口(人)	Rural(person)	160937	146716	
年末常住人口(人)	Permanet Resident Population Year-end(person)	206400	208300	0.9
#男性(人)	Male(person)	107300	108500	1.1
#乡村人口(人)	Rural(person)	129000	128900	-0.1
年末总户数(户)	Total Number of Households at the Year-end(Household)	87972	87566	-0.5
#乡村户数(户)	Number of Rural Household(Household)	41805	42022	0.5
出生人口(人)	Births(person)	129000	128900	-0.1
死亡人口(人)	Deaths(person)	918	676	-26.4
全社会就业人员(人)	Employment(person)	105287	106069	0.7
第一产业(人)	Primary Industry(person)	53319	53816	0.9
第二产业(人)	Secondary Industry(person)	33971	33404	-1.7
第三产业(人)	Tertiary Industry(person)	17997	18849	4.7
在岗职工人数(人)	Number of Staff & Workers Employed in(person)	12201	11755	-3.7
乡村劳动力(人)	Number of Rural Laborers(person)	100521	100990	0.5
#农林牧渔业(人)	Farming,Forestry,Animal Husbandry & Fishery(person)	53319	53861	1.0
国民经济综合指标	**Summary Item on the National Economy**			
生产总值(万元)	Gross Domestic Product(10 000 yuan)	2364208	2424539	7.8
第一产业(万元)	Primary Industry(10 000 yuan)	209908	211616	3.4
第二产业(万元)	Secondary Industry(10 000 yuan)	1693085	1670577	8.6
#工业(万元)	Industry(10 000 yuan)	1591985	1566174	8.8
第三产业(万元)	Tertiary Industry(10 000 yuan)	461215	542347	6.8
人均生产总值(元)	Per Capita GDP(yuan)	114237	116930	7.0
全社会固定资产投资(万元)	Total Investment in Fixed Assets(10 000 yuan)	679988	860111	26.5
按登记注册类型分	Grouped by Registered Type			
#国有(万元)	State-owned Enterprises(10 000 yuan)	185220	232571	25.6
集体(万元)	Collective-owned Enterprises(10 000 yuan)			
有限责任公司(万元)	Limited Liability Corporations(10 000 yuan)	379237	380216	0.3
股份有限公司(万元)	Share Holding Enterprises(10 000 yuan)	5000	7302	46.0
私营企业(万元)	Private Enterprises(10 000 yuan)	70245	17749	-74.7
外商及港澳台投资企业(万元)	Funds from HK,Macao,Taiwan & Foreign(10 000 yuan)	5500	12488	127.1
一般公共预算收入(万元)	General Public Budget Revenue(10 000 yuan)	111890	131019	17.1
一般公共预算支出(万元)	General Public Budget Expenditure(10 000 yuan)	233399	236426	1.3
住户存款余额(万元)	The balance of savings deposits of Households(10 000 yuan)		430411	
在岗职工工资总额(万元)	Total Wages of Staff & Workers Employed in(10 000 yuan)	63944	69462	8.6
在岗职工平均工资(元)	Average Wage of Staff & Workers Employed in(yuan)	49477	56731	14.7
全体居民人均可支配收入(元)	The per capita disposable income of all residents(yuan)	17295	18712	8.2
城镇常住居民人均可支配收入(元)	The per capita disposable income of urban permanent residents(yuan)	28091	30338	8.0
农村牧区常住居民人均可支配收入(元)	The per capita disposable income of permanent residents of rural and pastoral areas(yuan)	11849	12773	7.8
农村牧区经济	**Economic Development in Rural & Pastoral Area**			
农作物总播种面积(公顷)	Total Sown Area(hectare)	55391	57359	3.6
#粮食作物播种面积(公顷)	Sown Area of Grain Crops(hectare)	39107	39009	-0.3
农牧业机械总动力(万千瓦)	Total Power of Agricultural Machinery(10 000 kw)	45.34	47.75	5.3
化肥施用折纯量(吨)	Consumption of Chemical Fertilizer(ton)	36493	37029	1.5
农村用电量(万千瓦小时)	Electricity Consumed in Rural Area(10 000 kwh)	6396	6874	7.5
农林牧渔业总产值(万元)	Gross Output of Farming,Forestry,Animal Husbandry & Fishery(10 000 yuan)	372265	376639	4.0
粮食产量(吨)	Yield of Grain(ton)	253791	251506	-0.9
油料产量(吨)	Yield of Oil-bearing Grops(ton)	5981	3802	-36.4
甜菜产量(吨)	Yield of Beetroots(ton)	6841	4742	-30.7
猪牛羊肉产量(吨)	Output of Pork, Beef & Mutton(ton)	13247	12513	-5.5
#猪肉产量(吨)	Output of Pork(ton)	3320	2817	-15.2
牛肉产量(吨)	Output of Beef(ton)	5376	4951	-7.9
羊肉产量(吨)	Output of Mutton(ton)	4551	4745	4.3
羊毛产量(吨)	Output of Wool(ton)	1119	1182	5.6

23-15 Tuoketuo County in Hohhot City

指　标	Item	2014	2015	2015年比上年增长% Increase Rate in 2015 Over 2014(%)
年末牲畜存栏头数(万头只)	Total Livestock at the Year-end(10 000 heads)	41.62	42.95	3.2
# 大牲畜(万头只)	Large Animals(10 000 heads)	10.39	10.47	0.8
羊(万只)	Sheep & Goats(10 000 heads)	28.80	29.91	3.9
猪(万头)	Hogs(10 000 heads)	2.44	2.57	5.3
规模以上工业	**Industrial Enterprises above Designated size**			
工业企业单位数(个)	Number of Industrial Enterprises(unit)	35	37	5.7
# 内资企业(个)	Civil Funded Enterprises(unit)	32	34	6.3
工业总产值(万元)	Gross Industrial Output Value(10 000 yuan)	3429264	3892885	13.5
内资企业(万元)	Civil Funded Enterprises(10 000 yuan)	3047333	3309402	8.6
国有企业(万元)	State-owned Enterprises(10 000 yuan)			
集体企业(万元)	Collective-owned Enterprises(10 000 yuan)			
股份合作企业(万元)	Share Holding Enterprises(10 000 yuan)	10855	11463	5.6
联营企业(万元)	Joint Owned Enterprises(10 000 yuan)			
有限责任公司(万元)	Limited Company(10 000 yuan)	2249906	2053915	-8.7
股份有限公司(万元)	Share Holding Limited Company(10 000 yuan)	65380	61611	-10.3
私营企业(万元)	Privately Owned Enterprises(10 000 yuan)	721192	1182413	50.0
其他企业(万元)	Enterprises of Other Ownership(10 000 yuan)			
港澳台商投资企业(万元)	Funds from HK,Macao & Taiwan(10 000 yuan)	381931	583483	17.5
外商投资企业(万元)	Foreign Funded Enterprises(10 000 yuan)			
工业企业增加值(万元)	Value Added of Industrial Enterprises(10 000 yuan)			10.8
工业企业资产总计(万元)	Total Assets of Industrial Enterprises(10 000 yuan)	3812698	3744960	-1.8
工业企业负债合计(万元)	Total Liabilities of Industrial Enterprises(10 000 yuan)	2592039	2596722	0.2
工业企业产品销售收入(万元)	Sales of Revenue Industrial Enterprises(10 000 yuan)	2954125	2834465	-4.1
工业企业利润总额(万元)	Total Profits of Industrial Enterprises(10 000 yuan)	346096	290399	-16.1
建筑业	**Construction**			
建筑企业单位数(个)	Number of Construction Enterprises(unit)	9	9	0.0
建筑企业从业人员(人)	Number of Employee in Construction Enterprises(person)	1495	823	-44.9
建筑业总产值(万元)	Gross Construction Output Value(10 000 yuan)	53946	47268	-12.4
交通运输邮电通信业	**Transportation,Post & Telecommunications**			
公路里程(公里)	Total Length of Highways(km)	964	964	0.0
邮电业务总量(万元)	Business Volume of Post & Telecoms(10 000 yuan)	11503	12030	4.6
本地电话用户(户)	Number of Subscribers of Local Telephone(Household)	12886	23190	79.9
国内贸易	**Domestic Trade**			
社会消费品零售总额(万元)	Total Retail Sales of Consumer Goods(10 000 yuan)	271677	292216	7.6
城镇(万元)	Town(10 000 yuan)	173873	187018	7.6
乡村(万元)	Village(10 000 yuan)	97804	105198	7.6
科技教育卫生	**Science,Education & Public Health**			
各类专业技术人员(人)	Special Technical Personnel(person)	3158	3166	0.3
幼儿园数(所)	Number of Kindergartens(unit)	22	35	59.0
学龄儿童入学率(%)	Percentage of School-Age Children Enrolled(%)	100.0	100.0	0.0
小学学校数(所)	Number of Primary Schools(unit)	17	18	5.9
小学专任教师数(人)	Number of Full-time Teachers of Primary Schools(person)	674	728	8.0
小学在校学生数(人)	Number of Student Enrollment of Primary Schools(person)	11885	11576	-2.5
普通中学学校数(所)	Number of Regular Secondary Schools(unit)	5	6	20.0
普通中学专任教师数(人)	Number of Teachers of Secondary Shools(person)	670	675	0.7
初中在校学生数(人)	Number of Student in Junior Secondary Schools(person)	6190	6183	-0.1
高中在校学生数(人)	Number of Student in Senior Secondary Schools(person)	4137	3910	-5.5
卫生机构数(所)	Number of Health Institutions(unit)	158	163	3.2
# 医院(所)	Hospitals(unit)	2	2	0.0
卫生院(所)	Township Hospitals(unit)	10	10	0.0
床位数(张)	Number of Beds(unit)	455	646	42.0
# 医院(张)	Hospitals(unit)	430	559	30.0
卫生院(张)	Township Hospitals(unit)	25	87	248.0
卫生技术人员(人)	Medical Technical Presonnel(person)	549	580	5.6
# 医院(人)	Hospitals(person)	317	266	-16.1
卫生院(人)	Township Hospitals(person)	149	157	5.4

23-16 呼和浩特市和林格尔县

指 标	Item	2014	2015	2015年比上年增长% Increase Rate in 2015 Over 2014(%)
行政区域土地面积(平方公里)	**Area of Administration(Sq.km)**	**3448**	**3448**	**0.0**
人口和就业	**Population & Employment**			
年末户籍人口(人)	The Registered Population Year-end(person)	204796	200883	-1.9
#男性(人)	Male(person)	106437	104504	-1.8
#乡村人口(人)	Rural(person)	174863	170940	
年末常住人口(人)	Permanet Resident Population Year-end(person)	174600	176300	1.0
#男性(人)	Male(person)	88600	89600	1.1
#乡村人口(人)	Rural(person)	120100	119000	-0.9
年末总户数(户)	Total Number of Households at the Year-end(Household)	84265	84380	0.1
#乡村户数(户)	Number of Rural Household(Household)	41943	44926	7.1
出生人口(人)	Births(person)	4039	2192	-45.7
死亡人口(人)	Deaths(person)	891	739	-17.1
全社会就业人员(人)	Employment(person)	120750	121837	0.9
第一产业(人)	Primary Industry(person)	62166	61047	-1.8
第二产业(人)	Secondary Industry(person)	24315	25218	3.7
第三产业(人)	Tertiary Industry(person)	34269	35572	3.8
在岗职工人数(人)	Number of Staff & Workers Employed in(person)	22538	23274	3.3
乡村劳动力(人)	Number of Rural Laborers(person)	83022	79640	-4.1
#农林牧渔业(人)	Farming,Forestry,Animal Husbandry & Fishery(person)	62166	61047	-1.8
国民经济综合指标	**Summary Item on the National Economy**			
生产总值(万元)	Gross Domestic Product(10 000 yuan)	1409811	1531266	7.6
第一产业(万元)	Primary Industry(10 000 yuan)	221052	225039	4.0
第二产业(万元)	Secondary Industry(10 000 yuan)	674402	692336	8.5
#工业(万元)	Industry(10 000 yuan)	556402	563541	7.7
第三产业(万元)	Tertiary Industry(10 000 yuan)	514357	613891	7.9
人均生产总值(元)	Per Capita GDP(yuan)	80931	75492	6.8
全社会固定资产投资(万元)	Total Investment in Fixed Assets(10 000 yuan)	923704	1165086	26.1
按登记注册类型分	Grouped by Registered Type			
#国有(万元)	State-owned Enterprises(10 000 yuan)	617787	999786	61.8
集体(万元)	Collective-owned Enterprises(10 000 yuan)	22078		
有限责任公司(万元)	Limited Liability Corporations(10 000 yuan)	205351	134248	-34.6
股份有限公司(万元)	Share Holding Enterprises(10 000 yuan)			
私营企业(万元)	Private Enterprises(10 000 yuan)			
外商及港澳台投资企业(万元)	Funds from HK,Macao,Taiwan & Foreign(10 000 yuan)	78488	31052	-60.4
一般公共预算收入(万元)	General Public Budget Revenue(10 000 yuan)	98425	112972	14.8
一般公共预算支出(万元)	General Public Budget Expenditure(10 000 yuan)	193593	203868	5.3
住户存款余额(万元)	The balance of savings deposits of Households(10 000 yuan)		370909	
在岗职工工资总额(万元)	Total Wages of Staff & Workers Employed in(10 000 yuan)	102490	117811	14.9
在岗职工平均工资(元)	Average Wage of Staff & Workers Employed in(yuan)	46187	50487	9.3
全体居民人均可支配收入(元)	The per capita disposable income of all residents(yuan)	15304	16505	7.8
城镇常住居民人均可支配收入(元)	The per capita disposable income of urban permanent residents(yuan)	26973	29104	7.9
农村牧区常住居民人均可支配收入(元)	The per capita disposable income of permanent residents of rural and pastoral areas(yuan)	9522	10274	7.9
农村牧区经济	**Economic Development in Rural & Pastoral Area**			
农作物总播种面积(公顷)	Total Sown Area(hectare)	65577	68482	4.4
#粮食作物播种面积(公顷)	Sown Area of Grain Crops(hectare)	51513	51467	-0.1
农牧业机械总动力(万千瓦)	Total Power of Agricultural Machinery(10 000 kw)	39.14	40.54	3.6
化肥施用折纯量(吨)	Consumption of Chemical Fertilizer(ton)	9124	9788	7.3
农村用电量(万千瓦小时)	Electricity Consumed in Rural Area(10 000 kwh)	10640	11288	6.1
农林牧渔业总产值(万元)	Gross Output of Farming,Forestry,Animal Husbandry & Fishery(10 000 yuan)	405564	413583	4.5
粮食产量(吨)	Yield of Grain(ton)	174662	174133	-0.3
油料产量(吨)	Yield of Oil-bearing Grops(ton)	2302	3440	49.4
甜菜产量(吨)	Yield of Beetroots(ton)	1425	1725	21.1
猪牛羊肉产量(吨)	Output of Pork, Beef & Mutton(ton)	20954	21021	0.3
#猪肉产量(吨)	Output of Pork(ton)	3266	3422	4.8
牛肉产量(吨)	Output of Beef(ton)	7476	7764	3.9
羊肉产量(吨)	Output of Mutton(ton)	10212	9835	-3.7
羊毛产量(吨)	Output of Wool(ton)	892	1022	14.6

23-16 Helingeer County in Hohhot City

指　标	Item	2014	2015	2015年比上年增长% Increase Rate in 2015 Over 2014(%)
年末牲畜存栏头数(万头只)	Total Livestock at the Year-end(10 000 heads)	54.12	55.62	2.8
#大牲畜(万头只)	Large Animals(10 000 heads)	13.08	13.61	4.1
羊(万只)	Sheep & Goats(10 000 heads)	37.18	38.08	2.4
猪(万头)	Hogs(10 000 heads)	3.87	3.94	1.8
规模以上工业	**Industrial Enterprises above Designated size**			
工业企业单位数(个)	Number of Industrial Enterprises(unit)	42	43	2.4
#内资企业(个)	Civil Funded Enterprises(unit)	37	37	
工业总产值(万元)	Gross Industrial Output Value(10 000 yuan)	1846827	1979356	7.2
内资企业(万元)	Civil Funded Enterprises(10 000 yuan)	780725	674683	-13.6
国有企业(万元)	State-owned Enterprises(10 000 yuan)			
集体企业(万元)	Collective-owned Enterprises(10 000 yuan)			
股份合作企业(万元)	Share Holding Enterprises(10 000 yuan)			
联营企业(万元)	Joint Owned Enterprises(10 000 yuan)			
有限责任公司(万元)	Limited Company(10 000 yuan)	446775	349107	-21.9
股份有限公司(万元)	Share Holding Limited Company(10 000 yuan)	169586	199337	17.5
私营企业(万元)	Privately Owned Enterprises(10 000 yuan)	164364	126239	-23.2
其他企业(万元)	Enterprises of Other Ownership(10 000 yuan)			
港澳台商投资企业(万元)	Funds from HK,Macao & Taiwan(10 000 yuan)	112219	109750	-2.2
外商投资企业(万元)	Foreign Funded Enterprises(10 000 yuan)	953883	1194923	25.3
工业企业增加值(万元)	Value Added of Industrial Enterprises(10 000 yuan)			9.4
工业企业资产总计(万元)	Total Assets of Industrial Enterprises(10 000 yuan)	2970350	3214155	8.2
工业企业负债合计(万元)	Total Liabilities of Industrial Enterprises(10 000 yuan)	1763218	1769320	0.3
工业企业产品销售收入(万元)	Sales of Revenue Industrial Enterprises(10 000 yuan)	4690406	4261368	-9.1
工业企业利润总额(万元)	Total Profits of Industrial Enterprises(10 000 yuan)	316064	303421	-4.0
建筑业	**Construction**			
建筑企业单位数(个)	Number of Construction Enterprises(unit)	4	4	0.0
建筑企业从业人员(人)	Number of Employee in Construction Enterprises(person)	710	941	32.5
建筑业总产值(万元)	Gross Construction Output Value(10 000 yuan)	110854	112492	1.5
交通运输邮电通信业	**Transportation,Post & Telecommunications**			
公路里程(公里)	Total Length of Highways(km)	1030	1045	1.5
邮电业务总量(万元)	Business Volume of Post & Telecoms(10 000 yuan)	13601	14212	4.5
本地电话用户(户)	Number of Subscribers of Local Telephone(Household)	17261	12040	-30.2
国内贸易	**Domestic Trade**			
社会消费品零售总额(万元)	Total Retail Sales of Consumer Goods(10 000 yuan)	243800	261700	7.3
城镇(万元)	Town(10 000 yuan)	217000	233000	7.4
乡村(万元)	Village(10 000 yuan)	26800	28700	7.1
科技教育卫生	**Science,Education & Public Health**			
各类专业技术人员(人)	Special Technical Personnel(person)	2579	2580	0.0
幼儿园数(所)	Number of Kindergartens(unit)	13	20	53.8
学龄儿童入学率(%)	Percentage of School-Age Children Enrolled(%)	100.0	100.0	0.0
小学学校数(所)	Number of Primary Schools(unit)	30	16	-46.7
小学专任教师数(人)	Number of Full-time Teachers of Primary Schools(person)	535	550	2.8
小学在校学生数(人)	Number of Student Enrollment of Primary Schools(person)	8202	8337	1.6
普通中学学校数(所)	Number of Regular Secondary Schools(unit)	6	6	0.0
普通中学专任教师数(人)	Number of Teachers of Secondary Shools(person)	594	684	15.2
初中在校学生数(人)	Number of Student in Junior Secondary Schools(person)	5088	5034	-1.1
高中在校学生数(人)	Number of Student in Senior Secondary Schools(person)	3989	3905	-2.1
卫生机构数(所)	Number of Health Institutions(unit)	177	189	6.8
#医院(所)	Hospitals(unit)	1	1	0.0
卫生院(所)	Township Hospitals(unit)	13	13	0.0
床位数(张)	Number of Beds(unit)	350	403	15.1
#医院(张)	Hospitals(unit)	200	200	0.0
卫生院(张)	Township Hospitals(unit)	150	174	16.0
卫生技术人员(人)	Medical Technical Presonnel(person)	435	438	0.7
#医院(人)	Hospitals(person)	130	138	6.2
卫生院(人)	Township Hospitals(person)	89	96	7.9

23-17 呼和浩特市清水河县

指　标	Item	2014	2015	2015年比上年增长% Increase Rate in 2015 Over 2014(%)
行政区域土地面积(平方公里)	**Area of Administration(Sq.km)**	**2818**	**2818**	**0.0**
人口和就业	**Population & Employment**			
年末户籍人口(人)	The Registered Population Year-end(person)	144233	142047	-1.5
#男性(人)	Male(person)	75031	74054	-1.3
#乡村人口(人)	Rural(person)	122033	111182	
年末常住人口(人)	Permanet Resident Population Year-end(person)	92600	92200	-0.4
#男性(人)	Male(person)	48100	47900	-0.4
#乡村人口(人)	Rural(person)	57200	56700	-0.9
年末总户数(户)	Total Number of Households at the Year-end(Household)	59027	60397	2.3
#乡村户数(户)	Number of Rural Household(Household)	24188	24439	1.0
出生人口(人)	Births(person)	2438	1412	-42.1
死亡人口(人)	Deaths(person)	958	668	-30.3
全社会就业人员(人)	Employment(person)	50060	50727	1.3
第一产业(人)	Primary Industry(person)	28635	30123	5.2
第二产业(人)	Secondary Industry(person)	10073	7804	-22.5
第三产业(人)	Tertiary Industry(person)	11352	12800	12.8
在岗职工人数(人)	Number of Staff & Workers Employed in(person)	7393	7124	-3.6
乡村劳动力(人)	Number of Rural Laborers(person)	46373	47798	3.1
#农林牧渔业(人)	Farming,Forestry,Animal Husbandry & Fishery(person)	28635	29783	4.0
国民经济综合指标	**Summary Item on the National Economy**			
生产总值(万元)	Gross Domestic Product(10 000 yuan)	644247	700855	7.1
第一产业(万元)	Primary Industry(10 000 yuan)	73111	71657	1.5
第二产业(万元)	Secondary Industry(10 000 yuan)	288330	291734	6.9
#工业(万元)	Industry(10 000 yuan)	239130	238141	5.9
第三产业(万元)	Tertiary Industry(10 000 yuan)	282806	337464	8.4
人均生产总值(元)	Per Capita GDP(yuan)	69423	75850	7.4
全社会固定资产投资(万元)	Total Investment in Fixed Assets(10 000 yuan)	304642	380191	24.8
按登记注册类型分	Grouped by Registered Type			
#国有(万元)	State-owned Enterprises(10 000 yuan)	143284	234203	63.5
集体(万元)	Collective-owned Enterprises(10 000 yuan)			
有限责任公司(万元)	Limited Liability Corporations(10 000 yuan)	126803	115603	-8.8
股份有限公司(万元)	Share Holding Enterprises(10 000 yuan)	12754	2059	-83.9
私营企业(万元)	Private Enterprises(10 000 yuan)	21501	28155	30.9
外商及港澳台投资企业(万元)	Funds from HK,Macao,Taiwan & Foreign(10 000 yuan)			
一般公共预算收入(万元)	General Public Budget Revenue(10 000 yuan)	27918	19150	-31.4
一般公共预算支出(万元)	General Public Budget Expenditure(10 000 yuan)	140304	118801	-15.3
住户存款余额(万元)	The balance of savings deposits of Households(10 000 yuan)		266503	
在岗职工工资总额(万元)	Total Wages of Staff & Workers Employed in(10 000 yuan)	35590	36112	1.5
在岗职工平均工资(元)	Average Wage of Staff & Workers Employed in(yuan)	48435	50197	3.6
全体居民人均可支配收入(元)	The per capita disposable income of all residents(yuan)	13691	14539	6.2
城镇常住居民人均可支配收入(元)	The per capita disposable income of urban permanent residents(yuan)	21192	22188	4.7
农村牧区常住居民人均可支配收入(元)	The per capita disposable income of permanent residents of rural and pastoral areas(yuan)	6104	6562	7.5
农村牧区经济	**Economic Development in Rural & Pastoral Area**			
农作物总播种面积(公顷)	Total Sown Area(hectare)	54430	54481	0.1
#粮食作物播种面积(公顷)	Sown Area of Grain Crops(hectare)	42429	42401	-0.1
农牧业机械总动力(万千瓦)	Total Power of Agricultural Machinery(10 000 kw)	18.03	18.73	3.9
化肥施用折纯量(吨)	Consumption of Chemical Fertilizer(ton)	10821	10902	0.7
农村用电量(万千瓦小时)	Electricity Consumed in Rural Area(10 000 kwh)	1199	1219	1.7
农林牧渔业总产值(万元)	Gross Output of Farming,Forestry,Animal Husbandry & Fishery(10 000 yuan)	120421	118755	2.1
粮食产量(吨)	Yield of Grain(ton)	70352	68464	-2.7
油料产量(吨)	Yield of Oil-bearing Grops(ton)	11731	6773	-42.3
甜菜产量(吨)	Yield of Beetroots(ton)			
猪牛羊肉产量(吨)	Output of Pork, Beef & Mutton(ton)	8899	7697	-13.5
#猪肉产量(吨)	Output of Pork(ton)	2092	1650	-21.1
牛肉产量(吨)	Output of Beef(ton)	460	428	-7.0
羊肉产量(吨)	Output of Mutton(ton)	6347	5619	-11.5
羊毛产量(吨)	Output of Wool(ton)	565	448	-20.7

23-17 Qingshuihe County in Hohhot City

指　标	Item	2014	2015	2015年比上年增长% Increase Rate in 2015 Over 2014(%)
年末牲畜存栏头数(万头只)	Total Livestock at the Year-end(10 000 heads)	24.69	25.24	2.2
# 大牲畜(万头只)	Large Animals(10 000 heads)	2.12	2.14	0.9
羊(万只)	Sheep & Goats(10 000 heads)	20.31	20.68	1.8
猪(万头)	Hogs(10 000 heads)	2.30	2.42	5.2
规模以上工业	**Industrial Enterprises above Designated size**			
工业企业单位数(个)	Number of Industrial Enterprises(unit)	15	15	0.0
# 内资企业(个)	Civil Funded Enterprises(unit)	15	15	0.0
工业总产值(万元)	Gross Industrial Output Value(10 000 yuan)	226923	242735	7.0
内资企业(万元)	Civil Funded Enterprises(10 000 yuan)	226923	242735	7.0
国有企业(万元)	State-owned Enterprises(10 000 yuan)			
集体企业(万元)	Collective-owned Enterprises(10 000 yuan)			
股份合作企业(万元)	Share Holding Enterprises(10 000 yuan)			
联营企业(万元)	Joint Owned Enterprises(10 000 yuan)			
有限责任公司(万元)	Limited Company(10 000 yuan)	145383	119512	-17.8
股份有限公司(万元)	Share Holding Limited Company(10 000 yuan)	46794	81524	74.2
私营企业(万元)	Privately Owned Enterprises(10 000 yuan)	34747	41700	20.0
其他企业(万元)	Enterprises of Other Ownership(10 000 yuan)			
港澳台商投资企业(万元)	Funds from HK,Macao & Taiwan(10 000 yuan)			
外商投资企业(万元)	Foreign Funded Enterprises(10 000 yuan)			
工业企业增加值(万元)	Value Added of Industrial Enterprises(10 000 yuan)			6.9
工业企业资产总计(万元)	Total Assets of Industrial Enterprises(10 000 yuan)	476267	447772	-6.0
工业企业负债合计(万元)	Total Liabilities of Industrial Enterprises(10 000 yuan)	354896	301509	-15.0
工业企业产品销售收入(万元)	Sales of Revenue Industrial Enterprises(10 000 yuan)	212836	226528	6.4
工业企业利润总额(万元)	Total Profits of Industrial Enterprises(10 000 yuan)	-2877	-5457	
建筑业	**Construction**			
建筑企业单位数(个)	Number of Construction Enterprises(unit)	1	1	0.0
建筑企业从业人员(人)	Number of Employee in Construction Enterprises(person)	120	40	-66.7
建筑业总产值(万元)	Gross Construction Output Value(10 000 yuan)	3398	3339	-1.7
交通运输邮电通信业	**Transportation,Post & Telecommunications**			
公路里程(公里)	Total Length of Highways(km)	1112	1162	4.5
邮电业务总量(万元)	Business Volume of Post & Telecoms(10 000 yuan)	7416	7830	5.6
本地电话用户(户)	Number of Subscribers of Local Telephone(Household)	6360	6450	1.4
国内贸易	**Domestic Trade**			
社会消费品零售总额(万元)	Total Retail Sales of Consumer Goods(10 000 yuan)	71937	77375	7.6
城镇(万元)	Town(10 000 yuan)	51958	55710	7.2
乡村(万元)	Village(10 000 yuan)	19979	21665	8.4
科技教育卫生	**Science,Education & Public Health**			
各类专业技术人员(人)	Special Technical Personnel(person)	1772	1772	0.0
幼儿园数(所)	Number of Kindergartens(unit)	7	8	14.3
学龄儿童入学率(%)	Percentage of School-Age Children Enrolled(%)	100.0	100.0	0.0
小学学校数(所)	Number of Primary Schools(unit)	19	19	0.0
小学专任教师数(人)	Number of Full-time Teachers of Primary Schools(person)	536	527	-1.7
小学在校学生数(人)	Number of Student Enrollment of Primary Schools(person)	5036	5068	0.6
普通中学学校数(所)	Number of Regular Secondary Schools(unit)	4	4	0.0
普通中学专任教师数(人)	Number of Teachers of Secondary Shools(person)	475	468	-1.5
初中在校学生数(人)	Number of Student in Junior Secondary Schools(person)	2510	2459	-2.0
高中在校学生数(人)	Number of Student in Senior Secondary Schools(person)	3013	2748	-8.8
卫生机构数(所)	Number of Health Institutions(unit)	116	116	0.0
# 医院(所)	Hospitals(unit)	1	1	0.0
卫生院(所)	Township Hospitals(unit)	14	14	0.0
床位数(张)	Number of Beds(unit)	342	342	0.0
# 医院(张)	Hospitals(unit)	200	200	0.0
卫生院(张)	Township Hospitals(unit)	132	142	7.6
卫生技术人员(人)	Medical Technical Presonnel(person)	418	395	-5.5
# 医院(人)	Hospitals(person)	103	109	5.8
卫生院(人)	Township Hospitals(person)	66	77	16.7

23-18 呼和浩特市武川县

指　标	Item	2014	2015	2015年比上年增长% Increase Rate in 2015 Over 2014(%)
行政区域土地面积(平方公里)	**Area of Administration(Sq.km)**	**4682**	**4682**	**0.0**
人口和就业	**Population & Employment**			
年末户籍人口(人)	The Registered Population Year-end(person)	175490	172985	-1.4
#男性(人)	Male(person)	92156	90916	-1.3
#乡村人口(人)	Rural(person)	146009	136954	
年末常住人口(人)	Permanet Resident Population Year-end(person)	106700	106100	-0.6
#男性(人)	Male(person)	55200	54900	-0.5
#乡村人口(人)	Rural(person)	58800	58100	-1.2
年末总户数(户)	Total Number of Households at the Year-end(Household)	72308	73031	1.0
# 乡村户数(户)	Number of Rural Household(Household)	46711	52559	12.5
出生人口(人)	Births(person)	2225	1356	-39.1
死亡人口(人)	Deaths(person)	673	552	-18.0
全社会就业人员(人)	Employment(person)	95846	93341	-2.6
第一产业(人)	Primary Industry(person)	55438	58257	5.1
第二产业(人)	Secondary Industry(person)	13451	12580	-6.5
第三产业(人)	Tertiary Industry(person)	26957	22504	-16.5
在岗职工人数(人)	Number of Staff & Workers Employed in(person)	9156	8645	-5.6
乡村劳动力(人)	Number of Rural Laborers(person)	84801	86377	1.9
# 农林牧渔业(人)	Farming,Forestry,Animal Husbandry & Fishery(person)	55438	58257	5.1
国民经济综合指标	**Summary Item on the National Economy**			
生产总值(万元)	Gross Domestic Product(10 000 yuan)	782477	836637	7.1
第一产业(万元)	Primary Industry(10 000 yuan)	99654	96313	1.0
第二产业(万元)	Secondary Industry(10 000 yuan)	432936	437070	6.8
#工业(万元)	Industry(10 000 yuan)	364636	367330	7.2
第三产业(万元)	Tertiary Industry(10 000 yuan)	249887	303253	9.9
人均生产总值(元)	Per Capita GDP(yuan)	73266	78631	7.5
全社会固定资产投资(万元)	Total Investment in Fixed Assets(10 000 yuan)	411557	520193	26.4
按登记注册类型分	Grouped by Registered Type			
#国有(万元)	State-owned Enterprises(10 000 yuan)	190098	210919	11.0
集体(万元)	Collective-owned Enterprises(10 000 yuan)	25342	16673	-34.2
有限责任公司(万元)	Limited Liability Corporations(10 000 yuan)	142495	188291	32.1
股份有限公司(万元)	Share Holding Enterprises(10 000 yuan)		9600	
私营企业(万元)	Private Enterprises(10 000 yuan)	52554	66388	26.3
外商及港澳台投资企业(万元)	Funds from HK,Macao,Taiwan & Foreign(10 000 yuan)			
一般公共预算收入(万元)	General Public Budget Revenue(10 000 yuan)	24513	19446	-20.7
一般公共预算支出(万元)	General Public Budget Expenditure(10 000 yuan)	149119	160160	7.4
住户存款余额(万元)	The balance of savings deposits of Households(10 000		315961	
在岗职工工资总额(万元)	Total Wages of Staff & Workers Employed in(10 000 yuan)	36943	38960	5.5
在岗职工平均工资(元)	Average Wage of Staff & Workers Employed in(yuan)	40830	45072	10.4
全体居民人均可支配收入(元)	The per capita disposable income of all residents(yuan)	12824	13650	6.4
城镇常住居民人均可支配收入(元)	The per capita disposable income of urban permanent residents(yuan)	20144	21332	5.9
农村牧区常住居民人均可支配收入(元)	The per capita disposable income of permanent residents of rural and pastoral areas(yuan)	5911	6325	7.0
农村牧区经济	**Economic Development in Rural & Pastoral Area**			
农作物总播种面积(公顷)	Total Sown Area(hectare)	133922	136552	2.0
#粮食作物播种面积(公顷)	Sown Area of Grain Crops(hectare)	98970	98727	-0.2
农牧业机械总动力(万千瓦)	Total Power of Agricultural Machinery(10 000 kw)	33.25	35.17	5.8
化肥施用折纯量(吨)	Consumption of Chemical Fertilizer(ton)	16256	17387	7.0
农村用电量(万千瓦小时)	Electricity Consumed in Rural Area(10 000 kwh)	2901	3024	4.2
农林牧渔业总产值(万元)	Gross Output of Farming,Forestry,Animal Husbandry & Fishery(10 000 yuan)	157871	153848	1.8
粮食产量(吨)	Yield of Grain(ton)	203852	201043	-1.4
油料产量(吨)	Yield of Oil-bearing Grops(ton)	32431	49539	52.8
甜菜产量(吨)	Yield of Beetroots(ton)			
猪牛羊肉产量(吨)	Output of Pork, Beef & Mutton(ton)	5598	4792	-14.4
# 猪肉产量(吨)	Output of Pork(ton)	1534	1183	-22.9
牛肉产量(吨)	Output of Beef(ton)	451	415	-8.0
羊肉产量(吨)	Output of Mutton(ton)	3613	3194	-11.6
羊毛产量(吨)	Output of Wool(ton)	624	622	-0.3

23-18 Wuchuan County in Hohhot City

指　标	Item	2014	2015	2015年比上年增长% Increase Rate in 2015 Over 2014(%)
年末牲畜存栏头数(万头只)	Total Livestock at the Year-end(10 000 heads)	33.52	31.86	-5.0
# 大牲畜(万头只)	Large Animals(10 000 heads)	0.43	0.37	-14.0
羊(万只)	Sheep & Goats(10 000 heads)	31.99	30.43	-4.9
猪(万头)	Hogs(10 000 heads)	1.10	1.05	-4.5
规模以上工业	**Industrial Enterprises above Designated size**			
工业企业单位数(个)	Number of Industrial Enterprises unit)	15	13	-13.3
# 内资企业(个)	Civil Funded Enterprises unit)	15	13	-13.3
工业总产值(万元)	Gross Industrial Output Value(10 000 Yuan)	480549	217706	-54.7
内资企业(万元)	Civil Funded Enterprises(10 000 Yuan)	480549	217706	-54.7
国有企业(万元)	State-owned Enterprises(10 000 Yuan)			
集体企业(万元)	Collective-owned Enterprises(10 000 Yuan)			
股份合作企业(万元)	Share Holding Enterprises(10 000 Yuan)			
联营企业(万元)	Joint Owned Enterprises(10 000 Yuan)			
有限责任公司(万元)	Limited Company(10 000 Yuan)	116374	116760	0.3
股份有限公司(万元)	Share Holding Limited Company(10 000 Yuan)			
私营企业(万元)	Privately Owned Enterprises(10 000 Yuan)	364175	100947	-72.3
其他企业(万元)	Enterprises of Other Ownership(10 000 Yuan)			
港澳台商投资企业(万元)	Funds from HK,Macao & Taiwan(10 000 yuan)			
外商投资企业(万元)	Foreign Funded Enterprises(10 000 yuan)			
工业企业增加值(万元)	Value Added of Industrial Enterprises(10 000 yuan)			6.8
工业企业资产总计(万元)	Total Assets of Industrial Enterprises(10 000 yuan)	1302211	1909200	46.6
工业企业负债合计(万元)	Total Liabilities of Industrial Enterprises(10 000 yuan)	850967	1372415	61.3
工业企业产品销售收入(万元)	Sales of Revenue Industrial Enterprises(10 000 yuan)	663870	219848	-66.9
工业企业利润总额(万元)	Total Profits of Industrial Enterprises(10 000 yuan)	135079	-30513	
建筑业	**Construction**			
建筑企业单位数(个)	Number of Construction Enterprises(unit)	1	1	0.0
建筑企业从业人员(人)	Number of Employee in Construction Enterprises(person)	25	25	0.0
建筑业总产值(万元)	Gross Construction Output Value(10 000 yuan)	265		
交通运输邮电通信业	**Transportation,Post & Telecommunications**			
公路里程(公里)	Total Length of Highways(km)	1017	1017	0.0
邮电业务总量(万元)	Business Volume of Post & Telecoms(10 000 yuan)	5007	5268	5.2
本地电话用户(户)	Number of Subscribers of Local Telephone(Household)	6121	5466	-10.7
国内贸易	**Domestic Trade**			
社会消费品零售总额(万元)	Total Retail Sales of Consumer Goods(10 000 yuan)	107902	115941	7.5
城镇(万元)	Town(10 000 yuan)	76073	82897	9.0
乡村(万元)	Village(10 000 yuan)	31829	33044	3.8
科技教育卫生	**Science,Education & Public Health**			
各类专业技术人员(人)	Special Technical Personnel(person)	2755	2580	-6.4
幼儿园数(所)	Number of Kindergartens(unit)	14	15	7.1
学龄儿童入学率(%)	Percentage of School-Age Children Enrolled(%)	100.0	100.0	0.0
小学学校数(所)	Number of Primary Schools(unit)	12	12	0.0
小学专任教师数(人)	Number of Full-time Teachers of Primary Schools(person)	534	501	-6.2
小学在校学生数(人)	Number of Student Enrollment of Primary Schools(person)	5229	5038	-3.7
普通中学学校数(所)	Number of Regular Secondary Schools(unit)	4	4	0.0
普通中学专任教师数(人)	Number of Teachers of Secondary Shools(person)	303	330	8.9
初中在校学生数(人)	Number of Student in Junior Secondary Schools(person)	2941	2751	-6.5
高中在校学生数(人)	Number of Student in Senior Secondary Schools(person)	2660	2291	-13.9
卫生机构数(所)	Number of Health Institutions(unit)	150	150	0.0
# 医院(所)	Hospitals(unit)	2	2	0.0
卫生院(所)	Township Hospitals(unit)	19	19	0.0
床位数(张)	Number of Beds(unit)	400	400	0.0
# 医院(张)	Hospitals(unit)	250	250	0.0
卫生院(张)	Township Hospitals(unit)	150	150	0.0
卫生技术人员(人)	Medical Technical Presonnel(person)	596	596	0.0
# 医院(人)	Hospitals(person)	165	165	0.0
卫生院(人)	Township Hospitals(person)	290	290	0.0

23-19 包头市东河区

指 标	Item	2014	2015	2015年比上年增长% Increase Rate in 2015 Over 2014(%)
行政区域土地面积(平方公里)	**Area of Administration(Sq.km)**	**470**	**470**	**0.0**
人口和就业	**Population & Employment**			
年末户籍人口(人)	The Registered Population Year-end(person)	427267	424117	-0.7
#男性(人)	Male(person)	212661	210843	-0.9
#乡村人口(人)	Rural(person)	83546	49624	
年末常住人口(人)	Permanet Resident Population Year-end(person)	541300	545100	0.7
#男性(人)	Male(person)	274400	276500	0.8
#乡村人口(人)	Rural(person)	54000	53800	-0.4
年末总户数(户)	Total Number of Households at the Year-end(Household)	205040	206480	0.7
#乡村户数(户)	Number of Rural Household(Household)	20007	19852	-0.8
出生人口(人)	Births(person)	2998	2441	-18.6
死亡人口(人)	Deaths(person)	1216	1166	-4.1
全社会就业人员(人)	Employment(person)	260463	278001	6.7
第一产业(人)	Primary Industry(person)	9210	9325	1.2
第二产业(人)	Secondary Industry(person)	52299	52200	-0.2
第三产业(人)	Tertiary Industry(person)	198954	216476	8.8
在岗职工人数(人)	Number of Staff & Workers Employed in(person)	54517	45983	-15.7
乡村劳动力(人)	Number of Rural Laborers(person)	38523	38738	0.6
#农林牧渔业(人)	Farming,Forestry,Animal Husbandry & Fishery(person)	11479	10954	-4.6
国民经济综合指标	**Summary Item on the National Economy**			
生产总值(万元)	Gross Domestic Product(10 000 yuan)	4913700	5105300	8.1
第一产业(万元)	Primary Industry(10 000 yuan)	70600	71500	3.6
第二产业(万元)	Secondary Industry(10 000 yuan)	1646600	1677200	8.7
#工业(万元)	Industry(10 000 yuan)	1256600	1257200	8.1
第三产业(万元)	Tertiary Industry(10 000 yuan)	3196500	3356600	7.9
人均生产总值(元)	Per Capita GDP(yuan)	91028	93986	7.5
全社会固定资产投资(万元)	Total Investment in Fixed Assets(10 000 yuan)	3015907	3468105	15.0
按登记注册类型分	Grouped by Registered Type			
#国有(万元)	State-owned Enterprises(10 000 yuan)	1048538	1636164	56.0
集体(万元)	Collective-owned Enterprises(10 000 yuan)	66420	103490	55.8
有限责任公司(万元)	Limited Liability Corporations(10 000 yuan)	1231636	1248229	1.3
股份有限公司(万元)	Share Holding Enterprises(10 000 yuan)	46120	22727	-50.7
私营企业(万元)	Private Enterprises(10 000 yuan)	597873	417792	-30.1
外商及港澳台投资企业(万元)	Funds from HK,Macao,Taiwan & Foreign(10 000 yuan)		903	
一般公共预算收入(万元)	General Public Budget Revenue(10 000 yuan)	142648	152697	7.0
一般公共预算支出(万元)	General Public Budget Expenditure(10 000 yuan)	182629	195018	6.8
住户存款余额(万元)	The balance of savings deposits of Households(10 000 yuan)			
在岗职工工资总额(万元)	Total Wages of Staff & Workers Employed in(10 000 yuan)	250147	235772	-5.7
在岗职工平均工资(元)	Average Wage of Staff & Workers Employed in(yuan)	45661	48924	7.1
全体居民人均可支配收入(元)	The per capita disposable income of all residents(yuan)	30891	33146	7.3
城镇常住居民人均可支配收入(元)	The per capita disposable income of urban permanent residents(yuan)	32490	34829	7.2
农村牧区常住居民人均可支配收入(元)	The per capita disposable income of permanent residents of rural and pastoral areas(yuan)	16525	17731	7.3
农村牧区经济	**Economic Development in Rural & Pastoral Area**			
农作物总播种面积(公顷)	Total Sown Area(hectare)	9543	9926	4.0
#粮食作物播种面积(公顷)	Sown Area of Grain Crops(hectare)	5825	6085	4.5
农牧业机械总动力(万千瓦)	Total Power of Agricultural Machinery(10 000 kw)	21.00	21.00	0.0
化肥施用折纯量(吨)	Consumption of Chemical Fertilizer(ton)	3857	3854	-0.1
农村用电量(万千瓦小时)	Electricity Consumed in Rural Area(10 000 kwh)	3656	3658	0.1
农林牧渔业总产值(万元)	Gross Output of Farming,Forestry,Animal Husbandry & Fishery(10 000 yuan)	122408	122762	3.6
粮食产量(吨)	Yield of Grain(ton)	34740	43026	23.9
油料产量(吨)	Yield of Oil-bearing Grops(ton)	142	179	26.1
甜菜产量(吨)	Yield of Beetroots(ton)			
猪牛羊肉产量(吨)	Output of Pork, Beef & Mutton(ton)	3421	2479	-27.5
#猪肉产量(吨)	Output of Pork(ton)	1294	1216	-6.0
牛肉产量(吨)	Output of Beef(ton)	1752	858	-51.0
羊肉产量(吨)	Output of Mutton(ton)	375	405	8.0
羊毛产量(吨)	Output of Wool(ton)	43	38	-11.6

23-19 Donghe District in Baotou City

指　标	Item	2014	2015	2015年比上年增长% Increase Rate in 2015 Over 2014(%)
年末牲畜存栏头数(万头只)	Total Livestock at the Year-end(10 000 heads)	6.06	6.28	3.6
#大牲畜(万头只)	Large Animals(10 000 heads)	0.67	0.69	3.0
羊(万只)	Sheep & Goats(10 000 heads)	4.37	4.78	9.4
猪(万头)	Hogs(10 000 heads)	1.02	0.81	-20.6
规模以上工业	**Industrial Enterprises above Designated size**			
工业企业单位数(个)	Number of Industrial Enterprises(unit)	88	82	-6.8
#内资企业(个)	Civil Funded Enterprises(unit)	84	78	-7.1
工业总产值(万元)	Gross Industrial Output Value(10 000 yuan)	3198679	3321917	3.9
内资企业(万元)	Civil Funded Enterprises(10 000 yuan)	3061318	3191087	4.2
国有企业(万元)	State-owned Enterprises(10 000 yuan)	96360	6098	-93.7
集体企业(万元)	Collective-owned Enterprises(10 000 yuan)	21083	48915	132.0
股份合作企业(万元)	Share Holding Enterprises(10 000 yuan)	2000		
联营企业(万元)	Joint Owned Enterprises(10 000 yuan)			
有限责任公司(万元)	Limited Company(10 000 yuan)	578560	667591	15.4
股份有限公司(万元)	Share Holding Limited Company(10 000 yuan)	662936	653163	-1.5
私营企业(万元)	Privately Owned Enterprises(10 000 yuan)	1700379	1815321	6.8
其他企业(万元)	Enterprises of Other Ownership(10 000 yuan)			
港澳台商投资企业(万元)	Funds from HK,Macao & Taiwan(10 000 yuan)	51704	39688	-23.2
外商投资企业(万元)	Foreign Funded Enterprises(10 000 yuan)	85657	91142	6.4
工业企业增加值(万元)	Value Added of Industrial Enterprises(10 000 yuan)			10.0
工业企业资产总计(万元)	Total Assets of Industrial Enterprises(10 000 yuan)	2871840	2908115	1.3
工业企业负债合计(万元)	Total Liabilities of Industrial Enterprises(10 000 yuan)	1477508	1420603	-3.9
工业企业产品销售收入(万元)	Sales of Revenue Industrial Enterprises(10 000 yuan)	3197628	3277726	2.5
工业企业利润总额(万元)	Total Profits of Industrial Enterprises(10 000 yuan)	295719	384066	29.9
建筑业	**Construction**			
建筑企业单位数(个)	Number of Construction Enterprises(unit)	16	16	0.0
建筑企业从业人员(人)	Number of Employee in Construction Enterprises(person)	9577	9257	-3.3
建筑业总产值(万元)	Gross Construction Output Value(10 000 yuan)	355299	353681	-0.5
交通运输邮电通信业	**Transportation,Post & Telecommunications**			
公路里程(公里)	Total Length of Highways(km)	168	176	4.8
邮电业务总量(万元)	Business Volume of Post & Telecoms(10 000 yuan)	38004	41560	9.4
本地电话用户(户)	Number of Subscribers of Local Telephone(Household)	68501	40500	-40.9
国内贸易	**Domestic Trade**			
社会消费品零售总额(万元)	Total Retail Sales of Consumer Goods(10 000 yuan)	2417016	2594764	7.4
城镇(万元)	Town(10 000 yuan)	2417016	2594764	7.4
乡村(万元)	Village(10 000 yuan)			
科技教育卫生	**Science,Education & Public Health**			
各类专业技术人员(人)	Special Technical Personnel(person)	12089	12149	0.5
幼儿园数(所)	Number of Kindergartens(unit)	38	41	7.9
学龄儿童入学率(%)	Percentage of School-Age Children Enrolled(%)	100.0	100.0	0.0
小学学校数(所)	Number of Primary Schools(unit)	39	24	-38.5
小学专任教师数(人)	Number of Full-time Teachers of Primary Schools(person)	1558	1513	-2.9
小学在校学生数(人)	Number of Student Enrollment of Primary Schools(person)	21989	21764	-1.0
普通中学学校数(所)	Number of Regular Secondary Schools(unit)	21	20	-4.8
普通中学专任教师数(人)	Number of Teachers of Secondary Shools(person)	1947	2092	7.4
初中在校学生数(人)	Number of Student in Junior Secondary Schools(person)	13386	12572	-6.1
高中在校学生数(人)	Number of Student in Senior Secondary Schools(person)	10938	10864	-0.7
卫生机构数(所)	Number of Health Institutions(unit)	323	321	-0.6
#医院(所)	Hospitals(unit)	15	11	-26.7
卫生院(所)	Township Hospitals(unit)	3	3	0.0
床位数(张)	Number of Beds(unit)	3903	4192	7.4
#医院(张)	Hospitals(unit)	3452	3713	7.6
卫生院(张)	Township Hospitals(unit)	72	78	8.3
卫生技术人员(人)	Medical Technical Presonnel(person)	4698	5027	7.0
#医院(人)	Hospitals(person)	3592	3917	9.0
卫生院(人)	Township Hospitals(person)	91	99	8.8

23-20 包头市昆都仑区

指　标	Item	2014	2015	2015年比上年增长% Increase Rate in 2015 Over 2014(%)
行政区域土地面积(平方公里)	**Area of Administration(Sq.km)**	**301**	**301**	**0.0**
人口和就业	**Population & Employment**			
年末户籍人口(人)	The Registered Population Year-end(person)	509413	510318	0.2
#男性(人)	Male(person)	253583	253404	-0.1
#乡村人口(人)	Rural(person)	43684	18969	
年末常住人口(人)	Permanet Resident Population Year-end(person)	767900	776600	1.1
#男性(人)	Male(person)	397500	401000	0.9
#乡村人口(人)	Rural(person)	25800	21400	-17.1
年末总户数(户)	Total Number of Households at the Year-end(Household)	290870	294170	1.1
#乡村户数(户)	Number of Rural Household(Household)	9923	8106	-18.3
出生人口(人)	Births(person)	6053	4254	-29.7
死亡人口(人)	Deaths(person)	2368	1597	-32.6
全社会就业人员(人)	Employment(person)	463890	466209	0.5
第一产业(人)	Primary Industry(person)	13010	13017	0.1
第二产业(人)	Secondary Industry(person)	110914	101486	-8.5
第三产业(人)	Tertiary Industry(person)	339966	351706	3.5
在岗职工人数(人)	Number of Staff & Workers Employed in(person)	115423	112992	-2.1
乡村劳动力(人)	Number of Rural Laborers(person)	24613	24618	0.0
#农林牧渔业(人)	Farming,Forestry,Animal Husbandry & Fishery(person)	3104	3747	20.7
国民经济综合指标	**Summary Item on the National Economy**			
生产总值(万元)	Gross Domestic Product(10 000 yuan)	10580100	10894200	8.1
第一产业(万元)	Primary Industry(10 000 yuan)	31800	32000	3.0
第二产业(万元)	Secondary Industry(10 000 yuan)	4358700	4381600	8.0
#工业(万元)	Industry(10 000 yuan)	4108100	4133000	8.1
第三产业(万元)	Tertiary Industry(10 000 yuan)	6189600	6480600	8.2
人均生产总值(元)	Per Capita GDP(yuan)	138510	141071	6.9
全社会固定资产投资(万元)	Total Investment in Fixed Assets(10 000 yuan)	3993803	4582945	14.8
按登记注册类型分	Grouped by Registered Type			
#国有(万元)	State-owned Enterprises(10 000 yuan)	178234	177761	-0.3
集体(万元)	Collective-owned Enterprises(10 000 yuan)	42699	125230	193.3
有限责任公司(万元)	Limited Liability Corporations(10 000 yuan)	3520586	3783824	7.5
股份有限公司(万元)	Share Holding Enterprises(10 000 yuan)	18860	87134	362.0
私营企业(万元)	Private Enterprises(10 000 yuan)	224158	408996	82.5
外商及港澳台投资企业(万元)	Funds from HK,Macao,Taiwan & Foreign(10 000 yuan)	1988		
一般公共预算收入(万元)	General Public Budget Revenue(10 000 yuan)	415480	444566	7.0
一般公共预算支出(万元)	General Public Budget Expenditure(10 000 yuan)	419151	438410	4.6
住户存款余额(万元)	The balance of savings deposits of Households(10 000 yuan)			
在岗职工工资总额(万元)	Total Wages of Staff & Workers Employed in(10 000 yuan)	663501	666283	0.4
在岗职工平均工资(元)	Average Wage of Staff & Workers Employed in(yuan)	57081	58947	3.3
全体居民人均可支配收入(元)	The per capita disposable income of all residents(yuan)	38221	40934	7.1
城镇常住居民人均可支配收入(元)	The per capita disposable income of urban permanent residents(yuan)	38221	40934	7.1
农村牧区常住居民人均可支配收入(元)	The per capita disposable income of permanent residents of rural and pastoral areas(yuan)			
农村牧区经济	**Economic Development in Rural & Pastoral Area**			
农作物总播种面积(公顷)	Total Sown Area(hectare)	1315	1603	21.9
#粮食作物播种面积(公顷)	Sown Area of Grain Crops(hectare)	1152	1440	25.0
农牧业机械总动力(万千瓦)	Total Power of Agricultural Machinery(10 000 kw)	1.45	1.45	0.0
化肥施用折纯量(吨)	Consumption of Chemical Fertilizer(ton)	1128	1102	-2.3
农村用电量(万千瓦小时)	Electricity Consumed in Rural Area(10 000 kwh)	2203	2316	5.1
农林牧渔业总产值(万元)	Gross Output of Farming,Forestry,Animal Husbandry & Fishery(10 000 yuan)	50809	50991	3.0
粮食产量(吨)	Yield of Grain(ton)	9127	11200	22.7
油料产量(吨)	Yield of Oil-bearing Grops(ton)	77	18	-76.6
甜菜产量(吨)	Yield of Beetroots(ton)			
猪牛羊肉产量(吨)	Output of Pork, Beef & Mutton(ton)	1605	1338	-16.6
#猪肉产量(吨)	Output of Pork(ton)	517	529	2.3
牛肉产量(吨)	Output of Beef(ton)	330	243	-26.4
羊肉产量(吨)	Output of Mutton(ton)	758	566	-25.3
羊毛产量(吨)	Output of Wool(ton)	5	5	0.0

23-20 Kundulun District in Baotou City

指　标	Item	2014	2015	2015年比上年增长% Increase Rate in 2015 Over 2014(%)
年末牲畜存栏头数(万头只)	Total Livestock at the Year-end(10 000 heads)	3.82	4.13	8.1
#大牲畜(万头只)	Large Animals(10 000 heads)	0.24	0.24	0.0
羊(万只)	Sheep & Goats(10 000 heads)	2.48	2.91	17.3
猪(万头)	Hogs(10 000 heads)	1.10	0.98	-10.9
规模以上工业	**Industrial Enterprises above Designated size**			
工业企业单位数(个)	Number of Industrial Enterprises(unit)	82	83	1.2
#内资企业(个)	Civil Funded Enterprises(unit)	77	78	1.3
工业总产值(万元)	Gross Industrial Output Value(10 000 yuan)	6280238	5907180	-5.9
内资企业(万元)	Civil Funded Enterprises(10 000 yuan)	5910785	5512584	-6.7
国有企业(万元)	State-owned Enterprises(10 000 yuan)	39975	29523	-26.1
集体企业(万元)	Collective-owned Enterprises(10 000 yuan)	60611	17244	-71.6
股份合作企业(万元)	Share Holding Enterprises(10 000 yuan)	24402		
联营企业(万元)	Joint Owned Enterprises(10 000 yuan)			
有限责任公司(万元)	Limited Company(10 000 yuan)	1584175	1763046	11.3
股份有限公司(万元)	Share Holding Limited Company(10 000 yuan)	3650423	3344962	-8.4
私营企业(万元)	Privately Owned Enterprises(10 000 yuan)	403139	357810	-11.2
其他企业(万元)	Enterprises of Other Ownership(10 000 yuan)	148060		
港澳台商投资企业(万元)	Funds from HK,Macao & Taiwan(10 000 yuan)			
外商投资企业(万元)	Foreign Funded Enterprises(10 000 yuan)	369454	394595	6.8
工业企业增加值(万元)	Value Added of Industrial Enterprises(10 000 yuan)			9.0
工业企业资产总计(万元)	Total Assets of Industrial Enterprises(10 000 yuan)	17193528	24594619	43.0
工业企业负债合计(万元)	Total Liabilities of Industrial Enterprises(10 000 yuan)	12954492	15809680	22.0
工业企业产品销售收入(万元)	Sales of Revenue Industrial Enterprises(10 000 yuan)	6323169	5377662	-15.0
工业企业利润总额(万元)	Total Profits of Industrial Enterprises(10 000 yuan)	13479	-692899	
建筑业	**Construction**			
建筑企业单位数(个)	Number of Construction Enterprises(unit)	27	30	11.1
建筑企业从业人员(人)	Number of Employee in Construction Enterprises(person)	12012	10263	-14.6
建筑业总产值(万元)	Gross Construction Output Value(10 000 yuan)	360659	290477	-19.5
交通运输邮电通信业	**Transportation,Post & Telecommunications**			
公路里程(公里)	Total Length of Highways(km)	434	462	6.5
邮电业务总量(万元)	Business Volume of Post & Telecoms(10 000 yuan)	217019	244230	12.5
本地电话用户(户)	Number of Subscribers of Local Telephone(Household)	158456	88800	-44.0
国内贸易	**Domestic Trade**			
社会消费品零售总额(万元)	Total Retail Sales of Consumer Goods(10 000 yuan)	3925346	4233508	7.9
城镇(万元)	Town(10 000 yuan)	3925346	4233508	7.9
乡村(万元)	Village(10 000 yuan)			
科技教育卫生	**Science,Education & Public Health**			
各类专业技术人员(人)	Special Technical Personnel(person)	30756	30879	0.4
幼儿园数(所)	Number of Kindergartens(unit)	54	61	13.0
学龄儿童入学率(%)	Percentage of School-Age Children Enrolled(%)	100.0	100.0	0.0
小学学校数(所)	Number of Primary Schools(unit)	35	35	0.0
小学专任教师数(人)	Number of Full-time Teachers of Primary Schools(person)	2206	2182	-1.1
小学在校学生数(人)	Number of Student Enrollment of Primary Schools(person)	43916	45005	2.5
普通中学学校数(所)	Number of Regular Secondary Schools(unit)	26	26	0.0
普通中学专任教师数(人)	Number of Teachers of Secondary Shools(person)	2798	2958	5.7
初中在校学生数(人)	Number of Student in Junior Secondary Schools(person)	24113	22254	-7.7
高中在校学生数(人)	Number of Student in Senior Secondary Schools(person)	15446	14585	-5.6
卫生机构数(所)	Number of Health Institutions(unit)	396	418	5.6
#医院(所)	Hospitals(unit)	13	13	0.0
卫生院(所)	Township Hospitals(unit)	3	3	0.0
床位数(张)	Number of Beds(unit)	4689	4968	6.0
#医院(张)	Hospitals(unit)	4373	4548	4.0
卫生院(张)	Township Hospitals(unit)	53	78	47.2
卫生技术人员(人)	Medical Technical Presonnel(person)	6361	6819	7.2
#医院(人)	Hospitals(person)	4749	5022	5.7
卫生院(人)	Township Hospitals(person)	39	43	10.3

23-21 包头市青山区

指　标	Item	2014	2015	2015年比上年增长% Increase Rate in 2015 Over 2014(%)
行政区域土地面积(平方公里)	**Area of Administration(Sq.km)**	**280**	**280**	**0.0**
人口和就业	**Population & Employment**			
年末户籍人口(人)	The Registered Population Year-end(person)	357979	360663	0.7
#男性(人)	Male(person)	177960	179157	0.7
#乡村人口(人)	Rural(person)	20465	8915	
年末常住人口(人)	Permanet Resident Population Year-end(person)	509800	513500	0.7
#男性(人)	Male(person)	260200	262100	0.7
#乡村人口(人)	Rural(person)	9700	8900	-8.2
年末总户数(户)	Total Number of Households at the Year-end(Household)	199140	200590	0.7
#乡村户数(户)	Number of Rural Household(Household)	3731	3423	-8.3
出生人口(人)	Births(person)	3861	2516	-34.8
死亡人口(人)	Deaths(person)	1290	1550	20.2
全社会就业人员(人)	Employment(person)	273386	276667	1.2
第一产业(人)	Primary Industry(person)	6967	6980	0.2
第二产业(人)	Secondary Industry(person)	110902	111678	0.7
第三产业(人)	Tertiary Industry(person)	155517	158009	1.6
在岗职工人数(人)	Number of Staff & Workers Employed in(person)	100444	106806	6.3
乡村劳动力(人)	Number of Rural Laborers(person)	12870	11402	-11.4
#农林牧渔业(人)	Farming,Forestry,Animal Husbandry & Fishery(person)	5002	4935	-1.3
国民经济综合指标	**Summary Item on the National Economy**			
生产总值(万元)	Gross Domestic Product(10 000 yuan)	8303600	8737500	8.8
第一产业(万元)	Primary Industry(10 000 yuan)	32900	33300	3.5
第二产业(万元)	Secondary Industry(10 000 yuan)	3597600	3645600	8.8
#工业(万元)	Industry(10 000 yuan)	3177600	3194400	8.6
第三产业(万元)	Tertiary Industry(10 000 yuan)	4673100	5058600	8.8
人均生产总值(元)	Per Capita GDP(yuan)	163779	170771	7.8
全社会固定资产投资(万元)	Total Investment in Fixed Assets(10 000 yuan)	3772299	4343814	15.2
按登记注册类型分	Grouped by Registered Type			
#国有(万元)	State-owned Enterprises(10 000 yuan)	1293322	1009428	-22.0
集体(万元)	Collective-owned Enterprises(10 000 yuan)	21168	121397	473.5
有限责任公司(万元)	Limited Liability Corporations(10 000 yuan)	782306	494362	-36.8
股份有限公司(万元)	Share Holding Enterprises(10 000 yuan)	68173	200071	193.5
私营企业(万元)	Private Enterprises(10 000 yuan)	1438111	2297061	59.7
外商及港澳台投资企业(万元)	Funds from HK,Macao,Taiwan & Foreign(10 000 yuan)	52700	29778	-43.5
一般公共预算收入(万元)	General Public Budget Revenue(10 000 yuan)	392008	419466	7.0
一般公共预算支出(万元)	General Public Budget Expenditure(10 000 yuan)	373239	413468	10.8
住户存款余额(万元)	The balance of savings deposits of Households(10 000 yuan)			
在岗职工工资总额(万元)	Total Wages of Staff & Workers Employed in(10 000 yuan)	611333	690520	13.0
在岗职工平均工资(元)	Average Wage of Staff & Workers Employed in(yuan)	59728	63574	6.4
全体居民人均可支配收入(元)	The per capita disposable income of all residents(yuan)	38221	40934	7.1
城镇常住居民人均可支配收入(元)	The per capita disposable income of urban permanent residents(yuan)	38221	40934	7.1
农村牧区常住居民人均可支配收入(元)	The per capita disposable income of permanent residents of rural and pastoral areas(yuan)			
农村牧区经济	**Economic Development in Rural & Pastoral Area**			
农作物总播种面积(公顷)	Total Sown Area(hectare)	553	368	-33.5
#粮食作物播种面积(公顷)	Sown Area of Grain Crops(hectare)	509	325	-36.1
农牧业机械总动力(万千瓦)	Total Power of Agricultural Machinery(10 000 kw)	0.40	0.37	-7.5
化肥施用折纯量(吨)	Consumption of Chemical Fertilizer(ton)	245	246	0.4
农村用电量(万千瓦小时)	Electricity Consumed in Rural Area(10 000 kwh)	1620	1622	0.1
农林牧渔业总产值(万元)	Gross Output of Farming,Forestry,Animal Husbandry & Fishery(10 000 yuan)	51543	51742	3.5
粮食产量(吨)	Yield of Grain(ton)	3573	2619	-26.7
油料产量(吨)	Yield of Oil-bearing Grops(ton)			
甜菜产量(吨)	Yield of Beetroots(ton)			
猪牛羊肉产量(吨)	Output of Pork, Beef & Mutton(ton)	377	486	28.9
#猪肉产量(吨)	Output of Pork(ton)	83	114	37.3
牛肉产量(吨)	Output of Beef(ton)	37	52	40.5
羊肉产量(吨)	Output of Mutton(ton)	257	320	24.5
羊毛产量(吨)	Output of Wool(ton)	52	54	3.8

23-21 Qingshan District in Baotou City

指　标	Item	2014	2015	2015年比上年增长% Increase Rate in 2015 Over 2014(%)
年末牲畜存栏头数(万头只)	Total Livestock at the Year-end(10 000 heads)	2.80	3.36	20.0
# 大牲畜(万头只)	Large Animals(10 000 heads)	0.11	0.11	0.0
羊(万只)	Sheep & Goats(10 000 heads)	2.55	3.11	22.0
猪(万头)	Hogs(10 000 heads)	0.13	0.14	7.7
规模以上工业	**Industrial Enterprises above Designated size**			
工业企业单位数(个)	Number of Industrial Enterprises(unit)	95	97	2.1
# 内资企业(个)	Civil Funded Enterprises(unit)	93	96	3.2
工业总产值(万元)	Gross Industrial Output Value(10 000 yuan)	7364799	4483677	-39.1
内资企业(万元)	Civil Funded Enterprises(10 000 yuan)	7278426	4396184	-39.6
国有企业(万元)	State-owned Enterprises(10 000 yuan)	1390746	60509	-95.6
集体企业(万元)	Collective-owned Enterprises(10 000 yuan)	7689	4703	-38.8
股份合作企业(万元)	Share Holding Enterprises(10 000 yuan)			
联营企业(万元)	Joint Owned Enterprises(10 000 yuan)			
有限责任公司(万元)	Limited Company(10 000 yuan)	4749411	2979737	-37.3
股份有限公司(万元)	Share Holding Limited Company(10 000 yuan)	100556	130553	29.8
私营企业(万元)	Privately Owned Enterprises(10 000 yuan)	998913	1220681	22.2
其他企业(万元)	Enterprises of Other Ownership(10 000 yuan)	31111		
港澳台商投资企业(万元)	Funds from HK,Macao & Taiwan(10 000 yuan)	364		
外商投资企业(万元)	Foreign Funded Enterprises(10 000 yuan)	86009	87493	1.7
工业企业增加值(万元)	Value Added of Industrial Enterprises(10 000 yuan)			10.6
工业企业资产总计(万元)	Total Assets of Industrial Enterprises(10 000 yuan)	7623452	3730490	-51.1
工业企业负债合计(万元)	Total Liabilities of Industrial Enterprises(10 000 yuan)	5784833	3359197	-41.9
工业企业产品销售收入(万元)	Sales of Revenue Industrial Enterprises(10 000 yuan)	6141135	4498712	-26.7
工业企业利润总额(万元)	Total Profits of Industrial Enterprises(10 000 yuan)	-41600	-87365	
建筑业	**Construction**			
建筑企业单位数(个)	Number of Construction Enterprises(unit)	31	29	-6.5
建筑企业从业人员(人)	Number of Employee in Construction Enterprises(person)	12271	19389	58.0
建筑业总产值(万元)	Gross Construction Output Value(10 000 yuan)	684589	598593	-12.6
交通运输邮电通信业	**Transportation,Post & Telecommunications**			
公路里程(公里)	Total Length of Highways(km)	284	294	3.5
邮电业务总量(万元)	Business Volume of Post & Telecoms(10 000 yuan)	36156	40351	11.6
本地电话用户(户)	Number of Subscribers of Local Telephone(Household)	62825	37737	-39.9
国内贸易	**Domestic Trade**			
社会消费品零售总额(万元)	Total Retail Sales of Consumer Goods(10 000 yuan)	3238811	3501411	8.1
城镇(万元)	Town(10 000 yuan)	3238811	3501411	8.1
乡村(万元)	Village(10 000 yuan)			
科技教育卫生	**Science,Education & Public Health**			
各类专业技术人员(人)	Special Technical Personnel(person)	42359	42952	1.4
幼儿园数(所)	Number of Kindergartens(unit)	60	64	6.7
学龄儿童入学率(%)	Percentage of School-Age Children Enrolled(%)	100.0	100.0	0.0
小学学校数(所)	Number of Primary Schools(unit)	20	20	0.0
小学专任教师数(人)	Number of Full-time Teachers of Primary Schools(person)	1440	1400	-2.8
小学在校学生数(人)	Number of Student Enrollment of Primary Schools(person)	24904	25439	2.1
普通中学学校数(所)	Number of Regular Secondary Schools(unit)	18	18	0.0
普通中学专任教师数(人)	Number of Teachers of Secondary Shools(person)	2009	2028	0.9
初中在校学生数(人)	Number of Student in Junior Secondary Schools(person)	14361	13597	-5.3
高中在校学生数(人)	Number of Student in Senior Secondary Schools(person)	14975	13307	-11.1
卫生机构数(所)	Number of Health Institutions(unit)	341	362	6.2
# 医院(所)	Hospitals(unit)	16	15	-6.3
卫生院(所)	Township Hospitals(unit)	2	2	0.0
床位数(张)	Number of Beds(unit)	3994	3967	-0.7
# 医院(张)	Hospitals(unit)	3727	3783	1.5
卫生院(张)	Township Hospitals(unit)	14	5	-64.3
卫生技术人员(人)	Medical Technical Presonnel(person)	5607	5459	-2.6
# 医院(人)	Hospitals(person)	4090	4171	2.0
卫生院(人)	Township Hospitals(person)	5	6	20.0

23-22 包头市九原区

指 标	Item	2014	2015	2015年比上年增长% Increase Rate in 2015 Over 2014(%)
行政区域土地面积(平方公里)	**Area of Administration(Sq.km)**	**734**	**734**	**0.0**
人口和就业	**Population & Employment**			
年末户籍人口(人)	The Registered Population Year-end(person)	154136	164248	6.6
#男性(人)	Male(person)	77061	81859	6.2
#乡村人口(人)	Rural(person)	106914	97239	
年末常住人口(人)	Permanet Resident Population Year-end(person)	216100	220800	2.2
#男性(人)	Male(person)	111300	113700	2.2
#乡村人口(人)	Rural(person)	64200	65500	2.0
年末总户数(户)	Total Number of Households at the Year-end(Household)	81550	83320	2.2
#乡村户数(户)	Number of Rural Household(Household)	23955	24349	1.6
出生人口(人)	Births(person)	2136	1595	-25.3
死亡人口(人)	Deaths(person)	499	409	-18.0
全社会就业人员(人)	Employment(person)	133800	136700	2.2
第一产业(人)	Primary Industry(person)	42400	43300	2.1
第二产业(人)	Secondary Industry(person)	34500	35300	2.3
第三产业(人)	Tertiary Industry(person)	56900	58100	2.1
在岗职工人数(人)	Number of Staff & Workers Employed in(person)	15806	14941	-5.5
乡村劳动力(人)	Number of Rural Laborers(person)	43283	43745	1.1
#农林牧渔业(人)	Farming,Forestry,Animal Husbandry & Fishery(person)	26139	26569	1.6
国民经济综合指标	**Summary Item on the National Economy**			
生产总值(万元)	Gross Domestic Product(10 000 yuan)	3304000	3379900	8.0
第一产业(万元)	Primary Industry(10 000 yuan)	129700	130800	3.2
第二产业(万元)	Secondary Industry(10 000 yuan)	1847900	1856900	8.3
#工业(万元)	Industry(10 000 yuan)	1669900	1676898	8.7
第三产业(万元)	Tertiary Industry(10 000 yuan)	1326400	1392200	7.9
人均生产总值(元)	Per Capita GDP(yuan)	154069	154722	6.0
全社会固定资产投资(万元)	Total Investment in Fixed Assets(10 000 yuan)	1694730	1963500	15.9
按登记注册类型分	Grouped by Registered Type			
#国有(万元)	State-owned Enterprises(10 000 yuan)	708890	1026206	44.8
集体(万元)	Collective-owned Enterprises(10 000 yuan)	6350	2000	-68.5
有限责任公司(万元)	Limited Liability Corporations(10 000 yuan)	433632	180149	-58.5
股份有限公司(万元)	Share Holding Enterprises(10 000 yuan)	79948	22000	-72.5
私营企业(万元)	Private Enterprises(10 000 yuan)	407150	714145	75.4
外商及港澳台投资企业(万元)	Funds from HK,Macao,Taiwan & Foreign(10 000 yuan)		19000	
一般公共预算收入(万元)	General Public Budget Revenue(10 000 yuan)	174789	187533	7.3
一般公共预算支出(万元)	General Public Budget Expenditure(10 000 yuan)	214449	225564	5.2
住户存款余额(万元)	The balance of savings deposits of Households(10 000 yuan)			
在岗职工工资总额(万元)	Total Wages of Staff & Workers Employed in(10 000 yuan)	103646	102115	-1.5
在岗职工平均工资(元)	Average Wage of Staff & Workers Employed in(yuan)	59963	67199	12.1
全体居民人均可支配收入(元)	The per capita disposable income of all residents(yuan)	30406	32899	8.2
城镇常住居民人均可支配收入(元)	The per capita disposable income of urban permanent residents(yuan)	36711	39391	7.3
农村牧区常住居民人均可支配收入(元)	The per capita disposable income of permanent residents of rural and pastoral areas(yuan)	15483	16629	7.4
农村牧区经济	**Economic Development in Rural & Pastoral Area**			
农作物总播种面积(公顷)	Total Sown Area(hectare)	18644	19409	4.1
#粮食作物播种面积(公顷)	Sown Area of Grain Crops(hectare)	11643	12336	6.0
农牧业机械总动力(万千瓦)	Total Power of Agricultural Machinery(10 000 kw)	18	19	1.4
化肥施用折纯量(吨)	Consumption of Chemical Fertilizer(ton)	4965	5015	1.0
农村用电量(万千瓦小时)	Electricity Consumed in Rural Area(10 000 kwh)	6581	6595	0.2
农林牧渔业总产值(万元)	Gross Output of Farming,Forestry,Animal Husbandry & Fishery(10 000 yuan)	238400	239092	3.2
粮食产量(吨)	Yield of Grain(ton)	54858	69718	27.1
油料产量(吨)	Yield of Oil-bearing Grops(ton)	1657	1694	2.2
甜菜产量(吨)	Yield of Beetroots(ton)	363	364	0.3
猪牛羊肉产量(吨)	Output of Pork, Beef & Mutton(ton)	26327	26344	0.1
#猪肉产量(吨)	Output of Pork(ton)	7632	7421	-2.8
牛肉产量(吨)	Output of Beef(ton)	13479	13592	0.8
羊肉产量(吨)	Output of Mutton(ton)	5216	5331	2.2
羊毛产量(吨)	Output of Wool(ton)	370	374	1.1

23-22 Jiuyuan District in Baotou City

指　标	Item	2014	2015	2015年比上年增长% Increase Rate in 2015 Over 2014(%)
年末牲畜存栏头数(万头只)	Total Livestock at the Year-end(10 000 heads)	23.20	23.26	0.3
#大牲畜(万头只)	Large Animals(10 000 heads)	7.02	6.80	-3.1
羊(万只)	Sheep & Goats(10 000 heads)	10.85	11.20	3.2
猪(万头)	Hogs(10 000 heads)	5.33	5.26	-1.3
规模以上工业	**Industrial Enterprises above Designated size**			
工业企业单位数(个)	Number of Industrial Enterprises(unit)	45	42	-6.7
#内资企业(个)	Civil Funded Enterprises(unit)	43	40	-7.0
工业总产值(万元)	Gross Industrial Output Value(10 000 yuan)	2072267	1796026	-13.3
内资企业(万元)	Civil Funded Enterprises(10 000 yuan)	1983902	1700383	-14.3
国有企业(万元)	State-owned Enterprises(10 000 yuan)		509442	
集体企业(万元)	Collective-owned Enterprises(10 000 yuan)			
股份合作企业(万元)	Share Holding Enterprises(10 000 yuan)			
联营企业(万元)	Joint Owned Enterprises(10 000 yuan)			
有限责任公司(万元)	Limited Company(10 000 yuan)	1339861	815289	-39.2
股份有限公司(万元)	Share Holding Limited Company(10 000 yuan)	5498	18146	230.1
私营企业(万元)	Privately Owned Enterprises(10 000 yuan)	638543	357506	-44.0
其他企业(万元)	Enterprises of Other Ownership(10 000 yuan)			
港澳台商投资企业(万元)	Funds from HK,Macao & Taiwan(10 000 yuan)	85818	93054	8.4
外商投资企业(万元)	Foreign Funded Enterprises(10 000 yuan)	2547	2589	1.6
工业企业增加值(万元)	Value Added of Industrial Enterprises(10 000 yuan)			10.3
工业企业资产总计(万元)	Total Assets of Industrial Enterprises(10 000 yuan)	3126765	3185522	1.9
工业企业负债合计(万元)	Total Liabilities of Industrial Enterprises(10 000 yuan)	2001647	1937042	-3.2
工业企业产品销售收入(万元)	Sales of Revenue Industrial Enterprises(10 000 yuan)	2083784	1833726	-12.0
工业企业利润总额(万元)	Total Profits of Industrial Enterprises(10 000 yuan)	191934	97767	-49.1
建筑业	**Construction**			
建筑企业单位数(个)	Number of Construction Enterprises(unit)	6	5	-16.7
建筑企业从业人员(人)	Number of Employee in Construction Enterprises(person)	623	1270	103.9
建筑业总产值(万元)	Gross Construction Output Value(10 000 yuan)	36303	29519	-18.7
交通运输邮电通信业	**Transportation,Post & Telecommunications**			
公路里程(公里)	Total Length of Highways(km)	1185	465	-60.8
邮电业务总量(万元)	Business Volume of Post & Telecoms(10 000 yuan)	18954	21475	13.3
本地电话用户(户)	Number of Subscribers of Local Telephone(Household)	24905	24700	-0.8
国内贸易	**Domestic Trade**			
社会消费品零售总额(万元)	Total Retail Sales of Consumer Goods(10 000 yuan)	587683	632113	7.6
城镇(万元)	Town(10 000 yuan)	577252	620514	7.5
乡村(万元)	Village(10 000 yuan)	10430	11599	11.2
科技教育卫生	**Science,Education & Public Health**			
各类专业技术人员(人)	Special Technical Personnel(person)	2390	2111	-11.7
幼儿园数(所)	Number of Kindergartens(unit)	42	53	26.2
学龄儿童入学率(%)	Percentage of School-Age Children Enrolled(%)	100.0	100.0	0.0
小学学校数(所)	Number of Primary Schools(unit)	16	16	0.0
小学专任教师数(人)	Number of Full-time Teachers of Primary Schools(person)	852	843	-1.1
小学在校学生数(人)	Number of Student Enrollment of Primary Schools(person)	11742	11965	1.9
普通中学学校数(所)	Number of Regular Secondary Schools(unit)	6	6	0.0
普通中学专任教师数(人)	Number of Teachers of Secondary Shools(person)	718	771	7.4
初中在校学生数(人)	Number of Student in Junior Secondary Schools(person)	5023	4772	-5.0
高中在校学生数(人)	Number of Student in Senior Secondary Schools(person)	2592	2381	-8.1
卫生机构数(所)	Number of Health Institutions(unit)	90	110	22.2
#医院(所)	Hospitals(unit)	6	8	33.3
卫生院(所)	Township Hospitals(unit)	5	5	0.0
床位数(张)	Number of Beds(unit)	1056	1035	-2.0
#医院(张)	Hospitals(unit)	797	796	-0.1
卫生院(张)	Township Hospitals(unit)	165	135	-18.2
卫生技术人员(人)	Medical Technical Presonnel(person)	1170	1249	6.8
#医院(人)	Hospitals(person)	742	802	8.1
卫生院(人)	Township Hospitals(person)	100	100	0.0

23-23 包头市石拐区

指　标	Item	2014	2015	2015年比上年增长% Increase Rate in 2015 Over 2014(%)
行政区域土地面积(平方公里)	**Area of Administration(Sq.km)**	**761**	**761**	**0.0**
人口和就业	**Population & Employment**			
年末户籍人口(人)	The Registered Population Year-end(person)	65155	55671	-14.6
#男性(人)	Male(person)	33081	28329	-14.4
#乡村人口(人)	Rural(person)	25080	20449	
年末常住人口(人)	Permanet Resident Population Year-end(person)	38100	38600	1.3
#男性(人)	Male(person)	19900	20200	1.5
#乡村人口(人)	Rural(person)	7400	7400	0.0
年末总户数(户)	Total Number of Households at the Year-end(Household)	16420	16780	2.2
#乡村户数(户)	Number of Rural Household(Household)	3085	3085	0.0
出生人口(人)	Births(person)	123	126	2.4
死亡人口(人)	Deaths(person)	94	102	8.5
全社会就业人员(人)	Employment(person)	24689	25689	4.1
第一产业(人)	Primary Industry(person)	5735	5739	0.1
第二产业(人)	Secondary Industry(person)	12154	13015	7.1
第三产业(人)	Tertiary Industry(person)	6800	6935	2.0
在岗职工人数(人)	Number of Staff & Workers Employed in(person)	6090	7425	21.9
乡村劳动力(人)	Number of Rural Laborers(person)	10711	11081	3.5
#农林牧渔业(人)	Farming,Forestry,Animal Husbandry & Fishery(person)	5735	5739	0.1
国民经济综合指标	**Summary Item on the National Economy**			
生产总值(万元)	Gross Domestic Product(10 000 yuan)	1009300	1026100	7.0
第一产业(万元)	Primary Industry(10 000 yuan)	8600	8700	3.3
第二产业(万元)	Secondary Industry(10 000 yuan)	855200	863200	7.3
#工业(万元)	Industry(10 000 yuan)	825200	837200	7.9
第三产业(万元)	Tertiary Industry(10 000 yuan)	145500	154200	5.6
人均生产总值(元)	Per Capita GDP(yuan)	281534	267562	0.2
全社会固定资产投资(万元)	Total Investment in Fixed Assets(10 000 yuan)	563070	647089	14.9
按登记注册类型分	Grouped by Registered Type			
#国有(万元)	State-owned Enterprises(10 000 yuan)	123302	286300	132.2
集体(万元)	Collective-owned Enterprises(10 000 yuan)			
有限责任公司(万元)	Limited Liability Corporations(10 000 yuan)	163740	191298	16.8
股份有限公司(万元)	Share Holding Enterprises(10 000 yuan)	17553	2729	-84.5
私营企业(万元)	Private Enterprises(10 000 yuan)	156701	130546	-16.7
外商及港澳台投资企业(万元)	Funds from HK,Macao,Taiwan & Foreign(10 000 yuan)			
一般公共预算收入(万元)	General Public Budget Revenue(10 000 yuan)	41022	36617	-10.7
一般公共预算支出(万元)	General Public Budget Expenditure(10 000 yuan)	102746	94963	-7.6
住户存款余额(万元)	The balance of savings deposits of Households(10 000 yuan)			
在岗职工工资总额(万元)	Total Wages of Staff & Workers Employed in(10 000 yuan)	39487	52536	33.0
在岗职工平均工资(元)	Average Wage of Staff & Workers Employed in(yuan)	64228	70651	10.0
全体居民人均可支配收入(元)	The per capita disposable income of all residents(yuan)	25975	28183	8.5
城镇常住居民人均可支配收入(元)	The per capita disposable income of urban permanent residents(yuan)	30854	33199	7.6
农村牧区常住居民人均可支配收入(元)	The per capita disposable income of permanent residents of rural and pastoral areas(yuan)	11556	12469	7.9
农村牧区经济	**Economic Development in Rural & Pastoral Area**			
农作物总播种面积(公顷)	Total Sown Area(hectare)	2837	2822	-0.5
#粮食作物播种面积(公顷)	Sown Area of Grain Crops(hectare)	2503	2504	0.0
农牧业机械总动力(万千瓦)	Total Power of Agricultural Machinery(10 000 kw)	1.88	1.90	1.0
化肥施用折纯量(吨)	Consumption of Chemical Fertilizer(ton)	1189	1245	4.7
农村用电量(万千瓦小时)	Electricity Consumed in Rural Area(10 000 kwh)	513	541	5.5
农林牧渔业总产值(万元)	Gross Output of Farming,Forestry,Animal Husbandry & Fishery(10 000 yuan)	14131	14252	3.3
粮食产量(吨)	Yield of Grain(ton)	5994	6070	1.3
油料产量(吨)	Yield of Oil-bearing Grops(ton)	110	81	-26.4
甜菜产量(吨)	Yield of Beetroots(ton)			
猪牛羊肉产量(吨)	Output of Pork, Beef & Mutton(ton)	485	495	2.1
#猪肉产量(吨)	Output of Pork(ton)	177	178	0.6
牛肉产量(吨)	Output of Beef(ton)	52	58	11.5
羊肉产量(吨)	Output of Mutton(ton)	256	259	1.2
羊毛产量(吨)	Output of Wool(ton)	31	27	-12.9

23-23 Shiguai District in Baotou City

指　标	Item	2014	2015	2015年比上年增长% Increase Rate in 2015 Over 2014(%)
年末牲畜存栏头数(万头只)	Total Livestock at the Year-end(10 000 heads)	3.46	3.56	2.9
#大牲畜(万头只)	Large Animals(10 000 heads)	0.15	0.14	-6.7
羊(万只)	Sheep & Goats(10 000 heads)	3.08	3.19	3.6
猪(万头)	Hogs(10 000 heads)	0.23	0.24	4.3
规模以上工业	**Industrial Enterprises above Designated size**			
工业企业单位数(个)	Number of Industrial Enterprises(unit)	63	66	4.8
#内资企业(个)	Civil Funded Enterprises(unit)	62	65	4.8
工业总产值(万元)	Gross Industrial Output Value(10 000 yuan)	1908143	1606829	-15.8
内资企业(万元)	Civil Funded Enterprises(10 000 yuan)	1906039	1604429	-15.8
国有企业(万元)	State-owned Enterprises(10 000 yuan)	144909	113317	-21.8
集体企业(万元)	Collective-owned Enterprises(10 000 yuan)			
股份合作企业(万元)	Share Holding Enterprises(10 000 yuan)			
联营企业(万元)	Joint Owned Enterprises(10 000 yuan)			
有限责任公司(万元)	Limited Company(10 000 yuan)	234763	92677	-60.5
股份有限公司(万元)	Share Holding Limited Company(10 000 yuan)			
私营企业(万元)	Privately Owned Enterprises(10 000 yuan)	1526367	1398436	-8.4
其他企业(万元)	Enterprises of Other Ownership(10 000 yuan)			
港澳台商投资企业(万元)	Funds from HK,Macao & Taiwan(10 000 yuan)			
外商投资企业(万元)	Foreign Funded Enterprises(10 000 yuan)	2103	2400	14.1
工业企业增加值(万元)	Value Added of Industrial Enterprises(10 000 yuan)			8.0
工业企业资产总计(万元)	Total Assets of Industrial Enterprises(10 000 yuan)	1052653	1062354	0.9
工业企业负债合计(万元)	Total Liabilities of Industrial Enterprises(10 000 yuan)	684235	618727	-9.6
工业企业产品销售收入(万元)	Sales of Revenue Industrial Enterprises(10 000 yuan)	1900633	1674219	-11.9
工业企业利润总额(万元)	Total Profits of Industrial Enterprises(10 000 yuan)	-36431	-83206	
建筑业	**Construction**			
建筑企业单位数(个)	Number of Construction Enterprises(unit)	1	1	0.0
建筑企业从业人员(人)	Number of Employee in Construction Enterprises(person)	397	375	-5.5
建筑业总产值(万元)	Gross Construction Output Value(10 000 yuan)	6930	720	-89.6
交通运输邮电通信业	**Transportation,Post & Telecommunications**			
公路里程(公里)	Total Length of Highways(km)	339	339	0.0
邮电业务总量(万元)	Business Volume of Post & Telecoms(10 000 yuan)	795	850	6.9
本地电话用户(户)	Number of Subscribers of Local Telephone(Household)	2080	2100	1.0
国内贸易	**Domestic Trade**			
社会消费品零售总额(万元)	Total Retail Sales of Consumer Goods(10 000 yuan)	54648	58013	6.2
城镇(万元)	Town(10 000 yuan)	54648	58013	6.2
乡村(万元)	Village(10 000 yuan)			
科技教育卫生	**Science,Education & Public Health**			
各类专业技术人员(人)	Special Technical Personnel(person)	1409	1380	-2.1
幼儿园数(所)	Number of Kindergartens(unit)	2	2	0.0
学龄儿童入学率(%)	Percentage of School-Age Children Enrolled(%)	100.0	100.0	0.0
小学学校数(所)	Number of Primary Schools(unit)	2	2	0.0
小学专任教师数(人)	Number of Full-time Teachers of Primary Schools(person)	76	66	-13.2
小学在校学生数(人)	Number of Student Enrollment of Primary Schools(person)	419	436	4.1
普通中学学校数(所)	Number of Regular Secondary Schools(unit)	2	2	0.0
普通中学专任教师数(人)	Number of Teachers of Secondary Shools(person)	111	93	-16.2
初中在校学生数(人)	Number of Student in Junior Secondary Schools(person)	334	255	-23.7
高中在校学生数(人)	Number of Student in Senior Secondary Schools(person)	478	523	9.4
卫生机构数(所)	Number of Health Institutions(unit)	18	21	16.7
#医院(所)	Hospitals(unit)	1		
卫生院(所)	Township Hospitals(unit)	2	2	0.0
床位数(张)	Number of Beds(unit)	51	46	-9.8
#医院(张)	Hospitals(unit)			
卫生院(张)	Township Hospitals(unit)	18	13	-27.8
卫生技术人员(人)	Medical Technical Presonnel(person)	35	68	94.3
#医院(人)	Hospitals(person)			
卫生院(人)	Township Hospitals(person)	11	16	45.5

23-24 包头市白云矿区

指　标	Item	2014	2015	2015年比上年增长% Increase Rate in 2015 Over 2014(%)
行政区域土地面积(平方公里)	**Area of Administration(Sq.km)**	**303**	**303**	**0.0**
人口和就业	**Population & Employment**			
年末户籍人口(人)	The Registered Population Year-end(person)	17945	17638	-1.7
# 男性(人)	Male(person)	9372	9227	-1.5
# 乡村人口(人)	Rural(person)			
年末常住人口(人)	Permanet Resident Population Year-end(person)	27300	27600	1.1
# 男性(人)	Male(person)	14500	14600	0.7
# 乡村人口(人)	Rural(person)			
年末总户数(户)	Total Number of Households at the Year-end(Household)	10920	11040	1.1
# 乡村户数(户)	Number of Rural Household(Household)			
出生人口(人)	Births(person)	205	127	-38.0
死亡人口(人)	Deaths(person)	53	63	18.9
全社会就业人员(人)	Employment(person)	13444	13518	0.6
第一产业(人)	Primary Industry(person)	80	95	18.8
第二产业(人)	Secondary Industry(person)	7770	7796	0.3
第三产业(人)	Tertiary Industry(person)	5594	5627	0.6
在岗职工人数(人)	Number of Staff & Workers Employed in(person)	8271	7788	-5.8
乡村劳动力(人)	Number of Rural Laborers(person)			
# 农林牧渔业(人)	Farming,Forestry,Animal Husbandry & Fishery(person)			
国民经济综合指标	**Summary Item on the National Economy**			
生产总值(万元)	Gross Domestic Product(10 000 yuan)	367000	401700	8.6
第一产业(万元)	Primary Industry(10 000 yuan)	600	600	3.2
第二产业(万元)	Secondary Industry(10 000 yuan)	278700	306700	9.3
# 工业(万元)	Industry(10 000 yuan)	266900	294900	9.6
第三产业(万元)	Tertiary Industry(10 000 yuan)	87700	94400	6.8
人均生产总值(元)	Per Capita GDP(yuan)	135175	146339	7.5
全社会固定资产投资(万元)	Total Investment in Fixed Assets(10 000 yuan)	315994	360000	13.9
按登记注册类型分	Grouped by Registered Type			
# 国有(万元)	State-owned Enterprises(10 000 yuan)	209589	261938	25.0
集体(万元)	Collective-owned Enterprises(10 000 yuan)			
有限责任公司(万元)	Limited Liability Corporations(10 000 yuan)	72535	51347	-29.2
股份有限公司(万元)	Share Holding Enterprises(10 000 yuan)	12693	18279	44.0
私营企业(万元)	Private Enterprises(10 000 yuan)	12176	28436	133.5
外商及港澳台投资企业 (万元)	Funds from HK,Macao,Taiwan & Foreign(10 000 yuan)			
一般公共预算收入(万元)	General Public Budget Revenue(10 000 yuan)	30057	32477	8.1
一般公共预算支出(万元)	General Public Budget Expenditure(10 000 yuan)	46335	53797	16.1
住户存款余额(万元)	The balance of savings deposits of Households(10 000 yuan)			
在岗职工工资总额(万元)	Total Wages of Staff & Workers Employed in(10 000 yuan)	55607	54574	-1.9
在岗职工平均工资(元)	Average Wage of Staff & Workers Employed in(yuan)	68609	70038	2.1
全体居民人均可支配收入(元)	The per capita disposable income of all residents(yuan)	38203	40915	7.1
城镇常住居民人均可支配收入(元)	The per capita disposable income of urban permanent residents(yuan)	38203	40915	7.1
农村牧区常住居民人均可支配收入(元)	The per capita disposable income of permanent residents of rural and pastoral areas(yuan)			
农村牧区经济	**Economic Development in Rural & Pastoral Area**			
农作物总播种面积(公顷)	Total Sown Area(hectare)			
# 粮食作物播种面积(公顷)	Sown Area of Grain Crops(hectare)			
农牧业机械总动力(万千瓦)	Total Power of Agricultural Machinery(10 000 kw)			
化肥施用折纯量(吨)	Consumption of Chemical Fertilizer(ton)			
农村用电量(万千瓦小时)	Electricity Consumed in Rural Area(10 000 kwh)			
农林牧渔业总产值(万元)	Gross Output of Farming,Forestry,Animal Husbandry & Fishery(10 000 yuan)	940	978	3.2
粮食产量(吨)	Yield of Grain(ton)			
油料产量(吨)	Yield of Oil-bearing Grops(ton)			
甜菜产量(吨)	Yield of Beetroots(ton)			
猪牛羊肉产量(吨)	Output of Pork, Beef & Mutton(ton)	117	127	8.5
# 猪肉产量(吨)	Output of Pork(ton)	110	118	7.3
牛肉产量(吨)	Output of Beef(ton)	6	7	16.7
羊肉产量(吨)	Output of Mutton(ton)	1	2	100.0
羊毛产量(吨)	Output of Wool(ton)	1	1	0.0

23-24 Baiyun Mineral District in Baotou City

指　标	Item	2014	2015	2015年比上年增长% Increase Rate in 2015 Over 2014(%)
年末牲畜存栏头数(万头只)	Total Livestock at the Year-end(10 000 heads)	0.16	0.16	0.0
#大牲畜(万头只)	Large Animals(10 000 heads)	0.01	0.01	0.0
羊(万只)	Sheep & Goats(10 000 heads)	0.04	0.04	0.0
猪(万头)	Hogs(10 000 heads)	0.11	0.11	0.0
规模以上工业	**Industrial Enterprises above Designated size**			
工业企业单位数(个)	Number of Industrial Enterprises(unit)	10	11	10.0
#内资企业(个)	Civil Funded Enterprises(unit)	10	11	10.0
工业总产值(万元)	Gross Industrial Output Value(10 000 yuan)	181550	211163	16.3
内资企业(万元)	Civil Funded Enterprises(10 000 yuan)	181550	211163	16.3
国有企业(万元)	State-owned Enterprises(10 000 yuan)			
集体企业(万元)	Collective-owned Enterprises(10 000 yuan)			
股份合作企业(万元)	Share Holding Enterprises(10 000 yuan)			
联营企业(万元)	Joint Owned Enterprises(10 000 yuan)			
有限责任公司(万元)	Limited Company(10 000 yuan)	154212	189529	22.9
股份有限公司(万元)	Share Holding Limited Company(10 000 yuan)	14718	10091	-31.4
私营企业(万元)	Privately Owned Enterprises(10 000 yuan)	12621	11544	-8.5
其他企业(万元)	Enterprises of Other Ownership(10 000 yuan)			
港澳台商投资企业(万元)	Funds from HK,Macao & Taiwan(10 000 yuan)			
外商投资企业(万元)	Foreign Funded Enterprises(10 000 yuan)			
工业企业增加值(万元)	Value Added of Industrial Enterprises(10 000 yuan)			13.0
工业企业资产总计(万元)	Total Assets of Industrial Enterprises(10 000 yuan)	285854	266112	-6.9
工业企业负债合计(万元)	Total Liabilities of Industrial Enterprises(10 000 yuan)	189577	177731	-6.2
工业企业产品销售收入(万元)	Sales of Revenue Industrial Enterprises(10 000 yuan)	178738	211476	18.3
工业企业利润总额(万元)	Total Profits of Industrial Enterprises(10 000 yuan)	3294	2545	-22.7
建筑业	**Construction**			
建筑企业单位数(个)	Number of Construction Enterprises(unit)			
建筑企业从业人员(人)	Number of Employee in Construction Enterprises(person)			
建筑业总产值(万元)	Gross Construction Output Value(10 000 yuan)			
交通运输邮电通信业	**Transportation,Post & Telecommunications**			
公路里程(公里)	Total Length of Highways(km)	79	79	0.0
邮电业务总量(万元)	Business Volume of Post & Telecoms(10 000 yuan)	1439	1511	5.0
本地电话用户(户)	Number of Subscribers of Local Telephone(Household)	30027	35051	16.7
国内贸易	**Domestic Trade**			
社会消费品零售总额(万元)	Total Retail Sales of Consumer Goods(10 000 yuan)	67078	72217	7.7
城镇(万元)	Town(10 000 yuan)	67078	72217	7.7
乡村(万元)	Village(10 000 yuan)			
科技教育卫生	**Science,Education & Public Health**			
各类专业技术人员(人)	Special Technical Personnel(person)	1409	1418	0.6
幼儿园数(所)	Number of Kindergartens(unit)	2	2	0.0
学龄儿童入学率(%)	Percentage of School-Age Children Enrolled(%)	100.0	100.0	0.0
小学学校数(所)	Number of Primary Schools(unit)	3	3	0.0
小学专任教师数(人)	Number of Full-time Teachers of Primary Schools(person)	135	140	3.7
小学在校学生数(人)	Number of Student Enrollment of Primary Schools(person)	1311	1149	-12.4
普通中学学校数(所)	Number of Regular Secondary Schools(unit)	2	2	0.0
普通中学专任教师数(人)	Number of Teachers of Secondary Shools(person)	121	132	9.1
初中在校学生数(人)	Number of Student in Junior Secondary Schools(person)	614	540	-12.1
高中在校学生数(人)	Number of Student in Senior Secondary Schools(person)	433	375	-13.4
卫生机构数(所)	Number of Health Institutions(unit)	12	13	8.3
#医院(所)	Hospitals(unit)	2	2	0.0
卫生院(所)	Township Hospitals(unit)			
床位数(张)	Number of Beds(unit)	110	110	0.0
#医院(张)	Hospitals(unit)	110	110	0.0
卫生院(张)	Township Hospitals(unit)			
卫生技术人员(人)	Medical Technical Presonnel(person)	156	165	5.8
#医院(人)	Hospitals(person)	131	137	4.6
卫生院(人)	Township Hospitals(person)			

23–25 包头市土默特右旗

指　标	Item	2014	2015	2015年比上年增长% Increase Rate in 2015 Over 2014(%)
行政区域土地面积(平方公里)	**Area of Administration(Sq.km)**	**2368**	**2368**	**0.0**
人口和就业	**Population & Employment**			
年末户籍人口(人)	The Registered Population Year-end(person)	365260	364536	-0.2
#男性(人)	Male(person)	188565	187890	-0.4
#乡村人口(人)	Rural(person)	309396	265856	
年末常住人口(人)	Permanet Resident Population Year-end(person)	286500	293000	2.3
#男性(人)	Male(person)	150500	153900	2.3
#乡村人口(人)	Rural(person)	162400	164000	1.0
年末总户数(户)	Total Number of Households at the Year-end(Household)	109810	112260	2.2
#乡村户数(户)	Number of Rural Household(Household)	52406	62121	18.5
出生人口(人)	Births(person)	2951	2626	-11.0
死亡人口(人)	Deaths(person)	1569	1370	-12.7
全社会就业人员(人)	Employment(person)	241065	242475	0.6
第一产业(人)	Primary Industry(person)	105862	104168	-1.6
第二产业(人)	Secondary Industry(person)	55514	56624	2.0
第三产业(人)	Tertiary Industry(person)	79689	81683	2.5
在岗职工人数(人)	Number of Staff & Workers Employed in(person)	16850	16420	-2.6
乡村劳动力(人)	Number of Rural Laborers(person)	130394	123920	-5.0
#农林牧渔业(人)	Farming,Forestry,Animal Husbandry & Fishery(person)	86517	85923	-0.7
国民经济综合指标	**Summary Item on the National Economy**			
生产总值(万元)	Gross Domestic Product(10 000 yuan)	3344200	3463400	8.0
第一产业(万元)	Primary Industry(10 000 yuan)	403000	405300	3.1
第二产业(万元)	Secondary Industry(10 000 yuan)	1942000	1997400	9.1
#工业(万元)	Industry(10 000 yuan)	1760800	1814400	9.6
第三产业(万元)	Tertiary Industry(10 000 yuan)	999200	1060700	7.6
人均生产总值(元)	Per Capita GDP(yuan)	118044	119531	5.6
全社会固定资产投资(万元)	Total Investment in Fixed Assets(10 000 yuan)	2213179	2526849	14.2
按登记注册类型分	Grouped by Registered Type			
#国有(万元)	State-owned Enterprises(10 000 yuan)	1366409	1219645	-10.7
集体(万元)	Collective-owned Enterprises(10 000 yuan)	54292		
有限责任公司(万元)	Limited Liability Corporations(10 000 yuan)	80459	256894	219.3
股份有限公司(万元)	Share Holding Enterprises(10 000 yuan)			
私营企业(万元)	Private Enterprises(10 000 yuan)	677059	981770	45.0
外商及港澳台投资企业(万元)	Funds from HK,Macao,Taiwan & Foreign(10 000 yuan)			
一般公共预算收入(万元)	General Public Budget Revenue(10 000 yuan)	193150	206689	7.0
一般公共预算支出(万元)	General Public Budget Expenditure(10 000 yuan)	290085	311711	7.5
住户存款余额(万元)	The balance of savings deposits of Households(10 000 yuan)		720374	
在岗职工工资总额(万元)	Total Wages of Staff & Workers Employed in(10 000 yuan)	95566	99391	4.0
在岗职工平均工资(元)	Average Wage of Staff & Workers Employed in(yuan)	53758	57735	7.4
全体居民人均可支配收入(元)	The per capita disposable income of all residents(yuan)	18940	20530	8.4
城镇常住居民人均可支配收入(元)	The per capita disposable income of urban permanent residents(yuan)	27517	29608	7.6
农村牧区常住居民人均可支配收入(元)	The per capita disposable income of permanent residents of rural and pastoral areas(yuan)	12832	13794	7.5
农村牧区经济	**Economic Development in Rural & Pastoral Area**			
农作物总播种面积(公顷)	Total Sown Area(hectare)	110483	106700	-3.4
#粮食作物播种面积(公顷)	Sown Area of Grain Crops(hectare)	87913	85715	-2.5
农牧业机械总动力(万千瓦)	Total Power of Agricultural Machinery(10 000 kw)	56.81	59.89	5.4
化肥施用折纯量(吨)	Consumption of Chemical Fertilizer(ton)	39416	39285	-0.3
农村用电量(万千瓦小时)	Electricity Consumed in Rural Area(10 000 kwh)	9643	9645	0.0
农林牧渔业总产值(万元)	Gross Output of Farming,Forestry,Animal Husbandry & Fishery(10 000 yuan)	731525	733428	3.1
粮食产量(吨)	Yield of Grain(ton)	759532	750502	-1.2
油料产量(吨)	Yield of Oil-bearing Grops(ton)	18227	22811	25.1
甜菜产量(吨)	Yield of Beetroots(ton)			
猪牛羊肉产量(吨)	Output of Pork, Beef & Mutton(ton)	67071	68192	1.7
#猪肉产量(吨)	Output of Pork(ton)	21308	21557	1.2
牛肉产量(吨)	Output of Beef(ton)	13463	13685	1.6
羊肉产量(吨)	Output of Mutton(ton)	32300	32950	2.0
羊毛产量(吨)	Output of Wool(ton)	1038	1094	5.4

23-25 Tumoteyou Banner in Baotou City

指　标	Item	2014	2015	2015年比上年增长% Increase Rate in 2015 Over 2014(%)
年末牲畜存栏头数(万头只)	Total Livestock at the Year-end(10 000 heads)	104.09	110.83	6.5
# 大牲畜(万头只)	Large Animals(10 000 heads)	12.41	11.08	-10.7
羊(万只)	Sheep & Goats(10 000 heads)	80.59	88.63	10.0
猪(万头)	Hogs(10 000 heads)	11.09	11.12	0.3
规模以上工业	**Industrial Enterprises above Designated size**			
工业企业单位数(个)	Number of Industrial Enterprises(unit)	50	51	2.0
# 内资企业(个)	Civil Funded Enterprises(unit)	48	49	2.1
工业总产值(万元)	Gross Industrial Output Value(10 000 yuan)	2989564	3296868	10.3
内资企业(万元)	Civil Funded Enterprises(10 000 yuan)	2940385	3258987	10.8
国有企业(万元)	State-owned Enterprises(10 000 yuan)	26258		
集体企业(万元)	Collective-owned Enterprises(10 000 yuan)			
股份合作企业(万元)	Share Holding Enterprises(10 000 yuan)			
联营企业(万元)	Joint Owned Enterprises(10 000 yuan)			
有限责任公司(万元)	Limited Company(10 000 yuan)	534281	528964	-1.0
股份有限公司(万元)	Share Holding Limited Company(10 000 yuan)			
私营企业(万元)	Privately Owned Enterprises(10 000 yuan)	2379846	2730023	14.7
其他企业(万元)	Enterprises of Other Ownership(10 000 yuan)			
港澳台商投资企业(万元)	Funds from HK,Macao & Taiwan(10 000 yuan)	31337	30123	-3.9
外商投资企业(万元)	Foreign Funded Enterprises(10 000 yuan)	17842	7758	-56.5
工业企业增加值(万元)	Value Added of Industrial Enterprises(10 000 yuan)			12.0
工业企业资产总计(万元)	Total Assets of Industrial Enterprises(10 000 yuan)	2552472	2637983	3.4
工业企业负债合计(万元)	Total Liabilities of Industrial Enterprises(10 000 yuan)	1466026	1601088	9.2
工业企业产品销售收入(万元)	Sales of Revenue Industrial Enterprises(10 000 yuan)	3135419	3333832	6.3
工业企业利润总额(万元)	Total Profits of Industrial Enterprises(10 000 yuan)	452566	427571	-5.5
建筑业	**Construction**			
建筑企业单位数(个)	Number of Construction Enterprises(unit)	6	6	0.0
建筑企业从业人员(人)	Number of Employee in Construction Enterprises(person)	6249	7546	20.8
建筑业总产值(万元)	Gross Construction Output Value(10 000 yuan)	82060	78491	-4.3
交通运输邮电通信业	**Transportation,Post & Telecommunications**			
公路里程(公里)	Total Length of Highways(km)	2142	2142	0.0
邮电业务总量(万元)	Business Volume of Post & Telecoms(10 000 yuan)	11580	9973	-13.9
本地电话用户(户)	Number of Subscribers of Local Telephone(Household)	16651	8931	-46.4
国内贸易	**Domestic Trade**			
社会消费品零售总额(万元)	Total Retail Sales of Consumer Goods(10 000 yuan)	404821	433020	7.0
城镇(万元)	Town(10 000 yuan)	294430	310708	5.5
乡村(万元)	Village(10 000 yuan)	110391	122313	10.8
科技教育卫生	**Science,Education & Public Health**			
各类专业技术人员(人)	Special Technical Personnel(person)	4506	4552	1.0
幼儿园数(所)	Number of Kindergartens(unit)	28	36	28.6
学龄儿童入学率(%)	Percentage of School-Age Children Enrolled(%)	100.0	100.0	0.0
小学学校数(所)	Number of Primary Schools(unit)	21	21	0.0
小学专任教师数(人)	Number of Full-time Teachers of Primary Schools(person)	997	1094	9.7
小学在校学生数(人)	Number of Student Enrollment of Primary Schools(person)	12352	12250	-0.8
普通中学学校数(所)	Number of Regular Secondary Schools(unit)	7	7	0.0
普通中学专任教师数(人)	Number of Teachers of Secondary Shools(person)	729	829	13.7
初中在校学生数(人)	Number of Student in Junior Secondary Schools(person)	6775	6290	-7.2
高中在校学生数(人)	Number of Student in Senior Secondary Schools(person)	2624	2634	0.4
卫生机构数(所)	Number of Health Institutions(unit)	242	273	12.8
# 医院(所)	Hospitals(unit)	4	3	-25.0
卫生院(所)	Township Hospitals(unit)	20	20	0.0
床位数(张)	Number of Beds(unit)	846	713	-15.7
# 医院(张)	Hospitals(unit)	260	266	2.3
卫生院(张)	Township Hospitals(unit)	492	389	-20.9
卫生技术人员(人)	Medical Technical Presonnel(person)	818	813	-0.6
# 医院(人)	Hospitals(person)	350	387	10.6
卫生院(人)	Township Hospitals(person)	239	236	-1.3

23-26 包头市固阳县

指　标	Item	2014	2015	2015年比上年增长% Increase Rate in 2015 Over 2014(%)
行政区域土地面积(平方公里)	**Area of Administration(Sq.km)**	**5025**	**5025**	**0.0**
人口和就业	**Population & Employment**			
年末户籍人口(人)	The Registered Population Year-end(person)	206029	205102	-0.4
#男性(人)	Male(person)	107786	107287	-0.5
#乡村人口(人)	Rural(person)	173645	157799	
年末常住人口(人)	Permanet Resident Population Year-end(person)	170500	170100	-0.2
#男性(人)	Male(person)	89100	88900	-0.2
#乡村人口(人)	Rural(person)	110700	110200	-0.5
年末总户数(户)	Total Number of Households at the Year-end(Household)	58790	58660	-0.2
#乡村户数(户)	Number of Rural Household(Household)	37525	37356	-0.5
出生人口(人)	Births(person)	783	651	-16.9
死亡人口(人)	Deaths(person)	362	218	-39.8
全社会就业人员(人)	Employment(person)	112892	114757	1.7
第一产业(人)	Primary Industry(person)	63453	63347	-0.2
第二产业(人)	Secondary Industry(person)	30217	31079	2.9
第三产业(人)	Tertiary Industry(person)	19222	20331	5.8
在岗职工人数(人)	Number of Staff & Workers Employed in(person)	9086	8341	-8.2
乡村劳动力(人)	Number of Rural Laborers(person)	69134	68564	-0.8
#农林牧渔业(人)	Farming,Forestry,Animal Husbandry & Fishery(person)	49287	48863	-0.9
国民经济综合指标	**Summary Item on the National Economy**			
生产总值(万元)	Gross Domestic Product(10 000 yuan)	1161000	1185900	7.0
第一产业(万元)	Primary Industry(10 000 yuan)	140600	141500	3.0
第二产业(万元)	Secondary Industry(10 000 yuan)	805500	816800	7.5
#工业(万元)	Industry(10 000 yuan)	717500	7267700	7.8
第三产业(万元)	Tertiary Industry(10 000 yuan)	214900	227600	5.6
人均生产总值(元)	Per Capita GDP(yuan)	67618	69636	7.9
全社会固定资产投资(万元)	Total Investment in Fixed Assets(10 000 yuan)	1030162	1184687	15.0
按登记注册类型分	Grouped by Registered Type			
#国有(万元)	State-owned Enterprises(10 000 yuan)	69332	36315	-47.6
集体(万元)	Collective-owned Enterprises(10 000 yuan)	15890	51905	226.7
有限责任公司(万元)	Limited Liability Corporations(10 000 yuan)	68145	33619	-50.7
股份有限公司(万元)	Share Holding Enterprises(10 000 yuan)	17700	46900	165.0
私营企业(万元)	Private Enterprises(10 000 yuan)	774959	999356	29.0
外商及港澳台投资企业(万元)	Funds from HK,Macao,Taiwan & Foreign(10 000 yuan)	11474	2992	-73.9
一般公共预算收入(万元)	General Public Budget Revenue(10 000 yuan)	34218	30083	-12.1
一般公共预算支出(万元)	General Public Budget Expenditure(10 000 yuan)	152744	162469	6.4
住户存款余额(万元)	The balance of savings deposits of Households(10 000 yuan)		281827	
在岗职工工资总额(万元)	Total Wages of Staff & Workers Employed in(10 000 yuan)	47447	45527	-4.0
在岗职工平均工资(元)	Average Wage of Staff & Workers Employed in(yuan)	50794	51741	1.9
全体居民人均可支配收入(元)	The per capita disposable income of all residents(yuan)	14677	15880	8.2
城镇常住居民人均可支配收入(元)	The per capita disposable income of urban permanent residents(yuan)	23609	25332	7.3
农村牧区常住居民人均可支配收入(元)	The per capita disposable income of permanent residents of rural and pastoral areas(yuan)	9967	10724	7.6
农村牧区经济	**Economic Development in Rural & Pastoral Area**			
农作物总播种面积(公顷)	Total Sown Area(hectare)	130750	117623	-10.0
#粮食作物播种面积(公顷)	Sown Area of Grain Crops(hectare)	75388	71082	-5.7
农牧业机械总动力(万千瓦)	Total Power of Agricultural Machinery(10 000 kw)	30.54	32.07	5.0
化肥施用折纯量(吨)	Consumption of Chemical Fertilizer(ton)	16890	17284	2.3
农村用电量(万千瓦小时)	Electricity Consumed in Rural Area(10 000 kwh)	7569	7710	1.9
农林牧渔业总产值(万元)	Gross Output of Farming,Forestry,Animal Husbandry & Fishery(10 000 yuan)	255127	255816	3.0
粮食产量(吨)	Yield of Grain(ton)	112826	79029	-30.0
油料产量(吨)	Yield of Oil-bearing Grops(ton)	37702	17525	-53.5
甜菜产量(吨)	Yield of Beetroots(ton)			
猪牛羊肉产量(吨)	Output of Pork, Beef & Mutton(ton)	32139	32611	1.5
#猪肉产量(吨)	Output of Pork(ton)	13027	13027	0.0
牛肉产量(吨)	Output of Beef(ton)	2360	2520	6.8
羊肉产量(吨)	Output of Mutton(ton)	16752	17064	1.9
羊毛产量(吨)	Output of Wool(ton)	1006	1187	18.0

23-26 Guyang County in Baotou City

指　标	Item	2014	2015	2015年比上年增长% Increase Rate in 2015 Over 2014(%)
年末牲畜存栏头数(万头只)	Total Livestock at the Year-end(10 000 heads)	56.47	55.97	-0.9
#大牲畜(万头只)	Large Animals(10 000 heads)	1.77	1.47	-16.9
羊(万只)	Sheep & Goats(10 000 heads)	50.00	50.40	0.8
猪(万头)	Hogs(10 000 heads)	4.70	4.10	-12.8
规模以上工业	**Industrial Enterprises above Designated size**			
工业企业单位数(个)	Number of Industrial Enterprises(unit)	44	41	-6.8
#内资企业(个)	Civil Funded Enterprises(unit)	44	41	-6.8
工业总产值(万元)	Gross Industrial Output Value(10 000 yuan)	1243591	1217240	-2.1
内资企业(万元)	Civil Funded Enterprises(10 000 yuan)	1243591	1217240	-2.1
国有企业(万元)	State-owned Enterprises(10 000 yuan)	5038		
集体企业(万元)	Collective-owned Enterprises(10 000 yuan)			
股份合作企业(万元)	Share Holding Enterprises(10 000 yuan)			
联营企业(万元)	Joint Owned Enterprises(10 000 yuan)			
有限责任公司(万元)	Limited Company(10 000 yuan)	1083160	1072430	-1.0
股份有限公司(万元)	Share Holding Limited Company(10 000 yuan)	7863	10031	27.6
私营企业(万元)	Privately Owned Enterprises(10 000 yuan)	135708	134779	-0.7
其他企业(万元)	Enterprises of Other Ownership(10 000 yuan)	11822		
港澳台商投资企业(万元)	Funds from HK,Macao & Taiwan(10 000 yuan)			
外商投资企业(万元)	Foreign Funded Enterprises(10 000 yuan)			
工业企业增加值(万元)	Value Added of Industrial Enterprises(10 000 yuan)			9.4
工业企业资产总计(万元)	Total Assets of Industrial Enterprises(10 000 yuan)	836013	638120	-23.7
工业企业负债合计(万元)	Total Liabilities of Industrial Enterprises(10 000 yuan)	632085	477181	-24.5
工业企业产品销售收入(万元)	Sales of Revenue Industrial Enterprises(10 000 yuan)	1249912	1215828	-2.7
工业企业利润总额(万元)	Total Profits of Industrial Enterprises(10 000 yuan)	12220	2694	-78.0
建筑业	**Construction**			
建筑企业单位数(个)	Number of Construction Enterprises(unit)	1	1	0.0
建筑企业从业人员(人)	Number of Employee in Construction Enterprises(person)	1655	2135	29.0
建筑业总产值(万元)	Gross Construction Output Value(10 000 yuan)	34283	34303	0.1
交通运输邮电通信业	**Transportation,Post & Telecommunications**			
公路里程(公里)	Total Length of Highways(km)	1260	1260	0.0
邮电业务总量(万元)	Business Volume of Post & Telecoms(10 000 yuan)	3480	3490	0.3
本地电话用户(户)	Number of Subscribers of Local Telephone(Household)	5200	5100	-1.9
国内贸易	**Domestic Trade**			
社会消费品零售总额(万元)	Total Retail Sales of Consumer Goods(10 000 yuan)	181375	194232	7.1
城镇(万元)	Town(10 000 yuan)	143995	152853	6.2
乡村(万元)	Village(10 000 yuan)	37380	41380	10.7
科技教育卫生	**Science,Education & Public Health**			
各类专业技术人员(人)	Special Technical Personnel(person)	3226	3231	0.2
幼儿园数(所)	Number of Kindergartens(unit)	13	13	0.0
学龄儿童入学率(%)	Percentage of School-Age Children Enrolled(%)	100.0	100.0	0.0
小学学校数(所)	Number of Primary Schools(unit)	5	5	0.0
小学专任教师数(人)	Number of Full-time Teachers of Primary Schools(person)	659	640	-2.9
小学在校学生数(人)	Number of Student Enrollment of Primary Schools(person)	5351	5274	-1.4
普通中学学校数(所)	Number of Regular Secondary Schools(unit)	3	3	0.0
普通中学专任教师数(人)	Number of Teachers of Secondary Shools(person)	526	531	1.0
初中在校学生数(人)	Number of Student in Junior Secondary Schools(person)	2823	2651	-6.1
高中在校学生数(人)	Number of Student in Senior Secondary Schools(person)	2159	1800	-16.6
卫生机构数(所)	Number of Health Institutions(unit)	107	116	8.4
#医院(所)	Hospitals(unit)	2	3	50.0
卫生院(所)	Township Hospitals(unit)	12	11	-8.3
床位数(张)	Number of Beds(unit)	373	422	13.1
#医院(张)	Hospitals(unit)	190	235	23.7
卫生院(张)	Township Hospitals(unit)	183	187	2.2
卫生技术人员(人)	Medical Technical Presonnel(person)	469	478	1.9
#医院(人)	Hospitals(person)	177	180	1.7
卫生院(人)	Township Hospitals(person)	153	148	-3.3

23-27 包头市达尔罕茂明安联合旗

指　标	Item	2014	2015	2015年比上年增长% Increase Rate in 2015 Over 2014(%)
行政区域土地面积(平方公里)	**Area of Administration(Sq.km)**	**17410**	**17410**	**0.0**
人口和就业	**Population & Employment**			
年末户籍人口(人)	The Registered Population Year-end(person)	112836	112788	0.0
#男性(人)	Male(person)	57893	57800	-0.2
#乡村人口(人)	Rural(person)	82486	51990	
年末常住人口(人)	Permanet Resident Population Year-end(person)	97800	97200	-0.6
#男性(人)	Male(person)	51000	50700	-0.6
#乡村人口(人)	Rural(person)	50900	50400	-1.0
年末总户数(户)	Total Number of Households at the Year-end(Household)	36240	36000	-0.7
#乡村户数(户)	Number of Rural Household(Household)	16419	16258	-1.0
出生人口(人)	Births(person)	726	503	-30.7
死亡人口(人)	Deaths(person)	211	180	-14.7
全社会就业人员(人)	Employment(person)	60138	60103	-0.1
第一产业(人)	Primary Industry(person)	31347	31325	-0.1
第二产业(人)	Secondary Industry(person)	8536	8533	0.0
第三产业(人)	Tertiary Industry(person)	20255	20245	0.0
在岗职工人数(人)	Number of Staff & Workers Employed in(person)	7693	8066	4.8
乡村劳动力(人)	Number of Rural Laborers(person)	40046	40429	1.0
#农林牧渔业(人)	Farming,Forestry,Animal Husbandry & Fishery(person)	21947	21916	-0.1
国民经济综合指标	**Summary Item on the National Economy**			
生产总值(万元)	Gross Domestic Product(10 000 yuan)	2023900	2087800	8.0
第一产业(万元)	Primary Industry(10 000 yuan)	152200	153800	3.4
第二产业(万元)	Secondary Industry(10 000 yuan)	1248700	1279100	8.6
#工业(万元)	Industry(10 000 yuan)	1098200	1124100	8.9
第三产业(万元)	Tertiary Industry(10 000 yuan)	623000	654900	7.7
人均生产总值(元)	Per Capita GDP(yuan)	205785	214133	8.9
全社会固定资产投资(万元)	Total Investment in Fixed Assets(10 000 yuan)	1690302	1945778	15.1
按登记注册类型分	Grouped by Registered Type			
#国有(万元)	State-owned Enterprises(10 000 yuan)	644214	721417	12.0
集体(万元)	Collective-owned Enterprises(10 000 yuan)	20700	11200	-45.9
有限责任公司(万元)	Limited Liability Corporations(10 000 yuan)	242581	239750	-1.2
股份有限公司(万元)	Share Holding Enterprises(10 000 yuan)	78814	272316	245.5
私营企业(万元)	Private Enterprises(10 000 yuan)	668093	628060	-6.0
外商及港澳台投资企业(万元)	Funds from HK,Macao,Taiwan & Foreign(10 000 yuan)			
一般公共预算收入(万元)	General Public Budget Revenue(10 000 yuan)	144147	154249	7.0
一般公共预算支出(万元)	General Public Budget Expenditure(10 000 yuan)	248122	270753	9.1
住户存款余额(万元)	The balance of savings deposits of Households(10 000 yuan)		247859	
在岗职工工资总额(万元)	Total Wages of Staff & Workers Employed in(10 000 yuan)	46038	50715	10.2
在岗职工平均工资(元)	Average Wage of Staff & Workers Employed in(yuan)	59961	65061	8.5
全体居民人均可支配收入(元)	The per capita disposable income of all residents(yuan)	21006	22749	8.3
城镇常住居民人均可支配收入(元)	The per capita disposable income of urban permanent residents(yuan)	29687	31913	7.5
农村牧区常住居民人均可支配收入(元)	The per capita disposable income of permanent residents of rural and pastoral areas(yuan)	10942	11784	7.7
农村牧区经济	**Economic Development in Rural & Pastoral Area**			
农作物总播种面积(公顷)	Total Sown Area(hectare)	59853	60845	1.7
#粮食作物播种面积(公顷)	Sown Area of Grain Crops(hectare)	44317	43013	-2.9
农牧业机械总动力(万千瓦)	Total Power of Agricultural Machinery(10 000 kw)	27.98	26.76	-4.4
化肥施用折纯量(吨)	Consumption of Chemical Fertilizer(ton)	8848	8626	-2.5
农村用电量(万千瓦小时)	Electricity Consumed in Rural Area(10 000 kwh)	2039	2288	12.2
农林牧渔业总产值(万元)	Gross Output of Farming,Forestry,Animal Husbandry & Fishery(10 000 yuan)	273471	274264	3.4
粮食产量(吨)	Yield of Grain(ton)	97564	90529	-7.2
油料产量(吨)	Yield of Oil-bearing Grops(ton)	15228	17454	14.6
甜菜产量(吨)	Yield of Beetroots(ton)			
猪牛羊肉产量(吨)	Output of Pork, Beef & Mutton(ton)	22611	22823	0.9
#猪肉产量(吨)	Output of Pork(ton)	2101	2101	0.0
牛肉产量(吨)	Output of Beef(ton)	8180	8369	2.3
羊肉产量(吨)	Output of Mutton(ton)	12330	12353	0.2
羊毛产量(吨)	Output of Wool(ton)	1260	1256	-0.3

23-27 Daerhanmaomingan Union Banner in Baotou City

指　标	Item	2014	2015	2015年比上年增长% Increase Rate in 2015 Over 2014(%)
年末牲畜存栏头数(万头只)	Total Livestock at the Year-end(10 000 heads)	59.44	56.21	-5.4
# 大牲畜(万头只)	Large Animals(10 000 heads)	7.83	7.38	-5.7
羊(万只)	Sheep & Goats(10 000 heads)	49.22	46.56	-5.4
猪(万头)	Hogs(10 000 heads)	2.39	2.27	-5.0
规模以上工业	**Industrial Enterprises above Designated size**			
工业企业单位数(个)	Number of Industrial Enterprises(unit)	46	44	-4.3
# 内资企业(个)	Civil Funded Enterprises(unit)	44	42	-4.5
工业总产值(万元)	Gross Industrial Output Value(10 000 yuan)	2692996	2660866	-1.2
内资企业(万元)	Civil Funded Enterprises(10 000 yuan)	2664723	2634084	-1.1
国有企业(万元)	State-owned Enterprises(10 000 yuan)	39760	10246	-74.2
集体企业(万元)	Collective-owned Enterprises(10 000 yuan)			
股份合作企业(万元)	Share Holding Enterprises(10 000 yuan)			
联营企业(万元)	Joint Owned Enterprises(10 000 yuan)			
有限责任公司(万元)	Limited Company(10 000 yuan)	973501	909527	-6.6
股份有限公司(万元)	Share Holding Limited Company(10 000 yuan)		6645	
私营企业(万元)	Privately Owned Enterprises(10 000 yuan)	1644340	1707667	3.9
其他企业(万元)	Enterprises of Other Ownership(10 000 yuan)	7121		
港澳台商投资企业(万元)	Funds from HK,Macao & Taiwan(10 000 yuan)	11681	10782	-7.7
外商投资企业(万元)	Foreign Funded Enterprises(10 000 yuan)	16593	15999	-3.6
工业企业增加值(万元)	Value Added of Industrial Enterprises(10 000 yuan)			10.7
工业企业资产总计(万元)	Total Assets of Industrial Enterprises(10 000 yuan)	2818291	3052900	8.3
工业企业负债合计(万元)	Total Liabilities of Industrial Enterprises(10 000 yuan)	1512393	1718469	13.6
工业企业产品销售收入(万元)	Sales of Revenue Industrial Enterprises(10 000 yuan)	2685811	2712504	1.0
工业企业利润总额(万元)	Total Profits of Industrial Enterprises(10 000 yuan)	320364	256576	-19.9
建筑业	**Construction**			
建筑企业单位数(个)	Number of Construction Enterprises(unit)	1	1	0.0
建筑企业从业人员(人)	Number of Employee in Construction Enterprises(person)	275	274	-0.4
建筑业总产值(万元)	Gross Construction Output Value(10 000 yuan)	10199	13563	33.0
交通运输邮电通信业	**Transportation,Post & Telecommunications**			
公路里程(公里)	Total Length of Highways(km)	2308	2308	0.0
邮电业务总量(万元)	Business Volume of Post & Telecoms(10 000 yuan)	1130	1012	-10.4
本地电话用户(户)	Number of Subscribers of Local Telephone(Household)	5900	3360	-43.1
国内贸易	**Domestic Trade**			
社会消费品零售总额(万元)	Total Retail Sales of Consumer Goods(10 000 yuan)	195881	211608	8.0
城镇(万元)	Town(10 000 yuan)	145633	155729	6.9
乡村(万元)	Village(10 000 yuan)	50248	55879	11.2
科技教育卫生	**Science,Education & Public Health**			
各类专业技术人员(人)	Special Technical Personnel(person)	1981	2077	4.8
幼儿园数(所)	Number of Kindergartens(unit)	13	11	-15.4
学龄儿童入学率(%)	Percentage of School-Age Children Enrolled(%)	100.0	100.0	0.0
小学学校数(所)	Number of Primary Schools(unit)	5	5	0.0
小学专任教师数(人)	Number of Full-time Teachers of Primary Schools(person)	341	329	-3.5
小学在校学生数(人)	Number of Student Enrollment of Primary Schools(person)	3322	3195	-3.8
普通中学学校数(所)	Number of Regular Secondary Schools(unit)	3	3	0.0
普通中学专任教师数(人)	Number of Teachers of Secondary Shools(person)	251	316	25.9
初中在校学生数(人)	Number of Student in Junior Secondary Schools(person)	1730	1604	-7.3
高中在校学生数(人)	Number of Student in Senior Secondary Schools(person)	462	464	0.4
卫生机构数(所)	Number of Health Institutions(unit)	91	96	5.5
# 医院(所)	Hospitals(unit)	2	2	0.0
卫生院(所)	Township Hospitals(unit)	21	21	0.0
床位数(张)	Number of Beds(unit)	420	416	-1.0
# 医院(张)	Hospitals(unit)	200	200	0.0
卫生院(张)	Township Hospitals(unit)	173	176	1.7
卫生技术人员(人)	Medical Technical Presonnel(person)	460	465	1.1
# 医院(人)	Hospitals(person)	199	202	1.5
卫生院(人)	Township Hospitals(person)	108	106	-1.9

23-28 呼伦贝尔市海拉尔区

指　标	Item	2014	2015	2015年比上年增长% Increase Rate in 2015 Over 2014(%)
行政区域土地面积(平方公里)	**Area of Administration(Sq.km)**	**1440**	**1440**	**0.0**
人口和就业	**Population & Employment**			
年末户籍人口(人)	The Registered Population Year-end(person)	281298	280382	-0.3
#男性(人)	Male(person)	136867	136440	-0.3
#乡村人口(人)	Rural(person)	15181	9979	
年末常住人口(人)	Permanet Resident Population Year-end(person)			
#男性(人)	Male(person)			
#乡村人口(人)	Rural(person)			
年末总户数(户)	Total Number of Households at the Year-end(Household)	86263	103861	20.4
#乡村户数(户)	Number of Rural Household(Household)	6551	6845	4.5
出生人口(人)	Births(person)	2725	2004	-26.5
死亡人口(人)	Deaths(person)	1598	1878	17.5
全社会就业人员(人)	Employment(person)	173299	184746	6.6
第一产业(人)	Primary Industry(person)	8946	9894	10.6
第二产业(人)	Secondary Industry(person)	20958	21745	3.8
第三产业(人)	Tertiary Industry(person)	143395	153107	6.8
在岗职工人数(人)	Number of Staff & Workers Employed in(person)	61346	62858	2.5
乡村劳动力(人)	Number of Rural Laborers(person)	11378	10442	-8.2
#农林牧渔业(人)	Farming,Forestry,Animal Husbandry & Fishery(person)	7411	6872	-7.3
国民经济综合指标	**Summary Item on the National Economy**			
生产总值(万元)	Gross Domestic Product(10 000 yuan)	2744229	2878539	8.9
第一产业(万元)	Primary Industry(10 000 yuan)	91033	82238	3.4
第二产业(万元)	Secondary Industry(10 000 yuan)	1358742	1375417	8.9
#工业(万元)	Industry(10 000 yuan)	1206255	1210426	8.6
第三产业(万元)	Tertiary Industry(10 000 yuan)	1294454	1420884	9.4
人均生产总值(元)	Per Capita GDP(yuan)	98081	102497	8.5
全社会固定资产投资(万元)	Total Investment in Fixed Assets(10 000 yuan)	2078567	2305852	10.9
按登记注册类型分	Grouped by Registered Type			
#国有(万元)	State-owned Enterprises(10 000 yuan)	711633	513429	-27.9
集体(万元)	Collective-owned Enterprises(10 000 yuan)	450		
有限责任公司(万元)	Limited Liability Corporations(10 000 yuan)	849748	1341105	57.8
股份有限公司(万元)	Share Holding Enterprises(10 000 yuan)	21488	42279	96.8
私营企业(万元)	Private Enterprises(10 000 yuan)	73801	180301	144.3
外商及港澳台投资企业(万元)	Funds from HK,Macao,Taiwan & Foreign(10 000 yuan)		3000	
一般公共预算收入(万元)	General Public Budget Revenue(10 000 yuan)	136556	150663	10.3
一般公共预算支出(万元)	General Public Budget Expenditure(10 000 yuan)	267065	293277	9.8
住户存款余额(万元)	The balance of savings deposits of Households(10 000 yuan)		1960233	
在岗职工工资总额(万元)	Total Wages of Staff & Workers Employed in(10 000 yuan)	360778	380193	5.4
在岗职工平均工资(元)	Average Wage of Staff & Workers Employed in(yuan)	58362	61321	5.1
全体居民人均可支配收入(元)	The per capita disposable income of all residents(yuan)	27583	30038	8.9
城镇常住居民人均可支配收入(元)	The per capita disposable income of urban permanent residents(yuan)	28324	30788	8.7
农村牧区常住居民人均可支配收入(元)	The per capita disposable income of permanent residents of rural and pastoral areas(yuan)	20488	22250	8.6
农村牧区经济	**Economic Development in Rural & Pastoral Area**			
农作物总播种面积(公顷)	Total Sown Area(hectare)	26195	29439	12.4
#粮食作物播种面积(公顷)	Sown Area of Grain Crops(hectare)	14643	14650	0.1
农牧业机械总动力(万千瓦)	Total Power of Agricultural Machinery(10 000 kw)	11.80	12.00	1.7
化肥施用折纯量(吨)	Consumption of Chemical Fertilizer(ton)	4882	5070	3.9
农村用电量(万千瓦小时)	Electricity Consumed in Rural Area(10 000 kwh)	1191	1216	2.1
农林牧渔业总产值(万元)	Gross Output of Farming,Forestry,Animal Husbandry & Fishery(10 000 yuan)	149701	144500	3.5
粮食产量(吨)	Yield of Grain(ton)	71002	70427	-0.8
油料产量(吨)	Yield of Oil-bearing Grops(ton)	13258	14001	5.6
甜菜产量(吨)	Yield of Beetroots(ton)			
猪牛羊肉产量(吨)	Output of Pork, Beef & Mutton(ton)	5742	5880	2.4
#猪肉产量(吨)	Output of Pork(ton)	1840	1654	-10.1
牛肉产量(吨)	Output of Beef(ton)	3373	3473	3.0
羊肉产量(吨)	Output of Mutton(ton)	529	753	42.3
羊毛产量(吨)	Output of Wool(ton)	118	190	61.0

23-28 Hailaer District in Hulunbeier City

指　标	Item	2014	2015	2015年比上年增长% Increase Rate in 2015 Over 2014(%)
年末牲畜存栏头数(万头只)	Total Livestock at the Year-end(10 000 heads)	12.71	12.59	-0.9
#大牲畜(万头只)	Large Animals(10 000 heads)	4.75	4.92	3.6
羊(万只)	Sheep & Goats(10 000 heads)	6.27	6.58	5.0
猪(万头)	Hogs(10 000 heads)	1.69	1.08	-36.1
规模以上工业	**Industrial Enterprises above Designated size**			
工业企业单位数(个)	Number of Industrial Enterprises(unit)	61	62	1.6
#内资企业(个)	Civil Funded Enterprises(unit)	59	59	0.0
工业总产值(万元)	Gross Industrial Output Value(10 000 yuan)	1667591	1882597	12.9
内资企业(万元)	Civil Funded Enterprises(10 000 yuan)	1573291	1820194	15.7
国有企业(万元)	State-owned Enterprises(10 000 yuan)	308190	359853	16.8
集体企业(万元)	Collective-owned Enterprises(10 000 yuan)			
股份合作企业(万元)	Share Holding Enterprises(10 000 yuan)			
联营企业(万元)	Joint Owned Enterprises(10 000 yuan)			
有限责任公司(万元)	Limited Company(10 000 yuan)	1265101	1460342	15.4
股份有限公司(万元)	Share Holding Limited Company(10 000 yuan)			
私营企业(万元)	Privately Owned Enterprises(10 000 yuan)			
其他企业(万元)	Enterprises of Other Ownership(10 000 yuan)			
港澳台商投资企业(万元)	Funds from HK,Macao & Taiwan(10 000 yuan)			
外商投资企业(万元)	Foreign Funded Enterprises(10 000 yuan)	94300	62403	-33.8
工业企业增加值(万元)	Value Added of Industrial Enterprises(10 000 yuan)			9.7
工业企业资产总计(万元)	Total Assets of Industrial Enterprises(10 000 yuan)	3854255	3123074	-19.0
工业企业负债合计(万元)	Total Liabilities of Industrial Enterprises(10 000 yuan)	2421748	2342945	-3.3
工业企业产品销售收入(万元)	Sales of Revenue Industrial Enterprises(10 000 yuan)	1618545	1814317	12.1
工业企业利润总额(万元)	Total Profits of Industrial Enterprises(10 000 yuan)	168003	146667	-12.7
建筑业	**Construction**			
建筑企业单位数(个)	Number of Construction Enterprises(unit)	32	31	-3.1
建筑企业从业人员(人)	Number of Employee in Construction Enterprises(person)	5117	4890	-4.4
建筑业总产值(万元)	Gross Construction Output Value(10 000 yuan)	305734	335043	9.6
交通运输邮电通信业	**Transportation,Post & Telecommunications**			
公路里程(公里)	Total Length of Highways(km)	538	550	2.2
邮电业务总量(万元)	Business Volume of Post & Telecoms(10 000 yuan)	50485	49990	-1.0
本地电话用户(户)	Number of Subscribers of Local Telephone(Household)	726194	727816	0.2
国内贸易	**Domestic Trade**			
社会消费品零售总额(万元)	Total Retail Sales of Consumer Goods(10 000 yuan)	1259266	1363156	8.3
城镇(万元)	Town(10 000 yuan)	1259266	1363156	8.3
乡村(万元)	Village(10 000 yuan)			
科技教育卫生	**Science,Education & Public Health**			
各类专业技术人员(人)	Special Technical Personnel(person)	3576	3621	1.3
幼儿园数(所)	Number of Kindergartens(unit)	6	6	0.0
学龄儿童入学率(%)	Percentage of School-Age Children Enrolled(%)	100.0	100.0	0.0
小学学校数(所)	Number of Primary Schools(unit)	15	15	0.0
小学专任教师数(人)	Number of Full-time Teachers of Primary Schools(person)	879	891	1.4
小学在校学生数(人)	Number of Student Enrollment of Primary Schools(person)	12446	12653	1.7
普通中学学校数(所)	Number of Regular Secondary Schools(unit)	19	18	-5.3
普通中学专任教师数(人)	Number of Teachers of Secondary Shools(person)	1499	1619	8.0
初中在校学生数(人)	Number of Student in Junior Secondary Schools(person)	8509	8051	-5.4
高中在校学生数(人)	Number of Student in Senior Secondary Schools(person)	11330	10459	-7.7
卫生机构数(所)	Number of Health Institutions(unit)	138	144	4.4
#医院(所)	Hospitals(unit)	14	18	28.6
卫生院(所)	Township Hospitals(unit)	27	27	0.0
床位数(张)	Number of Beds(unit)	2831	3036	7.3
#医院(张)	Hospitals(unit)	2656	2898	9.1
卫生院(张)	Township Hospitals(unit)	76	63	-17.1
卫生技术人员(人)	Medical Technical Presonnel(person)	4016	4306	7.2
#医院(人)	Hospitals(person)	3310	3564	7.7
卫生院(人)	Township Hospitals(person)	234	251	7.3

23-29 呼伦贝尔市满洲里市

指 标	Item	2014	2015	2015年比上年增长% Increase Rate in 2015 Over 2014(%)
行政区域土地面积(平方公里)	**Area of Administration(Sq.km)**	**735**	**735**	**0.0**
人口和就业	**Population & Employment**			
年末户籍人口(人)	The Registered Population Year-end(person)	173102	171346	-1.0
#男性(人)	Male(person)	86394	85125	-1.5
#乡村人口(人)	Rural(person)			
年末常住人口(人)	Permanet Resident Population Year-end(person)			
#男性(人)	Male(person)			
#乡村人口(人)	Rural(person)			
年末总户数(户)	Total Number of Households at the Year-end(Household)	73946	75176	1.7
#乡村户数(户)	Number of Rural Household(Household)			
出生人口(人)	Births(person)	1364	894	-34.5
死亡人口(人)	Deaths(person)	894	999	11.7
全社会就业人员(人)	Employment(person)	102360	102627	0.3
第一产业(人)	Primary Industry(person)	781	739	-5.4
第二产业(人)	Secondary Industry(person)	17633	17667	0.2
第三产业(人)	Tertiary Industry(person)	83946	84221	0.3
在岗职工人数(人)	Number of Staff & Workers Employed in(person)	35480	36069	1.7
乡村劳动力(人)	Number of Rural Laborers(person)			
#农林牧渔业(人)	Farming,Forestry,Animal Husbandry & Fishery(person)			
国民经济综合指标	**Summary Item on the National Economy**			
生产总值(万元)	Gross Domestic Product(10 000 yuan)	2124403	2257860	8.1
第一产业(万元)	Primary Industry(10 000 yuan)	37936	38092	3.4
第二产业(万元)	Secondary Industry(10 000 yuan)	572004	580178	8.6
#工业(万元)	Industry(10 000 yuan)	503470	506456	8.3
第三产业(万元)	Tertiary Industry(10 000 yuan)	1514463	1639589	8.0
人均生产总值(元)	Per Capita GDP(yuan)	84976	90314	6.3
全社会固定资产投资(万元)	Total Investment in Fixed Assets(10 000 yuan)	943536	1101250	16.7
按登记注册类型分	Grouped by Registered Type			
#国有(万元)	State-owned Enterprises(10 000 yuan)	346864	548610	58.2
集体(万元)	Collective-owned Enterprises(10 000 yuan)			
有限责任公司(万元)	Limited Liability Corporations(10 000 yuan)	418613	468332	11.9
股份有限公司(万元)	Share Holding Enterprises(10 000 yuan)	11200		
私营企业(万元)	Private Enterprises(10 000 yuan)	80062	32700	-59.2
外商及港澳台投资企业(万元)	Funds from HK,Macao,Taiwan & Foreign(10 000 yuan)	4760		
一般公共预算收入(万元)	General Public Budget Revenue(10 000 yuan)	139291	149565	7.4
一般公共预算支出(万元)	General Public Budget Expenditure(10 000 yuan)	383600	401001	4.5
住户存款余额(万元)	The balance of savings deposits of Households(10 000 yuan)		1239581	
在岗职工工资总额(万元)	Total Wages of Staff & Workers Employed in(10 000 yuan)	213723	211306	-1.1
在岗职工平均工资(元)	Average Wage of Staff & Workers Employed in(yuan)	60146	59057	-1.8
全体居民人均可支配收入(元)	The per capita disposable income of all residents(yuan)	27337	29661	8.5
城镇常住居民人均可支配收入(元)	The per capita disposable income of urban permanent residents(yuan)	27337	29661	8.5
农村牧区常住居民人均可支配收入(元)	The per capita disposable income of permanent residents of rural and pastoral areas(yuan)			
农村牧区经济	**Economic Development in Rural & Pastoral Area**			
农作物总播种面积(公顷)	Total Sown Area(hectare)	1269	1269	0.0
#粮食作物播种面积(公顷)	Sown Area of Grain Crops(hectare)	240	240	0.0
农牧业机械总动力(万千瓦)	Total Power of Agricultural Machinery(10 000 kw)	2.00	2.00	0.0
化肥施用折纯量(吨)	Consumption of Chemical Fertilizer(ton)	96	96	0.0
农村用电量(万千瓦小时)	Electricity Consumed in Rural Area(10 000 kwh)	100	100	0.0
农林牧渔业总产值(万元)	Gross Output of Farming,Forestry,Animal Husbandry & Fishery(10 000 yuan)	62384	58819	3.5
粮食产量(吨)	Yield of Grain(ton)	1259	1259	0.0
油料产量(吨)	Yield of Oil-bearing Grops(ton)			
甜菜产量(吨)	Yield of Beetroots(ton)			
猪牛羊肉产量(吨)	Output of Pork, Beef & Mutton(ton)	2918	2698	-7.5
#猪肉产量(吨)	Output of Pork(ton)	1835	1655	-9.8
牛肉产量(吨)	Output of Beef(ton)	260	260	0.0
羊肉产量(吨)	Output of Mutton(ton)	823	783	-4.9
羊毛产量(吨)	Output of Wool(ton)	92	92	0.0

23-29 Manzhouli City in Hulunbeier City

指 标	Item	2014	2015	2015年比上年增长% Increase Rate in 2015 Over 2014(%)
年末牲畜存栏头数(万头只)	Total Livestock at the Year-end(10 000 heads)	5.90	5.92	0.3
# 大牲畜(万头只)	Large Animals(10 000 heads)	0.33	0.33	0.0
羊(万只)	Sheep & Goats(10 000 heads)	3.26	3.29	0.9
猪(万头)	Hogs(10 000 heads)	2.31	2.30	-0.4
规模以上工业	**Industrial Enterprises above Designated size**			
工业企业单位数(个)	Number of Industrial Enterprises(unit)	90	90	0.0
# 内资企业(个)	Civil Funded Enterprises(unit)	85	85	0.0
工业总产值(万元)	Gross Industrial Output Value(10 000 yuan)	1477671	1446956	-2.1
内资企业(万元)	Civil Funded Enterprises(10 000 yuan)	1247756	1312447	5.2
国有企业(万元)	State-owned Enterprises(10 000 yuan)	237359	23622	-90.0
集体企业(万元)	Collective-owned Enterprises(10 000 yuan)		218138	
股份合作企业(万元)	Share Holding Enterprises(10 000 yuan)			
联营企业(万元)	Joint Owned Enterprises(10 000 yuan)			
有限责任公司(万元)	Limited Company(10 000 yuan)	138297	297469	115.1
股份有限公司(万元)	Share Holding Limited Company(10 000 yuan)	2011	2509	24.8
私营企业(万元)	Privately Owned Enterprises(10 000 yuan)	870089	770709	-11.4
其他企业(万元)	Enterprises of Other Ownership(10 000 yuan)			
港澳台商投资企业(万元)	Funds from HK,Macao & Taiwan(10 000 yuan)	46040	10313	-77.6
外商投资企业(万元)	Foreign Funded Enterprises(10 000 yuan)	183875	124196	-32.5
工业企业增加值(万元)	Value Added of Industrial Enterprises(10 000 yuan)			9.5
工业企业资产总计(万元)	Total Assets of Industrial Enterprises(10 000 yuan)	1989801	1975348	-0.7
工业企业负债合计(万元)	Total Liabilities of Industrial Enterprises(10 000 yuan)	1139563	1369322	20.2
工业企业产品销售收入(万元)	Sales of Revenue Industrial Enterprises(10 000 yuan)	1490614	1225646	-17.8
工业企业利润总额(万元)	Total Profits of Industrial Enterprises(10 000 yuan)	184717	101544	-45.0
建筑业	**Construction**			
建筑企业单位数(个)	Number of Construction Enterprises(unit)	9	9	0.0
建筑企业从业人员(人)	Number of Employee in Construction Enterprises(person)	1409	994	-29.5
建筑业总产值(万元)	Gross Construction Output Value(10 000 yuan)	34500	26232	-24.0
交通运输邮电通信业	**Transportation,Post & Telecommunications**			
公路里程(公里)	Total Length of Highways(km)	451	451	0.0
邮电业务总量(万元)	Business Volume of Post & Telecoms(10 000 yuan)	36220	36225	0.0
本地电话用户(户)	Number of Subscribers of Local Telephone(Household)	27800	27800	0.0
国内贸易	**Domestic Trade**			
社会消费品零售总额(万元)	Total Retail Sales of Consumer Goods(10 000 yuan)	1227258	1316444	7.3
城镇(万元)	Town(10 000 yuan)	1227258	1316444	7.3
乡村(万元)	Village(10 000 yuan)			
科技教育卫生	**Science,Education & Public Health**			
各类专业技术人员(人)	Special Technical Personnel(person)	3988	3999	0.3
幼儿园数(所)	Number of Kindergartens(unit)	45	47	4.4
学龄儿童入学率(%)	Percentage of School-Age Children Enrolled(%)	100.0	100.0	0.0
小学学校数(所)	Number of Primary Schools(unit)	12	12	0.0
小学专任教师数(人)	Number of Full-time Teachers of Primary Schools(person)	656	640	-2.4
小学在校学生数(人)	Number of Student Enrollment of Primary Schools(person)	8535	8548	0.2
普通中学学校数(所)	Number of Regular Secondary Schools(unit)	14	13	-7.1
普通中学专任教师数(人)	Number of Teachers of Secondary Shools(person)	1116	1053	-5.6
初中在校学生数(人)	Number of Student in Junior Secondary Schools(person)	6640	6423	-3.3
高中在校学生数(人)	Number of Student in Senior Secondary Schools(person)	4279	3913	-8.6
卫生机构数(所)	Number of Health Institutions(unit)	91	93	2.2
# 医院(所)	Hospitals(unit)	8	8	0.0
卫生院(所)	Township Hospitals(unit)	1	2	100.0
床位数(张)	Number of Beds(unit)	915	915	0.0
# 医院(张)	Hospitals(unit)	905	905	0.0
卫生院(张)	Township Hospitals(unit)	10	10	0.0
卫生技术人员(人)	Medical Technical Presonnel(person)	2010	1933	-3.8
# 医院(人)	Hospitals(person)	1532	1462	-4.6
卫生院(人)	Township Hospitals(person)	26	30	15.4

23-30 呼伦贝尔市满洲里扎赉诺尔区

指 标	Item	2014	2015	2015年比上年增长% Increase Rate in 2015 Over 2014(%)
行政区域土地面积(平方公里)	**Area of Administration(Sq.km)**	**312**	**312**	**0.0**
人口和就业	**Population & Employment**			
年末户籍人口(人)	The Registered Population Year-end(person)	90375	89808	-0.6
#男性(人)	Male(person)	45443	45065	-0.8
#乡村人口(人)	Rural(person)			
年末常住人口(人)	Permanet Resident Population Year-end(person)			
#男性(人)	Male(person)			
#乡村人口(人)	Rural(person)			
年末总户数(户)	Total Number of Households at the Year-end(Household)	40208	40288	0.2
#乡村户数(户)	Number of Rural Household(Household)			
出生人口(人)	Births(person)	517	351	-32.1
死亡人口(人)	Deaths(person)	541	659	21.8
全社会就业人员(人)	Employment(person)			
第一产业(人)	Primary Industry(person)			
第二产业(人)	Secondary Industry(person)			
第三产业(人)	Tertiary Industry(person)			
在岗职工人数(人)	Number of Staff & Workers Employed in(person)	19547	17370	-11.1
乡村劳动力(人)	Number of Rural Laborers(person)			
#农林牧渔业(人)	Farming,Forestry,Animal Husbandry & Fishery(person)			
国民经济综合指标	**Summary Item on the National Economy**			
生产总值(万元)	Gross Domestic Product(10 000 yuan)	579635	617605	8.1
第一产业(万元)	Primary Industry(10 000 yuan)	15213	15699	3.5
第二产业(万元)	Secondary Industry(10 000 yuan)	219690	222955	8.6
#工业(万元)	Industry(10 000 yuan)	182097	182477	8.3
第三产业(万元)	Tertiary Industry(10 000 yuan)	344732	378951	8.0
人均生产总值(元)	Per Capita GDP(yuan)	67379	71629	7.9
全社会固定资产投资(万元)	Total Investment in Fixed Assets(10 000 yuan)	351550	407095	15.8
按登记注册类型分	Grouped by Registered Type			
#国有(万元)	State-owned Enterprises(10 000 yuan)	108045	132440	22.6
集体(万元)	Collective-owned Enterprises(10 000 yuan)			
有限责任公司(万元)	Limited Liability Corporations(10 000 yuan)	216215	264205	22.2
股份有限公司(万元)	Share Holding Enterprises(10 000 yuan)			
私营企业(万元)	Private Enterprises(10 000 yuan)	2141	4450	107.8
外商及港澳台投资企业(万元)	Funds from HK,Macao,Taiwan & Foreign(10 000 yuan)	24220	6000	-75.2
一般公共预算收入(万元)	General Public Budget Revenue(10 000 yuan)	36566	39603	8.3
一般公共预算支出(万元)	General Public Budget Expenditure(10 000 yuan)	52579	72037	37.0
住户存款余额(万元)	The balance of savings deposits of Households(10 000 yuan)		395598	
在岗职工工资总额(万元)	Total Wages of Staff & Workers Employed in(10 000 yuan)	117109	104197	-11.0
在岗职工平均工资(元)	Average Wage of Staff & Workers Employed in(yuan)	59871	59378	-0.8
全体居民人均可支配收入(元)	The per capita disposable income of all residents(yuan)	25316	27468	8.5
城镇常住居民人均可支配收入(元)	The per capita disposable income of urban permanent residents(yuan)	25316	27468	8.5
农村牧区常住居民人均可支配收入(元)	The per capita disposable income of permanent residents of rural and pastoral areas(yuan)			
农村牧区经济	**Economic Development in Rural & Pastoral Area**			
农作物总播种面积(公顷)	Total Sown Area(hectare)	117	117	0.0
#粮食作物播种面积(公顷)	Sown Area of Grain Crops(hectare)	27	27	0.0
农牧业机械总动力(万千瓦)	Total Power of Agricultural Machinery(10 000 kw)	0.20	0.20	0.0
化肥施用折纯量(吨)	Consumption of Chemical Fertilizer(ton)	10	10	0.0
农村用电量(万千瓦小时)	Electricity Consumed in Rural Area(10 000 kwh)			
农林牧渔业总产值(万元)	Gross Output of Farming,Forestry,Animal Husbandry & Fishery(10 000 yuan)	25015	26185	3.5
粮食产量(吨)	Yield of Grain(ton)	141	140	-0.7
油料产量(吨)	Yield of Oil-bearing Grops(ton)			
甜菜产量(吨)	Yield of Beetroots(ton)			
猪牛羊肉产量(吨)	Output of Pork, Beef & Mutton(ton)	1946	2076	6.7
#猪肉产量(吨)	Output of Pork(ton)	1647	1774	7.7
牛肉产量(吨)	Output of Beef(ton)	59	59	0.0
羊肉产量(吨)	Output of Mutton(ton)	240	243	1.3
羊毛产量(吨)	Output of Wool(ton)	45	45	0.0

23-30 Zhalainuoer District of Manzhouli City in Hulunbeier City

指 标	Item	2014	2015	2015年比上年增长% Increase Rate in 2015 Over 2014(%)
年末牲畜存栏头数(万头只)	Total Livestock at the Year-end(10 000 heads)	2.50	2.68	7.2
# 大牲畜(万头只)	Large Animals(10 000 heads)	0.10	0.13	30.0
羊(万只)	Sheep & Goats(10 000 heads)	1.10	1.14	3.6
猪(万头)	Hogs(10 000 heads)	1.30	1.41	8.5
规模以上工业	**Industrial Enterprises above Designated size**			
工业企业单位数(个)	Number of Industrial Enterprises(unit)	19	19	0.0
# 内资企业(个)	Civil Funded Enterprises(unit)	18	18	0.0
工业总产值(万元)	Gross Industrial Output Value(10 000 yuan)	319461	289947	-9.2
内资企业(万元)	Civil Funded Enterprises(10 000 yuan)	315690	286864	-9.1
国有企业(万元)	State-owned Enterprises(10 000 yuan)	221669	158180	-28.6
集体企业(万元)	Collective-owned Enterprises(10 000 yuan)			
股份合作企业(万元)	Share Holding Enterprises(10 000 yuan)		2433	
联营企业(万元)	Joint Owned Enterprises(10 000 yuan)			
有限责任公司(万元)	Limited Company(10 000 yuan)	87933	105869	20.4
股份有限公司(万元)	Share Holding Limited Company(10 000 yuan)	2011	2509	24.8
私营企业(万元)	Privately Owned Enterprises(10 000 yuan)	4077	17873	338.4
其他企业(万元)	Enterprises of Other Ownership(10 000 yuan)			
港澳台商投资企业(万元)	Funds from HK,Macao & Taiwan(10 000 yuan)	3771	3083	-18.2
外商投资企业(万元)	Foreign Funded Enterprises(10 000 yuan)			
工业企业增加值(万元)	Value Added of Industrial Enterprises(10 000 yuan)			9.5
工业企业资产总计(万元)	Total Assets of Industrial Enterprises(10 000 yuan)	1118191	1120940	0.2
工业企业负债合计(万元)	Total Liabilities of Industrial Enterprises(10 000 yuan)	888964	988632	11.2
工业企业产品销售收入(万元)	Sales of Revenue Industrial Enterprises(10 000 yuan)	339200	294543	-13.2
工业企业利润总额(万元)	Total Profits of Industrial Enterprises(10 000 yuan)	-75649	-112147	
建筑业	**Construction**			
建筑企业单位数(个)	Number of Construction Enterprises(unit)	2	2	0.0
建筑企业从业人员(人)	Number of Employee in Construction Enterprises(person)	582	351	-39.7
建筑业总产值(万元)	Gross Construction Output Value(10 000 yuan)	107409	115651	7.7
交通运输邮电通信业	**Transportation,Post & Telecommunications**			
公路里程(公里)	Total Length of Highways(km)	115	115	0.0
邮电业务总量(万元)	Business Volume of Post & Telecoms(10 000 yuan)	4166	7074	69.8
本地电话用户(户)	Number of Subscribers of Local Telephone(Household)	12828	6830	-46.8
国内贸易	**Domestic Trade**			
社会消费品零售总额(万元)	Total Retail Sales of Consumer Goods(10 000 yuan)	401143	434436	8.3
城镇(万元)	Town(10 000 yuan)	401143	434436	8.3
乡村(万元)	Village(10 000 yuan)			
科技教育卫生	**Science,Education & Public Health**			
各类专业技术人员(人)	Special Technical Personnel(person)	1811	1846	1.9
幼儿园数(所)	Number of Kindergartens(unit)	30	30	0.0
学龄儿童入学率(%)	Percentage of School-Age Children Enrolled(%)	100.0	100.0	0.0
小学学校数(所)	Number of Primary Schools(unit)	7	7	0.0
小学专任教师数(人)	Number of Full-time Teachers of Primary Schools(person)	307	289	-5.9
小学在校学生数(人)	Number of Student Enrollment of Primary Schools(person)	2619	2563	-2.1
普通中学学校数(所)	Number of Regular Secondary Schools(unit)	5	6	20.0
普通中学专任教师数(人)	Number of Teachers of Secondary Shools(person)	426	415	-2.6
初中在校学生数(人)	Number of Student in Junior Secondary Schools(person)	2353	2264	-3.8
高中在校学生数(人)	Number of Student in Senior Secondary Schools(person)	1415	1266	-10.5
卫生机构数(所)	Number of Health Institutions(unit)	44	44	0.0
# 医院(所)	Hospitals(unit)	3	3	0.0
卫生院(所)	Township Hospitals(unit)			
床位数(张)	Number of Beds(unit)	356	360	1.1
# 医院(张)	Hospitals(unit)	356	360	1.1
卫生院(张)	Township Hospitals(unit)			
卫生技术人员(人)	Medical Technical Presonnel(person)	609	772	26.8
# 医院(人)	Hospitals(person)	313	468	49.5
卫生院(人)	Township Hospitals(person)			

23-31 呼伦贝尔市扎兰屯市

指 标	Item	2014	2015	2015年比上年增长% Increase Rate in 2015 Over 2014(%)
行政区域土地面积(平方公里)	**Area of Administration(Sq.km)**	**16800**	**16800**	**0.0**
人口和就业	**Population & Employment**			
年末户籍人口(人)	The Registered Population Year-end(person)	421528	411091	-2.5
#男性(人)	Male(person)	216206	211355	-2.2
#乡村人口(人)	Rural(person)	254811	233132	
年末常住人口(人)	Permanet Resident Population Year-end(person)			
#男性(人)	Male(person)			
#乡村人口(人)	Rural(person)			
年末总户数(户)	Total Number of Households at the Year-end(Household)	169048	164770	-2.5
#乡村户数(户)	Number of Rural Household(Household)	102453	100862	-1.6
出生人口(人)	Births(person)	3839	2802	-27.0
死亡人口(人)	Deaths(person)	2193	2499	14.0
全社会就业人员(人)	Employment(person)	221748	227999	2.8
第一产业(人)	Primary Industry(person)	139221	139632	0.3
第二产业(人)	Secondary Industry(person)	23693	25062	5.8
第三产业(人)	Tertiary Industry(person)	58834	63305	7.6
在岗职工人数(人)	Number of Staff & Workers Employed in(person)	30269	30440	0.6
乡村劳动力(人)	Number of Rural Laborers(person)	187410	188828	0.8
#农林牧渔业(人)	Farming,Forestry,Animal Husbandry & Fishery(person)	129908	130291	0.3
国民经济综合指标	**Summary Item on the National Economy**			
生产总值(万元)	Gross Domestic Product(10 000 yuan)	1780117	1815034	8.3
第一产业(万元)	Primary Industry(10 000 yuan)	448790	423886	4.2
第二产业(万元)	Secondary Industry(10 000 yuan)	925865	941656	9.0
#工业(万元)	Industry(10 000 yuan)	773605	777367	8.7
第三产业(万元)	Tertiary Industry(10 000 yuan)	405462	449492	10.7
人均生产总值(元)	Per Capita GDP(yuan)	42217	43598	9.7
全社会固定资产投资(万元)	Total Investment in Fixed Assets(10 000 yuan)	1020200	1164217	14.1
按登记注册类型分	Grouped by Registered Type			
#国有(万元)	State-owned Enterprises(10 000 yuan)	649723	718104	10.5
集体(万元)	Collective-owned Enterprises(10 000 yuan)			
有限责任公司(万元)	Limited Liability Corporations(10 000 yuan)	277508	307556	10.8
股份有限公司(万元)	Share Holding Enterprises(10 000 yuan)	78079	112351	43.9
私营企业(万元)	Private Enterprises(10 000 yuan)	14890		
外商及港澳台投资企业(万元)	Funds from HK,Macao,Taiwan & Foreign(10 000 yuan)			
一般公共预算收入(万元)	General Public Budget Revenue(10 000 yuan)	45727	48719	6.5
一般公共预算支出(万元)	General Public Budget Expenditure(10 000 yuan)	299088	341886	14.3
住户存款余额(万元)	The balance of savings deposits of Households(10 000 yuan)		762291	
在岗职工工资总额(万元)	Total Wages of Staff & Workers Employed in(10 000 yuan)	168955	179863	6.5
在岗职工平均工资(元)	Average Wage of Staff & Workers Employed in(yuan)	44080	45498	3.2
全体居民人均可支配收入(元)	The per capita disposable income of all residents(yuan)	17713	19272	8.8
城镇常住居民人均可支配收入(元)	The per capita disposable income of urban permanent residents(yuan)	24989	27088	8.4
农村牧区常住居民人均可支配收入(元)	The per capita disposable income of permanent residents of rural and pastoral areas(yuan)	12138	13170	8.5
农村牧区经济	**Economic Development in Rural & Pastoral Area**			
农作物总播种面积(公顷)	Total Sown Area(hectare)	209166	214084	2.4
#粮食作物播种面积(公顷)	Sown Area of Grain Crops(hectare)	192051	195892	2.0
农牧业机械总动力(万千瓦)	Total Power of Agricultural Machinery(10 000 kw)	63.50	66.90	5.4
化肥施用折纯量(吨)	Consumption of Chemical Fertilizer(ton)	57782	58313	0.9
农村用电量(万千瓦小时)	Electricity Consumed in Rural Area(10 000 kwh)	5947	6020	1.2
农林牧渔业总产值(万元)	Gross Output of Farming,Forestry,Animal Husbandry & Fishery(10 000 yuan)	738040	704371	4.3
粮食产量(吨)	Yield of Grain(ton)	1083153	1101046	1.7
油料产量(吨)	Yield of Oil-bearing Grops(ton)	24020	24380	1.5
甜菜产量(吨)	Yield of Beetroots(ton)			
猪牛羊肉产量(吨)	Output of Pork, Beef & Mutton(ton)	49682	51348	3.4
#猪肉产量(吨)	Output of Pork(ton)	5196	5603	7.8
牛肉产量(吨)	Output of Beef(ton)	20291	20050	-1.2
羊肉产量(吨)	Output of Mutton(ton)	24195	25695	6.2
羊毛产量(吨)	Output of Wool(ton)	6671	6630	-0.6

23-31 Zhalantun City in Hulunbeier City

指 标	Item	2014	2015	2015年比上年增长% Increase Rate in 2015 Over 2014(%)
年末牲畜存栏头数(万头只)	Total Livestock at the Year-end(10 000 heads)	132.96	138.32	4.0
#大牲畜(万头只)	Large Animals(10 000 heads)	15.30	15.52	1.4
羊(万只)	Sheep & Goats(10 000 heads)	109.99	115.20	4.7
猪(万头)	Hogs(10 000 heads)	7.68	7.60	-1.0
规模以上工业	**Industrial Enterprises above Designated size**			
工业企业单位数(个)	Number of Industrial Enterprises(unit)	60	62	3.3
#内资企业(个)	Civil Funded Enterprises(unit)	57	62	8.8
工业总产值(万元)	Gross Industrial Output Value(10 000 yuan)	2201328	2406412	13.1
内资企业(万元)	Civil Funded Enterprises(10 000 yuan)	2107634	2406412	13.1
国有企业(万元)	State-owned Enterprises(10 000 yuan)	73056	106509	10.9
集体企业(万元)	Collective-owned Enterprises(10 000 yuan)			
股份合作企业(万元)	Share Holding Enterprises(10 000 yuan)	80104	92377	15.3
联营企业(万元)	Joint Owned Enterprises(10 000 yuan)			
有限责任公司(万元)	Limited Company(10 000 yuan)	446411	557312	7.8
股份有限公司(万元)	Share Holding Limited Company(10 000 yuan)	572774	644035	12.4
私营企业(万元)	Privately Owned Enterprises(10 000 yuan)	935289	1006179	16.7
其他企业(万元)	Enterprises of Other Ownership(10 000 yuan)			
港澳台商投资企业(万元)	Funds from HK,Macao & Taiwan(10 000 yuan)	35327		
外商投资企业(万元)	Foreign Funded Enterprises(10 000 yuan)	58367		
工业企业增加值(万元)	Value Added of Industrial Enterprises(10 000 yuan)			9.7
工业企业资产总计(万元)	Total Assets of Industrial Enterprises(10 000 yuan)	854083	937332	9.6
工业企业负债合计(万元)	Total Liabilities of Industrial Enterprises(10 000 yuan)	586464	613003	4.5
工业企业产品销售收入(万元)	Sales of Revenue Industrial Enterprises(10 000 yuan)	2132353	2326815	12.5
工业企业利润总额(万元)	Total Profits of Industrial Enterprises(10 000 yuan)	49306	51048	3.6
建筑业	**Construction**			
建筑企业单位数(个)	Number of Construction Enterprises(unit)	9	9	0.0
建筑企业从业人员(人)	Number of Employee in Construction Enterprises(person)	1540	1988	29.1
建筑业总产值(万元)	Gross Construction Output Value(10 000 yuan)	238029	267904	12.6
交通运输邮电通信业	**Transportation,Post & Telecommunications**			
公路里程(公里)	Total Length of Highways(km)	2707	2783	2.8
邮电业务总量(万元)	Business Volume of Post & Telecoms(10 000 yuan)	7093	6067	-14.5
本地电话用户(户)	Number of Subscribers of Local Telephone(Household)	35061	34924	-0.4
国内贸易	**Domestic Trade**			
社会消费品零售总额(万元)	Total Retail Sales of Consumer Goods(10 000 yuan)	562910	610476	8.5
城镇(万元)	Town(10 000 yuan)	470980	505870	7.4
乡村(万元)	Village(10 000 yuan)	91930	104606	13.8
科技教育卫生	**Science,Education & Public Health**			
各类专业技术人员(人)	Special Technical Personnel(person)	8941	9036	1.1
幼儿园数(所)	Number of Kindergartens(unit)	72	65	-9.7
学龄儿童入学率(%)	Percentage of School-Age Children Enrolled(%)	100.0	100.0	0.0
小学学校数(所)	Number of Primary Schools(unit)	44	16	-63.6
小学专任教师数(人)	Number of Full-time Teachers of Primary Schools(person)	1657	1592	-3.9
小学在校学生数(人)	Number of Student Enrollment of Primary Schools(person)	17559	17955	2.3
普通中学学校数(所)	Number of Regular Secondary Schools(unit)	21	21	0.0
普通中学专任教师数(人)	Number of Teachers of Secondary Shools(person)	1486	1443	-2.9
初中在校学生数(人)	Number of Student in Junior Secondary Schools(person)	8221	7684	-6.5
高中在校学生数(人)	Number of Student in Senior Secondary Schools(person)	3971	4481	12.8
卫生机构数(所)	Number of Health Institutions(unit)	295	286	-3.1
#医院(所)	Hospitals(unit)	9	10	11.1
卫生院(所)	Township Hospitals(unit)	21	21	0.0
床位数(张)	Number of Beds(unit)	1786	2114	18.4
#医院(张)	Hospitals(unit)	1378	1616	17.3
卫生院(张)	Township Hospitals(unit)	297	383	29.0
卫生技术人员(人)	Medical Technical Presonnel(person)	2261	2375	5.0
#医院(人)	Hospitals(person)	1343	1601	19.2
卫生院(人)	Township Hospitals(person)	752	617	-18.0

23-32 呼伦贝尔市牙克石市

指　标	Item	2014	2015	2015年比上年增长% Increase Rate in 2015 Over 2014(%)
行政区域土地面积(平方公里)	**Area of Administration(Sq.km)**	**27803**	**27803**	**0.0**
人口和就业	**Population & Employment**			
年末户籍人口(人)	The Registered Population Year-end(person)	347061	339424	-2.2
#男性(人)	Male(person)	174581	170439	-2.4
#乡村人口(人)	Rural(person)	9257	30979	
年末常住人口(人)	Permanet Resident Population Year-end(person)			
#男性(人)	Male(person)			
#乡村人口(人)	Rural(person)			
年末总户数(户)	Total Number of Households at the Year-end(Household)	141574	141552	0.0
#乡村户数(户)	Number of Rural Household(Household)	1264	1244	-1.6
出生人口(人)	Births(person)	1842	1322	-28.2
死亡人口(人)	Deaths(person)	2953	3145	6.5
全社会就业人员(人)	Employment(person)	118036	119235	1.0
第一产业(人)	Primary Industry(person)	36024	34228	-5.0
第二产业(人)	Secondary Industry(person)	18696	24239	29.7
第三产业(人)	Tertiary Industry(person)	63316	60768	-4.0
在岗职工人数(人)	Number of Staff & Workers Employed in(person)	33396	31524	-5.6
乡村劳动力(人)	Number of Rural Laborers(person)	2546	2518	-1.1
#农林牧渔业(人)	Farming,Forestry,Animal Husbandry & Fishery(person)	1964	1763	-10.2
国民经济综合指标	**Summary Item on the National Economy**			
生产总值(万元)	Gross Domestic Product(10 000 yuan)	2271352	2308754	6.8
第一产业(万元)	Primary Industry(10 000 yuan)	395862	382163	3.7
第二产业(万元)	Secondary Industry(10 000 yuan)	1129930	1128569	7.3
#工业(万元)	Industry(10 000 yuan)	967858	970225	8.4
第三产业(万元)	Tertiary Industry(10 000 yuan)	745560	798022	7.6
人均生产总值(元)	Per Capita GDP(yuan)	65097	67263	8.6
全社会固定资产投资(万元)	Total Investment in Fixed Assets(10 000 yuan)	1060000	1120805	5.7
按登记注册类型分	Grouped by Registered Type			
#国有(万元)	State-owned Enterprises(10 000 yuan)	58635	500689	753.9
集体(万元)	Collective-owned Enterprises(10 000 yuan)			
有限责任公司(万元)	Limited Liability Corporations(10 000 yuan)	819017	594464	-27.4
股份有限公司(万元)	Share Holding Enterprises(10 000 yuan)	24395	4752	-80.5
私营企业(万元)	Private Enterprises(10 000 yuan)	29010	13100	-54.8
外商及港澳台投资企业(万元)	Funds from HK,Macao,Taiwan & Foreign(10 000 yuan)			
一般公共预算收入(万元)	General Public Budget Revenue(10 000 yuan)	56194	59859	6.5
一般公共预算支出(万元)	General Public Budget Expenditure(10 000 yuan)	245415	291990	19.0
住户存款余额(万元)	The balance of savings deposits of Households(10 000 yuan)		1145496	
在岗职工工资总额(万元)	Total Wages of Staff & Workers Employed in(10 000 yuan)	166678	176689	6.0
在岗职工平均工资(元)	Average Wage of Staff & Workers Employed in(yuan)	48810	49828	2.1
全体居民人均可支配收入(元)	The per capita disposable income of all residents(yuan)	24114	26140	8.4
城镇常住居民人均可支配收入(元)	The per capita disposable income of urban permanent residents(yuan)	24114	26140	8.4
农村牧区常住居民人均可支配收入(元)	The per capita disposable income of permanent residents of rural and pastoral areas(yuan)			
农村牧区经济	**Economic Development in Rural & Pastoral Area**			
农作物总播种面积(公顷)	Total Sown Area(hectare)	125816	126996	0.9
#粮食作物播种面积(公顷)	Sown Area of Grain Crops(hectare)	83873	85378	1.8
农牧业机械总动力(万千瓦)	Total Power of Agricultural Machinery(10 000 kw)	34.20	34.70	1.5
化肥施用折纯量(吨)	Consumption of Chemical Fertilizer(ton)	10413	10200	-2.0
农村用电量(万千瓦小时)	Electricity Consumed in Rural Area(10 000 kwh)	1820	1989	9.3
农林牧渔业总产值(万元)	Gross Output of Farming,Forestry,Animal Husbandry & Fishery(10 000 yuan)	651000	619736	3.8
粮食产量(吨)	Yield of Grain(ton)	568000	570500	0.4
油料产量(吨)	Yield of Oil-bearing Grops(ton)	54486	58419	7.2
甜菜产量(吨)	Yield of Beetroots(ton)		1400	
猪牛羊肉产量(吨)	Output of Pork, Beef & Mutton(ton)	25214	24624	-2.3
#猪肉产量(吨)	Output of Pork(ton)	9814	8290	-15.5
牛肉产量(吨)	Output of Beef(ton)	10228	11165	9.2
羊肉产量(吨)	**Output of Mutton(ton)**	5172	5169	0.0
羊毛产量(吨)	Output of Wool(ton)	285	590	107.0

23-32 Yakeshi City in Hulunbeier City

指　标	Item	2014	2015	2015年比上年增长% Increase Rate in 2015 Over 2014(%)
年末牲畜存栏头数(万头只)	Total Livestock at the Year-end(10 000 heads)	31.08	31.23	0.5
#大牲畜(万头只)	Large Animals(10 000 heads)	5.67	5.85	3.2
羊(万只)	Sheep & Goats(10 000 heads)	22.62	22.59	-0.1
猪(万头)	Hogs(10 000 heads)	2.79	2.79	0.0
规模以上工业	**Industrial Enterprises above Designated size**			
工业企业单位数(个)	Number of Industrial Enterprises(unit)	63	66	4.8
#内资企业(个)	Civil Funded Enterprises(unit)	61	64	4.9
工业总产值(万元)	Gross Industrial Output Value(10 000 yuan)	2581686	2507967	-2.9
内资企业(万元)	Civil Funded Enterprises(10 000 yuan)	2531205	2458224	-2.9
国有企业(万元)	State-owned Enterprises(10 000 yuan)	125850	136283	8.3
集体企业(万元)	Collective-owned Enterprises(10 000 yuan)			
股份合作企业(万元)	Share Holding Enterprises(10 000 yuan)			
联营企业(万元)	Joint Owned Enterprises(10 000 yuan)			
有限责任公司(万元)	Limited Company(10 000 yuan)	868148	780153	-10.1
股份有限公司(万元)	Share Holding Limited Company(10 000 yuan)	312644	339156	8.5
私营企业(万元)	Privately Owned Enterprises(10 000 yuan)	1188544	1202632	1.2
其他企业(万元)	Enterprises of Other Ownership(10 000 yuan)	36019		
港澳台商投资企业(万元)	Funds from HK,Macao & Taiwan(10 000 yuan)	50481	49743	-1.5
外商投资企业(万元)	Foreign Funded Enterprises(10 000 yuan)			
工业企业增加值(万元)	Value Added of Industrial Enterprises(10 000 yuan)			9.7
工业企业资产总计(万元)	Total Assets of Industrial Enterprises(10 000 yuan)	1718684	1860679	8.3
工业企业负债合计(万元)	Total Liabilities of Industrial Enterprises(10 000 yuan)	981853	1034071	5.3
工业企业产品销售收入(万元)	Sales of Revenue Industrial Enterprises(10 000 yuan)	2537660	2446041	-3.6
工业企业利润总额(万元)	Total Profits of Industrial Enterprises(10 000 yuan)	307797	306710	-0.4
建筑业	**Construction**			
建筑企业单位数(个)	Number of Construction Enterprises(unit)	7	7	0.0
建筑企业从业人员(人)	Number of Employee in Construction Enterprises(person)	2334	2446	4.8
建筑业总产值(万元)	Gross Construction Output Value(10 000 yuan)	153323	63252	-58.8
交通运输邮电通信业	**Transportation,Post & Telecommunications**			
公路里程(公里)	Total Length of Highways(km)	2068	2068	0.0
邮电业务总量(万元)	Business Volume of Post & Telecoms(10 000 yuan)	22183	21846	-1.5
本地电话用户(户)	Number of Subscribers of Local Telephone(Household)	294000	295000	0.3
国内贸易	**Domestic Trade**			
社会消费品零售总额(万元)	Total Retail Sales of Consumer Goods(10 000 yuan)	544804	591385	8.6
城镇(万元)	Town(10 000 yuan)	411363	447658	8.8
乡村(万元)	Village(10 000 yuan)	133441	143727	7.7
科技教育卫生	**Science,Education & Public Health**			
各类专业技术人员(人)	Special Technical Personnel(person)	6152	6247	1.5
幼儿园数(所)	Number of Kindergartens(unit)	39	39	0.0
学龄儿童入学率(%)	Percentage of School-Age Children Enrolled(%)	100.0	100.0	0.0
小学学校数(所)	Number of Primary Schools(unit)	16	16	0.0
小学专任教师数(人)	Number of Full-time Teachers of Primary Schools(person)	1152	1122	-2.6
小学在校学生数(人)	Number of Student Enrollment of Primary Schools(person)	8371	8283	-1.1
普通中学学校数(所)	Number of Regular Secondary Schools(unit)	21	21	0.0
普通中学专任教师数(人)	Number of Teachers of Secondary Shools(person)	1468	1450	-1.2
初中在校学生数(人)	Number of Student in Junior Secondary Schools(person)	5864	5047	-13.9
高中在校学生数(人)	Number of Student in Senior Secondary Schools(person)	7820	7169	-8.3
卫生机构数(所)	Number of Health Institutions(unit)	214	218	1.9
#医院(所)	Hospitals(unit)	20	12	-40.0
卫生院(所)	Township Hospitals(unit)	16	16	0.0
床位数(张)	Number of Beds(unit)	3523	3320	-5.8
#医院(张)	Hospitals(unit)	3120	2856	-8.5
卫生院(张)	Township Hospitals(unit)	184	207	12.5
卫生技术人员(人)	Medical Technical Presonnel(person)	3462	3403	-1.7
#医院(人)	Hospitals(person)	2746	2763	0.6
卫生院(人)	Township Hospitals(person)	185	197	6.5

23-33 呼伦贝尔市额尔古纳市

指　标	Item	2014	2015	2015年比上年增长% Increase Rate in 2015 Over 2014(%)
行政区域土地面积(平方公里)	**Area of Administration(Sq.km)**	**28958**	**28958**	**0.0**
人口和就业	**Population & Employment**			
年末户籍人口(人)	The Registered Population Year-end(person)	83166	81166	-2.4
#男性(人)	Male(person)	42142	41073	-2.5
#乡村人口(人)	Rural(person)	5772	22155	
年末常住人口(人)	Permanet Resident Population Year-end(person)			
#男性(人)	Male(person)			
#乡村人口(人)	Rural(person)			
年末总户数(户)	Total Number of Households at the Year-end(Household)	33047	33268	0.7
#乡村户数(户)	Number of Rural Household(Household)	701	716	2.1
出生人口(人)	Births(person)	531	375	-29.4
死亡人口(人)	Deaths(person)	502	499	-0.6
全社会就业人员(人)	Employment(person)	49444	49212	-0.5
第一产业(人)	Primary Industry(person)	18437	18565	0.7
第二产业(人)	Secondary Industry(person)	6692	5808	-13.2
第三产业(人)	Tertiary Industry(person)	24315	24839	2.2
在岗职工人数(人)	Number of Staff & Workers Employed in(person)	14853	13964	-6.0
乡村劳动力(人)	Number of Rural Laborers(person)	1221	1221	0.0
#农林牧渔业(人)	Farming,Forestry,Animal Husbandry & Fishery(person)	991	991	0.0
国民经济综合指标	**Summary Item on the National Economy**			
生产总值(万元)	Gross Domestic Product(10 000 yuan)	442736	461181	8.1
第一产业(万元)	Primary Industry(10 000 yuan)	155663	154073	4.0
第二产业(万元)	Secondary Industry(10 000 yuan)	127829	130203	9.0
#工业(万元)	Industry(10 000 yuan)	102625	103008	8.5
第三产业(万元)	Tertiary Industry(10 000 yuan)	159244	176905	10.8
人均生产总值(元)	Per Capita GDP(yuan)	53159	56128	9.5
全社会固定资产投资(万元)	Total Investment in Fixed Assets(10 000 yuan)	240000	286629	19.4
按登记注册类型分	Grouped by Registered Type			
#国有(万元)	State-owned Enterprises(10 000 yuan)	167269	176517	5.5
集体(万元)	Collective-owned Enterprises(10 000 yuan)			
有限责任公司(万元)	Limited Liability Corporations(10 000 yuan)	31154	59040	89.5
股份有限公司(万元)	Share Holding Enterprises(10 000 yuan)	16638	34762	108.9
私营企业(万元)	Private Enterprises(10 000 yuan)	15642	13535	-13.5
外商及港澳台投资企业(万元)	Funds from HK,Macao,Taiwan & Foreign(10 000 yuan)	1097		
一般公共预算收入(万元)	General Public Budget Revenue(10 000 yuan)	22862	24402	6.7
一般公共预算支出(万元)	General Public Budget Expenditure(10 000 yuan)	123519	150605	21.9
住户存款余额(万元)	The balance of savings deposits of Households(10 000 yuan)		277223	
在岗职工工资总额(万元)	Total Wages of Staff & Workers Employed in(10 000 yuan)	79697	69328	-13.0
在岗职工平均工资(元)	Average Wage of Staff & Workers Employed in(yuan)	54371	49492	-9.0
全体居民人均可支配收入(元)	The per capita disposable income of all residents(yuan)	20395	22169	8.7
城镇常住居民人均可支配收入(元)	The per capita disposable income of urban permanent residents(yuan)	21205	22965	8.3
农村牧区常住居民人均可支配收入(元)	The per capita disposable income of permanent residents of rural and pastoral areas(yuan)	18833	20415	8.4
农村牧区经济	**Economic Development in Rural & Pastoral Area**			
农作物总播种面积(公顷)	Total Sown Area(hectare)	154667	160972	4.1
#粮食作物播种面积(公顷)	Sown Area of Grain Crops(hectare)	65703	68315	4.0
农牧业机械总动力(万千瓦)	Total Power of Agricultural Machinery(10 000 kw)	21.80	22.11	1.4
化肥施用折纯量(吨)	Consumption of Chemical Fertilizer(ton)	23602	26242	11.2
农村用电量(万千瓦小时)	Electricity Consumed in Rural Area(10 000 kwh)	3823	3823	0.0
农林牧渔业总产值(万元)	Gross Output of Farming,Forestry,Animal Husbandry & Fishery(10 000 yuan)	255982	248552	4.1
粮食产量(吨)	Yield of Grain(ton)	435000	436113	0.3
油料产量(吨)	Yield of Oil-bearing Grops(ton)	141970	143992	1.4
甜菜产量(吨)	Yield of Beetroots(ton)			
猪牛羊肉产量(吨)	Output of Pork, Beef & Mutton(ton)	6884	6844	-0.6
#猪肉产量(吨)	Output of Pork(ton)	1010	1081	7.0
牛肉产量(吨)	Output of Beef(ton)	3763	3463	-8.0
羊肉产量(吨)	Output of Mutton(ton)	2111	2300	9.0
羊毛产量(吨)	Output of Wool(ton)	1027	659	-35.9

23-33 Eerguna City in Hulunbeier City

指　标	Item	2014	2015	2015年比上年增长% Increase Rate in 2015 Over 2014(%)
年末牲畜存栏头数(万头只)	Total Livestock at the Year-end(10 000 heads)	35.83	37.00	3.3
#大牲畜(万头只)	Large Animals(10 000 heads)	9.70	9.51	-2.0
羊(万只)	Sheep & Goats(10 000 heads)	25.14	26.67	6.1
猪(万头)	Hogs(10 000 heads)	0.98	0.82	-16.3
规模以上工业	**Industrial Enterprises above Designated size**			
工业企业单位数(个)	Number of Industrial Enterprises(unit)	12	12	0.0
#内资企业(个)	Civil Funded Enterprises(unit)	11	11	0.0
工业总产值(万元)	Gross Industrial Output Value(10 000 yuan)	287335	296805	3.3
内资企业(万元)	Civil Funded Enterprises(10 000 yuan)	187029	222486	19.0
国有企业(万元)	State-owned Enterprises(10 000 yuan)	7709	10356	34.3
集体企业(万元)	Collective-owned Enterprises(10 000 yuan)			
股份合作企业(万元)	Share Holding Enterprises(10 000 yuan)	179320	212130	18.3
联营企业(万元)	Joint Owned Enterprises(10 000 yuan)			
有限责任公司(万元)	Limited Company(10 000 yuan)			
股份有限公司(万元)	Share Holding Limited Company(10 000 yuan)			
私营企业(万元)	Privately Owned Enterprises(10 000 yuan)			
其他企业(万元)	Enterprises of Other Ownership(10 000 yuan)			
港澳台商投资企业(万元)	Funds from HK,Macao & Taiwan(10 000 yuan)			
外商投资企业(万元)	Foreign Funded Enterprises(10 000 yuan)	100306	74319	-25.9
工业企业增加值(万元)	Value Added of Industrial Enterprises(10 000 yuan)			9.3
工业企业资产总计(万元)	Total Assets of Industrial Enterprises(10 000 yuan)	336350	308550	-8.3
工业企业负债合计(万元)	Total Liabilities of Industrial Enterprises(10 000 yuan)	237703	229525	-3.4
工业企业产品销售收入(万元)	Sales of Revenue Industrial Enterprises(10 000 yuan)	250909	297429	18.5
工业企业利润总额(万元)	Total Profits of Industrial Enterprises(10 000 yuan)	7960	6922	-13.0
建筑业	**Construction**			
建筑企业单位数(个)	Number of Construction Enterprises(unit)	4	4	0.0
建筑企业从业人员(人)	Number of Employee in Construction Enterprises(person)	2609	5693	118.2
建筑业总产值(万元)	Gross Construction Output Value(10 000 yuan)	45048	105682	134.6
交通运输邮电通信业	**Transportation,Post & Telecommunications**			
公路里程(公里)	Total Length of Highways(km)	2141	2265	5.8
邮电业务总量(万元)	Business Volume of Post & Telecoms(10 000 yuan)	8080	8361	3.5
本地电话用户(户)	Number of Subscribers of Local Telephone(Household)	14848	14000	-5.7
国内贸易	**Domestic Trade**			
社会消费品零售总额(万元)	Total Retail Sales of Consumer Goods(10 000 yuan)	129240	146395	8.3
城镇(万元)	Town(10 000 yuan)	111390	119366	8.3
乡村(万元)	Village(10 000 yuan)	17850	27029	8.5
科技教育卫生	**Science,Education & Public Health**			
各类专业技术人员(人)	Special Technical Personnel(person)	2650	1687	-36.3
幼儿园数(所)	Number of Kindergartens(unit)	9	9	0.0
学龄儿童入学率(%)	Percentage of School-Age Children Enrolled(%)	100.0	100.0	0.0
小学学校数(所)	Number of Primary Schools(unit)	10	10	0.0
小学专任教师数(人)	Number of Full-time Teachers of Primary Schools(person)	397	374	-5.8
小学在校学生数(人)	Number of Student Enrollment of Primary Schools(person)	3242	3218	-0.7
普通中学学校数(所)	Number of Regular Secondary Schools(unit)	5	5	0.0
普通中学专任教师数(人)	Number of Teachers of Secondary Shools(person)	311	312	0.3
初中在校学生数(人)	Number of Student in Junior Secondary Schools(person)	2104	1921	-8.7
高中在校学生数(人)	Number of Student in Senior Secondary Schools(person)	1350	1203	-10.9
卫生机构数(所)	Number of Health Institutions(unit)	94	96	2.1
#医院(所)	Hospitals(unit)	7	7	0.0
卫生院(所)	Township Hospitals(unit)	3	3	0.0
床位数(张)	Number of Beds(unit)	448	446	-0.4
#医院(张)	Hospitals(unit)	393	393	0.0
卫生院(张)	Township Hospitals(unit)	48	48	0.0
卫生技术人员(人)	Medical Technical Presonnel(person)	618	589	-4.7
#医院(人)	Hospitals(person)	366	386	5.5
卫生院(人)	Township Hospitals(person)	48	45	-6.3

23–34 呼伦贝尔市根河市

指 标	Item	2014	2015	2015年比上年增长% Increase Rate in 2015 Over 2014(%)
行政区域土地面积(平方公里)	**Area of Administration(Sq.km)**	**20010**	**20010**	**0.0**
人口和就业	**Population & Employment**			
年末户籍人口(人)	The Registered Population Year-end(person)	150845	142021	-5.8
#男性(人)	Male(person)	76570	71699	-6.4
#乡村人口(人)	Rural(person)	10950	10442	
年末常住人口(人)	Permanet Resident Population Year-end(person)			
#男性(人)	Male(person)			
#乡村人口(人)	Rural(person)			
年末总户数(户)	Total Number of Households at the Year-end(Household)	55527	59216	6.6
#乡村户数(户)	Number of Rural Household(Household)	4508	4483	-0.6
出生人口(人)	Births(person)	510	392	-23.1
死亡人口(人)	Deaths(person)	1254	1306	4.1
全社会就业人员(人)	Employment(person)	57649	55442	-3.8
第一产业(人)	Primary Industry(person)	10350	12239	18.3
第二产业(人)	Secondary Industry(person)	12437	10579	-14.9
第三产业(人)	Tertiary Industry(person)	34862	32624	-6.4
在岗职工人数(人)	Number of Staff & Workers Employed in(person)	12784	11420	-10.7
乡村劳动力(人)	Number of Rural Laborers(person)			
#农林牧渔业(人)	Farming,Forestry,Animal Husbandry & Fishery(person)			
国民经济综合指标	**Summary Item on the National Economy**			
生产总值(万元)	Gross Domestic Product(10 000 yuan)	400463	415501	6.7
第一产业(万元)	Primary Industry(10 000 yuan)	109989	108345	3.8
第二产业(万元)	Secondary Industry(10 000 yuan)	109137	109840	6.6
#工业(万元)	Industry(10 000 yuan)	95188	94914	6.1
第三产业(万元)	Tertiary Industry(10 000 yuan)	181337	197319	8.3
人均生产总值(元)	Per Capita GDP(yuan)	26337	28375	10.8
全社会固定资产投资(万元)	Total Investment in Fixed Assets(10 000 yuan)	150136	170673	13.7
按登记注册类型分	Grouped by Registered Type			
#国有(万元)	State-owned Enterprises(10 000 yuan)	110615	70240	-36.5
集体(万元)	Collective-owned Enterprises(10 000 yuan)			
有限责任公司(万元)	Limited Liability Corporations(10 000 yuan)	9071	10520	16.0
股份有限公司(万元)	Share Holding Enterprises(10 000 yuan)	1500	7000	366.7
私营企业(万元)	Private Enterprises(10 000 yuan)	23920	27850	16.4
外商及港澳台投资企业(万元)	Funds from HK,Macao,Taiwan & Foreign(10 000 yuan)		5963	
一般公共预算收入(万元)	General Public Budget Revenue(10 000 yuan)	16833	17991	6.9
一般公共预算支出(万元)	General Public Budget Expenditure(10 000 yuan)	125408	134419	7.2
住户存款余额(万元)	The balance of savings deposits of Households(10 000 yuan)		519815	
在岗职工工资总额(万元)	Total Wages of Staff & Workers Employed in(10 000 yuan)	64748	68941	6.5
在岗职工平均工资(元)	Average Wage of Staff & Workers Employed in(yuan)	50811	58524	15.2
全体居民人均可支配收入(元)	The per capita disposable income of all residents(yuan)	17683	19151	8.3
城镇常住居民人均可支配收入(元)	The per capita disposable income of urban permanent residents(yuan)	19896	21488	8.0
农村牧区常住居民人均可支配收入(元)	The per capita disposable income of permanent residents of rural and pastoral areas(yuan)	10069	10875	8.0
农村牧区经济	**Economic Development in Rural & Pastoral Area**			
农作物总播种面积(公顷)	Total Sown Area(hectare)	3322	3218	-3.1
#粮食作物播种面积(公顷)	Sown Area of Grain Crops(hectare)	1925	1784	-7.3
农牧业机械总动力(万千瓦)	Total Power of Agricultural Machinery(10 000 kw)	3.10	3.10	0.0
化肥施用折纯量(吨)	Consumption of Chemical Fertilizer(ton)	412	442	7.3
农村用电量(万千瓦小时)	Electricity Consumed in Rural Area(10 000 kwh)			
农林牧渔业总产值(万元)	Gross Output of Farming,Forestry,Animal Husbandry & Fishery(10 000 yuan)	180872	171438	3.9
粮食产量(吨)	Yield of Grain(ton)	2797	6807	143.4
油料产量(吨)	Yield of Oil-bearing Grops(ton)	1600	1857	16.1
甜菜产量(吨)	Yield of Beetroots(ton)			
猪牛羊肉产量(吨)	Output of Pork, Beef & Mutton(ton)	2881	2963	2.8
#猪肉产量(吨)	Output of Pork(ton)	2136	2119	-0.8
牛肉产量(吨)	Output of Beef(ton)	503	588	16.9
羊肉产量(吨)	Output of Mutton(ton)	242	256	5.8
羊毛产量(吨)	Output of Wool(ton)	2	2	0.0

23-34 Genhe City in Hulunbeier City

指　标	Item	2014	2015	2015年比上年增长% Increase Rate in 2015 Over 2014(%)
年末牲畜存栏头数(万头只)	Total Livestock at the Year-end(10 000 heads)	1.94	1.95	0.5
#大牲畜(万头只)	Large Animals(10 000 heads)	0.19	0.20	5.3
羊(万只)	Sheep & Goats(10 000 heads)	0.71	0.71	0.0
猪(万头)	Hogs(10 000 heads)	1.04	1.04	0.0
规模以上工业	**Industrial Enterprises above Designated size**			
工业企业单位数(个)	Number of Industrial Enterprises(unit)	13	13	0.0
#内资企业(个)	Civil Funded Enterprises(unit)	13	13	0.0
工业总产值(万元)	Gross Industrial Output Value(10 000 yuan)	190215	137994	-27.5
内资企业(万元)	Civil Funded Enterprises(10 000 yuan)	190215	137994	-27.5
国有企业(万元)	State-owned Enterprises(10 000 yuan)	11581	11064	-4.5
集体企业(万元)	Collective-owned Enterprises(10 000 yuan)			
股份合作企业(万元)	Share Holding Enterprises(10 000 yuan)			
联营企业(万元)	Joint Owned Enterprises(10 000 yuan)			
有限责任公司(万元)	Limited Company(10 000 yuan)			
股份有限公司(万元)	Share Holding Limited Company(10 000 yuan)	178634	126931	-28.9
私营企业(万元)	Privately Owned Enterprises(10 000 yuan)			
其他企业(万元)	Enterprises of Other Ownership(10 000 yuan)			
港澳台商投资企业(万元)	Funds from HK,Macao & Taiwan(10 000 yuan)			
外商投资企业(万元)	Foreign Funded Enterprises(10 000 yuan)			
工业企业增加值(万元)	Value Added of Industrial Enterprises(10 000 yuan)			6.5
工业企业资产总计(万元)	Total Assets of Industrial Enterprises(10 000 yuan)	215040	240630	11.9
工业企业负债合计(万元)	Total Liabilities of Industrial Enterprises(10 000 yuan)	183037	215142	17.5
工业企业产品销售收入(万元)	Sales of Revenue Industrial Enterprises(10 000 yuan)	183960	133149	-27.6
工业企业利润总额(万元)	Total Profits of Industrial Enterprises(10 000 yuan)	28263	29819	5.5
建筑业	**Construction**			
建筑企业单位数(个)	Number of Construction Enterprises(unit)	10	10	0.0
建筑企业从业人员(人)	Number of Employee in Construction Enterprises(person)	2031	1742	-14.2
建筑业总产值(万元)	Gross Construction Output Value(10 000 yuan)	63701	120138	88.6
交通运输邮电通信业	**Transportation,Post & Telecommunications**			
公路里程(公里)	Total Length of Highways(km)	979	979	0.0
邮电业务总量(万元)	Business Volume of Post & Telecoms(10 000 yuan)	7581	7577	-0.1
本地电话用户(户)	Number of Subscribers of Local Telephone(Household)	17493	11803	-32.5
国内贸易	**Domestic Trade**			
社会消费品零售总额(万元)	Total Retail Sales of Consumer Goods(10 000 yuan)	181129	196253	8.3
城镇(万元)	Town(10 000 yuan)	181129	196253	8.3
乡村(万元)	Village(10 000 yuan)			
科技教育卫生	**Science,Education & Public Health**			
各类专业技术人员(人)	Special Technical Personnel(person)	6766	6968	3.0
幼儿园数(所)	Number of Kindergartens(unit)	8	8	0.0
学龄儿童入学率(%)	Percentage of School-Age Children Enrolled(%)	100.0	100.0	0.0
小学学校数(所)	Number of Primary Schools(unit)	7	7	0.0
小学专任教师数(人)	Number of Full-time Teachers of Primary Schools(person)	638	631	-1.1
小学在校学生数(人)	Number of Student Enrollment of Primary Schools(person)	2675	2458	-8.1
普通中学学校数(所)	Number of Regular Secondary Schools(unit)	8	8	0.0
普通中学专任教师数(人)	Number of Teachers of Secondary Shools(person)	549	466	-15.1
初中在校学生数(人)	Number of Student in Junior Secondary Schools(person)	2114	1739	-17.7
高中在校学生数(人)	Number of Student in Senior Secondary Schools(person)	1571	1471	-6.4
卫生机构数(所)	Number of Health Institutions(unit)	56	52	-7.1
#医院(所)	Hospitals(unit)	4	4	0.0
卫生院(所)	Township Hospitals(unit)	6	6	0.0
床位数(张)	Number of Beds(unit)	608	585	-3.8
#医院(张)	Hospitals(unit)	410	410	0.0
卫生院(张)	Township Hospitals(unit)	168	165	-1.8
卫生技术人员(人)	Medical Technical Presonnel(person)	1354	1038	-23.3
#医院(人)	Hospitals(person)	473	416	-12.1
卫生院(人)	Township Hospitals(person)	542	388	-28.4

23-35 呼伦贝尔市阿荣旗

指　标	Item	2014	2015	2015年比上年增长% Increase Rate in 2015 Over 2014(%)
行政区域土地面积(平方公里)	**Area of Administration(Sq.km)**	**12063**	**12063**	**0.0**
人口和就业	**Population & Employment**			
年末户籍人口(人)	The Registered Population Year-end(person)	331604	319596	-3.6
#男性(人)	Male(person)	172823	165892	-4.0
#乡村人口(人)	Rural(person)	227812	232053	
年末常住人口(人)	Permanet Resident Population Year-end(person)			
#男性(人)	Male(person)			
#乡村人口(人)	Rural(person)			
年末总户数(户)	Total Number of Households at the Year-end(Household)	129483	133519	3.1
#乡村户数(户)	Number of Rural Household(Household)	84024	89415	6.4
出生人口(人)	Births(person)	3271	2362	-27.8
死亡人口(人)	Deaths(person)	1989	1592	-20.0
全社会就业人员(人)	Employment(person)	174812	175039	0.1
第一产业(人)	Primary Industry(person)	123179	125464	1.9
第二产业(人)	Secondary Industry(person)	18224	15947	-12.5
第三产业(人)	Tertiary Industry(person)	33409	33628	0.7
在岗职工人数(人)	Number of Staff & Workers Employed in(person)	24422	26133	7.0
乡村劳动力(人)	Number of Rural Laborers(person)	123179	125464	1.9
#农林牧渔业(人)	Farming,Forestry,Animal Husbandry & Fishery(person)	106795	108805	1.9
国民经济综合指标	**Summary Item on the National Economy**			
生产总值(万元)	Gross Domestic Product(10 000 yuan)	1571789	1595044	7.6
第一产业(万元)	Primary Industry(10 000 yuan)	507065	482240	4.2
第二产业(万元)	Secondary Industry(10 000 yuan)	708819	723520	9.0
#工业(万元)	Industry(10 000 yuan)	530895	532216	8.3
第三产业(万元)	Tertiary Industry(10 000 yuan)	355905	389284	9.5
人均生产总值(元)	Per Capita GDP(yuan)	47432	48988	9.6
全社会固定资产投资(万元)	Total Investment in Fixed Assets(10 000 yuan)	913457	1078926	18.1
按登记注册类型分	Grouped by Registered Type			
#国有(万元)	State-owned Enterprises(10 000 yuan)	568885	574869	1.1
集体(万元)	Collective-owned Enterprises(10 000 yuan)			
有限责任公司(万元)	Limited Liability Corporations(10 000 yuan)	133935	186016	38.9
股份有限公司(万元)	Share Holding Enterprises(10 000 yuan)	177890	229371	28.9
私营企业(万元)	Private Enterprises(10 000 yuan)	32747	75670	131.1
外商及港澳台投资企业(万元)	Funds from HK,Macao,Taiwan & Foreign(10 000 yuan)			
一般公共预算收入(万元)	General Public Budget Revenue(10 000 yuan)	51885	55381	6.7
一般公共预算支出(万元)	General Public Budget Expenditure(10 000 yuan)	236353	292030	23.7
住户存款余额(万元)	The balance of savings deposits of Households(10 000 yuan)		403552	
在岗职工工资总额(万元)	Total Wages of Staff & Workers Employed in(10 000 yuan)	116873	119290	2.1
在岗职工平均工资(元)	Average Wage of Staff & Workers Employed in(yuan)	46682	47300	1.3
全体居民人均可支配收入(元)	The per capita disposable income of all residents(yuan)	16057	17454	8.7
城镇常住居民人均可支配收入(元)	The per capita disposable income of urban permanent residents(yuan)	23028	24939	8.3
农村牧区常住居民人均可支配收入(元)	The per capita disposable income of permanent residents of rural and pastoral areas(yuan)	12966	14055	8.4
农村牧区经济	**Economic Development in Rural & Pastoral Area**			
农作物总播种面积(公顷)	Total Sown Area(hectare)	292335	294787	0.8
#粮食作物播种面积(公顷)	Sown Area of Grain Crops(hectare)	269225	271533	0.9
农牧业机械总动力(万千瓦)	Total Power of Agricultural Machinery(10 000 kw)	79.01	84.01	6.3
化肥施用折纯量(吨)	Consumption of Chemical Fertilizer(ton)	19558	20135	3.0
农村用电量(万千瓦小时)	Electricity Consumed in Rural Area(10 000 kwh)	8328	9110	9.4
农林牧渔业总产值(万元)	Gross Output of Farming,Forestry,Animal Husbandry & Fishery(10 000 yuan)	833852	790545	4.3
粮食产量(吨)	Yield of Grain(ton)	1566000	1575056	0.6
油料产量(吨)	Yield of Oil-bearing Grops(ton)	19946	20870	4.6
甜菜产量(吨)	Yield of Beetroots(ton)			
猪牛羊肉产量(吨)	Output of Pork, Beef & Mutton(ton)	43015	45101	4.8
#猪肉产量(吨)	Output of Pork(ton)	5807	6155	6.0
牛肉产量(吨)	Output of Beef(ton)	15000	14900	-0.7
羊肉产量(吨)	Output of Mutton(ton)	22208	24046	8.3
羊毛产量(吨)	Output of Wool(ton)	8795	8820	0.3

23-35 Arong Banner in Hulunbeier City

指　标	Item	2014	2015	2015年比上年增长% Increase Rate in 2015 Over 2014(%)
年末牲畜存栏头数(万头只)	Total Livestock at the Year-end(10 000 heads)	173.65	184.41	6.2
#大牲畜(万头只)	Large Animals(10 000 heads)	16.38	18.35	12.0
羊(万只)	Sheep & Goats(10 000 heads)	151.47	160.25	5.8
猪(万头)	Hogs(10 000 heads)	5.81	5.81	0.0
规模以上工业	**Industrial Enterprises above Designated size**			
工业企业单位数(个)	Number of Industrial Enterprises(unit)	37	36	-2.7
#内资企业(个)	Civil Funded Enterprises(unit)	37	36	-2.7
工业总产值(万元)	Gross Industrial Output Value(10 000 yuan)	1200178	1188751	-1.0
内资企业(万元)	Civil Funded Enterprises(10 000 yuan)	1200178	1188751	-1.0
国有企业(万元)	State-owned Enterprises(10 000 yuan)	21630	19879	-8.1
集体企业(万元)	Collective-owned Enterprises(10 000 yuan)			
股份合作企业(万元)	Share Holding Enterprises(10 000 yuan)			
联营企业(万元)	Joint Owned Enterprises(10 000 yuan)			
有限责任公司(万元)	Limited Company(10 000 yuan)	1178548	1168872	-0.8
股份有限公司(万元)	Share Holding Limited Company(10 000 yuan)			
私营企业(万元)	Privately Owned Enterprises(10 000 yuan)			
其他企业(万元)	Enterprises of Other Ownership(10 000 yuan)			
港澳台商投资企业(万元)	Funds from HK,Macao & Taiwan(10 000 yuan)			
外商投资企业(万元)	Foreign Funded Enterprises(10 000 yuan)			
工业企业增加值(万元)	Value Added of Industrial Enterprises(10 000 yuan)			9.7
工业企业资产总计(万元)	Total Assets of Industrial Enterprises(10 000 yuan)	477748	420832	-11.9
工业企业负债合计(万元)	Total Liabilities of Industrial Enterprises(10 000 yuan)	211396	206011	-2.5
工业企业产品销售收入(万元)	Sales of Revenue Industrial Enterprises(10 000 yuan)	1172900	1158923	-1.2
工业企业利润总额(万元)	Total Profits of Industrial Enterprises(10 000 yuan)	52278	56282	7.7
建筑业	**Construction**			
建筑企业单位数(个)	Number of Construction Enterprises(unit)	6	4	-33.4
建筑企业从业人员(人)	Number of Employee in Construction Enterprises(person)	4014	4020	0.1
建筑业总产值(万元)	Gross Construction Output Value(10 000 yuan)	157260	184343	17.2
交通运输邮电通信业	**Transportation,Post & Telecommunications**			
公路里程(公里)	Total Length of Highways(km)	2476	2480	0.2
邮电业务总量(万元)	Business Volume of Post & Telecoms(10 000 yuan)	16078	15525	-3.4
本地电话用户(户)	Number of Subscribers of Local Telephone(Household)	255288	242118	-5.2
国内贸易	**Domestic Trade**			
社会消费品零售总额(万元)	Total Retail Sales of Consumer Goods(10 000 yuan)	300421	325507	8.4
城镇(万元)	Town(10 000 yuan)	190744	206288	8.1
乡村(万元)	Village(10 000 yuan)	109677	119219	8.7
科技教育卫生	**Science,Education & Public Health**			
各类专业技术人员(人)	Special Technical Personnel(person)	4326	4933	14.0
幼儿园数(所)	Number of Kindergartens(unit)	42	52	23.8
学龄儿童入学率(%)	Percentage of School-Age Children Enrolled(%)	100.0	100.0	0.0
小学学校数(所)	Number of Primary Schools(unit)	21	22	4.8
小学专任教师数(人)	Number of Full-time Teachers of Primary Schools(person)	1368	1452	6.1
小学在校学生数(人)	Number of Student Enrollment of Primary Schools(person)	17272	17609	2.0
普通中学学校数(所)	Number of Regular Secondary Schools(unit)	18	19	5.6
普通中学专任教师数(人)	Number of Teachers of Secondary Shools(person)	1179	1346	14.2
初中在校学生数(人)	Number of Student in Junior Secondary Schools(person)	6527	6656	2.0
高中在校学生数(人)	Number of Student in Senior Secondary Schools(person)	3317	3305	-0.4
卫生机构数(所)	Number of Health Institutions(unit)	296	312	5.4
#医院(所)	Hospitals(unit)	6	7	16.7
卫生院(所)	Township Hospitals(unit)	18	18	0.0
床位数(张)	Number of Beds(unit)	928	1162	25.2
#医院(张)	Hospitals(unit)	761	957	25.8
卫生院(张)	Township Hospitals(unit)	147	166	12.9
卫生技术人员(人)	Medical Technical Presonnel(person)	1376	1773	28.9
#医院(人)	Hospitals(person)	400	467	16.8
卫生院(人)	Township Hospitals(person)	245	310	26.5

23-36 呼伦贝尔市莫力达瓦达斡尔族自治旗

指　　标	Item	2014	2015	2015年比上年增长% Increase Rate in 2015 Over 2014(%)
行政区域土地面积(平方公里)	**Area of Administration(Sq.km)**	**10356**	**10356**	**0.0**
人口和就业	**Population & Employment**			
年末户籍人口(人)	The Registered Population Year-end(person)	327757	319086	-2.6
#男性(人)	Male(person)	168941	164212	-2.8
#乡村人口(人)	Rural(person)	244057	231968	
年末常住人口(人)	Permanet Resident Population Year-end(person)			
#男性(人)	Male(person)			
#乡村人口(人)	Rural(person)	274054	270802	-1.2
年末总户数(户)	Total Number of Households at the Year-end(Household)	122383	131132	7.1
#乡村户数(户)	Number of Rural Household(Household)	76257	75528	-1.0
出生人口(人)	Births(person)	3504	2661	-24.1
死亡人口(人)	Deaths(person)	1689	1311	-22.4
全社会就业人员(人)	Employment(person)	162824	160703	-1.3
第一产业(人)	Primary Industry(person)	133482	127000	-4.9
第二产业(人)	Secondary Industry(person)	6749	9428	39.7
第三产业(人)	Tertiary Industry(person)	22593	24275	7.4
在岗职工人数(人)	Number of Staff & Workers Employed in(person)	20660	20612	-0.2
乡村劳动力(人)	Number of Rural Laborers(person)	160481	156543	-2.5
#农林牧渔业(人)	Farming,Forestry,Animal Husbandry & Fishery(person)	124425	117951	-5.2
国民经济综合指标	**Summary Item on the National Economy**			
生产总值(万元)	Gross Domestic Product(10 000 yuan)	1036428	1048109	6.7
第一产业(万元)	Primary Industry(10 000 yuan)	494913	474303	4.2
第二产业(万元)	Secondary Industry(10 000 yuan)	245802	251749	8.5
#工业(万元)	Industry(10 000 yuan)	171510	171810	7.5
第三产业(万元)	Tertiary Industry(10 000 yuan)	295713	322057	8.6
人均生产总值(元)	Per Capita GDP(yuan)	31489	32407	8.5
全社会固定资产投资(万元)	Total Investment in Fixed Assets(10 000 yuan)	280259	321427	14.7
按登记注册类型分	Grouped by Registered Type			
#国有(万元)	State-owned Enterprises(10 000 yuan)	207428	238064	14.8
集体(万元)	Collective-owned Enterprises(10 000 yuan)	600		
有限责任公司(万元)	Limited Liability Corporations(10 000 yuan)			
股份有限公司(万元)	Share Holding Enterprises(10 000 yuan)	2500		
私营企业(万元)	Private Enterprises(10 000 yuan)	69731	80363	15.3
外商及港澳台投资企业(万元)	Funds from HK,Macao,Taiwan & Foreign(10 000 yuan)		3000	
一般公共预算收入(万元)	General Public Budget Revenue(10 000 yuan)	28231	30317	7.4
一般公共预算支出(万元)	General Public Budget Expenditure(10 000 yuan)	261586	280941	7.4
住户存款余额(万元)	The balance of savings deposits of Households(10 000 yuan)		306017	
在岗职工工资总额(万元)	Total Wages of Staff & Workers Employed in(10 000 yuan)	88981	97447	9.5
在岗职工平均工资(元)	Average Wage of Staff & Workers Employed in(yuan)	43241	47229	9.2
全体居民人均可支配收入(元)	The per capita disposable income of all residents(yuan)	10617	11530	8.6
城镇常住居民人均可支配收入(元)	The per capita disposable income of urban permanent residents(yuan)	17458	18907	8.3
农村牧区常住居民人均可支配收入(元)	The per capita disposable income of permanent residents of rural and pastoral areas(yuan)	7419	8035	8.3
农村牧区经济	**Economic Development in Rural & Pastoral Area**			
农作物总播种面积(公顷)	Total Sown Area(hectare)	447362	452223	1.1
#粮食作物播种面积(公顷)	Sown Area of Grain Crops(hectare)	439829	445893	1.4
农牧业机械总动力(万千瓦)	Total Power of Agricultural Machinery(10 000 kw)	81.09	94.70	16.8
化肥施用折纯量(吨)	Consumption of Chemical Fertilizer(ton)	101306	102006	0.7
农村用电量(万千瓦小时)	Electricity Consumed in Rural Area(10 000 kwh)	7353	9997	36.0
农林牧渔业总产值(万元)	Gross Output of Farming,Forestry,Animal Husbandry & Fishery(10 000 yuan)	813868	770185	4.3
粮食产量(吨)	Yield of Grain(ton)	1659500	1673549	0.8
油料产量(吨)	Yield of Oil-bearing Grops(ton)	1620		
甜菜产量(吨)	Yield of Beetroots(ton)			
猪牛羊肉产量(吨)	Output of Pork, Beef & Mutton(ton)	31213	29976	-4.0
#猪肉产量(吨)	Output of Pork(ton)	5902	6103	3.4
牛肉产量(吨)	Output of Beef(ton)	11368	10868	-4.4
羊肉产量(吨)	Output of Mutton(ton)	13943	13005	-6.7
羊毛产量(吨)	Output of Wool(ton)	1674	1535	-8.3

23-36 Molidawadawoer National Autonomous Banner in Hulunbeier City

指　标	Item	2014	2015	2015年比上年增长% Increase Rate in 2015 Over 2014(%)
年末牲畜存栏头数(万头只)	Total Livestock at the Year-end(10 000 heads)	135.04	135.42	0.3
# 大牲畜(万头只)	Large Animals(10 000 heads)	14.29	14.85	3.9
羊(万只)	Sheep & Goats(10 000 heads)	114.45	115.10	0.6
猪(万头)	Hogs(10 000 heads)	6.30	5.46	-13.3
规模以上工业	**Industrial Enterprises above Designated size**			
工业企业单位数(个)	Number of Industrial Enterprises(unit)	16	13	-18.8
# 内资企业(个)	Civil Funded Enterprises(unit)	15	12	-20.0
工业总产值(万元)	Gross Industrial Output Value(10 000 yuan)	289856	230554	-20.4
内资企业(万元)	Civil Funded Enterprises(10 000 yuan)	261847	205171	-21.6
国有企业(万元)	State-owned Enterprises(10 000 yuan)	27296	34493	26.4
集体企业(万元)	Collective-owned Enterprises(10 000 yuan)			
股份合作企业(万元)	Share Holding Enterprises(10 000 yuan)			
联营企业(万元)	Joint Owned Enterprises(10 000 yuan)			
有限责任公司(万元)	Limited Company(10 000 yuan)			
股份有限公司(万元)	Share Holding Limited Company(10 000 yuan)			
私营企业(万元)	Privately Owned Enterprises(10 000 yuan)	234551	170678	-27.2
其他企业(万元)	Enterprises of Other Ownership(10 000 yuan)			
港澳台商投资企业(万元)	Funds from HK,Macao & Taiwan(10 000 yuan)	28009	25383	-9.4
外商投资企业(万元)	Foreign Funded Enterprises(10 000 yuan)			
工业企业增加值(万元)	Value Added of Industrial Enterprises(10 000 yuan)			8.0
工业企业资产总计(万元)	Total Assets of Industrial Enterprises(10 000 yuan)	240284	227392	-5.4
工业企业负债合计(万元)	Total Liabilities of Industrial Enterprises(10 000 yuan)	113647	121413	6.8
工业企业产品销售收入(万元)	Sales of Revenue Industrial Enterprises(10 000 yuan)	293615	235955	-19.6
工业企业利润总额(万元)	Total Profits of Industrial Enterprises(10 000 yuan)	35570	23369	-34.3
建筑业	**Construction**			
建筑企业单位数(个)	Number of Construction Enterprises(unit)	6	6	0.0
建筑企业从业人员(人)	Number of Employee in Construction Enterprises(person)	4080	4319	5.9
建筑业总产值(万元)	Gross Construction Output Value(10 000 yuan)	40324	46988	16.5
交通运输邮电通信业	**Transportation,Post & Telecommunications**			
公路里程(公里)	Total Length of Highways(km)	1973	1973	0.0
邮电业务总量(万元)	Business Volume of Post & Telecoms(10 000 yuan)	12854	12983	1.0
本地电话用户(户)	Number of Subscribers of Local Telephone(Household)	21061	19783	-6.1
国内贸易	**Domestic Trade**			
社会消费品零售总额(万元)	Total Retail Sales of Consumer Goods(10 000 yuan)	293214	316235	7.9
城镇(万元)	Town(10 000 yuan)	205250	211784	3.2
乡村(万元)	Village(10 000 yuan)	87964	104451	18.7
科技教育卫生	**Science,Education & Public Health**			
各类专业技术人员(人)	Special Technical Personnel(person)	8467	8744	3.3
幼儿园数(所)	Number of Kindergartens(unit)	17	19	11.8
学龄儿童入学率(%)	Percentage of School-Age Children Enrolled(%)	100.0	100.0	0.0
小学学校数(所)	Number of Primary Schools(unit)	14	12	-14.3
小学专任教师数(人)	Number of Full-time Teachers of Primary Schools(person)	1181	965	-18.3
小学在校学生数(人)	Number of Student Enrollment of Primary Schools(person)	15152	15082	-0.5
普通中学学校数(所)	Number of Regular Secondary Schools(unit)	25	23	-8.0
普通中学专任教师数(人)	Number of Teachers of Secondary Shools(person)	1731	1717	-0.8
初中在校学生数(人)	Number of Student in Junior Secondary Schools(person)	6424	6395	-0.5
高中在校学生数(人)	Number of Student in Senior Secondary Schools(person)	3256	3119	-4.2
卫生机构数(所)	Number of Health Institutions(unit)	356	348	-2.2
# 医院(所)	Hospitals(unit)	7	7	0.0
卫生院(所)	Township Hospitals(unit)	18	18	0.0
床位数(张)	Number of Beds(unit)	952	942	-1.1
# 医院(张)	Hospitals(unit)	640	675	5.5
卫生院(张)	Township Hospitals(unit)	267	267	0.0
卫生技术人员(人)	Medical Technical Presonnel(person)	1170	1303	11.4
# 医院(人)	Hospitals(person)	648	758	17.0
卫生院(人)	Township Hospitals(person)	244	281	15.2

23-37 呼伦贝尔市鄂伦春自治旗

指　标	Item	2014	2015	2015年比上年增长% Increase Rate in 2015 Over 2014(%)
行政区域土地面积(平方公里)	**Area of Administration(Sq.km)**	**59880**	**59880**	**0.0**
人口和就业	**Population & Employment**			
年末户籍人口(人)	The Registered Population Year-end(person)	261896	255321	-2.5
#男性(人)	Male(person)	134588	130230	-3.2
#乡村人口(人)	Rural(person)	60755	62181	
年末常住人口(人)	Permanet Resident Population Year-end(person)			
#男性(人)	Male(person)			
#乡村人口(人)	Rural(person)			
年末总户数(户)	Total Number of Households at the Year-end(Household)	105516	110607	4.8
#乡村户数(户)	Number of Rural Household(Household)	18692	19904	6.5
出生人口(人)	Births(person)	1820	1161	-36.2
死亡人口(人)	Deaths(person)	1853	1835	-1.0
全社会就业人员(人)	Employment(person)	89075	89074	0.0
第一产业(人)	Primary Industry(person)	50140	52349	4.4
第二产业(人)	Secondary Industry(person)	5305	4902	-7.6
第三产业(人)	Tertiary Industry(person)	33630	31823	-5.4
在岗职工人数(人)	Number of Staff & Workers Employed in(person)	17787	17841	0.3
乡村劳动力(人)	Number of Rural Laborers(person)	37125	43891	18.2
#农林牧渔业(人)	Farming,Forestry,Animal Husbandry & Fishery(person)	34488	37376	8.4
国民经济综合指标	**Summary Item on the National Economy**			
生产总值(万元)	Gross Domestic Product(10 000 yuan)	642464	667554	7.6
第一产业(万元)	Primary Industry(10 000 yuan)	245334	239090	4.9
第二产业(万元)	Secondary Industry(10 000 yuan)	83078	84403	8.8
#工业(万元)	Industry(10 000 yuan)	67051	67270	8.4
第三产业(万元)	Tertiary Industry(10 000 yuan)	314052	344061	9.2
人均生产总值(元)	Per Capita GDP(yuan)	24438	25813	9.4
全社会固定资产投资(万元)	Total Investment in Fixed Assets(10 000 yuan)	199838	245527	22.9
按登记注册类型分	Grouped by Registered Type			
#国有(万元)	State-owned Enterprises(10 000 yuan)	84547	128787	52.3
集体(万元)	Collective-owned Enterprises(10 000 yuan)			
有限责任公司(万元)	Limited Liability Corporations(10 000 yuan)	105035	116320	10.7
股份有限公司(万元)	Share Holding Enterprises(10 000 yuan)			
私营企业(万元)	Private Enterprises(10 000 yuan)	10256	420	-95.9
外商及港澳台投资企业(万元)	Funds from HK,Macao,Taiwan & Foreign(10 000 yuan)			
一般公共预算收入(万元)	General Public Budget Revenue(10 000 yuan)	16633	17775	6.9
一般公共预算支出(万元)	General Public Budget Expenditure(10 000 yuan)	223750	268345	19.9
住户存款余额(万元)	The balance of savings deposits of Households(10 000 yuan)		579656	
在岗职工工资总额(万元)	Total Wages of Staff & Workers Employed in(10 000 yuan)	78956	90267	14.3
在岗职工平均工资(元)	Average Wage of Staff & Workers Employed in(yuan)	42751	49055	14.7
全体居民人均可支配收入(元)	The per capita disposable income of all residents(yuan)	15255	16567	8.6
城镇常住居民人均可支配收入(元)	The per capita disposable income of urban permanent residents(yuan)	18891	20421	8.1
农村牧区常住居民人均可支配收入(元)	The per capita disposable income of permanent residents of rural and pastoral areas(yuan)	6905	7478	8.3
农村牧区经济	**Economic Development in Rural & Pastoral Area**			
农作物总播种面积(公顷)	Total Sown Area(hectare)	291861	298430	2.3
#粮食作物播种面积(公顷)	Sown Area of Grain Crops(hectare)	288394	295264	2.4
农牧业机械总动力(万千瓦)	Total Power of Agricultural Machinery(10 000 kw)	52.14	49.00	-6.0
化肥施用折纯量(吨)	Consumption of Chemical Fertilizer(ton)	33532	34441	2.7
农村用电量(万千瓦小时)	Electricity Consumed in Rural Area(10 000 kwh)	2366	2384	0.8
农林牧渔业总产值(万元)	Gross Output of Farming,Forestry,Animal Husbandry & Fishery(10 000 yuan)	403443	380197	5.0
粮食产量(吨)	Yield of Grain(ton)	561500	572516	2.0
油料产量(吨)	Yield of Oil-bearing Grops(ton)	815	229	-71.9
甜菜产量(吨)	Yield of Beetroots(ton)			
猪牛羊肉产量(吨)	Output of Pork, Beef & Mutton(ton)	8723	9554	9.5
#猪肉产量(吨)	Output of Pork(ton)	3054	3122	2.2
牛肉产量(吨)	Output of Beef(ton)	3325	2567	-22.8
羊肉产量(吨)	Output of Mutton(ton)	2344	3865	64.9
羊毛产量(吨)	Output of Wool(ton)	1184	1266	6.9

23-37 Elunchun National Autonomous Banner in Hulunbeier City

指　标	Item	2014	2015	2015年比上年增长% Increase Rate in 2015 Over 2014(%)
年末牲畜存栏头数(万头只)	Total Livestock at the Year-end(10 000 heads)	45.15	46.93	3.9
# 大牲畜(万头只)	Large Animals(10 000 heads)	3.34	3.24	-3.0
羊(万只)	Sheep & Goats(10 000 heads)	37.53	39.41	5.0
猪(万头)	Hogs(10 000 heads)	4.28	4.28	0.0
规模以上工业	**Industrial Enterprises above Designated size**			
工业企业单位数(个)	Number of Industrial Enterprises(unit)	7	8	14.3
# 内资企业(个)	Civil Funded Enterprises(unit)	6	8	33.3
工业总产值(万元)	Gross Industrial Output Value(10 000 yuan)	70753	89346	26.3
内资企业(万元)	Civil Funded Enterprises(10 000 yuan)	57953	89346	54.2
国有企业(万元)	State-owned Enterprises(10 000 yuan)			
集体企业(万元)	Collective-owned Enterprises(10 000 yuan)			
股份合作企业(万元)	Share Holding Enterprises(10 000 yuan)			
联营企业(万元)	Joint Owned Enterprises(10 000 yuan)			
有限责任公司(万元)	Limited Company(10 000 yuan)	57953	87224	50.5
股份有限公司(万元)	Share Holding Limited Company(10 000 yuan)			
私营企业(万元)	Privately Owned Enterprises(10 000 yuan)		2122	
其他企业(万元)	Enterprises of Other Ownership(10 000 yuan)			
港澳台商投资企业(万元)	Funds from HK,Macao & Taiwan(10 000 yuan)	12800		
外商投资企业(万元)	Foreign Funded Enterprises(10 000 yuan)			
工业企业增加值(万元)	Value Added of Industrial Enterprises(10 000 yuan)			10.0
工业企业资产总计(万元)	Total Assets of Industrial Enterprises(10 000 yuan)	156129	196823	26.1
工业企业负债合计(万元)	Total Liabilities of Industrial Enterprises(10 000 yuan)	122416	148971	21.7
工业企业产品销售收入(万元)	Sales of Revenue Industrial Enterprises(10 000 yuan)	68810	78647	14.3
工业企业利润总额(万元)	Total Profits of Industrial Enterprises(10 000 yuan)	-3231	-541	
建筑业	**Construction**			
建筑企业单位数(个)	Number of Construction Enterprises(unit)	7	7	0.0
建筑企业从业人员(人)	Number of Employee in Construction Enterprises(person)	336	444	32.1
建筑业总产值(万元)	Gross Construction Output Value(10 000 yuan)	26883	30870	14.8
交通运输邮电通信业	**Transportation,Post & Telecommunications**			
公路里程(公里)	Total Length of Highways(km)	2790	2790	0.0
邮电业务总量(万元)	Business Volume of Post & Telecoms(10 000 yuan)	13593	14462	6.4
本地电话用户(户)	Number of Subscribers of Local Telephone(Household)	222142	212264	-4.4
国内贸易	**Domestic Trade**			
社会消费品零售总额(万元)	Total Retail Sales of Consumer Goods(10 000 yuan)	235075	253530	7.9
城镇(万元)	Town(10 000 yuan)	143230	208360	45.5
乡村(万元)	Village(10 000 yuan)	91845	45170	-50.8
科技教育卫生	**Science,Education & Public Health**			
各类专业技术人员(人)	Special Technical Personnel(person)	4745	4762	0.4
幼儿园数(所)	Number of Kindergartens(unit)	24	20	-16.7
学龄儿童入学率(%)	Percentage of School-Age Children Enrolled(%)	100.0	100.0	0.0
小学学校数(所)	Number of Primary Schools(unit)	25	23	-8.0
小学专任教师数(人)	Number of Full-time Teachers of Primary Schools(person)	1437	966	-32.8
小学在校学生数(人)	Number of Student Enrollment of Primary Schools(person)	9360	9197	-1.7
普通中学学校数(所)	Number of Regular Secondary Schools(unit)	10	10	0.0
普通中学专任教师数(人)	Number of Teachers of Secondary Shools(person)	927	655	-29.3
初中在校学生数(人)	Number of Student in Junior Secondary Schools(person)	4897	4614	-5.8
高中在校学生数(人)	Number of Student in Senior Secondary Schools(person)	3571	3085	-13.6
卫生机构数(所)	Number of Health Institutions(unit)	173	188	8.7
# 医院(所)	Hospitals(unit)	5	5	0.0
卫生院(所)	Township Hospitals(unit)	9	9	0.0
床位数(张)	Number of Beds(unit)	902	836	-7.3
# 医院(张)	Hospitals(unit)	554	601	8.5
卫生院(张)	Township Hospitals(unit)	248	190	-23.4
卫生技术人员(人)	Medical Technical Presonnel(person)	1384	1423	2.8
# 医院(人)	Hospitals(person)	532	529	-0.6
卫生院(人)	Township Hospitals(person)	462	476	3.0

23-38 呼伦贝尔市鄂温克族自治旗

指　标	Item	2014	2015	2015年比上年增长% Increase Rate in 2015 Over 2014(%)
行政区域土地面积(平方公里)	**Area of Administration(Sq.km)**	**19111**	**19111**	**0.0**
人口和就业	**Population & Employment**			
年末户籍人口(人)	The Registered Population Year-end(person)	142967	139775	-2.2
#男性(人)	Male(person)	73639	71583	-2.8
#乡村人口(人)	Rural(person)	29536	23936	
年末常住人口(人)	Permanet Resident Population Year-end(person)			
#男性(人)	Male(person)			
#乡村人口(人)	Rural(person)			
年末总户数(户)	Total Number of Households at the Year-end(Household)	54139	54215	0.1
#乡村户数(户)	Number of Rural Household(Household)	9016	9116	1.1
出生人口(人)	Births(person)	1179	915	-22.4
死亡人口(人)	Deaths(person)	989	968	-2.1
全社会就业人员(人)	Employment(person)	71620	73459	2.6
第一产业(人)	Primary Industry(person)	17122	17259	0.8
第二产业(人)	Secondary Industry(person)	19171	19087	-0.4
第三产业(人)	Tertiary Industry(person)	35327	37113	5.1
在岗职工人数(人)	Number of Staff & Workers Employed in(person)	28878	28670	-0.7
乡村劳动力(人)	Number of Rural Laborers(person)	18427	18061	-2.0
#农林牧渔业(人)	Farming,Forestry,Animal Husbandry & Fishery(person)	14916	14900	-0.1
国民经济综合指标	**Summary Item on the National Economy**			
生产总值(万元)	Gross Domestic Product(10 000 yuan)	1090309	1115644	8.2
第一产业(万元)	Primary Industry(10 000 yuan)	83250	80446	3.9
第二产业(万元)	Secondary Industry(10 000 yuan)	754643	760719	8.5
#工业(万元)	Industry(10 000 yuan)	678304	679723	8.5
第三产业(万元)	Tertiary Industry(10 000 yuan)	252416	274480	8.7
人均生产总值(元)	Per Capita GDP(yuan)	76144	78916	9.6
全社会固定资产投资(万元)	Total Investment in Fixed Assets(10 000 yuan)	490015	622794	27.1
按登记注册类型分	Grouped by Registered Type			
#国有(万元)	State-owned Enterprises(10 000 yuan)	101635	192425	89.3
集体(万元)	Collective-owned Enterprises(10 000 yuan)			
有限责任公司(万元)	Limited Liability Corporations(10 000 yuan)	314326	387865	23.4
股份有限公司(万元)	Share Holding Enterprises(10 000 yuan)	31461	16959	-46.1
私营企业(万元)	Private Enterprises(10 000 yuan)	42247	25435	-39.8
外商及港澳台投资企业(万元)	Funds from HK,Macao,Taiwan & Foreign(10 000 yuan)	346	110	-68.2
一般公共预算收入(万元)	General Public Budget Revenue(10 000 yuan)	81065	86741	7.0
一般公共预算支出(万元)	General Public Budget Expenditure(10 000 yuan)	180606	219681	21.6
住户存款余额(万元)	The balance of savings deposits of Households(10 000 yuan)		45157	
在岗职工工资总额(万元)	Total Wages of Staff & Workers Employed in(10 000 yuan)	202935	200298	-1.3
在岗职工平均工资(元)	Average Wage of Staff & Workers Employed in(yuan)	68815	69863	1.5
全体居民人均可支配收入(元)	The per capita disposable income of all residents(yuan)	22357	24324	8.8
城镇常住居民人均可支配收入(元)	The per capita disposable income of urban permanent residents(yuan)	23226	25200	8.5
农村牧区常住居民人均可支配收入(元)	The per capita disposable income of permanent residents of rural and pastoral areas(yuan)	16264	17646	8.5
农村牧区经济	**Economic Development in Rural & Pastoral Area**			
农作物总播种面积(公顷)	Total Sown Area(hectare)	22408	28151	25.6
#粮食作物播种面积(公顷)	Sown Area of Grain Crops(hectare)	12661	18011	42.3
农牧业机械总动力(万千瓦)	Total Power of Agricultural Machinery(10 000 kw)	15.55	20.10	29.3
化肥施用折纯量(吨)	Consumption of Chemical Fertilizer(ton)	3933	3852	-2.1
农村用电量(万千瓦小时)	Electricity Consumed in Rural Area(10 000 kwh)	945	933	-1.3
农林牧渔业总产值(万元)	Gross Output of Farming,Forestry,Animal Husbandry & Fishery(10 000 yuan)	136902	146902	4.0
粮食产量(吨)	Yield of Grain(ton)	20669	30688	48.5
油料产量(吨)	Yield of Oil-bearing Grops(ton)	5819	6072	4.3
甜菜产量(吨)	Yield of Beetroots(ton)			
猪牛羊肉产量(吨)	Output of Pork, Beef & Mutton(ton)	17621	17488	-0.8
#猪肉产量(吨)	Output of Pork(ton)	2888	2875	-0.5
牛肉产量(吨)	Output of Beef(ton)	11475	8451	-26.4
羊肉产量(吨)	Output of Mutton(ton)	3258	6162	89.1
羊毛产量(吨)	Output of Wool(ton)	1265	1462	15.6

23-38 Ewenke National Autonomous Banner in Hulunbeier City

指　标	Item	2014	2015	2015年比上年增长% Increase Rate in 2015 Over 2014(%)
年末牲畜存栏头数(万头只)	Total Livestock at the Year-end(10 000 heads)	63.40	66.67	5.2
#大牲畜(万头只)	Large Animals(10 000 heads)	13.34	14.06	5.4
羊(万只)	Sheep & Goats(10 000 heads)	48.98	51.58	5.3
猪(万头)	Hogs(10 000 heads)	1.09	1.03	-5.5
规模以上工业	**Industrial Enterprises above Designated size**			
工业企业单位数(个)	Number of Industrial Enterprises(unit)	15	15	0.0
# 内资企业(个)	Civil Funded Enterprises(unit)	14	15	7.1
工业总产值(万元)	Gross Industrial Output Value(10 000 yuan)	967790	1019083	5.3
内资企业(万元)	Civil Funded Enterprises(10 000 yuan)	967790	1019083	5.3
国有企业(万元)	State-owned Enterprises(10 000 yuan)			
集体企业(万元)	Collective-owned Enterprises(10 000 yuan)			
股份合作企业(万元)	Share Holding Enterprises(10 000 yuan)			
联营企业(万元)	Joint Owned Enterprises(10 000 yuan)			
有限责任公司(万元)	Limited Company(10 000 yuan)	947076	989166	4.4
股份有限公司(万元)	Share Holding Limited Company(10 000 yuan)			
私营企业(万元)	Privately Owned Enterprises(10 000 yuan)	20714	29917	44.4
其他企业(万元)	Enterprises of Other Ownership(10 000 yuan)			
港澳台商投资企业(万元)	Funds from HK,Macao & Taiwan(10 000 yuan)			
外商投资企业(万元)	Foreign Funded Enterprises(10 000 yuan)	6402		
工业企业增加值(万元)	Value Added of Industrial Enterprises(10 000 yuan)			9.5
工业企业资产总计(万元)	Total Assets of Industrial Enterprises(10 000 yuan)	2318603	3019011	30.2
工业企业负债合计(万元)	Total Liabilities of Industrial Enterprises(10 000 yuan)	2456622	2332472	-5.1
工业企业产品销售收入(万元)	Sales of Revenue Industrial Enterprises(10 000 yuan)	848027	1015589	19.8
工业企业利润总额(万元)	Total Profits of Industrial Enterprises(10 000 yuan)	41110	-35894	
建筑业	**Construction**			
建筑企业单位数(个)	Number of Construction Enterprises(unit)	4	4	0.0
建筑企业从业人员(人)	Number of Employee in Construction Enterprises(person)	1952	2583	32.3
建筑业总产值(万元)	Gross Construction Output Value(10 000 yuan)	190248	154718	-18.7
交通运输邮电通信业	**Transportation,Post & Telecommunications**			
公路里程(公里)	Total Length of Highways(km)	1109	1109	0.0
邮电业务总量(万元)	Business Volume of Post & Telecoms(10 000 yuan)	1380	1478	7.1
本地电话用户(户)	Number of Subscribers of Local Telephone(Household)	20202	23884	18.2
国内贸易	**Domestic Trade**			
社会消费品零售总额(万元)	Total Retail Sales of Consumer Goods(10 000 yuan)	146828	159235	8.5
城镇(万元)	Town(10 000 yuan)	128706	137973	7.2
乡村(万元)	Village(10 000 yuan)	18122	21262	17.3
科技教育卫生	**Science,Education & Public Health**			
各类专业技术人员(人)	Special Technical Personnel(person)	2950	3141	6.5
幼儿园数(所)	Number of Kindergartens(unit)	26	24	-7.7
学龄儿童入学率(%)	Percentage of School-Age Children Enrolled(%)	100.0	100.0	0.0
小学学校数(所)	Number of Primary Schools(unit)	10	10	0.0
小学专任教师数(人)	Number of Full-time Teachers of Primary Schools(person)	591	725	22.7
小学在校学生数(人)	Number of Student Enrollment of Primary Schools(person)	4927	4919	-0.2
普通中学学校数(所)	Number of Regular Secondary Schools(unit)	11	11	0.0
普通中学专任教师数(人)	Number of Teachers of Secondary Shools(person)	727	819	12.7
初中在校学生数(人)	Number of Student in Junior Secondary Schools(person)	2517	2282	-9.3
高中在校学生数(人)	Number of Student in Senior Secondary Schools(person)	1375	1353	-1.6
卫生机构数(所)	Number of Health Institutions(unit)	103	88	-14.6
# 医院(所)	Hospitals(unit)	6	7	16.7
卫生院(所)	Township Hospitals(unit)	8	10	25.0
床位数(张)	Number of Beds(unit)	797	975	22.3
# 医院(张)	Hospitals(unit)	599	763	27.4
卫生院(张)	Township Hospitals(unit)	108	112	3.7
卫生技术人员(人)	Medical Technical Presonnel(person)	895	1008	12.6
# 医院(人)	Hospitals(person)	549	609	10.9
卫生院(人)	Township Hospitals(person)	209	278	33.0

23-39 呼伦贝尔市新巴尔虎右旗

指　标	Item	2014	2015	2015年比上年增长% Increase Rate in 2015 Over 2014(%)
行政区域土地面积(平方公里)	**Area of Administration(Sq.km)**	**24839**	**24839**	**0.0**
人口和就业	**Population & Employment**			
年末户籍人口(人)	The Registered Population Year-end(person)	35201	34987	-0.6
#男性(人)	Male(person)	17575	17624	0.3
#乡村人口(人)	Rural(person)	16420	18678	
年末常住人口(人)	Permanet Resident Population Year-end(person)			
#男性(人)	Male(person)			
#乡村人口(人)	Rural(person)			
年末总户数(户)	Total Number of Households at the Year-end(Household)	14725	15042	2.2
#乡村户数(户)	Number of Rural Household(Household)	5546	6150	10.9
出生人口(人)	Births(person)	439	356	-18.9
死亡人口(人)	Deaths(person)	237	224	-5.5
全社会就业人员(人)	Employment(person)	25614	27586	7.7
第一产业(人)	Primary Industry(person)	11227	11430	1.8
第二产业(人)	Secondary Industry(person)	5553	5901	6.3
第三产业(人)	Tertiary Industry(person)	8834	10255	16.1
在岗职工人数(人)	Number of Staff & Workers Employed in(person)	4653	4548	-2.3
乡村劳动力(人)	Number of Rural Laborers(person)	11670	12100	3.7
#农林牧渔业(人)	Farming,Forestry,Animal Husbandry & Fishery(person)	9068	9126	0.6
国民经济综合指标	**Summary Item on the National Economy**			
生产总值(万元)	Gross Domestic Product(10 000 yuan)	771554	780260	8.7
第一产业(万元)	Primary Industry(10 000 yuan)	48129	43494	3.9
第二产业(万元)	Secondary Industry(10 000 yuan)	608366	609876	8.9
#工业(万元)	Industry(10 000 yuan)	595317	595952	8.9
第三产业(万元)	Tertiary Industry(10 000 yuan)	115059	126891	9.3
人均生产总值(元)	Per Capita GDP(yuan)	217796	220921	9.1
全社会固定资产投资(万元)	Total Investment in Fixed Assets(10 000 yuan)	242112	318653	31.6
按登记注册类型分	Grouped by Registered Type			
#国有(万元)	State-owned Enterprises(10 000 yuan)	192129	260457	35.6
集体(万元)	Collective-owned Enterprises(10 000 yuan)			
有限责任公司(万元)	Limited Liability Corporations(10 000 yuan)	36226	36712	1.3
股份有限公司(万元)	Share Holding Enterprises(10 000 yuan)			
私营企业(万元)	Private Enterprises(10 000 yuan)	11485	19904	73.3
外商及港澳台投资企业(万元)	Funds from HK,Macao,Taiwan & Foreign(10 000 yuan)			
一般公共预算收入(万元)	General Public Budget Revenue(10 000 yuan)	48034	51420	7.0
一般公共预算支出(万元)	General Public Budget Expenditure(10 000 yuan)	112999	117258	3.8
住户存款余额(万元)	The balance of savings deposits of Households(10 000 yuan)		74660	
在岗职工工资总额(万元)	Total Wages of Staff & Workers Employed in(10 000 yuan)	23840	28227	18.4
在岗职工平均工资(元)	Average Wage of Staff & Workers Employed in(yuan)	52235	62546	19.7
全体居民人均可支配收入(元)	The per capita disposable income of all residents(yuan)	19241	20857	8.5
城镇常住居民人均可支配收入(元)	The per capita disposable income of urban permanent residents(yuan)	22834	24684	8.1
农村牧区常住居民人均可支配收入(元)	The per capita disposable income of permanent residents of rural and pastoral areas(yuan)	15671	16956	8.2
农村牧区经济	**Economic Development in Rural & Pastoral Area**			
农作物总播种面积(公顷)	Total Sown Area(hectare)	2133	1581	-25.9
#粮食作物播种面积(公顷)	Sown Area of Grain Crops(hectare)	1043	1201	15.1
农牧业机械总动力(万千瓦)	Total Power of Agricultural Machinery(10 000 kw)	5.96	8.00	34.2
化肥施用折纯量(吨)	Consumption of Chemical Fertilizer(ton)	49	49	0.0
农村用电量(万千瓦小时)	Electricity Consumed in Rural Area(10 000 kwh)	169	192	13.6
农林牧渔业总产值(万元)	Gross Output of Farming,Forestry,Animal Husbandry & Fishery(10 000 yuan)	79147	76999	4.0
粮食产量(吨)	Yield of Grain(ton)	8556	7600	-11.2
油料产量(吨)	Yield of Oil-bearing Grops(ton)	9		
甜菜产量(吨)	Yield of Beetroots(ton)			
猪牛羊肉产量(吨)	Output of Pork, Beef & Mutton(ton)	16603	24265	46.1
#猪肉产量(吨)	Output of Pork(ton)	57	41	-28.1
牛肉产量(吨)	Output of Beef(ton)	2290	4171	82.1
羊肉产量(吨)	Output of Mutton(ton)	14256	20053	40.7
羊毛产量(吨)	Output of Wool(ton)	754	1360	80.4

23-39 Xinbaerhuyou Banner in Hulunbeier City

指　标	Item	2014	2015	2015年比上年增长% Increase Rate in 2015 Over 2014(%)
年末牲畜存栏头数(万头只)	Total Livestock at the Year-end(10 000 heads)	113.82	120.97	6.3
#大牲畜(万头只)	Large Animals(10 000 heads)	6.00	6.86	14.4
羊(万只)	Sheep & Goats(10 000 heads)	107.75	114.07	5.9
猪(万头)	Hogs(10 000 heads)	0.07	0.05	-28.6
规模以上工业	**Industrial Enterprises above Designated size**			
工业企业单位数(个)	Number of Industrial Enterprises(unit)	15	16	6.7
# 内资企业(个)	Civil Funded Enterprises(unit)	14	15	7.1
工业总产值(万元)	Gross Industrial Output Value(10 000 yuan)	798045	996286	24.8
内资企业(万元)	Civil Funded Enterprises(10 000 yuan)	795793	993797	24.9
国有企业(万元)	State-owned Enterprises(10 000 yuan)			
集体企业(万元)	Collective-owned Enterprises(10 000 yuan)			
股份合作企业(万元)	Share Holding Enterprises(10 000 yuan)			
联营企业(万元)	Joint Owned Enterprises(10 000 yuan)			
有限责任公司(万元)	Limited Company(10 000 yuan)	663173	848459	27.9
股份有限公司(万元)	Share Holding Limited Company(10 000 yuan)			
私营企业(万元)	Privately Owned Enterprises(10 000 yuan)	132620	145338	9.6
其他企业(万元)	Enterprises of Other Ownership(10 000 yuan)			
港澳台商投资企业(万元)	Funds from HK,Macao & Taiwan(10 000 yuan)			
外商投资企业(万元)	Foreign Funded Enterprises(10 000 yuan)	2252	2489	10.5
工业企业增加值(万元)	Value Added of Industrial Enterprises(10 000 yuan)			10.0
工业企业资产总计(万元)	Total Assets of Industrial Enterprises(10 000 yuan)	2188204	1894280	-13.4
工业企业负债合计(万元)	Total Liabilities of Industrial Enterprises(10 000 yuan)	920469	909574	-1.2
工业企业产品销售收入(万元)	Sales of Revenue Industrial Enterprises(10 000 yuan)	847720	956740	12.9
工业企业利润总额(万元)	Total Profits of Industrial Enterprises(10 000 yuan)	86471	30400	-64.8
建筑业	**Construction**			
建筑企业单位数(个)	Number of Construction Enterprises(unit)			
建筑企业从业人员(人)	Number of Employee in Construction Enterprises(person)			
建筑业总产值(万元)	Gross Construction Output Value(10 000 yuan)			
交通运输邮电通信业	**Transportation,Post & Telecommunications**			
公路里程(公里)	Total Length of Highways(km)	1078	1133	5.1
邮电业务总量(万元)	Business Volume of Post & Telecoms(10 000 yuan)	5445	5691	4.5
本地电话用户(户)	Number of Subscribers of Local Telephone(Household)	6688	5479	-18.1
国内贸易	**Domestic Trade**			
社会消费品零售总额(万元)	Total Retail Sales of Consumer Goods(10 000 yuan)	55722	60208	8.1
城镇(万元)	Town(10 000 yuan)	36776	39737	8.1
乡村(万元)	Village(10 000 yuan)	18946	20471	8.0
科技教育卫生	**Science,Education & Public Health**			
各类专业技术人员(人)	Special Technical Personnel(person)	1291	1316	1.9
幼儿园数(所)	Number of Kindergartens(unit)	6	7	16.7
学龄儿童入学率(%)	Percentage of School-Age Children Enrolled(%)	100.0	100.0	0.0
小学学校数(所)	Number of Primary Schools(unit)	2	2	0.0
小学专任教师数(人)	Number of Full-time Teachers of Primary Schools(person)	171	172	0.6
小学在校学生数(人)	Number of Student Enrollment of Primary Schools(person)	1674	1750	4.5
普通中学学校数(所)	Number of Regular Secondary Schools(unit)	2	2	0.0
普通中学专任教师数(人)	Number of Teachers of Secondary Shools(person)	117	114	-2.6
初中在校学生数(人)	Number of Student in Junior Secondary Schools(person)	670	675	0.7
高中在校学生数(人)	Number of Student in Senior Secondary Schools(person)	79	53	-32.9
卫生机构数(所)	Number of Health Institutions(unit)	28	28	0.0
# 医院(所)	Hospitals(unit)	2	2	0.0
卫生院(所)	Township Hospitals(unit)	12	12	0.0
床位数(张)	Number of Beds(unit)	168	168	0.0
# 医院(张)	Hospitals(unit)	160	160	0.0
卫生院(张)	Township Hospitals(unit)			
卫生技术人员(人)	Medical Technical Presonnel(person)	336	352	4.8
# 医院(人)	Hospitals(person)	191	203	6.3
卫生院(人)	Township Hospitals(person)	89	89	0.0

23-40 呼伦贝尔市新巴尔虎左旗

指　标	Item	2014	2015	2015年比上年增长% Increase Rate in 2015 Over 2014(%)
行政区域土地面积(平方公里)	**Area of Administration(Sq.km)**	**21634**	**21634**	**0.0**
人口和就业	**Population & Employment**			
年末户籍人口(人)	The Registered Population Year-end(person)	43043	42052	-2.3
#男性(人)	Male(person)	21353	20857	-2.3
#乡村人口(人)	Rural(person)	19261	23664	
年末常住人口(人)	Permanet Resident Population Year-end(person)			
#男性(人)	Male(person)			
#乡村人口(人)	Rural(person)			
年末总户数(户)	Total Number of Households at the Year-end(Household)	19610	19543	-0.3
#乡村户数(户)	Number of Rural Household(Household)	5895	9189	55.9
出生人口(人)	Births(person)	474	361	-23.8
死亡人口(人)	Deaths(person)	337	304	-9.8
全社会就业人员(人)	Employment(person)	24561	28933	17.8
第一产业(人)	Primary Industry(person)	11476	15163	32.1
第二产业(人)	Secondary Industry(person)	2488	2694	8.3
第三产业(人)	Tertiary Industry(person)	10597	11076	4.5
在岗职工人数(人)	Number of Staff & Workers Employed in(person)	4537	4682	3.2
乡村劳动力(人)	Number of Rural Laborers(person)	13145	17400	32.4
#农林牧渔业(人)	Farming,Forestry,Animal Husbandry & Fishery(person)	10426	13800	32.4
国民经济综合指标	**Summary Item on the National Economy**			
生产总值(万元)	Gross Domestic Product(10 000 yuan)	349660	359071	8.1
第一产业(万元)	Primary Industry(10 000 yuan)	73580	68111	4.1
第二产业(万元)	Secondary Industry(10 000 yuan)	174864	179359	8.9
#工业(万元)	Industry(10 000 yuan)	113432	113503	7.8
第三产业(万元)	Tertiary Industry(10 000 yuan)	101216	111601	9.4
人均生产总值(元)	Per Capita GDP(yuan)	81663	84393	8.7
全社会固定资产投资(万元)	Total Investment in Fixed Assets(10 000 yuan)	230003	262160	14.0
按登记注册类型分	Grouped by Registered Type			
#国有(万元)	State-owned Enterprises(10 000 yuan)	184009	113472	-38.3
集体(万元)	Collective-owned Enterprises(10 000 yuan)			
有限责任公司(万元)	Limited Liability Corporations(10 000 yuan)	4000	102274	2456.9
股份有限公司(万元)	Share Holding Enterprises(10 000 yuan)	8981	4001	-55.5
私营企业(万元)	Private Enterprises(10 000 yuan)	33013	33263	0.8
外商及港澳台投资企业(万元)	Funds from HK,Macao,Taiwan & Foreign(10 000 yuan)			
一般公共预算收入(万元)	General Public Budget Revenue(10 000 yuan)	12984	19875	53.1
一般公共预算支出(万元)	General Public Budget Expenditure(10 000 yuan)	88051	102668	16.6
住户存款余额(万元)	The balance of savings deposits of Households(10 000 yuan)		52756	
在岗职工工资总额(万元)	Total Wages of Staff & Workers Employed in(10 000 yuan)	23160	25412	9.7
在岗职工平均工资(元)	Average Wage of Staff & Workers Employed in(yuan)	50811	54613	7.5
全体居民人均可支配收入(元)	The per capita disposable income of all residents(yuan)	17579	19056	8.4
城镇常住居民人均可支配收入(元)	The per capita disposable income of urban permanent residents(yuan)	19795	21379	8.0
农村牧区常住居民人均可支配收入(元)	The per capita disposable income of permanent residents of rural and pastoral areas(yuan)	15570	16831	8.1
农村牧区经济	**Economic Development in Rural & Pastoral Area**			
农作物总播种面积(公顷)	Total Sown Area(hectare)	26521	28120	6.0
#粮食作物播种面积(公顷)	Sown Area of Grain Crops(hectare)	20897	20304	-2.8
农牧业机械总动力(万千瓦)	Total Power of Agricultural Machinery(10 000 kw)	18.82	19.21	2.1
化肥施用折纯量(吨)	Consumption of Chemical Fertilizer(ton)	650	650	0.0
农村用电量(万千瓦小时)	Electricity Consumed in Rural Area(10 000 kwh)	530	530	0.0
农林牧渔业总产值(万元)	Gross Output of Farming,Forestry,Animal Husbandry & Fishery(10 000 yuan)	121000	117938	4.2
粮食产量(吨)	Yield of Grain(ton)	78261	57460	-26.6
油料产量(吨)	Yield of Oil-bearing Grops(ton)	11353	10899	-4.0
甜菜产量(吨)	Yield of Beetroots(ton)			
猪牛羊肉产量(吨)	Output of Pork, Beef & Mutton(ton)	21161	15423.5	-27.1
#猪肉产量(吨)	Output of Pork(ton)	59	37.5	-36.4
牛肉产量(吨)	Output of Beef(ton)	7244	8070	11.4
羊肉产量(吨)	Output of Mutton(ton)	13858	7316	-47.2
羊毛产量(吨)	Output of Wool(ton)	2751	2894.8	5.2

23-40 Xinbaerhuzuo Banner in Hulunbeier City

指　　标	Item	2014	2015	2015年比上年增长% Increase Rate in 2015 Over 2014(%)
年末牲畜存栏头数(万头只)	Total Livestock at the Year-end(10 000 heads)	102.43	110.85	8.2
# 大牲畜(万头只)	Large Animals(10 000 heads)	16.82	18.98	12.8
羊(万只)	Sheep & Goats(10 000 heads)	85.50	91.75	7.3
猪(万头)	Hogs(10 000 heads)	0.11	0.13	18.2
规模以上工业	**Industrial Enterprises above Designated size**			
工业企业单位数(个)	Number of Industrial Enterprises(unit)	9	8	-11.1
# 内资企业(个)	Civil Funded Enterprises(unit)	8	7	-12.5
工业总产值(万元)	Gross Industrial Output Value(10 000 yuan)	49796	40127	-19.4
内资企业(万元)	Civil Funded Enterprises(10 000 yuan)	47294	36683	-22.4
国有企业(万元)	State-owned Enterprises(10 000 yuan)	8011	8859	10.6
集体企业(万元)	Collective-owned Enterprises(10 000 yuan)			
股份合作企业(万元)	Share Holding Enterprises(10 000 yuan)			
联营企业(万元)	Joint Owned Enterprises(10 000 yuan)			
有限责任公司(万元)	Limited Company(10 000 yuan)	39283	27824	-29.2
股份有限公司(万元)	Share Holding Limited Company(10 000 yuan)			
私营企业(万元)	Privately Owned Enterprises(10 000 yuan)			
其他企业(万元)	Enterprises of Other Ownership(10 000 yuan)			
港澳台商投资企业(万元)	Funds from HK,Macao & Taiwan(10 000 yuan)			
外商投资企业(万元)	Foreign Funded Enterprises(10 000 yuan)	2502	3444	37.6
工业企业增加值(万元)	Value Added of Industrial Enterprises(10 000 yuan)			8.3
工业企业资产总计(万元)	Total Assets of Industrial Enterprises(10 000 yuan)	388917	347062	-10.8
工业企业负债合计(万元)	Total Liabilities of Industrial Enterprises(10 000 yuan)	118135	118320	0.2
工业企业产品销售收入(万元)	Sales of Revenue Industrial Enterprises(10 000 yuan)	47914	37459	-21.8
工业企业利润总额(万元)	Total Profits of Industrial Enterprises(10 000 yuan)	-21906	-42901	
建筑业	**Construction**			
建筑企业单位数(个)	Number of Construction Enterprises(unit)			
建筑企业从业人员(人)	Number of Employee in Construction Enterprises(person)			
建筑业总产值(万元)	Gross Construction Output Value(10 000 yuan)			
交通运输邮电通信业	**Transportation,Post & Telecommunications**			
公路里程(公里)	Total Length of Highways(km)	1927	2112	9.6
邮电业务总量(万元)	Business Volume of Post & Telecoms(10 000 yuan)	245	263	7.0
本地电话用户(户)	Number of Subscribers of Local Telephone(Household)	5222	5903	13.0
国内贸易	**Domestic Trade**			
社会消费品零售总额(万元)	Total Retail Sales of Consumer Goods(10 000 yuan)	58684	63467	8.2
城镇(万元)	Town(10 000 yuan)	45904	50259	9.5
乡村(万元)	Village(10 000 yuan)	12780	13208	3.3
科技教育卫生	**Science,Education & Public Health**			
各类专业技术人员(人)	Special Technical Personnel(person)	1161	1218	4.9
幼儿园数(所)	Number of Kindergartens(unit)	7	7	0.0
学龄儿童入学率(%)	Percentage of School-Age Children Enrolled(%)	100.0	100.0	0.0
小学学校数(所)	Number of Primary Schools(unit)	2	2	0.0
小学专任教师数(人)	Number of Full-time Teachers of Primary Schools(person)	201	207	3.0
小学在校学生数(人)	Number of Student Enrollment of Primary Schools(person)	1819	1768	-2.8
普通中学学校数(所)	Number of Regular Secondary Schools(unit)	4	4	0.0
普通中学专任教师数(人)	Number of Teachers of Secondary Shools(person)	144	146	1.4
初中在校学生数(人)	Number of Student in Junior Secondary Schools(person)	651	733	12.6
高中在校学生数(人)	Number of Student in Senior Secondary Schools(person)			
卫生机构数(所)	Number of Health Institutions(unit)	21	21	0.0
# 医院(所)	Hospitals(unit)	2	2	0.0
卫生院(所)	Township Hospitals(unit)	12	12	0.0
床位数(张)	Number of Beds(unit)	153	153	0.0
# 医院(张)	Hospitals(unit)	80	80	0.0
卫生院(张)	Township Hospitals(unit)	56	64	14.3
卫生技术人员(人)	Medical Technical Presonnel(person)	330	329	-0.3
# 医院(人)	Hospitals(person)	171	165	-3.5
卫生院(人)	Township Hospitals(person)	76	84	10.5

23-41 呼伦贝尔市陈巴尔虎旗

指　标	Item	2014	2015	2015年比上年增长% Increase Rate in 2015 Over 2014(%)
行政区域土地面积(平方公里)	**Area of Administration(Sq.km)**	**17458**	**17458**	**0.0**
人口和就业	**Population & Employment**			
年末户籍人口(人)	The Registered Population Year-end(person)	58711	56768	-3.3
#男性(人)	Male(person)	30071	29021	-3.5
#乡村人口(人)	Rural(person)	10835	18340	
年末常住人口(人)	Permanet Resident Population Year-end(person)			
#男性(人)	Male(person)			
#乡村人口(人)	Rural(person)			
年末总户数(户)	Total Number of Households at the Year-end(Household)	23495	24685	5.1
#乡村户数(户)	Number of Rural Household(Household)	4593	5060	10.2
出生人口(人)	Births(person)	544	404	-25.7
死亡人口(人)	Deaths(person)	419	469	11.9
全社会就业人员(人)	Employment(person)	32813	32458	-1.1
第一产业(人)	Primary Industry(person)	14431	15757	9.2
第二产业(人)	Secondary Industry(person)	7498	5724	-23.7
第三产业(人)	Tertiary Industry(person)	10884	10977	0.9
在岗职工人数(人)	Number of Staff & Workers Employed in(person)	11274	11220	-0.5
乡村劳动力(人)	Number of Rural Laborers(person)	7038	8277	17.6
#农林牧渔业(人)	Farming,Forestry,Animal Husbandry & Fishery(person)	6826	8025	17.6
国民经济综合指标	**Summary Item on the National Economy**			
生产总值(万元)	Gross Domestic Product(10 000 yuan)	890371	909200	8.2
第一产业(万元)	Primary Industry(10 000 yuan)	102252	99124	3.9
第二产业(万元)	Secondary Industry(10 000 yuan)	605295	609951	8.6
#工业(万元)	Industry(10 000 yuan)	571315	573082	8.4
第三产业(万元)	Tertiary Industry(10 000 yuan)	182823	200125	8.8
人均生产总值(元)	Per Capita GDP(yuan)	151626	157466	10.0
全社会固定资产投资(万元)	Total Investment in Fixed Assets(10 000 yuan)	176000	259572	46.7
按登记注册类型分	Grouped by Registered Type			
#国有(万元)	State-owned Enterprises(10 000 yuan)	53875	183371	240.4
集体(万元)	Collective-owned Enterprises(10 000 yuan)		21041	
有限责任公司(万元)	Limited Liability Corporations(10 000 yuan)			
股份有限公司(万元)	Share Holding Enterprises(10 000 yuan)			
私营企业(万元)	Private Enterprises(10 000 yuan)	16545		
外商及港澳台投资企业(万元)	Funds from HK,Macao,Taiwan & Foreign(10 000 yuan)	105580	51834	-50.9
一般公共预算收入(万元)	General Public Budget Revenue(10 000 yuan)	55397	59006	6.5
一般公共预算支出(万元)	General Public Budget Expenditure(10 000 yuan)	124719	148233	18.9
住户存款余额(万元)	The balance of savings deposits of Households(10 000 yuan)		124045	
在岗职工工资总额(万元)	Total Wages of Staff & Workers Employed in(10 000 yuan)	73213	77238	5.5
在岗职工平均工资(元)	Average Wage of Staff & Workers Employed in(yuan)	66800	68735	2.9
全体居民人均可支配收入(元)	The per capita disposable income of all residents(yuan)	22359	24282	8.6
城镇常住居民人均可支配收入(元)	The per capita disposable income of urban permanent residents(yuan)	23635	25597	8.3
农村牧区常住居民人均可支配收入(元)	The per capita disposable income of permanent residents of rural and pastoral areas(yuan)	15868	17185	8.3
农村牧区经济	**Economic Development in Rural & Pastoral Area**			
农作物总播种面积(公顷)	Total Sown Area(hectare)	81649	78080	-4.4
#粮食作物播种面积(公顷)	Sown Area of Grain Crops(hectare)	43360	42279	-2.5
农牧业机械总动力(万千瓦)	Total Power of Agricultural Machinery(10 000 kw)	21.50	21.72	1.0
化肥施用折纯量(吨)	Consumption of Chemical Fertilizer(ton)	10829	10862	0.3
农村用电量(万千瓦小时)	Electricity Consumed in Rural Area(10 000 kwh)	2051	1892	-7.8
农林牧渔业总产值(万元)	Gross Output of Farming,Forestry,Animal Husbandry & Fishery(10 000 yuan)	168150	167514	4.0
粮食产量(吨)	Yield of Grain(ton)	124701	115037	-7.7
油料产量(吨)	Yield of Oil-bearing Grops(ton)	50984	55076	8.0
甜菜产量(吨)	Yield of Beetroots(ton)			
猪牛羊肉产量(吨)	Output of Pork, Beef & Mutton(ton)	17512	17775	1.5
#猪肉产量(吨)	Output of Pork(ton)	469	457	-2.6
牛肉产量(吨)	Output of Beef(ton)	11327	11841	4.5
羊肉产量(吨)	Output of Mutton(ton)	5716	5477	-4.2
羊毛产量(吨)	Output of Wool(ton)	1180	1415	19.9

23-41 Chenbaerhu Banner in Hulunbeier City

指　标	Item	2014	2015	2015年比上年增长% Increase Rate in 2015 Over 2014(%)
年末牲畜存栏头数(万头只)	Total Livestock at the Year-end(10 000 heads)	67.54	72.08	6.7
#大牲畜(万头只)	Large Animals(10 000 heads)	14.25	15.49	8.7
羊(万只)	Sheep & Goats(10 000 heads)	52.83	56.18	6.3
猪(万头)	Hogs(10 000 heads)	0.46	0.41	-10.7
规模以上工业	**Industrial Enterprises above Designated size**			
工业企业单位数(个)	Number of Industrial Enterprises(unit)	17	17	0. 0
#内资企业(个)	Civil Funded Enterprises(unit)	15	13	-13.3
工业总产值(万元)	Gross Industrial Output Value(10 000 yuan)	909954	857020	-5.8
内资企业(万元)	Civil Funded Enterprises(10 000 yuan)	845041	714377	-15.5
国有企业(万元)	State-owned Enterprises(10 000 yuan)	17116	19101	11.6
集体企业(万元)	Collective-owned Enterprises(10 000 yuan)			
股份合作企业(万元)	Share Holding Enterprises(10 000 yuan)			
联营企业(万元)	Joint Owned Enterprises(10 000 yuan)			
有限责任公司(万元)	Limited Company(10 000 yuan)			
股份有限公司(万元)	Share Holding Limited Company(10 000 yuan)	816829	604371	-26.0
私营企业(万元)	Privately Owned Enterprises(10 000 yuan)			
其他企业(万元)	Enterprises of Other Ownership(10 000 yuan)	11096	90905	719.3
港澳台商投资企业(万元)	Funds from HK,Macao & Taiwan(10 000 yuan)	62663	140067	123.5
外商投资企业(万元)	Foreign Funded Enterprises(10 000 yuan)	2250	2576	14.5
工业企业增加值(万元)	Value Added of Industrial Enterprises(10 000 yuan)			8.4
工业企业资产总计(万元)	Total Assets of Industrial Enterprises(10 000 yuan)	2268495	2341337	3.2
工业企业负债合计(万元)	Total Liabilities of Industrial Enterprises(10 000 yuan)	1546873	1592825	3.0
工业企业产品销售收入(万元)	Sales of Revenue Industrial Enterprises(10 000 yuan)	843881	746467	-11.5
工业企业利润总额(万元)	Total Profits of Industrial Enterprises(10 000 yuan)	126266	92815	-26.5
建筑业	**Construction**			
建筑企业单位数(个)	Number of Construction Enterprises(unit)	1	1	0.0
建筑企业从业人员(人)	Number of Employee in Construction Enterprises(person)	78	159	103.8
建筑业总产值(万元)	Gross Construction Output Value(10 000 yuan)	1234	1357	10.0
交通运输邮电通信业	**Transportation,Post & Telecommunications**			
公路里程(公里)	Total Length of Highways(km)	1388	1388	0.0
邮电业务总量(万元)	Business Volume of Post & Telecoms(10 000 yuan)	7451	7437	-0.2
本地电话用户(户)	Number of Subscribers of Local Telephone(Household)	81143	82230	1.3
国内贸易	**Domestic Trade**			
社会消费品零售总额(万元)	Total Retail Sales of Consumer Goods(10 000 yuan)	52305	56463	8.0
城镇(万元)	Town(10 000 yuan)	35755	38579	7.9
乡村(万元)	Village(10 000 yuan)	16550	17884	8.1
科技教育卫生	**Science,Education & Public Health**			
各类专业技术人员(人)	Special Technical Personnel(person)	1461	1728	18.3
幼儿园数(所)	Number of Kindergartens(unit)	2	3	50.0
学龄儿童入学率(%)	Percentage of School-Age Children Enrolled(%)	100.0	100.0	0.0
小学学校数(所)	Number of Primary Schools(unit)	7	7	0.0
小学专任教师数(人)	Number of Full-time Teachers of Primary Schools(person)	420	404	-3.8
小学在校学生数(人)	Number of Student Enrollment of Primary Schools(person)	2199	2172	-1.2
普通中学学校数(所)	Number of Regular Secondary Schools(unit)	3	3	0.0
普通中学专任教师数(人)	Number of Teachers of Secondary Shools(person)	251	244	-2.8
初中在校学生数(人)	Number of Student in Junior Secondary Schools(person)	1153	1079	-6.4
高中在校学生数(人)	Number of Student in Senior Secondary Schools(person)			
卫生机构数(所)	Number of Health Institutions(unit)	16	16	0.0
#医院(所)	Hospitals(unit)	6	6	0.0
卫生院(所)	Township Hospitals(unit)	7	7	0.0
床位数(张)	Number of Beds(unit)	290	215	-25.9
#医院(张)	Hospitals(unit)	210	160	-23.8
卫生院(张)	Township Hospitals(unit)	80	55	-31.3
卫生技术人员(人)	Medical Technical Presonnel(person)	355	401	13.0
#医院(人)	Hospitals(person)	235	265	12.8
卫生院(人)	Township Hospitals(person)	99	136	37.4

23-42 兴安盟乌兰浩特市

指 标	Item	2014	2015	2015年比上年增长% Increase Rate in 2015 Over 2014(%)
行政区域土地面积(平方公里)	**Area of Administration(Sq.km)**	**2728**	**2728**	**0.0**
人口和就业	**Population & Employment**			
年末户籍人口(人)	The Registered Population Year-end(person)	322360	318984	-1.0
# 男性(人)	Male(person)	159134	157354	-1.1
# 乡村人口(人)	Rural(person)	78170	73056	
年末常住人口(人)	Permanet Resident Population Year-end(person)	331130	331000	0.0
# 男性(人)	Male(person)			
# 乡村人口(人)	Rural(person)	40200	36800	-8.5
年末总户数(户)	Total Number of Households at the Year-end(Household)	129084	128213	-0.7
# 乡村户数(户)	Number of Rural Household(Household)	24567	26596	8.3
出生人口(人)	Births(person)	3093	2545	-17.7
死亡人口(人)	Deaths(person)	2179	1853	-15.0
全社会就业人员(人)	Employment(person)	149100	158452	6.3
第一产业(人)	Primary Industry(person)	34999	40681	16.2
第二产业(人)	Secondary Industry(person)	20599	21404	3.9
第三产业(人)	Tertiary Industry(person)	93502	96367	3.1
在岗职工人数(人)	Number of Staff & Workers Employed in(person)	41822	43270	3.5
乡村劳动力(人)	Number of Rural Laborers(person)	42089	49508	17.6
# 农林牧渔业(人)	Farming,Forestry,Animal Husbandry & Fishery(person)	32231	38187	18.5
国民经济综合指标	**Summary Item on the National Economy**			
生产总值(万元)	Gross Domestic Product(10 000 yuan)	1475701	1618518	8.8
第一产业(万元)	Primary Industry(10 000 yuan)	95940	97744	5.3
第二产业(万元)	Secondary Industry(10 000 yuan)	693645	762174	8.9
# 工业(万元)	Industry(10 000 yuan)	583438	641418	8.1
第三产业(万元)	Tertiary Industry(10 000 yuan)	686116	758600	9.1
人均生产总值(元)	Per Capita GDP(yuan)	44535	48888	8.9
全社会固定资产投资(万元)	Total Investment in Fixed Assets(10 000 yuan)	800032	943084	17.9
按登记注册类型分	Grouped by Registered Type			
# 国有(万元)	State-owned Enterprises(10 000 yuan)	543715	768155	41.3
集体(万元)	Collective-owned Enterprises(10 000 yuan)	1821	15581	755.6
有限责任公司(万元)	Limited Liability Corporations(10 000 yuan)	4087	18111	343.1
股份有限公司(万元)	Share Holding Enterprises(10 000 yuan)	8010	36398	354.4
私营企业(万元)	Private Enterprises(10 000 yuan)	1370		
外商及港澳台投资企业(万元)	Funds from HK,Macao,Taiwan & Foreign(10 000 yuan)			
一般公共预算收入(万元)	General Public Budget Revenue(10 000 yuan)	71722	77397	7.9
一般公共预算支出(万元)	General Public Budget Expenditure(10 000 yuan)	253273	367640	45.2
住户存款余额(万元)	The balance of savings deposits of Households(10 000 yuan)		1273761	
在岗职工工资总额(万元)	Total Wages of Staff & Workers Employed in(10 000 yuan)	227144	259476	14.2
在岗职工平均工资(元)	Average Wage of Staff & Workers Employed in(yuan)	54467	60651	11.4
全体居民人均可支配收入(元)	The per capita disposable income of all residents(yuan)	21221	23279	9.7
城镇常住居民人均可支配收入(元)	The per capita disposable income of urban permanent residents(yuan)	22667	24616	8.6
农村牧区常住居民人均可支配收入(元)	The per capita disposable income of permanent residents of rural and pastoral areas(yuan)	10645	11539	8.4
农村牧区经济	**Economic Development in Rural & Pastoral Area**			
农作物总播种面积(公顷)	Total Sown Area(hectare)	42228	43239	2.4
# 粮食作物播种面积(公顷)	Sown Area of Grain Crops(hectare)	38605	41013	6.2
农牧业机械总动力(万千瓦)	Total Power of Agricultural Machinery(10 000 kw)	26.78	28.98	8.2
化肥施用折纯量(吨)	Consumption of Chemical Fertilizer(ton)	16832	16295	-3.2
农村用电量(万千瓦小时)	Electricity Consumed in Rural Area(10 000 kwh)	4584	4426	-3.4
农林牧渔业总产值(万元)	Gross Output of Farming,Forestry,Animal Husbandry & Fishery(10 000 yuan)	171115	174625	5.2
粮食产量(吨)	Yield of Grain(ton)	234900	255560	8.8
油料产量(吨)	Yield of Oil-bearing Grops(ton)	1025	1036	1.1
甜菜产量(吨)	Yield of Beetroots(ton)			
猪牛羊肉产量(吨)	Output of Pork, Beef & Mutton(ton)	11255	11449	1.7
# 猪肉产量(吨)	Output of Pork(ton)	3691	3646	-1.2
牛肉产量(吨)	Output of Beef(ton)	5377	5477	1.9
羊肉产量(吨)	Output of Mutton(ton)	2187	2326	6.4
羊毛产量(吨)	Output of Wool(ton)	519	465	-10.4

23-42 Wulanhaote City in Xingan League

指 标	Item	2014	2015	2015年比上年增长% Increase Rate in 2015 Over 2014(%)
年末牲畜存栏头数(万头只)	Total Livestock at the Year-end(10 000 heads)	30.08	29.22	-2.9
# 大牲畜(万头只)	Large Animals(10 000 heads)	5.41	4.44	-17.8
羊(万只)	Sheep & Goats(10 000 heads)	21.74	22.78	4.8
猪(万头)	Hogs(10 000 heads)	2.93	2.00	-31.8
规模以上工业	**Industrial Enterprises above Designated size**			
工业企业单位数(个)	Number of Industrial Enterprises(unit)	50	55	10.0
# 内资企业(个)	Civil Funded Enterprises(unit)	46	51	10.9
工业总产值(万元)	Gross Industrial Output Value(10 000 yuan)	1247231	1385377	11.1
内资企业(万元)	Civil Funded Enterprises(10 000 yuan)	1027973	1150283	11.9
国有企业(万元)	State-owned Enterprises(10 000 yuan)			
集体企业(万元)	Collective-owned Enterprises(10 000 yuan)	2546	2871	12.8
股份合作企业(万元)	Share Holding Enterprises(10 000 yuan)			
联营企业(万元)	Joint Owned Enterprises(10 000 yuan)			
有限责任公司(万元)	Limited Company(10 000 yuan)	918748	1037971	13.0
股份有限公司(万元)	Share Holding Limited Company(10 000 yuan)			
私营企业(万元)	Privately Owned Enterprises(10 000 yuan)	106678	109441	2.6
其他企业(万元)	Enterprises of Other Ownership(10 000 yuan)			
港澳台商投资企业(万元)	Funds from HK,Macao & Taiwan(10 000 yuan)	24722	23990	-3.0
外商投资企业(万元)	Foreign Funded Enterprises(10 000 yuan)	194536	211104	8.5
工业企业增加值(万元)	Value Added of Industrial Enterprises(10 000 yuan)			10.1
工业企业资产总计(万元)	Total Assets of Industrial Enterprises(10 000 yuan)	943740	1463996	55.1
工业企业负债合计(万元)	Total Liabilities of Industrial Enterprises(10 000 yuan)	737419	1063043	44.2
工业企业产品销售收入(万元)	Sales of Revenue Industrial Enterprises(10 000 yuan)	1198752	1194953	-0.3
工业企业利润总额(万元)	Total Profits of Industrial Enterprises(10 000 yuan)	60992	69329	13.7
建筑业	**Construction**			
建筑企业单位数(个)	Number of Construction Enterprises(unit)	26	27	3.8
建筑企业从业人员(人)	Number of Employee in Construction Enterprises(person)	5459	7868	44.1
建筑业总产值(万元)	Gross Construction Output Value(10 000 yuan)	213280	262354	23.0
交通运输邮电通信业	**Transportation,Post & Telecommunications**			
公路里程(公里)	Total Length of Highways(km)	570	1043	83.0
邮电业务总量(万元)	Business Volume of Post & Telecoms(10 000 yuan)	45651	43573	-4.6
本地电话用户(户)	Number of Subscribers of Local Telephone(Household)	62333	57406	-7.9
国内贸易	**Domestic Trade**			
社会消费品零售总额(万元)	Total Retail Sales of Consumer Goods(10 000 yuan)	1011192	1096445	8.4
城镇(万元)	Town(10 000 yuan)	1011192	1096445	8.4
乡村(万元)	Village(10 000 yuan)			
科技教育卫生	**Science,Education & Public Health**			
各类专业技术人员(人)	Special Technical Personnel(person)	8605	8978	4.3
幼儿园数(所)	Number of Kindergartens(unit)	60	66	10.0
学龄儿童入学率(%)	Percentage of School-Age Children Enrolled(%)	100.0	100.0	0.0
小学学校数(所)	Number of Primary Schools(unit)	23	23	0.0
小学专任教师数(人)	Number of Full-time Teachers of Primary Schools(person)	1426	1324	-7.2
小学在校学生数(人)	Number of Student Enrollment of Primary Schools(person)	19212	19773	2.9
普通中学学校数(所)	Number of Regular Secondary Schools(unit)	18	18	0.0
普通中学专任教师数(人)	Number of Teachers of Secondary Shools(person)	1836	1777	-3.2
初中在校学生数(人)	Number of Student in Junior Secondary Schools(person)	11058	10569	-4.4
高中在校学生数(人)	Number of Student in Senior Secondary Schools(person)	11802	11206	-5.0
卫生机构数(所)	Number of Health Institutions(unit)	292	297	1.7
# 医院(所)	Hospitals(unit)	16	16	0.0
卫生院(所)	Township Hospitals(unit)	7	7	0.0
床位数(张)	Number of Beds(unit)	3054	3025	-0.9
# 医院(张)	Hospitals(unit)	2790	2807	0.6
卫生院(张)	Township Hospitals(unit)	120	120	0.0
卫生技术人员(人)	Medical Technical Presonnel(person)	3710	4036	8.8
# 医院(人)	Hospitals(person)	2761	3034	9.9
卫生院(人)	Township Hospitals(person)	86	84	-2.3

23-43 兴安盟阿尔山市

指 标	Item	2014	2015	2015年比上年增长% Increase Rate in 2015 Over 2014(%)
行政区域土地面积(平方公里)	**Area of Administration(Sq.km)**	**7409**	**7409**	**0.0**
人口和就业	**Population & Employment**			
年末户籍人口(人)	The Registered Population Year-end(person)	48318	46503	-3.8
# 男性(人)	Male(person)	24125	23189	-3.9
# 乡村人口(人)	Rural(person)			
年末常住人口(人)	Permanet Resident Population Year-end(person)	68520	68000	-0.8
# 男性(人)	Male(person)			
# 乡村人口(人)	Rural(person)	10980	10500	-4.4
年末总户数(户)	Total Number of Households at the Year-end(Household)	22456	22017	-2.0
# 乡村户数(户)	Number of Rural Household(Household)	3426	3433	0.2
出生人口(人)	Births(person)	312	256	-17.9
死亡人口(人)	Deaths(person)	459	475	3.5
全社会就业人员(人)	Employment(person)	23911	23386	-2.2
第一产业(人)	Primary Industry(person)	8538	8498	-0.5
第二产业(人)	Secondary Industry(person)	2166	1804	-16.7
第三产业(人)	Tertiary Industry(person)	13207	13084	-0.9
在岗职工人数(人)	Number of Staff & Workers Employed in(person)	6119	6209	1.5
乡村劳动力(人)	Number of Rural Laborers(person)	4016	4021	0.1
# 农林牧渔业(人)	Farming,Forestry,Animal Husbandry & Fishery(person)	3170	3176	0.2
国民经济综合指标	**Summary Item on the National Economy**			
生产总值(万元)	Gross Domestic Product(10 000 yuan)	151419	168104	8.7
第一产业(万元)	Primary Industry(10 000 yuan)	25900	27258	4.5
第二产业(万元)	Secondary Industry(10 000 yuan)	37384	40058	8.2
# 工业(万元)	Industry(10 000 yuan)	7168	7750	0.2
第三产业(万元)	Tertiary Industry(10 000 yuan)	88135	100788	10.1
人均生产总值(元)	Per Capita GDP(yuan)	22030	24627	9.4
全社会固定资产投资(万元)	Total Investment in Fixed Assets(10 000 yuan)	308143	370000	20.1
按登记注册类型分	Grouped by Registered Type			
# 国有(万元)	State-owned Enterprises(10 000 yuan)	202995	273874	34.9
集体(万元)	Collective-owned Enterprises(10 000 yuan)			
有限责任公司(万元)	Limited Liability Corporations(10 000 yuan)	47444	32037	-32.5
股份有限公司(万元)	Share Holding Enterprises(10 000 yuan)	9862	7800	-20.9
私营企业(万元)	Private Enterprises(10 000 yuan)			
外商及港澳台投资企业(万元)	Funds from HK,Macao,Taiwan & Foreign(10 000 yuan)			
一般公共预算收入(万元)	General Public Budget Revenue(10 000 yuan)	8975	10148	13.1
一般公共预算支出(万元)	General Public Budget Expenditure(10 000 yuan)	149021	139198	-6.6
住户存款余额(万元)	The balance of savings deposits of Households(10 000 yuan)		150076	
在岗职工工资总额(万元)	Total Wages of Staff & Workers Employed in(10 000 yuan)	29949	35800	19.5
在岗职工平均工资(元)	Average Wage of Staff & Workers Employed in(yuan)	49649	58259	17.3
全体居民人均可支配收入(元)	The per capita disposable income of all residents(yuan)	17737	19528	10.1
城镇常住居民人均可支配收入(元)	The per capita disposable income of urban permanent residents(yuan)	20359	22171	8.9
农村牧区常住居民人均可支配收入(元)	The per capita disposable income of permanent residents of rural and pastoral areas(yuan)	7280	7906	8.6
农村牧区经济	**Economic Development in Rural & Pastoral Area**			
农作物总播种面积(公顷)	Total Sown Area(hectare)	18603	21892	17.7
# 粮食作物播种面积(公顷)	Sown Area of Grain Crops(hectare)	12605	13191	4.6
农牧业机械总动力(万千瓦)	Total Power of Agricultural Machinery(10 000 kw)	5.43	5.62	3.5
化肥施用折纯量(吨)	Consumption of Chemical Fertilizer(ton)	2456	2479	0.9
农村用电量(万千瓦小时)	Electricity Consumed in Rural Area(10 000 kwh)	90	92	2.2
农林牧渔业总产值(万元)	Gross Output of Farming,Forestry,Animal Husbandry & Fishery(10 000 yuan)	41218	43320	4.6
粮食产量(吨)	Yield of Grain(ton)	62565	63565	1.6
油料产量(吨)	Yield of Oil-bearing Grops(ton)	5840	11679	100.0
甜菜产量(吨)	Yield of Beetroots(ton)		15458	
猪牛羊肉产量(吨)	Output of Pork, Beef & Mutton(ton)	1660	1700	2.4
# 猪肉产量(吨)	Output of Pork(ton)	340	353	3.8
牛肉产量(吨)	Output of Beef(ton)	424	428	0.9
羊肉产量(吨)	Output of Mutton(ton)	896	919	2.6
羊毛产量(吨)	Output of Wool(ton)	570	525	-7.9

23-43 Aershan City in Xingan League

指 标	Item	2014	2015	2015年比上年增长% Increase Rate in 2015 Over 2014(%)
年末牲畜存栏头数(万头只)	Total Livestock at the Year-end(10 000 heads)	14.96	15.80	5.6
#大牲畜(万头只)	Large Animals(10 000 heads)	0.76	0.78	2.8
羊(万只)	Sheep & Goats(10 000 heads)	13.95	14.75	5.8
猪(万头)	Hogs(10 000 heads)	0.26	0.27	5.6
规模以上工业	**Industrial Enterprises above Designated size**			
工业企业单位数(个)	Number of Industrial Enterprises(unit)	2	2	0.0
#内资企业(个)	Civil Funded Enterprises(unit)	2	2	0.0
工业总产值(万元)	Gross Industrial Output Value(10 000 yuan)	14568	9433	-35.2
内资企业(万元)	Civil Funded Enterprises(10 000 yuan)	14568	9433	-35.2
国有企业(万元)	State-owned Enterprises(10 000 yuan)			
集体企业(万元)	Collective-owned Enterprises(10 000 yuan)			
股份合作企业(万元)	Share Holding Enterprises(10 000 yuan)			
联营企业(万元)	Joint Owned Enterprises(10 000 yuan)			
有限责任公司(万元)	Limited Company(10 000 yuan)	14568	9433	-35.2
股份有限公司(万元)	Share Holding Limited Company(10 000 yuan)			
私营企业(万元)	Privately Owned Enterprises(10 000 yuan)			
其他企业(万元)	Enterprises of Other Ownership(10 000 yuan)			
港澳台商投资企业(万元)	Funds from HK,Macao & Taiwan(10 000 yuan)			
外商投资企业(万元)	Foreign Funded Enterprises(10 000 yuan)			
工业企业增加值(万元)	Value Added of Industrial Enterprises(10 000 yuan)			-24.9
工业企业资产总计(万元)	Total Assets of Industrial Enterprises(10 000 yuan)	104092	104065	0.0
工业企业负债合计(万元)	Total Liabilities of Industrial Enterprises(10 000 yuan)	94414	99408	5.3
工业企业产品销售收入(万元)	Sales of Revenue Industrial Enterprises(10 000 yuan)	15459	7778	-49.7
工业企业利润总额(万元)	Total Profits of Industrial Enterprises(10 000 yuan)	-771	-5021	
建筑业	**Construction**			
建筑企业单位数(个)	Number of Construction Enterprises(unit)	1	1	0.0
建筑企业从业人员(人)	Number of Employee in Construction Enterprises(person)	280	290	3.6
建筑业总产值(万元)	Gross Construction Output Value(10 000 yuan)	5100	5150	1.0
交通运输邮电通信业	**Transportation,Post & Telecommunications**			
公路里程(公里)	Total Length of Highways(km)	795	861	8.3
邮电业务总量(万元)	Business Volume of Post & Telecoms(10 000 yuan)	4951	4851	-2.0
本地电话用户(户)	Number of Subscribers of Local Telephone(Household)	7219	5987	-17.1
国内贸易	**Domestic Trade**			
社会消费品零售总额(万元)	Total Retail Sales of Consumer Goods(10 000 yuan)	62625	67850	8.3
城镇(万元)	Town(10 000 yuan)	44187	46649	5.6
乡村(万元)	Village(10 000 yuan)	18438	21202	15.0
科技教育卫生	**Science,Education & Public Health**			
各类专业技术人员(人)	Special Technical Personnel(person)	1310	1349	3.0
幼儿园数(所)	Number of Kindergartens(unit)	4	6	50.0
学龄儿童入学率(%)	Percentage of School-Age Children Enrolled(%)	100.0	100.0	0.0
小学学校数(所)	Number of Primary Schools(unit)	4	4	0.0
小学专任教师数(人)	Number of Full-time Teachers of Primary Schools(person)	185	188	1.6
小学在校学生数(人)	Number of Student Enrollment of Primary Schools(person)	1234	1240	0.5
普通中学学校数(所)	Number of Regular Secondary Schools(unit)	2	2	0.0
普通中学专任教师数(人)	Number of Teachers of Secondary Shools(person)	155	158	1.9
初中在校学生数(人)	Number of Student in Junior Secondary Schools(person)	500	373	-25.4
高中在校学生数(人)	Number of Student in Senior Secondary Schools(person)	169	177	4.7
卫生机构数(所)	Number of Health Institutions(unit)	42	32	-23.8
#医院(所)	Hospitals(unit)	2	2	0.0
卫生院(所)	Township Hospitals(unit)	4	4	0.0
床位数(张)	Number of Beds(unit)	323	359	11.1
#医院(张)	Hospitals(unit)	114	114	0.0
卫生院(张)	Township Hospitals(unit)	38	36	-5.3
卫生技术人员(人)	Medical Technical Presonnel(person)	296	260	-12.2
#医院(人)	Hospitals(person)	97	107	10.3
卫生院(人)	Township Hospitals(person)	50	49	-2.0

23-44 兴安盟科尔沁右翼前旗

指 标	Item	2014	2015	2015年比上年增长% Increase Rate in 2015 Over 2014(%)
行政区域土地面积(平方公里)	**Area of Administration(Sq.km)**	**17428**	**17428**	**0.0**
人口和就业	**Population & Employment**			
年末户籍人口(人)	The Registered Population Year-end(person)	337405	332087	-1.6
#男性(人)	Male(person)	174243	171750	-1.4
#乡村人口(人)	Rural(person)	293140	285936	
年末常住人口(人)	Permanet Resident Population Year-end(person)	296200	296000	-0.1
#男性(人)	Male(person)			
#乡村人口(人)	Rural(person)	233070	230000	-1.3
年末总户数(户)	Total Number of Households at the Year-end(Household)	121726	119898	-1.5
#乡村户数(户)	Number of Rural Household(Household)	91176	93226	2.2
出生人口(人)	Births(person)	4098	2279	-44.4
死亡人口(人)	Deaths(person)	2505	2118	-15.4
全社会就业人员(人)	Employment(person)	181020	188829	4.3
第一产业(人)	Primary Industry(person)	124461	124719	0.2
第二产业(人)	Secondary Industry(person)	15597	15336	-1.7
第三产业(人)	Tertiary Industry(person)	40962	48774	19.1
在岗职工人数(人)	Number of Staff & Workers Employed in(person)	19127	19337	1.1
乡村劳动力(人)	Number of Rural Laborers(person)	142535	147853	3.7
#农林牧渔业(人)	Farming,Forestry,Animal Husbandry & Fishery(person)	118907	118849	0.0
国民经济综合指标	**Summary Item on the National Economy**			
生产总值(万元)	Gross Domestic Product(10 000 yuan)	888182	966020	9.1
第一产业(万元)	Primary Industry(10 000 yuan)	339913	346949	5.3
第二产业(万元)	Secondary Industry(10 000 yuan)	308680	351003	11.5
#工业(万元)	Industry(10 000 yuan)	251799	290040	11.8
第三产业(万元)	Tertiary Industry(10 000 yuan)	239589	268068	10.7
人均生产总值(元)	Per Capita GDP(yuan)	29964	32625	9.2
全社会固定资产投资(万元)	Total Investment in Fixed Assets(10 000 yuan)	750733	885098	17.9
按登记注册类型分	Grouped by Registered Type			
#国有(万元)	State-owned Enterprises(10 000 yuan)	456738	555943	21.7
集体(万元)	Collective-owned Enterprises(10 000 yuan)			
有限责任公司(万元)	Limited Liability Corporations(10 000 yuan)	249976	306155	22.5
股份有限公司(万元)	Share Holding Enterprises(10 000 yuan)	3500	23000	557.1
私营企业(万元)	Private Enterprises(10 000 yuan)			
外商及港澳台投资企业(万元)	Funds from HK,Macao,Taiwan & Foreign(10 000 yuan)			
一般公共预算收入(万元)	General Public Budget Revenue(10 000 yuan)	25129	29079	15.7
一般公共预算支出(万元)	General Public Budget Expenditure(10 000 yuan)	272850	347800	27.5
住户存款余额(万元)	The balance of savings deposits of Households(10 000 yuan)		218642	
在岗职工工资总额(万元)	Total Wages of Staff & Workers Employed in(10 000 yuan)	81640	103293	26.5
在岗职工平均工资(元)	Average Wage of Staff & Workers Employed in(yuan)	41604	50833	22.2
全体居民人均可支配收入(元)	The per capita disposable income of all residents(yuan)	9463	10400	9.9
城镇常住居民人均可支配收入(元)	The per capita disposable income of urban permanent residents(yuan)	19244	20918	8.7
农村牧区常住居民人均可支配收入(元)	The per capita disposable income of permanent residents of rural and pastoral areas(yuan)	7250	7881	8.7
农村牧区经济	**Economic Development in Rural & Pastoral Area**			
农作物总播种面积(公顷)	Total Sown Area(hectare)	185936	198582	6.8
#粮食作物播种面积(公顷)	Sown Area of Grain Crops(hectare)	177453	181627	2.4
农牧业机械总动力(万千瓦)	Total Power of Agricultural Machinery(10 000 kw)	94.86	101.14	6.6
化肥施用折纯量(吨)	Consumption of Chemical Fertilizer(ton)	79560	82100	3.2
农村用电量(万千瓦小时)	Electricity Consumed in Rural Area(10 000 kwh)	5065	8321	64.3
农林牧渔业总产值(万元)	Gross Output of Farming,Forestry,Animal Husbandry & Fishery(10 000 yuan)	571393	584342	5.8
粮食产量(吨)	Yield of Grain(ton)	1032542	1092512	5.8
油料产量(吨)	Yield of Oil-bearing Grops(ton)	7365	22732	208.6
甜菜产量(吨)	Yield of Beetroots(ton)	1305	56590	4236.4
猪牛羊肉产量(吨)	Output of Pork, Beef & Mutton(ton)	52694	54260	3.0
#猪肉产量(吨)	Output of Pork(ton)	7673	7080	-7.7
牛肉产量(吨)	Output of Beef(ton)	5608	5700	1.6
羊肉产量(吨)	Output of Mutton(ton)	39413	41480	5.2
羊毛产量(吨)	Output of Wool(ton)	5580	4742	-15.0

23-44 Keerqinyouyiqian Banner in Xingan League

指 标	Item	2014	2015	2015年比上年增长% Increase Rate in 2015 Over 2014(%)
年末牲畜存栏头数(万头只)	Total Livestock at the Year-end(10 000 heads)	248.68	256.81	3.3
# 大牲畜(万头只)	Large Animals(10 000 heads)	12.34	11.69	-5.3
羊(万只)	Sheep & Goats(10 000 heads)	228.28	239.79	5.0
猪(万头)	Hogs(10 000 heads)	8.06	5.34	-33.8
规模以上工业	**Industrial Enterprises above Designated size**			
工业企业单位数(个)	Number of Industrial Enterprises(unit)	35	39	11.4
# 内资企业(个)	Civil Funded Enterprises(unit)	34	38	11.8
工业总产值(万元)	Gross Industrial Output Value(10 000 yuan)	670560	825785	23.1
内资企业(万元)	Civil Funded Enterprises(10 000 yuan)	670560	825785	23.1
国有企业(万元)	State-owned Enterprises(10 000 yuan)			
集体企业(万元)	Collective-owned Enterprises(10 000 yuan)	30302	37338	23.2
股份合作企业(万元)	Share Holding Enterprises(10 000 yuan)			
联营企业(万元)	Joint Owned Enterprises(10 000 yuan)			
有限责任公司(万元)	Limited Company(10 000 yuan)	333083	288623	-13.3
股份有限公司(万元)	Share Holding Limited Company(10 000 yuan)			
私营企业(万元)	Privately Owned Enterprises(10 000 yuan)	307175	499824	62.7
其他企业(万元)	Enterprises of Other Ownership(10 000 yuan)			
港澳台商投资企业(万元)	Funds from HK,Macao & Taiwan(10 000 yuan)			
外商投资企业(万元)	Foreign Funded Enterprises(10 000 yuan)			
工业企业增加值(万元)	Value Added of Industrial Enterprises(10 000 yuan)			13.1
工业企业资产总计(万元)	Total Assets of Industrial Enterprises(10 000 yuan)	394185	531747	34.9
工业企业负债合计(万元)	Total Liabilities of Industrial Enterprises(10 000 yuan)	290536	349019	20.1
工业企业产品销售收入(万元)	Sales of Revenue Industrial Enterprises(10 000 yuan)	700409	801552	14.4
工业企业利润总额(万元)	Total Profits of Industrial Enterprises(10 000 yuan)	30419	33503	10.1
建筑业	**Construction**			
建筑企业单位数(个)	Number of Construction Enterprises(unit)	3	4	33.3
建筑企业从业人员(人)	Number of Employee in Construction Enterprises(person)	1742	1629	-6.5
建筑业总产值(万元)	Gross Construction Output Value(10 000 yuan)	28239	34376	21.7
交通运输邮电通信业	**Transportation,Post & Telecommunications**			
公路里程(公里)	Total Length of Highways(km)	2988	2837	-5.1
邮电业务总量(万元)	Business Volume of Post & Telecoms(10 000 yuan)	14116	15032	6.5
本地电话用户(户)	Number of Subscribers of Local Telephone(Household)	11577	9950	-14.1
国内贸易	**Domestic Trade**			
社会消费品零售总额(万元)	Total Retail Sales of Consumer Goods(10 000 yuan)	237641	258363	8.7
城镇(万元)	Town(10 000 yuan)	134016	143101	6.8
乡村(万元)	Village(10 000 yuan)	103624	115262	11.2
科技教育卫生	**Science,Education & Public Health**			
各类专业技术人员(人)	Special Technical Personnel(person)	7234	7523	4.0
幼儿园数(所)	Number of Kindergartens(unit)	39	67	71.8
学龄儿童入学率(%)	Percentage of School-Age Children Enrolled(%)	100.0	100.0	0.0
小学学校数(所)	Number of Primary Schools(unit)	25	25	0.0
小学专任教师数(人)	Number of Full-time Teachers of Primary Schools(person)	2095	2023	-3.4
小学在校学生数(人)	Number of Student Enrollment of Primary Schools(person)	14723	15869	7.8
普通中学学校数(所)	Number of Regular Secondary Schools(unit)	24	24	0.0
普通中学专任教师数(人)	Number of Teachers of Secondary Shools(person)	1492	1455	-2.5
初中在校学生数(人)	Number of Student in Junior Secondary Schools(person)	5902	6035	2.3
高中在校学生数(人)	Number of Student in Senior Secondary Schools(person)	2960	3444	16.4
卫生机构数(所)	Number of Health Institutions(unit)	439	450	2.5
# 医院(所)	Hospitals(unit)	1	1	0.0
卫生院(所)	Township Hospitals(unit)	25	25	0.0
床位数(张)	Number of Beds(unit)	1165	1167	0.2
# 医院(张)	Hospitals(unit)	540	540	0.0
卫生院(张)	Township Hospitals(unit)	562	563	0.2
卫生技术人员(人)	Medical Technical Presonnel(person)	1559	1529	-1.9
# 医院(人)	Hospitals(person)	479	519	8.4
卫生院(人)	Township Hospitals(person)	633	556	-12.2

23-45 兴安盟科尔沁右翼中旗

指 标	Item	2014	2015	2015年比上年增长% Increase Rate in 2015 Over 2014(%)
行政区域土地面积(平方公里)	**Area of Administration(Sq.km)**	**15613**	**15613**	**0.0**
人口和就业	**Population & Employment**			
年末户籍人口(人)	The Registered Population Year-end(person)	261159	253900	-2.8
#男性(人)	Male(person)	132376	127426	-3.7
#乡村人口(人)	Rural(person)	179861	179831	
年末常住人口(人)	Permanet Resident Population Year-end(person)	248700	248000	-0.3
#男性(人)	Male(person)			
#乡村人口(人)	Rural(person)	147340	144500	-1.9
年末总户数(户)	Total Number of Households at the Year-end(Household)	86065	88916	3.3
#乡村户数(户)	Number of Rural Household(Household)	54965	56562	2.9
出生人口(人)	Births(person)	2695	2472	-8.3
死亡人口(人)	Deaths(person)	1394	1133	-18.7
全社会就业人员(人)	Employment(person)	137722	133270	-3.2
第一产业(人)	Primary Industry(person)	92467	88148	-4.7
第二产业(人)	Secondary Industry(person)	9974	10304	3.3
第三产业(人)	Tertiary Industry(person)	35281	34818	-1.3
在岗职工人数(人)	Number of Staff & Workers Employed in(person)	18423	19177	4.1
乡村劳动力(人)	Number of Rural Laborers(person)	100613	94858	-5.7
#农林牧渔业(人)	Farming,Forestry,Animal Husbandry & Fishery(person)	87277	82412	-5.6
国民经济综合指标	**Summary Item on the National Economy**			
生产总值(万元)	Gross Domestic Product(10 000 yuan)	575523	634138	9.0
第一产业(万元)	Primary Industry(10 000 yuan)	178823	182005	5.0
第二产业(万元)	Secondary Industry(10 000 yuan)	205602	240060	11.3
#工业(万元)	Industry(10 000 yuan)	151722	180465	10.4
第三产业(万元)	Tertiary Industry(10 000 yuan)	191098	212073	9.9
人均生产总值(元)	Per Capita GDP(yuan)	23127	25534	9.2
全社会固定资产投资(万元)	Total Investment in Fixed Assets(10 000 yuan)	600342	706985	17.8
按登记注册类型分	Grouped by Registered Type			
#国有(万元)	State-owned Enterprises(10 000 yuan)	308559	340565	10.4
集体(万元)	Collective-owned Enterprises(10 000 yuan)			
有限责任公司(万元)	Limited Liability Corporations(10 000 yuan)	146566	279401	90.6
股份有限公司(万元)	Share Holding Enterprises(10 000 yuan)	8000		
私营企业(万元)	Private Enterprises(10 000 yuan)	23741		
外商及港澳台投资企业(万元)	Funds from HK,Macao,Taiwan & Foreign(10 000 yuan)			
一般公共预算收入(万元)	General Public Budget Revenue(10 000 yuan)	17924	20574	14.8
一般公共预算支出(万元)	General Public Budget Expenditure(10 000 yuan)	219627	278080	26.6
住户存款余额(万元)	The balance of savings deposits of Households(10 000 yuan)		206094	
在岗职工工资总额(万元)	Total Wages of Staff & Workers Employed in(10 000 yuan)	73600	86262	17.2
在岗职工平均工资(元)	Average Wage of Staff & Workers Employed in(yuan)	40179	45079	12.2
全体居民人均可支配收入(元)	The per capita disposable income of all residents(yuan)	11103	12169	9.6
城镇常住居民人均可支配收入(元)	The per capita disposable income of urban permanent residents(yuan)	18450	20018	8.5
农村牧区常住居民人均可支配收入(元)	The per capita disposable income of permanent residents of rural and pastoral areas(yuan)	6751	7325	8.5
农村牧区经济	**Economic Development in Rural & Pastoral Area**			
农作物总播种面积(公顷)	Total Sown Area(hectare)	140795	153935	9.3
#粮食作物播种面积(公顷)	Sown Area of Grain Crops(hectare)	118500	120613	1.8
农牧业机械总动力(万千瓦)	Total Power of Agricultural Machinery(10 000 kw)	61.35	65.96	7.5
化肥施用折纯量(吨)	Consumption of Chemical Fertilizer(ton)	50600	46621	-7.9
农村用电量(万千瓦小时)	Electricity Consumed in Rural Area(10 000 kwh)	6755	6526	-3.4
农林牧渔业总产值(万元)	Gross Output of Farming,Forestry,Animal Husbandry & Fishery(10 000 yuan)	308547	314179	5.0
粮食产量(吨)	Yield of Grain(ton)	650031	695026	6.9
油料产量(吨)	Yield of Oil-bearing Grops(ton)	27692	62922	127.2
甜菜产量(吨)	Yield of Beetroots(ton)		1755	
猪牛羊肉产量(吨)	Output of Pork, Beef & Mutton(ton)	28655	31366	9.5
#猪肉产量(吨)	Output of Pork(ton)	5898	7697	30.5
牛肉产量(吨)	Output of Beef(ton)	5909	5937	0.5
羊肉产量(吨)	Output of Mutton(ton)	16848	17732	5.2
羊毛产量(吨)	Output of Wool(ton)	3911	3695	-5.5

23-45 Keerqinyouyizhong Banner in Xingan League

指 标	Item	2014	2015	2015年比上年增长% Increase Rate in 2015 Over 2014(%)
年末牲畜存栏头数(万头只)	Total Livestock at the Year-end(10 000 heads)	172.70	179.21	3.8
# 大牲畜(万头只)	Large Animals(10 000 heads)	14.01	15.25	8.8
羊(万只)	Sheep & Goats(10 000 heads)	150.99	155.29	2.9
猪(万头)	Hogs(10 000 heads)	7.70	8.66	12.5
规模以上工业	**Industrial Enterprises above Designated size**			
工业企业单位数(个)	Number of Industrial Enterprises(unit)	34	38	11.8
# 内资企业(个)	Civil Funded Enterprises(unit)	32	36	12.5
工业总产值(万元)	Gross Industrial Output Value(10 000 yuan)	415426	485510	16.9
内资企业(万元)	Civil Funded Enterprises(10 000 yuan)	405599	456854	12.6
国有企业(万元)	State-owned Enterprises(10 000 yuan)	45790	48085	5.0
集体企业(万元)	Collective-owned Enterprises(10 000 yuan)	13544	15739	16.2
股份合作企业(万元)	Share Holding Enterprises(10 000 yuan)			
联营企业(万元)	Joint Owned Enterprises(10 000 yuan)			
有限责任公司(万元)	Limited Company(10 000 yuan)	258532	288939	11.8
股份有限公司(万元)	Share Holding Limited Company(10 000 yuan)			
私营企业(万元)	Privately Owned Enterprises(10 000 yuan)	87733	104090	18.6
其他企业(万元)	Enterprises of Other Ownership(10 000 yuan)			
港澳台商投资企业(万元)	Funds from HK,Macao & Taiwan(10 000 yuan)			
外商投资企业(万元)	Foreign Funded Enterprises(10 000 yuan)	9827	28656	191.6
工业企业增加值(万元)	Value Added of Industrial Enterprises(10 000 yuan)			12.9
工业企业资产总计(万元)	Total Assets of Industrial Enterprises(10 000 yuan)	744054	762940	2.5
工业企业负债合计(万元)	Total Liabilities of Industrial Enterprises(10 000 yuan)	515139	524876	1.9
工业企业产品销售收入(万元)	Sales of Revenue Industrial Enterprises(10 000 yuan)	396497	457425	15.4
工业企业利润总额(万元)	Total Profits of Industrial Enterprises(10 000 yuan)	16503	12844	-22.2
建筑业	**Construction**			
建筑企业单位数(个)	Number of Construction Enterprises(unit)	1	2	100.0
建筑企业从业人员(人)	Number of Employee in Construction Enterprises(person)	300	500	66.7
建筑业总产值(万元)	Gross Construction Output Value(10 000 yuan)	7700	21960	185.2
交通运输邮电通信业	**Transportation,Post & Telecommunications**			
公路里程(公里)	Total Length of Highways(km)	2183	2236	2.4
邮电业务总量(万元)	Business Volume of Post & Telecoms(10 000 yuan)	16506	16795	1.8
本地电话用户(户)	Number of Subscribers of Local Telephone(Household)	15108	12918	-14.5
国内贸易	**Domestic Trade**			
社会消费品零售总额(万元)	Total Retail Sales of Consumer Goods(10 000 yuan)	168337	182205	8.2
城镇(万元)	Town(10 000 yuan)	149976	160374	6.9
乡村(万元)	Village(10 000 yuan)	18361	21831	18.9
科技教育卫生	**Science,Education & Public Health**			
各类专业技术人员(人)	Special Technical Personnel(person)	6281	6429	2.4
幼儿园数(所)	Number of Kindergartens(unit)	21	44	109.5
学龄儿童入学率(%)	Percentage of School-Age Children Enrolled(%)	100.0	100.0	0.0
小学学校数(所)	Number of Primary Schools(unit)	27	27	0.0
小学专任教师数(人)	Number of Full-time Teachers of Primary Schools(person)	1760	1624	-7.7
小学在校学生数(人)	Number of Student Enrollment of Primary Schools(person)	14952	14907	-0.3
普通中学学校数(所)	Number of Regular Secondary Schools(unit)	12	12	0.0
普通中学专任教师数(人)	Number of Teachers of Secondary Shools(person)	1079	1054	-2.3
初中在校学生数(人)	Number of Student in Junior Secondary Schools(person)	6602	6664	0.9
高中在校学生数(人)	Number of Student in Senior Secondary Schools(person)	4130	4344	5.2
卫生机构数(所)	Number of Health Institutions(unit)	208	220	5.8
# 医院(所)	Hospitals(unit)	4	4	0.0
卫生院(所)	Township Hospitals(unit)	23	21	-8.7
床位数(张)	Number of Beds(unit)	1478	1518	2.7
# 医院(张)	Hospitals(unit)	1110	1150	3.6
卫生院(张)	Township Hospitals(unit)	324	324	0.0
卫生技术人员(人)	Medical Technical Presonnel(person)	1484	1472	-0.8
# 医院(人)	Hospitals(person)	858	816	-4.9
卫生院(人)	Township Hospitals(person)	416	427	2.6

23-46 兴安盟扎赉特旗

指 标	Item	2014	2015	2015年比上年增长% Increase Rate in 2015 Over 2014(%)
行政区域土地面积(平方公里)	**Area of Administration(Sq.km)**	**11837**	**11837**	**0.0**
人口和就业	**Population & Employment**			
年末户籍人口(人)	The Registered Population Year-end(person)	391989	390276	-0.4
# 男性(人)	Male(person)	202217	200696	-0.8
# 乡村人口(人)	Rural(person)	310628	296583	
年末常住人口(人)	Permanet Resident Population Year-end(person)	389150	389000	0.0
# 男性(人)	Male(person)			
# 乡村人口(人)	Rural(person)	256420	252600	-1.5
年末总户数(户)	Total Number of Households at the Year-end(Household)	152322	151100	-0.8
# 乡村户数(户)	Number of Rural Household(Household)	84125	84028	-0.1
出生人口(人)	Births(person)	4794	3783	-21.1
死亡人口(人)	Deaths(person)	3567	2477	-30.6
全社会就业人员(人)	Employment(person)	197649	194456	-1.6
第一产业(人)	Primary Industry(person)	134425	125801	-6.4
第二产业(人)	Secondary Industry(person)	19126	21331	11.5
第三产业(人)	Tertiary Industry(person)	44098	47324	7.3
在岗职工人数(人)	Number of Staff & Workers Employed in(person)	21674	23835	10.0
乡村劳动力(人)	Number of Rural Laborers(person)	159742	153489	-3.9
# 农林牧渔业(人)	Farming,Forestry,Animal Husbandry & Fishery(person)	129952	121304	-6.7
国民经济综合指标	**Summary Item on the National Economy**			
生产总值(万元)	Gross Domestic Product(10 000 yuan)	840115	898774	9.2
第一产业(万元)	Primary Industry(10 000 yuan)	355091	363656	5.6
第二产业(万元)	Secondary Industry(10 000 yuan)	251417	273129	12.1
# 工业(万元)	Industry(10 000 yuan)	219693	238618	12.1
第三产业(万元)	Tertiary Industry(10 000 yuan)	233607	261989	10.9
人均生产总值(元)	Per Capita GDP(yuan)	21575	23100	9.2
全社会固定资产投资(万元)	Total Investment in Fixed Assets(10 000 yuan)	501182	591008	17.9
按登记注册类型分	Grouped by Registered Type			
# 国有(万元)	State-owned Enterprises(10 000 yuan)	302553	205829	-32.0
集体(万元)	Collective-owned Enterprises(10 000 yuan)			
有限责任公司(万元)	Limited Liability Corporations(10 000 yuan)	60996	153793	152.1
股份有限公司(万元)	Share Holding Enterprises(10 000 yuan)	54410	11494	-78.9
私营企业(万元)	Private Enterprises(10 000 yuan)	16168	7350	-54.5
外商及港澳台投资企业(万元)	Funds from HK,Macao,Taiwan & Foreign(10 000 yuan)			
一般公共预算收入(万元)	General Public Budget Revenue(10 000 yuan)	15612	23988	53.7
一般公共预算支出(万元)	General Public Budget Expenditure(10 000 yuan)	261606	345959	32.2
住户存款余额(万元)	The balance of savings deposits of Households(10 000 yuan)		374781	
在岗职工工资总额(万元)	Total Wages of Staff & Workers Employed in(10 000 yuan)	97197	126084	29.7
在岗职工平均工资(元)	Average Wage of Staff & Workers Employed in(yuan)	44791	54403	21.5
全体居民人均可支配收入(元)	The per capita disposable income of all residents(yuan)	10766	11843	10.0
城镇常住居民人均可支配收入(元)	The per capita disposable income of urban permanent residents(yuan)	19247	20921	8.7
农村牧区常住居民人均可支配收入(元)	The per capita disposable income of permanent residents of rural and pastoral areas(yuan)	7172	7803	8.8
农村牧区经济	**Economic Development in Rural & Pastoral Area**			
农作物总播种面积(公顷)	Total Sown Area(hectare)	257286	264024	2.6
# 粮食作物播种面积(公顷)	Sown Area of Grain Crops(hectare)	250004	256993	2.8
农牧业机械总动力(万千瓦)	Total Power of Agricultural Machinery(10 000 kw)	147.37	150.67	2.2
化肥施用折纯量(吨)	Consumption of Chemical Fertilizer(ton)	100198	115721	15.5
农村用电量(万千瓦小时)	Electricity Consumed in Rural Area(10 000 kwh)	6169	6352	3.0
农林牧渔业总产值(万元)	Gross Output of Farming,Forestry,Animal Husbandry & Fishery(10 000 yuan)	592772	609323	6.7
粮食产量(吨)	Yield of Grain(ton)	1112123	1197037	7.6
油料产量(吨)	Yield of Oil-bearing Grops(ton)	8698	12378	42.3
甜菜产量(吨)	Yield of Beetroots(ton)	268	782	191.8
猪牛羊肉产量(吨)	Output of Pork, Beef & Mutton(ton)	69517	69000	-0.7
# 猪肉产量(吨)	Output of Pork(ton)	60522	59674	-1.4
牛肉产量(吨)	Output of Beef(ton)	3497	3309	-5.4
羊肉产量(吨)	Output of Mutton(ton)	5498	6017	9.4
羊毛产量(吨)	Output of Wool(ton)	1334	1200	-10.0

23-46 Zhalaite Banner in Xingan League

指 标	Item	2014	2015	2015年比上年增长% Increase Rate in 2015 Over 2014(%)
年末牲畜存栏头数(万头只)	Total Livestock at the Year-end(10 000 heads)	136.24	147.28	8.1
# 大牲畜(万头只)	Large Animals(10 000 heads)	20.71	21.94	5.9
羊(万只)	Sheep & Goats(10 000 heads)	70.85	79.13	11.7
猪(万头)	Hogs(10 000 heads)	44.67	46.21	3.4
规模以上工业	**Industrial Enterprises above Designated size**			
工业企业单位数(个)	Number of Industrial Enterprises(unit)	31	36	16.1
# 内资企业(个)	Civil Funded Enterprises(unit)	31	36	16.1
工业总产值(万元)	Gross Industrial Output Value(10 000 yuan)	604810	701072	15.9
内资企业(万元)	Civil Funded Enterprises(10 000 yuan)	604810	701072	15.9
国有企业(万元)	State-owned Enterprises(10 000 yuan)			
集体企业(万元)	Collective-owned Enterprises(10 000 yuan)			
股份合作企业(万元)	Share Holding Enterprises(10 000 yuan)			
联营企业(万元)	Joint Owned Enterprises(10 000 yuan)			
有限责任公司(万元)	Limited Company(10 000 yuan)	406539	442578	8.9
股份有限公司(万元)	Share Holding Limited Company(10 000 yuan)	10666	14325	34.3
私营企业(万元)	Privately Owned Enterprises(10 000 yuan)	187605	244169	30.2
其他企业(万元)	Enterprises of Other Ownership(10 000 yuan)			
港澳台商投资企业(万元)	Funds from HK,Macao & Taiwan(10 000 yuan)			
外商投资企业(万元)	Foreign Funded Enterprises(10 000 yuan)			
工业企业增加值(万元)	Value Added of Industrial Enterprises(10 000 yuan)			12.9
工业企业资产总计(万元)	Total Assets of Industrial Enterprises(10 000 yuan)	622407	725302	16.5
工业企业负债合计(万元)	Total Liabilities of Industrial Enterprises(10 000 yuan)	271717	296116	9.0
工业企业产品销售收入(万元)	Sales of Revenue Industrial Enterprises(10 000 yuan)	589304	626301	6.3
工业企业利润总额(万元)	Total Profits of Industrial Enterprises(10 000 yuan)	125982	117216	-7.0
建筑业	**Construction**			
建筑企业单位数(个)	Number of Construction Enterprises(unit)	2	2	0.0
建筑企业从业人员(人)	Number of Employee in Construction Enterprises(person)	4256	3476	-18.3
建筑业总产值(万元)	Gross Construction Output Value(10 000 yuan)	88793	111221	25.3
交通运输邮电通信业	**Transportation,Post & Telecommunications**			
公路里程(公里)	Total Length of Highways(km)	2320	2478	6.8
邮电业务总量(万元)	Business Volume of Post & Telecoms(10 000 yuan)	22693	21937	-3.3
本地电话用户(户)	Number of Subscribers of Local Telephone(Household)	13406	11354	-15.3
国内贸易	**Domestic Trade**			
社会消费品零售总额(万元)	Total Retail Sales of Consumer Goods(10 000 yuan)	263478	286201	8.6
城镇(万元)	Town(10 000 yuan)	153188	162113	5.8
乡村(万元)	Village(10 000 yuan)	110290	124088	12.5
科技教育卫生	**Science,Education & Public Health**			
各类专业技术人员(人)	Special Technical Personnel(person)	7416	7650	3.2
幼儿园数(所)	Number of Kindergartens(unit)	58	71	22.4
学龄儿童入学率(%)	Percentage of School-Age Children Enrolled(%)	100.0	100.0	0.0
小学学校数(所)	Number of Primary Schools(unit)	26	29	11.5
小学专任教师数(人)	Number of Full-time Teachers of Primary Schools(person)	2060	1898	-7.9
小学在校学生数(人)	Number of Student Enrollment of Primary Schools(person)	19447	20409	4.9
普通中学学校数(所)	Number of Regular Secondary Schools(unit)	16	14	-12.5
普通中学专任教师数(人)	Number of Teachers of Secondary Shools(person)	1024	967	-5.6
初中在校学生数(人)	Number of Student in Junior Secondary Schools(person)	7364	7470	1.4
高中在校学生数(人)	Number of Student in Senior Secondary Schools(person)	3945	3889	-1.4
卫生机构数(所)	Number of Health Institutions(unit)	338	361	6.8
# 医院(所)	Hospitals(unit)	5	4	-20.0
卫生院(所)	Township Hospitals(unit)	23	23	0.0
床位数(张)	Number of Beds(unit)	1123	1081	-3.7
# 医院(张)	Hospitals(unit)	635	646	1.7
卫生院(张)	Township Hospitals(unit)	447	394	-11.9
卫生技术人员(人)	Medical Technical Presonnel(person)	1195	1167	-2.3
# 医院(人)	Hospitals(person)	575	555	-3.5
卫生院(人)	Township Hospitals(person)	311	300	-3.5

23-47 兴安盟突泉县

指 标	Item	2014	2015	2015年比上年增长% Increase Rate in 2015 Over 2014(%)
行政区域土地面积(平方公里)	**Area of Administration(Sq.km)**	**4800**	**4800**	**0.0**
人口和就业	**Population & Employment**			
年末户籍人口(人)	The Registered Population Year-end(person)	313185	303814	-3.0
#男性(人)	Male(person)	160291	156169	-2.6
#乡村人口(人)	Rural(person)	242573	222335	
年末常住人口(人)	Permanet Resident Population Year-end(person)	267500	267100	-0.1
#男性(人)	Male(person)			
#乡村人口(人)	Rural(person)	188190	185300	-1.5
年末总户数(户)	Total Number of Households at the Year-end(Household)	125310	124002	-1.0
#乡村户数(户)	Number of Rural Household(Household)	73901	82941	12.2
出生人口(人)	Births(person)	3200	2484	-22.4
死亡人口(人)	Deaths(person)	2482	1825	-26.5
全社会就业人员(人)	Employment(person)	170059	189455	11.4
第一产业(人)	Primary Industry(person)	119109	131444	10.4
第二产业(人)	Secondary Industry(person)	16365	20894	27.7
第三产业(人)	Tertiary Industry(person)	34585	37117	7.3
在岗职工人数(人)	Number of Staff & Workers Employed in(person)	12317	11758	-4.5
乡村劳动力(人)	Number of Rural Laborers(person)	142546	163897	15.0
#农林牧渔业(人)	Farming,Forestry,Animal Husbandry & Fishery(person)	117220	129182	10.2
国民经济综合指标	**Summary Item on the National Economy**			
生产总值(万元)	Gross Domestic Product(10 000 yuan)	670227	734116	9.1
第一产业(万元)	Primary Industry(10 000 yuan)	228931	233866	5.4
第二产业(万元)	Secondary Industry(10 000 yuan)	282307	323359	11.4
#工业(万元)	Industry(10 000 yuan)	211932	246392	11.0
第三产业(万元)	Tertiary Industry(10 000 yuan)	158989	176891	10.0
人均生产总值(元)	Per Capita GDP(yuan)	25050	27464	9.2
全社会固定资产投资(万元)	Total Investment in Fixed Assets(10 000 yuan)	560000	660700	18.0
按登记注册类型分	Grouped by Registered Type			
#国有(万元)	State-owned Enterprises(10 000 yuan)	257246	307712	19.6
集体(万元)	Collective-owned Enterprises(10 000 yuan)			
有限责任公司(万元)	Limited Liability Corporations(10 000 yuan)		54400	
股份有限公司(万元)	Share Holding Enterprises(10 000 yuan)	221489	182850	-17.4
私营企业(万元)	Private Enterprises(10 000 yuan)		2500	
外商及港澳台投资企业(万元)	Funds from HK,Macao,Taiwan & Foreign(10 000 yuan)			
一般公共预算收入(万元)	General Public Budget Revenue(10 000 yuan)	9344	13640	46.0
一般公共预算支出(万元)	General Public Budget Expenditure(10 000 yuan)	201235	268093	33.2
住户存款余额(万元)	The balance of savings deposits of Households(10 000 yuan)		312040	
在岗职工工资总额(万元)	Total Wages of Staff & Workers Employed in(10 000 yuan)	51900	65167	25.6
在岗职工平均工资(元)	Average Wage of Staff & Workers Employed in(yuan)	42684	56029	31.3
全体居民人均可支配收入(元)	The per capita disposable income of all residents(yuan)	10567	11603	9.8
城镇常住居民人均可支配收入(元)	The per capita disposable income of urban permanent residents(yuan)	18733	20382	8.8
农村牧区常住居民人均可支配收入(元)	The per capita disposable income of permanent residents of rural and pastoral areas(yuan)	6976	7562	8.4
农村牧区经济	**Economic Development in Rural & Pastoral Area**			
农作物总播种面积(公顷)	Total Sown Area(hectare)	147091	149743	1.8
#粮食作物播种面积(公顷)	Sown Area of Grain Crops(hectare)	139164	141487	1.7
农牧业机械总动力(万千瓦)	Total Power of Agricultural Machinery(10 000 kw)	55.40	57.16	3.2
化肥施用折纯量(吨)	Consumption of Chemical Fertilizer(ton)	42570	35332	-17.0
农村用电量(万千瓦小时)	Electricity Consumed in Rural Area(10 000 kwh)	7951	8408	5.8
农林牧渔业总产值(万元)	Gross Output of Farming,Forestry,Animal Husbandry & Fishery(10 000 yuan)	373408	382448	6.5
粮食产量(吨)	Yield of Grain(ton)	1007839	1047800	4.0
油料产量(吨)	Yield of Oil-bearing Grops(ton)	3972	6063	52.6
甜菜产量(吨)	Yield of Beetroots(ton)			
猪牛羊肉产量(吨)	Output of Pork, Beef & Mutton(ton)	14681	14531	-1.0
#猪肉产量(吨)	Output of Pork(ton)	6598	6272	-4.9
牛肉产量(吨)	Output of Beef(ton)	2608	2572	-1.4
羊肉产量(吨)	Output of Mutton(ton)	5475	5687	3.9
羊毛产量(吨)	Output of Wool(ton)	1195	1045	-12.6

23-47 Tuquan County in Xingan League

指 标	Item	2014	2015	2015年比上年增长% Increase Rate in 2015 Over 2014(%)
年末牲畜存栏头数(万头只)	Total Livestock at the Year-end(10 000 heads)	66.34	67.93	2.4
# 大牲畜(万头只)	Large Animals(10 000 heads)	7.03	6.58	-6.4
羊(万只)	Sheep & Goats(10 000 heads)	53.30	56.81	6.6
猪(万头)	Hogs(10 000 heads)	6.01	4.54	-24.4
规模以上工业	**Industrial Enterprises above Designated size**			
工业企业单位数(个)	Number of Industrial Enterprises(unit)	34	36	5.9
# 内资企业(个)	Civil Funded Enterprises(unit)	34	36	5.9
工业总产值(万元)	Gross Industrial Output Value(10 000 yuan)	541902	615123	13.5
内资企业(万元)	Civil Funded Enterprises(10 000 yuan)	541902	615123	13.5
国有企业(万元)	State-owned Enterprises(10 000 yuan)	15900	14395	-9.5
集体企业(万元)	Collective-owned Enterprises(10 000 yuan)			
股份合作企业(万元)	Share Holding Enterprises(10 000 yuan)			
联营企业(万元)	Joint Owned Enterprises(10 000 yuan)			
有限责任公司(万元)	Limited Company(10 000 yuan)	38575	56418	46.3
股份有限公司(万元)	Share Holding Limited Company(10 000 yuan)	4915	5473	11.4
私营企业(万元)	Privately Owned Enterprises(10 000 yuan)	482512	538837	11.7
其他企业(万元)	Enterprises of Other Ownership(10 000 yuan)			
港澳台商投资企业(万元)	Funds from HK,Macao & Taiwan(10 000 yuan)			
外商投资企业(万元)	Foreign Funded Enterprises(10 000 yuan)			
工业企业增加值(万元)	Value Added of Industrial Enterprises(10 000 yuan)			12.9
工业企业资产总计(万元)	Total Assets of Industrial Enterprises(10 000 yuan)	529562	713718	34.8
工业企业负债合计(万元)	Total Liabilities of Industrial Enterprises(10 000 yuan)	307640	314454	2.2
工业企业产品销售收入(万元)	Sales of Revenue Industrial Enterprises(10 000 yuan)	564113	599678	6.3
工业企业利润总额(万元)	Total Profits of Industrial Enterprises(10 000 yuan)	60439	67285	11.3
建筑业	**Construction**			
建筑企业单位数(个)	Number of Construction Enterprises(unit)	1	1	0.0
建筑企业从业人员(人)	Number of Employee in Construction Enterprises(person)	3600	1280	-64.4
建筑业总产值(万元)	Gross Construction Output Value(10 000 yuan)	51854	71800	38.5
交通运输邮电通信业	**Transportation,Post & Telecommunications**			
公路里程(公里)	Total Length of Highways(km)	1847	2012	8.9
邮电业务总量(万元)	Business Volume of Post & Telecoms(10 000 yuan)	15576	15458	-0.8
本地电话用户(户)	Number of Subscribers of Local Telephone(Household)	13700	13097	-4.4
国内贸易	**Domestic Trade**			
社会消费品零售总额(万元)	Total Retail Sales of Consumer Goods(10 000 yuan)	189511	205709	8.5
城镇(万元)	Town(10 000 yuan)	122834	130174	6.0
乡村(万元)	Village(10 000 yuan)	66677	75535	13.3
科技教育卫生	**Science,Education & Public Health**			
各类专业技术人员(人)	Special Technical Personnel(person)	4624	4758	2.9
幼儿园数(所)	Number of Kindergartens(unit)	75	97	29.3
学龄儿童入学率(%)	Percentage of School-Age Children Enrolled(%)	100.0	100.0	0.0
小学学校数(所)	Number of Primary Schools(unit)	20	20	0.0
小学专任教师数(人)	Number of Full-time Teachers of Primary Schools(person)	1317	1273	-3.3
小学在校学生数(人)	Number of Student Enrollment of Primary Schools(person)	13255	13781	4.0
普通中学学校数(所)	Number of Regular Secondary Schools(unit)	10	11	10.0
普通中学专任教师数(人)	Number of Teachers of Secondary Shools(person)	997	1052	5.5
初中在校学生数(人)	Number of Student in Junior Secondary Schools(person)	5838	5688	-2.6
高中在校学生数(人)	Number of Student in Senior Secondary Schools(person)	3950	3650	-7.6
卫生机构数(所)	Number of Health Institutions(unit)	336	340	1.2
# 医院(所)	Hospitals(unit)	2	2	0.0
卫生院(所)	Township Hospitals(unit)	12	14	16.7
床位数(张)	Number of Beds(unit)	766	686	-10.4
# 医院(张)	Hospitals(unit)	580	500	-13.8
卫生院(张)	Township Hospitals(unit)	142	142	0.0
卫生技术人员(人)	Medical Technical Presonnel(person)	979	1029	5.1
# 医院(人)	Hospitals(person)	478	512	7.1
卫生院(人)	Township Hospitals(person)	189	194	2.6

23-48 通辽市科尔沁区

指　　标	Item	2014	2015	2015年比上年增长% Increase Rate in 2015 Over 2014(%)
行政区域土地面积(平方公里)	**Area of Administration(Sq.km)**	**3516**	**3516**	**0.0**
人口和就业	**Population & Employment**			
年末户籍人口(人)	The Registered Population Year-end(person)	843555	854401	1.3
# 男性(人)	Male(person)	422449	425967	0.8
# 乡村人口(人)	Rural(person)	380881	384120	
年末常住人口(人)	Permanet Resident Population Year-end(person)			
# 男性(人)	Male(person)			
# 乡村人口(人)	Rural(person)			
年末总户数(户)	Total Number of Households at the Year-end(Household)	312902	321191	2.6
# 乡村户数(户)	Number of Rural Household(Household)	138243	139768	1.1
出生人口(人)	Births(person)	7323	7007	-4.3
死亡人口(人)	Deaths(person)	5271	6212	17.9
全社会就业人员(人)	Employment(person)	472943	496173	4.9
第一产业(人)	Primary Industry(person)	171833	175339	2.0
第二产业(人)	Secondary Industry(person)	102478	101692	-0.8
第三产业(人)	Tertiary Industry(person)	198632	219142	10.3
在岗职工人数(人)	Number of Staff & Workers Employed in(person)	109589	112008	2.2
乡村劳动力(人)	Number of Rural Laborers(person)	286871	289836	1.0
# 农林牧渔业(人)	Farming,Forestry,Animal Husbandry & Fishery(person)	157693	161126	2.2
国民经济综合指标	**Summary Item on the National Economy**			
生产总值(万元)	Gross Domestic Product(10 000 yuan)	6614482	6912805	8.5
第一产业(万元)	Primary Industry(10 000 yuan)	589175	600101	4.9
第二产业(万元)	Secondary Industry(10 000 yuan)	3328434	3402244	8.8
# 工业(万元)	Industry(10 000 yuan)	2886029	2912368	9.0
第三产业(万元)	Tertiary Industry(10 000 yuan)	2696873	2910459	8.9
人均生产总值(元)	Per Capita GDP(yuan)	71861	74794	7.4
全社会固定资产投资(万元)	Total Investment in Fixed Assets(10 000 yuan)	4599438	5709589	24.1
按登记注册类型分	Grouped by Registered Type			
# 国有(万元)	State-owned Enterprises(10 000 yuan)	3017176	3176409	5.3
集体(万元)	Collective-owned Enterprises(10 000 yuan)		6837	
有限责任公司(万元)	Limited Liability Corporations(10 000 yuan)	793297	1435832	81.0
股份有限公司(万元)	Share Holding Enterprises(10 000 yuan)	224669	341913	52.2
私营企业(万元)	Private Enterprises(10 000 yuan)	219840	225050	2.4
外商及港澳台投资企业(万元)	Funds from HK,Macao,Taiwan & Foreign(10 000 yuan)			
一般公共预算收入(万元)	General Public Budget Revenue(10 000 yuan)	482353	504722	4.6
一般公共预算支出(万元)	General Public Budget Expenditure(10 000 yuan)	1213358	1346389	11.0
住户存款余额(万元)	The balance of savings deposits of Households(10 000 yuan)		2798894	
在岗职工工资总额(万元)	Total Wages of Staff & Workers Employed in(10 000 yuan)	509201	570875	12.1
在岗职工平均工资(元)	Average Wage of Staff & Workers Employed in(yuan)	46359	50804	9.6
全体居民人均可支配收入(元)	The per capita disposable income of all residents(yuan)	21129	22966	8.7
城镇常住居民人均可支配收入(元)	The per capita disposable income of urban permanent residents(yuan)	25492	27588	8.2
农村牧区常住居民人均可支配收入(元)	The per capita disposable income of permanent residents of rural and pastoral areas(yuan)	13368	14417	7.8
农村牧区经济	**Economic Development in Rural & Pastoral Area**			
农作物总播种面积(公顷)	Total Sown Area(hectare)	155920	157950	1.3
# 粮食作物播种面积(公顷)	Sown Area of Grain Crops(hectare)	125890	127778	1.5
农牧业机械总动力(万千瓦)	Total Power of Agricultural Machinery(10 000 kw)	106.17	110.51	4.1
化肥施用折纯量(吨)	Consumption of Chemical Fertilizer(ton)	130582	132246	1.3
农村用电量(万千瓦小时)	Electricity Consumed in Rural Area(10 000 kwh)	33944	33337	-1.8
农林牧渔业总产值(万元)	Gross Output of Farming,Forestry,Animal Husbandry & Fishery(10 000 yuan)	993728	996675	4.4
粮食产量(吨)	Yield of Grain(ton)	1108223	1156511	4.4
油料产量(吨)	Yield of Oil-bearing Grops(ton)	4251	3330	-21.7
甜菜产量(吨)	Yield of Beetroots(ton)	463	5586	1106.5
猪牛羊肉产量(吨)	Output of Pork, Beef & Mutton(ton)	107378	106725	-0.6
# 猪肉产量(吨)	Output of Pork(ton)	73204	72393	-1.1
牛肉产量(吨)	Output of Beef(ton)	28370	28420	0.2
羊肉产量(吨)	Output of Mutton(ton)	5804	5912	1.9
羊毛产量(吨)	Output of Wool(ton)	1209	1295	7.1

23-48 Keerqin District in Tongliao City

指　标	Item	2014	2015	2015年比上年增长% Increase Rate in 2015 Over 2014(%)
年末牲畜存栏头数(万头只)	Total Livestock at the Year-end(10 000 heads)	167.03	167.70	0.4
# 大牲畜(万头只)	Large Animals(10 000 heads)	33.58	32.87	-2.1
羊(万只)	Sheep & Goats(10 000 heads)	62.64	65.59	4.7
猪(万头)	Hogs(10 000 heads)	70.80	69.24	-2.2
规模以上工业	**Industrial Enterprises above Designated size**			
工业企业单位数(个)	Number of Industrial Enterprises(unit)	199	202	1.5
# 内资企业(个)	Civil Funded Enterprises(unit)	190	191	0.5
工业总产值(万元)	Gross Industrial Output Value(10 000 yuan)	8718419	8480242	-2.7
内资企业(万元)	Civil Funded Enterprises(10 000 yuan)	8084594	7615325	-5.8
国有企业(万元)	State-owned Enterprises(10 000 yuan)	220888	260292	17.8
集体企业(万元)	Collective-owned Enterprises(10 000 yuan)	65718	49443	-24.8
股份合作企业(万元)	Share Holding Enterprises(10 000 yuan)			
联营企业(万元)	Joint Owned Enterprises(10 000 yuan)			
有限责任公司(万元)	Limited Company(10 000 yuan)	4966295	4704392	-5.3
股份有限公司(万元)	Share Holding Limited Company(10 000 yuan)	580617	594948	2.5
私营企业(万元)	Privately Owned Enterprises(10 000 yuan)	2251076	2006251	-10.9
其他企业(万元)	Enterprises of Other Ownership(10 000 yuan)			
港澳台商投资企业(万元)	Funds from HK,Macao & Taiwan(10 000 yuan)	102212	175146	71.4
外商投资企业(万元)	Foreign Funded Enterprises(10 000 yuan)	531613	689772	29.8
工业企业增加值(万元)	Value Added of Industrial Enterprises(10 000 yuan)			9.1
工业企业资产总计(万元)	Total Assets of Industrial Enterprises(10 000 yuan)	4640859	5095406	9.8
工业企业负债合计(万元)	Total Liabilities of Industrial Enterprises(10 000 yuan)	2232521	2613032	17.0
工业企业产品销售收入(万元)	Sales of Revenue Industrial Enterprises(10 000 yuan)	8561490	8301587	-3.0
工业企业利润总额(万元)	Total Profits of Industrial Enterprises(10 000 yuan)	518706	495339	-4.5
建筑业	**Construction**			
建筑企业单位数(个)	Number of Construction Enterprises(unit)	31	31	0.0
建筑企业从业人员(人)	Number of Employee in Construction Enterprises(person)	12028	9959	-17.2
建筑业总产值(万元)	Gross Construction Output Value(10 000 yuan)	413116	350529	-15.1
交通运输邮电通信业	**Transportation,Post & Telecommunications**			
公路里程(公里)	Total Length of Highways(km)	1719	1719	0.0
邮电业务总量(万元)	Business Volume of Post & Telecoms(10 000 yuan)	3378	2382	-29.5
本地电话用户(户)	Number of Subscribers of Local Telephone(Household)	75256	68126	-9.5
国内贸易	**Domestic Trade**			
社会消费品零售总额(万元)	Total Retail Sales of Consumer Goods(10 000 yuan)	2162998	2331001	7.8
城镇(万元)	Town(10 000 yuan)	1853687	2029255	9.5
乡村(万元)	Village(10 000 yuan)	309311	301746	-2.4
科技教育卫生	**Science,Education & Public Health**			
各类专业技术人员(人)	Special Technical Personnel(person)	18165	18560	2.2
幼儿园数(所)	Number of Kindergartens(unit)	144	159	10.4
学龄儿童入学率(%)	Percentage of School-Age Children Enrolled(%)	100.0	100.0	0.0
小学学校数(所)	Number of Primary Schools(unit)	62	55	-11.3
小学专任教师数(人)	Number of Full-time Teachers of Primary Schools(person)	3883	3722	-4.1
小学在校学生数(人)	Number of Student Enrollment of Primary Schools(person)	53679	54024	0.6
普通中学学校数(所)	Number of Regular Secondary Schools(unit)	33	33	0.0
普通中学专任教师数(人)	Number of Teachers of Secondary Shools(person)	3888	3704	-4.7
初中在校学生数(人)	Number of Student in Junior Secondary Schools(person)	32449	30236	-6.8
高中在校学生数(人)	Number of Student in Senior Secondary Schools(person)	27170	27235	0.2
卫生机构数(所)	Number of Health Institutions(unit)	1085	1031	-5.0
#医院(所)	Hospitals(unit)	40	45	12.5
卫生院(所)	Township Hospitals(unit)	23	23	0.0
床位数(张)	Number of Beds(unit)	7839	8407	7.2
#医院(张)	Hospitals(unit)	6713	7318	9.0
卫生院(张)	Township Hospitals(unit)	601	595	-1.0
卫生技术人员(人)	Medical Technical Presonnel(person)	8056	8364	3.8
#医院(人)	Hospitals(person)	5611	6099	8.7
卫生院(人)	Township Hospitals(person)	675	629	-6.8

23-49 通辽市霍林郭勒市

指　标	Item	2014	2015	2015年比上年增长% Increase Rate in 2015 Over 2014(%)
行政区域土地面积(平方公里)	**Area of Administration(Sq.km)**	**585**	**585**	**0.0**
人口和就业	**Population & Employment**			
年末户籍人口(人)	The Registered Population Year-end(person)	81897	82143	0.3
#男性(人)	Male(person)	42335	42277	-0.1
#乡村人口(人)	Rural(person)	119		
年末常住人口(人)	Permanet Resident Population Year-end(person)			
#男性(人)	Male(person)			
#乡村人口(人)	Rural(person)			
年末总户数(户)	Total Number of Households at the Year-end(Household)	28462	30974	8.8
#乡村户数(户)	Number of Rural Household(Household)		3208	
出生人口(人)	Births(person)	1279	918	-28.2
死亡人口(人)	Deaths(person)	417	425	1.9
全社会就业人员(人)	Employment(person)	43265	50877	17.6
第一产业(人)	Primary Industry(person)	188	5439	2793.1
第二产业(人)	Secondary Industry(person)	22503	20748	-7.8
第三产业(人)	Tertiary Industry(person)	20574	24690	20.0
在岗职工人数(人)	Number of Staff & Workers Employed in(person)	29006	26505	-8.6
乡村劳动力(人)	Number of Rural Laborers(person)		8232	
#农林牧渔业(人)	Farming,Forestry,Animal Husbandry & Fishery(person)		5254	
国民经济综合指标	**Summary Item on the National Economy**			
生产总值(万元)	Gross Domestic Product(10 000 yuan)	2652462	2802814	7.9
第一产业(万元)	Primary Industry(10 000 yuan)	31982	32567	4.7
第二产业(万元)	Secondary Industry(10 000 yuan)	1712896	1834148	9.2
#工业(万元)	Industry(10 000 yuan)	1637041	1733503	9.3
第三产业(万元)	Tertiary Industry(10 000 yuan)	907584	936099	5.3
人均生产总值(元)	Per Capita GDP(yuan)	256029	270151	9.9
全社会固定资产投资(万元)	Total Investment in Fixed Assets(10 000 yuan)	1603215	1845275	15.1
按登记注册类型分	Grouped by Registered Type			
#国有(万元)	State-owned Enterprises(10 000 yuan)	149400	154664	3.5
集体(万元)	Collective-owned Enterprises(10 000 yuan)			
有限责任公司(万元)	Limited Liability Corporations(10 000 yuan)	86314	99989	15.8
股份有限公司(万元)	Share Holding Enterprises(10 000 yuan)	1202451	1556556	29.4
私营企业(万元)	Private Enterprises(10 000 yuan)	15050	16180	7.5
外商及港澳台投资企业(万元)	Funds from HK,Macao,Taiwan & Foreign(10 000 yuan)			
一般公共预算收入(万元)	General Public Budget Revenue(10 000 yuan)	304845	329353	8.0
一般公共预算支出(万元)	General Public Budget Expenditure(10 000 yuan)	356098	355093	-0.3
住户存款余额(万元)	The balance of savings deposits of Households(10 000 yuan)		443841	
在岗职工工资总额(万元)	Total Wages of Staff & Workers Employed in(10 000 yuan)	167867	174706	4.1
在岗职工平均工资(元)	Average Wage of Staff & Workers Employed in(yuan)	57059	63673	11.6
全体居民人均可支配收入(元)	The per capita disposable income of all residents(yuan)	32604	35382	8.5
城镇常住居民人均可支配收入(元)	The per capita disposable income of urban permanent residents(yuan)	32604	35382	8.5
农村牧区常住居民人均可支配收入(元)	The per capita disposable income of permanent residents of rural and pastoral areas(yuan)			
农村牧区经济	**Economic Development in Rural & Pastoral Area**			
农作物总播种面积(公顷)	Total Sown Area(hectare)	10095	15892	57.4
#粮食作物播种面积(公顷)	Sown Area of Grain Crops(hectare)	5100	5091	-0.2
农牧业机械总动力(万千瓦)	Total Power of Agricultural Machinery(10 000 kw)	1.62	1.75	8.0
化肥施用折纯量(吨)	Consumption of Chemical Fertilizer(ton)	1995	1839	-7.8
农村用电量(万千瓦小时)	Electricity Consumed in Rural Area(10 000 kwh)	4650	4685	0.8
农林牧渔业总产值(万元)	Gross Output of Farming,Forestry,Animal Husbandry & Fishery(10 000 yuan)	56554	56722	4.0
粮食产量(吨)	Yield of Grain(ton)	10560	10484	-0.7
油料产量(吨)	Yield of Oil-bearing Grops(ton)	8939	20251	126.5
甜菜产量(吨)	Yield of Beetroots(ton)			
猪牛羊肉产量(吨)	Output of Pork, Beef & Mutton(ton)	5942	6107	2.8
#猪肉产量(吨)	Output of Pork(ton)	1724	1724	0.0
牛肉产量(吨)	Output of Beef(ton)	525	526	0.2
羊肉产量(吨)	Output of Mutton(ton)	3693	3857	4.4
羊毛产量(吨)	Output of Wool(ton)	200	200	0.0

23-49 Huolinguole City in Tongliao City

指　标	Item	2014	2015	2015年比上年增长% Increase Rate in 2015 Over 2014(%)
年末牲畜存栏头数(万头只)	Total Livestock at the Year-end(10 000 heads)	14.62	16.33	11.7
# 大牲畜(万头只)	Large Animals(10 000 heads)	0.18	0.18	3.0
羊(万只)	Sheep & Goats(10 000 heads)	13.89	15.61	12.3
猪(万头)	Hogs(10 000 heads)	0.55	0.54	-1.8
规模以上工业	**Industrial Enterprises above Designated size**			
工业企业单位数(个)	Number of Industrial Enterprises(unit)	67	71	6.0
# 内资企业(个)	Civil Funded Enterprises(unit)	63	68	7.9
工业总产值(万元)	Gross Industrial Output Value(10 000 yuan)	4462873	4102460	-8.1
内资企业(万元)	Civil Funded Enterprises(10 000 yuan)	3463932	3120311	-9.9
国有企业(万元)	State-owned Enterprises(10 000 yuan)	146917	134605	-8.4
集体企业(万元)	Collective-owned Enterprises(10 000 yuan)			
股份合作企业(万元)	Share Holding Enterprises(10 000 yuan)			
联营企业(万元)	Joint Owned Enterprises(10 000 yuan)			
有限责任公司(万元)	Limited Company(10 000 yuan)	2454459	2293461	-6.6
股份有限公司(万元)	Share Holding Limited Company(10 000 yuan)	350476	293253	-16.3
私营企业(万元)	Privately Owned Enterprises(10 000 yuan)	512081	398992	-22.1
其他企业(万元)	Enterprises of Other Ownership(10 000 yuan)			
港澳台商投资企业(万元)	Funds from HK,Macao & Taiwan(10 000 yuan)			
外商投资企业(万元)	Foreign Funded Enterprises(10 000 yuan)	998941	982150	-1.7
工业企业增加值(万元)	Value Added of Industrial Enterprises(10 000 yuan)			9.7
工业企业资产总计(万元)	Total Assets of Industrial Enterprises(10 000 yuan)	5542540	5973606	7.8
工业企业负债合计(万元)	Total Liabilities of Industrial Enterprises(10 000 yuan)	2951738	3399444	15.2
工业企业产品销售收入(万元)	Sales of Revenue Industrial Enterprises(10 000 yuan)	4550335	3993981	-12.2
工业企业利润总额(万元)	Total Profits of Industrial Enterprises(10 000 yuan)	93773	87489	-6.7
建筑业	**Construction**			
建筑企业单位数(个)	Number of Construction Enterprises(unit)	6	6	0.0
建筑企业从业人员(人)	Number of Employee in Construction Enterprises(person)	1245	1039	-16.5
建筑业总产值(万元)	Gross Construction Output Value(10 000 yuan)	48077	37825	-21.3
交通运输邮电通信业	**Transportation,Post & Telecommunications**			
公路里程(公里)	Total Length of Highways(km)	265	278	5.0
邮电业务总量(万元)	Business Volume of Post & Telecoms(10 000 yuan)	34763	33546	-3.5
本地电话用户(户)	Number of Subscribers of Local Telephone(Household)	3744	3562	-4.9
国内贸易	**Domestic Trade**			
社会消费品零售总额(万元)	Total Retail Sales of Consumer Goods(10 000 yuan)	333916	358821	7.5
城镇(万元)	Town(10 000 yuan)	333916	358821	7.5
乡村(万元)	Village(10 000 yuan)			
科技教育卫生	**Science,Education & Public Health**			
各类专业技术人员(人)	Special Technical Personnel(person)	3668	3693	0.7
幼儿园数(所)	Number of Kindergartens(unit)	46	48	4.3
学龄儿童入学率(%)	Percentage of School-Age Children Enrolled(%)	100.0	100.0	0.0
小学学校数(所)	Number of Primary Schools(unit)	7	7	0.0
小学专任教师数(人)	Number of Full-time Teachers of Primary Schools(person)	419	463	10.5
小学在校学生数(人)	Number of Student Enrollment of Primary Schools(person)	7357	7654	4.0
普通中学学校数(所)	Number of Regular Secondary Schools(unit)	7	7	0.0
普通中学专任教师数(人)	Number of Teachers of Secondary Shools(person)	564	603	6.9
初中在校学生数(人)	Number of Student in Junior Secondary Schools(person)	3305	3251	-1.6
高中在校学生数(人)	Number of Student in Senior Secondary Schools(person)	2907	2907	0.0
卫生机构数(所)	Number of Health Institutions(unit)	52	53	1.9
# 医院(所)	Hospitals(unit)	2	2	0.0
卫生院(所)	Township Hospitals(unit)			
床位数(张)	Number of Beds(unit)	684	684	0.0
# 医院(张)	Hospitals(unit)	650	650	0.0
卫生院(张)	Township Hospitals(unit)			
卫生技术人员(人)	Medical Technical Presonnel(person)	489	509	4.1
# 医院(人)	Hospitals(person)	301	298	-1.0
卫生院(人)	Township Hospitals(person)			

23-50 通辽市科尔沁左翼中旗

指 标	Item	2014	2015	2015年比上年增长% Increase Rate in 2015 Over 2014(%)
行政区域土地面积(平方公里)	**Area of Administration(Sq.km)**	**9573**	**9573**	**0.0**
人口和就业	**Population & Employment**			
年末户籍人口(人)	The Registered Population Year-end(person)	532546	519090	-2.5
#男性(人)	Male(person)	272427	257293	-5.6
#乡村人口(人)	Rural(person)	416447	403274	
年末常住人口(人)	Permanet Resident Population Year-end(person)			
#男性(人)	Male(person)			
#乡村人口(人)	Rural(person)			
年末总户数(户)	Total Number of Households at the Year-end(Household)	198291	200752	1.2
#乡村户数(户)	Number of Rural Household(Household)	106781	106919	0.1
出生人口(人)	Births(person)	5712	3760	-34.2
死亡人口(人)	Deaths(person)	3154	4341	37.6
全社会就业人员(人)	Employment(person)	300681	308860	2.7
第一产业(人)	Primary Industry(person)	183731	180160	-1.9
第二产业(人)	Secondary Industry(person)	48420	42817	-11.6
第三产业(人)	Tertiary Industry(person)	68530	85883	25.3
在岗职工人数(人)	Number of Staff & Workers Employed in(person)	34735	36357	4.7
乡村劳动力(人)	Number of Rural Laborers(person)	251787	252106	0.1
#农林牧渔业(人)	Farming,Forestry,Animal Husbandry & Fishery(person)	169500	166470	-1.8
国民经济综合指标	**Summary Item on the National Economy**			
生产总值(万元)	Gross Domestic Product(10 000 yuan)	1522500	1586889	7.7
第一产业(万元)	Primary Industry(10 000 yuan)	393472	401091	4.9
第二产业(万元)	Secondary Industry(10 000 yuan)	593802	614183	8.5
#工业(万元)	Industry(10 000 yuan)	572582	584146	8.5
第三产业(万元)	Tertiary Industry(10 000 yuan)	535253	571615	8.7
人均生产总值(元)	Per Capita GDP(yuan)	29871	31706	9.6
全社会固定资产投资(万元)	Total Investment in Fixed Assets(10 000 yuan)	752925	975576	29.6
按登记注册类型分	Grouped by Registered Type			
#国有(万元)	State-owned Enterprises(10 000 yuan)	154460	198553	28.5
集体(万元)	Collective-owned Enterprises(10 000 yuan)	1945	2066	6.2
有限责任公司(万元)	Limited Liability Corporations(10 000 yuan)	217000	232572	7.2
股份有限公司(万元)	Share Holding Enterprises(10 000 yuan)	38320	45660	19.2
私营企业(万元)	Private Enterprises(10 000 yuan)	69555	75540	8.6
外商及港澳台投资企业(万元)	Funds from HK,Macao,Taiwan & Foreign(10 000 yuan)		100	
一般公共预算收入(万元)	General Public Budget Revenue(10 000 yuan)	33795	37306	10.4
一般公共预算支出(万元)	General Public Budget Expenditure(10 000 yuan)	307071	375701	22.3
住户存款余额(万元)	The balance of savings deposits of Households(10 000 yuan)		267782	
在岗职工工资总额(万元)	Total Wages of Staff & Workers Employed in(10 000 yuan)	150601	190833	26.7
在岗职工平均工资(元)	Average Wage of Staff & Workers Employed in(yuan)	43710	52565	20.3
全体居民人均可支配收入(元)	The per capita disposable income of all residents(yuan)	11742	12966	10.4
城镇常住居民人均可支配收入(元)	The per capita disposable income of urban permanent residents(yuan)	19354	21007	8.5
农村牧区常住居民人均可支配收入(元)	The per capita disposable income of permanent residents of rural and pastoral areas(yuan)	8304	8997	8.3
农村牧区经济	**Economic Development in Rural & Pastoral Area**			
农作物总播种面积(公顷)	Total Sown Area(hectare)	245638	252135	2.6
#粮食作物播种面积(公顷)	Sown Area of Grain Crops(hectare)	226095	232878	3.0
农牧业机械总动力(万千瓦)	Total Power of Agricultural Machinery(10 000 kw)	126.28	132.36	4.8
化肥施用折纯量(吨)	Consumption of Chemical Fertilizer(ton)	110641	109188	-1.3
农村用电量(万千瓦小时)	Electricity Consumed in Rural Area(10 000 kwh)	10083	14477	43.6
农林牧渔业总产值(万元)	Gross Output of Farming,Forestry,Animal Husbandry & Fishery(10 000 yuan)	639173	644331	4.2
粮食产量(吨)	Yield of Grain(ton)	1693506	1780581	5.1
油料产量(吨)	Yield of Oil-bearing Grops(ton)	24858	25355	2.0
甜菜产量(吨)	Yield of Beetroots(ton)	5415	5472	1.1
猪牛羊肉产量(吨)	Output of Pork, Beef & Mutton(ton)	64577	66767	3.4
#猪肉产量(吨)	Output of Pork(ton)	37502	39220	4.6
牛肉产量(吨)	Output of Beef(ton)	16400	16552	0.9
羊肉产量(吨)	Output of Mutton(ton)	10675	10995	3.0
羊毛产量(吨)	Output of Wool(ton)	2037	2207	8.3

23-50 Keerqinzuoyizhong Banner in Tongliao City

指　标	Item	2014	2015	2015年比上年增长% Increase Rate in 2015 Over 2014(%)
年末牲畜存栏头数(万头只)	Total Livestock at the Year-end(10 000 heads)	166.79	175.28	5.1
#大牲畜(万头只)	Large Animals(10 000 heads)	34.29	36.68	7.0
羊(万只)	Sheep & Goats(10 000 heads)	87.50	94.50	8.0
猪(万头)	Hogs(10 000 heads)	45.00	44.10	-2.0
规模以上工业	**Industrial Enterprises above Designated size**			
工业企业单位数(个)	Number of Industrial Enterprises(unit)	55	61	10.9
# 内资企业(个)	Civil Funded Enterprises(unit)	54	60	11.1
工业总产值(万元)	Gross Industrial Output Value(10 000 yuan)	1819972	2181060	19.8
内资企业(万元)	Civil Funded Enterprises(10 000 yuan)	1787962	2143828	19.9
国有企业(万元)	State-owned Enterprises(10 000 yuan)	103262	144767	40.2
集体企业(万元)	Collective-owned Enterprises(10 000 yuan)	33462	47646	42.4
股份合作企业(万元)	Share Holding Enterprises(10 000 yuan)			
联营企业(万元)	Joint Owned Enterprises(10 000 yuan)			
有限责任公司(万元)	Limited Company(10 000 yuan)	509826	683226	34.0
股份有限公司(万元)	Share Holding Limited Company(10 000 yuan)	182457	272490	16.7
私营企业(万元)	Privately Owned Enterprises(10 000 yuan)	958955	995699	3.8
其他企业(万元)	Enterprises of Other Ownership(10 000 yuan)			
港澳台商投资企业(万元)	Funds from HK,Macao & Taiwan(10 000 yuan)			
外商投资企业(万元)	Foreign Funded Enterprises(10 000 yuan)	32010	37233	16.3
工业企业增加值(万元)	Value Added of Industrial Enterprises(10 000 yuan)			9.0
工业企业资产总计(万元)	Total Assets of Industrial Enterprises(10 000 yuan)	1397488	1642507	17.5
工业企业负债合计(万元)	Total Liabilities of Industrial Enterprises(10 000 yuan)	37756	126857	236.0
工业企业产品销售收入(万元)	Sales of Revenue Industrial Enterprises(10 000 yuan)	1739041	2060149	18.5
工业企业利润总额(万元)	Total Profits of Industrial Enterprises(10 000 yuan)	179424	187416	4.5
建筑业	**Construction**			
建筑企业单位数(个)	Number of Construction Enterprises(unit)	2	3	50.0
建筑企业从业人员(人)	Number of Employee in Construction Enterprises(person)	805	1217	51.2
建筑业总产值(万元)	Gross Construction Output Value(10 000 yuan)	10948	15617	42.6
交通运输邮电通信业	**Transportation,Post & Telecommunications**			
公路里程(公里)	Total Length of Highways(km)	3196	3196	0.0
邮电业务总量(万元)	Business Volume of Post & Telecoms(10 000 yuan)	25792	23849	-7.5
本地电话用户(户)	Number of Subscribers of Local Telephone(Household)	17829	22151	24.2
国内贸易	**Domestic Trade**			
社会消费品零售总额(万元)	Total Retail Sales of Consumer Goods(10 000 yuan)	408212	439012	7.5
城镇(万元)	Town(10 000 yuan)	188948	203730	7.8
乡村(万元)	Village(10 000 yuan)	219265	235281	7.3
科技教育卫生	**Science,Education & Public Health**			
各类专业技术人员(人)	Special Technical Personnel(person)	6668	6409	-3.9
幼儿园数(所)	Number of Kindergartens(unit)	89	112	25.8
学龄儿童入学率(%)	Percentage of School-Age Children Enrolled(%)	100.0	100.0	0.0
小学学校数(所)	Number of Primary Schools(unit)	76	42	-44.7
小学专任教师数(人)	Number of Full-time Teachers of Primary Schools(person)	2414	2266	-6.1
小学在校学生数(人)	Number of Student Enrollment of Primary Schools(person)	25166	25203	0.1
普通中学学校数(所)	Number of Regular Secondary Schools(unit)	12	12	0.0
普通中学专任教师数(人)	Number of Teachers of Secondary Shools(person)	1368	1296	-5.3
初中在校学生数(人)	Number of Student in Junior Secondary Schools(person)	10303	10014	-2.8
高中在校学生数(人)	Number of Student in Senior Secondary Schools(person)	4722	4813	1.9
卫生机构数(所)	Number of Health Institutions(unit)	595	600	0.8
# 医院(所)	Hospitals(unit)	3	6	100.0
卫生院(所)	Township Hospitals(unit)	30	29	-3.3
床位数(张)	Number of Beds(unit)	1001	1148	14.7
# 医院(张)	Hospitals(unit)	542	764	41.0
卫生院(张)	Township Hospitals(unit)	455	380	-16.5
卫生技术人员(人)	Medical Technical Presonnel(person)	1144	1196	4.5
# 医院(人)	Hospitals(person)	391	607	55.2
卫生院(人)	Township Hospitals(person)	581	418	-28.1

23-51 通辽市科尔沁左翼后旗

指　标	Item	2014	2015	2015年比上年增长% Increase Rate in 2015 Over 2014(%)
行政区域土地面积(平方公里)	**Area of Administration(Sq.km)**	**11500**	**11500**	**0.0**
人口和就业	**Population & Employment**			
年末户籍人口(人)	The Registered Population Year-end(person)	408563	408894	0.1
#男性(人)	Male(person)	209033	208993	0.0
#乡村人口(人)	Rural(person)	279290	282647	
年末常住人口(人)	Permanet Resident Population Year-end(person)			
#男性(人)	Male(person)			
#乡村人口(人)	Rural(person)			
年末总户数(户)	Total Number of Households at the Year-end(Household)	148912	151115	1.5
#乡村户数(户)	Number of Rural Household(Household)	94378	98322	4.2
出生人口(人)	Births(person)	4186	3358	-19.8
死亡人口(人)	Deaths(person)	1882	1302	-30.8
全社会就业人员(人)	Employment(person)	196029	207296	5.7
第一产业(人)	Primary Industry(person)	128707	135787	5.5
第二产业(人)	Secondary Industry(person)	18364	18085	-1.5
第三产业(人)	Tertiary Industry(person)	48958	53424	9.1
在岗职工人数(人)	Number of Staff & Workers Employed in(person)	29235	30126	3.0
乡村劳动力(人)	Number of Rural Laborers(person)	168047	169709	1.0
#农林牧渔业(人)	Farming,Forestry,Animal Husbandry & Fishery(person)	117026	123977	5.9
国民经济综合指标	**Summary Item on the National Economy**			
生产总值(万元)	Gross Domestic Product(10 000 yuan)	1547400	1618737	8.0
第一产业(万元)	Primary Industry(10 000 yuan)	337000	343274	4.5
第二产业(万元)	Secondary Industry(10 000 yuan)	628900	652321	8.6
#工业(万元)	Industry(10 000 yuan)	589200	602051	8.7
第三产业(万元)	Tertiary Industry(10 000 yuan)	581500	623142	9.0
人均生产总值(元)	Per Capita GDP(yuan)	41686	43720	8.3
全社会固定资产投资(万元)	Total Investment in Fixed Assets(10 000 yuan)	758602	961311	26.7
按登记注册类型分	Grouped by Registered Type			
#国有(万元)	State-owned Enterprises(10 000 yuan)	258558	287102	11.0
集体(万元)	Collective-owned Enterprises(10 000 yuan)			
有限责任公司(万元)	Limited Liability Corporations(10 000 yuan)	474919	537772	13.2
股份有限公司(万元)	Share Holding Enterprises(10 000 yuan)			
私营企业(万元)	Private Enterprises(10 000 yuan)	22523	33300	47.8
外商及港澳台投资企业(万元)	Funds from HK,Macao,Taiwan & Foreign(10 000 yuan)			
一般公共预算收入(万元)	General Public Budget Revenue(10 000 yuan)	40142	45016	12.1
一般公共预算支出(万元)	General Public Budget Expenditure(10 000 yuan)	275491	337149	22.4
住户存款余额(万元)	The balance of savings deposits of Households(10 000 yuan)		283259	
在岗职工工资总额(万元)	Total Wages of Staff & Workers Employed in(10 000 yuan)	128481	154914	20.6
在岗职工平均工资(元)	Average Wage of Staff & Workers Employed in(yuan)	44147	51417	16.5
全体居民人均可支配收入(元)	The per capita disposable income of all residents(yuan)	12151	13427	10.5
城镇常住居民人均可支配收入(元)	The per capita disposable income of urban permanent residents(yuan)	19584	21274	8.6
农村牧区常住居民人均可支配收入(元)	The per capita disposable income of permanent residents of rural and pastoral areas(yuan)	8798	9502	8.0
农村牧区经济	**Economic Development in Rural & Pastoral Area**			
农作物总播种面积(公顷)	Total Sown Area(hectare)	225435	238594	5.8
#粮食作物播种面积(公顷)	Sown Area of Grain Crops(hectare)	187574	189262	0.9
农牧业机械总动力(万千瓦)	Total Power of Agricultural Machinery(10 000 kw)	97.48	103.77	6.5
化肥施用折纯量(吨)	Consumption of Chemical Fertilizer(ton)	176223	183035	3.9
农村用电量(万千瓦小时)	Electricity Consumed in Rural Area(10 000 kwh)	11294	12833	13.6
农林牧渔业总产值(万元)	Gross Output of Farming,Forestry,Animal Husbandry & Fishery(10 000 yuan)	568460	570146	4.0
粮食产量(吨)	Yield of Grain(ton)	1007520	1040026	3.2
油料产量(吨)	Yield of Oil-bearing Grops(ton)	28386	18472	-34.9
甜菜产量(吨)	Yield of Beetroots(ton)			
猪牛羊肉产量(吨)	Output of Pork, Beef & Mutton(ton)	40577	42806	5.5
#猪肉产量(吨)	Output of Pork(ton)	18766	19173	2.2
牛肉产量(吨)	Output of Beef(ton)	17517	18059	3.1
羊肉产量(吨)	Output of Mutton(ton)	4294	5574	29.8
羊毛产量(吨)	Output of Wool(ton)	2220	2238	0.8

23-51 Keerqinzuoyihou Banner in Tongliao City

指　标	Item	2014	2015	2015年比上年增长% Increase Rate in 2015 Over 2014(%)
年末牲畜存栏头数(万头只)	Total Livestock at the Year-end(10 000 heads)	114.95	121.91	6.0
#大牲畜(万头只)	Large Animals(10 000 heads)	43.19	44.28	2.5
羊(万只)	Sheep & Goats(10 000 heads)	49.54	56.08	13.2
猪(万头)	Hogs(10 000 heads)	22.22	21.55	-3.0
规模以上工业	**Industrial Enterprises above Designated size**			
工业企业单位数(个)	Number of Industrial Enterprises(unit)	65	67	3.1
#内资企业(个)	Civil Funded Enterprises(unit)	65	67	3.1
工业总产值(万元)	Gross Industrial Output Value(10 000 yuan)	2005586	1888875	-5.8
内资企业(万元)	Civil Funded Enterprises(10 000 yuan)	2005586	1888875	-5.8
国有企业(万元)	State-owned Enterprises(10 000 yuan)	174186	145335	-16.6
集体企业(万元)	Collective-owned Enterprises(10 000 yuan)			
股份合作企业(万元)	Share Holding Enterprises(10 000 yuan)			
联营企业(万元)	Joint Owned Enterprises(10 000 yuan)			
有限责任公司(万元)	Limited Company(10 000 yuan)	482551	532062	10.3
股份有限公司(万元)	Share Holding Limited Company(10 000 yuan)	47591	57279	20.4
私营企业(万元)	Privately Owned Enterprises(10 000 yuan)	1301259	1154199	-11.3
其他企业(万元)	Enterprises of Other Ownership(10 000 yuan)			
港澳台商投资企业(万元)	Funds from HK,Macao & Taiwan(10 000 yuan)			
外商投资企业(万元)	Foreign Funded Enterprises(10 000 yuan)			
工业企业增加值(万元)	Value Added of Industrial Enterprises(10 000 yuan)			9.2
工业企业资产总计(万元)	Total Assets of Industrial Enterprises(10 000 yuan)	944817	996165	5.4
工业企业负债合计(万元)	Total Liabilities of Industrial Enterprises(10 000 yuan)	483543	464209	-4.0
工业企业产品销售收入(万元)	Sales of Revenue Industrial Enterprises(10 000 yuan)	1956124	2001838	2.3
工业企业利润总额(万元)	Total Profits of Industrial Enterprises(10 000 yuan)	113189	125893	11.2
建筑业	**Construction**			
建筑企业单位数(个)	Number of Construction Enterprises(unit)	2	2	0.0
建筑企业从业人员(人)	Number of Employee in Construction Enterprises(person)	21	21	0.0
建筑业总产值(万元)	Gross Construction Output Value(10 000 yuan)	11085	16630	50.0
交通运输邮电通信业	**Transportation,Post & Telecommunications**			
公路里程(公里)	Total Length of Highways(km)	3686	3686	0.0
邮电业务总量(万元)	Business Volume of Post & Telecoms(10 000 yuan)	19500	22800	16.9
本地电话用户(户)	Number of Subscribers of Local Telephone(Household)	32000	29000	-9.4
国内贸易	**Domestic Trade**			
社会消费品零售总额(万元)	Total Retail Sales of Consumer Goods(10 000 yuan)	329320	355126	7.8
城镇(万元)	Town(10 000 yuan)	211554	224475	6.1
乡村(万元)	Village(10 000 yuan)	117766	130651	10.9
科技教育卫生	**Science,Education & Public Health**			
各类专业技术人员(人)	Special Technical Personnel(person)	5948	5988	0.7
幼儿园数(所)	Number of Kindergartens(unit)	73	75	2.7
学龄儿童入学率(%)	Percentage of School-Age Children Enrolled(%)	100.0	100.0	0.0
小学学校数(所)	Number of Primary Schools(unit)	34	33	-2.9
小学专任教师数(人)	Number of Full-time Teachers of Primary Schools(person)	1948	1785	-8.4
小学在校学生数(人)	Number of Student Enrollment of Primary Schools(person)	23552	24027	2.0
普通中学学校数(所)	Number of Regular Secondary Schools(unit)	15	15	0.0
普通中学专任教师数(人)	Number of Teachers of Secondary Shools(person)	1430	1407	-1.6
初中在校学生数(人)	Number of Student in Junior Secondary Schools(person)	10217	10081	-1.3
高中在校学生数(人)	Number of Student in Senior Secondary Schools(person)	5526	5521	-0.1
卫生机构数(所)	Number of Health Institutions(unit)	708	715	1.0
#医院(所)	Hospitals(unit)	4	5	25.0
卫生院(所)	Township Hospitals(unit)	29	29	0.0
床位数(张)	Number of Beds(unit)	1029	1090	5.9
#医院(张)	Hospitals(unit)	372	412	10.8
卫生院(张)	Township Hospitals(unit)	485	498	2.7
卫生技术人员(人)	Medical Technical Presonnel(person)	1178	1209	2.6
#医院(人)	Hospitals(person)	462	497	7.6
卫生院(人)	Township Hospitals(person)	384	378	-1.6

23-52 通辽市开鲁县

指 标	Item	2014	2015	2015年比上年增长% Increase Rate in 2015 Over 2014(%)
行政区域土地面积(平方公里)	**Area of Administration(Sq.km)**	**4353**	**4353**	**0.0**
人口和就业	**Population & Employment**			
年末户籍人口(人)	The Registered Population Year-end(person)	398081	398143	0.0
# 男性(人)	Male(person)	201732	202149	0.2
# 乡村人口(人)	Rural(person)	267156	266952	
年末常住人口(人)	Permanet Resident Population Year-end(person)			
# 男性(人)	Male(person)			
# 乡村人口(人)	Rural(person)			
年末总户数(户)	Total Number of Households at the Year-end(Household)	144261	148133	2.7
# 乡村户数(户)	Number of Rural Household(Household)	95434	95535	0.1
出生人口(人)	Births(person)	3170	2806	-11.5
死亡人口(人)	Deaths(person)	1734	1657	-4.4
全社会就业人员(人)	Employment(person)	224558	234052	4.2
第一产业(人)	Primary Industry(person)	143535	144154	0.4
第二产业(人)	Secondary Industry(person)	26450	29593	11.9
第三产业(人)	Tertiary Industry(person)	54573	60305	10.5
在岗职工人数(人)	Number of Staff & Workers Employed in(person)	23382	23621	1.0
乡村劳动力(人)	Number of Rural Laborers(person)	204612	205124	0.3
# 农林牧渔业(人)	Farming,Forestry,Animal Husbandry & Fishery(person)	135066	135359	0.2
国民经济综合指标	**Summary Item on the National Economy**			
生产总值(万元)	Gross Domestic Product(10 000 yuan)	2058400	2144205	7.9
第一产业(万元)	Primary Industry(10 000 yuan)	512500	521993	4.6
第二产业(万元)	Secondary Industry(10 000 yuan)	894800	925461	8.4
# 工业(万元)	Industry(10 000 yuan)	835900	852871	8.5
第三产业(万元)	Tertiary Industry(10 000 yuan)	651100	696752	9.5
人均生产总值(元)	Per Capita GDP(yuan)	52410	54713	8.1
全社会固定资产投资(万元)	Total Investment in Fixed Assets(10 000 yuan)	1016847	1222023	20.2
按登记注册类型分	Grouped by Registered Type			
# 国有(万元)	State-owned Enterprises(10 000 yuan)	342560	394718	15.2
集体(万元)	Collective-owned Enterprises(10 000 yuan)			
有限责任公司(万元)	Limited Liability Corporations(10 000 yuan)	64772	76050	17.4
股份有限公司(万元)	Share Holding Enterprises(10 000 yuan)			
私营企业(万元)	Private Enterprises(10 000 yuan)	493200	696855	41.3
外商及港澳台投资企业 (万元)	Funds from HK,Macao,Taiwan & Foreign(10 000 yuan)			
一般公共预算收入 (万元)	General Public Budget Revenue(10 000 yuan)	42265	46673	10.4
一般公共预算支出 (万元)	General Public Budget Expenditure(10 000 yuan)	246568	273897	11.1
住户存款余额 (万元)	The balance of savings deposits of Households(10 000 yuan)		493686	
在岗职工工资总额(万元)	Total Wages of Staff & Workers Employed in(10 000 yuan)	99338	113699	14.5
在岗职工平均工资(元)	Average Wage of Staff & Workers Employed in(yuan)	42715	48393	13.3
全体居民人均可支配收入 (元)	The per capita disposable income of all residents(yuan)	14018	15753	12.4
城镇常住居民人均可支配收入 (元)	The per capita disposable income of urban permanent residents(yuan)	21322	23104	8.4
农村牧区常住居民人均可支配收入 (元)	The per capita disposable income of permanent residents of rural and pastoral areas(yuan)	11127	12065	8.4
农村牧区经济	**Economic Development in Rural & Pastoral Area**			
农作物总播种面积(公顷)	Total Sown Area(hectare)	136880	141154	3.1
# 粮食作物播种面积(公顷)	Sown Area of Grain Crops(hectare)	94717	99263	4.8
农牧业机械总动力(万千瓦)	Total Power of Agricultural Machinery(10 000 kw)	111.31	123.07	10.6
化肥施用折纯量(吨)	Consumption of Chemical Fertilizer(ton)	30980	31250	0.9
农村用电量(万千瓦小时)	Electricity Consumed in Rural Area(10 000 kwh)	20355	22280	9.5
农林牧渔业总产值(万元)	Gross Output of Farming,Forestry,Animal Husbandry & Fishery(10 000 yuan)	887458	890090	4.1
粮食产量(吨)	Yield of Grain(ton)	1020140	1069465	4.8
油料产量(吨)	Yield of Oil-bearing Grops(ton)	3804	5728	50.6
甜菜产量(吨)	Yield of Beetroots(ton)	3015	3060	1.5
猪牛羊肉产量(吨)	Output of Pork, Beef & Mutton(ton)	82500	81675	-1.0
# 猪肉产量(吨)	Output of Pork(ton)	65680	64650	-1.6
牛肉产量(吨)	Output of Beef(ton)	6944	7035	1.3
羊肉产量(吨)	Output of Mutton(ton)	9876	9990	1.2
羊毛产量(吨)	Output of Wool(ton)	3091	3240	4.8

23-52 Kailu County in Tongliao City

指 标	Item	2014	2015	2015年比上年增长% Increase Rate in 2015 Over 2014(%)
年末牲畜存栏头数(万头只)	Total Livestock at the Year-end(10 000 heads)	196.32	206.14	5.0
# 大牲畜(万头只)	Large Animals(10 000 heads)	23.92	24.48	2.4
羊(万只)	Sheep & Goats(10 000 heads)	127.06	137.46	8.2
猪(万头)	Hogs(10 000 heads)	45.34	44.20	-2.5
规模以上工业	**Industrial Enterprises above Designated size**			
工业企业单位数(个)	Number of Industrial Enterprises(unit)	69	69	0.0
# 内资企业(个)	Civil Funded Enterprises(unit)	68	68	0.0
工业总产值(万元)	Gross Industrial Output Value(10 000 yuan)	3086367	3232377	4.7
内资企业(万元)	Civil Funded Enterprises(10 000 yuan)	2944631	3085018	4.8
国有企业(万元)	State-owned Enterprises(10 000 yuan)	69054	81654	18.2
集体企业(万元)	Collective-owned Enterprises(10 000 yuan)			
股份合作企业(万元)	Share Holding Enterprises(10 000 yuan)			
联营企业(万元)	Joint Owned Enterprises(10 000 yuan)			
有限责任公司(万元)	Limited Company(10 000 yuan)	173985	192895	10.9
股份有限公司(万元)	Share Holding Limited Company(10 000 yuan)		2445	
私营企业(万元)	Privately Owned Enterprises(10 000 yuan)	2701593	2808025	3.9
其他企业(万元)	Enterprises of Other Ownership(10 000 yuan)			
港澳台商投资企业(万元)	Funds from HK,Macao & Taiwan(10 000 yuan)	141735	147359	4.0
外商投资企业(万元)	Foreign Funded Enterprises(10 000 yuan)			
工业企业增加值(万元)	Value Added of Industrial Enterprises(10 000 yuan)			9.0
工业企业资产总计(万元)	Total Assets of Industrial Enterprises(10 000 yuan)	2212888	2231293	0.8
工业企业负债合计(万元)	Total Liabilities of Industrial Enterprises(10 000 yuan)	325772	306027	-6.1
工业企业产品销售收入(万元)	Sales of Revenue Industrial Enterprises(10 000 yuan)	3033872	3220209	6.1
工业企业利润总额(万元)	Total Profits of Industrial Enterprises(10 000 yuan)	359823	318640	-11.4
建筑业	**Construction**			
建筑企业单位数(个)	Number of Construction Enterprises(unit)	4	4	0.0
建筑企业从业人员(人)	Number of Employee in Construction Enterprises(person)	1570	1490	-5.1
建筑业总产值(万元)	Gross Construction Output Value(10 000 yuan)	36855	37673	2.2
交通运输邮电通信业	**Transportation,Post & Telecommunications**			
公路里程(公里)	Total Length of Highways(km)	2042	2042	0.0
邮电业务总量(万元)	Business Volume of Post & Telecoms(10 000 yuan)	26689	27011	1.2
本地电话用户(户)	Number of Subscribers of Local Telephone(Household)	37150	35065	-5.6
国内贸易	**Domestic Trade**			
社会消费品零售总额(万元)	Total Retail Sales of Consumer Goods(10 000 yuan)	355952	384296	8.0
城镇(万元)	Town(10 000 yuan)	223124	236680	6.1
乡村(万元)	Village(10 000 yuan)	132829	147616	11.1
科技教育卫生	**Science,Education & Public Health**			
各类专业技术人员(人)	Special Technical Personnel(person)	5978	6143	2.8
幼儿园数(所)	Number of Kindergartens(unit)	43	43	0.0
学龄儿童入学率(%)	Percentage of School-Age Children Enrolled(%)	100.0	100.0	0.0
小学学校数(所)	Number of Primary Schools(unit)	138	39	-71.7
小学专任教师数(人)	Number of Full-time Teachers of Primary Schools(person)	1970	1752	-11.1
小学在校学生数(人)	Number of Student Enrollment of Primary Schools(person)	21585	21184	-1.9
普通中学学校数(所)	Number of Regular Secondary Schools(unit)	21	21	0.0
普通中学专任教师数(人)	Number of Teachers of Secondary Shools(person)	1538	1526	-0.8
初中在校学生数(人)	Number of Student in Junior Secondary Schools(person)	11483	11162	-2.8
高中在校学生数(人)	Number of Student in Senior Secondary Schools(person)	7058	7288	3.3
卫生机构数(所)	Number of Health Institutions(unit)	636	638	0.3
# 医院(所)	Hospitals(unit)	5	5	0.0
卫生院(所)	Township Hospitals(unit)	20	20	0.0
床位数(张)	Number of Beds(unit)	1203	1249	3.8
# 医院(张)	Hospitals(unit)	573	575	0.3
卫生院(张)	Township Hospitals(unit)	570	614	7.7
卫生技术人员(人)	Medical Technical Presonnel(person)	1101	1108	0.6
# 医院(人)	Hospitals(person)	536	543	1.3
卫生院(人)	Township Hospitals(person)	392	391	-0.3

23-53 通辽市库伦旗

指　标	Item	2014	2015	2015年比上年增长% Increase Rate in 2015 Over 2014(%)
行政区域土地面积(平方公里)	**Area of Administration(Sq.km)**	**4709**	**4709**	**0.0**
人口和就业	**Population & Employment**			
年末户籍人口(人)	The Registered Population Year-end(person)	180095	179868	-0.1
#男性(人)	Male(person)	92620	92512	-0.1
#乡村人口(人)	Rural(person)	139621	140216	
年末常住人口(人)	Permanet Resident Population Year-end(person)			
#男性(人)	Male(person)			
#乡村人口(人)	Rural(person)			
年末总户数(户)	Total Number of Households at the Year-end(Household)	67135	68162	1.5
#乡村户数(户)	Number of Rural Household(Household)	42093	43071	2.3
出生人口(人)	Births(person)	1777	1509	-15.1
死亡人口(人)	Deaths(person)	1314	964	-26.6
全社会就业人员(人)	Employment(person)	110413	115881	5.0
第一产业(人)	Primary Industry(person)	74335	77687	4.5
第二产业(人)	Secondary Industry(person)	11158	12147	8.9
第三产业(人)	Tertiary Industry(person)	24920	26047	4.5
在岗职工人数(人)	Number of Staff & Workers Employed in(person)	14326	14005	-2.2
乡村劳动力(人)	Number of Rural Laborers(person)	84590	87662	3.6
#农林牧渔业(人)	Farming,Forestry,Animal Husbandry & Fishery(person)	71550	74826	4.6
国民经济综合指标	**Summary Item on the National Economy**			
生产总值(万元)	Gross Domestic Product(10 000 yuan)	656393	685476	7.8
第一产业(万元)	Primary Industry(10 000 yuan)	176200	179465	4.4
第二产业(万元)	Secondary Industry(10 000 yuan)	256093	264224	8.2
#工业(万元)	Industry(10 000 yuan)	237639	241860	8.3
第三产业(万元)	Tertiary Industry(10 000 yuan)	224100	241787	9.7
人均生产总值(元)	Per Capita GDP(yuan)	40134	42092	8.2
全社会固定资产投资(万元)	Total Investment in Fixed Assets(10 000 yuan)	558688	642373	15.0
按登记注册类型分	Grouped by Registered Type			
#国有(万元)	State-owned Enterprises(10 000 yuan)	139585	149913	7.4
集体(万元)	Collective-owned Enterprises(10 000 yuan)			
有限责任公司(万元)	Limited Liability Corporations(10 000 yuan)	259815	310170	19.4
股份有限公司(万元)	Share Holding Enterprises(10 000 yuan)			
私营企业(万元)	Private Enterprises(10 000 yuan)	133090	133210	0.1
外商及港澳台投资企业(万元)	Funds from HK,Macao,Taiwan & Foreign(10 000 yuan)			
一般公共预算收入(万元)	General Public Budget Revenue(10 000 yuan)	30232	33301	10.2
一般公共预算支出(万元)	General Public Budget Expenditure(10 000 yuan)	151395	190257	25.7
住户存款余额(万元)	The balance of savings deposits of Households(10 000 yuan)		163738	
在岗职工工资总额(万元)	Total Wages of Staff & Workers Employed in(10 000 yuan)	61305	71405	16.5
在岗职工平均工资(元)	Average Wage of Staff & Workers Employed in(yuan)	42988	51102	18.9
全体居民人均可支配收入(元)	The per capita disposable income of all residents(yuan)	11515	12852	11.6
城镇常住居民人均可支配收入(元)	The per capita disposable income of urban permanent residents(yuan)	18651	20295	8.8
农村牧区常住居民人均可支配收入(元)	The per capita disposable income of permanent residents of rural and pastoral areas(yuan)	7796	8466	8.6
农村牧区经济	**Economic Development in Rural & Pastoral Area**			
农作物总播种面积(公顷)	Total Sown Area(hectare)	91068	92302	1.4
#粮食作物播种面积(公顷)	Sown Area of Grain Crops(hectare)	82952	83367	0.5
农牧业机械总动力(万千瓦)	Total Power of Agricultural Machinery(10 000 kw)	34.53	38.01	10.1
化肥施用折纯量(吨)	Consumption of Chemical Fertilizer(ton)	26483	27907	5.4
农村用电量(万千瓦小时)	Electricity Consumed in Rural Area(10 000 kwh)	2788	3081	10.5
农林牧渔业总产值(万元)	Gross Output of Farming,Forestry,Animal Husbandry & Fishery(10 000 yuan)	278136	278961	3.8
粮食产量(吨)	Yield of Grain(ton)	515024	530022	2.9
油料产量(吨)	Yield of Oil-bearing Grops(ton)	2945	3155	7.1
甜菜产量(吨)	Yield of Beetroots(ton)			
猪牛羊肉产量(吨)	Output of Pork, Beef & Mutton(ton)	28813	29455	2.2
#猪肉产量(吨)	Output of Pork(ton)	14424	14690	1.8
牛肉产量(吨)	Output of Beef(ton)	8536	8690	1.8
羊肉产量(吨)	Output of Mutton(ton)	5853	6075	3.8
羊毛产量(吨)	Output of Wool(ton)	366	362	-1.1

23-53 Kulun Banner in Tongliao City

指　标	Item	2014	2015	2015年比上年增长% Increase Rate in 2015 Over 2014(%)
年末牲畜存栏头数(万头只)	Total Livestock at the Year-end(10 000 heads)	78.36	81.88	4.5
#大牲畜(万头只)	Large Animals(10 000 heads)	20.05	20.89	4.2
羊(万只)	Sheep & Goats(10 000 heads)	41.15	44.45	8.0
猪(万头)	Hogs(10 000 heads)	17.16	16.54	-3.6
规模以上工业	**Industrial Enterprises above Designated size**			
工业企业单位数(个)	Number of Industrial Enterprises(unit)	25	23	-8.0
#内资企业(个)	Civil Funded Enterprises(unit)	25	23	-8.0
工业总产值(万元)	Gross Industrial Output Value(10 000 yuan)	815137	934644	14.7
内资企业(万元)	Civil Funded Enterprises(10 000 yuan)	815137	934644	14.7
国有企业(万元)	State-owned Enterprises(10 000 yuan)	30485	33879	11.1
集体企业(万元)	Collective-owned Enterprises(10 000 yuan)			
股份合作企业(万元)	Share Holding Enterprises(10 000 yuan)			
联营企业(万元)	Joint Owned Enterprises(10 000 yuan)			
有限责任公司(万元)	Limited Company(10 000 yuan)	756955	876259	15.8
股份有限公司(万元)	Share Holding Limited Company(10 000 yuan)			
私营企业(万元)	Privately Owned Enterprises(10 000 yuan)	27697	24506	-11.5
其他企业(万元)	Enterprises of Other Ownership(10 000 yuan)			
港澳台商投资企业(万元)	Funds from HK,Macao & Taiwan(10 000 yuan)			
外商投资企业(万元)	Foreign Funded Enterprises(10 000 yuan)			
工业企业增加值(万元)	Value Added of Industrial Enterprises(10 000 yuan)			9.1
工业企业资产总计(万元)	Total Assets of Industrial Enterprises(10 000 yuan)	301751	306309	1.5
工业企业负债合计(万元)	Total Liabilities of Industrial Enterprises(10 000 yuan)	191657	186392	-2.7
工业企业产品销售收入(万元)	Sales of Revenue Industrial Enterprises(10 000 yuan)	802053	912853	13.8
工业企业利润总额(万元)	Total Profits of Industrial Enterprises(10 000 yuan)	57443	62625	9.0
建筑业	**Construction**			
建筑企业单位数(个)	Number of Construction Enterprises(unit)	1	1	0.0
建筑企业从业人员(人)	Number of Employee in Construction Enterprises(person)	228	270	18.4
建筑业总产值(万元)	Gross Construction Output Value(10 000 yuan)	2700	2600	-3.7
交通运输邮电通信业	**Transportation,Post & Telecommunications**			
公路里程(公里)	Total Length of Highways(km)	1683	1683	0.0
邮电业务总量(万元)	Business Volume of Post & Telecoms(10 000 yuan)	10736	10790	0.5
本地电话用户(户)	Number of Subscribers of Local Telephone(Household)	11207	11283	0.7
国内贸易	**Domestic Trade**			
社会消费品零售总额(万元)	Total Retail Sales of Consumer Goods(10 000 yuan)	137865	148386	7.6
城镇(万元)	Town(10 000 yuan)	109500	118708	8.4
乡村(万元)	Village(10 000 yuan)	28365	29678	4.6
科技教育卫生	**Science,Education & Public Health**			
各类专业技术人员(人)	Special Technical Personnel(person)	3244	3300	1.7
幼儿园数(所)	Number of Kindergartens(unit)	19	21	10.5
学龄儿童入学率(%)	Percentage of School-Age Children Enrolled(%)	100.0	100.0	0.0
小学学校数(所)	Number of Primary Schools(unit)	10	10	0.0
小学专任教师数(人)	Number of Full-time Teachers of Primary Schools(person)	1216	933	-23.3
小学在校学生数(人)	Number of Student Enrollment of Primary Schools(person)	10618	10551	-0.6
普通中学学校数(所)	Number of Regular Secondary Schools(unit)	15	15	0.0
普通中学专任教师数(人)	Number of Teachers of Secondary Shools(person)	718	687	-4.3
初中在校学生数(人)	Number of Student in Junior Secondary Schools(person)	4538	4577	0.9
高中在校学生数(人)	Number of Student in Senior Secondary Schools(person)	2539	3056	20.4
卫生机构数(所)	Number of Health Institutions(unit)	284	296	4.2
#医院(所)	Hospitals(unit)	3	3	0.0
卫生院(所)	Township Hospitals(unit)	16	16	0.0
床位数(张)	Number of Beds(unit)	552	631	14.3
#医院(张)	Hospitals(unit)	345	402	16.5
卫生院(张)	Township Hospitals(unit)	166	188	13.3
卫生技术人员(人)	Medical Technical Presonnel(person)	733	825	12.6
#医院(人)	Hospitals(person)	401	478	19.2
卫生院(人)	Township Hospitals(person)	130	152	16.9

23-54 通辽市奈曼旗

指　　标	Item	2014	2015	2015年比上年增长% Increase Rate in 2015 Over 2014(%)
行政区域土地面积(平方公里)	**Area of Administration(Sq.km)**	**8135**	**8135**	**0.0**
人口和就业	**Population & Employment**			
年末户籍人口(人)	The Registered Population Year-end(person)	445052	447591	0.6
#男性(人)	Male(person)	227368	229021	0.7
#乡村人口(人)	Rural(person)	311615	322016	
年末常住人口(人)	Permanet Resident Population Year-end(person)			
#男性(人)	Male(person)			
#乡村人口(人)	Rural(person)			
年末总户数(户)	Total Number of Households at the Year-end(Household)	152999	156187	2.1
# 乡村户数(户)	Number of Rural Household(Household)	111305	110604	-0.6
出生人口(人)	Births(person)	5591	4776	-14.6
死亡人口(人)	Deaths(person)	3336	2058	-38.3
全社会就业人员(人)	Employment(person)	256920	289865	12.8
第一产业(人)	Primary Industry(person)	167149	202824	21.3
第二产业(人)	Secondary Industry(person)	30612	31037	1.4
第三产业(人)	Tertiary Industry(person)	59159	56004	-5.3
在岗职工人数(人)	Number of Staff & Workers Employed in(person)	22375	23142	3.4
乡村劳动力(人)	Number of Rural Laborers(person)	243456	243660	0.1
# 农林牧渔业(人)	Farming,Forestry,Animal Husbandry & Fishery(person)	162765	197830	21.5
国民经济综合指标	**Summary Item on the National Economy**			
生产总值(万元)	Gross Domestic Product(10 000 yuan)	1441800	1502217	7.7
第一产业(万元)	Primary Industry(10 000 yuan)	296000	301533	4.3
第二产业(万元)	Secondary Industry(10 000 yuan)	654200	675868	8.1
#工业(万元)	Industry(10 000 yuan)	586200	596395	8.2
第三产业(万元)	Tertiary Industry(10 000 yuan)	491600	524816	9.0
人均生产总值(元)	Per Capita GDP(yuan)	36856	37777	6.0
全社会固定资产投资(万元)	Total Investment in Fixed Assets(10 000 yuan)	849950	986000	16.0
按登记注册类型分	Grouped by Registered Type			
#国有(万元)	State-owned Enterprises(10 000 yuan)	440857	536086	21.6
集体(万元)	Collective-owned Enterprises(10 000 yuan)			
有限责任公司(万元)	Limited Liability Corporations(10 000 yuan)	152890	195649	28.0
股份有限公司(万元)	Share Holding Enterprises(10 000 yuan)			
私营企业(万元)	Private Enterprises(10 000 yuan)	211200	220995	4.6
外商及港澳台投资企业(万元)	Funds from HK,Macao,Taiwan & Foreign(10 000 yuan)		7500	
一般公共预算收入(万元)	General Public Budget Revenue(10 000 yuan)	50842	45725	-10.1
一般公共预算支出(万元)	General Public Budget Expenditure(10 000 yuan)	281548	348205	23.7
住户存款余额(万元)	The balance of savings deposits of Households(10 000 yuan)		469850	
在岗职工工资总额(万元)	Total Wages of Staff & Workers Employed in(10 000 yuan)	105333	125423	19.1
在岗职工平均工资(元)	Average Wage of Staff & Workers Employed in(yuan)	46783	53143	13.6
全体居民人均可支配收入(元)	The per capita disposable income of all residents(yuan)	11139	12647	13.5
城镇常住居民人均可支配收入(元)	The per capita disposable income of urban permanent residents(yuan)	19407	21091	8.7
农村牧区常住居民人均可支配收入(元)	The per capita disposable income of permanent residents of rural and pastoral areas(yuan)	8043	8725	8.5
农村牧区经济	**Economic Development in Rural & Pastoral Area**			
农作物总播种面积(公顷)	Total Sown Area(hectare)	128919	130178	1.0
#粮食作物播种面积(公顷)	Sown Area of Grain Crops(hectare)	99988	100988	1.0
农牧业机械总动力(万千瓦)	Total Power of Agricultural Machinery(10 000 kw)	90.35	97.41	7.8
化肥施用折纯量(吨)	Consumption of Chemical Fertilizer(ton)	112754	117061	3.8
农村用电量(万千瓦小时)	Electricity Consumed in Rural Area(10 000 kwh)	18560	19249	3.7
农林牧渔业总产值(万元)	Gross Output of Farming,Forestry,Animal Husbandry & Fishery(10 000 yuan)	487734	489180	3.7
粮食产量(吨)	Yield of Grain(ton)	750510	774732	3.2
油料产量(吨)	Yield of Oil-bearing Grops(ton)	14076	13774	-2.1
甜菜产量(吨)	Yield of Beetroots(ton)	54000	54188	0.3
猪牛羊肉产量(吨)	Output of Pork, Beef & Mutton(ton)	38018	37089	-2.4
# 猪肉产量(吨)	Output of Pork(ton)	26138	25115	-3.9
牛肉产量(吨)	Output of Beef(ton)	6540	6567	0.4
羊肉产量(吨)	Output of Mutton(ton)	5340	5407	1.3
羊毛产量(吨)	Output of Wool(ton)	2300	2073	-9.9

23-54 Naiman Banner in Tongliao City

指　标	Item	2014	2015	2015年比上年增长% Increase Rate in 2015 Over 2014(%)
年末牲畜存栏头数(万头只)	Total Livestock at the Year-end(10 000 heads)	137.42	128.93	-6.2
# 大牲畜(万头只)	Large Animals(10 000 heads)	18.82	17.10	-9.1
羊(万只)	Sheep & Goats(10 000 heads)	84.50	80.61	-4.6
猪(万头)	Hogs(10 000 heads)	34.10	31.21	-8.5
规模以上工业	**Industrial Enterprises above Designated size**			
工业企业单位数(个)	Number of Industrial Enterprises(unit)	47	45	-4.3
# 内资企业(个)	Civil Funded Enterprises(unit)	46	44	-4.3
工业总产值(万元)	Gross Industrial Output Value(10 000 yuan)	1406460	1361486	-3.2
内资企业(万元)	Civil Funded Enterprises(10 000 yuan)	1385160	1346322	-2.8
国有企业(万元)	State-owned Enterprises(10 000 yuan)	63480	60670	-4.4
集体企业(万元)	Collective-owned Enterprises(10 000 yuan)			
股份合作企业(万元)	Share Holding Enterprises(10 000 yuan)			
联营企业(万元)	Joint Owned Enterprises(10 000 yuan)			
有限责任公司(万元)	Limited Company(10 000 yuan)	816894	666317	-18.4
股份有限公司(万元)	Share Holding Limited Company(10 000 yuan)			
私营企业(万元)	Privately Owned Enterprises(10 000 yuan)	504786	619335	22.7
其他企业(万元)	Enterprises of Other Ownership(10 000 yuan)			
港澳台商投资企业(万元)	Funds from HK,Macao & Taiwan(10 000 yuan)			
外商投资企业(万元)	Foreign Funded Enterprises(10 000 yuan)	21300	15163	-28.8
工业企业增加值(万元)	Value Added of Industrial Enterprises(10 000 yuan)			9.0
工业企业资产总计(万元)	Total Assets of Industrial Enterprises(10 000 yuan)	706608	1036842	46.7
工业企业负债合计(万元)	Total Liabilities of Industrial Enterprises(10 000 yuan)	513098	690602	34.6
工业企业产品销售收入(万元)	Sales of Revenue Industrial Enterprises(10 000 yuan)	1394963	1404011	0.6
工业企业利润总额(万元)	Total Profits of Industrial Enterprises(10 000 yuan)	28763	40788	41.8
建筑业	**Construction**			
建筑企业单位数(个)	Number of Construction Enterprises(unit)	8	8	0.0
建筑企业从业人员(人)	Number of Employee in Construction Enterprises(person)	2142	1600	-25.3
建筑业总产值(万元)	Gross Construction Output Value(10 000 yuan)	58687	50989	-13.1
交通运输邮电通信业	**Transportation,Post & Telecommunications**			
公路里程(公里)	Total Length of Highways(km)	3219	3219	0.0
邮电业务总量(万元)	Business Volume of Post & Telecoms(10 000 yuan)	12950	13831	6.8
本地电话用户(户)	Number of Subscribers of Local Telephone(Household)	27824	30479	9.5
国内贸易	**Domestic Trade**			
社会消费品零售总额(万元)	Total Retail Sales of Consumer Goods(10 000 yuan)	343450	371189	8.1
城镇(万元)	Town(10 000 yuan)	223243	241273	8.1
乡村(万元)	Village(10 000 yuan)	120208	129916	8.1
科技教育卫生	**Science,Education & Public Health**			
各类专业技术人员(人)	Special Technical Personnel(person)	6132	6327	3.2
幼儿园数(所)	Number of Kindergartens(unit)	63	94	49.2
学龄儿童入学率(%)	Percentage of School-Age Children Enrolled(%)	100.0	100.0	0.0
小学学校数(所)	Number of Primary Schools(unit)	140	139	-0.7
小学专任教师数(人)	Number of Full-time Teachers of Primary Schools(person)	2122	2074	-2.3
小学在校学生数(人)	Number of Student Enrollment of Primary Schools(person)	25174	25714	2.1
普通中学学校数(所)	Number of Regular Secondary Schools(unit)	21	21	0.0
普通中学专任教师数(人)	Number of Teachers of Secondary Shools(person)	1409	1417	0.6
初中在校学生数(人)	Number of Student in Junior Secondary Schools(person)	12488	12034	-3.6
高中在校学生数(人)	Number of Student in Senior Secondary Schools(person)	9116	9601	5.3
卫生机构数(所)	Number of Health Institutions(unit)	823	824	0.1
# 医院(所)	Hospitals(unit)	8	8	0.0
卫生院(所)	Township Hospitals(unit)	21	21	0.0
床位数(张)	Number of Beds(unit)	1243	1298	4.4
# 医院(张)	Hospitals(unit)	632	679	7.4
卫生院(张)	Township Hospitals(unit)	423	431	1.9
卫生技术人员(人)	Medical Technical Presonnel(person)	1524	1557	2.2
# 医院(人)	Hospitals(person)	588	633	7.7
卫生院(人)	Township Hospitals(person)	516	503	-2.5

23-55 通辽市扎鲁特旗

指 标	Item	2014	2015	2015年比上年增长% Increase Rate in 2015 Over 2014(%)
行政区域土地面积(平方公里)	**Area of Administration(Sq.km)**	**16492**	**16492**	**0.0**
人口和就业	**Population & Employment**			
年末户籍人口(人)	The Registered Population Year-end(person)	304487	303584	-0.3
#男性(人)	Male(person)	153998	156263	1.5
#乡村人口(人)	Rural(person)	186496	207295	
年末常住人口(人)	Permanet Resident Population Year-end(person)			
#男性(人)	Male(person)			
#乡村人口(人)	Rural(person)			
年末总户数(户)	Total Number of Households at the Year-end(Household)	135959	137116	0.9
#乡村户数(户)	Number of Rural Household(Household)	82033	84559	3.1
出生人口(人)	Births(person)	8050	3115	-61.3
死亡人口(人)	Deaths(person)	1332	1110	-16.7
全社会就业人员(人)	Employment(person)	166006	175859	5.9
第一产业(人)	Primary Industry(person)	111160	112469	1.2
第二产业(人)	Secondary Industry(person)	11051	11676	5.7
第三产业(人)	Tertiary Industry(person)	43795	51714	18.1
在岗职工人数(人)	Number of Staff & Workers Employed in(person)	23821	23840	0.1
乡村劳动力(人)	Number of Rural Laborers(person)	134681	137190	1.9
#农林牧渔业(人)	Farming,Forestry,Animal Husbandry & Fishery(person)	102266	103141	0.9
国民经济综合指标	**Summary Item on the National Economy**			
生产总值(万元)	Gross Domestic Product(10 000 yuan)	1879900	1970938	7.8
第一产业(万元)	Primary Industry(10 000 yuan)	343500	346448	4.8
第二产业(万元)	Secondary Industry(10 000 yuan)	1011754	1033047	8.7
#工业(万元)	Industry(10 000 yuan)	943204	949193	8.8
第三产业(万元)	Tertiary Industry(10 000 yuan)	524721	591443	7.8
人均生产总值(元)	Per Capita GDP(yuan)	69012	72661	8.1
全社会固定资产投资(万元)	Total Investment in Fixed Assets(10 000 yuan)	1129467	1352286	19.7
按登记注册类型分	Grouped by Registered Type			
#国有(万元)	State-owned Enterprises(10 000 yuan)	587542	633546	7.8
集体(万元)	Collective-owned Enterprises(10 000 yuan)			
有限责任公司(万元)	Limited Liability Corporations(10 000 yuan)	18524	19500	5.3
股份有限公司(万元)	Share Holding Enterprises(10 000 yuan)	156391	167014	6.8
私营企业(万元)	Private Enterprises(10 000 yuan)	352368	431268	22.4
外商及港澳台投资企业(万元)	Funds from HK,Macao,Taiwan & Foreign(10 000 yuan)			
一般公共预算收入(万元)	General Public Budget Revenue(10 000 yuan)	146087	162750	11.4
一般公共预算支出(万元)	General Public Budget Expenditure(10 000 yuan)	350515	405337	15.6
住户存款余额(万元)	The balance of savings deposits of Households(10 000 yuan)		357452	
在岗职工工资总额(万元)	Total Wages of Staff & Workers Employed in(10 000 yuan)	123898	143326	15.7
在岗职工平均工资(元)	Average Wage of Staff & Workers Employed in(yuan)	52245	60414	15.6
全体居民人均可支配收入(元)	The per capita disposable income of all residents(yuan)	13378	15214	13.7
城镇常住居民人均可支配收入(元)	The per capita disposable income of urban permanent residents(yuan)	20857	22716	8.9
农村牧区常住居民人均可支配收入(元)	The per capita disposable income of permanent residents of rural and pastoral areas(yuan)	10881	11764	8.1
农村牧区经济	**Economic Development in Rural & Pastoral Area**			
农作物总播种面积(公顷)	Total Sown Area(hectare)	146837	146555	-0.2
#粮食作物播种面积(公顷)	Sown Area of Grain Crops(hectare)	112461	113023	0.5
农牧业机械总动力(万千瓦)	Total Power of Agricultural Machinery(10 000 kw)	65.52	70.00	6.8
化肥施用折纯量(吨)	Consumption of Chemical Fertilizer(ton)	45014	56976	26.6
农村用电量(万千瓦小时)	Electricity Consumed in Rural Area(10 000 kwh)	8874	9046	1.9
农林牧渔业总产值(万元)	Gross Output of Farming,Forestry,Animal Husbandry & Fishery(10 000 yuan)	579882	581602	4.3
粮食产量(吨)	Yield of Grain(ton)	525017	540179	2.9
油料产量(吨)	Yield of Oil-bearing Grops(ton)	22012	16051	-27.1
甜菜产量(吨)	Yield of Beetroots(ton)			
猪牛羊肉产量(吨)	Output of Pork, Beef & Mutton(ton)	69902	68192	-2.4
#猪肉产量(吨)	Output of Pork(ton)	24177	24650	2.0
牛肉产量(吨)	Output of Beef(ton)	20371	19354	-5.0
羊肉产量(吨)	Output of Mutton(ton)	25354	24188	-4.6
羊毛产量(吨)	Output of Wool(ton)	3485	3987	14.4

23-55 Zhalute Banner in Tongliao City

指　标	Item	2014	2015	2015年比上年增长% Increase Rate in 2015 Over 2014(%)
年末牲畜存栏头数(万头只)	Total Livestock at the Year-end(10 000 heads)	243.95	247.53	1.5
# 大牲畜(万头只)	Large Animals(10 000 heads)	20.48	21.23	3.6
羊(万只)	Sheep & Goats(10 000 heads)	202.09	205.73	1.8
猪(万头)	Hogs(10 000 heads)	21.38	20.57	-3.8
规模以上工业	**Industrial Enterprises above Designated size**			
工业企业单位数(个)	Number of Industrial Enterprises(unit)	66	71	7.6
# 内资企业(个)	Civil Funded Enterprises(unit)	64	69	7.8
工业总产值(万元)	Gross Industrial Output Value(10 000 yuan)	2475878	2648889	7.0
内资企业(万元)	Civil Funded Enterprises(10 000 yuan)	2469352	2642695	7.0
国有企业(万元)	State-owned Enterprises(10 000 yuan)	21345		
集体企业(万元)	Collective-owned Enterprises(10 000 yuan)			
股份合作企业(万元)	Share Holding Enterprises(10 000 yuan)			
联营企业(万元)	Joint Owned Enterprises(10 000 yuan)			
有限责任公司(万元)	Limited Company(10 000 yuan)	333073	442530	32.9
股份有限公司(万元)	Share Holding Limited Company(10 000 yuan)			
私营企业(万元)	Privately Owned Enterprises(10 000 yuan)	2114934	2200165	4.0
其他企业(万元)	Enterprises of Other Ownership(10 000 yuan)			
港澳台商投资企业(万元)	Funds from HK,Macao & Taiwan(10 000 yuan)	4380	3924	-10.4
外商投资企业(万元)	Foreign Funded Enterprises(10 000 yuan)	2146	2270	5.8
工业企业增加值(万元)	Value Added of Industrial Enterprises(10 000 yuan)			9.3
工业企业资产总计(万元)	Total Assets of Industrial Enterprises(10 000 yuan)	1107096	1229505	11.1
工业企业负债合计(万元)	Total Liabilities of Industrial Enterprises(10 000 yuan)	559153	594723	6.4
工业企业产品销售收入(万元)	Sales of Revenue Industrial Enterprises(10 000 yuan)	2427993	2619839	7.9
工业企业利润总额(万元)	Total Profits of Industrial Enterprises(10 000 yuan)	100159	125601	25.4
建筑业	**Construction**			
建筑企业单位数(个)	Number of Construction Enterprises(unit)	3	3	0.0
建筑企业从业人员(人)	Number of Employee in Construction Enterprises(person)	1036	800	-22.8
建筑业总产值(万元)	Gross Construction Output Value(10 000 yuan)	32757	27421	-16.3
交通运输邮电通信业	**Transportation,Post & Telecommunications**			
公路里程(公里)	Total Length of Highways(km)	2675	2675	0.0
邮电业务总量(万元)	Business Volume of Post & Telecoms(10 000 yuan)	19864	22697	14.3
本地电话用户(户)	Number of Subscribers of Local Telephone(Household)	43192	49792	15.3
国内贸易	**Domestic Trade**			
社会消费品零售总额(万元)	Total Retail Sales of Consumer Goods(10 000 yuan)	282732	305340	8.0
城镇(万元)	Town(10 000 yuan)	202239	213402	5.5
乡村(万元)	Village(10 000 yuan)	80494	91938	14.2
科技教育卫生	**Science,Education & Public Health**			
各类专业技术人员(人)	Special Technical Personnel(person)	7589	7841	3.3
幼儿园数(所)	Number of Kindergartens(unit)	42	47	11.9
学龄儿童入学率(%)	Percentage of School-Age Children Enrolled(%)	100.0	100.0	0.0
小学学校数(所)	Number of Primary Schools(unit)	28	28	0.0
小学专任教师数(人)	Number of Full-time Teachers of Primary Schools(person)	2200	2053	-6.7
小学在校学生数(人)	Number of Student Enrollment of Primary Schools(person)	16544	16531	-0.1
普通中学学校数(所)	Number of Regular Secondary Schools(unit)	12	12	0.0
普通中学专任教师数(人)	Number of Teachers of Secondary Shools(person)	1197	1189	-0.7
初中在校学生数(人)	Number of Student in Junior Secondary Schools(person)	8950	8479	-5.3
高中在校学生数(人)	Number of Student in Senior Secondary Schools(person)	5775	6101	5.6
卫生机构数(所)	Number of Health Institutions(unit)	445	445	0.0
# 医院(所)	Hospitals(unit)	4	5	25.0
卫生院(所)	Township Hospitals(unit)	26	26	0.0
床位数(张)	Number of Beds(unit)	795	957	20.4
# 医院(张)	Hospitals(unit)	545	707	29.7
卫生院(张)	Township Hospitals(unit)	216	216	0.0
卫生技术人员(人)	Medical Technical Presonnel(person)	1101	1209	9.8
# 医院(人)	Hospitals(person)	490	585	19.4
卫生院(人)	Township Hospitals(person)	388	393	1.3

23–56 赤峰市红山区

指　标	Item	2014	2015	2015年比上年增长% Increase Rate in 2015 Over 2014(%)
行政区域土地面积(平方公里)	**Area of Administration(Sq.km)**	**506**	**506**	**0.0**
人口和就业	**Population & Employment**			
年末户籍人口(人)	The Registered Population Year-end(person)	360220	357181	-0.8
# 男性(人)	Male(person)	178682	177128	-0.9
# 乡村人口(人)	Rural(person)	86783	78060	
年末常住人口(人)	Permanet Resident Population Year-end(person)	457800	460500	0.6
# 男性(人)	Male(person)			
# 乡村人口(人)	Rural(person)	90558	90854	0.3
年末总户数(户)	Total Number of Households at the Year-end(Household)	147249	148402	0.8
# 乡村户数(户)	Number of Rural Household(Household)	33689	34876	3.5
出生人口(人)	Births(person)	3904	2730	-30.1
死亡人口(人)	Deaths(person)	1090	960	-11.9
全社会就业人员(人)	Employment(person)	220665	199053	-9.8
第一产业(人)	Primary Industry(person)	20162	21755	7.9
第二产业(人)	Secondary Industry(person)	42194	48060	13.9
第三产业(人)	Tertiary Industry(person)	158309	129238	-18.4
在岗职工人数(人)	Number of Staff & Workers Employed in(person)	64896	61100	-5.8
乡村劳动力(人)	Number of Rural Laborers(person)	43924	44280	0.8
# 农林牧渔业(人)	Farming,Forestry,Animal Husbandry & Fishery(person)	20162	21105	4.7
国民经济综合指标	**Summary Item on the National Economy**			
生产总值(万元)	Gross Domestic Product(10 000 yuan)	2845641	3007102	8.5
第一产业(万元)	Primary Industry(10 000 yuan)	69417	69850	3.5
第二产业(万元)	Secondary Industry(10 000 yuan)	1311373	1301424	8.7
# 工业(万元)	Industry(10 000 yuan)	1148182	1126385	8.5
第三产业(万元)	Tertiary Industry(10 000 yuan)	1464851	1635828	8.6
人均生产总值(元)	Per Capita GDP(yuan)	62281	65493	8.0
全社会固定资产投资(万元)	Total Investment in Fixed Assets(10 000 yuan)	1349360	1527167	13.2
按登记注册类型分	Grouped by Registered Type			
# 国有(万元)	State-owned Enterprises(10 000 yuan)	147400	359681	144.0
集体(万元)	Collective-owned Enterprises(10 000 yuan)			
有限责任公司(万元)	Limited Liability Corporations(10 000 yuan)	865667	895921	3.5
股份有限公司(万元)	Share Holding Enterprises(10 000 yuan)	92739	11000	-88.1
私营企业(万元)	Private Enterprises(10 000 yuan)		9982	
外商及港澳台投资企业(万元)	Funds from HK,Macao,Taiwan & Foreign(10 000 yuan)			
一般公共预算收入(万元)	General Public Budget Revenue(10 000 yuan)	200117	216200	8.0
一般公共预算支出(万元)	General Public Budget Expenditure(10 000 yuan)	260018	318238	22.4
住户存款余额(万元)	The balance of savings deposits of Households(10 000 yuan)			
在岗职工工资总额(万元)	Total Wages of Staff & Workers Employed in(10 000 yuan)	345072	331233	-4.0
在岗职工平均工资(元)	Average Wage of Staff & Workers Employed in(yuan)	52934	54049	2.1
全体居民人均可支配收入(元)	The per capita disposable income of all residents(yuan)	25325	27398	8.2
城镇常住居民人均可支配收入(元)	The per capita disposable income of urban permanent residents(yuan)	25807	28026	8.6
农村牧区常住居民人均可支配收入(元)	The per capita disposable income of permanent residents of rural and pastoral areas(yuan)	13783	14993	8.8
农村牧区经济	**Economic Development in Rural & Pastoral Area**			
农作物总播种面积(公顷)	Total Sown Area(hectare)	13028	13054	0.2
# 粮食作物播种面积(公顷)	Sown Area of Grain Crops(hectare)	11272	11554	2.5
农牧业机械总动力(万千瓦)	Total Power of Agricultural Machinery(10 000 kw)	8.99	9.60	6.8
化肥施用折纯量(吨)	Consumption of Chemical Fertilizer(ton)	5919	5578	-5.8
农村用电量(万千瓦小时)	Electricity Consumed in Rural Area(10 000 kwh)	3084	3316	7.5
农林牧渔业总产值(万元)	Gross Output of Farming,Forestry,Animal Husbandry & Fishery(10 000 yuan)	125057	127616	4.6
粮食产量(吨)	Yield of Grain(ton)	53187	53387	0.4
油料产量(吨)	Yield of Oil-bearing Grops(ton)	518	190	-63.3
甜菜产量(吨)	Yield of Beetroots(ton)			
猪牛羊肉产量(吨)	Output of Pork, Beef & Mutton(ton)	3860	1834	-52.5
# 猪肉产量(吨)	Output of Pork(ton)	2532	1379	-45.5
牛肉产量(吨)	Output of Beef(ton)	1084	255	-76.5
羊肉产量(吨)	Output of Mutton(ton)	244	200	-18.0
羊毛产量(吨)	Output of Wool(ton)	76	76	0.0

23-56 Hongshan District in Chifeng City

指　标	Item	2014	2015	2015年比上年增长% Increase Rate in 2015 Over 2014(%)
年末牲畜存栏头数(万头只)	Total Livestock at the Year-end(10 000 heads)	5.83	6.83	17.2
# 大牲畜(万头只)	Large Animals(10 000 heads)	1.10	0.72	-34.4
羊(万只)	Sheep & Goats(10 000 heads)	3.48	4.91	41.1
猪(万头)	Hogs(10 000 heads)	1.26	1.20	-4.3
规模以上工业	**Industrial Enterprises above Designated size**			
工业企业单位数(个)	Number of Industrial Enterprises(unit)	76	75	-1.3
# 内资企业(个)	Civil Funded Enterprises(unit)	71	70	-1.4
工业总产值(万元)	Gross Industrial Output Value(10 000 yuan)	3739769	3821869	2.2
内资企业(万元)	Civil Funded Enterprises(10 000 yuan)	3350932	3453881	3.1
国有企业(万元)	State-owned Enterprises(10 000 yuan)	78334	74972	-4.3
集体企业(万元)	Collective-owned Enterprises(10 000 yuan)			
股份合作企业(万元)	Share Holding Enterprises(10 000 yuan)			
联营企业(万元)	Joint Owned Enterprises(10 000 yuan)			
有限责任公司(万元)	Limited Company(10 000 yuan)	2962826	3078177	3.9
股份有限公司(万元)	Share Holding Limited Company(10 000 yuan)	78087	68828	-11.9
私营企业(万元)	Privately Owned Enterprises(10 000 yuan)	221641	220540	-0.5
其他企业(万元)	Enterprises of Other Ownership(10 000 yuan)	10042	11363	13.2
港澳台商投资企业(万元)	Funds from HK,Macao & Taiwan(10 000 yuan)	40105	40390	0.7
外商投资企业(万元)	Foreign Funded Enterprises(10 000 yuan)	348733	327598	-6.1
工业企业增加值(万元)	Value Added of Industrial Enterprises(10 000 yuan)			9.2
工业企业资产总计(万元)	Total Assets of Industrial Enterprises(10 000 yuan)	2454335	2405879	-2.0
工业企业负债合计(万元)	Total Liabilities of Industrial Enterprises(10 000 yuan)	1530473	1623269	6.1
工业企业产品销售收入(万元)	Sales of Revenue Industrial Enterprises(10 000 yuan)	3819309	3857757	1.0
工业企业利润总额(万元)	Total Profits of Industrial Enterprises(10 000 yuan)	214534	133507	-37.8
建筑业	**Construction**			
建筑企业单位数(个)	Number of Construction Enterprises(unit)	27	26	-3.7
建筑企业从业人员(人)	Number of Employee in Construction Enterprises(person)	12470	3266	-73.8
建筑业总产值(万元)	Gross Construction Output Value(10 000 yuan)	426857	434166	1.7
交通运输邮电通信业	**Transportation,Post & Telecommunications**			
公路里程(公里)	Total Length of Highways(km)	468	468	0.0
邮电业务总量(万元)	Business Volume of Post & Telecoms(10 000 yuan)			
本地电话用户(户)	Number of Subscribers of Local Telephone(Household)	51003	49147	-3.6
国内贸易	**Domestic Trade**			
社会消费品零售总额(万元)	Total Retail Sales of Consumer Goods(10 000 yuan)	1175135	1273611	8.4
城镇(万元)	Town(10 000 yuan)	1175135	1273611	8.4
乡村(万元)	Village(10 000 yuan)			
科技教育卫生	**Science,Education & Public Health**			
各类专业技术人员(人)	Special Technical Personnel(person)	5324	5338	0.3
幼儿园数(所)	Number of Kindergartens(unit)	78	76	-2.6
学龄儿童入学率(%)	Percentage of School-Age Children Enrolled(%)	100.0	100.0	0.0
小学学校数(所)	Number of Primary Schools(unit)	38	38	0.0
小学专任教师数(人)	Number of Full-time Teachers of Primary Schools(person)	1713	1591	-7.1
小学在校学生数(人)	Number of Student Enrollment of Primary Schools(person)	24340	25600	5.2
普通中学学校数(所)	Number of Regular Secondary Schools(unit)	16	17	6.3
普通中学专任教师数(人)	Number of Teachers of Secondary Shools(person)	1797	1706	-5.1
初中在校学生数(人)	Number of Student in Junior Secondary Schools(person)	12335	11182	-9.3
高中在校学生数(人)	Number of Student in Senior Secondary Schools(person)	7908	8044	1.7
卫生机构数(所)	Number of Health Institutions(unit)	443	423	-4.5
# 医院(所)	Hospitals(unit)	24	25	4.2
卫生院(所)	Township Hospitals(unit)	3	3	0.0
床位数(张)	Number of Beds(unit)	8128	8130	0.0
# 医院(张)	Hospitals(unit)	7654	7565	-1.2
卫生院(张)	Township Hospitals(unit)	66	66	0.0
卫生技术人员(人)	Medical Technical Presonnel(person)	8750	9367	7.1
# 医院(人)	Hospitals(person)	6982	7543	8.0
卫生院(人)	Township Hospitals(person)	86	99	15.1

23-57 赤峰市元宝山区

指　标	Item	2014	2015	2015年比上年增长% Increase Rate in 2015 Over 2014(%)
行政区域土地面积(平方公里)	**Area of Administration(Sq.km)**	**952**	**952**	**0.0**
人口和就业	**Population & Employment**			
年末户籍人口(人)	The Registered Population Year-end(person)	326392	324775	-0.5
# 男性(人)	Male(person)	165400	164454	-0.6
# 乡村人口(人)	Rural(person)	144932	125201	
年末常住人口(人)	Permanet Resident Population Year-end(person)	332300	334200	0.6
# 男性(人)	Male(person)			
# 乡村人口(人)	Rural(person)	91000	90800	-0.2
年末总户数(户)	Total Number of Households at the Year-end(Household)	113666	113649	0.0
# 乡村户数(户)	Number of Rural Household(Household)	46308	46949	1.4
出生人口(人)	Births(person)	1762	2227	26.4
死亡人口(人)	Deaths(person)	1068	1253	17.3
全社会就业人员(人)	Employment(person)	164571	163833	-0.4
第一产业(人)	Primary Industry(person)	39006	42147	8.1
第二产业(人)	Secondary Industry(person)	59216	57600	-2.7
第三产业(人)	Tertiary Industry(person)	66349	64086	-3.4
在岗职工人数(人)	Number of Staff & Workers Employed in(person)	47161	44329	-6.0
乡村劳动力(人)	Number of Rural Laborers(person)	97371	101215	3.9
# 农林牧渔业(人)	Farming,Forestry,Animal Husbandry & Fishery(person)	39006	42147	8.1
国民经济综合指标	**Summary Item on the National Economy**			
生产总值(万元)	Gross Domestic Product(10 000 yuan)	2403693	2408474	5.5
第一产业(万元)	Primary Industry(10 000 yuan)	174661	177756	4.4
第二产业(万元)	Secondary Industry(10 000 yuan)	1289877	1158324	-1.9
# 工业(万元)	Industry(10 000 yuan)	1158961	1015281	-3.4
第三产业(万元)	Tertiary Industry(10 000 yuan)	939155	1072394	8.9
人均生产总值(元)	Per Capita GDP(yuan)	72289	72272	5.3
全社会固定资产投资(万元)	Total Investment in Fixed Assets(10 000 yuan)	1488931	1724826	15.8
按登记注册类型分	Grouped by Registered Type			
# 国有(万元)	State-owned Enterprises(10 000 yuan)	261178	123773	-52.6
集体(万元)	Collective-owned Enterprises(10 000 yuan)	86697	95892	10.6
有限责任公司(万元)	Limited Liability Corporations(10 000 yuan)	378862	456473	20.5
股份有限公司(万元)	Share Holding Enterprises(10 000 yuan)	8300	14888	79.4
私营企业(万元)	Private Enterprises(10 000 yuan)	268900	347345	29.2
外商及港澳台投资企业(万元)	Funds from HK,Macao,Taiwan & Foreign(10 000 yuan)			
一般公共预算收入(万元)	General Public Budget Revenue(10 000 yuan)	112166	120166	7.1
一般公共预算支出(万元)	General Public Budget Expenditure(10 000 yuan)	207866	214666	3.3
住户存款余额(万元)	The balance of savings deposits of Households(10 000 yuan)		1212312	
在岗职工工资总额(万元)	Total Wages of Staff & Workers Employed in(10 000 yuan)	280924	273299	-2.7
在岗职工平均工资(元)	Average Wage of Staff & Workers Employed in(yuan)	58036	61652	6.2
全体居民人均可支配收入(元)	The per capita disposable income of all residents(yuan)	21966	23962	9.1
城镇常住居民人均可支配收入(元)	The per capita disposable income of urban permanent residents(yuan)	25391	27575	8.6
农村牧区常住居民人均可支配收入(元)	The per capita disposable income of permanent residents of rural and pastoral areas(yuan)	13593	14820	9.0
农村牧区经济	**Economic Development in Rural & Pastoral Area**			
农作物总播种面积(公顷)	Total Sown Area(hectare)	28970	29428	1.6
# 粮食作物播种面积(公顷)	Sown Area of Grain Crops(hectare)	20077	20538	2.3
农牧业机械总动力(万千瓦)	Total Power of Agricultural Machinery(10 000 kw)	14.10	14.82	5.1
化肥施用折纯量(吨)	Consumption of Chemical Fertilizer(ton)	12637	13272	5.0
农村用电量(万千瓦小时)	Electricity Consumed in Rural Area(10 000 kwh)	24575	21916	-10.8
农林牧渔业总产值(万元)	Gross Output of Farming,Forestry,Animal Husbandry & Fishery(10 000 yuan)	286075	297832	4.7
粮食产量(吨)	Yield of Grain(ton)	159574	162574	1.9
油料产量(吨)	Yield of Oil-bearing Grops(ton)	811	654	-19.4
甜菜产量(吨)	Yield of Beetroots(ton)	7139	16433	130.2
猪牛羊肉产量(吨)	Output of Pork, Beef & Mutton(ton)	9618	9631	0.1
# 猪肉产量(吨)	Output of Pork(ton)	3140	3520	12.1
牛肉产量(吨)	Output of Beef(ton)	5160	4864	-5.7
羊肉产量(吨)	Output of Mutton(ton)	1318	1247	-5.4
羊毛产量(吨)	Output of Wool(ton)	228	188	-17.5

23-57 Yuanbaoshan District in Chifeng City

指　标	Item	2014	2015	2015年比上年增长% Increase Rate in 2015 Over 2014(%)
年末牲畜存栏头数(万头只)	Total Livestock at the Year-end(10 000 heads)	15.19	14.13	-7.0
# 大牲畜(万头只)	Large Animals(10 000 heads)	7.47	5.32	-28.8
羊(万只)	Sheep & Goats(10 000 heads)	4.19	5.28	26.0
猪(万头)	Hogs(10 000 heads)	3.53	3.53	0.0
规模以上工业	**Industrial Enterprises above Designated size**			
工业企业单位数(个)	Number of Industrial Enterprises(unit)	63	50	-20.6
# 内资企业(个)	Civil Funded Enterprises(unit)	63	50	-20.6
工业总产值(万元)	Gross Industrial Output Value(10 000 yuan)	2296291	2177274	-5.2
内资企业(万元)	Civil Funded Enterprises(10 000 yuan)	2296291	2177274	-5.2
国有企业(万元)	State-owned Enterprises(10 000 yuan)	15626	17262	10.5
集体企业(万元)	Collective-owned Enterprises(10 000 yuan)	151684	147637	-2.7
股份合作企业(万元)	Share Holding Enterprises(10 000 yuan)			
联营企业(万元)	Joint Owned Enterprises(10 000 yuan)			
有限责任公司(万元)	Limited Company(10 000 yuan)	1965413	1866260	-5.0
股份有限公司(万元)	Share Holding Limited Company(10 000 yuan)			
私营企业(万元)	Privately Owned Enterprises(10 000 yuan)	163568	146115	-10.7
其他企业(万元)	Enterprises of Other Ownership(10 000 yuan)			
港澳台商投资企业(万元)	Funds from HK,Macao & Taiwan(10 000 yuan)			
外商投资企业(万元)	Foreign Funded Enterprises(10 000 yuan)			
工业企业增加值(万元)	Value Added of Industrial Enterprises(10 000 yuan)			-4.6
工业企业资产总计(万元)	Total Assets of Industrial Enterprises(10 000 yuan)	3564839	3605503	1.1
工业企业负债合计(万元)	Total Liabilities of Industrial Enterprises(10 000 yuan)	2615930	2674635	2.2
工业企业产品销售收入(万元)	Sales of Revenue Industrial Enterprises(10 000 yuan)	2080196	1772352	-14.8
工业企业利润总额(万元)	Total Profits of Industrial Enterprises(10 000 yuan)	27238	-81056	
建筑业	**Construction**			
建筑企业单位数(个)	Number of Construction Enterprises(unit)	10	10	0.0
建筑企业从业人员(人)	Number of Employee in Construction Enterprises(person)	8807	5793	-34.2
建筑业总产值(万元)	Gross Construction Output Value(10 000 yuan)	106550	85407	-19.8
交通运输邮电通信业	**Transportation,Post & Telecommunications**			
公路里程(公里)	Total Length of Highways(km)	788	800	1.5
邮电业务总量(万元)	Business Volume of Post & Telecoms(10 000 yuan)	22589	22019	-2.5
本地电话用户(户)	Number of Subscribers of Local Telephone(Household)	43541	35309	-18.9
国内贸易	**Domestic Trade**			
社会消费品零售总额(万元)	Total Retail Sales of Consumer Goods(10 000 yuan)	742620	803515	8.2
城镇(万元)	Town(10 000 yuan)	742620	803515	8.2
乡村(万元)	Village(10 000 yuan)			
科技教育卫生	**Science,Education & Public Health**			
各类专业技术人员(人)	Special Technical Personnel(person)	5926	5935	0.2
幼儿园数(所)	Number of Kindergartens(unit)	78	74	-5.1
学龄儿童入学率(%)	Percentage of School-Age Children Enrolled(%)	100.0	100.0	0.0
小学学校数(所)	Number of Primary Schools(unit)	17	17	0.0
小学专任教师数(人)	Number of Full-time Teachers of Primary Schools(person)	1538	1438	-6.5
小学在校学生数(人)	Number of Student Enrollment of Primary Schools(person)	17648	17825	1.0
普通中学学校数(所)	Number of Regular Secondary Schools(unit)	11	11	0.0
普通中学专任教师数(人)	Number of Teachers of Secondary Shools(person)	1483	1646	11.0
初中在校学生数(人)	Number of Student in Junior Secondary Schools(person)	10134	9262	-8.6
高中在校学生数(人)	Number of Student in Senior Secondary Schools(person)	9966	8430	-15.4
卫生机构数(所)	Number of Health Institutions(unit)	184	195	6.0
# 医院(所)	Hospitals(unit)	13	13	0.0
卫生院(所)	Township Hospitals(unit)	11	11	0.0
床位数(张)	Number of Beds(unit)	1999	2449	22.5
# 医院(张)	Hospitals(unit)	1682	2132	26.8
卫生院(张)	Township Hospitals(unit)	255	255	0.0
卫生技术人员(人)	Medical Technical Presonnel(person)	2000	2672	33.6
# 医院(人)	Hospitals(person)	1439	1800	25.1
卫生院(人)	Township Hospitals(person)	179	216	20.7

23-58 赤峰市松山区

指　标	Item	2014	2015	2015年比上年增长% Increase Rate in 2015 Over 2014(%)
行政区域土地面积(平方公里)	**Area of Administration(Sq.km)**	**5618**	**5618**	**0.0**
人口和就业	**Population & Employment**			
年末户籍人口(人)	The Registered Population Year-end(person)	571291	575841	0.8
#男性(人)	Male(person)	296292	298697	0.8
#乡村人口(人)	Rural(person)	440445	397003	
年末常住人口(人)	Permanet Resident Population Year-end(person)	591800	599800	1.4
#男性(人)	Male(person)			
#乡村人口(人)	Rural(person)	302700	306100	1.1
年末总户数(户)	Total Number of Households at the Year-end(Household)	210160	214684	2.2
#乡村户数(户)	Number of Rural Household(Household)	130896	138920	6.1
出生人口(人)	Births(person)	4328	6215	43.6
死亡人口(人)	Deaths(person)	1232	1347	9.3
全社会就业人员(人)	Employment(person)	323008	334874	3.7
第一产业(人)	Primary Industry(person)	152076	159057	4.6
第二产业(人)	Secondary Industry(person)	83581	76719	-8.2
第三产业(人)	Tertiary Industry(person)	87351	99098	13.4
在岗职工人数(人)	Number of Staff & Workers Employed in(person)	40451	40562	0.3
乡村劳动力(人)	Number of Rural Laborers(person)	268285	259098	-3.4
#农林牧渔业(人)	Farming,Forestry,Animal Husbandry & Fishery(person)	150230	156952	4.5
国民经济综合指标	**Summary Item on the National Economy**			
生产总值(万元)	Gross Domestic Product(10 000 yuan)	2372400	2491609	9.2
第一产业(万元)	Primary Industry(10 000 yuan)	408870	414181	4.8
第二产业(万元)	Secondary Industry(10 000 yuan)	1227486	1220618	9.8
#工业(万元)	Industry(10 000 yuan)	1047257	1031076	9.6
第三产业(万元)	Tertiary Industry(10 000 yuan)	736044	856810	9.4
人均生产总值(元)	Per Capita GDP(yuan)	40159	41820	8.2
全社会固定资产投资(万元)	Total Investment in Fixed Assets(10 000 yuan)	1576885	1874021	18.8
按登记注册类型分	Grouped by Registered Type			
#国有(万元)	State-owned Enterprises(10 000 yuan)	378452	280573	-25.9
集体(万元)	Collective-owned Enterprises(10 000 yuan)	189226	244959	29.5
有限责任公司(万元)	Limited Liability Corporations(10 000 yuan)		235337	
股份有限公司(万元)	Share Holding Enterprises(10 000 yuan)		6980	
私营企业(万元)	Private Enterprises(10 000 yuan)	1009207	1087872	7.8
外商及港澳台投资企业(万元)	Funds from HK,Macao,Taiwan & Foreign(10 000 yuan)		18300	
一般公共预算收入(万元)	General Public Budget Revenue(10 000 yuan)	91306	97700	7.0
一般公共预算支出(万元)	General Public Budget Expenditure(10 000 yuan)	310534	358060	15.3
住户存款余额(万元)	The balance of savings deposits of Households(10 000 yuan)			
在岗职工工资总额(万元)	Total Wages of Staff & Workers Employed in(10 000 yuan)	264798	225206	-15.0
在岗职工平均工资(元)	Average Wage of Staff & Workers Employed in(yuan)	53835	55526	3.1
全体居民人均可支配收入(元)	The per capita disposable income of all residents(yuan)	17241	18759	8.8
城镇常住居民人均可支配收入(元)	The per capita disposable income of urban permanent residents(yuan)	24339	26555	9.1
农村牧区常住居民人均可支配收入(元)	The per capita disposable income of permanent residents of rural and pastoral areas(yuan)	10557	11497	8.9
农村牧区经济	**Economic Development in Rural & Pastoral Area**			
农作物总播种面积(公顷)	Total Sown Area(hectare)	142249	149091	4.8
#粮食作物播种面积(公顷)	Sown Area of Grain Crops(hectare)	101835	110130	8.1
农牧业机械总动力(万千瓦)	Total Power of Agricultural Machinery(10 000 kw)	80.00	87.40	9.3
化肥施用折纯量(吨)	Consumption of Chemical Fertilizer(ton)	42703	46562	9.0
农村用电量(万千瓦小时)	Electricity Consumed in Rural Area(10 000 kwh)	25171	27421	8.9
农林牧渔业总产值(万元)	Gross Output of Farming,Forestry,Animal Husbandry & Fishery(10 000 yuan)	679381	691850	5.2
粮食产量(吨)	Yield of Grain(ton)	780189	790243	1.3
油料产量(吨)	Yield of Oil-bearing Grops(ton)	18169	16489	-9.2
甜菜产量(吨)	Yield of Beetroots(ton)	104987	146972	40.0
猪牛羊肉产量(吨)	Output of Pork, Beef & Mutton(ton)	70523	78977	12.0
#猪肉产量(吨)	Output of Pork(ton)	38400	44200	15.1
牛肉产量(吨)	Output of Beef(ton)	24712	26604	7.7
羊肉产量(吨)	Output of Mutton(ton)	7411	8173	10.3
羊毛产量(吨)	Output of Wool(ton)	665	1008	51.6

23-58 Songshan District in Chifeng City

指　标	Item	2014	2015	2015年比上年增长% Increase Rate in 2015 Over 2014(%)
年末牲畜存栏头数(万头只)	Total Livestock at the Year-end(10 000 heads)	83.20	85.50	2.8
# 大牲畜(万头只)	Large Animals(10 000 heads)	21.30	22.20	4.2
羊(万只)	Sheep & Goats(10 000 heads)	34.10	35.50	4.1
猪(万头)	Hogs(10 000 heads)	27.80	27.80	0.0
规模以上工业	**Industrial Enterprises above Designated size**			
工业企业单位数(个)	Number of Industrial Enterprises(unit)	57	61	7.0
# 内资企业(个)	Civil Funded Enterprises(unit)	53	57	7.5
工业总产值(万元)	Gross Industrial Output Value(10 000 yuan)	1957657	2033195	3.9
内资企业(万元)	Civil Funded Enterprises(10 000 yuan)	1855963	1948200	5.0
国有企业(万元)	State-owned Enterprises(10 000 yuan)	127648	22703	-82.2
集体企业(万元)	Collective-owned Enterprises(10 000 yuan)	9679	9069	-6.3
股份合作企业(万元)	Share Holding Enterprises(10 000 yuan)			
联营企业(万元)	Joint Owned Enterprises(10 000 yuan)			
有限责任公司(万元)	Limited Company(10 000 yuan)	653180	829082	26.9
股份有限公司(万元)	Share Holding Limited Company(10 000 yuan)			
私营企业(万元)	Privately Owned Enterprises(10 000 yuan)	1065456	1087346	2.1
其他企业(万元)	Enterprises of Other Ownership(10 000 yuan)			
港澳台商投资企业(万元)	Funds from HK,Macao & Taiwan(10 000 yuan)	58395	52418	-10.2
外商投资企业(万元)	Foreign Funded Enterprises(10 000 yuan)	43299	32577	-24.8
工业企业增加值(万元)	Value Added of Industrial Enterprises(10 000 yuan)			10.3
工业企业资产总计(万元)	Total Assets of Industrial Enterprises(10 000 yuan)	1958464	1977786	1.0
工业企业负债合计(万元)	Total Liabilities of Industrial Enterprises(10 000 yuan)	1194181	1211602	1.5
工业企业产品销售收入(万元)	Sales of Revenue Industrial Enterprises(10 000 yuan)	1977125	1995223	0.9
工业企业利润总额(万元)	Total Profits of Industrial Enterprises(10 000 yuan)	90279	62707	-30.5
建筑业	**Construction**			
建筑企业单位数(个)	Number of Construction Enterprises(unit)	33	34	3.0
建筑企业从业人员(人)	Number of Employee in Construction Enterprises(person)	7826	1842	-76.5
建筑业总产值(万元)	Gross Construction Output Value(10 000 yuan)	447735	535775	19.7
交通运输邮电通信业	**Transportation,Post & Telecommunications**			
公路里程(公里)	Total Length of Highways(km)	1810	1810	0.0
邮电业务总量(万元)	Business Volume of Post & Telecoms(10 000 yuan)			
本地电话用户(户)	Number of Subscribers of Local Telephone(Household)	52672	43724	-17.0
国内贸易	**Domestic Trade**			
社会消费品零售总额(万元)	Total Retail Sales of Consumer Goods(10 000 yuan)	1004500	1088878	8.4
城镇(万元)	Town(10 000 yuan)	1004500	1088878	8.4
乡村(万元)	Village(10 000 yuan)			
科技教育卫生	**Science,Education & Public Health**			
各类专业技术人员(人)	Special Technical Personnel(person)	11984	12284	2.5
幼儿园数(所)	Number of Kindergartens(unit)	12	13	8.3
学龄儿童入学率(%)	Percentage of School-Age Children Enrolled(%)	100.0	100.0	0.0
小学学校数(所)	Number of Primary Schools(unit)	61	47	-23.0
小学专任教师数(人)	Number of Full-time Teachers of Primary Schools(person)	2356	2188	-7.1
小学在校学生数(人)	Number of Student Enrollment of Primary Schools(person)	35258	36907	4.7
普通中学学校数(所)	Number of Regular Secondary Schools(unit)	19	19	0.0
普通中学专任教师数(人)	Number of Teachers of Secondary Shools(person)	2205	2265	2.7
初中在校学生数(人)	Number of Student in Junior Secondary Schools(person)	16176	15581	-3.7
高中在校学生数(人)	Number of Student in Senior Secondary Schools(person)	14185	12488	-12.0
卫生机构数(所)	Number of Health Institutions(unit)	624	697	11.7
# 医院(所)	Hospitals(unit)	6	8	33.3
卫生院(所)	Township Hospitals(unit)	29	29	0.0
床位数(张)	Number of Beds(unit)	1679	1716	2.2
# 医院(张)	Hospitals(unit)	812	832	2.5
卫生院(张)	Township Hospitals(unit)	692	701	1.3
卫生技术人员(人)	Medical Technical Presonnel(person)	1706	1808	6.0
# 医院(人)	Hospitals(person)	861	936	8.7
卫生院(人)	Township Hospitals(person)	584	588	0.7

23-59 赤峰市阿鲁科尔沁旗

指　标	Item	2014	2015	2015年比上年增长% Increase Rate in 2015 Over 2014(%)
行政区域土地面积(平方公里)	**Area of Administration(Sq.km)**	**14555**	**14555**	**0.0**
人口和就业	**Population & Employment**			
年末户籍人口(人)	The Registered Population Year-end(person)	301318	298997	-0.8
#男性(人)	Male(person)	152963	151754	-0.8
#乡村人口(人)	Rural(person)	244249	234491	
年末常住人口(人)	Permanet Resident Population Year-end(person)	267200	264900	-0.9
#男性(人)	Male(person)			
#乡村人口(人)	Rural(person)	257962	258574	0.2
年末总户数(户)	Total Number of Households at the Year-end(Household)	138445	140557	1.5
# 乡村户数(户)	Number of Rural Household(Household)	96020	97579	1.6
出生人口(人)	Births(person)	1656	1618	-2.3
死亡人口(人)	Deaths(person)	471	893	89.6
全社会就业人员(人)	Employment(person)	196311	203030	3.4
第一产业(人)	Primary Industry(person)	122747	129315	5.4
第二产业(人)	Secondary Industry(person)	22355	22410	0.2
第三产业(人)	Tertiary Industry(person)	51209	51305	0.2
在岗职工人数(人)	Number of Staff & Workers Employed in(person)	20935	21316	1.8
乡村劳动力(人)	Number of Rural Laborers(person)	160581	161085	0.3
# 农林牧渔业(人)	Farming,Forestry,Animal Husbandry & Fishery(person)	122747	129315	5.4
国民经济综合指标	**Summary Item on the National Economy**			
生产总值(万元)	Gross Domestic Product(10 000 yuan)	1012728	1090063	8.7
第一产业(万元)	Primary Industry(10 000 yuan)	181437	184620	4.7
第二产业(万元)	Secondary Industry(10 000 yuan)	468262	484814	10.7
# 工业(万元)	Industry(10 000 yuan)	399442	402429	9.9
第三产业(万元)	Tertiary Industry(10 000 yuan)	363029	420629	8.1
人均生产总值(元)	Per Capita GDP(yuan)	37873	40972	9.3
全社会固定资产投资(万元)	Total Investment in Fixed Assets(10 000 yuan)	495935	546935	10.3
按登记注册类型分	Grouped by Registered Type			
# 国有(万元)	State-owned Enterprises(10 000 yuan)	341695	449106	31.4
集体(万元)	Collective-owned Enterprises(10 000 yuan)			
有限责任公司(万元)	Limited Liability Corporations(10 000 yuan)	21805	67211	208.2
股份有限公司(万元)	Share Holding Enterprises(10 000 yuan)		5378	
私营企业(万元)	Private Enterprises(10 000 yuan)	46840	25240	-46.1
外商及港澳台投资企业（万元)	Funds from HK,Macao,Taiwan & Foreign(10 000 yuan)			
一般公共预算收入(万元)	General Public Budget Revenue(10 000 yuan)	32500	34843	7.2
一般公共预算支出(万元)	General Public Budget Expenditure(10 000 yuan)	243719	297088	21.9
住户存款余额(万元)	The balance of savings deposits of Households(10 000 yuan)			
在岗职工工资总额(万元)	Total Wages of Staff & Workers Employed in(10 000 yuan)	106106	114924	8.3
在岗职工平均工资(元)	Average Wage of Staff & Workers Employed in(yuan)	51881	53963	4.0
全体居民人均可支配收入(元)	The per capita disposable income of all residents(yuan)	10968	12060	10.0
城镇常住居民人均可支配收入(元)	The per capita disposable income of urban permanent residents(yuan)	19026	20738	9.0
农村牧区常住居民人均可支配收入(元)	The per capita disposable income of permanent residents of rural and pastoral areas(yuan)	6830	7390	8.2
农村牧区经济	**Economic Development in Rural & Pastoral Area**			
农作物总播种面积(公顷)	Total Sown Area(hectare)	147947	181500	22.7
# 粮食作物播种面积(公顷)	Sown Area of Grain Crops(hectare)	114030	115093	0.9
农牧业机械总动力(万千瓦)	Total Power of Agricultural Machinery(10 000 kw)	58.00	64.38	11.0
化肥施用折纯量(吨)	Consumption of Chemical Fertilizer(ton)	20248	20326	0.4
农村用电量(万千瓦小时)	Electricity Consumed in Rural Area(10 000 kwh)	9872	17791	80.2
农林牧渔业总产值(万元)	Gross Output of Farming,Forestry,Animal Husbandry & Fishery(10 000 yuan)	301178	309932	2.9
粮食产量(吨)	Yield of Grain(ton)	510502	513500	0.6
油料产量(吨)	Yield of Oil-bearing Grops(ton)	6003	7258	20.9
甜菜产量(吨)	Yield of Beetroots(ton)	5430	7987	47.1
猪牛羊肉产量(吨)	Output of Pork, Beef & Mutton(ton)	19706	19227	-2.4
# 猪肉产量(吨)	Output of Pork(ton)	4341	3603	-17.0
牛肉产量(吨)	Output of Beef(ton)	8980	6568	-26.9
羊肉产量(吨)	Output of Mutton(ton)	6385	9056	41.8
羊毛产量(吨)	Output of Wool(ton)	3130	5296	69.2

23-59 Alukeerqin Banner in Chifeng City

指 标	Item	2014	2015	2015年比上年增长% Increase Rate in 2015 Over 2014(%)
年末牲畜存栏头数(万头只)	Total Livestock at the Year-end(10 000 heads)	136.39	146.57	7.5
#大牲畜(万头只)	Large Animals(10 000 heads)	26.21	27.45	4.7
羊(万只)	Sheep & Goats(10 000 heads)	103.76	114.26	10.1
猪(万头)	Hogs(10 000 heads)	6.42	4.86	-24.3
规模以上工业	**Industrial Enterprises above Designated size**			
工业企业单位数(个)	Number of Industrial Enterprises(unit)	33	33	0.0
#内资企业(个)	Civil Funded Enterprises(unit)	33	33	0.0
工业总产值(万元)	Gross Industrial Output Value(10 000 yuan)	1003782	1083660	8.0
内资企业(万元)	Civil Funded Enterprises(10 000 yuan)	1003782	1083660	8.0
国有企业(万元)	State-owned Enterprises(10 000 yuan)	115976	142369	22.8
集体企业(万元)	Collective-owned Enterprises(10 000 yuan)			
股份合作企业(万元)	Share Holding Enterprises(10 000 yuan)			
联营企业(万元)	Joint Owned Enterprises(10 000 yuan)			
有限责任公司(万元)	Limited Company(10 000 yuan)	426228	450152	5.6
股份有限公司(万元)	Share Holding Limited Company(10 000 yuan)			
私营企业(万元)	Privately Owned Enterprises(10 000 yuan)	461578	491139	6.4
其他企业(万元)	Enterprises of Other Ownership(10 000 yuan)			
港澳台商投资企业(万元)	Funds from HK,Macao & Taiwan(10 000 yuan)			
外商投资企业(万元)	Foreign Funded Enterprises(10 000 yuan)			
工业企业增加值(万元)	Value Added of Industrial Enterprises(10 000 yuan)			10.6
工业企业资产总计(万元)	Total Assets of Industrial Enterprises(10 000 yuan)	570658	534680	-6.3
工业企业负债合计(万元)	Total Liabilities of Industrial Enterprises(10 000 yuan)	355189	273255	-23.1
工业企业产品销售收入(万元)	Sales of Revenue Industrial Enterprises(10 000 yuan)	822770	874852	6.3
工业企业利润总额(万元)	Total Profits of Industrial Enterprises(10 000 yuan)	6685	6885	3.0
建筑业	**Construction**			
建筑企业单位数(个)	Number of Construction Enterprises(unit)	4	5	25.0
建筑企业从业人员(人)	Number of Employee in Construction Enterprises(person)	1551	1514	-2.4
建筑业总产值(万元)	Gross Construction Output Value(10 000 yuan)	35984	63678	77.0
交通运输邮电通信业	**Transportation,Post & Telecommunications**			
公路里程(公里)	Total Length of Highways(km)	3512	3512	0.0
邮电业务总量(万元)	Business Volume of Post & Telecoms(10 000 yuan)	16681	18652	11.8
本地电话用户(户)	Number of Subscribers of Local Telephone(Household)	25951	26020	0.3
国内贸易	**Domestic Trade**			
社会消费品零售总额(万元)	Total Retail Sales of Consumer Goods(10 000 yuan)	278038	301115	8.3
城镇(万元)	Town(10 000 yuan)	210918	228625	8.4
乡村(万元)	Village(10 000 yuan)	67120	72490	8.0
科技教育卫生	**Science,Education & Public Health**			
各类专业技术人员(人)	Special Technical Personnel(person)	6452	6442	-0.2
幼儿园数(所)	Number of Kindergartens(unit)	19	19	0.0
学龄儿童入学率(%)	Percentage of School-Age Children Enrolled(%)	100.0	100.0	0.0
小学学校数(所)	Number of Primary Schools(unit)	31	31	0.0
小学专任教师数(人)	Number of Full-time Teachers of Primary Schools(person)	1636	2119	29.5
小学在校学生数(人)	Number of Student Enrollment of Primary Schools(person)	15275	15385	0.7
普通中学学校数(所)	Number of Regular Secondary Schools(unit)	7	7	0.0
普通中学专任教师数(人)	Number of Teachers of Secondary Shools(person)	1362	1115	-18.1
初中在校学生数(人)	Number of Student in Junior Secondary Schools(person)	7356	7205	-2.1
高中在校学生数(人)	Number of Student in Senior Secondary Schools(person)	5751	5477	-4.8
卫生机构数(所)	Number of Health Institutions(unit)	509	512	0.6
#医院(所)	Hospitals(unit)	4	4	0.0
卫生院(所)	Township Hospitals(unit)	22	22	0.0
床位数(张)	Number of Beds(unit)	1415	1374	-2.9
#医院(张)	Hospitals(unit)	1118	1080	-3.4
卫生院(张)	Township Hospitals(unit)	277	274	-1.1
卫生技术人员(人)	Medical Technical Presonnel(person)	1232	1246	1.1
#医院(人)	Hospitals(person)	899	873	-2.9
卫生院(人)	Township Hospitals(person)	226	230	1.8

23-60 赤峰市巴林左旗

指 标	Item	2014	2015	2015年比上年增长% Increase Rate in 2015 Over 2014(%)
行政区域土地面积(平方公里)	**Area of Administration(Sq.km)**	**6644**	**6644**	**0.0**
人口和就业	**Population & Employment**			
年末户籍人口(人)	The Registered Population Year-end(person)	356950	347478	-2.7
#男性(人)	Male(person)	181540	176929	-2.5
#乡村人口(人)	Rural(person)	296805	284988	
年末常住人口(人)	Permanet Resident Population Year-end(person)	319000	317000	-0.6
#男性(人)	Male(person)	162218	161422	-0.5
#乡村人口(人)	Rural(person)	215000	211000	-1.9
年末总户数(户)	Total Number of Households at the Year-end(Household)	149713	149567	-0.1
#乡村户数(户)	Number of Rural Household(Household)	100398	97358	-3.0
出生人口(人)	Births(person)	1982	2174	9.7
死亡人口(人)	Deaths(person)	693	3265	371.1
全社会就业人员(人)	Employment(person)	217365	219999	1.2
第一产业(人)	Primary Industry(person)	118251	131859	11.5
第二产业(人)	Secondary Industry(person)	48471	44085	-9.0
第三产业(人)	Tertiary Industry(person)	50643	44055	-13.0
在岗职工人数(人)	Number of Staff & Workers Employed in(person)	24212	22435	-7.3
乡村劳动力(人)	Number of Rural Laborers(person)	174511	175348	0.5
#农林牧渔业(人)	Farming,Forestry,Animal Husbandry & Fishery(person)	112268	130655	16.4
国民经济综合指标	**Summary Item on the National Economy**			
生产总值(万元)	Gross Domestic Product(10 000 yuan)	1188409	1235948	7.2
第一产业(万元)	Primary Industry(10 000 yuan)	215708	219248	4.2
第二产业(万元)	Secondary Industry(10 000 yuan)	631584	622810	8.1
#工业(万元)	Industry(10 000 yuan)	516363	509290	8.9
第三产业(万元)	Tertiary Industry(10 000 yuan)	341117	393890	8.2
人均生产总值(元)	Per Capita GDP(yuan)	37178	38866	7.8
全社会固定资产投资(万元)	Total Investment in Fixed Assets(10 000 yuan)	884873	1001505	13.2
按登记注册类型分	Grouped by Registered Type			
#国有(万元)	State-owned Enterprises(10 000 yuan)	332702	328171	-1.4
集体(万元)	Collective-owned Enterprises(10 000 yuan)	6805	1850	-72.8
有限责任公司(万元)	Limited Liability Corporations(10 000 yuan)	259400	484330	86.7
股份有限公司(万元)	Share Holding Enterprises(10 000 yuan)	40090	54592	36.2
私营企业(万元)	Private Enterprises(10 000 yuan)	207039	96660	-53.3
外商及港澳台投资企业(万元)	Funds from HK,Macao,Taiwan & Foreign(10 000 yuan)			
一般公共预算收入(万元)	General Public Budget Revenue(10 000 yuan)	46538	68290	46.7
一般公共预算支出(万元)	General Public Budget Expenditure(10 000 yuan)	240007	309000	28.7
住户存款余额(万元)	The balance of savings deposits of Households(10 000 yuan)		494878	
在岗职工工资总额(万元)	Total Wages of Staff & Workers Employed in(10 000 yuan)	129562	126983	-2.0
在岗职工平均工资(元)	Average Wage of Staff & Workers Employed in(yuan)	52311	55570	6.2
全体居民人均可支配收入(元)	The per capita disposable income of all residents(yuan)	11407	12502	9.6
城镇常住居民人均可支配收入(元)	The per capita disposable income of urban permanent residents(yuan)	20655	22330	8.1
农村牧区常住居民人均可支配收入(元)	The per capita disposable income of permanent residents of rural and pastoral areas(yuan)	7240	7841	8.3
农村牧区经济	**Economic Development in Rural & Pastoral Area**			
农作物总播种面积(公顷)	Total Sown Area(hectare)	110973	100323	-9.6
#粮食作物播种面积(公顷)	Sown Area of Grain Crops(hectare)	99195	91469	-7.8
农牧业机械总动力(万千瓦)	Total Power of Agricultural Machinery(10 000 kw)	47.83	50.00	4.5
化肥施用折纯量(吨)	Consumption of Chemical Fertilizer(ton)	21749	25785	18.6
农村用电量(万千瓦小时)	Electricity Consumed in Rural Area(10 000 kwh)	8900	9312	4.6
农林牧渔业总产值(万元)	Gross Output of Farming,Forestry,Animal Husbandry & Fishery(10 000 yuan)	354099	365152	3.1
粮食产量(吨)	Yield of Grain(ton)	445188	451511	1.4
油料产量(吨)	Yield of Oil-bearing Grops(ton)	14410	15341	6.5
甜菜产量(吨)	Yield of Beetroots(ton)	46969	36751	-21.8
猪牛羊肉产量(吨)	Output of Pork, Beef & Mutton(ton)	15386	15814	2.8
#猪肉产量(吨)	Output of Pork(ton)	6700	6100	-9.0
牛肉产量(吨)	Output of Beef(ton)	2396	2549	6.4
羊肉产量(吨)	Output of Mutton(ton)	6290	7165	13.9
羊毛产量(吨)	Output of Wool(ton)	1141	2864	151.0

23-60 Balinzuo Banner in Chifeng City

指　标	Item	2014	2015	2015年比上年增长% Increase Rate in 2015 Over 2014(%)
年末牲畜存栏头数(万头只)	Total Livestock at the Year-end(10 000 heads)	110.60	112.14	1.4
#大牲畜(万头只)	Large Animals(10 000 heads)	19.91	19.42	-2.5
羊(万只)	Sheep & Goats(10 000 heads)	81.52	83.68	2.7
猪(万头)	Hogs(10 000 heads)	9.17	9.03	-1.6
规模以上工业	**Industrial Enterprises above Designated size**			
工业企业单位数(个)	Number of Industrial Enterprises(unit)	52	52	0.0
#内资企业(个)	Civil Funded Enterprises(unit)	51	51	0.0
工业总产值(万元)	Gross Industrial Output Value(10 000 yuan)	1296513	1383987	6.7
内资企业(万元)	Civil Funded Enterprises(10 000 yuan)	1238718	1313227	6.0
国有企业(万元)	State-owned Enterprises(10 000 yuan)	129933	139182	7.1
集体企业(万元)	Collective-owned Enterprises(10 000 yuan)			
股份合作企业(万元)	Share Holding Enterprises(10 000 yuan)			
联营企业(万元)	Joint Owned Enterprises(10 000 yuan)			
有限责任公司(万元)	Limited Company(10 000 yuan)	799584	831315	4.0
股份有限公司(万元)	Share Holding Limited Company(10 000 yuan)	242672	260938	7.5
私营企业(万元)	Privately Owned Enterprises(10 000 yuan)	48085	59168	23.0
其他企业(万元)	Enterprises of Other Ownership(10 000 yuan)	18444	22624	22.7
港澳台商投资企业(万元)	Funds from HK,Macao & Taiwan(10 000 yuan)	57795	70760	22.4
外商投资企业(万元)	Foreign Funded Enterprises(10 000 yuan)			
工业企业增加值(万元)	Value Added of Industrial Enterprises(10 000 yuan)			8.9
工业企业资产总计(万元)	Total Assets of Industrial Enterprises(10 000 yuan)	1242081	1404753	13.1
工业企业负债合计(万元)	Total Liabilities of Industrial Enterprises(10 000 yuan)	426921	529039	23.9
工业企业产品销售收入(万元)	Sales of Revenue Industrial Enterprises(10 000 yuan)	1111205	1191866	7.3
工业企业利润总额(万元)	Total Profits of Industrial Enterprises(10 000 yuan)	117478	127015	8.1
建筑业	**Construction**			
建筑企业单位数(个)	Number of Construction Enterprises(unit)	6	5	-16.7
建筑企业从业人员(人)	Number of Employee in Construction Enterprises(person)	2669	1060	-60.3
建筑业总产值(万元)	Gross Construction Output Value(10 000 yuan)	75506	32139	-57.4
交通运输邮电通信业	**Transportation,Post & Telecommunications**			
公路里程(公里)	Total Length of Highways(km)	1795	1795	0.0
邮电业务总量(万元)	Business Volume of Post & Telecoms(10 000 yuan)	18365	19300	5.1
本地电话用户(户)	Number of Subscribers of Local Telephone(Household)	27826	23257	-16.4
国内贸易	**Domestic Trade**			
社会消费品零售总额(万元)	Total Retail Sales of Consumer Goods(10 000 yuan)	357280	386577	8.2
城镇(万元)	Town(10 000 yuan)	251704	273106	8.5
乡村(万元)	Village(10 000 yuan)	105576	113471	7.5
科技教育卫生	**Science,Education & Public Health**			
各类专业技术人员(人)	Special Technical Personnel(person)	8481	8565	1.0
幼儿园数(所)	Number of Kindergartens(unit)	57	55	-3.5
学龄儿童入学率(%)	Percentage of School-Age Children Enrolled(%)	100.0	100.0	0.0
小学学校数(所)	Number of Primary Schools(unit)	26	26	0.0
小学专任教师数(人)	Number of Full-time Teachers of Primary Schools(person)	1750	1652	-5.6
小学在校学生数(人)	Number of Student Enrollment of Primary Schools(person)	19748	19889	0.7
普通中学学校数(所)	Number of Regular Secondary Schools(unit)	8	8	0.0
普通中学专任教师数(人)	Number of Teachers of Secondary Shools(person)	1243	1216	-2.2
初中在校学生数(人)	Number of Student in Junior Secondary Schools(person)	9056	8951	-1.2
高中在校学生数(人)	Number of Student in Senior Secondary Schools(person)	7215	6719	-6.9
卫生机构数(所)	Number of Health Institutions(unit)	304	305	0.3
#医院(所)	Hospitals(unit)	5	6	20.0
卫生院(所)	Township Hospitals(unit)	22	22	0.0
床位数(张)	Number of Beds(unit)	1399	1431	2.3
#医院(张)	Hospitals(unit)	910	923	1.4
卫生院(张)	Township Hospitals(unit)	364	375	3.0
卫生技术人员(人)	Medical Technical Presonnel(person)	1411	1431	1.4
#医院(人)	Hospitals(person)	738	747	1.2
卫生院(人)	Township Hospitals(person)	324	328	1.2

23-61 赤峰市巴林右旗

指　标	Item	2014	2015	2015年比上年增长% Increase Rate in 2015 Over 2014(%)
行政区域土地面积(平方公里)	**Area of Administration(Sq.km)**	**9837**	**9837**	**0.0**
人口和就业	**Population & Employment**			
年末户籍人口(人)	The Registered Population Year-end(person)	186377	183877	-1.3
# 男性(人)	Male(person)	94595	93424	-1.2
# 乡村人口(人)	Rural(person)	127851	123218	
年末常住人口(人)	Permanet Resident Population Year-end(person)	172675	172519	-0.1
# 男性(人)	Male(person)	87925	87201	-0.8
# 乡村人口(人)	Rural(person)	119529	119467	-0.1
年末总户数(户)	Total Number of Households at the Year-end(Household)	85819	86208	0.5
# 乡村户数(户)	Number of Rural Household(Household)	41972	46131	9.9
出生人口(人)	Births(person)	1193	1263	5.9
死亡人口(人)	Deaths(person)	435	814	87.1
全社会就业人员(人)	Employment(person)	91128	91809	0.7
第一产业(人)	Primary Industry(person)	44112	45006	2.0
第二产业(人)	Secondary Industry(person)	14354	13598	-5.3
第三产业(人)	Tertiary Industry(person)	32662	33205	1.7
在岗职工人数(人)	Number of Staff & Workers Employed in(person)	16515	16472	-0.3
乡村劳动力(人)	Number of Rural Laborers(person)	53634	53975	0.6
# 农林牧渔业(人)	Farming,Forestry,Animal Husbandry & Fishery(person)	44112	45006	2.0
国民经济综合指标	**Summary Item on the National Economy**			
生产总值(万元)	Gross Domestic Product(10 000 yuan)	720589	771298	9.0
第一产业(万元)	Primary Industry(10 000 yuan)	111257	113804	4.1
第二产业(万元)	Secondary Industry(10 000 yuan)	409137	418354	11.0
# 工业(万元)	Industry(10 000 yuan)	335575	340795	11.8
第三产业(万元)	Tertiary Industry(10 000 yuan)	200195	239140	8.2
人均生产总值(元)	Per Capita GDP(yuan)	41640	44752	9.5
全社会固定资产投资(万元)	Total Investment in Fixed Assets(10 000 yuan)	539471	603463	11.9
按登记注册类型分	Grouped by Registered Type			
# 国有(万元)	State-owned Enterprises(10 000 yuan)	450785	491643	9.1
集体(万元)	Collective-owned Enterprises(10 000 yuan)			
有限责任公司(万元)	Limited Liability Corporations(10 000 yuan)	88686	111820	26.1
股份有限公司(万元)	Share Holding Enterprises(10 000 yuan)			
私营企业(万元)	Private Enterprises(10 000 yuan)			
外商及港澳台投资企业(万元)	Funds from HK,Macao,Taiwan & Foreign(10 000 yuan)			
一般公共预算收入(万元)	General Public Budget Revenue(10 000 yuan)	38748	41462	7.0
一般公共预算支出(万元)	General Public Budget Expenditure(10 000 yuan)	201127	220621	9.7
住户存款余额(万元)	The balance of savings deposits of Households(10 000 yuan)		295880	
在岗职工工资总额(万元)	Total Wages of Staff & Workers Employed in(10 000 yuan)	89455	90282	0.9
在岗职工平均工资(元)	Average Wage of Staff & Workers Employed in(yuan)	45432	54627	20.2
全体居民人均可支配收入(元)	The per capita disposable income of all residents(yuan)	13687	15120	10.5
城镇常住居民人均可支配收入(元)	The per capita disposable income of urban permanent residents(yuan)	19025	20737	9.0
农村牧区常住居民人均可支配收入(元)	The per capita disposable income of permanent residents of rural and pastoral areas(yuan)	7436	8068	8.5
农村牧区经济	**Economic Development in Rural & Pastoral Area**			
农作物总播种面积(公顷)	Total Sown Area(hectare)	63561	63241	-0.5
# 粮食作物播种面积(公顷)	Sown Area of Grain Crops(hectare)	48666	49966	2.7
农牧业机械总动力(万千瓦)	Total Power of Agricultural Machinery(10 000 kw)	36.90	38.31	3.8
化肥施用折纯量(吨)	Consumption of Chemical Fertilizer(ton)	6439	6866	6.6
农村用电量(万千瓦小时)	Electricity Consumed in Rural Area(10 000 kwh)	3063	2905	-5.2
农林牧渔业总产值(万元)	Gross Output of Farming,Forestry,Animal Husbandry & Fishery(10 000 yuan)	185042	191349	3.4
粮食产量(吨)	Yield of Grain(ton)	174500	175461	0.6
油料产量(吨)	Yield of Oil-bearing Grops(ton)	7512	9934	32.2
甜菜产量(吨)	Yield of Beetroots(ton)	2352	45504	1834.7
猪牛羊肉产量(吨)	Output of Pork, Beef & Mutton(ton)	29909	30051	0.5
# 猪肉产量(吨)	Output of Pork(ton)	2810	2665	-5.2
牛肉产量(吨)	Output of Beef(ton)	10460	10330	-1.2
羊肉产量(吨)	Output of Mutton(ton)	16639	17056	2.5
羊毛产量(吨)	Output of Wool(ton)	4810	5480	13.9

23-61 Balinyou Banner in Chifeng City

指　标	Item	2014	2015	2015年比上年增长% Increase Rate in 2015 Over 2014(%)
年末牲畜存栏头数(万头只)	Total Livestock at the Year-end(10 000 heads)	106.41	109.52	2.9
#大牲畜(万头只)	Large Animals(10 000 heads)	10.42	9.92	-4.8
羊(万只)	Sheep & Goats(10 000 heads)	93.42	97.80	4.7
猪(万头)	Hogs(10 000 heads)	2.57	1.80	-30.0
规模以上工业	**Industrial Enterprises above Designated size**			
工业企业单位数(个)	Number of Industrial Enterprises(unit)	23	21	-8.7
#内资企业(个)	Civil Funded Enterprises(unit)	23	21	-8.7
工业总产值(万元)	Gross Industrial Output Value(10 000 yuan)	1149502	1262211	9.8
内资企业(万元)	Civil Funded Enterprises(10 000 yuan)	1149502	1262211	9.8
国有企业(万元)	State-owned Enterprises(10 000 yuan)	11647		
集体企业(万元)	Collective-owned Enterprises(10 000 yuan)			
股份合作企业(万元)	Share Holding Enterprises(10 000 yuan)			
联营企业(万元)	Joint Owned Enterprises(10 000 yuan)			
有限责任公司(万元)	Limited Company(10 000 yuan)	773092	856127	10.7
股份有限公司(万元)	Share Holding Limited Company(10 000 yuan)	325869	362109	11.1
私营企业(万元)	Privately Owned Enterprises(10 000 yuan)	38894	43975	13.1
其他企业(万元)	Enterprises of Other Ownership(10 000 yuan)			
港澳台商投资企业(万元)	Funds from HK,Macao & Taiwan(10 000 yuan)			
外商投资企业(万元)	Foreign Funded Enterprises(10 000 yuan)			
工业企业增加值(万元)	Value Added of Industrial Enterprises(10 000 yuan)			11.8
工业企业资产总计(万元)	Total Assets of Industrial Enterprises(10 000 yuan)	740788	778807	5.1
工业企业负债合计(万元)	Total Liabilities of Industrial Enterprises(10 000 yuan)	535560	528594	-1.3
工业企业产品销售收入(万元)	Sales of Revenue Industrial Enterprises(10 000 yuan)	1138955	1243536	9.2
工业企业利润总额(万元)	Total Profits of Industrial Enterprises(10 000 yuan)	170318	177532	4.2
建筑业	**Construction**			
建筑企业单位数(个)	Number of Construction Enterprises(unit)	8	8	0.0
建筑企业从业人员(人)	Number of Employee in Construction Enterprises(person)	5806	2443	-57.9
建筑业总产值(万元)	Gross Construction Output Value(10 000 yuan)	104840	105876	1.0
交通运输邮电通信业	**Transportation,Post & Telecommunications**			
公路里程(公里)	Total Length of Highways(km)	2266	2266	0.0
邮电业务总量(万元)	Business Volume of Post & Telecoms(10 000 yuan)	11791	13062	10.8
本地电话用户(户)	Number of Subscribers of Local Telephone(Household)	12000	11740	-2.2
国内贸易	**Domestic Trade**			
社会消费品零售总额(万元)	Total Retail Sales of Consumer Goods(10 000 yuan)	206800	223757	8.2
城镇(万元)	Town(10 000 yuan)	130541	141755	8.6
乡村(万元)	Village(10 000 yuan)	76259	82002	7.5
各类专业技术人员(人)	Special Technical Personnel(person)	4413	5014	13.6
幼儿园数(所)	Number of Kindergartens(unit)	30	36	20.0
学龄儿童入学率(%)	Percentage of School-Age Children Enrolled(%)	100.0	100.0	0.0
小学学校数(所)	Number of Primary Schools(unit)	24	29	20.8
小学专任教师数(人)	Number of Full-time Teachers of Primary Schools(person)	1311	846	-35.5
小学在校学生数(人)	Number of Student Enrollment of Primary Schools(person)	9504	9646	1.5
普通中学学校数(所)	Number of Regular Secondary Schools(unit)	5	5	0.0
普通中学专任教师数(人)	Number of Teachers of Secondary Shools(person)	792	796	0.5
初中在校学生数(人)	Number of Student in Junior Secondary Schools(person)	5099	4827	-5.3
高中在校学生数(人)	Number of Student in Senior Secondary Schools(person)	3893	3913	0.5
卫生机构数(所)	Number of Health Institutions(unit)	171	175	2.3
#医院(所)	Hospitals(unit)	3	3	0.0
卫生院(所)	Township Hospitals(unit)	15	15	0.0
床位数(张)	Number of Beds(unit)	669	693	3.6
#医院(张)	Hospitals(unit)	430	450	4.7
卫生院(张)	Township Hospitals(unit)	133	137	3.0
卫生技术人员(人)	Medical Technical Presonnel(person)	948	1086	14.6
#医院(人)	Hospitals(person)	400	468	17.0
卫生院(人)	Township Hospitals(person)	181	202	11.6

23-62 赤峰市林西县

指　标	Item	2014	2015	2015年比上年增长% Increase Rate in 2015 Over 2014(%)
行政区域土地面积(平方公里)	**Area of Administration(Sq.km)**	**3933**	**3933**	**0.0**
人口和就业	**Population & Employment**			
年末户籍人口(人)	The Registered Population Year-end(person)	240879	234593	-2.6
#男性(人)	Male(person)	121656	118932	-2.2
#乡村人口(人)	Rural(person)	180244	165267	
年末常住人口(人)	Permanet Resident Population Year-end(person)	200100	197800	-1.1
#男性(人)	Male(person)			
#乡村人口(人)	Rural(person)	94700	89100	-5.9
年末总户数(户)	Total Number of Households at the Year-end(Household)	108916	108686	-0.2
#乡村户数(户)	Number of Rural Household(Household)	71493	71943	0.6
出生人口(人)	Births(person)	1289	1446	12.2
死亡人口(人)	Deaths(person)	476	673	41.4
全社会就业人员(人)	Employment(person)	127358	121310	-4.7
第一产业(人)	Primary Industry(person)	76154	74376	-2.3
第二产业(人)	Secondary Industry(person)	18376	18728	1.9
第三产业(人)	Tertiary Industry(person)	32828	28206	-14.1
在岗职工人数(人)	Number of Staff & Workers Employed in(person)	22228	22100	-0.6
乡村劳动力(人)	Number of Rural Laborers(person)	117022	107077	-8.5
#农林牧渔业(人)	Farming,Forestry,Animal Husbandry & Fishery(person)	74277	72499	-2.4
国民经济综合指标	**Summary Item on the National Economy**			
生产总值(万元)	Gross Domestic Product(10 000 yuan)	708893	765059	9.5
第一产业(万元)	Primary Industry(10 000 yuan)	122001	124631	4.6
第二产业(万元)	Secondary Industry(10 000 yuan)	336191	353331	12.0
#工业(万元)	Industry(10 000 yuan)	278280	290130	12.0
第三产业(万元)	Tertiary Industry(10 000 yuan)	250701	287098	8.7
人均生产总值(元)	Per Capita GDP(yuan)	35453	38455	8.5
全社会固定资产投资(万元)	Total Investment in Fixed Assets(10 000 yuan)	602824	711225	18.1
按登记注册类型分	Grouped by Registered Type			
#国有(万元)	State-owned Enterprises(10 000 yuan)	226885	210800	-7.1
集体(万元)	Collective-owned Enterprises(10 000 yuan)			
有限责任公司(万元)	Limited Liability Corporations(10 000 yuan)	230123	224330	-2.5
股份有限公司(万元)	Share Holding Enterprises(10 000 yuan)			
私营企业(万元)	Private Enterprises(10 000 yuan)	100279	173750	73.3
外商及港澳台投资企业(万元)	Funds from HK,Macao,Taiwan & Foreign(10 000 yuan)	28300	95600	237.8
一般公共预算收入(万元)	General Public Budget Revenue(10 000 yuan)	33500	35950	7.3
一般公共预算支出(万元)	General Public Budget Expenditure(10 000 yuan)	204560	227159	11.0
住户存款余额(万元)	The balance of savings deposits of Households(10 000 yuan)		403361	
在岗职工工资总额(万元)	Total Wages of Staff & Workers Employed in(10 000 yuan)	110811	123892	11.8
在岗职工平均工资(元)	Average Wage of Staff & Workers Employed in(yuan)	49938	54728	9.6
全体居民人均可支配收入(元)	The per capita disposable income of all residents(yuan)	13688	15034	9.8
城镇常住居民人均可支配收入(元)	The per capita disposable income of urban permanent residents(yuan)	20328	22056	8.5
农村牧区常住居民人均可支配收入(元)	The per capita disposable income of permanent residents of rural and pastoral areas(yuan)	6818	7379	8.2
农村牧区经济	**Economic Development in Rural & Pastoral Area**			
农作物总播种面积(公顷)	Total Sown Area(hectare)	71047	69232	-2.6
#粮食作物播种面积(公顷)	Sown Area of Grain Crops(hectare)	47320	47415	0.2
农牧业机械总动力(万千瓦)	Total Power of Agricultural Machinery(10 000 kw)	31.20	33.60	7.7
化肥施用折纯量(吨)	Consumption of Chemical Fertilizer(ton)	10358	10318	-0.4
农村用电量(万千瓦小时)	Electricity Consumed in Rural Area(10 000 kwh)	10437	10869	4.1
农林牧渔业总产值(万元)	Gross Output of Farming,Forestry,Animal Husbandry & Fishery(10 000 yuan)	204593	209145	2.2
粮食产量(吨)	Yield of Grain(ton)	255065	258500	1.3
油料产量(吨)	Yield of Oil-bearing Grops(ton)	18770	21159	12.7
甜菜产量(吨)	Yield of Beetroots(ton)	271573	266253	-2.0
猪牛羊肉产量(吨)	Output of Pork, Beef & Mutton(ton)	20238	19831	-2.0
#猪肉产量(吨)	Output of Pork(ton)	7371	6529	-11.4
牛肉产量(吨)	Output of Beef(ton)	4648	4725	1.7
羊肉产量(吨)	Output of Mutton(ton)	8219	8577	4.4
羊毛产量(吨)	Output of Wool(ton)	1233	1548	25.5

23-62 Linxi County in Chifeng City

指　标	Item	2014	2015	2015年比上年增长% Increase Rate in 2015 Over 2014(%)
年末牲畜存栏头数(万头只)	Total Livestock at the Year-end(10 000 heads)	61.23	61.53	0.5
# 大牲畜(万头只)	Large Animals(10 000 heads)	13.20	13.22	0.2
羊(万只)	Sheep & Goats(10 000 heads)	37.84	39.11	3.4
猪(万头)	Hogs(10 000 heads)	10.20	9.20	-9.8
规模以上工业	**Industrial Enterprises above Designated size**			
工业企业单位数(个)	Number of Industrial Enterprises(unit)	30	30	0.0
# 内资企业(个)	Civil Funded Enterprises(unit)	29	29	0.0
工业总产值(万元)	Gross Industrial Output Value(10 000 yuan)	1080590	1194296	10.5
内资企业(万元)	Civil Funded Enterprises(10 000 yuan)	1067723	1181264	10.6
国有企业(万元)	State-owned Enterprises(10 000 yuan)	155300	166693	7.3
集体企业(万元)	Collective-owned Enterprises(10 000 yuan)			
股份合作企业(万元)	Share Holding Enterprises(10 000 yuan)			
联营企业(万元)	Joint Owned Enterprises(10 000 yuan)			
有限责任公司(万元)	Limited Company(10 000 yuan)	813758	859245	5.6
股份有限公司(万元)	Share Holding Limited Company(10 000 yuan)		2870	
私营企业(万元)	Privately Owned Enterprises(10 000 yuan)	98664	152456	54.5
其他企业(万元)	Enterprises of Other Ownership(10 000 yuan)			
港澳台商投资企业(万元)	Funds from HK,Macao & Taiwan(10 000 yuan)			
外商投资企业(万元)	Foreign Funded Enterprises(10 000 yuan)	12868	13032	1.3
工业企业增加值(万元)	Value Added of Industrial Enterprises(10 000 yuan)			13.2
工业企业资产总计(万元)	Total Assets of Industrial Enterprises(10 000 yuan)	460510	568213	23.4
工业企业负债合计(万元)	Total Liabilities of Industrial Enterprises(10 000 yuan)	278577	366708	31.6
工业企业产品销售收入(万元)	Sales of Revenue Industrial Enterprises(10 000 yuan)	1070395	1199067	12.0
工业企业利润总额(万元)	Total Profits of Industrial Enterprises(10 000 yuan)	78194	33133	-57.6
建筑业	**Construction**			
建筑企业单位数(个)	Number of Construction Enterprises(unit)	4	5	25.0
建筑企业从业人员(人)	Number of Employee in Construction Enterprises(person)	841	756	-10.1
建筑业总产值(万元)	Gross Construction Output Value(10 000 yuan)	14242	15163	6.5
交通运输邮电通信业	**Transportation,Post & Telecommunications**			
公路里程(公里)	Total Length of Highways(km)	1436	1457	1.5
邮电业务总量(万元)	Business Volume of Post & Telecoms(10 000 yuan)	12550	13077	4.2
本地电话用户(户)	Number of Subscribers of Local Telephone(Household)	17377	17000	-2.2
国内贸易	**Domestic Trade**			
社会消费品零售总额(万元)	Total Retail Sales of Consumer Goods(10 000 yuan)	273880	296338	8.2
城镇(万元)	Town(10 000 yuan)	186875	199840	6.9
乡村(万元)	Village(10 000 yuan)	87006	96498	10.9
科技教育卫生	**Science,Education & Public Health**			
各类专业技术人员(人)	Special Technical Personnel(person)	5398	5735	6.2
幼儿园数(所)	Number of Kindergartens(unit)	27	26	-3.7
学龄儿童入学率(%)	Percentage of School-Age Children Enrolled(%)	100.0	100.0	0.0
小学学校数(所)	Number of Primary Schools(unit)	16	16	0.0
小学专任教师数(人)	Number of Full-time Teachers of Primary Schools(person)	947	842	-11.1
小学在校学生数(人)	Number of Student Enrollment of Primary Schools(person)	10861	10855	-0.1
普通中学学校数(所)	Number of Regular Secondary Schools(unit)	5	4	-20.0
普通中学专任教师数(人)	Number of Teachers of Secondary Shools(person)	736	732	-0.5
初中在校学生数(人)	Number of Student in Junior Secondary Schools(person)	6120	5656	-7.6
高中在校学生数(人)	Number of Student in Senior Secondary Schools(person)	3872	3598	-7.1
卫生机构数(所)	Number of Health Institutions(unit)	35	35	0.0
# 医院(所)	Hospitals(unit)	3	3	0.0
卫生院(所)	Township Hospitals(unit)	18	18	0.0
床位数(张)	Number of Beds(unit)	1185	1185	0.0
# 医院(张)	Hospitals(unit)	888	888	0.0
卫生院(张)	Township Hospitals(unit)	267	267	0.0
卫生技术人员(人)	Medical Technical Presonnel(person)	1111	1075	-3.2
# 医院(人)	Hospitals(person)	723	687	-5.0
卫生院(人)	Township Hospitals(person)	232	232	0.0

23-63 赤峰市克什克腾旗

指　标	Item	2014	2015	2015年比上年增长% Increase Rate in 2015 Over 2014(%)
行政区域土地面积(平方公里)	**Area of Administration(Sq.km)**	**20673**	**20673**	**0.0**
人口和就业	**Population & Employment**			
年末户籍人口(人)	The Registered Population Year-end(person)	252992	248809	-1.7
#男性(人)	Male(person)	128971	126872	-1.6
#乡村人口(人)	Rural(person)	198155	190077	
年末常住人口(人)	Permanet Resident Population Year-end(person)	200300	199000	-0.6
#男性(人)	Male(person)			
#乡村人口(人)	Rural(person)	156884	152025	-3.1
年末总户数(户)	Total Number of Households at the Year-end(Household)	109015	111312	2.1
#乡村户数(户)	Number of Rural Household(Household)	76933	85038	10.5
出生人口(人)	Births(person)	1487	1793	20.6
死亡人口(人)	Deaths(person)	816	585	-28.3
全社会就业人员(人)	Employment(person)	152848	140954	-7.8
第一产业(人)	Primary Industry(person)	88461	80729	-8.7
第二产业(人)	Secondary Industry(person)	18425	17870	-3.0
第三产业(人)	Tertiary Industry(person)	45962	42355	-7.8
在岗职工人数(人)	Number of Staff & Workers Employed in(person)	14740	15637	6.1
乡村劳动力(人)	Number of Rural Laborers(person)	121456	115621	-4.8
#农林牧渔业(人)	Farming,Forestry,Animal Husbandry & Fishery(person)	79356	77231	-2.7
国民经济综合指标	**Summary Item on the National Economy**			
生产总值(万元)	Gross Domestic Product(10 000 yuan)	1399455	1471357	9.2
第一产业(万元)	Primary Industry(10 000 yuan)	175999	179189	4.2
第二产业(万元)	Secondary Industry(10 000 yuan)	925412	938238	10.8
#工业(万元)	Industry(10 000 yuan)	835439	841836	10.9
第三产业(万元)	Tertiary Industry(10 000 yuan)	298044	353930	5.5
人均生产总值(元)	Per Capita GDP(yuan)	69851	73697	9.6
全社会固定资产投资(万元)	Total Investment in Fixed Assets(10 000 yuan)	714450	820296	14.8
按登记注册类型分	Grouped by Registered Type			
#国有(万元)	State-owned Enterprises(10 000 yuan)	405232	204914	-49.4
集体(万元)	Collective-owned Enterprises(10 000 yuan)			
有限责任公司(万元)	Limited Liability Corporations(10 000 yuan)	220131	456337	107.3
股份有限公司(万元)	Share Holding Enterprises(10 000 yuan)	73057	1407	-98.1
私营企业(万元)	Private Enterprises(10 000 yuan)	16030	45229	182.2
外商及港澳台投资企业(万元)	Funds from HK,Macao,Taiwan & Foreign(10 000 yuan)			
一般公共预算收入(万元)	General Public Budget Revenue(10 000 yuan)	72000	75600	5.0
一般公共预算支出(万元)	General Public Budget Expenditure(10 000 yuan)	241000	271600	12.7
住户存款余额(万元)	The balance of savings deposits of Households(10 000 yuan)		359277	
在岗职工工资总额(万元)	Total Wages of Staff & Workers Employed in(10 000 yuan)	73936	77101	4.3
在岗职工平均工资(元)	Average Wage of Staff & Workers Employed in(yuan)	50160	50714	1.1
全体居民人均可支配收入(元)	The per capita disposable income of all residents(yuan)	13996	15331	9.5
城镇常住居民人均可支配收入(元)	The per capita disposable income of urban permanent residents(yuan)	21049	22796	8.3
农村牧区常住居民人均可支配收入(元)	The per capita disposable income of permanent residents of rural and pastoral areas(yuan)	8021	8702	8.5
农村牧区经济	**Economic Development in Rural & Pastoral Area**			
农作物总播种面积(公顷)	Total Sown Area(hectare)	76538	75597	-1.2
#粮食作物播种面积(公顷)	Sown Area of Grain Crops(hectare)	58273	59473	2.1
农牧业机械总动力(万千瓦)	Total Power of Agricultural Machinery(10 000 kw)	44.80	48.85	9.0
化肥施用折纯量(吨)	Consumption of Chemical Fertilizer(ton)	7306	7299	-0.1
农村用电量(万千瓦小时)	Electricity Consumed in Rural Area(10 000 kwh)	3735	3866	3.5
农林牧渔业总产值(万元)	Gross Output of Farming,Forestry,Animal Husbandry & Fishery(10 000 yuan)	177585	180855	1.8
粮食产量(吨)	Yield of Grain(ton)	179500	180000	0.3
油料产量(吨)	Yield of Oil-bearing Grops(ton)	12094	8112	-32.9
甜菜产量(吨)	Yield of Beetroots(ton)	17062	18835	10.4
猪牛羊肉产量(吨)	Output of Pork, Beef & Mutton(ton)	18037	15666	-13.1
#猪肉产量(吨)	Output of Pork(ton)	3166	2555	-19.3
牛肉产量(吨)	Output of Beef(ton)	7574	7144	-5.7
羊肉产量(吨)	Output of Mutton(ton)	7297	5967	-18.2
羊毛产量(吨)	Output of Wool(ton)	4569	4253	-6.9

23-63 Keshiketeng Banner in Chifeng City

指　标	Item	2014	2015	2015年比上年增长% Increase Rate in 2015 Over 2014(%)
年末牲畜存栏头数(万头只)	Total Livestock at the Year-end(10 000 heads)	103.20	104.78	1.5
#大牲畜(万头只)	Large Animals(10 000 heads)	19.00	20.36	7.2
羊(万只)	Sheep & Goats(10 000 heads)	80.06	80.51	0.6
猪(万头)	Hogs(10 000 heads)	4.19	3.91	-6.7
规模以上工业	**Industrial Enterprises above Designated size**			
工业企业单位数(个)	Number of Industrial Enterprises(unit)	32	34	6.3
#内资企业(个)	Civil Funded Enterprises(unit)	32	34	6.3
工业总产值(万元)	Gross Industrial Output Value(10 000 yuan)	2043335	2116530	3.6
内资企业(万元)	Civil Funded Enterprises(10 000 yuan)	2043335	2116530	3.6
国有企业(万元)	State-owned Enterprises(10 000 yuan)	35757	34404	-3.8
集体企业(万元)	Collective-owned Enterprises(10 000 yuan)			
股份合作企业(万元)	Share Holding Enterprises(10 000 yuan)			
联营企业(万元)	Joint Owned Enterprises(10 000 yuan)			
有限责任公司(万元)	Limited Company(10 000 yuan)	1759209	1818053	3.3
股份有限公司(万元)	Share Holding Limited Company(10 000 yuan)	130306	139502	7.1
私营企业(万元)	Privately Owned Enterprises(10 000 yuan)	118063	124571	5.5
其他企业(万元)	Enterprises of Other Ownership(10 000 yuan)			
港澳台商投资企业(万元)	Funds from HK,Macao & Taiwan(10 000 yuan)			
外商投资企业(万元)	Foreign Funded Enterprises(10 000 yuan)			
工业企业增加值(万元)	Value Added of Industrial Enterprises(10 000 yuan)	835439	841836	10.9
工业企业资产总计(万元)	Total Assets of Industrial Enterprises(10 000 yuan)	1543776	1855535	20.2
工业企业负债合计(万元)	Total Liabilities of Industrial Enterprises(10 000 yuan)	919363	1251096	36.1
工业企业产品销售收入(万元)	Sales of Revenue Industrial Enterprises(10 000 yuan)	1923866	2005463	4.2
工业企业利润总额(万元)	Total Profits of Industrial Enterprises(10 000 yuan)	143791	132223	-8.0
建筑业	**Construction**			
建筑企业单位数(个)	Number of Construction Enterprises(unit)	4	7	75.0
建筑企业从业人员(人)	Number of Employee in Construction Enterprises(person)	2301	3015	31.0
建筑业总产值(万元)	Gross Construction Output Value(10 000 yuan)	51408	74590	45.1
交通运输邮电通信业	**Transportation,Post & Telecommunications**			
公路里程(公里)	Total Length of Highways(km)	3554	3516	-1.1
邮电业务总量(万元)	Business Volume of Post & Telecoms(10 000 yuan)	4520	4620	2.2
本地电话用户(户)	Number of Subscribers of Local Telephone(Household)	17000	18000	5.9
国内贸易	**Domestic Trade**			
社会消费品零售总额(万元)	Total Retail Sales of Consumer Goods(10 000 yuan)	277346	299811	8.1
城镇(万元)	Town(10 000 yuan)	209119	229252	9.6
乡村(万元)	Village(10 000 yuan)	68227	70559	3.4
科技教育卫生	**Science,Education & Public Health**			
各类专业技术人员(人)	Special Technical Personnel(person)	9065	9033	-0.4
幼儿园数(所)	Number of Kindergartens(unit)	2	3	50.0
学龄儿童入学率(%)	Percentage of School-Age Children Enrolled(%)	100.0	100.0	0.0
小学学校数(所)	Number of Primary Schools(unit)	29	29	0.0
小学专任教师数(人)	Number of Full-time Teachers of Primary Schools(person)	1066	1070	0.4
小学在校学生数(人)	Number of Student Enrollment of Primary Schools(person)	9270	9444	1.9
普通中学学校数(所)	Number of Regular Secondary Schools(unit)	12	11	-8.3
普通中学专任教师数(人)	Number of Teachers of Secondary Shools(person)	832	816	-1.9
初中在校学生数(人)	Number of Student in Junior Secondary Schools(person)	5351	5155	-3.7
高中在校学生数(人)	Number of Student in Senior Secondary Schools(person)	4104	4189	2.1
卫生机构数(所)	Number of Health Institutions(unit)	232	250	7.8
#医院(所)	Hospitals(unit)	2	2	0.0
卫生院(所)	Township Hospitals(unit)	21	21	0.0
床位数(张)	Number of Beds(unit)	1399	1401	0.1
#医院(张)	Hospitals(unit)	657	678	3.2
卫生院(张)	Township Hospitals(unit)	436	435	-0.2
卫生技术人员(人)	Medical Technical Presonnel(person)	1554	1632	5.0
#医院(人)	Hospitals(person)	635	628	-1.1
卫生院(人)	Township Hospitals(person)	278	317	14.0

23-64 赤峰市翁牛特旗

指　标	Item	2014	2015	2015年比上年增长% Increase Rate in 2015 Over 2014(%)
行政区域土地面积(平方公里)	**Area of Administration(Sq.km)**	**11882**	**11882**	**0.0**
人口和就业	**Population & Employment**			
年末户籍人口(人)	The Registered Population Year-end(person)	482114	479772	-0.5
#男性(人)	Male(person)	250058	249336	-0.3
#乡村人口(人)	Rural(person)	412868	364995	
年末常住人口(人)	Permanet Resident Population Year-end(person)	418800	417600	-0.3
#男性(人)	Male(person)			
#乡村人口(人)	Rural(person)	274100	272100	-0.7
年末总户数(户)	Total Number of Households at the Year-end(Household)	194896	197849	1.5
#乡村户数(户)	Number of Rural Household(Household)	127430	129668	1.8
出生人口(人)	Births(person)	3072	3302	7.5
死亡人口(人)	Deaths(person)	1296	1299	0.2
全社会就业人员(人)	Employment(person)	238671	256188	7.3
第一产业(人)	Primary Industry(person)	155986	169443	8.6
第二产业(人)	Secondary Industry(person)	39913	42289	6.0
第三产业(人)	Tertiary Industry(person)	42772	44456	4.0
在岗职工人数(人)	Number of Staff & Workers Employed in(person)	29175	25290	-13.3
乡村劳动力(人)	Number of Rural Laborers(person)	238438	238198	-0.1
#农林牧渔业(人)	Farming,Forestry,Animal Husbandry & Fishery(person)	155986	164873	5.7
国民经济综合指标	**Summary Item on the National Economy**			
生产总值(万元)	Gross Domestic Product(10 000 yuan)	1387946	1446499	7.6
第一产业(万元)	Primary Industry(10 000 yuan)	406260	411695	4.6
第二产业(万元)	Secondary Industry(10 000 yuan)	615415	637786	9.1
#工业(万元)	Industry(10 000 yuan)	515053	533588	9.5
第三产业(万元)	Tertiary Industry(10 000 yuan)	366271	397018	8.0
人均生产总值(元)	Per Capita GDP(yuan)	33109	34589	7.9
全社会固定资产投资(万元)	Total Investment in Fixed Assets(10 000 yuan)	884950	1013690	14.6
按登记注册类型分	Grouped by Registered Type			
#国有(万元)	State-owned Enterprises(10 000 yuan)	268576	401269	49.4
集体(万元)	Collective-owned Enterprises(10 000 yuan)			
有限责任公司(万元)	Limited Liability Corporations(10 000 yuan)	52580	69582	32.3
股份有限公司(万元)	Share Holding Enterprises(10 000 yuan)	71700	74447	3.8
私营企业(万元)	Private Enterprises(10 000 yuan)	366651	375733	2.5
外商及港澳台投资企业(万元)	Funds from HK,Macao,Taiwan & Foreign(10 000 yuan)		9888	
一般公共预算收入(万元)	General Public Budget Revenue(10 000 yuan)	39490	42020	6.4
一般公共预算支出(万元)	General Public Budget Expenditure(10 000 yuan)	302075	344421	14.0
住户存款余额(万元)	The balance of savings deposits of Households(10 000 yuan)		585306	
在岗职工工资总额(万元)	Total Wages of Staff & Workers Employed in(10 000 yuan)	146794	133753	-8.9
在岗职工平均工资(元)	Average Wage of Staff & Workers Employed in(yuan)	50617	52090	2.9
全体居民人均可支配收入(元)	The per capita disposable income of all residents(yuan)	11725	12863	9.7
城镇常住居民人均可支配收入(元)	The per capita disposable income of urban permanent residents(yuan)	20395	22169	8.7
农村牧区常住居民人均可支配收入(元)	The per capita disposable income of permanent residents of rural and pastoral areas(yuan)	7406	8050	8.7
农村牧区经济	**Economic Development in Rural & Pastoral Area**			
农作物总播种面积(公顷)	Total Sown Area(hectare)	141370	146820	3.9
#粮食作物播种面积(公顷)	Sown Area of Grain Crops(hectare)	101753	105113	3.3
农牧业机械总动力(万千瓦)	Total Power of Agricultural Machinery(10 000 kw)	74.80	80.65	7.8
化肥施用折纯量(吨)	Consumption of Chemical Fertilizer(ton)	39045	40549	3.9
农村用电量(万千瓦小时)	Electricity Consumed in Rural Area(10 000 kwh)	16564	16831	1.6
农林牧渔业总产值(万元)	Gross Output of Farming,Forestry,Animal Husbandry & Fishery(10 000 yuan)	666631	678941	1.8
粮食产量(吨)	Yield of Grain(ton)	715068	721507	1.0
油料产量(吨)	Yield of Oil-bearing Grops(ton)	50807	52556	3.4
甜菜产量(吨)	Yield of Beetroots(ton)	180024	183963	2.2
猪牛羊肉产量(吨)	Output of Pork, Beef & Mutton(ton)	33797	31690	-6.2
#猪肉产量(吨)	Output of Pork(ton)	14175	12828	-9.5
牛肉产量(吨)	Output of Beef(ton)	11252	10112	-10.1
羊肉产量(吨)	Output of Mutton(ton)	8370	8750	4.5
羊毛产量(吨)	Output of Wool(ton)	2528	2557	1.1

23-64 Wengniute Banner in Chifeng City

指　标	Item	2014	2015	2015年比上年增长% Increase Rate in 2015 Over 2014(%)
年末牲畜存栏头数(万头只)	Total Livestock at the Year-end(10 000 heads)	134.12	135.75	1.2
# 大牲畜(万头只)	Large Animals(10 000 heads)	25.10	24.92	-0.7
羊(万只)	Sheep & Goats(10 000 heads)	95.20	96.99	1.9
猪(万头)	Hogs(10 000 heads)	13.80	13.84	0.3
规模以上工业	**Industrial Enterprises above Designated size**			
工业企业单位数(个)	Number of Industrial Enterprises(unit)	60	61	1.7
# 内资企业(个)	Civil Funded Enterprises(unit)	60	61	1.7
工业总产值(万元)	Gross Industrial Output Value(10 000 yuan)	2075412	2263894	9.1
内资企业(万元)	Civil Funded Enterprises(10 000 yuan)	2075412	2263894	9.1
国有企业(万元)	State-owned Enterprises(10 000 yuan)	29960	33975	13.4
集体企业(万元)	Collective-owned Enterprises(10 000 yuan)			
股份合作企业(万元)	Share Holding Enterprises(10 000 yuan)			
联营企业(万元)	Joint Owned Enterprises(10 000 yuan)			
有限责任公司(万元)	Limited Company(10 000 yuan)	1208339	1297756	7.4
股份有限公司(万元)	Share Holding Limited Company(10 000 yuan)	54812	66966	22.2
私营企业(万元)	Privately Owned Enterprises(10 000 yuan)	782301	865198	10.6
其他企业(万元)	Enterprises of Other Ownership(10 000 yuan)			
港澳台商投资企业(万元)	Funds from HK,Macao & Taiwan(10 000 yuan)			
外商投资企业(万元)	Foreign Funded Enterprises(10 000 yuan)			
工业企业增加值(万元)	Value Added of Industrial Enterprises(10 000 yuan)			10.1
工业企业资产总计(万元)	Total Assets of Industrial Enterprises(10 000 yuan)	1055246	1088879	3.2
工业企业负债合计(万元)	Total Liabilities of Industrial Enterprises(10 000 yuan)	382859	383428	0.1
工业企业产品销售收入(万元)	Sales of Revenue Industrial Enterprises(10 000 yuan)	2078526	2272918	9.4
工业企业利润总额(万元)	Total Profits of Industrial Enterprises(10 000 yuan)	129669	108821	-16.1
建筑业	**Construction**			
建筑企业单位数(个)	Number of Construction Enterprises(unit)	8	8	0.0
建筑企业从业人员(人)	Number of Employee in Construction Enterprises(person)	7887	3957	-49.8
建筑业总产值(万元)	Gross Construction Output Value(10 000 yuan)	140077	51183	-63.5
交通运输邮电通信业	**Transportation,Post & Telecommunications**			
公路里程(公里)	Total Length of Highways(km)	3611	3611	0.0
邮电业务总量(万元)	Business Volume of Post & Telecoms(10 000 yuan)	20689	18736	-9.4
本地电话用户(户)	Number of Subscribers of Local Telephone(Household)	18706	17600	-5.9
国内贸易	**Domestic Trade**			
社会消费品零售总额(万元)	Total Retail Sales of Consumer Goods(10 000 yuan)	373962	403879	8.0
城镇(万元)	Town(10 000 yuan)	226565	244405	7.9
乡村(万元)	Village(10 000 yuan)	147397	159474	8.2
科技教育卫生	**Science,Education & Public Health**			
各类专业技术人员(人)	Special Technical Personnel(person)	9398	8650	-8.0
幼儿园数(所)	Number of Kindergartens(unit)	46	51	11.0
学龄儿童入学率(%)	Percentage of School-Age Children Enrolled(%)	84.8	85.0	0.0
小学学校数(所)	Number of Primary Schools(unit)	40	40	0.0
小学专任教师数(人)	Number of Full-time Teachers of Primary Schools(person)	2896	2590	-10.6
小学在校学生数(人)	Number of Student Enrollment of Primary Schools(person)	20851	20988	0.7
普通中学学校数(所)	Number of Regular Secondary Schools(unit)	12	12	0.0
普通中学专任教师数(人)	Number of Teachers of Secondary Shools(person)	1777	1696	-4.6
初中在校学生数(人)	Number of Student in Junior Secondary Schools(person)	10017	9575	-4.4
高中在校学生数(人)	Number of Student in Senior Secondary Schools(person)	7782	7153	-8.1
卫生机构数(所)	Number of Health Institutions(unit)	303	296	-2.3
# 医院(所)	Hospitals(unit)	3	2	-33.3
卫生院(所)	Township Hospitals(unit)	28	28	0.0
床位数(张)	Number of Beds(unit)	1330	1241	-6.7
# 医院(张)	Hospitals(unit)	890	790	-11.2
卫生院(张)	Township Hospitals(unit)	415	426	2.7
卫生技术人员(人)	Medical Technical Presonnel(person)	1554	1474	-5.1
# 医院(人)	Hospitals(person)	706	676	-4.2
卫生院(人)	Township Hospitals(person)	513	485	-5.5

23-65 赤峰市喀喇沁旗

指 标	Item	2014	2015	2015年比上年增长% Increase Rate in 2015 Over 2014(%)
行政区域土地面积(平方公里)	**Area of Administration(Sq.km)**	**3050**	**3050**	**0.0**
人口和就业	**Population & Employment**			
年末户籍人口(人)	The Registered Population Year-end(person)	353586	350102	-1.0
#男性(人)	Male(person)	183817	182355	-0.8
#乡村人口(人)	Rural(person)	307829	296491	
年末常住人口(人)	Permanet Resident Population Year-end(person)	280600	275600	-1.8
#男性(人)	Male(person)			
#乡村人口(人)	Rural(person)	171300	161900	-5.5
年末总户数(户)	Total Number of Households at the Year-end(Household)	140593	141774	0.9
#乡村户数(户)	Number of Rural Household(Household)	99864	118831	19.0
出生人口(人)	Births(person)	2323	2886	24.2
死亡人口(人)	Deaths(person)	1268	1125	-11.3
全社会就业人员(人)	Employment(person)	183770	185301	0.8
第一产业(人)	Primary Industry(person)	101478	108612	7.0
第二产业(人)	Secondary Industry(person)	36797	32721	-11.1
第三产业(人)	Tertiary Industry(person)	45495	43968	-3.4
在岗职工人数(人)	Number of Staff & Workers Employed in(person)	16785	17403	3.7
乡村劳动力(人)	Number of Rural Laborers(person)	173741	175515	1.0
#农林牧渔业(人)	Farming,Forestry,Animal Husbandry & Fishery(person)	104744	108221	3.3
国民经济综合指标	**Summary Item on the National Economy**			
生产总值(万元)	Gross Domestic Product(10 000 yuan)	672466	706436	8.0
第一产业(万元)	Primary Industry(10 000 yuan)	127794	130496	4.4
第二产业(万元)	Secondary Industry(10 000 yuan)	281019	290470	8.6
#工业(万元)	Industry(10 000 yuan)	188256	192865	8.8
第三产业(万元)	Tertiary Industry(10 000 yuan)	263653	285470	8.3
人均生产总值(元)	Per Capita GDP(yuan)	23944	25402	9.1
全社会固定资产投资(万元)	Total Investment in Fixed Assets(10 000 yuan)	501007	577447	15.3
按登记注册类型分	Grouped by Registered Type			
#国有(万元)	State-owned Enterprises(10 000 yuan)	63931	40390	-36.8
集体(万元)	Collective-owned Enterprises(10 000 yuan)	13270	13600	2.5
有限责任公司(万元)	Limited Liability Corporations(10 000 yuan)	128744	233755	81.6
股份有限公司(万元)	Share Holding Enterprises(10 000 yuan)			
私营企业(万元)	Private Enterprises(10 000 yuan)	221807	191236	-13.8
外商及港澳台投资企业(万元)	Funds from HK,Macao,Taiwan & Foreign(10 000 yuan)			
一般公共预算收入(万元)	General Public Budget Revenue(10 000 yuan)	44018	47610	8.2
一般公共预算支出(万元)	General Public Budget Expenditure(10 000 yuan)	213577	241494	13.1
住户存款余额(万元)	The balance of savings deposits of Households(10 000 yuan)		535121	
在岗职工工资总额(万元)	Total Wages of Staff & Workers Employed in(10 000 yuan)	89535	101512	13.4
在岗职工平均工资(元)	Average Wage of Staff & Workers Employed in(yuan)	50568	58330	15.3
全体居民人均可支配收入(元)	The per capita disposable income of all residents(yuan)	12751	13938	9.3
城镇常住居民人均可支配收入(元)	The per capita disposable income of urban permanent residents(yuan)	20657	22335	8.1
农村牧区常住居民人均可支配收入(元)	The per capita disposable income of permanent residents of rural and pastoral areas(yuan)	8007	8696	8.6
农村牧区经济	**Economic Development in Rural & Pastoral Area**			
农作物总播种面积(公顷)	Total Sown Area(hectare)	51924	48540	-6.5
#粮食作物播种面积(公顷)	Sown Area of Grain Crops(hectare)	40155	40677	1.3
农牧业机械总动力(万千瓦)	Total Power of Agricultural Machinery(10 000 kw)	35.10	37.95	8.1
化肥施用折纯量(吨)	Consumption of Chemical Fertilizer(ton)	12376	15902	28.5
农村用电量(万千瓦小时)	Electricity Consumed in Rural Area(10 000 kwh)	6947	4981	-28.3
农林牧渔业总产值(万元)	Gross Output of Farming,Forestry,Animal	214237	218908	2.2
粮食产量(吨)	Yield of Grain(ton)	313500	316512	1.0
油料产量(吨)	Yield of Oil-bearing Grops(ton)	1500	1650	10.0
甜菜产量(吨)	Yield of Beetroots(ton)	2956	550	-81.4
猪牛羊肉产量(吨)	Output of Pork, Beef & Mutton(ton)	18804	19883	5.7
#猪肉产量(吨)	Output of Pork(ton)	7900	7470	-5.4
牛肉产量(吨)	Output of Beef(ton)	6043	6880	13.9
羊肉产量(吨)	Output of Mutton(ton)	4861	5533	13.8
羊毛产量(吨)	Output of Wool(ton)	1234	1460	18.3

23-65 Kalaqin Banner in Chifeng City

指　标	Item	2014	2015	2015年比上年增长% Increase Rate in 2015 Over 2014(%)
年末牲畜存栏头数(万头只)	Total Livestock at the Year-end(10 000 heads)	38.80	45.20	16.5
#大牲畜(万头只)	Large Animals(10 000 heads)	8.96	9.76	8.9
羊(万只)	Sheep & Goats(10 000 heads)	23.50	29.10	23.8
猪(万头)	Hogs(10 000 heads)	6.34	6.34	0.0
规模以上工业	**Industrial Enterprises above Designated size**			
工业企业单位数(个)	Number of Industrial Enterprises(unit)	15	16	6.7
#内资企业(个)	Civil Funded Enterprises(unit)	15	16	6.7
工业总产值(万元)	Gross Industrial Output Value(10 000 yuan)	702219	733645	4.5
内资企业(万元)	Civil Funded Enterprises(10 000 yuan)	702219	733645	4.5
国有企业(万元)	State-owned Enterprises(10 000 yuan)	21201	27177	28.2
集体企业(万元)	Collective-owned Enterprises(10 000 yuan)			
股份合作企业(万元)	Share Holding Enterprises(10 000 yuan)			
联营企业(万元)	Joint Owned Enterprises(10 000 yuan)			
有限责任公司(万元)	Limited Company(10 000 yuan)	670401	691597	3.2
股份有限公司(万元)	Share Holding Limited Company(10 000 yuan)			
私营企业(万元)	Privately Owned Enterprises(10 000 yuan)	10617	14870	40.1
其他企业(万元)	Enterprises of Other Ownership(10 000 yuan)			
港澳台商投资企业(万元)	Funds from HK,Macao & Taiwan(10 000 yuan)			
外商投资企业(万元)	Foreign Funded Enterprises(10 000 yuan)			
工业企业增加值(万元)	Value Added of Industrial Enterprises(10 000 yuan)			9.4
工业企业资产总计(万元)	Total Assets of Industrial Enterprises(10 000 yuan)	438215	533462	21.7
工业企业负债合计(万元)	Total Liabilities of Industrial Enterprises(10 000 yuan)	223030	289624	29.9
工业企业产品销售收入(万元)	Sales of Revenue Industrial Enterprises(10 000 yuan)	702901	713342	1.5
工业企业利润总额(万元)	Total Profits of Industrial Enterprises(10 000 yuan)	20145	7193	-64.3
建筑业	**Construction**			
建筑企业单位数(个)	Number of Construction Enterprises(unit)	16	16	0.0
建筑企业从业人员(人)	Number of Employee in Construction Enterprises(person)	4694	4077	-13.1
建筑业总产值(万元)	Gross Construction Output Value(10 000 yuan)	81534	76583	-6.1
交通运输邮电通信业	**Transportation,Post & Telecommunications**			
公路里程(公里)	Total Length of Highways(km)	1348	1348	0.0
邮电业务总量(万元)	Business Volume of Post & Telecoms(10 000 yuan)	17760	17414	-1.9
本地电话用户(户)	Number of Subscribers of Local Telephone(Household)	26366	20800	-21.1
国内贸易	**Domestic Trade**			
社会消费品零售总额(万元)	Total Retail Sales of Consumer Goods(10 000 yuan)	266293	288396	8.3
城镇(万元)	Town(10 000 yuan)	182756	196300	7.4
乡村(万元)	Village(10 000 yuan)	83537	92095	10.2
科技教育卫生	**Science,Education & Public Health**			
各类专业技术人员(人)	Special Technical Personnel(person)	6500	6547	0.7
幼儿园数(所)	Number of Kindergartens(unit)	111	82	-26.1
学龄儿童入学率(%)	Percentage of School-Age Children Enrolled(%)	100.0	100.0	0.0
小学学校数(所)	Number of Primary Schools(unit)	104	36	-65.4
小学专任教师数(人)	Number of Full-time Teachers of Primary Schools(person)	2016	1466	-27.3
小学在校学生数(人)	Number of Student Enrollment of Primary Schools(person)	18263	18481	1.2
普通中学学校数(所)	Number of Regular Secondary Schools(unit)	8	9	12.5
普通中学专任教师数(人)	Number of Teachers of Secondary Shools(person)	1334	1461	9.5
初中在校学生数(人)	Number of Student in Junior Secondary Schools(person)	8536	8246	-3.4
高中在校学生数(人)	Number of Student in Senior Secondary Schools(person)	6814	6503	-4.6
卫生机构数(所)	Number of Health Institutions(unit)	348	320	-8.0
#医院(所)	Hospitals(unit)	4	4	0.0
卫生院(所)	Township Hospitals(unit)	16	16	0.0
床位数(张)	Number of Beds(unit)	1005	1140	13.4
#医院(张)	Hospitals(unit)	510	690	35.3
卫生院(张)	Township Hospitals(unit)	410	355	-13.4
卫生技术人员(人)	Medical Technical Presonnel(person)	1243	1090	-12.3
#医院(人)	Hospitals(person)	455	439	-3.5
卫生院(人)	Township Hospitals(person)	323	321	-0.6

23-66 赤峰市宁城县

指　标	Item	2014	2015	2015年比上年增长% Increase Rate in 2015 Over 2014(%)
行政区域土地面积(平方公里)	**Area of Administration(Sq.km)**	**4305**	**4305**	**0.0**
人口和就业	**Population & Employment**			
年末户籍人口(人)	The Registered Population Year-end(person)	615237	615834	0.1
# 男性(人)	Male(person)	321695	322566	0.3
# 乡村人口(人)	Rural(person)	534827	495178	
年末常住人口(人)	Permanet Resident Population Year-end(person)	532300	531100	-0.2
# 男性(人)	Male(person)			
# 乡村人口(人)	Rural(person)	534310	539378	0.9
年末总户数(户)	Total Number of Households at the Year-end(Household)	223245	222831	-0.2
# 乡村户数(户)	Number of Rural Household(Household)	156785	160149	2.1
出生人口(人)	Births(person)	4744	4815	1.5
死亡人口(人)	Deaths(person)	1207	1272	5.4
全社会就业人员(人)	Employment(person)	300687	303250	0.9
第一产业(人)	Primary Industry(person)	182917	190859	4.3
第二产业(人)	Secondary Industry(person)	61982	59286	-4.3
第三产业(人)	Tertiary Industry(person)	55788	53105	-4.8
在岗职工人数(人)	Number of Staff & Workers Employed in(person)	29222	27860	-4.7
乡村劳动力(人)	Number of Rural Laborers(person)	314731	319581	1.5
# 农林牧渔业(人)	Farming,Forestry,Animal Husbandry & Fishery(person)	182600	191067	4.6
国民经济综合指标	**Summary Item on the National Economy**			
生产总值(万元)	Gross Domestic Product(10 000 yuan)	1590307	1677784	8.2
第一产业(万元)	Primary Industry(10 000 yuan)	346238	334529	2.9
第二产业(万元)	Secondary Industry(10 000 yuan)	668256	709331	9.1
# 工业(万元)	Industry(10 000 yuan)	557139	593967	9.5
第三产业(万元)	Tertiary Industry(10 000 yuan)	575813	633923	9.6
人均生产总值(元)	Per Capita GDP(yuan)	29854	31555	8.4
全社会固定资产投资(万元)	Total Investment in Fixed Assets(10 000 yuan)	815611	934692	14.6
按登记注册类型分	Grouped by Registered Type			
# 国有(万元)	State-owned Enterprises(10 000 yuan)	79169	37913	-52.1
集体(万元)	Collective-owned Enterprises(10 000 yuan)	48720	800	-98.4
有限责任公司(万元)	Limited Liability Corporations(10 000 yuan)	633901	787966	24.3
股份有限公司(万元)	Share Holding Enterprises(10 000 yuan)	9900		
私营企业(万元)	Private Enterprises(10 000 yuan)	43921	55713	26.8
外商及港澳台投资企业(万元)	Funds from HK,Macao,Taiwan & Foreign(10 000 yuan)		52300	
一般公共预算收入(万元)	General Public Budget Revenue(10 000 yuan)	61887	66850	8.0
一般公共预算支出(万元)	General Public Budget Expenditure(10 000 yuan)	292000	348186	19.2
住户存款余额(万元)	The balance of savings deposits of Households(10 000 yuan)		1168761	
在岗职工工资总额(万元)	Total Wages of Staff & Workers Employed in(10 000 yuan)	147901	150706	1.9
在岗职工平均工资(元)	Average Wage of Staff & Workers Employed in(yuan)	48492	52824	8.9
全体居民人均可支配收入(元)	The per capita disposable income of all residents(yuan)	11230	12333	9.8
城镇常住居民人均可支配收入(元)	The per capita disposable income of urban permanent residents(yuan)	22352	24341	8.9
农村牧区常住居民人均可支配收入(元)	The per capita disposable income of permanent residents of rural and pastoral areas(yuan)	7791	8510	9.2
农村牧区经济	**Economic Development in Rural & Pastoral Area**			
农作物总播种面积(公顷)	Total Sown Area(hectare)	104547	108049	3.3
# 粮食作物播种面积(公顷)	Sown Area of Grain Crops(hectare)	85065	86851	2.1
农牧业机械总动力(万千瓦)	Total Power of Agricultural Machinery(10 000 kw)	52.94	55.90	5.6
化肥施用折纯量(吨)	Consumption of Chemical Fertilizer(ton)	32818	35267	7.5
农村用电量(万千瓦小时)	Electricity Consumed in Rural Area(10 000 kwh)	54935	60265	9.7
农林牧渔业总产值(万元)	Gross Output of Farming,Forestry,Animal	578301	553510	-4.3
粮食产量(吨)	Yield of Grain(ton)	740245	753584	1.8
油料产量(吨)	Yield of Oil-bearing Grops(ton)	1394	1050	-24.7
甜菜产量(吨)	Yield of Beetroots(ton)	11873	10700	-9.9
猪牛羊肉产量(吨)	Output of Pork, Beef & Mutton(ton)	24672	26701	8.2
# 猪肉产量(吨)	Output of Pork(ton)	10282	9860	-4.1
牛肉产量(吨)	Output of Beef(ton)	9090	12241	34.7
羊肉产量(吨)	Output of Mutton(ton)	5300	4600	-13.2
羊毛产量(吨)	Output of Wool(ton)	1450	1405	-3.1

23-66 Ningcheng County in Chifeng City

指　标	Item	2014	2015	2015年比上年增长% Increase Rate in 2015 Over 2014(%)
年末牲畜存栏头数(万头只)	Total Livestock at the Year-end(10 000 heads)	45.70	49.46	8.2
#大牲畜(万头只)	Large Animals(10 000 heads)	16.88	18.95	12.3
羊(万只)	Sheep & Goats(10 000 heads)	19.34	21.03	8.7
猪(万头)	Hogs(10 000 heads)	9.48	9.48	0.0
规模以上工业	**Industrial Enterprises above Designated size**			
工业企业单位数(个)	Number of Industrial Enterprises(unit)	70	70	0.0
#内资企业(个)	Civil Funded Enterprises(unit)	70	70	0.0
工业总产值(万元)	Gross Industrial Output Value(10 000 yuan)	1735914	1909571	10.0
内资企业(万元)	Civil Funded Enterprises(10 000 yuan)	1735914	1909571	10.0
国有企业(万元)	State-owned Enterprises(10 000 yuan)	57008	48398	-15.1
集体企业(万元)	Collective-owned Enterprises(10 000 yuan)	48439	50023	3.3
股份合作企业(万元)	Share Holding Enterprises(10 000 yuan)			
联营企业(万元)	Joint Owned Enterprises(10 000 yuan)			
有限责任公司(万元)	Limited Company(10 000 yuan)	745324	835593	12.1
股份有限公司(万元)	Share Holding Limited Company(10 000 yuan)	114238	110292	-3.5
私营企业(万元)	Privately Owned Enterprises(10 000 yuan)	770904	865265	12.2
其他企业(万元)	Enterprises of Other Ownership(10 000 yuan)			
港澳台商投资企业(万元)	Funds from HK,Macao & Taiwan(10 000 yuan)			
外商投资企业(万元)	Foreign Funded Enterprises(10 000 yuan)			
工业企业增加值(万元)	Value Added of Industrial Enterprises(10 000 yuan)			10.1
工业企业资产总计(万元)	Total Assets of Industrial Enterprises(10 000 yuan)	979474	994593	1.5
工业企业负债合计(万元)	Total Liabilities of Industrial Enterprises(10 000 yuan)	713965	752560	5.4
工业企业产品销售收入(万元)	Sales of Revenue Industrial Enterprises(10 000 yuan)	1652521	1781236	7.8
工业企业利润总额(万元)	Total Profits of Industrial Enterprises(10 000 yuan)	12607	1480	-88.3
建筑业	**Construction**			
建筑企业单位数(个)	Number of Construction Enterprises(unit)	17	16	-5.9
建筑企业从业人员(人)	Number of Employee in Construction Enterprises(person)	7113	5470	-23.1
建筑业总产值(万元)	Gross Construction Output Value(10 000 yuan)	217943	176537	-19.0
交通运输邮电通信业	**Transportation,Post & Telecommunications**			
公路里程(公里)	Total Length of Highways(km)	2092	2092	0.0
邮电业务总量(万元)	Business Volume of Post & Telecoms(10 000 yuan)	28834	32141	11.5
本地电话用户(户)	Number of Subscribers of Local Telephone(Household)	58000	59000	1.7
国内贸易	**Domestic Trade**			
社会消费品零售总额(万元)	Total Retail Sales of Consumer Goods(10 000 yuan)	533245	578570	8.5
城镇(万元)	Town(10 000 yuan)	421603	450529	6.9
乡村(万元)	Village(10 000 yuan)	111642	128041	14.7
科技教育卫生	**Science,Education & Public Health**			
各类专业技术人员(人)	Special Technical Personnel(person)	20566	20689	0.6
幼儿园数(所)	Number of Kindergartens(unit)	102	103	1.0
学龄儿童入学率(%)	Percentage of School-Age Children Enrolled(%)	100.0	100.0	0.0
小学学校数(所)	Number of Primary Schools(unit)	56	56	0.0
小学专任教师数(人)	Number of Full-time Teachers of Primary Schools(person)	2119	2122	0.1
小学在校学生数(人)	Number of Student Enrollment of Primary Schools(person)	33491	35179	5.0
普通中学学校数(所)	Number of Regular Secondary Schools(unit)	14	14	0.0
普通中学专任教师数(人)	Number of Teachers of Secondary Shools(person)	2332	2366	1.5
初中在校学生数(人)	Number of Student in Junior Secondary Schools(person)	14651	14054	-4.1
高中在校学生数(人)	Number of Student in Senior Secondary Schools(person)	10845	9622	-11.3
卫生机构数(所)	Number of Health Institutions(unit)	591	585	-1.0
#医院(所)	Hospitals(unit)	5	8	60.0
卫生院(所)	Township Hospitals(unit)	27	27	0.0
床位数(张)	Number of Beds(unit)	2639	2754	4.4
#医院(张)	Hospitals(unit)	2369	2614	10.3
卫生院(张)	Township Hospitals(unit)	140	140	0.0
卫生技术人员(人)	Medical Technical Presonnel(person)	2761	2814	1.9
#医院(人)	Hospitals(person)	2093	2236	6.8
卫生院(人)	Township Hospitals(person)	586	578	-1.4

23-67 赤峰市敖汉旗

指　标	Item	2014	2015	2015年比上年增长% Increase Rate in 2015 Over 2014(%)
行政区域土地面积(平方公里)	**Area of Administration(Sq.km)**	**8294**	**8294**	**0.0**
人口和就业	**Population & Employment**			
年末户籍人口(人)	The Registered Population Year-end(person)	610723	609083	-0.3
#男性(人)	Male(person)	317760	317473	-0.1
#乡村人口(人)	Rural(person)	538592	494459	
年末常住人口(人)	Permanet Resident Population Year-end(person)	531000	529900	-0.2
#男性(人)	Male(person)			
#乡村人口(人)	Rural(person)	401400	396700	-1.2
年末总户数(户)	Total Number of Households at the Year-end(Household)	238521	243651	2.2
#乡村户数(户)	Number of Rural Household(Household)	190368	195044	2.5
出生人口(人)	Births(person)	4662	5495	17.9
死亡人口(人)	Deaths(person)	1012	1359	34.3
全社会就业人员(人)	Employment(person)	328373	322406	-1.8
第一产业(人)	Primary Industry(person)	214681	213602	-0.5
第二产业(人)	Secondary Industry(person)	46513	56455	21.4
第三产业(人)	Tertiary Industry(person)	67179	52349	-22.1
在岗职工人数(人)	Number of Staff & Workers Employed in(person)	21225	20054	-5.5
乡村劳动力(人)	Number of Rural Laborers(person)	328373	322406	-1.8
#农林牧渔业(人)	Farming,Forestry,Animal Husbandry & Fishery(person)	214681	213602	-0.5
国民经济综合指标	**Summary Item on the National Economy**			
生产总值(万元)	Gross Domestic Product(10 000 yuan)	1565296	1639872	8.0
第一产业(万元)	Primary Industry(10 000 yuan)	404226	409596	4.7
第二产业(万元)	Secondary Industry(10 000 yuan)	674742	698059	9.5
#工业(万元)	Industry(10 000 yuan)	576074	598121	9.7
第三产业(万元)	Tertiary Industry(10 000 yuan)	486328	532217	9.1
人均生产总值(元)	Per Capita GDP(yuan)	29439	30915	8.3
全社会固定资产投资(万元)	Total Investment in Fixed Assets(10 000 yuan)	950083	1083862	14.1
按登记注册类型分	Grouped by Registered Type			
#国有(万元)	State-owned Enterprises(10 000 yuan)	147713	505118	242.0
集体(万元)	Collective-owned Enterprises(10 000 yuan)	300	2500	733.3
有限责任公司(万元)	Limited Liability Corporations(10 000 yuan)	261900	112337	-57.1
股份有限公司(万元)	Share Holding Enterprises(10 000 yuan)	49300		
私营企业(万元)	Private Enterprises(10 000 yuan)	119866	177024	47.7
外商及港澳台投资企业(万元)	Funds from HK,Macao,Taiwan & Foreign(10 000 yuan)			
一般公共预算收入(万元)	General Public Budget Revenue(10 000 yuan)	51888	55800	7.5
一般公共预算支出(万元)	General Public Budget Expenditure(10 000 yuan)	297868	353612	18.7
住户存款余额(万元)	The balance of savings deposits of Households(10 000 yuan)		786690	
在岗职工工资总额(万元)	Total Wages of Staff & Workers Employed in(10 000 yuan)	105079	114449	8.9
在岗职工平均工资(元)	Average Wage of Staff & Workers Employed in(yuan)	52639	57070	8.4
全体居民人均可支配收入(元)	The per capita disposable income of all residents(yuan)	10995	11963	8.8
城镇常住居民人均可支配收入(元)	The per capita disposable income of urban permanent residents(yuan)	20620	22328	8.3
农村牧区常住居民人均可支配收入(元)	The per capita disposable income of permanent residents of rural and pastoral areas(yuan)	8005	8692	8.6
农村牧区经济	**Economic Development in Rural & Pastoral Area**			
农作物总播种面积(公顷)	Total Sown Area(hectare)	191170	192361	0.6
#粮食作物播种面积(公顷)	Sown Area of Grain Crops(hectare)	173392	174460	0.6
农牧业机械总动力(万千瓦)	Total Power of Agricultural Machinery(10 000 kw)	82.57	86.72	5.0
化肥施用折纯量(吨)	Consumption of Chemical Fertilizer(ton)	112951	117270	3.8
农村用电量(万千瓦小时)	Electricity Consumed in Rural Area(10 000 kwh)	56930	57962	1.8
农林牧渔业总产值(万元)	Gross Output of Farming,Forestry,Animal Husbandry & Fishery(10 000 yuan)	404226	409596	1.3
粮食产量(吨)	Yield of Grain(ton)	773482	783221	1.3
油料产量(吨)	Yield of Oil-bearing Grops(ton)	10548	10611	0.6
甜菜产量(吨)	Yield of Beetroots(ton)	107684	110404	2.5
猪牛羊肉产量(吨)	Output of Pork, Beef & Mutton(ton)	53528	50159	-6.3
#猪肉产量(吨)	Output of Pork(ton)	29183	29291	0.4
牛肉产量(吨)	Output of Beef(ton)	7088	6215	-12.3
羊肉产量(吨)	Output of Mutton(ton)	17257	14653	-15.1
羊毛产量(吨)	Output of Wool(ton)	5349	5355	0.1

23-67 Aohan Banner in Chifeng City

指　　标	Item	2014	2015	2015年比上年增长% Increase Rate in 2015 Over 2014(%)
年末牲畜存栏头数(万头只)	Total Livestock at the Year-end(10 000 heads)	144.81	146.16	0.9
#大牲畜(万头只)	Large Animals(10 000 heads)	30.77	30.94	0.6
羊(万只)	Sheep & Goats(10 000 heads)	86.22	88.10	2.2
猪(万头)	Hogs(10 000 heads)	27.82	27.12	-2.5
规模以上工业	**Industrial Enterprises above Designated size**			
工业企业单位数(个)	Number of Industrial Enterprises(unit)	59	59	0.0
#内资企业(个)	Civil Funded Enterprises(unit)	59	59	0.0
工业总产值(万元)	Gross Industrial Output Value(10 000 yuan)	831420	778371	-6.4
内资企业(万元)	Civil Funded Enterprises(10 000 yuan)	831420	778371	-6.4
国有企业(万元)	State-owned Enterprises(10 000 yuan)	30476	33447	9.7
集体企业(万元)	Collective-owned Enterprises(10 000 yuan)			
股份合作企业(万元)	Share Holding Enterprises(10 000 yuan)			
联营企业(万元)	Joint Owned Enterprises(10 000 yuan)			
有限责任公司(万元)	Limited Company(10 000 yuan)	228450	147626	-35.4
股份有限公司(万元)	Share Holding Limited Company(10 000 yuan)	67806	70326	3.7
私营企业(万元)	Privately Owned Enterprises(10 000 yuan)	504688	525852	4.2
其他企业(万元)	Enterprises of Other Ownership(10 000 yuan)		1120	
港澳台商投资企业(万元)	Funds from HK,Macao & Taiwan(10 000 yuan)			
外商投资企业(万元)	Foreign Funded Enterprises(10 000 yuan)			
工业企业增加值(万元)	Value Added of Industrial Enterprises(10 000 yuan)			9.7
工业企业资产总计(万元)	Total Assets of Industrial Enterprises(10 000 yuan)	588072	673480	14.5
工业企业负债合计(万元)	Total Liabilities of Industrial Enterprises(10 000 yuan)	408998	478716	17.0
工业企业产品销售收入(万元)	Sales of Revenue Industrial Enterprises(10 000 yuan)	664710	655024	-1.5
工业企业利润总额(万元)	Total Profits of Industrial Enterprises(10 000 yuan)	10600	11763	11.0
建筑业	**Construction**			
建筑企业单位数(个)	Number of Construction Enterprises(unit)	8	8	0.0
建筑企业从业人员(人)	Number of Employee in Construction Enterprises(person)	5638	3158	-44.0
建筑业总产值(万元)	Gross Construction Output Value(10 000 yuan)	98668	57155	-42.1
交通运输邮电通信业	**Transportation,Post & Telecommunications**			
公路里程(公里)	Total Length of Highways(km)	2733	2733	0.0
邮电业务总量(万元)	Business Volume of Post & Telecoms(10 000 yuan)	27696	28804	4.0
本地电话用户(户)	Number of Subscribers of Local Telephone(Household)	136987	137689	0.5
国内贸易	**Domestic Trade**			
社会消费品零售总额(万元)	Total Retail Sales of Consumer Goods(10 000 yuan)	394792	426376	8.0
城镇(万元)	Town(10 000 yuan)	365977	395255	8.0
乡村(万元)	Village(10 000 yuan)	28816	31121	8.0
科技教育卫生	**Science,Education & Public Health**			
各类专业技术人员(人)	Special Technical Personnel(person)	8911	9013	1.1
幼儿园数(所)	Number of Kindergartens(unit)	101	101	0.0
学龄儿童入学率(%)	Percentage of School-Age Children Enrolled(%)	100.0	100.0	0.0
小学学校数(所)	Number of Primary Schools(unit)	60	45	-25.0
小学专任教师数(人)	Number of Full-time Teachers of Primary Schools(person)	2261	2209	-2.3
小学在校学生数(人)	Number of Student Enrollment of Primary Schools(person)	32006	31977	-0.1
普通中学学校数(所)	Number of Regular Secondary Schools(unit)	28	29	3.6
普通中学专任教师数(人)	Number of Teachers of Secondary Shools(person)	2239	2280	1.8
初中在校学生数(人)	Number of Student in Junior Secondary Schools(person)	15016	14652	-2.4
高中在校学生数(人)	Number of Student in Senior Secondary Schools(person)	12035	10566	-12.2
卫生机构数(所)	Number of Health Institutions(unit)	35	35	0.0
#医院(所)	Hospitals(unit)	2	2	0.0
卫生院(所)	Township Hospitals(unit)	29	29	0.0
床位数(张)	Number of Beds(unit)	1932	2170	12.3
#医院(张)	Hospitals(unit)	950	1100	15.8
卫生院(张)	Township Hospitals(unit)	917	990	8.0
卫生技术人员(人)	Medical Technical Presonnel(person)	1486	1563	5.2
#医院(人)	Hospitals(person)	760	862	13.4
卫生院(人)	Township Hospitals(person)	604	572	-5.3

23-68 锡林郭勒盟二连浩特市

指　标	Item	2014	2015	2015年比上年增长% Increase Rate in 2015 Over 2014(%)
行政区域土地面积(平方公里)	**Area of Administration(Sq.km)**	**4015**	**4015**	**0.0**
人口和就业	**Population & Employment**			
年末户籍人口(人)	The Registered Population Year-end(person)	29733	30833	9.5
#男性(人)	Male(person)	14987	15489	3.3
#乡村人口(人)	Rural(person)	1567	1894	
年末常住人口(人)	Permanet Resident Population Year-end(person)	62612	61576	-1.7
#男性(人)	Male(person)	32560	31527	-3.2
#乡村人口(人)	Rural(person)	2255	2373	5.2
年末总户数(户)	Total Number of Households at the Year-end(Household)	11154	11835	6.1
#乡村户数(户)	Number of Rural Household(Household)	811	832	2.6
出生人口(人)	Births(person)	402	341	-15.2
死亡人口(人)	Deaths(person)	56	58	3.6
全社会就业人员(人)	Employment(person)	35437	36233	2.2
第一产业(人)	Primary Industry(person)	985	1060	7.6
第二产业(人)	Secondary Industry(person)	4350	4616	6.1
第三产业(人)	Tertiary Industry(person)	30102	30557	1.5
在岗职工人数(人)	Number of Staff & Workers Employed in(person)	6897	7306	5.9
乡村劳动力(人)	Number of Rural Laborers(person)	1173	1393	18.8
#农林牧渔业(人)	Farming,Forestry,Animal Husbandry & Fishery(person)	985	1060	7.6
国民经济综合指标	**Summary Item on the National Economy**			
生产总值(万元)	Gross Domestic Product(10 000 yuan)	883962	1007308	10.5
第一产业(万元)	Primary Industry(10 000 yuan)	6005	6276	4.4
第二产业(万元)	Secondary Industry(10 000 yuan)	328776	357991	13.6
#工业(万元)	Industry(10 000 yuan)	284776	312991	15.0
第三产业(万元)	Tertiary Industry(10 000 yuan)	549181	643041	8.6
人均生产总值(元)	Per Capita GDP(yuan)	119132	137610	12.0
全社会固定资产投资(万元)	Total Investment in Fixed Assets(10 000 yuan)	328440	388198	18.2
按登记注册类型分	Grouped by Registered Type			
#国有(万元)	State-owned Enterprises(10 000 yuan)	90873	106819	17.5
集体(万元)	Collective-owned Enterprises(10 000 yuan)			
有限责任公司(万元)	Limited Liability Corporations(10 000 yuan)	3000	5000	66.7
股份有限公司(万元)	Share Holding Enterprises(10 000 yuan)	15000		
私营企业(万元)	Private Enterprises(10 000 yuan)	182076	276379	51.8
外商及港澳台投资企业(万元)	Funds from HK,Macao,Taiwan & Foreign(10 000 yuan)	1200		
一般公共预算收入(万元)	General Public Budget Revenue(10 000 yuan)	43780	52023	18.8
一般公共预算支出(万元)	General Public Budget Expenditure(10 000 yuan)	172733	167537	-3.0
住户存款余额(万元)	The balance of savings deposits of Households(10 000 yuan)		413508	
在岗职工工资总额(万元)	Total Wages of Staff & Workers Employed in(10 000 yuan)	44055	50897	15.5
在岗职工平均工资(元)	Average Wage of Staff & Workers Employed in(yuan)	63829	70631	10.7
全体居民人均可支配收入(元)	The per capita disposable income of all residents(yuan)	36580	38299	4.7
城镇常住居民人均可支配收入(元)	The per capita disposable income of urban permanent residents(yuan)	36580	38299	4.7
农村牧区常住居民人均可支配收入(元)	The per capita disposable income of permanent residents of rural and pastoral areas(yuan)			
农村牧区经济	**Economic Development in Rural & Pastoral Area**			
农作物总播种面积(公顷)	Total Sown Area(hectare)	226	226	0.0
#粮食作物播种面积(公顷)	Sown Area of Grain Crops(hectare)			
农牧业机械总动力(万千瓦)	Total Power of Agricultural Machinery(10 000 kw)			
化肥施用折纯量(吨)	Consumption of Chemical Fertilizer(ton)	100	100	0.0
农村用电量(万千瓦小时)	Electricity Consumed in Rural Area(10 000 kwh)	589	696	18.2
农林牧渔业总产值(万元)	Gross Output of Farming,Forestry,Animal Husbandry & Fishery(10 000 yuan)	9735	10252	5.0
粮食产量(吨)	Yield of Grain(ton)			
油料产量(吨)	Yield of Oil-bearing Grops(ton)			
甜菜产量(吨)	Yield of Beetroots(ton)			
猪牛羊肉产量(吨)	Output of Pork, Beef & Mutton(ton)	1256	1511	20.3
#猪肉产量(吨)	Output of Pork(ton)	73	23	-68.5
牛肉产量(吨)	Output of Beef(ton)	277	739	166.8
羊肉产量(吨)	Output of Mutton(ton)	906	749	-17.3
羊毛产量(吨)	Output of Wool(ton)			

23-68 Erlianhaote City in Xilinguole League

指 标	Item	2014	2015	2015年比上年增长% Increase Rate in 2015 Over 2014(%)
年末牲畜存栏头数(万头只)	Total Livestock at the Year-end(10 000 heads)	4.83	4.32	-10.6
# 大牲畜(万头只)	Large Animals(10 000 heads)	0.55	0.60	9.1
羊(万只)	Sheep & Goats(10 000 heads)	4.24	3.72	-12.3
猪(万头)	Hogs(10 000 heads)	0.04		
规模以上工业	**Industrial Enterprises above Designated size**			
工业企业单位数(个)	Number of Industrial Enterprises(unit)	30	34	13.3
# 内资企业(个)	Civil Funded Enterprises(unit)	30	34	13.3
工业总产值(万元)	Gross Industrial Output Value(10 000 yuan)	590899	708883	20.0
内资企业(万元)	Civil Funded Enterprises(10 000 yuan)	590899	708883	20.0
国有企业(万元)	State-owned Enterprises(10 000 yuan)	42284	42364	0.2
集体企业(万元)	Collective-owned Enterprises(10 000 yuan)			
股份合作企业(万元)	Share Holding Enterprises(10 000 yuan)			
联营企业(万元)	Joint Owned Enterprises(10 000 yuan)			
有限责任公司(万元)	Limited Company(10 000 yuan)	64107	85785	33.8
股份有限公司(万元)	Share Holding Limited Company(10 000 yuan)			
私营企业(万元)	Privately Owned Enterprises(10 000 yuan)	484509	580734	19.9
其他企业(万元)	Enterprises of Other Ownership(10 000 yuan)			
港澳台商投资企业(万元)	Funds from HK,Macao & Taiwan(10 000 yuan)			
外商投资企业(万元)	Foreign Funded Enterprises(10 000 yuan)			
工业企业增加值(万元)	Value Added of Industrial Enterprises(10 000 yuan)			16.9
工业企业资产总计(万元)	Total Assets of Industrial Enterprises(10 000 yuan)	446738	455740	2.0
工业企业负债合计(万元)	Total Liabilities of Industrial Enterprises(10 000 yuan)	364145	330971	-9.1
工业企业产品销售收入(万元)	Sales of Revenue Industrial Enterprises(10 000 yuan)	410225	414820	1.1
工业企业利润总额(万元)	Total Profits of Industrial Enterprises(10 000 yuan)	31025	31874	2.7
建筑业	**Construction**			
建筑企业单位数(个)	Number of Construction Enterprises(unit)	2	2	0.0
建筑企业从业人员(人)	Number of Employee in Construction Enterprises(person)	495	300	-39.4
建筑业总产值(万元)	Gross Construction Output Value(10 000 yuan)	10600	4760	-55.1
交通运输邮电通信业	**Transportation,Post & Telecommunications**			
公路里程(公里)	Total Length of Highways(km)	404	400	-1.0
邮电业务总量(万元)	Business Volume of Post & Telecoms(10 000 yuan)	11719	11219	-4.3
本地电话用户(户)	Number of Subscribers of Local Telephone(Household)	125316	85315	-31.9
国内贸易	**Domestic Trade**			
社会消费品零售总额(万元)	Total Retail Sales of Consumer Goods(10 000 yuan)	287299	309105	7.6
城镇(万元)	Town(10 000 yuan)	287299	309104	7.6
乡村(万元)	Village(10 000 yuan)			
科技教育卫生	**Science,Education & Public Health**			
各类专业技术人员(人)	Special Technical Personnel(person)	1161	1302	12.1
幼儿园数(所)	Number of Kindergartens(unit)	8	8	0.0
学龄儿童入学率(%)	Percentage of School-Age Children Enrolled(%)	100.0	100.0	0.0
小学学校数(所)	Number of Primary Schools(unit)	4	5	25.0
小学专任教师数(人)	Number of Full-time Teachers of Primary Schools(person)	270	308	14.1
小学在校学生数(人)	Number of Student Enrollment of Primary Schools(person)	5307	5466	3.0
普通中学学校数(所)	Number of Regular Secondary Schools(unit)	3	3	0.0
普通中学专任教师数(人)	Number of Teachers of Secondary Shools(person)	364	318	-12.6
初中在校学生数(人)	Number of Student in Junior Secondary Schools(person)	2325	2151	-7.5
高中在校学生数(人)	Number of Student in Senior Secondary Schools(person)	1439	1631	13.3
卫生机构数(所)	Number of Health Institutions(unit)	50	58	16.0
# 医院(所)	Hospitals(unit)	2	2	0.0
卫生院(所)	Township Hospitals(unit)	1	1	0.0
床位数(张)	Number of Beds(unit)	163	206	26.4
# 医院(张)	Hospitals(unit)	138	184	33.3
卫生院(张)	Township Hospitals(unit)	2	2	0.0
卫生技术人员(人)	Medical Technical Presonnel(person)	419	405	-3.3
# 医院(人)	Hospitals(person)	247	219	-11.3
卫生院(人)	Township Hospitals(person)	6	6	0.0

23-69 锡林郭勒盟锡林浩特市

指　标	Item	2014	2015	2015年比上年增长% Increase Rate in 2015 Over 2014(%)
行政区域土地面积(平方公里)	**Area of Administration(Sq.km)**	**15758**	**15758**	**0.0**
人口和就业	**Population & Employment**			
年末户籍人口(人)	The Registered Population Year-end(person)	183087	183806	0.4
#男性(人)	Male(person)	91339	91597	0.3
#乡村人口(人)	Rural(person)	22974	25632	
年末常住人口(人)	Permanet Resident Population Year-end(person)	26020	26300	1.1
#男性(人)	Male(person)	13140	13545	3.1
#乡村人口(人)	Rural(person)	8008	8236	2.8
年末总户数(户)	Total Number of Households at the Year-end(Household)	73831	73878	0.1
#乡村户数(户)	Number of Rural Household(Household)	4417	4417	0.0
出生人口(人)	Births(person)	2265	1869	-17.5
死亡人口(人)	Deaths(person)	577	566	-1.9
全社会就业人员(人)	Employment(person)	107296	112391	4.7
第一产业(人)	Primary Industry(person)	7085	7216	1.8
第二产业(人)	Secondary Industry(person)	26716	26005	-2.7
第三产业(人)	Tertiary Industry(person)	73495	79170	7.7
在岗职工人数(人)	Number of Staff & Workers Employed in(person)	55726	59390	6.6
乡村劳动力(人)	Number of Rural Laborers(person)	6297	6562	4.2
#农林牧渔业(人)	Farming,Forestry,Animal Husbandry & Fishery(person)	5433	5303	-2.4
国民经济综合指标	**Summary Item on the National Economy**			
生产总值(万元)	Gross Domestic Product(10 000 yuan)	2075007	2101811	7.5
第一产业(万元)	Primary Industry(10 000 yuan)	142000	160014	5.5
第二产业(万元)	Secondary Industry(10 000 yuan)	1201722	1056385	8.0
#工业(万元)	Industry(10 000 yuan)	1051122	896385	7.9
第三产业(万元)	Tertiary Industry(10 000 yuan)	731285	885412	6.6
人均生产总值(元)	Per Capita GDP(yuan)	81118	80344	6.4
全社会固定资产投资(万元)	Total Investment in Fixed Assets(10 000 yuan)	1222566	1492101	22.0
按登记注册类型分	Grouped by Registered Type			
#国有(万元)	State-owned Enterprises(10 000 yuan)	655060	1058490	61.6
集体(万元)	Collective-owned Enterprises(10 000 yuan)			
有限责任公司(万元)	Limited Liability Corporations(10 000 yuan)	99540	245295	146.4
股份有限公司(万元)	Share Holding Enterprises(10 000 yuan)	27438	2568	-90.6
私营企业(万元)	Private Enterprises(10 000 yuan)	21355	18574	-13.0
外商及港澳台投资企业(万元)	Funds from HK,Macao,Taiwan & Foreign(10 000 yuan)			
一般公共预算收入(万元)	General Public Budget Revenue(10 000 yuan)	245309	264530	7.8
一般公共预算支出(万元)	General Public Budget Expenditure(10 000 yuan)	274057	325870	18.9
住户存款余额(万元)	The balance of savings deposits of Households(10 000 yuan)		1414000	
在岗职工工资总额(万元)	Total Wages of Staff & Workers Employed in(10 000 yuan)	310899	352938	13.5
在岗职工平均工资(元)	Average Wage of Staff & Workers Employed in(yuan)	55391	58932	6.4
全体居民人均可支配收入(元)	The per capita disposable income of all residents(yuan)	31845	34698	9.0
城镇常住居民人均可支配收入(元)	The per capita disposable income of urban permanent residents(yuan)	33461	36472	9.0
农村牧区常住居民人均可支配收入(元)	The per capita disposable income of permanent residents of rural and pastoral areas(yuan)	19036	20635	8.4
农村牧区经济	**Economic Development in Rural & Pastoral Area**			
农作物总播种面积(公顷)	Total Sown Area(hectare)	20892	22688	8.6
#粮食作物播种面积(公顷)	Sown Area of Grain Crops(hectare)	14746	14723	-0.2
农牧业机械总动力(万千瓦)	Total Power of Agricultural Machinery(10 000 kw)	14.19	15.15	6.8
化肥施用折纯量(吨)	Consumption of Chemical Fertilizer(ton)	3149	3435	9.1
农村用电量(万千瓦小时)	Electricity Consumed in Rural Area(10 000 kwh)	1850	2090	13.0
农林牧渔业总产值(万元)	Gross Output of Farming,Forestry,Animal Husbandry & Fishery(10 000 yuan)	233945	246373	5.0
粮食产量(吨)	Yield of Grain(ton)	33717	33719	0.0
油料产量(吨)	Yield of Oil-bearing Grops(ton)	375	240	-36.0
甜菜产量(吨)	Yield of Beetroots(ton)			
猪牛羊肉产量(吨)	Output of Pork, Beef & Mutton(ton)	19255	23806	23.6
#猪肉产量(吨)	Output of Pork(ton)	703	506	-28.0
牛肉产量(吨)	Output of Beef(ton)	5590	8010	43.3
羊肉产量(吨)	Output of Mutton(ton)	12962	15290	18.0
羊毛产量(吨)	Output of Wool(ton)	1132	1410	24.6

23-69 Xilinhaote City in Xilinguole League

指　标	Item	2014	2015	2015年比上年增长% Increase Rate in 2015 Over 2014(%)
年末牲畜存栏头数(万头只)	Total Livestock at the Year-end(10 000 heads)	71.05	66.50	-6.4
# 大牲畜(万头只)	Large Animals(10 000 heads)	6.71	6.47	-3.6
羊(万只)	Sheep & Goats(10 000 heads)	63.53	59.30	-6.7
猪(万头)	Hogs(10 000 heads)	0.81	0.73	-9.9
规模以上工业	**Industrial Enterprises above Designated size**			
工业企业单位数(个)	Number of Industrial Enterprises(unit)	79	72	-8.9
# 内资企业(个)	Civil Funded Enterprises(unit)	76	70	-7.9
工业总产值(万元)	Gross Industrial Output Value(10 000 yuan)	1655136	1527041	-7.7
内资企业(万元)	Civil Funded Enterprises(10 000 yuan)	1618586	1495631	-7.6
国有企业(万元)	State-owned Enterprises(10 000 yuan)	39305	53754	36.8
集体企业(万元)	Collective-owned Enterprises(10 000 yuan)			
股份合作企业(万元)	Share Holding Enterprises(10 000 yuan)			
联营企业(万元)	Joint Owned Enterprises(10 000 yuan)			
有限责任公司(万元)	Limited Company(10 000 yuan)	691219	668760	-3.2
股份有限公司(万元)	Share Holding Limited Company(10 000 yuan)	440649	417821	-5.2
私营企业(万元)	Privately Owned Enterprises(10 000 yuan)	447414	355296	-20.6
其他企业(万元)	Enterprises of Other Ownership(10 000 yuan)			
港澳台商投资企业(万元)	Funds from HK,Macao & Taiwan(10 000 yuan)	23431	22207	-5.2
外商投资企业(万元)	Foreign Funded Enterprises(10 000 yuan)	13119	9202	-29.9
工业企业增加值(万元)	Value Added of Industrial Enterprises(10 000 yuan)			7.8
工业企业资产总计(万元)	Total Assets of Industrial Enterprises(10 000 yuan)	5822756	4812876	-17.3
工业企业负债合计(万元)	Total Liabilities of Industrial Enterprises(10 000 yuan)	4653954	3613603	-22.4
工业企业产品销售收入(万元)	Sales of Revenue Industrial Enterprises(10 000 yuan)	1389679	1421365	2.3
工业企业利润总额(万元)	Total Profits of Industrial Enterprises(10 000 yuan)	112438	90719	-19.3
建筑业	**Construction**			
建筑企业单位数(个)	Number of Construction Enterprises(unit)	20	20	0.0
建筑企业从业人员(人)	Number of Employee in Construction Enterprises(person)	4360	3692	-15.3
建筑业总产值(万元)	Gross Construction Output Value(10 000 yuan)	120526	102410	-15.0
交通运输邮电通信业	**Transportation,Post & Telecommunications**			
公路里程(公里)	Total Length of Highways(km)	1350	1356	0.4
邮电业务总量(万元)	Business Volume of Post & Telecoms(10 000 yuan)	77419	99104	28.0
本地电话用户(户)	Number of Subscribers of Local Telephone(Household)	62000	63000	1.6
国内贸易	**Domestic Trade**			
社会消费品零售总额(万元)	Total Retail Sales of Consumer Goods(10 000 yuan)	531024	571879	7.7
城镇(万元)	Town(10 000 yuan)	467200	502800	7.6
乡村(万元)	Village(10 000 yuan)	63824	69079	8.2
科技教育卫生	**Science,Education & Public Health**			
各类专业技术人员(人)	Special Technical Personnel(person)	3552	3095	-12.9
幼儿园数(所)	Number of Kindergartens(unit)	19	30	57.9
学龄儿童入学率(%)	Percentage of School-Age Children Enrolled(%)	100.0	100.0	0.0
小学学校数(所)	Number of Primary Schools(unit)	12	12	0.0
小学专任教师数(人)	Number of Full-time Teachers of Primary Schools(person)	1129	1085	-3.9
小学在校学生数(人)	Number of Student Enrollment of Primary Schools(person)	16623	17053	2.6
普通中学学校数(所)	Number of Regular Secondary Schools(unit)	9	9	0.0
普通中学专任教师数(人)	Number of Teachers of Secondary Shools(person)	1711	1644	-3.9
初中在校学生数(人)	Number of Student in Junior Secondary Schools(person)	10745	10196	-5.1
高中在校学生数(人)	Number of Student in Senior Secondary Schools(person)	11305	11059	-2.2
卫生机构数(所)	Number of Health Institutions(unit)	258	262	1.6
# 医院(所)	Hospitals(unit)	11	16	45.5
卫生院(所)	Township Hospitals(unit)	11	11	0.0
床位数(张)	Number of Beds(unit)	1372	1556	13.4
# 医院(张)	Hospitals(unit)	1226	1419	15.7
卫生院(张)	Township Hospitals(unit)	64	64	0.0
卫生技术人员(人)	Medical Technical Presonnel(person)	2565	3004	17.1
# 医院(人)	Hospitals(person)	1536	1884	22.7
卫生院(人)	Township Hospitals(person)	68	74	8.8

23-70 锡林郭勒盟阿巴嘎旗

指　标	Item	2014	2015	2015年比上年增长% Increase Rate in 2015 Over 2014(%)
行政区域土地面积(平方公里)	**Area of Administration(Sq.km)**	**27495**	**27495**	**0.0**
人口和就业	**Population & Employment**			
年末户籍人口(人)	The Registered Population Year-end(person)	45116	44644	-1.0
#男性(人)	Male(person)	22761	22520	-1.1
#乡村人口(人)	Rural(person)	23177	23142	
年末常住人口(人)	Permanet Resident Population Year-end(person)	42800	42100	-1.6
#男性(人)	Male(person)	22213	22060	-0.7
#乡村人口(人)	Rural(person)	17914	19114	6.7
年末总户数(户)	Total Number of Households at the Year-end(Household)	17427	17599	1.0
#乡村户数(户)	Number of Rural Household(Household)	5312	5647	6.3
出生人口(人)	Births(person)	446	378	-15.2
死亡人口(人)	Deaths(person)	233	220	-5.6
全社会就业人员(人)	Employment(person)	23158	24292	4.9
第一产业(人)	Primary Industry(person)	11398	12138	6.5
第二产业(人)	Secondary Industry(person)	3786	3800	0.4
第三产业(人)	Tertiary Industry(person)	7974	8354	4.8
在岗职工人数(人)	Number of Staff & Workers Employed in(person)	4575	4566	-0.2
乡村劳动力(人)	Number of Rural Laborers(person)	11653	13380	14.8
#农林牧渔业(人)	Farming,Forestry,Animal Husbandry & Fishery(person)	11398	12138	6.5
国民经济综合指标	**Summary Item on the National Economy**			
生产总值(万元)	Gross Domestic Product(10 000 yuan)	610151	673551	12.5
第一产业(万元)	Primary Industry(10 000 yuan)	74011	77554	5.7
第二产业(万元)	Secondary Industry(10 000 yuan)	448502	493093	14.5
#工业(万元)	Industry(10 000 yuan)	398752	440093	15.1
第三产业(万元)	Tertiary Industry(10 000 yuan)	87638	102904	6.2
人均生产总值(元)	Per Capita GDP(yuan)	141566	158669	14.2
全社会固定资产投资(万元)	Total Investment in Fixed Assets(10 000 yuan)	380331	411065	8.1
按登记注册类型分	Grouped by Registered Type			
#国有(万元)	State-owned Enterprises(10 000 yuan)	231314	184760	-20.1
集体(万元)	Collective-owned Enterprises(10 000 yuan)	10756	1368	-87.3
有限责任公司(万元)	Limited Liability Corporations(10 000 yuan)	26703	211529	692.2
股份有限公司(万元)	Share Holding Enterprises(10 000 yuan)			
私营企业(万元)	Private Enterprises(10 000 yuan)	111558	13408	-88.0
外商及港澳台投资企业(万元)	Funds from HK,Macao,Taiwan & Foreign(10 000 yuan)			
一般公共预算收入(万元)	General Public Budget Revenue(10 000 yuan)	18411	19788	7.5
一般公共预算支出(万元)	General Public Budget Expenditure(10 000 yuan)	86629	99826	15.2
住户存款余额(万元)	The balance of savings deposits of Households(10 000 yuan)		106762	
在岗职工工资总额(万元)	Total Wages of Staff & Workers Employed in(10 000 yuan)	27179	32133	18.2
在岗职工平均工资(元)	Average Wage of Staff & Workers Employed in(yuan)	58387	69868	19.7
全体居民人均可支配收入(元)	The per capita disposable income of all residents(yuan)	23036	24919	8.2
城镇常住居民人均可支配收入(元)	The per capita disposable income of urban permanent residents(yuan)	27702	30001	8.3
农村牧区常住居民人均可支配收入(元)	The per capita disposable income of permanent residents of rural and pastoral areas(yuan)	18588	20075	8.0
农村牧区经济	**Economic Development in Rural & Pastoral Area**			
农作物总播种面积(公顷)	Total Sown Area(hectare)	443	403	-9.0
#粮食作物播种面积(公顷)	Sown Area of Grain Crops(hectare)			
农牧业机械总动力(万千瓦)	Total Power of Agricultural Machinery(10 000 kw)	5.92	11.87	100.5
化肥施用折纯量(吨)	Consumption of Chemical Fertilizer(ton)			
农村用电量(万千瓦小时)	Electricity Consumed in Rural Area(10 000 kwh)	725	711	-1.9
农林牧渔业总产值(万元)	Gross Output of Farming,Forestry,Animal Husbandry & Fishery(10 000 yuan)	130784	137732	5.0
粮食产量(吨)	Yield of Grain(ton)			
油料产量(吨)	Yield of Oil-bearing Grops(ton)			
甜菜产量(吨)	Yield of Beetroots(ton)			
猪牛羊肉产量(吨)	Output of Pork, Beef & Mutton(ton)	36140	36048	-0.3
#猪肉产量(吨)	Output of Pork(ton)	68	51	-25.0
牛肉产量(吨)	Output of Beef(ton)	10941	14405	31.7
羊肉产量(吨)	Output of Mutton(ton)	25131	21592	-14.1
羊毛产量(吨)	Output of Wool(ton)	1014	1060	4.5

23-70 Abaga Banner in Xilinguole League

指　标	Item	2014	2015	2015年比上年增长% Increase Rate in 2015 Over 2014(%)
年末牲畜存栏头数(万头只)	Total Livestock at the Year-end(10 000 heads)	86.92	78.08	-10.2
#大牲畜(万头只)	Large Animals(10 000 heads)	16.77	14.64	-12.7
羊(万只)	Sheep & Goats(10 000 heads)	69.98	63.35	-9.5
猪(万头)	Hogs(10 000 heads)	0.17	0.09	-47.1
规模以上工业	**Industrial Enterprises above Designated size**			
工业企业单位数(个)	Number of Industrial Enterprises(unit)	31	30	-3.2
#内资企业(个)	Civil Funded Enterprises(unit)	30	30	0.0
工业总产值(万元)	Gross Industrial Output Value(10 000 yuan)	683321	752908	10.2
内资企业(万元)	Civil Funded Enterprises(10 000 yuan)	667943	752908	12.7
国有企业(万元)	State-owned Enterprises(10 000 yuan)	130702	275501	110.8
集体企业(万元)	Collective-owned Enterprises(10 000 yuan)	46424	45820	-1.3
股份合作企业(万元)	Share Holding Enterprises(10 000 yuan)			
联营企业(万元)	Joint Owned Enterprises(10 000 yuan)			
有限责任公司(万元)	Limited Company(10 000 yuan)	299745	165409	-44.8
股份有限公司(万元)	Share Holding Limited Company(10 000 yuan)			
私营企业(万元)	Privately Owned Enterprises(10 000 yuan)	191072	266178	39.3
其他企业(万元)	Enterprises of Other Ownership(10 000 yuan)			
港澳台商投资企业(万元)	Funds from HK,Macao & Taiwan(10 000 yuan)	15378		
外商投资企业(万元)	Foreign Funded Enterprises(10 000 yuan)			
工业企业增加值(万元)	Value Added of Industrial Enterprises(10 000 yuan)			16.5
工业企业资产总计(万元)	Total Assets of Industrial Enterprises(10 000 yuan)	948114	816144	-13.9
工业企业负债合计(万元)	Total Liabilities of Industrial Enterprises(10 000 yuan)	670286	578697	-13.7
工业企业产品销售收入(万元)	Sales of Revenue Industrial Enterprises(10 000 yuan)	650730	728366	11.9
工业企业利润总额(万元)	Total Profits of Industrial Enterprises(10 000 yuan)	33769	52719	56.1
建筑业	**Construction**			
建筑企业单位数(个)	Number of Construction Enterprises(unit)	1	1	0.0
建筑企业从业人员(人)	Number of Employee in Construction Enterprises(person)	27	24	-11.1
建筑业总产值(万元)	Gross Construction Output Value(10 000 yuan)	92	98	6.5
交通运输邮电通信业	**Transportation,Post & Telecommunications**			
公路里程(公里)	Total Length of Highways(km)	1948	1948	0.0
邮电业务总量(万元)	Business Volume of Post & Telecoms(10 000 yuan)	4289	4527	5.5
本地电话用户(户)	Number of Subscribers of Local Telephone(Household)	51900	45650	-12.0
国内贸易	**Domestic Trade**			
社会消费品零售总额(万元)	Total Retail Sales of Consumer Goods(10 000 yuan)	94641	101162	6.9
城镇(万元)	Town(10 000 yuan)	72898	80624	10.6
乡村(万元)	Village(10 000 yuan)	21743	20538	-5.5
科技教育卫生	**Science,Education & Public Health**			
各类专业技术人员(人)	Special Technical Personnel(person)	983	1151	17.1
幼儿园数(所)	Number of Kindergartens(unit)	4	4	0.0
学龄儿童入学率(%)	Percentage of School-Age Children Enrolled(%)	100.0	100.0	0.0
小学学校数(所)	Number of Primary Schools(unit)	3	3	0.0
小学专任教师数(人)	Number of Full-time Teachers of Primary Schools(person)	258	190	-26.4
小学在校学生数(人)	Number of Student Enrollment of Primary Schools(person)	1724	1660	-3.7
普通中学学校数(所)	Number of Regular Secondary Schools(unit)	2	2	0.0
普通中学专任教师数(人)	Number of Teachers of Secondary Shools(person)	172	181	5.2
初中在校学生数(人)	Number of Student in Junior Secondary Schools(person)	999	915	-8.4
高中在校学生数(人)	Number of Student in Senior Secondary Schools(person)	108	136	25.9
卫生机构数(所)	Number of Health Institutions(unit)	68	73	7.4
#医院(所)	Hospitals(unit)	2	2	0.0
卫生院(所)	Township Hospitals(unit)	11	11	0.0
床位数(张)	Number of Beds(unit)	203	233	14.8
#医院(张)	Hospitals(unit)	100	130	30.0
卫生院(张)	Township Hospitals(unit)	84	86	2.4
卫生技术人员(人)	Medical Technical Presonnel(person)	299	292	-2.3
#医院(人)	Hospitals(person)	122	114	-6.6
卫生院(人)	Township Hospitals(person)	69	66	-4.3

23-71 锡林郭勒盟苏尼特左旗

指　标	Item	2014	2015	2015年比上年增长% Increase Rate in 2015 Over 2014(%)
行政区域土地面积(平方公里)	**Area of Administration(Sq.km)**	**34251**	**34251**	**0.0**
人口和就业	**Population & Employment**			
年末户籍人口(人)	The Registered Population Year-end(person)	34610	34648	0.1
#男性(人)	Male(person)	17250	17251	0.0
#乡村人口(人)	Rural(person)	19799	20005	
年末常住人口(人)	Permanet Resident Population Year-end(person)	33000	32600	-1.2
#男性(人)	Male(person)	17193	17082	-0.6
#乡村人口(人)	Rural(person)	19700	20002	1.5
年末总户数(户)	Total Number of Households at the Year-end(Household)	11396	11438	0.4
#乡村户数(户)	Number of Rural Household(Household)	5699	5701	0.0
出生人口(人)	Births(person)	400	369	-7.8
死亡人口(人)	Deaths(person)	178	165	-7.3
全社会就业人员(人)	Employment(person)	24999	25907	3.6
第一产业(人)	Primary Industry(person)	12010	12556	4.5
第二产业(人)	Secondary Industry(person)	3496	3850	10.1
第三产业(人)	Tertiary Industry(person)	9493	9501	0.1
在岗职工人数(人)	Number of Staff & Workers Employed in(person)	3101	3011	-2.9
乡村劳动力(人)	Number of Rural Laborers(person)	13936	17653	26.7
#农林牧渔业(人)	Farming,Forestry,Animal Husbandry & Fishery(person)	12010	12556	4.5
国民经济综合指标	**Summary Item on the National Economy**			
生产总值(万元)	Gross Domestic Product(10 000 yuan)	448430	498179	9.9
第一产业(万元)	Primary Industry(10 000 yuan)	57094	59673	5.3
第二产业(万元)	Secondary Industry(10 000 yuan)	304518	338334	11.7
#工业(万元)	Industry(10 000 yuan)	261518	286234	12.5
第三产业(万元)	Tertiary Industry(10 000 yuan)	86818	100172	5.9
人均生产总值(元)	Per Capita GDP(yuan)	134866	151884	11.4
全社会固定资产投资(万元)	Total Investment in Fixed Assets(10 000 yuan)	259955	310387	19.4
按登记注册类型分	Grouped by Registered Type			
#国有(万元)	State-owned Enterprises(10 000 yuan)	170115	207094	21.7
集体(万元)	Collective-owned Enterprises(10 000 yuan)		960	
有限责任公司(万元)	Limited Liability Corporations(10 000 yuan)	51		
股份有限公司(万元)	Share Holding Enterprises(10 000 yuan)			
私营企业(万元)	Private Enterprises(10 000 yuan)	77285	102333	32.4
外商及港澳台投资企业(万元)	Funds from HK,Macao,Taiwan & Foreign(10 000 yuan)	12504		
一般公共预算收入(万元)	General Public Budget Revenue(10 000 yuan)	20205	22214	9.9
一般公共预算支出(万元)	General Public Budget Expenditure(10 000 yuan)	93210	103957	11.5
住户存款余额(万元)	The balance of savings deposits of Households(10 000 yuan)		88023	
在岗职工工资总额(万元)	Total Wages of Staff & Workers Employed in(10 000 yuan)	18486	20574	11.3
在岗职工平均工资(元)	Average Wage of Staff & Workers Employed in(yuan)	59960	68081	13.5
全体居民人均可支配收入(元)	The per capita disposable income of all residents(yuan)	19188	20816	8.5
城镇常住居民人均可支配收入(元)	The per capita disposable income of urban permanent residents(yuan)	27761	30204	8.8
农村牧区常住居民人均可支配收入(元)	The per capita disposable income of permanent residents of rural and pastoral areas(yuan)	10919	11760	7.7
农村牧区经济	**Economic Development in Rural & Pastoral Area**			
农作物总播种面积(公顷)	Total Sown Area(hectare)	1175	1175	0.0
#粮食作物播种面积(公顷)	Sown Area of Grain Crops(hectare)			
农牧业机械总动力(万千瓦)	Total Power of Agricultural Machinery(10 000 kw)	4.62	5.16	11.7
化肥施用折纯量(吨)	Consumption of Chemical Fertilizer(ton)	30	30	0.0
农村用电量(万千瓦小时)	Electricity Consumed in Rural Area(10 000 kwh)	176	142	-19.3
农林牧渔业总产值(万元)	Gross Output of Farming,Forestry,Animal Husbandry & Fishery(10 000 yuan)	97742	102934	5.0
粮食产量(吨)	Yield of Grain(ton)			
油料产量(吨)	Yield of Oil-bearing Grops(ton)			
甜菜产量(吨)	Yield of Beetroots(ton)			
猪牛羊肉产量(吨)	Output of Pork, Beef & Mutton(ton)	17963	16612	-7.5
#猪肉产量(吨)	Output of Pork(ton)	64	45	-29.7
牛肉产量(吨)	Output of Beef(ton)	5055	5171	2.3
羊肉产量(吨)	Output of Mutton(ton)	12844	11396	-11.3
羊毛产量(吨)	Output of Wool(ton)	957	881	-7.9

23-71 Sunitezuo Banner in Xilinguole League

指　标	Item	2014	2015	2015年比上年增长% Increase Rate in 2015 Over 2014(%)
年末牲畜存栏头数(万头只)	Total Livestock at the Year-end(10 000 heads)	74.29	68.86	-7.3
#大牲畜(万头只)	Large Animals(10 000 heads)	7.98	7.54	-5.5
羊(万只)	Sheep & Goats(10 000 heads)	66.27	61.28	-7.5
猪(万头)	Hogs(10 000 heads)	0.04	0.04	0.0
规模以上工业	**Industrial Enterprises above Designated size**			
工业企业单位数(个)	Number of Industrial Enterprises(unit)	14	14	0.0
#内资企业(个)	Civil Funded Enterprises(unit)	13	13	0.0
工业总产值(万元)	Gross Industrial Output Value(10 000 yuan)	399921	446289	11.6
内资企业(万元)	Civil Funded Enterprises(10 000 yuan)	364490	405080	11.1
国有企业(万元)	State-owned Enterprises(10 000 yuan)			
集体企业(万元)	Collective-owned Enterprises(10 000 yuan)			
股份合作企业(万元)	Share Holding Enterprises(10 000 yuan)			
联营企业(万元)	Joint Owned Enterprises(10 000 yuan)			
有限责任公司(万元)	Limited Company(10 000 yuan)	189874	237317	25.0
股份有限公司(万元)	Share Holding Limited Company(10 000 yuan)			
私营企业(万元)	Privately Owned Enterprises(10 000 yuan)	174616	167763	-3.9
其他企业(万元)	Enterprises of Other Ownership(10 000 yuan)			
港澳台商投资企业(万元)	Funds from HK,Macao & Taiwan(10 000 yuan)			
外商投资企业(万元)	Foreign Funded Enterprises(10 000 yuan)	35431	41209	16.3
工业企业增加值(万元)	Value Added of Industrial Enterprises(10 000 yuan)			13.9
工业企业资产总计(万元)	Total Assets of Industrial Enterprises(10 000 yuan)	332441	243369	-26.8
工业企业负债合计(万元)	Total Liabilities of Industrial Enterprises(10 000 yuan)	221009	146722	-33.6
工业企业产品销售收入(万元)	Sales of Revenue Industrial Enterprises(10 000 yuan)	388041	43218	-88.9
工业企业利润总额(万元)	Total Profits of Industrial Enterprises(10 000 yuan)	11612	4281	-63.1
建筑业	**Construction**			
建筑企业单位数(个)	Number of Construction Enterprises(unit)	2	2	0.0
建筑企业从业人员(人)	Number of Employee in Construction Enterprises(person)	218	174	-20.2
建筑业总产值(万元)	Gross Construction Output Value(10 000 yuan)	2159	3659	69.5
交通运输邮电通信业	**Transportation,Post & Telecommunications**			
公路里程(公里)	Total Length of Highways(km)	2295	2298	0.1
邮电业务总量(万元)	Business Volume of Post & Telecoms(10 000 yuan)	3997	4003	0.2
本地电话用户(户)	Number of Subscribers of Local Telephone(Household)	50721	46312	-8.7
国内贸易	**Domestic Trade**			
社会消费品零售总额(万元)	Total Retail Sales of Consumer Goods(10 000 yuan)	61318	65665	7.1
城镇(万元)	Town(10 000 yuan)	47632	51866	8.9
乡村(万元)	Village(10 000 yuan)	13686	13799	0.8
科技教育卫生	**Science,Education & Public Health**			
各类专业技术人员(人)	Special Technical Personnel(person)	990	1003	1.3
幼儿园数(所)	Number of Kindergartens(unit)	3	3	0.0
学龄儿童入学率(%)	Percentage of School-Age Children Enrolled(%)	100.0	100.0	0.0
小学学校数(所)	Number of Primary Schools(unit)	3	3	0.0
小学专任教师数(人)	Number of Full-time Teachers of Primary Schools(person)	197	188	-4.6
小学在校学生数(人)	Number of Student Enrollment of Primary Schools(person)	1622	1608	-0.9
普通中学学校数(所)	Number of Regular Secondary Schools(unit)	2	2	0.0
普通中学专任教师数(人)	Number of Teachers of Secondary Shools(person)	109	121	11.0
初中在校学生数(人)	Number of Student in Junior Secondary Schools(person)	918	856	-6.8
高中在校学生数(人)	Number of Student in Senior Secondary Schools(person)	162	187	15.4
卫生机构数(所)	Number of Health Institutions(unit)	81	79	-2.5
#医院(所)	Hospitals(unit)	2	2	0.0
卫生院(所)	Township Hospitals(unit)	11	11	0.0
床位数(张)	Number of Beds(unit)	121	130	7.4
#医院(张)	Hospitals(unit)	86	95	10.5
卫生院(张)	Township Hospitals(unit)	29	29	0.0
卫生技术人员(人)	Medical Technical Presonnel(person)	228	207	-9.2
#医院(人)	Hospitals(person)	99	85	-14.1
卫生院(人)	Township Hospitals(person)	65	65	0.0

23-72 锡林郭勒盟苏尼特右旗

指　标	Item	2014	2015	2015年比上年增长% Increase Rate in 2015 Over 2014(%)
行政区域土地面积(平方公里)	**Area of Administration(Sq.km)**	**22340**	**22340**	0.0
人口和就业	**Population & Employment**			
年末户籍人口(人)	The Registered Population Year-end(person)	69006	68337	-1.0
# 男性(人)	Male(person)	34576	34269	-0.9
# 乡村人口(人)	Rural(person)	31465	31292	
年末常住人口(人)	Permanet Resident Population Year-end(person)	70200	69700	-0.7
# 男性(人)	Male(person)	36500	36035	-1.3
# 乡村人口(人)	Rural(person)	22402	22845	2.0
年末总户数(户)	Total Number of Households at the Year-end(Household)	28356	28564	0.7
# 乡村户数(户)	Number of Rural Household(Household)	8438	8639	2.4
出生人口(人)	Births(person)	644	471	-26.9
死亡人口(人)	Deaths(person)	438	504	15.1
全社会就业人员(人)	Employment(person)	37104	37134	0.1
第一产业(人)	Primary Industry(person)	15942	15954	0.1
第二产业(人)	Secondary Industry(person)	7779	7520	-3.3
第三产业(人)	Tertiary Industry(person)	13383	13660	2.1
在岗职工人数(人)	Number of Staff & Workers Employed in(person)	7566	6966	-7.9
乡村劳动力(人)	Number of Rural Laborers(person)	16384	19377	18.3
# 农林牧渔业(人)	Farming,Forestry,Animal Husbandry & Fishery(person)	15942	15954	0.1
国民经济综合指标	**Summary Item on the National Economy**			
生产总值(万元)	Gross Domestic Product(10 000 yuan)	542597	595391	11.7
第一产业(万元)	Primary Industry(10 000 yuan)	48847	51053	5.2
第二产业(万元)	Secondary Industry(10 000 yuan)	363987	398523	13.5
# 工业(万元)	Industry(10 000 yuan)	326987	361523	14.6
第三产业(万元)	Tertiary Industry(10 000 yuan)	129763	145815	7.3
人均生产总值(元)	Per Capita GDP(yuan)	76746	85117	12.9
全社会固定资产投资(万元)	Total Investment in Fixed Assets(10 000 yuan)	261896	306394	17.0
按登记注册类型分	Grouped by Registered Type			
# 国有(万元)	State-owned Enterprises(10 000 yuan)	90781	170695	88.0
集体(万元)	Collective-owned Enterprises(10 000 yuan)			
有限责任公司(万元)	Limited Liability Corporations(10 000 yuan)	35773	19739	-44.8
股份有限公司(万元)	Share Holding Enterprises(10 000 yuan)	1300	9700	646.2
私营企业(万元)	Private Enterprises(10 000 yuan)	134042	106260	-20.7
外商及港澳台投资企业(万元)	Funds from HK,Macao,Taiwan & Foreign(10 000 yuan)			
一般公共预算收入(万元)	General Public Budget Revenue(10 000 yuan)	27206	29608	8.8
一般公共预算支出(万元)	General Public Budget Expenditure(10 000 yuan)	139325	146116	4.9
住户存款余额(万元)	The balance of savings deposits of Households(10 000 yuan)			
在岗职工工资总额(万元)	Total Wages of Staff & Workers Employed in(10 000 yuan)	41399	45155	9.1
在岗职工平均工资(元)	Average Wage of Staff & Workers Employed in(yuan)	53779	64702	20.3
全体居民人均可支配收入(元)	The per capita disposable income of all residents(yuan)	21273	23027	8.2
城镇常住居民人均可支配收入(元)	The per capita disposable income of urban permanent residents(yuan)	27184	29413	8.2
农村牧区常住居民人均可支配收入(元)	The per capita disposable income of permanent residents of rural and pastoral areas(yuan)	7739	8405	8.6
农村牧区经济	**Economic Development in Rural & Pastoral Area**			
农作物总播种面积(公顷)	Total Sown Area(hectare)	701	843	20.3
# 粮食作物播种面积(公顷)	Sown Area of Grain Crops(hectare)	355	355	0.0
农牧业机械总动力(万千瓦)	Total Power of Agricultural Machinery(10 000 kw)	5.29	5.41	2.3
化肥施用折纯量(吨)	Consumption of Chemical Fertilizer(ton)	316	324	2.5
农村用电量(万千瓦小时)	Electricity Consumed in Rural Area(10 000 kwh)	412	456	10.6
农林牧渔业总产值(万元)	Gross Output of Farming,Forestry,Animal Husbandry & Fishery(10 000 yuan)	88042	92719	5.0
粮食产量(吨)	Yield of Grain(ton)	298	298	0.0
油料产量(吨)	Yield of Oil-bearing Grops(ton)	262	95	-63.7
甜菜产量(吨)	Yield of Beetroots(ton)			
猪牛羊肉产量(吨)	Output of Pork, Beef & Mutton(ton)	19439	19390	-0.3
# 猪肉产量(吨)	Output of Pork(ton)	25	272	988.0
牛肉产量(吨)	Output of Beef(ton)	2472	2418	-2.2
羊肉产量(吨)	Output of Mutton(ton)	16942	16700	-1.4
羊毛产量(吨)	Output of Wool(ton)	1099	1042	-5.2

23-72 Suniteyou Banner in Xilinguole League

指　标	Item	2014	2015	2015年比上年增长% Increase Rate in 2015 Over 2014(%)
年末牲畜存栏头数(万头只)	Total Livestock at the Year-end(10 000 heads)	88.11	78.35	-11.1
# 大牲畜(万头只)	Large Animals(10 000 heads)	4.30	4.44	3.3
羊(万只)	Sheep & Goats(10 000 heads)	83.72	73.85	-11.8
猪(万头)	Hogs(10 000 heads)	0.09	0.06	-33.3
规模以上工业	**Industrial Enterprises above Designated size**			
工业企业单位数(个)	Number of Industrial Enterprises(unit)	39	47	20.5
# 内资企业(个)	Civil Funded Enterprises(unit)	38	46	21.1
工业总产值(万元)	Gross Industrial Output Value(10 000 yuan)	642669	796970	24.0
内资企业(万元)	Civil Funded Enterprises(10 000 yuan)	626589	782479	24.9
国有企业(万元)	State-owned Enterprises(10 000 yuan)	23105	24746	7.1
集体企业(万元)	Collective-owned Enterprises(10 000 yuan)			
股份合作企业(万元)	Share Holding Enterprises(10 000 yuan)			
联营企业(万元)	Joint Owned Enterprises(10 000 yuan)			
有限责任公司(万元)	Limited Company(10 000 yuan)	167351	152284	-9.0
股份有限公司(万元)	Share Holding Limited Company(10 000 yuan)			
私营企业(万元)	Privately Owned Enterprises(10 000 yuan)	426753	594337	39.3
其他企业(万元)	Enterprises of Other Ownership(10 000 yuan)	9380	11112	18.5
港澳台商投资企业(万元)	Funds from HK,Macao & Taiwan(10 000 yuan)	16080	14491	-9.9
外商投资企业(万元)	Foreign Funded Enterprises(10 000 yuan)			
工业企业增加值(万元)	Value Added of Industrial Enterprises(10 000 yuan)			16.1
工业企业资产总计(万元)	Total Assets of Industrial Enterprises(10 000 yuan)	901807	889237	-1.4
工业企业负债合计(万元)	Total Liabilities of Industrial Enterprises(10 000 yuan)	597160	511328	-14.4
工业企业产品销售收入(万元)	Sales of Revenue Industrial Enterprises(10 000 yuan)	635162	795147	25.2
工业企业利润总额(万元)	Total Profits of Industrial Enterprises(10 000 yuan)	89682	79905	-10.9
建筑业	**Construction**			
建筑企业单位数(个)	Number of Construction Enterprises(unit)	1	1	0.0
建筑企业从业人员(人)	Number of Employee in Construction Enterprises(person)	3	130	4233.3
建筑业总产值(万元)	Gross Construction Output Value(10 000 yuan)		1550	
交通运输邮电通信业	**Transportation,Post & Telecommunications**			
公路里程(公里)	Total Length of Highways(km)	2185	2185	0.0
邮电业务总量(万元)	Business Volume of Post & Telecoms(10 000 yuan)	8310	8703	4.7
本地电话用户(户)	Number of Subscribers of Local Telephone(Household)	75200	76600	1.9
国内贸易	**Domestic Trade**			
社会消费品零售总额(万元)	Total Retail Sales of Consumer Goods(10 000 yuan)	147672	158300	7.2
城镇(万元)	Town(10 000 yuan)	105778	113200	7.0
乡村(万元)	Village(10 000 yuan)	41894	45100	7.7
科技教育卫生	**Science,Education & Public Health**			
各类专业技术人员(人)	Special Technical Personnel(person)	1627	1870	14.9
幼儿园数(所)	Number of Kindergartens(unit)	6	8	33.3
学龄儿童入学率(%)	Percentage of School-Age Children Enrolled(%)	100.0	100.0	0.0
小学学校数(所)	Number of Primary Schools(unit)	7	7	0.0
小学专任教师数(人)	Number of Full-time Teachers of Primary Schools(person)	391	383	-2.0
小学在校学生数(人)	Number of Student Enrollment of Primary Schools(person)	3435	3250	-5.4
普通中学学校数(所)	Number of Regular Secondary Schools(unit)	3	3	0.0
普通中学专任教师数(人)	Number of Teachers of Secondary Shools(person)	262	287	9.5
初中在校学生数(人)	Number of Student in Junior Secondary Schools(person)	1908	1777	-6.9
高中在校学生数(人)	Number of Student in Senior Secondary Schools(person)	1055	904	-14.3
卫生机构数(所)	Number of Health Institutions(unit)	95	95	0.0
# 医院(所)	Hospitals(unit)	2	2	0.0
卫生院(所)	Township Hospitals(unit)	12	12	0.0
床位数(张)	Number of Beds(unit)	156	182	16.7
# 医院(张)	Hospitals(unit)	111	137	23.4
卫生院(张)	Township Hospitals(unit)	39	39	0.0
卫生技术人员(人)	Medical Technical Presonnel(person)	364	345	-5.2
# 医院(人)	Hospitals(person)	203	166	-18.2
卫生院(人)	Township Hospitals(person)	75	67	-10.7

23-73 锡林郭勒盟东乌珠穆沁旗

指　标	Item	2014	2015	2015年比上年增长% Increase Rate in 2015 Over 2014(%)
行政区域土地面积(平方公里)	**Area of Administration(Sq.km)**	**47554**	**47554**	**0.0**
人口和就业	**Population & Employment**			
年末户籍人口(人)	The Registered Population Year-end(person)	81014	81147	0.2
#男性(人)	Male(person)	40689	40698	0.0
#乡村人口(人)	Rural(person)	40738	41098	
年末常住人口(人)	Permanet Resident Population Year-end(person)	95000	95200	0.2
#男性(人)	Male(person)	49800	49980	0.4
#乡村人口(人)	Rural(person)	34104	34434	1.0
年末总户数(户)	Total Number of Households at the Year-end(Household)	27310	27726	1.5
#乡村户数(户)	Number of Rural Household(Household)	8520	8782	3.1
出生人口(人)	Births(person)	1092	962	-11.9
死亡人口(人)	Deaths(person)	359	405	12.8
全社会就业人员(人)	Employment(person)	54246	56273	3.7
第一产业(人)	Primary Industry(person)	23141	23250	0.5
第二产业(人)	Secondary Industry(person)	11064	10813	-2.3
第三产业(人)	Tertiary Industry(person)	20041	22210	10.8
在岗职工人数(人)	Number of Staff & Workers Employed in(person)	10932	11230	2.7
乡村劳动力(人)	Number of Rural Laborers(person)	22732	24878	9.4
#农林牧渔业(人)	Farming,Forestry,Animal Husbandry & Fishery(person)	21720	21776	0.3
国民经济综合指标	**Summary Item on the National Economy**			
生产总值(万元)	Gross Domestic Product(10 000 yuan)	1408020	1361953	2.3
第一产业(万元)	Primary Industry(10 000 yuan)	197006	204854	5.7
第二产业(万元)	Secondary Industry(10 000 yuan)	1006835	914009	1.3
#工业(万元)	Industry(10 000 yuan)	886435	799009	1.6
第三产业(万元)	Tertiary Industry(10 000 yuan)	204179	243090	6.0
人均生产总值(元)	Per Capita GDP(yuan)	147437	143213	0.4
全社会固定资产投资(万元)	Total Investment in Fixed Assets(10 000 yuan)	738761	845279	14.4
按登记注册类型分	Grouped by Registered Type			
#国有(万元)	State-owned Enterprises(10 000 yuan)	319251	443472	38.9
集体(万元)	Collective-owned Enterprises(10 000 yuan)			
有限责任公司(万元)	Limited Liability Corporations(10 000 yuan)	262155	104860	-60.0
股份有限公司(万元)	Share Holding Enterprises(10 000 yuan)	67660	164906	143.7
私营企业(万元)	Private Enterprises(10 000 yuan)	29860	127251	326.2
外商及港澳台投资企业(万元)	Funds from HK,Macao,Taiwan & Foreign(10 000 yuan)	43188	4790	-88.9
一般公共预算收入(万元)	General Public Budget Revenue(10 000 yuan)	127912	122868	-3.9
一般公共预算支出(万元)	General Public Budget Expenditure(10 000 yuan)	193946	233762	20.5
住户存款余额(万元)	The balance of savings deposits of Households(10 000 yuan)			
在岗职工工资总额(万元)	Total Wages of Staff & Workers Employed in(10 000 yuan)	58108	64184	10.5
在岗职工平均工资(元)	Average Wage of Staff & Workers Employed in(yuan)	48700	57159	17.4
全体居民人均可支配收入(元)	The per capita disposable income of all residents(yuan)	25416	27689	8.9
城镇常住居民人均可支配收入(元)	The per capita disposable income of urban permanent residents(yuan)	28241	30811	9.1
农村牧区常住居民人均可支配收入(元)	The per capita disposable income of permanent residents of rural and pastoral areas(yuan)	21935	23843	8.7
农村牧区经济	**Economic Development in Rural & Pastoral Area**			
农作物总播种面积(公顷)	Total Sown Area(hectare)	42456	27789	-34.5
#粮食作物播种面积(公顷)	Sown Area of Grain Crops(hectare)	21228	19831	-6.6
农牧业机械总动力(万千瓦)	Total Power of Agricultural Machinery(10 000 kw)	24.06	25.92	7.7
化肥施用折纯量(吨)	Consumption of Chemical Fertilizer(ton)	8126	6485	-20.2
农村用电量(万千瓦小时)	Electricity Consumed in Rural Area(10 000 kwh)	1304	1104	-15.3
农林牧渔业总产值(万元)	Gross Output of Farming,Forestry,Animal Husbandry & Fishery(10 000 yuan)	357352	376336	5.0
粮食产量(吨)	Yield of Grain(ton)	75569	76579	1.3
油料产量(吨)	Yield of Oil-bearing Grops(ton)	5552	13215	138.0
甜菜产量(吨)	Yield of Beetroots(ton)			
猪牛羊肉产量(吨)	Output of Pork, Beef & Mutton(ton)	51802	47218	-8.8
#猪肉产量(吨)	Output of Pork(ton)	316	216	-31.6
牛肉产量(吨)	Output of Beef(ton)	15793	16253	2.9
羊肉产量(吨)	Output of Mutton(ton)	35693	30749	-13.9
羊毛产量(吨)	Output of Wool(ton)	1966	2870	46.0

23-73 Dongwuzhumuqin Banner in Xilinguole League

指　标	Item	2014	2015	2015年比上年增长% Increase Rate in 2015 Over 2014(%)
年末牲畜存栏头数(万头只)	Total Livestock at the Year-end(10 000 heads)	217.47	201.00	-7.6
#大牲畜(万头只)	Large Animals(10 000 heads)	13.33	14.29	7.2
羊(万只)	Sheep & Goats(10 000 heads)	203.87	186.48	-8.5
猪(万头)	Hogs(10 000 heads)	0.27	0.23	-14.8
规模以上工业	**Industrial Enterprises above Designated size**			
工业企业单位数(个)	Number of Industrial Enterprises(unit)	55	53	-3.6
#内资企业(个)	Civil Funded Enterprises(unit)	55	53	-3.6
工业总产值(万元)	Gross Industrial Output Value(10 000 yuan)	1765371	1448821	-17.9
内资企业(万元)	Civil Funded Enterprises(10 000 yuan)	1765371	1448821	-17.9
国有企业(万元)	State-owned Enterprises(10 000 yuan)	46716	51580	10.4
集体企业(万元)	Collective-owned Enterprises(10 000 yuan)			
股份合作企业(万元)	Share Holding Enterprises(10 000 yuan)			
联营企业(万元)	Joint Owned Enterprises(10 000 yuan)			
有限责任公司(万元)	Limited Company(10 000 yuan)	729575	481298	-34.0
股份有限公司(万元)	Share Holding Limited Company(10 000 yuan)			
私营企业(万元)	Privately Owned Enterprises(10 000 yuan)	989080	915943	-7.4
其他企业(万元)	Enterprises of Other Ownership(10 000 yuan)			
港澳台商投资企业(万元)	Funds from HK,Macao & Taiwan(10 000 yuan)			
外商投资企业(万元)	Foreign Funded Enterprises(10 000 yuan)			
工业企业增加值(万元)	Value Added of Industrial Enterprises(10 000 yuan)			1.1
工业企业资产总计(万元)	Total Assets of Industrial Enterprises(10 000 yuan)	1291948	1318161	2.0
工业企业负债合计(万元)	Total Liabilities of Industrial Enterprises(10 000 yuan)	843625	794799	-5.8
工业企业产品销售收入(万元)	Sales of Revenue Industrial Enterprises(10 000 yuan)	1690359	1405952	-16.8
工业企业利润总额(万元)	Total Profits of Industrial Enterprises(10 000 yuan)	83664	78092	-6.7
建筑业	**Construction**			
建筑企业单位数(个)	Number of Construction Enterprises(unit)	1	1	0.0
建筑企业从业人员(人)	Number of Employee in Construction Enterprises(person)	185	50	-73.0
建筑业总产值(万元)	Gross Construction Output Value(10 000 yuan)	2836	370	-87.0
交通运输邮电通信业	**Transportation,Post & Telecommunications**			
公路里程(公里)	Total Length of Highways(km)	3181	3173	-0.3
邮电业务总量(万元)	Business Volume of Post & Telecoms(10 000 yuan)	9554	9974	4.4
本地电话用户(户)	Number of Subscribers of Local Telephone(Household)	112600	128500	14.1
国内贸易	**Domestic Trade**			
社会消费品零售总额(万元)	Total Retail Sales of Consumer Goods(10 000 yuan)	243855	261600	7.3
城镇(万元)	Town(10 000 yuan)	190230	204200	7.3
乡村(万元)	Village(10 000 yuan)	53625	57400	7.0
科技教育卫生	**Science,Education & Public Health**			
各类专业技术人员(人)	Special Technical Personnel(person)	2060	2247	9.1
幼儿园数(所)	Number of Kindergartens(unit)	12	13	8.3
学龄儿童入学率(%)	Percentage of School-Age Children Enrolled(%)	100.0	100.0	0.0
小学学校数(所)	Number of Primary Schools(unit)	7	7	0.0
小学专任教师数(人)	Number of Full-time Teachers of Primary Schools(person)	447	424	-5.1
小学在校学生数(人)	Number of Student Enrollment of Primary Schools(person)	5940	5968	0.5
普通中学学校数(所)	Number of Regular Secondary Schools(unit)	4	4	0.0
普通中学专任教师数(人)	Number of Teachers of Secondary Shools(person)	276	305	10.5
初中在校学生数(人)	Number of Student in Junior Secondary Schools(person)	2835	2775	-2.1
高中在校学生数(人)	Number of Student in Senior Secondary Schools(person)	1118	1177	5.3
卫生机构数(所)	Number of Health Institutions(unit)	94	88	-6.4
#医院(所)	Hospitals(unit)	3	4	33.3
卫生院(所)	Township Hospitals(unit)	17	23	35.3
床位数(张)	Number of Beds(unit)	295	367	24.4
#医院(张)	Hospitals(unit)	185	257	38.9
卫生院(张)	Township Hospitals(unit)	74	74	0.0
卫生技术人员(人)	Medical Technical Presonnel(person)	483	585	21.1
#医院(人)	Hospitals(person)	305	292	-4.3
卫生院(人)	Township Hospitals(person)	141	144	2.1

23-74 锡林郭勒盟西乌珠穆沁旗

指　标	Item	2014	2015	2015年比上年增长% Increase Rate in 2015 Over 2014(%)
行政区域土地面积(平方公里)	**Area of Administration(Sq.km)**	**22435**	**22435**	**0.0**
人口和就业	**Population & Employment**			
年末户籍人口(人)	The Registered Population Year-end(person)	80103	79793	-0.4
# 男性(人)	Male(person)	40081	39868	-0.5
# 乡村人口(人)	Rural(person)	44697	36216	
年末常住人口(人)	Permanet Resident Population Year-end(person)	89600	92000	2.7
# 男性(人)	Male(person)	47219	48576	2.9
# 乡村人口(人)	Rural(person)	36100	39000	8.0
年末总户数(户)	Total Number of Households at the Year-end(Household)	30544	30458	-0.3
# 乡村户数(户)	Number of Rural Household(Household)	13803	11493	-16.7
出生人口(人)	Births(person)	1135	906	-20.2
死亡人口(人)	Deaths(person)	553	513	-7.2
全社会就业人员(人)	Employment(person)	50127	51407	2.6
第一产业(人)	Primary Industry(person)	22507	22943	1.9
第二产业(人)	Secondary Industry(person)	10659	9786	-8.2
第三产业(人)	Tertiary Industry(person)	16961	18677	10.1
在岗职工人数(人)	Number of Staff & Workers Employed in(person)	12625	11478	-9.1
乡村劳动力(人)	Number of Rural Laborers(person)	25681	25914	0.9
# 农林牧渔业(人)	Farming,Forestry,Animal Husbandry & Fishery(person)	22507	22943	1.9
国民经济综合指标	Summary Item on the National Economy			
生产总值(万元)	Gross Domestic Product(10 000 yuan)	1038045	1153290	12.5
第一产业(万元)	Primary Industry(10 000 yuan)	146037	155383	5.9
第二产业(万元)	Secondary Industry(10 000 yuan)	753546	835040	13.8
# 工业(万元)	Industry(10 000 yuan)	643546	721540	14.6
第三产业(万元)	Tertiary Industry(10 000 yuan)	138462	162868	7.3
人均生产总值(元)	Per Capita GDP(yuan)	115595	127014	11.3
全社会固定资产投资(万元)	Total Investment in Fixed Assets(10 000 yuan)	668934	830272	24.1
按登记注册类型分	Grouped by Registered Type			
# 国有(万元)	State-owned Enterprises(10 000 yuan)	320748	314938	-1.8
集体(万元)	Collective-owned Enterprises(10 000 yuan)			
有限责任公司(万元)	Limited Liability Corporations(10 000 yuan)	103125	271038	162.8
股份有限公司(万元)	Share Holding Enterprises(10 000 yuan)	148208	58673	-60.4
私营企业(万元)	Private Enterprises(10 000 yuan)	46550	12000	-74.2
外商及港澳台投资企业(万元)	Funds from HK,Macao,Taiwan & Foreign(10 000 yuan)	20000	173623	768.1
一般公共预算收入(万元)	General Public Budget Revenue(10 000 yuan)	176426	189725	7.5
一般公共预算支出(万元)	General Public Budget Expenditure(10 000 yuan)	200328	188822	-5.7
住户存款余额(万元)	The balance of savings deposits of Households(10 000 yuan)		233048	
在岗职工工资总额(万元)	Total Wages of Staff & Workers Employed in(10 000 yuan)	83483	78043	-6.5
在岗职工平均工资(元)	Average Wage of Staff & Workers Employed in(yuan)	67033	68693	2.5
全体居民人均可支配收入(元)	The per capita disposable income of all residents(yuan)	23253	25226	8.5
城镇常住居民人均可支配收入(元)	The per capita disposable income of urban permanent residents(yuan)	28436	30910	8.7
农村牧区常住居民人均可支配收入(元)	The per capita disposable income of permanent residents of rural and pastoral areas(yuan)	18749	20286	8.2
农村牧区经济	**Economic Development in Rural & Pastoral Area**			
农作物总播种面积(公顷)	Total Sown Area(hectare)	364	404	11.0
# 粮食作物播种面积(公顷)	Sown Area of Grain Crops(hectare)	24	24	0.0
农牧业机械总动力(万千瓦)	Total Power of Agricultural Machinery(10 000 kw)	12.04	12.09	0.4
化肥施用折纯量(吨)	Consumption of Chemical Fertilizer(ton)	160	162	1.3
农村用电量(万千瓦小时)	Electricity Consumed in Rural Area(10 000 kwh)	776	789	1.7
农林牧渔业总产值(万元)	Gross Output of Farming,Forestry,Animal Husbandry & Fishery(10 000 yuan)	256953	270603	5.0
粮食产量(吨)	Yield of Grain(ton)	45	45	0.0
油料产量(吨)	Yield of Oil-bearing Grops(ton)			
甜菜产量(吨)	Yield of Beetroots(ton)			
猪牛羊肉产量(吨)	Output of Pork, Beef & Mutton(ton)	32811	32072	-2.3
# 猪肉产量(吨)	Output of Pork(ton)			
牛肉产量(吨)	Output of Beef(ton)	10203	14726	44.3
羊肉产量(吨)	Output of Mutton(ton)	22608	17346	-23.3
羊毛产量(吨)	Output of Wool(ton)	1429	1479	3.5

23-74 xiwuzhumuqin Banner in Xilinguole League

指　标	Item	2014	2015	2015年比上年增长% Increase Rate in 2015 Over 2014(%)
年末牲畜存栏头数(万头只)	Total Livestock at the Year-end(10 000 heads)	103.44	93.69	-9.4
# 大牲畜(万头只)	Large Animals(10 000 heads)	15.53	13.48	-13.2
羊(万只)	Sheep & Goats(10 000 heads)	87.91	80.21	-8.8
猪(万头)	Hogs(10 000 heads)			
规模以上工业	**Industrial Enterprises above Designated size**			
工业企业单位数(个)	Number of Industrial Enterprises(unit)	29	29	0.0
# 内资企业(个)	Civil Funded Enterprises(unit)	28	27	-3.6
工业总产值(万元)	Gross Industrial Output Value(10 000 yuan)	1048679	935487	-10.8
内资企业(万元)	Civil Funded Enterprises(10 000 yuan)	1044738	925926	-11.4
国有企业(万元)	State-owned Enterprises(10 000 yuan)	388316	307554	-20.8
集体企业(万元)	Collective-owned Enterprises(10 000 yuan)			
股份合作企业(万元)	Share Holding Enterprises(10 000 yuan)			
联营企业(万元)	Joint Owned Enterprises(10 000 yuan)			
有限责任公司(万元)	Limited Company(10 000 yuan)	373234	391023	4.8
股份有限公司(万元)	Share Holding Limited Company(10 000 yuan)	217964	159056	-27.0
私营企业(万元)	Privately Owned Enterprises(10 000 yuan)	65225	68293	4.7
其他企业(万元)	Enterprises of Other Ownership(10 000 yuan)			
港澳台商投资企业(万元)	Funds from HK,Macao & Taiwan(10 000 yuan)	3941	9561	142.6
外商投资企业(万元)	Foreign Funded Enterprises(10 000 yuan)			
工业企业增加值(万元)	Value Added of Industrial Enterprises(10 000 yuan)			15.5
工业企业资产总计(万元)	Total Assets of Industrial Enterprises(10 000 yuan)	3147807	3370638	7.1
工业企业负债合计(万元)	Total Liabilities of Industrial Enterprises(10 000 yuan)	2771477	2695012	-2.8
工业企业产品销售收入(万元)	Sales of Revenue Industrial Enterprises(10 000 yuan)	999844	860056	-14.0
工业企业利润总额(万元)	Total Profits of Industrial Enterprises(10 000 yuan)	48429	37174	-23.2
建筑业	**Construction**			
建筑企业单位数(个)	Number of Construction Enterprises(unit)	2	2	0.0
建筑企业从业人员(人)	Number of Employee in Construction Enterprises(person)	232	222	-4.3
建筑业总产值(万元)	Gross Construction Output Value(10 000 yuan)	6649	2288	-65.6
交通运输邮电通信业	**Transportation,Post & Telecommunications**			
公路里程(公里)	Total Length of Highways(km)	1883	1885	0.1
邮电业务总量(万元)	Business Volume of Post & Telecoms(10 000 yuan)	8418	7542	-10.4
本地电话用户(户)	Number of Subscribers of Local Telephone(Household)	8142	6228	-23.5
国内贸易	**Domestic Trade**			
社会消费品零售总额(万元)	Total Retail Sales of Consumer Goods(10 000 yuan)	172641	188117	9.0
城镇(万元)	Town(10 000 yuan)	135647	147855	9.0
乡村(万元)	Village(10 000 yuan)	36994	40262	8.8
科技教育卫生	**Science,Education & Public Health**			
各类专业技术人员(人)	Special Technical Personnel(person)	1628	2079	27.7
幼儿园数(所)	Number of Kindergartens(unit)	9	12	33.3
学龄儿童入学率(%)	Percentage of School-Age Children Enrolled(%)	100.0	100.0	0.0
小学学校数(所)	Number of Primary Schools(unit)	5	5	0.0
小学专任教师数(人)	Number of Full-time Teachers of Primary Schools(person)	435	433	-0.5
小学在校学生数(人)	Number of Student Enrollment of Primary Schools(person)	5080	5261	3.6
普通中学学校数(所)	Number of Regular Secondary Schools(unit)	2	2	0.0
普通中学专任教师数(人)	Number of Teachers of Secondary Shools(person)	178	173	-2.8
初中在校学生数(人)	Number of Student in Junior Secondary Schools(person)	1990	1884	-5.3
高中在校学生数(人)	Number of Student in Senior Secondary Schools(person)	1150	1223	6.3
卫生机构数(所)	Number of Health Institutions(unit)	90	91	1.1
# 医院(所)	Hospitals(unit)	2	2	0.0
卫生院(所)	Township Hospitals(unit)	14	14	0.0
床位数(张)	Number of Beds(unit)	338	338	0.0
# 医院(张)	Hospitals(unit)	260	260	0.0
卫生院(张)	Township Hospitals(unit)	68	68	0.0
卫生技术人员(人)	Medical Technical Presonnel(person)	374	355	-5.1
# 医院(人)	Hospitals(person)	161	155	-3.7
卫生院(人)	Township Hospitals(person)	118	111	-5.9

23-75 锡林郭勒盟太仆寺旗

指　　标	Item	2014	2015	2015年比上年增长% Increase Rate in 2015 Over 2014(%)
行政区域土地面积(平方公里)	**Area of Administration(Sq.km)**	**3415**	**3415**	**0.0**
人口和就业	**Population & Employment**			
年末户籍人口(人)	The Registered Population Year-end(person)	211843	210526	-0.6
#男性(人)	Male(person)	108469	107657	-0.7
#乡村人口(人)	Rural(person)	172732	172307	
年末常住人口(人)	Permanet Resident Population Year-end(person)	111000	110500	-0.5
#男性(人)	Male(person)	55944	55692	-0.5
#乡村人口(人)	Rural(person)	71800	70300	-2.1
年末总户数(户)	Total Number of Households at the Year-end(Household)	91712	93265	1.7
#乡村户数(户)	Number of Rural Household(Household)	35094	35425	0.9
出生人口(人)	Births(person)	2879	1720	-40.3
死亡人口(人)	Deaths(person)	2057	930	-54.8
全社会就业人员(人)	Employment(person)	87340	86092	-1.4
第一产业(人)	Primary Industry(person)	61336	61544	0.3
第二产业(人)	Secondary Industry(person)	5053	3853	-23.7
第三产业(人)	Tertiary Industry(person)	20951	20695	-1.2
在岗职工人数(人)	Number of Staff & Workers Employed in(person)	8045	7965	-1.0
乡村劳动力(人)	Number of Rural Laborers(person)	80775	83744	3.7
#农林牧渔业(人)	Farming,Forestry,Animal Husbandry & Fishery(person)	61336	61544	0.3
国民经济综合指标	Summary Item on the National Economy			
生产总值(万元)	Gross Domestic Product(10 000 yuan)	454053	501190	8.0
第一产业(万元)	Primary Industry(10 000 yuan)	123145	128707	4.5
第二产业(万元)	Secondary Industry(10 000 yuan)	183979	204011	11.7
#工业(万元)	Industry(10 000 yuan)	153619	173511	13.4
第三产业(万元)	Tertiary Industry(10 000 yuan)	146929	168472	6
人均生产总值(元)	Per Capita GDP(yuan)	40814	45254	8.5
全社会固定资产投资(万元)	Total Investment in Fixed Assets(10 000 yuan)	250571	312672	24.8
按登记注册类型分	Grouped by Registered Type			
#国有(万元)	State-owned Enterprises(10 000 yuan)	89348	89763	0.5
集体(万元)	Collective-owned Enterprises(10 000 yuan)			
有限责任公司(万元)	Limited Liability Corporations(10 000 yuan)	31270	26028	-16.8
股份有限公司(万元)	Share Holding Enterprises(10 000 yuan)	6495	1170	-82.0
私营企业(万元)	Private Enterprises(10 000 yuan)	81487	195711	140.2
外商及港澳台投资企业(万元)	Funds from HK,Macao,Taiwan & Foreign(10 000 yuan)			
一般公共预算收入(万元)	General Public Budget Revenue(10 000 yuan)	10338	11885	15.0
一般公共预算支出(万元)	General Public Budget Expenditure(10 000 yuan)	168950	156432	-7.4
住户存款余额(万元)	The balance of savings deposits of Households(10 000 yuan)		467520	
在岗职工工资总额(万元)	Total Wages of Staff & Workers Employed in(10 000 yuan)	43175	45304	4.9
在岗职工平均工资(元)	Average Wage of Staff & Workers Employed in(yuan)	52639	56181	6.7
全体居民人均可支配收入(元)	The per capita disposable income of all residents(yuan)	14344	15565	8.5
城镇常住居民人均可支配收入(元)	The per capita disposable income of urban permanent residents(yuan)	25815	28113	8.9
农村牧区常住居民人均可支配收入(元)	The per capita disposable income of permanent residents of rural and pastoral areas(yuan)	8408	9072	7.9
农村牧区经济	**Economic Development in Rural & Pastoral Area**			
农作物总播种面积(公顷)	Total Sown Area(hectare)	83186	83778	0.7
#粮食作物播种面积(公顷)	Sown Area of Grain Crops(hectare)	55243	56540	2.3
农牧业机械总动力(万千瓦)	Total Power of Agricultural Machinery(10 000 kw)	24.44	26.94	10.2
化肥施用折纯量(吨)	Consumption of Chemical Fertilizer(ton)	2866	2795	-2.5
农村用电量(万千瓦小时)	Electricity Consumed in Rural Area(10 000 kwh)	687	672	-2.2
农林牧渔业总产值(万元)	Gross Output of Farming,Forestry,Animal Husbandry & Fishery(10 000 yuan)	221614	233387	5.0
粮食产量(吨)	Yield of Grain(ton)	166004	172761	4.1
油料产量(吨)	Yield of Oil-bearing Grops(ton)	4473	8625	92.8
甜菜产量(吨)	Yield of Beetroots(ton)	21595	12870	-40.4
猪牛羊肉产量(吨)	Output of Pork, Beef & Mutton(ton)	14977	14274	-4.7
#猪肉产量(吨)	Output of Pork(ton)	5125	3853	-24.8
牛肉产量(吨)	Output of Beef(ton)	8210	7665	-6.6
羊肉产量(吨)	Output of Mutton(ton)	1642	2756	67.8
羊毛产量(吨)	Output of Wool(ton)	640	650	1.6

23-75 Taipusi Banner in Xilinguole League

指　标	Item	2014	2015	2015年比上年增长% Increase Rate in 2015 Over 2014(%)
年末牲畜存栏头数(万头只)	Total Livestock at the Year-end(10 000 heads)	29.71	28.73	-3.3
# 大牲畜(万头只)	Large Animals(10 000 heads)	7.53	7.05	-6.4
羊(万只)	Sheep & Goats(10 000 heads)	20.69	20.32	-1.8
猪(万头)	Hogs(10 000 heads)	1.49	1.35	-9.4
规模以上工业	**Industrial Enterprises above Designated size**			
工业企业单位数(个)	Number of Industrial Enterprises(unit)	25	23	-8.0
# 内资企业(个)	Civil Funded Enterprises(unit)	24	22	-8.3
工业总产值(万元)	Gross Industrial Output Value(10 000 yuan)	257146	270613	5.2
内资企业(万元)	Civil Funded Enterprises(10 000 yuan)	253042	266236	5.2
国有企业(万元)	State-owned Enterprises(10 000 yuan)			
集体企业(万元)	Collective-owned Enterprises(10 000 yuan)			
股份合作企业(万元)	Share Holding Enterprises(10 000 yuan)			
联营企业(万元)	Joint Owned Enterprises(10 000 yuan)			
有限责任公司(万元)	Limited Company(10 000 yuan)	108662	79857	-26.5
股份有限公司(万元)	Share Holding Limited Company(10 000 yuan)			
私营企业(万元)	Privately Owned Enterprises(10 000 yuan)	130741	168889	29.2
其他企业(万元)	Enterprises of Other Ownership(10 000 yuan)	13640	17490	28.2
港澳台商投资企业(万元)	Funds from HK,Macao & Taiwan(10 000 yuan)			
外商投资企业(万元)	Foreign Funded Enterprises(10 000 yuan)	4103	4377	6.7
工业企业增加值（万元）	Value Added of Industrial Enterprises(10 000 yuan)			16.0
工业企业资产总计(万元)	Total Assets of Industrial Enterprises(10 000 yuan)	317425	296329	-6.6
工业企业负债合计(万元)	Total Liabilities of Industrial Enterprises(10 000 yuan)	200689	187627	-6.5
工业企业产品销售收入(万元)	Sales of Revenue Industrial Enterprises(10 000 yuan)	251238	292986	16.6
工业企业利润总额(万元)	Total Profits of Industrial Enterprises(10 000 yuan)	9453	14297	51.2
建筑业	**Construction**			
建筑企业单位数(个)	Number of Construction Enterprises(unit)	3	3	0.0
建筑企业从业人员(人)	Number of Employee in Construction Enterprises(person)	414	313	-24.4
建筑业总产值(万元)	Gross Construction Output Value(10 000 yuan)	11275	11026	-2.2
交通运输邮电通信业	**Transportation,Post & Telecommunications**			
公路里程(公里)	Total Length of Highways(km)	1394	1395	0.1
邮电业务总量(万元)	Business Volume of Post & Telecoms(10 000 yuan)	8490	8239	-3.0
本地电话用户(户)	Number of Subscribers of Local Telephone(Household)	112774	111900	-0.8
国内贸易	**Domestic Trade**			
社会消费品零售总额(万元)	Total Retail Sales of Consumer Goods(10 000 yuan)	167181	184136	10.1
城镇(万元)	Town(10 000 yuan)	115858	127550	10.1
乡村(万元)	Village(10 000 yuan)	51323	56586	10.3
科技教育卫生	**Science,Education & Public Health**			
各类专业技术人员(人)	Special Technical Personnel(person)	2570	3049	18.6
幼儿园数(所)	Number of Kindergartens(unit)	1	7	600.0
学龄儿童入学率(%)	Percentage of School-Age Children Enrolled(%)	100.0	100.0	0.0
小学学校数(所)	Number of Primary Schools(unit)	5	5	0.0
小学专任教师数(人)	Number of Full-time Teachers of Primary Schools(person)	998	957	-4.1
小学在校学生数(人)	Number of Student Enrollment of Primary Schools(person)	4678	4714	0.8
普通中学学校数(所)	Number of Regular Secondary Schools(unit)	5	5	0.0
普通中学专任教师数(人)	Number of Teachers of Secondary Shools(person)	510	413	-19.0
初中在校学生数(人)	Number of Student in Junior Secondary Schools(person)	3058	2908	-4.9
高中在校学生数(人)	Number of Student in Senior Secondary Schools(person)	2674	2394	-10.5
卫生机构数(所)	Number of Health Institutions(unit)	177	177	0.0
# 医院(所)	Hospitals(unit)	2	2	0.0
卫生院(所)	Township Hospitals(unit)	11	11	0.0
床位数(张)	Number of Beds(unit)	360	337	-6.4
# 医院(张)	Hospitals(unit)	236	236	0.0
卫生院(张)	Township Hospitals(unit)	102	101	-1.0
卫生技术人员(人)	Medical Technical Presonnel(person)	451	456	1.1
# 医院(人)	Hospitals(person)	226	237	4.9
卫生院(人)	Township Hospitals(person)	75	73	-2.7

23–76 锡林郭勒盟镶黄旗

指　标	Item	2014	2015	2015年比上年增长% Increase Rate in 2015 Over 2014(%)
行政区域土地面积(平方公里)	**Area of Administration(Sq.km)**	**4960**	**4960**	**0.0**
人口和就业	**Population & Employment**			
年末户籍人口(人)	The Registered Population Year-end(person)	31353	31349	0.0
#男性(人)	Male(person)	15468	15449	-0.1
#乡村人口(人)	Rural(person)	17935	18121	
年末常住人口(人)	Permanet Resident Population Year-end(person)	29000	28900	-0.3
#男性(人)	Male(person)	15080	14883	-1.3
#乡村人口(人)	Rural(person)	18174	18200	0.1
年末总户数(户)	Total Number of Households at the Year-end(Household)	12683	12862	1.4
#乡村户数(户)	Number of Rural Household(Household)	6165	6176	0.2
出生人口(人)	Births(person)	364	330	-9.3
死亡人口(人)	Deaths(person)	228	318	39.5
全社会就业人员(人)	Employment(person)	25391	24893	-2.0
第一产业(人)	Primary Industry(person)	12689	12687	0.0
第二产业(人)	Secondary Industry(person)	4533	4921	8.6
第三产业(人)	Tertiary Industry(person)	8168	7285	-10.8
在岗职工人数(人)	Number of Staff & Workers Employed in(person)	3522	3458	-1.8
乡村劳动力(人)	Number of Rural Laborers(person)	14430	14427	0.0
#农林牧渔业(人)	Farming,Forestry,Animal Husbandry & Fishery(person)	12689	12687	0.0
国民经济综合指标	Summary Item on the National Economy			
生产总值(万元)	Gross Domestic Product(10 000 yuan)	483028	527296	8.0
第一产业(万元)	Primary Industry(10 000 yuan)	32105	33555	4.7
第二产业(万元)	Secondary Industry(10 000 yuan)	369564	399164	8.7
#工业(万元)	Industry(10 000 yuan)	352564	381164	8.7
第三产业(万元)	Tertiary Industry(10 000 yuan)	81359	94577	5.9
人均生产总值(元)	Per Capita GDP(yuan)	165989	182140	8.6
全社会固定资产投资(万元)	Total Investment in Fixed Assets(10 000 yuan)	111810	131666	17.8
按登记注册类型分	Grouped by Registered Type			
#国有(万元)	State-owned Enterprises(10 000 yuan)	28638	50888	77.7
集体(万元)	Collective-owned Enterprises(10 000 yuan)			
有限责任公司(万元)	Limited Liability Corporations(10 000 yuan)	58211	33382	-42.7
股份有限公司(万元)	Share Holding Enterprises(10 000 yuan)	14435	4647	-67.8
私营企业(万元)	Private Enterprises(10 000 yuan)			
外商及港澳台投资企业(万元)	Funds from HK,Macao,Taiwan & Foreign(10 000 yuan)			
一般公共预算收入(万元)	General Public Budget Revenue(10 000 yuan)	21664	23192	7.1
一般公共预算支出(万元)	General Public Budget Expenditure(10 000 yuan)	82818	94413	14.0
住户存款余额(万元)	The balance of savings deposits of Households(10 000 yuan)		72704	
在岗职工工资总额(万元)	Total Wages of Staff & Workers Employed in(10 000 yuan)	20102	21538	7.1
在岗职工平均工资(元)	Average Wage of Staff & Workers Employed in(yuan)	56979	62266	9.3
全体居民人均可支配收入(元)	The per capita disposable income of all residents(yuan)	21637	23478	8.5
城镇常住居民人均可支配收入(元)	The per capita disposable income of urban permanent residents(yuan)	28218	30645	8.6
农村牧区常住居民人均可支配收入(元)	The per capita disposable income of permanent residents of rural and pastoral areas(yuan)	10382	11223	8.1
农村牧区经济	**Economic Development in Rural & Pastoral Area**			
农作物总播种面积(公顷)	Total Sown Area(hectare)	2323	3286	41.5
#粮食作物播种面积(公顷)	Sown Area of Grain Crops(hectare)	593	216	-63.6
农牧业机械总动力(万千瓦)	Total Power of Agricultural Machinery(10 000 kw)	3.56	3.69	3.7
化肥施用折纯量(吨)	Consumption of Chemical Fertilizer(ton)	12	12	0.0
农村用电量(万千瓦小时)	Electricity Consumed in Rural Area(10 000 kwh)	18	19	5.6
农林牧渔业总产值(万元)	Gross Output of Farming,Forestry,Animal Husbandry & Fishery(10 000 yuan)	58637	61752	5.0
粮食产量(吨)	Yield of Grain(ton)	299	229	-23.4
油料产量(吨)	Yield of Oil-bearing Grops(ton)	6	9	50.0
甜菜产量(吨)	Yield of Beetroots(ton)			
猪牛羊肉产量(吨)	Output of Pork, Beef & Mutton(ton)	7572	7004	-7.5
#猪肉产量(吨)	Output of Pork(ton)	18	8	-55.6
牛肉产量(吨)	Output of Beef(ton)	1993	1754	-12.0
羊肉产量(吨)	Output of Mutton(ton)	5561	5242	-5.7
羊毛产量(吨)	Output of Wool(ton)	843	869	3.1

23-76 Xianghuang Banner in Xilinguole League

指　标	Item	2014	2015	2015年比上年增长% Increase Rate in 2015 Over 2014(%)
年末牲畜存栏头数(万头只)	Total Livestock at the Year-end(10 000 heads)	24.14	20.39	-15.5
#大牲畜(万头只)	Large Animals(10 000 heads)	1.65	1.59	-3.6
羊(万只)	Sheep & Goats(10 000 heads)	22.48	18.74	-16.6
猪(万头)	Hogs(10 000 heads)	0.02	0.06	200.0
规模以上工业	**Industrial Enterprises above Designated size**			
工业企业单位数(个)	Number of Industrial Enterprises(unit)	29	28	-3.4
#内资企业(个)	Civil Funded Enterprises(unit)	29	28	-3.4
工业总产值(万元)	Gross Industrial Output Value(10 000 yuan)	675717	755366	11.8
内资企业(万元)	Civil Funded Enterprises(10 000 yuan)	675717	755366	11.8
国有企业(万元)	State-owned Enterprises(10 000 yuan)			
集体企业(万元)	Collective-owned Enterprises(10 000 yuan)			
股份合作企业(万元)	Share Holding Enterprises(10 000 yuan)			
联营企业(万元)	Joint Owned Enterprises(10 000 yuan)			
有限责任公司(万元)	Limited Company(10 000 yuan)	22411	33865	51.1
股份有限公司(万元)	Share Holding Limited Company(10 000 yuan)			
私营企业(万元)	Privately Owned Enterprises(10 000 yuan)	653306	721501	10.4
其他企业(万元)	Enterprises of Other Ownership(10 000 yuan)			
港澳台商投资企业(万元)	Funds from HK,Macao & Taiwan(10 000 yuan)			
外商投资企业(万元)	Foreign Funded Enterprises(10 000 yuan)			
工业企业增加值(万元)	Value Added of Industrial Enterprises(10 000 yuan)			9.2
工业企业资产总计(万元)	Total Assets of Industrial Enterprises(10 000 yuan)	467822	789650	68.8
工业企业负债合计(万元)	Total Liabilities of Industrial Enterprises(10 000 yuan)	170948	324645	89.9
工业企业产品销售收入(万元)	Sales of Revenue Industrial Enterprises(10 000 yuan)	650809	727326	11.8
工业企业利润总额(万元)	Total Profits of Industrial Enterprises(10 000 yuan)	61577	70618	14.7
建筑业	**Construction**			
建筑企业单位数(个)	Number of Construction Enterprises(unit)			
建筑企业从业人员(人)	Number of Employee in Construction Enterprises(person)			
建筑业总产值(万元)	Gross Construction Output Value(10 000 yuan)			
交通运输邮电通信业	**Transportation,Post & Telecommunications**			
公路里程(公里)	Total Length of Highways(km)	920	920	0.0
邮电业务总量(万元)	Business Volume of Post & Telecoms(10 000 yuan)	3760	3514	-6.5
本地电话用户(户)	Number of Subscribers of Local Telephone(Household)	1300	1260	-3.1
国内贸易	**Domestic Trade**			
社会消费品零售总额(万元)	Total Retail Sales of Consumer Goods(10 000 yuan)	52210	57125	9.4
城镇(万元)	Town(10 000 yuan)	41911	40837	-2.6
乡村(万元)	Village(10 000 yuan)	10299	16288	58.2
科技教育卫生	Science,Education & Public Health			
各类专业技术人员(人)	Special Technical Personnel(person)	904	700	-22.6
幼儿园数(所)	Number of Kindergartens(unit)	1	2	100.0
学龄儿童入学率(%)	Percentage of School-Age Children Enrolled(%)	100	100	0.0
小学学校数(所)	Number of Primary Schools(unit)	2	2	0.0
小学专任教师数(人)	Number of Full-time Teachers of Primary Schools(person)	153	136	-11.1
小学在校学生数(人)	Number of Student Enrollment of Primary Schools(person)	1357	1331	-1.9
普通中学学校数(所)	Number of Regular Secondary Schools(unit)	2	2	0.0
普通中学专任教师数(人)	Number of Teachers of Secondary Shools(person)	126	110	-12.7
初中在校学生数(人)	Number of Student in Junior Secondary Schools(person)	965	917	-5.0
高中在校学生数(人)	Number of Student in Senior Secondary Schools(person)	336	340	1.2
卫生机构数(所)	Number of Health Institutions(unit)	63	74	17.5
#医院(所)	Hospitals(unit)	2	2	0.0
卫生院(所)	Township Hospitals(unit)	3	3	0.0
床位数(张)	Number of Beds(unit)	221	238	7.7
#医院(张)	Hospitals(unit)	180	180	0.0
卫生院(张)	Township Hospitals(unit)	20	19	-5.0
卫生技术人员(人)	Medical Technical Presonnel(person)	248	282	13.7
#医院(人)	Hospitals(person)	111	110	-0.9
卫生院(人)	Township Hospitals(person)	47	69	46.8

23-77 锡林郭勒盟正镶白旗

指　标	Item	2014	2015	2015年比上年增长% Increase Rate in 2015 Over 2014(%)
行政区域土地面积(平方公里)	**Area of Administration(Sq.km)**	**6215**	**6215**	**0.0**
人口和就业	**Population & Employment**			
年末户籍人口(人)	The Registered Population Year-end(person)	72892	72277	-0.8
#男性(人)	Male(person)	37114	36769	-0.9
#乡村人口(人)	Rural(person)	56454	56261	
年末常住人口(人)	Permanet Resident Population Year-end(person)	53200	52800	-0.8
#男性(人)	Male(person)	27398	26875	-1.9
#乡村人口(人)	Rural(person)	54887	54935	0.1
年末总户数(户)	Total Number of Households at the Year-end(Household)	31452	31936	1.5
#乡村户数(户)	Number of Rural Household(Household)	22659	22697	0.2
出生人口(人)	Births(person)	555	569	2.5
死亡人口(人)	Deaths(person)	503	527	4.8
全社会就业人员(人)	Employment(person)	37810	37585	-0.6
第一产业(人)	Primary Industry(person)	26214	25775	-1.7
第二产业(人)	Secondary Industry(person)	3040	3402	11.9
第三产业(人)	Tertiary Industry(person)	8557	8408	-1.7
在岗职工人数(人)	Number of Staff & Workers Employed in(person)	3889	3987	2.5
乡村劳动力(人)	Number of Rural Laborers(person)	26733	28726	7.5
#农林牧渔业(人)	Farming,Forestry,Animal Husbandry & Fishery(person)	26214	25775	-1.7
国民经济综合指标	**Summary Item on the National Economy**			
生产总值(万元)	Gross Domestic Product(10 000 yuan)	278959	310757	8.4
第一产业(万元)	Primary Industry(10 000 yuan)	47103	49231	4.7
第二产业(万元)	Secondary Industry(10 000 yuan)	143767	156076	10.8
#工业(万元)	Industry(10 000 yuan)	120767	130476	11.3
第三产业(万元)	Tertiary Industry(10 000 yuan)	88089	105450	6.0
人均生产总值(元)	Per Capita GDP(yuan)	52289	58633	9.1
全社会固定资产投资(万元)	Total Investment in Fixed Assets(10 000 yuan)	191231	234021	22.4
按登记注册类型分	Grouped by Registered Type			
#国有(万元)	State-owned Enterprises(10 000 yuan)	63977	110597	72.9
集体(万元)	Collective-owned Enterprises(10 000 yuan)			
有限责任公司(万元)	Limited Liability Corporations(10 000 yuan)	15552	1000	-93.6
股份有限公司(万元)	Share Holding Enterprises(10 000 yuan)	22200	1400	-93.7
私营企业(万元)	Private Enterprises(10 000 yuan)	88873	121024	36.2
外商及港澳台投资企业(万元)	Funds from HK,Macao,Taiwan & Foreign(10 000 yuan)			
一般公共预算收入(万元)	General Public Budget Revenue(10 000 yuan)	11432	12256	7.2
一般公共预算支出(万元)	General Public Budget Expenditure(10 000 yuan)	94492	111035	17.5
住户存款余额(万元)	The balance of savings deposits of Households(10 000 yuan)		113135	
在岗职工工资总额(万元)	Total Wages of Staff & Workers Employed in(10 000 yuan)	22357	24568	9.9
在岗职工平均工资(元)	Average Wage of Staff & Workers Employed in(yuan)	56020	60692	8.3
全体居民人均可支配收入(元)	The per capita disposable income of all residents(yuan)	14565	15873	9.0
城镇常住居民人均可支配收入(元)	The per capita disposable income of urban permanent residents(yuan)	25058	27364	9.2
农村牧区常住居民人均可支配收入(元)	The per capita disposable income of permanent residents of rural and pastoral areas(yuan)	7598	8244	8.5
农村牧区经济	**Economic Development in Rural & Pastoral Area**			
农作物总播种面积(公顷)	Total Sown Area(hectare)	14850	14447	-2.7
#粮食作物播种面积(公顷)	Sown Area of Grain Crops(hectare)	7918	7918	0.0
农牧业机械总动力(万千瓦)	Total Power of Agricultural Machinery(10 000 kw)	11.18	11.52	3.0
化肥施用折纯量(吨)	Consumption of Chemical Fertilizer(ton)	340	347	2.1
农村用电量(万千瓦小时)	Electricity Consumed in Rural Area(10 000 kwh)	477	542	13.6
农林牧渔业总产值(万元)	Gross Output of Farming,Forestry,Animal Husbandry & Fishery(10 000 yuan)	85650	90200	5.0
粮食产量(吨)	Yield of Grain(ton)	3088	3600	16.6
油料产量(吨)	Yield of Oil-bearing Grops(ton)	40	442	1005.0
甜菜产量(吨)	Yield of Beetroots(ton)			
猪牛羊肉产量(吨)	Output of Pork, Beef & Mutton(ton)	10776	10417	-3.3
#猪肉产量(吨)	Output of Pork(ton)	220	233	5.9
牛肉产量(吨)	Output of Beef(ton)	5627	5300	-5.8
羊肉产量(吨)	Output of Mutton(ton)	4929	4884	-0.9
羊毛产量(吨)	Output of Wool(ton)	701	794	13.3

23-77 Zhengxiangbai Banner in Xilinguole League

指　标	Item	2014	2015	2015年比上年增长% Increase Rate in 2015 Over 2014(%)
年末牲畜存栏头数(万头只)	Total Livestock at the Year-end(10 000 heads)	26.84	24.69	-8.0
# 大牲畜(万头只)	Large Animals(10 000 heads)	6.44	5.89	-8.5
羊(万只)	Sheep & Goats(10 000 heads)	20.35	18.74	-7.9
猪(万头)	Hogs(10 000 heads)	0.05	0.06	20.0
规模以上工业	**Industrial Enterprises above Designated size**			
工业企业单位数(个)	Number of Industrial Enterprises(unit)	18	21	16.7
# 内资企业(个)	Civil Funded Enterprises(unit)	18	21	16.7
工业总产值(万元)	Gross Industrial Output Value(10 000 yuan)	171585	190692	11.1
内资企业(万元)	Civil Funded Enterprises(10 000 yuan)	171585	190692	11.1
国有企业(万元)	State-owned Enterprises(10 000 yuan)			
集体企业(万元)	Collective-owned Enterprises(10 000 yuan)			
股份合作企业(万元)	Share Holding Enterprises(10 000 yuan)			
联营企业(万元)	Joint Owned Enterprises(10 000 yuan)			
有限责任公司(万元)	Limited Company(10 000 yuan)	50731	27963	-44.9
股份有限公司(万元)	Share Holding Limited Company(10 000 yuan)	5849	2752	-52.9
私营企业(万元)	Privately Owned Enterprises(10 000 yuan)	115005	159977	39.1
其他企业(万元)	Enterprises of Other Ownership(10 000 yuan)			
港澳台商投资企业(万元)	Funds from HK,Macao & Taiwan(10 000 yuan)			
外商投资企业(万元)	Foreign Funded Enterprises(10 000 yuan)			
工业企业增加值（万元）	Value Added of Industrial Enterprises(10 000 yuan)			14.6
工业企业资产总计(万元)	Total Assets of Industrial Enterprises(10 000 yuan)	280309	330229	17.8
工业企业负债合计(万元)	Total Liabilities of Industrial Enterprises(10 000 yuan)	247725	275253	11.1
工业企业产品销售收入(万元)	Sales of Revenue Industrial Enterprises(10 000 yuan)	147109	189148	28.6
工业企业利润总额(万元)	Total Profits of Industrial Enterprises(10 000 yuan)	2432	6961	186.2
建筑业	**Construction**			
建筑企业单位数(个)	Number of Construction Enterprises(unit)	1	1	0.0
建筑企业从业人员(人)	Number of Employee in Construction Enterprises(person)	37	220	494.6
建筑业总产值(万元)	Gross Construction Output Value(10 000 yuan)	228	213	-6.6
交通运输邮电通信业	**Transportation,Post & Telecommunications**			
公路里程(公里)	Total Length of Highways(km)	956	966	1.0
邮电业务总量(万元)	Business Volume of Post & Telecoms(10 000 yuan)	4667	4680	0.3
本地电话用户(户)	Number of Subscribers of Local Telephone(Household)	2560	1918	-25.1
国内贸易	**Domestic Trade**			
社会消费品零售总额(万元)	Total Retail Sales of Consumer Goods(10 000 yuan)	71609	76686	7.1
城镇(万元)	Town(10 000 yuan)	56584	57515	1.6
乡村(万元)	Village(10 000 yuan)	15025	19171	27.6
科技教育卫生	**Science,Education & Public Health**			
各类专业技术人员(人)	Special Technical Personnel(person)	1564	1464	-6.4
幼儿园数(所)	Number of Kindergartens(unit)	7	9	28.6
学龄儿童入学率(%)	Percentage of School-Age Children Enrolled(%)	100.0	100.0	0.0
小学学校数(所)	Number of Primary Schools(unit)	3	3	0.0
小学专任教师数(人)	Number of Full-time Teachers of Primary Schools(person)	260	253	-2.7
小学在校学生数(人)	Number of Student Enrollment of Primary Schools(person)	2216	2143	-3.3
普通中学学校数(所)	Number of Regular Secondary Schools(unit)	2	2	0.0
普通中学专任教师数(人)	Number of Teachers of Secondary Shools(person)	208	208	0.0
初中在校学生数(人)	Number of Student in Junior Secondary Schools(person)	764	887	16.1
高中在校学生数(人)	Number of Student in Senior Secondary Schools(person)	303	345	13.9
卫生机构数(所)	Number of Health Institutions(unit)	94	94	0.0
# 医院(所)	Hospitals(unit)	2	2	0.0
卫生院(所)	Township Hospitals(unit)	7	7	0.0
床位数(张)	Number of Beds(unit)	205	213	3.9
# 医院(张)	Hospitals(unit)	160	160	0.0
卫生院(张)	Township Hospitals(unit)	27	35	29.6
卫生技术人员(人)	Medical Technical Presonnel(person)	236	245	3.8
# 医院(人)	Hospitals(person)	135	138	2.2
卫生院(人)	Township Hospitals(person)	28	34	21.4

23-78 锡林郭勒盟正蓝旗

指 标	Item	2014	2015	2015年比上年增长% Increase Rate in 2015 Over 2014(%)
行政区域土地面积(平方公里)	**Area of Administration(Sq.km)**	**9963**	**9963**	**0.0**
人口和就业	**Population & Employment**			
年末户籍人口(人)	The Registered Population Year-end(person)	83762	83229	-0.6
# 男性(人)	Male(person)	42041	41725	-0.8
# 乡村人口(人)	Rural(person)	53562	28359	
年末常住人口(人)	Permanet Resident Population Year-end(person)	83000	82600	-0.5
# 男性(人)	Male(person)	43243	43035	-0.5
# 乡村人口(人)	Rural(person)	52691	52703	0.0
年末总户数(户)	Total Number of Households at the Year-end(Household)	36356	36269	-0.2
# 乡村户数(户)	Number of Rural Household(Household)	18126	18126	0.0
出生人口(人)	Births(person)	775	644	-16.9
死亡人口(人)	Deaths(person)	290	398	37.2
全社会就业人员(人)	Employment(person)	43690	45088	3.2
第一产业(人)	Primary Industry(person)	21286	21417	0.6
第二产业(人)	Secondary Industry(person)	6669	6623	-0.7
第三产业(人)	Tertiary Industry(person)	15736	17048	8.3
在岗职工人数(人)	Number of Staff & Workers Employed in(person)	9844	8496	-13.7
乡村劳动力(人)	Number of Rural Laborers(person)	33067	38417	16.2
# 农林牧渔业(人)	Farming,Forestry,Animal Husbandry & Fishery(person)	19526	19552	0.1
国民经济综合指标	**Summary Item on the National Economy**			
生产总值(万元)	Gross Domestic Product(10 000 yuan)	671071	696799	7.5
第一产业(万元)	Primary Industry(10 000 yuan)	65059	70098	4.7
第二产业(万元)	Secondary Industry(10 000 yuan)	473570	473039	7.9
# 工业(万元)	Industry(10 000 yuan)	432870	427039	7.5
第三产业(万元)	Tertiary Industry(10 000 yuan)	132442	153662	7.4
人均生产总值(元)	Per Capita GDP(yuan)	80658	84154	8.0
全社会固定资产投资(万元)	Total Investment in Fixed Assets(10 000 yuan)	422988	522331	23.5
按登记注册类型分	Grouped by Registered Type			
# 国有(万元)	State-owned Enterprises(10 000 yuan)	270026	298665	10.6
集体(万元)	Collective-owned Enterprises(10 000 yuan)			
有限责任公司(万元)	Limited Liability Corporations(10 000 yuan)	102661	82922	-19.2
股份有限公司(万元)	Share Holding Enterprises(10 000 yuan)	5490	37179	577.2
私营企业(万元)	Private Enterprises(10 000 yuan)	40541	103565	155.5
外商及港澳台投资企业(万元)	Funds from HK,Macao,Taiwan & Foreign(10 000 yuan)			
一般公共预算收入(万元)	General Public Budget Revenue(10 000 yuan)	47205	50079	6.1
一般公共预算支出(万元)	General Public Budget Expenditure(10 000 yuan)	123524	158938	28.7
住户存款余额(万元)	The balance of savings deposits of Households(10 000 yuan)		205011	
在岗职工工资总额(万元)	Total Wages of Staff & Workers Employed in(10 000 yuan)	60124	55544	-7.6
在岗职工平均工资(元)	Average Wage of Staff & Workers Employed in(yuan)	59282	59931	1.1
全体居民人均可支配收入(元)	The per capita disposable income of all residents(yuan)	19546	21102	8.0
城镇常住居民人均可支配收入(元)	The per capita disposable income of urban permanent residents(yuan)	27690	29933	8.1
农村牧区常住居民人均可支配收入(元)	The per capita disposable income of permanent residents of rural and pastoral areas(yuan)	12664	13626	7.6
农村牧区经济	**Economic Development in Rural & Pastoral Area**			
农作物总播种面积(公顷)	Total Sown Area(hectare)	17155	24385	42.1
# 粮食作物播种面积(公顷)	Sown Area of Grain Crops(hectare)	11704	11704	0.0
农牧业机械总动力(万千瓦)	Total Power of Agricultural Machinery(10 000 kw)	15.89	16.64	4.7
化肥施用折纯量(吨)	Consumption of Chemical Fertilizer(ton)	1270	1290	1.6
农村用电量(万千瓦小时)	Electricity Consumed in Rural Area(10 000 kwh)	2805	2648	-5.6
农林牧渔业总产值(万元)	Gross Output of Farming,Forestry,Animal Husbandry & Fishery(10 000 yuan)	117045	123263	5.0
粮食产量(吨)	Yield of Grain(ton)	31500	30230	-4.0
油料产量(吨)	Yield of Oil-bearing Grops(ton)	150	202	34.7
甜菜产量(吨)	Yield of Beetroots(ton)			
猪牛羊肉产量(吨)	Output of Pork, Beef & Mutton(ton)	29370	28098	-4.3
# 猪肉产量(吨)	Output of Pork(ton)	345	283	-18.0
牛肉产量(吨)	Output of Beef(ton)	23764	22396	-5.8
羊肉产量(吨)	Output of Mutton(ton)	5261	5419	3.0
羊毛产量(吨)	Output of Wool(ton)	1153	1536	33.2

23-78 Zhenglan Banner in Xilinguole League

指　标	Item	2014	2015	2015年比上年增长% Increase Rate in 2015 Over 2014(%)
年末牲畜存栏头数(万头只)	Total Livestock at the Year-end(10 000 heads)	41.00	38.26	-6.7
# 大牲畜(万头只)	Large Animals(10 000 heads)	18.97	17.90	-5.6
羊(万只)	Sheep & Goats(10 000 heads)	21.88	20.22	-7.6
猪(万头)	Hogs(10 000 heads)	0.15	0.14	-3.7
规模以上工业	**Industrial Enterprises above Designated size**			
工业企业单位数(个)	Number of Industrial Enterprises(unit)	11	17	54.5
# 内资企业(个)	Civil Funded Enterprises(unit)	11	17	54.5
工业总产值(万元)	Gross Industrial Output Value(10 000 yuan)	753933	688036	-8.7
内资企业(万元)	Civil Funded Enterprises(10 000 yuan)	753933	688036	-8.7
国有企业(万元)	State-owned Enterprises(10 000 yuan)			
集体企业(万元)	Collective-owned Enterprises(10 000 yuan)			
股份合作企业(万元)	Share Holding Enterprises(10 000 yuan)			
联营企业(万元)	Joint Owned Enterprises(10 000 yuan)			
有限责任公司(万元)	Limited Company(10 000 yuan)	721710	662714	-8.2
股份有限公司(万元)	Share Holding Limited Company(10 000 yuan)	22143	6314	-71.5
私营企业(万元)	Privately Owned Enterprises(10 000 yuan)	10080	19008	88.6
其他企业(万元)	Enterprises of Other Ownership(10 000 yuan)			
港澳台商投资企业(万元)	Funds from HK,Macao & Taiwan(10 000 yuan)			
外商投资企业(万元)	Foreign Funded Enterprises(10 000 yuan)			
工业企业增加值(万元)	Value Added of Industrial Enterprises(10 000 yuan)			7.5
工业企业资产总计(万元)	Total Assets of Industrial Enterprises(10 000 yuan)	1436359	1523186	6.0
工业企业负债合计(万元)	Total Liabilities of Industrial Enterprises(10 000 yuan)	924757	1000397	8.2
工业企业产品销售收入(万元)	Sales of Revenue Industrial Enterprises(10 000 yuan)	667399	626507	-6.1
工业企业利润总额(万元)	Total Profits of Industrial Enterprises(10 000 yuan)	152181	111983	-26.4
建筑业	**Construction**			
建筑企业单位数(个)	Number of Construction Enterprises(unit)	1	1	0.0
建筑企业从业人员(人)	Number of Employee in Construction Enterprises(person)			
建筑业总产值(万元)	Gross Construction Output Value(10 000 yuan)			
交通运输邮电通信业	**Transportation,Post & Telecommunications**			
公路里程(公里)	Total Length of Highways(km)	1661	1667	0.4
邮电业务总量(万元)	Business Volume of Post & Telecoms(10 000 yuan)	8307	7095	-14.6
本地电话用户(户)	Number of Subscribers of Local Telephone(Household)	101915	85133	-16.5
国内贸易	**Domestic Trade**			
社会消费品零售总额(万元)	Total Retail Sales of Consumer Goods(10 000 yuan)	115731	127016	9.8
城镇(万元)	Town(10 000 yuan)	76468	74959	-2.0
乡村(万元)	Village(10 000 yuan)	39263	52057	32.6
科技教育卫生	**Science,Education & Public Health**			
各类专业技术人员(人)	Special Technical Personnel(person)	1291	1151	-10.8
幼儿园数(所)	Number of Kindergartens(unit)	4	4	0.0
学龄儿童入学率(%)	Percentage of School-Age Children Enrolled(%)	100.0	100.0	0.0
小学学校数(所)	Number of Primary Schools(unit)	6	6	0.0
小学专任教师数(人)	Number of Full-time Teachers of Primary Schools(person)	346	344	-0.6
小学在校学生数(人)	Number of Student Enrollment of Primary Schools(person)	3235	3398	5.0
普通中学学校数(所)	Number of Regular Secondary Schools(unit)	2	2	0.0
普通中学专任教师数(人)	Number of Teachers of Secondary Shools(person)	203	199	-2.0
初中在校学生数(人)	Number of Student in Junior Secondary Schools(person)	1221	1336	9.4
高中在校学生数(人)	Number of Student in Senior Secondary Schools(person)	616	670	8.8
卫生机构数(所)	Number of Health Institutions(unit)	100	99	-1.0
# 医院(所)	Hospitals(unit)	2	2	0.0
卫生院(所)	Township Hospitals(unit)	13	13	0.0
床位数(张)	Number of Beds(unit)	281	301	7.1
# 医院(张)	Hospitals(unit)	170	190	11.8
卫生院(张)	Township Hospitals(unit)	95	95	0.0
卫生技术人员(人)	Medical Technical Presonnel(person)	290	288	-0.7
# 医院(人)	Hospitals(person)	141	139	-1.4
卫生院(人)	Township Hospitals(person)	58	55	-5.2

23-79 锡林郭勒盟多伦县

指　标	Item	2014	2015	2015年比上年增长% Increase Rate in 2015 Over 2014(%)
行政区域土地面积(平方公里)	**Area of Administration(Sq.km)**	**3773**	**3773**	**0.0**
人口和就业	**Population & Employment**			
年末户籍人口(人)	The Registered Population Year-end(person)	110348	109794	-0.5
#男性(人)	Male(person)	56436	56140	-0.5
#乡村人口(人)	Rural(person)	75804	71252	
年末常住人口(人)	Permanet Resident Population Year-end(person)	100000	100200	0.2
#男性(人)	Male(person)	52100	52204	0.2
#乡村人口(人)	Rural(person)	70216	70686	0.7
年末总户数(户)	Total Number of Households at the Year-end(Household)	49701	50374	1.4
#乡村户数(户)	Number of Rural Household(Household)	20138	20908	3.8
出生人口(人)	Births(person)	1458	1090	-25.2
死亡人口(人)	Deaths(person)	643	118	-81.6
全社会就业人员(人)	Employment(person)	62670	62946	0.4
第一产业(人)	Primary Industry(person)	33315	32278	-3.1
第二产业(人)	Secondary Industry(person)	11157	10952	-1.8
第三产业(人)	Tertiary Industry(person)	18198	19716	8.3
在岗职工人数(人)	Number of Staff & Workers Employed in(person)	7174	6846	-4.6
乡村劳动力(人)	Number of Rural Laborers(person)	41028	43659	6.4
#农林牧渔业(人)	Farming,Forestry,Animal Husbandry & Fishery(person)	33315	32278	-3.1
国民经济综合指标	**Summary Item on the National Economy**			
生产总值(万元)	Gross Domestic Product(10 000 yuan)	744641	820473	10.2
第一产业(万元)	Primary Industry(10 000 yuan)	87115	91050	4.6
第二产业(万元)	Secondary Industry(10 000 yuan)	521738	568025	12.0
#工业(万元)	Industry(10 000 yuan)	473738	519925	12.9
第三产业(万元)	Tertiary Industry(10 000 yuan)	135788	161398	6.1
人均生产总值(元)	Per Capita GDP(yuan)	74167	81965	10.5
全社会固定资产投资(万元)	Total Investment in Fixed Assets(10 000 yuan)	378900	473694	25.0
按登记注册类型分	Grouped by Registered Type			
#国有(万元)	State-owned Enterprises(10 000 yuan)	280433	405726	44.7
集体(万元)	Collective-owned Enterprises(10 000 yuan)			
有限责任公司(万元)	Limited Liability Corporations(10 000 yuan)	1749	3213	83.7
股份有限公司(万元)	Share Holding Enterprises(10 000 yuan)	4900		
私营企业(万元)	Private Enterprises(10 000 yuan)	54171	64755	19.5
外商及港澳台投资企业(万元)	Funds from HK,Macao,Taiwan & Foreign(10 000 yuan)			
一般公共预算收入(万元)	General Public Budget Revenue(10 000 yuan)	30209	32430	7.4
一般公共预算支出(万元)	General Public Budget Expenditure(10 000 yuan)	135024	136929	1.4
住户存款余额(万元)	The balance of savings deposits of Households(10 000 yuan)		243272	
在岗职工工资总额(万元)	Total Wages of Staff & Workers Employed in(10 000 yuan)	52446	54681	4.3
在岗职工平均工资(元)	Average Wage of Staff & Workers Employed in(yuan)	73464	80189	9.2
全体居民人均可支配收入(元)	The per capita disposable income of all residents(yuan)	19668	21306	8.3
城镇常住居民人均可支配收入(元)	The per capita disposable income of urban permanent residents(yuan)	28171	30565	8.5
农村牧区常住居民人均可支配收入(元)	The per capita disposable income of permanent residents of rural and pastoral areas(yuan)	10195	10990	7.8
农村牧区经济	**Economic Development in Rural & Pastoral Area**			
农作物总播种面积(公顷)	Total Sown Area(hectare)	50377	50877	1.0
#粮食作物播种面积(公顷)	Sown Area of Grain Crops(hectare)	44375	44875	1.1
农牧业机械总动力(万千瓦)	Total Power of Agricultural Machinery(10 000 kw)	22.22	23.78	7.0
化肥施用折纯量(吨)	Consumption of Chemical Fertilizer(ton)	2845	2861	0.6
农村用电量(万千瓦小时)	Electricity Consumed in Rural Area(10 000 kwh)	1084	1098	1.3
农林牧渔业总产值(万元)	Gross Output of Farming,Forestry,Animal Husbandry & Fishery(10 000 yuan)	161719	170310	5.0
粮食产量(吨)	Yield of Grain(ton)	49480	52538	6.2
油料产量(吨)	Yield of Oil-bearing Grops(ton)	797	650	-18.4
甜菜产量(吨)	Yield of Beetroots(ton)			
猪牛羊肉产量(吨)	Output of Pork, Beef & Mutton(ton)	20405	20950	2.7
#猪肉产量(吨)	Output of Pork(ton)	3456	2646	-23.4
牛肉产量(吨)	Output of Beef(ton)	15849	17300	9.2
羊肉产量(吨)	Output of Mutton(ton)	1100	1004	-8.7
羊毛产量(吨)	Output of Wool(ton)	240	493	105.4

23-79 Duolun County in Xilinguole League

指　标	Item	2014	2015	2015年比上年增长% Increase Rate in 2015 Over 2014(%)
年末牲畜存栏头数(万头只)	Total Livestock at the Year-end(10 000 heads)	27.67	25.51	-7.8
#大牲畜(万头只)	Large Animals(10 000 heads)	11.31	9.48	-16.2
羊(万只)	Sheep & Goats(10 000 heads)	14.07	13.97	-0.7
猪(万头)	Hogs(10 000 heads)	2.29	2.06	-10.0
规模以上工业	**Industrial Enterprises above Designated size**			
工业企业单位数(个)	Number of Industrial Enterprises(unit)	25	24	-4.0
#内资企业(个)	Civil Funded Enterprises(unit)	24	24	0.0
工业总产值(万元)	Gross Industrial Output Value(10 000 yuan)	938643	957916	2.1
内资企业(万元)	Civil Funded Enterprises(10 000 yuan)	898723	957916	6.6
国有企业(万元)	State-owned Enterprises(10 000 yuan)	137103	164985	20.3
集体企业(万元)	Collective-owned Enterprises(10 000 yuan)			
股份合作企业(万元)	Share Holding Enterprises(10 000 yuan)			
联营企业(万元)	Joint Owned Enterprises(10 000 yuan)			
有限责任公司(万元)	Limited Company(10 000 yuan)	91842	66720	-27.4
股份有限公司(万元)	Share Holding Limited Company(10 000 yuan)			
私营企业(万元)	Privately Owned Enterprises(10 000 yuan)	669778	726211	8.4
其他企业(万元)	Enterprises of Other Ownership(10 000 yuan)			
港澳台商投资企业(万元)	Funds from HK,Macao & Taiwan(10 000 yuan)	39920		
外商投资企业(万元)	Foreign Funded Enterprises(10 000 yuan)			
工业企业增加值(万元)	Value Added of Industrial Enterprises(10 000 yuan)			13.8
工业企业资产总计(万元)	Total Assets of Industrial Enterprises(10 000 yuan)	2733384	2648721	-3.1
工业企业负债合计(万元)	Total Liabilities of Industrial Enterprises(10 000 yuan)	2839436	3039092	7.0
工业企业产品销售收入(万元)	Sales of Revenue Industrial Enterprises(10 000 yuan)	869680	879820	1.2
工业企业利润总额(万元)	Total Profits of Industrial Enterprises(10 000 yuan)	-421713	-216959	
建筑业	**Construction**			
建筑企业单位数(个)	Number of Construction Enterprises(unit)			
建筑企业从业人员(人)	Number of Employee in Construction Enterprises(person)			
建筑业总产值(万元)	Gross Construction Output Value(10 000 yuan)			
交通运输邮电通信业	**Transportation,Post & Telecommunications**			
公路里程(公里)	Total Length of Highways(km)	933	947	1.5
邮电业务总量(万元)	Business Volume of Post & Telecoms(10 000 yuan)	6970	7300	4.7
本地电话用户(户)	Number of Subscribers of Local Telephone(Household)	78892	82694	4.8
国内贸易	**Domestic Trade**			
社会消费品零售总额(万元)	Total Retail Sales of Consumer Goods(10 000 yuan)	134843	144538	7.2
城镇(万元)	Town(10 000 yuan)	98114	109540	11.6
乡村(万元)	Village(10 000 yuan)	36728	34998	-4.7
科技教育卫生	**Science,Education & Public Health**			
各类专业技术人员(人)	Special Technical Personnel(person)	1667	1795	7.7
幼儿园数(所)	Number of Kindergartens(unit)	5	6	20.0
学龄儿童入学率(%)	Percentage of School-Age Children Enrolled(%)	100.0	100.0	0.0
小学学校数(所)	Number of Primary Schools(unit)	14	12	-14.3
小学专任教师数(人)	Number of Full-time Teachers of Primary Schools(person)	462	379	-18.0
小学在校学生数(人)	Number of Student Enrollment of Primary Schools(person)	5980	6233	4.2
普通中学学校数(所)	Number of Regular Secondary Schools(unit)	3	4	33.3
普通中学专任教师数(人)	Number of Teachers of Secondary Shools(person)	310	394	27.1
初中在校学生数(人)	Number of Student in Junior Secondary Schools(person)	2951	2837	-3.9
高中在校学生数(人)	Number of Student in Senior Secondary Schools(person)	1745	1590	-8.9
卫生机构数(所)	Number of Health Institutions(unit)	95	96	1.1
#医院(所)	Hospitals(unit)	2	2	0.0
卫生院(所)	Township Hospitals(unit)	9	9	0.0
床位数(张)	Number of Beds(unit)	353	393	11.3
#医院(张)	Hospitals(unit)	260	300	15.4
卫生院(张)	Township Hospitals(unit)	77	77	0.0
卫生技术人员(人)	Medical Technical Presonnel(person)	450	495	10.0
#医院(人)	Hospitals(person)	256	276	7.8
卫生院(人)	Township Hospitals(person)	60	69	15.0

23-80 乌兰察布市集宁区

指　标	Item	2014	2015	2015年比上年增长% Increase Rate in 2015 Over 2014(%)
行政区域土地面积(平方公里)	**Area of Administration(Sq.km)**	**418**	**418**	**0.0**
人口和就业	**Population & Employment**			
年末户籍人口(人)	The Registered Population Year-end(person)	316484	316003	-0.2
#男性(人)	Male(person)	158699	158350	-0.2
#乡村人口(人)	Rural(person)	36433	60197	
年末常住人口(人)	Permanet Resident Population Year-end(person)			
#男性(人)	Male(person)			
#乡村人口(人)	Rural(person)			
年末总户数(户)	Total Number of Households at the Year-end(Household)	116465	115720	-0.6
#乡村户数(户)	Number of Rural Household(Household)	14126	15214	7.7
出生人口(人)	Births(person)	2925	2245	-23.2
死亡人口(人)	Deaths(person)	710	898	26.5
全社会就业人员(人)	Employment(person)	130376	131684	1.0
第一产业(人)	Primary Industry(person)	12657	11763	-7.1
第二产业(人)	Secondary Industry(person)	35354	37243	5.3
第三产业(人)	Tertiary Industry(person)	82365	82678	0.4
在岗职工人数(人)	Number of Staff & Workers Employed in(person)	57729	58659	1.6
乡村劳动力(人)	Number of Rural Laborers(person)	37741	33940	-10.1
#农林牧渔业(人)	Farming,Forestry,Animal Husbandry & Fishery(person)	21016	20368	-3.1
国民经济综合指标	**Summary Item on the National Economy**			
生产总值(万元)	Gross Domestic Product(10 000 yuan)	1623769	1816327	8.6
第一产业(万元)	Primary Industry(10 000 yuan)	43411	42821	4.8
第二产业(万元)	Secondary Industry(10 000 yuan)	790265	792443	6.8
#工业(万元)	Industry(10 000 yuan)	648826	644434	6.7
第三产业(万元)	Tertiary Industry(10 000 yuan)	790093	981063	10.5
人均生产总值(元)	Per Capita GDP(yuan)	51664	57478	10.7
全社会固定资产投资(万元)	Total Investment in Fixed Assets(10 000 yuan)	1335361	1387054	3.9
按登记注册类型分	Grouped by Registered Type			
#国有(万元)	State-owned Enterprises(10 000 yuan)	737929	602781	-18.3
集体(万元)	Collective-owned Enterprises(10 000 yuan)			
有限责任公司(万元)	Limited Liability Corporations(10 000 yuan)	6565	242881	3599.6
股份有限公司(万元)	Share Holding Enterprises(10 000 yuan)	14000	342296	2345.0
私营企业(万元)	Private Enterprises(10 000 yuan)	392002	134096	-65.8
外商及港澳台投资企业(万元)	Funds from HK,Macao,Taiwan & Foreign(10 000 yuan)			
一般公共预算收入(万元)	General Public Budget Revenue(10 000 yuan)	152332	171563	12.6
一般公共预算支出(万元)	General Public Budget Expenditure(10 000 yuan)	317623	405718	27.7
住户存款余额(万元)	The balance of savings deposits of Households(10 000 yuan)		2246750	
在岗职工工资总额(万元)	Total Wages of Staff & Workers Employed in(10 000 yuan)	252375	306849	21.6
在岗职工平均工资(元)	Average Wage of Staff & Workers Employed in(yuan)	47762	51878	8.6
全体居民人均可支配收入(元)	The per capita disposable income of all residents(yuan)	23476	25191	7.3
城镇常住居民人均可支配收入(元)	The per capita disposable income of urban permanent residents(yuan)	24550	26408	7.6
农村牧区常住居民人均可支配收入(元)	The per capita disposable income of permanent residents of rural and pastoral areas(yuan)	11844	12686	7.1
农村牧区经济	**Economic Development in Rural & Pastoral Area**			
农作物总播种面积(公顷)	Total Sown Area(hectare)	6441	6540	1.5
#粮食作物播种面积(公顷)	Sown Area of Grain Crops(hectare)	3940	4014	1.9
农牧业机械总动力(万千瓦)	Total Power of Agricultural Machinery(10 000 kw)	1.91	1.93	1.0
化肥施用折纯量(吨)	Consumption of Chemical Fertilizer(ton)	2460	2100	-14.6
农村用电量(万千瓦小时)	Electricity Consumed in Rural Area(10 000 kwh)	2450	2500	2.0
农林牧渔业总产值(万元)	Gross Output of Farming,Forestry,Animal Husbandry & Fishery(10 000 yuan)	66707	67987	2.7
粮食产量(吨)	Yield of Grain(ton)	9325	9529	2.2
油料产量(吨)	Yield of Oil-bearing Grops(ton)	1900	2211	16.4
甜菜产量(吨)	Yield of Beetroots(ton)	2250	2248	-0.1
猪牛羊肉产量(吨)	Output of Pork, Beef & Mutton(ton)	3240	3237	-0.1
#猪肉产量(吨)	Output of Pork(ton)	1430	1480	3.5
牛肉产量(吨)	Output of Beef(ton)	1120	1076	-3.9
羊肉产量(吨)	Output of Mutton(ton)	690	681	-1.3
羊毛产量(吨)	Output of Wool(ton)	130	130	0.0

23-80 Jining District in Wulanchabu City

指　标	Item	2014	2015	2015年比上年增长% Increase Rate in 2015 Over 2014(%)
年末牲畜存栏头数(万头只)	Total Livestock at the Year-end(10 000 heads)	4.44	4.89	10.1
#大牲畜(万头只)	Large Animals(10 000 heads)	0.53	0.39	-26.4
羊(万只)	Sheep & Goats(10 000 heads)	2.60	3.01	15.8
猪(万头)	Hogs(10 000 heads)	1.30	1.49	14.6
规模以上工业	**Industrial Enterprises above Designated size**			
工业企业单位数(个)	Number of Industrial Enterprises(unit)	40	36	-10.0
#内资企业(个)	Civil Funded Enterprises(unit)	38	34	-10.5
工业总产值(万元)	Gross Industrial Output Value(10 000 yuan)	1225787	1208559	-1.4
内资企业(万元)	Civil Funded Enterprises(10 000 yuan)	1195208	1177912	-1.4
国有企业(万元)	State-owned Enterprises(10 000 yuan)	67007	75916	13.3
集体企业(万元)	Collective-owned Enterprises(10 000 yuan)			
股份合作企业(万元)	Share Holding Enterprises(10 000 yuan)			
联营企业(万元)	Joint Owned Enterprises(10 000 yuan)			
有限责任公司(万元)	Limited Company(10 000 yuan)	1013338	979657	-3.3
股份有限公司(万元)	Share Holding Limited Company(10 000 yuan)	32787	34589	5.5
私营企业(万元)	Privately Owned Enterprises(10 000 yuan)	82076	87750	6.9
其他企业(万元)	Enterprises of Other Ownership(10 000 yuan)			
港澳台商投资企业(万元)	Funds from HK,Macao & Taiwan(10 000 yuan)	9231	9626	4.3
外商投资企业(万元)	Foreign Funded Enterprises(10 000 yuan)	21348	21021	-1.5
工业企业增加值(万元)	Value Added of Industrial Enterprises(10 000 yuan)			10.0
工业企业资产总计(万元)	Total Assets of Industrial Enterprises(10 000 yuan)	1139929	1497777	31.4
工业企业负债合计(万元)	Total Liabilities of Industrial Enterprises(10 000 yuan)	974822	1303632	33.7
工业企业产品销售收入(万元)	Sales of Revenue Industrial Enterprises(10 000 yuan)	465766	501325	7.6
工业企业利润总额(万元)	Total Profits of Industrial Enterprises(10 000 yuan)	9174	21599	135.4
建筑业	**Construction**			
建筑企业单位数(个)	Number of Construction Enterprises(unit)	24	22	-8.3
建筑企业从业人员(人)	Number of Employee in Construction Enterprises(person)	6906	7957	15.2
建筑业总产值(万元)	Gross Construction Output Value(10 000 yuan)	294678	238178	-19.2
交通运输邮电通信业	**Transportation,Post & Telecommunications**			
公路里程(公里)	Total Length of Highways(km)	521	575	10.4
邮电业务总量(万元)	Business Volume of Post & Telecoms(10 000 yuan)	22214	22381	0.8
本地电话用户(户)	Number of Subscribers of Local Telephone(Household)	11236	11562	2.9
国内贸易	**Domestic Trade**			
社会消费品零售总额(万元)	Total Retail Sales of Consumer Goods(10 000 yuan)	725011	783576	8.1
城镇(万元)	Town(10 000 yuan)	725011	730606	0.8
乡村(万元)	Village(10 000 yuan)		52969	
科技教育卫生	**Science,Education & Public Health**			
各类专业技术人员(人)	Special Technical Personnel(person)	2251	2314	2.8
幼儿园数(所)	Number of Kindergartens(unit)	10	13	30.0
学龄儿童入学率(%)	Percentage of School-Age Children Enrolled(%)	100.0	100.0	0.0
小学学校数(所)	Number of Primary Schools(unit)	24	26	8.3
小学专任教师数(人)	Number of Full-time Teachers of Primary Schools(person)	1239	1552	25.3
小学在校学生数(人)	Number of Student Enrollment of Primary Schools(person)	21184	21824	3.0
普通中学学校数(所)	Number of Regular Secondary Schools(unit)	18	18	0.0
普通中学专任教师数(人)	Number of Teachers of Secondary Shools(person)	2178	2154	-1.1
初中在校学生数(人)	Number of Student in Junior Secondary Schools(person)	13166	14386	9.3
高中在校学生数(人)	Number of Student in Senior Secondary Schools(person)	19831	16659	-16.0
卫生机构数(所)	Number of Health Institutions(unit)	363	364	0.3
#医院(所)	Hospitals(unit)	19	19	0.0
卫生院(所)	Township Hospitals(unit)	6	7	16.7
床位数(张)	Number of Beds(unit)	2977	2979	0.1
#医院(张)	Hospitals(unit)	2410	2451	1.7
卫生院(张)	Township Hospitals(unit)	95	96	1.1
卫生技术人员(人)	Medical Technical Presonnel(person)	3632	3648	0.4
#医院(人)	Hospitals(person)	2220	2227	0.3
卫生院(人)	Township Hospitals(person)	69	71	2.9

23-81 乌兰察布市丰镇市

指　标	Item	2014	2015	2015年比上年增长% Increase Rate in 2015 Over 2014(%)
行政区域土地面积(平方公里)	**Area of Administration(Sq.km)**	**2704**	**2704**	**0.0**
人口和就业	**Population & Employment**			
年末户籍人口(人)	The Registered Population Year-end(person)	332866	318561	-4.3
#男性(人)	Male(person)	172320	165286	-4.1
#乡村人口(人)	Rural(person)	235286	222758	
年末常住人口(人)	Permanet Resident Population Year-end(person)			
#男性(人)	Male(person)			
#乡村人口(人)	Rural(person)			
年末总户数(户)	Total Number of Households at the Year-end(Household)	150176	146533	-2.4
#乡村户数(户)	Number of Rural Household(Household)	55932	60309	7.8
出生人口(人)	Births(person)	3439	2438	-29.1
死亡人口(人)	Deaths(person)	1541	1411	-8.4
全社会就业人员(人)	Employment(person)	170067	182684	7.4
第一产业(人)	Primary Industry(person)	65428	62763	-4.1
第二产业(人)	Secondary Industry(person)	34314	37243	8.5
第三产业(人)	Tertiary Industry(person)	70325	82678	17.6
在岗职工人数(人)	Number of Staff & Workers Employed in(person)	15443	16421	6.3
乡村劳动力(人)	Number of Rural Laborers(person)	94950	96217	1.3
#农林牧渔业(人)	Farming,Forestry,Animal Husbandry & Fishery(person)	45498	46106	1.3
国民经济综合指标	**Summary Item on the National Economy**			
生产总值(万元)	Gross Domestic Product(10 000 yuan)	1382038	1420483	8.1
第一产业(万元)	Primary Industry(10 000 yuan)	168865	166648	4.2
第二产业(万元)	Secondary Industry(10 000 yuan)	818640	810290	8.5
#工业(万元)	Industry(10 000 yuan)	767640	756445	8.5
第三产业(万元)	Tertiary Industry(10 000 yuan)	394533	443545	8.8
人均生产总值(元)	Per Capita GDP(yuan)	40857	44591	8.4
全社会固定资产投资(万元)	Total Investment in Fixed Assets(10 000 yuan)	581066	696629	19.9
按登记注册类型分	Grouped by Registered Type			
#国有(万元)	State-owned Enterprises(10 000 yuan)	135417	30701	-77.3
集体(万元)	Collective-owned Enterprises(10 000 yuan)			
有限责任公司(万元)	Limited Liability Corporations(10 000 yuan)	4459	28951	549.3
股份有限公司(万元)	Share Holding Enterprises(10 000 yuan)			
私营企业(万元)	Private Enterprises(10 000 yuan)	437140	636977	45.7
外商及港澳台投资企业(万元)	Funds from HK,Macao,Taiwan & Foreign(10 000 yuan)			
一般公共预算收入(万元)	General Public Budget Revenue(10 000 yuan)	44882	49406	10.1
一般公共预算支出(万元)	General Public Budget Expenditure(10 000 yuan)	242838	255036	5.0
住户存款余额(万元)	The balance of savings deposits of Households(10 000 yuan)		624509	
在岗职工工资总额(万元)	Total Wages of Staff & Workers Employed in(10 000 yuan)	84369	90173	6.9
在岗职工平均工资(元)	Average Wage of Staff & Workers Employed in(yuan)	53582	54151	1.1
全体居民人均可支配收入(元)	The per capita disposable income of all residents(yuan)	16643	17798	6.9
城镇常住居民人均可支配收入(元)	The per capita disposable income of urban permanent residents(yuan)	21789	23482	7.8
农村牧区常住居民人均可支配收入(元)	The per capita disposable income of permanent residents of rural and pastoral areas(yuan)	9242	9927	7.4
农村牧区经济	**Economic Development in Rural & Pastoral Area**			
农作物总播种面积(公顷)	Total Sown Area(hectare)	50668	52385	3.4
#粮食作物播种面积(公顷)	Sown Area of Grain Crops(hectare)	42667	43718	2.5
农牧业机械总动力(万千瓦)	Total Power of Agricultural Machinery(10 000 kw)	19.01	19.31	1.6
化肥施用折纯量(吨)	Consumption of Chemical Fertilizer(ton)	13473	13610	1.0
农村用电量(万千瓦小时)	Electricity Consumed in Rural Area(10 000 kwh)	1291	1310	1.5
农林牧渔业总产值(万元)	Gross Output of Farming,Forestry,Animal Husbandry & Fishery(10 000 yuan)	267362	261226	0.9
粮食产量(吨)	Yield of Grain(ton)	91915	81213	-11.6
油料产量(吨)	Yield of Oil-bearing Grops(ton)	1800	2500	38.9
甜菜产量(吨)	Yield of Beetroots(ton)	23369	40000	71.2
猪牛羊肉产量(吨)	Output of Pork, Beef & Mutton(ton)	22129	21333	-3.6
#猪肉产量(吨)	Output of Pork(ton)	4244	5051	19.0
牛肉产量(吨)	Output of Beef(ton)	3300	2218	-32.8
羊肉产量(吨)	Output of Mutton(ton)	14585	14064	-3.6
羊毛产量(吨)	Output of Wool(ton)	1023	1260	23.2

23-81 Fengzhen City in Wulanchabu City

指　标	Item	2014	2015	2015年比上年增长% Increase Rate in 2015 Over 2014(%)
年末牲畜存栏头数(万头只)	Total Livestock at the Year-end(10 000 heads)	51.06	51.52	0.9
# 大牲畜(万头只)	Large Animals(10 000 heads)	3.79	3.73	-1.6
羊(万只)	Sheep & Goats(10 000 heads)	43.53	43.68	0.3
猪(万头)	Hogs(10 000 heads)	3.74	4.11	9.9
规模以上工业	**Industrial Enterprises above Designated size**			
工业企业单位数(个)	Number of Industrial Enterprises(unit)	44	42	-4.5
# 内资企业(个)	Civil Funded Enterprises(unit)	43	42	-2.3
工业总产值(万元)	Gross Industrial Output Value(10 000 yuan)	1995430	1999082	0.2
内资企业(万元)	Civil Funded Enterprises(10 000 yuan)	1909405	1999082	4.7
国有企业(万元)	State-owned Enterprises(10 000 yuan)	31656	8143	-74.3
集体企业(万元)	Collective-owned Enterprises(10 000 yuan)			
股份合作企业(万元)	Share Holding Enterprises(10 000 yuan)			
联营企业(万元)	Joint Owned Enterprises(10 000 yuan)			
有限责任公司(万元)	Limited Company(10 000 yuan)	1229727	1433757	16.6
股份有限公司(万元)	Share Holding Limited Company(10 000 yuan)	122459	95710	-21.8
私营企业(万元)	Privately Owned Enterprises(10 000 yuan)	525563	461472	-12.2
其他企业(万元)	Enterprises of Other Ownership(10 000 yuan)			
港澳台商投资企业(万元)	Funds from HK,Macao & Taiwan(10 000 yuan)			
外商投资企业(万元)	Foreign Funded Enterprises(10 000 yuan)	86025		
工业企业增加值(万元)	Value Added of Industrial Enterprises(10 000 yuan)			11.1
工业企业资产总计(万元)	Total Assets of Industrial Enterprises(10 000 yuan)	17173813	1794644	-89.6
工业企业负债合计(万元)	Total Liabilities of Industrial Enterprises(10 000 yuan)	1580013	1599825	1.3
工业企业产品销售收入(万元)	Sales of Revenue Industrial Enterprises(10 000 yuan)	1966162	1862496	-5.3
工业企业利润总额(万元)	Total Profits of Industrial Enterprises(10 000 yuan)	-9902	46876	
建筑业	**Construction**			
建筑企业单位数(个)	Number of Construction Enterprises(unit)	3	3	0.0
建筑企业从业人员(人)	Number of Employee in Construction Enterprises(person)	130	156	20.0
建筑业总产值(万元)	Gross Construction Output Value(10 000 yuan)	11295	17351	53.6
交通运输邮电通信业	**Transportation,Post & Telecommunications**			
公路里程(公里)	Total Length of Highways(km)	694	715	3.0
邮电业务总量(万元)	Business Volume of Post & Telecoms(10 000 yuan)	7851	7936	1.1
本地电话用户(户)	Number of Subscribers of Local Telephone(Household)	45104	45261	0.3
国内贸易	**Domestic Trade**			
社会消费品零售总额(万元)	Total Retail Sales of Consumer Goods(10 000 yuan)	323326	348765	7.9
城镇(万元)	Town(10 000 yuan)	241492	260730	8.0
乡村(万元)	Village(10 000 yuan)	81834	88035	7.6
科技教育卫生	**Science,Education & Public Health**			
各类专业技术人员(人)	Special Technical Personnel(person)	1368	1421	3.9
幼儿园数(所)	Number of Kindergartens(unit)	5	5	0.0
学龄儿童入学率(%)	Percentage of School-Age Children Enrolled(%)	100.0	100.0	0.0
小学学校数(所)	Number of Primary Schools(unit)	15	15	0.0
小学专任教师数(人)	Number of Full-time Teachers of Primary Schools(person)	1490	1486	-0.3
小学在校学生数(人)	Number of Student Enrollment of Primary Schools(person)	10437	10514	0.7
普通中学学校数(所)	Number of Regular Secondary Schools(unit)	11	10	-9.1
普通中学专任教师数(人)	Number of Teachers of Secondary Shools(person)	749	735	-1.9
初中在校学生数(人)	Number of Student in Junior Secondary Schools(person)	4895	5209	6.4
高中在校学生数(人)	Number of Student in Senior Secondary Schools(person)	2713	2495	-8.0
卫生机构数(所)	Number of Health Institutions(unit)	133	134	0.8
# 医院(所)	Hospitals(unit)	3	3	0.0
卫生院(所)	Township Hospitals(unit)	16	17	6.3
床位数(张)	Number of Beds(unit)	515	528	2.5
# 医院(张)	Hospitals(unit)	395	397	0.5
卫生院(张)	Township Hospitals(unit)	104	101	-2.9
卫生技术人员(人)	Medical Technical Presonnel(person)	796	802	0.8
# 医院(人)	Hospitals(person)	451	457	1.3
卫生院(人)	Township Hospitals(person)	108	112	3.7

23-82 乌兰察布市卓资县

指 标	Item	2014	2015	2015年比上年增长% Increase Rate in 2015 Over 2014(%)
行政区域土地面积(平方公里)	**Area of Administration(Sq.km)**	**3119**	**3119**	**0.0**
人口和就业	**Population & Employment**			
年末户籍人口(人)	The Registered Population Year-end(person)	205757	204245	-0.7
#男性(人)	Male(person)	109962	109090	-0.8
#乡村人口(人)	Rural(person)	163163	150557	
年末常住人口(人)	Permanet Resident Population Year-end(person)			
#男性(人)	Male(person)			
#乡村人口(人)	Rural(person)			
年末总户数(户)	Total Number of Households at the Year-end(Household)	96560	96744	0.2
#乡村户数(户)	Number of Rural Household(Household)	29714	29651	-0.2
出生人口(人)	Births(person)	2056	1116	-45.7
死亡人口(人)	Deaths(person)	920	683	-25.8
全社会就业人员(人)	Employment(person)	147084	143768	-2.3
第一产业(人)	Primary Industry(person)	66328	67571	1.9
第二产业(人)	Secondary Industry(person)	25732	23461	-8.8
第三产业(人)	Tertiary Industry(person)	55024	52736	-4.2
在岗职工人数(人)	Number of Staff & Workers Employed in(person)	7572	6954	-8.2
乡村劳动力(人)	Number of Rural Laborers(person)	65620	64783	-1.3
#农林牧渔业(人)	Farming,Forestry,Animal Husbandry & Fishery(person)	37309	35584	-4.6
国民经济综合指标	**Summary Item on the National Economy**			
生产总值(万元)	Gross Domestic Product(10 000 yuan)	614272	639760	7.7
第一产业(万元)	Primary Industry(10 000 yuan)	91622	90207	3.9
第二产业(万元)	Secondary Industry(10 000 yuan)	311183	303516	8.4
#工业(万元)	Industry(10 000 yuan)	275996	266647	8.5
第三产业(万元)	Tertiary Industry(10 000 yuan)	211467	246037	8.1
人均生产总值(元)	Per Capita GDP(yuan)	28683	31323	8.3
全社会固定资产投资(万元)	Total Investment in Fixed Assets(10 000 yuan)	336674	380826	13.1
按登记注册类型分	Grouped by Registered Type			
#国有(万元)	State-owned Enterprises(10 000 yuan)	108957	185053	69.8
集体(万元)	Collective-owned Enterprises(10 000 yuan)			
有限责任公司(万元)	Limited Liability Corporations(10 000 yuan)	161710	116875	-27.7
股份有限公司(万元)	Share Holding Enterprises(10 000 yuan)		13296	
私营企业(万元)	Private Enterprises(10 000 yuan)	66007	65602	-0.6
外商及港澳台投资企业(万元)	Funds from HK,Macao,Taiwan & Foreign(10 000 yuan)			
一般公共预算收入(万元)	General Public Budget Revenue(10 000 yuan)	25125	28307	12.7
一般公共预算支出(万元)	General Public Budget Expenditure(10 000 yuan)	177404	195103	10.0
住户存款余额(万元)	The balance of savings deposits of Households(10 000 yuan)		332214	
在岗职工工资总额(万元)	Total Wages of Staff & Workers Employed in(10 000 yuan)	38093	44581	17.0
在岗职工平均工资(元)	Average Wage of Staff & Workers Employed in(yuan)	52220	63542	21.7
全体居民人均可支配收入(元)	The per capita disposable income of all residents(yuan)	13728	14796	7.8
城镇常住居民人均可支配收入(元)	The per capita disposable income of urban permanent residents(yuan)	22203	24033	8.2
农村牧区常住居民人均可支配收入(元)	The per capita disposable income of permanent residents of rural and pastoral areas(yuan)	7879	8530	8.3
农村牧区经济	**Economic Development in Rural & Pastoral Area**			
农作物总播种面积(公顷)	Total Sown Area(hectare)	40350	40995	1.6
#粮食作物播种面积(公顷)	Sown Area of Grain Crops(hectare)	30245	31055	2.7
农牧业机械总动力(万千瓦)	Total Power of Agricultural Machinery(10 000 kw)	10.49	10.51	0.2
化肥施用折纯量(吨)	Consumption of Chemical Fertilizer(ton)	2962	2959	-0.1
农村用电量(万千瓦小时)	Electricity Consumed in Rural Area(10 000 kwh)	823	824	0.1
农林牧渔业总产值(万元)	Gross Output of Farming,Forestry,Animal Husbandry & Fishery(10 000 yuan)	157699	156145	1.6
粮食产量(吨)	Yield of Grain(ton)	70961	67592	-4.7
油料产量(吨)	Yield of Oil-bearing Grops(ton)	3847	7084	84.1
甜菜产量(吨)	Yield of Beetroots(ton)	15750	10620	-32.6
猪牛羊肉产量(吨)	Output of Pork, Beef & Mutton(ton)	15383	16204	5.3
#猪肉产量(吨)	Output of Pork(ton)	3680	4290	16.6
牛肉产量(吨)	Output of Beef(ton)	3380	3286	-2.8
羊肉产量(吨)	Output of Mutton(ton)	8323	8628	3.7
羊毛产量(吨)	Output of Wool(ton)	550	548	-0.4

23-82 Zhuozi County in Wulanchabu City

指　标	Item	2014	2015	2015年比上年增长% Increase Rate in 2015 Over 2014(%)
年末牲畜存栏头数(万头只)	Total Livestock at the Year-end(10 000 heads)	37.65	38.46	2.2
#大牲畜(万头只)	Large Animals(10 000 heads)	3.42	3.34	-2.3
羊(万只)	Sheep & Goats(10 000 heads)	30.43	31.58	3.8
猪(万头)	Hogs(10 000 heads)	3.80	3.55	-6.6
规模以上工业	**Industrial Enterprises above Designated size**			
工业企业单位数(个)	Number of Industrial Enterprises(unit)	24	21	-12.5
#内资企业(个)	Civil Funded Enterprises(unit)	24	21	-12.5
工业总产值(万元)	Gross Industrial Output Value(10 000 yuan)	819812	710257	-13.4
内资企业(万元)	Civil Funded Enterprises(10 000 yuan)	819812	710257	-13.4
国有企业(万元)	State-owned Enterprises(10 000 yuan)	18830		
集体企业(万元)	Collective-owned Enterprises(10 000 yuan)			
股份合作企业(万元)	Share Holding Enterprises(10 000 yuan)			
联营企业(万元)	Joint Owned Enterprises(10 000 yuan)			
有限责任公司(万元)	Limited Company(10 000 yuan)	550322	498965	-9.3
股份有限公司(万元)	Share Holding Limited Company(10 000 yuan)	7726	9787	26.7
私营企业(万元)	Privately Owned Enterprises(10 000 yuan)	242934	146241	-39.8
其他企业(万元)	Enterprises of Other Ownership(10 000 yuan)		55264	
港澳台商投资企业(万元)	Funds from HK,Macao & Taiwan(10 000 yuan)			
外商投资企业(万元)	Foreign Funded Enterprises(10 000 yuan)			
工业企业增加值(万元)	Value Added of Industrial Enterprises(10 000 yuan)			11.5
工业企业资产总计(万元)	Total Assets of Industrial Enterprises(10 000 yuan)	1782354	1874799	5.2
工业企业负债合计(万元)	Total Liabilities of Industrial Enterprises(10 000 yuan)	1224204	1322018	8.0
工业企业产品销售收入(万元)	Sales of Revenue Industrial Enterprises(10 000 yuan)	712671	545248	-23.5
工业企业利润总额(万元)	Total Profits of Industrial Enterprises(10 000 yuan)	-111935	-51324	
建筑业	**Construction**			
建筑企业单位数(个)	Number of Construction Enterprises(unit)	2	2	0.0
建筑企业从业人员(人)	Number of Employee in Construction Enterprises(person)	606	457	-24.6
建筑业总产值(万元)	Gross Construction Output Value(10 000 yuan)	11346	11562	1.9
交通运输邮电通信业	**Transportation,Post & Telecommunications**			
公路里程(公里)	Total Length of Highways(km)	1007	1097	8.9
邮电业务总量(万元)	Business Volume of Post & Telecoms(10 000 yuan)	2758	2814	2.0
本地电话用户(户)	Number of Subscribers of Local Telephone(Household)	12741	12936	1.5
国内贸易	**Domestic Trade**			
社会消费品零售总额(万元)	Total Retail Sales of Consumer Goods(10 000 yuan)	152156	163870	7.7
城镇(万元)	Town(10 000 yuan)	101013	108960	7.9
乡村(万元)	Village(10 000 yuan)	51143	54910	7.4
科技教育卫生	**Science,Education & Public Health**			
各类专业技术人员(人)	Special Technical Personnel(person)	781	793	1.5
幼儿园数(所)	Number of Kindergartens(unit)	14	14	0.0
学龄儿童入学率(%)	Percentage of School-Age Children Enrolled(%)	100.0	100.0	0.0
小学学校数(所)	Number of Primary Schools(unit)	17	18	5.9
小学专任教师数(人)	Number of Full-time Teachers of Primary Schools(person)	557	548	-1.6
小学在校学生数(人)	Number of Student Enrollment of Primary Schools(person)	3070	2936	-4.4
普通中学学校数(所)	Number of Regular Secondary Schools(unit)	6	6	0.0
普通中学专任教师数(人)	Number of Teachers of Secondary Shools(person)	537	541	0.7
初中在校学生数(人)	Number of Student in Junior Secondary Schools(person)	4873	4861	-0.2
高中在校学生数(人)	Number of Student in Senior Secondary Schools(person)	1641	1520	-7.4
卫生机构数(所)	Number of Health Institutions(unit)	157	158	0.6
#医院(所)	Hospitals(unit)	3	3	0.0
卫生院(所)	Township Hospitals(unit)	17	16	-5.9
床位数(张)	Number of Beds(unit)	309	321	3.9
#医院(张)	Hospitals(unit)	165	164	-0.6
卫生院(张)	Township Hospitals(unit)	132	128	-3.0
卫生技术人员(人)	Medical Technical Presonnel(person)	345	356	3.2
#医院(人)	Hospitals(person)	93	91	-2.2
卫生院(人)	Township Hospitals(person)	105	114	8.6

23-83 乌兰察布市化德县

指　标	Item	2014	2015	2015年比上年增长% Increase Rate in 2015 Over 2014(%)
行政区域土地面积(平方公里)	**Area of Administration(Sq.km)**	**2534**	**2534**	**0.0**
人口和就业	**Population & Employment**			
年末户籍人口(人)	The Registered Population Year-end(person)	165562	164871	-0.4
#男性(人)	Male(person)	84193	83710	-0.6
#乡村人口(人)	Rural(person)	134893	127718	
年末常住人口(人)	Permanet Resident Population Year-end(person)			
#男性(人)	Male(person)			
#乡村人口(人)	Rural(person)			
年末总户数(户)	Total Number of Households at the Year-end(Household)	75716	75411	-0.4
#乡村户数(户)	Number of Rural Household(Household)	28042	30145	7.5
出生人口(人)	Births(person)	1566	932	-40.5
死亡人口(人)	Deaths(person)	641	411	-35.9
全社会就业人员(人)	Employment(person)	78891	79126	0.3
第一产业(人)	Primary Industry(person)	46721	46513	-0.4
第二产业(人)	Secondary Industry(person)	7258	7487	3.2
第三产业(人)	Tertiary Industry(person)	24912	25126	0.9
在岗职工人数(人)	Number of Staff & Workers Employed in(person)	7981	8215	2.9
乡村劳动力(人)	Number of Rural Laborers(person)	48774	49085	0.6
#农林牧渔业(人)	Farming,Forestry,Animal Husbandry & Fishery(person)	36002	36128	0.3
国民经济综合指标	**Summary Item on the National Economy**			
生产总值(万元)	Gross Domestic Product(10 000 yuan)	470234	516852	7.6
第一产业(万元)	Primary Industry(10 000 yuan)	78246	77325	4.5
第二产业(万元)	Secondary Industry(10 000 yuan)	272879	303036	7.9
#工业(万元)	Industry(10 000 yuan)	236700	264687	7.8
第三产业(万元)	Tertiary Industry(10 000 yuan)	119109	136491	8.7
人均生产总值(元)	Per Capita GDP(yuan)	27124	31349	14.7
全社会固定资产投资(万元)	Total Investment in Fixed Assets(10 000 yuan)	235383	300010	27.5
按登记注册类型分	Grouped by Registered Type			
#国有(万元)	State-owned Enterprises(10 000 yuan)	76451	124225	62.5
集体(万元)	Collective-owned Enterprises(10 000 yuan)	8942	4300	-51.9
有限责任公司(万元)	Limited Liability Corporations(10 000 yuan)	10465		
股份有限公司(万元)	Share Holding Enterprises(10 000 yuan)			
私营企业(万元)	Private Enterprises(10 000 yuan)	126068	171485	36.0
外商及港澳台投资企业(万元)	Funds from HK,Macao,Taiwan & Foreign(10 000 yuan)			
一般公共预算收入(万元)	General Public Budget Revenue(10 000 yuan)	16194	18545	14.5
一般公共预算支出(万元)	General Public Budget Expenditure(10 000 yuan)	178452	188666	5.7
住户存款余额(万元)	The balance of savings deposits of Households(10 000 yuan)		285458	
在岗职工工资总额(万元)	Total Wages of Staff & Workers Employed in(10 000 yuan)	38093	42077	10.5
在岗职工平均工资(元)	Average Wage of Staff & Workers Employed in(yuan)	47116	50170	6.5
全体居民人均可支配收入(元)	The per capita disposable income of all residents(yuan)	14489	15718	8.5
城镇常住居民人均可支配收入(元)	The per capita disposable income of urban permanent residents(yuan)	22737	24581	8.1
农村牧区常住居民人均可支配收入(元)	The per capita disposable income of permanent residents of rural and pastoral areas(yuan)	6522	7093	8.8
农村牧区经济	**Economic Development in Rural & Pastoral Area**			
农作物总播种面积(公顷)	Total Sown Area(hectare)	46981	48275	2.8
#粮食作物播种面积(公顷)	Sown Area of Grain Crops(hectare)	36920	38505	4.3
农牧业机械总动力(万千瓦)	Total Power of Agricultural Machinery(10 000 kw)	13.28	13.42	1.1
化肥施用折纯量(吨)	Consumption of Chemical Fertilizer(ton)	4025	3819	-5.1
农村用电量(万千瓦小时)	Electricity Consumed in Rural Area(10 000 kwh)	2193	2284	4.1
农林牧渔业总产值(万元)	Gross Output of Farming,Forestry,Animal Husbandry & Fishery(10 000 yuan)	142655	143978	3.4
粮食产量(吨)	Yield of Grain(ton)	49791	50263	0.9
油料产量(吨)	Yield of Oil-bearing Grops(ton)	1200	1003	-16.4
甜菜产量(吨)	Yield of Beetroots(ton)	63496	62280	-1.9
猪牛羊肉产量(吨)	Output of Pork, Beef & Mutton(ton)	11360	12019	5.8
#猪肉产量(吨)	Output of Pork(ton)	2810	2948	4.9
牛肉产量(吨)	Output of Beef(ton)	2900	2998	3.4
羊肉产量(吨)	Output of Mutton(ton)	5650	6073	7.5
羊毛产量(吨)	Output of Wool(ton)	426	388	-8.9

23-83 Huade County in Wulanchabu City

指　标	Item	2014	2015	2015年比上年增长% Increase Rate in 2015 Over 2014(%)
年末牲畜存栏头数(万头只)	Total Livestock at the Year-end(10 000 heads)	22.09	24.62	11.5
# 大牲畜(万头只)	Large Animals(10 000 heads)	2.02	1.49	-26.2
羊(万只)	Sheep & Goats(10 000 heads)	17.09	20.28	18.7
猪(万头)	Hogs(10 000 heads)	2.99	2.85	-4.7
规模以上工业	**Industrial Enterprises above Designated size**			
工业企业单位数(个)	Number of Industrial Enterprises(unit)	29	27	-6.9
# 内资企业(个)	Civil Funded Enterprises(unit)	28	26	-7.1
工业总产值(万元)	Gross Industrial Output Value(10 000 yuan)	718213	752954	4.8
内资企业(万元)	Civil Funded Enterprises(10 000 yuan)	621893	743999	19.6
国有企业(万元)	State-owned Enterprises(10 000 yuan)			
集体企业(万元)	Collective-owned Enterprises(10 000 yuan)			
股份合作企业(万元)	Share Holding Enterprises(10 000 yuan)			
联营企业(万元)	Joint Owned Enterprises(10 000 yuan)			
有限责任公司(万元)	Limited Company(10 000 yuan)	204857	246065	20.1
股份有限公司(万元)	Share Holding Limited Company(10 000 yuan)	41636	45526	9.3
私营企业(万元)	Privately Owned Enterprises(10 000 yuan)	375400	452408	20.5
其他企业(万元)	Enterprises of Other Ownership(10 000 yuan)			
港澳台商投资企业(万元)	Funds from HK,Macao & Taiwan(10 000 yuan)			
外商投资企业(万元)	Foreign Funded Enterprises(10 000 yuan)	96320	8955	-90.7
工业企业增加值(万元)	Value Added of Industrial Enterprises(10 000 yuan)			9.9
工业企业资产总计(万元)	Total Assets of Industrial Enterprises(10 000 yuan)	692183	712743	3.0
工业企业负债合计(万元)	Total Liabilities of Industrial Enterprises(10 000 yuan)	427999	458869	7.2
工业企业产品销售收入(万元)	Sales of Revenue Industrial Enterprises(10 000 yuan)	606328	733611	21.0
工业企业利润总额(万元)	Total Profits of Industrial Enterprises(10 000 yuan)	15954	85469	435.7
建筑业	**Construction**			
建筑企业单位数(个)	Number of Construction Enterprises(unit)	2	2	0.0
建筑企业从业人员(人)	Number of Employee in Construction Enterprises(person)	678	234	-65.5
建筑业总产值(万元)	Gross Construction Output Value(10 000 yuan)	12159	8774	-27.8
交通运输邮电通信业	**Transportation,Post & Telecommunications**			
公路里程(公里)	Total Length of Highways(km)	1378	1412	2.5
邮电业务总量(万元)	Business Volume of Post & Telecoms(10 000 yuan)	3297	3361	1.9
本地电话用户(户)	Number of Subscribers of Local Telephone(Household)	16924	17128	1.2
国内贸易	**Domestic Trade**			
社会消费品零售总额(万元)	Total Retail Sales of Consumer Goods(10 000 yuan)	130874	141005	7.7
城镇(万元)	Town(10 000 yuan)	87029	93807	7.8
乡村(万元)	Village(10 000 yuan)	43844	47199	7.7
科技教育卫生	**Science,Education & Public Health**			
各类专业技术人员(人)	Special Technical Personnel(person)	704	728	3.4
幼儿园数(所)	Number of Kindergartens(unit)	14	14	0.0
学龄儿童入学率(%)	Percentage of School-Age Children Enrolled(%)	100.0	100.0	0.0
小学学校数(所)	Number of Primary Schools(unit)	13	12	-7.7
小学专任教师数(人)	Number of Full-time Teachers of Primary Schools(person)	502	496	-1.2
小学在校学生数(人)	Number of Student Enrollment of Primary Schools(person)	4789	4569	-4.6
普通中学学校数(所)	Number of Regular Secondary Schools(unit)	3	2	-33.3
普通中学专任教师数(人)	Number of Teachers of Secondary Shools(person)	302	298	-1.3
初中在校学生数(人)	Number of Student in Junior Secondary Schools(person)	3124	3018	-3.4
高中在校学生数(人)	Number of Student in Senior Secondary Schools(person)	2214	2054	-7.2
卫生机构数(所)	Number of Health Institutions(unit)	130	131	0.8
# 医院(所)	Hospitals(unit)	2	2	0.0
卫生院(所)	Township Hospitals(unit)	11	12	9.1
床位数(张)	Number of Beds(unit)	408	417	2.2
# 医院(张)	Hospitals(unit)	251	253	0.8
卫生院(张)	Township Hospitals(unit)	82	84	2.4
卫生技术人员(人)	Medical Technical Presonnel(person)	443	445	0.5
# 医院(人)	Hospitals(person)	176	178	1.1
卫生院(人)	Township Hospitals(person)	68	71	4.4

23-84 乌兰察布市商都县

指　标	Item	2014	2015	2015年比上年增长% Increase Rate in 2015 Over 2014(%)
行政区域土地面积(平方公里)	**Area of Administration(Sq.km)**	**4304**	**4304**	**0.0**
人口和就业	**Population & Employment**			
年末户籍人口(人)	The Registered Population Year-end(person)	334186	333183	-0.3
# 男性(人)	Male(person)	171542	170778	-0.4
# 乡村人口(人)	Rural(person)	227503	260002	
年末常住人口(人)	Permanet Resident Population Year-end(person)			
# 男性(人)	Male(person)			
# 乡村人口(人)	Rural(person)			
年末总户数(户)	Total Number of Households at the Year-end(Household)	146733	148249	1.0
# 乡村户数(户)	Number of Rural Household(Household)	44253	49871	12.7
出生人口(人)	Births(person)	3052	2302	-24.6
死亡人口(人)	Deaths(person)	8078	1766	-78.1
全社会就业人员(人)	Employment(person)	185900	185979	0.0
第一产业(人)	Primary Industry(person)	107245	105783	-1.4
第二产业(人)	Secondary Industry(person)	17128	16431	-4.1
第三产业(人)	Tertiary Industry(person)	61527	63765	3.6
在岗职工人数(人)	Number of Staff & Workers Employed in(person)	10234	9594	-6.3
乡村劳动力(人)	Number of Rural Laborers(person)	98606	97425	-1.2
# 农林牧渔业(人)	Farming,Forestry,Animal Husbandry & Fishery(person)	77468	76654	-1.1
国民经济综合指标	**Summary Item on the National Economy**			
生产总值(万元)	Gross Domestic Product(10 000 yuan)	625167	599028	7.8
第一产业(万元)	Primary Industry(10 000 yuan)	136764	131488	1.9
第二产业(万元)	Secondary Industry(10 000 yuan)	294974	249114	9.3
# 工业(万元)	Industry(10 000 yuan)	264154	216471	9.3
第三产业(万元)	Tertiary Industry(10 000 yuan)	193429	218426	9.6
人均生产总值(元)	Per Capita GDP(yuan)	18234	17979	-0.3
全社会固定资产投资(万元)	Total Investment in Fixed Assets(10 000 yuan)	253822	321124	26.5
按登记注册类型分	Grouped by Registered Type			
# 国有(万元)	State-owned Enterprises(10 000 yuan)	55649	167987	201.9
集体(万元)	Collective-owned Enterprises(10 000 yuan)			
有限责任公司(万元)	Limited Liability Corporations(10 000 yuan)	1300	35217	2609.0
股份有限公司(万元)	Share Holding Enterprises(10 000 yuan)	41448		
私营企业(万元)	Private Enterprises(10 000 yuan)	81287	115620	42.2
外商及港澳台投资企业(万元)	Funds from HK,Macao,Taiwan & Foreign(10 000 yuan)			
一般公共预算收入(万元)	General Public Budget Revenue(10 000 yuan)	15491	18351	18.5
一般公共预算支出(万元)	General Public Budget Expenditure(10 000 yuan)	227731	280599	23.2
住户存款余额(万元)	The balance of savings deposits of Households(10 000 yuan)		391993	
在岗职工工资总额(万元)	Total Wages of Staff & Workers Employed in(10 000 yuan)	53846	64772	20.3
在岗职工平均工资(元)	Average Wage of Staff & Workers Employed in(yuan)	52334	66872	27.8
全体居民人均可支配收入(元)	The per capita disposable income of all residents(yuan)	11559	12598	9.0
城镇常住居民人均可支配收入(元)	The per capita disposable income of urban permanent residents(yuan)	20299	21975	8.3
农村牧区常住居民人均可支配收入(元)	The per capita disposable income of permanent residents of rural and pastoral areas(yuan)	7330	7920	8.0
农村牧区经济	**Economic Development in Rural & Pastoral Area**			
农作物总播种面积(公顷)	Total Sown Area(hectare)	90460	90397	-0.1
# 粮食作物播种面积(公顷)	Sown Area of Grain Crops(hectare)	61828	55746	-9.8
农牧业机械总动力(万千瓦)	Total Power of Agricultural Machinery(10 000 kw)	23.58	23.67	0.4
化肥施用折纯量(吨)	Consumption of Chemical Fertilizer(ton)	10499	10779	2.7
农村用电量(万千瓦小时)	Electricity Consumed in Rural Area(10 000 kwh)	4540	5556	22.4
农林牧渔业总产值(万元)	Gross Output of Farming,Forestry,Animal Husbandry & Fishery(10 000 yuan)	257137	243525	0.6
粮食产量(吨)	Yield of Grain(ton)	82394	75064	-8.9
油料产量(吨)	Yield of Oil-bearing Grops(ton)	7355	5337	-27.4
甜菜产量(吨)	Yield of Beetroots(ton)	243375	698190	186.9
猪牛羊肉产量(吨)	Output of Pork, Beef & Mutton(ton)	21810	23447	7.5
# 猪肉产量(吨)	Output of Pork(ton)	4300	4572	6.3
牛肉产量(吨)	Output of Beef(ton)	1680	1857	10.5
羊肉产量(吨)	Output of Mutton(ton)	15830	17018	7.5
羊毛产量(吨)	Output of Wool(ton)	980	1241	26.6

23-84 Shangdu County in Wulanchabu City

指　标	Item	2014	2015	2015年比上年增长% Increase Rate in 2015 Over 2014(%)
年末牲畜存栏头数(万头只)	Total Livestock at the Year-end(10 000 heads)	46.35	46.54	0.4
# 大牲畜(万头只)	Large Animals(10 000 heads)	2.54	2.46	-3.1
羊(万只)	Sheep & Goats(10 000 heads)	39.24	39.84	1.5
猪(万头)	Hogs(10 000 heads)	4.57	4.24	-7.2
规模以上工业	**Industrial Enterprises above Designated size**			
工业企业单位数(个)	Number of Industrial Enterprises(unit)	34	33	-2.9
# 内资企业(个)	Civil Funded Enterprises(unit)	33	32	-3.0
工业总产值(万元)	Gross Industrial Output Value(10 000 yuan)	676081	640326	-5.3
内资企业(万元)	Civil Funded Enterprises(10 000 yuan)	672305	624306	-7.1
国有企业(万元)	State-owned Enterprises(10 000 yuan)			
集体企业(万元)	Collective-owned Enterprises(10 000 yuan)			
股份合作企业(万元)	Share Holding Enterprises(10 000 yuan)			
联营企业(万元)	Joint Owned Enterprises(10 000 yuan)			
有限责任公司(万元)	Limited Company(10 000 yuan)	209526	175560	-16.2
股份有限公司(万元)	Share Holding Limited Company(10 000 yuan)			
私营企业(万元)	Privately Owned Enterprises(10 000 yuan)	462779	448746	-3.0
其他企业(万元)	Enterprises of Other Ownership(10 000 yuan)			
港澳台商投资企业(万元)	Funds from HK,Macao & Taiwan(10 000 yuan)	3776	16020	324.3
外商投资企业(万元)	Foreign Funded Enterprises(10 000 yuan)			
工业企业增加值(万元)	Value Added of Industrial Enterprises(10 000 yuan)			9.9
工业企业资产总计(万元)	Total Assets of Industrial Enterprises(10 000 yuan)	579006	657714	13.6
工业企业负债合计(万元)	Total Liabilities of Industrial Enterprises(10 000 yuan)	443326	513128	15.7
工业企业产品销售收入(万元)	Sales of Revenue Industrial Enterprises(10 000 yuan)	636658	607664	-4.6
工业企业利润总额(万元)	Total Profits of Industrial Enterprises(10 000 yuan)	-10977	1880	
建筑业	**Construction**			
建筑企业单位数(个)	Number of Construction Enterprises(unit)	2	2	0.0
建筑企业从业人员(人)	Number of Employee in Construction Enterprises(person)	258	227	-12.0
建筑业总产值(万元)	Gross Construction Output Value(10 000 yuan)	19763	17041	-13.8
交通运输邮电通信业	**Transportation,Post & Telecommunications**			
公路里程(公里)	Total Length of Highways(km)	1684	1721	2.2
邮电业务总量(万元)	Business Volume of Post & Telecoms(10 000 yuan)	3012	3074	2.1
本地电话用户(户)	Number of Subscribers of Local Telephone(Household)	32865	33124	0.8
国内贸易	**Domestic Trade**			
社会消费品零售总额(万元)	Total Retail Sales of Consumer Goods(10 000 yuan)	276625	298438	7.9
城镇(万元)	Town(10 000 yuan)	182479	197078	8.0
乡村(万元)	Village(10 000 yuan)	94145	101361	7.7
科技教育卫生	**Science,Education & Public Health**			
各类专业技术人员(人)	Special Technical Personnel(person)	1015	1087	7.1
幼儿园数(所)	Number of Kindergartens(unit)	4	4	0.0
学龄儿童入学率(%)	Percentage of School-Age Children Enrolled(%)	100.0	100.0	0.0
小学学校数(所)	Number of Primary Schools(unit)	17	16	-5.9
小学专任教师数(人)	Number of Full-time Teachers of Primary Schools(person)	648	604	-6.8
小学在校学生数(人)	Number of Student Enrollment of Primary Schools(person)	9391	9004	-4.1
普通中学学校数(所)	Number of Regular Secondary Schools(unit)	10	10	0.0
普通中学专任教师数(人)	Number of Teachers of Secondary Shools(person)	581	541	-6.9
初中在校学生数(人)	Number of Student in Junior Secondary Schools(person)	5539	4893	-11.7
高中在校学生数(人)	Number of Student in Senior Secondary Schools(person)	2214	2457	11.0
卫生机构数(所)	Number of Health Institutions(unit)	263	261	-0.8
# 医院(所)	Hospitals(unit)	3	3	0.0
卫生院(所)	Township Hospitals(unit)	17	17	0.0
床位数(张)	Number of Beds(unit)	535	542	1.3
# 医院(张)	Hospitals(unit)	342	344	0.6
卫生院(张)	Township Hospitals(unit)	99	101	2.0
卫生技术人员(人)	Medical Technical Presonnel(person)	479	481	0.4
# 医院(人)	Hospitals(person)	226	227	0.4
卫生院(人)	Township Hospitals(person)	109	107	-1.8

23-85 乌兰察布市兴和县

指　标	Item	2014	2015	2015年比上年增长% Increase Rate in 2015 Over 2014(%)
行政区域土地面积(平方公里)	**Area of Administration(Sq.km)**	**3519**	**3519**	**0.0**
人口和就业	**Population & Employment**			
年末户籍人口(人)	The Registered Population Year-end(person)	322231	319477	-0.9
# 男性(人)	Male(person)	165688	164273	-0.9
# 乡村人口(人)	Rural(person)	271010	195017	
年末常住人口(人)	Permanet Resident Population Year-end(person)			
# 男性(人)	Male(person)			
# 乡村人口(人)	Rural(person)			
年末总户数(户)	Total Number of Households at the Year-end(Household)	134966	136143	0.9
# 乡村户数(户)	Number of Rural Household(Household)	55638	55732	0.2
出生人口(人)	Births(person)	3615	2915	-19.4
死亡人口(人)	Deaths(person)	1732	1069	-38.3
全社会就业人员(人)	Employment(person)	190700	190480	-0.1
第一产业(人)	Primary Industry(person)	92158	91526	-0.7
第二产业(人)	Secondary Industry(person)	25014	26326	5.2
第三产业(人)	Tertiary Industry(person)	73528	72628	-1.2
在岗职工人数(人)	Number of Staff & Workers Employed in(person)	10279	8551	-16.8
乡村劳动力(人)	Number of Rural Laborers(person)	130162	130192	0.0
# 农林牧渔业(人)	Farming,Forestry,Animal Husbandry & Fishery(person)	93061	93071	0.0
国民经济综合指标	**Summary Item on the National Economy**			
生产总值(万元)	Gross Domestic Product(10 000 yuan)	602079	645801	8.1
第一产业(万元)	Primary Industry(10 000 yuan)	115856	114391	4.2
第二产业(万元)	Secondary Industry(10 000 yuan)	272706	266794	8.2
# 工业(万元)	Industry(10 000 yuan)	228032	219408	8.1
第三产业(万元)	Tertiary Industry(10 000 yuan)	213517	264616	9.7
人均生产总值(元)	Per Capita GDP(yuan)	18201	20214	10.6
全社会固定资产投资(万元)	Total Investment in Fixed Assets(10 000 yuan)	299830	384268	28.2
按登记注册类型分	Grouped by Registered Type			
# 国有(万元)	State-owned Enterprises(10 000 yuan)	550	54964	9893.5
集体(万元)	Collective-owned Enterprises(10 000 yuan)			
有限责任公司(万元)	Limited Liability Corporations(10 000 yuan)	147148	40738	-72.3
股份有限公司(万元)	Share Holding Enterprises(10 000 yuan)	53000	15456	-70.8
私营企业(万元)	Private Enterprises(10 000 yuan)	83415	273110	227.4
外商及港澳台投资企业(万元)	Funds from HK,Macao,Taiwan & Foreign(10 000 yuan)			
一般公共预算收入(万元)	General Public Budget Revenue(10 000 yuan)	31174	33653	8.0
一般公共预算支出(万元)	General Public Budget Expenditure(10 000 yuan)	253261	256528	1.3
住户存款余额(万元)	The balance of savings deposits of Households(10 000 yuan)		443297	
在岗职工工资总额(万元)	Total Wages of Staff & Workers Employed in(10 000 yuan)	44265	40442	-8.6
在岗职工平均工资(元)	Average Wage of Staff & Workers Employed in(yuan)	43393	47418	9.3
全体居民人均可支配收入(元)	The per capita disposable income of all residents(yuan)	10334	11223	8.6
城镇常住居民人均可支配收入(元)	The per capita disposable income of urban permanent residents(yuan)	20106	21777	8.3
农村牧区常住居民人均可支配收入(元)	The per capita disposable income of permanent residents of rural and pastoral areas(yuan)	7030	7607	8.2
农村牧区经济	**Economic Development in Rural & Pastoral Area**			
农作物总播种面积(公顷)	Total Sown Area(hectare)	70515	75700	7.4
# 粮食作物播种面积(公顷)	Sown Area of Grain Crops(hectare)	51582	55033	6.7
农牧业机械总动力(万千瓦)	Total Power of Agricultural Machinery(10 000 kw)	18.88	18.96	0.4
化肥施用折纯量(吨)	Consumption of Chemical Fertilizer(ton)	12490	13525	8.3
农村用电量(万千瓦小时)	Electricity Consumed in Rural Area(10 000 kwh)	2980	3100	4.0
农林牧渔业总产值(万元)	Gross Output of Farming,Forestry,Animal Husbandry & Fishery(10 000 yuan)	206895	207148	2.8
粮食产量(吨)	Yield of Grain(ton)	75580	75159	-0.6
油料产量(吨)	Yield of Oil-bearing Grops(ton)	7136	13720	92.3
甜菜产量(吨)	Yield of Beetroots(ton)	19995	100000	400.1
猪牛羊肉产量(吨)	Output of Pork, Beef & Mutton(ton)	22781	23104	1.4
# 猪肉产量(吨)	Output of Pork(ton)	5200	5541	6.6
牛肉产量(吨)	Output of Beef(ton)	3150	3056	-3.0
羊肉产量(吨)	Output of Mutton(ton)	14431	14507	0.5
羊毛产量(吨)	Output of Wool(ton)	701	700	-0.1

23-85 Xinghe County in Wulanchabu City

指　标	Item	2014	2015	2015年比上年增长% Increase Rate in 2015 Over 2014(%)
年末牲畜存栏头数(万头只)	Total Livestock at the Year-end(10 000 heads)	57.62	57.69	0.1
# 大牲畜(万头只)	Large Animals(10 000 heads)	5.09	5.18	1.8
羊(万只)	Sheep & Goats(10 000 heads)	45.83	49.05	7.0
猪(万头)	Hogs(10 000 heads)	6.70	3.45	-48.5
规模以上工业	**Industrial Enterprises above Designated size**			
工业企业单位数(个)	Number of Industrial Enterprises(unit)	27	27	0.0
# 内资企业(个)	Civil Funded Enterprises(unit)	25	25	0.0
工业总产值(万元)	Gross Industrial Output Value(10 000 yuan)	484599	417649	-13.8
内资企业(万元)	Civil Funded Enterprises(10 000 yuan)	428269	352432	-17.7
国有企业(万元)	State-owned Enterprises(10 000 yuan)			
集体企业(万元)	Collective-owned Enterprises(10 000 yuan)			
股份合作企业(万元)	Share Holding Enterprises(10 000 yuan)			
联营企业(万元)	Joint Owned Enterprises(10 000 yuan)	1212		
有限责任公司(万元)	Limited Company(10 000 yuan)	195174	191162	-2.1
股份有限公司(万元)	Share Holding Limited Company(10 000 yuan)			
私营企业(万元)	Privately Owned Enterprises(10 000 yuan)	231883	161270	-30.5
其他企业(万元)	Enterprises of Other Ownership(10 000 yuan)			
港澳台商投资企业(万元)	Funds from HK,Macao & Taiwan(10 000 yuan)			
外商投资企业(万元)	Foreign Funded Enterprises(10 000 yuan)	56330	65217	15.8
工业企业增加值(万元)	Value Added of Industrial Enterprises(10 000 yuan)			10.5
工业企业资产总计(万元)	Total Assets of Industrial Enterprises(10 000 yuan)	761419	1052456	38.2
工业企业负债合计(万元)	Total Liabilities of Industrial Enterprises(10 000 yuan)	429856	428848	-0.2
工业企业产品销售收入(万元)	Sales of Revenue Industrial Enterprises(10 000 yuan)	395347	376418	-4.8
工业企业利润总额(万元)	Total Profits of Industrial Enterprises(10 000 yuan)	4089	14814	262.3
建筑业	**Construction**			
建筑企业单位数(个)	Number of Construction Enterprises(unit)	1	1	0.0
建筑企业从业人员(人)	Number of Employee in Construction Enterprises(person)	398	206	-48.2
建筑业总产值(万元)	Gross Construction Output Value(10 000 yuan)	38310	8692	-77.3
交通运输邮电通信业	**Transportation,Post & Telecommunications**			
公路里程(公里)	Total Length of Highways(km)	1532	1567	2.3
邮电业务总量(万元)	Business Volume of Post & Telecoms(10 000 yuan)	1578	1621	2.7
本地电话用户(户)	Number of Subscribers of Local Telephone(Household)	16331	16385	0.3
国内贸易	**Domestic Trade**			
社会消费品零售总额(万元)	Total Retail Sales of Consumer Goods(10 000 yuan)	254562	274295	7.8
城镇(万元)	Town(10 000 yuan)	196906	212334	7.8
乡村(万元)	Village(10 000 yuan)	57656	61961	7.5
科技教育卫生	**Science,Education & Public Health**			
各类专业技术人员(人)	Special Technical Personnel(person)	1152	1214	5.4
幼儿园数(所)	Number of Kindergartens(unit)	2	2	0.0
学龄儿童入学率(%)	Percentage of School-Age Children Enrolled(%)	100.0	100.0	0.0
小学学校数(所)	Number of Primary Schools(unit)	24	22	-8.3
小学专任教师数(人)	Number of Full-time Teachers of Primary Schools(person)	857	864	0.8
小学在校学生数(人)	Number of Student Enrollment of Primary Schools(person)	9742	9850	1.1
普通中学学校数(所)	Number of Regular Secondary Schools(unit)	6	5	-16.7
普通中学专任教师数(人)	Number of Teachers of Secondary Shools(person)	451	434	-3.8
初中在校学生数(人)	Number of Student in Junior Secondary Schools(person)	4166	3488	-16.3
高中在校学生数(人)	Number of Student in Senior Secondary Schools(person)	1528	2306	50.9
卫生机构数(所)	Number of Health Institutions(unit)	175	173	-1.1
# 医院(所)	Hospitals(unit)	2	2	0.0
卫生院(所)	Township Hospitals(unit)	14	15	7.1
床位数(张)	Number of Beds(unit)	644	651	1.1
# 医院(张)	Hospitals(unit)	430	437	1.6
卫生院(张)	Township Hospitals(unit)	123	120	-2.4
卫生技术人员(人)	Medical Technical Presonnel(person)	471	478	1.5
# 医院(人)	Hospitals(person)	181	183	1.1
卫生院(人)	Township Hospitals(person)	125	131	4.8

23-86 乌兰察布市凉城县

指　标	Item	2014	2015	2015年比上年增长% Increase Rate in 2015 Over 2014(%)
行政区域土地面积(平方公里)	**Area of Administration(Sq.km)**	**3451**	**3451**	**0.0**
人口和就业	**Population & Employment**			
年末户籍人口(人)	The Registered Population Year-end(person)	243871	237988	-2.4
# 男性(人)	Male(person)	128548	125718	-2.2
# 乡村人口(人)	Rural(person)	198225	191550	
年末常住人口(人)	Permanet Resident Population Year-end(person)			
# 男性(人)	Male(person)			
# 乡村人口(人)	Rural(person)			
年末总户数(户)	Total Number of Households at the Year-end(Household)	108698	108777	0.1
# 乡村户数(户)	Number of Rural Household(Household)	52361	53903	2.9
出生人口(人)	Births(person)	2490	1735	-30.3
死亡人口(人)	Deaths(person)	817	822	0.6
全社会就业人员(人)	Employment(person)	194791	194965	0.1
第一产业(人)	Primary Industry(person)	80235	81423	1.5
第二产业(人)	Secondary Industry(person)	29965	28326	-5.5
第三产业(人)	Tertiary Industry(person)	84591	85216	0.7
在岗职工人数(人)	Number of Staff & Workers Employed in(person)	9227	8821	-4.4
乡村劳动力(人)	Number of Rural Laborers(person)	132988	136125	2.4
# 农林牧渔业(人)	Farming,Forestry,Animal Husbandry & Fishery(person)	85433	86342	1.1
国民经济综合指标	**Summary Item on the National Economy**			
生产总值(万元)	Gross Domestic Product(10 000 yuan)	735273	764377	7.0
第一产业(万元)	Primary Industry(10 000 yuan)	179145	171843	1.3
第二产业(万元)	Secondary Industry(10 000 yuan)	344980	359660	8.7
# 工业(万元)	Industry(10 000 yuan)	328744	342433	8.7
第三产业(万元)	Tertiary Industry(10 000 yuan)	211148	232874	8.1
人均生产总值(元)	Per Capita GDP(yuan)	30089	32118	5.8
全社会固定资产投资(万元)	Total Investment in Fixed Assets(10 000 yuan)	211500	271374	28.3
按登记注册类型分	Grouped by Registered Type			
# 国有(万元)	State-owned Enterprises(10 000 yuan)	71000	157265	121.5
集体(万元)	Collective-owned Enterprises(10 000 yuan)			
有限责任公司(万元)	Limited Liability Corporations(10 000 yuan)	98166	105847	7.8
股份有限公司(万元)	Share Holding Enterprises(10 000 yuan)			
私营企业(万元)	Private Enterprises(10 000 yuan)	40134		
外商及港澳台投资企业(万元)	Funds from HK,Macao,Taiwan & Foreign(10 000 yuan)			
一般公共预算收入(万元)	General Public Budget Revenue(10 000 yuan)	33200	40800	22.9
一般公共预算支出(万元)	General Public Budget Expenditure(10 000 yuan)	188012	208949	11.1
住户存款余额(万元)	The balance of savings deposits of Households(10 000 yuan)		383160	
在岗职工工资总额(万元)	Total Wages of Staff & Workers Employed in(10 000 yuan)	53628	61259	14.2
在岗职工平均工资(元)	Average Wage of Staff & Workers Employed in(yuan)	58508	69338	18.5
全体居民人均可支配收入(元)	The per capita disposable income of all residents(yuan)	12994	14266	9.8
城镇常住居民人均可支配收入(元)	The per capita disposable income of urban permanent residents(yuan)	22005	23768	8.0
农村牧区常住居民人均可支配收入(元)	The per capita disposable income of permanent residents of rural and pastoral areas(yuan)	8763	9468	8.0
农村牧区经济	**Economic Development in Rural & Pastoral Area**			
农作物总播种面积(公顷)	Total Sown Area(hectare)	63966	60811	-4.9
# 粮食作物播种面积(公顷)	Sown Area of Grain Crops(hectare)	54621	51400	-5.9
农牧业机械总动力(万千瓦)	Total Power of Agricultural Machinery(10 000 kw)	24.90	25.20	1.2
化肥施用折纯量(吨)	Consumption of Chemical Fertilizer(ton)	15493	15970	3.1
农村用电量(万千瓦小时)	Electricity Consumed in Rural Area(10 000 kwh)	3110	3715	19.5
农林牧渔业总产值(万元)	Gross Output of Farming,Forestry,Animal Husbandry & Fishery(10 000 yuan)	294490	273723	0.2
粮食产量(吨)	Yield of Grain(ton)	254220	250522	-1.5
油料产量(吨)	Yield of Oil-bearing Grops(ton)	4252	4387	3.2
甜菜产量(吨)	Yield of Beetroots(ton)	76590	75060	-2.0
猪牛羊肉产量(吨)	Output of Pork, Beef & Mutton(ton)	25280	24821	-1.8
# 猪肉产量(吨)	Output of Pork(ton)	4600	5681	23.5
牛肉产量(吨)	Output of Beef(ton)	3750	3547	-5.4
羊肉产量(吨)	Output of Mutton(ton)	16930	15593	-7.9
羊毛产量(吨)	Output of Wool(ton)	768	864	12.5

23-86 Liangcheng County in Wulanchabu City

指　　标	Item	2014	2015	2015年比上年增长% Increase Rate in 2015 Over 2014(%)
年末牲畜存栏头数(万头只)	Total Livestock at the Year-end(10 000 heads)	41.99	44.82	6.7
# 大牲畜(万头只)	Large Animals(10 000 heads)	7.49	7.19	-4.0
羊(万只)	Sheep & Goats(10 000 heads)	30.95	34.37	11.1
猪(万头)	Hogs(10 000 heads)	3.55	3.26	-8.2
规模以上工业	**Industrial Enterprises above Designated size**			
工业企业单位数(个)	Number of Industrial Enterprises(unit)	10	8	-20.0
# 内资企业(个)	Civil Funded Enterprises(unit)	10	8	-20.0
工业总产值(万元)	Gross Industrial Output Value(10 000 yuan)	505908	445672	-11.9
内资企业(万元)	Civil Funded Enterprises(10 000 yuan)	505908	445672	-11.9
国有企业(万元)	State-owned Enterprises(10 000 yuan)			
集体企业(万元)	Collective-owned Enterprises(10 000 yuan)			
股份合作企业(万元)	Share Holding Enterprises(10 000 yuan)			
联营企业(万元)	Joint Owned Enterprises(10 000 yuan)			
有限责任公司(万元)	Limited Company(10 000 yuan)	438563	393029	-10.4
股份有限公司(万元)	Share Holding Limited Company(10 000 yuan)			
私营企业(万元)	Privately Owned Enterprises(10 000 yuan)	67345	52643	-21.8
其他企业(万元)	Enterprises of Other Ownership(10 000 yuan)			
港澳台商投资企业(万元)	Funds from HK,Macao & Taiwan(10 000 yuan)			
外商投资企业(万元)	Foreign Funded Enterprises(10 000 yuan)			
工业企业增加值(万元)	Value Added of Industrial Enterprises(10 000 yuan)			4.5
工业企业资产总计(万元)	Total Assets of Industrial Enterprises(10 000 yuan)	949695	825782	-13.0
工业企业负债合计(万元)	Total Liabilities of Industrial Enterprises(10 000 yuan)	564978	466842	-17.4
工业企业产品销售收入(万元)	Sales of Revenue Industrial Enterprises(10 000 yuan)	503859	443456	-12.0
工业企业利润总额(万元)	Total Profits of Industrial Enterprises(10 000 yuan)	108609	91107	-16.1
建筑业	**Construction**			
建筑企业单位数(个)	Number of Construction Enterprises(unit)	2	2	0.0
建筑企业从业人员(人)	Number of Employee in Construction Enterprises(person)	254	244	-3.9
建筑业总产值(万元)	Gross Construction Output Value(10 000 yuan)	4303	3800	-11.7
交通运输邮电通信业	**Transportation,Post & Telecommunications**			
公路里程(公里)	Total Length of Highways(km)	1697	1724	1.6
邮电业务总量(万元)	Business Volume of Post & Telecoms(10 000 yuan)	245	257	4.9
本地电话用户(户)	Number of Subscribers of Local Telephone(Household)	18523	18654	0.7
国内贸易	**Domestic Trade**			
社会消费品零售总额(万元)	Total Retail Sales of Consumer Goods(10 000 yuan)	173295	186842	7.8
城镇(万元)	Town(10 000 yuan)	121717	131232	7.8
乡村(万元)	Village(10 000 yuan)	51578	55610	7.8
科技教育卫生	**Science,Education & Public Health**			
各类专业技术人员(人)	Special Technical Personnel(person)	245	256	4.5
幼儿园数(所)	Number of Kindergartens(unit)	7	7	0.0
学龄儿童入学率(%)	Percentage of School-Age Children Enrolled(%)	100.0	100.0	0.0
小学学校数(所)	Number of Primary Schools(unit)	18	16	-11.1
小学专任教师数(人)	Number of Full-time Teachers of Primary Schools(person)	698	657	-5.9
小学在校学生数(人)	Number of Student Enrollment of Primary Schools(person)	6628	6676	0.7
普通中学学校数(所)	Number of Regular Secondary Schools(unit)	6	5	-16.7
普通中学专任教师数(人)	Number of Teachers of Secondary Shools(person)	521	518	-0.6
初中在校学生数(人)	Number of Student in Junior Secondary Schools(person)	4402	4324	-1.8
高中在校学生数(人)	Number of Student in Senior Secondary Schools(person)	2863	2763	-3.5
卫生机构数(所)	Number of Health Institutions(unit)	171	170	-0.6
# 医院(所)	Hospitals(unit)	3	3	0.0
卫生院(所)	Township Hospitals(unit)	19	18	-5.3
床位数(张)	Number of Beds(unit)	414	420	1.4
# 医院(张)	Hospitals(unit)	292	291	-0.3
卫生院(张)	Township Hospitals(unit)	115	118	2.6
卫生技术人员(人)	Medical Technical Presonnel(person)	462	465	0.6
# 医院(人)	Hospitals(person)	259	260	0.4
卫生院(人)	Township Hospitals(person)	116	118	1.7

23-87 乌兰察布市察哈尔右翼前旗

指　　标	Item	2014	2015	2015年比上年增长% Increase Rate in 2015 Over 2014(%)
行政区域土地面积(平方公里)	**Area of Administration(Sq.km)**	**2734**	**2734**	**0.0**
人口和就业	**Population & Employment**			
年末户籍人口(人)	The Registered Population Year-end(person)	219484	217146	-1.1
# 男性(人)	Male(person)	112932	111495	-1.3
# 乡村人口(人)	Rural(person)	174153	125561	
年末常住人口(人)	Permanet Resident Population Year-end(person)			
# 男性(人)	Male(person)			
# 乡村人口(人)	Rural(person)			
年末总户数(户)	Total Number of Households at the Year-end(Household)	105749	107679	1.8
# 乡村户数(户)	Number of Rural Household(Household)	42536	42991	1.1
出生人口(人)	Births(person)	2069	1417	-31.5
死亡人口(人)	Deaths(person)	769	1058	37.6
全社会就业人员(人)	Employment(person)	123939	124080	0.1
第一产业(人)	Primary Industry(person)	68325	67876	-0.7
第二产业(人)	Secondary Industry(person)	21157	20423	-3.5
第三产业(人)	Tertiary Industry(person)	34457	35781	3.8
在岗职工人数(人)	Number of Staff & Workers Employed in(person)	10771	10087	-6.4
乡村劳动力(人)	Number of Rural Laborers(person)	78161	86518	10.7
# 农林牧渔业(人)	Farming,Forestry,Animal Husbandry & Fishery(person)	57888	63048	8.9
国民经济综合指标	**Summary Item on the National Economy**			
生产总值(万元)	Gross Domestic Product(10 000 yuan)	897955	895866	7.7
第一产业(万元)	Primary Industry(10 000 yuan)	141849	135966	1.4
第二产业(万元)	Secondary Industry(10 000 yuan)	532489	506115	9.1
# 工业(万元)	Industry(10 000 yuan)	479030	449980	9.2
第三产业(万元)	Tertiary Industry(10 000 yuan)	223617	253785	8.0
人均生产总值(元)	Per Capita GDP(yuan)	40599	41256	0.4
全社会固定资产投资(万元)	Total Investment in Fixed Assets(10 000 yuan)	532593	611314	14.8
按登记注册类型分	Grouped by Registered Type			
# 国有(万元)	State-owned Enterprises(10 000 yuan)		27995	
集体(万元)	Collective-owned Enterprises(10 000 yuan)			
有限责任公司(万元)	Limited Liability Corporations(10 000 yuan)	206506	583319	182.5
股份有限公司(万元)	Share Holding Enterprises(10 000 yuan)			
私营企业(万元)	Private Enterprises(10 000 yuan)	310732		
外商及港澳台投资企业(万元)	Funds from HK,Macao,Taiwan & Foreign(10 000 yuan)	15355		
一般公共预算收入(万元)	General Public Budget Revenue(10 000 yuan)	31882	38154	19.7
一般公共预算支出(万元)	General Public Budget Expenditure(10 000 yuan)	221896	233446	5.2
住户存款余额(万元)	The balance of savings deposits of Households(10 000 yuan)		363636	
在岗职工工资总额(万元)	Total Wages of Staff & Workers Employed in(10 000 yuan)	54262	60628	11.7
在岗职工平均工资(元)	Average Wage of Staff & Workers Employed in(yuan)	50495	60976	20.8
全体居民人均可支配收入(元)	The per capita disposable income of all residents(yuan)	10930	12033	10.1
城镇常住居民人均可支配收入(元)	The per capita disposable income of urban permanent residents(yuan)	21635	23366	8.0
农村牧区常住居民人均可支配收入(元)	The per capita disposable income of permanent residents of rural and pastoral areas(yuan)	8055	8743	8.5
农村牧区经济	**Economic Development in Rural & Pastoral Area**			
农作物总播种面积(公顷)	Total Sown Area(hectare)	44959	47009	4.6
# 粮食作物播种面积(公顷)	Sown Area of Grain Crops(hectare)	29027	34209	17.9
农牧业机械总动力(万千瓦)	Total Power of Agricultural Machinery(10 000 kw)	20.09	20.87	3.9
化肥施用折纯量(吨)	Consumption of Chemical Fertilizer(ton)	7221	8648	19.8
农村用电量(万千瓦小时)	Electricity Consumed in Rural Area(10 000 kwh)	1586	2018	27.2
农林牧渔业总产值(万元)	Gross Output of Farming,Forestry,Animal Husbandry & Fishery(10 000 yuan)	261070	240267	0.4
粮食产量(吨)	Yield of Grain(ton)	90678	86142	-5.0
油料产量(吨)	Yield of Oil-bearing Grops(ton)	1934	5500	184.4
甜菜产量(吨)	Yield of Beetroots(ton)	142800	150000	5.0
猪牛羊肉产量(吨)	Output of Pork, Beef & Mutton(ton)	18900	19189	1.5
# 猪肉产量(吨)	Output of Pork(ton)	4700	4837	2.9
牛肉产量(吨)	Output of Beef(ton)	2400	2451	2.1
羊肉产量(吨)	Output of Mutton(ton)	11800	11901	0.9
羊毛产量(吨)	Output of Wool(ton)	615	686	11.5

23-87 Chahaeryouyiqian Banner in Wulanchabu City

指　标	Item	2014	2015	2015年比上年增长% Increase Rate in 2015 Over 2014(%)
年末牲畜存栏头数(万头只)	Total Livestock at the Year-end(10 000 heads)	50.26	48.16	-4.2
#大牲畜(万头只)	Large Animals(10 000 heads)	5.87	5.32	-9.4
羊(万只)	Sheep & Goats(10 000 heads)	37.84	36.52	-3.5
猪(万头)	Hogs(10 000 heads)	6.55	6.32	-3.5
规模以上工业	**Industrial Enterprises above Designated size**			
工业企业单位数(个)	Number of Industrial Enterprises(unit)	60	40	-33.3
#内资企业(个)	Civil Funded Enterprises(unit)	60	40	-33.3
工业总产值(万元)	Gross Industrial Output Value(10 000 yuan)	1130172	1091003	-3.5
内资企业(万元)	Civil Funded Enterprises(10 000 yuan)	1130172	1091003	-3.5
国有企业(万元)	State-owned Enterprises(10 000 yuan)			
集体企业(万元)	Collective-owned Enterprises(10 000 yuan)			
股份合作企业(万元)	Share Holding Enterprises(10 000 yuan)			
联营企业(万元)	Joint Owned Enterprises(10 000 yuan)			
有限责任公司(万元)	Limited Company(10 000 yuan)	477962	533424	11.6
股份有限公司(万元)	Share Holding Limited Company(10 000 yuan)	136106	101941	-25.1
私营企业(万元)	Privately Owned Enterprises(10 000 yuan)	516104	455637	-11.7
其他企业(万元)	Enterprises of Other Ownership(10 000 yuan)			
港澳台商投资企业(万元)	Funds from HK,Macao & Taiwan(10 000 yuan)			
外商投资企业(万元)	Foreign Funded Enterprises(10 000 yuan)			
工业企业增加值(万元)	Value Added of Industrial Enterprises(10 000 yuan)			9.2
工业企业资产总计(万元)	Total Assets of Industrial Enterprises(10 000 yuan)	1016533	916159	-9.9
工业企业负债合计(万元)	Total Liabilities of Industrial Enterprises(10 000 yuan)	888760	797124	-10.3
工业企业产品销售收入(万元)	Sales of Revenue Industrial Enterprises(10 000 yuan)	999817	1026814	2.7
工业企业利润总额(万元)	Total Profits of Industrial Enterprises(10 000 yuan)	7877	1883	-76.1
建筑业	**Construction**			
建筑企业单位数(个)	Number of Construction Enterprises(unit)	1	1	0.0
建筑企业从业人员(人)	Number of Employee in Construction Enterprises(person)	284	319	12.3
建筑业总产值(万元)	Gross Construction Output Value(10 000 yuan)	5102	6152	20.6
交通运输邮电通信业	**Transportation,Post & Telecommunications**			
公路里程(公里)	Total Length of Highways(km)	1136	1218	7.2
邮电业务总量(万元)	Business Volume of Post & Telecoms(10 000 yuan)	2485	2514	1.2
本地电话用户(户)	Number of Subscribers of Local Telephone(Household)	11137	11257	1.1
国内贸易	**Domestic Trade**			
社会消费品零售总额(万元)	Total Retail Sales of Consumer Goods(10 000 yuan)	138485	149261	7.8
城镇(万元)	Town(10 000 yuan)	85086	91883	8.0
乡村(万元)	Village(10 000 yuan)	53399	57378	7.5
科技教育卫生	**Science,Education & Public Health**			
各类专业技术人员(人)	Special Technical Personnel(person)	1179	1218	3.3
幼儿园数(所)	Number of Kindergartens(unit)	12	16	33.3
学龄儿童入学率(%)	Percentage of School-Age Children Enrolled(%)	100.0	100.0	0.0
小学学校数(所)	Number of Primary Schools(unit)	19	18	-5.3
小学专任教师数(人)	Number of Full-time Teachers of Primary Schools(person)	678	665	-1.9
小学在校学生数(人)	Number of Student Enrollment of Primary Schools(person)	3986	3839	-3.7
普通中学学校数(所)	Number of Regular Secondary Schools(unit)	5	6	20.0
普通中学专任教师数(人)	Number of Teachers of Secondary Shools(person)	531	528	-0.6
初中在校学生数(人)	Number of Student in Junior Secondary Schools(person)	4009	3981	-0.7
高中在校学生数(人)	Number of Student in Senior Secondary Schools(person)	2385	2154	-9.7
卫生机构数(所)	Number of Health Institutions(unit)	156	152	-2.6
#医院(所)	Hospitals(unit)	2	2	0.0
卫生院(所)	Township Hospitals(unit)	18	17	-5.6
床位数(张)	Number of Beds(unit)	350	347	-0.9
#医院(张)	Hospitals(unit)	140	140	0.0
卫生院(张)	Township Hospitals(unit)	157	154	-1.9
卫生技术人员(人)	Medical Technical Presonnel(person)	461	458	-0.7
#医院(人)	Hospitals(person)	178	168	-5.6
卫生院(人)	Township Hospitals(person)	137	135	-1.5

23-88 乌兰察布市察哈尔右翼中旗

指　标	Item	2014	2015	2015年比上年增长% Increase Rate in 2015 Over 2014(%)
行政区域土地面积(平方公里)	**Area of Administration(Sq.km)**	**4200**	**4200**	**0.0**
人口和就业	**Population & Employment**			
年末户籍人口(人)	The Registered Population Year-end(person)	205088	204601	-0.2
#男性(人)	Male(person)	108451	108187	-0.2
#乡村人口(人)	Rural(person)	172177	168474	
年末常住人口(人)	Permanet Resident Population Year-end(person)			
#男性(人)	Male(person)			
#乡村人口(人)	Rural(person)			
年末总户数(户)	Total Number of Households at the Year-end(Household)	96484	97309	0.9
#乡村户数(户)	Number of Rural Household(Household)	40951	50210	22.6
出生人口(人)	Births(person)	1970	1436	-27.1
死亡人口(人)	Deaths(person)	925	645	-30.3
全社会就业人员(人)	Employment(person)	126410	127641	1.0
第一产业(人)	Primary Industry(person)	78421	79361	1.2
第二产业(人)	Secondary Industry(person)	11162	11034	-1.1
第三产业(人)	Tertiary Industry(person)	36827	37246	1.1
在岗职工人数(人)	Number of Staff & Workers Employed in(person)	7052	6304	-10.6
乡村劳动力(人)	Number of Rural Laborers(person)	117830	115976	-1.6
#农林牧渔业(人)	Farming,Forestry,Animal Husbandry & Fishery(person)	81480	79021	-3.0
国民经济综合指标	**Summary Item on the National Economy**			
生产总值(万元)	Gross Domestic Product(10 000 yuan)	478601	565258	8.0
第一产业(万元)	Primary Industry(10 000 yuan)	132916	132397	5.2
第二产业(万元)	Secondary Industry(10 000 yuan)	192581	252351	8.0
#工业(万元)	Industry(10 000 yuan)	161970	219969	7.9
第三产业(万元)	Tertiary Industry(10 000 yuan)	153103	180510	10.0
人均生产总值(元)	Per Capita GDP(yuan)	21400	27629	28.2
全社会固定资产投资(万元)	Total Investment in Fixed Assets(10 000 yuan)	374380	462076	23.4
按登记注册类型分	Grouped by Registered Type			
#国有(万元)	State-owned Enterprises(10 000 yuan)	171513	4800	-97.2
集体(万元)	Collective-owned Enterprises(10 000 yuan)	783		
有限责任公司(万元)	Limited Liability Corporations(10 000 yuan)	65300		
股份有限公司(万元)	Share Holding Enterprises(10 000 yuan)	25634	8788	-65.7
私营企业(万元)	Private Enterprises(10 000 yuan)	107450	426788	297.2
外商及港澳台投资企业(万元)	Funds from HK,Macao,Taiwan & Foreign(10 000 yuan)	3700		
一般公共预算收入(万元)	General Public Budget Revenue(10 000 yuan)	12608	14332	13.7
一般公共预算支出(万元)	General Public Budget Expenditure(10 000 yuan)	174204	201000	15.4
住户存款余额(万元)	The balance of savings deposits of Households(10 000 yuan)		258208	
在岗职工工资总额(万元)	Total Wages of Staff & Workers Employed in(10 000 yuan)	39153	43157	10.2
在岗职工平均工资(元)	Average Wage of Staff & Workers Employed in(yuan)	55450	68591	23.7
全体居民人均可支配收入(元)	The per capita disposable income of all residents(yuan)	10071	11019	9.4
城镇常住居民人均可支配收入(元)	The per capita disposable income of urban permanent residents(yuan)	20502	23235	13.3
农村牧区常住居民人均可支配收入(元)	The per capita disposable income of permanent residents of rural and pastoral areas(yuan)	6403	6970	8.9
农村牧区经济	**Economic Development in Rural & Pastoral Area**			
农作物总播种面积(公顷)	Total Sown Area(hectare)	85209	85760	0.6
#粮食作物播种面积(公顷)	Sown Area of Grain Crops(hectare)	69838	69001	-1.2
农牧业机械总动力(万千瓦)	Total Power of Agricultural Machinery(10 000 kw)	23.67	23.74	0.3
化肥施用折纯量(吨)	Consumption of Chemical Fertilizer(ton)	9947	10900	9.6
农村用电量(万千瓦小时)	Electricity Consumed in Rural Area(10 000 kwh)	4118	6270	52.3
农林牧渔业总产值(万元)	Gross Output of Farming,Forestry,Animal Husbandry & Fishery(10 000 yuan)	262342	268490	4.6
粮食产量(吨)	Yield of Grain(ton)	89243	103453	15.9
油料产量(吨)	Yield of Oil-bearing Grops(ton)	8993	19425	116.0
甜菜产量(吨)	Yield of Beetroots(ton)	198	34245	17195.5
猪牛羊肉产量(吨)	Output of Pork, Beef & Mutton(ton)	22391	23282	4.0
#猪肉产量(吨)	Output of Pork(ton)	2930	3415	16.6
牛肉产量(吨)	Output of Beef(ton)	3161	3298	4.3
羊肉产量(吨)	Output of Mutton(ton)	16300	16569	1.7
羊毛产量(吨)	Output of Wool(ton)	992	948	-4.4

23-88 Chahaeryouyizhong Banner in Wulanchabu City

指　标	Item	2014	2015	2015年比上年增长% Increase Rate in 2015 Over 2014(%)
年末牲畜存栏头数(万头只)	Total Livestock at the Year-end(10 000 heads)	55.48	56.64	2.1
# 大牲畜(万头只)	Large Animals(10 000 heads)	3.77	3.82	1.3
羊(万只)	Sheep & Goats(10 000 heads)	48.38	49.14	1.6
猪(万头)	Hogs(10 000 heads)	3.33	3.68	10.5
规模以上工业	**Industrial Enterprises above Designated size**			
工业企业单位数(个)	Number of Industrial Enterprises(unit)	23	14	-39.1
# 内资企业(个)	Civil Funded Enterprises(unit)	22	13	-40.9
工业总产值(万元)	Gross Industrial Output Value(10 000 yuan)	416995	377855	-9.4
内资企业(万元)	Civil Funded Enterprises(10 000 yuan)	412650	374240	-9.3
国有企业(万元)	State-owned Enterprises(10 000 yuan)			
集体企业(万元)	Collective-owned Enterprises(10 000 yuan)			
股份合作企业(万元)	Share Holding Enterprises(10 000 yuan)			
联营企业(万元)	Joint Owned Enterprises(10 000 yuan)			
有限责任公司(万元)	Limited Company(10 000 yuan)	289941	314572	8.5
股份有限公司(万元)	Share Holding Limited Company(10 000 yuan)	32326	30568	-5.4
私营企业(万元)	Privately Owned Enterprises(10 000 yuan)	90383	29100	-67.8
其他企业(万元)	Enterprises of Other Ownership(10 000 yuan)			
港澳台商投资企业(万元)	Funds from HK,Macao & Taiwan(10 000 yuan)			
外商投资企业(万元)	Foreign Funded Enterprises(10 000 yuan)	4345	3615	-16.8
工业企业增加值(万元)	Value Added of Industrial Enterprises(10 000 yuan)			9.3
工业企业资产总计(万元)	Total Assets of Industrial Enterprises(10 000 yuan)	1882117	1572102	-16.5
工业企业负债合计(万元)	Total Liabilities of Industrial Enterprises(10 000 yuan)	1365975	1097832	-19.6
工业企业产品销售收入(万元)	Sales of Revenue Industrial Enterprises(10 000 yuan)	364759	238800	-34.5
工业企业利润总额(万元)	Total Profits of Industrial Enterprises(10 000 yuan)	14538	20029	37.8
建筑业	**Construction**			
建筑企业单位数(个)	Number of Construction Enterprises(unit)	1	1	0.0
建筑企业从业人员(人)	Number of Employee in Construction Enterprises(person)	158	108	-31.6
建筑业总产值(万元)	Gross Construction Output Value(10 000 yuan)	5200	5100	-1.9
交通运输邮电通信业	**Transportation,Post & Telecommunications**			
公路里程(公里)	Total Length of Highways(km)	1587	1612	1.6
邮电业务总量(万元)	Business Volume of Post & Telecoms(10 000 yuan)	3603	3652	1.4
本地电话用户(户)	Number of Subscribers of Local Telephone(Household)	22963	23114	0.7
国内贸易	**Domestic Trade**			
社会消费品零售总额(万元)	Total Retail Sales of Consumer Goods(10 000 yuan)	107053	115537	7.9
城镇(万元)	Town(10 000 yuan)	73939	79967	8.2
乡村(万元)	Village(10 000 yuan)	33114	35570	7.4
科技教育卫生	**Science,Education & Public Health**			
各类专业技术人员(人)	Special Technical Personnel(person)	1158	1216	5.0
幼儿园数(所)	Number of Kindergartens(unit)	2	4	100.0
学龄儿童入学率(%)	Percentage of School-Age Children Enrolled(%)	100.0	100.0	0.0
小学学校数(所)	Number of Primary Schools(unit)	14	12	-14.3
小学专任教师数(人)	Number of Full-time Teachers of Primary Schools(person)	594	578	-2.7
小学在校学生数(人)	Number of Student Enrollment of Primary Schools(person)	3994	3417	-14.4
普通中学学校数(所)	Number of Regular Secondary Schools(unit)	3	2	-33.3
普通中学专任教师数(人)	Number of Teachers of Secondary Shools(person)	421	418	-0.7
初中在校学生数(人)	Number of Student in Junior Secondary Schools(person)	4125	3985	-3.4
高中在校学生数(人)	Number of Student in Senior Secondary Schools(person)	1996	1874	-6.1
卫生机构数(所)	Number of Health Institutions(unit)	216	217	0.5
# 医院(所)	Hospitals(unit)	2	2	0.0
卫生院(所)	Township Hospitals(unit)	25	26	4.0
床位数(张)	Number of Beds(unit)	381	393	3.1
# 医院(张)	Hospitals(unit)	190	194	2.1
卫生院(张)	Township Hospitals(unit)	163	160	-1.8
卫生技术人员(人)	Medical Technical Presonnel(person)	297	285	-4.0
# 医院(人)	Hospitals(person)	131	130	-0.8
卫生院(人)	Township Hospitals(person)	96	99	3.1

23-89 乌兰察布市察哈尔右翼后旗

指 标	Item	2014	2015	2015年比上年增长% Increase Rate in 2015 Over 2014(%)
行政区域土地面积(平方公里)	**Area of Administration(Sq.km)**	**3803**	**3803**	**0.0**
人口和就业	**Population & Employment**			
年末户籍人口(人)	The Registered Population Year-end(person)	210691	209934	-0.4
#男性(人)	Male(person)	107739	107395	-0.3
#乡村人口(人)	Rural(person)	173865	165059	
年末常住人口(人)	Permanet Resident Population Year-end(person)			
#男性(人)	Male(person)			
#乡村人口(人)	Rural(person)			
年末总户数(户)	Total Number of Households at the Year-end(Household)	87306	87956	0.7
#乡村户数(户)	Number of Rural Household(Household)	33681	33893	0.6
出生人口(人)	Births(person)	1978	1401	-29.2
死亡人口(人)	Deaths(person)	690	696	0.9
全社会就业人员(人)	Employment(person)	92310	94393	2.3
第一产业(人)	Primary Industry(person)	49562	49937	0.8
第二产业(人)	Secondary Industry(person)	13381	13215	-1.2
第三产业(人)	Tertiary Industry(person)	29367	31241	6.4
在岗职工人数(人)	Number of Staff & Workers Employed in(person)	13219	12589	-4.8
乡村劳动力(人)	Number of Rural Laborers(person)	62074	62215	0.2
#农林牧渔业(人)	Farming,Forestry,Animal Husbandry & Fishery(person)	39020	37978	-2.7
国民经济综合指标	**Summary Item on the National Economy**			
生产总值(万元)	Gross Domestic Product(10 000 yuan)	756229	711726	7.9
第一产业(万元)	Primary Industry(10 000 yuan)	108593	107295	4.4
第二产业(万元)	Secondary Industry(10 000 yuan)	488358	409865	8.3
#工业(万元)	Industry(10 000 yuan)	443912	363074	8.3
第三产业(万元)	Tertiary Industry(10 000 yuan)	159278	194567	9.0
人均生产总值(元)	Per Capita GDP(yuan)	35223	33879	-2.9
全社会固定资产投资(万元)	Total Investment in Fixed Assets(10 000 yuan)	443813	525244	18.3
按登记注册类型分	Grouped by Registered Type			
#国有(万元)	State-owned Enterprises(10 000 yuan)	59965	194017	223.6
集体(万元)	Collective-owned Enterprises(10 000 yuan)			
有限责任公司(万元)	Limited Liability Corporations(10 000 yuan)	165351	195152	18.0
股份有限公司(万元)	Share Holding Enterprises(10 000 yuan)	114337	110075	-3.7
私营企业(万元)	Private Enterprises(10 000 yuan)	42549	26000	-38.9
外商及港澳台投资企业(万元)	Funds from HK,Macao,Taiwan & Foreign(10 000 yuan)	33107		
一般公共预算收入(万元)	General Public Budget Revenue(10 000 yuan)	23314	26077	11.9
一般公共预算支出(万元)	General Public Budget Expenditure(10 000 yuan)	183094	198863	8.6
住户存款余额(万元)	The balance of savings deposits of Households(10 000 yuan)		306920	
在岗职工工资总额(万元)	Total Wages of Staff & Workers Employed in(10 000 yuan)	60417	70967	17.5
在岗职工平均工资(元)	Average Wage of Staff & Workers Employed in(yuan)	46329	56350	21.6
全体居民人均可支配收入(元)	The per capita disposable income of all residents(yuan)	13358	14402	7.8
城镇常住居民人均可支配收入(元)	The per capita disposable income of urban permanent residents(yuan)	21736	23453	7.9
农村牧区常住居民人均可支配收入(元)	The per capita disposable income of permanent residents of rural and pastoral areas(yuan)	8156	8813	8.1
农村牧区经济	**Economic Development in Rural & Pastoral Area**			
农作物总播种面积(公顷)	Total Sown Area(hectare)	45535	47955	5.3
#粮食作物播种面积(公顷)	Sown Area of Grain Crops(hectare)	34113	33277	-2.5
农牧业机械总动力(万千瓦)	Total Power of Agricultural Machinery(10 000 kw)	16.86	16.96	0.6
化肥施用折纯量(吨)	Consumption of Chemical Fertilizer(ton)	5249	5317	1.3
农村用电量(万千瓦小时)	Electricity Consumed in Rural Area(10 000 kwh)	3125	3312	6.0
农林牧渔业总产值(万元)	Gross Output of Farming,Forestry,Animal Husbandry & Fishery(10 000 yuan)	164304	162724	2.9
粮食产量(吨)	Yield of Grain(ton)	96901	93087	-3.9
油料产量(吨)	Yield of Oil-bearing Grops(ton)	3794	15096	297.9
甜菜产量(吨)	Yield of Beetroots(ton)	4726	6712	42.0
猪牛羊肉产量(吨)	Output of Pork, Beef & Mutton(ton)	12815	13642	6.5
#猪肉产量(吨)	Output of Pork(ton)	3300	3361	1.8
牛肉产量(吨)	Output of Beef(ton)	2440	3056	25.2
羊肉产量(吨)	Output of Mutton(ton)	7075	7225	2.1
羊毛产量(吨)	Output of Wool(ton)	800	802	0.2

23-89 Chahaeryouyihou Banner in Wulanchabu City

指　标	Item	2014	2015	2015年比上年增长% Increase Rate in 2015 Over 2014(%)
年末牲畜存栏头数(万头只)	Total Livestock at the Year-end(10 000 heads)	86.35	76.41	-11.5
#大牲畜(万头只)	Large Animals(10 000 heads)	3.22	3.20	-0.6
羊(万只)	Sheep & Goats(10 000 heads)	81.28	70.98	-12.7
猪(万头)	Hogs(10 000 heads)	1.85	2.22	20.0
规模以上工业	**Industrial Enterprises above Designated size**			
工业企业单位数(个)	Number of Industrial Enterprises(unit)	53	51	-3.8
#内资企业(个)	Civil Funded Enterprises(unit)	52	50	-3.8
工业总产值(万元)	Gross Industrial Output Value(10 000 yuan)	1610644	1579378	-1.9
内资企业(万元)	Civil Funded Enterprises(10 000 yuan)	1599637	1566467	-2.1
国有企业(万元)	State-owned Enterprises(10 000 yuan)			
集体企业(万元)	Collective-owned Enterprises(10 000 yuan)			
股份合作企业(万元)	Share Holding Enterprises(10 000 yuan)			
联营企业(万元)	Joint Owned Enterprises(10 000 yuan)			
有限责任公司(万元)	Limited Company(10 000 yuan)	410218	317648	-22.6
股份有限公司(万元)	Share Holding Limited Company(10 000 yuan)	160320	108047	-32.6
私营企业(万元)	Privately Owned Enterprises(10 000 yuan)	1029099	1140772	10.9
其他企业(万元)	Enterprises of Other Ownership(10 000 yuan)			
港澳台商投资企业(万元)	Funds from HK,Macao & Taiwan(10 000 yuan)	11007	12911	17.3
外商投资企业(万元)	Foreign Funded Enterprises(10 000 yuan)			
工业企业增加值(万元)	Value Added of Industrial Enterprises(10 000 yuan)			10.9
工业企业资产总计(万元)	Total Assets of Industrial Enterprises(10 000 yuan)	1041937	1109972	6.5
工业企业负债合计(万元)	Total Liabilities of Industrial Enterprises(10 000 yuan)	707877	877056	23.9
工业企业产品销售收入(万元)	Sales of Revenue Industrial Enterprises(10 000 yuan)	1531419	1603282	4.7
工业企业利润总额(万元)	Total Profits of Industrial Enterprises(10 000 yuan)	-8742	-8567	
建筑业	**Construction**			
建筑企业单位数(个)	Number of Construction Enterprises(unit)	4	4	0.0
建筑企业从业人员(人)	Number of Employee in Construction Enterprises(person)	2096	1726	-17.7
建筑业总产值(万元)	Gross Construction Output Value(10 000 yuan)	39389	39560	0.4
交通运输邮电通信业	**Transportation,Post & Telecommunications**			
公路里程(公里)	Total Length of Highways(km)	1528	1587	3.9
邮电业务总量(万元)	Business Volume of Post & Telecoms(10 000 yuan)	2631	2679	1.8
本地电话用户(户)	Number of Subscribers of Local Telephone(Household)	7598	7613	0.2
国内贸易	**Domestic Trade**			
社会消费品零售总额(万元)	Total Retail Sales of Consumer Goods(10 000 yuan)	219149	236321	7.8
城镇(万元)	Town(10 000 yuan)	122004	131938	8.1
乡村(万元)	Village(10 000 yuan)	97145	104383	7.5
科技教育卫生	**Science,Education & Public Health**			
各类专业技术人员(人)	Special Technical Personnel(person)	858	912	6.3
幼儿园数(所)	Number of Kindergartens(unit)	3	3	0.0
学龄儿童入学率(%)	Percentage of School-Age Children Enrolled(%)	100.0	100.0	0.0
小学学校数(所)	Number of Primary Schools(unit)	9	9	0.0
小学专任教师数(人)	Number of Full-time Teachers of Primary Schools(person)	538	545	1.3
小学在校学生数(人)	Number of Student Enrollment of Primary Schools(person)	6832	6726	-1.6
普通中学学校数(所)	Number of Regular Secondary Schools(unit)	4	3	-25.0
普通中学专任教师数(人)	Number of Teachers of Secondary Shools(person)	341	325	-4.7
初中在校学生数(人)	Number of Student in Junior Secondary Schools(person)	3189	3058	-4.1
高中在校学生数(人)	Number of Student in Senior Secondary Schools(person)	1498	1237	-17.4
卫生机构数(所)	Number of Health Institutions(unit)	161	163	1.2
#医院(所)	Hospitals(unit)	3	3	0.0
卫生院(所)	Township Hospitals(unit)	17	18	5.9
床位数(张)	Number of Beds(unit)	433	428	-1.2
#医院(张)	Hospitals(unit)	247	245	-0.8
卫生院(张)	Township Hospitals(unit)	130	131	0.8
卫生技术人员(人)	Medical Technical Presonnel(person)	486	498	2.5
#医院(人)	Hospitals(person)	176	177	0.6
卫生院(人)	Township Hospitals(person)	128	125	-2.3

23-90 乌兰察布市四子王旗

指 标	Item	2014	2015	2015年比上年增长% Increase Rate in 2015 Over 2014(%)
行政区域土地面积(平方公里)	**Area of Administration(Sq.km)**	**24016**	**24016**	**0.0**
人口和就业	**Population & Employment**			
年末户籍人口(人)	The Registered Population Year-end(person)	213413	212666	-0.4
#男性(人)	Male(person)	109951	109371	-0.5
#乡村人口(人)	Rural(person)	169863	164701	
年末常住人口(人)	Permanet Resident Population Year-end(person)			
#男性(人)	Male(person)			
#乡村人口(人)	Rural(person)			
年末总户数(户)	Total Number of Households at the Year-end(Household)	92760	96814	4.4
#乡村户数(户)	Number of Rural Household(Household)	41039	40663	-0.9
出生人口(人)	Births(person)	2411	1934	-19.8
死亡人口(人)	Deaths(person)	953	636	-33.3
全社会就业人员(人)	Employment(person)	109193	109955	0.7
第一产业(人)	Primary Industry(person)	78027	78836	1.0
第二产业(人)	Secondary Industry(person)	7685	7541	-1.9
第三产业(人)	Tertiary Industry(person)	23481	23578	0.4
在岗职工人数(人)	Number of Staff & Workers Employed in(person)	7763	8036	3.5
乡村劳动力(人)	Number of Rural Laborers(person)	102775	102756	0.0
#农林牧渔业(人)	Farming,Forestry,Animal Husbandry & Fishery(person)	84120	83904	-0.3
国民经济综合指标	**Summary Item on the National Economy**			
生产总值(万元)	Gross Domestic Product(10 000 yuan)	535806	562298	7.5
第一产业(万元)	Primary Industry(10 000 yuan)	155495	153526	4.2
第二产业(万元)	Secondary Industry(10 000 yuan)	194670	185230	7.9
#工业(万元)	Industry(10 000 yuan)	168784	157860	7.8
第三产业(万元)	Tertiary Industry(10 000 yuan)	185641	223541	9.3
人均生产总值(元)	Per Capita GDP(yuan)	24911	26440	5.3
全社会固定资产投资(万元)	Total Investment in Fixed Assets(10 000 yuan)	330976	415685	25.6
按登记注册类型分	Grouped by Registered Type			
#国有(万元)	State-owned Enterprises(10 000 yuan)	94083	324960	245.4
集体(万元)	Collective-owned Enterprises(10 000 yuan)			
有限责任公司(万元)	Limited Liability Corporations(10 000 yuan)	154635	4255	-97.2
股份有限公司(万元)	Share Holding Enterprises(10 000 yuan)	13000	20000	53.8
私营企业(万元)	Private Enterprises(10 000 yuan)	55058	52470	-4.7
外商及港澳台投资企业(万元)	Funds from HK,Macao,Taiwan & Foreign(10 000 yuan)			
一般公共预算收入(万元)	General Public Budget Revenue(10 000 yuan)	16870	18493	9.6
一般公共预算支出(万元)	General Public Budget Expenditure(10 000 yuan)	258198	259436	0.5
住户存款余额(万元)	The balance of savings deposits of Households(10 000 yuan)		321927	
在岗职工工资总额(万元)	Total Wages of Staff & Workers Employed in(10 000 yuan)	44901	52027	15.9
在岗职工平均工资(元)	Average Wage of Staff & Workers Employed in(yuan)	58155	64848	11.5
全体居民人均可支配收入(元)	The per capita disposable income of all residents(yuan)	12172	13011	6.9
城镇常住居民人均可支配收入(元)	The per capita disposable income of urban permanent residents(yuan)	21205	22923	8.1
农村牧区常住居民人均可支配收入(元)	The per capita disposable income of permanent residents of rural and pastoral areas(yuan)	7806	8491	8.8
农村牧区经济	**Economic Development in Rural & Pastoral Area**			
农作物总播种面积(公顷)	Total Sown Area(hectare)	99886	116087	16.2
#粮食作物播种面积(公顷)	Sown Area of Grain Crops(hectare)	68594	72683	6.0
农牧业机械总动力(万千瓦)	Total Power of Agricultural Machinery(10 000 kw)	36.55	36.78	0.6
化肥施用折纯量(吨)	Consumption of Chemical Fertilizer(ton)	7830	7845	0.2
农村用电量(万千瓦小时)	Electricity Consumed in Rural Area(10 000 kwh)	1611	1616	0.3
农林牧渔业总产值(万元)	Gross Output of Farming,Forestry,Animal Husbandry & Fishery(10 000 yuan)	272128	272521	3.5
粮食产量(吨)	Yield of Grain(ton)	113992	113476	-0.5
油料产量(吨)	Yield of Oil-bearing Grops(ton)	19724	44540	125.8
甜菜产量(吨)	Yield of Beetroots(ton)			
猪牛羊肉产量(吨)	Output of Pork, Beef & Mutton(ton)	24983	37051	48.3
#猪肉产量(吨)	Output of Pork(ton)	3500	3642	4.1
牛肉产量(吨)	Output of Beef(ton)	2130	2568	20.6
羊肉产量(吨)	Output of Mutton(ton)	19353	30841	59.4
羊毛产量(吨)	Output of Wool(ton)	1626	1684	3.6

23-90 Siziwang Banner in Wulanchabu City

指　标	Item	2014	2015	2015年比上年增长% Increase Rate in 2015 Over 2014(%)
年末牲畜存栏头数(万头只)	Total Livestock at the Year-end(10 000 heads)	86.96	90.52	4.1
#大牲畜(万头只)	Large Animals(10 000 heads)	3.83	4.03	5.2
羊(万只)	Sheep & Goats(10 000 heads)	81.28	82.92	2.0
猪(万头)	Hogs(10 000 heads)	1.85	3.57	93.0
规模以上工业	**Industrial Enterprises above Designated size**			
工业企业单位数(个)	Number of Industrial Enterprises(unit)	39	40	2.6
#内资企业(个)	Civil Funded Enterprises(unit)	36	36	0.0
工业总产值(万元)	Gross Industrial Output Value(10 000 yuan)	593974	704912	18.7
内资企业(万元)	Civil Funded Enterprises(10 000 yuan)	589346	688626	16.8
国有企业(万元)	State-owned Enterprises(10 000 yuan)			
集体企业(万元)	Collective-owned Enterprises(10 000 yuan)			
股份合作企业(万元)	Share Holding Enterprises(10 000 yuan)			
联营企业(万元)	Joint Owned Enterprises(10 000 yuan)			
有限责任公司(万元)	Limited Company(10 000 yuan)	85371	117120	37.2
股份有限公司(万元)	Share Holding Limited Company(10 000 yuan)			
私营企业(万元)	Privately Owned Enterprises(10 000 yuan)	495542	571505	15.3
其他企业(万元)	Enterprises of Other Ownership(10 000 yuan)	8433		
港澳台商投资企业(万元)	Funds from HK,Macao & Taiwan(10 000 yuan)		11774	
外商投资企业(万元)	Foreign Funded Enterprises(10 000 yuan)	4628	4512	-2.5
工业企业增加值(万元)	Value Added of Industrial Enterprises(10 000 yuan)			9.7
工业企业资产总计(万元)	Total Assets of Industrial Enterprises(10 000 yuan)	919805	1511573	64.3
工业企业负债合计(万元)	Total Liabilities of Industrial Enterprises(10 000 yuan)	605409	794365	31.2
工业企业产品销售收入(万元)	Sales of Revenue Industrial Enterprises(10 000 yuan)	497790	559636	12.4
工业企业利润总额(万元)	Total Profits of Industrial Enterprises(10 000 yuan)	7572	20227	167.1
建筑业	**Construction**			
建筑企业单位数(个)	Number of Construction Enterprises(unit)	1	1	0.0
建筑企业从业人员(人)	Number of Employee in Construction Enterprises(person)	68	63	-7.4
建筑业总产值(万元)	Gross Construction Output Value(10 000 yuan)	5812	3015	-48.1
交通运输邮电通信业	**Transportation,Post & Telecommunications**			
公路里程(公里)	Total Length of Highways(km)	2495	2524	1.2
邮电业务总量(万元)	Business Volume of Post & Telecoms(10 000 yuan)	2376	2310	-2.8
本地电话用户(户)	Number of Subscribers of Local Telephone(Household)	12416	12542	1.0
国内贸易	**Domestic Trade**			
社会消费品零售总额(万元)	Total Retail Sales of Consumer Goods(10 000 yuan)	191335	206228	7.8
城镇(万元)	Town(10 000 yuan)	109846	118634	8.0
乡村(万元)	Village(10 000 yuan)	81489	87594	7.5
科技教育卫生	**Science,Education & Public Health**			
各类专业技术人员(人)	Special Technical Personnel(person)	846	895	5.8
幼儿园数(所)	Number of Kindergartens(unit)	8	11	37.5
学龄儿童入学率(%)	Percentage of School-Age Children Enrolled(%)	100.0	100.0	0.0
小学学校数(所)	Number of Primary Schools(unit)	11	10	-9.1
小学专任教师数(人)	Number of Full-time Teachers of Primary Schools(person)	784	740	-5.6
小学在校学生数(人)	Number of Student Enrollment of Primary Schools(person)	6780	6558	-3.3
普通中学学校数(所)	Number of Regular Secondary Schools(unit)	3	3	0.0
普通中学专任教师数(人)	Number of Teachers of Secondary Shools(person)	541	565	4.4
初中在校学生数(人)	Number of Student in Junior Secondary Schools(person)	3879	3572	-7.9
高中在校学生数(人)	Number of Student in Senior Secondary Schools(person)	4387	4265	-2.8
卫生机构数(所)	Number of Health Institutions(unit)	190	189	-0.5
#医院(所)	Hospitals(unit)	4	4	0.0
卫生院(所)	Township Hospitals(unit)	25	24	-4.0
床位数(张)	Number of Beds(unit)	646	656	1.5
#医院(张)	Hospitals(unit)	410	412	0.5
卫生院(张)	Township Hospitals(unit)	192	198	3.1
卫生技术人员(人)	Medical Technical Presonnel(person)	667	671	0.6
#医院(人)	Hospitals(person)	343	333	-2.9
卫生院(人)	Township Hospitals(person)	87	89	2.3

23-91 鄂尔多斯市东胜区

指　标	Item	2014	2015	2015年比上年增长% Increase Rate in 2015 Over 2014(%)
行政区域土地面积(平方公里)	**Area of Administration(Sq.km)**	**2526**	**2526**	**0.0**
人口和就业	**Population & Employment**			
年末户籍人口(人)	The Registered Population Year-end(person)	274148	280754	2.4
#男性(人)	Male(person)	137531	140708	2.3
#乡村人口(人)	Agriculture(person)	81188	49656	
年末常住人口(人)	Permanet Resident Population Year-end(person)	520400	658800	26.6
#男性(人)	Male(person)			
#乡村人口(人)	Rural(person)	35900	44500	24.0
年末总户数(户)	Total Number of Households at the Year-end(Household)	98100	105644	7.7
#乡村户数(户)	Number of Rural Household(Household)	14512	5637	-61.2
出生人口(人)	Births(person)	4149	3926	-5.4
死亡人口(人)	Deaths(person)	1100	680	-38.2
全社会就业人员(人)	Employment(person)	282732	289643	2.4
第一产业(人)	Primary Industry(person)	8485	6414	-24.4
第二产业(人)	Secondary Industry(person)	103389	108069	4.5
第三产业(人)	Tertiary Industry(person)	170858	175160	2.5
在岗职工人数(人)	Number of Staff & Workers Employed in(person)	88093	83387	-5.3
乡村劳动力(人)	Number of Rural Laborers(person)	26597	9206	-65.4
#农林牧渔业(人)	Farming,Forestry,Animal Husbandry & Fishery(person)	7558	6488	-14.2
国民经济综合指标	**Summary Item on the National Economy**			
生产总值(万元)	Gross Domestic Product(10 000 yuan)	9305300	9625600	7.2
第一产业(万元)	Primary Industry(10 000 yuan)	14500	13400	3.4
第二产业(万元)	Secondary Industry(10 000 yuan)	3396100	3453100	7.6
#工业(万元)	Industry(10 000 yuan)	2788700	2826600	7.8
第三产业(万元)	Tertiary Industry(10 000 yuan)	5894700	6159100	7.0
人均生产总值(元)	Per Capita GDP(yuan)	153502	151753	2.7
全社会固定资产投资(万元)	Total Investment in Fixed Assets(10 000 yuan)	4404133	4927909	11.9
按登记注册类型分	Grouped by Registered Type			
#国有(万元)	State-owned Enterprises(10 000 yuan)	544173	799025	46.8
集体(万元)	Collective-owned Enterprises(10 000 yuan)		1300	
有限责任公司(万元)	Limited Liability Corporations(10 000 yuan)	3032537	3203116	5.6
股份有限公司(万元)	Share Holding Enterprises(10 000 yuan)	60365	288215	377.5
私营企业(万元)	Private Enterprises(10 000 yuan)	110331	145647	32.0
外商及港澳台投资企业(万元)	Funds from HK,Macao,Taiwan & Foreign(10 000 yuan)	46401		
一般公共预算收入(万元)	General Public Budget Revenue(10 000 yuan)	891717	904364	1.4
一般公共预算支出(万元)	General Public Budget Expenditure(10 000 yuan)	1059268	1043806	-1.5
住户存款余额(万元)	The balance of savings deposits of Households(10 000 yuan)		1952773	
在岗职工工资总额(万元)	Total Wages of Staff & Workers Employed in(10 000 yuan)	655419	589128	-10.1
在岗职工平均工资(元)	Average Wage of Staff & Workers Employed in(yuan)	74499	78084	4.8
全体居民人均可支配收入(元)	The per capita disposable income of all residents(yuan)	34156	36729	7.5
城镇常住居民人均可支配收入(元)	The per capita disposable income of urban permanent residents(yuan)	36302	38807	6.9
农村牧区常住居民人均可支配收入(元)	The per capita disposable income of permanent residents of rural and pastoral areas(yuan)			
农村牧区经济	**Economic Development in Rural & Pastoral Area**			
农作物总播种面积(公顷)	Total Sown Area(hectare)	2267	2267	0.0
#粮食作物播种面积(公顷)	Sown Area of Grain Crops(hectare)	2100	2152	2.5
农牧业机械总动力(万千瓦)	Total Power of Agricultural Machinery(10 000 kw)	11.27	11.36	0.8
化肥施用折纯量(吨)	Consumption of Chemical Fertilizer(ton)	712	673	-5.5
农村用电量(万千瓦小时)	Electricity Consumed in Rural Area(10 000 kwh)	731	734	0.4
农林牧渔业总产值(万元)	Gross Output of Farming,Forestry,Animal Husbandry & Fishery(10 000 yuan)	26386	24374	3.2
粮食产量(吨)	Yield of Grain(ton)	12188	10000	-18.0
油料产量(吨)	Yield of Oil-bearing Grops(ton)	20	17	-15.0
甜菜产量(吨)	Yield of Beetroots(ton)			
猪牛羊肉产量(吨)	Output of Pork, Beef & Mutton(ton)	1714	2052	19.7
#猪肉产量(吨)	Output of Pork(ton)	720	717	-0.4
牛肉产量(吨)	Output of Beef(ton)	190	255	34.2
羊肉产量(吨)	Output of Mutton(ton)	804	1080	34.3
羊毛产量(吨)	Output of Wool(ton)	120	8	-93.3

23-91 Dongsheng District in Erdos City

指　标	Item	2014	2015	2015年比上年增长% Increase Rate in 2015 Over 2014(%)
年末牲畜存栏头数(万头只)	Total Livestock at the Year-end(10 000 heads)	11.28	8.96	-20.6
# 大牲畜(万头只)	Large Animals(10 000 heads)	0.40	0.38	-5.0
羊(万只)	Sheep & Goats(10 000 heads)	9.97	7.71	-22.7
猪(万头)	Hogs(10 000 heads)	0.91	0.87	-4.4
规模以上工业	**Industrial Enterprises above Designated size**			
工业企业单位数(个)	Number of Industrial Enterprises(unit)	57	66	15.8
# 内资企业(个)	Civil Funded Enterprises(unit)	55	64	16.4
工业总产值(万元)	Gross Industrial Output Value(10 000 yuan)	4523937	5477957	21.1
内资企业(万元)	Civil Funded Enterprises(10 000 yuan)	3762681	4966413	32.0
国有企业(万元)	State-owned Enterprises(10 000 yuan)	174761	1170345	569.7
集体企业(万元)	Collective-owned Enterprises(10 000 yuan)			
股份合作企业(万元)	Share Holding Enterprises(10 000 yuan)			
联营企业(万元)	Joint Owned Enterprises(10 000 yuan)			
有限责任公司(万元)	Limited Company(10 000 yuan)	2852079	3189255	11.8
股份有限公司(万元)	Share Holding Limited Company(10 000 yuan)	407992	412934	1.2
私营企业(万元)	Privately Owned Enterprises(10 000 yuan)	20368	66317	225.6
其他企业(万元)	Enterprises of Other Ownership(10 000 yuan)	307483	127562	-58.5
港澳台商投资企业(万元)	Funds from HK,Macao & Taiwan(10 000 yuan)	3396	4104	20.9
外商投资企业(万元)	Foreign Funded Enterprises(10 000 yuan)	757860	507440	-33.0
工业企业增加值(万元)	Value Added of Industrial Enterprises(10 000 yuan)			8.3
工业企业资产总计(万元)	Total Assets of Industrial Enterprises(10 000 yuan)	16381891	18257318	11.4
工业企业负债合计(万元)	Total Liabilities of Industrial Enterprises(10 000 yuan)	10557969	13132691	24.4
工业企业产品销售收入(万元)	Sales of Revenue Industrial Enterprises(10 000 yuan)	6351049	6504292	2.4
工业企业利润总额(万元)	Total Profits of Industrial Enterprises(10 000 yuan)	387563	517502	33.5
建筑业	**Construction**			
建筑企业单位数(个)	Number of Construction Enterprises(unit)	157	151	-3.8
建筑企业从业人员(人)	Number of Employee in Construction Enterprises(person)	52557	32693	-37.8
建筑业总产值(万元)	Gross Construction Output Value(10 000 yuan)	2838252	1127249	-60.3
交通运输邮电通信业	**Transportation,Post & Telecommunications**			
公路里程(公里)	Total Length of Highways(km)	1208	1309	8.4
邮电业务总量(万元)	Business Volume of Post & Telecoms(10 000 yuan)	140745	143560	2.0
本地电话用户(户)	Number of Subscribers of Local Telephone(Household)	86700	83604	-3.6
国内贸易	**Domestic Trade**			
社会消费品零售总额(万元)	Total Retail Sales of Consumer Goods(10 000 yuan)	2952829	3217272	9.0
城镇(万元)	Town(10 000 yuan)	2952829	3217272	9.0
乡村(万元)	Village(10 000 yuan)			
科技教育卫生	**Science,Education & Public Health**			
各类专业技术人员(人)	Special Technical Personnel(person)	9209	9162	-0.5
幼儿园数(所)	Number of Kindergartens(unit)	79	85	7.6
学龄儿童入学率(%)	Percentage of School-Age Children Enrolled(%)	100.0	100.0	0.0
小学学校数(所)	Number of Primary Schools(unit)	35	35	0.0
小学专任教师数(人)	Number of Full-time Teachers of Primary Schools(person)	2103	2202	4.7
小学在校学生数(人)	Number of Student Enrollment of Primary Schools(person)	35545	38903	9.4
普通中学学校数(所)	Number of Regular Secondary Schools(unit)	20	20	0.0
普通中学专任教师数(人)	Number of Teachers of Secondary Shools(person)	2507	2574	2.7
初中在校学生数(人)	Number of Student in Junior Secondary Schools(person)	16139	16036	-0.6
高中在校学生数(人)	Number of Student in Senior Secondary Schools(person)	13932	13981	0.4
卫生机构数(所)	Number of Health Institutions(unit)	427	422	-1.2
# 医院(所)	Hospitals(unit)	38	40	5.3
卫生院(所)	Township Hospitals(unit)	8	6	-25.0
床位数(张)	Number of Beds(unit)	3964	4619	16.5
# 医院(张)	Hospitals(unit)	3811	4470	17.3
卫生院(张)	Township Hospitals(unit)	69	69	0.0
卫生技术人员(人)	Medical Technical Presonnel(person)	7002	8353	19.3
# 医院(人)	Hospitals(person)	5773	6818	18.1
卫生院(人)	Township Hospitals(person)	73	74	1.4

23-92 鄂尔多斯市达拉特旗

指　标	Item	2014	2015	2015年比上年增长% Increase Rate in 2015 Over 2014(%)
行政区域土地面积(平方公里)	**Area of Administration(Sq.km)**	**8241**	**8241**	**0.0**
人口和就业	**Population & Employment**			
年末户籍人口(人)	The Registered Population Year-end(person)	363746	364257	0.1
#男性(人)	Male(person)	185199	185134	0.0
#乡村人口(人)	Agriculture(person)	298169	296740	
年末常住人口(人)	Permanet Resident Population Year-end(person)	331700	331400	-0.1
#男性(人)	Male(person)			
#乡村人口(人)	Rural(person)	145800	145600	-0.1
年末总户数(户)	Total Number of Households at the Year-end(Household)	159703	163723	2.5
#乡村户数(户)	Number of Rural Household(Household)	55125	60449	9.7
出生人口(人)	Births(person)	4678	3392	-27.5
死亡人口(人)	Deaths(person)	2158	2117	-1.9
全社会就业人员(人)	Employment(person)	242770	243479	0.3
第一产业(人)	Primary Industry(person)	66731	71959	7.8
第二产业(人)	Secondary Industry(person)	53133	52506	-1.2
第三产业(人)	Tertiary Industry(person)	122906	119014	-3.2
在岗职工人数(人)	Number of Staff & Workers Employed in(person)	31384	31585	0.6
乡村劳动力(人)	Number of Rural Laborers(person)	105760	110063	4.1
#农林牧渔业(人)	Farming,Forestry,Animal Husbandry & Fishery(person)	79992	86779	8.5
国民经济综合指标	**Summary Item on the National Economy**			
生产总值(万元)	Gross Domestic Product(10 000 yuan)	4950200	4718100	7.7
第一产业(万元)	Primary Industry(10 000 yuan)	323800	322300	4.1
第二产业(万元)	Secondary Industry(10 000 yuan)	3022000	2665300	7.9
#工业(万元)	Industry(10 000 yuan)	2781300	2424100	8.3
第三产业(万元)	Tertiary Industry(10 000 yuan)	1604400	1730500	7.9
人均生产总值(元)	Per Capita GDP(yuan)	149689	142301	7.0
全社会固定资产投资(万元)	Total Investment in Fixed Assets(10 000 yuan)	1899832	2150000	13.2
按登记注册类型分	Grouped by Registered Type			
#国有(万元)	State-owned Enterprises(10 000 yuan)	648388	548716	-15.4
集体(万元)	Collective-owned Enterprises(10 000 yuan)	6313	3500	-44.6
有限责任公司(万元)	Limited Liability Corporations(10 000 yuan)	887725	1508421	69.9
股份有限公司(万元)	Share Holding Enterprises(10 000 yuan)	192086	54720	-71.5
私营企业(万元)	Private Enterprises(10 000 yuan)	24774	6824	-72.5
外商及港澳台投资企业(万元)	Funds from HK,Macao,Taiwan & Foreign(10 000 yuan)			
一般公共预算收入(万元)	General Public Budget Revenue(10 000 yuan)	201919	213612	5.8
一般公共预算支出(万元)	General Public Budget Expenditure(10 000 yuan)	388069	518688	33.7
住户存款余额(万元)	The balance of savings deposits of Households(10 000 yuan)		1120554	
在岗职工工资总额(万元)	Total Wages of Staff & Workers Employed in(10 000 yuan)	180092	191657	6.4
在岗职工平均工资(元)	Average Wage of Staff & Workers Employed in(yuan)	57539	62304	8.3
全体居民人均可支配收入(元)	The per capita disposable income of all residents(yuan)	22768	24550	7.8
城镇常住居民人均可支配收入(元)	The per capita disposable income of urban permanent residents(yuan)	31589	33863	7.2
农村牧区常住居民人均可支配收入(元)	The per capita disposable income of permanent residents of rural and pastoral areas(yuan)	13378	14341	7.2
农村牧区经济	**Economic Development in Rural & Pastoral Area**			
农作物总播种面积(公顷)	Total Sown Area(hectare)	132015	136687	3.5
#粮食作物播种面积(公顷)	Sown Area of Grain Crops(hectare)	82273	83260	1.2
农牧业机械总动力(万千瓦)	Total Power of Agricultural Machinery(10 000 kw)	92.29	97.62	5.8
化肥施用折纯量(吨)	Consumption of Chemical Fertilizer(ton)	47234	62420	32.2
农村用电量(万千瓦小时)	Electricity Consumed in Rural Area(10 000 kwh)	24152	60430	150.2
农林牧渔业总产值(万元)	Gross Output of Farming,Forestry,Animal Husbandry & Fishery(10 000 yuan)	552058	551066	3.9
粮食产量(吨)	Yield of Grain(ton)	586923	581039	-1.0
油料产量(吨)	Yield of Oil-bearing Grops(ton)	25240	29171	15.6
甜菜产量(吨)	Yield of Beetroots(ton)	97000	85959	-11.4
猪牛羊肉产量(吨)	Output of Pork, Beef & Mutton(ton)	37442	38667	3.3
#猪肉产量(吨)	Output of Pork(ton)	12000	12000	0.0
牛肉产量(吨)	Output of Beef(ton)	2091	1558	-25.5
羊肉产量(吨)	Output of Mutton(ton)	23351	25109	7.5
羊毛产量(吨)	Output of Wool(ton)	4528	3915	-13.5

23-92 Dalate Banner in Erdos City

指　标	Item	2014	2015	2015年比上年增长% Increase Rate in 2015 Over 2014(%)
年末牲畜存栏头数(万头只)	Total Livestock at the Year-end(10 000 heads)	204.27	206.72	1.2
# 大牲畜(万头只)	Large Animals(10 000 heads)	5.93	6.85	15.5
羊(万只)	Sheep & Goats(10 000 heads)	192.41	194.11	0.9
猪(万头)	Hogs(10 000 heads)	5.93	5.76	-2.9
规模以上工业	**Industrial Enterprises above Designated size**			
工业企业单位数(个)	Number of Industrial Enterprises(unit)	55	53	-3.6
# 内资企业(个)	Civil Funded Enterprises(unit)	52	50	-3.8
工业总产值(万元)	Gross Industrial Output Value(10 000 yuan)	6243048	6498604	4.1
内资企业(万元)	Civil Funded Enterprises(10 000 yuan)	6086818	6286451	3.3
国有企业(万元)	State-owned Enterprises(10 000 yuan)			
集体企业(万元)	Collective-owned Enterprises(10 000 yuan)			
股份合作企业(万元)	Share Holding Enterprises(10 000 yuan)			
联营企业(万元)	Joint Owned Enterprises(10 000 yuan)			
有限责任公司(万元)	Limited Company(10 000 yuan)	3951662	3869092	-2.1
股份有限公司(万元)	Share Holding Limited Company(10 000 yuan)	530992	536364	1.0
私营企业(万元)	Privately Owned Enterprises(10 000 yuan)	1338395	1616888	20.8
其他企业(万元)	Enterprises of Other Ownership(10 000 yuan)	265769	264107	-0.6
港澳台商投资企业(万元)	Funds from HK,Macao & Taiwan(10 000 yuan)	10182	28934	184.2
外商投资企业(万元)	Foreign Funded Enterprises(10 000 yuan)	146048	183219	25.5
工业企业增加值(万元)	Value Added of Industrial Enterprises(10 000 yuan)			8.0
工业企业资产总计(万元)	Total Assets of Industrial Enterprises(10 000 yuan)	5797646	5576261	-3.8
工业企业负债合计(万元)	Total Liabilities of Industrial Enterprises(10 000 yuan)	3193486	3087184	-3.3
工业企业产品销售收入(万元)	Sales of Revenue Industrial Enterprises(10 000 yuan)	6174982	6435374	4.2
工业企业利润总额(万元)	Total Profits of Industrial Enterprises(10 000 yuan)	1330069	1388167	4.4
建筑业	**Construction**			
建筑企业单位数(个)	Number of Construction Enterprises(unit)	13	13	0.0
建筑企业从业人员(人)	Number of Employee in Construction Enterprises(person)	2441	1675	-31.4
建筑业总产值(万元)	Gross Construction Output Value(10 000 yuan)	384939	76477	-80.1
交通运输邮电通信业	**Transportation,Post & Telecommunications**			
公路里程(公里)	Total Length of Highways(km)	2517	2586	2.7
邮电业务总量(万元)	Business Volume of Post & Telecoms(10 000 yuan)	28540	28711	0.6
本地电话用户(户)	Number of Subscribers of Local Telephone(Household)	22261	10755	-51.7
国内贸易	**Domestic Trade**			
社会消费品零售总额(万元)	Total Retail Sales of Consumer Goods(10 000 yuan)	540503	581146	7.5
城镇(万元)	Town(10 000 yuan)	348078	391974	12.6
乡村(万元)	Village(10 000 yuan)	192425	189172	-1.7
科技教育卫生	**Science,Education & Public Health**			
各类专业技术人员(人)	Special Technical Personnel(person)	5916	6365	7.6
幼儿园数(所)	Number of Kindergartens(unit)	80	87	8.7
学龄儿童入学率(%)	Percentage of School-Age Children Enrolled(%)	100.0	100.0	0.0
小学学校数(所)	Number of Primary Schools(unit)	23	25	8.7
小学专任教师数(人)	Number of Full-time Teachers of Primary Schools(person)	1147	1259	9.8
小学在校学生数(人)	Number of Student Enrollment of Primary Schools(person)	19536	20282	3.8
普通中学学校数(所)	Number of Regular Secondary Schools(unit)	9	9	0.0
普通中学专任教师数(人)	Number of Teachers of Secondary Shools(person)	1068	1156	8.2
初中在校学生数(人)	Number of Student in Junior Secondary Schools(person)	9161	9109	-0.6
高中在校学生数(人)	Number of Student in Senior Secondary Schools(person)	5427	4820	-11.2
卫生机构数(所)	Number of Health Institutions(unit)	314	291	-7.3
# 医院(所)	Hospitals(unit)	8	7	-12.5
卫生院(所)	Township Hospitals(unit)	23	22	-4.3
床位数(张)	Number of Beds(unit)	1410	1377	-2.3
# 医院(张)	Hospitals(unit)	974	933	-4.2
卫生院(张)	Township Hospitals(unit)	353	361	2.3
卫生技术人员(人)	Medical Technical Presonnel(person)	2218	2278	2.7
# 医院(人)	Hospitals(person)	930	908	-2.4
卫生院(人)	Township Hospitals(person)	302	248	-17.9

23-93 鄂尔多斯市准格尔旗

指　标	Item	2014	2015	2015年比上年增长% Increase Rate in 2015 Over 2014(%)
行政区域土地面积(平方公里)	**Area of Administration(Sq.km)**	**7551**	**7551**	**0.0**
人口和就业	**Population & Employment**			
年末户籍人口(人)	The Registered Population Year-end(person)	320396	324205	1.2
#男性(人)	Male(person)	162422	164155	1.1
#乡村人口(人)	Agriculture(person)	238174	255999	
年末常住人口(人)	Permanet Resident Population Year-end(person)	371800	371600	-0.1
#男性(人)	Male(person)			
#乡村人口(人)	Rural(person)	118200	118100	-0.1
年末总户数(户)	Total Number of Households at the Year-end(Household)	142529	145268	1.9
#乡村户数(户)	Number of Rural Household(Household)	35618	35356	-0.7
出生人口(人)	Births(person)	4592	6714	46.2
死亡人口(人)	Deaths(person)	1412	1767	25.1
全社会就业人员(人)	Employment(person)	195322	195321	0.0
第一产业(人)	Primary Industry(person)	35001	35000	0.0
第二产业(人)	Secondary Industry(person)	68419	68411	0.0
第三产业(人)	Tertiary Industry(person)	91902	91910	0.0
在岗职工人数(人)	Number of Staff & Workers Employed in(person)	59209	56136	-5.2
乡村劳动力(人)	Number of Rural Laborers(person)	79656	79071	-0.7
#农林牧渔业(人)	Farming,Forestry,Animal Husbandry & Fishery(person)	45216	44883	-0.7
国民经济综合指标	**Summary Item on the National Economy**			
生产总值(万元)	Gross Domestic Product(10 000 yuan)	11066700	11077800	7.8
第一产业(万元)	Primary Industry(10 000 yuan)	93700	92500	3.1
第二产业(万元)	Secondary Industry(10 000 yuan)	6930000	6642300	8.1
#工业(万元)	Industry(10 000 yuan)	6360000	6072300	8.6
第三产业(万元)	Tertiary Industry(10 000 yuan)	4043000	4343000	7.2
人均生产总值(元)	Per Capita GDP(yuan)	298790	298031	7.1
全社会固定资产投资(万元)	Total Investment in Fixed Assets(10 000 yuan)	4451373	5082124	14.2
按登记注册类型分	Grouped by Registered Type			
#国有(万元)	State-owned Enterprises(10 000 yuan)	458696	1619786	253.1
集体(万元)	Collective-owned Enterprises(10 000 yuan)			
有限责任公司(万元)	Limited Liability Corporations(10 000 yuan)	3868475	3430940	-11.3
股份有限公司(万元)	Share Holding Enterprises(10 000 yuan)	52078	1322	-97.5
私营企业(万元)	Private Enterprises(10 000 yuan)			
外商及港澳台投资企业(万元)	Funds from HK,Macao,Taiwan & Foreign(10 000 yuan)			
一般公共预算收入(万元)	General Public Budget Revenue(10 000 yuan)	767109	790005	3.0
一般公共预算支出(万元)	General Public Budget Expenditure(10 000 yuan)	874444	931981	6.6
住户存款余额(万元)	The balance of savings deposits of Households(10 000 yuan)		2536526	
在岗职工工资总额(万元)	Total Wages of Staff & Workers Employed in(10 000 yuan)	453803	431419	-4.9
在岗职工平均工资(元)	Average Wage of Staff & Workers Employed in(yuan)	74720	78199	4.7
全体居民人均可支配收入(元)	The per capita disposable income of all residents(yuan)	28061	30175	7.5
城镇常住居民人均可支配收入(元)	The per capita disposable income of urban permanent residents(yuan)	36234	38698	6.8
农村牧区常住居民人均可支配收入(元)	The per capita disposable income of permanent residents of rural and pastoral areas(yuan)	13450	14459	7.5
农村牧区经济	**Economic Development in Rural & Pastoral Area**			
农作物总播种面积(公顷)	Total Sown Area(hectare)	65287	65154	-0.2
#粮食作物播种面积(公顷)	Sown Area of Grain Crops(hectare)	37587	37637	0.1
农牧业机械总动力(万千瓦)	Total Power of Agricultural Machinery(10 000 kw)	28.40	28.88	1.7
化肥施用折纯量(吨)	Consumption of Chemical Fertilizer(ton)	9790	9541	-2.5
农村用电量(万千瓦小时)	Electricity Consumed in Rural Area(10 000 kwh)	3752	3725	-0.7
农林牧渔业总产值(万元)	Gross Output of Farming,Forestry,Animal Husbandry & Fishery(10 000 yuan)	160912	158444	2.8
粮食产量(吨)	Yield of Grain(ton)	85429	81429	-4.7
油料产量(吨)	Yield of Oil-bearing Grops(ton)	3254	3185	-2.1
甜菜产量(吨)	Yield of Beetroots(ton)	543	529	-2.6
猪牛羊肉产量(吨)	Output of Pork, Beef & Mutton(ton)	12358	12446	0.7
#猪肉产量(吨)	Output of Pork(ton)	5800	5800	0.0
牛肉产量(吨)	Output of Beef(ton)	323	325	0.6
羊肉产量(吨)	Output of Mutton(ton)	6235	6321	1.4
羊毛产量(吨)	Output of Wool(ton)	448	358	-20.0

23-93 Zhungeer Banner in Erdos City

指　标	Item	2014	2015	2015年比上年增长% Increase Rate in 2015 Over 2014(%)
年末牲畜存栏头数(万头只)	Total Livestock at the Year-end(10 000 heads)	48.61	48.42	-0.4
# 大牲畜(万头只)	Large Animals(10 000 heads)	1.20	1.11	-7.5
羊(万只)	Sheep & Goats(10 000 heads)	42.37	42.41	0.1
猪(万头)	Hogs(10 000 heads)	5.04	4.89	-3.0
规模以上工业	**Industrial Enterprises above Designated size**			
工业企业单位数(个)	Number of Industrial Enterprises(unit)	102	102	0.0
# 内资企业(个)	Civil Funded Enterprises(unit)	97	97	0.0
工业总产值(万元)	Gross Industrial Output Value(10 000 yuan)	10770944	9931311	-7.8
内资企业(万元)	Civil Funded Enterprises(10 000 yuan)	10616187	9795212	-7.7
国有企业(万元)	State-owned Enterprises(10 000 yuan)	2556621	2140430	-16.3
集体企业(万元)	Collective-owned Enterprises(10 000 yuan)	8022	5400	-32.7
股份合作企业(万元)	Share Holding Enterprises(10 000 yuan)			
联营企业(万元)	Joint Owned Enterprises(10 000 yuan)			
有限责任公司(万元)	Limited Company(10 000 yuan)	4366706	4353846	-0.3
股份有限公司(万元)	Share Holding Limited Company(10 000 yuan)	3264454	2730785	-16.3
私营企业(万元)	Privately Owned Enterprises(10 000 yuan)	420385	564751	34.3
其他企业(万元)	Enterprises of Other Ownership(10 000 yuan)			
港澳台商投资企业(万元)	Funds from HK,Macao & Taiwan(10 000 yuan)	95453	116376	21.9
外商投资企业(万元)	Foreign Funded Enterprises(10 000 yuan)	59304	19723	-66.7
工业企业增加值(万元)	Value Added of Industrial Enterprises(10 000 yuan)			10.5
工业企业资产总计(万元)	Total Assets of Industrial Enterprises(10 000 yuan)	24975760	24200018	-3.1
工业企业负债合计(万元)	Total Liabilities of Industrial Enterprises(10 000 yuan)	13716211	13096865	-4.5
工业企业产品销售收入(万元)	Sales of Revenue Industrial Enterprises(10 000 yuan)	10020165	9400560	-6.2
工业企业利润总额(万元)	Total Profits of Industrial Enterprises(10 000 yuan)	1803539	1471340	-18.4
建筑业	**Construction**			
建筑企业单位数(个)	Number of Construction Enterprises(unit)	12	12	0.0
建筑企业从业人员(人)	Number of Employee in Construction Enterprises(person)	2542	1170	-54.0
建筑业总产值(万元)	Gross Construction Output Value(10 000 yuan)	75141	47775	-36.4
交通运输邮电通信业	**Transportation,Post & Telecommunications**			
公路里程(公里)	Total Length of Highways(km)	2863	3500	22.2
邮电业务总量(万元)	Business Volume of Post & Telecoms(10 000 yuan)	145300	171200	17.8
本地电话用户(户)	Number of Subscribers of Local Telephone(Household)	60265	60265	0.0
国内贸易	**Domestic Trade**			
社会消费品零售总额(万元)	Total Retail Sales of Consumer Goods(10 000 yuan)	910126	991087	8.9
城镇(万元)	Town(10 000 yuan)	600076	660572	10.1
乡村(万元)	Village(10 000 yuan)	310050	330514	6.6
科技教育卫生	**Science,Education & Public Health**			
各类专业技术人员(人)	Special Technical Personnel(person)	7328	7340	0.2
幼儿园数(所)	Number of Kindergartens(unit)	39	41	5.1
学龄儿童入学率(%)	Percentage of School-Age Children Enrolled(%)	100.0	100.0	0.0
小学学校数(所)	Number of Primary Schools(unit)	23	25	8.7
小学专任教师数(人)	Number of Full-time Teachers of Primary Schools(person)	1465	1505	2.7
小学在校学生数(人)	Number of Student Enrollment of Primary Schools(person)	23169	24057	3.8
普通中学学校数(所)	Number of Regular Secondary Schools(unit)	12	12	0.0
普通中学专任教师数(人)	Number of Teachers of Secondary Shools(person)	1453	1475	1.5
初中在校学生数(人)	Number of Student in Junior Secondary Schools(person)	10653	10402	-2.4
高中在校学生数(人)	Number of Student in Senior Secondary Schools(person)	5344	5374	0.6
卫生机构数(所)	Number of Health Institutions(unit)	271	272	0.4
# 医院(所)	Hospitals(unit)	8	8	0.0
卫生院(所)	Township Hospitals(unit)	15	13	-13.3
床位数(张)	Number of Beds(unit)	1619	1557	-3.8
# 医院(张)	Hospitals(unit)	1350	1319	-2.3
卫生院(张)	Township Hospitals(unit)	254	238	-6.3
卫生技术人员(人)	Medical Technical Presonnel(person)	2668	2005	-24.9
# 医院(人)	Hospitals(person)	1381	1395	1.0
卫生院(人)	Township Hospitals(person)	250	238	-4.8

23-94 鄂尔多斯市鄂托克前旗

指　标	Item	2014	2015	2015年比上年增长% Increase Rate in 2015 Over 2014(%)
行政区域土地面积(平方公里)	**Area of Administration(Sq.km)**	**12221**	**12221**	**0.0**
人口和就业	**Population & Employment**			
年末户籍人口(人)	The Registered Population Year-end(person)	78320	78750	0.5
#男性(人)	Male(person)	39534	39724	0.5
#乡村人口(人)	Agriculture(person)	56378	55211	
年末常住人口(人)	Permanet Resident Population Year-end(person)	71200	71000	-0.3
#男性(人)	Male(person)			
#乡村人口(人)	Rural(person)	30000	29900	-0.3
年末总户数(户)	Total Number of Households at the Year-end(Household)	27836	28039	0.7
#乡村户数(户)	Number of Rural Household(Household)	13299	13697	3.0
出生人口(人)	Births(person)	1641	1004	-38.8
死亡人口(人)	Deaths(person)	438	429	-2.1
全社会就业人员(人)	Employment(person)	52953	53998	2.0
第一产业(人)	Primary Industry(person)	24056	24537	2.0
第二产业(人)	Secondary Industry(person)	13134	13226	0.7
第三产业(人)	Tertiary Industry(person)	15763	16235	3.0
在岗职工人数(人)	Number of Staff & Workers Employed in(person)	7972	7306	-8.4
乡村劳动力(人)	Number of Rural Laborers(person)	25323	24777	-2.2
#农林牧渔业(人)	Farming,Forestry,Animal Husbandry & Fishery(person)	20207	20666	2.3
国民经济综合指标	**Summary Item on the National Economy**			
生产总值(万元)	Gross Domestic Product(10 000 yuan)	1273400	1289900	9.7
第一产业(万元)	Primary Industry(10 000 yuan)	113100	112100	3.7
第二产业(万元)	Secondary Industry(10 000 yuan)	803200	791600	12.5
#工业(万元)	Industry(10 000 yuan)	645500	635800	13.6
第三产业(万元)	Tertiary Industry(10 000 yuan)	357100	386200	5.4
人均生产总值(元)	Per Capita GDP(yuan)	180624	181421	8.9
全社会固定资产投资(万元)	Total Investment in Fixed Assets(10 000 yuan)	2001245	2320576	16.0
按登记注册类型分	Grouped by Registered Type			
#国有(万元)	State-owned Enterprises(10 000 yuan)	1495149	2099133	40.4
集体(万元)	Collective-owned Enterprises(10 000 yuan)			
有限责任公司(万元)	Limited Liability Corporations(10 000 yuan)	177702	175616	-1.2
股份有限公司(万元)	Share Holding Enterprises(10 000 yuan)			
私营企业(万元)	Private Enterprises(10 000 yuan)			
外商及港澳台投资企业(万元)	Funds from HK,Macao,Taiwan & Foreign(10 000 yuan)			
一般公共预算收入(万元)	General Public Budget Revenue(10 000 yuan)	146998	160016	8.9
一般公共预算支出(万元)	General Public Budget Expenditure(10 000 yuan)	235305	287909	22.4
住户存款余额(万元)	The balance of savings deposits of Households(10 000 yuan)		238293	
在岗职工工资总额(万元)	Total Wages of Staff & Workers Employed in(10 000 yuan)	48822	50101	2.6
在岗职工平均工资(元)	Average Wage of Staff & Workers Employed in(yuan)	61551	66589	8.2
全体居民人均可支配收入(元)	The per capita disposable income of all residents(yuan)	24082	26027	8.1
城镇常住居民人均可支配收入(元)	The per capita disposable income of urban permanent residents(yuan)	33096	35545	7.4
农村牧区常住居民人均可支配收入(元)	The per capita disposable income of permanent residents of rural and pastoral areas(yuan)	13477	14501	7.6
农村牧区经济	**Economic Development in Rural & Pastoral Area**			
农作物总播种面积(公顷)	Total Sown Area(hectare)	26974	29180	8.2
#粮食作物播种面积(公顷)	Sown Area of Grain Crops(hectare)	17621	18321	4.0
农牧业机械总动力(万千瓦)	Total Power of Agricultural Machinery(10 000 kw)	25.76	27.71	7.6
化肥施用折纯量(吨)	Consumption of Chemical Fertilizer(ton)	19154	19519	1.9
农村用电量(万千瓦小时)	Electricity Consumed in Rural Area(10 000 kwh)	4083	4533	11.0
农林牧渔业总产值(万元)	Gross Output of Farming,Forestry,Animal Husbandry & Fishery(10 000 yuan)	195343	192882	3.5
粮食产量(吨)	Yield of Grain(ton)	99464	100000	0.5
油料产量(吨)	Yield of Oil-bearing Grops(ton)	3260	3570	9.5
甜菜产量(吨)	Yield of Beetroots(ton)			
猪牛羊肉产量(吨)	Output of Pork, Beef & Mutton(ton)	17855	17572	-1.6
#猪肉产量(吨)	Output of Pork(ton)	3800	3800	0.0
牛肉产量(吨)	Output of Beef(ton)	3066	3050	-0.5
羊肉产量(吨)	Output of Mutton(ton)	10989	10722	-2.4
羊毛产量(吨)	Output of Wool(ton)	1900	1810	-4.7

23-94 Etuokeqian Banner in Erdos City

指　标	Item	2014	2015	2015年比上年增长% Increase Rate in 2015 Over 2014(%)
年末牲畜存栏头数(万头只)	Total Livestock at the Year-end(10 000 heads)	91.16	92.54	1.5
# 大牲畜(万头只)	Large Animals(10 000 heads)	3.49	3.38	-3.2
羊(万只)	Sheep & Goats(10 000 heads)	82.00	83.66	2.0
猪(万头)	Hogs(10 000 heads)	5.67	5.50	-3.0
规模以上工业	**Industrial Enterprises above Designated size**			
工业企业单位数(个)	Number of Industrial Enterprises(unit)	15	15	0.0
# 内资企业(个)	Civil Funded Enterprises(unit)	15	15	0.0
工业总产值(万元)	Gross Industrial Output Value(10 000 yuan)	1643405	1992038	21.2
内资企业(万元)	Civil Funded Enterprises(10 000 yuan)	1643405	1992038	21.2
国有企业(万元)	State-owned Enterprises(10 000 yuan)			
集体企业(万元)	Collective-owned Enterprises(10 000 yuan)			
股份合作企业(万元)	Share Holding Enterprises(10 000 yuan)			
联营企业(万元)	Joint Owned Enterprises(10 000 yuan)			
有限责任公司(万元)	Limited Company(10 000 yuan)	774782	827821	6.8
股份有限公司(万元)	Share Holding Limited Company(10 000 yuan)	22665	23704	4.6
私营企业(万元)	Privately Owned Enterprises(10 000 yuan)	845959	1140513	34.8
其他企业(万元)	Enterprises of Other Ownership(10 000 yuan)			
港澳台商投资企业(万元)	Funds from HK,Macao & Taiwan(10 000 yuan)			
外商投资企业(万元)	Foreign Funded Enterprises(10 000 yuan)			
工业企业增加值(万元)	Value Added of Industrial Enterprises(10 000 yuan)			9.2
工业企业资产总计(万元)	Total Assets of Industrial Enterprises(10 000 yuan)	1521783	1493307	-1.9
工业企业负债合计(万元)	Total Liabilities of Industrial Enterprises(10 000 yuan)	1036278	1145359	10.5
工业企业产品销售收入(万元)	Sales of Revenue Industrial Enterprises(10 000 yuan)	1477086	1494271	1.2
工业企业利润总额(万元)	Total Profits of Industrial Enterprises(10 000 yuan)	-52591	-84146	
建筑业	**Construction**			
建筑企业单位数(个)	Number of Construction Enterprises(unit)	6	6	0.0
建筑企业从业人员(人)	Number of Employee in Construction Enterprises(person)	3267	1580	-51.6
建筑业总产值(万元)	Gross Construction Output Value(10 000 yuan)	136557	138001	1.1
交通运输邮电通信业	**Transportation,Post & Telecommunications**			
公路里程(公里)	Total Length of Highways(km)	2025	2044	0.9
邮电业务总量(万元)	Business Volume of Post & Telecoms(10 000 yuan)	7635	10180	33.3
本地电话用户(户)	Number of Subscribers of Local Telephone(Household)	7200	7000	-2.8
国内贸易	**Domestic Trade**			
社会消费品零售总额(万元)	Total Retail Sales of Consumer Goods(10 000 yuan)	190241	204300	7.4
城镇(万元)	Town(10 000 yuan)	126699	120135	-5.2
乡村(万元)	Village(10 000 yuan)	63542	84165	32.5
科技教育卫生	**Science,Education & Public Health**			
各类专业技术人员(人)	Special Technical Personnel(person)	2269	2269	0.0
幼儿园数(所)	Number of Kindergartens(unit)	8	9	12.5
学龄儿童入学率(%)	Percentage of School-Age Children Enrolled(%)	100.0	100.0	0.0
小学学校数(所)	Number of Primary Schools(unit)	5	5	0.0
小学专任教师数(人)	Number of Full-time Teachers of Primary Schools(person)	304	333	9.5
小学在校学生数(人)	Number of Student Enrollment of Primary Schools(person)	4690	4689	0.0
普通中学学校数(所)	Number of Regular Secondary Schools(unit)	3	3	0.0
普通中学专任教师数(人)	Number of Teachers of Secondary Shools(person)	274	336	22.6
初中在校学生数(人)	Number of Student in Junior Secondary Schools(person)	2227	2215	-0.5
高中在校学生数(人)	Number of Student in Senior Secondary Schools(person)	961	966	0.5
卫生机构数(所)	Number of Health Institutions(unit)	120	116	-3.3
# 医院(所)	Hospitals(unit)	3	3	0.0
卫生院(所)	Township Hospitals(unit)	8	7	-12.5
床位数(张)	Number of Beds(unit)	359	368	2.5
# 医院(张)	Hospitals(unit)	265	270	1.9
卫生院(张)	Township Hospitals(unit)	74	78	5.4
卫生技术人员(人)	Medical Technical Presonnel(person)	637	660	3.6
# 医院(人)	Hospitals(person)	189	178	-5.8
卫生院(人)	Township Hospitals(person)	76	79	3.9

23-95 鄂尔多斯市鄂托克旗

指　标	Item	2014	2015	2015年比上年增长% Increase Rate in 2015 Over 2014(%)
行政区域土地面积(平方公里)	**Area of Administration(Sq.km)**	**20367**	**20367**	**0.0**
人口和就业	**Population & Employment**			
年末户籍人口(人)	The Registered Population Year-end(person)	97697	97650	0.0
#男性(人)	Male(person)	49219	49126	-0.2
#乡村人口(人)	Agriculture(person)	59506	58921	
年末常住人口(人)	Permanet Resident Population Year-end(person)	160500	160300	-0.1
#男性(人)	Male(person)			
#乡村人口(人)	Rural(person)	41100	41000	-0.2
年末总户数(户)	Total Number of Households at the Year-end(Household)	40716	41731	2.5
#乡村户数(户)	Number of Rural Household(Household)	11244	11250	0.1
出生人口(人)	Births(person)	1993	1132	-43.2
死亡人口(人)	Deaths(person)	516	565	9.5
全社会就业人员(人)	Employment(person)	84096	85866	2.1
第一产业(人)	Primary Industry(person)	28799	30028	4.3
第二产业(人)	Secondary Industry(person)	24133	22566	-6.5
第三产业(人)	Tertiary Industry(person)	31164	33272	6.8
在岗职工人数(人)	Number of Staff & Workers Employed in(person)	41282	39408	-4.5
乡村劳动力(人)	Number of Rural Laborers(person)	27833	24520	-11.9
#农林牧渔业(人)	Farming,Forestry,Animal Husbandry & Fishery(person)	21151	21145	0.0
国民经济综合指标	**Summary Item on the National Economy**			
生产总值(万元)	Gross Domestic Product(10 000 yuan)	4594200	4357500	9.0
第一产业(万元)	Primary Industry(10 000 yuan)	76200	74900	3.8
第二产业(万元)	Secondary Industry(10 000 yuan)	3619200	3325400	9.7
#工业(万元)	Industry(10 000 yuan)	3306000	3017400	10.5
第三产业(万元)	Tertiary Industry(10 000 yuan)	898800	957200	6.4
人均生产总值(元)	Per Capita GDP(yuan)	287857	271665	8.3
全社会固定资产投资(万元)	Total Investment in Fixed Assets(10 000 yuan)	2650724	3000120	13.2
按登记注册类型分	Grouped by Registered Type			
#国有(万元)	State-owned Enterprises(10 000 yuan)	298951	430977	44.2
集体(万元)	Collective-owned Enterprises(10 000 yuan)			
有限责任公司(万元)	Limited Liability Corporations(10 000 yuan)	2234608	1700194	-23.9
股份有限公司(万元)	Share Holding Enterprises(10 000 yuan)	9798		
私营企业(万元)	Private Enterprises(10 000 yuan)	106707	868849	714.2
外商及港澳台投资企业(万元)	Funds from HK,Macao,Taiwan & Foreign(10 000 yuan)			
一般公共预算收入(万元)	General Public Budget Revenue(10 000 yuan)	330475	354348	7.2
一般公共预算支出(万元)	General Public Budget Expenditure(10 000 yuan)	410089	488719	19.2
住户存款余额(万元)	The balance of savings deposits of Households(10 000 yuan)		705696	
在岗职工工资总额(万元)	Total Wages of Staff & Workers Employed in(10 000 yuan)	244765	232552	-5.0
在岗职工平均工资(元)	Average Wage of Staff & Workers Employed in(yuan)	59101	58824	-0.5
全体居民人均可支配收入(元)	The per capita disposable income of all residents(yuan)	25882	27956	8.0
城镇常住居民人均可支配收入(元)	The per capita disposable income of urban permanent residents(yuan)	34294	36832	7.4
农村牧区常住居民人均可支配收入(元)	The per capita disposable income of permanent residents of rural and pastoral areas(yuan)	13437	14418	7.3
农村牧区经济	**Economic Development in Rural & Pastoral Area**			
农作物总播种面积(公顷)	Total Sown Area(hectare)	24557	25064	2.1
#粮食作物播种面积(公顷)	Sown Area of Grain Crops(hectare)	18071	18171	0.6
农牧业机械总动力(万千瓦)	Total Power of Agricultural Machinery(10 000 kw)	18.12	17.58	-3.0
化肥施用折纯量(吨)	Consumption of Chemical Fertilizer(ton)	4359	4355	-0.1
农村用电量(万千瓦小时)	Electricity Consumed in Rural Area(10 000 kwh)	892	897	0.6
农林牧渔业总产值(万元)	Gross Output of Farming,Forestry,Animal Husbandry & Fishery(10 000 yuan)	136433	134442	3.4
粮食产量(吨)	Yield of Grain(ton)	104465	102965	-1.4
油料产量(吨)	Yield of Oil-bearing Grops(ton)	6260	7266	16.1
甜菜产量(吨)	Yield of Beetroots(ton)			
猪牛羊肉产量(吨)	Output of Pork, Beef & Mutton(ton)	21360	21292	-0.3
#猪肉产量(吨)	Output of Pork(ton)	4326	4326	0.0
牛肉产量(吨)	Output of Beef(ton)	2530	2508	-0.9
羊肉产量(吨)	Output of Mutton(ton)	14504	14458	-0.3
羊毛产量(吨)	Output of Wool(ton)	674	334	-50.4

23-95 Etuoke Banner in Erdos City

指　　标	Item	2014	2015	2015年比上年增长% Increase Rate in 2015 Over 2014(%)
年末牲畜存栏头数(万头只)	Total Livestock at the Year-end(10 000 heads)	113.14	113.17	0.0
#大牲畜(万头只)	Large Animals(10 000 heads)	2.70	2.71	0.4
羊(万只)	Sheep & Goats(10 000 heads)	106.41	106.56	0.1
猪(万头)	Hogs(10 000 heads)	4.03	3.90	-3.2
规模以上工业	**Industrial Enterprises above Designated size**			
工业企业单位数(个)	Number of Industrial Enterprises(unit)	49	56	14.3
#内资企业(个)	Civil Funded Enterprises(unit)	45	52	15.6
工业总产值(万元)	Gross Industrial Output Value(10 000 yuan)	6016458	5563946	-7.5
内资企业(万元)	Civil Funded Enterprises(10 000 yuan)	4237869	3895951	-8.1
国有企业(万元)	State-owned Enterprises(10 000 yuan)	387029	82357	-78.7
集体企业(万元)	Collective-owned Enterprises(10 000 yuan)	1988	1755	-11.7
股份合作企业(万元)	Share Holding Enterprises(10 000 yuan)			
联营企业(万元)	Joint Owned Enterprises(10 000 yuan)			
有限责任公司(万元)	Limited Company(10 000 yuan)	2612645	2821352	8.0
股份有限公司(万元)	Share Holding Limited Company(10 000 yuan)	566367	326539	-42.3
私营企业(万元)	Privately Owned Enterprises(10 000 yuan)	659714	650143	-1.5
其他企业(万元)	Enterprises of Other Ownership(10 000 yuan)	10128	13806	36.3
港澳台商投资企业(万元)	Funds from HK,Macao & Taiwan(10 000 yuan)			
外商投资企业(万元)	Foreign Funded Enterprises(10 000 yuan)	1778589	1667994	-6.2
工业企业增加值(万元)	Value Added of Industrial Enterprises(10 000 yuan)			13.2
工业企业资产总计(万元)	Total Assets of Industrial Enterprises(10 000 yuan)	12412007	12563394	1.2
工业企业负债合计(万元)	Total Liabilities of Industrial Enterprises(10 000 yuan)	8585805	8713942	1.5
工业企业产品销售收入(万元)	Sales of Revenue Industrial Enterprises(10 000 yuan)	5541928	5050573	-8.9
工业企业利润总额(万元)	Total Profits of Industrial Enterprises(10 000 yuan)	136753	45164	-67.0
建筑业	**Construction**			
建筑企业单位数(个)	Number of Construction Enterprises(unit)	5	5	0.0
建筑企业从业人员(人)	Number of Employee in Construction Enterprises(person)	1245	681	-45.3
建筑业总产值(万元)	Gross Construction Output Value(10 000 yuan)	31611	19137	-39.5
交通运输邮电通信业	**Transportation,Post & Telecommunications**			
公路里程(公里)	Total Length of Highways(km)	3822	3822	0.0
邮电业务总量(万元)	Business Volume of Post & Telecoms(10 000 yuan)	17919	16709	-6.8
本地电话用户(户)	Number of Subscribers of Local Telephone(Household)	18000	16000	-11.1
国内贸易	**Domestic Trade**			
社会消费品零售总额(万元)	Total Retail Sales of Consumer Goods(10 000 yuan)	361236	390190	8.0
城镇(万元)	Town(10 000 yuan)	251578	270056	7.3
乡村(万元)	Village(10 000 yuan)	109658	120134	9.6
科技教育卫生	**Science,Education & Public Health**			
各类专业技术人员(人)	Special Technical Personnel(person)	3580	3648	1.9
幼儿园数(所)	Number of Kindergartens(unit)	19	20	5.3
学龄儿童入学率(%)	Percentage of School-Age Children Enrolled(%)	100.0	100.0	0.0
小学学校数(所)	Number of Primary Schools(unit)	8	8	0.0
小学专任教师数(人)	Number of Full-time Teachers of Primary Schools(person)	729	741	1.6
小学在校学生数(人)	Number of Student Enrollment of Primary Schools(person)	9218	9563	3.7
普通中学学校数(所)	Number of Regular Secondary Schools(unit)	5	5	0.0
普通中学专任教师数(人)	Number of Teachers of Secondary Shools(person)	553	573	3.6
初中在校学生数(人)	Number of Student in Junior Secondary Schools(person)	3616	3555	-1.7
高中在校学生数(人)	Number of Student in Senior Secondary Schools(person)	1509	1407	-6.8
卫生机构数(所)	Number of Health Institutions(unit)	175	173	-1.1
#医院(所)	Hospitals(unit)	7	5	-28.6
卫生院(所)	Township Hospitals(unit)	11	10	-9.1
床位数(张)	Number of Beds(unit)	731	608	-16.8
#医院(张)	Hospitals(unit)	606	466	-23.1
卫生院(张)	Township Hospitals(unit)	105	127	21.0
卫生技术人员(人)	Medical Technical Presonnel(person)	1010	962	-4.8
#医院(人)	Hospitals(person)	487	484	-0.6
卫生院(人)	Township Hospitals(person)	93	90	-3.2

23-96 鄂尔多斯市杭锦旗

指 标	Item	2014	2015	2015年比上年增长% Increase Rate in 2015 Over 2014(%)
行政区域土地面积(平方公里)	**Area of Administration(Sq.km)**	**18814**	**18814**	**0.0**
人口和就业	**Population & Employment**			
年末户籍人口(人)	The Registered Population Year-end(person)	142613	142379	-0.2
# 男性(人)	Male(person)	72811	72556	-0.4
# 乡村人口(人)	Agriculture(person)	115772	113504	
年末常住人口(人)	Permanet Resident Population Year-end(person)	113600	112900	-0.6
# 男性(人)	Male(person)			
# 乡村人口(人)	Rural(person)	52200	51800	-0.8
年末总户数(户)	Total Number of Households at the Year-end(Household)	63903	68421	7.1
# 乡村户数(户)	Number of Rural Household(Household)	25017	28497	13.9
出生人口(人)	Births(person)	1785	1430	-19.9
死亡人口(人)	Deaths(person)	911	878	-3.6
全社会就业人员(人)	Employment(person)	82809	84283	1.8
第一产业(人)	Primary Industry(person)	47683	46871	-1.7
第二产业(人)	Secondary Industry(person)	16258	17421	7.2
第三产业(人)	Tertiary Industry(person)	18868	19991	6.0
在岗职工人数(人)	Number of Staff & Workers Employed in(person)	10807	12146	12.4
乡村劳动力(人)	Number of Rural Laborers(person)	56931	54439	-4.4
# 农林牧渔业(人)	Farming,Forestry,Animal Husbandry & Fishery(person)	47683	47704	0.0
国民经济综合指标	**Summary Item on the National Economy**			
生产总值(万元)	Gross Domestic Product(10 000 yuan)	842300	896100	9.6
第一产业(万元)	Primary Industry(10 000 yuan)	177300	176100	3.9
第二产业(万元)	Secondary Industry(10 000 yuan)	316500	345200	14.5
# 工业(万元)	Industry(10 000 yuan)	239000	261700	16.2
第三产业(万元)	Tertiary Industry(10 000 yuan)	348500	374800	7.8
人均生产总值(元)	Per Capita GDP(yuan)	74540	79126	8.9
全社会固定资产投资(万元)	Total Investment in Fixed Assets(10 000 yuan)	1357909	1551308	14.2
按登记注册类型分	Grouped by Registered Type			
# 国有(万元)	State-owned Enterprises(10 000 yuan)	94614	163745	73.1
集体(万元)	Collective-owned Enterprises(10 000 yuan)			
有限责任公司(万元)	Limited Liability Corporations(10 000 yuan)	1254206	1367183	9.0
股份有限公司(万元)	Share Holding Enterprises(10 000 yuan)			
私营企业(万元)	Private Enterprises(10 000 yuan)			
外商及港澳台投资企业(万元)	Funds from HK,Macao,Taiwan & Foreign(10 000 yuan)			
一般公共预算收入(万元)	General Public Budget Revenue(10 000 yuan)	120201	122980	2.3
一般公共预算支出(万元)	General Public Budget Expenditure(10 000 yuan)	279264	321118	15.0
住户存款余额(万元)	The balance of savings deposits of Households(10 000 yuan)		362002	
在岗职工工资总额(万元)	Total Wages of Staff & Workers Employed in(10 000 yuan)	63719	86238	35.3
在岗职工平均工资(元)	Average Wage of Staff & Workers Employed in(yuan)	58841	71916	22.2
全体居民人均可支配收入(元)	The per capita disposable income of all residents(yuan)	22433	24150	7.7
城镇常住居民人均可支配收入(元)	The per capita disposable income of urban permanent residents(yuan)	31510	33716	7.0
农村牧区常住居民人均可支配收入(元)	The per capita disposable income of permanent residents of rural and pastoral areas(yuan)	13313	14258	7.1
农村牧区经济	**Economic Development in Rural & Pastoral Area**			
农作物总播种面积(公顷)	Total Sown Area(hectare)	74308	79264	6.7
# 粮食作物播种面积(公顷)	Sown Area of Grain Crops(hectare)	42307	42984	1.6
农牧业机械总动力(万千瓦)	Total Power of Agricultural Machinery(10 000 kw)	46.53	47.19	1.4
化肥施用折纯量(吨)	Consumption of Chemical Fertilizer(ton)	23302	23141	-0.7
农村用电量(万千瓦小时)	Electricity Consumed in Rural Area(10 000 kwh)	5384	5523	2.6
农林牧渔业总产值(万元)	Gross Output of Farming,Forestry,Animal Husbandry & Fishery(10 000 yuan)	298239	296093	3.6
粮食产量(吨)	Yield of Grain(ton)	388616	378500	-2.6
油料产量(吨)	Yield of Oil-bearing Grops(ton)	63232	73388	16.1
甜菜产量(吨)	Yield of Beetroots(ton)			
猪牛羊肉产量(吨)	Output of Pork, Beef & Mutton(ton)	20300	19476	-4.1
# 猪肉产量(吨)	Output of Pork(ton)	2100	2100	0.0
牛肉产量(吨)	Output of Beef(ton)	1500	1214	-19.1
羊肉产量(吨)	Output of Mutton(ton)	16700	16162	-3.2
羊毛产量(吨)	Output of Wool(ton)	4900	3820	-22.0

23-96 Hangjin Banner in Erdos City

指　标	Item	2014	2015	2015年比上年增长% Increase Rate in 2015 Over 2014(%)
年末牲畜存栏头数(万头只)	Total Livestock at the Year-end(10 000 heads)	140.27	142.29	1.4
# 大牲畜(万头只)	Large Animals(10 000 heads)	1.97	2.13	8.1
羊(万只)	Sheep & Goats(10 000 heads)	135.10	137.05	1.4
猪(万头)	Hogs(10 000 heads)	3.20	3.11	-2.8
规模以上工业	**Industrial Enterprises above Designated size**			
工业企业单位数(个)	Number of Industrial Enterprises(unit)	17	18	5.9
# 内资企业(个)	Civil Funded Enterprises(unit)	17	18	5.9
工业总产值(万元)	Gross Industrial Output Value(10 000 yuan)	208336	251182	20.6
内资企业(万元)	Civil Funded Enterprises(10 000 yuan)	208336	281182	35.0
国有企业(万元)	State-owned Enterprises(10 000 yuan)	23885		-100.0
集体企业(万元)	Collective-owned Enterprises(10 000 yuan)			
股份合作企业(万元)	Share Holding Enterprises(10 000 yuan)			
联营企业(万元)	Joint Owned Enterprises(10 000 yuan)			
有限责任公司(万元)	Limited Company(10 000 yuan)	70472	155846	121.1
股份有限公司(万元)	Share Holding Limited Company(10 000 yuan)	55506	19399	-65.1
私营企业(万元)	Privately Owned Enterprises(10 000 yuan)	58473	75937	29.9
其他企业(万元)	Enterprises of Other Ownership(10 000 yuan)			
港澳台商投资企业(万元)	Funds from HK,Macao & Taiwan(10 000 yuan)			
外商投资企业(万元)	Foreign Funded Enterprises(10 000 yuan)			
工业企业增加值(万元)	Value Added of Industrial Enterprises(10 000 yuan)			14.3
工业企业资产总计(万元)	Total Assets of Industrial Enterprises(10 000 yuan)	605973	1136367	87.5
工业企业负债合计(万元)	Total Liabilities of Industrial Enterprises(10 000 yuan)	511644	877890	71.6
工业企业产品销售收入(万元)	Sales of Revenue Industrial Enterprises(10 000 yuan)	221434	210329	-5.0
工业企业利润总额(万元)	Total Profits of Industrial Enterprises(10 000 yuan)	1312	11463	773.8
建筑业	**Construction**			
建筑企业单位数(个)	Number of Construction Enterprises(unit)	4	4	0.0
建筑企业从业人员(人)	Number of Employee in Construction Enterprises(person)	353	250	-29.2
建筑业总产值(万元)	Gross Construction Output Value(10 000 yuan)	25068	8520	-66.0
交通运输邮电通信业	**Transportation,Post & Telecommunications**			
公路里程(公里)	Total Length of Highways(km)	3822	2862	-25.1
邮电业务总量(万元)	Business Volume of Post & Telecoms(10 000 yuan)	17919	12069	-32.6
本地电话用户(户)	Number of Subscribers of Local Telephone(Household)	18000	12300	-31.7
国内贸易	**Domestic Trade**			
社会消费品零售总额(万元)	Total Retail Sales of Consumer Goods(10 000 yuan)	340500	358119	5.2
城镇(万元)	Town(10 000 yuan)	230715	243025	5.3
乡村(万元)	Village(10 000 yuan)	109785	115094	4.8
科技教育卫生	**Science,Education & Public Health**			
各类专业技术人员(人)	Special Technical Personnel(person)	3487	3473	-0.4
幼儿园数(所)	Number of Kindergartens(unit)	13	17	30.8
学龄儿童入学率(%)	Percentage of School-Age Children Enrolled(%)	100.0	100.0	0.0
小学学校数(所)	Number of Primary Schools(unit)	4	4	0.0
小学专任教师数(人)	Number of Full-time Teachers of Primary Schools(person)	461	474	2.8
小学在校学生数(人)	Number of Student Enrollment of Primary Schools(person)	5773	5960	3.2
普通中学学校数(所)	Number of Regular Secondary Schools(unit)	5	5	0.0
普通中学专任教师数(人)	Number of Teachers of Secondary Shools(person)	570	561	-1.6
初中在校学生数(人)	Number of Student in Junior Secondary Schools(person)	3118	2936	-5.8
高中在校学生数(人)	Number of Student in Senior Secondary Schools(person)	1529	1412	-7.7
卫生机构数(所)	Number of Health Institutions(unit)	182	160	-12.1
# 医院(所)	Hospitals(unit)	2	2	0.0
卫生院(所)	Township Hospitals(unit)	13	12	-7.7
床位数(张)	Number of Beds(unit)	440	432	-1.8
# 医院(张)	Hospitals(unit)	230	242	5.2
卫生院(张)	Township Hospitals(unit)	180	143	-20.6
卫生技术人员(人)	Medical Technical Presonnel(person)	842	871	3.4
# 医院(人)	Hospitals(person)	302	305	1.0
卫生院(人)	Township Hospitals(person)	149	138	-7.4

23-97 鄂尔多斯市乌审旗

指　标	Item	2014	2015	2015年比上年增长% Increase Rate in 2015 Over 2014(%)
行政区域土地面积(平方公里)	**Area of Administration(Sq.km)**	**11674**	**11674**	**0.0**
人口和就业	**Population & Employment**			
年末户籍人口(人)	The Registered Population Year-end(person)	110523	111510	0.9
#男性(人)	Male(person)	56075	56414	0.6
#乡村人口(人)	Agriculture(person)	84773	85390	
年末常住人口(人)	Permanet Resident Population Year-end(person)	135000	132700	-1.7
#男性(人)	Male(person)			
#乡村人口(人)	Rural(person)	57700	56700	
年末总户数(户)	Total Number of Households at the Year-end(Household)	42239	44173	4.6
#乡村户数(户)	Number of Rural Household(Household)	18349	18569	1.2
出生人口(人)	Births(person)	1925	1588	-17.5
死亡人口(人)	Deaths(person)	619	584	-5.7
全社会就业人员(人)	Employment(person)	88977	90899	2.2
第一产业(人)	Primary Industry(person)	38261	38548	0.8
第二产业(人)	Secondary Industry(person)	14874	14895	0.1
第三产业(人)	Tertiary Industry(person)	35842	37456	4.5
在岗职工人数(人)	Number of Staff & Workers Employed in(person)	14274	12283	-13.9
乡村劳动力(人)	Number of Rural Laborers(person)	40069	40591	1.3
#农林牧渔业(人)	Farming,Forestry,Animal Husbandry & Fishery(person)	32684	33005	1.0
国民经济综合指标	**Summary Item on the National Economy**			
生产总值(万元)	Gross Domestic Product(10 000 yuan)	4035200	3989100	8.8
第一产业(万元)	Primary Industry(10 000 yuan)	127300	126100	3.7
第二产业(万元)	Secondary Industry(10 000 yuan)	3127800	3014700	9.2
#工业(万元)	Industry(10 000 yuan)	2922600	2701700	9.3
第三产业(万元)	Tertiary Industry(10 000 yuan)	780100	848300	8.1
人均生产总值(元)	Per Capita GDP(yuan)	300798	298028	8.1
全社会固定资产投资(万元)	Total Investment in Fixed Assets(10 000 yuan)	3304655	3805218	15.1
按登记注册类型分	Grouped by Registered Type			
#国有(万元)	State-owned Enterprises(10 000 yuan)	2624761	3091960	17.8
集体(万元)	Collective-owned Enterprises(10 000 yuan)			
有限责任公司(万元)	Limited Liability Corporations(10 000 yuan)	369049	253214	-31.4
股份有限公司(万元)	Share Holding Enterprises(10 000 yuan)	35505	26661	-24.9
私营企业(万元)	Private Enterprises(10 000 yuan)	268386	423028	57.6
外商及港澳台投资企业(万元)	Funds from HK,Macao,Taiwan & Foreign(10 000 yuan)			
一般公共预算收入(万元)	General Public Budget Revenue(10 000 yuan)	239903	281236	17.2
一般公共预算支出(万元)	General Public Budget Expenditure(10 000 yuan)	356431	409780	15.0
住户存款余额(万元)	The balance of savings deposits of Households(10 000 yuan)		433023	
在岗职工工资总额(万元)	Total Wages of Staff & Workers Employed in(10 000 yuan)	88183	73756	-16.4
在岗职工平均工资(元)	Average Wage of Staff & Workers Employed in(yuan)	61727	59891	-3.0
全体居民人均可支配收入(元)	The per capita disposable income of all residents(yuan)	23942	25840	7.9
城镇常住居民人均可支配收入(元)	The per capita disposable income of urban permanent residents(yuan)	33287	35717	7.3
农村牧区常住居民人均可支配收入(元)	The per capita disposable income of permanent residents of rural and pastoral areas(yuan)	13437	14418	7.3
农村牧区经济	**Economic Development in Rural & Pastoral Area**			
农作物总播种面积(公顷)	Total Sown Area(hectare)	42366	43193	2.0
#粮食作物播种面积(公顷)	Sown Area of Grain Crops(hectare)	21750	22350	2.8
农牧业机械总动力(万千瓦)	Total Power of Agricultural Machinery(10 000 kw)	51.69	53.67	3.8
化肥施用折纯量(吨)	Consumption of Chemical Fertilizer(ton)	6854	6870	0.2
农村用电量(万千瓦小时)	Electricity Consumed in Rural Area(10 000 kwh)	1587	1591	0.3
农林牧渔业总产值(万元)	Gross Output of Farming,Forestry,Animal Husbandry & Fishery(10 000 yuan)	223262	220522	3.4
粮食产量(吨)	Yield of Grain(ton)	126341	126400	0.0
油料产量(吨)	Yield of Oil-bearing Grops(ton)	1501	2129	41.8
甜菜产量(吨)	Yield of Beetroots(ton)			
猪牛羊肉产量(吨)	Output of Pork, Beef & Mutton(ton)	36314	36478	0.5
#猪肉产量(吨)	Output of Pork(ton)	24821	24821	0.0
牛肉产量(吨)	Output of Beef(ton)	5565	5621	1.0
羊肉产量(吨)	Output of Mutton(ton)	5928	6036	1.8
羊毛产量(吨)	Output of Wool(ton)	3285	3316	0.9

23-97 Wushen Banner in Erdos City

指　标	Item	2014	2015	2015年比上年增长% Increase Rate in 2015 Over 2014(%)
年末牲畜存栏头数(万头只)	Total Livestock at the Year-end(10 000 heads)	112.21	112.18	0.0
# 大牲畜(万头只)	Large Animals(10 000 heads)	8.69	8.75	0.7
羊(万只)	Sheep & Goats(10 000 heads)	89.27	89.65	0.4
猪(万头)	Hogs(10 000 heads)	14.25	13.78	-3.3
规模以上工业	**Industrial Enterprises above Designated size**			
工业企业单位数(个)	Number of Industrial Enterprises(unit)	21	20	-4.8
# 内资企业(个)	Civil Funded Enterprises(unit)	19	18	-5.3
工业总产值(万元)	Gross Industrial Output Value(10 000 yuan)	6310919	7092688	12.4
内资企业(万元)	Civil Funded Enterprises(10 000 yuan)	6168895	6952487	12.7
国有企业(万元)	State-owned Enterprises(10 000 yuan)	35903		
集体企业(万元)	Collective-owned Enterprises(10 000 yuan)			
股份合作企业(万元)	Share Holding Enterprises(10 000 yuan)			
联营企业(万元)	Joint Owned Enterprises(10 000 yuan)			
有限责任公司(万元)	Limited Company(10 000 yuan)	261868	624763	138.6
股份有限公司(万元)	Share Holding Limited Company(10 000 yuan)	5810574	6261437	7.8
私营企业(万元)	Privately Owned Enterprises(10 000 yuan)	60550	66287	9.5
其他企业(万元)	Enterprises of Other Ownership(10 000 yuan)			
港澳台商投资企业(万元)	Funds from HK,Macao & Taiwan(10 000 yuan)	29611	137685	365.0
外商投资企业(万元)	Foreign Funded Enterprises(10 000 yuan)	112413	2516	-97.8
工业企业增加值(万元)	Value Added of Industrial Enterprises(10 000 yuan)			11.6
工业企业资产总计(万元)	Total Assets of Industrial Enterprises(10 000 yuan)	4334543	4256414	-1.8
工业企业负债合计(万元)	Total Liabilities of Industrial Enterprises(10 000 yuan)	4250691	2635983	-38.0
工业企业产品销售收入(万元)	Sales of Revenue Industrial Enterprises(10 000 yuan)	6407366	7086195	10.6
工业企业利润总额(万元)	Total Profits of Industrial Enterprises(10 000 yuan)	767908	830134	8.1
建筑业	**Construction**			
建筑企业单位数(个)	Number of Construction Enterprises(unit)	5	5	0.0
建筑企业从业人员(人)	Number of Employee in Construction Enterprises(person)	1252	1164	-7.0
建筑业总产值(万元)	Gross Construction Output Value(10 000 yuan)	35334	26521	-24.9
交通运输邮电通信业	**Transportation,Post & Telecommunications**			
公路里程(公里)	Total Length of Highways(km)	2605	2661	2.1
邮电业务总量(万元)	Business Volume of Post & Telecoms(10 000 yuan)	14076	14010	-0.5
本地电话用户(户)	Number of Subscribers of Local Telephone(Household)	15890	15921	0.2
国内贸易	**Domestic Trade**			
社会消费品零售总额(万元)	Total Retail Sales of Consumer Goods(10 000 yuan)	352389	380033	7.8
城镇(万元)	Town(10 000 yuan)	282523	304246	7.7
乡村(万元)	Village(10 000 yuan)	69866	75787	8.5
科技教育卫生	**Science,Education & Public Health**			
各类专业技术人员(人)	Special Technical Personnel(person)	3029	3104	2.5
幼儿园数(所)	Number of Kindergartens(unit)	23	23	0.0
学龄儿童入学率(%)	Percentage of School-Age Children Enrolled(%)	100.0	100.0	0.0
小学学校数(所)	Number of Primary Schools(unit)	7	8	14.3
小学专任教师数(人)	Number of Full-time Teachers of Primary Schools(person)	554	583	5.2
小学在校学生数(人)	Number of Student Enrollment of Primary Schools(person)	7749	8384	8.2
普通中学学校数(所)	Number of Regular Secondary Schools(unit)	5	5	0.0
普通中学专任教师数(人)	Number of Teachers of Secondary Shools(person)	438	422	-3.7
初中在校学生数(人)	Number of Student in Junior Secondary Schools(person)	2723	2687	-1.3
高中在校学生数(人)	Number of Student in Senior Secondary Schools(person)	1374	1332	-3.1
卫生机构数(所)	Number of Health Institutions(unit)	125	117	-6.4
# 医院(所)	Hospitals(unit)	6	4	-33.3
卫生院(所)	Township Hospitals(unit)	8	8	0.0
床位数(张)	Number of Beds(unit)	385	533	38.4
# 医院(张)	Hospitals(unit)	250	365	46.0
卫生院(张)	Township Hospitals(unit)	122	122	0.0
卫生技术人员(人)	Medical Technical Presonnel(person)	867	944	8.9
# 医院(人)	Hospitals(person)	325	332	2.2
卫生院(人)	Township Hospitals(person)	138	124	-10.1

23-98 鄂尔多斯市伊金霍洛旗

指　标	Item	2014	2015	2015年比上年增长% Increase Rate in 2015 Over 2014(%)
行政区域土地面积(平方公里)	**Area of Administration(Sq.km)**	**5487**	**5487**	**0.0**
人口和就业	**Population & Employment**			
年末户籍人口(人)	The Registered Population Year-end(person)	171561	173699	1.2
#男性(人)	Male(person)	86972	87716	0.9
#乡村人口(人)	Agriculture(person)	130228	129550	
年末常住人口(人)	Permanet Resident Population Year-end(person)	218300	206400	-5.5
#男性(人)	Male(person)			
#乡村人口(人)	Rural(person)	72400	61900	-14.5
年末总户数(户)	Total Number of Households at the Year-end(Household)	74138	75207	1.4
#乡村户数(户)	Number of Rural Household(Household)	30500	30520	0.1
出生人口(人)	Births(person)	2580	3462	34.2
死亡人口(人)	Deaths(person)	863	873	1.2
全社会就业人员(人)	Employment(person)	177181	156108	-11.9
第一产业(人)	Primary Industry(person)	48780	49602	1.7
第二产业(人)	Secondary Industry(person)	67637	51987	-23.1
第三产业(人)	Tertiary Industry(person)	60764	54519	-10.3
在岗职工人数(人)	Number of Staff & Workers Employed in(person)	52208	53374	2.2
乡村劳动力(人)	Number of Rural Laborers(person)	61638	61792	0.2
#农林牧渔业(人)	Farming,Forestry,Animal Husbandry & Fishery(person)	49581	49602	0.0
国民经济综合指标	**Summary Item on the National Economy**			
生产总值(万元)	Gross Domestic Product(10 000 yuan)	6755200	6598900	7.7
第一产业(万元)	Primary Industry(10 000 yuan)	70200	69000	3.8
第二产业(万元)	Secondary Industry(10 000 yuan)	4083800	3948900	8.7
#工业(万元)	Industry(10 000 yuan)	3686300	3545500	9.1
第三产业(万元)	Tertiary Industry(10 000 yuan)	2601200	2581000	5.8
人均生产总值(元)	Per Capita GDP(yuan)	148709	294791	6.9
全社会固定资产投资(万元)	Total Investment in Fixed Assets(10 000 yuan)	3452942	3933009	13.9
按登记注册类型分	Grouped by Registered Type			
#国有(万元)	State-owned Enterprises(10 000 yuan)	2314949	2178036	-5.9
集体(万元)	Collective-owned Enterprises(10 000 yuan)			
有限责任公司(万元)	Limited Liability Corporations(10 000 yuan)	786746	1191491	51.4
股份有限公司(万元)	Share Holding Enterprises(10 000 yuan)	130868	129921	-0.7
私营企业(万元)	Private Enterprises(10 000 yuan)	32791	205390	526.4
外商及港澳台投资企业(万元)	Funds from HK,Macao,Taiwan & Foreign(10 000 yuan)			
一般公共预算收入(万元)	General Public Budget Revenue(10 000 yuan)	750075	772629	3.0
一般公共预算支出(万元)	General Public Budget Expenditure(10 000 yuan)	737789	799657	8.4
住户存款余额(万元)	The balance of savings deposits of Households(10 000 yuan)		2085331	
在岗职工工资总额(万元)	Total Wages of Staff & Workers Employed in(10 000 yuan)	413293	409116	-1.0
在岗职工平均工资(元)	Average Wage of Staff & Workers Employed in(yuan)	78580	82204	4.6
全体居民人均可支配收入(元)	The per capita disposable income of all residents(yuan)	28466	30629	7.6
城镇常住居民人均可支配收入(元)	The per capita disposable income of urban permanent residents(yuan)	36193	38690	6.9
农村牧区常住居民人均可支配收入(元)	The per capita disposable income of permanent residents of rural and pastoral areas(yuan)	13450	14445	7.4
农村牧区经济	**Economic Development in Rural & Pastoral Area**			
农作物总播种面积(公顷)	Total Sown Area(hectare)	29824	30035	0.7
#粮食作物播种面积(公顷)	Sown Area of Grain Crops(hectare)	21918	22018	0.5
农牧业机械总动力(万千瓦)	Total Power of Agricultural Machinery(10 000 kw)	28.76	29.08	1.1
化肥施用折纯量(吨)	Consumption of Chemical Fertilizer(ton)	3404	3428	0.7
农村用电量(万千瓦小时)	Electricity Consumed in Rural Area(10 000 kwh)	5820	5728	-1.6
农林牧渔业总产值(万元)	Gross Output of Farming,Forestry,Animal Husbandry & Fishery(10 000 yuan)	123902	121546	3.6
粮食产量(吨)	Yield of Grain(ton)	92074	89667	-2.6
油料产量(吨)	Yield of Oil-bearing Grops(ton)	35		
甜菜产量(吨)	Yield of Beetroots(ton)			
猪牛羊肉产量(吨)	Output of Pork, Beef & Mutton(ton)	5454	5584	2.4
#猪肉产量(吨)	Output of Pork(ton)	1500	1500	0.0
牛肉产量(吨)	Output of Beef(ton)	270	289	7.0
羊肉产量(吨)	Output of Mutton(ton)	3684	3795	3.0
羊毛产量(吨)	Output of Wool(ton)	181	28	-84.5

23-98 Yijinhuoluo Banner in Erdos City

指　标	Item	2014	2015	2015年比上年增长% Increase Rate in 2015 Over 2014(%)
年末牲畜存栏头数(万头只)	Total Livestock at the Year-end(10 000 heads)	40.76	41.68	2.3
# 大牲畜(万头只)	Large Animals(10 000 heads)	1.00	1.09	9.0
羊(万只)	Sheep & Goats(10 000 heads)	36.96	37.86	2.4
猪(万头)	Hogs(10 000 heads)	2.80	2.72	-2.9
规模以上工业	**Industrial Enterprises above Designated size**			
工业企业单位数(个)	Number of Industrial Enterprises(unit)	56	57	1.8
# 内资企业(个)	Civil Funded Enterprises(unit)	55	56	1.8
工业总产值(万元)	Gross Industrial Output Value(10 000 yuan)	8040224	6575309	-18.2
内资企业(万元)	Civil Funded Enterprises(10 000 yuan)	7961293	6487250	-18.5
国有企业(万元)	State-owned Enterprises(10 000 yuan)	969000	856491	-11.6
集体企业(万元)	Collective-owned Enterprises(10 000 yuan)	552		
股份合作企业(万元)	Share Holding Enterprises(10 000 yuan)	20511		
联营企业(万元)	Joint Owned Enterprises(10 000 yuan)			
有限责任公司(万元)	Limited Company(10 000 yuan)	5903634	5418481	-8.2
股份有限公司(万元)	Share Holding Limited Company(10 000 yuan)	157699	34057	-78.4
私营企业(万元)	Privately Owned Enterprises(10 000 yuan)	837944	178221	-78.7
其他企业(万元)	Enterprises of Other Ownership(10 000 yuan)	71952		
港澳台商投资企业(万元)	Funds from HK,Macao & Taiwan(10 000 yuan)	78932	88059	11.6
外商投资企业(万元)	Foreign Funded Enterprises(10 000 yuan)			
工业企业增加值(万元)	Value Added of Industrial Enterprises(10 000 yuan)			9.0
工业企业资产总计(万元)	Total Assets of Industrial Enterprises(10 000 yuan)	14820611	15346441	3.5
工业企业负债合计(万元)	Total Liabilities of Industrial Enterprises(10 000 yuan)	4487818	5036309	12.2
工业企业产品销售收入(万元)	Sales of Revenue Industrial Enterprises(10 000 yuan)	7445417	6209073	-16.6
工业企业利润总额(万元)	Total Profits of Industrial Enterprises(10 000 yuan)	1700297	982281	-42.2
建筑业	**Construction**			
建筑企业单位数(个)	Number of Construction Enterprises(unit)	9	9	0.0
建筑企业从业人员(人)	Number of Employee in Construction Enterprises(person)	2388	1766	-26.0
建筑业总产值(万元)	Gross Construction Output Value(10 000 yuan)	106068	25616	-75.8
交通运输邮电通信业	**Transportation,Post & Telecommunications**			
公路里程(公里)	Total Length of Highways(km)	2936	3432	16.9
邮电业务总量(万元)	Business Volume of Post & Telecoms(10 000 yuan)	670	685	2.2
本地电话用户(户)	Number of Subscribers of Local Telephone(Household)	47926	48036	0.2
国内贸易	**Domestic Trade**			
社会消费品零售总额(万元)	Total Retail Sales of Consumer Goods(10 000 yuan)	447023	481096	7.6
城镇(万元)	Town(10 000 yuan)	292126	313198	7.2
乡村(万元)	Village(10 000 yuan)	154898	167898	8.4
科技教育卫生	**Science,Education & Public Health**			
各类专业技术人员(人)	Special Technical Personnel(person)	6892	4694	-31.9
幼儿园数(所)	Number of Kindergartens(unit)	25	26	4.0
学龄儿童入学率(%)	Percentage of School-Age Children Enrolled(%)	100.0	100.0	0.0
小学学校数(所)	Number of Primary Schools(unit)	17	17	0.0
小学专任教师数(人)	Number of Full-time Teachers of Primary Schools(person)	825	828	0.4
小学在校学生数(人)	Number of Student Enrollment of Primary Schools(person)	10385	11317	9.0
普通中学学校数(所)	Number of Regular Secondary Schools(unit)	7	7	0.0
普通中学专任教师数(人)	Number of Teachers of Secondary Shools(person)	695	714	2.7
初中在校学生数(人)	Number of Student in Junior Secondary Schools(person)	3980	3805	-4.4
高中在校学生数(人)	Number of Student in Senior Secondary Schools(person)	2055	1996	-2.9
卫生机构数(所)	Number of Health Institutions(unit)	219	242	10.5
# 医院(所)	Hospitals(unit)	10	9	-10.0
卫生院(所)	Township Hospitals(unit)	15	15	0.0
床位数(张)	Number of Beds(unit)	1122	1099	-2.0
# 医院(张)	Hospitals(unit)	657	652	-0.8
卫生院(张)	Township Hospitals(unit)	380	362	-4.7
卫生技术人员(人)	Medical Technical Presonnel(person)	1451	1514	4.3
# 医院(人)	Hospitals(person)	461	473	2.6
卫生院(人)	Township Hospitals(person)	270	246	-8.9

23-99 巴彦淖尔市临河区

指 标	Item	2014	2015	2015年比上年增长% Increase Rate in 2015 Over 2014(%)
行政区域土地面积(平方公里)	**Area of Administration(Sq.km)**	**2333**	**2333**	**0.0**
人口和就业	**Population & Employment**			
年末户籍人口(人)	The Registered Population Year-end(person)	533495	520388	-2.5
#男性(人)	Male(person)	266540	260538	-2.3
#乡村人口(人)	Rural(person)	299235	286622	
年末常住人口(人)	Permanet Resident Population Year-end(person)	550100	551200	0.2
#男性(人)	Male(person)	283600	283900	0.1
#乡村人口(人)	Rural(person)	183100	179200	-2.1
年末总户数(户)	Total Number of Households at the Year-end(Household)	200214	197578	-1.3
#乡村户数(户)	Number of Rural Household(Household)	62254	59633	-4.2
出生人口(人)	Births(person)	5260	4025	-23.5
死亡人口(人)	Deaths(person)	1728	1153	-33.3
全社会就业人员(人)	Employment(person)	342236	348738	1.9
第一产业(人)	Primary Industry(person)	124560	135136	8.5
第二产业(人)	Secondary Industry(person)	39323	37950	-3.5
第三产业(人)	Tertiary Industry(person)	178353	175652	-1.5
在岗职工人数(人)	Number of Staff & Workers Employed in(person)	71197	71318	0.2
乡村劳动力(人)	Number of Rural Laborers(person)	183033	180154	-1.6
#农林牧渔业(人)	Farming,Forestry,Animal Husbandry & Fishery(person)	130402	159581	22.4
国民经济综合指标	**Summary Item on the National Economy**			
生产总值(万元)	Gross Domestic Product(10 000 yuan)	2686700	2870800	8.0
第一产业(万元)	Primary Industry(10 000 yuan)	438400	432800	5.1
第二产业(万元)	Secondary Industry(10 000 yuan)	1248900	1350600	8.5
#工业(万元)	Industry(10 000 yuan)	1070900	1165700	8.8
第三产业(万元)	Tertiary Industry(10 000 yuan)	999400	1087400	8.6
人均生产总值(元)	Per Capita GDP(yuan)	49723	52135	6.7
全社会固定资产投资(万元)	Total Investment in Fixed Assets(10 000 yuan)	1400362	1585812	13.2
按登记注册类型分	Grouped by Registered Type			
#国有(万元)	State-owned Enterprises(10 000 yuan)	519701	622980	19.9
集体(万元)	Collective-owned Enterprises(10 000 yuan)		8600	
有限责任公司(万元)	Limited Liability Corporations(10 000 yuan)	531032	806123	51.8
股份有限公司(万元)	Share Holding Enterprises(10 000 yuan)	16483	1037	-93.7
私营企业(万元)	Private Enterprises(10 000 yuan)	83391	86972	4.3
外商及港澳台投资企业(万元)	Funds from HK,Macao,Taiwan & Foreign(10 000 yuan)	31248	43500	39.2
一般公共预算收入(万元)	General Public Budget Revenue(10 000 yuan)	188285	205300	9.0
一般公共预算支出(万元)	General Public Budget Expenditure(10 000 yuan)	301810	456094	51.1
住户存款余额(万元)	The balance of savings deposits of Households(10 000 yuan)		243700	
在岗职工工资总额(万元)	Total Wages of Staff & Workers Employed in(10 000 yuan)	358263	378815	5.7
在岗职工平均工资(元)	Average Wage of Staff & Workers Employed in(yuan)	49025	53196	8.5
全体居民人均可支配收入(元)	The per capita disposable income of all residents(yuan)	20051	21754	8.5
城镇常住居民人均可支配收入(元)	The per capita disposable income of urban permanent residents(yuan)	23012	24945	8.4
农村牧区常住居民人均可支配收入(元)	The per capita disposable income of permanent residents of rural and pastoral areas(yuan)	13250	14310	8.0
农村牧区经济	**Economic Development in Rural & Pastoral Area**			
农作物总播种面积(公顷)	Total Sown Area(hectare)	136611	135600	-0.7
#粮食作物播种面积(公顷)	Sown Area of Grain Crops(hectare)	67924	68400	0.7
农牧业机械总动力(万千瓦)	Total Power of Agricultural Machinery(10 000 kw)	109.29	80.40	-26.4
化肥施用折纯量(吨)	Consumption of Chemical Fertilizer(ton)	49130	52321	6.5
农村用电量(万千瓦小时)	Electricity Consumed in Rural Area(10 000 kwh)	9812	16683	70.0
农林牧渔业总产值(万元)	Gross Output of Farming,Forestry,Animal Husbandry & Fishery(10 000 yuan)	765000	754467	5.8
粮食产量(吨)	Yield of Grain(ton)	731507	728415	-0.4
油料产量(吨)	Yield of Oil-bearing Grops(ton)	180976	180012	-0.5
甜菜产量(吨)	Yield of Beetroots(ton)			
猪牛羊肉产量(吨)	Output of Pork, Beef & Mutton(ton)	55924	62392	11.6
#猪肉产量(吨)	Output of Pork(ton)	8626	8526	-1.2
牛肉产量(吨)	Output of Beef(ton)	1430	1411	-1.3
羊肉产量(吨)	Output of Mutton(ton)	45868	52455	14.4
羊毛产量(吨)	Output of Wool(ton)	1878	1890	0.6

23-99 Linhe District in Bayannaoer City

指　标	Item	2014	2015	2015年比上年增长% Increase Rate in 2015 Over 2014(%)
年末牲畜存栏头数(万头只)	Total Livestock at the Year-end(10 000 heads)	176.51	193.80	9.8
#大牲畜(万头只)	Large Animals(10 000 heads)	4.50	4.20	-6.7
羊(万只)	Sheep & Goats(10 000 heads)	161.63	180.00	11.4
猪(万头)	Hogs(10 000 heads)	10.38	9.60	-7.5
规模以上工业	**Industrial Enterprises above Designated size**			
工业企业单位数(个)	Number of Industrial Enterprises(unit)	77	81	5.2
#内资企业(个)	Civil Funded Enterprises(unit)	74	78	5.4
工业总产值(万元)	Gross Industrial Output Value(10 000 yuan)	2996435	2993820	-0.1
内资企业(万元)	Civil Funded Enterprises(10 000 yuan)	2573127	2523737	-1.9
国有企业(万元)	State-owned Enterprises(10 000 yuan)	389704		
集体企业(万元)	Collective-owned Enterprises(10 000 yuan)			
股份合作企业(万元)	Share Holding Enterprises(10 000 yuan)			
联营企业(万元)	Joint Owned Enterprises(10 000 yuan)			
有限责任公司(万元)	Limited Company(10 000 yuan)	1568987	1888076	20.3
股份有限公司(万元)	Share Holding Limited Company(10 000 yuan)	15393	14913	-3.1
私营企业(万元)	Privately Owned Enterprises(10 000 yuan)	599042	620748	3.6
其他企业(万元)	Enterprises of Other Ownership(10 000 yuan)			
港澳台商投资企业(万元)	Funds from HK,Macao & Taiwan(10 000 yuan)	333260	364742	9.4
外商投资企业(万元)	Foreign Funded Enterprises(10 000 yuan)	90048	105341	17.0
工业企业增加值(万元)	Value Added of Industrial Enterprises(10 000 yuan)			9.2
工业企业资产总计(万元)	Total Assets of Industrial Enterprises(10 000 yuan)	2854528	3097499	8.5
工业企业负债合计(万元)	Total Liabilities of Industrial Enterprises(10 000 yuan)	2218156	2473444	11.5
工业企业产品销售收入(万元)	Sales of Revenue Industrial Enterprises(10 000 yuan)	2512443	2634034	4.8
工业企业利润总额(万元)	Total Profits of Industrial Enterprises(10 000 yuan)	367815	277724	-24.5
建筑业	**Construction**			
建筑企业单位数(个)	Number of Construction Enterprises(unit)	41	42	2.4
建筑企业从业人员(人)	Number of Employee in Construction Enterprises(person)	19269	34720	80.2
建筑业总产值(万元)	Gross Construction Output Value(10 000 yuan)	374651	357572	-4.6
交通运输邮电通信业	**Transportation,Post & Telecommunications**			
公路里程(公里)	Total Length of Highways(km)	2079	3445	65.7
邮电业务总量(万元)	Business Volume of Post & Telecoms(10 000 yuan)	81023	60121	-25.8
本地电话用户(户)	Number of Subscribers of Local Telephone(Household)	110209	99214	-10.0
国内贸易	**Domestic Trade**			
社会消费品零售总额(万元)	Total Retail Sales of Consumer Goods(10 000 yuan)	1014581	1102098	8.6
城镇(万元)	Town(10 000 yuan)	961187	1044324	8.6
乡村(万元)	Village(10 000 yuan)	53394	57774	8.2
科技教育卫生	**Science,Education & Public Health**			
各类专业技术人员(人)	Special Technical Personnel(person)	8590	8616	0.3
幼儿园数(所)	Number of Kindergartens(unit)	38	38	0.0
学龄儿童入学率(%)	Percentage of School-Age Children Enrolled(%)	100.0	100.0	0.0
小学学校数(所)	Number of Primary Schools(unit)	26	25	-3.8
小学专任教师数(人)	Number of Full-time Teachers of Primary Schools(person)	2055	1888	-8.1
小学在校学生数(人)	Number of Student Enrollment of Primary Schools(person)	28524	28512	0.0
普通中学学校数(所)	Number of Regular Secondary Schools(unit)	19	17	-10.5
普通中学专任教师数(人)	Number of Teachers of Secondary Shools(person)	1993	1671	-16.2
初中在校学生数(人)	Number of Student in Junior Secondary Schools(person)	21484	14860	-30.8
高中在校学生数(人)	Number of Student in Senior Secondary Schools(person)	8207	8045	-2.0
卫生机构数(所)	Number of Health Institutions(unit)	624	637	2.1
#医院(所)	Hospitals(unit)	29	28	-3.4
卫生院(所)	Township Hospitals(unit)	18	18	0.0
床位数(张)	Number of Beds(unit)	4477	4484	0.2
#医院(张)	Hospitals(unit)	3271	3318	1.4
卫生院(张)	Township Hospitals(unit)	515	561	8.9
卫生技术人员(人)	Medical Technical Presonnel(person)	5345	5429	1.6
#医院(人)	Hospitals(person)	2701	2823	4.5
卫生院(人)	Township Hospitals(person)	325	380	16.9

23-100 巴彦淖尔市五原县

指　　标	Item	2014	2015	2015年比上年增长% Increase Rate in 2015 Over 2014(%)
行政区域土地面积(平方公里)	**Area of Administration(Sq.km)**	**2493**	**2493**	**0.0**
人口和就业	**Population & Employment**			
年末户籍人口(人)	The Registered Population Year-end(person)	281408	280377	-0.4
#男性(人)	Male(person)	144102	143721	-0.3
#乡村人口(人)	Rural(person)	220315	217972	
年末常住人口(人)	Permanet Resident Population Year-end(person)	271100	271000	0.0
#男性(人)	Male(person)	138830	138968	0.1
#乡村人口(人)	Rural(person)	208622	210300	0.8
年末总户数(户)	Total Number of Households at the Year-end(Household)	114458	116422	1.7
#乡村户数(户)	Number of Rural Household(Household)	88047	51562	-41.4
出生人口(人)	Births(person)	3296	2654	-19.5
死亡人口(人)	Deaths(person)	1385	647	-53.3
全社会就业人员(人)	Employment(person)	144024	145026	0.7
第一产业(人)	Primary Industry(person)	111518	112608	1.0
第二产业(人)	Secondary Industry(person)	5963	6492	8.9
第三产业(人)	Tertiary Industry(person)	26543	25926	-2.3
在岗职工人数(人)	Number of Staff & Workers Employed in(person)	12772	11707	-8.3
乡村劳动力(人)	Number of Rural Laborers(person)	134390	135607	0.9
#农林牧渔业(人)	Farming,Forestry,Animal Husbandry & Fishery(person)	102423	102608	0.2
国民经济综合指标	**Summary Item on the National Economy**			
生产总值(万元)	Gross Domestic Product(10 000 yuan)	1043300	1100800	7.2
第一产业(万元)	Primary Industry(10 000 yuan)	290000	284600	4.7
第二产业(万元)	Secondary Industry(10 000 yuan)	393400	422200	8.0
#工业(万元)	Industry(10 000 yuan)	305500	330900	8.3
第三产业(万元)	Tertiary Industry(10 000 yuan)	359900	394000	7.2
人均生产总值(元)	Per Capita GDP(yuan)	41957	43806	7.2
全社会固定资产投资(万元)	Total Investment in Fixed Assets(10 000 yuan)	600000	681882	13.6
按登记注册类型分	Grouped by Registered Type			
#国有(万元)	State-owned Enterprises(10 000 yuan)	371632	364759	-1.8
集体(万元)	Collective-owned Enterprises(10 000 yuan)			
有限责任公司(万元)	Limited Liability Corporations(10 000 yuan)	216615	299310	38.2
股份有限公司(万元)	Share Holding Enterprises(10 000 yuan)			
私营企业(万元)	Private Enterprises(10 000 yuan)	11753	17813	51.6
外商及港澳台投资企业(万元)	Funds from HK,Macao,Taiwan & Foreign(10 000 yuan)			
一般公共预算收入(万元)	General Public Budget Revenue(10 000 yuan)	35707	38229	7.1
一般公共预算支出(万元)	General Public Budget Expenditure(10 000 yuan)	232605	276010	18.7
住户存款余额(万元)	The balance of savings deposits of Households(10 000 yuan)		627500	
在岗职工工资总额(万元)	Total Wages of Staff & Workers Employed in(10 000 yuan)	59837	50550	-15.5
在岗职工平均工资(元)	Average Wage of Staff & Workers Employed in(yuan)	45157	43819	-3.0
全体居民人均可支配收入(元)	The per capita disposable income of all residents(yuan)	19588	21234	8.4
城镇常住居民人均可支配收入(元)	The per capita disposable income of urban permanent residents(yuan)	22533	24201	7.4
农村牧区常住居民人均可支配收入(元)	The per capita disposable income of permanent residents of rural and pastoral areas(yuan)	13156	14248	8.3
农村牧区经济	**Economic Development in Rural & Pastoral Area**			
农作物总播种面积(公顷)	Total Sown Area(hectare)	137600	153080	11.3
#粮食作物播种面积(公顷)	Sown Area of Grain Crops(hectare)	54600	52840	-3.2
农牧业机械总动力(万千瓦)	Total Power of Agricultural Machinery(10 000 kw)	100.53	102.00	1.5
化肥施用折纯量(吨)	Consumption of Chemical Fertilizer(ton)	61294	62471	1.9
农村用电量(万千瓦小时)	Electricity Consumed in Rural Area(10 000 kwh)	4478	4396	-1.8
农林牧渔业总产值(万元)	Gross Output of Farming,Forestry,Animal Husbandry & Fishery(10 000 yuan)	500610	491010	5.2
粮食产量(吨)	Yield of Grain(ton)	498335	399056	-19.9
油料产量(吨)	Yield of Oil-bearing Grops(ton)	237444	257600	8.5
甜菜产量(吨)	Yield of Beetroots(ton)	16745	12895	-23.0
猪牛羊肉产量(吨)	Output of Pork, Beef & Mutton(ton)	35428	33546	-5.3
#猪肉产量(吨)	Output of Pork(ton)	9071	9071	0.0
牛肉产量(吨)	Output of Beef(ton)	621	672	8.2
羊肉产量(吨)	Output of Mutton(ton)	25736	23803	-7.5
羊毛产量(吨)	Output of Wool(ton)	1262	1193	-5.5

23-100 Wuyuan County in Bayannaoer City

指　标	Item	2014	2015	2015年比上年增长% Increase Rate in 2015 Over 2014(%)
年末牲畜存栏头数(万头只)	Total Livestock at the Year-end(10 000 heads)	141.79	135.60	-4.4
#大牲畜(万头只)	Large Animals(10 000 heads)	2.28	2.23	-2.2
羊(万只)	Sheep & Goats(10 000 heads)	123.40	118.00	-4.4
猪(万头)	Hogs(10 000 heads)	16.11	15.03	-6.7
规模以上工业	**Industrial Enterprises above Designated size**			
工业企业单位数(个)	Number of Industrial Enterprises(unit)	43	43	0.0
#内资企业(个)	Civil Funded Enterprises(unit)	43	43	0.0
工业总产值(万元)	Gross Industrial Output Value(10 000 yuan)	821757	554039	-32.6
内资企业(万元)	Civil Funded Enterprises(10 000 yuan)	821757	554039	-32.6
国有企业(万元)	State-owned Enterprises(10 000 yuan)		2740	
集体企业(万元)	Collective-owned Enterprises(10 000 yuan)			
股份合作企业(万元)	Share Holding Enterprises(10 000 yuan)			
联营企业(万元)	Joint Owned Enterprises(10 000 yuan)			
有限责任公司(万元)	Limited Company(10 000 yuan)			
股份有限公司(万元)	Share Holding Limited Company(10 000 yuan)	443003	359699	-18.8
私营企业(万元)	Privately Owned Enterprises(10 000 yuan)	378754	191599	-49.4
其他企业(万元)	Enterprises of Other Ownership(10 000 yuan)			
港澳台商投资企业(万元)	Funds from HK,Macao & Taiwan(10 000 yuan)			
外商投资企业(万元)	Foreign Funded Enterprises(10 000 yuan)			
工业企业增加值(万元)	Value Added of Industrial Enterprises(10 000 yuan)			9.1
工业企业资产总计(万元)	Total Assets of Industrial Enterprises(10 000 yuan)	472309	406822	-13.9
工业企业负债合计(万元)	Total Liabilities of Industrial Enterprises(10 000 yuan)	316070	308910	-2.3
工业企业产品销售收入(万元)	Sales of Revenue Industrial Enterprises(10 000 yuan)	639527	483007	-24.5
工业企业利润总额(万元)	Total Profits of Industrial Enterprises(10 000 yuan)	-1509	1908	
建筑业	**Construction**			
建筑企业单位数(个)	Number of Construction Enterprises(unit)	5	5	0.0
建筑企业从业人员(人)	Number of Employee in Construction Enterprises(person)	901	670	-25.6
建筑业总产值(万元)	Gross Construction Output Value(10 000 yuan)	47827	38290	-19.9
交通运输邮电通信业	**Transportation,Post & Telecommunications**			
公路里程(公里)	Total Length of Highways(km)	2880	2907	0.9
邮电业务总量(万元)	Business Volume of Post & Telecoms(10 000 yuan)	1350	1532	13.5
本地电话用户(户)	Number of Subscribers of Local Telephone(Household)	25185	18419	-26.9
国内贸易	**Domestic Trade**			
社会消费品零售总额(万元)	Total Retail Sales of Consumer Goods(10 000 yuan)	248009	268741	8.4
城镇(万元)	Town(10 000 yuan)	185482	200209	7.9
乡村(万元)	Village(10 000 yuan)	62527	68532	9.6
科技教育卫生	**Science,Education & Public Health**			
各类专业技术人员(人)	Special Technical Personnel(person)	4175	4274	2.4
幼儿园数(所)	Number of Kindergartens(unit)	17	18	5.9
学龄儿童入学率(%)	Percentage of School-Age Children Enrolled(%)	100.0	100.0	0.0
小学学校数(所)	Number of Primary Schools(unit)	20	20	0.0
小学专任教师数(人)	Number of Full-time Teachers of Primary Schools(person)	841	751	-10.7
小学在校学生数(人)	Number of Student Enrollment of Primary Schools(person)	12138	11699	-3.6
普通中学学校数(所)	Number of Regular Secondary Schools(unit)	6	5	-16.7
普通中学专任教师数(人)	Number of Teachers of Secondary Shools(person)	705	713	1.1
初中在校学生数(人)	Number of Student in Junior Secondary Schools(person)	7609	7009	-7.9
高中在校学生数(人)	Number of Student in Senior Secondary Schools(person)	6441	3748	-41.8
卫生机构数(所)	Number of Health Institutions(unit)	198	205	3.5
#医院(所)	Hospitals(unit)	5	5	0.0
卫生院(所)	Township Hospitals(unit)	19	19	0.0
床位数(张)	Number of Beds(unit)	916	1038	13.3
#医院(张)	Hospitals(unit)	551	588	6.7
卫生院(张)	Township Hospitals(unit)	305	348	14.1
卫生技术人员(人)	Medical Technical Presonnel(person)	1392	1466	5.3
#医院(人)	Hospitals(person)	848	677	-20.2
卫生院(人)	Township Hospitals(person)	133	231	73.7

23-101 巴彦淖尔市磴口县

指　标	Item	2014	2015	2015年比上年增长% Increase Rate in 2015 Over 2014(%)
行政区域土地面积(平方公里)	**Area of Administration(Sq.km)**	**4167**	**4167**	**0.0**
人口和就业	**Population & Employment**			
年末户籍人口(人)	The Registered Population Year-end(person)	116779	116346	-0.4
# 男性(人)	Male(person)	59753	59431	-0.5
# 乡村人口(人)	Rural(person)	64975	65045	
年末常住人口(人)	Permanet Resident Population Year-end(person)	115500	116000	0.4
# 男性(人)	Male(person)	59500	59700	0.3
# 乡村人口(人)	Rural(person)	64700	64200	-0.8
年末总户数(户)	Total Number of Households at the Year-end(Household)	46371	47570	2.6
# 乡村户数(户)	Number of Rural Household(Household)	31429	32510	3.4
出生人口(人)	Births(person)	983	810	-17.6
死亡人口(人)	Deaths(person)	587	482	-17.9
全社会就业人员(人)	Employment(person)	64069	66178	3.3
第一产业(人)	Primary Industry(person)	40050	42138	5.2
第二产业(人)	Secondary Industry(person)	5016	4705	-6.2
第三产业(人)	Tertiary Industry(person)	19003	19335	1.7
在岗职工人数(人)	Number of Staff & Workers Employed in(person)	10932	10749	-1.7
乡村劳动力(人)	Number of Rural Laborers(person)	49984	52655	5.3
# 农林牧渔业(人)	Farming,Forestry,Animal Husbandry & Fishery(person)	40050	42801	6.9
国民经济综合指标	**Summary Item on the National Economy**			
生产总值(万元)	Gross Domestic Product(10 000 yuan)	477900	508700	7.9
第一产业(万元)	Primary Industry(10 000 yuan)	94500	93600	5.4
第二产业(万元)	Secondary Industry(10 000 yuan)	276000	297900	8.3
# 工业(万元)	Industry(10 000 yuan)	236600	257000	8.4
第三产业(万元)	Tertiary Industry(10 000 yuan)	107400	117200	8.6
人均生产总值(元)	Per Capita GDP(yuan)	41398	43948	7.6
全社会固定资产投资(万元)	Total Investment in Fixed Assets(10 000 yuan)	300000	388491	29.5
按登记注册类型分	Grouped by Registered Type			
# 国有(万元)	State-owned Enterprises(10 000 yuan)	111345	97375	-12.5
集体(万元)	Collective-owned Enterprises(10 000 yuan)			
有限责任公司(万元)	Limited Liability Corporations(10 000 yuan)	99509	129003	29.6
股份有限公司(万元)	Share Holding Enterprises(10 000 yuan)	19591	144098	635.5
私营企业(万元)	Private Enterprises(10 000 yuan)	69555	13415	-80.7
外商及港澳台投资企业(万元)	Funds from HK,Macao,Taiwan & Foreign(10 000 yuan)		4600	
一般公共预算收入(万元)	General Public Budget Revenue(10 000 yuan)	22010	24393	10.8
一般公共预算支出(万元)	General Public Budget Expenditure(10 000 yuan)	112314	154164	37.3
住户存款余额(万元)	The balance of savings deposits of Households(10 000 yuan)		298239	
在岗职工工资总额(万元)	Total Wages of Staff & Workers Employed in(10 000 yuan)	45126	49515	9.7
在岗职工平均工资(元)	Average Wage of Staff & Workers Employed in(yuan)	41343	47928	15.9
全体居民人均可支配收入(元)	The per capita disposable income of all residents(yuan)	16176	17454	7.9
城镇常住居民人均可支配收入(元)	The per capita disposable income of urban permanent residents(yuan)	22031	23749	7.8
农村牧区常住居民人均可支配收入(元)	The per capita disposable income of permanent residents of rural and pastoral areas(yuan)	12744	13751	7.9
农村牧区经济	**Economic Development in Rural & Pastoral Area**			
农作物总播种面积(公顷)	Total Sown Area(hectare)	47206	56400	19.5
# 粮食作物播种面积(公顷)	Sown Area of Grain Crops(hectare)	23750	26567	11.9
农牧业机械总动力(万千瓦)	Total Power of Agricultural Machinery(10 000 kw)	47.02	48.47	3.1
化肥施用折纯量(吨)	Consumption of Chemical Fertilizer(ton)	32222	41307	28.2
农村用电量(万千瓦小时)	Electricity Consumed in Rural Area(10 000 kwh)	2722	2912	7.0
农林牧渔业总产值(万元)	Gross Output of Farming,Forestry,Animal Husbandry & Fishery(10 000 yuan)	145044	143444	6.1
粮食产量(吨)	Yield of Grain(ton)	238375	278060	16.6
油料产量(吨)	Yield of Oil-bearing Grops(ton)	43641	51560	18.1
甜菜产量(吨)	Yield of Beetroots(ton)			
猪牛羊肉产量(吨)	Output of Pork, Beef & Mutton(ton)	10958	10825	-1.2
# 猪肉产量(吨)	Output of Pork(ton)	1737	1950	12.3
牛肉产量(吨)	Output of Beef(ton)	2665	1899	-28.7
羊肉产量(吨)	Output of Mutton(ton)	6556	6976	6.4
羊毛产量(吨)	Output of Wool(ton)	562	400	-28.8

23-101 Dengkou County in Bayannaoer City

指　标	Item	2014	2015	2015年比上年增长% Increase Rate in 2015 Over 2014(%)
年末牲畜存栏头数(万头只)	Total Livestock at the Year-end(10 000 heads)	44.80	43.91	-2.0
#大牲畜(万头只)	Large Animals(10 000 heads)	4.56	5.07	11.2
羊(万只)	Sheep & Goats(10 000 heads)	38.47	36.51	-5.1
猪(万头)	Hogs(10 000 heads)	1.76	2.33	32.4
规模以上工业	**Industrial Enterprises above Designated size**			
工业企业单位数(个)	Number of Industrial Enterprises(unit)	15	15	0.0
#内资企业(个)	Civil Funded Enterprises(unit)	13	13	0.0
工业总产值(万元)	Gross Industrial Output Value(10 000 yuan)	532068	578769	8.8
内资企业(万元)	Civil Funded Enterprises(10 000 yuan)	361126	396284	9.7
国有企业(万元)	State-owned Enterprises(10 000 yuan)	14472	13741	-5.1
集体企业(万元)	Collective-owned Enterprises(10 000 yuan)			
股份合作企业(万元)	Share Holding Enterprises(10 000 yuan)			
联营企业(万元)	Joint Owned Enterprises(10 000 yuan)			
有限责任公司(万元)	Limited Company(10 000 yuan)	301111	337929	12.2
股份有限公司(万元)	Share Holding Limited Company(10 000 yuan)	23173	14312	-38.2
私营企业(万元)	Privately Owned Enterprises(10 000 yuan)	22370	30301	35.5
其他企业(万元)	Enterprises of Other Ownership(10 000 yuan)			
港澳台商投资企业(万元)	Funds from HK,Macao & Taiwan(10 000 yuan)			
外商投资企业(万元)	Foreign Funded Enterprises(10 000 yuan)	170941	182486	6.8
工业企业增加值(万元)	Value Added of Industrial Enterprises(10 000 yuan)			9.2
工业企业资产总计(万元)	Total Assets of Industrial Enterprises(10 000 yuan)	551974	666059	20.7
工业企业负债合计(万元)	Total Liabilities of Industrial Enterprises(10 000 yuan)	338959	443261	30.8
工业企业产品销售收入(万元)	Sales of Revenue Industrial Enterprises(10 000 yuan)	468099	505477	8.0
工业企业利润总额(万元)	Total Profits of Industrial Enterprises(10 000 yuan)	34539	31714	-8.2
建筑业	**Construction**			
建筑企业单位数(个)	Number of Construction Enterprises(unit)	1	1	0.0
建筑企业从业人员(人)	Number of Employee in Construction Enterprises(person)	72	72	0.0
建筑业总产值(万元)	Gross Construction Output Value(10 000 yuan)	1960	1870	-4.6
交通运输邮电通信业	**Transportation,Post & Telecommunications**			
公路里程(公里)	Total Length of Highways(km)	1831	1799	-1.7
邮电业务总量(万元)	Business Volume of Post & Telecoms(10 000 yuan)	8456	8680	2.6
本地电话用户(户)	Number of Subscribers of Local Telephone(Household)	21825	17061	-21.8
国内贸易	**Domestic Trade**			
社会消费品零售总额(万元)	Total Retail Sales of Consumer Goods(10 000 yuan)	131117	141950	8.3
城镇(万元)	Town(10 000 yuan)	115660	125074	8.1
乡村(万元)	Village(10 000 yuan)	15457	16876	9.2
科技教育卫生	**Science,Education & Public Health**			
各类专业技术人员(人)	Special Technical Personnel(person)	3528	3528	0.0
幼儿园数(所)	Number of Kindergartens(unit)	7	7	0.0
学龄儿童入学率(%)	Percentage of School-Age Children Enrolled(%)	103.0	100.0	-2.9
小学学校数(所)	Number of Primary Schools(unit)	8	8	0.0
小学专任教师数(人)	Number of Full-time Teachers of Primary Schools(person)	388	366	-5.7
小学在校学生数(人)	Number of Student Enrollment of Primary Schools(person)	3925	3918	-0.2
普通中学学校数(所)	Number of Regular Secondary Schools(unit)	2	2	0.0
普通中学专任教师数(人)	Number of Teachers of Secondary Shools(person)	287	275	-4.2
初中在校学生数(人)	Number of Student in Junior Secondary Schools(person)	2196	2016	-8.2
高中在校学生数(人)	Number of Student in Senior Secondary Schools(person)	1862	1600	-14.1
卫生机构数(所)	Number of Health Institutions(unit)	12	12	0.0
#医院(所)	Hospitals(unit)	3	3	0.0
卫生院(所)	Township Hospitals(unit)	7	7	0.0
床位数(张)	Number of Beds(unit)	987	904	-8.4
#医院(张)	Hospitals(unit)	560	637	13.8
卫生院(张)	Township Hospitals(unit)	90	85	-5.6
卫生技术人员(人)	Medical Technical Presonnel(person)	748	605	-19.1
#医院(人)	Hospitals(person)	506	339	-33.0
卫生院(人)	Township Hospitals(person)	50	50	0.0

23-102 巴彦淖尔市乌拉特前旗

指　标	Item	2014	2015	2015年比上年增长% Increase Rate in 2015 Over 2014(%)
行政区域土地面积(平方公里)	**Area of Administration(Sq.km)**	**7476**	**7476**	**0.0**
人口和就业	**Population & Employment**			
年末户籍人口(人)	The Registered Population Year-end(person)	344691	332528	-3.5
#男性(人)	Male(person)	176011	169818	-3.5
#乡村人口(人)	Rural(person)	251368	245419	
年末常住人口(人)	Permanet Resident Population Year-end(person)	294100	295100	0.3
#男性(人)	Male(person)	152700	153200	0.3
#乡村人口(人)	Rural(person)	162400	160300	-1.3
年末总户数(户)	Total Number of Households at the Year-end(Household)	147069	149116	1.4
#乡村户数(户)	Number of Rural Household(Household)	68983	76009	10.2
出生人口(人)	Births(person)	4588	3155	-31.2
死亡人口(人)	Deaths(person)	1257	1383	10.0
全社会就业人员(人)	Employment(person)	148832	133373	-10.4
第一产业(人)	Primary Industry(person)	101166	105532	4.3
第二产业(人)	Secondary Industry(person)	8819	4811	-45.4
第三产业(人)	Tertiary Industry(person)	38847	23030	-40.7
在岗职工人数(人)	Number of Staff & Workers Employed in(person)	21343	20149	-5.6
乡村劳动力(人)	Number of Rural Laborers(person)	121334	135328	11.5
#农林牧渔业(人)	Farming,Forestry,Animal Husbandry & Fishery(person)	93320	116153	24.5
国民经济综合指标	**Summary Item on the National Economy**			
生产总值(万元)	Gross Domestic Product(10 000 yuan)	1337100	1407827	7.2
第一产业(万元)	Primary Industry(10 000 yuan)	322800	315396	4.3
第二产业(万元)	Secondary Industry(10 000 yuan)	561100	603783	8.1
#工业(万元)	Industry(10 000 yuan)	461400	500183	8.4
第三产业(万元)	Tertiary Industry(10 000 yuan)	453200	488648	7.6
人均生产总值(元)	Per Capita GDP(yuan)	45465	47707	6.8
全社会固定资产投资(万元)	Total Investment in Fixed Assets(10 000 yuan)	903932	1019884	12.8
按登记注册类型分	Grouped by Registered Type			
#国有(万元)	State-owned Enterprises(10 000 yuan)	339984	262914	-22.7
集体(万元)	Collective-owned Enterprises(10 000 yuan)			
有限责任公司(万元)	Limited Liability Corporations(10 000 yuan)	21770	10466	-51.9
股份有限公司(万元)	Share Holding Enterprises(10 000 yuan)	1347	18317	1259.8
私营企业(万元)	Private Enterprises(10 000 yuan)	509831	728187	42.8
外商及港澳台投资企业(万元)	Funds from HK,Macao,Taiwan & Foreign(10 000 yuan)			
一般公共预算收入(万元)	General Public Budget Revenue(10 000 yuan)	88490	93821	6.0
一般公共预算支出(万元)	General Public Budget Expenditure(10 000 yuan)	227037	298065	31.3
住户存款余额(万元)	The balance of savings deposits of Households(10 000 yuan)		821426	
在岗职工工资总额(万元)	Total Wages of Staff & Workers Employed in(10 000 yuan)	102076	100276	-1.8
在岗职工平均工资(元)	Average Wage of Staff & Workers Employed in(yuan)	47826	49702	3.9
全体居民人均可支配收入(元)	The per capita disposable income of all residents(yuan)	16183	17642	9.0
城镇常住居民人均可支配收入(元)	The per capita disposable income of urban permanent residents(yuan)	22038	23757	7.8
农村牧区常住居民人均可支配收入(元)	The per capita disposable income of permanent residents of rural and pastoral areas(yuan)	12459	13431	7.8
农村牧区经济	**Economic Development in Rural & Pastoral Area**			
农作物总播种面积(公顷)	Total Sown Area(hectare)	147003	155141	5.5
#粮食作物播种面积(公顷)	Sown Area of Grain Crops(hectare)	83410	84363	1.1
农牧业机械总动力(万千瓦)	Total Power of Agricultural Machinery(10 000 kw)	108.88	109.05	0.2
化肥施用折纯量(吨)	Consumption of Chemical Fertilizer(ton)	34189	34533	1.0
农村用电量(万千瓦小时)	Electricity Consumed in Rural Area(10 000 kwh)	13885	13944	0.4
农林牧渔业总产值(万元)	Gross Output of Farming,Forestry,Animal Husbandry & Fishery(10 000 yuan)	541774	528774	4.9
粮食产量(吨)	Yield of Grain(ton)	844087	883303	4.6
油料产量(吨)	Yield of Oil-bearing Grops(ton)	128812	134826	4.7
甜菜产量(吨)	Yield of Beetroots(ton)	29090	11727	-59.7
猪牛羊肉产量(吨)	Output of Pork, Beef & Mutton(ton)	27297	24811	-9.1
#猪肉产量(吨)	Output of Pork(ton)	4435	4435	0.0
牛肉产量(吨)	Output of Beef(ton)	793	581	-26.7
羊肉产量(吨)	Output of Mutton(ton)	22069	19795	-10.3
羊毛产量(吨)	Output of Wool(ton)	1626	1610	-1.0

23-102 Wulateqian Banner in Bayannaoer City

指　标	Item	2014	2015	2015年比上年增长% Increase Rate in 2015 Over 2014(%)
年末牲畜存栏头数(万头只)	Total Livestock at the Year-end(10 000 heads)	125.44	142.78	13.8
#大牲畜(万头只)	Large Animals(10 000 heads)	1.32	1.40	6.1
羊(万只)	Sheep & Goats(10 000 heads)	119.33	136.87	14.7
猪(万头)	Hogs(10 000 heads)	4.79	4.51	-5.8
规模以上工业	**Industrial Enterprises above Designated size**			
工业企业单位数(个)	Number of Industrial Enterprises(unit)	48	43	-10.4
#内资企业(个)	Civil Funded Enterprises(unit)	47	42	-10.6
工业总产值(万元)	Gross Industrial Output Value(10 000 yuan)	1037228	766164	-26.1
内资企业(万元)	Civil Funded Enterprises(10 000 yuan)	1030228	758228	-26.4
国有企业(万元)	State-owned Enterprises(10 000 yuan)			
集体企业(万元)	Collective-owned Enterprises(10 000 yuan)			
股份合作企业(万元)	Share Holding Enterprises(10 000 yuan)			
联营企业(万元)	Joint Owned Enterprises(10 000 yuan)			
有限责任公司(万元)	Limited Company(10 000 yuan)	431953	353049	-18.3
股份有限公司(万元)	Share Holding Limited Company(10 000 yuan)			
私营企业(万元)	Privately Owned Enterprises(10 000 yuan)	598275	405179	-32.3
其他企业(万元)	Enterprises of Other Ownership(10 000 yuan)			
港澳台商投资企业(万元)	Funds from HK,Macao & Taiwan(10 000 yuan)			
外商投资企业(万元)	Foreign Funded Enterprises(10 000 yuan)	7000	7936	13.4
工业企业增加值(万元)	Value Added of Industrial Enterprises(10 000 yuan)			9.0
工业企业资产总计(万元)	Total Assets of Industrial Enterprises(10 000 yuan)	1433011	1468268	2.5
工业企业负债合计(万元)	Total Liabilities of Industrial Enterprises(10 000 yuan)	1038448	1142294	10.0
工业企业产品销售收入(万元)	Sales of Revenue Industrial Enterprises(10 000 yuan)	996784	744674	-25.3
工业企业利润总额(万元)	Total Profits of Industrial Enterprises(10 000 yuan)	-63677	-61647	
建筑业	**Construction**			
建筑企业单位数(个)	Number of Construction Enterprises(unit)	5	5	0.0
建筑企业从业人员(人)	Number of Employee in Construction Enterprises(person)	1588	699	-56.0
建筑业总产值(万元)	Gross Construction Output Value(10 000 yuan)	26478	20953	-20.9
交通运输邮电通信业	**Transportation,Post & Telecommunications**			
公路里程(公里)	Total Length of Highways(km)	4711	4822	2.4
邮电业务总量(万元)	Business Volume of Post & Telecoms(10 000 yuan)	29040	31883	9.8
本地电话用户(户)	Number of Subscribers of Local Telephone(Household)	24042	15173	-36.9
国内贸易	**Domestic Trade**			
社会消费品零售总额(万元)	Total Retail Sales of Consumer Goods(10 000 yuan)	290375	315057	8.5
城镇(万元)	Town(10 000 yuan)	240305	260400	8.4
乡村(万元)	Village(10 000 yuan)	50070	54657	9.2
科技教育卫生	**Science,Education & Public Health**			
各类专业技术人员(人)	Special Technical Personnel(person)	7566	7566	0.0
幼儿园数(所)	Number of Kindergartens(unit)	24	25	4.2
学龄儿童入学率(%)	Percentage of School-Age Children Enrolled(%)	100.0	100.0	0.0
小学学校数(所)	Number of Primary Schools(unit)	17	16	-5.9
小学专任教师数(人)	Number of Full-time Teachers of Primary Schools(person)	1232	1481	20.2
小学在校学生数(人)	Number of Student Enrollment of Primary Schools(person)	12763	12558	-1.6
普通中学学校数(所)	Number of Regular Secondary Schools(unit)	11	11	0.0
普通中学专任教师数(人)	Number of Teachers of Secondary Shools(person)	912	939	3.0
初中在校学生数(人)	Number of Student in Junior Secondary Schools(person)	8440	7299	-13.5
高中在校学生数(人)	Number of Student in Senior Secondary Schools(person)	5199	4648	-10.6
卫生机构数(所)	Number of Health Institutions(unit)	257	260	1.2
#医院(所)	Hospitals(unit)	5	6	20.0
卫生院(所)	Township Hospitals(unit)	21	21	0.0
床位数(张)	Number of Beds(unit)	1241	1284	3.5
#医院(张)	Hospitals(unit)	802	842	5.0
卫生院(张)	Township Hospitals(unit)	300	303	1.0
卫生技术人员(人)	Medical Technical Presonnel(person)	1493	1536	2.9
#医院(人)	Hospitals(person)	793	822	3.7
卫生院(人)	Township Hospitals(person)	258	269	4.3

23-103 巴彦淖尔市乌拉特中旗

指　标	Item	2014	2015	2015年比上年增长% Increase Rate in 2015 Over 2014(%)
行政区域土地面积(平方公里)	**Area of Administration(Sq.km)**	**22868**	**22868**	**0.0**
人口和就业	**Population & Employment**			
年末户籍人口(人)	The Registered Population Year-end(person)	144165	141664	-1.7
#男性(人)	Male(person)	73164	72099	-1.5
#乡村人口(人)	Rural(person)	106084	103853	
年末常住人口(人)	Permanet Resident Population Year-end(person)	133700	134200	0.4
#男性(人)	Male(person)	71000	71200	0.3
#乡村人口(人)	Rural(person)	73800	72800	-1.4
年末总户数(户)	Total Number of Households at the Year-end(Household)	68590	69153	0.8
#乡村户数(户)	Number of Rural Household(Household)	27838	29878	7.3
出生人口(人)	Births(person)	1670	1290	-22.8
死亡人口(人)	Deaths(person)	496	274	-44.8
全社会就业人员(人)	Employment(person)	73891	76628	3.7
第一产业(人)	Primary Industry(person)	45780	48434	5.8
第二产业(人)	Secondary Industry(person)	6622	7479	12.9
第三产业(人)	Tertiary Industry(person)	21489	20715	-3.6
在岗职工人数(人)	Number of Staff & Workers Employed in(person)	12321	11987	-2.7
乡村劳动力(人)	Number of Rural Laborers(person)	63616	64890	2.0
#农林牧渔业(人)	Farming,Forestry,Animal Husbandry & Fishery(person)	45780	52980	15.7
国民经济综合指标	**Summary Item on the National Economy**			
生产总值(万元)	Gross Domestic Product(10 000 yuan)	939900	995700	7.5
第一产业(万元)	Primary Industry(10 000 yuan)	166000	162200	4.3
第二产业(万元)	Secondary Industry(10 000 yuan)	665400	718900	8.5
#工业(万元)	Industry(10 000 yuan)	551200	600300	8.9
第三产业(万元)	Tertiary Industry(10 000 yuan)	108500	114600	4.9
人均生产总值(元)	Per Capita GDP(yuan)	69731	71114	5.9
全社会固定资产投资(万元)	Total Investment in Fixed Assets(10 000 yuan)	1201931	1364220	13.5
按登记注册类型分	Grouped by Registered Type			
#国有(万元)	State-owned Enterprises(10 000 yuan)	886856	796442	-10.2
集体(万元)	Collective-owned Enterprises(10 000 yuan)			
有限责任公司(万元)	Limited Liability Corporations(10 000 yuan)	243450	308946	26.9
股份有限公司(万元)	Share Holding Enterprises(10 000 yuan)	2431	162277	6575.3
私营企业(万元)	Private Enterprises(10 000 yuan)	494	51135	10251.2
外商及港澳台投资企业(万元)	Funds from HK,Macao,Taiwan & Foreign(10 000 yuan)	64320	40000	-37.8
一般公共预算收入(万元)	General Public Budget Revenue(10 000 yuan)	84333	87778	4.1
一般公共预算支出(万元)	General Public Budget Expenditure(10 000 yuan)	232519	267762	15.2
住户存款余额(万元)	The balance of savings deposits of Households(10 000 yuan)		304466	
在岗职工工资总额(万元)	Total Wages of Staff & Workers Employed in(10 000 yuan)	61456	64848	5.5
在岗职工平均工资(元)	Average Wage of Staff & Workers Employed in(yuan)	50465	59232	17.4
全体居民人均可支配收入(元)	The per capita disposable income of all residents(yuan)	16463	17780	8.0
城镇常住居民人均可支配收入(元)	The per capita disposable income of urban permanent residents(yuan)	23203	24943	7.5
农村牧区常住居民人均可支配收入(元)	The per capita disposable income of permanent residents of rural and pastoral areas(yuan)	12064	13042	8.1
农村牧区经济	**Economic Development in Rural & Pastoral Area**			
农作物总播种面积(公顷)	Total Sown Area(hectare)	86703	88887	2.5
#粮食作物播种面积(公顷)	Sown Area of Grain Crops(hectare)	47429	50081	5.6
农牧业机械总动力(万千瓦)	Total Power of Agricultural Machinery(10 000 kw)	39.50	39.88	1.0
化肥施用折纯量(吨)	Consumption of Chemical Fertilizer(ton)	10550	10658	1.0
农村用电量(万千瓦小时)	Electricity Consumed in Rural Area(10 000 kwh)	8592	8965	4.3
农林牧渔业总产值(万元)	Gross Output of Farming,Forestry,Animal Husbandry & Fishery(10 000 yuan)	265797	259418	4.9
粮食产量(吨)	Yield of Grain(ton)	342738	225930	-34.1
油料产量(吨)	Yield of Oil-bearing Grops(ton)	80222	80226	0.0
甜菜产量(吨)	Yield of Beetroots(ton)			
猪牛羊肉产量(吨)	Output of Pork, Beef & Mutton(ton)	16002	16941	5.9
#猪肉产量(吨)	Output of Pork(ton)	1098	1098	0.0
牛肉产量(吨)	Output of Beef(ton)	682	688	0.9
羊肉产量(吨)	Output of Mutton(ton)	14222	15155	6.6
羊毛产量(吨)	Output of Wool(ton)	1654	1346	-18.6

23-103 Wulatezhong Banner in Bayannaoer City

指　标	Item	2014	2015	2015年比上年增长% Increase Rate in 2015 Over 2014(%)
年末牲畜存栏头数(万头只)	Total Livestock at the Year-end(10 000 heads)	134.53	143.88	7.0
# 大牲畜(万头只)	Large Animals(10 000 heads)	1.67	1.97	18.0
羊(万只)	Sheep & Goats(10 000 heads)	131.55	140.67	6.9
猪(万头)	Hogs(10 000 heads)	1.31	1.24	-5.3
规模以上工业	**Industrial Enterprises above Designated size**			
工业企业单位数(个)	Number of Industrial Enterprises(unit)	33	34	3.0
# 内资企业(个)	Civil Funded Enterprises(unit)	31	32	3.2
工业总产值(万元)	Gross Industrial Output Value(10 000 yuan)	1575089	1247787	-20.8
内资企业(万元)	Civil Funded Enterprises(10 000 yuan)	1424562	1067831	-25.0
国有企业(万元)	State-owned Enterprises(10 000 yuan)			
集体企业(万元)	Collective-owned Enterprises(10 000 yuan)	29673	29961	1.0
股份合作企业(万元)	Share Holding Enterprises(10 000 yuan)			
联营企业(万元)	Joint Owned Enterprises(10 000 yuan)			
有限责任公司(万元)	Limited Company(10 000 yuan)	1286834	950070	-26.2
股份有限公司(万元)	Share Holding Limited Company(10 000 yuan)	51458	49751	-3.3
私营企业(万元)	Privately Owned Enterprises(10 000 yuan)	56597	38050	-32.8
其他企业(万元)	Enterprises of Other Ownership(10 000 yuan)			
港澳台商投资企业(万元)	Funds from HK,Macao & Taiwan(10 000 yuan)			
外商投资企业(万元)	Foreign Funded Enterprises(10 000 yuan)	150527	179956	19.6
工业企业增加值(万元)	Value Added of Industrial Enterprises(10 000 yuan)			9.1
工业企业资产总计(万元)	Total Assets of Industrial Enterprises(10 000 yuan)	2751923	2593874	-5.7
工业企业负债合计(万元)	Total Liabilities of Industrial Enterprises(10 000 yuan)	1666742	1613077	-3.2
工业企业产品销售收入(万元)	Sales of Revenue Industrial Enterprises(10 000 yuan)	1476067	1119738	-24.1
工业企业利润总额(万元)	Total Profits of Industrial Enterprises(10 000 yuan)	46436	35661	-23.2
建筑业	**Construction**			
建筑企业单位数(个)	Number of Construction Enterprises(unit)	2	1	-50.0
建筑企业从业人员(人)	Number of Employee in Construction Enterprises(person)	88	24	-72.7
建筑业总产值(万元)	Gross Construction Output Value(10 000 yuan)	3898	3527	-9.5
交通运输邮电通信业	**Transportation,Post & Telecommunications**			
公路里程(公里)	Total Length of Highways(km)	4369	4369	0.0
邮电业务总量(万元)	Business Volume of Post & Telecoms(10 000 yuan)	3427	3653	6.6
本地电话用户(户)	Number of Subscribers of Local Telephone(Household)	13350	12118	-9.2
国内贸易	**Domestic Trade**			
社会消费品零售总额(万元)	Total Retail Sales of Consumer Goods(10 000 yuan)	134869	146013	8.3
城镇(万元)	Town(10 000 yuan)	88261	94504	7.1
乡村(万元)	Village(10 000 yuan)	46608	51509	10.5
科技教育卫生	**Science,Education & Public Health**			
各类专业技术人员(人)	Special Technical Personnel(person)	2303	2299	-0.2
幼儿园数(所)	Number of Kindergartens(unit)	10	8	-20.0
学龄儿童入学率(%)	Percentage of School-Age Children Enrolled(%)	100.0	100.0	0.0
小学学校数(所)	Number of Primary Schools(unit)	4	3	-25.0
小学专任教师数(人)	Number of Full-time Teachers of Primary Schools(person)	453	413	-8.8
小学在校学生数(人)	Number of Student Enrollment of Primary Schools(person)	4384	4266	-2.7
普通中学学校数(所)	Number of Regular Secondary Schools(unit)	5	5	0.0
普通中学专任教师数(人)	Number of Teachers of Secondary Shools(person)	387	357	-7.8
初中在校学生数(人)	Number of Student in Junior Secondary Schools(person)	2243	2046	-8.8
高中在校学生数(人)	Number of Student in Senior Secondary Schools(person)	1738	1704	-2.0
卫生机构数(所)	Number of Health Institutions(unit)	120	123	2.5
# 医院(所)	Hospitals(unit)	3	3	0.0
卫生院(所)	Township Hospitals(unit)	16	17	6.3
床位数(张)	Number of Beds(unit)	440	476	8.2
# 医院(张)	Hospitals(unit)	320	270	-15.6
卫生院(张)	Township Hospitals(unit)	120	167	39.2
卫生技术人员(人)	Medical Technical Presonnel(person)	494	540	9.3
# 医院(人)	Hospitals(person)	356	210	-41.0
卫生院(人)	Township Hospitals(person)	128	108	-15.6

23-104 巴彦淖尔市乌拉特后旗

指　　标	Item	2014	2015	2015年比上年增长% Increase Rate in 2015 Over 2014(%)
行政区域土地面积(平方公里)	**Area of Administration(Sq.km)**	**24925**	**24925**	**0.0**
人口和就业	**Population & Employment**			
年末户籍人口(人)	The Registered Population Year-end(person)	60041	58837	-2.0
# 男性(人)	Male(person)	30489	29772	-2.4
# 乡村人口(人)	Rural(person)	29109	28335	
年末常住人口(人)	Permanet Resident Population Year-end(person)	65500	66000	0.8
# 男性(人)	Male(person)			
# 乡村人口(人)	Rural(person)	27300	27000	-1.1
年末总户数(户)	Total Number of Households at the Year-end(Household)	24015	24175	0.7
# 乡村户数(户)	Number of Rural Household(Household)	8743	8857	1.3
出生人口(人)	Births(person)	565	493	-12.7
死亡人口(人)	Deaths(person)	230	269	17.0
全社会就业人员(人)	Employment(person)	31455	32148	2.2
第一产业(人)	Primary Industry(person)	9518	9946	4.5
第二产业(人)	Secondary Industry(person)	11893	10609	-10.8
第三产业(人)	Tertiary Industry(person)	10044	11593	15.4
在岗职工人数(人)	Number of Staff & Workers Employed in(person)	12124	12521	3.3
乡村劳动力(人)	Number of Rural Laborers(person)	17206	17805	3.5
# 农林牧渔业(人)	Farming,Forestry,Animal Husbandry & Fishery(person)	9518	9946	4.5
国民经济综合指标	**Summary Item on the National Economy**			
生产总值(万元)	Gross Domestic Product(10 000 yuan)	588300	630400	7.7
第一产业(万元)	Primary Industry(10 000 yuan)	35900	35100	4.6
第二产业(万元)	Secondary Industry(10 000 yuan)	437400	492500	8.5
# 工业(万元)	Industry(10 000 yuan)	373200	425800	8.8
第三产业(万元)	Tertiary Industry(10 000 yuan)	115000	102800	4.6
人均生产总值(元)	Per Capita GDP(yuan)	90508	96244	7.5
全社会固定资产投资(万元)	Total Investment in Fixed Assets(10 000 yuan)	800000	912485	14.1
按登记注册类型分	Grouped by Registered Type			
# 国有(万元)	State-owned Enterprises(10 000 yuan)	327663	249173	-24.0
集体(万元)	Collective-owned Enterprises(10 000 yuan)			
有限责任公司(万元)	Limited Liability Corporations(10 000 yuan)	351815	529049	50.4
股份有限公司(万元)	Share Holding Enterprises(10 000 yuan)	69905		
私营企业(万元)	Private Enterprises(10 000 yuan)	15824	82894	423.9
外商及港澳台投资企业(万元)	Funds from HK,Macao,Taiwan & Foreign(10 000 yuan)	31989	14600	-54.4
一般公共预算收入(万元)	General Public Budget Revenue(10 000 yuan)	69386	75040	8.1
一般公共预算支出(万元)	General Public Budget Expenditure(10 000 yuan)	143778	159784	11.1
住户存款余额(万元)	The balance of savings deposits of Households(10 000 yuan)		148891	
在岗职工工资总额(万元)	Total Wages of Staff & Workers Employed in(10 000 yuan)	60548	61745	2.0
在岗职工平均工资(元)	Average Wage of Staff & Workers Employed in(yuan)	48855	51730	5.9
全体居民人均可支配收入(元)	The per capita disposable income of all residents(yuan)	16431	17778	8.2
城镇常住居民人均可支配收入(元)	The per capita disposable income of urban permanent residents(yuan)	23030	24711	7.3
农村牧区常住居民人均可支配收入(元)	The per capita disposable income of permanent residents of rural and pastoral areas(yuan)	10896	11790	8.2
农村牧区经济	**Economic Development in Rural & Pastoral Area**			
农作物总播种面积(公顷)	Total Sown Area(hectare)	12046	12664	5.1
# 粮食作物播种面积(公顷)	Sown Area of Grain Crops(hectare)	7789	10154	30.4
农牧业机械总动力(万千瓦)	Total Power of Agricultural Machinery(10 000 kw)	10.77	11.95	11.0
化肥施用折纯量(吨)	Consumption of Chemical Fertilizer(ton)	6144	6451	5.0
农村用电量(万千瓦小时)	Electricity Consumed in Rural Area(10 000 kwh)	1557	1635	5.0
农林牧渔业总产值(万元)	Gross Output of Farming,Forestry,Animal Husbandry & Fishery(10 000 yuan)	51783	50788	5.2
粮食产量(吨)	Yield of Grain(ton)	69965	91964	31.4
油料产量(吨)	Yield of Oil-bearing Grops(ton)	9293	5204	-44.0
甜菜产量(吨)	Yield of Beetroots(ton)			
猪牛羊肉产量(吨)	Output of Pork, Beef & Mutton(ton)	5091	5227	2.7
# 猪肉产量(吨)	Output of Pork(ton)	134	129	-3.7
牛肉产量(吨)	Output of Beef(ton)	508	672	32.3
羊肉产量(吨)	Output of Mutton(ton)	4449	4426	-0.5
羊毛产量(吨)	Output of Wool(ton)	212	212	0.0

23-104 Wulatehou Banner in Bayannaoer City

指　标	Item	2014	2015	2015年比上年增长% Increase Rate in 2015 Over 2014(%)
年末牲畜存栏头数(万头只)	Total Livestock at the Year-end(10 000 heads)	34.41	36.31	5.5
#大牲畜(万头只)	Large Animals(10 000 heads)	2.54	2.29	-9.8
羊(万只)	Sheep & Goats(10 000 heads)	31.75	33.90	6.8
猪(万头)	Hogs(10 000 heads)	0.12	0.12	0.0
规模以上工业	**Industrial Enterprises above Designated size**			
工业企业单位数(个)	Number of Industrial Enterprises(unit)	34	36	5.9
#内资企业(个)	Civil Funded Enterprises(unit)	32	34	6.3
工业总产值(万元)	Gross Industrial Output Value(10 000 yuan)	1199461	1191836	-0.6
内资企业(万元)	Civil Funded Enterprises(10 000 yuan)	1052071	927747	-11.8
国有企业(万元)	State-owned Enterprises(10 000 yuan)	10814	12497	15.6
集体企业(万元)	Collective-owned Enterprises(10 000 yuan)			
股份合作企业(万元)	Share Holding Enterprises(10 000 yuan)			
联营企业(万元)	Joint Owned Enterprises(10 000 yuan)			
有限责任公司(万元)	Limited Company(10 000 yuan)	1035475	910602	-12.1
股份有限公司(万元)	Share Holding Limited Company(10 000 yuan)			
私营企业(万元)	Privately Owned Enterprises(10 000 yuan)	5782	4648	-19.6
其他企业(万元)	Enterprises of Other Ownership(10 000 yuan)			
港澳台商投资企业(万元)	Funds from HK,Macao & Taiwan(10 000 yuan)	137175	255309	86.1
外商投资企业(万元)	Foreign Funded Enterprises(10 000 yuan)	10215	8780	-14.1
工业企业增加值(万元)	Value Added of Industrial Enterprises(10 000 yuan)			9.0
工业企业资产总计(万元)	Total Assets of Industrial Enterprises(10 000 yuan)	2643766	2734294	3.4
工业企业负债合计(万元)	Total Liabilities of Industrial Enterprises(10 000 yuan)	1647669	1693063	2.8
工业企业产品销售收入(万元)	Sales of Revenue Industrial Enterprises(10 000 yuan)	1146785	1118554	-2.5
工业企业利润总额(万元)	Total Profits of Industrial Enterprises(10 000 yuan)	64664	34478	-46.7
建筑业	**Construction**			
建筑企业单位数(个)	Number of Construction Enterprises(unit)			
建筑企业从业人员(人)	Number of Employee in Construction Enterprises(person)			
建筑业总产值(万元)	Gross Construction Output Value(10 000 yuan)			
交通运输邮电通信业	**Transportation,Post & Telecommunications**			
公路里程(公里)	Total Length of Highways(km)	2024	2024	0.0
邮电业务总量(万元)	Business Volume of Post & Telecoms(10 000 yuan)	510	57	-88.9
本地电话用户(户)	Number of Subscribers of Local Telephone(Household)	6130	13050	112.9
国内贸易	**Domestic Trade**			
社会消费品零售总额(万元)	Total Retail Sales of Consumer Goods(10 000 yuan)	72430	78587	8.5
城镇(万元)	Town(10 000 yuan)	54609	59203	8.4
乡村(万元)	Village(10 000 yuan)	17821	19384	8.8
科技教育卫生	**Science,Education & Public Health**			
各类专业技术人员(人)	Special Technical Personnel(person)	2710	1391	-48.7
幼儿园数(所)	Number of Kindergartens(unit)	8	8	0.0
学龄儿童入学率(%)	Percentage of School-Age Children Enrolled(%)	100.0	100.0	0.0
小学学校数(所)	Number of Primary Schools(unit)	5	2	-60.0
小学专任教师数(人)	Number of Full-time Teachers of Primary Schools(person)	299	291	-2.7
小学在校学生数(人)	Number of Student Enrollment of Primary Schools(person)	2704	2652	-1.9
普通中学学校数(所)	Number of Regular Secondary Schools(unit)	3	3	0.0
普通中学专任教师数(人)	Number of Teachers of Secondary Shools(person)	232	223	-3.9
初中在校学生数(人)	Number of Student in Junior Secondary Schools(person)	1806	990	-45.2
高中在校学生数(人)	Number of Student in Senior Secondary Schools(person)	615	634	3.1
卫生机构数(所)	Number of Health Institutions(unit)	73	78	6.8
#医院(所)	Hospitals(unit)	2	2	0.0
卫生院(所)	Township Hospitals(unit)	10	10	0.0
床位数(张)	Number of Beds(unit)	210	210	0.0
#医院(张)	Hospitals(unit)	150	150	0.0
卫生院(张)	Township Hospitals(unit)	60	60	0.0
卫生技术人员(人)	Medical Technical Presonnel(person)	353	391	10.8
#医院(人)	Hospitals(person)	121	176	45.5
卫生院(人)	Township Hospitals(person)	82	62	-24.4

23-105 巴彦淖尔市杭锦后旗

指　标	Item	2014	2015	2015年比上年增长% Increase Rate in 2015 Over 2014(%)
行政区域土地面积(平方公里)	**Area of Administration(Sq.km)**	**1752**	**1752**	**0.0**
人口和就业	**Population & Employment**			
年末户籍人口(人)	The Registered Population Year-end(person)	305467	296447	-3.0
#男性(人)	Male(person)	155531	151696	-2.5
#乡村人口(人)	Rural(person)	231977	225348	
年末常住人口(人)	Permanet Resident Population Year-end(person)	256800	257600	0.3
#男性(人)	Male(person)	134500	134900	0.3
#乡村人口(人)	Rural(person)	144700	142300	-1.7
年末总户数(户)	Total Number of Households at the Year-end(Household)	122552	116834	-4.7
#乡村户数(户)	Number of Rural Household(Household)	51277	51543	0.5
出生人口(人)	Births(person)	3047	2311	-24.2
死亡人口(人)	Deaths(person)	804	765	-4.9
全社会就业人员(人)	Employment(person)	143636	145556	1.3
第一产业(人)	Primary Industry(person)	83847	83972	0.1
第二产业(人)	Secondary Industry(person)	11902	12691	6.6
第三产业(人)	Tertiary Industry(person)	47887	48893	2.1
在岗职工人数(人)	Number of Staff & Workers Employed in(person)	9522	9353	-1.8
乡村劳动力(人)	Number of Rural Laborers(person)	116229	114737	-1.3
#农林牧渔业(人)	Farming,Forestry,Animal Husbandry & Fishery(person)	83847	83972	0.1
国民经济综合指标	**Summary Item on the National Economy**			
生产总值(万元)	Gross Domestic Product(10 000 yuan)	1312400	1356500	7.7
第一产业(万元)	Primary Industry(10 000 yuan)	337100	332900	5.1
第二产业(万元)	Secondary Industry(10 000 yuan)	590000	636800	8.6
#工业(万元)	Industry(10 000 yuan)	492100	535100	8.8
第三产业(万元)	Tertiary Industry(10 000 yuan)	385300	386800	8.2
人均生产总值(元)	Per Capita GDP(yuan)	51136	52745	7.7
全社会固定资产投资(万元)	Total Investment in Fixed Assets(10 000 yuan)	601477	692221	15.1
按登记注册类型分	Grouped by Registered Type			
#国有(万元)	State-owned Enterprises(10 000 yuan)	233338	273279	17.1
集体(万元)	Collective-owned Enterprises(10 000 yuan)			
有限责任公司(万元)	Limited Liability Corporations(10 000 yuan)	192142	239633	24.7
股份有限公司(万元)	Share Holding Enterprises(10 000 yuan)	22410	25800	15.1
私营企业(万元)	Private Enterprises(10 000 yuan)	138117	148559	7.6
外商及港澳台投资企业(万元)	Funds from HK,Macao,Taiwan & Foreign(10 000 yuan)			
一般公共预算收入(万元)	General Public Budget Revenue(10 000 yuan)	60451	62885	4.0
一般公共预算支出(万元)	General Public Budget Expenditure(10 000 yuan)	220885	245858	11.3
住户存款余额(万元)	The balance of savings deposits of Households(10 000 yuan)		682941	
在岗职工工资总额(万元)	Total Wages of Staff & Workers Employed in(10 000 yuan)	50635	51785	2.3
在岗职工平均工资(元)	Average Wage of Staff & Workers Employed in(yuan)	46362	49491	6.7
全体居民人均可支配收入(元)	The per capita disposable income of all residents(yuan)	19394	20965	8.1
城镇常住居民人均可支配收入(元)	The per capita disposable income of urban permanent residents(yuan)	22635	24378	7.7
农村牧区常住居民人均可支配收入(元)	The per capita disposable income of permanent residents of rural and pastoral areas(yuan)	13129	14192	8.1
农村牧区经济	**Economic Development in Rural & Pastoral Area**			
农作物总播种面积(公顷)	Total Sown Area(hectare)	85414	88140	3.2
#粮食作物播种面积(公顷)	Sown Area of Grain Crops(hectare)	58758	58546	-0.4
农牧业机械总动力(万千瓦)	Total Power of Agricultural Machinery(10 000 kw)	90.25	93.32	3.4
化肥施用折纯量(吨)	Consumption of Chemical Fertilizer(ton)	49403	48256	-2.3
农村用电量(万千瓦小时)	Electricity Consumed in Rural Area(10 000 kwh)	3906	3921	0.4
农林牧渔业总产值(万元)	Gross Output of Farming,Forestry,Animal Husbandry & Fishery(10 000 yuan)	559715	551950	5.8
粮食产量(吨)	Yield of Grain(ton)	535605	549215	2.5
油料产量(吨)	Yield of Oil-bearing Grops(ton)	59095	74335	25.8
甜菜产量(吨)	Yield of Beetroots(ton)			
猪牛羊肉产量(吨)	Output of Pork, Beef & Mutton(ton)	40284	42075	4.4
#猪肉产量(吨)	Output of Pork(ton)	7472	7364	-1.4
牛肉产量(吨)	Output of Beef(ton)	2735	2543	-7.0
羊肉产量(吨)	Output of Mutton(ton)	30077	32168	7.0
羊毛产量(吨)	Output of Wool(ton)	2386	2297	-3.7

23-105 Hangjinhou Banner in Bayannaoer City

指　标	Item	2014	2015	2015年比上年增长% Increase Rate in 2015 Over 2014(%)
年末牲畜存栏头数(万头只)	Total Livestock at the Year-end(10 000 heads)	123.82	113.00	-8.7
#大牲畜(万头只)	Large Animals(10 000 heads)	6.11	5.98	-2.1
羊(万只)	Sheep & Goats(10 000 heads)	110.28	100.55	-8.8
猪(万头)	Hogs(10 000 heads)	7.43	6.47	-12.9
规模以上工业	**Industrial Enterprises above Designated size**			
工业企业单位数(个)	Number of Industrial Enterprises(unit)	36	35	-2.8
#内资企业(个)	Civil Funded Enterprises(unit)	36	35	-2.8
工业总产值(万元)	Gross Industrial Output Value(10 000 yuan)	1320134	1401829	6.2
内资企业(万元)	Civil Funded Enterprises(10 000 yuan)	1320134	1401829	6.2
国有企业(万元)	State-owned Enterprises(10 000 yuan)			
集体企业(万元)	Collective-owned Enterprises(10 000 yuan)			
股份合作企业(万元)	Share Holding Enterprises(10 000 yuan)			
联营企业(万元)	Joint Owned Enterprises(10 000 yuan)			
有限责任公司(万元)	Limited Company(10 000 yuan)	812731	853279	5.0
股份有限公司(万元)	Share Holding Limited Company(10 000 yuan)	191341	195750	2.3
私营企业(万元)	Privately Owned Enterprises(10 000 yuan)	316062	347607	10.0
其他企业(万元)	Enterprises of Other Ownership(10 000 yuan)		5193	
港澳台商投资企业(万元)	Funds from HK,Macao & Taiwan(10 000 yuan)			
外商投资企业(万元)	Foreign Funded Enterprises(10 000 yuan)			
工业企业增加值(万元)	Value Added of Industrial Enterprises(10 000 yuan)			9.1
工业企业资产总计(万元)	Total Assets of Industrial Enterprises(10 000 yuan)	718802	698053	-2.9
工业企业负债合计(万元)	Total Liabilities of Industrial Enterprises(10 000 yuan)	356416	364796	2.4
工业企业产品销售收入(万元)	Sales of Revenue Industrial Enterprises(10 000 yuan)	1128223	1176707	4.3
工业企业利润总额(万元)	Total Profits of Industrial Enterprises(10 000 yuan)	14443	14391	-0.4
建筑业	**Construction**			
建筑企业单位数(个)	Number of Construction Enterprises(unit)	3	3	0.0
建筑企业从业人员(人)	Number of Employee in Construction Enterprises(person)	461	478	3.7
建筑业总产值(万元)	Gross Construction Output Value(10 000 yuan)	18689	14830	-20.6
交通运输邮电通信业	**Transportation,Post & Telecommunications**			
公路里程(公里)	Total Length of Highways(km)	1774	1774	0.0
邮电业务总量(万元)	Business Volume of Post & Telecoms(10 000 yuan)	689	731	6.1
本地电话用户(户)	Number of Subscribers of Local Telephone(Household)	31522	32720	3.8
国内贸易	**Domestic Trade**			
社会消费品零售总额(万元)	Total Retail Sales of Consumer Goods(10 000 yuan)	269498	292406	8.5
城镇(万元)	Town(10 000 yuan)	240157	261399	8.8
乡村(万元)	Village(10 000 yuan)	29341	31007	5.7
科技教育卫生	**Science,Education & Public Health**			
各类专业技术人员(人)	Special Technical Personnel(person)	3411	3567	4.6
幼儿园数(所)	Number of Kindergartens(unit)	17	22	29.4
学龄儿童入学率(%)	Percentage of School-Age Children Enrolled(%)	100.0	100.0	0.0
小学学校数(所)	Number of Primary Schools(unit)	16	15	-6.3
小学专任教师数(人)	Number of Full-time Teachers of Primary Schools(person)	845	773	-8.5
小学在校学生数(人)	Number of Student Enrollment of Primary Schools(person)	10105	10090	-0.1
普通中学学校数(所)	Number of Regular Secondary Schools(unit)	5	5	0.0
普通中学专任教师数(人)	Number of Teachers of Secondary Shools(person)	697	656	-5.9
初中在校学生数(人)	Number of Student in Junior Secondary Schools(person)	6304	5712	-9.4
高中在校学生数(人)	Number of Student in Senior Secondary Schools(person)	4382	3986	-9.0
卫生机构数(所)	Number of Health Institutions(unit)	212	234	10.4
#医院(所)	Hospitals(unit)	4	6	50.0
卫生院(所)	Township Hospitals(unit)	19	19	0.0
床位数(张)	Number of Beds(unit)	1201	1435	19.5
#医院(张)	Hospitals(unit)	620	868	40.0
卫生院(张)	Township Hospitals(unit)	385	374	-2.9
卫生技术人员(人)	Medical Technical Presonnel(person)	1301	1346	3.5
#医院(人)	Hospitals(person)	578	669	15.7
卫生院(人)	Township Hospitals(person)	227	188	-17.2

23-106 乌海市海勃湾区

指　标	Item	2014	2015	2015年比上年增长% Increase Rate in 2015 Over 2014(%)
行政区域土地面积(平方公里)	**Area of Administration(Sq.km)**	**529**	**487**	**-7.9**
人口和就业	**Population & Employment**			
年末户籍人口(人)	The Registered Population Year-end(person)	233349	234721	0.6
#男性(人)	Male(person)	117256	117530	0.2
#乡村人口(人)	Rural(person)		10754	
年末常住人口(人)	Permanet Resident Population Year-end(person)	311300	312400	0.4
#男性(人)	Male(person)	164900	165500	0.4
#乡村人口(人)	Rural(person)	19700	19700	0.0
年末总户数(户)	Total Number of Households at the Year-end(Household)	111502	111971	0.4
#乡村户数(户)	Number of Rural Household(Household)	6986	6961	-0.4
出生人口(人)	Births(person)	2860	2310	-19.2
死亡人口(人)	Deaths(person)	1410	1306	-7.4
全社会就业人员(人)	Employment(person)	169700	145830	-14.1
第一产业(人)	Primary Industry(person)	3600	5000	38.9
第二产业(人)	Secondary Industry(person)	42100	5830	-86.2
第三产业(人)	Tertiary Industry(person)	124000	135000	8.9
在岗职工人数(人)	Number of Staff & Workers Employed in(person)	82126	76390	-7.0
乡村劳动力(人)	Number of Rural Laborers(person)	7590	7600	0.1
#农林牧渔业(人)	Farming,Forestry,Animal Husbandry & Fishery(person)	4143	4145	0.0
国民经济综合指标	**Summary Item on the National Economy**			
生产总值(万元)	Gross Domestic Product(10 000 yuan)	2454881	2515371	7.5
第一产业(万元)	Primary Industry(10 000 yuan)	17530	17532	3.2
第二产业(万元)	Secondary Industry(10 000 yuan)	1337371	1283752	5.7
#工业(万元)	Industry(10 000 yuan)	1179701	1121916	5.7
第三产业(万元)	Tertiary Industry(10 000 yuan)	1099980	1214087	10.2
人均生产总值(元)	Per Capita GDP(yuan)	78948	80660	7.2
全社会固定资产投资(万元)	Total Investment in Fixed Assets(10 000 yuan)	1707860	1930117	13.0
按登记注册类型分	Grouped by Registered Type			
#国有(万元)	State-owned Enterprises(10 000 yuan)	612817	653636	6.7
集体(万元)	Collective-owned Enterprises(10 000 yuan)			
有限责任公司(万元)	Limited Liability Corporations(10 000 yuan)	174983	471037	169.2
股份有限公司(万元)	Share Holding Enterprises(10 000 yuan)	50377	67671	34.3
私营企业(万元)	Private Enterprises(10 000 yuan)	401066	380984	-5.0
外商及港澳台投资企业(万元)	Funds from HK,Macao,Taiwan & Foreign(10 000 yuan)		2162	
一般公共预算收入(万元)	General Public Budget Revenue(10 000 yuan)	256149	279332	9.1
一般公共预算支出(万元)	General Public Budget Expenditure(10 000 yuan)	216461	218720	1.0
住户存款余额(万元)	The balance of savings deposits of Households(10 000 yuan)		2280285	
在岗职工工资总额(万元)	Total Wages of Staff & Workers Employed in(10 000 yuan)	543495	469453	-13.6
在岗职工平均工资(元)	Average Wage of Staff & Workers Employed in(yuan)	54567	54224	-0.6
全体居民人均可支配收入(元)	The per capita disposable income of all residents(yuan)	31873	34412	8.0
城镇常住居民人均可支配收入(元)	The per capita disposable income of urban permanent residents(yuan)	32190	34822	8.2
农村牧区常住居民人均可支配收入(元)	The per capita disposable income of permanent residents of rural and pastoral areas(yuan)	14614	15761	7.8
农村牧区经济	**Economic Development in Rural & Pastoral Area**			
农作物总播种面积(公顷)	Total Sown Area(hectare)	2310	2338	1.2
#粮食作物播种面积(公顷)	Sown Area of Grain Crops(hectare)	1335	1343	0.6
农牧业机械总动力(万千瓦)	Total Power of Agricultural Machinery(10 000 kw)	3.50	3.57	2.0
化肥施用折纯量(吨)	Consumption of Chemical Fertilizer(ton)	1302	1306	0.3
农村用电量(万千瓦小时)	Electricity Consumed in Rural Area(10 000 kwh)	1650	1652	0.1
农林牧渔业总产值(万元)	Gross Output of Farming,Forestry,Animal Husbandry & Fishery(10 000 yuan)	30936	30739	2.4
粮食产量(吨)	Yield of Grain(ton)	11400	11581	1.6
油料产量(吨)	Yield of Oil-bearing Grops(ton)	616	660	7.1
甜菜产量(吨)	Yield of Beetroots(ton)			
猪牛羊肉产量(吨)	Output of Pork, Beef & Mutton(ton)	4259	4324	1.5
#猪肉产量(吨)	Output of Pork(ton)	3107	3107	0.0
牛肉产量(吨)	Output of Beef(ton)	167	167	0.0
羊肉产量(吨)	Output of Mutton(ton)	985	1050	6.6
羊毛产量(吨)	Output of Wool(ton)	34	22	-35.5

23-106 Haibowan District in Wuhai City

指　标	Item	2014	2015	2015年比上年增长% Increase Rate in 2015 Over 2014(%)
年末牲畜存栏头数(万头只)	Total Livestock at the Year-end(10 000 heads)	3.76	3.96	5.3
# 大牲畜(万头只)	Large Animals(10 000 heads)	0.09	0.10	11.1
羊(万只)	Sheep & Goats(10 000 heads)	2.23	2.44	9.4
猪(万头)	Hogs(10 000 heads)	1.44	1.42	-1.4
规模以上工业	**Industrial Enterprises above Designated size**			
工业企业单位数(个)	Number of Industrial Enterprises(unit)	52	52	0.0
# 内资企业(个)	Civil Funded Enterprises(unit)	51	51	0.0
工业总产值(万元)	Gross Industrial Output Value(10 000 yuan)	2597142	1126120	-56.6
内资企业(万元)	Civil Funded Enterprises(10 000 yuan)	2573224	1104845	-57.1
国有企业(万元)	State-owned Enterprises(10 000 yuan)	19580	51069	160.8
集体企业(万元)	Collective-owned Enterprises(10 000 yuan)			
股份合作企业(万元)	Share Holding Enterprises(10 000 yuan)		6123	
联营企业(万元)	Joint Owned Enterprises(10 000 yuan)			
有限责任公司(万元)	Limited Company(10 000 yuan)			
股份有限公司(万元)	Share Holding Limited Company(10 000 yuan)	2530993	1040203	-58.9
私营企业(万元)	Privately Owned Enterprises(10 000 yuan)			
其他企业(万元)	Enterprises of Other Ownership(10 000 yuan)	22650	7450	-67.1
港澳台商投资企业(万元)	Funds from HK,Macao & Taiwan(10 000 yuan)			
外商投资企业(万元)	Foreign Funded Enterprises(10 000 yuan)	23918	21275	-11.1
工业企业增加值(万元)	Value Added of Industrial Enterprises(10 000 yuan)			6.3
工业企业资产总计(万元)	Total Assets of Industrial Enterprises(10 000 yuan)	6132490	5405867	-11.8
工业企业负债合计(万元)	Total Liabilities of Industrial Enterprises(10 000 yuan)	5197449	4609997	-11.3
工业企业产品销售收入(万元)	Sales of Revenue Industrial Enterprises(10 000 yuan)	2017209	1065495	-47.2
工业企业利润总额(万元)	Total Profits of Industrial Enterprises(10 000 yuan)	161556	-70379	
建筑业	**Construction**			
建筑企业单位数(个)	Number of Construction Enterprises(unit)	40	40	0.0
建筑企业从业人员(人)	Number of Employee in Construction Enterprises(person)	20566	18730	-8.9
建筑业总产值(万元)	Gross Construction Output Value(10 000 yuan)	609092	505894	-16.9
交通运输邮电通信业	**Transportation,Post & Telecommunications**			
公路里程(公里)	Total Length of Highways(km)	502	469	-6.6
邮电业务总量(万元)	Business Volume of Post & Telecoms(10 000 yuan)	52328	46325	-11.5
本地电话用户(户)	Number of Subscribers of Local Telephone(Household)	122864	185615	51.1
国内贸易	**Domestic Trade**			
社会消费品零售总额(万元)	Total Retail Sales of Consumer Goods(10 000 yuan)	1078119	1181857	9.6
城镇(万元)	Town(10 000 yuan)	1078119	1181857	9.6
乡村(万元)	Village(10 000 yuan)			
科技教育卫生	**Science,Education & Public Health**			
各类专业技术人员(人)	Special Technical Personnel(person)	20581	15829	-23.1
幼儿园数(所)	Number of Kindergartens(unit)	20	20	0.0
学龄儿童入学率(%)	Percentage of School-Age Children Enrolled(%)	100.0	100.0	0.0
小学学校数(所)	Number of Primary Schools(unit)	14	14	0.0
小学专任教师数(人)	Number of Full-time Teachers of Primary Schools(person)	1112	1119	0.6
小学在校学生数(人)	Number of Student Enrollment of Primary Schools(person)	17445	17251	-1.1
普通中学学校数(所)	Number of Regular Secondary Schools(unit)	11	11	0.0
普通中学专任教师数(人)	Number of Teachers of Secondary Shools(person)	1316	1287	-2.2
初中在校学生数(人)	Number of Student in Junior Secondary Schools(person)	8593	8002	-6.9
高中在校学生数(人)	Number of Student in Senior Secondary Schools(person)	7432	3872	-47.9
卫生机构数(所)	Number of Health Institutions(unit)	192	192	0.0
# 医院(所)	Hospitals(unit)	14	16	14.3
卫生院(所)	Township Hospitals(unit)	1	1	0.0
床位数(张)	Number of Beds(unit)	2392	2521	5.4
# 医院(张)	Hospitals(unit)	1853	1935	4.4
卫生院(张)	Township Hospitals(unit)	61	68	11.5
卫生技术人员(人)	Medical Technical Presonnel(person)	3222	3340	3.7
# 医院(人)	Hospitals(person)	2135	2254	5.6
卫生院(人)	Township Hospitals(person)	26	25	-3.8

23-107 乌海市海南区

指　标	Item	2014	2015	2015年比上年增长% Increase Rate in 2015 Over 2014(%)
行政区域土地面积(平方公里)	**Area of Administration(Sq.km)**	**1005**	**975**	**-3.0**
人口和就业	**Population & Employment**			
年末户籍人口(人)	The Registered Population Year-end(person)	90364	89277	-1.2
#男性(人)	Male(person)	46620	45356	-2.7
#乡村人口(人)	Rural(person)	12	21659	
年末常住人口(人)	Permanet Resident Population Year-end(person)	106700	106900	0.2
#男性(人)	Male(person)	58700	58800	0.2
#乡村人口(人)	Rural(person)	10400	10400	0.0
年末总户数(户)	Total Number of Households at the Year-end(Household)	38637	38315	-0.8
#乡村户数(户)	Number of Rural Household(Household)	3838	3795	-1.1
出生人口(人)	Births(person)	1410	1108	-21.4
死亡人口(人)	Deaths(person)	640	592	-7.5
全社会就业人员(人)	Employment(person)	66900	50900	-23.9
第一产业(人)	Primary Industry(person)	4400	5200	18.2
第二产业(人)	Secondary Industry(person)	29500	12000	-59.3
第三产业(人)	Tertiary Industry(person)	33000	33700	2.1
在岗职工人数(人)	Number of Staff & Workers Employed in(person)	7798	7163	-8.1
乡村劳动力(人)	Number of Rural Laborers(person)	8054	7432	-7.7
#农林牧渔业(人)	Farming,Forestry,Animal Husbandry & Fishery(person)	4755	4536	-4.6
国民经济综合指标	**Summary Item on the National Economy**			
生产总值(万元)	Gross Domestic Product(10 000 yuan)	1779584	1787678	6.8
第一产业(万元)	Primary Industry(10 000 yuan)	19426	19428	2.7
第二产业(万元)	Secondary Industry(10 000 yuan)	1299503	1270594	6.6
#工业(万元)	Industry(10 000 yuan)	1191592	1158362	6.5
第三产业(万元)	Tertiary Industry(10 000 yuan)	460655	497656	8.0
人均生产总值(元)	Per Capita GDP(yuan)	166940	167386	6.6
全社会固定资产投资(万元)	Total Investment in Fixed Assets(10 000 yuan)	1025112	1158376	13.0
按登记注册类型分	Grouped by Registered Type			
#国有(万元)	State-owned Enterprises(10 000 yuan)	98898	443324	348.3
集体(万元)	Collective-owned Enterprises(10 000 yuan)			
有限责任公司(万元)	Limited Liability Corporations(10 000 yuan)	195883	221428	13.0
股份有限公司(万元)	Share Holding Enterprises(10 000 yuan)	23000		
私营企业(万元)	Private Enterprises(10 000 yuan)	706068	493624	-30.1
外商及港澳台投资企业(万元)	Funds from HK,Macao,Taiwan & Foreign(10 000 yuan)			
一般公共预算收入(万元)	General Public Budget Revenue(10 000 yuan)	111551	124186	11.3
一般公共预算支出(万元)	General Public Budget Expenditure(10 000 yuan)	87185	103892	19.2
住户存款余额(万元)	The balance of savings deposits of Households(10 000 yuan)		396369	
在岗职工工资总额(万元)	Total Wages of Staff & Workers Employed in(10 000 yuan)	47486	51588	8.6
在岗职工平均工资(元)	Average Wage of Staff & Workers Employed in(yuan)	57811	68894	19.2
全体居民人均可支配收入(元)	The per capita disposable income of all residents(yuan)	27325	29279	7.2
城镇常住居民人均可支配收入(元)	The per capita disposable income of urban permanent residents(yuan)	30594	32894	7.5
农村牧区常住居民人均可支配收入(元)	The per capita disposable income of permanent residents of rural and pastoral areas(yuan)	12726	13608	6.9
农村牧区经济	**Economic Development in Rural & Pastoral Area**			
农作物总播种面积(公顷)	Total Sown Area(hectare)	4047	3966	-2.0
#粮食作物播种面积(公顷)	Sown Area of Grain Crops(hectare)	3085	3071	-0.5
农牧业机械总动力(万千瓦)	Total Power of Agricultural Machinery(10 000 kw)	3.76	3.99	6.1
化肥施用折纯量(吨)	Consumption of Chemical Fertilizer(ton)	2026	2051	1.2
农村用电量(万千瓦小时)	Electricity Consumed in Rural Area(10 000 kwh)	1264	1327	5.0
农林牧渔业总产值(万元)	Gross Output of Farming,Forestry,Animal Husbandry & Fishery(10 000 yuan)	34280	34062	2.4
粮食产量(吨)	Yield of Grain(ton)	27433	27277	-0.6
油料产量(吨)	Yield of Oil-bearing Grops(ton)	517	578	11.8
甜菜产量(吨)	Yield of Beetroots(ton)			
猪牛羊肉产量(吨)	Output of Pork, Beef & Mutton(ton)	6860	6834	-0.4
#猪肉产量(吨)	Output of Pork(ton)	5150	5150	0.0
牛肉产量(吨)	Output of Beef(ton)	303	303	0.0
羊肉产量(吨)	Output of Mutton(ton)	1407	1381	-1.8
羊毛产量(吨)	Output of Wool(ton)	109	108	-0.9

23-107 Hainan District in Wuhai City

指　标	Item	2014	2015	2015年比上年增长% Increase Rate in 2015 Over 2014(%)
年末牲畜存栏头数(万头只)	Total Livestock at the Year-end(10 000 heads)	6.68	7.03	5.2
#大牲畜(万头只)	Large Animals(10 000 heads)	0.28	0.36	28.6
羊(万只)	Sheep & Goats(10 000 heads)	5.39	5.69	5.6
猪(万头)	Hogs(10 000 heads)	1.00	0.98	-2.0
规模以上工业	**Industrial Enterprises above Designated size**			
工业企业单位数(个)	Number of Industrial Enterprises(unit)	59	56	-5.1
#内资企业(个)	Civil Funded Enterprises(unit)	58	55	-5.2
工业总产值(万元)	Gross Industrial Output Value(10 000 yuan)	2626863	1258530	-52.1
内资企业(万元)	Civil Funded Enterprises(10 000 yuan)	2607952	1238875	-52.5
国有企业(万元)	State-owned Enterprises(10 000 yuan)	8607	4839	-43.8
集体企业(万元)	Collective-owned Enterprises(10 000 yuan)			
股份合作企业(万元)	Share Holding Enterprises(10 000 yuan)			
联营企业(万元)	Joint Owned Enterprises(10 000 yuan)			
有限责任公司(万元)	Limited Company(10 000 yuan)			
股份有限公司(万元)	Share Holding Limited Company(10 000 yuan)	2599345	1234036	-52.5
私营企业(万元)	Privately Owned Enterprises(10 000 yuan)			
其他企业(万元)	Enterprises of Other Ownership(10 000 yuan)			
港澳台商投资企业(万元)	Funds from HK,Macao & Taiwan(10 000 yuan)		19655	
外商投资企业(万元)	Foreign Funded Enterprises(10 000 yuan)	18911		
工业企业增加值(万元)	Value Added of Industrial Enterprises(10 000 yuan)			7.3
工业企业资产总计(万元)	Total Assets of Industrial Enterprises(10 000 yuan)	5100268	4425945	-13.2
工业企业负债合计(万元)	Total Liabilities of Industrial Enterprises(10 000 yuan)	3793670	3545872	-6.5
工业企业产品销售收入(万元)	Sales of Revenue Industrial Enterprises(10 000 yuan)	2226415	1181180	-46.9
工业企业利润总额(万元)	Total Profits of Industrial Enterprises(10 000 yuan)	28906		
建筑业	**Construction**			
建筑企业单位数(个)	Number of Construction Enterprises(unit)	6	6	0.0
建筑企业从业人员(人)	Number of Employee in Construction Enterprises(person)	612	516	-15.7
建筑业总产值(万元)	Gross Construction Output Value(10 000 yuan)	17236	13796	-20.0
交通运输邮电通信业	**Transportation,Post & Telecommunications**			
公路里程(公里)	Total Length of Highways(km)	295	276	-6.4
邮电业务总量(万元)	Business Volume of Post & Telecoms(10 000 yuan)	11808	10453	-11.5
本地电话用户(户)	Number of Subscribers of Local Telephone(Household)	15313	22989	50.1
国内贸易	**Domestic Trade**			
社会消费品零售总额(万元)	Total Retail Sales of Consumer Goods(10 000 yuan)	71393	79884	11.9
城镇(万元)	Town(10 000 yuan)	71393	79884	11.9
乡村(万元)	Village(10 000 yuan)			
科技教育卫生	**Science,Education & Public Health**			
各类专业技术人员(人)	Special Technical Personnel(person)	4398	3382	-23.1
幼儿园数(所)	Number of Kindergartens(unit)	16	18	12.5
学龄儿童入学率(%)	Percentage of School-Age Children Enrolled(%)	100.0	100.0	0.0
小学学校数(所)	Number of Primary Schools(unit)	5	5	0.0
小学专任教师数(人)	Number of Full-time Teachers of Primary Schools(person)	468	457	-2.4
小学在校学生数(人)	Number of Student Enrollment of Primary Schools(person)	6064	5964	-1.6
普通中学学校数(所)	Number of Regular Secondary Schools(unit)	7	4	-42.9
普通中学专任教师数(人)	Number of Teachers of Secondary Shools(person)	360	248	-31.1
初中在校学生数(人)	Number of Student in Junior Secondary Schools(person)	4043	2932	-27.5
高中在校学生数(人)	Number of Student in Senior Secondary Schools(person)			
卫生机构数(所)	Number of Health Institutions(unit)	56	57	1.8
#医院(所)	Hospitals(unit)	2	2	0.0
卫生院(所)	Township Hospitals(unit)	1	1	0.0
床位数(张)	Number of Beds(unit)	474	474	0.0
#医院(张)	Hospitals(unit)	340	340	0.0
卫生院(张)	Township Hospitals(unit)	20	20	0.0
卫生技术人员(人)	Medical Technical Presonnel(person)	383	432	12.8
#医院(人)	Hospitals(person)	205	250	22.0
卫生院(人)	Township Hospitals(person)	12	13	8.3

23-108 乌海市乌达区

指　标	Item	2014	2015	2015年比上年增长% Increase Rate in 2015 Over 2014(%)
行政区域土地面积(平方公里)	**Area of Administration(Sq.km)**	**220**	**207**	**-6.0**
人口和就业	**Population & Employment**			
年末户籍人口(人)	The Registered Population Year-end(person)	122367	120916	-1.2
#男性(人)	Male(person)	61642	60863	-1.3
#乡村人口(人)	Rural(person)	41	2189	
年末常住人口(人)	Permanet Resident Population Year-end(person)	136200	136500	0.2
#男性(人)	Male(person)	294800	71300	-75.8
#乡村人口(人)	Rural(person)			
年末总户数(户)	Total Number of Households at the Year-end(Household)	48817	48925	0.2
#乡村户数(户)	Number of Rural Household(Household)			
出生人口(人)	Births(person)	1130	982	-13.1
死亡人口(人)	Deaths(person)	650	602	-7.4
全社会就业人员(人)	Employment(person)	78200	71400	-8.7
第一产业(人)	Primary Industry(person)	900	500	-44.4
第二产业(人)	Secondary Industry(person)	22000	14900	-32.3
第三产业(人)	Tertiary Industry(person)	55300	56000	1.3
在岗职工人数(人)	Number of Staff & Workers Employed in(person)	9728	11577	19.0
乡村劳动力(人)	Number of Rural Laborers(person)			
#农林牧渔业(人)	Farming,Forestry,Animal Husbandry & Fishery(person)			
国民经济综合指标	**Summary Item on the National Economy**			
生产总值(万元)	Gross Domestic Product(10 000 yuan)	1866585	1884310	8.0
第一产业(万元)	Primary Industry(10 000 yuan)	10423	10425	2.9
第二产业(万元)	Secondary Industry(10 000 yuan)	1338321	1303514	7.3
#工业(万元)	Industry(10 000 yuan)	1241469	1203349	7.4
第三产业(万元)	Tertiary Industry(10 000 yuan)	517841	570371	10.2
人均生产总值(元)	Per Capita GDP(yuan)	137148	138196	7.8
全社会固定资产投资(万元)	Total Investment in Fixed Assets(10 000 yuan)	789058	897948	13.8
按登记注册类型分	Grouped by Registered Type			
#国有(万元)	State-owned Enterprises(10 000 yuan)	101096	128499	27.1
集体(万元)	Collective-owned Enterprises(10 000 yuan)			
有限责任公司(万元)	Limited Liability Corporations(10 000 yuan)	473959	376976	-20.5
股份有限公司(万元)	Share Holding Enterprises(10 000 yuan)	7030		
私营企业(万元)	Private Enterprises(10 000 yuan)	171591	359983	109.8
外商及港澳台投资企业(万元)	Funds from HK,Macao,Taiwan & Foreign(10 000 yuan)			
一般公共预算收入(万元)	General Public Budget Revenue(10 000 yuan)	93784	102225	9.0
一般公共预算支出(万元)	General Public Budget Expenditure(10 000 yuan)	84938	139513	64.3
住户存款余额(万元)	The balance of savings deposits of Households(10 000 yuan)		586742	
在岗职工工资总额(万元)	Total Wages of Staff & Workers Employed in(10 000 yuan)	55253	66084	19.6
在岗职工平均工资(元)	Average Wage of Staff & Workers Employed in(yuan)	47743	57084	19.6
全体居民人均可支配收入(元)	The per capita disposable income of all residents(yuan)	30500	32788	7.5
城镇常住居民人均可支配收入(元)	The per capita disposable income of urban permanent residents(yuan)	30500	32788	7.5
农村牧区常住居民人均可支配收入(元)	The per capita disposable income of permanent residents of rural and pastoral areas(yuan)			
农村牧区经济	**Economic Development in Rural & Pastoral Area**			
农作物总播种面积(公顷)	Total Sown Area(hectare)	703	756	7.5
#粮食作物播种面积(公顷)	Sown Area of Grain Crops(hectare)	230	229	-0.4
农牧业机械总动力(万千瓦)	Total Power of Agricultural Machinery(10 000 kw)	1.11	1.11	0.0
化肥施用折纯量(吨)	Consumption of Chemical Fertilizer(ton)	290	377	30.0
农村用电量(万千瓦小时)	Electricity Consumed in Rural Area(10 000 kwh)	260	320	23.1
农林牧渔业总产值(万元)	Gross Output of Farming,Forestry,Animal Husbandry & Fishery(10 000 yuan)	18394	18277	2.4
粮食产量(吨)	Yield of Grain(ton)	2167	2142	-1.2
油料产量(吨)	Yield of Oil-bearing Grops(ton)	483	432	-10.6
甜菜产量(吨)	Yield of Beetroots(ton)			
猪牛羊肉产量(吨)	Output of Pork, Beef & Mutton(ton)	1851	1862	0.6
#猪肉产量(吨)	Output of Pork(ton)	1434	1434	0.0
牛肉产量(吨)	Output of Beef(ton)	50	50	0.0
羊肉产量(吨)	Output of Mutton(ton)	367	378	3.0
羊毛产量(吨)	Output of Wool(ton)	28	30	5.4

23-108 Wuda District in Wuhai City

指　标	Item	2014	2015	2015年比上年增长% Increase Rate in 2015 Over 2014(%)
年末牲畜存栏头数(万头只)	Total Livestock at the Year-end(10 000 heads)	1.31	1.30	-0.8
#大牲畜(万头只)	Large Animals(10 000 heads)	0.04	0.02	-44.4
羊(万只)	Sheep & Goats(10 000 heads)	0.86	0.88	2.3
猪(万头)	Hogs(10 000 heads)	0.42	0.40	-4.8
规模以上工业	**Industrial Enterprises above Designated size**			
工业企业单位数(个)	Number of Industrial Enterprises(unit)	43	39	-9.3
#内资企业(个)	Civil Funded Enterprises(unit)	42	38	-9.5
工业总产值(万元)	Gross Industrial Output Value(10 000 yuan)	2174102	1405094	-35.4
内资企业(万元)	Civil Funded Enterprises(10 000 yuan)	2171988	1403849	-35.4
国有企业(万元)	State-owned Enterprises(10 000 yuan)	5877	6072	3.3
集体企业(万元)	Collective-owned Enterprises(10 000 yuan)			
股份合作企业(万元)	Share Holding Enterprises(10 000 yuan)			
联营企业(万元)	Joint Owned Enterprises(10 000 yuan)			
有限责任公司(万元)	Limited Company(10 000 yuan)			
股份有限公司(万元)	Share Holding Limited Company(10 000 yuan)	2166111	1397777	-35.5
私营企业(万元)	Privately Owned Enterprises(10 000 yuan)			
其他企业(万元)	Enterprises of Other Ownership(10 000 yuan)			
港澳台商投资企业(万元)	Funds from HK,Macao & Taiwan(10 000 yuan)	2114	1245	-41.1
外商投资企业(万元)	Foreign Funded Enterprises(10 000 yuan)			
工业企业增加值(万元)	Value Added of Industrial Enterprises(10 000 yuan)			8.3
工业企业资产总计(万元)	Total Assets of Industrial Enterprises(10 000 yuan)	3861150	5434700	40.8
工业企业负债合计(万元)	Total Liabilities of Industrial Enterprises(10 000 yuan)	2501019	3317331	32.6
工业企业产品销售收入(万元)	Sales of Revenue Industrial Enterprises(10 000 yuan)	2025345	1356216	-33.0
工业企业利润总额(万元)	Total Profits of Industrial Enterprises(10 000 yuan)	315723	44139	-86.0
建筑业	**Construction**			
建筑企业单位数(个)	Number of Construction Enterprises(unit)	4	4	0.0
建筑企业从业人员(人)	Number of Employee in Construction Enterprises(person)	570	453	-20.5
建筑业总产值(万元)	Gross Construction Output Value(10 000 yuan)	75894	66348	-12.6
交通运输邮电通信业	**Transportation,Post & Telecommunications**			
公路里程(公里)	Total Length of Highways(km)	124	116	-6.5
邮电业务总量(万元)	Business Volume of Post & Telecoms(10 000 yuan)	15262	13511	-11.5
本地电话用户(户)	Number of Subscribers of Local Telephone(Household)	20223	30552	51.1
国内贸易	**Domestic Trade**			
社会消费品零售总额(万元)	Total Retail Sales of Consumer Goods(10 000 yuan)	120696	128845	6.8
城镇(万元)	Town(10 000 yuan)	120696	128845	6.8
乡村(万元)	Village(10 000 yuan)			
科技教育卫生	**Science,Education & Public Health**			
各类专业技术人员(人)	Special Technical Personnel(person)	6150	4730	-23.1
幼儿园数(所)	Number of Kindergartens(unit)	8	10	25.0
学龄儿童入学率(%)	Percentage of School-Age Children Enrolled(%)	100.0	100.0	0.0
小学学校数(所)	Number of Primary Schools(unit)	6	6	0.0
小学专任教师数(人)	Number of Full-time Teachers of Primary Schools(person)	641	608	-5.1
小学在校学生数(人)	Number of Student Enrollment of Primary Schools(person)	6585	6390	-3.0
普通中学学校数(所)	Number of Regular Secondary Schools(unit)	8	7	-12.5
普通中学专任教师数(人)	Number of Teachers of Secondary Shools(person)	732	724	-1.1
初中在校学生数(人)	Number of Student in Junior Secondary Schools(person)	3445	3360	-2.5
高中在校学生数(人)	Number of Student in Senior Secondary Schools(person)	3310	3525	6.5
卫生机构数(所)	Number of Health Institutions(unit)	57	58	1.8
#医院(所)	Hospitals(unit)	7	7	0.0
卫生院(所)	Township Hospitals(unit)	1	1	0.0
床位数(张)	Number of Beds(unit)	743	732	-1.5
#医院(张)	Hospitals(unit)	681	732	7.5
卫生院(张)	Township Hospitals(unit)	13		
卫生技术人员(人)	Medical Technical Presonnel(person)	610	712	16.7
#医院(人)	Hospitals(person)	563	507	-9.9
卫生院(人)	Township Hospitals(person)	4	5	25.0

23-109 阿拉善盟阿拉善左旗

指　标	Item	2014	2015	2015年比上年增长% Increase Rate in 2015 Over 2014(%)
行政区域土地面积(平方公里)	**Area of Administration(Sq.km)**	**80412**	**80412**	**0.0**
人口和就业	**Population & Employment**			
年末户籍人口(人)	Total Population Year-end(person)	143347	147843	3.1
#男性(人)	Male(person)	72248	74353	2.9
#乡村人口(人)	Rural(person)	56352	56603	
年末常住人口(人)	Permanet Resident Population Year-end(person)			
#男性(人)	Male(person)			
#乡村人口(人)	Rural(person)			
年末总户数(户)	Total Number of Households at the Year-end(Household)	61325	66246	8.0
#乡村户数(户)	Number of Rural Household(Household)	19167	21169	10.4
出生人口(人)	Births(person)	1683	1419	-15.7
死亡人口(人)	Deaths(person)	729	677	-7.1
全社会就业人员(人)	Employment(person)	149964	156634	4.4
第一产业(人)	Primary Industry(person)	34848	36240	4.0
第二产业(人)	Secondary Industry(person)	43943	43940	0.0
第三产业(人)	Tertiary Industry(person)	71173	76454	7.4
在岗职工人数(人)	Number of Staff & Workers Employed in(person)	46398	45811	-1.3
乡村劳动力(人)	Number of Rural Laborers(person)	38892	41013	5.5
#农林牧渔业(人)	Farming,Forestry,Animal Husbandry & Fishery(person)	30547	31537	3.2
国民经济综合指标	**Summary Item on the National Economy**			
生产总值(万元)	Gross Domestic Product(10 000 yuan)	2421615	2526446	7.7
第一产业(万元)	Primary Industry(10 000 yuan)	79249	81883	3.9
第二产业(万元)	Secondary Industry(10 000 yuan)	1778300	1840825	8.1
#工业(万元)	Industry(10 000 yuan)	1613300	1667875	8.1
第三产业(万元)	Tertiary Industry(10 000 yuan)	564066	603738	6.6
人均生产总值(元)	Per Capita GDP(yuan)	125381	128264	5.6
全社会固定资产投资(万元)	Total Investment in Fixed Assets(10 000 yuan)	2383033	2648844	11.2
按登记注册类型分	Grouped by Registered Type			
#国有(万元)	State-owned Enterprises(10 000 yuan)	627415	719769	14.7
集体(万元)	Collective-owned Enterprises(10 000 yuan)	10770	4090	-62.0
有限责任公司(万元)	Limited Liability Corporations(10 000 yuan)	1273298	1323362	3.9
股份有限公司(万元)	Share Holding Enterprises(10 000 yuan)	177380	279837	57.8
私营企业(万元)	Private Enterprises(10 000 yuan)	294170	321786	9.4
外商及港澳台投资企业(万元)	Funds from HK,Macao,Taiwan & Foreign(10 000 yuan)			
一般公共预算收入(万元)	Public Budgetary Financial Revenue(10 000 yuan)	203111	164253	-19.1
一般公共预算支出(万元)	Public Budgetary Financial Expenditure(10 000 yuan)	451489	438753	-2.8
住户存款余额(万元)	The balance of savings deposits of individuals(10 000 yuan)		1388153	
在岗职工工资总额(万元)	Total Wages of Staff & Workers Employed in(10 000 yuan)	286149	290169	1.4
在岗职工平均工资(元)	Average Wage of Staff & Workers Employed in(yuan)	55262	60855	10.1
全体居民人均可支配收入(元)	The per capita disposable income of all residents(yuan)	25933	28012	8.0
城镇常住居民人均可支配收入(元)	The per capita disposable income of urban permanent residents(yuan)	29724	32037	7.8
农村牧区常住居民人均可支配收入(元)	The per capita disposable income of permanent residents of rural and pastoral areas(yuan)	13701	14813	8.1
农村牧区经济	**Economic Development in Rural & Pastoral Area**			
农作物总播种面积(公顷)	Total Sown Area(hectare)	23846	41631	74.6
#粮食作物播种面积(公顷)	Sown Area of Grain Crops(hectare)	17421	17611	1.1
农牧业机械总动力(万千瓦)	Total Power of Agricultural Machinery(10 000 kw)	22.76	23.20	1.9
化肥施用折纯量(吨)	Consumption of Chemical Fertilizer(ton)	12254	13153	7.3
农村用电量(万千瓦小时)	Electricity Consumed in Rural Area(10 000 kwh)	16183	17931	10.8
农林牧渔业总产值(万元)	Gross Output of Farming,Forestry,Animal Husbandry & Fishery(10 000 yuan)	134400	138996	4.6
粮食产量(吨)	Yield of Grain(ton)	163020	162531	-0.3
油料产量(吨)	Yield of Oil-bearing Grops(ton)	17750	18780	5.8
甜菜产量(吨)	Yield of Beetroots(ton)			
猪牛羊肉产量(吨)	Output of Pork, Beef & Mutton(ton)	10618	10689	0.7
#猪肉产量(吨)	Output of Pork(ton)	961	964	0.3
牛肉产量(吨)	Output of Beef(ton)	428	509	18.9
羊肉产量(吨)	Output of Mutton(ton)	9229	9216	-0.1
羊毛产量(吨)	Output of Wool(ton)	588	462	-21.4

23-109 Alashanzuo Banner in Alashan League

指 标	Item	2014	2015	2015年比上年增长% Increase Rate in 2015Over 2014(%)
年末牲畜存栏头数(万头只)	Total Livestock at the Year-end(10 000 heads)	102.74	95.14	-7.4
#大牲畜(万头只)	Large Animals(10 000 heads)	6.02	6.32	5.0
羊(万只)	Sheep & Goats(10 000 heads)	94.83	87.44	-7.8
猪(万头)	Hogs(10 000 heads)	1.89	1.37	-27.5
规模以上工业	**Industrial Enterprises above Designated size**			
工业企业单位数(个)	Number of Industrial Enterprises(unit)	97	97	0.0
#内资企业(个)	Civil Funded Enterprises(unit)	94	93	-1.1
工业总产值(万元)	Gross Industrial Output Value(10 000 yuan)	5002765	4413743	-11.8
内资企业(万元)	Civil Funded Enterprises(10 000 yuan)	4994237	4399653	-11.9
国有企业(万元)	State-owned Enterprises(10 000 yuan)	27855	37455	34.5
集体企业(万元)	Collective-owned Enterprises(10 000 yuan)			
股份合作企业(万元)	Share Holding Enterprises(10 000 yuan)			
联营企业(万元)	Joint Owned Enterprises(10 000 yuan)			
有限责任公司(万元)	Limited Company(10 000 yuan)	2714070	2555191	-5.9
股份有限公司(万元)	Share Holding Limited Company(10 000 yuan)	244162	234361	-4.0
私营企业(万元)	Privately Owned Enterprises(10 000 yuan)	2005163	1572646	-21.6
其他企业(万元)	Enterprises of Other Ownership(10 000 yuan)	2987		
港澳台商投资企业(万元)	Funds from HK,Macao & Taiwan(10 000 yuan)	4395	10754	144.7
外商投资企业(万元)	Foreign Funded Enterprises(10 000 yuan)	4133	3337	-19.3
工业企业增加值(万元)	Value Added of Industrial Enterprises(10 000 yuan)			9.1
工业企业资产总计(万元)	Total Assets of Industrial Enterprises(10 000 yuan)	6976745	7523933	7.8
工业企业负债合计(万元)	Total Liabilities of Industrial Enterprises(10 000 yuan)	5512013	5950464	8.0
工业企业产品销售收入(万元)	Sales of Revenue Industrial Enterprises(10 000 yuan)	3971408	3474325	-12.5
工业企业利润总额(万元)	Total Profits of Industrial Enterprises(10 000 yuan)	229188	280027	22.2
建筑业	**Construction**			
建筑企业单位数(个)	Number of Construction Enterprises(unit)	20	15	-25.0
建筑企业从业人员(人)	Number of Employee in Construction Enterprises(person)	2295	2165	-5.7
建筑业总产值(万元)	Gross Construction Output Value(10 000 yuan)	93452	93478	0.0
交通运输邮电通信业	**Transportation,Post & Telecommunications**			
公路里程(公里)	Total Length of Highways(km)	3924	4217	7.5
邮电业务总量(万元)	Business Volume of Post & Telecoms(10 000 yuan)	42404	49627	17.0
本地电话用户(户)	Number of Subscribers of Local Telephone(Household)	385645	345644	-10.4
国内贸易	**Domestic Trade**			
社会消费品零售总额(万元)	Total Retail Sales of Consumer Goods(10 000 yuan)	455445	490517	7.7
城镇(万元)	Town(10 000 yuan)	432252	462908	7.1
乡村(万元)	Village(10 000 yuan)	23193	27609	19.0
科技教育卫生	**Science,Education & Public Health**			
各类专业技术人员(人)	Special Technical Personnel(person)	11236	11023	-1.9
幼儿园数(所)	Number of Kindergartens(unit)	18	19	5.6
学龄儿童入学率(%)	Percentage of School-Age Children Enrolled(%)	100	100	0.0
小学学校数(所)	Number of Primary Schools(unit)	11	11	0.0
小学专任教师数(人)	Number of Full-time Teachers of Primary Schools(person)	579	578	-0.2
小学在校学生数(人)	Number of Student Enrollment of Primary Schools(person)	9970	9818	-1.5
普通中学学校数(所)	Number of Regular Secondary Schools(unit)	13	13	0.0
普通中学专任教师数(人)	Number of Teachers of Secondary Shools(person)	1213	1001	-17.5
初中在校学生数(人)	Number of Student in Junior Secondary Schools(person)	5587	5228	-6.4
高中在校学生数(人)	Number of Student in Senior Secondary Schools(person)	5818	5350	-8.0
卫生机构数(所)	Number of Health Institutions(unit)	229	240	4.8
#医院(所)	Hospitals(unit)	11	12	9.1
卫生院(所)	Township Hospitals(unit)	23	23	0.0
床位数(张)	Number of Beds(unit)	764	799	4.6
#医院(张)	Hospitals(unit)	575	575	0.0
卫生院(张)	Township Hospitals(unit)	120	125	4.2
卫生技术人员(人)	Medical Technical Presonnel(person)	1509	1704	12.9
#医院(人)	Hospitals(person)	898	1024	14.0
卫生院(人)	Township Hospitals(person)	168	168	0.0

23-110 阿拉善盟阿拉善右旗

指　标	Item	2014	2015	2015年比上年增长% Increase Rate in 2015 Over 2014(%)
行政区域土地面积(平方公里)	**Area of Administration(Sq.km)**	**75226**	**75226**	**0.0**
人口和就业	**Population & Employment**			
年末户籍人口(人)	The Registered Population Year-end(person)	25531	25012	-2.0
#男性(人)	Male(person)	14646	12371	-15.5
#乡村人口(人)	Rural(person)	9411	1400	
年末常住人口(人)	Permanet Resident Population Year-end(person)	26683	26516	-0.6
#男性(人)	Male(person)			
#乡村人口(人)	Rural(person)			
年末总户数(户)	Total Number of Households at the Year-end(Household)	10258	10443	1.8
#乡村户数(户)	Number of Rural Household(Household)	3249	3425	5.4
出生人口(人)	Births(person)	400	186	-53.5
死亡人口(人)	Deaths(person)	149	168	12.8
全社会就业人员(人)	Employment(person)	17986	18608	3.5
第一产业(人)	Primary Industry(person)	4798	5119	6.7
第二产业(人)	Secondary Industry(person)	5817	5519	-5.1
第三产业(人)	Tertiary Industry(person)	7371	7970	8.1
在岗职工人数(人)	Number of Staff & Workers Employed in(person)	7650	7347	-4.0
乡村劳动力(人)	Number of Rural Laborers(person)	6035	6218	3.0
#农林牧渔业(人)	Farming,Forestry,Animal Husbandry & Fishery(person)	4411	4639	5.2
国民经济综合指标	**Summary Item on the National Economy**			
生产总值(万元)	Gross Domestic Product(10 000 yuan)	267684	275156	7.3
第一产业(万元)	Primary Industry(10 000 yuan)	22487	21457	3.7
第二产业(万元)	Secondary Industry(10 000 yuan)	163200	166455	8.2
#工业(万元)	Industry(10 000 yuan)	150900	153235	8.0
第三产业(万元)	Tertiary Industry(10 000 yuan)	81997	87244	6.0
人均生产总值(元)	Per Capita GDP(yuan)	101118	103444	6.8
全社会固定资产投资(万元)	Total Investment in Fixed Assets(10 000 yuan)	251377	322044	28.1
按登记注册类型分	Grouped by Registered Type			
#国有(万元)	State-owned Enterprises(10 000 yuan)	75208	141236	87.8
集体(万元)	Collective-owned Enterprises(10 000 yuan)			
有限责任公司(万元)	Limited Liability Corporations(10 000 yuan)	174069	175708	0.9
股份有限公司(万元)	Share Holding Enterprises(10 000 yuan)			
私营企业(万元)	Private Enterprises(10 000 yuan)	2100	5100	142.9
外商及港澳台投资企业(万元)	Funds from HK,Macao,Taiwan & Foreign(10 000 yuan)			
一般公共预算收入(万元)	General Public Budget Revenue(10 000 yuan)	10393	11997	15.4
一般公共预算支出(万元)	General Public Budget Expenditure(10 000 yuan)	104484	106983	2.4
住户存款余额(万元)	The balance of savings deposits of Households(10 000 yuan)		92981	
在岗职工工资总额(万元)	Total Wages of Staff & Workers Employed in(10 000 yuan)	41687	40663	-2.5
在岗职工平均工资(元)	Average Wage of Staff & Workers Employed in(yuan)	54672	55421	1.4
全体居民人均可支配收入(元)	The per capita disposable income of all residents(yuan)	26583	28710	8.0
城镇常住居民人均可支配收入(元)	The per capita disposable income of urban permanent residents(yuan)	30582	32970	7.8
农村牧区常住居民人均可支配收入(元)	The per capita disposable income of permanent residents of rural and pastoral areas(yuan)	15817	17096	8.1
农村牧区经济	**Economic Development in Rural & Pastoral Area**			
农作物总播种面积(公顷)	Total Sown Area(hectare)	2937	10091	243.6
#粮食作物播种面积(公顷)	Sown Area of Grain Crops(hectare)	1477	1413	-4.3
农牧业机械总动力(万千瓦)	Total Power of Agricultural Machinery(10 000 kw)	1.93	2.78	44.0
化肥施用折纯量(吨)	Consumption of Chemical Fertilizer(ton)	847	723	-14.6
农村用电量(万千瓦小时)	Electricity Consumed in Rural Area(10 000 kwh)	744	772	3.8
农林牧渔业总产值(万元)	Gross Output of Farming,Forestry,Animal Husbandry & Fishery(10 000 yuan)	39700	37666	3.7
粮食产量(吨)	Yield of Grain(ton)	15537	15128	-2.6
油料产量(吨)	Yield of Oil-bearing Grops(ton)	2141	2853	33.3
甜菜产量(吨)	Yield of Beetroots(ton)			
猪牛羊肉产量(吨)	Output of Pork, Beef & Mutton(ton)	1923	1570	-18.4
#猪肉产量(吨)	Output of Pork(ton)	58	31	-46.6
牛肉产量(吨)	Output of Beef(ton)	146	55	-62.3
羊肉产量(吨)	Output of Mutton(ton)	1719	1484	-13.7
羊毛产量(吨)	Output of Wool(ton)	86	70	-18.6

23-110 Alashanyou Banner in Alashan League

指　标	Item	2014	2015	2015年比上年增长% Increase Rate in 2015 Over 2014(%)
年末牲畜存栏头数(万头只)	Total Livestock at the Year-end(10 000 heads)	21.11	21.34	1.1
# 大牲畜(万头只)	Large Animals(10 000 heads)	3.64	4.73	29.9
羊(万只)	Sheep & Goats(10 000 heads)	17.42	16.59	-4.8
猪(万头)	Hogs(10 000 heads)	0.05	0.02	-57.4
规模以上工业	**Industrial Enterprises above Designated size**			
工业企业单位数(个)	Number of Industrial Enterprises(unit)	19	17	-10.5
# 内资企业(个)	Civil Funded Enterprises(unit)	19	17	-10.5
工业总产值(万元)	Gross Industrial Output Value(10 000 yuan)	447474	337739	-24.5
内资企业(万元)	Civil Funded Enterprises(10 000 yuan)	447474	337739	-24.5
国有企业(万元)	State-owned Enterprises(10 000 yuan)			
集体企业(万元)	Collective-owned Enterprises(10 000 yuan)			
股份合作企业(万元)	Share Holding Enterprises(10 000 yuan)	12638	10243	-19.0
联营企业(万元)	Joint Owned Enterprises(10 000 yuan)			
有限责任公司(万元)	Limited Company(10 000 yuan)	322376	191145	-40.7
股份有限公司(万元)	Share Holding Limited Company(10 000 yuan)			
私营企业(万元)	Privately Owned Enterprises(10 000 yuan)	112460	136352	21.2
其他企业(万元)	Enterprises of Other Ownership(10 000 yuan)			
港澳台商投资企业(万元)	Funds from HK,Macao & Taiwan(10 000 yuan)			
外商投资企业(万元)	Foreign Funded Enterprises(10 000 yuan)			
工业企业增加值(万元)	Value Added of Industrial Enterprises(10 000 yuan)			8.0
工业企业资产总计(万元)	Total Assets of Industrial Enterprises(10 000 yuan)	583225	601227	3.1
工业企业负债合计(万元)	Total Liabilities of Industrial Enterprises(10 000 yuan)	464926	461552	-0.7
工业企业产品销售收入(万元)	Sales of Revenue Industrial Enterprises(10 000 yuan)	401666	248329	-38.1
工业企业利润总额(万元)	Total Profits of Industrial Enterprises(10 000 yuan)	34509	11173	-67.6
建筑业	**Construction**			
建筑企业单位数(个)	Number of Construction Enterprises(unit)	1		
建筑企业从业人员(人)	Number of Employee in Construction Enterprises(person)	20		
建筑业总产值(万元)	Gross Construction Output Value(10 000 yuan)	250		
交通运输邮电通信业	**Transportation,Post & Telecommunications**			
公路里程(公里)	Total Length of Highways(km)	2023	2023	0.0
邮电业务总量(万元)	Business Volume of Post & Telecoms(10 000 yuan)	3475	3483	0.2
本地电话用户(户)	Number of Subscribers of Local Telephone(Household)	39011	32320	-17.2
国内贸易	**Domestic Trade**			
社会消费品零售总额(万元)	Total Retail Sales of Consumer Goods(10 000 yuan)	62087	66557	7.2
城镇(万元)	Town(10 000 yuan)	49822	53439	7.3
乡村(万元)	Village(10 000 yuan)	12264	13117	7.0
科技教育卫生	**Science,Education & Public Health**			
各类专业技术人员(人)	Special Technical Personnel(person)	1058	1307	23.5
幼儿园数(所)	Number of Kindergartens(unit)	2	2	0.0
学龄儿童入学率(%)	Percentage of School-Age Children Enrolled(%)	100.0	100.0	0.0
小学学校数(所)	Number of Primary Schools(unit)	4	4	0.0
小学专任教师数(人)	Number of Full-time Teachers of Primary Schools(person)	170	156	-8.2
小学在校学生数(人)	Number of Student Enrollment of Primary Schools(person)	1021	975	-4.5
普通中学学校数(所)	Number of Regular Secondary Schools(unit)	2	2	0.0
普通中学专任教师数(人)	Number of Teachers of Secondary Shools(person)	134	149	11.2
初中在校学生数(人)	Number of Student in Junior Secondary Schools(person)	641	580	-9.5
高中在校学生数(人)	Number of Student in Senior Secondary Schools(person)	580	558	-3.8
卫生机构数(所)	Number of Health Institutions(unit)	54	57	5.6
# 医院(所)	Hospitals(unit)	2	2	0.0
卫生院(所)	Township Hospitals(unit)	8	8	0.0
床位数(张)	Number of Beds(unit)	102	102	0.0
# 医院(张)	Hospitals(unit)	57	57	0.0
卫生院(张)	Township Hospitals(unit)	40	40	0.0
卫生技术人员(人)	Medical Technical Presonnel(person)	196	244	24.5
# 医院(人)	Hospitals(person)	104	133	27.9
卫生院(人)	Township Hospitals(person)	71	71	0.0

23-111 阿拉善盟额济纳旗

指　　标	Item	2014	2015	2015年比上年增长% Increase Rate in 2015 Over 2014(%)
行政区域土地面积(平方公里)	**Area of Administration(Sq.km)**	**114606**	**114606**	**0.0**
人口和就业	**Population & Employment**			
年末户籍人口(人)	The Registered Population Year-end(person)	18276	18132	-0.8
#男性(人)	Male(person)	9028	8942	-1.0
#乡村人口(人)	Rural(person)	5498	5358	
年末常住人口(人)	Permanet Resident Population Year-end(person)			
#男性(人)	Male(person)			
#乡村人口(人)	Rural(person)			
年末总户数(户)	Total Number of Households at the Year-end(Household)	8094	8104	0.1
#乡村户数(户)	Number of Rural Household(Household)	2303	2352	2.1
出生人口(人)	Births(person)	210	182	-13.3
死亡人口(人)	Deaths(person)	101	115	13.9
全社会就业人员(人)	Employment(person)	17358	19282	11.1
第一产业(人)	Primary Industry(person)	4523	4635	2.5
第二产业(人)	Secondary Industry(person)	3108	3061	-1.5
第三产业(人)	Tertiary Industry(person)	9727	11586	19.1
在岗职工人数(人)	Number of Staff & Workers Employed in(person)	3898	3800	-2.5
乡村劳动力(人)	Number of Rural Laborers(person)	4403	4408	0.1
#农林牧渔业(人)	Farming,Forestry,Animal Husbandry & Fishery(person)	4315	4370	1.3
国民经济综合指标	**Summary Item on the National Economy**			
生产总值(万元)	Gross Domestic Product(10 000 yuan)	390662	410959	7.6
第一产业(万元)	Primary Industry(10 000 yuan)	16800	16883	3.7
第二产业(万元)	Secondary Industry(10 000 yuan)	171200	174073	7.6
#工业(万元)	Industry(10 000 yuan)	144800	146043	8.0
第三产业(万元)	Tertiary Industry(10 000 yuan)	202662	220003	7.9
人均生产总值(元)	Per Capita GDP(yuan)	157392	157100	2.1
全社会固定资产投资(万元)	Total Investment in Fixed Assets(10 000 yuan)	369536	511283	38.4
按登记注册类型分	Grouped by Registered Type			
#国有(万元)	State-owned Enterprises(10 000 yuan)	153811	277593	80.5
集体(万元)	Collective-owned Enterprises(10 000 yuan)			
有限责任公司(万元)	Limited Liability Corporations(10 000 yuan)	180796	230840	27.7
股份有限公司(万元)	Share Holding Enterprises(10 000 yuan)	30019	1000	-96.7
私营企业(万元)	Private Enterprises(10 000 yuan)	4910	1850	-62.3
外商及港澳台投资企业(万元)	Funds from HK,Macao,Taiwan & Foreign(10 000 yuan)			
一般公共预算收入(万元)	General Public Budget Revenue(10 000 yuan)	46510	41966	-9.8
一般公共预算支出(万元)	General Public Budget Expenditure(10 000 yuan)	119279	115832	-2.9
住户存款余额(万元)	The balance of savings deposits of Households(10 000 yuan)		142325	
在岗职工工资总额(万元)	Total Wages of Staff & Workers Employed in(10 000 yuan)	23737	25927	9.2
在岗职工平均工资(元)	Average Wage of Staff & Workers Employed in(yuan)	60186	66495	10.5
全体居民人均可支配收入(元)	The per capita disposable income of all residents(yuan)	27525	29740	8.0
城镇常住居民人均可支配收入(元)	The per capita disposable income of urban permanent residents(yuan)	30566	32945	7.8
农村牧区常住居民人均可支配收入(元)	The per capita disposable income of permanent residents of rural and pastoral areas(yuan)	16800	18060	7.5
农村牧区经济	**Economic Development in Rural & Pastoral Area**			
农作物总播种面积(公顷)	Total Sown Area(hectare)	4881	5136	5.2
#粮食作物播种面积(公顷)	Sown Area of Grain Crops(hectare)	315	301	-4.7
农牧业机械总动力(万千瓦)	Total Power of Agricultural Machinery(10 000 kw)	4.90	5.38	9.8
化肥施用折纯量(吨)	Consumption of Chemical Fertilizer(ton)	4000	5271	31.8
农村用电量(万千瓦小时)	Electricity Consumed in Rural Area(10 000 kwh)	458	468	2.2
农林牧渔业总产值(万元)	Gross Output of Farming,Forestry,Animal Husbandry & Fishery(10 000 yuan)	28600	28464	3.9
粮食产量(吨)	Yield of Grain(ton)	1943	1842	-5.2
油料产量(吨)	Yield of Oil-bearing Grops(ton)			
甜菜产量(吨)	Yield of Beetroots(ton)			
猪牛羊肉产量(吨)	Output of Pork, Beef & Mutton(ton)	1377	1471	6.8
#猪肉产量(吨)	Output of Pork(ton)	801	825	3.0
牛肉产量(吨)	Output of Beef(ton)	8	18	133.8
羊肉产量(吨)	Output of Mutton(ton)	568	628	10.5
羊毛产量(吨)	Output of Wool(ton)	43	11	-74.2

23-111 Ejina Banner in Alashan League

指　　标	Item	2014	2015	2015年比上年增长% Increase Rate in 2015 Over 2014(%)
年末牲畜存栏头数(万头只)	Total Livestock at the Year-end(10 000 heads)	9.62	10.66	10.8
# 大牲畜(万头只)	Large Animals(10 000 heads)	1.80	1.88	4.4
羊(万只)	Sheep & Goats(10 000 heads)	7.62	8.54	12.1
猪(万头)	Hogs(10 000 heads)	0.19	0.24	25.3
规模以上工业	**Industrial Enterprises above Designated size**			
工业企业单位数(个)	Number of Industrial Enterprises(unit)	8	7	-12.5
# 内资企业(个)	Civil Funded Enterprises(unit)	8	7	-12.5
工业总产值(万元)	Gross Industrial Output Value(10 000 yuan)	444585	357425	-19.6
内资企业(万元)	Civil Funded Enterprises(10 000 yuan)	444585	357425	-19.6
国有企业(万元)	State-owned Enterprises(10 000 yuan)			
集体企业(万元)	Collective-owned Enterprises(10 000 yuan)			
股份合作企业(万元)	Share Holding Enterprises(10 000 yuan)			
联营企业(万元)	Joint Owned Enterprises(10 000 yuan)			
有限责任公司(万元)	Limited Company(10 000 yuan)	108296	89680	-17.2
股份有限公司(万元)	Share Holding Limited Company(10 000 yuan)	206743	158748	-23.2
私营企业(万元)	Privately Owned Enterprises(10 000 yuan)	129546	108997	-15.9
其他企业(万元)	Enterprises of Other Ownership(10 000 yuan)			
港澳台商投资企业(万元)	Funds from HK,Macao & Taiwan(10 000 yuan)			
外商投资企业(万元)	Foreign Funded Enterprises(10 000 yuan)			
工业企业增加值(万元)	Value Added of Industrial Enterprises(10 000 yuan)			8.0
工业企业资产总计(万元)	Total Assets of Industrial Enterprises(10 000 yuan)	194999	228444	17.2
工业企业负债合计(万元)	Total Liabilities of Industrial Enterprises(10 000 yuan)	141362	132143	-6.5
工业企业产品销售收入(万元)	Sales of Revenue Industrial Enterprises(10 000 yuan)	402353	332773	-17.3
工业企业利润总额(万元)	Total Profits of Industrial Enterprises(10 000 yuan)	155502	113689	-26.9
建筑业	**Construction**			
建筑企业单位数(个)	Number of Construction Enterprises(unit)	1	2	100.0
建筑企业从业人员(人)	Number of Employee in Construction Enterprises(person)	80	65	-18.8
建筑业总产值(万元)	Gross Construction Output Value(10 000 yuan)	130	1500	1053.8
交通运输邮电通信业	**Transportation,Post & Telecommunications**			
公路里程(公里)	Total Length of Highways(km)	2375	2861	20.4
邮电业务总量(万元)	Business Volume of Post & Telecoms(10 000 yuan)	4523	4464	-1.3
本地电话用户(户)	Number of Subscribers of Local Telephone(Household)	42106	43500	3.3
国内贸易	**Domestic Trade**			
社会消费品零售总额(万元)	Total Retail Sales of Consumer Goods(10 000 yuan)	115956	123494	6.5
城镇(万元)	Town(10 000 yuan)	91856	97464	6.1
乡村(万元)	Village(10 000 yuan)	24100	26030	8.0
科技教育卫生	**Science,Education & Public Health**			
各类专业技术人员(人)	Special Technical Personnel(person)	1196	1310	9.5
幼儿园数(所)	Number of Kindergartens(unit)	4	4	0.0
学龄儿童入学率(%)	Percentage of School-Age Children Enrolled(%)	100.0	100.0	0.0
小学学校数(所)	Number of Primary Schools(unit)	2	1	-50.0
小学专任教师数(人)	Number of Full-time Teachers of Primary Schools(person)	78	76	-2.6
小学在校学生数(人)	Number of Student Enrollment of Primary Schools(person)	1148	1214	5.7
普通中学学校数(所)	Number of Regular Secondary Schools(unit)	2	2	0.0
普通中学专任教师数(人)	Number of Teachers of Secondary Shools(person)	135	108	-20.0
初中在校学生数(人)	Number of Student in Junior Secondary Schools(person)	474	458	-3.4
高中在校学生数(人)	Number of Student in Senior Secondary Schools(person)	411	377	-8.3
卫生机构数(所)	Number of Health Institutions(unit)	14	15	7.1
# 医院(所)	Hospitals(unit)	2	2	0.0
卫生院(所)	Township Hospitals(unit)	8	8	0.0
床位数(张)	Number of Beds(unit)	215	175	-18.6
# 医院(张)	Hospitals(unit)	150	100	-33.3
卫生院(张)	Township Hospitals(unit)	65	65	0.0
卫生技术人员(人)	Medical Technical Presonnel(person)	162	176	8.6
# 医院(人)	Hospitals(person)	97	99	2.1
卫生院(人)	Township Hospitals(person)	40	40	0.0

2016 NEIMENGGU

二十四、附录

Appendix

资料整理：曹源源

Arranged By Cao Yuanyuan

24-1 内蒙古自治区国民经济主要指标占全国的比重(2015 年)

Inner Mongolia Main Indicators of National Economy as Percentage of Whole Nation(2015)

指 标	Item	全国 Whole Nation	内蒙古 Inner Mongolia	内蒙古所占比重(%) Percentage (%)
土地面积(万平方公里)	Land Area(10 000 sq.km)	960.0	118.3	12.3
年末总人口数(万人)	Population at the Year-end(10 000 persons)	137462	2511	1.8
社会就业人员(万人)	Employment(10 000 persons)	77451.0	1463.7	1.9
生产总值(当年价)(亿元)	Gross Domestic Product(current pirces)(100 million yuan)	676707.8	17831.5	2.6
第一产业	Primary Industry	60863.0	1617.4	2.7
第二产业	Secondray industry	274277.8	9000.6	3.3
# 工业	Industry	228974.3	7739.2	3.4
第三产业	Tertiary Industry	341566.9	7213.5	2.1
规模以上工业企业单位数(万个)	Number of Industry above Designated Size (10 000 units)	37.40	0.44	1.2
规模以上工业利润总额(亿元)	Total Profits of Industry(100 million yuan)	63554.0	965.0	1.5
能源生产总量(万吨标准煤)	Total Production of Energy(10 000 tons of SCE)	362000.0	56253.3	15.5
能源消费总量(万吨标准煤)	Total Consumption of Energy(10 000 tons of SCE)	430000.0	18927.1	4.4
农林牧渔业总产值(当年价)(亿元)	Gross Output Value of Farming, Forestry, Animal Husbandry & Fishery (current prices)(100 million yuan)	107056.4	2751.6	2.6
农业	Farming	57635.8	1418.3	2.5
林业	Forestry	4436.4	99.4	2.2
牧业	Animal Husbandry	29780.4	1160.9	3.9
渔业	Fishery	10880.6	30.8	0.3
工农业主要产品产量	Output of Major Farm & Industrial Products			
粗钢(万吨)	Steel(10 000 tons)	80382.5	1735.1	2.2
原煤(亿吨)	Coal(100 million tons)	37.47	9.10	24.3
发电量(亿千瓦小时)	Electricity(100 million Kwh)	58105.8	3928.8	6.8
水泥(万吨)	Cement(10000 tons)	235939.6	5830.8	2.5
粮食(万吨)	Grain(10 000 ton)	62144	2827	4.5
油料(万吨)	Oil-bearing Crops(10 000 tons)	3537.0	193.6	5.5
货运量(亿吨)	Total Freight Traffic(100 milion tons)	417.11	18.62	4.5
客运量(亿人)	Total Passenger Traffic(100 million Persons)	194.14	1.70	0.9
邮电业务总量(亿元)	Total Business Revenue of Postal & Telecommunication Services(100 million yuan)	28220.4	400.3	1.4
社会消费品零售总额(亿元)	Retail Sales of Consumer Goods (100 million yuan)	300930.8	6107.7	2.0
海关进出口总额(亿美元)	Total Imports and Exports(USD 100 million)	39569.0	127.8	0.3
全社会固定资产投资(亿元)	Total Investment in Fixed Assets (100 million yuan)	561999.8	13824.8	2.5
#房地产开发	Real Estate Development	95978.8	1081.1	1.1
商品房销售面积(万平方米)	Floor Space of Selling House(10 000 sq.m)	128495	2369	1.8
商品房销售额(亿元)	Total Sales Of Commercial House (100 million yuan)	87280.8	1052.2	1.2
公共财政预算收入(亿元)	Public Finance Budget Revenue(100 million yuan)	152216.7	1964.5	1.3
金融机构人民币住户存款余额(亿元)	Household Deposits of Financial Institutions (100 million yuan)	546078.0	8999.4	1.6

24-2 西部地区国民经济和社会发展主要指标(2015 年)

指标	Item	内蒙古 Inner Mongolia	广西 Guangxi	重庆 Chongqing
土地面积(万平方公里)	Land Area(10 000 sq.km)	118.3	23.7	8.2
年末总人口(万人)	Population at the Year-end(10 000 persons)	2511	4796	3017
年末城镇人口比重(%)	Proportion of Urban Population at Year-end(%)	60.30	47.06	60.94
人口密度(人/平方公里)	Population Density (persons/sq.km)	21.2	202.4	367.9
生产总值(亿元)	Gross Domestic Product(100 million yuan)	17831.5	16803.1	15719.7
第一产业	Primary Industry	1617.4	2566.0	1150.2
第二产业	Secondray industry	9000.6	7694.7	7071.8
# 工业	Industry	7739.2	6338.3	5557.5
第三产业	Tertiary Industry	7213.5	6542.4	7497.8
#交通运输、仓储和邮政业	Transportation and Postal Services	1087.3	764.4	761.3
生产总值指数(上年=100)	Indices of Gross Domestic Product (preceding year=100)	107.7	108.1	111
人均生产总值(元)	Per Capita GDP(yuan)	71101	35190	52330
人均生产总值指数(上年=100)	Indices of Per Capita GDP(preceding year=100)	107.4	107.2	110.1
全社会固定资产投资(亿元)	Total Investment in Fixed Assets (100 million yuan)	13824.8	16227.7	14353.2
#房地产开发	Real Estate Development	1081.1	1909.1	3751.3
农林牧渔业总产值(亿元)	Gross Output Value of Farming,Forestry,Animal Husbandry and Fishery(100 million yuan)	2751.6	4197.1	1738.1
农林牧渔业总产值指数(上年=100)	Indices of Gross Output Value of Farming,Forestry,Animal Husbandry and Fishery(Preceding year=100)	102.4	103.7	104.6
粮食产量(万吨)	Grain(10 000 tons)	2827.0	1524.8	1154.9
油料产量(万吨)	Oil-bearing Crops(10 000 tons)	193.6	64.7	59.9
糖料产量(万吨)	Sugar(10 000 tons)	230.1	7504.9	9.8
肉类总产量(万吨)	Output of Meat(10 000 tons)	245.7	417.3	213.8
# 猪肉	Pork	70.8	258.8	156.2
牛肉	Beef	52.9	14.4	8.8
羊肉	Mutton	92.6	3.2	3.8
奶类产量(万吨)	Milk(10 000 tons)	812.2	10.1	5.4
规模以上工业企业主营业务收入(亿元)	Revenue of Industry above Designated Size(100 million yuan)	18588.9	20078.4	20370.3
规模以上工业产品利润总额(亿元)	Total profit of Industry above Designated Size(100 million yuan)	965.0	1175.4	1396.8

Main Indicators of National Economic and Social Development of Western Region(2015)

四川 Sichuan	贵州 Guizhou	云南 Yunnan	西藏 Tibet	陕西 Shanxi	甘肃 Gansu	青海 Qinghai	宁夏 Ningxia	新疆 Xinjiang
48.5	17.6	39.4	122.8	20.6	45.4	72.1	5.2	166.0
8204	3530	4742	324	3793	2600	588	668	2360
47.69	42.01	43.33	27.74	53.92	43.19	50.30	55.23	47.23
169.2	200.6	120.4	2.6	184.1	57.3	8.2	128.5	14.2
30103.1	10502.6	13717.9	1026.4	18171.9	6790.3	2417.1	2911.8	9324.8
3677.3	1640.6	2055.7	96.9	1597.6	954.5	208.9	238.5	1559.1
14293.2	4146.9	5492.8	376.2	9360.3	2494.8	1207.3	1379.0	3565.0
12084.9	3315.6	3925.2	69.9	7634.2	1778.1	893.9	979.7	2690.0
12132.6	4715.0	6169.4	553.3	7213.9	3341.0	1000.8	1294.3	4200.7
1132.4	920.4	304.5	31.7	686.5	274.7	90.6	200.7	571.9
107.9	110.7	108.7	111.0	108.0	108.1	108.2	108.0	108.8
36836	29847	29015	31999	48023	26165	41252	43805	40036
107.2	110.3	108.0	108.9	107.6	107.7	107.2	106.9	106.6
25525.9	10945.5	13500.6	1295.7	18582.2	8754.2	3210.7	3505.4	10813.0
4813.0	2205.1	2669.0	50.0	2494.3	768.1	336.0	633.6	998.9
6377.8	2738.7	3383.1	149.5	2813.5	1722.1	319.3	483.0	2804.4
103.6	106.8	106.0	104.5	105.0	105.7	101.8	104.4	106.3
3442.8	1180.0	1876.4	100.6	1226.8	1171.1	102.7	372.6	1521.3
307.6	101.3	65.9	6.4	62.7	71.6	30.5	15.3	62.9
54.2	156.1	1930.1		0.2	16.0			448.3
706.8	201.9	378.3	28.0	116.2	96.3	34.7	29.2	153.2
512.4	160.7	288.6	1.5	90.4	50.8	10.3	7.1	33.1
35.4	16.8	34.3	16.5	7.9	18.8	11.5	9.7	40.4
26.3	4.2	15.0	8.2	7.8	19.6	11.6	10.1	55.4
67.5	6.2	62.5	35.0	189.9	39.9	32.7	136.5	163.8
37876.3	9221.4	9823.3	130.9	18336.3	8155.8	2130.1	3403.9	8039.1
2044.0	606.5	462.0	6.4	1339.7	-72.3	68.8	79.3	340.5

24-2 续表

指 标	Item	内蒙古 Inner Mongolia	广 西 Guangxi	重 庆 Chongqing
发电量(亿千瓦时)	Electricity(100 million Kwh)	3928.8	1299.9	679.8
粗钢(万吨)	Stee(10 000 tons)	1735.1	2146.0	689.5
生铁(万吨)	Pig Iron(10 000 tons)	1461.4	1220.3	366.6
钢材(万吨)	Steel Products(10 000 tons)	1897.2	3545.4	1411.4
水泥(万吨)	Cement(10 000 tons)	5830.8	11144.5	6840.2
农用化肥(万吨)	Chemical Fertilizer(10 000 tons)	293.0	114.3	222.4
汽车(万辆)	Motor Vehicles(10 000 vehicles)	2.6	229.4	260.9
建筑业总产值(亿元)	Gross Output Value (100 million yuan)	1123.2	2953.4	6256.9
建筑业企业个数(个)	Number of Construction Enterprises(unit)	955	1071	2492
建筑业施工面积(万平方米)	Floor Space under Construction(10 000 sq.m)	6970.5	23432.0	32801.6
建筑业竣工面积(万平方米)	Floor Space Completed(10 000 sq.m)	3098.9	7720.7	13542.6
交通运输货运量(万吨)	Total Freight Troffic(10 000 tons)	186160	149714	103833
# 铁路	Railway	66653	5779	1862
公路	Highway	119500	119194	86931
交通运输客运量(万人)	Passenger Traffic(10 000 persons)	16986	49101	62282
# 铁路	Railway	5117	7046	3994
公路	Highway	11017	41522	57556
社会消费品零售总额(亿元)	Retail Sales of Goods(100 million yuan)	6107.7	6348.1	6424.0
货物进出口总额(亿美元)	Total Imports and Exports(USD 100 million)	127.8	512.6	744.8
# 出口总额	Imports	56.7	280.3	551.9
居民消费价格指数(上年=100)	General Consumer Price Index(preceding year=100)	101.1	101.5	101.3
在岗职工平均工资(元)	Annual Average Wages of Staff and Wokrers at Post(yuan)	57870	54983	62091
全体居民人均可支配收入(元)	Disposable income of All Residents(yuan)	22310	16873	20110
全体居民人均消费支出(元)	Consumer spending of All Residents(yuan)	17179	11401	15140
城镇居民人均可支配收入(元)	Urban Households Per Capita Average Disposable Income(yuan)	30594	26416	27239
城镇居民人均消费支出(元)	Urban Households Per Capita Expen -ditures for Consumptiom(yuan)	21876	16321	19742
农村牧区居民人均可支配收入(元)	Disposable incomeof Residents In Rural Areas(yuan)	10776	9467	10505
农村牧区居民人均消费支出(元)	Rural Households Per Capita Expen -ditures for Consumption(yuan)	10637	7582	8938

continued

四川 Sichuan	贵州 Guizhou	云南 Yunnan	西藏 Tibet	陕西 Shanxi	甘肃 Gansu	青海 Qinghai	宁夏 Ningxia	新疆 Xinjiang
3129.6	1814.9	2553.4	44.8	1623.1	1242.2	565.6	1154.7	2478.5
1947.7	466.4	1418.1		1027.3	852.1	120.6	181.8	739.6
1747.4	407.6	1235.4		800.9	690.5	112.6	175.3	759.5
2702.5	463.0	1695.4	2.5	1655.6	847.8	113.6	201.6	1070.5
14091.0	9940.9	9436.2	467.9	8578.7	4764.3	1767.9	1749.8	4278.5
507.2	603.6	354.5		187.1	48.0	520.2	82.5	321.5
42.3		11.7		34.1	2.4			1.6
8768.2	1947.7	3268.9	106.9	4752.6	1849.0	409.5	524.5	2255.7
3449	742	2417	167	1878	1264	366	503	1114
52795.4	16769.6	15432.7	295.4	23991.2	10757.1	908.7	3285.0	12233.3
20666.8	3195.8	6941.1	173.9	7087.4	4083.2	350.2	1226.6	5247.2
154597	84540	107608	2125	140900	58251	15962	42626	70673
7287	5736	5108	48	32951	5936	2729	5631	6168
138622	77341	101993	2077	107731	52281	13233	36995	64505
135969	87541	48513	1092	69680	40453	5602	9300	35948
9207	4901	3668	221	7866	3123	936	661	2719
124014	80621	43688	871	61436	37240	4596	8444	33229
13877.7	3283.0	5103.2	408.5	6578.1	2907.2	691.0	789.6	2606.0
514.7	122.2	245.2	9.1	305.0	80.0	19.3	37.9	196.8
332.3	99.5	166.2	5.9	147.9	58.1	16.4	29.8	175.1
101.5	101.8	101.9	102.0	101.0	101.6	102.6	101.1	100.6
60520	62591	55025	110980	56896	54454	61868	62482	60914
17221	13697	15223	12254	17395	13467	15813	17329	16859
13632	10414	11005	8246	13087	10951	13611	13816	12867
26205	24580	26373	25457	26420	23767	24542	25186	26275
19277	16914	17675	17022	18464	17451	19201	18984	19415
10247	7387	8242	8244	8689	6936	7933	9119	9425
9251	6645	6830	5580	7901	6830	8567	8415	7698